八旬抒怀　诗三首

其一

幼年学儒晚参禅，荣辱不惊顺自然。
细读老庄无为治，躬行岐黄智慧添。
国医国药传薪火，东学西学相互参。
笃志临床勤磨砺，仁爱善行处世间。

其二

山壑望山巅，高低本自然。
敬畏千般苦，谦卑人生缘。
业医五十年，师教传承先。
桃李不言蹊，求悟尚实践。

其三

体道得道难，惟仁惟学先。
证悟象思维，筑境扬神天。
释尊自出世，二圣孔老贤。
原发创生路，渴望将如愿。

王永炎自著　戊戌季春

王永炎先生 年谱

张志斌　王燕平　张华敏　编著

科学出版社

北京

内 容 简 介

王永炎先生（1938—　），河北顺义县人。1962年毕业于北京中医学院，留校工作。1977年11月加入中国共产党。同年5月晋升为主治医师、讲师。1981年5月晋升为副主任医师、副教授。1984年2月任北京中医学院院长。1985年5月评为主任医师。1987年6月复评为教授。1997年4月任北京中医药大学校长。同年10月当选中国工程院院士，任中国工程院医药卫生学部委员。1998—2001年，任中国中医研究院院长。2001年2月任中国中医研究院名誉院长、学术委员会主任委员。2003年3月当选第十届全国人民代表大会常务委员会委员及教科文卫委员会委员。2004年5月获"全国五一劳动奖章"。2005年5月获全国先进工作者荣誉称号。2006年7月任中国中医科学院中医临床基础医学研究所所长。2012年6月受聘为国务院中央文史研究馆馆员。共出版著作30余种，发表科技论文170余篇，获国家科技进步奖5项，其他奖项20项。培养学生160余人次。

本书按年序排列，按月序记录大事，配以各类证书等实图为证，加以小字说明。只记事实，不加评说。并按年附录王永炎先生全部重要科技论文，以彰明先生之学术思想。文后5个附件，分别为王永炎先生获奖目录、著作目录、代表性论文目录、部分序跋目录与学生名录。

图书在版编目 (CIP) 数据

王永炎先生年谱 / 张志斌，王燕平，张华敏编著 . —北京：科学出版社，2018.8

ISBN 978-7-03-058422-9

Ⅰ. ①王⋯　Ⅱ. ①张⋯　②王⋯　③张⋯　Ⅲ. ①王永炎 - 年谱　Ⅳ. ① K826.2

中国版本图书馆 CIP 数据核字（2018）第 169002 号

责任编辑：鲍　燕　曹丽英／责任校对：张凤琴
责任印制：肖　兴／封面设计：黄华斌

科学出版社 出版

北京东黄城根北街 16 号
邮政编码：100717
http://www.sciencep.com

北京汇瑞嘉合文化发展有限公司 印刷
科学出版社发行　各地新华书店经销

*

2018 年 8 月第　一　版　开本：787×1092　1/16
2018 年 8 月第一次印刷　印张：44
字数：1 286 000

定价：398.00 元

（如有印装质量问题，我社负责调换）

路序

《王永炎先生年谱》即将付梓，虽然此书只是三位学者的个人著作，但对中医学界来说，这实在是件可喜可贺的大事。

先生作为新中国成立后培养出来第一代中医院校大学生，其成长、成才、成功、成就的人生轨迹值得研究。这对先生本人来说，可视为一种人生之路的小憩与回眸；对中医药学科的发展而言，是一种亲身经历的体悟与见证；对读者来说，又具有言传身教，感同身受的启迪、示范与教育作用。从这个意义上来说，通过《年谱》的编纂，抚今追昔，总结成败，探寻新形势下的中医药发展之路和中医学人的成才之路，可谓厥功甚伟！

为中医药学人编制"年谱"本身就是一大创新；选择先生作为示范，则更具代表性。考诸文献可知，为中医药学人编制《年谱》的不多。有些虽冠以"年谱"之名，实则为"个人经历"；有些则附于其学术著作之中，成为"附录"的一部分。如"余无言年谱"就附在《余无言医案》之中，并未独立成篇，以为憾事。《王永炎先生年谱》的编制与出版，必将为中医药学术的传承与发展开辟一条新的路径，著名中医药学家学术思想与临床经验的研究整理也将步入一个新的时代。由是观之，意义重大。

"年谱"是中国传统文化的特色，"年谱之学"是一门特殊学问。编制"年谱"其作用大体有二：一是因为谱主多为社会名流，经历丰富，事迹繁多，成果斐然，容不得丝毫谬误，所以借年谱之学以正之；其二是因为名家大师，一生致力于学术研究，其道德文章与时俱进，时间节点不同，所思所想、所遇所为不同，当借助年谱，以详细考察其思想行动路径，以求其详实。《王永炎先生年谱》之编纂，兼顾两者，以为范式。

年谱之编纂，以时间轴为纲一以贯之，研究谱主的生活、学习、工作、事业之实际经历。只录真人真事，评说留待后人。但远不是资料罗列那么简单，必须严格遵循"实事求是""无征不信"的原则，言则有据，事必考实。且不能为长者讳，凡有其事，不避亲疏，必所录之。

2014 年，李克强总理对地方志工作做出"修志问道，以启未来"的重要批示，这也应该成为中医学人编纂"年谱"的基本方针。先生作为中医药学界的领军人物，其《年谱》的编纂，更应具有承前启后，传承创新，启迪后学，行为世范的双重作用。

《孟子·万章下》曾有"颂其诗，读其书，不知其人，可乎"之问。《王永炎先生年谱》的编纂出版，从中医药学发展的角度给予了回答。

路志正

2018 年 1 月 12 日

目录

谱前

　　祖父王文奎，河北顺义县湘子王各庄人，为当地中医，善治眼病，有自制"棍眼药"施舍故里，被邻乡称为"药王家"。父弟兄四人，近仁、近义、近礼、近智。祖父尚文，大伯、其父、四叔均送往北京读书，惟二伯在乡务农。

　　父家中排行第三，讳近礼，生于 1905 年 8 月。北京师范大学毕业，时任北京德胜门外大屯小学教员。于 1928 年迎娶魏文华女士。魏文华天津人氏，生于 1904 年，毕业于天津圣功师范，时任天津河西区汇文小学教员。

1938 年，0 岁

4 月 25 日（农历三月二十五）：出生于天津市马大夫医院，起名王虎啸。其时，父年 33 岁，母年 34 岁，均为小学教员。

1938 年图 1　王永炎父母

1939 年，1 岁

随母居住北平汇文小学教工宿舍。

1940 年，2 岁

二弟出生，起名王龙吟。

1941 年，3 岁

母亲教读三字经，描红模习写字。

母亲任教的汇文小学设有校铜鼓乐队，随学长们习鼓玩耍。

1942 年，4 岁

　　母亲携家小迁回祖籍河北顺义县湘子王各庄。父亲仍留在北平工作。返乡后，随故里族谱排行，改名永炎。

　　此年，因战乱，生活拮据，全家四人以混合面充饥。仍然难以维系，只得大难还乡。其时，湘子王各庄村北寺庙设私塾。

　　王各庄地处抗日游击区域，北有杨镇为日寇据点，西有张镇是八路军晋察冀第 12 军分区。其时，常遭遇日本鬼子扫荡。村里修有地道，遇到鬼子进村，妇女儿童均下地道。二伯父王近义时任共产党干部，但以日伪村长的身份作掩护，带领乡亲们抗日，被鬼子杀害，壮烈牺牲。后来被追认为烈士。国恨家仇，自幼填胸。

1943 年，5 岁

参加儿童团的抗日救国活动。

此年寒冬，二弟龙吟因患麻疹合并肺炎，不治夭折。

回乡后，与祖父母共住，三代同堂，举家凡十二口人。祖母当家，平常以玉米贴饼为主食，唯年节时或包饺子以示庆贺。家穷物匮，孩子们仅能每人一份，而未能尽意。弟龙吟少不更事，常因吃不饱而哭闹。先生自幼宅心仁厚，常思母亲教习三字经，云"融四岁，能让梨"，把自己一份让给弟弟。

1944 年，6 岁

与堂兄姐一起学干农活。

　　湘子王各庄背靠小华山，是一片平原，主产小米、玉米、高粱、花生、红薯，尤以"二十里长山的小米"著称。先生虽然年幼力微，但已学会一些简单的农活。每天与堂兄姐一同下地，锄草、收割、打场、拾红薯等，尽力而为，还能帮家里担水。村里有水塘三处。夏秋多雨，小伙伴相邀下水洗澡，先生学会了游泳。

1945 年，7 岁

7 ～ 11 月，于河北顺义县湘子王各庄私塾上学。

12 月，随父母返回北平，在正蓝旗租房居住。

此年 8 月 15 日，日本无条件投降，抗日战争结束。下半年，开始上私塾，接受启蒙教育。跟先生习百家姓、千字文与珠算。母亲教导，见到老师要驻足鞠躬，见了同学要先打招呼。自己的笔墨纸砚及算盘，可以借给同学使用，但不要向同学借用。

此年冬天，随父母返回战后的北平。父母同在西郊蓝靛厂南门小学任教。蓝靛厂是清八旗眷属的居住地，距京城西直门十二里。父母在正蓝旗租房居住。南门小学不乏满族的八旗子弟，也有周围的农家学生。

1946 年，8 岁

2 月，就读蓝靛厂南门小学。

8 月，妹妹王燕生出生。

因此前私塾所习基础较好，先生入学之后，自二年级第二学期始读。父母嘱咐上课要专心听讲，不准走神，从小就要养成良好习惯。父母为先生买了橡皮小足球，嘱咐在课余要与小朋友分享，一起踢球玩耍。遇到争端，不准打架，要懂得谦让。

1947 年，9 岁

就读蓝靛厂南门小学三、四年级。

校门口东侧，自颐和园到西直门，有小河流过，河水清澈。夏天，同学们结伴游泳，冬天则自制冰车、滑板，相邀滑冰。闲暇之时，还会在小河边垂钓。开始时，半天也钓不上鱼。后来，懂得先扒窝下小米，然后再钓，就能钓上几条鱼。

1948 年，10 岁

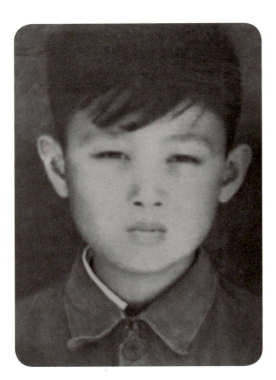

1948 年图1　在北平上小学的王永炎

就读蓝靛厂南门小学四、五年级。

5月，家迁红门村。

　　此年11月，中国人民解放军包围北平城。第四野战军某团的警卫连驻扎红门村。每天集合点名，指导员讲话，文化教员教唱歌，还有文工团的演出。纪律严明，待民亲和，在幼小的先生心里留下深刻的印象。

1949 年，11 岁

就读蓝靛厂南门小学五、六年级。

此年10月，中华人民共和国成立。中国经历着翻天覆地的变化。先生虽然年幼，但已记事。与大人一起经历着这些变化。首先是学校扩大招生，有更多农民的孩子入学。其次是禁止吸食鸦片，亲睹一位邻居痛苦的戒烟过程。并朦胧感知着全城的妓院查抄，听大人们兴奋的评说。每天还会从广播中听到歌唱家郭兰英以清亮嗓音，情感至深地演唱着《翻身道情》。

1950 年，12 岁

7 月，自蓝靛厂南门小学毕业。

9 月，考入北京辅仁男中初一年级。

小学期间，学习成绩不甚突出。然而，酷爱阅读科普书籍与文艺体育活动。既养成喜好思考之习惯，又学会了踢足球、游泳、垂钓、滑冰等多项运动。

考入辅仁男中，此为教会学校。学校后院住有外国神父，学生集体宿舍在西煤厂胡同。

1951 年，13 岁

就读北京市第十三中学初一、初二年级。

　　此年，辅仁大学并入北京师范大学，辅仁男中随之改为北京市第十三中学。由于学校宿舍容纳不了太多要求住宿的学生，学生宿舍被安排到西城小乘巷胡同。时年 13 岁的先生，首次离家独立生活，只能每周回红门村。每周离家返校之时，母亲为先生备好烙饼干粮，将其送到村口。先生背着沉重的书包，不时回头看望母亲挥手相送，感悟母爱的同时，体会着前方独立自主的新生活。鼓励自己：靠自己的努力吧！

1952年，14岁

就读北京市第十三中学初二、初三年级。

11月，参加中国新民主主义青年团，介绍人为高三年级陈春雷。

　　此年暑假，先生迷上了《三国演义》，一边读，一边想，三国故事一直在心中回放。实力强大的袁绍、袁术为何失败？刘备为何能由弱变强？蜀国战将既有忠心为何又会彼此不睦？魏军主簿杨修才华了得又怎能落个问斩的下场？自问自解，使小小少年柔肠百转，在思考中渐渐成长。

1953 年，15 岁

1～7月，就读北京市第十三中学初三。

2月，当选初三乙班班长。

8月，因成绩优秀，被保送本校高中，就读高一年级。

　　此年，天主教"三自"革新，后院的外国神父全部撤离。9月，经校少先队总辅导员王振铎推荐，刚上高一的先生出任初一甲班少先队辅导员。学校有春假活动。每年4月中旬，都会认真组织少先队队日活动。或是游览颐和园，感知祖国的古老文明与美好明天；或是组织观看有意义的电影，进行观后感讨论，开展爱国主义教育。

　　上了高中之后，先生开始了真正的学校住宿生活，即住学生宿舍，吃学生食堂。每个月母亲给10元钱生活费，7元钱交给学校为食宿之资，3元钱是先生的零用。如有额外开销，再向母亲报账另支。

1954 年，16 岁

就读北京市第十三中学高一、高二年级。

所辅导的初一甲班被北京市教育局团委评为先进集体，大队长祝尊祺被评为优秀少先队员。

此时，学校开始接受东南亚华侨学生。其他学生也以高级知识分子及资本家出身者为多。前任校长姓赵，是中国共产党地下党员，在"三反"运动中错误斗争了食堂厨师，因"阶级界限不清"而被调离。后任校长王兆臻，革命干部出身。教师队伍由许多辅仁大学教授兼课，教学质量较高（2001年百年校庆，当时毕业生中有六位院士，此乃后话）。

当时学校文理科并重，先生则很喜欢写作。曾有一篇读鲁迅作品《春蚕》的读后感为老师推介为范文，更是受到鼓舞。高二时，常为学校板报撰稿组稿。然而先生那一届学生的外语学习，却因为初中学英语，高中改学俄语，失去延续性而受到严重影响。

此年，毛泽东主席对中医工作做出重要指示："若就中国有史以来的卫生教育事业来说，中医的贡献与功劳是很大的。""即时成立中医研究机构，罗致好的中医进行研究，派好的西医学习中医，共同参加研究工作。"同年10月，《人民日报》发表社论"贯彻对待中医的正确政策"；11月，《人民日报》再次发表社论"加强对中药的管理和研究工作"。

1955 年，17 岁

就读北京市第十三中学高二、高三年级。

此年，团中央号召青年向科学进军，遵循毛泽东主席提出做"身体好、学习好、工作好"的"三好学生"。学校对业务学习很重视，校长、教务主任狠抓高考升学率，此年北京市第十三中的升学率居全市第一。同时，学校对青年学生的思想工作抓得很紧，提出要防范个人主义和自由主义思潮的萌发，强调共青团员要起模范带头作用。当年，校团委改选换届，先生班级推选了时任团支书的董某某同学。结果，校团委告知，该同学不宜做候选人，因而落选。先生从中体会到了组织的分量。

此年12月19日，卫生部中医研究院及其附属广安门中医医院正式成立。祖父的明医经历及国家对中医药的重视，对面临高考择业的先生，产生了重要的影响，一个关乎人生的重要决定，在心中萌芽。

冬天，堂姐王立德来北京探视，询问高考专业选择事项。告知拟学中医，遭其明确反对，理由乃当时学术界称中医不科学。年轻的先生则不以为然。从祖父业医治病，能医人救世，受村民爱戴，可见中医就是科学。故坚定信念，报考第一志愿即北京中医学院。

1955 年图 1　与同学赵约民、闫璋在鹫峰

1956 年，18 岁

1~7月，就读北京市第十三中学高三年级。

8月，由北京市第十三中学高中毕业。

9月，考入北京中医学院医疗系，就读大学一年级。

其时，正逢我国首建北京、上海、广州、成都四所中医学院。北京中医学院亦乃办学之初，先生所在之56级学生是为该校第一届学生。校内教师是受聘的联合诊所名医张志纯、刘渡舟、方鸣谦、栾志仁等先生。学校仓促开课，从中医经典著作《内经》、《伤寒论》开讲，与中学所学知识毫不相关，与现代科技知识亦殊无关联。当时，众多尚未入门的中医学院大一学生，听不懂，学不进，对中医是否科学产生疑惑。校方组织参观广安门医院，门诊患者很多，中医老大夫讲解辨证论治，颇具临床疗效。中医科学？还是不科学？先生脑海中也是矛盾迭起，波涛连绵。

1957 年，19 岁

就读北京中医学院医疗系一年级、二年级。

　　此年，反右派斗争开始。社会上大鸣大放，北京中医学院则主要围绕着办学宗旨、学校归属、教学计划、师资队伍等问题展开。当时，不仅上述问题大多悬而未决，校舍与学校的教学设备亦均无着落，很多满腔热忱要弘扬国粹、报效国家的青年学生，因为理想与现实的落差太大，有些思想情绪。运动展开后，第一批学生 120 名，被打成右派的学生占 10%。同宿舍 24 位同学中，于锐锋、毛翼楷等 6 位被划为右派。其他同学中，还有被划为极右分子，开除学籍的。当时，李岩为党总支委员，石国璧为团总支书记，毛翼楷为学生会主席，王其飞为党小组长。先生由于为同学抱不平，与李士懋、华良才、苗思温四人被划为中右分子。

1958 年，20 岁

就读北京中医学院医疗系二年级、三年级。
3～7月，在京西矿区矿务局医院课间实习。
8月，回校学习，并筹建教育改革展览会。

在党中央提出的"教育为无产阶级政治服务"，"教育与生产劳动相结合"号召下，此年上半年，学校组织学生赴京西矿区，进行课间实习。先生被分配在矿务局医院，内科实习生分为两组。一组由江振济老师带教，针灸由周文老师带教。另一组由教务长祝谌予带教，前后约三个月。暑假来临，先生与同学陈连起还留在矿区医院继续诊疗。矿山工人常见病是头痛、胃痛、关节痛，还有感冒、暴发火眼、痢疾、肠炎。在课间实习中，先生体会到中医治病确有疗效。带教的江振济老师系江苏乡镇知名中医，不善言辞，却能书写系统完整规范的医案，介绍学生学习丁甘仁医案以为示范。矿区实习期间，先生与同学们一起，每周下矿井劳动，在工人老师傅带领下，掘井、回采、通风等各种工序的劳动，都学习体会过。

当年8月，学校派先生和同学刘淑贞回学校，筹备教育改革展览会。先生编写讲解词，刘淑贞做讲解员。展览会在和平门外北京师范大学原校址共展出一个多月。同年级同学根据教学实习经历所编演的《红色小中医》表演唱，于1958年在全国文艺汇演中获奖。

1959 年, 21 岁

就读北京中医学院医疗系三年级、四年级。

3 月, 被校宣传部聘为《红专健》专刊编辑。

5 月, 于北京怀柔县王化村教学实习与劳动锻炼。

8 月, 参加十三陵水库筑坝土方建设。

10 月, 返校复课学习。

复课学习阶段, 潜心超声波研究, 在生理教研室刘国隆老师指导下, 制作"超声波发生器"。

返校畅谈暑假见闻后, 校党委组织批判右倾机会主义, 先生受到党小组特别关注, 每月写思想汇报。得知其是党团支部内定的中右分子, 尽管劳动、学习表现均好, 然而仍被视为另类。

在"反右倾"运动中, 共产党员刘光照反映"大跃进"中干部虚报产量、社员口粮不足等浮夸风, 遭到批判, 被开除党籍。后来, 改正复学, 延迟毕业 2 年。

1960 年，22 岁

就读北京中医学院医疗系四年级、五年级。

2～5月，西城区中医院课间实习。

5～6月，赴甘肃定西、天水救灾，在通渭城关救灾点工作。

7月，在定西市卫生学校，为学生办暑假培训班，讲解针灸学，辅导点穴与刺灸法。

9月，妹燕生入读北京122中学初中部。

    1960年是华夏大地最难度过的一年。大学生粮食定量，每月28斤，食糖2两，糕点亦需凭票供应。在西城区中医院实习期间，老教师张志纯先生带教实习时，因饥饿虚脱后大病一场。5月，校方挑选40名学生赴甘肃定西、天水救灾，先生被分到通渭城关救灾点工作，与兰州护校一位在读三年级女学生一起工作。该救灾点住有患者60余人，内科、外科、妇科患者均有，大部分严重营养不良，干瘦或浮肿。队长是校组织部副部长齐德民，他让大家"土法上马"，先生亲历了缺医少药状况下医生的难为。医生、患者伙食均为早晚两顿粥，中午3两一个馍，隔日值班给三块饼干。在定西救灾后，先生与张田仁、苗思温被留下给定西卫校学生办暑假培训班，先生讲针灸24学时，辅导点穴与刺灸法12学时，苗思温讲推拿课。其后卫校领导称许先生讲课效果好，这也可能对其后毕业留校有关联。工作至8月初，夏粮收割后结束。

1961 年，23 岁

就读北京中医学院医疗系四年级、五年级。

1～6月，学习各门西医基础课。

7～12月，于北京市第六医院进行生产实习，担任实习组长。

　　此年上半年，北京中医学院为56级学生开设各门西医基础课程。年级中的部分调干学生缺少理化生物学基础，更没有演算数学习题逻辑思维的训练，这部分课程很难听懂。先生常帮助学兄学姐们复习功课。

　　下半年，开始生产实习，先生任实习小组长，与同学许杼、毛雨泽、李长和等四人，分配在北京市第六医院。中医内科由杨叔起、巫君玉老师带教，针灸科由王子厚老师带教。进入内科病房实习时，主治医师姓邓，每周孙院长来查房。当时，老师完全没有歧视中医实习生，胸腔穿刺、腰穿、骨穿、放腹水等操作，都教会中医实习生去做。这可能与当时教学计划中，中医西医课程的比例为 6：4 有关，老师们查房时的提问，中医实习生也都能准确回答，因此而得到了西医老师的认可。

1962 年，24 岁

1962 年图 1　王永炎与杨宝琴结婚照

1～6 月，就读北京中医学院医疗系五年级，继续在北京市第六医院生产实习。

7～10 月，与 56 级全体学生一起，留校补学中医经典"内经"课程。

10 月，毕业于北京中医学院。同月，分配留校，任基础部温病教研室助理助教。

12 月，与杨宝琴女士结婚。

杨宝琴女士北京市人，北师大一附中毕业后，与先生同届考入北京中医学院，并同届毕业，分配到北京市中医院工作。

　　1962 年上半年完成生产实习。校方安排王绵之先生为导师，拟定毕业论文题为"从仲景方试论阴阳五行学说的临床应用"，顺利通过答辩。因学校五老（秦伯未、任应秋、李重仁、陈慎吾、于道济）上书卫生部，认为 56 级学生培养计划中，西医课程过多，因而学生的中医功底较差，需要延期毕业，留校补课。得到卫生部批准之后，7～10 月中旬，学校安排任应秋教授主讲，内容以《黄帝内经素问》七篇大论为主，进行补课教学。任先生还对治学门径做辅导报告。

　　此年 11 月，先生到基础部温病教研室报到后，助教行政 22 级工资 56 元 / 月。室主任是董建华老师，还有施汉章、戈敬恒、孔光一三位老师。董老师，上海青浦县人，祖辈中医世家，幼承庭训，16 岁即悬壶县城。18 岁又去沪上拜名医严二陵为师，授业三年，深得其传。先生深刻记得董老师在第一次谈话时，便要求育人者先育己，必须按唐代名医孙思邈大医精诚的要求来规范自己的行为，养成良好规则的生活、学习、工作习惯。晨起早餐后，七点半准时到班，以毛笔蘸清水悬腕在玻璃上写大字，做助教要抄写文字稿每天 1 万字。看门诊时，要请患者安坐后再作诊察，为女患者切脉需低头静候。路遇长辈、老师，要驻足问候，等等，从点点滴滴为人处世的小处做起。业务上，必须先熟读一本临床案头书，董师推荐《医家四要》。既在温病教研室工作，则还必须学好《温病条辨》、《温热经纬》与《时病论》等温病学经典名著。要读到烂熟于心，能够随口背诵。然后，验于临床，才能转变为自己的学问。这次谈话之后，先生一直按董师的要求认真去做。

分配到温病教研室之后，随戈敬恒、孔光一老师赴北京地坛传染病医院，带 60 级学生实习。每次重点查一个病。先复习病历，从症状学的角度，重点了解主症、体征、发病特点是什么？病程如何进展？刻下症是什么？然后再组织学生进行讨论，分析病因病机，明确辨证诊断，拟定治则治法及处方用药。在此期间，先生看过的患者有急性黄疸性肝炎、猩红热、麻疹（及合并肺炎）、白喉、百日咳、流脑和乙脑等。不仅从中认知中医的疗效，也从乡镇名医出身，在基层第一线工作多年，有着治疗各种传染病丰富经验的戈、孔两位老师身上得到良好的职业道德教育与治学门径方法的启迪。

当时，经典补课结束未久，先生对主讲老师任应秋"国医国药当以国学为指针，根本功底要从认真读四书五经开始"之教导铭记于心，工作学习之余，开始认真阅读《十三经注疏》。

1963年，25岁

1963年图1　大女儿王悦

　　3月，被学院教务处派往京西城子矿区医院带60级学生课间集中实习，同时，破格准获处方权。

　　6月2日，大女儿王悦出生。

　　9月，调往北京中医学院东直门医院内科，岗位分在住院部四楼西病区任住院医师，并被董建华主任聘为兼职科秘书。

　　妹燕生入读北京医科大学附中高中部。

　　在60级学生实习之前，原温病教研室主任董建华先生出国赴任世界卫生组织顾问。实习开始时，刘渡舟老师任实习点负责人。刘老师是中医伤寒学大家，要求先生背诵《伤寒论》。于是，每天晨起第一件事即是朗读《伤寒论》原文。在带教期间，除了带一个组看门诊之外，还需联系临床为学生做辅导。

　　3月，京西矿区带60级课间实习，是先生独立出门诊带教学生的开始。除给矿工治病，还给家属治病，从中体会到在基层所看到的首发首治的常见病与城市医院住院的难治病大不相同。感冒发烧，一服中药可以退热，暴发火眼一剂可愈，增加了对从事中医药工作的信心。然而，矿工们常见的"三痛一迷糊"，即头痛（血管神经性）、胃痛（慢性胃炎）、腰腿痛（痹病关节炎），以及眩晕（壮老年高血压为多），却是值得研究的课题。先生和学生都每周一次下矿井劳动，对掌子面（即工作现场）的紧张节奏和井下多水潮湿环境都有体会。矿工的职业病是硅沉着病，一旦确诊则基本无法治愈，主要是只能从改善矿井工作条件来进行预防。而中医药止咳、止血、平喘等措施，对咳喘咯血等症状的缓解，如白及、三七、百草霜的散剂内服，尚有一定的效果。

　　此年暑假后，董建华先生回国，调任北京中医学院附属医院中医内科主任。先生跟随董建华主任奉调内科，兼任科秘书，分配到病区做住院医师。上级医师是康廷培老师，还有廖家桢、武泽民与李英林老师。当时康老师课题是肾病研究，先生承担的12张床大多是肾病患者。康老师搞肾病，中医辨证服中药汤剂，西药给服激素。时逢一例首都机场工程师陈某，男性，34岁，肾病史两年，处恢复阶段。深秋感受风寒病发，遍身水肿，阴囊阴茎水肿透亮，血肌酐、尿素氮迅即增高。邀胡希恕老先生会诊，诊断为水气病、水晶疝。拟方越婢汤加茯苓、苍术、附子，服一剂即尿量大增至2000ml/日，三剂服尽全身遍肿全消，改用参苓白术散易散为汤调理。此患者是先生亲历，心为之撼动，对于其巩固专业思想，做好中医起到了很大作用。

　　科秘书负责安排医生的值班表，起草向院校的请示、相关科活动的报道，以及学期年度汇报等文稿。先生的工作认真负责，多次受到主任的赞许，其文名也闻诸全院。有一次，院内选针灸科杨甲三老师为学习毛主席著作积极分子，党委办公室让先生代为起草交流报告。先生在采访杨老师后，完成交流文稿，有梳理升华之功，但绝无伪造之嫌，收到了很好的宣传效果。因为经常高质量地完成这种无偿的义务撰稿工作，被称为"笔头快"、"大笔头"。然而，后来竟成为"文革"受批判的内容之一。

▮▮▮▮ 1964 年，26 岁

　　3月，赴安徽省枞阳县安凤公社会宫大队瓦屋生产队劳动锻炼，任小组长。

　　8月，结束劳动锻炼。作为卫生部团队一员，转赴安徽省寿县涧沟公社康圩大队参加社会主义教育运动。直到次年5月。

　　受卫生部指派，赴安凤公社会宫大队瓦屋生产队劳动锻炼，同去的还有同院同事吕仁和大夫。先生与中国医学科学院药物研究所徐石林、人民卫生出版社金经武，三人分为一组，先生担任小组长，住在瓦屋生产队，与社员们同吃同住同劳动。从水稻育秧，插秧，中耕除草，割稻打穗，直至碾米收仓，全过程都学会了。还干过起猪圈积肥等农活，懂得了老农说："没有大粪臭，哪有稻米香？"先生备有药箱，与大队的半农半医（后称赤脚医生）一起为农民看病，还与公社卫生院合作。这期间，先生学到了许多全科技能，内、外、妇、儿各科疾病的诊治，做推拿针灸治疗，也从事X线拍片的常规检查、公共卫生和流行病学的考察抽样操作。

　　此年8月，随社会主义教育运动卫生部团进驻安徽省寿县涧沟公社。先生被分派到康圩大队。红十字会梁牧同志当组长，安排先生在康中生产队，独立指导运动。当时运动的主要内容是农村中"清工分，清账目，清仓库和清财物"。先是学习党中央"五月工作会议"制订的《关于农村工作中若干问题的决定（草案）》（简称《前十条》），紧接着在农民群众中串联传达，进行紧张的教育运动。工作队自己开伙，组内5人排班做饭。按要求，不能吃鸡、鱼、肉、蛋，只能吃豆腐蔬菜。先生坚持以实事求是态度对待队里干部，凭证据与外调情况，挖不出什么能扣上"四不清"帽子要批斗的对象。对于记工分与分配钱粮的问题，讲清和解了事。11月中央北戴河会议之后，产生新的文件《关于农村社会主义教育运动中的一些具体政策问题》（简称《后十条》）。以《后十条》指导运动，要求充分相信干部与群众95%是好的，工作队的主要任务，转向组织群众学文件。先生成了学习文件的宣传员、讲解员。由于在反右及反右倾时，先生曾经受到过不公正的对待，有过莫须有之事压身的经历，懂得因不被信任而受到歧视的感受。虽然角色变了，从被整的对象转化为运动依靠的对象，得到团长、组长的信任。但先生懂得将心比心，重事实，重证据。对于人民内部矛盾，主观上要保持头脑清醒，做过细工作，努力认真地去化解矛盾。从这次工作经历中，先生不仅仅是再次体会到"左倾"路线造成群众斗群众，使人际关系过度紧张的贻害深远，更重要的是真正领悟到，人应该首先具有仁心，而后才是能够做好某种职业的人。

1965 年，27 岁

5 月，结束在安徽农村的社会主义教育运动，返回医院，回四楼西病区工作。

7 月，参加廖家桢老师主持的中医治疗急症科研组。

9 月，承担 62 级中医内科教学辅导。

　　前一年冬季始，廖家桢先生随卫生部郭子化副部长视察长江南北六省中医工作后，视察报告由廖先生执笔。报告中，批评了不以患者病情需要与否一律中药加西药治疗的弊病，提出"先中后西，能中不西，中西结合"的观念，后以卫生部中医司行文全国。在此背景下，1965 年春季，由廖家桢老师主持，成立中医治疗急症科研组，在中医内科病房开展中医治疗呼吸病急症的临床研究。其指导思想是临床治疗，先用中医药，后用西医药，能用中医药者，则不用西医药。同时着手研发中药注射剂，改变中药的给药途径。先生作为廖先生助手从观察肺炎双球菌性肺炎开始，一天服两服汤药，观察三天（72 小时），如体温不降，症状及 X 线平片未见变化，则改用抗生素。1965 年冬春两季入组 59 例，其结果 38 例获愈，占 65%。通过在廖老师课题中科研工作的严格训练，先生懂得了科研设计、临床观察、总结报告的程序与内容。结合前一段在农村搞运动，同时防病治病的全科训练，渐渐巩固了做好中医的专业思想。

　　此年，先生与同事田德禄大夫一起，通过了培养性讲课，先生讲的是水气病。下学期，先生承担 62 级中医内科教学辅导，与田学长一起编了辅导小报，切合学生实习实践，易懂便用，受到应届同学称赞。

1966 年，28 岁

3 月、4 月，指导 62 级学生进行教育改革试点，收效良好。

5 ~ 7 月，"文革"开始。受到点名批判，被指为修正主义苗子。

8 月，被派往北京市东四十条新中街红卫兵接待站，为串联的红卫兵诊疗。

妹燕生由北京医科大学附中高中毕业。因"文革"停课，无法报考大学。

1966 年图 1　妹妹王燕生

此年上半年，在指导 62 级学生进行教育改革试点时，采取分班组，先在门诊选择病例进行案例分析，讲小班课。再去内科病房选典型病例，组织深入讨论。学生在实践中复习回顾学过的理论知识，又用到临床实习中，试点效果良好。

此年 5 月，"文革"开始。先是学院的多数教授受到冲击，进了"牛棚"。其中受冲击最烈者是任应秋老师，而任先生处变不惊，坚持治学著书。老主任董建华老师等也都受到不公正待遇。然而，在年青教师中，先生是少有的一个被点名批判者。被有些大字报指为修正主义黑苗子。因此而成为"不被信任分子"，被派往北京市新中街红卫兵接待站，为串联的红卫兵诊疗，离开了激烈的路线斗争。此期间，殷凤礼老师在医院急诊，先生在新中街接待站医务室，与殷老师合作，共拟处方，以用袋装中药复方汤剂，以 24 小时分服 4 袋的剂量，治疗患急性扁桃体腺炎的红卫兵。观察了 300 多例，48 小时内取汗，降温复常约占 80%。

此前已显现出良好效果的教学实习改革试点计划，因"文革"停课而未做总结，推广则更无从谈起，计划终究不了了之。

1967 年，29 岁

任北京中医学院东直门医院四楼病区组长，坚守在"促生产"的第一线。

　　此年，"文革"的重心是路线斗争的大批判运动，先生参加了群众组织"反修兵团"，与陈佑邦、郭志强为负责人。先生认为，中医学院的师生，主要任务还应该是中医教学与临床实践。他曾在全校师生大会发言，充分强调北京中医学院办院之初所推行的"下矿井，去农村，早临床，多临床"措施，符合毛主席提出的教育方针。这一观点受到群众好评，引起工宣队、军宣传队重视。但由于"文革"之初即被认定是保守派，是修正主义黑苗子，被定位于可用而不可信任的人。

　　平时，先生是"抓革命促生产"的负责促生产的主力。当时任病区组长，带四位进修生管理病房。重患者多，常常忙于抢救工作，而无暇参与派性斗争。

1968 年，30 岁

　　承担带教任务，带领七位学生赴怀柔三渡河公社营北沟大队劳动、采药，为农民防病治病。

　　妹燕生作为知识青年赴山西芮城农村插队。

　　1968 年 6 月，北京中医学院革命委员会成立。学校党委书记李忠诚是三结合干部，由副院长杨治组织"复课闹革命"。先生被分配到 65 级 1 连 5 班，负责带领任俊杰、王晓玲、齐宝生等 7 位同学，赴怀柔三渡河公社营北沟大队，与公社社员同吃、同住、同劳动。在劳动之余，为农民群众防病治病。

　　此村在长城脚下，有着丰富的中草药植物资源。先生还组织学生，在老农民的带领下，上山采药。8 月的一天，突然遭遇暴雨泥石流，幸亏房东老农经验丰富，带领师生们向山上跑，避过了灾难。

▮▮▮▮ 1969 年，31 岁

被派往宁陵县，参与培训赤脚医生的六二六卫生学校的教学工作，讲解中药学与内科学。

被派往宁陵县办培训赤脚医生的六二六卫生学校，教学组长是陈佑邦和廖家桢，还有焦树德、姜揖君、刚出"牛棚"的董建华老师、何基渊等。先生讲中药学与内科学。后期，迁到柘城县医院。先生与学生同住两间一室，两排木板床，当时的工作量几乎是先生一生中从未有过的。一天上七节课，晚上还有2小时给县医院医生们的讲座。实习在一间旧仓库，同学分六组，每组5个学员。因为县卫生局宣传是北京名校医生来治病，不收费，是义诊，患者很多。先生作为一位教员，要同时兼顾六个小组，逐一审定脉案处方。每天上午4个小时均在百名患者以上，下午寻找病房典型病例组织讨论。有一天，因过度亢奋失眠，由于第二天还有课，只能口服非那更。没想到，因药物的副作用，产生幻觉，说嘻语。廖先生嘱肌注苯巴比妥，在教师宿舍睡至午后四点才醒。这一段是全科医生的训练，无分中西、无分内外妇儿科。后来，六二六卫校学生考入北京中医学院的李德益回忆，称那时为"难以忘却的辉煌的学生生活"。据说许多学生"文革"后考入医学院本科。

1970 年，32 岁

承驻校工人宣传队、解放军宣传队的抽调，担任《中医内儿科》教材编写组组长，集体编写《中医内儿科》教材。

1970 年"文革"还在继续，派性斗争甚至还出现武斗。但国家开始计划恢复高校教育，从工农兵中招收学生，学制三年。北京中医学院亦同步开始为招收新生做准备。因为学制从五年改为三年，入学的学生文化程度亦参差不齐。根据实际情况，当时的课程相对简单，中医基础课只有中医基础和中药方剂学，西医基础课仅有正常人体学与疾病防治学。而临床各科亦都缺乏适用的教材。驻院的工宣队、军宣队抽调先生与殷凤礼、洪秀清三位编写内儿科教材。当时的要求是：要编写一本能够体现毛主席"六二六"指示，符合备战备荒为人民的需要，内容少而精的中医内儿科教材。任命先生当编写组组长，书稿编成，要由工宣队、军宣队参加审定。教材成书通过审定之后，称作试用教材，没有个人署名，也没有经出版社公开出版，由兄弟院校购买使用，印发达上百万册。

此年，知识青年下乡，干部下放风潮仍劲。妹妹王燕生仍在山西芮城插队务农。医院同事华良才、张瑞祥等下放甘肃、青海。

1971 年，33 岁

1971 年图 1　二女儿王彤

3 月，二女儿王彤出生。

9 月，调任中医内科主讲授课老师。

此年 8 月，首批工农兵学员入校，学校需要筹备中医内科学授课老师。工宣队、军宣队指定先生与田德禄老师为主讲，董建华老师、焦树德老师讲几个具有代表性的病。

▦▦▦ 1972 年，34 岁

带教工农兵学员，为71级学生讲授中医内科学课程。

8月，参加在南京召开的中华医学会神经病学分会学术年会。

当时"文革"氛围很浓重，批判师道尊严，教师成了再教育的对象，讲话、做事均需小心谨慎。

此年，董建华先生从"牛棚"解放出来。虽然历经苦难，承受了很多不公平的待遇，但老先生热爱中医、振兴中医之初衷不改。董先生曾在协和医院办西医学习中医班，带实习的过程中，亲历神经内科疾病的临床实际情况。其时，虽然已经有了CT影像检查，定位诊断很仔细，很准确，但治疗方法和药物都很少。对于疑难病证的诊断，各级医师都很重视，还常常举办神经科、病理科、影像放射科联合研讨会，或死亡病例讨论会。然而，常常是诊断明确而无有效药可用。老先生心里萌生一个想法：从中医药中寻找有效治疗办法，与西医的明确诊断相结合。8月，先生参加了在南京召开的中华医学会神经病学分会的学术年会。由于"文革"，学会的活动已停止多年。在分组讨论会上，先生就中风病用下法与阿尔茨海默病用益气活络化瘀降浊的治法做了报告。冯应琨会长评价达到了讲师水平，认定中西医结合拓宽神经病治疗学是有前景的。

1973 年，35 岁

2～12 月，赴协和医院神经科进修。
3～5 月，参加协和医院临床脑电图学习班 3 个月。

1973 年图 1　王永炎

1973 年图 2　王永炎的父母与他的两个女儿

　　此年 3 月，社会学术界开始恢复生机。在董建华老师建议安排下，医院同意派送先生去协和医院神经科进修。先生体会，董老师要他去协和医院学习，一方面是为了完善补齐学科，为开设中医脑病学科做准备；另一方面是通过协和医院严格的规范训练，以培养一个顺应时代需要的明医。因此，暗下决心，一定不辜负老师的期望。

　　此时协和医院基本恢复了正常运行秩序，按照协和医院的惯例，无论年资深浅，进修医师一律当作实习医师带。因此，进入病房之后，第一课由护士长带领了解医院制度、接诊程序，以及作为实习医师所应遵守的事项与所必须掌握的诊疗技术。并带着熟悉医院环境，去相关的检验科、放射科、供应科、值班室等走了一圈。实习的第一项技术是为中风球麻痹患者插鼻饲管。以后每周一次，早七点半到病房，至八点钟交班之前，最多时要为 7 个患者插鼻饲管。然后由徐文璇先生带教，要求先从接收患者，书写大病历做起。刚开始，一份病历用了 5 个小时，需要加班完成。至后来书写熟练，按要求写过 10 份大病历。病历书写合格之后，按住院医师安排。至今当时被带教老师红笔批改过（而不是重写）的病历尚有存案。

当时的主治医生是杨蜀莲，主任是冯应琨、谭铭勋、黄惠芬（兼支部书记）。赵葆珣教授每周带领大家大查房一次。大查房时，先由主管医师报告病例，依次由进修医师、主治医师、副主任医师发表意见。每次都鼓励进修医生多发言、多提问，然后，由高年资老师回答问题。最后，由冯应琨主任或赵葆珣教授做分析总结。

这对当时的先生来说，是一个很好的学习机会。但是神经的定位诊断与解剖学密切相关，由于中医学院的解剖学课程中没有专门的神经解剖学部分。为了能更快更好地掌握定位知识，必须补好神经解剖学这一课。先生利用周末返回北京中医学院，在邱树华教授指导下，系统复习神经解剖，反复观察颅脑结构与中枢神经系统的标本，将神经传导的路径烂熟于心，并在自己头脑中建立起立体的概念。基础知识巩固了之后，先生在每次大查房之前，还要做很多相关的功课，做足准备，积极回答上级医师的提问，并主动提出自己的见解与提出各种尚未能自行解决的问题。其后，由住院总医师费亚新老师带领出急诊与会诊，学习很多急症处理的方法，尤其是规范地书写会诊记录。进修的后期，科内还安排了临床脑电图学与肌电图及病理组织阅片的学习。

这一段学习经历，对于先生的一生来说都极为重要。可以说，中医严师的教导与协和医院系统培训造就了先生的学风、文风与作风。先生走进协和医院，经常可以见到各学科专业专题领域的研讨会公告，10 楼报告厅经常有学术报告会。老一辈专家张孝骞、吴蔚然等教授来听年轻一代学者的报告，令人感佩。还有上午大查房、大讨论，常有超时，体现了师生们一心向学、毫无怨言的好学风。进修与协作阶段，协和医院病案室是先生常去的地方。那里的阅读条件很好，病案室的主任是高水平的教授，且有着一套完善的规章制度。完好地保存着协和医院自 1920 年以来的病案资料。每个病房按月来病案室签署医案首页。并由上级医师讲解诊疗过程，总结经验教训，也是一次研讨学习的机会，同时以实践推动学科的进步。先生将协和医院一套规范的病房管理与医案管理模式及严谨的学风带回东直门医院，为发展本院的脑病学科，以及做保健会诊能写规范标准的会诊记录奠定了良好的基础。

又因为神经内科病证治疗方法不多，常被问及中医怎么治，先生认真介绍了中医辨证论治的证候与方药，并向该院的大夫们介绍中成药的合理使用，引起了协和医院西医同行们的兴趣。后来，应黄惠芬主任的邀请，先生在科内开了 8 个小时的中医讲座，联系中风病相关神经退变、炎症等问题，谈治疗思路，得到了很好的评价，为第二年的协作研究打下了基础。

1974 年，36 岁

1974 年图 1　王永炎父亲

1～6月，赴协和医院神经科进修。

6月，父亲王近礼因脑出血病逝。

7～12月，留在协和医院开展化痰通腑法治疗中风病急性期临床疗效观察课题研究。

9～11月，参加防治乙脑医疗队，赴内蒙古锡林郭勒盟。

年初，进修行将结束，先生从东直门中医院工作到协和医院进修的经历中，看到神经病学从古典到现代的发展历程，主要是表现在神经定位诊断发展进步后，有神经生物化学的兴起。然而，临床治疗学的发展迟缓，虽诊断明确，但却无药可治。中西医双方都有探索治疗新方法的迫切愿望。正缘于此，在本年度学完临床脑电图学之后，先生被留下，在协和医院开展急性脑血管病中西医结合治疗的临床观察研究。总结120例的观察报告，发现急性期痰热腑实证以通腑化痰法大多有较显著疗效。于是，开始与北京中医学院中药系曹春林学长合作研究开发清开灵注射液。

此年8月，由于当年的气候异常，内蒙古锡林郭勒盟炎热多雨，水泡子蚊子异常滋生，导致人、牛、羊、马均有罹患严重的不明疾病，并很快形成流行趋势。国家派出由防疫、医疗、病理、昆虫、社会学等多行业专家组成的防疫医疗队。经科学调研后，认定是乙脑，由于当地既往无此类疾病，故免疫力差而造成暴发流行。防疫医疗队队长是协和医院的传染病专家王诗恒教授，他认为，此病因为病毒感染，治疗上应依靠中医药。先生依照20世纪50年代湖北暴发流脑时的防治经验，先行观察症状，按中医温病学说之卫气营血辨证法辨别证候，多属由毒邪内陷而致的气营两燔证，治用清气凉血，解毒通络，仿清营汤化裁多获效，疫情很快得到控制。

经过月余，没有新发患者。医疗队转为巡回医疗，先生曾与协和医院郭玉璞先生，配有内蒙古日报记者作翻译，乘一辆212汽车赴阿巴嘎旗、苏尼特左旗、东乌珠木沁旗访查，其中布鲁氏菌病、痢疾、肠炎等病较多，并有机会与当地蒙医合作，学习蒙药治疗的经验。

1975 年，37 岁

1～4 月，继续在协和医院开展课题研究。

5～12 月，主持东直门医院四楼内妇科病区工作。

　　此年 4 月底回到东直门医院工作，作为病区组长，主持四楼内妇科病区工作，护士长是廖谨言女士。病区专设 8 个中风病床位，以做中风病急症科研观察。并建心电监护病房 5 张床，用于观察危重患者。在这一年中风病急症观察治疗中，总结出相关诊疗经验。中风急症多痰热腑实证，宜用下法，拟口服星蒌承气汤，合用静脉滴注清开灵，可获得较显著的疗效，降低了病死率与致残率。

1975 年图 1　可爱的小姐妹（女儿王彤与外甥女王大立）

1976 年，38 岁

1976 年图 1 　王永炎带教学连队时摄于丰润县山区

3 月，作为教学连队队长，带 74 级工农兵学员赴河北丰润教学实习。

7 月 28 日凌晨，遭遇唐山大地震，即刻投入抢救，连续奋战十余天。

12 月，返回东直门医院。

此年 3 月，先生任队长，以教学连队编制，带领 74 级工农兵学员，赴河北丰润教学实习。其时，李振吉任书记，王俊显任副书记，带教老师还有于维杰、刘佑华、李学武、刘弼臣老师等。

于 7 月 28 日凌晨遭遇唐山大地震，教学连队居住的房屋倒塌，尚好连队师生未有伤亡。但周围由地震造成的状况已惨不忍睹。师生们惊魂未定，即马上投入抢救工作。先将病房伤员逐个抬出，在院中安置。天刚朦胧破晓，唐山北上丰润伤员连续送到，医院的场院中，以及院外红薯地上都躺满了伤员。作为队长，先生承担起抢救伤员的组织任务。

当天午后，还有五级以上余震，全体师生不顾自身安危，竭尽最大的努力在第一线抗震救灾。先生在灾后 18 个小时水米未进，连续奋战。然而，在那样的大灾难面前，人力显得非常无奈。他手拿一个 5ml 注射器，口袋里最后仅剩的两盒安纳加（CNB）用完之后，仍有五六个家属急迫抓住他的白大衣乞求救人。所有参与救援的医护人员，都在竭力工作，然而大多是无效的工作。大家在露天连续做了六台脑外伤手术，遗憾的是，最终没有生还者。

次日下午，解放军野战医院小分队来临，嘱全体医护人员编组工作，必须保证每人每天有 8 小时睡眠时间，进行三班轮换。大家喝了小米粥后，给伤员们填伤情表，按照伤势分成三类，重点放在经过治疗可能生存的伤员，轻者可暂放，过重者则不具备抢救条件。

第 3 天，上海医疗队赶到。由于水井错位，河流污染，自来水塔坍塌，赈灾最困难的是缺水。幸好还有两口古井有水可用，大锅煮水放盐做消毒用。这天，正遇丰润医院的一辆卡车送连队的患者返回北京，先生写个字条，只有 3 个字"我还在"，向家人报平安。第 5 天，陈永贵副总理来慰问。第 6 天，先生被派去唐山机场取空运的药品，亲见唐山城区夷为平地，尸臭令人窒息。第 10 天，丰润铁路修复，开始通火车，党中央决定将伤员运出灾区。此后，教学连队按大灾之后须加强防疫，转往白官屯进行防疫。曾遇副霍乱散发，刘弼臣先生在旧上海时曾治过此病，运用周氏回生丹方改用汤剂口服，配合 7000～9000ml 之大量液体滴注辅助，治疗 5 例患者，存活 2 例。

在抗震救灾过程中，全国支援物资到达灾区，膳食有保障。解放军官兵快速有效的作为，抢救生命，掩埋尸体，有许多可歌可泣的英雄业绩，人民群众于危难时互相帮助的崇高品德感动着、激励着先生。

此年，是我国人民深为沉痛的灾难年，我国第一代领导人周恩来总理、朱德委员长、毛泽东主席，相续于同一年去世。先生还亲历了伤亡惨重的唐山大地震，亲身投入到紧张艰苦的救灾抢险，救治伤病员的工作，从中深切体会到人性的善恶。并与全国人民一起，咬紧牙关，克服困难，期待未来。

▮▮▮▮ 1977 年，39 岁

继续主持东直门中医院四楼内妇科病区工作。

11 月 28 日，获批成为中国共产党预备党员。

12 月，评为院年度先进工作者。

此年 10 月，粉碎"四人帮"，十年"文革"结束。胡耀邦同志出任中共中央组织部部长，开始为"文革"中及此前各项政治运动中的冤假错案平反。先生于 11 月 28 日获批为中国共产党预备党员。介绍人廖家桢、胡荣。东直门中医院大内科支部书记为李梅芳同志。

1978 年，40 岁

5月，晋升为主治医师，讲师。

11月，转正为中国共产党党员。

12月，提拔为北京中医学院附属东直门中医院内科副主任，任中医研究院中医药治疗帕金森病的课题组长。评为院年度先进工作者。

此年，夫人杨宝琴由北京中医医院针灸科调往北京联合大学中医药学院任教。妹燕生通过高考，入读首都师范大学化学系。

1978 年图 1　王永炎先生摄于河南洛阳龙门寺

此年，国家各项工作走向正常制度化，职称评审亦于此年恢复。先生被评为主治医师、讲师。当时，中医研究院与北京中医学院合并，中医研究院科研处陈维养处长将当年立项的中医药治疗帕金森病研究课题布置给东直门医院，先生任课题组组长。

此年11月转正为中国共产党党员，是先生人生的一个关键点，从此摆脱了在思想领域受到排斥而低沉压抑的状态，于当年被提拔为科副主任。参加全国科学大会，并获集体奖。在中日学术交流会上发言，报告中医气血研究的思路与成果。年底组建了脑病研究组，有焦树德老师、邓振明、武作朝、申享淳、侯莉娜等老中青三代中医药学者参加。并继续与协和医院神经科合作，着手研究活血益气的109A（党参、黄芪、丹参）、109B（黄芪、丹参、郁金）及清开灵的临床试验研发工作。此时，先生已经认识到中医临床诊疗规范化改革的重要性，起草关于中医病案书写规范，上报卫生主管部门。

同月，老同学毛翼楷被召唤回校，经复核甄别，摘掉右派分子帽子，并恢复自1957年至1978年的党龄。先生与毛翼楷同学见面时，恰如暴风惊雷之后雨过天晴、彩虹映日，二人热泪满面。毛说："因我之故，让你蒙受不公之苦痛，我一直纠结不已，负疚至今。"先生数度哽咽，声音颤抖，但不无自豪，"历史已经证明，你不是右派，我的坚持是对的！"日后，毛翼楷成为黑龙江中医药大学的优秀教师。

▌▌▌▌ 1979 年，41 岁

3 月，担任中华全国中医学会内科分会筹备组长。
10 月，连续第三年被评为年度先进工作者。

1979 年图 1　在甘肃敦煌 -1

1979 年图 2　在甘肃敦煌 -2

中华全国中医学会于 1977 年成立，于此年，拟成立属下各科分会，先生担任中医内科分会筹备组组长。

1980 年，42 岁

　　3月，调任北京中医学院中医系77级中医内科学主讲教师。

　　此年8月，与曹春林合作研发的新药清开灵获批京卫准字80804号。当时由北京中医学院附属药厂投入生产，该厂员工只有100余名，清开灵是药厂的主打产品。

　　"文革"后，于1977年冬，北京中医学院首届招收入学的新生，学制按教育部规定恢复为5年制。当时，北京中医学院东直门医院的院长是梁启铎先生，系由协和医科大学教务处调来。另，史锐同志任院党委书记。此年，77级学生很快将进入临床各科课程的教学，先生与田德禄、王淑兰等同时被调为中医系77级中医内科学主讲教师，开始集中备课。

1980年图1　20世纪80年代初的王永炎（右）与同学晁恩祥

1981 年，43 岁

1981 年图 1　王永炎副教授

5月，晋升为副主任医师、副教授。任北京中医学院东直门医院副院长兼医务处主任。

9～12月，为77年级中医系学生主讲中医内科学心脑病证。

10月，中华全国中医学会内科分会成立，任第一届秘书长。

此年初，先生对北京中医学院东直门医院内科的相关病例进行整理，形成论文《中医药治疗急性缺血性脑血管病120例疗效观察》，发表于《中医杂志》1981年第4期。

　　此年5月已晋升为副主任医师兼副教授的先生，被东直门医院提拔为副院长兼医务处主任。当时，梁启铎任院长、史锐任党委书记，董建华、廖家祯、殷凤礼任副院长。杨生茗为医务处副主任。

　　9月，学院开学，77级学生进入临床课学习，中医内科学是临床主干学科，先生主讲心脑病证，受到学生的肯定。

　　10月，于武汉红山宾馆召开中华全国中医学会内科分会成立大会暨学术研讨会。大会选举董建华先生为内科分会主任委员，先生为秘书长。自此，学科发展的需要开始把先生推向社会学术界。会议期间，先生拜张海峰先生、任继学先生为参师。

附录

《中医杂志》1981 年第 4 期

中医药治疗急性缺血性脑血管病 120 例疗效观察

王永炎整理（北京中医学院东直门医院内科）

急性缺血性脑血管病属于祖国医学"中风"的范围，是临床常见病之一。1974 ～ 1977 年我们用中医药治疗了 120 例，现将观察结果和初步体会报告如下（表 1）。

表 1　中医临床表现的观察表

临床表现		中风中经证（98 例）	中风中腑证（17 例）	中风中脏证（5 例）
症状	神志不清	0	17（100）	5（100）
	半身不遂	93（94.9）	17（100）	4（80）
	口眼歪斜	68（69.4）	13（76.5）	3（60）
	感觉障碍	54（55.1）	10（58.8）	3（60）
	言语蹇涩	43（43.9）	14（82.4）	5（100）
	吞咽困难	12（12.2）	3（17.6）	4（80）
	便秘或便干	53（54.1）	11（64.7）	1（20）
	痰多或咯痰	27（27.5）	4（23.5）	1（20）
	头晕或眩晕	47（47.9）	6（35.3）	2（40）
	烦躁失眠	5（5.1）	2（11.7）	1（20）
舌象	舌质正常	52（53.1）	10（58.8）	1（20）
	舌质红	29（29.6）	6（35.3）	3（60）
	舌质暗红	17（17.3）	1（5.9）	1（20）
	舌苔白及白腻	29（29.6）	3（17.6）	1（20）
	舌苔黄及黄腻	65（66.3）	11（64.7）	3（60）
	无苔	4（4.1）	3（17.6）	1（20）
脉象	脉弦滑	43（43.9）	8（47.0）	4（80）
	脉弦滑偏瘫侧兼脉大	14（14.3）	3（17.6）	
	脉细弦滑	26（26.5）	3（17.6）	1（20）
	脉细滑	7（7.1）	1（5.9）	
	脉沉细	8（8.2）	2（11.8）	
	兼结代脉	6（6.1）	2（11.8）	1（20）

注：表内数字为例数，括号内数字为百分率。

临床资料

一、一般资料

本组 120 例中男性 70 例，女性 50 例。年龄 40 岁以下者 5 例，41 ～ 50 岁 18 例，51 ～ 60 岁 34 例，61 ～ 70 岁 42 例，70 岁以上 21 例，平均年龄 58.8 岁。120 例中脑血栓形成 110 例，脑栓塞 10 例。在脑血栓形成的 110 例中，病变部位在右侧大脑中动脉 39 例，左侧大脑中动脉 61 例，大脑前动脉左、右各 1 例，椎 - 基底动脉 8 例。10 例脑栓塞中，由风湿性心脏病心房纤颤所致者 7 例，冠心病心房纤颤所致者 2 例，心肌病所致者 1 例。本组 120 例中伴有不同程度动脉硬化者 104 例，高血压者 88 例，血压平均为 168/112 毫米汞柱。其他伴有冠心病 12 例，肺部感染 15 例，糖尿病 2 例，慢性胃肠炎 4 例，胃及十二指肠溃疡 2 例，慢性支气管炎 5 例，真性红细胞增多症、直肠癌、青光眼、震颤性麻痹综合征各 1 例。起病至接受治疗时间在 2 天以内者 50 例，3 ～ 5 天者 24 例，6 ～ 10 天者 42 例，11 ～ 15 天者 4 例。本组病例有意识障碍（昏迷、浅昏迷、嗜睡）者 22 例；完全性偏瘫（肌力 O 级）26 例，不完全性重度偏瘫（肌力 Ⅰ ～ Ⅱ 级）38 例，不完全性轻度偏瘫（肌力 Ⅲ ～ Ⅳ 级）50 例；感觉障碍 67 例；失语或构音不清者 62 例；病理反射阳性者 94 例；伴有假性球麻痹者 22 例。

根据患者临床表现，本组病例属中风中经证者 98 例（81.7%），中风中腑证者 17 例（14.2%），中风中脏证者 5 例（4.1%）。其临床表现见表 1。

二、治疗方法

本组 120 例，除少数有严重并发病患者加用部分西药对症处理外，均根据中医辨证施治原则，给予中药治疗。全部病例均未用扩血管及抗凝西药。

据中医辨证计有：①风痰上扰痰热腑实证 89 例，症见半身不遂，或感觉障碍，或口眼歪斜，便干或便秘，或头晕，或痰多，或舌蹇，舌苔黄或黄腻，脉弦滑或偏瘫侧弦滑而大，治用通腑化痰法，药选生大黄、芒硝、全瓜蒌、胆南星等，也可用三化汤随证加减。治本证药当急煎，一次温服，服后以大便得以通泻为度，不必尽剂，其后改拟清化痰热辅以活络，选用全瓜蒌、胆南星、天竺黄、丹参、鸡血藤等，每日一剂，水煎服。②气虚血瘀证 17 例，症见半身不遂，瘫软力弱，或感觉障碍，或口眼歪斜，或舌蹇口流涎，自汗，乏力，气短，或便溏，或心悸，或手足胀，下肢肿，舌苔薄白或薄白腻，脉细滑或细弦滑，治用益气活血法，药选黄芪、太子参、丹参、赤芍、草红花、鸡血藤等，每日一剂，水煎服。也可用补阳还五汤随证加减。③阴虚风动证 14 例，症见半身不遂，或感觉障碍，或口眼歪斜，或言语塞涩，烦躁失眠，头晕或眩晕，耳鸣，或手足心热，舌质红或红绛、或暗红、尖边红，脉细弦或细数，治用育阴熄风法，药选生地、玄参、麦冬、白芍、牛膝、生牡蛎、代赭石、珍珠母等，每日一剂，水煎服。或用镇肝熄风汤随证加减。

三、治疗结果

（一）疗效标准

①基本痊愈　偏瘫完全恢复，意识和感觉障碍、言语塞涩、吞咽困难、口眼歪斜、病理反射阳性等神经系统症状基本消失者。②显著好转　偏瘫明显恢复，能扶杖步行，神经系统症状部分消失者。③好转　偏瘫有进步，神经系统症状有好转，但仍不能步行者。④无效　经治疗偏瘫及神经系统症状无变化或恶化死亡者。

（二）治疗效果

本组病例按临床诊断分别于治疗 15 天（包括治疗不足 15 天者在内）和出院时统计治疗结果，并进行了比较。观察结果见表 2。

表 2　120 例治疗 15 天及出院时的疗效统计

诊断	总例数	治疗 15 天				出院时*			
		基本痊愈	显著好转	好转	无效	基本痊愈	显著好转	好转	无效
脑血栓形成	110	26	26	39	19	30	43	25	12
脑栓塞	10		1	3	6		5	2	3
中风中经证△	98	24	23	31	20	27	39	23	9
中风中腑证△	17	2	3	9	3	2	5	5	5
中风中脏证	5		1	2	2	1	1	2	1
痰热腑实证	89	21	24	27	17	25	36	18	10
气虚血瘀证	17	3	2	8	4	3	6	6	2
阴虚风动证	14	2	1	7	4	2	3	6	3

　　* 平均住院时间：脑血栓形成 24.8 天；脑栓塞 26.2 天；中风中经证 25.6 天，中风中腑证 23.7 天，中风中脏证 18.6 天；痰热腑实证 24.6 天，气虚血瘀证 25.1 天，阴虚风动证 27.6 天。

　　△有 2 例治疗 15 天后又复发中风。

1. 总疗效　120 例于治疗 15 天统计疗效：基本痊愈 26 例（21.7%），显著好转 27 例（22.5%），好转 42 例（35%），无效 25 例（20.8%），有效率为 79.2%；出院时统计疗效：基本痊愈 30 例（25%），显著好转 45 例（37.5%），好转 30 例（25%），无效 15 例（12.5%），有效率为 87.5%。无效 15 例中，病情恶化死亡者 7 例，均死于严重并发症。有效病例的住院时间为 6～114 天，平均 25 天。以上治疗 15 天与出院时的有效率相比较，差别不显著（$x^2=2.43$，$p>0.05$）。

2. 疗效分析　120 例按中西医的临床诊断分别比较其治疗 15 天和出院时的有效率，其中脑血栓形成 110 例分别为 82.7%（91/110）和 89.1%（98/110），脑栓塞 10 例分别为 40%（4/10）和 70%（7/10）；中风中经证 98 例分别为 79.6%（78/98）和 90.8%（89/98），中风中腑证 17 例，分别为 82.4%（14/17）和 70.6%（12/17），中风中脏证 5 例，分别为 60%（3/5）和 80%（4/5）；风痰上扰痰热腑实证 89 例分别为 80.9%（72/89）和 88.7%（79/89），气虚血瘀证 17 例分别为 76.5%（13/17）和 88.2%（15/17），阴虚风动证 14 例分别为 71.4%（10/14）和 78.6%（11/14）。除中风中经组治疗 15 天的有效率与出院时者相比较有显著差别（$p<0.05$）外，其余各组均无统计学意义（$p>0.05$）。

四、讨论与体会

1. 急性缺血性脑血管病属于祖国医学"中风"病的范畴。本组 120 例中，属中风中经证者占 81.7%，说明本组病例病情较轻。据初步观察，本组脑栓塞患者多具有心悸、自汗、乏力、气短等症状，舌质暗淡，舌苔薄，脉细滑、沉细或兼结代，多属心气亏虚血瘀阻络；大脑中动脉血栓形成患者，急性期多具便干、便秘、腹胀等症，舌苔渐转黄腻，脉多弦滑有力，属于风痰上扰痰热腑实证。前者治以益气活血法，后者则当先予通腑化痰，待燥屎得下，痰热渐化后再予活血化淤治疗。我们应用中西医双重诊断，并从中医和西医两方面进行临床观察，对探索中西医结合治疗本病的规律具有一定的意义。

2. 本病多表现为本虚标实证。急性期表现以痰热、腑实、血瘀为主，其中以痰热腑实证为最多见，治以通腑化痰，方宗承气汤或三化汤加减。但需注意两点：一是掌握病情变化，不可通泻过度，伤伐正气；二是根据患者体质调整用药剂量，体壮实者可予重剂，体弱者须用轻剂或攻补兼施。病至恢复期常由实转虚，表现为血瘀阻络，气阴不足，尤以气虚为多见，可选用补阳还五汤加减。

3. 本组病例均于治疗 15 天和出院时分别统计疗效。由于本病存在着自然恢复的趋向，因此我们认为，统计治疗 15 天的疗效可以较好地反映药物的治疗作用。据本组治疗 15 天的统计，脑血栓形成的有效率为 82.7%，其中基本痊愈者和显著好转者仅占 47.2%；脑栓塞形成的有效率为 40%，其中显著好转者仅占 10%，无一例为基本痊愈者，表明本组疗效不够满意，有待进一步研究提高。

1982 年，44 岁

1982 年图 1　中华全国中医学会南京会议（前排右 4 王永炎）

9～12 月，为 78 级中医系学生主讲中医内科学心脑病证。

妹燕生由首都师范大学化学系本科毕业，分配到北京轻工业学院任教。

此年，在董建华先生、焦树德先生指导下，完成的论文《缺血性脑卒中辨证论治初探》，发表于《上海中医药杂志》第 4 期。

此年 4 月 16～22 日，卫生部在衡阳市召开中华人民共和国成立后首次全国中医医院和高等中医药院校建设工作会议，由卫生部崔月犁部长亲自主持。会议明确提出"突出中医特色，发挥中医药优势，发展中医药事业"的指导方针，史称"衡阳会议"。

国庆期间，在青岛召开中华全国中医学会内科分会中风病学术研讨会，成立了中风病学组，先生主持学组的学术工作。会上决定，要建立中医学标准化研究团队，引进医学计量学，克服困难，首次制订中风病诊断与疗效评定标准，扩大推介中风病定义、诊断标准及证候量表。在会上，还报告运用星蒌承气汤配合清开灵注射液治疗中风急症的观察总结。本次会议期间，先生拜河南李秀林先生为参师。会后受李秀林老师研发中成新药的启发，内科分会与辽宁本溪第三制药厂合作，研发气滞胃痛颗粒剂（处方：柴胡、枳实、赤芍、香附、元胡、甘草）。又与华西医科大学廖工铁先生合作，研发参麦注射液（处方：红人参、浙麦冬），由雅安制药厂与青春宝制药厂生产，均为现代大品种。

附录

《上海中医药杂志》1982 年第 4 期

缺血性脑卒中辨证论治初探

王永炎，邓振明
指导　董建华，焦树德
北京中医学院东直门医院

中风一病攸关生死安危，历代医家都很重视，并积累了丰富的临床经验。为提高本病治愈率、减少病残率和死亡率，在前人经验的基础上，进一步探求辨证论治的规律，我院于 1974 ～ 1980 年收治了缺血性脑卒中病例 220 人。现据临床资料，对本病证型、证候演变和转归以及治法方药做一初步探讨。

临床资料

本组病例男性 124 例，女性 96 例。发病年龄：40 岁以下 7 例，40 ～ 60 岁 36 例，51 ～ 60 岁 59 例，61 ～ 70 岁 81 例，71 岁以上 37 例；其中 60 岁以下 120 例，占 46.36%，60 岁以上 118 例，占 53.64%，平均年龄 59.43 岁。

按中医辨证属中经证者 117 例，中腑证者 31 例，中脏证者 12 例；按西医诊断，均属急性缺血性脑卒中，其中属颈内动脉系统脑血栓形成者 119 例，椎 - 基底动脉系统脑血栓形成者 15 例，脑栓塞者 14 例。

本组治疗均采用辨证论治的方法，其中 100 例在口服中药汤剂的基础上同时应用活血注射液（组成：丹参、赤芍、郁金，中医研究院中药研究所制）10 ～ 20ml，加入 10% 葡萄糖溶液 250 ～ 500ml 中，静脉滴注，每日 1 次，7 ～ 14 天为一疗程，均未采用血管扩张剂和抗凝西药。

治疗结果：半身不遂基本恢复，偏身麻木、口眼㖞斜、言语蹇涩等症基本消失，可自理生活或参加部分工作属基本痊愈者 90 例，占 40.9%；半身不遂明显恢复，能扶杖步行，偏身麻木、言语蹇涩等症明显好转属显著进步者 65 例，占 29.5%；半身不遂有进步，但仍不能步行，偏身麻木、言语蹇涩有好转属进步者 38 例，占 17.3%；半身不遂等症

无变化属无进步者 15 例，占 6.8%；病情加重或死亡属恶化者 12 例，占 5.5%。住院时间最长 114 天，最短 5 天，平均 27.58 天。总有效率 87.7%，基本痊愈加显著进步为显效率，达 70.4%。

一、辨证分型与治疗

（一）风痰瘀血，痹阻脉络

本证 91 例。症见半身不遂、偏身麻木、口眼㖞斜、言语蹇涩、眩晕、舌质黯淡苔薄白或白腻、脉弦滑。

本证起病急，病情常渐趋加重，具有"风性善行而数变"的特点。半身不遂、言语蹇涩诸症，由痰浊瘀血，阻滞脉络而成；舌质暗淡属血瘀；舌苔白腻、脉弦而滑为痰浊内蕴之征。

治拟平肝熄风、化痰活络。药选：钩藤、菊花、瓜蒌、胆南星、丹参、赤芍、鸡血藤等，随症加减。

疗效：基本痊愈 39 例，显著进步 34 例，进步 9 例，无进步 7 例，恶化 2 例。

（二）风痰上扰，痰热腑实

本证 85 例。症见半身不遂、偏身麻木、口眼㖞斜、言语蹇涩、便干便秘、眩晕、痰多、舌质红或黯淡、苔黄腻、脉弦滑。

本证以突然发病半身不遂、偏身麻木为主症，兼有便秘、眩晕、痰多、苔黄或黄腻、脉弦滑等，均系痰热腑实，浊气上犯清窍，内风挟痰挟火窜扰经脉而成；又因痰热积滞壅阻，胃肠失去升清降浊功能，并影响气血运行布达，故不仅偏瘫症状较重，还可见轻度神志障碍。如见脉弦滑

而大者，说明邪气亢盛，病势有恶化的趋向，医者当明察。

治拟通腑化痰为先。药选：大黄、芒硝、全瓜蒌、胆南星等；大便通泻后，改拟清化痰热、活络，药选：全瓜蒌、胆南星、丹参、赤芍、鸡血藤等。

疗效：基本痊愈 35 例，显著进步 19 例，进步 20 例，无进步 6 例，恶化 5 例。

（三）气虚血瘀

本证 24 例。症见半身不遂、偏身麻木、口眼歪斜、言语蹇涩、口流涎、汗出、乏力、气短、便溏、心悸、手足肿胀、舌质黯淡、苔薄白或白腻、脉细弦或带滑。

本证也以突然半身不遂、偏身麻木为主症，兼有口流涎、自汗、气短、乏力、心悸。诸症皆因心脾气虚而成：脉细为气血不足，舌质黯淡、脉弦由血瘀阻络，苔白腻、脉兼滑为气虚痰湿内蕴之征。

治拟益气活血为主。药选：黄芪、太子参、丹参、赤芍、鸡血藤等，随症加减。

疗效：基本痊愈 8 例，显著进步 6 例，进步 6 例，无进步 1 例，恶化 3 例。

（四）阴虚风动

本证 20 例。症见半身不遂、偏身麻木、口眼歪斜、言语蹇涩、烦躁失眠、眩晕、耳鸣、手足心热、舌质红绛或黯红、少苔或无苔、脉细弦或细数。

本证先由肝肾阴虚、肝阳偏亢形成上实下虚之症，又因情志刺激、内风旋动、挟痰窜扰脉络而致半身不遂诸症；烦躁失眠、头晕耳鸣等为阴虚阳亢之征；舌质红由阴分不足；弦脉主肝风、细脉主血少、数脉为内里有热——总属阴虚风动。

治拟育阴熄风为主。药选：生地、玄参、麦冬、珍珠母、生牡蛎、丹参等，随症加减。

疗效：基本痊愈 8 例，显著进步 6 例，进步 3 例，无进步 1 例，恶化 2 例。

二、证候演变和转归

根据住院期间和出院后半年以上的随访，本病的病证可分为急性期、恢复期和后遗症期。起病后 2 周～1 月内为急性期；1 个月以上～半年左右为恢复期；病程迁延半年以上为后遗症期。

本组病例急性期属风痰瘀血、痹阻脉络者 91 例，风痰上扰、痰热腑实者 85 例，气虚血瘀和阴虚风动者各占一部分。其中风痰瘀血、痹阻脉络证者有 37 例，于急性期 3～6 天内因血瘀气滞、痰浊化热，转而为风痰上扰、痰热腑实证。据观察，舌苔变化最为突出。病初舌苔薄白或白腻，在发病后短暂的 6 小时内即变为黄苔或黄腻苔。一般在 2～3 天内转化，也有迟至 3～5 天逐渐转变的。白苔转黄苔，

当是郁热在里；白腻苔转黄腻苔，当是中焦湿痰已化而为热。再有病起后大便秘结或便干难解，脉弦滑而大，均可说明此时的证候已演变为痰热腑实之证。

本病在恢复期常由实转虚。风痰上扰、痰热腑实证 85 例中有 44 例转为气虚血瘀，19 例转为阴虚风动。虚实的变化以脉象转变最为显著。原脉象弦滑而大者，往往因其偏瘫侧脉渐弱而转为滑而缓，或沉滑、沉缓。同时还兼见心悸气短、乏力自汗等症者，此类病证即属气虚血瘀证。也有脉细而弦、舌质红少苔无苔，兼有眩晕、烦躁失眠诸症者，此属阴虚风动证。

总之，中风为本虚标实之证，急性期侧重标实；恢复期侧重本虚。本虚有气虚和阴虚的不同，标实有内风、瘀血、痰浊的区别。恢复期以气虚血瘀证较为多见。

急性期也有部分病例为气虚血瘀证者，如久病脉痹、心脾气虚、气虚不能推动血行、脉络瘀阻所致半身不遂诸证的患者。中风之后，血瘀势必加重，故又有因瘀生热、气虚生痰、痰热互结阻滞中焦，演变而为痰热腑实证者。此当先以硝黄通腑，腑气通则痰热退，再拟益气活血。至于急性期阴虚风动证者，当投以育阴潜阳熄风之剂，则一般症情可获缓解。若舌红无苔，日久不复，舌质转淡，白薄渐生，则病情可趋平稳。

重证患者由风火痰热内闭气血而使阴阳离绝，可有多种变证。见频繁呕逆、呕血便血、反复抽搐、背腹骤然灼热而手足四肢冰冷，或忽然头面颈项潮红烘热而四肢厥冷等症者，均为病势逆转的危象，预后多不良。

三、治法和方药运用的体会

（一）正确运用通腑化痰法

中焦被痰热实邪阻滞，失于升清降浊，影响气血运行布达，这对半身不遂和神志障碍的恢复是很不利的，故急性期须针对痰热腑实证予以通腑化痰法的治疗。随着大便通畅和痰热渐化，则半身不遂等症也会有相应的好转。对 85 例属风痰上扰、痰热腑实证者进行半身不遂起效时间逐日累计观察：其中第二天见效者 5 例，第 3 天见效者 24 例，第 4 天见效者 12 例。观察资料表明，第 2～4 天偏瘫开始好转者，都是经用通腑化痰药以后，大便得以通泻而症状得到改善的。有人提出，本病既属本虚标实，那么应用硝黄咸寒、苦寒的药物后会不会因泻下而损伤了正气呢？我们体会，急性期虽然本虚，然而侧重在标实。标实以瘀血、痰浊为主，具有可通的指征：一是起病后便秘便干（有多至一周不解大便者），自然腑内积有燥屎；二是舌苔黄或黄腻，证明中焦蕴蓄痰热；三是脉弦滑而大，说明痰热实邪猖獗。因此，须及时地祛除痰热积滞，勿使灼阴耗气。这就是以通为补的方法。当然，不可否认，过用泻下药亦可伤正。因此，应该强调根据病情和体质状况合理地运用

本法。若素体壮实，当以重剂，硝黄可用至 10g 以上，以达到通泻目的为度，不必尽剂。若素体气阴不足，则用药宜轻或攻补兼施。

（二）重视活血化瘀法对缺血性脑卒中的治疗作用

1974～1977 年辨证施治 120 例，总有效率 87.5%，基本痊愈率 25%；1978～1980 年在口服中药基础上加用活血注射液静脉滴注，治疗 100 例，总有效率 88%，基本痊愈率 60%。两组在病情类似情况下做基本痊愈率对比：后者明显高于前者，可能加用活血化瘀注射液静脉滴注对提高疗效是重要的因素。论其病机，无论风、火、气、痰，阻滞脉络，均可造成血瘀，因此，运用活血化瘀，通达脉络，应是主要治法之一。急性期本虚标实，多以标实证较为突出，病机虽属气虚血瘀而侧重在血瘀时，治疗也应以活血化瘀为重点，而不宜重用补气。张锡纯主张，治偏枯不可轻用补阳还五汤，对治疗本病急性期有一定的参考价值。

1983 年，45 岁

1983 年图 1　王永炎赴日本进修（前排左 1 王永炎、左 3 王洪图）

1983 年图 2　与日本神经病科专家清水先生交流

5 月，与孟家眉、廖家桢合作，起草编制了第一版中风病诊断辨证量表。

3 ～ 5 月，参加 3 个月的日语突击学习班。

7 ～ 10 月，赴日本九州宫崎小林市神经精神病院进修学习。

10 月回国后，筹建中华全国中医学会急症分会，出任第一届主任委员，主持中医急症必备用药的遴选工作，直接参与中药注射剂的研发、推广与标准规范。

12 月，由时任国务院总理赵紫阳任命为北京中医学院院长。

1983 年图 3　在日本进修时的宿舍中

曾于前一年秋，梁启铎院长找先生谈话，拟送往日本留学，学习神经精神相关疾病的最新研究。先生曾学过英语与俄语，但日语并无专门涉及。在赴日之前，参加 3 个月的日语突击学习班，由黄启助先生用日语授课，虽然学习困难很大，但先生以决心与努力，通过了学习与考核。学习结束后，以访问学者

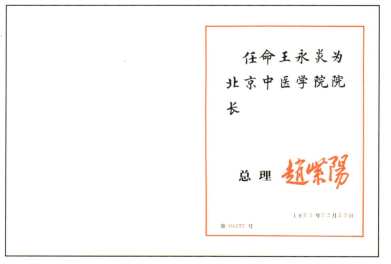

任命王永炎为
北京中医学院院
长

总　理　赵紫阳

1983年12月29日

第 04177 号

1983 年图 4　北京中医学院院长任命书

的身份，赴日本就神经精神病学考察学习。主要的学习地点在九州宫崎县小林市神经精神病院，导师是岩桥信种先生。他曾做过侵华日军军医，有一种赎罪的思想，待中国学生很好。学习后期，由岩桥先生介绍去熊本医院继续学习，当时的老师山田敬一先生是 1955 年回国的东北野战军野战医院副院长，原系日本反战同盟成员，崇尚毛泽东思想和林彪的战术学，对前去学习的先生也很热情。先生在回国之前，还走访了东京医科大学与富山医科药科大学。

　　此年 10 月，中华全国中医学会急症分会于上海成立，先生当选为主任委员，晁恩祥为秘书长。学会受卫生部中医司委托，征集急症必备用中（成）药目录，并组织进行审评。

1983 年图 5　与研究生师生们在一起（前排右 8 王永炎）

1984 年，46 岁

1984 年图 1　北京中医学院院长王永炎

1984 年图 2　王永炎在讲课

2 月，正式出任北京中医学院院长。

9 月，先生在《辽宁中医杂志》1984 年第 9 期上发表了题为《中风病科研思路方法刍议》的论文。这是篇幅较大的科研理论性文章，从中可以看出，先生思路已经从个病的治疗经验分析向科研方法探索拓展。

此年，与廖家桢先生一起，受聘为科技部科技进步奖评审委员。

此年，为了研究编写中医学院的外语教材，学校开办了外语学习班。

1984 年图 3　王永炎在给来宾们表演

当时，北京中医学院与中日友好医院是同一套班子。党委高鹤亭副书记代理书记，辛育龄任副院长及中日友好医院院长，司更生任副书记兼纪委书记及中日友好医院党委书记。北京中医学院还有高奎乃副院长、张世栋副书记、姜炳赤任总务长。调钱琳任教务处长，王永第任总务处长。

先生在上任前，对北京中医学院的工作情况进行了解细察。发现当时可谓是人心涣散，纪律松弛。因此，上任之后，首先是整顿教学秩序，提拔一批年富力强的中青年干部，如崔文志、房书亭、陈啸宏、葛士虎、索润堂等。

先生坚持旁听各门课程，亲自组织修订各科教学计划，组织科研招标，拟对六年制本科教育以 81 级为试点，试行"强化基础，两段教学，专业任选，后期分化"的教学方法，即前 3 年半学习共同的基础与临床课，后期 2 年半分解为基础研究专业、临床各科专业、管理专业、文献专业等不同的方向分别进行培养。此外，组建创办护理系与管理系，并亲自兼任护理系主任。

1984 年图 4　和护理系师生们在一起（前排右 5 为王永炎）

当年内科分会肺病、心病、肝病、肾病、脑病等学组成立。急症分会组织中药注射液研发专题，与曹春林先生提出按"理、法、方、药、剂、工、质、效"的理念做好工艺质控，进行研制小复方注射液。注重研发的过程管理，必须实施药效、毒理、临床观察等各项实验，获得可靠数据以为依据。这种研究方法，后来形成了中药小复方注射剂研发的新规范。

附录

《辽宁中医杂志》1984 年第 9 期

中风病科研思路方法刍议

王永炎（北京中医学院东直门医院内科神经组）

当前开展的中医科研思路与方法的讨论，是中医学术界众人瞩目的一件大事，是振兴中医事业的一个重要问题。

我院自 1972 年以来开展了中风病的临床研究，系统观察治疗患者 500 余例，取得了比较满意的疗效。我们拟以中风病的临床研究为例，仅就科研设计、临床观察、总结报告几个主要方面，如何保持与发扬中医特色的问题，谈一些粗浅的体会。不当之处，诚望指正。

一、以继承为起点，发扬为归宿，搞好科研设计

任何一项科研工作都必须首先重视科研设计。科研设计包括的内容较多，而确定课题研究方向和制订研究方法是重要的组成部分。为了把握正确的方向和严谨的方法，对研究课题的历史和现状，做周密细致的调查研究是十分必要的。我们在开展对中风病的临床研究中，首先复习了古今的文献资料；进而对建院 10 余年来收治的全部中风病例做调查分析；在此基础上选择具有一定典型意义的中风急证病例，邀请院内和在京名老中医进行会诊治疗，做好个案的观察总结。总之，应在充分占有资料的前提下，撰写文献综述，完成开题报告，以明确课题研究的方向和方法。

1. 复习文献，占有资料　科学是有继承性的。任何一门科学的发展都是"累积规范"与"变革规范"交叉的过程，中医学亦不例外，没有继承就不可能有发展。我们的科研工作应该是继承为了发扬，发扬必须继承，要正确处理好继承与发扬的辩证关系。首先，复习文献撰写综述，即所谓"勤求古训，博采众方"，这就是以继承为起点。通过文献复习，掌握中风病的沿革，明确了三个问题：一是正名。中风病名始见于《素问·风论》，然而我们的课题对象是指相当于脑血管疾病的内中风，即是《灵枢·九宫八风篇》所记的"击仆偏枯"。汉·张仲景《金匮要略》一书中始有中风专论。对病因、脉证、治疗均有阐述，使其初具规范，而区别于太阳中风表证。明·楼英《医学纲目》则又称本病为卒中，从而将其病名搞清。也就是说，我们的课题是内中风。二是病因学说的争鸣。据历代文献记载，其经历了从外因论到内因论的发展过程。汉唐时代多主外因，金元以后乃识内因。主外因者治必温散解表，予续命诸方，验之临床疗效甚微；识内因者治必潜降镇摄，或清热，或化痰，或活血，总欲靖内动之风阳，用于临床效果显著。随着病因学说的发展，对治疗法则有了新的认识，治疗水平获得了明显的提高。三是搜集了历代医家对中风病候、证候、治法、方药、调摄等方面积累的丰富临床经验。这对我们展开对本病的临床研究具有重要的指导作用。然而，也要看到古人的不足。就中风病各类证候发展、演变、预后、转归等方面，即中医辨病的内容记述较少，其广度和深度都有待于今后做周密的观察和认真的总结，这就是我们课题研究方向的一个重要方面。

2. 回顾病例，调查分析　在复习文献掌握资料的基础上，对建院以来收治的 600 余例中风患者做了系统回顾，从中发现三个问题：一是由外风入侵而致病者极少。有按外风治，投小续命汤或大秦艽汤加减的病例，其疗效均差。二是中风急证由痰热生风者不为少见，有因痰热阻滞中焦见痞满燥实诸症，用承气汤类治疗而获捷效者。至恢复期其证多见气虚血瘀。拟益气活血法，仿补阳还五汤意，治疗效果尚好。三是按西医闭塞性脑血管病由梗塞而致病，单一应用活血化瘀治者则疗效不佳。尤其是气虚血瘀证，用莪术、水蛭治之，病情常常加重，即前人所谓"血可破而气不可伤"确有道理。

3. 整理个案，总结经验　要重视个案研究。开题之先，选择中风急证患者，邀请几位名老中医会诊，搜集整理会诊意见，采选不同治疗方案，针对近似相同的证候投药治疗。仔细进行临床观察，认真总结疗效。通过不同流派名老中医对个案的会诊治疗，可以提示辨证途径与治疗规律的探求方向。还通过个案治验的点滴体会，再经提炼、推广、验证，摸索新治法、新方剂和新理论。例如，清代名医叶天士于风温一案有"风温上受，寸口脉独大，肺受热灼"的按语，后经学生载入《温热论》，已为当今人人熟悉的理论。加强个案的整理研究是强调首先认识个别的事物，对个案的经验推广验证是扩大到认识一般的事物，进而应用认识一般事物的概念、理论去分析特殊的病证摸索新经验，这符合由特殊到一般，再由一般到特殊的认识过程。

通过文献复习、病例回顾和个案整理，立足于继承前人的经验，吸取今人不同学术流派的各家之长，确定我们的课题研究方向。明确了重点是研究辨病规律，探讨疾病的合理分期，证候的发展演变过程；病势的善恶顺逆；适应证候演变的治疗规律；拟定新方剂创制新剂型提高疗效。

课题设计的指导思想是辨证论治。因为辨证论治是中医临床医学的核心，是体现中医特色的重要方面。我们的工作从个案观察做起，其原因就在于个案研究有利于总结辨证论治的宝贵经验。若按照西医病名诊断，套用中医理论进行分型，再拟定方药，而演变成一型一法一方的机械格局。这样做法既不符合辨证论治的精神，又易导致废医存药的歧途。至于辨病用药是说根据西医诊断的病名应用中药治疗，不仅是违反了辨证论治原则，也舍弃了中医理论对临床治疗的指导作用。这种方法对中医科研工作也是有害而无益的，应该力求避免。再有中风病是一种起病急、变化多、发展快的难治病证，试图采取一方一药来解决中风病发展变化着的诸般证候的治疗是绝难成功的。由此可见，合理的科研设计应是加强辨病辨证的研究，纵横结合探讨证候演变规律，治疗上应总结在辨证论治指导下的系列方药。总之，我们认为当前的中医科研工作应该在继承上多做努力，在辨证论治上狠下功夫，认真地体现中医特色。当然继承不应是"复制"或"循环"而应是螺旋形的前进。继承为起点，发扬是归宿。这就是搞好科研设计的前提。

二、勇于实践，敢于创新，搞好临床观察

医学科学的实践活动，一般包括临床观察和实验室研究两个主要方面。对于中医科研工作，无论是理论研究还是临床研究，都必须强调临床观察的重要性。始自经典理论，终于历代医家学说，都是从临床观察中得来的，都必须从临床实践中去检验这些理论、经验是否正确和有无实用价值。考察千年以来中医各家学说的形成与发展史，凭临床观察这一中医所习用的手段，是可以创立新方法，发展新理论，形成新学说的。当然我们也要运用新的历史条件下所能提供的先进技术，如检眼镜、纤维内窥镜、CT扫描等检查手段都能扩大我们的视野，可以作为望诊的新形式去探索证候的新指标。应该指出，在辨证论治精神指导下，利用现代理化检测技术应用于中医，是一个新课题，刚刚起步还存在许多问题。因此，目前阶段任何忽视临床观察的倾向，都是不利于中医事业发展的。

科学研究是"探求未知"，从事科研工作则贵在创新精神。因此应在积累、借鉴和继承前人成果的前提下，敢于并善于开展新实践。通过新实践可以检验过去的理论，可以提出新观念，创立新理论。我们的研究课题——中风病的新实践是从症状学的观察做起，是以证候的规范为重点，通过新实践落实治法方药的系列化，目的在于提高疗效。

1. 观察分析，探索证候演变规律　新实践从症状学的观察做起。中医症状学的主要内容包括症状、舌象、脉象的观察、统计、分析等。它是为确定疾病诊断、证候属性、演变和转归服务的。中风病具有神志障碍、半身不遂、偏身麻木、口眼㖞斜、言语謇涩五大主症。神志障碍的有与无，可确定中脏腑还是中经络。半身不遂表现为瘫侧拘急僵硬者，是属痰热风火瘀血阻滞脉络，为邪实标急的证候。半身不遂表现为瘫侧松弛软弱者，是属中气不足，以本虚为主的证候；五大主症具有任何两项以上，结合起病急骤，具有风为阳邪善行数变的特点，即可确定疾病的诊断。每一病例具有主症的多少和症情的轻重与病势的善恶密切相关。兼症的观察对于确定证候寒热虚实的属性是很重要的。例如，在常见的兼症中，有半数以上的急证患者出现大便硬或不大便的症状，在三、五日不大便者必见腹满而肠中有燥屎。因此通过220例急证患者症、舌、脉的观察、统计和分析，确认痰热腑实证是急性期的主要证候类型之一。再如汗出一症多见于恢复期气虚血瘀的病例，其表现是偏瘫侧自汗，当属中气不足而表卫不固。但急性期也可见偏瘫侧汗出，结合脉象，其属风火窜络蒸表而成。关于舌象、脉象的观察无疑是十分重要的，如舌质红绛无苔者必是阴液不足，内风动越之证，即使见于恢复期此类患者也易复中。然而，通过大宗病例的统计分析，舌质红绛无苔者（15/220）仅占6.8%。资料表明急证患者以舌质暗淡、暗红，苔黄或黄腻者为多（137/220），占62.2%，结合脉象的观察，急

性期弦滑者多（119/220）占63.2%，足见痰热所致的标实证为主要见证。此外，症、舌、脉的观察对预测病势的顺逆发展也是很重要的。如急性期偏瘫侧脉弦滑而大者，病虽重若及时救治，预后尚好；反之其脉沉细、沉缓、沉微又代者，病情危笃多预后不良。还应注意对症、舌、脉做动态的观察，为兼求证候发展演变的规律提供可靠的临床资料，这是体现中医特色的又一方面。

2. 确定分证法，逐步使证候规范化　新实践以证候的规范为重点。在症状学观察的基础上，提出切实可行的证候规范，是课题研究的关键环节。中医诊断内容应包括病证名的诊断、证候诊断和病期的诊断，而证候诊断标准的制定必须在搞好证候规范的基础上进行。探求证候规范，首先要确定分证方法。查阅历代著述对中风病有几种不同的证候分类方法。我们根据古代和近代的认识并结合我院的临床实践体会，选择《金匮要略》中络、中经、中腑、中脏的分证方法。然而这种分证方法仅可说明病情的浅深、轻重和通过动态观察病情，确定预后的善恶。至于分析确定证候指导立法处方，则需明确证候寒热虚实的属性。我们是在观察分析了大宗病例的症、舌、脉临床资料之后，初步拟出中经络有四证：即风痰瘀血痹阻脉络、风痰上扰痰热腑实证、气虚血瘀证和阴虚风动证。中脏腑也有四证，即风火上扰清窍证、痰湿蒙塞心神证、邪热内闭心窍证和元气败脱心神散乱证。每类证候均按主症—主要兼症—舌象—脉象顺序编写清楚，便于临床应用。应该指出临床观察遇到现有规范之外的证候类型，要特别重视，着意地加以描述，以备进一步研究。

"证候"的概念，应包括动态变化的内容。因此证候规范必须体现纵横结合的特点，既要有各类证候"横"的表现，又要有每类证候在疾病的不同阶段上"纵"的发展变化。例如，中经络的风痰瘀血痹阻脉络证，有相当数量病例，在急性期3～5天内，因血瘀气滞，痰浊转化变为风痰上扰痰热腑实证。约经1个月左右的治疗，若腑气通，痰热净，至恢复期演化为气虚血瘀证。另如中脏腑的扰、蒙、闭、散四证之间传变转化，也是通过临床观察，从而探寻其规律性。中风急证务必救急要分秒必争，如邪热内闭心窍证，若及时宣窍透热，病势可以顺转，反之因抢救措施不当或延误治疗时机则由气血逆乱，阴阳离绝，发生厥逆、呃逆、抽搐等变证。由此可见，在探求证候演变规律时也应注意变证、坏病的研究。

3. 为提高疗效，搞好治疗系列化　通过新实践落实治法方药的系列化，目的是为提高疗效。据证立法，依法组方，使理法方药完整统一，也就是按证候的属性和证候的演变规律来设计治疗方案，并通过临床来检验它的正确性。中经络属风痰上扰痰热腑实证者，因腑实而中焦阻滞升降失常，浊邪不时干犯清窍，可致神昏、半身不遂诸症加重，

先投承气汤类。如大便得以通泻，腑气畅达之后，进而清化痰热，凉血熄风。至恢复期见气虚血瘀证时，再仿补阳还五汤意，治用益气活血法。从此证治的系列可以看出，治法方药的系列化是指适应证候的需要，按治疗法则把处方、用药有机地组合起来。"系列化"的涵义，包括在临证时使一组方剂组合应用，通过实践精选药物，创造新治法、新方剂、新剂型。适应中经络四证，在大宗病例治疗观察并总结疗效的基础上，我们选择 17 味药，按平肝、熄风、通腑、化痰、活络、益气、育阴等治法将 17 味药分组，视患者的具体证候有机组合地应用于临床。

中经、中腑证的治疗运用单一的中医药治疗方法，不用任何西药。面对急证要提高救治效果发挥中医药的优势，就必须改进剂型和给药途径，重点是要应用起效快、安全性强的静脉注射液和大输液。目前我院制剂室提供中风病治疗应用的静脉注射液 4 种，静脉大输液 1 种，包括清气、宣窍、凉营、益气、活血、育阴等治法的静脉给药。我们强调在辨证论治原则下的静脉途径给药。如中脏属邪热内闭心窍证又并发频繁抽搐者、则先后使用清开灵注射液和丹芍注射液（处方：丹参、赤芍），两种药均用 20ml 兑入葡萄糖液 250ml 中静滴，同时还给予具有育阴熄风作用的大输液治疗。总之，视证候属性和证候演变采取辨证论治的方法运用这些制剂。对剂型、给药途径的改革也要重视继承，注意保持传统剂型的特点和效用，努力体现中医特色。

中医的医疗、科研工作的生命在"疗效"。本课题的研究始终着眼于"疗效"，提高了疗效，取得了成果才能促进中医学术的发展，否则必将被淘汰。例如，1974 ～ 1977 年采用口服汤药的方法辨证治疗缺血性卒中 120 例，虽有一定疗效，但对急性期重证患者效果不佳。1978 ～ 1980 年在原治法方药系列未变的情况下，采用口服汤药加用丹芍注射液静滴治疗 100 例，使疗效有明显的提高。1983 年以后又用清灵注射液静脉滴入治疗，进一步提高了疗效。

中医科研实践主要是临床观察。与此同时我们也运用理化仪器开展了部分实验室的探索性工作，如建立脉象、舌象的检测指标，探讨血液流变学指标与证候的关系等。应该指出，我们的设想是运用检测技术寻找证候规范的指标，尤其是阐明证候属性的特异性指标，因此难度很大。尽管如此，我们的指导思想是明确的，主要是寻找辨证论治原则下的指标，而不是套用西医"疾病"的指标。当然，这种设想是否合理，尚有待于实践活动中加以证实。

三、提出新概念，力创新理论，完成科研总结报告

众所周知，中医所以能在世界医林中独树一帜，就是因为它有独特的理论体系。这个理论体系就是中医的特色。要想搞好科研工作发展中医学术就必须不断地创立新理论，来充实和完善这个体系。

任何一门科学在概括客观世界的各种现象时，都运用反映一定范围内的现象的概念。而经实验检验的科学概念就是客观真理，它深刻地反映着现实。我们说"概念"已经不是事物的现象，不是几个具体的数据，不是事物的外部联系，而是事物的本质、事物的全体、事物的内部联系。通过实践，旧概念将不断被修正、补充和否定，概念的转化而形成新概念。新概念形成的越多越快意味着这门学问发展的越迅速，所以新概念的不断形成是科学发展的主要标准。为此，我们在撰写科研论文进行科研总结时，决不能停留在一般性的累积数据上，更重要的是通过已掌握的第一手材料，进行认真分析，经过反复的推敲，总结出规律性的东西来。要善于根据自己的新实践，突破旧概念，修正甚至废弃旧概念，确切地提出新概念。"中风"一病，远溯《内经》早有记述，然而直至明代，张景岳通过自己的实践，认识到此病并非外感风邪所致，而提出"非风"这一新概念以正其名。我们通过 10 多年的临床研究，在系统地观察 500 余例患者并取得较好疗效的基础上，将要提出"痰瘀互阻"是中风急证的主要病机。这一新概念，有人要问"痰瘀互阻"导致中风，前人早有名训，何以为新？我们认为新概念并不是神秘不可及的东西，它可以是旧概念的补充。通过对大宗病例症状学的观察，统计资料表明，痰热腑实证在急性期占 60% 以上。据此从脉证看病因，则无论气滞、血瘀、痰浊、气虚及阴虚生风、生热，在急性期均以"痰瘀互阻"为病机的中心环节。验之于治疗，着眼去除痰热血瘀，勿须潜降熄风之品而获捷效。因此中风之"风"主要指病势而言。说明起病急骤，而痰热血瘀互阻可为生风之源，清内动风阳可以化痰热，活血化瘀为大法。

关于力创新理论是我们未来的努力方向。创立新理论必须有大量的临床实践，在获得了前所未有的新材料，从中发现了新规律，提出了一系列的新概念的基础上才能实现。

最近，卫生部中医司下达了《关于成立高热等急证协作组的通知》，我们将尽快地组织力量，成立全国中风病科研协作组，愿与致力于中风病临床研究的同道们通力协作，为创立中风病的新学说，形成新学派而贡献我们的一份力量。

1985 年，47 岁

1985 年图 1　访问美国 -1（左 1 王永炎）

1985 年图 2　访问美国 -2

1985 年图 3　与知名老中医在一起（后排右 3 王永炎）

1985 年图 4　内科分会委员在榆林县镇北台（右 4 王永炎）

　　3～4 月，参加上海第一医学院卫生干部培训班。

　　5 月，评为主任医师。

　　10 月，作为中国气功科学代表团团长访问美国。

　　11 月，改任北京中医学院第一副院长。

　　此年，组织创办《中医急症通

讯》，亲自出任主编。全国中医内科科研方法讨论会在南京召开，先生及其团队在会上提交了题为《从 500 例中风病临床研究看文献资料占有的重要性》。此文的内容摘要发表于《江苏中医杂志》1985 年第 3 期。

1985 年图 5　王永炎与当年毕业的研究生及老师们（前排右 5 王永炎）

　　此年 3 月参加上海第一医学院卫生干部培训班，因北京中医学院原党委书记高鹤亭调任中日友好医院党委书记，先生只学了一个半月，培训班并未结束，便被调回，主持学院工作。5 月，经校职称审评委员会评定为主任医师。

　　暑期，卫生部药政局成立新药审评委员会。新药审评办主任王子厚，副主任王北婴。王绵之老师为审评委员会主任委员，先生为助手。

　　10 月，带领中国气功科学代表团访问美国。代表团成员有李晓明、冯理达、齐颂平、刘国隆等。在纽约、波士顿、哈佛大学等处进行讲学与交流。

　　11 月，卫生部陈敏章副部长来校，宣读将先生改任第一副院长文件。并将高鹤亭从中日友好医院调回北京中医学院任院长。报告称，先生是优秀的医生，在教育、教学改革中做出了成绩，因工作需要而就地改任。对于"文革"结束后在事业上一路顺风的先生来说，这确属一道坎坷，因此而心情沉重。年末，为"七五"攻关课题总结，与任继学老师一起赴沪、津、鄂、豫、陕、吉等地考核，多次促膝交谈至深夜。任老一生多次受邀担任领导职务，均未接受，一心治学。于人于事，豁达宽容。他一方面帮助分析就地改任的原因，认为先生年轻气盛，对人事改革虽然敢于担当，但调研工作做得还不够，有操之过急之虞。另一方面，又劝慰先生，"塞翁失马，焉知非福"，只要对事业忠诚不贰，则不应以个人成败论事。鼓励先生振奋精神，多多检讨自己，找到一个对事业最为有利而又最适合自己的人生位置。这番谈话，对于处在人生低潮的先生来说，犹如醍醐灌顶，思想包袱由此释然。转变观念，专心医疗业务与科学研究，更加勤奋读书，潜心精进。

　　此年 10 月，经卫生部下发（85）卫中字第 18 号文件批准，中医研究院由"中华人民共和国卫生部中医研究院"更名为"中国中医研究院"。

附录

《江苏中医杂志》1985 年第 3 期

"全国中医内科科研方法讨论会"论文摘粹

——从 500 例中风病临床研究看文献资料占有的重要性

王永炎，任占利（北京中医学院东直门医院）

　　我院自 1972 年以来开展了中风病的临床研究，系统地观察治疗了患者 500 余例，取得了比较满意的疗效。其中复习文献、占有资料，起了一定的引导作用。因为科学是有继承性的。任何一门科学的发展都是"累积规范"与"变革规范"交叉的过程。中医学亦不例外，没有继承就不可能有发展。我们的科研工作应该是继承为了发扬，发扬必须继承，要正确处理好继承与发扬的辩证关系。首先，复习文献撰写综述，即所谓"勤求古训，博采众方"，这就是以继承为起点。通过文献学习，掌握中风病的历史沿革，明确了三个问题。一是正名。中风病名始见于《素问·风论》，然而我们的课题对象是指相当于脑血管疾病的中风，即是《灵枢·九宫八风篇》所记的"击仆偏枯"。汉·张仲景《金匮要略》一书中始有中风专论，对病因、脉证、治疗均有阐述，使其初具规范，而区别于太阳中风表证。明·楼英著《医学纲目》则又称本病为卒中，从而将其病名搞清，

也就是说，我们的课题是内中风。二是病因学说的争鸣。据历代文献记载，其经历了从外因论到内因论的发展过程。汉唐时代多主外因，金元以后乃识内因。主外因者治必温散解表，予续命诸方，验之临床疗效甚微；识内因者治必潜降镇摄，或清热、或化痰、或活血以靖内动之风阳，用于临床效果显著。随着病因学说的发展，对治疗法则有了新的认识，治疗水平获得了明显的提高。三是搜集了历代医家对中风病候、证候、治法、方药、调摄等方面积累的丰富临床经验，这对我们展开对本病的临床研究具有重要指导作用。然而，也要看到古人的不足。就中风病各类证候发展演变预后转归方面，即中医辨病的内容记述较少，其广度和深度都有待今后做周密的观察和认真的总结，这就是我们课题研究方向的一个重要方面。

1986 年，48 岁

6月，获批为硕士研究生导师。北京中医学院召开庆祝建院三十周年体育运动会，主持会议。

8月，招收带教硕士研究生王玉来、赵薇、张允岭。

10月，当选中华全国中医学会副会长。

同月，怀柔县中医院成立，被县政府聘为名誉院长。

11月，完成口服星蒌承气汤合用静脉滴注清开灵治疗中风痰热腑实证的156例临床疗效观察总结报告，获卫生部科研成果乙级奖。中风病诊断与疗效评定标准通过鉴定，称"泰安标准"。

1986 年图 1　在学院图书馆看书

1986 年图 2　与学生在一起

1986 年图 3　主持校庆 30 周年运动会

1986 年图 4　支援怀柔县中医院（前排右 5 王永炎）

1986年图5　内科分会年会（后排右3王永炎）

同月，在烟台评审"八五"攻关课题，结识文友张伯礼。

此年，先生带领他的团队发表了多篇关于神经科疾病中医治疗的研究文章。如《化痰通腑法治疗中风病158例疗效观察》发表于《中国医药学报》第1期；《中医药治疗震颤麻痹综合征35例疗效观察》发表于《中医杂志》第8期。尤其值得注意的是，由先生执笔修订，代表中医内科学会发表于《中国医药学报》第1期的《中风病中医诊断、疗效评定标准》一文，开创了中医疾病诊断与疗效评价走向标准化的新篇章。

北京市怀柔县中医院始建于1985年6月18日，第一任院长张连清。于1986年参加全国中风病学组。其时，李祥舒任副院长。先生每周去一天，带领查房并出门诊，暑假期间，指导医院人员做科研总结。

经过了前一年职务上的变故，先生体会到：人生遭"贬"之后，仍应执着于奋进努力。反复锤炼生存的心灵，使心灵能够负担起整个生存的重量。直面扭曲、痛苦、屈辱，培育竹、菊、梅、松高洁耐久的品格，坚守自己的信念、情感，永葆纯净初心，永远乐观、豁达、平和地对待与处理一切公平及不公平的境遇世事。

附录 1

《中国医药学报》1986年第1期

化痰通腑法治疗中风病158例疗效观察

王永炎，李秀琴，邓振明，等（北京中医学院东直门医院内科）

摘要：本文报道用化痰通腑法治疗中风病158例，取得满意疗效。158例中，治疗半月以内基本痊愈者39例，占24.7%；显效者42例，占26.6%；有效者49例，占31%；无效者20例，占12.7%；恶化者8例，占5%。总有效率为82.3%，显效率为51.3%。提出要善于掌握通腑的指征和泻下时机，正确运用化痰通腑法；文中并对本方方义做了辨析，认为通腑与通便具有不同的临床意义。本组病例均未使用任何抗凝和扩张血管药，说明中医药治疗本病有一定优势。

临 床 资 料

性别、年龄　本组 158 例中，男性 92 例，女性 66 例。发病年龄 40 岁以下者 2 例，41～50 岁者 23 例，51～60 岁者 44 例，61～70 岁者 57 例，71 岁以上者 32 例。其中 60 岁以下者 69 例，占 43.67%；60 岁以上者 89 例，占 56.33%，平均年龄为 61.48 岁。

观察对象　均系中风急性期病例，均在发病 10 天以内入院。开始服中药治疗时间平均为 4.5 天。

证型　本组病例按中华全国中医学会内科学会制定的《中风病中医诊断、疗效评定标准》的分证标准划分证型。158 例中，属中经者 120 例，占 75.9%；中腑者 32 例，占 20.3%，中脏者 6 例，占 3.8%。

西医诊断　均属急性缺血性脑卒中，其中颈内动脉系统脑血栓形成 145 例，占 91.7%；椎 - 基底动脉系统脑血栓形成 8 例，占 5.1%；脑栓塞 5 例，占 3.2%。本组病例有高血压动脉硬化者 146 例，占 92.4%。

合并症　本组有合并症者共 98 例，其中糖尿病 20 例，占 20.4%；冠心病 28 例，占 28.6%；心律失常者 12 例，占 12.2%；肺部感染者 20 例，占 20.4%；有其他合并症者 30 例。

临 床 表 现 （ 见 表 1 ）

表 1

症状、舌、脉象	例数	%	症状、舌、脉象	例数	%
神志不清	37	23.4	舌质红	48	30.4
半身不遂	156	98.7	舌质暗红或紫淤斑	52	32.9
言语蹇涩	99	62.7	舌苔黄腻	143	90.5
遍身麻木	96	60.8	舌苔薄白或白腻	11	7.0
口眼㖞斜	118	74.7	少苔或无苔	4	2.5
便干便秘	84	53.2	脉弦滑	97	61.4
头晕或眩晕	55	34.8	弦滑大	37	23.4
咯痰或痰多	32	20.3	细弦滑	20	12.7
吞咽困难	19	12.0	结或代	4	2.5
舌质正常	58	36.7			

治 疗 方 法

自订化痰通腑饮是由《伤寒论》大承气汤化裁而来，其方剂组成是：全瓜蒌 30～40g、胆星 6～10g、生大黄 10～15g（后下）、芒硝 10～15g（分冲）。

硝黄剂量一般掌握在 10～15g，以大便通泻，涤除痰热积滞为度，不宜过量，待腑气通后，再予清化痰热活络

之剂，如瓜蒌、胆星、丹参、赤芍、鸡血藤、威灵仙等，针对中脏腑而见痰热腑实证的重证患者，还可加用竹沥、清开灵等。竹沥苦微寒，具清热化痰之功，可单用或兑入汤药中服，每服 30～60ml，日服 2 次至 3 次。清开灵针剂 40ml 加入 250ml 5% 葡萄糖溶液中静脉点滴，每日 1 次至 2 次。

治 疗 效 果 （ 见 表 2 ）

疗效标准　半身不遂基本恢复，遍身麻木、口眼歪斜、言语蹇涩等症基本消失，生活可自理或参加部分工作，属基本痊愈——Ⅰ级；半身不遂明显恢复，能扶杖步行，遍身麻木、言语蹇涩等明显好转，属显效——Ⅱ级；半身不遂有进步，但仍不能步行，偏身麻木，言语蹇涩有好转，属有效——Ⅲ级；半身不遂等症无变化，属无效——Ⅳ级；病情加重或死亡属恶化——Ⅴ级。

疗效观察　本组病例疗效观察按治疗半个月和出院时分别进行统计，结果见表 2。

表 2

疗效	治疗半月		出院	
	例数	%	例数	%
基本痊愈 Ⅰ	39	24.7	63	39.9
显效 Ⅱ	42	26.6	39	24.7
有效 Ⅲ	49	31.0	33	20.9
无效 Ⅳ	20	12.7	17	10.7
恶化 Ⅴ	8	5.0	6	3.8
总有效率	82.3%		85.6%	

服用化痰通腑饮治疗者多在半个月以内，总有效率为 82.3%，将基本痊愈加显效作为显效率。其显效率为 51.3%。

起效时间　2 天者 16 例；3 天者 30 例；4 天者 13 例；5 天者 9 例；6 天者 11 例；7 天以上者 50 例。

住院时间　最长 114 天，最短 5 天，平均为 27.58 天。

讨 论 与 体 会

一、善于掌握通腑的指征

本组病例均系中风急症患者，急性期虽有本虚，然侧重标实，标实以瘀血、痰浊为主，具有可通下指征。临床资料统计表明，急性期除具有诊断中风的五大主症外，兼证中便干便秘 84 例，占 53.2%，舌苔黄腻 143 例，占 90.5%，脉弦滑 97 例，占 61.4%，因此我们认为便干便秘、

舌苔黄腻、脉弦滑为本病突出的三大特征。患者发病后即有便干便秘，常是 3～5 天，甚至 10 天不大便。初期脘堵腹满，矢气臭，继而腹胀坚实，腹部可触及燥屎包块，或起病后，虽能大便，但大便干硬如球状。便秘便干乃由中焦蕴蓄痰热，消灼津液所致。因腑气不通，浊邪上扰心神，进而发生意识障碍，致病情加重。舌苔初始可见薄黄，舌质多暗红，此乃内有热邪；若舌苔转为黄厚腻，是中焦蕴蓄痰热；又常见舌中后部黄厚而腻，此是痰热阻中下焦；脉弦滑是内有痰热。脉弦滑，尤以瘫侧弦滑而大者，则是痰热实邪猖撅之征，脉大为病进。总之，急性期中焦为痰热实邪阻滞，失于升清降浊，影响气血运行布达，这对半身不遂和神志障碍的恢复很不利，因此，治疗上当务之急应化痰通腑。

另外，掌握泻下的时机，也很重要。对此，有人提出早用，其适应症也应扩充，不仅腑实可用，腑气不顺不降也可适当应用本法施治。从《伤寒论》传统主张认为，用通下剂以知为度，不必尽剂。但我们在临床观察中，见到部分患者一次通下后，在几天之内又可形成腑实。因此，大便得以通泻，能否作为腑气通畅的唯一佐证，是应该商榷的。从临床观察可知，大便得以通泻之后，其舌象变化有三种常见的情况：一是黄苔或黄腻苔渐渐脱落，代之以薄白苔而舌质转暗淡，此为顺；二是黄苔或黄腻苔持续不退，此时应考虑到少阳枢机不利，气郁生热的因素存在。改拟大柴胡汤，往往可使腑气通畅；三是黄苔或黄腻苔迅速剥落而舌质转红绛，此为逆，有复中之危险。再者，本文报告的 158 例痰热腑实证占近 10 年来收治的急性缺血性脑卒中患者的半数以上，为何如此之多？我们认为与地理环境、气候因素和个体生活习惯有关。从病机上看，急性期患者本虚标实，以标实为主，而痰瘀互阻。在中焦壅滞、升降失常之外，还有肝失疏泄、气郁化火的一面，故发病后多数病例皆从阳化，而见邪热风火充斥三焦，以入腑者多。当然，确切的原因尚有待进一步探索。

二、正确运用化痰通腑法

针对本组痰热腑实证予以化痰通腑以治疗，一可使腑气通畅，气血得以敷布，以通痹达络，促进半身不遂等症的好转；二可使阻于胃肠的痰热积滞得以降除，浊邪不得上扰心神，克服气血逆乱以防内闭；三可急下存阴，以防阴劫于内，阳脱于外，发生抽搐、戴阳等变证。故正确适时地应用化痰通腑法是抢救中风急症的重要环节。从上述临床观察中，半身不遂起效时间的逐日累计观察：第 2 天 16 例，第 3 天 30 例，第 4 天 13 例，第 6 天 9 例。其中 32 例有意识朦胧、嗜睡者，经治后有 30 例半身不遂好转而神志转清。资料表明，在 2～5 天内半身不遂、神志障碍等症的好转，都是经服化痰通腑药，大便得以通泻的结果。

不否认，过用泻下药也可伤正。常见心慌、气短、自汗、口干、舌红少津、脉沉细缓等，甚或肛门总有少量大便。这种情况的出现：一是用药过量，二是用通泻剂过早，这在临床上经补液后，可很快纠正。还有一种情况，硝黄虽用至 10～15g，仍无大便，此时患者烦躁或腹中绞痛，而半身不遂和神志状况逐渐变坏加重。所以应该强调根据病情和体质状况合理地运用本法。若素体壮实，当以重剂，硝黄可用 10g 以上，以达到通泻目的为度；若素体气阴不足者，则用药宜轻或攻补兼施为宜。

三、化痰通腑饮方义辨析

大承气汤本为阳明里实燥热而设。本组病例中，凡由痰热壅盛导致痞满燥实等临床见症，或虽未成腑实，但因腑气不降，浊邪上犯，气血循行受阻而出现神志不清，半身不遂，口喝言蹇者遵从"异病同治"、有是证，用是方"的原则，虽是中风急症患者，只要符合大承气汤证，即可选用本方加减进行治疗。

大承气汤由大黄、厚朴、积实、芒硝四药组成。其中厚朴、积实具有行气导滞、破结除满之功，于方中为理气消满而设。然而本组病例所出现的痞满症状，是由痰热结滞中焦而成，所以我们改用全瓜蒌、胆南星，方中全瓜蒌清热化痰散结，利大肠，使痰热下行；胆南星熄风解痉，也有清化痰热的作用。二味合用清化痰热，散结宽中。生大黄苦寒峻下，荡涤胃肠积滞；芒硝咸寒软坚，润燥散结，助大黄以通腑导滞。经过多年临床观察，在诸多的化痰泻下方药中最后筛选出全瓜蒌、胆南星、生大黄、芒硝四药，组成了化痰通腑饮，验之于临床，疗效尚属满意。为进一步推广应用，改进剂型，我们已经试制出化痰通腑冲剂，初试临床，尚称安全、有效；其确切疗效及药理有待进一步观察、研究。

四、通腑与通便具有不同的临床意义

在中医辨证论治基础上产生的化痰通腑饮，应用于临床对半身不遂恢复和神志状况改善确有较好疗效，从表象上虽是在大便得以通泻之后，病情即获得好转的，但采用其他通便方法是否也能收到同等的疗效？则需进行对照观察，如用肥皂水灌肠或肛内使用开塞露，或口服 10% 泻盐等。据观察，上法虽可通便，但对临床症状却无明显改善，舌苔、脉象亦同前。可见通腑与通便具有不同的临床意义，这个问题虽已引起我们的重视，但需设对照组，通过继续观察，进一步探讨化痰通腑法的疗效机制。

综上所述，对于运用化痰通腑法治疗中风病（急性缺血性脑卒中）痰热腑实，风痰上扰证，进行了初步的临床研究，通过 158 例的临床疗效观察，似可肯定自订化痰通腑饮对此证有满意的疗效。158 例均未使用任何抗凝和扩张血管西药，说明中医药治疗本病有一定优势。

附录 2

《中医杂志》1986 年第 8 期

中医药治疗震颤麻痹综合征 35 例疗效观察

王永炎，蒋达树，侯力娜，等

震颤麻痹综合征属于祖国医学"震掉"、"痉病"范畴。在老年人中，其发病率似有增加的趋势，影响了患者的自主活动，部分患者生活不能自理，增加家庭和社会负担。为此，我们根据中医基本理论辨证论治，对 35 例患者进行了临床治疗观察，现报告如下。

临 床 资 料

本组 35 例患者均住院治疗，其中男性 31 例，女性 4 例。年龄最大者为 80 岁，最小者为 42 岁，平均年龄为 59 岁。脑力劳动者 25 例，体力劳动者 10 例。病程最长者 14 年，最短者半年，平均病程为 3 年。初治患者 1 例，复治患者 34 例。复治患者为以往接受过安坦、金刚烷胺等治疗，其疗效不满意者；或曾服用过左旋多巴或左旋多巴加脱羧酶抑制剂等药，虽有一定的疗效，但终因副作用大而被迫停药。按临床表现以震颤为主者 21 例，以强直、运动减少为主者 7 例，以震颤、强直并病者 7 例。按中医辨证分析，属气血两虚、血瘀风动者 12 例，肝肾不足、血瘀风动者 18 例，痰热动风者 5 例。

治疗方法和效果

一、治疗方法

本组病例全部通过望、闻、问、切搜集临床资料，遵照中医辨证论治，理、法、方、药，完整统一的原则，采用中医药治疗。

1. 气血两虚、血瘀风动　证见面色晦暗，神呆懒言，腿软乏力，颈项拘强，肢体颤掉日久，震颤较重，或肢体拘紧，活动不利，行走慌张，头晕眼花，自汗，动则尤甚，舌体胖、边有齿印，舌质暗淡夹有瘀点，脉细无力。治宜益气养血、活络熄风，以黄芪、党参、当归、白芍、天麻、钩藤、珍珠母、丹参、鸡血藤、羚羊角粉等药随证加减。

2. 肝肾不足、血瘀风动　证见形体消瘦，头晕耳鸣，失眠多梦，或头痛或盗汗，急躁易怒，腰痠腿软，项背拘强或摇动，重者牙关紧闭，肢体颤掉日久，颤动幅度较大，或肢体拘紧，步态不稳，舌体瘦小，舌质暗红或夹瘀斑，少苔或剥苔或微黄，脉细弦。治宜育阴熄风活络，以生熟地、何首乌、玄参、钩藤、白蒺藜、羚羊角粉、生牡蛎、丹参、赤芍、杜仲等药随证加减。

3. 痰热动风　证见形体稍胖，神呆懒动，胸脘痞闷，口干，或多汗，头晕，咯痰色黄，项背强急或肢体颤掉，可轻可重，尚能自制，舌红、舌苔黄腻，脉弦细数。治宜清化痰热、熄风活络，以全瓜蒌、胆南星、竹沥、钩藤、天麻、羚羊角粉、珍珠母、丹参、赤芍等药随证加减。

本组部分患者入院前已服安坦、金刚烷胺、多巴胺药物治疗，入院后第一周仍服用原药，逐渐减量，同时给予中药治疗。入院后第二周，完全停用原西药，单用中药治疗观察。

二、疗效标准

根据患者神经系统症状、体征和各项观察指标，进行疗效判定。临床治愈：治疗后患者神经系统症状、体征基本消失，生活可以自理和参加部分工作。显著进步：患者神经系统症状、体征明显好转，震颤由重转轻，步态近似正常，生活基本可以自理。进步：患者神经系统症状、体征有好转，但自理生活仍有一定困难。无进步：患者神经系统症状、体征无改善。

三、治疗结果

本组 35 例，住院天数最短 36 天，最长 108 天，平均 71 天。按照上述疗效标准进行判定，治疗后获临床治愈 1

例，显著进步 11 例，进步 15 例，无进步 8 例，无一例恶化。总有效率为 77.2%，以临床治愈加显著进步为显效，显效率为 34.3%。在中医辨证中似以肝肾不足、血瘀风动证比其他两证的有效率稍高（见附表）。无进步者 8 例，其中 1 例住院 20 天，未坚持治疗，自动出院。据临床观察，疗效与疗程及病程均无明显关系。

附表　震颤麻痹综合征 35 例的疗效统计

疗效	气血两虚 血瘀风动 （12 例）	肝肾不足 血瘀风动 （18 例）	痰热动风 （5 例）	合计 （35 例）
临床治愈	0	0	1	1（2.9%）
显著进步	5	5	1	11（31.4%）
进步	3	11	1	15（42.9%）
无进步	4	2	2	8（22.8%）

为了观察患者临床治疗效果，本文初步观察了患者治疗前后的肢体震颤幅度、震颤频率、肌张力、头下落、下肢摆动时间、摇肩、始动时间、拐弯时间、协调动作、步态、写字等变化，还观察了部分患者治疗前后脑电图、肌电图的变化。

本组病例治疗前肢体震颤幅度大者 5 例，治疗后好转为中度者 4 例；治疗前为中度者 13 例，治疗后为小度者 6 例；治疗前为小度者 13 例，治疗后震颤消失者 5 例。震颤程度治疗前为重度者 3 例，治疗后为中度者 2 例；治疗前中度者 13 例，治疗后为轻度者 10 例；治疗前轻度者 15 例，治疗后痊愈者 5 例。肌张力、头下落试验、下肢摆动时间、摇肩动作均反映患者肌强直的程度。治疗前肌张力呈齿轮样或铅管样强直者 23 例，治疗后肌强直减轻者 9 例；治疗前肌张力偏高者 8 例，治疗后肌张力恢复正常者 1 例；治疗前头下落试验为阳性者 10 例，治疗后该试验为阴性者 4 例；治疗前下肢摆动不能完成或摆动时间缩短者 27 例，治疗后下肢摆动能完成或时间延长者 7 例；治疗前摇肩动作不能完成者 11 例，治疗后此动作能完成或好转者 5 例。始动时间、拐弯时间、协调动作、步态、写字都是反映脑神经支配肢体运动和精细动作的情况。其中治疗前始动时间延长者 21 例，治疗后好转或正常者 15 例；治疗前拐弯时间延长者 20 例，治疗后好转或正常者 15 例；治疗前协调动作差者 29 例，治疗后好转者 3 例；治疗前呈慌张、碎步、拖拉步态者 27 例，治疗后好转或正常者 10 例；治疗前写字不能或字迹线条不能辨清者 21 例，治疗后好转或正常者 11 例。

四、典型病例

例一：赵××，男，59 岁，工程师，病历号 20603。自 1973 年起双手震颤，尔后逐渐加重已 5 年。入院时检查：双手静止性震颤，不能自制，幅度中等，程度中等，舌质暗有瘀点，舌根苔黄腻，右脉弦滑，左脉弦滑细。中医诊为痰热动风证，治用清化痰热、养血活血熄风。共住院治疗 52 天。治疗前患者双手静止性震颤不能自制，幅度中等，程度中等，治疗后震颤幅度小，程度轻，可以自制。治疗前其始动时间为 2.5 秒，治疗后为 1.6 秒；治疗前拐弯时间为 2.5 秒，治疗后为 1.8 秒；治疗前脑电图 α 波指数为 28%，治疗后增加到 52%；治疗前书写字迹呈明显扭曲线条，治疗后字迹明显好转；治疗前患者生活自理差，治疗后生活可自理。疗效评为临床治愈。

例二：许××，男，51 岁，工人，病历号 20695。于 1968 年发现右上肢震颤，逐渐发展为四肢震颤、拘紧，已 10 余年。入院后检查：四肢震颤幅度大，程度重，四肢肌张力增加，以右上肢为著，呈铅管样强直，舌质暗，苔薄白，脉细弦。中医诊为肝肾不足、血瘀风动证，治用培补肝肾、活血熄风。共住院治疗 79 天。患者治疗前四肢震颤幅度大，程度重，治疗后震颤幅度明显减轻，右手为中度，左手为轻度；治疗前其肌张力呈铅管样强直，治疗后肌张力有好转；治疗前始动时间为 3.3 秒，治疗后为 1.25 秒；治疗前拐弯时间为 3 秒，治疗后为 2.2 秒；治疗前其脑电图 α 波指数为 20%，治疗后增加到 46%；治疗前肌电图群放电位明显，治疗后显著减少；治疗前书写困难，治疗后书写好转；治疗前生活不能自理，治疗后基本能自理。疗效评为显著进步。

体　会

我们通过对震颤麻痹综合征 35 例临床疗效的观察，有以下几点初步体会：

1. 震颤麻痹综合征属于祖国医学"震掉"、"痉病"范围。据《医学纲目》记载："风颤者，以风入于肝脏，经络上气不守正位，故使头抬面摇，手足颤掉也。"《医学原理·痉门论》云："有气虚不能引导津血以养筋脉而致者，有因津血不足，无以荣养筋脉而致者；有因痰火塞窒经遂，以致津血不荣者；有因真元本虚，六淫之乘，致血不能荣养者。虽有数因不同，其于津血有亏，无以滋荣经脉则一。"古代医学家认为本病病因、病理变化大凡属邪寒、邪热、邪风、邪湿阻塞，壅滞筋脉；或气血不足，难以温养筋脉；或病久入络，瘀血内阻，血行不畅，筋脉失养，以致肢体颤掉、拘紧。本文通过对 35 例的临床观察，认为本病病机属本虚标实，本虚为气血亏虚与肝肾不足，标实为内风、瘀血、痰热。主病在肝，病久涉及脾肾。从治疗效果上看以标实为主、病情轻者似效果较好。

2. 依据中医对舌、脉、症状的观察，本组 35 例绝大部分舌质均暗，并常见瘀点瘀斑，故无论肝肾不足、气血两虚和痰热内蕴三种症候都兼有血瘀阻络，治疗上要重视活血化瘀治则的应用。

3. 按照中医理、法、方、药对本病进行辨证论治取得了初步的疗效，而且于整个治疗过程中未曾发现任何副作用，亦无一例于观察治疗期间病情恶化，但显效率有待进一步提高。

4.通过肌电图观察，以震颤为主者可见明显的群放电位，用中医药治疗后震颤明显好转的患者，群放电位也明显减少。我们发现患者症状的改善一般与肌电的变化是平行的，故肌电图对本病既可协助诊断，又可作为观察疗效的一个较好指标。

5.本组 35 例，其中 31 例按中医辨证无论是气血两虚、血瘀风动证，或肝肾不足、血瘀风动证还是痰热动风证，都投以羚羊角粉 2～3g，每日分两次用药汤冲服。羚羊角

性味咸寒，归肝、心、肺经，功能清火明目、平肝熄风、散血解毒。本组病例系由肝肾不足、肝阳上亢，气血虚弱夹血瘀、痰热而动风，致肢体颤掉、拘强，恰是羚羊角主治的适应证。从临床观察来看，服用过羚羊角粉的患者，其疗效似较未服用者要好。此外，在治疗过程中，由于羚羊角粉药源时缺，少数患者临床症状有所反复。初步看来羚羊角是治疗本病不可缺少的一味主要药物。究竟羚羊角治疗本病的药理机制如何？有待于今后进一步观察和研究。

本工作承蒙中国中医研究院针灸研究所神经科脑电图、肌电图室同志大力协助，谨致谢意。

附录 3

《中国医药学报》1986 年 9 月第 1 卷第 1 期

中风病中医诊断、疗效评定标准

王永炎执笔（中华全国中医学会内科学会）

编者按： 中医药的名词术语、概念范畴、病名证名、方名药名等知识的规范化、标准化，不仅是保持发扬中医特色的需要，也是"面向现代化、面向世界、面向未来"的需要。为此本刊特对中华全国中医学会（包括各学科、专业会），及卫生部中医司、药政司等有关部门，关于中医药规范化、标准化的研究成果、方案、条例等，在此栏向国内外学术界发布。本刊稿件将努力遵循这些标准与规范，也愿积极收集广大读者的意见或建议，以促进这一工作的不断充实、发展和完善。

此标准由中华全国中医学会内科学会于 1983 年 7 月初次制定（烟台市）；经卫生部中医急症中风病协作组于 1984 年 3 月第一次修订（咸阳市）和 1985 年 3 月第二次修订（北京市）；又经全国第二届中风病科研讨论会于 1985 年 10 月通过专家咨询（长春市）；最近由中华全国中医学会与卫生部中医急症中风病科研协作组，于 1986 年 6 月在泰安市召开《中风病中医诊断、疗效评定标准》鉴定会，通过专家鉴定，并修订如下。

诊 断 标 准

（一）病名诊断

统一病名为中风病，又名卒中（内中风）。

1.主症 半身不遂，口舌歪斜，神识昏蒙，舌强言謇

或不语，遍身麻木。

2.急性起病。

3.病发多有诱因，未发前常有先兆症状。

4.好发年龄多在 40 岁以上。

具有主症两个以上，急性起病，结合舌、脉、诱因、先兆、年龄等方面的特点即可确定诊断。

（二）病类诊断

1.中络 遍身或一侧手足麻木，或兼有一侧肢体力弱，或兼有口舌歪斜者。

2.中经 以半身不遂、口舌歪斜、舌强言謇或不语、遍身麻木为主症，而无神识昏蒙者。

3.中腑 以半身不遂、口舌歪斜、舌强言謇或不语、遍身麻木、神识恍惚或迷蒙为主症者。

4.中脏 必有神昏或昏愦、半身不遂、口舌歪斜、舌强言謇或不语者。

结合临床也可按有无神识昏蒙分为中经络与中脏腑两大类病。

（三）证名诊断

1.中经络

（1）肝阳暴亢，风火上扰证：半身不遂，口舌歪斜，舌强语謇或不语，遍身麻木，眩晕头痛，面红耳赤，口苦咽干，心烦易怒，尿赤便干，舌质红或红绛、舌苔薄黄、脉弦有力。

（2）风痰瘀血，痹阻脉络证：半身不遂，口舌歪斜，舌强言謇或不语，遍身麻木，头晕目眩，舌质暗淡、舌苔薄白或白腻，脉弦滑。

（3）痰热腑实，风痰上扰证：半身不遂，口舌歪斜，舌强言謇或不语，遍身麻木，腹胀便干便秘，头晕目眩，咯痰或痰多，舌质暗红或暗淡、苔黄或黄腻，脉弦滑或偏瘫侧弦滑而大。

（4）气虚血瘀证：半身不遂，口舌歪斜，言语謇涩或不语，遍身麻木，面色㿠白，气短乏力，口流涎，自汗出，心悸便溏，手足肿胀，舌质暗淡、舌苔薄白或白腻，脉沉细、细缓或细弦。

（5）阴虚风动证：半身不遂，口舌歪斜，舌强言謇或不语，遍身麻木，烦躁失眠，眩晕耳鸣，手足心热，舌质红绛或暗红、少苔或无苔，脉细弦或细弦数。

2.中脏腑

（1）风火上扰清窍证：平素多有眩晕、麻木之症，情志相激病势突变，神识恍惚，迷蒙，半身不遂而肢体强痉拘急、便干便秘，舌质红绛、舌苔黄腻而干，脉弦滑大数。

（2）痰湿蒙塞心神证：素体多是阳虚湿痰内蕴，病发神昏，半身不遂而肢体松懈瘫软不温，甚则四肢逆冷，面白唇暗，痰涎壅盛，舌质暗淡、舌苔白腻，脉沉滑或沉缓。

（3）痰热内闭心窍证：起病骤急，神昏，昏愦，鼻鼾痰鸣，半身不遂而肢体强痉拘急，项强身热，躁扰不宁，甚则手足厥冷，频繁抽搐，偶见呕血，舌质红绛、舌苔褐黄干腻，脉弦滑数。

（4）元气败脱，心神散乱证：突然神昏，昏愦，肢体瘫软，手撒肢冷汗多，重则周身湿冷，二便自遗，舌痿，舌质紫暗，苔白腻，脉沉缓、沉微。

——变证可见呃逆、厥逆、抽搐、呕血症及戴阳证。

——后遗症可见半身不遂，言语謇涩，痴呆，抽搐，癫证。

（注明：按上述诊断三个层次，中医完整的诊断应包括病名·病类，证名，如中风病中经络，肝阳暴亢，风火上扰证）

（四）分期标准

1.急性期 发病后2周以内，中脏腑最长至1个月。

2.恢复期 发病2周或1个月至半年以内。

3.后遗症期 发病半年以上。

疗效评定标准

采用计分法：着眼于神志、语言、运动功能的恢复程度。

（一）计分方法

1.神志状态 神志清醒4分；神志恍惚（思睡、唤醒后能与人言）3分；神志迷蒙（嗜睡、呼之答不确切）2分；神昏1分，昏愦（神昏同时兼有脱证）0分。

2.语言表达 正常4分；一般表达，命名不能3分；说话成句而表达不全2分；不能说单词、词组1分；语言不能或基本不能0分。

3.上肢肩关节 正常4分；上举全而肌力差3分；上举平肩或略过肩2分；上举不到肩1分；不能动或前后略摆动0分。

4.上肢指关节 正常4分；手指分别动作有效而肌力差3分；握拳伸指2分；屈指、握不成拳、不会伸1分；不会动0分。

5.下肢髋关节 正常4分；抬高45°以上3分；不足45°2分；摆动能平移1分；不能动0分。

6.下肢趾关节 正常4分；伸屈自如，力弱3分；伸屈不全2分；略动1分；不会动0分。

7.综合功能 生活能自理，自由交谈4分；独立生活简单劳动而有部分功能不全3分；可行走，部分自理，尚需人辅助2分；可站立迈步，需人随时照料1分；卧床0分。

（二）疗效评定

满分28分，起点分最高不超过18分，疗效评定：

1.恶化 病情加重积分减少或死亡者。

2.无效 积分增加不足4分者。

3.有效 积分增加超过4分以上者。

4.显效 积分增加超过10分者。

5.基本痊愈 积分达24分以上者。

（执笔修订 王永炎）

（收稿日期1986年6月23日）

1987 年，49 岁

1987 年图 1　访问德国（右 2 王永炎）

1987 年图 2　与德国朋友在一起（右 3 王永炎）

5 月，赴德国谈合作，由时任北京东直门医院院长的杜怀堂签合作协议后成立魁茨汀第一中医医院。

6 月，经北京市教委复评为教授。

9 月，牵头修订中医医案规范。

1987 年图 3　北京中医学院盛会（后排左 9 王永炎）

1987 年图 4　内科分会部分成员在吉林敦化（自左往右：巫君玉、任占利、当地学者、任继学、孙塑伦、钱英、王永炎）

1987 年图 5　与吉林敦化老百姓同乐（前排左 2 王永炎）

1987 年图 6　中风病协作组部分成员（左 3 王永炎）

12 月，赴吉林敦化，牵头全国中风病协作组与内科分会修订第二版中风病辨证量表。

此年，在成都中医内科分会会议上，由原主任委员董建华先生推荐，先生当选为主任委员。自此，除了每年的学术年会之外，先生将树立学科目标、确定研究方向、培养学科带头人等加强学科建设的工作为己任，身体力行，不仅发表相关学术论文，还先后在天津、广州、湖北、河南等中医高校做学术报告。

同年，先生被派往德国魁茨汀与杜怀堂一起就合作办医院谈判，签约后组织筹建德国第一所中医医院，廖家桢先生带团队赴德建院。先生组织，修订中医医案规范，完善后由国家中医药管理局发文全国执行。1987 年 12 月吉林敦化全国中风病协作组与内科分会研讨第二版中风病辨证量表，会后由高颖整理修订完成后，由协作组试行。自 20 世纪 80 年代末 90 年代初，先生 3 次赴吉林延边和龙科教支边讲学与医疗，2 次赴陕北榆林市科教支边巡诊医疗。

1987 年图 7　寒冷的冬天，火热的事业

1987 年图 8　赴本溪第三制药厂指导成药质量（前排右 2 王永炎）

1988 年，50 岁

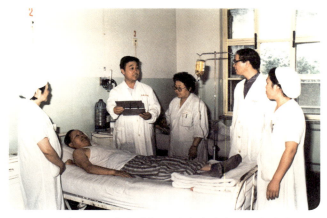

1988 年图 1　在东直门医院查房（右 4 王永炎）

1988 年图 2　在河北保定市中医院做学术报告

　　5 月，中医内科分会与河北保定中医学会召开河间学术思想研讨会，在会上作题为"河间地黄饮子加减治疗风痱病"的学术报告。

　　7 月，带领内科分会成员，并邀请著名中医专家赴内蒙古海拉尔地区支援边区医疗建设。

　　10 月，母亲魏文华病逝，享年 83 岁，葬于京北九里山公墓。

　　11 月，任《北京中医学院学报》主编。

　　此年，夫人杨宝琴评为主任医师。长女王悦首都医科大学毕业，分配到东方医院筹备处。

1988 年图 3　在基层医院做学术报告 -1

1988 年图 4　在基层医院做学术报告 -2

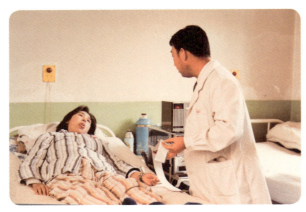

1988 年图 5　在内蒙古基层医院查房

1988 年图 6　在内蒙古支边

1988 年图 7　支边部分专家（左 1 王永炎）

《北京中医》杂志社组织中医内科专家，对中风病的证治进行研讨，并将研讨情况公布于此年杂志的第 5 期。先生做了关于研究展望的总结性发言，提出相关研究今后的发展方向。

此年，国家局拟编中医药辉煌的四十年，成立编写组，任命先生当组长，书成后为副主编。《北京中医学院学报》编委会换届，先生接刘渡舟老师班，任杂志主编。先生虽然在北京中医学院教学与管理工作都很忙，但一直坚持在东直门医院的临床工作，坚持每周查房。

1988 年图 8　参加支边的部分内科分会成员（右 4 王永炎）

1988 年图 9　在保定市（右 3 王永炎）

附录

《北京中医》1988 年第 5 期

中风病的临床研究

编者按： 中风病是危害人体较为突出的危重病症，引起了各地医务工作者和社会的重视。自全国中风病协作组成立以来，通过积极的协同合作和探索，对本病的研究取得了很大的进展。本刊特邀国内有关专家、教授撰稿，就中风的病因、诊断、辨证、治疗、预防等作比较系统地阐述，冀其对临床和科研工作者有一定启迪。

六、建议与展望

王永炎（北京中医学院教授、主任医师）：笔者结合我国的现实情况，从发挥中医药学的优势为出发点，对中风病未来的科研工作提出三点建议，仅供同道参考。

一、继续加强临床观察报告的总结，不断提高防治水平。疗效最有生命力，追求社会效益是临床研究的最终目标。近 10 年来，中医同道都已重视临床观察报告的总结与分析，目的在于寻求最佳的治疗方案与方药。然而在优选最佳治疗方案的过程中，需要进一步推广使用和逐步完善统一的中医诊断与疗效评定标准。全国中医内科学会中风病学组于 1983 年制定的中风病中医诊断与疗效评定标准，它为大宗病例的临床观察，组织协作攻关，探讨与总结辨证论治规律创造了条件。例如，《标准》采用记分法，以神志、语言、肢体运动功能的恢复为主要指标，视积分的多少来评定疗效。又观察病例记起点分数，用以体现病情的轻重程度，便于组间疗效的对比，从而提高了评价疗效的科学性。当然这一《标准》通过试行，还需不断完善，如对类中风其病证表现为风眩、风癔、风痱、风痉者，诊断标准和疗效评定标准，就需要在临床观察总结的基础上补充与制订。

中风病的发生往往是多种致病因素同时作用的结果，其病机复杂，证候变化多而急，因此试图采用一方一药来解决中风病发展变化着的诸般证候的治疗方法是很难成功的，尤其是按照西医病名诊断，套用中医理论进行分型，演变成一型一法一方的机械格局，既不符合辨证论治的精神，疗效亦不尽满意。笔者认为辨治体系是中医临床医学的精华，科研设计的指导思想应以辨证论治为主体，同时应重视辨病的研究，而且纵横结合探讨证候演变规律，在治疗上应先着重总结辨证论治指导下的系统方药。当然也要重视研制有效、安全的急救药物，特别是针对昏迷、吞咽发呛的危急重证，需要改进给药途径与剂型，静脉注射液与通过直肠吸收的肛门滴注煎剂等，以提高抢救成功率。

二、重视预防、减少发病率。近 10 年来，中风病的发病率有逐年增长的趋势，而且发病年龄提前，为此预防工作已开始引起医界的重视。目前全国有近百个单位开展了中风预报与运用中医药进行预防的临床及实验研究。对中风先兆的病机转化、症状学观察、诊断与疗效评定标准的制定做了许多有益的工作。在中风先兆的防治上，采用辨证论治系列冲剂或口服液，也取得了一定的疗效，这些工作为进一步深入研究奠定了基础。

中风病的预防研究是一项系统工程，而且周期较长，难度较大。首先应在全国东西南北中设点开展抽样普查，按临床流行病学的要求搞清当今发病率与发病特点。进而组织全国中医医疗科研单位从事中风病科研的同道一起研究、制订、试行统一的预防方案，包括统一中风先兆为诊断标准与防治效果评定标准，统一中风先兆预防检测的实验室指标与方法手段。广泛应用中医药及非药物防治措施，不断进行临床观察总结，并采取横向联系的形式推广成果。

三、加强康复研究，降低病残率。中风发病虽然没有严格的年龄界限，但绝大多数发生在中年以后，而 40 岁至 60 岁为发病高峰。这个年龄组的人在工作上、技术上具有丰富的经验，是有建树、出成绩的时期，如果致残无疑地对患者及家属带来沉重的打击，同时对社会劳动力和智能资源也造成极大的危害。应该指出本病致残比例较高，资料表明其致残率为 70% ～ 85%。然而，近 10 年的临床实践又可证明，在加强护理与功能锻炼的情况下，约占 80% 的人能够重新行走，自理生活，其中 30% 的患者可以恢复工作。不难看出康复治疗对降低致残率具有重要的现实意义。

中医药学在中风病康复治疗方面确实是有自己的优势，但有待进一步发挥与推广。首先是针对恢复期与后遗症期所表现的半身不遂、言语不利、继发的癫证、痫证与痴呆进行辨证治疗，做到康复的个体化治疗，具有较强的针对性，疗效也较好。在药物治疗方面，还有通过嗅觉的香疗和运用中药浴剂进行的治疗。至于非药物的康复治疗方面，中医强调精神调养，运用心理治疗的措施，做到悦心养性，以树立患者战胜疾病的信心和保持刻苦锻炼的乐观情绪。其他还有通过语言、肢体的功能锻炼，或运用针灸与推拿疗法，以取得良好的康复效果，提高生活质量恢复工作能力，为了促进中风病康复治疗的规范化研究，已于 1988 年 5 月全国中医内科学会中风病学组与国家中医药管理局中风病科研协作组草拟了中风病康复治疗方案并初步通过了专家论证。今后将在协作组内组织临床疗效的观察，预计二、三年后在总结实践经验的基础上再次修订方案，使之逐渐完善，可望在全国中医医疗科研单位推广试行。

1989 年，51 岁

6 月，受聘为中央保健会诊医生。

此年 5 月，董建华老师第一次患脑栓塞，经治缓解，但身体已大不如前。先生继其之后，受聘为中央保健会诊医生。曾为人民文学出版社社长韦君宜同志诊治。先生听其介绍了著名女作家丁玲的经历与作为，感触很深，向往那样一种具有思想自由，精神独立之奋斗人生。

1989 年图 1、图 2　与晁恩祥参加安徽中医学院研究生答辩空闲（左 3 王永炎）

1990 年，52 岁

1990 年图 1　与学生在一起（正中王永炎）

5 月，任北京中医学院第三届学位评定委员会主席。

10 月，被批准为博士研究生导师。

12 月，受聘为中医学科评议组秘书。

此年，长女王悦与七机部三院工程师刘克成先生结婚。

此年 5 月，北京中医学院第二届学术委员会及学位评定委员会任期届满，经院党委决定，组成第三届学术委员会，由董建华先生任主任委员；第三届学位评定委员会，由王永炎先生任主席。由董建华先生任主编，先生、杜怀堂、马朋人任副主编的《中国现代名中医医案精华》（第一辑）在此年 7 月由北京出版社出版。

1990 年图 2　中国现代名中医医案精华 -1 封面页

1990 年图 3　中国现代名中医医案精华 -2 版权页

此年 10 月，先生被国务院学位委员会批准为博士生导师。他始终认为，带博士是一种工作，绝非某级职衔或学衔。为了促进科研团队和工作平台的建设，年底王玉川老师受命编写中医学、中药学学科内涵、研究方向、培养目标、考核授学位等学科建设关键问题的白皮书。为此，王玉川老师召集筹备会议，聘先生为学科评议组秘书。协助王玉川老师，顺利地完成此项工作。白皮书编成，即由国务院发文令授权单位执行。

此年，筹建北京中医学院第二附属医院，刘文泉任筹备处主任。

1991 年图 1　参加降糖通脉宁科研鉴定会（前排右 3 王永炎）

1 月，受聘为国家科技进步奖评审委员会医药卫生行业评审组委员。

5 月，受聘为第六届国家药典委员会委员，参与《中华人民共和国药典》1995 年版修定。

9 月，被科技部聘为国家科技进步奖评委。同月，被聘为北京中医学院第三届学位评定委员会主席。

1991 年图 2　卫生部第六届药典委员会委员聘书

1991 年图 3　北京中医学院第三届学位评定委员会主席聘书

1991 年图 4　国家科技进步奖评审委员会　　　　1991 年图 5　北京中医学院学报主编聘书
聘任医药卫生行业评审组委员的通知

　　10 月，被聘为北京中医学院学报主编。

　　11 月，《清开灵注射液治疗中风病痰热证的临床与实验研究》获 1991 年度国家科技进步奖三等奖。

　　此年，夫人杨宝琴评为教授，调任北京职工医学院及北京第二医学院任内经教研室主任。

　　同年 10 月，外孙刘为出生。

　　《中华人民共和国药典》1995 年版的第一部为中药内容，正是先生为之付出心血的部分。当时，由姚达木副秘书长主持《中华人民共和国药典》的修订工作。暑假先生培养的第一个硕博连读研究生范吉平顺利毕业，获得博士学位。

　　此年 9 月，夫人杨宝琴教授任职的北京职工医学院改为北京联合大学中医药学院，杨教授任基础医学部主任。同年，当选中国针灸学会、世界针灸联合会与北京针灸学会副会长。对病络学说与内经分类学及五运六气学说有较深的研究，曾发表论文与专题讲座，产生良好的学术影响。

1991 年图 6　在昆明（左起：王永炎、张学文、陈振相）

1991 年图 7　与长女王悦、女婿刘克成及外孙刘为在一起

1992 年，54 岁

1992 年图 1　王永炎（右）与王绵之老师在一起

1992 年图 2　王永炎（右）与何任教授在一起

9月，进中央党校经济班学习。

此年开始，承担国务院学位委员会中医学与中药学科评议组召集人工作，包括审核学位授权学校，拓展授权学科点，通过调研学位授予质量，检查评估学位论文，改进完善学位管理制度。

兹聘请

王永炎 同志

为国务院学位委员会第三届学科

评议组（中医学　评议组）成员

国务院学位委员会

一九九二年四月二十日

学位聘字第3-664号

1992 年图 3　国务院学位委员会学科评议组成员聘书

　　此年春天，邓小平南方谈话，改革开放以经济建设为中心。9月，由于先生自觉对经济建设的理论知之太少，渴求充实自我。因此主动请缨，进入中央党校经济班学习。参加的是第十九期，分在第五支部。学习期间，每周有辅导报告，部长们轮流讲一些现实的问题，还请外国专家讲金融股市产业发展的状况，从读《资本论》到凯恩斯主义。著名的经济学家吴敬琏、厉以宁也来为学员们上课，收获很大。更重要的是，在此期间，先生了解了世界的主题变化与我国现实状况，理解了改革开放的目标、任务与手段。此年暑假，学生高颖毕业，获博士学位。

1992 年图 4　与女儿王悦、王彤及外孙刘为在一起

1992 年图 5　王永炎（左 1）与晁恩祥（左 2）、华良才（左 3）在一起

1993 年，55 岁

1月，中共中央党校进修班毕业。

5月，受聘为国家自然科学基金委员会审评专家。

年底，受聘为北京市高等学校教师系列高级评审委员会委员。

此年12月6日，国家教育委员会下发通知，批准北京中医学院更名为北京中医药大学。更名庆祝大会于12月28日在教学楼报告厅举行，先生作为副校长主持了庆祝大会。

1993 年图 1　王永炎

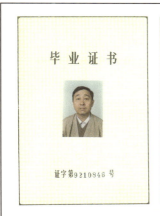

1993 年图 2　中共中央党校进修毕业证书

1993 年图 3　北京市高等学校教师高级评审委员会委员聘书

1993 年图 4　为 93 级硕士研究生颁发学位证书（右 1 王永炎）

1993 年图 5　为 93 级外国留学生颁发学位证书（右 1 王永炎）

1993 年图 6 为 93 级博士研究生颁发学位证书（右 2 王永炎）

1993 年图 7 王永炎（左）与王绵之老师在一起

1993 年图 8 访问黑龙江中医学院（左 4 王永炎）

1993 年图 9 与内科学分会的年轻人在一起（右 4 王永炎）

1994 年，56 岁

1月，获得国家中医药管理局颁发全国中医急症工作先进个人荣誉称号。

5月，受聘为国家技术发明奖、国家科学技术进步奖评委，任中医药单列评审组副组长。

6月，受聘为北京市科委、北京市自然科学基金委员会审评专家、北京市科学技术奖评委。同月，受聘为卫生部第三届新药开发项目审评专家。

1994 年图 1　国家中医药管理局先进个人证书

7月，被国务院学位委员会办公室中医高校学位授予质量考查组组长，赴六省市中医药高校做学位质量评估。

8月，被天津中医学院学术委员会聘任为校外委员。

12月，主编《中医临床内科学》上、下册，由北京出版社出版。

此年开始，在国家自然科学基金委员会工作中，主持中医中药面上、重点、重大项目的评审。并受聘为第七届国家药典委员会委员，参与 2000 年版《中国药典》的修订。

1994 年图 2　在庐山做药物考察

1994 年图 3 《临床中医内科学》
封面书影－上

1994 年图 4 《临床中医内科学》
封面书影－下

1994 年图 5 《临床中医内科学》
版权页

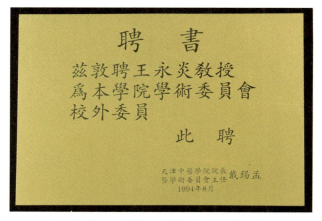

1994 年图 6 天津中医学院学术委员会聘书

在美国驻华大使馆工作的二女儿王彤与马国斌先生结婚。马先生经营药材种植。

同年，向学生传授辨治老年性痴呆的经验体会，并由学生尹颖辉整理成文，发表于《中国医药学报》第 2 期上。

国务院学位办组织学位授予质量考查，作为组长，先生带领由陆德铭、张六通、王洪歧、鲁兆麟等诸位先生组成的中医高校学位授予质量考查组，先后对天津、北京、上海、广州、湖北、黑龙江六省（市）中医高校学位质量做评估，针对"博士不博，创新能力不足"的问题，提出改进建议。同年，人事部成立博士后管理委员会，制定相关标准。此年，先生培养的学生邹忆怀、刘炳林、刘金民、尹颖辉、杨朝晖获得博士学位。

附录

《中国医药学报》1994 年第 2 期

老年性痴呆辨治

王永炎（整理　尹颖辉）

（北京中医药大学，北京 100029）

痴呆又称呆病，是以呆傻愚笨为主要临床表现的一种神志疾病。老年性痴呆系发生于老年期或老年前期的一种慢性进行性精神衰退性疾病，病理改变以大脑的萎缩和变性为主。是老年医学领域的一个重要课题，对探讨中医对老年性痴呆病因病机的认识，加强防治措施，是很有意义的。

对病因病机的认识

老年性痴呆的发病原因很多，历代医家均有记载。《灵枢·海论》就有"髓海不足，脑转耳鸣，胫酸眩冒，目无所见，懈怠安卧"的论述。明代李时珍指出："脑为元神之府"。王清任则有"高年无记性者，脑髓渐空"之说。古人还有"痰迷心窍，则遇事多忘"、"凡心有瘀血也令人健忘"等记载。

痴呆为神志病，其病位在脑，与脏腑功能失调密切相关，主要涉及心肝脾肾。基本病机是髓减脑消，神机失用。其发生则是由于气、血、痰、郁、瘀、火等病邪造成老人精血亏损，脑髓空虚，元气不足，进而阴阳失调，神机失用出现呆傻愚笨诸症。《灵枢·决气》篇又有"脑髓消"的记载。"消"指消失、消耗。脑髓消可因年老体衰，精、气、血亏损而成，也可因久病、情志怫郁而耗气伤阴，津液消脱而成，由脑髓消也可演致本病的发生。

脑为元神之府，具有精神和全身机能活动的统帅作用。脑髓空虚则神无所归而记性衰减。心为君主之官，主神明。气血不足，大脑失濡，神明失养则精神涣散，神思恍惚迷蒙或善忘。肾为先天之本，主骨生髓而上通于脑，肾中精气乃脑的重要物质基础。肾精不足，大脑失充则阴阳失调而迷惑健忘，行动呆滞，反应迟钝。其次是七情所伤，肝郁气滞血瘀。由气郁日久可生痰涎，由血瘀而致气壅，气

壅则聚液成痰，痰气郁结留为邪气，气痹壅于五脏，影响心神脑神则发为痴呆。若老年阳亢阴虚，阴不济阳，阳无所依则虚阳愈亢。进而内动肝风，气血痰郁随风阳上犯，蒙蔽心包脑窍，也可形成痴呆。

综上所述，本病发病原因主要在于年高体虚，七情内伤，心肝脾肾功能失调，气血不足，肾精衰枯，痰浊内生，气滞血瘀。其病理机制是脏腑阴阳失调，神机失用。

对病象的描述

本病起病多缓慢，其临床表现纷繁多样，正如张景岳指出的："其证千奇百怪.无所不至……变易不常。"但总以呆傻愚笨为其特征。主要表现为渐进加重的记忆力、判断力、计算力、定向力减退，智能障碍，人格情感改变。而其中记忆力减退，往往是最早出现的症状。初期可见患者对近日发生的事情，甚至当天所进饮食种类都记不清，称为近事遗忘。由于近记忆力下降，平时经过的事情显得似是而非，记忆不全，因而常不自觉地进行虚构，有时被家人斥为"说谎"。随着病情发展，近书及远事记忆能力均减退，甚至不能记起自己的年龄、出生年份等，进而出现定向力障碍和计算力、理解下降。例如，外出散步，回头则不识家门；难以进行简单的数字运算，不能完成"100-7"测试；或难以执行"用你的右手摸你的左耳朵"等简单的指令。其他症状还有容易激动，或沉醉于既往经验性的健谈，甚至精神尤奋，躁扰不安；也有的表现为多疑抑郁，淡漠呆滞，喃喃自语，或便溲不避人；重者则表现为有攻击行为，妄想、幻听、幻视等。此类患者多不能独自处理日常生活，甚至不能抵御危险伤害。

对临床诊断的初步研究

近几年来，对本病的诊断研究已逐步趋于规范化，1990 年中国中医药学会老年医学会和内科学会制订了《老年呆病诊断、辨证分型及疗效评定标准》，本《标准》发表以后，已被国内许多学者于制订痴呆临床研究前瞻性方案所采纳，目前已累积病例近千例，在中医病证诊断规范内涵建设上做了一项有益的工作。

本病主要依据其临床特征性表现，发病缓慢的起病形式以及年龄特征而进行诊断，并需与某些疾病相鉴别。老年性痴呆早期往往多以记忆力减退而就诊，与健忘症表现有近似之处，但痴呆的善忘前事特点在于告之不知，不晓其事；而健忘症之特点则晓其事而易忘，并且健忘症不伴有智能与性格的改变。再者，痴呆发展较重者，部分患者或表现为性情抑郁不乐，或表现为狂躁不安，需与癫、狂证相鉴别，其要在于老年性痴呆见于老年人，临床表现侧重智能障碍；而癫、狂证则侧重于精神异常，其发病可见于任何年龄。但需指出，重证痴呆有时与癫、狂证表现较为相似，临床上难以分，头颅 CT、磁共振检查有助于鉴别。

本病的诊断可从以下几点进行。

主证

1. 记忆　记忆能力，包括记忆近事及远事的能力减退。
2. 判定　判定认知人物、物品、时间、地点的能力减弱。
3. 计算　计算数字、倒述数字能力减退。
4. 识别　识别空间位置和结构能力减退。
5. 语言　口语能力，包括理解别人语言和有条理的回答问题的能力障碍。文化程度较高者阅读、书写能力障碍。
6. 个性　性情孤僻，表情淡漠，语言噜苏、重复，自私狭隘，顽固固执，或无理由的欣快，易于激动或暴怒，或拾破烂视珍品等。
7. 思维　抽象思维能力下降，如不能解释谚语、区别词语的相同点和不同点，不能给事物下定义等。
8. 人格　性格特征改变，道德伦理缺乏，不知羞耻。

起病形式与病程　起病隐袭，渐进加重，病程较长，病史中可有眩晕、消渴、真心痛、胸痹、小中风、中风等病史。

年龄　60 岁以上。如在 50～59 岁之间可称为老年前期。

仪器诊断　头颅 CT、磁共振检查以及脑电图、脑地形图检查有助于诊断。

上述主证 8 项心理活动中有记忆、判定、计算和另 5 项中的 1 项者，在 6 个月内有明显减退或明显缺损者，参考年龄、发病形式与病程即可诊断为老年性痴呆。

辨证论治刍议

老年性痴呆乃本虚标实之证，在临床上以虚实夹杂者多见。本虚者不外乎精神、气血、阴阳等正气的衰少；标实者不外乎气、火、痰、瘀等病理产物的堆积，无论为虚为实，都能导致脏腑功能失调，神机失用而发病。治疗上当补虚泻实。鉴于肾与脑髓的密切关系，补肾成为治疗虚证痴呆，尤其老年性痴呆的重要一环。另外由于本病多虚中挟实，故而祛邪同时又当兼顾正气。

髓海不足

此证病程多较长。症见头晕耳鸣，记忆力和计算力明显减退，解惰思卧，齿枯发焦，腰酸骨软，步行艰难，舌瘦色淡，苔薄白，脉沉细弱。治宜补肾益髓，填精养神为法。代表方剂为补肾益髓汤（验方）。临床常用药物可选用：熟地、山萸肉、紫河车、当归、山药、川断、远志、菖蒲、黄精、枸杞子等。

肝肾阴虚

患者多表现为表情呆钝，双目少神，沉默少语，记忆力减退，伴有形体消瘦，头晕目眩，腰膝酸软，颧红盗汗，双耳重听或耳鸣如蝉，步履艰难，筋惕肉瞤，毛甲无华，舌体瘦小，舌质红，少苔或无苔，脉沉细弦或沉细弱。治宜滋阴养血，补益肝肾为法。代表方剂为知柏地黄丸（《医宗金鉴》）、转呆定智汤（验方）。临床常用药物可选用：知母、黄柏、丹皮、熟地、当归、山药、山萸肉、云苓、阿胶等，肾虚为主宜用左归饮（《景岳全书》）加减；阴虚火旺明显者重用清心肝虚火的知母、黄柏、地黄、丹皮，同时配伍青蒿、地骨皮、黄连、鸡子黄；肝血不足明显者，方用六味地黄丸（《小儿药证直诀》）加减，可加入制首乌、鸡血藤、桑葚、阿胶等味；阴虚风动，肢体强痉者宜以滋补之品为主，配伍龙骨、牡蛎、石决明、钩藤、白蒺藜、龟板、菊花等。

脾肾不足

患者临床表现为表情呆滞，沉默缄言，记忆力减退，失认失算，口齿含糊，言不达意，伴腰膝酸软，肌肉萎缩，食少纳呆，气短懒言，口涎外溢，或四肢不温，腹痛喜按，鸡鸣泄泻，舌质淡白，舌体胖大，舌苔白，或舌红苔少，或无苔，脉沉细弱，双尺尤甚。治宜补肾健脾、益气生精。代表方剂可选用：还少丹（《医方集解》）、归脾汤（《济生方》）、金匮肾气丸（《金匮要略》）。临床常用药物可选用熟地、枸杞子、山萸肉、肉苁蓉、巴戟天、白术、云苓等品。兼脾胃阴虚者，可加用天花粉、玉竹、石斛等滋养脾胃之阴的药物；以脾肾阳虚为主者方用金匮肾气丸加减，酌情加入干姜、黄芪、伏龙肝、白豆蔻等；如见有肌肉萎缩，气短乏力较甚者，可配伍紫河车、阿胶、川断、杜仲、鸡血藤、首乌、黄芪等。

心肝火盛

患者多见于血管性痴呆，既往有心脑血管病史。性情急躁，焦虑不安，心烦不寐，与人争吵，眩晕头痛，记忆、判断错乱，口干苦，小便短赤，大便秘结，舌红，苔黄，脉弦数。治宜清热泄火，安神定志。代表方剂为黄连解毒汤（《外台秘要》）。临床常用药物可选用黄连、黄芩、山栀子、大黄、生地、夏枯草、柴胡、黄柏、柏子仁、合欢皮、酸枣仁木通等。此证常是本虚患者的标实表现，周期较短，而苦寒之品的应用以祛邪为目的，属权宜之计，及病即可，不宜久服，以防伤阴。

痰浊阻窍

患者临床上多表现为表情呆钝，智力衰退，或哭笑无常，喃喃自语，或终无语，呆若木鸡，伴有不思饮食，脘腹胀痛，痞满不通，口多涎沫，头重如裹，舌质淡，苔白腻，脉细滑。治宜健脾化痰，豁痰开窍，代表方剂为洗心汤（《辨证录》）、转呆丹（《辨证录》）。临床常用药物可选用党参、白术、云苓、泽泻、半夏、南星、陈皮、菖蒲等；脾虚明显者重用党参、云苓，可配伍莱菔子、佩兰、白豆蔻、瓜蒌、贝母等豁痰理气之品；若伴有郁久化火，灼伤肝血心液，症见心烦躁动，言语颠倒，歌笑不休，甚至反喜污秽，或食灰炭者，宜用转呆丹加味。

瘀血内阻

患者临床上表现为表情迟钝，言语不利，善忘，易惊恐，或思维异常，行为古怪，伴肌肤甲错，口干不欲饮，双目晦暗，舌质暗或有瘀斑（点），脉细涩。治宜活血化瘀，开窍醒脑法。代表方剂为通窍活血汤（《医林改错》）、桃红四物汤（《医宗金鉴》）。临床常用药物为桃仁、红花、地龙、当归、川芎、枳壳、生地、木香、香附、川牛膝、赤芍等。瘀血日久血虚明显者，除重用生地、当归外，尚宜配伍鸡血藤、阿胶、鳖甲、制首乌、紫河车等品以补血活血。

老年性痴呆病程往往较长，治疗上亦有一定难度。痴呆虚证虚而宜补者，经治疗可延缓其病情的进展。而虚不受补者，往往不易治。虚中挟实者，实邪不去之证，贵在乎调。例如，虚中挟湿热，助阳则易生热，热易伤阴，阴伤则生热；补阴则多腻胃碍脾，化痰生湿，此证当先芳化祛湿，选用鲜藿香、佩兰、蔻仁、杏仁、薏苡仁等品，后用苦辛通降以清热，选用黄芩、半夏、黄连、川朴等药，若浊邪不去者，当散风调肝，以风胜湿，可加用白芷、防风、僵蚕等药。

1995 年，57 岁

1995 年图 1　在办公室

3月，与王致谱合作，为《中医急诊医学》写书评，题为《中医急诊第一书》，刊登于《中国中医急症》第 3 期。

6月，作为第一副校长，在北京中医药大学党委新一届领导班子中分管研究生工作。

7月，受聘于北京市中医管理局，任北京市中医医疗机构评审委员会委员。

10月，受聘于北京市卫生局、北京市中医管理局，任北京市卫生专业技术人员继续教育委员会副主任委员。

1995 年图 2　北京市中医医疗机构评审委员会委员聘书

1995 年图 3　北京市卫生专业技术人员继续教育委员会副主任委员聘书

此年，科研工作重心放在中风病的治疗方面，论文《中风病研究进展述评》发表于《中国中医急症》第 2 期。并指导学生邹怀忆撰写论文《中风先兆证病因病机及防治的初步探讨》，发表于《北京中医药大学学报》第 5 期。

北京中医药大学召开党代会，改选换届。先生以为自己改任之后，没能为学校做什么事，可能会落选。结果，意外地以高票当选。代表们认为，先生在校内虽然只负责分管《北京中医药大学学报》，但在学会、药典委员会、自然基金评审委员会中，以及在各类项目与各级成果的审评方面，对中医的发展起到了很好的作用。并通过制定规范与标准，编撰大量著作与论文，对于中医的学科建设也起到积极的作用。同样，在学校的领导工作中，先生也应该发挥更大的影响。调整后的新一届班子委任先生分管研究生的工作。

附录 1

《中国中医急症》1995 年第 3 期

中医急诊第一书——《中医急诊医学》评介

王致谱，王永炎

　　正值全国第二届中医急症学术会议即将召开之际，一部显示这个学科领域当代发展水平的学术专著——《中医急诊医学》出版了。此书由国家中医药管理局医政司主持，集国内著名中医急症专家近百名历时 3 年编写而成。由福建科学技术出版社出版。

　　这部著作全书篇幅 100 余万字，分上、中、下 3 篇。上篇总论；中篇各论，按病证列述病因、诊断等内容，着眼于"急"字；下篇综述，介绍临床医学与实验研究进展。临床医学部分除叙述内科各种病证的急诊医疗外，还收入外科、妇科、儿科、眼科、耳鼻喉科、皮肤科、肛肠科、骨科、肿瘤科等各个专科急症。它是一部面向临床、切合实用的中医著作，适合于从事医疗、科研、教学的各级中医和中西医结合专业人员；目前，中医院校已将急诊学列入必修课，在校学生可将此书作为课外参考读物；再者中医急诊是医疗机构内涵建设的重要部分，随着全国各地中医院普遍开展急诊工作，临床医师尤其迫切地盼望能有一本比较权威的、切合急诊临床工作而且实用的医书，中医科研、教学工作也同样需要这方面的参考书。这部《中医急诊医学》正是顺应社会需求，适时地出版发行于世，"文章为时而作"。可以预料，这本书必将受到广大读者的欢迎与中医界同道的好评。

　　中医急诊学既是古老的又是新兴的学科。中医诊治急症历史悠久，源远流长，在漫长的岁月里积累了丰富的临床经验，并且形成了一套理论体系。这份宝贵的遗产亟待挖掘，加以整理发扬。我们既要弘扬中医学术精华，更要吸收现代科学研究成果，努力创新，必须正确地处理继承与发扬的关系。当前，如何在遵循中医理论保存并发扬中医特色的基础上，采用现代科学的手段进行研究，推陈出新，创立一个具有时代气息的现代中医急诊医学，这是摆在我们这一代中医面前的一项崭新的课题。从事现代中医急诊学科建设需要披荆斩棘地开拓新路，近年来在这方面已取得较大的进展，国家中医药管理局不失时机地召集全国中医界力量总结中医急症工作经验，编写专著，以便推动今后工作走上一个更高的台阶。

　　《中医急诊医学》是近半个世纪中医界第一部急诊医学专著。这部专著出类拔萃，有三点堪称第一，这些也是集中地显示了这本书的特色。

一、政府医政部门主持编写属第一次

　　国家中医药管理局为振兴中医，加强医疗机构内涵

建设，由医政司主管，组织了全国中医急症协作组开展科研攻关，并形成一支精悍的专业队伍，因而逐步凝聚集成一个协作默契的专家群体。这一实力较强的专家群体是这部著作编写的主力，各个专科也是特聘有实力的专家学者撰稿。这部 100 余万字的著作其中不少篇章便是出自多年从事中医急症研究的专家以及各学科学术带头人之手，由此可见其内容在学术上具有较高水准，从而保证了急诊医学的第一部专著在学术上具有一定的权威性。

二、内容丰富，所含技术信息量堪称第一

编写第一部中医急诊专著的工作是对中医急诊医学进行一次全面系统的总结，将大量最新研究成果汇集于一书之中，在 100 万余字的篇幅之中包罗了大量的科技信息。该书内容深度、广度方面都有值得称道之处。全书不少篇章写出了一定的深度，如中风、胸痹心痛、温热病等病证，都是在全国急症协作组科研攻关课题总结的基础上编写的，其中不乏新成果、新方药，还涉及近新研究工作的新苗头，对这些急症的急救措施和中医药治疗方面都做了比较深入的阐述。该书在广度方面更具特色，上、中、下 3 篇，从不同角度介绍有关急诊医学内容的方方面面。例如，书中既有古代急诊文献集萃，更有近 5 年来最新临床医学与实验研究进展，还有新药研究、剂型改革的探索；在概述中医急症理法方药，阐明急症诊疗传统的学术思想的同时，更多的内容则是一一叙述病证的诊疗和急救措施。护理康复内容也在书中涉及。全书最大的篇幅是急诊临床医学，比较系统全面，颇具特色。中篇各论不限于常见的内科急诊内容，还包罗外科、妇科、儿科、眼科、耳鼻科、喉科、皮肤科、肛肠科、骨科、肿瘤科等各个临床专科的急症。本书内容广泛，包括临床医学、实验研究，药物及剂型、中医急症诊治传统理论和现代研究新思路、古今文献等，是这个既古老而又是新兴学科的全方位总览，包含大量的临床与实验研究信息。

三、为中医急诊医学的创立迈出了可喜的第一步

这部专著内容已经初步涉及急诊医疗的诸多方面，为今后的发展搭好了一个较完整的框架结构，通过总结可以看出中医急诊医学已经迈上了一个大台阶，为今后的发展奠定了基础，对中医学术的发展有着深远的影响。中国医学历来重视对急重危病证的救治，从张仲景《伤寒杂病论》，到葛洪《肘后》、孙思邈《千金》，古籍中关于"救卒"、"备急"内容记述很多，急症医疗不仅是中医临床医学的重要组成部分，而且它在中医学术发展史占据重要的地位，急症诊疗上的重大突破往往推动整个中医学术体系的前进，如温热病急症处理的几种成药的应用是温病学说不可分割的内容，它在温病学说发展中发挥其应有的作用。如今，随着 20 世纪生命科学的兴起，为中医学术的发展提供了更为广阔的天地，弘扬中医急诊医学思想，建立现代中医急诊体系，对中医学自立于民族之林，进而与世界接轨，意义更为重大。从时代特征看更为明了：中医急诊的水平是中医学术发展的一个重要侧面。这部专著反映了中医急诊医学已经取得初步的进展。急诊医学迈出了可喜的第一步，将对中医学术发展产生深远的影响。

另外应该客观地指出，作为《中医急诊医学》第一版，还存在不少问题。首先是有些急症的中医药急救措施写得比较单薄，问题的根源在于目前中医急诊工作尚在初步探索阶段，各种急症的中医药诊疗的水平参差不齐，临床医学研究方面尚待深化，有些内容留待第二版时再加充实。其次，一部比较大型的专著，百余名作者集体编写，有篇章体例不一之处，有文风格调不协调之处，以及不少篇章布局不合理，甚至前后有内容重复、不精炼的地方，这些问题反映了编写工作中有些仓促。作为中医急诊的第一本专著大胆地推向社会，及时地为中医急诊建设提供一部参考书，成绩是肯定的。

附录 2

《中国中医急症》1995 年第 4 卷第 2 期

中风病研究进展述评

王永炎，刘炳林

（北京中医药大学，北京 100029）

摘要：本文从理论、临床、实验研究以及新药开发研制、预防、康复、护理诸方面，对中风病中医药研究概况进行了全面述评。指出近 10 年来所取得的进展主要体现在：中风病证名称统一及病位、病因、病机等方面的研究；中风病症、舌、脉等症状学观察及辨治规律的探讨，并相应制定出全国统一的诊疗标准；在治疗方法上，人们开始重视综合运用中医药各种治疗措施；在预防工作中，致力于中风先兆证流行病学调查；在康复方面，中风痴呆已引起人们的广泛重视；中风病实验研究逐步深入，且增加了投入。认为辨证论治规范化和治法方药多样化是目前中风病治疗的主要趋势，而中风病新药的研制开发也成为热点。为了深化研究，本文进而提出，重视预防及轻型病例的研究，加强急性期救治，进一步完善和推广各项诊疗标准及规范，加强中药新药的开发研制，重视康复治疗的研究是今后中风病研究的总趋势。

关键词：中风病；理论研究；临床研究；实验研究；新药开发；预防；康复；护理

随着人类疾病谱的变化和中风病发病率的上升，中风病的研究越来越受到中医药界的重视。尤其是近 10 年来，中医对中风病的研究进一步深化，取得了大量成果。

1. 理论研究概况

历代文献所记载的本病名称繁多，这给病证规范化的深入研究带来了一定的困难。统一病证名称是研究工作的开端，为此，通过多次全国性中风专题学术会议及内科学术会议，对中风病的名称开展了比较广泛而深入的讨论，至 1986 年统一病名为"中风病"，又名"卒中"。1992 年全国脑病急症会议上又正式统一"中风病"作为病证名，在 CCD（TCD）编码中中西医一致。并提出中风病的定义：中风病是在气血内虚的基础上，遇有劳倦内伤，忧思恼怒，嗜食厚味、烟酒等诱因，进而引起脏腑阴阳失调，气血逆乱，直冲犯脑，形成脑脉痹阻或血溢脑脉之外，临床以突然昏仆，半身不遂，口舌歪斜，语言謇涩或失语，偏身麻木为主症，并且具有起病急、变化快，如风邪善行数变的特点，好发于中老年人的一种常见病。根据本病基本病机的不同特点，现在人们通常把中风病分为出血性中风和缺血性中风两大类，对指导临床治疗具有一定的意义。至于椎 - 基底动脉

血管病变出现风眩、风痱以及风癔、风痹、风痴、风癫、风搐、舌瘖等证，而不以偏枯为主症者，定病名为类中风病，其标准规范近期将搜集资料，组织专家论证，并开展临床证治研究。

中风病的致病原因，历代多有争议，曾经历了从外因到内因的发展过程。近年来，内因致中的观点已被多数学者接受。综合诸家之说，中风之因不外乎风、火、痰、瘀、气、虚六端。但多强调气血逆乱致中。中风病的病位近年来多主张在脑，在脑之脉络。至于中风病基本病机，有人认为是气虚血瘀，也有人认为属升降逆乱，而笔者认为痰瘀互阻是中风急症的主要病机。总之，随着人们对其病因病机认识的不断深化，其治疗水平也得到了提高。

2. 临床研究总结

2.1 症状学观察

从症状学观察入手，探索证候演变规律，病势的善恶顺逆，确定分证法，以及证候的进一步规范化是中风病临床研究的首要任务。笔者通过大量的临床观察的大宗病例症、舌、脉的统计分析，提出了中风病五大主症，并根据

神志障碍的有无分为中经络和中脏腑。此认识现已基本为中医学术界所公认，并且多数学者根据其临床表现又把中脏腑分为阳闭和阴闭。而且有的学者就闭证与脱证的临床表现、诊断与鉴别诊断，闭脱的真假、证候分型及其预后转归进行了探讨，对中风病的深入研究具有重要的意义。

在中风病中，尤其是急性期，舌象和脉象的观察对判断其证候虚实寒热属性，预测病势转归，指导临床治疗具有重要意义。综合近年来的观察报告，中风病急性期舌质以红、暗红或红绛，舌苔以黄腻、黄厚腻、薄黄较为多见。脉象以弦滑、弦、沉弦或弦数多见。中风恢复期和后遗症期则以舌质红、暗红、紫有瘀斑，舌苔以薄白、薄黄、白腻或无苔为主。脉象则以沉弦、沉细、沉弦滑多见。有人观察发现黄苔持续不退，提示预后欠佳，而腻苔的存在与神志障碍有密切关系。还有人观察发现中风病的初期或后期，舌质红绛少苔或无苔，提示疗效较差，经治疗大部分遗留有偏瘫，而且往往容易复发。周绍华也认为舌质红绛者中脏腑多，全瘫者多，病死率高。从脉象来看，有人认为急性期偏瘫侧弦滑而大者，病虽重，若及时救治，预后尚好；反之，脉沉细、沉缓者则预后不良。

关于中风病的证候分型各家看法不尽一致，如有的把中风分成风阳上扰、风痰阻络、气虚血瘀和肝肾阴虚四证，有的把中风缓解期分为肝阳上亢、气虚血瘀、痰浊瘀阻。也有人认为阴虚阳亢证是中风病的主要证候，有人认为肝阳亢证是中风病的主要证候，还有人认为肝阳上亢和气虚血瘀证最常见。更有人认为痰热腑实证、风痰瘀血痹阻脉络证是中风急性期常见证候之一。并且发现风痰瘀血痹阻脉络证有相当数量的病例，在急性期内因血瘀气滞、痰浊化热转变为痰热腑实风痰上扰证。经过治疗，若腑气通，痰热净，至恢复期又可演化为气虚血瘀证。

总之，在证、舌、脉的观察上，各有发现，丰富了症状学的内容。

2.2 辨治规律研究

疗效是最有生命力的，提高疗效是中风病研究的最终目标。因此，近10年来，中医药学者十分重视临床疗效的观察和总结，以寻求最佳的治疗方案。例如，任继学把中风病治法总结为开窍、固脱、豁痰、潜阳、化瘀、理气、填精、温阳八法，并提出了药禁。薛明也提出了治疗中风四法：清肝熄风、活血化瘀、豁痰启闭、扶阳固脱。至于张琪的中风七法，汪履秋的中风六要，史沛棠的治循六法，也各有特色。

2.2.1 辨证论治趋向规范化

中风病辨证论治的方法很多，既有按疾病分期进行治疗的，如将中风病分为急性期和恢复期。也有按主症，如神志障碍，肢体偏瘫，语言不利等进行治疗的。还有按病因病机分证进行治疗的。此外还有根据病情轻重缓急，在中医辨证论治的同时，加西药治疗的。上述诸多分证方法虽各有所长，但不能纳入统一的规范，不利于协作攻关，进行大宗病例的临床观察和总结。1986年通过的《中风病中医诊断和疗效评定标准》，将中风病中经络分为肝阳暴亢风火上扰证，风痰瘀血痹阻脉络证，痰热腑实风痰上扰证，气虚血瘀证和阴虚风动证；中脏腑则分为风火上扰清窍证，痰湿蒙塞心神证，痰热内闭心窍证，元气败脱心神散乱证。1987年又根据这一规范，制定了中风病急症中医治疗与抢救方案，并在全国多家医疗、科研单位推广应用，取得了较好的疗效，对中风病的临床科研起到了推动作用。

2.2.2 治法方药趋向多样化

由于对中风病病机认识上的不同，因此，形成了治法方药的多样化。其中以醒神开窍法、活血化瘀法、通腑泻热法、祛痰通络法以及平肝潜阳法等最为常用。

醒神开窍法主要用于中风病中脏腑的闭证，其中阳闭证多以安宫牛黄丸、至宝丹救治，阴闭则多用苏合香丸。为了适应中风急救，以安宫牛黄丸为基础的清开灵、醒脑静等具有开窍作用的静脉给药为治疗重症中风病患者提供了方便，并因此提高了醒神开窍法治疗中风病的疗效。例如，有人用清开灵注射液治疗缺血性中风病132例，显效率53%，总有效率84.2%；治疗出血性中风30例，显效率60%，总有效率为90%。

活血化瘀法是"治风先治血、血行风自灭"等理论在治疗方法上的具体应用。20世纪80年代初，活血化瘀法主要用于中风恢复期、后遗症期以及缺血性中风急性期，而一直把出血性中风急性期视为禁区。近10年来，特别是90年代以来，活血化瘀法在出血性中风急性期的应用越来越引起人们的重视，并从中西医两方面对其运用的可行性、安全性、疗效机制进行了探讨。例如，有人用破血醒神法治疗急性出血性中风43例，痊愈和显效25例，占51.2%，总有效率为79.1%，并未发现引起病情加重或再出血等副作用。

通腑泻热法主要用于中风病腑实证，近年来，本法在中风病急性期治疗中得到了广泛应用和普遍重视，并就其适应症、疗效机制以及在病势的转归中的作用进行了深入的研究。例如，笔者运用通腑化痰法治疗急性缺血性中风属痰热腑实风痰上扰者158例，显效率达51.3%，并总结了该法的临床运用指征和经验体会。

化痰通络法在中风病治疗中也具有非常重要的地位，但由于中风病痰邪多已化热或有化热之势，并多与风、火、瘀、窍闭、腑实等兼为病，因此，治痰的同时应兼顾它邪，如熄风化痰、清热化痰、活血化瘀、化痰开窍、通腑化痰等，方能提高疗效。

平肝潜阳法主要用于中风病早期，邪气盛者，代表方有天麻钩藤汤、镇肝熄风汤等，如陈莫全以自拟钩藤珍黄汤治疗中风 38 例，总有效率达 89.47%。

近年来，还有人提出清热解毒法，利水通络法治疗中风病。更有人以补益法为主，益气、滋阴、养血的同时，兼以熄风、化痰、活血治疗中风病，但主要用于恢复期和后遗症期。总之，辨证论治规范化和治法方药多样化是目前中风病治疗的主要趋势。

3. 新药的开发研制成为热点

提高中风病的中医治疗效果，关键在于研制开发适应症广，疗效高，使用安全方便的中药新药。因此，新药的开发研制成为近年来中风病研究的热点之一。

治疗中风病的注射剂主要是 20 世纪 70 年代和 80 年代研制的一些制剂，如复方丹参注射液、复方川芎注射液、红花注射液、脉络宁注射液、通脉舒络液、清开灵注射液、醒脑静注射液，以及用中药有效成分研制成的制剂，如灯盏花素注射液、川芎嗪注射液、蝮蛇抗栓酶注射液等，大多具有活血化瘀、开窍化痰等作用。

在口服制剂中，近年来研制的有脑血康口服液、清开灵口服液、安脑丸、中风回春片、血栓心脉宁等，也多具有活血化瘀的作用，无论出血性中风还是缺血性中风均可选用。

4. 重视预防、康复及护理的研究

由于近 10 余年来中风病发病率有逐年增长的趋势，并且中风病一旦发病，或危及生命，或遗留严重的功能障碍，或反复发作，愈发愈重。因此，其预防工作越来越引起医学界的重视。近年来，中医药学者对中风病先兆证的病因病机、临床表现、诊断及疗效评定标准、临床防治等进行了一系列探讨和研究，取得了一定进展。关于中风病先兆证的病因病机的认识，一般认为是脏腑气血虚损而致内生痰、火、风、瘀等实邪。例如，詹文涛指出，眩晕是基础，中风是归宿，这是一个因虚致实，因实致虚，从量变到质变的因果病理转化过程，包括脏腑阴阳失调，气血津液紊乱，最后导致中风的发生。黄茂生指出或因气血亏损，肝肾阴虚，肝阳偏亢，痰火内炽，蒙蔽心包；或膏粱肥甘，生湿化热，痰浊横窜经络；或情志郁结，忧思悲怒，致伤肝阳，又由心气不足，血脉瘀阻都能导致中风。

关于中风病先兆证诊断标准，目前提法较多，归纳起来有以下 4 项：①年龄在 50 岁以上或既往有肝风眩晕或虚损病史；②近期内无外界原因，反复发生突发性、一过性、可逆性的眩晕、偏身麻木、轻瘫、语言謇涩、昏蒙等症；③脉弦硬而长；④血液流变学等化验检查异常。

在中风病先兆证的防治方面，近年来也取得了不少经验，如张学文用小中风片治疗中风先兆 30 例，有效率为 86%。张鹤年将 41 例中风先兆者按肝风痰瘀、痰瘀化热、

气虚血瘀、阴虚血瘀 4 证分别施治，同时重点复方丹参注射液，结果药后症状均在 1 天内改善，3 天内消失。出院后，隔日服药 1 剂，经随访 3 年，未有脑卒中发生。

中医药在中风后遗症的综合康复治疗上具有一定优势。20 世纪 80 年代初，中医药的康复治疗主要是针对半身不遂等肢体功能恢复为主。近年来，中医药治疗中风痴呆和失语等也成为研究的热点。综合各家，中风痴呆常用的治法有补肾益脑、活血化瘀、豁痰开窍、活血化痰、平肝泻火、清热化痰等，但大宗病例的临床观察报告较少，研究有待于进一步深化。今后康复工作的重点主要是针对中风病表现的半身不遂、语言不利、痴呆等，综合地运用中药汤剂、静脉给药、外洗、药浴、针灸、按摩、精神调养等措施进行辨证治疗，做到康复治疗的个体化，具有较强的针对性，以提高疗效。同时应注意结合护理，重视早期康复。

中风病的护理，尤其是急性期，对降低病死率，减少并发症，减轻致残程度具有十分重要的意义，因此，越来越受到人们的重视。1987 年由我院提出的中风病急症护理规范在全国数十家医疗单位推广使用，对开展中风护理研究产生了积极的影响。

5. 实验研究进展

近年来，中医药实验研究也越来越受到重视，增加了投入，课题仍主要为缺血性中风的研究，如徐兆泮等观察了加减补阳还五汤对缺血性中风凝血酶的影响，证明了本病患者高凝状态是客观存在的。涂俊杰观察了自制当归注射液治疗中风病的疗效以及对血液流变学的影响，并与低分子右旋糖酐对照，发现血流变中血沉方程 K 值好转率明显高于低分子右旋糖酐组。张慧芳观察了自拟通络消滞汤对脑梗塞血流变和血脂的影响，发现用药 30 剂后，明显降低了全血比黏度，缩短了红细胞电泳时间，降低了血胆固醇、β 脂蛋白的含量。在出血性中风方面，王楠等观察了益气活血中药对实验性大鼠皮下和脑内血肿的影响，并做了空白对照，发现治疗组创伤区坏死组织的修复比对照组为快，推测可能是通过局部微循环的改善和吞噬细胞吞噬功能的增强而实现的。

6. 今后研究的方向与重点

总结我国近年来中医药防治中风病的研究现状，可以看到，中医药界学者在中风病的古今文献整理、病因病机探讨、临床症状学观察、证候及其规范化、治法方药的研究、预防、康复和护理等方面做了大量工作，开拓了思路，积累了经验，尤其是在中风病先兆证的防治、急性期的救治以及后遗症的综合康复方面发挥了重要作用，显示了可喜的苗头，也为进一步深化研究打下基础。展望未来，笔者认为应该重视以下几个方面的问题。

6.1　重视预防及轻型病例的研究

我们在长期临床实践中体会到，虽然中医药的广泛运用对降低中风病的病死率和致残率发挥了一定的作用，但对已发生的完全性卒中，其转归与神经功能的恢复在很大程度上仍取决于原发病的轻重，因此，降低发病率、病死率和复发率，减轻致残程度，其根本措施是重视中风病预防和轻型病例的研究，这是当前中风病研究的总趋势，也是今后中风病防治工作的根本方向。

6.2　加强急性期救治的研究

由于我国中风病的发病率仍较高，而且出血性中风占所有脑卒中的40%，远远高出国外5%～10%的比例。目前中风病急性期的救治仍为其防治工作的薄弱环节，因此，加强中风病急性期救治的研究，尤其是针对出血性中风，显得尤为必要。

6.3　继续加强规范化研究，进一步完善和推广各项诊疗标准和规范

近年来的标准化、规范化研究对中风病的临床科研起到了较大的指导和推动作用，初步显示了中医标准化规范化研究的可行性和必要性，为进一步完善和深化研究创

造了条件。同时，在临床研究中也发现了其中的不足和缺陷，因此，今后的工作应该是对各项标准和规范的进一步完善和深化，以更好地揭示中风病的辨治规律，指导临床研究。

6.4　加强中药新药的开发研制

中风病中药新药的开发研制已引起人们的重视，但目前的中药新药仍不能满足临床需要，特别是开发研制使用方便、作用迅速、安全而又高效的中风病急救药物，显得尤为急迫。因此，进一步加强中药新药的开发研制，也是当前中风病研究的重点。

6.5　重视康复研究

中风病具有较高的致残率，故中风病一旦发生，往往给家庭和社会带来沉重负担，而许多发达国家的临床实践证明，在加强护理与功能锻炼的情况下，大部分患者能够重新行走，生活自理，其中部分患者尚可恢复工作，所以加强康复治疗的研究，十分必要。结合中风病中医药研究现状，今后康复工作的重点主要是针对中风病表现的半身不遂、语言不利、痴呆等，综合地运用中药汤剂、静脉给药、外洗、药浴、针灸、按摩、精神调养等措施进行辨证治疗，做到康复治疗的个体化，以提高疗效，同时应注意结合护理，重视早期康复。

附录 3

《北京中医药大学学报》1995年8月第18卷第5期

中风先兆证病因病机及防治的初步探讨

邹忆怀

指导：王永炎

（北京中医药大学东直门医院，北京 100700）

关键词：中风；先兆证；病因；病机

中风病以其高发病率、高致残率、高病死率严重危害人类健康。中风先兆证是与中风病有密切联系的临床综合

征，它多见于中年以上人群，以眩晕、肢麻、短暂性瘫软、语涩、晕厥发作为主要临床表现。其中一些患者可发展为

中风病，但大部分患者经治疗、调养，可防止或延缓中风病的发生。

中医学对中风先兆证的认识源远流长，最早可追溯到《内经》，《素问·调经论》曰："气血未并，五脏安定，肌肉蠕动，命曰微风。"至金元时期，刘河间《素问病机气宜保命集》指出："中风者，俱有先兆之证。凡人如觉大拇指及次指麻木不仁，或手足不用，或肌肉蠕动者，三年内必有大风之至……宜先服八风散、愈风汤、天麻丸。"比较详细地论述了中风先兆证的主要症状及治疗。王清任《医林改错》详细记载中风先兆症状 34 种，突出描述了一过性症状的重要。中医治疗中风先兆证的现代研究有多方面的进展。导师王永炎教授认为，中风先兆证的病机以"内风旋动"为主，内风触动血脉中素有之痰浊瘀血，上扰清窍，横窜四肢，发为中风先兆之证，明确提出中风先兆证病机关键在"血中动风"的观点。

1. 病因病机

中风先兆证突然起病，多数可在 24 小时之内缓解，其倏然而动，旋即而复，突发突止的症状表现，符合"风邪"致病的特点。"风者善行而数变"，中风先兆证发病过程中"风"象突出，贯穿了起病、加重、缓解的全过程。

中风先兆证患者多年老体弱，或久病难愈，正气渐亏，多有肝肾不足，气血两亏，素有瘀血痰浊内停。发病的基本病机为本虚标实，本虚是发病基础，标实为发病动因。阴虚风动，血虚风动，导致中风先兆证发病的主要动因"风邪"为"内风"为"虚风"，为"虚风内动"。"内风"生于肝肾不足、气血两亏，而行在血脉之中，为"血中之风"。若正气尚可抗邪，肝肾之亏尚未太甚，则风邪未动，血脉中素留之痰浊、瘀血凝结块小，可随血而行，不致蒙蔽清窍，阻塞经脉，机体功能尚在可代偿阶段，处于病理状态下的相对平衡阶段，患者可不出现中风先兆证的症状。若遇诱因触动，如五志过极，劳累过度，饮食不洁等不良因素导致气化失常，气运失度，机体病理状态下的相对平衡遭到破坏，气机不畅，血脉运行失调，虚风内动，动在血脉之中。"风者，百病之长也"，旋动之风夹血中素有之瘀血、痰浊，旋转裹携，如滚雪球，风势愈猛，则所夹瘀血痰浊之凝块愈大。当所结之凝块足以扰动清窍，阻塞经脉时，则产生眩晕、肢麻、肢体力弱等症，为中风先兆发病阶段。

若诱因消除，正亏不甚，风势减缓，渐渐而熄，所结之瘀血痰浊凝块松散，则瘀血痰浊失去动因，所结凝块逐渐消散，清窍复明，经脉再通，临床可见诸多症状在较短时期内逐渐缓解以至消失，机体重又恢复病理状态下的相对平衡。若诱因持续，正亏太甚，风动频频或风动不已，则风夹瘀痰愈结愈甚，上蒙清窍，横阻经脉，久留不去，难以消散，临床见卒然昏仆、半身不遂、言语謇塞，短期内难以恢复，病情进一步恶化，发为中风病。

2. 治疗初探

中风先兆证病机以肝肾不足、气血两亏为本，素有瘀血、痰浊内停，而发病的直接动因为"内风"，内风旋动直接影响中风先兆证的发病、进展、缓解的全过程。治疗在滋补肝肾、气血双补、活血化痰等法兼顾的基础上，重点应在治疗"内风"，"内风"生于肝肾不足、气血两亏，而行在血脉之中，为"血中之风"，血中之风当散、当祛，治疗当以"散血中之风"为首要之法。经云：风淫于内，治以辛凉，佐以苦甘，以甘缓之，以辛散之。用药选荆芥、防风、薄荷、生茜草。荆芥味辛，性微温，归肺、肝经。《本经》载"下瘀血"，"除湿痹"。用以散风邪，逐瘀血，防风味辛甘，性微温，归肝、脾经，《本经》载"主大风头眩痛，恶风，风邪目盲无所见，风行周身骨节疼痛"。《本草汇言》载"主诸风周身不遂，骨节酸痛，四肢挛急，痹痛痉等症"用防风辛温轻散，润泽不燥，能发邪从毛窍出。用以散风通经、熄风化痰。薄荷味辛性凉，归肝、肺经。《本草备要》载"消散风热，清利头目"。用以轻清宣透，散风清热，清利头目。生茜草性寒味苦，归脾经。《本经》载"主寒湿风痹，补中"。《本草纲目》载"通经脉，治骨节风痛，活血行血"。用以活血散风，通利经脉。诸药配合，共奏散风活血，祛风化痰之功，直散血中之风。

中风先兆证病机为本虚标实，而以标实为主，其标实的重要部分为内风旋动，动在血中。"血中风动"是中风先兆证的直接动因，"风动"的程度直接影响其发病、加重、缓解的全过程。病情是否会进一步加重而发为中风，也与"风动"的程度密切相关。风动在血，治疗应及时直散血中之风，选用疏风通络、散风活血之品，使风散血安，诸症不生。

（收稿日期：1994-09-29）

1996 年，58 岁

1996 年图 1　参加内科分会学术年会（前排左 3 王永炎）

8 月，连任国家药典委员会委员。

9 月，访问悉尼，受聘为澳大利亚全国中医药协会名誉顾问。

10 月，与张伯礼先生共同策划"九五"攻关项目"血管性痴呆的临床研究与药物开发"，经审评中标，由科技部立项。

此年，当选为中华中医药学会副会长。

1996 年图 2　在悉尼访问-1（左 1 晁恩祥、左 2 王永炎、左 3 贺普仁、左 4 澳大利亚中医学会陈会长、左 5 使馆工作人员）

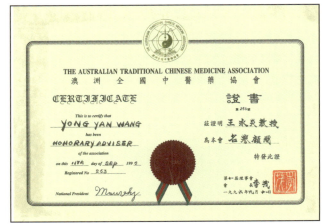

1996 年图 3　澳大利亚全国中医药协会名誉顾问证书

此年 5 月，中央七部委讨论中药现代化立项问题，张文康部长参加会议。先生发言，表达了三点意见。其一，中医治病用复方，剂工质效与理法方药相符不悖；其二，古代与现代中成药进行二次科研开发，一类中药不一定先进，重点看疗效；其三，关于中药的安全性，中医应转变观念，必须重视安全性研究。但当时的会议导向，倾向于用天然植物筛选化合物，开发一类新药。先生的意见未能引起足够的重视。

1996 年图 4　在悉尼访问 -2（左 1 晁恩祥、左 2 王永炎、左 3 澳大利亚中医学会新会长伊万诺夫）

同年，北京中医药大学争创"211 工程"大学与一批重点学科建设项目，校常委任命先生为筹备总指挥，人事处处长索润堂为助理。筹备期间，卫生部副部长张文康先生曾两次来校检查筹备工作，比较满意。与先生谈话，有意让先生复职。然而，此时的先生为官治人之心已淡，只愿将人生重心放在做学人、当教师。并明确表示，不愿意给组织带来影响与麻烦。张部长风趣劝说："永不再重用的铅笔条子根本没有啊。"当年 11 月，"211 工程"审评由肖培根院士任评审组长，北京中医药大学顺利通过审评，成为 211 重点大学。

1996 年图 5　在悉尼做中医学术讲座

1996 年图 6　为澳大利亚中医学会题词

1997 年，59 岁

1997 年图 1　内科分会与中医急症委员会两任主任委员王永炎与晁恩祥（右）

4月，任北京中医药大学校长。

5月，作为项目负责人，"脑血管病中医康复治疗"获批 WHO 合作项目。

6月，主编普通高等教育中医药类规划教材《中医内科学》，由上海科学技术出版社出版。

7月，当选中国科学技术协会常务委员。

1997 年图 2　中国工程院院士证书

1997 年图 3　中国工程院医药卫生学部委员证书

10月，当选中国工程院院士，任中国工程院医药卫生学部委员。

同月，当选北京中医药大学第四届学术委员会及学位评定委员会主任委员。

此年4月，北京中医药大学召开副处以上干部会，卫生部副部长兼国家中医药管理局局长张文康代表局党组宣布调整大学领导班子。新一届领导班子组成人员为：党委书记崔文志，校长王永炎，副书记乔旺忠，副校长张文贵、郑守曾、牛建昭、魏天卯。

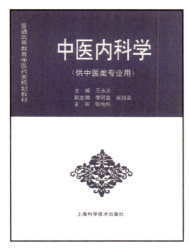

1997 年图 4　《中医内科学》封面书影

1997 年图 5　《中医内科学》版权页书影

　　其时，自 20 世纪 50 年代末由任应秋教授主持编撰的《十部医经类编》一书草稿，"文革"中流散缺损。"文革"后，北京中医药大学文献教研室李庚韶主持进行整理补遗，又因故未及完成。先生重任校长之后，向国家中医药管理局张文康局长报告，获批为局重点课题资助，成立编委会。由先生任主任委员，研究生处处长鲁兆麟与科研处处长刘金生任副主任委员，以文献教研室主任严季澜为主编。后来，在严季澜先生的努力下，扩充编写队伍，群策群力，补齐文稿，认真校对，交由学苑出版社付梓。

　　5 月，WHO 合作项目获得批准。项目启动后，派出考察团赴日本、美国考察，先生作为考察组组长，黄启福、孙塑伦、张允岭先生参加了考察组。参观考察了日本东京厚木市中风病康复疗养院与美国纽约长岛医院，美国华盛顿的 NIH（美国国立卫生研究院）、哈佛大学医学院、波士顿大学医学院、华盛顿大学医学部。并考察了所谓替代医学在美国的现状，中医、针灸诊所的执业状况，以及北京中医药大学毕业生在美国生活工作的情况。先生的感受是，并未体会到"中医热"，却感悟到中医药走向世界所面临的困难。

　　7 月，教育部正式宣布北京中医药大学与北京针灸骨伤学院合并，组建新的北京中医药大学，直属教育部管理，成为教育部直属的重点大学之一。

　　此年春天，先生申报中国科学院生物学部和中国工程院医药卫生学部院士。通过审核，符合申报资格。但作为医生，在中国工程院参加审评。10 月 8 日，通过审评，当选为工程院院士。时任中国工程院院长是朱光亚先生。同月，北京中医药大学第三届学术委员会及学位评定委员会任期届满，校党委决定组建第四届学术委员会，主任委员王永炎，副主任委员郑守曾、牛建昭、王庆国，委员共 22 人；第四届学位评定委员会，主席王永炎，副主席郑守曾、黄启福，委员共 22 人。

　　此年，也是先生之后学奋进的丰收年。学生王泓午、冯兴中、肖诗鹰、吴水生、吴圣贤、张允岭、张军平、赵进喜、袁国栋、娄锡恩、徐宗佩等通过答辩，被授予博士学位。

　　同年，先生辞去内科分会与中医急症分会主任委员职务，由晁恩祥先生接任，选王承德为秘书长。

1998 年，60 岁

1998 年图 1　访问韩国 -1（与水原大学校长交流）

1998 年图 2　访问韩国 -2 王永炎（前）（与张文贵副校长、何珉教务长等一起参观世界文化遗产佛国寺）

1998 年图 3　王永炎（右）赴日本访问

1998 年图 4　赴新加坡

　　2 月，访问韩国，赴水原大学商谈合作办学。

　　5 月，任中国工程院医药卫生学部常委。同月，赴日本考察北京中医药大学东京中医药继续教育，并参与会诊。

6月，受聘为卫生部第四届新药开发项目审评专家。同月，赴新加坡考察中医药继续教育，并参与会诊。

10月，获何梁何利科技进步奖医学药学奖。

12月，"中风病证候学与诊断标准及推广应用的研究"获国家科技进步奖三等奖。

此年，出任中国科学技术协会常务委员，主持参加两院院士候选人的推荐遴选会议。

同年，科技部召开17个部委座谈会，拟组织中药现代化项目。先生发言，对开发天然植物一类（化合物类组成）药物的导向提出异议。强调中医辨证用复方，多维评价，共识疗效为标准，提出大品种概念，即高科技含量、高知名度、高销售额的品种，并建议组织二次科研开发计划。提出，中药注射剂是我国原创的成果，为中医治急重症所必需。

这一年，从北京中医药大学校长职务上调任中国中医研究院院长。获赠北京中医药大学从事研究生教育二十周年导师纪念牌。

1998 年图 5　何梁何利科学与技术进步奖证书

1998 年图 6　北京中医药大学研究生教育 20 周年导师纪念牌

此年，中国中医研究院大门两边的门诊部，由于经营不善，容纳部分个人非法行医，被称为"骗子一条街"。同年，研究院下属昌平长城医院又出现小针刀医疗事故的问题，在国内外造成不良的影响。中国中医研究院面临重大的信任与发展危机。12月，先生临危受命，被调往中国中医研究院任院长。当时先生在北京中医药大学的各项工作顺畅，两段教学后期分化的教学改革正在展开，70000m² 教师宿舍正在建造，教职员工殷切挽留。但终因工作急需，出于党性，先生服从组织安排。

先生读过老庄之学，领会"道通为一"的理念。认为："道"即"无"，即"璞"。"无"非真空，非世事不为，而是无利心、无私欲，继而无己无功，虚怀若谷，应和而为。"璞"即纯素简朴，顺其自然而严于律己。孔门仁学，泛众爱，致良知。大德日生，尊伦理、道德、人性、人格，自觉承担社会赋予的责任。儒家讲"人和"，道家讲"天和"。大自然消融一切，天人同构，让精神安然于自然之中。而自然又可说是人世的一部分。就在这人世的现实和现实的自然中，儒道互补，尽我所能去为人做事，从容走过人生的旅途。

1999 年，61 岁

1999 年图 1　在内科学会学术年会上做报告

1999 年图 2　在云南考察中草药

3月，著作《临床中医内科学》获立夫医药文教基金会中医药著作奖委员会颁发的优秀著作奖。

9月，全国科技名词审定委员会换届，当选委员并被聘为常委。

10月，中华中医药学会建会二十周年纪念大会上获得"国医楷模"称号。

同月，主编《中医内科学》及副主编《中医内科学学习指导》，由人民卫生出版社出版。

1999 年图 3　立夫医药文教基金会中医药著作奖证书

1999 年图 4　中国中医药学会"国医楷模"奖牌

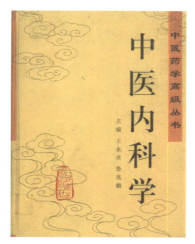

1999 年图 5　《中医内科学》封面书影

1999 年图 6　《中医内科学》版权页书影

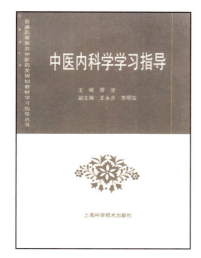

1999 年图 7　《中医内科学学习指导》封面书影

1999 年图 8　《中医内科学学习指导》版权页书影

　　11 月，作为首席科学家，主持中医药行业第一个国家重点基础研究发展计划（"973"计划）项目"方剂关键科学问题的基础研究"。

　　此年开始，从调研做起，为国家医保药品目录与中国基本药品目录的制修订进行过细的工作，起草制修订工作规范，并实施 2000 版药品的遴选工作。

　　临床研究中注意到络病与类中风问题，指导学生雷燕撰写相关的系列论文。例如，《论瘀毒阻络是络病形成的病理基础》，发表于《北京中医药大学学报》第 2 期，《类中风研究（Ⅰ）·类中风新概念的提出》和《类中风研究（Ⅱ）·类中风主症的研究》发表于《北京中医药大学学报》第 4 期与第 5 期。

　　此年，先生在中国中医研究院院长任上，着手恢复正常的科研秩序，重点开展了十项重要工作。①接受北京市公安局、卫生局对"骗子一条街"的审查，实施及时关停，并迅速整顿了结。②调各院所青年科技骨干共 10 位博士，研究中国中医研究院科技发展中期规划，征询老干部及处级以上干部的意见，进行修改，并快速付诸实施。③向国家中医药管理局借款 60 万元，设六个研究课题，落实当时正处于困境的中国医史文献研究所的研究工作。④为青年科技人员策划设立苗圃工程培育计划，通过审评，进入计划共 60 项。⑤大力推进国家自然基金项目的招投标奖励机制。⑥联合兄弟单位，策划申报人口与健康领域中医药学的第一个国家基础研究发展规划"973"项目——方剂关键科学问题研究，当年中标，并启动。⑦改进职称审评办法，重点放在学科评议组的同行评议。由于上年科研成果评审申报，全院仅有 16 项。为了激励提高科研能力，在评审中强调重视中标课题。⑧至前一年末，中国中医研究院全院只有 6 名博士生招生名额，且导师大多为老一辈专家，对科研团队建设影响很大。先生倡导与北京中医药大学搞联合培养，并借来 27 个博士研究生招生名额。主张对具有博士学位，本人曾有过博士训练的正高职称科研人员，即授予博士生导师资格。因而，快速增加一批 40 岁以下的青年导师。⑨制定中医药防治流感预案，如遇流行或暴发流行时，访查症状，明确证候，调整方案，做到有备无患。⑩筹备组织成立中医药名词审定委员会，准备审定颁布第一期中医药学名词——中医基本名词。

附录 1

《北京中医药大学学报》1999 年 3 月第 22 卷第 2 期

论瘀毒阻络是络病形成的病理基础

雷　燕，黄启福，王永炎

（北京中医药大学，北京 100029）

摘要：络脉系统是维持机体内稳态的功能性网络，络病是以络脉阻滞为特征的一类疾病，邪入络脉标志着疾病的发展和深化，其基本的病理变化是虚滞、瘀阻、毒损络脉。本文以血管性痴呆和糖尿病血管病变作为研究络病的切入点，发现不仅久病可入络，急症也存在着虚、瘀、毒结、痹阻络脉等入络入血的病理变化，并推测血管内皮损伤以及血管与血液成分之间相互作用的失调可能是络病形成的病理生理基础之一。

关键词：络脉；络病；病因病机；瘀毒阻络

Pathologic Basis of Collateral Disease Formation

LEI Yan（雷燕），HUANG Qifu（黄启福），WANG Yongyan（王永炎）

（Beijing University of Traditional Chinese Medicine，Beijing 100029）

Abstract：Collateral system is the functional network to keep the entatic state of the body. Collateral disease is characterized by the stagnation of the system.Pathogen invasion of the collateral signalized the development and intensifi-cation of the disease，which is mainly expressed by the pathological changes of blood stasis，stagnation by deficiency and toxic factor.The research was started with the vascular dementia and diabetes vascular lesion.It was discovered that the pathologic changes of pathogen invasion in the blood or the collateral not only existed in choronic cases but also in emer-gency cases.One of the pathophysiologic bases of collateral disease was inferred as the endothelial and the interaction disturbance between blood vessel and blood constituents.

Key words：collateral system；collateral disease；etiological factors and pathogenesis

络病学说是中医理论体系中的一个重要组成部分，该学说认为凡久病、久痛诸症，多因络脉瘀滞而引起。其说肇始于《黄帝内经》，发展于张仲景的《伤寒杂病论》，而集大成于叶天士的《临证指南医案》，是历代医家长期医疗实践的经验结晶，多年来予后世医学以极大影响，可谓治经千百，历经明验。但"久病入络"的病理实质及其现代内涵是什么？其发病学意义和病变规律有哪些？以及急性病变是否也存在着"入络"的病理变化？诸如此类既往尚未见深入研究。我们认为[1]，病久入络这一现象后面蕴藏着深刻的理论内涵，对络病发病机理的研究不仅能够阐明许多过去未曾解释的病理生理现象，而且有可能为防治多种难治性疾病提供新的思路及手段。

络脉是经络系统的分支，包括十五别络、孙络、浮络和血络等内容，又有阴络、阳络、脏络、腑络及系统和缠络等称谓，它犹如网络，纵横交错，遍布全身，内络脏腑，外联肢节，具有贯通表里上下、环流气血津液、渗灌脏腑组织等生理功能，对于维持人体正常的生命活动具有十分重要的意义。因而我们认为，络脉系统是沟通机体内外、保障脏腑气血灌注的功能性网络，也是协调机体内外环境统一和维持机体内稳态的重要结构。

络病者，即言邪入十五别络、孙络、浮络而发生的病变，是以络脉阻滞为特征的一类疾病。由于络脉是营卫气血津液输布贯通的枢纽，且络体细小，分布广泛，分支众多，功能独特，所以一旦邪客络脉则容易影响络中气血的运行及津液的输布，致使络失通畅或渗灌失常，导致瘀血滞络即病络，继而形成络病。邪入络脉标志着疾病的发展和深化，其病邪的传变一般是由阳络至经脉，由经脉至阴络乃至脏腑之络，渐次深入，因而，叶天士"久病入络"的创见，揭示了一般疾病发展的共同规律和邪气入深的共同通路。还必须指出的是，邪气侵入络脉，不仅会引起不同程度的络中气滞、血瘀或津凝等病理变化，而且日久延虚，虚气留滞、血瘀津凝等常常相互影响，互结互病，积久蕴毒，毒损络脉，败坏形体，继而又常加重病情，变生诸病，形成恶性循环，此即叶氏"邪与气血两凝，结聚络脉"之谓也。由此而言，脏腑内伤外感，由气累血，因虚致瘀或伤气致瘀，络因瘀阻，停痰互结，痰瘀并阻络道，蕴久化毒为害，则可形成一系列入血入络的病理变化；而虚滞、瘀阻、毒损络脉则是络脉阻滞中的基本病理变化，也是导致病络的重要因素和病理机转。因此，我们认为[1]，络脉病变的实质是虚、瘀、毒互结，痹阻络脉，并由此而导致络病经久难愈、渐成痼疾。病久入络，不仅是一种临床常见的病理现象，更是疾病的一种演变规律，又包含有具体的病邪、病性、病势、病位等内容，蕴藏着丰富的内涵。它表明了多种病证发展到一定阶段均存在络脉病变，此即是多种疾病的基础病变和发展的总趋势之一，也是许多难治病证在"入络"

阶段异病同治的病理基础。

《素问·调经论》指出"病在血，调之络"，《临证指南医案》也强调"经主气，络主血"、"初为气结在经，久则血伤入络"，《医林改错》尝曰"久病入络为瘀"，均说明了络病是与血和血管、以及血瘀有关的病证。由于中医"络"的概念在形态和功能上都与现代医学的微血管与微循环概念相似，因而有学者认为"久病入络"可能就是"毛细血管病变"[2]。近年来，随着医学科学的发展，人们已逐渐认识到，严重危害人类健康的冠心病、高血压、脑中风、动脉粥样硬化和肺动脉高压等病变，从根本上都属于血管疾病；而糖尿病的全身性损害也是通过微小血管病变来实现的。这些血管疾病的发病机制与中医"久病入络"的学术思想颇有相似之处。晚近研究证明[3]：血管内皮细胞（VEC）在调节血管的舒缩状态和抗血小板聚集、维持血管壁完整方面意义重大；VEC作为血管内膜的主要结构，尚具有重要的内分泌功能，在创伤修复、血管生成、止血、血栓形成、出血性疾病、动脉粥样硬化、糖尿病等一系列生理和病理过程中起重要作用。我们的研究认为，"久病入络"形成络脉病变有一定的病理基础，其根本在于血管内皮损伤以及血管与血液成分之间的相互作用失调[1,7]。以此作为研究"久病入络"的切入点，结合络脉病证"虚"、"瘀"、"毒"的病理变化，选用扶正、通络和解毒的方药进行干预研究，可望在较深层次上阐明部分血管性疾病在"入络"阶段内皮损伤的病变规律，并为其防治措施提供理论和实验依据。

"毒"，泛指对机体有不利影响的物质。中医学中有"邪盛谓之毒"的观点[4]，认为毒存体内，危害健康，可损伤脏腑，败坏形体，结滞络脉，从而造成病势缠绵或变证多端。故其治以祛邪为要，排毒解毒，驱邪外出，给毒邪以出路，促使机体恢复生理平衡，邪去则正安。

"瘀"是具有中医特色的一个病理概念，其本质是"血行失度"，凡因血脉瘀滞不畅导致的临床病症均为瘀血证，也是中医学对微循环障碍等一类疾病的病理概括。《证治准绳·杂病·蓄血篇》中指出"百病由污血者多"，《临证指南医案》也有"血流之中，必有瘀滞，故致病情缠绵不去"、"内结成瘀"以及"久病在络，气血皆窒"等论述，可见对络病的认识强调"瘀滞"的存在。治疗重在涤除瘀邪，疏通络道，瘀祛络通而病可向愈。

"虚"，是指正气虚损，正不胜邪的一种病理状态。清·韦协梦在其《医论三十篇》中说"气不虚不阻"，叶氏亦云"至虚之处，便是留邪之地"、"络虚气聚"，均可谓真知灼见，提示虚证的病机特点不仅是精气的虚少，其深层次的病机为无虚不成积。因而"久病延虚，攻邪须兼养正"，治当通补结合，通不致虚，补不留邪。

络病就其发病原委而言，基本的病理变化为虚瘀毒作祟、阻滞于络脉，这其中络虚是络病产生的始动因素，络脉瘀阻为络病形成的病理基础，而化毒为害则是络病迁延和深化的关键所在，它标志着一种正虚邪实、病势胶着的病理状态。鉴此，我们针对虚、瘀、毒邪展开了实验研究，旨在阐明络脉病变的病理生理学基础，揭示络病的现代医学内涵。笔者认为，血管性痴呆（VD）和糖尿病脑血管病（DCD）反复发作、经久难愈、入络入血等临床特点，符合络病的基本病理特征，故均属于络脉病变。由于络病学说具有高度的实践性，因此对它的理论研究必须与重大疾病的防治紧密结合在一起，本研究创新运用中医络病理论探讨 VD 和 DCD 的病理机制，以期为从络入手治疗 VD 和 DCD 提供思路。

VD 的病因病机较为复杂，但综合起来看，病位在脑，证属本虚标实，本虚为诸脏亏损、气血不足，标实多为痰、瘀、毒邪互结，主要是由于脏腑虚衰，阴精亏空，不能上充于脑，复加痰浊、瘀血等毒邪内生，使虚、痰、瘀互结于上，损伤脑络而致神机失统，从而发生学习、记忆功能障碍等疾患。根据 VD 虚、瘀、毒的发病特点，我们通过喂饲大鼠高脂饮食建立实验性高脂血症动物模型，在此基础上采用脑反复缺血再灌流方法诱发学习、记忆功能障碍，旨在建立既符合 VD 临床症状，又有虚、瘀、毒表现的动物模型。针对 VD 的病生机制和有关"毒"邪的认识，我们在实验研究中分别测定了拟痴呆大鼠脑内兴奋性氨基酸（EAAs）、毒性氧自由基、肿瘤坏死因子 -α（TNF-α）以及神经肽类物质的水平。结果发现 [5]，模型组大鼠脑内兴奋性毒性 EAAs 及其 NMDA 受体活性、脂质过氧化代谢产物 MDA 和炎性介质 TNF-α 含量均有不同程度的增高，而神经调节肽类如内皮素（ET）、神经肽 Y（NPY）和降钙素相关基因肽（CGRP）的释放失常，与正常对照组比较有显著差异（$p < 0.05 \sim p < 0.01$）；同时，形态学观察可见海马 CA_1 区出现神经元损伤和脱失，同步行为学测试也发现模型组大鼠出现明显的学习和记忆功能障碍，提示反复性脑缺血后体内有毒或有害物质增多，脑血管舒缩功能失调，存在着严重的内环境紊乱，推测这些有毒物质，即所谓的"毒邪"，均都隐袭地参与了产生 VD 的病变过程。

红细胞变形性改变和缩血管物质内皮素（ET）的过量释放与血瘀证的相关性，在我们以往的工作中已被证实 [6,7]。我们在实验中发现 [7]，食饵性高脂大鼠脑缺血再灌后外周血红细胞变形性显著降低，同时血浆 ET 含量增加，二者呈负相关，提示 VD 模型组大鼠存在"血瘀"征象和血管内皮功能受损。

本研究还观察了拟痴呆大鼠脑内胆碱乙酰化转移酶（CAT）、超氧化物歧化酶（SOD）以及生长抑素（SS）的含量变化 [5]，结果发现，拟痴呆大鼠脑匀浆中代表体内抗氧化能力的 SOD 及与学习记忆密切相关的物质 CAT 和 SS 等分泌显著减少，这似乎可以从一个侧面反映出 VD 大鼠体内存在"正气"不足的现象。

基于同样的科学假说，我们采用 STZ 诱导糖尿病模型大鼠，并连续观察了 24 周，以模拟糖尿病血管并发症——脑血管病变。我们的研究发现 [5]，实验性慢性糖尿病大鼠在血糖持续升高的基础上，脑内 TNF-α 和 MDA 含量增高，而 SOD 活性降低，同时伴有外周血红细胞变形性下降、血浆 ET 水平升高等现象，初步表明糖尿病大鼠体内也存在着"虚"、"瘀"、"毒"的病理改变。虽然这些异常大多数不是特异的，而且络病在病因病机上除有"瘀、毒、虚"等共性之外，每种疾病还可能有各自的特殊性，但是抓住了一类疾病的共性发病环节，就是抓住了矛盾的主要方面，这对于进一步提高中医治疗疑难病症的临床疗效有着十分重要的意义。

我们认为血管内皮的损伤是络病发生的物质基础，而白细胞与血管内皮细胞的黏附作用是内皮受损、血管通透性增高、血栓形成、动脉粥样硬化形成及炎症发生的始动因素。据此，我们通过培养人脐静脉内皮细胞作为靶细胞，研究了在高脂、高糖、缺氧再氧合及细胞因子 TNF-α 作用下，血管内皮细胞活性及其与中性粒细胞的黏附作用以及中药复圣散的干预影响。我们的研究发现 [8]，实验性高脂、高糖、TNF-α 和缺氧再氧化等均可抑制血管内皮细胞活性，同时增强中性粒细胞与血管内皮细胞的相互黏附作用，并因而介导心脑血管疾病及糖尿病血管病变等。

通过以上研究，可以推测不同的致病因素可有共同的微循环病变、氧自由基损伤和若干内生毒素的干扰，但内生毒性物质是否一样，尚有待进一步研究。我们的研究还表明，不仅久病可入络，急性病变也存在着虚、瘀、毒结等入络入血的病理变化。换言之，瘀毒阻络既是多种慢性疾病迁延难愈的病理基础，也可以是一些急性病症发展和入深的病机所在，提示久病和急症有着共同的发病学基础。由于邪既入络，络脉阻滞为病机的主要方面，只有解除络脉阻滞，才能达到治疗目的，故治络之法，当从实论治，以通为补；又因为"久病入络"所致诸病多具有胶着痼结之特点，因而还要遵循"久病当以缓攻，不致重损"的原则，补应通补，攻应缓攻，通补活络，协调阴阳，在络病的治疗上要注重通与补的辨证关系和对多种疾病整体思路的把握。本研究应用具有通络、解毒、扶正作用的中药复方，对 VD 和 DCD 动物模型进行干预治疗，取得了较满意的疗效，说明益气活血、通络解毒药可以在一定程度上对抗致病因素对机体的影响，也反映了 VD 和 DCD 等络脉病变的病理机制是瘀毒虚互结、络脉受损所致。

络病学说是关于中医学病因病机方面的理论，病久入络作为一个综合性的病理概念，是一般疾病都能适应的基础病机。本研究的目的重在探寻发病机制上的共性问题，并为络病的防治探索有效的治法和方药，为中医异病同治的理论提供科学依据。深入研究络病的本质、络病的特征以及中药防治的作用机制，了解络脉作为功能性网络之沟通和渗灌的生理特征，探讨络脉受损的原因和机理，推导络脉病变的客观征指及其演变规律，以提示多种疑难病症的共性发病环节和中医异病同治的病理基础，必将有助于我们加深对疾病本质的了解，提高对疑难病症的辨证论治水平，这不单是解决一病一证的问题，而是解决一类疾病的重大举措，不仅在一定意义上丰富和发展了络病理论，而且对于中医理论体系的构建和临床实践都将具有重要的指导意义。我们相信，随着"久病入络"的现代阐明，在进一步弘扬中医学理论的同时，也必将充实和丰富现代医学对人体生理现象和病理变化的认识。

参考文献：

[1] 雷燕，王永炎，黄启福.络病理论探微.北京中医药大学学报，1998，21（2）：18-23.

[2] 苏静怡，唐朝枢，韩启德.心血管疾病的病理生理基础和发病机制.北京：北京医科大学、中国协和医科大学联合出版社，1994：337-386.

[3] 徐宗佩，张伯礼，高秀梅，等.久病入络患者瘀血证与微循环障碍相关性研究.陕西中医，1997，18（9）：423-425.

[4] 王永炎.关于提高脑血管疾病疗效难点的思考.中国中西医结合杂志，1997，17（2）：195-196.

[5] 雷燕，黄启福，王永炎.中医络病理论及相关实验研究 [学位论文].北京：北京中医药大学，1998.

[6] 雷燕，王蕴红，黄启福，等.复圣散对高脂大鼠脑缺血再灌后红细胞变形性和血浆内皮素的影响.北京中医药大学学报，1998，21（5）：20-22.

[7] 雷燕，刘建勋，尚晓泓，等.愈心痛胶囊对急性心肌缺血犬血浆内皮素和血液流变性的影响.中国中医药科技，1996，3（4）：23-25.

[8] 雷燕，郝钰，邱全瑛，等.复圣散对中性粒细胞与血管内皮细胞粘附作用的影响.中国中西医结合杂志，1998，18（10）：612-615.

（收稿日期：1999-01-06）

附录 2

《北京中医药大学学报》1999 年 7 月第 22 卷第 4 期

类中风研究（Ⅰ）——类中风新概念的提出

郭蓉娟[1]

指导：王永炎[2]

关键词：类中风；概念；中风病；脑卒中

在中风病的研究史上，自元代王履首次从病因学角度提出类中风以来，后世医家由于临床需要，不断从不同角度赋予这类中风不同的概念。都对当时中风病的进一步深入研究起到了积极的促进作用。同样，在 CT、MRI 等神经影像技术飞速发展的今天，临床上许多不以传统中风五大主症（突然昏仆、半身不遂、口舌歪斜、言语謇涩或不语、偏身麻木）为主要表现的急性脑血管病患者依据 CT、MRI 得以确诊，而且检出率日益增多。对于这一类急性脑血管病的中医诊治内容目前多分散在中风病以外的头痛、眩晕、癫狂、目歧视、痹证等许多病证之中，难以纳入传统中风的理论体系，严重妨碍了中风病研究的进一步深入。为此，王永炎院士从临床实践出发，将这一类急性脑血管病统归为类中风，也就是与传统中风相类之义。进而拓宽了中医中风病的研究领域。通过对类中风的系统研究，不断从中医角度揭示其规律，可以完善中医中风病的研究内容，促进研究的进一步深入。下面就类中风这个新概念进行初步探讨。

1. 临床资料

近 10 年来，由于科学技术的飞速发展，特别是 CT、MRI 等神经影像技术的不断进步、应用及普及，临床上许多不以传统中风五大主症为主要临床表现的急性脑血管病患者，依据这些影像手段得以确诊。也正是由于这些影像技术使我们现在能够清楚地认识到这一类急性脑血管病尽管临床表现复杂多样，但都有着共同的病理基础，有着共同的防治规律，这是过去的医学家们无法进行的还不曾认识到的新的临床实践。西医的无肢体偏瘫型脑卒中以及无症状性脑梗塞大多属这一类。

1.1 发病率

从文献报道看，无肢体偏瘫型脑出血占同期脑出血的9.96%～18.70%[1,3]；无症状性脑梗塞在急性中风患者中占30%～40%[5~8]，而且随着影像学的发展、普及，其检出率还将会上升。

1.2 临床症状和体征

无肢体偏瘫型脑出血的临床症状常有头痛、头晕、眩晕、恶心呕吐、脑膜刺激征、视物模糊、颅神经症状等复杂多样的表现[9~12]；无肢体偏瘫型脑梗塞的临床症状主要以智力低下、精神症状、各种言语障碍、剧烈眩晕、癫痫、视力障碍为主要表现，局灶征多不明显，少数可出现单一性病灶体征[13~16]。无症状性脑梗塞常以自觉症状为主，多见头痛、头晕、眩晕、失眠、记忆力减退、发作性视物改变、短暂意识丧失，一过性肢体运动及感觉障碍、短暂构音障碍，并有可能引起或加剧认识和智力障碍[17,18]。

1.3 病理改变

病灶部位多位于脑的"静区"，未波及运动中枢和运动传导通路或仅水肿、缺血等轻度波及运动系。在无肢体偏瘫的症状性脑卒中中，常见部位以脑叶最多[1,3]，但丘脑、基底节、壳核、内囊、外囊、小脑、中脑、桥脑、延髓、脑室、蛛网膜下腔等各个部位均可见到。在无症状性脑梗塞中常见部位以皮质下白质、基底节、内囊约占88%[5,8]，此外脑的其他部位均可见到。

至于病灶大小，据文献报道[9~12]，脑出血以小量出血最为常见，个别出血量大或因周围无重要结构相对处于脑的"静区"，或由于尾状核、丘脑内侧等出血及早破入脑室，从而减轻了血肿的压迫效应及脑水肿反应；梗塞灶多以小灶、多发、腔隙性常见，直径多小于20mm[13~15]；无症状性脑梗塞病灶明显小于症状性脑梗塞，60%～80%的梗塞灶直径小于15mm[5,8]。

1.4 临床误诊及其危害

无肢体偏瘫型脑卒中的临床诊断比较困难，容易发生漏诊、误诊。大多数患者初诊时发生误诊。常将脑出血误诊为脑梗塞或蛛网膜下腔出血；将脑卒中误诊为椎-基底动脉供血不足、脑炎、颅神经炎、颅内动脉瘤、精神病[2]、急性胃炎、血管性头痛、颈椎病[4]、醉酒[3]、高血压脑病等。这一类疾病由于极易发生漏诊、误诊，延误治疗，因

而具有巨大的潜在性的危险。正确诊断主要依靠CT、MRI影像手段。

无症状性脑梗塞是脑梗塞的一种特殊类型，目前认为是中风的早期病变[6]，由于缺乏明显的神经系统症状和体征，容易被患者和临床医生疏忽，且容易发生误诊。常误诊为脑供血不足、一过性脑缺血等。明确诊断均需依靠CT、MRI等影像手段[8]。由于无症状性脑梗塞与症状性脑梗塞的发病机制是一致的，就梗塞灶本身来讲，无论症状有无，其本质是没有区别的[19]。仅是本病病灶较小或位于脑的"静区"而未破坏重要结构[5]。有人研究认为伴有无症状性脑梗塞病灶比不伴有无症状性脑梗塞病灶的症状性脑卒中患者近期预后差。可能是由于病灶虽小，但发生脑梗塞后侧枝循环效应差，因而可影响到脑卒中患者的预后[5]。无症状性脑梗塞灶既可单独存在，又有其后发生症状性脑梗塞的可能[6]。大约61.8%的无症状性脑梗塞半年后可出现症状性脑梗塞。并可使其后发生的症状性脑梗塞病情恶化、死亡率增高，还有可能增加梗塞复发的危险性，脑血管痴呆也常与本病的存在有关[6]。因此早期发现、积极防治对脑卒中的防治、老年人生活质量的提高都有十分重要的意义。

1.5 治疗

对于无肢体偏瘫型脑卒中及无症状性脑梗塞的治疗，西医目前治疗方法多与其他脑卒中相似，中医多按头痛、眩晕、癫狂、痹证等进行辨证论治。

综上所述，无肢体偏瘫型脑卒中及无症状性脑梗塞，随着CT、MRI的发展、普及，检出率日渐上升，其对人类的危害不亚于典型脑卒中，相反由于临床上极易发生误诊，从而致使患者和医生忽视而延误治疗，病情重者常可危及生命。因而更具有潜在的危险性。我们中医也必须对这一类疾病引起重视和进行深入系统的研究，只有这样才能尽早阻断病情的发展，切实提高中风病的中医疗效。所以说我们已经进行了前人所无法达到的新的医疗实践，那么能不能在新实践的基础上积累新材料，发现新规律，提出新概念，已成为能不能发展中医中风病理论的当务之急。

2. 类中风新概念

王永炎院士正是在新的临床实践的基础上顺应时代的需要，提出了类中风这个新的概念，即把不以传统中医中风五大主症为主要临床表现的脑卒中统归为类中风。并进一步提出：从广义上讲中医的中风病与西医所指一致，包括脑梗塞、脑出血、蛛网膜下腔出血等。在中风病中，根据临床症状特征不同，将以传统中风五大主症为主要临床表现的一类急性脑血管病归为中风，仍延续中医传统中风

的理论体系；而将不以传统中风五大主症为主要临床表现，而以头痛、眩晕、共济失调、目视歧、精神障碍等多种多样的症状为主要临床表现的一类急性脑血管病归为类中风，进行单独研究，不断从中医角度揭示其规律。中风、类中风是广义中风病的二级病名。这个中风病理论构想的提出，进一步拓宽了中医中风病的研究领域，完善了中医中风病的诊断，为进一步深入而细致的研究奠定了基础。同时又可与西医研究范围一致，以便互相渗透，取长补短，共同发展。

类中风这个新概念还不完善，其内涵将在进一步的研究报告中逐渐揭示。敬请各位先辈、各位同仁不断探讨，以促进中风病研究的进一步深入。

参考文献：

[1] 杨耀波，黎红华 . 无偏瘫型脑出血的临床与 CT 分析 . 临床神经病学杂志，1995，8（4）：228-229.

[2] 孙金旭 . 无肢体瘫痪脑出血的诊断探讨 . 临床神经病学杂志，1995，8（2）：108-109.

[3] 王一飞，霍庆一，佟明生 . 无肢体瘫痪脑出血 23 例报告 . 辽宁医学杂志，1989，3（3）：128.

[4] 胡志平，石力，莫家驹 .41 例无肢体瘫痪的脑出血临床与 CT. 中风与神经疾病杂志，1996，13（2）：114.

[5] 王强，石秉霞，唐盛孟 . 首发脑卒中病人的无症状性脑梗塞 . 中风与神经疾病杂志，1996，13（5）：279-280.

[6] 雄鹰，于正荣，董文燕，等 . 无症状性脑梗塞 . 中风与神经疾病杂志，1995，12（6）：351-352.

[7] 大泾多美子 . 无体征性脑梗塞的 MRI 研究 . 国外医学·神经病学神经外科学分册，1995，22（2）：107.

[8] 梁丰 . 无症状性脑梗塞（综述）. 国外医学·神经病学神经外科学分册，1995，22（2）：60-62.

[9] 钱伯琦 . 无肢体瘫痪脑出血的临床与 CT 特点 . 临床荟，1996，11（7）：312-313.

[10] 闫乐京，李萍 . 无肢体瘫痪脑出血 . 实用内科杂志，1992，12（10）：543.

[11] 方伟，任英，么中玉 . 无肢体瘫痪幕上脑出血 42 例 . 临床与 CT 分析 . 中华医学杂志，1992，72（5）：317.

[12] 熊友生，毛振邦 . 无相应病灶症状的脑出血临床的脑出血分析 . 新医学，1994，25（12）：629.

[13] 梁新敏，谷俊巧，韩曹平 . 无肢体瘫痪型脑梗塞 . 临床荟萃，1992，7（9）：401-402.

[14] 郝广宪，孙斌 .112 例无肢体瘫痪型脑梗塞临床与 CT. 中风与神经疾病杂志，1994，11（1）：38.

[15] 阎乐京，李萍 . 无肢体瘫痪型脑梗塞 . 实用内科杂志，1990，10（4）：201.

[16] 怀淑君，张世平，张吉权 . 脑梗塞的特殊临床表现 . 白求恩医科大学学报，1996，22（1）：83-84.

[17] 韩伏莅，张贞浏，李作汉 . 无定位体征的脑干腔隙性梗塞 . 中华神经科杂志，1996，29（2）：71-73.

[18] 陈舟杰 . 无症状性脑梗塞 . 临床神经病学杂志，1996，9（1）：5.

[19] 长尾哲彦 . 无症状性脑梗塞与症状性脑梗塞的联系 . 日本医学介绍，1995，16（8）：339.

（收稿日期：1999-01-21）

附录 3

《北京中医药大学学报》1999 年 9 月第 22 卷第 5 期

类中风研究（Ⅱ）——类中风主症的研究

郭蓉娟[1]，梁宝华[2]，任占利[1]，王弘午[1]，吴 燕[1]，解庆凡[3]，张秀娟[3]

指导：王永炎[4]，王顺道[3]

（1. 北京中医药大学，北京 100029；2. 首都医科大学附属北京宣武医院神经内科，北京 100053；3. 河北省邢台市人民医院，河北 054031；4. 中国中医研究院，北京 100700）

摘要：将临床上不以传统中风的突然昏仆、半身不遂、口舌歪斜、语言謇涩或不语、偏身麻木为主要临床表现的西医脑卒中统归为类中风进行研究。运用类中风组与中风组临床症状体征对照的研究方法，采用美国 SAS 统计分析软件，对 2206 例调研资料进行 logistic 回归分析等多因素分析。参考回归结果，并结合临床实际、文献调查、专家经验，从而确定了类中风的主症为：眩晕，身体感觉障碍，剧烈头痛，视物异常，不随意运动，精神障碍，癫痫样发作，失认失读失写等。为类中风的进一步研究奠定了基础。

关键词：脑卒中；中风病；类中风；多因素分析；症状体征

Abstract：Reduce the clinical symptoms that mainly belong to the cerebral apoplexy in western medicine but not to apoplexy in TCM，which characterized by sudden fall with unconsciousness，hemiplegia，inarticulateness or aphasia and hemianesthesia，to the analogous apoplexy.After comparing the clinical symptoms and physical signs between the analogous apoplexy group and apoplexy one，using American SAS statistical analysis soft ware to take logistic regression analysis on 2206 cases，combining with clinical practice，bibliography investigation and specialists' experience，the main symptoms of analogous apoplexy were defined as：vertigo，sensory disturbance，severe headache，visual abnormality，in-voluntary movement，mental aberration，epileptic attack，agnosia，alexia and agraphia，etc.Thence established the basis for the further research on the analogous apoplexy.

Key words：cerebral apoplexy；apoplexy；analogous apoplexy；multiple factor analysis；symptoms and physi-cal signs

王永炎院士首次提出了类中风新概念：把不以传统中医中风五大主症为主要临床表现的脑卒中统归为类中风。在此基础上[1] 我们尝试着这样的理论构想：从广义上讲中医的中风病相当于西医的脑卒中；而从临床症状特征来分，则将以传统中风病的突然昏仆、半身不遂、口舌歪斜、语言謇涩或不语、偏身麻木五大主症为主要临床表现的一类脑卒中称为中风，而将不能纳入传统中风概念的一类脑卒中统归为类中风。中风、类中风是广义中风病的二级病名。从临床实践中我们知道脑卒中的临床症状体征表现十分复杂，在这纷繁的症状体征中，哪些症状体征对类中风有诊断意义，哪些症状体征可作为类中风的主症，这些主症之间又将是怎样的组合情况？对此，我们进行了本项目的研究。

1. 选例标准

凡经 CT、MRI 确诊为脑卒中（包括脑梗塞、脑出血、蛛网膜下腔出血）而无心肾等严重合并症者均可纳入，并将其中按《中风病中医诊断、疗效评定标准》符合传统中风病诊断的脑卒中纳入中风对照组，将不能纳入中风组的均归入类中风研究组。

2. 临床资料

共调研病例 2206 例，男性 1264 例，女性 942 例。年龄 17 ～ 91 岁，平均年龄为（56.24±8.42）岁。类中风研究组有 787 例，中风对照组有 1419 例。病例主要来源于河北中风临床医学研究中心、北京中医药大学东直门医院及北京宣武医院。全部病例均经 CT 或 MRI 确诊为脑卒中，其中脑梗塞 1370 例，脑出血 675 例，混合中风 67 例，蛛网膜下腔出血 94 例。

3. 研究方法

通过大量文献研究，结合临床实践、专家经验，从脑卒中众多纷繁的症状体征中筛选出对类中风有诊断和鉴别诊断意义的 19 类症状体征作为 19 个观察指标，制定类中风诊断因素赋值表（见表 1）。将调研病例的症状学内容依照类中风诊断因素赋值表的方法进行数量化处理，输入计算机，建立数据库，然后应用目前国际通用的美国 SAS 统计分析软件对资料进行 logistic 回归分析等多因素分析，找出对类中风的诊断有统计意义的症状体征，参考回归等统计结果并结合临床实践、文献调查、专家经验确定类中风的主症。

表1 类中风诊断因素赋值表

变量	赋值	
	1	0
x_1 意识障碍	不同程度意识障碍，一过性或短暂性晕厥	神志清楚
x_2 肢体瘫痪	单肢瘫，偏瘫，四肢瘫，交叉瘫，肌力检查有不同程度减弱	四肢肌力正常
x_3 口舌歪斜	咀嚼无力，下颌偏斜，舌歪斜，一侧鼓腮漏气，一侧口角低垂，不同程度面瘫	伸舌居中，无口歪
x_4 语言謇涩	不完全性或完全性运动失语，语言謇涩甚则不语	语言流畅，吐字清楚，正常语言
x_5 失认失读失写	不同类型、不同程度的失认、失读、失写	无
x_6 身体感觉障碍	身体局部或偏身感觉减退或消失，感觉过度或过敏，感觉异常，自发性肢痛等	无

续表

变 量	赋值		
	1		0
x_7 剧烈头痛	突发剧烈头痛，头痛如炸裂，头痛如掣，头痛如锥刺，头痛痛处不移		无
x_8 眩晕	头晕，头晕目眩，突发眩晕		无
x_9 恶心呕吐	有		无
x_{10} 视物异常	偏盲，视觉模糊，复视，幻视，视物变形，失明，眼球运动障碍		无
x_{11} 听力障碍	听力减退或丧失，幻听		无
x_{12} 不随意运动	肢体震颤，共济失调，协调运动不能，舞蹈症，一个或多个肢体不能控制的节律性或不规则地急跳、抖动、摇摆		无
x_{13} 癫痫样发作	四肢抽搐，癫痫大发作，或其他类型癫痫		无
x_{14} 精神障碍	狂躁状态（如多言欣快、好动、不安、哭笑无常、伤人毁物等）；抑郁状态（有自责、自罪感，木僵状态，甚有自杀观念等）；妄想状态（可表现迫害妄想等）；痴呆状态（即在意识清楚状态下全面性智能减退，出现记忆、思维、理解、计算力、定向力等不同程度的减退）		无
x_{15} 吞咽困难	吞咽困难，饮水呛咳		吞咽功能正常
x_{16} 脑膜刺激征	颈项强急，脑膜刺激征阳性		无
x_{17} 嗅觉异常	有		无
x_{18} 病理反射	有		无
x_{19} 二便失禁	有		无

4. 结果

4.1 类中风组、中风组两组患者临床症状体征出现率统计

类中风组、中风组临床症状体征分布情况见表 2。从

表 2 中可以看出类中风组的症状体征分布很广泛，确定主症仍需进一步分析。

表 2 类中风组、中风组临床症状体征分布情况

临床症状体征	类中风组 ($n=787$)		中风组 ($n=1419$)		合计 ($n=2206$)		临床症状体征	类中风组 ($n=787$)		中风组 ($n=1419$)		合计 ($n=2206$)	
	例数	%	例数	%	例数	%		例数	%	例数	%	例数	%
x_1 意识障碍	30	3.18	414	29.18	444	20.13	x_{11} 听力障碍	25	3.18	14	0.99	39	1.77
x_2 肢体瘫痪	60	7.62	1284	90.49	1344	60.92	x_{12} 不随意运动	129	16.39	81	5.71	210	9.52
x_3 口舌歪斜	19	2.41	1175	82.80	1194	54.13	x_{13} 癫痫样发作	26	3.30	72	5.07	98	4.44
x_4 语言蹇涩	36	4.57	1119	78.86	1155	52.36	x_{14} 精神障碍	64	8.13	141	9.94	205	9.29
x_5 失认失读失写	19	2.41	52	3.36	71	3.22	x_{15} 吞咽困难	26	3.30	104	7.33	130	5.89
x_6 身体感觉障碍	268	34.05	765	53.91	1033	46.83	x_{16} 脑膜刺激征	45	5.72	175	12.33	220	9.97
x_7 剧烈头痛	192	24.40	410	28.89	602	27.30	x_{17} 嗅觉异常	2	0.25	3	0.21	5	0.23
x_8 眩晕	397	50.44	241	16.98	638	28.92	x_{18} 病理反射	116	14.74	729	51.37	845	38.30
x_9 恶心呕吐	219	27.83	465	32.77	684	31.01	x_{19} 二便失禁	26	3.30	258	18.18	282	12.78
x_{10} 视物异常	180	22.87	117	8.25	297	13.46							

4.2 logistic 回归分析

将调研资料数据库进行 logistic 回归分析，结果见表 3。

表 3　logistic 回归模型拟合结果（OR > 1）

变量	参数估计值	标准误	x^2	p 值	标准化估计值	OR 值
INTERCPT	0.5468	0.1444	14.3387	0.0002		
x_5	1.3509	0.5332	6.4182	0.0113	0.131474	3.861
x_7	0.8222	0.2299	12.7953	0.0003	0.201974	2.276
x_8	1.9789	0.2242	77.8865	0.0001	0.494768	7.234
x_{10}	1.4403	0.2874	25.1188	0.0001	0.271113	4.222
x_{12}	2.2560	0.3679	37.5946	0.0001	0.365115	9.545
x_{13}	0.9966	0.4960	4.0364	0.0445	0.113230	2.709
x_{14}	1.9098	0.3798	25.2909	0.0001	0.305766	6.752

从回归结果可以看出这 19 个指标中能够较好反映类中风的症状体征的指标为 x_5（失认失读失写）；x_7（剧烈头痛）；x_8（眩晕）；x_{10}（视物异常）；x_{12}（不随意运动）；x_{13}（癫痫样发作）；x_{14}（精神障碍）这 7 个指标。参考回归结果，结合临床实际情况、文献调查、专家经验，将临床上单独出现的身体感觉障碍也归为类中风，共八类。这样再结合这八类症状体征在类中风组中出现率情况（表1），确定了类中风的主症为：眩晕，身体感觉障碍，剧烈头痛，视物异常，不随意运动，精神障碍，癫痫样发作，失认失读失写八类症状体征。各类具体症状体征表现如下：

眩晕类可见于各种不同程度的眩晕。轻者头晕，重则头晕目眩，甚则如坐舟船，自觉自身及外界景物旋转等。

身体感觉障碍类指身体局部或偏身感觉减退或消失，感觉过度或过敏，感觉异常如肢体麻木、蚁行感、自发性肢痛、肢冷等。

剧烈头痛类常见头痛如炸裂、头痛如锥刺、头痛如掣、头痛痛处不移，可发生于头的局部，亦可整个头部。

视物异常类可包括偏盲、视觉模糊、复视、幻视、视物变形、失明、目不瞬，而瞳孔变化不属此范围。

不随意运动类可表现为肢体震颤、各种形式的共济失调、舞蹈症及肢体不能控制的节律性或规则的急跳、抖动、摇摆等运动。

精神障碍类可表现为各种各样的精神异常。常见的有遗忘、痴呆、癫证、狂证等。

癫痫样发作类多表现为癫痫大发作，或四肢抽搐等。

失认失读失写类包括不同类型、不同程度的失认、失写、失读，可单独出现，亦可以组合形式出现。

由上可见类中风的临床症状体征表现十分复杂多样，不可能用单独几个症状来归纳。但这些纷繁的症状体征都有着共同的病理基础（如脑梗塞、脑出血或蛛网膜下腔出血）及共同的防治规律，故将它们纳入一类，并用类中风进行综合描述，以便对本类疾病能进行深入研究，从中医角度

不断揭示其种种规律。

4.3 类中风八类主症之间及中风五大主症之间组合情况调查

进行这项研究的目的在于进一步揭示脑卒中临床症状体征出现的一些规律。

2206 例脑卒中患者中只表现为类中风八类主症而不兼有中风五大主症的病例有 607 例。在这 607 例中进行类中风八类主症之间症状组合情况调查。结果见表 4、表 5。

表 4　类中风八类主症之间组合情况

组合形式	例数（n=607）	百分率 /%
单症出现	275	45.31
二症并见	215	35.42
三症并见	104	17.13
四症并见	13	2.14
五症、六症、七症、八症并见	0	0.00

表 5　类中风单症出现情况

症状体征	例数（n=275）	百分率 /%
眩晕	95	34.55
感觉障碍	82	29.82
剧烈头痛	43	15.64
视物异常	19	6.91
不随意运动	14	5.09
精神障碍	13	4.73
癫痫样发作	5	1.81
失认失读失写	4	1.45

2206 例急性脑血管病例中单表现为中风五大主症而不兼有类中风八类主症的有 371 例。在这 371 例中进行中风五大主症之间组合情况调查，结果见表 6、表 7。

由上可见类中风八类主症之间组合情况以单症出现最为常见（占 45.31%）；而中风五大主症之间组合情况以三

症并见多见（35.04%）。

表 6　中风五大主症之间组合情况

组合形式	例数（n=371）	百分率 /%
单症出现	66	17.79
二症并见	84	22.64
三症并见	130	35.04
四症并见	59	15.90
五症并见	32	8.63

表 7　中风五大主症单症出现情况

症状体征	例数（n=66）	百分率 /%
意识障碍	4	6.06
肢体偏瘫	41	62.12
口舌歪斜	4	6.06
语言蹇涩或不语	17	25.76
偏身麻木	0	0.00

5. 讨论

研究某一对象，必先正名，正如张介宾所言："凡诊诸病，必先宜正名。"有些人片面强调西医诊断，认为只要西医诊断明确了，中医诊断可有可无，无关紧要。其实不然，中医诊断是病证名的诊断，是理法方药的完整统一，它直接关系到临床疗效。因而决不是简单的西医诊断所能代替的。类中风新概念的提出以及主症的探索，进一步完善了中医中风病的诊断，从而既可保持中医理论的理法方药完整统一，突出中医特色，又可与西医研究一致，有利于中西医、国内外之间互相交流促进。

参考文献：

[1] 郭蓉娟. 类中风研究 I ——类中风新概念的提出. 北京中医药大学学报，1999，22（4）：6-7.

（收稿日期：1999-01-21）

2000 年，62 岁

1月，主编《今日中医内科》上、中、下三卷，由人民卫生出版社出版。上卷与沈绍功合作，中卷与晁恩祥合作，下卷与栗德林合作。

4月，主编《董建华医学文集》，由北京科学技术出版社出版。

2000 年图 1　今日中医内科（上）封面页书影

2000 年图 2　今日中医内科（中）封面页书影

2000 年图 3　今日中医内科（下）封面页书影

2000 年图 4　《董建华医学文集》封面页书影

2000 年图 5　今日中医内科（上）版权页书影

2000 年图 6　今日中医内科（中）版权页书影

2000 年图 7　今日中医内科（下）版权页书影

2000 年图 8　《董建华医学文集》版权页书影

6月，受劳动和社会保障部聘任做中成药考察，制定社会医疗保险药品目录。

8月，任2000年版《中国药典》执行委员。同月，组织成立全国科学技术名词审定委员会中医药名词审定委员会，受聘为委员会主任。

9月，主编《中医病案规范书写手册》，由湖南科学技术出版社出版。

2000 年图 9　中医药学名词审定委员会主任聘书

2000 年图 10　《中医病案规范书写手册》封面页书影

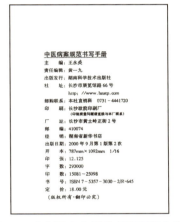

2000 年图 11　《中医病案规范书写手册》版权页书影

此年，指导学生撰写关于中风病临床治疗的研究论文，《类中风研究（Ⅲ）·类中风病类诊断方案及临床验证》发表于《北京中医药大学学报》第3期，《化痰通腑法治疗意识障碍理论溯源》发表于《北京中医药大学学报》第4期。

此年夏天，先生为亲自担任编委会主任的《十部医经类编》写序。2001年2月此书由学苑出版社出版。

此年，"973"计划项目"方剂关键科学问题的基础研究"正处于项目运作初期，以往的单学科人员研究方式遇到许多新的问题。因此，及时地调整"973"项目研究方向，明确重点围绕方剂配伍做探索研究。及时扩充多学科研究人员，聘邀中国科学院戴汝为、清华大学李衍达院士及北京大学耿直教授、中国科学院西广成研究员讲座，并组织全项目组成员学习《复杂》一书，多次进行学术交流。

10月，在天津召开老校长教育教学研讨会，总结中医办学经验。但因意向不清，会议的导向作用不明确，参会者的想法或与当时的官方办学政策相向。结果是谈经验、谈体会的多，谈问题及解决策略的少，分析中医办学如何适应社会变革、如何正确处理传承与创新关系的更少，且不深入。结果事与愿违，会后，难以形成写给中央的报告建议。

此年，先生上一年所办的十件大事，已见成效。

附
录
1

《北京中医药大学学报》2000 年 5 月第 23 卷第 3 期

类中风研究（Ⅲ）——类中风病类诊断方案及临床验证

郭蓉娟[1]，王建华[2]，解庆凡[2]，张秀娟[2]

指导：王永炎[3]，王顺道[2]

（ 1. 北京中医药大学东方医院神经内科，北京 100078；2. 河北省邢台人民医院，河北 054031；

3. 中国中医研究院，北京 100700 ）

关键词：脑卒中；类中风；新概念；诊断方案；临床验证

中图分类号：R255.2

通过对类中风概念演变中的研究、类中风新概念的探讨、585 例类中风临床资料分析及类中风主症的研究等一系列研究之后，我们初步提出类中风的临床病类诊断方案，并进行了小样本的验证，取得了 94% 的良好符合率，现报告如下。

1. 类中风新概念

类中风是临床上出现的不以半身不遂、口舌歪斜、神识昏蒙、舌强言謇或不语为主要临床表现，而以眩晕、身体感觉障碍，剧烈头痛，视物异常，不随意运动，精神障碍，癫痫发作，失认或失读或失写等为主症的广义中风病的一个特殊类型，为广义中风病的二级病名，属西医脑卒中范畴。

2. 类中风临床病类诊断方案

（1）主症眩晕，身体感觉障碍，剧烈头痛，视物异常，不随意运动，精神障碍，癫痫样发作，失认或失读或失写。

（2）不以半身不遂、口舌歪斜、神识昏蒙、舌强言謇或不语为主要表现。

（3）急性起病；发病前多有因；可有先兆症状。

（4）发病年龄多在 40 岁以上。

（5）头颅 CT、MRI 等神经影像检查有急性梗塞或出血灶。

具有一个主症以上，并符合上述（2）项、（3）项、（4）项、（5）项即可作出类中风的诊断。或症状轻微，结合影像学检查结果亦可确诊。

在类中风中以眩晕为主要表现者称为类中风眩；以身体感觉障碍为主要表现者称为类中风痹；以剧烈头痛为主要表现者称为类中头痛；以视物异常为主要表现者称为类中视歧或视惑；以不自主运动为主要表现者称为类中风痱；以精神障碍为主要表现者称为类中风癫或风痴等；以癫痫样发作为主要表现者称为类中风痫；以失认、失读、失写为主要表现者称为类中风癔（懿）。

3. 类中风临床病类诊断方案前瞻性验证

3.1 选例标准

经 CT、MRI 确诊为急性脑血管病者而按《中风病中医诊断、疗效评定标准》（5）不符合中风病病名诊断条件，不能纳入中风者为入选病例。

3.2 资料和方法

用《类中风临床病类诊断方法》对入选病例进行诊断。共验证 100 例，男 56 例，女 44 例，年龄 17 ～ 76 岁，平均年龄 50.25 岁。脑梗塞 65 例，脑出血 10 例（内含脑室出血 2 例），蛛网膜下腔出血 25 例。

3.3 验证结果

3.3.1 类中风诊断符合率

100 例不能纳入中风者按《类中风临床病类诊断方案》纳入类中风者 94 例，符合率为 94%，为符合良好，不符合的 6 例中单纯表现肢体无力 3 例，单纯表现语言蹇涩 2 例，单纯表现口舌歪斜 1 例。

3.3.2 类中风病类临床概况

结果见表 1。

表 1　类中风病类临床分布状况（*n*=94）

类中风病类	例数	占比 /%
类中风眩	37	39.36
类中风痹	29	30.85
类中头痛	27	28.73
类中视歧或视惑	5	5.32
类中风痱	5	5.32
类中风癫或风痫	2	2.12
类中风瘖	1	1.06
类中风瘛（瘲）	1	1.06

4. 讨论

《类中风临床病类诊断方案》是在多中心、前瞻性、大样本临床调研，并通过应用目前国际通用的美国 SAS 数理统计分析软件对资料进行多因素分析的基础上，结合临床实际情况、文献调查、专家经验制定的。通过小样本临床验证，初步表明经 CT、MRI 确诊为急性脑血管病而按《中风病中医诊断、疗效评定标准》（5）不符合中风病病名诊断条件，不能纳入中风者按《类中风临床病类诊断方案》诊为类中风的符合率为 94%，为符合良好。在类中风病类中以类中风眩、类中风痹、类中头痛、类中视歧或视惑、类中风痱较为常见，基本符合临床实际。

参考文献：

[1] 郭蓉娟. 类中风概念演变史. 中华医史杂志，1999，（4）：202-204.
[2] 郭蓉娟. 类中风研究（Ⅰ）——类中风新概念的提出. 北京中医药大学学报，1999，7（4）：6-8.
[3] 郭蓉娟，梁宝华，解庆凡，等. 585 例类中风临床资料分析. 中国医药学报，1999，6（3）：24-26.
[4] 郭蓉娟，梁宝华，任占利，等. 类中风研究（Ⅱ）——类中风主症的研究. 北京中医药大学学报，1999，9（5）：28-31.
[5] 中华全国中医学会. 中风病中医诊断、疗效评定标准. 中国医药学报，1986，（2）：56-57.

（收稿日期：1999-12-28）

附录 2

《北京中医药大学学报》2000 年 7 月第 23 卷第 4 期

化痰通腑法治疗意识障碍理论溯源

刘　岑

指导：王永炎

（北京中医药大学东直门医院，北京 100700）

关键词：化痰通腑法；痰热腑实证；意识障碍

中图分类号：R255.2

化痰通腑法治疗中风病急性期痰热腑实证，包括有神志障碍者，具有独到优势。本文拟对王永炎教授化痰通腑法治疗中风病神志障碍机理进行初步探讨。

1. 痰热腑实证的神志异常特点

痰热腑实证的临床症状表现为腑气不通和痰热证两方面，其基本症状特点是便秘便干，舌苔黄厚腻。脉象以弦滑为多见，多是里有痰热之象。在中风病患者中无意识障碍者可见，有轻度意识障碍者亦可见。其意识障碍表现为烦躁不安，或思睡嗜睡，呼之能醒，可回答问题，但移时复睡。患者还可见腹胀满、口气臭秽，舌质红或暗红。证类划分当属中腑，治疗要点急当化痰通腑，痰热去，腑气通，浊毒下行而无上逆清窍之虑。从而改善意识状态相应达到减少并发症，缓解病势，减轻神经功能缺损程度的目的。病变在脑，治在中焦胃肠，其理何在？

2. 中焦脾胃气机与意识状态的关系

《内经》认为神志活动不仅由心主宰，而且归属五脏，其中脾占特殊位置："心肺在上，在上者宜降；肝肾在下，在下者宜升；中焦脾胃居中，通连上下有升有降，故为诸脏气机升降之枢。"心肺肝肾四脏之气的升降出入，还要依靠脾升胃降作用而调节。《素问·六微旨大论》曰："出入废，则神机化灭，升降息，则气立孤危。故非出入。则无以生长壮老已；非升降则无以生长化收藏。"足见气机之升降出入在人体生命活动中的重要地位。从历代医家治疗神志病变可以看出，以调畅中焦脾胃气机居多。中焦脾胃气机通过如下方面影响神志变化：

（1）糟粕浊毒之气上扰清窍。《素问·阴阳应象大论》："清阳出上窍，浊阴出下窍。"中焦气机由脾胃所主，脾升胃降则精微得以布散，糟粕得以排出，从而维护着神志的正常。同时这种升降机能与脾胃经脉气机的升降作用互为协同。经脉气机的升降特征主要表现在循行上，足太阴脾经从足走胸，足阳明胃经从头走足，恰与中焦脾升胃降功能相一致。若阳明经脉气机下行不畅，阳明胃腑传化物失司，不能导胃气下降，浊气不能排出，浊毒内蕴，致阳明邪实热盛证。浊毒之邪上扰清窍，致神机不明。此为阳明腑实致神志异常的重要因素。

（2）痰热瘀血裹胁于脑脉。《素问·经脉别论》曰："饮入于胃，游溢精气，上输于脾，脾气散精，上归于肺，通调水道，下输膀胱。水精四布，五精并行"提示津液代谢依赖三焦气化功能，其中中焦脾胃对津液的生化敷布产生作用，中焦气机失常水谷不化精微，渐聚成痰。痰为湿热之邪，易化火伤阴；同时虽为阳邪其性重浊粘腻易阻滞气机，使脏腑气血升降失常。其从阳化热则痰火上扰易与风邪裹胁游窜上扰络脉；其阻滞气机则清阳不升，气血瘀阻致痰瘀蒙闭清窍。

由于中焦脾胃气机与意识状态有密不可分的关系，为化痰通腑法治疗中风病意识障碍提供了理论依据。另外当代医学对神经肽的研究也发现神经肽在体内的分布大多呈大脑与消化道双重性，这种双重性分布的肽类又称为脑肠肽，它与人的记忆、反应、情绪、行为以及各种神志疾病的关系密切。这一点是否启发人们认识到神经系统与胃肠道在起源和功能上有着密切的关系？人们也早已认识到阳明腑实浊毒内停致肠道产生过量的氨类、吲哚类有害物质，这些代谢毒素进入血液循环刺激神经系统，产生异常性兴奋，可出现明显烦躁表现，并使意识障碍程度加重。

3. 化痰通腑法治疗意识障碍机理探讨

化痰通腑法基本方为化痰通腑汤：方中全瓜蒌清热化痰理气散结；胆南星熄风化痰清热，与全瓜蒌相配清热化痰去中焦之浊邪；生大黄峻下热结，荡涤胃肠积滞通腑化浊；芒硝软坚散结助大黄通腑导滞。四药相配化痰热，通腑气。

中风病出现意识障碍是由于素体阴虚、气虚，又有肝风挟痰游窜上逆致脑脉痹或血溢脉外后神机受损。其中若属阳气衰微气血亏耗者可迅至为脱证；若正虚邪实阴阳、气血失调，气机逆乱可致窍闭神蒙，若以邪盛为主，表现为痰热，甚阳明腑实者亦可出现浊邪蒙闭清窍气血不能上承而神识不清。当急则治标，迅速去除痰热浊毒为关键。

应用化痰通腑法治疗一可使阻于胃肠的痰热积滞得以降除，浊邪不得上扰心神，克服气血逆乱以防内闭。二可使腑气通畅，气血得以敷布，达到通痹活络促进疾病向愈发展。三可急下存阴，以防毒热伤阴而呈阴竭于内，阳脱于外之势。痰热去则阴液存，浊毒清则神自明。

综上所述，化痰通腑法治疗意识障碍虽为急则治标，然贵在辨证求本，临床凡痰热腑实证当必适用。

（收稿日期：2000-03-15）

附录 3

《十部医经类编》封面页书影

十部医经类编·序

王永炎
中国工程院院士、中国中医研究院院长

2000 年仲夏

20 世纪 40 年代生命科学悄然兴起，给中医药的发展带来良好的机遇，但是要真正把中医药学术发展起来，那就必须认真遵循中央提出的"中医不能丢"的重要指示，加强继承工作，作好"继承"的大文章，这是一个严肃的值得注意的问题。应该说继承是基础，继承是源头，只有继承才能更好地发展中医药学，以迎接知识创新与技术创新时代的挑战，为人类健康事业做出我们应有的贡献。

当今医学朝向健康，更加注重预防和治疗的关系，已由治疗人的病转化到重点是治疗病的人，把人摆在自然环境和社会环境中去，中医很重视多因素致病，而运用多组分的中药复方去整体综合的调节，即"燮理阴阳，以平为期"，更强调维护与促进健康。去年"方剂关键科学原理的基础研究——方法·技术·创新"已列入国家重点基础研究规划项目，这标志着中医现代化研究进入了国家知识创新与技术创新的体系。然而要想最大限度地发挥中医药学的优势，首先要加强中医基础理论的研究，充分占有本底资料，整理与发掘古今医家关于"病证结合，方证关联，理法方药"的相关理论和诊疗实践的学术思想和学术经验，通过"继承、验证、置疑、创新"，提出新概念，构建新理论。

中医药学是具有中国特色的生命科学，它以生物学为基础，与理化、数学交融，与人文哲学渗透，它具有丰厚的中国文化的底蕴。关于中医理论研究，目前有两种不同的倾向，值得思考。一种说法是剥去哲学的外壳，只摘生物学的内容；另一种则过分强调人文哲学，把中医学当作"文化"来研究，从文化到文化，而不是从文化到医学。我认为这两种见解均有偏颇之处，值得研究。目前中医药学的学科内涵建设，必须重视在继承的基础上引进现代科学的理论、方法和手段，如中药复方的物质基础和作用机理的研究，目的是提高中成药的技术含量，在经济全球一体化的前提下，参与国际竞争，使中药健康产业占有一席之地，为提高综合国力和社会进步出力，向世人展现中医药的活力和特色，因此继承和发扬是相辅相成的。

《十部医经类编》是一项中医药学学科基础建设工作，意义重大而深远。鉴于中医经典古医籍多是综合叙述，为开展专题研究和教师备课以及学习的需要，本书将《素问》《灵枢》《难经》《甲乙经》《伤寒论》《金匮要略》《脉经》《中藏经》《诸病源候论》和《神农本草经》十部古医籍，按中医药学的理论体系进行分类组合，一级类目 16 个，二级类目 78 个，三级类目 568 个，四级类目 480 个，五级类目 328 个，如此各类内容有序，纲目分明，便于研学，易于检索。由于本书属于全文分类，使十部古医籍内容清晰在目，巨细无遗，故对推进中医基础理论研究具有有很高的学术价值和实用价值。

本书始于 20 世纪 50 年代末，由著名中医学家、中医教育家任应秋教授策划领衔，有相关教研室教师和中医、中药教学研究班学员等百余人参编。不幸书摘统审阶段，恰遇"文革"，致原稿散失缺损，及至 80 年代初文献教研室对此书做过整理补佚，但未完成。时间流逝，辗转 30 余年，是书未能面世，令吾辈痛心疾首。终于 90 年代后期列为国家中医药管理局重点课题，由严季澜教授主持，后学 30 余人参加，历四年余认真编写，书稿完成，即将付梓。鉴于本书编写工程浩大，历尽艰辛，成书不易，恳请广大中医同道对本书多提宝贵意见。作为前任校长，实感编写之仁心，既成梨枣之寿世，庆幸之余，不敢懈怠，深深感谢辞世的先晋，愿为中医振兴与同道共勉，谨志数话，爰为之序。

2001 年，63 岁

2001 年图 1　与北京几位著名中医人在一起（左起：甄志亚、陈可冀、马继兴、施奠邦、刘渡舟、王绵之、傅世垣、王永炎、外宾）

2001 年图 2　国家计委现代中药产业化专业项目评审专家聘书

　　1 月，被国家发展计划委员会高技术发展司聘为国家计委现代中药产业化专业项目评审专家。

　　同月，主编《临床中医家——董建华》，由中国中医药出版社出版。

2001 年图 3　《临床中医家——董建华》封面页书影

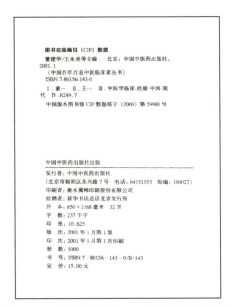

2001 年图 4　《临床中医家——董建华》版权页书影

2月，辞去中国中医研究院院长职务，任名誉院长、学术委员会主任委员。

9月，在中国科学技术协会年会做“益肾化浊法治疗血管病性痴呆”主题报告。

10月，“益肾化浊法治疗血管病性痴呆”获国家科技进步奖二等奖。同月，为《实用中西医结合神经病学》撰写书评，题为《切合临床实际 探幽发微》，刊登于《中国中西医结合杂志》第10期。

12月，二女儿王彤的儿子马志尚出生。

此年春，为李经纬、张志斌主编的《中医学思想史》写序，此书为《学科思想史》丛书之一，2006年由湖南教育出版社出版。

此年，“973”项目步上正轨，需要深入到各承担课题的单位访查，切身参与及指导实验设计和方法学的改进，做大量的协调工作。从先生作为首席科学家的工作看，重要的是人才培养和观念更新，即以整体论与系统论的观点出发，结合落实到还原分析研究上来，主题是标准组分、组分配伍与组效关系的方剂配伍分析。当时，科技部提出为保证“973”计划的执行，首席科学家在行政与科研工作上两择其一。先生毅然辞去中国中医研究院院长职务，获得批准后，专心投入科研工作中。

此年暑假，学生李梢、张占军、高永红、郭静、金熙哲、程俊杰、杨辰华、刘向哲等，经过培养，通过学位论文答辩，获得博士学位。自博士后设站后，先后有唐启盛、雷燕、乔延江、孟庆刚、胡元会、白云静等参与“973”课题相关的博士后研究工作，并经考核出站。

附录1

切合临床实际　探幽发微
——评《实用中西医结合神经病学》

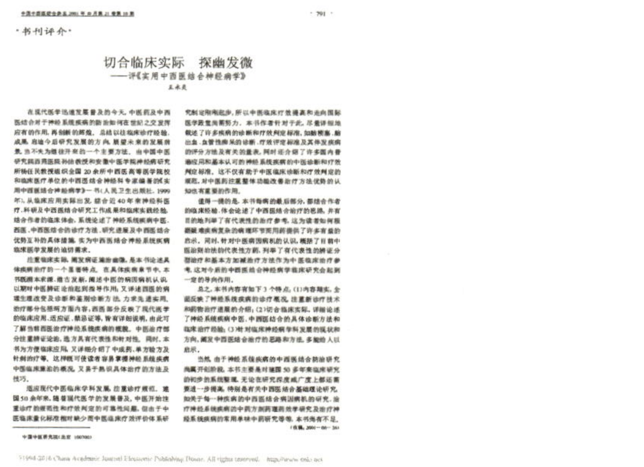

《中国中西医结合杂志》2001年第10期

切合临床实际　探幽发微

——评《实用中西医结合神经病学》

王永炎

在现代医学迅速发展普及的今天，中医药及中西医结合对于神经系统疾病的防治如何在世纪之交发挥应有的作用，再创新的辉煌。总结以往临床诊疗经验、成果，启迪今后研究发展的方向，展望未来的发展前景，当不失为继往开来的一个主要方法。由中国中医研究院西苑医院孙怡教授和安徽中医学院神经病研究所杨任民教授组织全国20余所中西医高等医学院校和临床医疗单位的中西医结合神经科专家编著的《实用中西医结合神经病学》一书（人民卫生出版社，

1999 年），从临床应用实际出发，综合近 40 年来神经科医疗、科研及中西医结合研究工作成果和临床实践经验，结合作者的临床体会，系统论述了神经系统疾病中医、西医、中西医结合的诊疗方法、研究进展及中西医结合优势互补的具体措施，实为中西医结合神经系统疾病临床医学发展的迫切需求。

注重临床实际，阐发病证施治幽微，是本书论述具体疾病治疗的一个显著特点。在具体疾病章节中，本书既溯本求源、继古发新，阐述中医的病因病机认识，以期对中医辨证论治起到指导作用；又详述西医的病理生理改变及诊断和鉴别诊断方法，力求先进实用。治疗部分包括两方面内容：西医部分反映了现代医学的临床应用、适应证、禁忌证等，皆有详细说明，由此可了解当前西医治疗神经系统疾病的概貌。中医治疗部分注重辨证论治，选方具有代表性和针对性。同时，本书为方便临床应用，又详细介绍了中成药、单方验方及针刺治疗等。这样既可使读者容易掌握神经系统疾病中医临床施治的概况，又易于熟识具体治疗的方法及技巧。

适应现代中医临床学科发展，注重诊疗规范。中华人民共和国成立 50 余年来，随着现代医学的发展普及，中医开始注重诊疗的规范性和疗效判定的可靠性问题，但由于中医临床量化标准相对缺少而中医临床疗效评价体系研究制定刚刚起步，所以中医临床疗效提高和走向国际医学殿堂尚需努力。本书作者针对于此，尽量详细地载述了许多疾病的诊断和疗效判定标准，如脑梗塞、脑出血、血管性痴呆的诊断、疗效评定标准及其伴发疾病的评分方法及有关的量表，同时还介绍了许多国内普遍应用和基本认可的

神经系统疾病的中医诊断和疗效判定标准。这不仅有助于中医临床诊断和疗效判定的规范，对中医药注重整体功能改善治疗方法优势的认知也有重要的作用。

值得一提的是，本书每病的最后部分，都结合作者的临床经验、体会论述了中西医结合治疗的思路，并有目的地列举了有代表性的治疗参考，这为读者如何根据疑难疾病复杂的病理环节而用药提供了许多有益的启示。同时，针对中医病因病机的认识，概括了目前中医治则治法的代表性方药，列举了有代表性的辨证分型治疗和基本方加减治疗方法作为中医临床治疗参考，这对今后的中西医结合神经病学临床研究会起到一定的导向作用。

总之，本书内容有如下 3 个特点：①内容翔实，全面反映了神经系统疾病的诊疗概况，注重新诊疗技术和药物治疗进展的介绍；②切合临床实际，详细论述了神经系统疾病中医、中西医结合的具体诊断方法和临床治疗经验；③针对临床神经病学科发展的现状和方向，阐发中西医结合治疗的思路和方法，多能给人以启示。

当然，由于神经系统疾病的中西医结合防治研究尚属开创阶段，本书主要是对中华人民共和国成立 50 余年来临床研究的初步的系统整理，无论在研究深度或广度上都还需要进一步提高，特别是有关中西医结合基础理论研究，如关于每一种疾病的中西医结合病因病机的研究、治疗神经系统疾病的中药方剂药理药效学研究及治疗神经系统疾病的常用单味中药研究，等等，本书尚有不足。

（收稿：2001-06-26）

附录 2

《中医学思想史》封面页书影

中医学思想史·序

中国工程院院士
中国中医研究院院长　王永炎
著名中医专家

2001 年春

先晋者常说，学习中医最要紧的是"悟性"，悟性包　　含思想、思考、思辩、思维，还需要有正确的世界观与方

法论。毋庸置疑，中医学思想与中医学思想史的研究太重要了。近年来，我越发感觉到中医学思想是构建中医学学科理论框架的核心内容之一，而中医学思想史则是中医医学史的灵魂，同时对医史学的深化研究也至关重要。李经纬老师与其学生张志斌博士主编的《中医学思想史》一书，是源头创新的标志性成果。所谓源头因其涉及中医理论基础的根本问题，当是基础理论领域的基础。至于标志性成果则在于它对中医学科的建设将起重要的推动作用。同时，历练与培养了从事该领域学术研究的人才，敢做世人想做而未曾做的事，实为难能可贵，值得同道们庆幸与称颂。

20 世纪近代科学与技术有长足的进步，它带给人们物质与文化生活的提高，科学家们追求将理论以简单、清晰、明了的形式展现在人们的面前，使人易于接受，能够掌握运用，并能获取巨大的效益，然而，20 世纪 80 年代以后，科学研究，特别是在生态平衡、生命信息、人工智能、神经网络等理论领域，人们产生了一个基本的共识——在自然界和物质世界中，还存在着一个复杂系统。因此，开始有学者提出了复杂性科学（Complexity of Science）的概念。它的提出兴起了一场跨学科、交叉学科融合的科学革命。复杂性科学是以还原论、经验论及"纯科学"为基础的经典科学吸收系统论、理性论和人文精神发展形成，是研究自然、社会的复杂性和复杂系统为核心的新学科。联系中医学的学科属性，它是以生物学为基础与理化数学交融，与人文哲学渗透的学科，显然是属于非线性复杂系统的研究对象，所以近代科学的理论与技术，运用于中医、中药的研究，经历半个世纪，虽有一定的发展，然而少有标志性的成果，可以说中医药学学科建设与产业发展尚不能符合时代与人民的要求。我认为目前期待着的中医药现代化绝不仅仅是引进、吸收先进技术问题，而更重要的是从事中医药科研工作的学者，与相关学科参与中医药研究的科学家们需要构建新的理念。换言之，即是应用复杂性科学的概念，在混沌与有序的界面上将非线性降阶为线性，将复杂与简单统一，创立一种新型的辩证思维模式。

1993 年，我在编写《临床中医内科学》弁言中提出：中医学是研究人类生命过程以及同疾病做斗争的一门科学，它具有独特的理论体系和丰富的临床经验。其理论体系的形成受到古代唯物论和辩证法思想的深刻影响；其临床医学从整体观念出发，以辩证论治为核心，研究疾病的发生、发展及防治规律，研究养生、康复、增进健康、延长生命的方法，它是一门理论与实践统一的、具有中国特色的生命科学。那时候，我已经意识到中医学是植根于中国文化的土壤里，但对中医学思想，研究的重要性还处于朦胧状态。1995 年以后，有学者提出中医文化研究的命题，甚至对实证研究提出异议。而另外一些学者则主张中医研究应剥去人文与哲学的外壳，纳入纯生物学研究的轨道。面对这场争论，为了寻求解答，我学习了惠子（惠施，约公元前 370 年～前 310 年）——所论"大一"与"小一"相互包容、辩证统一的观点，从而提出了宏观与微观的结合、综合与分析的结合，主张大学科的理论，广兼容的措施。对于中医研究从文化到文化，认为不足取，而应该从文化到医学；对于纯生物学的研究方法忽视了人文哲学作为中医学思想的重要内容，同样不足取。尤其是今天，应强调做好学术继承，保持与发扬中医学科的优势。我从 1999 年起开始阅读复杂性科学的相关论著，渐渐体会到中医中药作为非线性复杂系统的研究对象，其融入人文哲学具有丰厚的中国文化的底蕴，正是学科的长处，不言而喻，中医学思想史的研究对中医学术研究的重要性具有鲜明的现实意义。

在迎接 21 世纪的时候，应该清醒地认识到高新技术迅速发展与理论相对滞后的矛盾更加突出了，难怪某些西方学者以极大的热情学习老聃、邹衍、沈括、朱熹等的相关理论，探索新领域、新思路。中国科学院路甬祥院长在 2000 年 6 月第十次院士大会的工作报告中指出："历史要求我们面对新形势，抓住新机遇，努力建设国家科学思想库。"又说："科学的发展在继续分化的同时，更多地走向交叉和综合，人们将更多地关注与研究复杂过程与复杂性问题，科学创新活动的全球化和大科学工程的国际化已成为事实。"正是在这样的前提下，《学科思想史文库》的编撰工作得以顺利完成。李经纬老师牵头的专家群体勇担重任，付出艰辛的劳动，遵循着中医学思想史以阐释中医学思想发展的历史轨迹为主线，对影响和指导中医学发展的哲学思想、方法论思想，以及中医学赖以建立的基本概念、范畴、原理、原则的发展历史做系统、全面的研究，为从事中医药学研究、医疗、教育工作的学人提供可借鉴的历史经验和可遵循的客观规律。当今，我作为中国中医研究院的现职的管理者，衷心地感谢李经纬老师及参加编撰的专家教授为中医药学科建设和中医药事业的发展所做的贡献，这是凭着爱国主义激情所做的一份有意义、有力度的工作，可谓功在当代，利在千秋。

书已脱稿，李经纬老师督序于我，实为对学生的鼓励。诚然，"感编写之仁心，庆梨枣之寿世"，谨致数语，乐观厥成。

2002 年，64 岁

2002 年图 1　在北师大太仆寺基地调研 -1

2002 年图 2　在北师大太仆寺基地调研 -2

2002 年图 3　在"973"课题讨论会上（前排左起：张伯礼、王永炎）

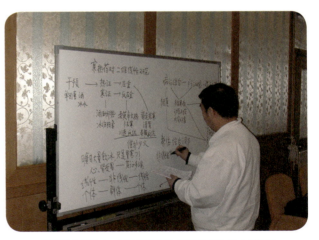

2002 年图 4　在"973"课题讨论会上讲话

　　1月，收到中央保健委员会办公室致新春问候。同月，在中国医师协会全国代表大会第一次大会上被选为首届理事会副会长。

　　3月，应北京师范大学校长钟秉林聘请，兼任北京师范大学资源学院教授。同月，受聘于国家自然科学基金委员会，任生命科学部第一届专家咨询委员会委员。

2002年图5　在成都第一届中医药现代化国际科技大会上（前排左5王永炎）

2002年图6　致中央保健会诊专家的贺年卡

8月，被聘为国家自然科学基金委重大计划项目专家指导组组长。

9月，任北京师范大学资源学院资源生态与中药资源研究所所长。

12月，主编《中国现代名中医医案精华》第四、五、六集，由北京出版社出版。此套丛书的前三集，由董建华先生生前主编。

2002年图7　中国医师协会首届理事会副会长证书

2002年图8　国家自然基金委员会生命科学部第一届专家咨询委员会委员的纪念牌

2002 年图 9　中国现代名中医医案精华（2）封面页书影

2002 年图 10　中国现代名中医医案精华（3）封面页书影

2002 年图 11　中国现代名中医医案精华（4）封面页书影

2002 年图 12　中国现代名中医医案精华（5）封面页书影

2002 年图 13　中国现代名中医医案精华（6）封面页书影

2002 年图 14　中国现代名中医医案精华 – 版权页书影

　　此年，论文《类中风概念与证治的研究》发表于《中医药学刊》第 4 期，《方剂配伍研究与中成药二次开发模式》发表于《中国中医基础医学杂志》第 9 期。

　　此年，由北京师范大学校长钟秉林正式聘请为资源学院教授。当时天然药物与中药资源研究所张文生、曹红斌、孟繁蕴、杜树山均为副高职称。校领导寄希望于先生，能用 5 ～ 10 年的时间，带出一批博士和博士后科研人员。其时，先生在北京大学（杨昭晖）、清华大学（李梢）、北京师范大学（张占军、孟繁蕴）及中国科学院都有学生。这是中药资源研究方面，团队拓宽知识技术与扩展协作创新，达成合作共赢的时代需求。这些工作，为申办"脑认知神经科学"与"减灾防灾天然植物"两个国家级重点实验室，以及建立相关的创新团队，做了知识、技术与人才的储备。

　　自 1993 年以来，参加国家自然科学基金中医中药学科组评审，先生作为组长两届四年卸任。其后参加重点、重大项目，国家杰出青年基金等的评审，满届后又续聘为顾问组成员。于此年，作为项目首席科学家，承担了"中医药现代化几个关键科学问题的研究"重大研究计划，2010 年结束评估。

附录1

《中医药学刊》2002 年 8 月第 20 卷第 4 期

类中风概念与证治的研究

王永炎，郭蓉娟

（中国中医研究院，北京 100700）

摘要：从类中风概念演变史、类中风新概念的提出、类中风病诊断方案、类中风西医研究概况、类中风辨证论治等五个方面论述类中风概念与证治研究。认为类中风概念因与后世中风病概念一致，随着中风病概念的规范化进展，最终被中风病的概念完全代替。指出，在中风病的发展史上，类中风病因、疾病的概念都经历了提出、发展、演变、被新概念代替的过程，而又不同程度推动了中风病研究的深入。其中，风眩为本虚标实证，以平肝熄风、活血祛痰为主。风痱主病在肝肾，涉及心、脾，治宜熄风开窍、祛痰通络。风痹由气虚血虚，痰瘀痹阻脉络所致，治宜平肝熄风、通达脉络。风癔，主病在脾者为气虚痰盛兼有内风，属风痰闭阻清窍，阻滞舌本脉络。其中，风痰阻络者，治宜祛风除痰，宣窍活络；肾虚精亏者，治宜滋阴益髓，补肾利窍。

关键词：类中风概念；证治；研究

中图分类号：R256.6　文献标识码：A　文章编号：1009-5276（2002）04-0390-04

王永炎，中医学家。生于 1938 年。天津市人。1956 年 9 月～1962 年 9 月就读于北京中医学院，后留校历任助教、主治医师、副教授。1985 年晋升为教授、主任医师。1983 年 12 月任北京中医学院院长，1990 年国务院学位委员会批准为博士生导师。1997 年 4 月任北京中医药大学校长。曾任中国中医研究院院长，北京针灸骨伤学院院长，北京中医药大学脑病研究室主任，国务院学位委员会中医学、中药学学科评议组召集人，卫生部学位委员会委员，中国药典委员会委员，中华中医药学会副会长。1997 年 11 月当选为中国工程院院士。

王永炎教授从事中医内科科研、教育、医疗 40 年，主要研究方向是中风病与脑病的临床研究。先后承担国家"七五"、"八五"与"九五"中医药防治中风（脑血管病）、老年期痴呆等攻关课题及部级以上课题 8 项；还承担有 WHO 科研合作项目脑血管病的中医康复。曾获国家科技进步奖三等奖 3 项、省部级科技成果一等奖 2 项、二等奖 3 项。现承担国家重点基础研究发展规划项目"方剂关键科学问题的基础研究"。被科技部聘为首席科学家。

先后培养医学博士 28 名、博士后 5 名。

1. 类中风概念演变史

类中风顾名思义类似中风。中风一词在中医古代文献中有"风邪入中"的概念，属病因范畴，有"中风病"的疾病概念范畴。与此相应，类中风一词在中风病古代文献中也曾分别从病因、疾病两个角度赋予过两个完全不同的概念。

元代王履首次提出"因于风者，真中风也；因于火，因于气，因于湿者，类中风而非中风也"，促进了中风病病因由"外因致中"向"内伤积损"的转之说。

明清各医家对类中风论述颇多。大多数医家都继承了王履提出的类中风概念，并不断从多方面将其发展、完善。同时由于临床上十分需要将中风病与容易混淆的许多疾病相鉴别，明代医家李中梓应时代的需要又提出了"类中风者，有类乎中风，实非中风也"的一个类中风的全新概念。此后 医家又不断使这一概念完善，从而促进了中风病这一种独立疾病概念的形成。

20 世纪初至 80 年代末随着对中风病病因病机认识的不断深入，病因倡"非风"学说。王履提出的类中风概念因与后世中风病概念一致，随着中风病概念的规范化进程，最终被中风病的概念完全代替，现代很少还使用类中风这个概念。同时由于李中梓提出的类中风概念包括后世的许多疾病在内，现代也不用它了，由此可见在中风病研究的发展史上，类中风病因、疾病的概念都经历了提出、发展、演变、被新概念代替的过程，而又都不同程度地推动了中风病研究的深入。

2. 类中风新概念的提出

近 10 年来随着 CT、MRI、SPECT、PET 等神经影像技术的应用普及，现在临床上脑卒中已趋向轻型化。临床上许多不以传统中风病的半身不遂、口舌歪斜、语言謇涩或不语、偏身麻木或神识昏蒙五大主症为主要临床表现，不能纳入传统中风病范畴的西医脑卒中，依据 CT、MRI 得以确诊，其发病率已经占脑卒中的 50% 以上，且还将上升，其对人类的危害不亚于传统中风病。相反，由于临床表现十分复杂，极易发生漏诊、误诊，使医生和患者忽视而延误治疗，病情重者常可危及生命，因而更具有潜在的危险性。今天我们已经进行了前人所无法达到的新的医疗实践，那么能不能在新实践的基础上积累新材料、发现新规律、提出新概念，已经成为能不能发展中医中风病理论的当务之急。在新临床实践的基础上，我们提出把这种不以传统中风病的半身不遂、口舌歪斜、语言謇涩或不语、偏身麻木、或神识昏蒙五大主症为主要临床表现，不能纳入传统中风病范畴的西医脑卒中统归为"类中风"，进行单独研究，并进一步提出中风病的理论构思，即从广义上讲中医中风病与西医所指一致，包括脑梗塞、脑出血、蛛网膜下腔出血等。在中风病中，根据临床症状特征不同，将以传统中风病的五大主症为主要临床表现的一类脑卒中归于中风，仍延续中医传统中风病的理论体系，而将以头痛、眩晕、精神障碍等等多种多样的症状为主要临床表现的一类脑卒中归为类中风进行单独研究，不断从中医角度揭示其种种规律，丰富和发展中医中风病理论。中风、类中风是广义中风病的二级病名，这个中风病理论构思的提出，进一步拓宽中医中风病的研究领域，完善中医中风病的诊断，为进一步深入而细致的研究奠定了基础，同时又可与西医研究范围一致，以便互相促进、取长补短。

在以上理论构思的指导下，我们采取类中风组与中风组临床症状体征对照研究的方法，采用美国 SAS 统计分析软件，对全国多中心、前瞻性的 2206 例病例的调研资料进行 logistic 回归分析等多因素分析，并依据调研、统计分析的结果，结合临床实际、文献调研、专家的经验综合分析，

确定了类中风的主症为：眩晕，身体感觉障碍，剧烈头痛，视物异常，不随意运动，精神障碍，癫痫样发作，失认失读失写，进一步明确提出了类中风的概念：即类中风是临床上出现的不以半身不遂、口舌歪斜、神识昏蒙、舌强言謇或不语为主要临床表现，而以眩晕、身体感觉障碍、剧烈头痛、视物异常、不随意运动、精神障碍、癫痫样发作、失认失读失写等为主症的广义中风病的一个特殊类型。类中风属广义中风病的二级病名，属西医脑卒中范畴；西医的无肢体偏瘫型脑卒中及无症状型脑梗塞的中医辨证多属于类中风范畴。

3. 类中风病类诊断方案

通过对类中风概念演变史研究、类中风新概念探讨、585 例类中风临床资料分析、类中风主症的研究等一系列研究之后，我们提出了类中风病类诊断方案，并进行了小样本的临床验证，取得了 94% 的良好符合率。方案如下：

主症：¹ 眩晕，身体感觉障碍，剧烈头痛，视物异常，不随意运动，精神障碍，癫痫样发作，失认失读失写。④不以半身不遂、口舌歪斜、神识昏蒙、舌强言謇或不语为主要临床表现。（四）急性起病：发病前多有诱因；可有先兆症状。1/4 发病年龄多在 40 岁以上。1/2 头颅 CT、MRI 等影像检查有急性梗塞或出血灶。

具备一个主症以上，并符合（2）项、（3）项、（4）项、（5）项即可作出类中风的诊断；或症状轻微，结合影像学检查亦可确诊。

在类中风中，以眩晕为主，定为类中风眩；以身体感觉障碍为主，定为类中风痹；以剧烈头痛为主，定为类中头痛；以视物异常为主，定为类中视歧或视惑；以不随意运动为主，定为类中风痱；以精神障碍为主，定为类中风癫或风痴等；以癫痫样发作为主，定为类中风痫；以失认失读失写为主，定为类中风癔（懿）。其中以风眩、头痛、风痹、风痱、视歧为多见。

4. 类中风西医研究概况

西医无肢体偏瘫型脑卒中及无症状性脑卒中大多属这一类，现就这两类研究概况综述如下：

4.1 发病率

文献报道，无肢体偏瘫型脑出血占同期脑出血的 9.96% ～ 17.70%；无症状性脑梗塞占急性中风患者的 30% ～ 40%。这一类脑卒中目前检出率已超过 50%，且随着影像技术的普及检出率还将上升。

4.2 临床症状体征

无肢体偏瘫型脑出血的临床症状常有头痛、头晕、眩

晕、恶心呕吐、脑膜刺激征、视物模糊、颅神经症状等复杂多样的表现。无肢体偏瘫型脑梗塞的临床症状主要以智力低下、精神症状、各种言语障碍、剧烈眩晕、癫痫、视力障碍为主要表现，局灶征多不明显。无症状性脑梗塞以自觉症状为主，多见头痛、头晕、眩晕、失眠、记忆力减退、发作性视物改变、短暂意识丧失、一过性肢体运动及感觉障碍、短暂构音障碍，并有可能引起或加剧认知和智力障碍。

4.3 病理改变

病灶多位于脑的"静区"，未波及运动中枢和传导通路。在无肢体偏瘫的症状性脑卒中中，以脑叶最多；在无症状性脑梗塞中常以皮质下白质、基底节、内囊为多，占88%。此外脑的其他部位均可见到。病灶大小均以小量出血或小灶、多发腔隙性梗塞灶为多见。无症状脑梗塞明显小于症状性脑梗塞。个别出血量大或梗塞灶大者多处于脑的"静区"。

4.4 临床误诊及危害情况

这一类患者临床诊断比较困难，极易发生漏诊、误诊。大多数患者初诊时发生误诊。常将脑出血误诊为梗塞或蛛网膜下腔出血；将脑卒中误诊为椎-基底动脉供血不足、脑炎、颅神经炎、颅内动脉瘤、精神病、急性胃炎、血管性头痛、颈椎病、醉酒、高血压脑病等。因而更具有潜在危险性。正确诊断主要依靠 CT、MRI 影像手段。

这一类脑卒中对人体的危害不亚于典型脑卒中，而且由于易发生漏诊、误诊，使病情持续发展甚至危及生命。因此早期发现、早期治疗对防止重症脑卒中的发生及提高患者生存质量都有十分重要意义。

4.5 预防、治疗与康复

目前西医治疗或同症状性脑卒中中的治疗、或对症治疗、症状相对轻者或不治疗，因而患者常常得不到早期及时有效的治疗，后遗症发生率高，严重地影响着患者的生存质量，且病情可持续发展，多可导致痴呆及重症脑卒中发生。由此可见，对这一类脑卒中进行研究在目前医学界具有十分重要的理论及实践意义。

5. 类中风辨证论治

辨证论治是中医的灵魂。既然类中风与传统中风病临床主症不同，那么其中医病机病理必然有其特殊性，治疗的目标、证候演变规律、辨证论治内容、预防措施、康复方法、预后情况等，在中风病普遍规律的基础上都应有独特的规律。中医十分重视临床症状体征，它直接关系到辨证论治，关系到临床疗效，这是中医与西医相比较非常独特的地方。我们要按照中医固有的规律研究中医，借鉴西医，但不受其禁锢。因此我们认为，深入探讨类中风辨证

论治的规律十分必要。由于在脑卒中早期就采用了针对缓解眩晕、身体感觉障碍、剧烈头痛、视物异常、不随意运动、精神障碍、癫痫样发作、失认失读失写等症状体征为目的的有效治疗、康复措施，减少并发症、后遗症，因而能显著提高患者的生存质量。这正是中医辨证论治、个体化治疗明显优于西医的优势所在。通过长期的临床实践，下面提出初步的类中风部分病类辨证论治草案，供大家讨论。

5.1 风眩

风眩一词首见于隋代巢元方《诸病源候论》。

5.1.1 证候学特征

以卒发眩晕为首发症状和主要症状，眼前发黑，感觉自身或外界景物旋转，如坐舟车，坐立不稳，甚或眩晕欲仆，恶心呕吐汗出。或兼见头痛，耳鸣，易怒，口苦目赤，便秘尿赤，或胸闷、倦怠、少食，舌质红或舌有紫斑瘀点，舌苔浊腻或黄腻，脉弦或滑数；或兼见眩晕，动则加剧，劳累则发，神疲懒言，面白少华或萎黄，或腰膝酸软，遗精，滑泄，发落，齿摇，舌色淡、质胖嫩、边有齿痕，苔白或少苔或光剥，脉细弱或虚大。可兼有轻度偏瘫、言语不利等。风眩应与眩晕相鉴别。两者虽均以头晕目眩为症，但从发病年龄看，本病多发生于40岁以上的中老年人，而眩晕则青年、老年均可发病。从发病形式看，本病多为突发，眩晕多为渐病，病情迁延，时轻时重。从临床表现看，本病可兼有轻度偏瘫、言语不利等，眩晕则无。

5.1.2 病因病机

类中风眩为本虚标实之证，多见于中老年人，以内伤为主，尤以肝阳亢盛、阳化风动、夹痰浊瘀血上逆、填塞清窍为主要病因病机，或兼见气血亏损，或兼见肾水亏耗。病变脏腑以肝、脾、肾为重点，三者之中，又以肝为主。"诸风掉眩，皆属于肝"，肝为风木之脏，体阴而用阳，主动主升，喜条达而恶抑郁。素体阳盛之人，肝之阴阳失于常度，阴亏于下，阳亢于上，虚风暗煽，加之忧郁、恼怒、劳伤后，肝阳亢张，阳化风动，夹瘀血、痰浊上冒巅顶，填塞清窍，故卒发眩晕，视物旋转，如坐舟车，耳鸣，脉见弦象，甚或出现坐立不稳、眩晕欲仆之风盛动摇之象；风火痰瘀炽盛，阻碍气机，横窜经脉，故可出现中风主症，如半身不遂、偏身麻木、口舌歪斜等；清阳不升，浊阴下降，气机壅遏，故见泛泛欲呕；肝阳升发太过故易怒；肝火偏盛，循经上炎，则兼见面红、目赤、口苦；火热灼津则便秘尿赤，舌红苔黄；痰浊中阻，则见胸闷、倦怠、少食、苔腻、脉见滑象；瘀血阻络，则见舌有瘀斑等。若兼见气血不足，脑失所养，则见劳累后诸症加剧；气血不足则见面白少华或萎黄，细或虚大脉。若兼见肾精不足，脑髓不充，则腰膝酸软；肾

虚封藏失固，则遗精滑精，舌体胖，脉细弱。

5.1.3　辨证论治

目前临床上将本病分为以下几种证型：¹风火上扰头晕。由气郁化火，风阳内动，使风火上扰所致。其特点是：头晕头胀，面赤易怒，烦躁少寐，舌红苔黄，脉弦数等。④阴虚阳亢头晕。以阴虚为本，阳亢为标，本虚标实，上盛下虚。其特点是：头晕目涩，心悸失眠，或盗汗，手足信热，口干，舌红少苔或无苔，脉细数或弦细。（四）痰浊中阻头晕。由湿聚生痰，痰湿中阻，上蒙清阳而致。其特点是：头晕，头重如蒙，胸闷恶心，纳呆，形体困倦，或嗜睡，舌苔白腻或黄腻，脉濡滑或弦滑。1/4 中气不足头晕。由中风日久，久卧伤气，年事已迈，脾肾虚弱所致。其特点是：头晕，面色苍白，体倦懒言，神疲纳减，自汗便溏，舌淡脉细等。1/2 心脾两虚头晕。由脾胃虚弱，气不生血，心失濡养所致。其特点是：头晕眼花，心悸怔忡，健忘失眠，面色无华，唇甲色淡，脉细弱。3/4 肾精不足头晕。由老年肾亏，肾精不足，髓海空虚所致。其特点是：头晕耳鸣，精神萎靡，记忆减退，腰膝酸软，遗精阳痿，舌质淡红，脉弦细。前三种多见于中风的急性期，后三种则常见于后遗症期。有人从证候出现概率、组合形式、主要证候表现、证候虚实动态演变等不同层次对风眩辨治规律进行研究后认为，风眩初发时，风痰证、风痰瘀血证、痰瘀证、阴虚阳亢证最多见，占78.05%，平肝潜阳熄风为基本治疗大法，常用方剂有天麻钩藤饮、镇肝熄风汤、半夏白术天麻汤等。到后期，风证、阳亢证出现率逐渐降低，阴虚证、气虚证逐渐增多，基本治法为滋阴、益气，常用方剂为六味地黄丸、杞菊地黄丸、补阳还五汤等，而化痰活血通络法贯穿在整个病程的始终。我们认为，类中风风眩之治法，以平肝熄风、活血祛痰为主。若兼气血两虚，则辅以益气养血；若兼肾精亏虚，则辅以益肾填精。方药用羚羊钩藤汤合镇肝熄风汤加减。基本方为羚羊角、代赭石、生龙骨、钩藤、白菊花、赤芍、生白芍、大玄参、龟板、牛膝、地龙、红花、鸡血藤、胆南星、竹沥。方中以羚羊角、代赭石、生龙骨重镇潜降熄风；钩藤、菊花平肝潜阳；白芍、玄参、龟板滋养肝肾、育阴熄风；赤芍、红花、地龙、鸡血藤活血通络；胆南星、竹沥荡涤痰浊。若偏于肝火炽盛者，加入龙胆草、夏枯草、黄芩、丹皮等清泄肝热，或加用龙胆泻肝丸；偏于腑实便秘者，可加大黄、芒硝以通腑泄热；偏于气血不足者，可加入八珍汤，以健运脾胃，益气生血；偏于肾精亏耗、真阴受劫者，去胆南星、竹沥，加入紫河车、天冬、麦冬、熟地而补气血，益真元。急性期还可用清开灵注射液 40ml 加入 5% 葡萄糖注射液中静脉点滴，每日 1～2 次。

5.2　风痱

风痱一词首见于隋代巢元方《诸病源候论》。

5.2.1　证候学特征

为以卒发坐立不稳，行走不正或步履维艰，双手笨拙，动作不稳，不自主运动，或见肢体发僵，手足震颤，或语言含混不清，或视物模糊或视歧，或见头晕，耳鸣，易怒，口苦目赤，便干便秘，尿赤，舌红苔厚或黄腻，脉弦滑或滑数为主要证候。风痱与偏瘫鉴别要点：偏瘫肢体活动力弱或不能，查体常见肌力下降；风痱肢体摇摆不定，甚则不能站立行走，闭目尤甚，但肢体活动有力，查体常见肌力正常。西医的小脑出血、小脑梗塞多属本病。

5.2.2　病因病机

因脏腑失调，气血逆乱，肝风夹痰浊、瘀血上冒巅顶，蒙闭清窍，阻滞脉络，不能导引神气所致。本证主病在肝肾，涉及心、脾。多见于中老年人，属本虚标实之证。年逾五旬，肝肾不足，阴不敛阳，虚风暗煽，加之情志过激，嗜酒纵色，劳伤无度，肝阳亢张，内风动越，夹痰，迫血上涌而致病。总之本证既有肝肾不足的"下虚"一面，又有风火痰瘀上窜蒙窍的"上盛"一面，尤以肝风动越、风性动摇、因风致废为突出特征。故见坐立不稳，行走不正，步履维艰，双手笨拙，或见肢体僵硬、震颤等风动之象。舌本脉络闭阻，则语言含混不清；肝火循经上炎，则易怒、口苦、目赤；火热灼津，肠液不足，则便干便秘；风火痰瘀阻于内，则舌红苔黄腻，脉见弦滑或滑数。

5.2.3　辨证论治

治法以熄风开窍，祛痰通络为法。方药选羚羊钩藤汤加减。基本方为羚羊角、珍珠母、钩藤、全瓜蒌、胆南星、竹沥、明天麻、丹参、京赤芍、石菖蒲、远志、牛膝。方中以羚羊角、珍珠母、钩藤潜摄肝风；以全瓜蒌、胆南星、竹沥、天麻祛风痰，化浊邪；以丹参、赤芍活血祛瘀，通达脉络；以石菖蒲、远志通窍达络；以牛膝引血下行。肝经郁热重者，可用夏枯草、黄芩、龙胆草等清肝热、散肝郁，使风邪得散；便干难解、舌苔黄腻者，加大黄、芒硝通弓泄热化痰；肝肾不足征象突出者，可以地黄饮子加减治之。有人将本病分为四型辨证论治。¹肝阳上亢、风痰阻络证，治法宜平肝熄风，化痰通络。方药用天麻钩藤饮加减。石决明（先煎）30g，钩藤 12g，天麻、川牛膝、山栀、黄芩各 10g，胆南星 6g，羚羊角粉（分冲）0.6g。④痰热腑实、风痰上扰证。治通腑化痰，平肝熄风。方药用蒌星承气汤合半夏白术天麻汤加减。全瓜蒌 30g，胆南星、生军（后下）、芒硝、枳实各 10g，半夏、天麻各 15g，白术、茯苓各 12g，香附 6g。（四）肝肾不足、痰湿内阻证。治宜健脾利湿，兼补肝肾。方药用三仁汤加减。生薏仁、滑石粉（包煎）各 30g，杏仁、清半夏、厚朴各 10g，白蔻仁（打）、木通各 6g，川萆薢 15g，枸杞子、菟丝子各 12g。1/4 肝肾阴虚、瘀血阻络证。治宜滋补肝肾，活血通络。方药用左归丸加减。熟地、制首乌各30g，山药20g，枸杞子、山萸肉、菟丝子各10g，丹参15g，三七粉（分冲）3g。此外，同时可根据风、痰、瘀、热之象的偏重分别静点药物治疗。若痰、热偏重者，可将清开灵注射液40ml加入500ml液体中静点，每日1次，以清热化痰、通络开窍，14天1疗程；若瘀血偏重者，用复方丹参注射液20～40ml加入500ml液体中静点，每日1次，以活血化瘀，14天1疗程。并通过临床观察认为肝阳上亢、风痰阻络证，多数发病急，病情重，变化快且死亡率较高；痰热腑实、风痰上扰证，病情相对平稳，治疗效果较好；而肝肾不足、痰湿内阻证，肝肾阴虚、瘀血阻络证病人较少，疗效较差。

5.3 风痹

风痹一词首见于隋代巢元方《诸病源候论》。

5.3.1 证候学特征

以卒发偏身肢体肌肉关节剧烈疼痛，甚则如刀割针刺，肌肤麻木不仁，痛处无红肿，触碰、寒热刺激、针刺可诱发或加剧疼痛。或见头晕、头痛、耳鸣、心烦、尿赤、便干、便秘、舌红或暗红，或边有瘀斑，苔薄白或黄腻，脉弦紧或滑数为主要证候。可兼见中风病的半身不遂、口眼歪斜、言语謇涩等症状。总之风痹以肢体感觉障碍为主要临床表现，可有疼痛、麻木、肿胀感、发凉感、灼热感、蚁走感等。本病应与痹证鉴别。从病因病机看，痹证均为外因，由风寒湿热之邪侵袭肢体、关节为患；本病为内因，由气虚血虚，痰瘀痹阻脉络所致。从起病形式看，本病多急性起病；痹证多缓慢发病，且病程较长。从临床表现来看，本病病变在脑而影响于肢体，多为单侧发病，虽有肿胀、灼热、发凉感，但关节不肿胀，抚之正常；痹证病变在肢体脉络，多为双侧发病，关节肿胀、疼痛，按之灼热或发凉，而不伴有偏瘫、言语不利等。丘脑卒中过程中出现的丘脑痛中医辨证多属于此类。

5.3.2 病因病机

认为主病在肝，涉及心脾肾。脏腑气血阴阳功能失调，内风旋动，与痰瘀相搏，流窜肢体脉络，而致风火痰瘀阻滞经脉的气血，则肢体疼痛剧烈，如针刺刀割，肌肤麻木，也可见半身不遂、口舌歪斜等中风主证；肝风动越，肝火上炎，则头晕、头痛、心烦；火热灼津，则便干尿赤，舌红苔黄；瘀血内阻，则面有瘀斑，脉弦紧。总之，中风风痹乃内风与痰瘀合而为病，与外感风寒湿邪所致的红肿热痛的痹证病机截然不同，顽固性肢体麻木一症病机复杂，虚实夹杂。

5.3.3 辨证论治

治疗以平肝熄风、通达脉络为法。方药用天麻钩藤饮合身痛逐瘀汤加减。基本方为羚羊角、生石决明、钩藤、明天麻、龙胆草、黄芩、牡丹皮、净桃仁、红花、当归、五灵脂、地龙、川芎、没药、香附、牛膝。方中羚羊角、生石决明、天麻、钩藤镇肝降逆熄风；龙胆草、牡丹皮、黄芩清肝火、熄肝风；桃仁、红花、当归、五灵脂、地龙活血化瘀通络；川芎、没药、香附理气活血止痛；牛膝引亢逆之血下行。可配以大活络丹治之。疼痛重者还可加全蝎、蜈蚣等虫类活血药加强活血止痛之功；痰湿盛者，加半夏、白术、胆星，以祛风痰、化湿浊；痰郁化火者，宜用温胆汤加黄连、天竺黄等化痰泄热，或合滚痰丸以降火逐痰；大便秘结者，加大黄、芒硝、胆星、全瓜蒌以通腑泄热化痰。有人应用益气活血、舒筋通络而止痛治10例丘脑卒中后引起的肢体阵发性自发性疼痛。药用黄芪30g，丹参15g，鸡血藤15g，当归15g，木瓜15g，葛根15g，桃仁10g，赤白芍各10g，天麻12g，川芎10g，丝瓜络10g，杜仲12g，川断10g，桂枝10g，辨证加减，经服2～8周疼痛痊愈者7例，减轻者2例，无效者1例。有人应用具有活血通络、益气补肾、兼以熄风化痰的截麻汤，药用制川乌10g，地龙10g，黄芪20g，当归10g，川芎10g，鸡血藤30g，补骨脂15g，天麻10g，制乳没各10g，制附子6g加减，治疗中风后顽固性肢体麻木64例，治愈41例，有效18例，无效5例，总有效率92.2%。

5.4 风癔（懿）

风癔一词首见于隋代巢元方《诸病源候论》，唐代孙思邈《备急千金要方》又称为风懿。

5.4.1 证候学特征

以卒发不识事物、熟悉的文字及亲人等为主要证候。可兼见中风病的半身不遂、偏身麻木、口舌歪斜等症。风懿与语塞的鉴别：风懿可见失语或虽能言语但词不达意，或不能命名，或不能阅读熟悉的文字，病变在脑而舌体活动自如，但日久不语也可见舌体痿废不用。与语塞的言语含混不清、口舌歪斜、病在舌体不同。

5.4.2 病因病机

主病在脾肾，涉及心肝。主病在脾者为气虚痰盛兼有内风，属风痰闭阻清窍，阻滞舌本脉络；主病在肾者为肾虚精亏，脑髓失充，舌本脉络失养而成。

5.4.3 辨证论治

临证需辨证分型论治。[1]风痰阻络者，治法宜祛风除痰，宣窍活络，佐以益气健脾。方药用解语丹加减。基本方为天麻、全蝎、白附子、制南星、天竺黄、石菖蒲、广郁金、远志、茯苓、太子参、清半夏、陈皮。方中天麻、全蝎、白附子熄风除痰兼平肝；制南星、天竺黄豁痰宁心；石菖蒲、郁金、远志芳香开窍化痰；茯苓健脾化痰；太子参、半夏、陈皮益气除痰。肝风盛者可加羚羊角、代赭石、牡蛎镇肝熄风；痰郁化火者，可加入温胆汤合黄连、黄芩等以化痰泄热；有血瘀征象者，可加入当归、红花、赤芍等活血通络之品。④肾虚精亏者治法宜滋阴益髓，补肾利窍。方选用左归饮加减。基本方为熟地黄、枸杞子、山萸肉、茯苓、淮山药、炙甘草、石菖蒲、广郁金、丹参、当归、紫河车、龟板。方中熟地黄、枸杞子、山萸肉滋补肾阴；茯苓、淮山药、炙甘草滋养脾肾；石菖蒲、广郁金、丹参、当归尾宣窍通络；紫河车、龟板等以补肾益精血。偏于阴虚有热者加入黄柏、知母以滋阴清热；遗尿频频者，可加入桑螵蛸、覆盆子、沙苑子等以固肾缩尿；若有肾阳虚者，加入仙茅、仙灵脾、肉苁蓉等温阳补肾。

总之，类中风病的研究仅刚刚起步，还存在着很多问题，以上论述供大家讨论。

参考文献：

[1] 杨耀波，黎红华 . 无偏瘫型脑出血的临床与 CT 分析 [J]. 临床神经病学杂志，1995，8（4）：228-229.
[2] 孙金旭 . 无肢体瘫痪脑出血的诊断探讨 [J]. 临床神经病学杂志，1995，8（2）：108-109.
[3] 胡志平，等 .41 例无肢体瘫痪脑出血临床与 CT[J]. 中风与神经疾病杂志，1996，13（2）：114.
[4] 王强，等 . 首发脑卒中病人的无症状性脑梗塞 [J]. 中风与神经疾病杂志，1996，13（5）：279-280.
[5] 郝广宪，等 .112 例无肢体瘫痪型脑梗塞临床与 CT[J]. 中风与神经疾病杂志，1994，11（1）：38.
[6] 阎乐京，等 . 无肢体瘫痪型脑梗塞 [J]. 实用内科杂志，1990，10（4）：201.

（收稿日期：2002-03-16；修回日期：2002-05-21）

附录 2

《中国中医基础医学杂志》2002 年第 8 卷第 9 期

方剂配伍研究与中成药二次开发模式

于友华[1]，林　谦[2]，崔建潮[3]，王永炎[1]

（1. 中国中医研究院，北京 100700；2. 北京中医药大学，北京 100029；3. 中华中医药学会，北京 100029）

中图分类号：R289　文献标识码：D　文章编号：1006-3250（2002）09-0067-03

方剂是中医临床用药的主要形式，是中医实现辨证论治的重要环节，是中医使患者从疾病向健康转化的一个重要手段。在实现中医药产业化的进程中，抓住中药方剂这一环节进行深入研究，对于中医药的现代化和中药产业化都有着不可低估的作用。

1. 方剂配伍研究的内容与方向

方剂是以中医药理论为指导，在辨证的前提下，针对病机的关键环节，以中药药性理论为基础，遵循方剂的配伍理论进行"君臣佐使"配伍，从而使群药形成"有制之师"，针对患者或证或病或症，达到整体综合调节的作用。

"配伍"是将诸药按照一定规则进行组合，达到"剂和众味，君臣佐使互相生克"，并"调其过不及"，使方剂针对病证形成整体综合调节治疗系统的方法。配伍是方剂的核心，也是研究方剂的关键问题。

随着人们对健康及健康产品需求的不断提高，只停留在中药饮片配伍的层次上方剂配伍已经满足不了社会的需要。因此，方剂研究就应朝向方剂中各药效物质（有效部分和有效成分）间内在联系的方向发展。研究方剂配伍就是在这一层次上寻找具有普遍指导意义的配伍原则，用现代科学手段诠释新的方剂配伍理论，在提高临床疗效的同时，提高中药产品内在质量。

2. 方剂配伍研究的重点

2.1 重视药性理论研究

药性是中药与疗效有关性质和性能的统称，包括四气五味、升降浮沉、归经、有毒无毒、十八反、十九畏等。这些理论内容构成了中药（饮片）的基本属性，也是方剂配伍时选药的依据。因此，弄清组成方剂各元素（饮片）的属性对研究方剂配伍十分重要。这也是认识在饮片层次上君臣佐使配伍内涵的前提。对中药药性理论认识，直接关系到对方剂君臣佐使配伍的理解，直接关系到方剂配伍规律是否能够深入进行下去。

2.2 重视药对研究

药物的相互配伍中，最基本的是两味药的配伍，即药对。药对因有配伍而不等同于单纯药物学研究，也因其配伍不完整而不等同于方剂学研究。药对是中药上升为方剂的基本前提，因此它是研究药与方剂之间关系的桥梁。

2.3 重视临床研究

从中医药发展历史上看，方剂配伍的合理与否、效与不效的检验标准和手段是临床实践，也是通过临床实践，使方剂的配伍理论逐步发展完善。从这个意义上讲，方剂研究离不开临床研究。一方面，方剂要经过临床应用证明有效才确定为研究对象；另一方面，临床研究可以弥补方剂对证候干预的实验研究的不足。

2.4 重视建立中药化学基础技术平台

方剂是一个有机整体，要从整体（全方）出发，建立技术平台，探索和研究从复杂体系中提取、分离、分析、鉴定活性物质，并建立适用于方剂质量控制与质量保证的方法。

2.5 重视新的药理模型和实验方法的建立

除物质来源外，药物研究上的突破也表现在药理模型和实验方法，特别是药物筛选方法的建立。方剂的研究若要从饮片配伍朝向组分配伍（饮片与组分配伍或单纯组分配伍），就要建立适用于其自身特点的药理模型。特别是中医的证候动物模型。

2.6 重视理论研究

中医药的价值是体现在其理论和在理论指导下取得的临床疗效上。中药方剂不等同于其他植物药，不单纯是因为它生长在中国，更重要的是它在行之有效的中医药理论指导下应用于临床。脱离了中医药理论和临床实践，就失去了中药方剂存在的本来意义，同时也失去了中医药现代化研究发展的目的。正如前文所述，方剂不是药物的简单堆砌和复合，它一定是在中医药理论指导下进行组方才叫做方剂。

2.7 重视现代科学与技术的应用

多学科交叉目前正成为增强科技创新的重要途径，尤其是生命科学、生物医学与其他学科的交叉已经成为国际科学界一种新的研究模式。

不应用现代科学技术，中医药的发展就不会符合时代的要求，就很难有质的飞跃。但是，应用现代科学技术，要遵从中医药发展的需求，特别是中医药基础研究，其水平主要体现在以中医药理论为指导的课题顶层设计的先进性上，而不是主要体现所应用技术的先进性上；对所应用技术的评价应以其对证明课题理论假说的贡献度来衡量。解决好中医药理论和现代技术应用的矛盾是中医药发展的一个关键问题，这就要求我们从中医药理论出发，结合临床实践，与运用现代科学技术有机地相结合。

3. 研究方剂配伍需解决的关键问题

在本领域的研究中，有些问题是重点，同时也是难点，这些问题可以说目前暂时找不到满意的、合理的解决办法，但的确是研究方剂配伍需解决的关键问题。

3.1 有效部位或有效成分的属性问题

就目前植物化学的研究水平来讲，基本能够满足中医药研究尤其是方剂研究的现状。关键是我们研究的目标是什么？寻找单一结构的化学药不是中医药研究的主要目标（需要指出的是，寻找单一结构的化学药无论是学术水平、应用价值、经济效益都非常高）。关键是我们分离出了低层次的化学物质，如何能重新整合出高层次的现代方剂。也就是说，方剂配伍规律的研究目的，不但要通过探询方剂的药效物质基础和作用机制，揭示方剂配伍的内在规律，还要进一步发扬方剂整体效应的优势，为现代中药方剂组方提供理论依据。研究出一方一药不是目的，最终目的是"示人以法"，并依法能在药效物质（有效部位和有效成分）层次上配伍组成合乎时代要求的高效的方剂。因此组方的依据就是药效物质的基本属性，就如同中药饮片的性味归经、功能主治的属性一样，否则配伍则为空谈。

3.2 病证结合模型的问题

我们不否认方剂有"因病而设"者，但主要还是"因证而设"的。"证候"作为方剂的主要干预对象是毋庸置疑的。中医"证候"的概念除病理生理因素外，还包括了环境、心理、精神等因素，因此带来的问题是，如何能制作出合乎中医基本要求，贴近临床实际的证的动物模型，这是方剂实验研究中的一个关键问题。由于在实验过程中，很难用现代生物医学的实验指标对方剂单纯干预证进行疗效评价，因此，采用病证结合的研究方式是相对较为可行的方法。在制作病证结合动物模型最根本的是要满足或尽最大努力贴近中医证候的发生机理，或其中某一个环节。即便如此，涉及证的疾病模型也是十分困难的，这是影响方剂配伍基础研究，乃至中医药现代基础研究的关键问题。

3.3　对疾病、证候发生的关键环节的认识

对疾病或证候发生的关键环节的认识，有助于对方剂效应的评价。不论方剂是针对病还是针对证候，都是干预在疾病或证候的某一或某些环节上。方剂也许是作用在许多靶点上，但靶点之间是并列关系还是因果关系需要明确。如果方剂作用在关键环节、主要靶点，那么方剂对病或证的向健康转化是直接的，是至关重要的；如果方剂作用在非关键环节、非关键靶点，则方剂对病或证的作用是间接的或是在次要环节上，则是辅助治疗或改善症状的作用。

3.4　方剂整体效应的评价

研究方剂配伍的目的，是揭示方剂中各药效物质（有效部分和有效成分）间的内在联系，是寻找以药效物质为基础的具有指导意义的配伍原则，并依此可组成有确切临床疗效的现代中药方剂。显然我们期望，以药效物质为基础的方剂在各方面应优于以饮片组成的方剂。做出这样的比较，就必然要对方剂的整体效应做出客观的评价。

对方剂整体效应的评价，是基于临床研究、病证结合模型研究和对疾病（证候）发生的关键环节认识等工作基础上的。

4. 方剂配伍研究与中成药的开发

中成药是将随证加减的中药方剂在处方和功能主治不变前提下，应用现代生产工艺技术制成质量稳定、安全有效、携带和服用方便，适用于一定人群的中药制剂。

药学科学是一门综合性科学，它的发展与进步是建筑在其他各有关学科提供的新理论、新观念、新技术的基础上。新药的研究要靠基础科学提供方向。因此重视加强基础研究是药学学科学发展的客观要求。方剂研究作为基础研究工作，为中成药的开发提供前提和方向。在中成药研究过程中，一方面，方剂研究是中成药开发的工作基础，中成药的开发不但要吸收现代药学、药理学、医学等方面的研究成果，更要吸收方剂配伍的研究成果；另一方面，中成药的开发能促进方剂配伍研究的深入开展，会给方剂研究提出新的命题和新的要求。

但方剂研究绝不等同于中成药的开发，二者有着显著差别（见表 1）。

表 1　方剂与中成药比较

	方剂	中成药
研究方式	临床、药理、植化	药理、药学、临床
适用人群	崇尚的是个体化方案	追求一定人群的普适性方案
治疗过程	随证加减体现在一个动态过程	中成药的应用是在疾病某一阶段的相对静态过程
追求	疗效	疗效、安全性、质量、剂型、携带、服用诸因素；
作用原理	作用原理不清楚	作用原理相对清楚
技术含量	低	高
附加值	低	高

5. 中成药二次开发的模式

中成药二次开发是中成药的再开发，即在原有中成药的基础上，对产品内在的或表征的质量进行技术改造，以期更适合市场的需求。

中成药二次开发是在有较好的临床基础和药学基础的前提下，吸收现代有关学科提供的新理论、新观念、新技术、临床研究和方剂研究的最新成果的基础上，结合市场情况，经专家充分论证后，付诸实施。具体而言，应包括图 1 内容：

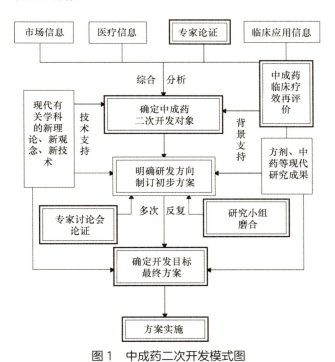

图 1　中成药二次开发模式图

5.1　综合分析信息

从市场和临床需求出发，针对世界卫生组织公布的 21 世纪 10 大病种和中医药具有一定优势的病种领域（如心脑

血管药、抗肿瘤药及辅助治疗药、肝炎治疗药、抗病毒药、免疫功能调节药、功能紊乱调节药、急性热病用药、延缓衰老药、抗风湿病药、补益药、营养保健品等），组织临床专家，从北京地区生产的中成药中选择部分品种，经过充分论证，作为临床疗效重新评价的研究对象。

5.2 中成药临床疗效再评价

应用循证医学的方法（如 Meta-analysis 等），参考国际通行或药物拟出口国的技术标准（如美国 FDA 标准，欧盟标准，日本、韩国标准等）对研究对象的临床疗效进行全面、系统、严谨的科学再评价。根据研究结果制订相应的中成药临床应用规范。

5.3 制订二次开发方案

根据综合分析信息、临床疗效再评价的结果及相关领域研究成果，针对确定的开发对象，结合现代有关学科提供的新理论、新观念、新技术、方剂研究的最新成果，初步确定该对象的开发方向，包括市场定位、适应病证、功能主治等，并制订初步方案。组织不同领域的专家，对初步方案进行反复论证，确定二次开发亮点，确定最终研发方案。

5.4 二次开发的实施

根据国家药品监督管理局《新药审批办法》和《中药新药研究的技术要求》，拟进入国家与地区的法规与技术要求等有关规定进行临床前试验工作。具体实施可分三种方式：①研究单位单独开展研究开发；②研究单位与企业组成研发小组，共同开展研究开发；③研发方案转让。

6. 中成药二次开发应注意的问题

（1）要做好调研工作，同时要充分论证，避免因盲目上马而导致重复性工作。

（2）要明确知识产权归属问题，避免产权纠纷；要注意知识产权保护，及时申报专利。

（3）临床疗效或技术手段要有鲜明的进步。

7. 中成药二次开发模式的特点

（1）以临床疗效为新药开发的第一要素，从临床疗效出发，应用国际认可的循证医学等方法，对现有知名中成药的临床疗效进行全面、系统、科学的重新评价，保证所研发的新药有可靠的临床疗效基础。

（2）中成药二次开发是对有一定临床疗效、技术内涵和市场份额的中成药的二次开发，可以说是"站在巨人肩膀上"的"创业"，使新药的开发有的放矢，并且能够"更上一层楼。"

（3）以高新技术为依托，并参考国际通行的技术标准，使研究结果有一个高的起点和标准。

（4）建立"临床（市场）—科研—开发—产业化—市场(临床)"的新药研发良性循环模式，尽可能缩短研发周期、降低研发风险。

（5）立足于某一地区，抓住科研—市场—经济建设这一主线，既瞄准本地区的经济建设，又重视技术与人才储备等综合竞争能力的提高。长线与短线相结合、战略与战术相结合。

我国入世后参与国际竞争，无疑对我国的中药市场带来冲击。中药开发的经费投入、技术实力能否抵御所带来的冲击，是摆在我们面前的事实。中成药的二次开发，无疑是低投入、高产出，降低研发风险，缩短研发周期，提高研发成功率的战略选择。

面对生命科学的两大主题——亚健康的干预与现代难治病的防治，中医药界应对此做出回答。我们要发挥中医药的优势，寻找对策，提高疗效，从而丰富与充实现代医学与生命科学的内容，为人类健康与长寿做有益的工作。

2003 年，65 岁

3月，通过第十届全国人民代表大会第一次会议投票选举，当选为全国人大常委会委员及教科文卫委员会委员。此前，由国家中医药管理局选区推选为全国人大代表。

7月，学生李梢博士获得 2003 年全国优秀博士学位论文奖，因此获教育部、国务院学位委员会颁发的全国优秀博士学位论文指导教师奖。

9月，当选中华中医药学会第四届理事会副会长。同月，长外孙刘为入读北京师范大学三附中。

10月，受聘为《中国医学理论与实践》专家委员会委员。

2003 年图 1　全国人大常委会委员王永炎先生

2003 年图 2　全国人大教科文卫委员会成员王永炎邮票纪念张

12月，为肖承悰、贺稚平主编的《现代中医妇科治疗学》作序。此书2004 年由人民卫生出版社出版。

2003 年图 3　第十届全国人大常委会
委员生活待遇的文件（全国人大）

2003 年图 4　北京市人大常委会转发
全国人大常委会通知给王永炎委员的函

2003 年图 5　2003～2008 年全国人大工作纪念
牌－正面

2003 年图 6　2003～2008 年全国人大工作纪念
牌－背面

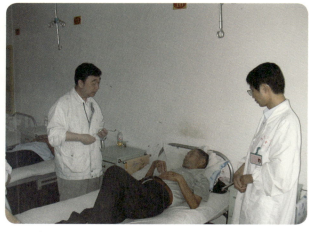

2003 年图 7　全国人大教科文卫委员会赴湖北进行传染
病防治法考察－三峡－1

2003 年图 8　全国人大教科文卫委员会赴湖北进行传染
病防治法考察－三峡－2（指导当地医生，左 1 王永炎）

2003 年图 9　全国人大教科文卫委员会赴湖北进行传染病防治法考察－三峡－3（在三峡工地，前者王永炎）

2003 年图 10　全国人大教科文卫委员会赴湖北进行传染病防治法考察－宜昌－1（右 1 王永炎）

2003 年图 11　全国人大教科文卫委员会赴湖北进行传染病防治法考察－宜昌－2（考察当地中药房）

2003 年图 12　为北京中医药大学东直门医院院庆题词

受聘于天津市人民政府，为特聘专家。任《环球中医药》、《中国中医基础医学杂志》名誉主编。

2003 年图 13　指导学生李梢获优秀博士论文奖而受表彰

2003 年图 14　全国优秀博士学位论文指导教师奖章

2003 年图 15　当选中华中医药学会第四届理事会副会长

2003 年图 16 　《中国医学理论与实践》专家委员会委员聘书　　　2003 年图 17 　天津市人民政府特聘专家

　　此年，除了在原有研究领域中继续发表相关论文，如《络脉络病与病络》发表于《北京中医药大学学报》第 4 期、《清开灵及有效成分对培养大鼠缺血损伤神经胶质细胞分泌 NGF 的影响》发表于《中国中医基础医学杂志》第 2 期。带领学生及团队成员，在中医证候与循证医学方面，进行新的研究。论文《关于证候概念的诠释》及《证候名称及分类研究的回顾与假设的提出》发表于《北京中医药大学学报》第 2 期，《应用循证医学方法构建中医临床评价体系》发表于《中国中医基础医学杂志》第 3 期。

　　此年春天，先生作为国家中医药管理局选区的代表参加了在北京召开的中华人民共和国第十届全国人民代表大会。并于 3 月 16 日的第一次会议上，经投票选举，当选为全国人大常委会及教科文卫委员会委员。

　　此年，我国医药工作者面临着新中国成立以来最为严峻的考验。自 2 月开始，具有强传染性及高死亡率的新型病毒性传染病 SARS（即非典型性肺炎，简称"非典"）流行，以广东与北京为重疫区。先生承担了科技部与北京市的咨询任务，投入到防治"非典"的工作中。4 月 23 日，国家成立国务院防治非典型性肺炎指挥部，时任国务院副总理吴仪同志任总指挥。同月 26 日，吴仪同志兼任卫生部部长。先生参加当时由吴仪同志主持的专家会议，建议及时审批已完成临床实验的注射液。建议很快被采用，批准了血必净与痰热清中药注射剂用于临床。先生的学生张允岭大夫进入长辛店医院任疫区点组长，运用中西医结合措施抢救获效，后被评为抗"非典"先进工作者。

　　从此年开始，先生身为全国人大常委会委员、教科文卫委员会委员，身体力行，履行职责。包括促进中医法在国务院法制办立项；对修订科技进步法提出重视科技名词术语的学术传播与研究工作；参加传染病防控卫生防疫法、食品卫生法、职业病防治法等执法调研，等等。对新农合、中药材资源保护、制药企业、药市现状的考察形成报告转呈相关部门。

附录 1

《北京中医药大学学报》2003 年 3 月第 26 卷第 2 期

关于证候概念的诠释

郭　蕾，王永炎，张志斌

（中国中医研究院，北京 100700）

关键词：证候；诠释；内实外虚；动态时空；多维界面

中图分类号：R241

Abstract：Although the syndrome differentiation and the treatment according to the differentiated syndromes are the essence of the clinical traditional Chinese medicine（TCM），both the terms for differentiated syndromes and the classification of the differentiated syndromes need to be standardized urgently. In China，the research of TCM syndrome differentiation started in 1950's and in 1980's，the research on the standardization of TCM syndromes was launched.But up to now，yet the classification，nomenclature and diagnostics of TCM syndromes have not been unified，the reason of which is that the diagnostic system of TCM syndromes is a complicated nonlinear macrosystem.According to the results of their literature research and the experience of the Research Group of the Diagnostic Standardization of TCM Syndromes of Apoplexy，the authors of this paper have raised the following hypothesis：by a decomposition and analysis method，29 syndrome factors can be extracted from the six major categories of TCM syndromes，namely，the syndromes due to the six exopathogens，syndromes due to the five endogenous pathogens，syndromes related to qi，syndromes related to the blood，syndromes related to yin and yang，and the syndromes related to other pathogens. Then，these 29 syndrome factors can be handed to TCM practitioners after they are standardized，and the TCM practitioners can make flexible cross-combina-tions of these syndrome factors when they make syndrome differentiation in their clinical practice.The authors of this pa-per hope that they can provide a new approach for the research of TCM syndromes.

Key words：standardization of TCM syndromes；nomenclature；classification；syndrome factor

证候到底是什么？这是自 20 世纪 50 年代辨证论治研究热潮兴起后，至今仍然令研究者深感困惑的关键性问题，尤其是在证候规范化研究举步维艰的今天，这一问题的解答对于各项研究能否顺利进行更起着决定性作用。几十年来有关证候的研究和阐发不胜枚举，然而真正能够将证候解释清楚、得到公认和推广的定论尚未形成，其原因是多方面的，但最主要的症结则在于理论与实践的脱节。因此，结合临床实践的实际情况及现代多学科知识对证候加以诠释，是真正接近证候概念、对证候作出科学阐释的正确途径。

"诠释"包涵了三个要素：理解、解释与应用，它不是一种语言科学或沉思理论，而是一种实践智慧。我们的研究正是这样进行的，学习与借鉴既往的研究成果，提出证候是一个非线性的"内实外虚"、"动态时空"和"多维界面"的复杂巨系统，包括"证"与"候"两个方面。证，是指对疾病所处的一定阶段的病机概括，或非疾病机体的一定阶段的机体状态的概括；候，是指这种病机或状态的可被观察到的外在表现。由中医诊断思维的特点所决定，二者的关系是"以候为证"，即通过观察各种外在表现来确定内在的病机或机体状态，对诊断与处理措施的选择起决定作用的是"候"，一定的外在表现与一定的病机或机体状态相关。通过不同的时间、角度、方法、环境进行观察时，证候系统常呈现给观察者以不同的界面，证候系统是随着时空的变迁而演化的过程流。事实上，与证候相关的起码有三部分内容,养生、亚健康的干预与疾病的治疗。就目前来说,三项内容中最显重要者是疾病的治疗,是临床疗效问题。在讨论这一问题的时候,证候是离不开疾病的。这也是我们的下面要讨论的重点问题。

总之证候具有"内实外虚"、"动态时空"和"多维界面"的特征,这已在临床实践中得到了证实。

1. 证候的共性特征

1.1 内实外虚

内实外虚是指每一证候的信息群组成而言。"内实外虚"是证候最重要的特征。所谓"实",是指最能反映该病机的权重最大的关键内容,是群体在某一特定病变过程中所具有的共性规律,是干预的依据。"虚"则指具体某一患者所表现出的一系列个性化症状信息,它涵盖了所有能够表达个性化的内容,如体质、性情、人格特征、生活习惯、生存环境等等,事实上是在这些因素作用下所形成的外在表现,对干预原则和方法具有一定的影响作用。

需要强调的是,在此"内外"的概念缺乏实际的位置意义,是指证候的信息群组成而言。这种信息群的组成犹如小太极的双鱼图形,中间黑白分明的鱼眼即"内实"部,指寓于诸多个性之中的共性,是对于证候的诊断最具有权重的,或必须具有的,最不易变动的关键性症状,这些症状决定了证候的性质,如同证候的核心;外周由深至浅的灰色鱼身即"外虚",是指反映了个体特征的多种信息的集合,它们对证候的诊断权重相对较轻,这些信息是多变的,可以受各种因素的影响而或有或无,对诊断一般只起到辅助作用,而且是越至外周,灰色越浅,并逐渐融入与其他证候的交叉,因此,对诊断的意义就越小。"实"总是被包裹于"外"中,需要临床医生用自己的慧眼从庞杂繁复的临床信息群去发现和确定。

"内实"是包裹于个性化症状信息集合之中的,反映病机的基本状态,是确定干预原则和措施的依据,属于"本"的范畴。"外虚"是表现于外的个性化症状信息的集合,集合中的许多因素是针对个体特征、缓解个体症状进行干预的指南,属于"标"的范畴。如《伤寒论·辨太阳病脉证并治法第六》强调:"伤寒中风,有柴胡证,但见一证便是,不必悉具。"那么在小柴胡证中提到的"往来寒热,胸胁苦满,默默不欲饮食",这几个症状就是证候的内实部分;而"心烦喜呕,或胸中烦而不呕,或渴,或腹中痛,或胁下痞硬,或心下悸,小便不利,或不渴,身有微热,或咳"[1],就是证候的外虚部分。

辨证论治就是辨识、区分证候的"内实"和"外虚"的层次,进而将干预的靶向对准于证候结构内部最"实"的部分,同时根据其外部的现实情况确定干预的广度和深度的过程。

证候的"内实外虚"使其表现出混沌特点。其外部层次中的隐性因素,如性情、人格、生活习惯、生存环境等,均属于个性化极强且难以完全囊括和确定的东西,更难以精确和统一化,从而使该证候的结构层次由内向外拓展的范围难以有确定的边界,表现出逐渐趋于模糊和不确定的情形,这就是为什么同一证候名称下有多种不同的症状群的内在原因。

此外,证候的"内实外虚"是决定整个证候演化的初始条件,不同证候在开始时所具有的极微小的"内实"或"外虚"的差异,都可造成难以准确预测的演化结果,表现出"蝴蝶效应",这就是辨证论治具有灵活性和人性化特征的根本原因。

1.2 动态时空

动态时空是指证候的发展变化而言。证候是一定时点与一定状态的产物,时间在推移,状态在变化,证候就有可能发生由此发展为彼的改变。

证候的"动态时空"与其"内实外虚"特征密不可分。"时"指时间的连续、节奏、周期和进程;"空"指存在于空间范围的各种因素、现象、实体和关系;"动态"则指"时"和"空"的变动、演化、迁移和发展。证候的"动态时空"特征具体体现于证候系统的"内实"和"外虚"的内容具有在"时"和"空"两个方面的变动、演化、迁移和发展的规律。

耗散结构理论揭示,健康机体是远离平衡的有序稳态,一切生命活动都是相对稳定的过程流。证候是机体偏离有序稳态的过程流.具体表现在两个方面:第一,证候的"内实"部分,即关于证候信息群的关键性核心症状,它们可能反映了某一阶段的病机本质,它可以是实体性的、也可以是关系性的或功能性的,不是固定不变的,疾病自身熵流的变化影响病情的进退,使证候的部位、性质、状态等时刻运动着、变化着,显示出发展的连续性和相对的阶段性。在疾病的发展过程中,不同的时点,不同的干预状态,可以表现出不同的证候,这就是中医同病异治的依据;而同时,不同疾病的不同时点,不同的干预状态,可能表现出相同的证候,这就是中医异病同治的依据。第二,证候的"外虚"部分,即患者个体性的病变信息集合中的具体元素,也不是固定不变的,它受个体综合特征和所处的自然或社会环境中各种因素和现象的影响,即与证候相关的个体,自然或社会因素和现象在时间进程中形成熵流,对证候发生影响作用,证候系统随熵的性质及强弱程度而波动、变化。

1.3 多维界面

多维界面,是指证候的构成及相互关系而言。"维"

是指组成证候的各种因素，"面"是指证候可供医生观察的显现，"界"则是一证候与他证候之间的分水岭。

证候的"多维界面"与其"内实外虚"、"动态时空"的特征可分而不可离，贯穿于证候始终。"维"作为几何学及空间理论的基本概念，是指构成空间的因素，构成空间的一个因素称为"一维"，"多维"则指构成空间的多个因素。"界"作为不同证候之间的分水岭，有着中华文化的特殊性。如前所述，证候具有内实外虚的混沌特点，所以证候之界在内不在外，在内之黑白分明之鱼眼的界线，而不是在外之灰色交融的混沌部分。如清代温病学家强调"有一分恶寒，则有一分表证"，那么有无恶寒，就是表里证之"界"。"面"指一个具有空间结构的物体呈现于观察者面前的某个侧面或截面。尤其需要注意，证候的"多维界面"则指证候具有一定的时空结构，且这种结构随着所处的时空环境的变迁可以呈现给临床医生不同的表现形式及干预状态。具体表现为在不同的时间、地点观察和描记证候时，可能出现不同的现象和结果；从不同的角度、侧面观察和描记证候，可能是不同的现象和结果；用不同的方法、手段观察和描记证候时，可能出现不同的现象和结果。即不同的时间、地点、角度、侧面、方法和手段不同，可以得到同一证候多方面的、互不相同的"内实"和"外虚"的资料。

证候的"多维界面"同样使证候具有混沌特点。即其多维性使得证候系统的演化长期行为不可预测，这种不可预测性又直接决定了干预原则和方法的难以预测性。证候系统的混沌运动既不同于简单的有序运动（短期行为和长期行为均可预测），又不同于单纯的随机运动（短期行为和长期行为均不可预测），而是在绝对的时空演化和绝对的多维界面特性条件下，其"内实"和"外虚"的内容在某一特定界面有相对的稳定性，从而使证候系统的短期行为可以预测、长期行为不可预测，表现出既稳定又不恒定、既可预测又不可拘泥、既有共性又有个性的特征。

证候的上述三个特征相互依赖、不可分割，其中尤以"内实外虚"最为根本，它是临床制定干预原则和方法的内在依据，因此是辨证过程中的主要环节和目的。"动态时空"和"多维界面"是"内实外虚"的具体内容在演化过程中所表现出的基本特点，是辨证过程中需要加以考察和重视的因素，是干预原则和方法需要调整的内在原因。

2. 证候的本质特性在临床实践中的体现和证明

现以两个医案[2]为例进行说明。

贺右：伤寒两感，夹滞交阻，太阳少阴同病。恶寒发热，头痛无汗，胸闷腹痛拒按，泛恶不能饮食，腰酸骨楚，苔白腻，脉象沉细而迟。病因经后房劳而得。下焦有蓄瘀也。

虑其传经增剧，拟麻黄附子细辛汤加味，温经达邪，祛瘀导滞。处方：净麻黄四分、熟附片钱半、细辛三分、赤茯苓三钱、仙半夏三钱、枳实炭一钱、制川朴一钱、大砂仁八分、焦楂炭三钱、延胡索一钱、两头尖钱半酒浸泡、生姜三片。

二诊：昨投麻黄附子细辛汤祛瘀导滞之剂，得畅汗，寒邪已得外达。发热渐退，腹痛亦减。唯头胀且痛，胸闷不思饮食，脉象沉迟，舌苔薄腻。余邪瘀滞未楚，阳气不通，脾胃健运失司。今制小其剂而转化之。处方：川桂枝五分、炒赤芍三钱、紫苏梗钱半、云茯苓三钱、仙半夏三钱、枳实一钱、金铃子两钱、延胡索一钱、大砂仁八分、炒谷麦芽各三钱、生姜三片。

杨右：脉象浮弦，汗多如雨，恶风发热不解，遍体骨楚，少腹痛拒按，舌苔薄而腻。病从房劳经后而得。风入太阳，皮毛开而经腧闭，蓄瘀积而气滞阻，即两感之重症也。亟宜温经达邪，祛瘀消滞，以冀应手。处方：川桂枝八分、白芍药两钱、清炙草八分、熟附子二钱、云茯苓三钱、大砂仁八分、焦楂炭三钱、五灵脂一钱、两头尖钱半酒浸泡、生姜三片。此症一剂而愈，故录之。明日以桂枝汤加和胃之品调之。

2.1 证候结构"内实外虚"的层次性

先从横向分析两个病案。下划线部分为两者相近或相同之处，黑体字部分为两者迥然相异之处。从相同部分来看，两者同为伤寒病，太阳少阴两感证，且兼夹瘀滞，此为证候结构中靠近"内实"的部分，根据这一证候规律，可以确定相应的干预原则——温经达邪，祛瘀消滞。而干预的具体方法则是指向证候内部最为核心的内容——也就是迥然相异部分——无汗与有汗，无汗为表实，有汗为表虚。这是证候中的"实中之实"，可以称之为证候的"内核"，它是医者透过大量外部的、表面的症状表现，通过分析综合判断后抓住的有关疾病的最本质的东西，也是干预的最直接靶向。因此前者选麻黄为君与细辛相配伍，解表温经散寒，对伤寒表实状态进行干预；后者选桂枝为君与白芍配伍，解表和营，对伤寒表虚状态进行干预。

前已述及，证候的"内实"包裹于"外虚"之内，"内实"决定干预的原则和方法，"外虚"对干预起影响作用。两患者均有舌苔腻、腹痛拒按之症，且病因中有完全相同的成分——房劳与月经，此与两者的性别、体质、生活习惯有关，属于"外虚"的部分，但其又直接导致了蓄瘀阻滞的病理机制，因而在证候中当处于"外虚"靠内、"内实"偏外的位置，是干预时所要顾及的内容。针对于此，两者均采用了焦楂炭、大砂仁、茯苓、生姜来改善"蓄"的状态；以两头尖来改善"瘀"的状态。两个证候中最外一层（或最虚之处）则在于各自的主体性感觉及病理变化中的特异性。从干预的药物分析,前者中焦气滞较甚,故加枳实炭、川朴、延胡索进行对症干预,藉以改善患者的主体性症状;后者下焦瘀滞较明显,故加五灵脂进行对症干预。

从上述分析可以看出,证候的"内实外虚"是有层次性的,证候之"内核"是病变的最本质内容,为干预之靶向,是君药之所治;由内而外,仍属"内实"一层的是病变的相关内容的共性规律,为干预之原则,是臣药、佐药之所向;继续向外剥离,是贴近病变本质的个性化的规律,是干预过程中需要顾及的东西,是使药、加减药物的针对者,属"外虚"的范围,但靠近"内实"层次;再向外拓展,则进入更"虚"之处,完全是个体的个性化表现,难以用既有的规律进行框套,只能是具体情况具体分析,为最后加减药物的运用提供参考。可以说,证候的"内核"是病变的病机和病理,而证候的最外一层则是患者呈现出的症状信息集合(包括导致这些症状的各种隐性因素,如个体的、自然的和社会的等等),辨证是由外而内对其进行层层剥离的过程,干预则是由内而外对其进行层层深化的过程。

2.2 证候"动态时空"的演化性

再纵向分析两个病案的独立发展过程。前者经麻黄附子细辛汤干预后,第二天证候以新的界面呈现于医者,其"内核"转变为余邪瘀滞未除、阳气不通,故换用桂枝为君,对其进行干预;向第二层次探索,内在之"蓄"进一步明晰,变为脾胃健运失司,故而在原有健脾益胃的基础上,更加炒谷麦芽消食益胃。外展至其"虚"处,有肝气郁滞、瘀虽减而尤在之象,故去两头尖之峻猛,而加金铃子、紫苏梗理气、赤芍活血化瘀以解其症。从初诊到二诊,该证候呈现出了"动态时空"的特征。即随着时间的推移,空间因素的变化,干预的影响作用及病变本身的变化趋势,证候结构也发生了相应的演化,这种演化从其"内核"开始,直至最外一层的最虚之处,都经历了动态发展的过程,从而使得干预的靶向和范围都不得不重新调整,保持了辨证与论治的一致性。后者经化裁后的桂枝汤干预后,第二天证候之"内核"明显消失,证候结构基本瓦解,故称"一剂而愈"。但其最外一层的至"虚"之处似乎仍若隐若现,因而以桂枝汤加和胃之品以调之。此处的"和胃之品"并未给出具体的药物名称,当是到时据其个体的个性化特点随机而选之意,反映出"虚"到一定程度时的难以预测性。

2.3 证候"多维界面"的变换性

将纵横两方面的分析综合起来看,证候的"内实"和"外虚"随着时间的迁移而演化,演化的趋势和结果受诸多空间因素的影响(包括干预),从而表现出多种多样的证候界面。另外,证候在最初的任何微小的差异,如在众多相似或相同的症状信息中仅是有汗与无汗的差异,都可造成最后结果的巨大差异,如表实证与表虚证的差异;表实证向阳气不通、脾胃健运失司的转化;表虚证向痊愈的转化、向需要随机调理的状态的转化等,说明证候是具有初始化条件敏感依赖性的混沌系统,由于其"内核"是经两千年临床实践总结和验证的关于疾病的共性规律,而包裹于"内核"之外的症状信息集合是个体的个性表现,因此就某一具体证候而言,在近期内其演化的轨迹是可以预测的,但不能够精确化;其远期的演化轨迹则是难以预测和无法精确化的。这就决定了干预的原则在近期内可以确立,但具体的药物及剂量不能够固定或预先设置,随着时间的迁移,干预的原则和方法都要变,且难以预先估计。综观由于证候是联结中医理论和临床的最为核心的内容之一,因而研究证候、探索证候的本质,必须遵循临床固有的客观实际来进行,并将证候所具有的科学观念和科学内涵用现代科学的语言加以阐明和表述,只有如此,方能真正将有关证候的各项研究深入下去,纳入与丰富现代医学科学的内容。

参考文献:

[1] 张仲景.伤寒论.北京:人民卫生出版社,1963:87-91.

[2] 丁甘仁.丁甘仁医案.上海:上海科学技术出版社,2001:9.

(收稿日期:2003-01-08)

《北京中医药大学学报》2003 年第 26 卷第 2 期

证候名称及分类研究的回顾与假设的提出

张志斌，王永炎

（中国中医研究院，北京 100700）

摘要： 辨证论治是中医临床医学的精髓，然而证候相关名称与分类亟待规范。我国证候研究起始于 20 世纪 50 年代，80 年代又展开了中医证候规范化的研究工作。但至今证候分类、证候的命名、证候的诊断均尚未统一。根本原因在于中医的证候诊断系统是一个非线性的复杂巨系统。通过对此前已经进行的证候研究的大量文献学调研，吸收"中风病证候诊断标准"课题组的工作经验，提出如下假设：将证候进行降维升阶的分解处理，根据"外感六淫"、"内生五气"、"气相关"、"血相关"、"阴阳相关"、"其他"等 6 类提取出适当的证候因素共 29 个，并对这些证候因素的诊断进行规范，然后将这些规范了的证候因素交给使用者，由他们在临床使用时进行自由的交叉组合。希望能以此为证候研究提供一种新方法。

关键词： 证候规范；名称；分类；证候因素

中图分类号： R241

1. 证候研究的历史

中医证候研究开始于 20 世纪 50 年代中期，任应秋、秦伯未、姜春华诸位先晋分别撰文，全面阐述和介绍了辨证论治体系，得到学术界的首肯，确立了辨证论治在整个中医诊疗体系中的特殊地位，并为后来把辨证论治确立为中医两大特色优势之一奠定了理论基础。50 年代末开始了证实质的研究，首先开始的是肾实质的研究。70 年代中期，证本质研究进入了全面铺开、向纵深发展的时期。70 年代末期，中医证的动物模型研究逐渐发展起来。进入 80 年代之后，对某些证本质的研究越来越深入，人们的困惑与忧虑也与日俱增。最主要的原因是现行的一切研究都是在中医证候尚未进行规范的情况下进行的，具体来说，证本质研究和中医临床证的研究等都是在未对中医诸证进行规范的情况下展开的。由于证的称谓不尽相同，或构成同名证的症状不尽一致，证的诊断标准也有所区别，因而证的同类或相关研究（包括基础与临床）可能出现某些差异，很难进行相互的交流与对照。这使中医界形成一种共识：规范化建设是中医学向现代化和科学化迈进的先决条件。随后，中医规范化研究以证的规范化研究为龙头，并成为证研究的另外一翼。

自 1982 年在长春召开的第二次全国中医理论整理研究会开始，经过 2 年的酝酿，由卫生部下达，中医研究院承担，广安门医院负责牵头组织全国中医界力量，以学术讨论形式分期分批完成的"中医证候规范"科研课题，于 1984 年 4 月在北京正式提出，并同时召开第一次编写会议。2 年后（1986 年 3 月），又在北京召开第二次会议，对证、症、病等概念进行了认定。此后，中医证候规范研究也进入了多层面的发展阶段，国家对此资助也增大力度。进入 90 年代，可以说是证候规范研究收获的季节，许多证候规范研究成果纷纷出台。首先是具有权威性与约束力的国家或行业规范标准，如《国标》、《行标》、《代码》；第二是以一些著名专家牵头完成的类似课题成果，如邓铁涛主编《中医证候规范》、朱文锋《中医证症病三联诊疗》；第三是一些立足于以上成果在临床上使用的课题成果，如《中医病证诊疗全书》、《中医病证治疗常规》、《上海中医病证诊疗常规》第四是与此相关或涵盖了这一研究的成果，如《中国中医药学主题词表》、《高等院校统编教材》等。与此同时，还有一些研究者提出许多很有见地的个人见解与意见。

与证候规范同步的还有证候诊断的研究，较早的著作应该是赵恩俭主编的《中医证候诊断治疗学》[1]。这部书的出版与证候规范研究的开始差不多同期，所以，在此书中可以看到明显的病症证研究尚未进行规范的印迹，即病名、证候名、症状名互相夹杂的情况，这是一种时代的反映。这本书比较全面地归纳了中医证候研究内容，从概念、分类、辨证方法，到具体的证候诊断。此后，随着证候规范研究的展开，此类著作不断增加，并且体现了近些年证候规范研究的成果，病、症、证也逐步有了较为明显的区别，诊断用语逐步受到注意。这些证候诊断研究著作或成果的特点是在于研究的都是具体的证候，诊断标准以症状的描述为主，一般不涉及实验室及其他西医学方法的检查。

2. 目前存在的困惑

20 世纪 80 年代第一个中医证候规范课题的负责人施奠邦曾指出此课题的目的与意义："搞'中医证候规范'研究的目的，是为了实现中医证候诊断的规范化、标准化。"[2] 最终使在科研工作、医疗工作、教学工作中，都有一个"统一的标准"、"统一的根据"。具体来说，包括以下四方面内容：①证候的概念；②证候的分类；③证候的命名；④证候的诊断。到目前为止，对照"统一的标准"这一目的，中医证候研究工作还存在着相当的困惑。关于证候的概念将是本课题的另一研究小组重点讨论的问题，本文主要探讨的是后三项。

2.1　证候的分类不统一

从现在所颁行的比较具有权威性的证候规范成果来看，证候分类的混乱是显而易见的，可以说，仍处于完全不统一的状态。

（1）《中华人民共和国国家标准·中医病证分类与代码·中医证候名称与分类代码》[3] 分类　病因证候类（102 子类）、阴阳气血津液痰证候类（63 子类）、脏腑经络证候类（62 子类）、六经证候类（19 子类）、卫气营血证候类（9 子类）、其他证候类（其他证类、期类、型类等 3 个子类）等，共六大类，258 个子类。

（2）《中华人民共和国中医药行业标准·中医病证诊断疗效标准》[4] 分类　中医内科病证、中医外科病证、中医妇科病证、中医儿科病证、中医眼科病证、中医耳鼻喉科病证、中医肛肠科病证、中医皮肤科病证、中医骨伤科病证，所有的证候名都归入具体的病名下。例如，感冒名下分"风寒束表"、"风热犯表"、"暑湿袭表" 3 个证候。有些证候名，如"气血两虚"、"肝肾阴虚"、"脾肾阳虚"、"阴虚火旺"等在许多病名下反复出现。而其中实际使用的证候名远较《代码》要少。

（3）《中华人民共和国国家标准·中医临床诊疗术语证候部分》[5] 分类　基本虚证类（21 子类）、基本实证类（18 子类）、虚实夹杂证（15 子类）、心系证候类（38 子类）、肺系证类（40 子类）、脾系证类（81 子类）、肝系证类（43 子类）、肾系证类（32 子类）、脏腑兼证类（72 子类）、卫表肌肤证类（26 子类）、头面官窍证类（13 子类）、经脉筋骨证类（2 子类）、其他证候（18 个子类）、期度型等（3 子类），共为十四大类，420 子类。有的子类下再分具体的证候，有的子类直接就是具体的证候名称。

（4）《高等院校统编教材·中医诊断学》[6] 分类　八纲基本证候（4 子类）、病因与气血津液辨证（3 子类，病因子类下又分 10 个孙类，气血子类下也分若干个孙类）、脏腑辨证（7 子类）、其他辨证方法（4 子类），共四大类，18 个子类，又十几个孙类。

（5）邓铁涛主编《中医证候规范》[2] 分类　基础证候、脏腑证候、外感证候，仅三大类，不分子类。

（6）赵金铎主编《中医证候鉴别诊断学》[7] 分类　全身证候、脏腑证候、温病证候、伤寒证候、专科证候（5 个子类），共为五大类，又五个子类。

（7）程绍恩、夏洪生主编《中医证候诊断治疗学》[8] 分类　内科证候、外科证候、妇科证候、儿科证候、眼科证候、耳科证候、鼻科证候、齿科证候、咽喉科证候、老年病科证候、男科证候、肿瘤科证候、热病科证候，共十三大类，其中内科证候又分脏腑证候（6 个孙类）与气血津液阴阳病证候（6 个孙类）2 个子类，又 12 个孙类；热病证候又分伤寒六经证候（7 个孙类）与温病证候 2 个子类，又 7 个孙类。其他各类均不分子类。

从以上具体的数字可以看到，同样具有一定标准意义的各成果之间，分类的差别竟是如此之大。这就造成执行者的困惑：到底哪一个标准是最标准的？

2.2　证候命名不统一，甚至思想也不统一

笔者在做名词规范研究工作中，涉及证候名词的规范问题时，曾做过《中国医学百科全书·中医学》、《中国大百科全书·传统医学》、《中华人民共和国国家标准·中医临床诊疗术语证候部分》、《中华人民共和国中医药行业标准·中医病证诊断疗效标准》、吴兰成主编《中国中医药学主题词表》、邓铁涛主编《中医证候规范》、欧阳锜主编《中医证症病三联诊疗》等 7 种书中近 1700 个常用证候名的统计，各书均使用统一表述的证候名只是极少数，据粗略统计，不到 10%。这种证候命名在各标准书

中不统一的情况，因为数量太大，很难在一篇论文中一一列举。另外，对证候名是否需要统一，是否能够统一，研究者的看法也不一致。例如，邓铁涛先生认为："今后在医、教、研工作中只能使用规范化的证候名称。"[2] 然而，在统编教材中，对此的看法却是："教材所列证型往往不能满足临床辨证的实际需要，这就要求医生能根据证候的实际而灵活地概括出正确的证名，而不能受书本所列证名的局限，要知常达变，做到名实相符。"[9] 因此，由于在研究者之间都尚未达成一致，这不能不使执行者备感困惑：证候的名称到底是否需要使用规范名词？使用哪一版的规范名词？

2.3　证候的诊断无法统一

鉴于证候的诊断是在证候名下具体提出的症、舌、脉决定的，若证候分类与证候命名都不统一，证候的诊断则无从统一。从目前的已经出版的比较有影响的证候诊断学或证候诊断治疗著作来看，每一种著作的编撰都相当认真、相当严谨、自成体系，逻辑比较严密。但是，若将各种著作互相对照，则出现的问题与上述证候规范研究完全一样，就是各书收入的证候相当不一致。

下面将几种较有影响的著作进行对照，如：①上面提到的《中医证候诊断治疗学》[1] 收入的证候大约是 130 种左右；②《中医证候鉴别诊断学》[7] 收入证候 311 种；③《中医证候辨治轨范》收入证候 308 种 [10]；④《中医证候诊断治疗学》[8] 收入证候 381 种；⑤《中医诊断学》[9] 收入证候约 119 种；⑥《国家标准·中医临床诊疗术语证候部分》[5] 收入的证候约为 722 种；⑦《中医症证病三联诊疗》收入证候 100 种 [11]；⑧《中医证候规范》[2] 收入证候 188 种。

在进行科技部另一项基础性工作——《中医药学基本名词》审定工作的证候名词审定时，课题组将从各种著作中选出的 1700 多个证候初步筛选，选取 880 个证候名称进行专家答卷，请全国著名的内科专家从中选择 500 个，专家们的回答是难以选择。500 个太少，880 个也太少，即使是 1700 个证候名，如果想要达到非此名词就不能用，恐怕也还是不够临床使用。因此，更大的困惑又产生了：到底需要多少个证候名称才能满足临床诊断时的需要？如此庞大的数量还是不是一种规范？

3."证候因素"假设的形成

以上的困惑，使我们不得不思考这样的问题：国家曾投入那么多经费，组织过那么多高水准的专家以十分认真严谨的学术态度来努力地从事此项研究，并且也做出了那么多具有较高权威性的成果，为什么推广使用的情况却不尽如人意？证候的研究还需不需要继续做下

去？问题到底出在哪里？可以说，近些年来整个中医界都在思考这个问题。有学者还以《中医证研究的困惑与对策》[12] 为题撰写了专著。我们正处于一个承前启后的时代，一边是反映了特殊个体差异、包涵了动态时空变化、充满了灵机活法的传统中医辨证论治特色，一边是中医要走向世界，必须制定出能够克服文化差异而被世界所接受的诊断标准与疗效评价标准。著名科学家钱学森曾说："中医学是将人文科学与自然科学结合得最好的一门学科。"如何将中医学连同她本身的这一优势一起继承下来，发扬起来，并介绍给世界，为世界所理解，正是这种思考的关键所在。

复杂性科学的引进对于我们的思考具有指导性的意义。中医证候诊断系统是一个非线性的、多维多阶的、可以无限组合的复杂巨系统，用线性研究的办法则无法真正来规范它。可以进一步地说，中医师临床上所能遇见的证候是动态的、多变的、复杂的。恐怕一种著作，或一个课题组收载再多也难做到全面，这不是一个 100、200……也不是 1000、2000 个具体证候名称可以解决的问题。正是出于这一原因，此前几种均是由高水平专家主持编收的证候规范类或证候诊断类著作，面对临床复杂多变的诊疗实践，执行情况都不尽如人意。那么，怎样做才有可能解决临床应用问题呢？

事实上，近些年来临床常见疾病的证候研究中，呈现出一种十分值得注意的研究方法，即对这一疾病可能出现的证候进行简化分解，使用时再实行组合。如 1991 年列入国家科委科技攻关项目的"中风病证候学与临床诊断的研究"[13～15]，由这个课题组完成，并获得国家科技进步三等奖的"中风病证候诊断标准"，就提供了一个较好的范例。这个研究建立了中风病"风、火、痰、瘀、气虚、阴虚阳亢"等 6 个中医证候因素，每个证候因素包含若干项具有辨证特异性的症状体征，然后在诊疗实践中根据患者的具体情况进行证候因素的组合。他们发现中风病的证候组合十分复杂，有 54 种组合形式，二证、三证组合最多，达到 62.84%，如风＋痰、火＋痰、火＋痰＋瘀等。这就提示我们，"中风病证候诊断标准"课题组使用的是一种经过优化的研究方法，他们在制作证候诊断标准的时候，只做 6 种；而在具体的临床应用中，却可以组合出 54 种证候。他们所做的其实是一种降维升阶的工作。

所谓"维"，在此是指对常见证候进行简化分解之后的最基本的证候因素，在适当的范围内，维度越小，越容易掌握，使用者的可操作性越大。所谓"阶"，在此是指最基本的证候因素相互间的组合及与其他各种辨证方法的交叉，阶度越大，灵活性与适用性越大。那么，减少基本证候因素就是降维，增加各种组合就是升阶。

通过降维升阶的工作，使证候诊断不再是一种由各种具体证候与临床表现之间单纯的线性联系组合的平面，而呈现出一种复杂的立体交叉的组合关系。在这种组合之中，使用者有着极大的自由掌握的空间，这正符合患者特殊个体差异及医生灵机活法的需要。正因为如此，"中风病证候诊断标准"在临床上推广使用的效果也较为理想。而且，这一方法也被临床其他病种的研究课题组所采用。

以中风病为例的证候诊断标准的研究，是将搜集到的症、舌、脉依据其对证候的贡献度分解为证候因素而后进行组合的方法，通过中华中医药学会内科脑病专业委员会组织的临床验证资料表明，它是一种在临床上切实可行的并有发展前途的研究方法。然而这种方法目前仅限于临床具体病种的研究，尚未被引入中医证候的基础研究，而在中医证候的基础研究中所使用的方法大多仍然是对具体证候进行规范。因此，中医证候的基础研究与临床研究在一定程度上是脱节的。这就导致了研究每一个具体疾病的临床研究者都必须自行提取各证候因素的相关诊断。而基础理论研究课题所做的各具体证候诊断研究，实际上在临床中是不便使用的。"脱节"还表现在各课题组之间由于相互缺乏联系，所定下来的相同因素证候的诊断可能不一致，在相互交流与对照的时候，又会出现问题。

鉴于以上情况，作为一项证候的基础性研究，我们提出如下假设：即将证候进行简化分解，以基本能够覆盖临床常见病证的 80% 为目标，提取出适当的证候因素，并对这些证候因素的诊断进行规范，然后将这些规范了的证候因素交给使用者，由他们在使用时进行应证组合。

在经过初步文献调研之后，由专家提议拟定证候因素为：①外感六淫：风、寒、暑、湿、燥、火 6 个因素；②内生五气：内风、内寒、内火、内湿、内燥 5 个因素；③气相关因素：气虚、气滞、气郁、气逆、气脱、气陷 6 个因素；④血相关因素：血虚、血瘀、血脱、血燥、出血 5 个因素；⑤阴阳相关因素：阴虚、阳虚、阴盛、阳亢 4 个因素；⑥其他：毒、痰、水 3 个因素。

初步定为以上共 29 个因素，不仅是各因素之间可以相互组合，而且各种辨证方法均可与这 29 个因素进行交叉。如在病位问题上，可与脏腑辨证交叉；在外感病的病程演变上可与卫气营血、六经、三焦辨证交叉……这些将由使用者自行灵活掌握。

今后本课题组将从文献学与临床各学科两个方面，对以上假设进行各因素诊断内容的研究及临床符合率的检验，并根据研究情况对假设进行调整与修正。

参考文献：

[1] 赵恩俭主编.中医证候诊断治疗学.天津：天津科学技术出版社，1984.

[2] 邓铁涛主编.中医证候规范.见：邓铁涛.邓铁涛医学文集.北京：人民卫生出版社，2001：1743-1746.

[3] 国家技术监督局.中华人民共和国国家标准·中医病证分类与代码·中医证候名称与分类代码.北京：中国标准出版社，1995.

[4] 国家中医药管理局.中华人民共和国中医药行业标准·中医病证诊断疗效标准.南京：南京大学出版社，1994.

[5] 国家技术监督局.中华人民共和国国家标准·中医临床诊疗术语证候部分.北京：中国标准出版社，1997.

[6] 朱文锋主编.高等院校统编教材·中医诊断学.上海：上海科学技术出版社，1995.

[7] 赵金铎主编.中医证候鉴别诊断学.北京：人民卫生出版社，1987.

[8] 程绍恩，夏洪生主编.中医证候诊断治疗学.北京：北京科学技术出版社，1993.

[9] 朱文锋主编.高等院校统编教材·中医诊断学.上海：上海科学技术出版社，1995：184.

[10] 冷方南主编.中医证候辨治轨范.北京：人民卫生出版社，1989.

[11] 欧阳锜.中医症证病三联诊疗.北京：人民卫生出版社，1998.

[12] 梁茂新，刘洪，洪治平，等.中医证研究的困惑与对策.北京：人民卫生出版社，2000：126.

[13] 国家中医药管理局脑病急症科研组.中风病辨证诊断标准（试行）.北京中医药大学学报，1994，17（3）：64-65.

[14] 国家中医药管理局脑病急症科研组.《中风病诊断与疗效评定标准》的临床检验报告.北京中医药大学学报，1996，19（1）：57-59.

[15] 王建华，靳琦，解庆凡，等.中风病诊断系统的研究与验证报告.北京中医药大学学报，2000，23（2）：56-58.

（收稿日期：2003-01-08）

附
录
3

《北京中医药大学学报》2003 年 7 月第 26 卷第 4 期

络脉络病与病络

王永炎[1]，杨宝琴[2]，黄启福[3]

（1. 中国中医研究院，北京 100700；2. 首都医科大学中医药学院，北京 100013；
3. 北京中医药大学，北京 100029）

关键词：络脉；络病；病络
中图分类号：R228

　　古往今来络脉络病早为医家知晓，通达络道乃是医家常用之法。然而络病学说作为中医学基础临床的重要研究领域，或者说是中医学一级学科的重大研究方向则始于 20 世纪 90 年代。首先有学者梳理文献，进而有用虫类药物组方搜剔风瘀之邪，通络止痛，开发新药治疗心脑病证，获得推广应用；重要的是在基础理论上提出气络、病络之新说，在临床基础研究上有毒损脑络，疫毒浸淫肺络的研讨，及至临床内科、外科、妇科、儿科、骨伤各科。内科中脑病、心病、肾病、肝病、肺病，以络病学说为指导辨证治疗，提高了诊疗水平，同时丰富了络病的证治内容。仅就北京中医药大学组建了研究室、实验室，其课题组从中医学、中药学，西医基础医学，分子生物学，生物信息学等多学科整合专家群体，承担了国家"973"、"863"和国家自然科学基金委项目，先后培养了 3 名博士、5 名博士后出站人员，由此可见络病学说的研究方向逐步发展已趋稳定。为了深化络病学术研究，本文拟从病络概念的提出与病络临床意义，与同道共同讨论，还望多予赐教。

1. 络脉是功能结构载体

　　回顾络脉的解剖与生理，经脉之次为络脉，络脉网络在组织器官之上，起到温煦濡养的功能，同时将代谢废物排除。络脉具有功能与结构密不可分的特征。络分大络、支络、细络、孙络、毛脉等，无论口径大小，腔内充血。

名医俞嘉言、唐容川著有血络论，显而易见其本身属血液循环系统，能体现微循环。络脉的正常生理状态当是充盈满溢，出入自由，否则络脉虚、络脉瘀，导致病络，可见缠络、结络等，由功能发生结构的改变。问题是络脉血循的动力是什么？没有目标动力则不能实现功能效应。《素问·营卫生会篇》提出"营行脉中，卫行脉外"，营包括营血与营气，显然"脉"包含经脉和络脉，它是营的载体。卫行脉外，卫是指卫外之气，具有通达三焦，充实腠理辖司开合的功能。"脉外"是卫气的空间位点，然而脉外失之笼统，当是卫与营并行，血与气并行，气是推动血循的动力。晚近对"气"的研究结果认为，它同样具有物质性，其功能效应落实到结构形态上，当有气络，气络与血络相伴而行，所以说气络是卫气的载体。作者认为络脉与微循环相关，但不等同。诸如上述，无论营卫，脉内脉外的载体，均具有功能与结构的一致性。深化研究当以整体观念为指导，从整体出发，运用蛋白质组、基因组学方法，切入器官、组织、细胞、分子水平研究，分析络脉的功能与结构的相关性，融入非线性复杂适应系统科学内容，为充实现代生命科学做有益的工作。

2. 络病与病络

　　清代名医叶天士汇集总结了络病学说，其精华在络病治法方药的发挥上，诸如益气活络、养血通络、理气活络、化瘀通络，还有宣透、熄风、化痰、解毒通络等法的临床推广应用。当今有用五虎丹以虫类药为主搜剔风邪、化瘀通络，开发中成新药通心络胶囊；又有加入益气之品，使通络之力更宏，开发中成新药脑心通，其功能主治皆禀承络病之说。综观通络、活络最要紧处在于通阳，阳气畅达可通过宣透化痰、活血理气诸法实现，通阳的目的自然是恢复络脉出入自由，充盈满溢的状态。络病可由跌打损伤络脉而成；可由内生五气五邪、风火湿燥寒浸淫络脉而成。至于脏腑络病，近10年来对肺、心、肾、肝、胆、脑病多有研究。例如，去冬今春广东、华北流行 SARS 病，疫毒淫肺伤体，涉及肺体、肺用，肺如橐籥为体，肺司呼吸为用。X 线与 CT 征象多叶多灶病变，病理观察肺泡形成透明膜，血瘀津液外渗，大量渗出，胸腔积有血水，通气换气障碍，喘憋紫绀症见。若络脉瘀遏改善则病势向顺，若络瘀耗损阳气则险象横生，预后不良。针对血瘀络阻窍闭急当化瘀通络，然而畅达阳气，化湿利水并入通阳之法则至为重要。论络病多指病机环节或称病理过程。单以络病病名冠之者并不多见，笔者临诊见皮痹、脉痹当是络病，皮痹一见肢端红痛症，再一是雷诺氏病即见指端苍白，发凉发僵麻木疼痛。可见研讨络病是指多临床学科多组织器官一大组病的病理过程，进而分析证候的共性特征，治法方药的多样性与个体化。因此有必要提出病络一词，即从络脉病变的病机环节作为重点研究对象，以弘扬络病理论。

3. 病络概念浅释

概念的诠释具有创新意义，诠释已超越了语言学的范畴，当今已将数理科学的数据评价、利用与发掘，信息科学的计算机语言涵盖其中。可将中医学对病络的描述性语言，通过人体实验或动物实验，利用整体模型与细胞模型等工具所取得的科学数据，求证诠解出病络的新概念，寻找病络的理论依据。

病络是络脉的病理过程，病机环节，病证产生的根源。络脉有常有变，常则通，变则病，病则必有"病络"产生，"病络"生则"络病"成，此时产生一种状态，可以是疾病状态，也可是亚健康状态，干预这种状态涉及防治疾病和保健康复，尤其是老年保健。病络表现为络脉虚或络脉瘀均有前因后果，论因可由火郁、内风、浊毒、痰浊等外内病邪而成；论果涉及脏腑阴阳气血津液。病络表达的是具体的非正常的状态，如"毒损脑络"是病机所导致的证候，由按蚊为媒介的外毒感染或由痰瘀绞结毒自内生，无论外毒、内毒均可损伤脑络，络脉血循受阻，由瘀生水，胶质细胞、神经细胞肿胀进而坏死。论病当有乙脑发痉与中风的不同，

而证候的共性特征是毒瘀遏阻脑络，日久必虚，常以毒、瘀、虚为基本证候因素，可兼挟其他证候因素，通常血瘀之前当有气郁而血瘀之后当是瘀血。通过随机的临床实验观察和前瞻性的动物实验，可取得大量数据，进而利用信息学的方法手段，分析认识多维界面，动态时空的证候，较准确地把握病络的具体状态，而后确定干预措施。概言之，病络概念的外延是络脉某种具体的非正常的状态，而内涵是以证候表达为核心的联系病因病机的多维界面的动态时空因素，直接提供干预的依据。

4. 病络的临床意义

既然病络是络脉的非正常状态，以基本证候因素表达，将常见的证候因素应证组合则可直接制订治法方药。其中郁、滞、瘀、虚、毒、痰、水、湿、风、火、寒均属常见，一般郁与滞多与气关联，瘀指血瘀、瘀血，虚分阴虚、阳虚、气虚、血虚，毒有热毒、浊毒之分，诸如此类，应证组合，多见2个或3个证候因素组合。综观病络当以络脉非正常状态为主，当然治疗当以治络为先。至于中医有见血休治血，见气非治气之说，则基于对证候病机的分析，譬如虚气留滞则不用补气药，因气虚为本而气滞为标，以标急当先理气疏气为主，这种气虚与气滞两个证候因素组合，而气滞缘于气虚，多具有非线性特点。对于危重病如多脏器功能不全，其病络有3种以上证候因素者当简化分解，要抓住基本证候因素，如此可增强可操作性，使治疗大法不错。这是"降维"的方法，之后再结合多种辨证方法对病络做具体分析，使阶度增加，降维升阶则适用性增强。他如降维降阶，升维降阶的方法都可应用，拓宽医师自由掌握的空间，有利于干预效益的发挥。

关于络脉络病与病络的思考，为探索中医与西医，传统与现代研究的契合点、切入点与突破口，寻求一种途径。本文提出气络的设想，试图从实验设计的思路上，突破血络论，不仅着眼于血液的循环和循环的血液，拓宽视角，以气为血帅，气络与血络相伴而行为循环的动力。融入神经系统与循环系统的相关性，结合神经内分泌免疫系统，综合多学科指标体系切入研究，紧扣有形之血与无形之气的相关机理研究，具有现实意义。至于病络的提出，在继承的基础上，落脚到提高疗效上来，尽管概念尚需廓清，证候类型与治络法尚待深化研究，而有些见解尚不成熟，但愿抛砖引玉一起研讨，就正于同道，互相勉励。

（收稿日期：2003-06-05）

附录 4

《中国中医基础医学杂志》2003 年第 9 卷第 2 期

清开灵及有效成分对培养大鼠缺血损伤神经胶质细胞分泌 NGF 的影响

严　华[1]，张永祥[2]，黄璐琦[1]，王永炎[1]

（1. 中国中医研究院，北京 100700；2. 军事医学科学院，北京 100085）

关键词：清开灵；神经生长因子

中图分类号：R2-03　文献标识码：B　文章编号：1006-3250（2003）02-0031-03

脑缺血损伤导致神经元的死亡，不可能再生，但瘫痪肢体的功能却可能恢复，其机制尚未明确。较多的研究表明，生长因子的诱导与合成可能为潜在的机制之一，其中 NGF 与脑缺血的关系已倍受关注[1]。大量研究证明，神经生长因子能促进缺血损伤的神经元的恢复[2]，为脑缺血损伤的治疗带来一线曙光。然而神经生长因子作为大分子蛋白很难透过血脑屏障，脑室内或皮层给药虽然可以达到治疗目的，但也不可避免地对大脑造成损伤，而且操作复杂，不易为临床接受。因此，寻求一条提高 NGF 内源性表达的途径对治疗与预防缺血性脑损伤尤为重要。神经胶质细胞是中枢神经系统重要的细胞，其数目大约是神经元的 10 倍，脑缺血损伤时，神经胶质细胞大量合成分泌 NGF，对缺血损伤神经元的再生修复起到重要作用[3～5]。为进一步探索清开灵的疗效机制，辨析清开灵中有效成分作用的异同，我们对缺血培养神经胶质细胞分泌 NGF 及清开灵各有效成分对其影响进行了观察分析。

1. 材料与方法

1.1　材料

1.1.1　动物

Wistar 大乳鼠，出生后 7 天，军事医学科学院动物中心提供。

1.1.2　仪器

超净台：北京半导体设备一厂；细胞培养箱：美国 NAPCO Model 5410；酶标仪 / 多孔扫描充光光度计：美国 Multiskan MCC/340MK Ⅱ；96 孔培养板：丹麦 NUNC；倒置显微镜：日本 OLYMPUS。

1.1.3　药品与试剂

清开灵：课题组提供；黄芩苷、栀子苷、绿原酸：中国生物制品检定所；NGF 试剂盒：帮定公司分装，美国 SantCrus 公司产品；常规试剂均为分析纯。

1.2　方法

1.2.1　神经胶质细胞的培养[6,7]

取出生 7 天的 Wistar 大乳鼠，用 75% 酒精消毒，在无菌条件下断头、取脑，分离出双侧海马和皮质，置于一消毒平皿中，用少许解剖液（Glucose 3g/L，NaCl 8.0g/L，KCl 10.4g/L，$Na_2HPO_4 \cdot 7H_2O$，0.18g/L，KH_2PO_4 0.03g/L）冲洗脑组织。用手术刀片切成的碎块组织。用热处理过的粗吸管吸脑组织于另一小平皿内，加入适量的解剖液和胰酶，使胰酶的浓度为 0.25%。37℃ CO_2 培养箱中消化 30min。将消化后的组织块吸入盛有适量种植培养液（含 20% 胎牛血清，80%DMEM，100mg/L 谷氨酰胺）的两支试管中，用尖吸管吹散，1000r/min 离心使细胞下沉。除去上清液，吸入 10ml 接种液，用尖吸管吹散至单个细胞。静置，取以 200 目筛网过滤，去除未消化的组织残渣。用血球计数板计数细胞，0.4% 台盼蓝镜检存活率大于 95%。用种植培养液调节细胞密度为 50 万 /ml 密度，接种于涂有 0.1% 多聚赖氨酸的 24 孔培养板中，500μl/ 孔，置培养板于 37℃、5%CO_2 培养箱中，24 小时后吸掉种植培养液，根据实验需要进行分组处理。

1.2.2 细胞的分组与处理

将培养的神经胶质细胞，分为正常组、缺血模型组、清开灵总方组、黄芩苷组、栀子苷组、绿原酸组。正常组加入含 10% 牛血清的培养基 0.5ml，缺血组加入无血清的培养基 0.5ml，其余每孔分别加入含清开灵 1μl/ml，黄芩苷 2.5μg/ml、10μg/ml，栀子苷 2.5μg/ml、10μg/ml 绿原酸 2.5μg/ml、10μg/ml 的培养基 0.5ml。继续培养 72h。作用时间完成后，将上清液移入无菌 Eppendof 小管，−20℃冷藏待测；同时将每孔细胞消化下来，计算其细胞总数。

1.3 NGF 的定量测定

培养基质中 NGF 含量采用双向 ELISA 法定量检测[8]。用酶标仪于 450nm 处以阴性对照调零后测定每孔的 OD 值，根据 NGF 标准品和其对应 OD 值，先得出标准曲线，再求出回归方程，然后依回归方程得出每孔样品的 NGF 含量，最后 NGF 分泌量以 72h 的 "pg/10^5 细胞" 表示。

1.4 统计方法

采用 SPSS 10.0 软件中 ONE ANOVA 程序进行方差齐性检验及组间方差分析。

2. 结果

缺血组神经胶质细胞 NGF 分泌量与正常组比较，有显著性差异（$p < 0.05$），缺血损伤可使神经胶质细胞 NGF 分泌量减少。清开灵总方组、黄芩苷组、栀子苷组神经胶质细胞分泌 NGF 的量较缺血损伤模型组明显增多（$p < 0.05$），清开灵总方、黄芩苷、栀子苷可上调缺血损伤导致的神经胶质细胞分泌的 NGF。绿原酸组与缺血损伤模型组比较，统计无显著性差异（$p > 0.05$）（结果见图 1、表 1）。

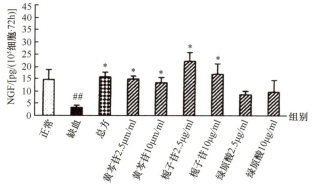

图 1 清开灵及有效成分对大鼠培养缺血胶质细胞分泌 NGF 的影响

表 1 清开灵及有效成分对大鼠培养缺血胶质细胞分泌 NGF 的影响

组 别		NGF/[pg/(10^5 细胞·72h)]
正 常 组		14. 54±4. 08
缺 血 组		3. 28±0. 91##
总 方 组		15. 83±1. 90*
黄 芩 苷 组	2. 5μg/ml	15. 03±1. 27*
黄 芩 苷 组	10μg/ml	13. 70±2. 01*
栀 子 苷 组	2. 5μg/ml	22. 49±3. 63*
栀 子 苷 组	10μg/ml	17. 30±4. 22*
绿 原 酸 组	2. 5μg/ml	9. 07±1. 37
绿 原 酸 组	10μg/ml	10. 13±4. 81

注：①$\bar{x} \pm s$；② $n=6$；③ 与缺血损伤模型组比较：* $p < 0.05$，** $p < 0.01$；④ 与正常组比较：# $p < 0.05$，## $p < 0.01$。

3. 讨论

3.1 NGF 对神经元的作用

NGF 具有明显促进神经元发育生长的作用。神经营养因子由神经元或胶质细胞产生、分泌，主要为胶质细胞产生，通过特异的受体转运被神经元摄取。摄取可发生于末梢，然后经逆轴浆转运至细胞体，或者营养因子以旁泌或自泌方式在局部起作用[9]。成年脑内神经元可对营养因子起反应，提示它们在短时间缺血诱导的急性代谢应激中起作用。细胞培养研究（用未成熟细胞）表明[10]，当神经元暴露于兴奋毒性或刺激性缺血性应激时，营养因子可产生保护作用。

3.2 脑缺血后 NGF 的变化

本实验研究结果表明，脑缺血损伤后，神经生长因子的分泌减少。该结果与 Unakoshi[11] 的研究相反，可能与检测时间及离体检测有关。NGF 的神经保护机制与稳定细胞内钙离子水平，减少兴奋性氨基酸及钙超载引起的损伤，拮抗 NO 介导的细胞毒，调节自由基代谢等有关，并且对损伤神经元具有修复作用[12]。因此，脑缺血后增加的和 NGF 对缺血损伤具有保护作用。

3.3 清开灵治疗中风病的干预机制

从实验结果来看，清开灵总方及黄芩苷、栀子苷可提高缺血损伤后神经生长因子的分泌量，而绿原酸无此作用。本实验研究结果表明，清开灵治疗中风病的机制在于清开灵总方及有效成分黄芩苷、栀子苷提高缺血损伤后神经胶质细胞分泌 NGF 的量，同时提示组成清开灵的多种有效成分作用的分子靶点存在差异，为中药方剂配伍原理提供了实验依据。

参考文献：

[1] Ballarin M，Ernfors P，Lindefors，et al. Hippocampal damages and kainic acid injection induce rapid increase in mRNA for BDNF and NGF in the rat brain[J]. EXP Neurol，1991，114：35-43.

[2] Frim D M，Unler T A，Short P M. Effect of biologically delivered NGF，BDNF and bFGF on stiatal excitotoxic lesions[J]. NeuroReport，1993，4：367-370.

[3] Lindvall O，Kokaia Z，Bengzen J，et al. Neurotrophins and brain insults[J]. TINS，1994，17，490-496.

[4] Frim D M，Short M P，Roseberg W S，et al. Local protective effects of nerve growth factor-secreting fibroblasts against excitotoxic lesions in the rat striatum[J]. J Neurosergury，1993，78（2），267-273.

[5] Furukawa S，Furukawa Y，Satoyoshi E，et al. Synthesis and secretion of nerve growth factor by mouse astroglia cells in culture[J]. Biochem Biophys Res Commun，1986，36，57-63.

[6] Hatten M E. Neuronal regulation of astroglial morphology and proliferation in vitro[J]. Cell Biol，1993，100：384-396.

[7] McCarthy K D，de Vellis J D. Preparation of separate astroglial and oligodendroglial cell cultures from rat cerebral tissue[J]. J Cell boil，1980，85（3）：890-902.

[8] Weskamp G，Otten U. An enzyme-linked immunoassay for nerve growth factor（NGF），a tool for studying regulatory mechanism involved in NGF production in brain and in peripheral tissues[J]. Neurochem，1987，48，1779-1786.

[9] Schwartz J. Tropic factor production by reactive astrocytes in the injured brain[J]. Annals New York Academy of Science，1994，226-234.

[10] Oderfeld-Nowak B，Bacia A，Gradkowska M，et al. In vivo activated brain astrocytes may produce and secrete nerve growth factor-like molecules[J]. Neurochem Int，1992，21：455-461.

[11] Yamamoto S，Yoshimine T. Fujita al. Protective effect of NGF atelocollagen mini-pellet on the hippocampal delayed neuro-nal death in gerbils[J]. Neurosci Lett，1992，141（2）：161-165.

[12] Unakoshi H，Frisen J，Barbany G，et al. Differential expression of mRNAs for neurotrophins and their receptors after axotomy of the ciatic nerve[J]. J Cell Biol，1993，123（2）：455-465.

（收稿日期：2002-02-17）

附录 5

《中国中医基础医学杂志》2003 年第 9 卷第 3 期

应用循证医学方法构建中医临床评价体系

王永炎，刘保延，谢雁鸣

（中国中医研究院，北京 100700）

摘要：建立在严谨、科学基础上的中医临床研究评价，是中医药临床研究发展之重心。应用循证医学构建中医临床研究评价体系，其总体目标是建立一个包括中医临床研究评价中心，通过中医药虚拟网络连接、协作开放、资源成果共享的完整体系。科学、系统地评价中医新产品、新技术和新疗法的临床疗效，提高中医药临床研究的质量和水平，合理配置中医药资源，多层面的服务于政府职能部门、国内外中医临床和科研机构、企业、个人。其发展的思路是在中医药基本理论的指导下，从中医药的临床优势和特点出发，应用包括临床流行病学、循证医学及信息技术在内的方法和技术，能够充分反映中医药临床疗效优势的综合的中医药临床研究评价方法、指标体系和标准等关键技术的研究。同时开展中医临床评价中心和数据库（Database）的建设以及专业人员的培训，选择有代表性的重大疾病、疑难疾病及其相关中医证候为示范，应用循证医学的理念，系统、科学地开展中医临床评价体系的研究，促进中医药学的发展，推动中医药走向世界。

中图分类号：R241　文献标识码：A　文章编号：1006-3250（2003）03-0017-07

Establishing Appraisal Mechanism of Clinie Studies in Traditional Chinese Medicine with Proofing Medicine Methodology

WANG Yongyan， LIU Baoyan， XieYanming

（ Chinese Academy of Traditional Chinese Medicine，Beijing 100700，China ）

Abstract：Precise and scientific appraisal of clinie studies stands out as a focus of curtent clinie studies in the domain of traditional Chinese medicine.The overall purpose for establishing an appraisal mechanism of clinic studies with proofing medicine methodology lies in rolling cut a comprehensive mechanism that，on the strength of its appraisal center of clinic studies in traditional Chinese medicine and the traditional Chinese medicine virtual network，makes possible open coordination and sharing of resources and research outcomes，which，doublless，will make a dent in evaluating with scientific and systematic manners the clinic curative effects of new traditional Chinese medicinal products，technologies as well as therapeutics，enhancing the sophistication of clinic studies in traditional Chinese medicine，allocating with properness the traditional Chinese medicine resources，and offering diversified services to the governmental departments，clinic research institutes of traditional Chinese medicine at home and abroad，as well as businesses and consumers.Under the direction of basic theories of traditional Chinese medicine，the mechanism，proceeding from the clinical advantages and characteristics of traditional Chinese medicine，will make full use of clinical epidemiology，proofing medicine，information technologies and other methods and technologies to conduct studies on appraisal measures of clinic studies in traditional Chinese medicine，index，standards and other crucial technologies that demonstrate the incomparable clinic curative effects of traditional Chinese medicine.In addition，substantial effort will be channeled into the development of the appraisal center of clinic studies in traditional Chinese medicine and the database as well as training of professional doctors to conduct scientific and systematic research on the clinic studies in traditional Chinese medicine with assistance from proofing medicine concepts and theories and with reference to some typical difficult and compllcated cases and related diagnosis in traditional Chinese medicine，in an effort to promote the expansion of traditional Chinese medicine to cach corner of the world.

中医药临床研究评价是在中医药基本理论的指导下，从中医药的临床优势和特点出发，应用现代科学技术及其方法学，建立系统、科学、客观的中医药临床研究评价体系，以期提高中医药临床研究的质量和水平，合理配置中医药资源，促进中医药学的发展，推动中医药走向世界。那么，怎样才能使中医药临床研究评价得到公认，在其方法学上应进行研究。循证医学是中医药临床研究评价可以采用的一种方法。循证医学[1]要求任何医疗措施和决策都要建立在临床研究所取得的最佳外部证据基础上，而不是仅靠理论推断。作为证据的提供者，中医药临床科研人员必须学会用循证医学方法学原则来规范自己的临床科研行为，以保证中医药科研成果，即自己所提供的证据是真正的含金量高的可利用的证据，而不是糟粕。作为证据的使用者，同样也应该学会如何去评价证据，如何从众多的中医药临床研究报告中分辨真伪。方法学问题为循证医学的核心问题。

1. 循证医学方法学给中医药学临床研究带来机遇和挑战

20 世纪 70 年代以来提倡的循证医学（evidence-based medicine，EBM），已被医学界公认为对指导临床实践、制订计划、解释结果和临床决策具有极其重要价值的方法学。循证医学的概念首先由加拿大 DME 学家 Sackett 于 20 世纪 70 年代创立的。近年来，循证医学已越来越被世界临床医学界所重视，在英国、美国、加拿大等许多国家广泛应用，成立了英国、美国、俄罗斯、南非、澳大利亚、挪威、德国、中国等 13 个国家 15 个 Cochrane 协作网。国际 Cochrane 协作网是一个国际性的组织，旨在通过制作、保存、传播和更新医学各领域的系统评价，为临床治疗实践和医疗卫生决策提供可靠的科学依据。循证医学的概念也引进医院的管理和药品管理，开展了循证医疗、循证诊断、循证决策、循证购买、循证检验、循证临床各科，如循证外科、循证儿科、循证妇产科、循证内科等工作。第八届国际 Cochrane 协作网会议于 2000 年 10 月在南非开普敦召开，其主题为行动和决策的依据：21 世纪 Cochrane 协作网面临的挑战。首届亚太地区循证医学研讨会也于 2000 年 10 月在中国华西医科大学召开，瑞典卫生技术评估委员会董事会主席 Dr.K.Asplund 教授、瑞典卫生技术评估委员会执行主席 Dr.E.Jonssun 教授、德国外科协会主席 Dr.D.Ruhland 教授等参加了会议，并决定 2001 年 10 月在华西医科大学召开第二届亚太地区循证医学研讨会。

另外，在美国霍普金斯大学，有专为临床试验做评价的中心；加拿大麦克马斯特大学（McMaster University, Canada ）的 CERTC 也进行临床研究的评价工作，瑞典有卫生技术评估委员会，英国有独立医疗事故处理委员会，等等，都是在做有关临床医学研究评价的工作。

我国于 20 世纪 90 年代开始重视卫生技术评估工作，卫生部相继成立了上海医科大学医学技术评估中心、浙江医科大学生物医学工程技术评估中心、北京医科大学医学伦理评估中心、华西医科大学中国循证医学中心。华西医科大学的中国循证医学中心已举办了 5 期国内的循证医学培训班，中国循证医学中心有 5 个工作组，包括资料库组、培训组、宣传组、网络组、中心管理组，自 1997 年成立以来，开展了一系列有关临床研究评价的工作，美国西雅图华盛顿大学医学院 Fredric M.Wolf 教授和华盛顿大学 Dohner 教授于 2000 年 10 月 19～20 日在中国循证医学中心考察了循证医学在中国的研究进展情况，与中国循证医学中心有关人员就 2001 年 4 月在中心开展循证医学病房做了详细的讨论，考察了循证医学病房的条件，提出了有关建议，确定了 5 个循证医学重点病房，以便开展循证医学的实践。2000 年 3 月，国家中医药管理局在广州中医药大学 DME 培训中心，成立了国家中医药管理局临床疗效系统评价中心，根据循证医学的原理，开展了一些中医药的临床疗效系统评价体系的关键技术研究。

循证医学从患者的需求提出临床需要解决的问题，医生从文献检索收集有关资料后评价这些资料的真实性和实用性，用真实有效的证据指导临床。循证医学在我国临床医学领域尚属起步阶段，正在向医疗卫生、临床科研、医学教育和继续教育等方面渗透、融合。循证治病、循证科研、循证用药、循证卫生技术评估、循证医学在医院管理和药品管理等各种结合实际、注重实效的循证实践正在悄然兴起。但循证医学在中医药学临床研究评价中的研究和应用则属初始阶段。随着循证医学的开展、普及与深入，给中医药学临床研究评价者和中医药临床研究者带来了机遇和挑战。科学的循证评价，将吸引更多的中医药临床研究者来关注、应用循证医学的方法，进行中医药学临床研究评价并决策后使中医药医疗质量提高，关注转化机制，优化机构和人员，医院成本 - 效果的改变。对中医药学临床研究评价研究人员来说，尽快适应新形势，借鉴循证医学的方法和原理，促使中医药学临床研究评价研究的规范化、科学化，并指导临床医生怎样把自己日常临床诊断治疗行为规范化，大力开展以患者为观察对象的临床科研，回答临床需要解决的实际问题，从而实现医疗质量和成本效益的双赢，对于医院现代化建设、科学管理、人才培养、卫生经济决策等方面都有重大意义。

2. 循证医学与中医药学临床研究评价的必要性

医学以防治疾病、增强健康为根本任务，防治疾病促进健康的作用（临床疗效）是衡量一切预防或治疗措施价值的基本准则，循证医学正是建立在这个基本准则之上的新的医学实践模式。在短短几年时间内，循证医学已引发了医学实践模式的一场深刻变革，循证医学旨在把过去以个人经验为主要依据的临床实践提高到一个以严谨的科学研究证据为基础的标准之上。它的核心就是任何有关疾病防治的整体策略和具体措施的制定都应基于现有最严谨的

关于其临床疗效的科学证据之上。因为使用无效甚至有害的防治措施在医学伦理上是不允许的，更是对人类宝贵医疗资源的极大浪费。随机对照试验是获取这种证据的最严谨的科学方法。在中医药临床研究评价中有必要应用循证医学的方法对目前中医药的临床研究进行系统评价。

在当今世界范围内对中医药产品的需求，越来越强烈地要求对中医药临床疗效做出客观、科学、系统的评价。随着人类疾病谱和现代医学模式的转变，国际天然药品市场不断扩大，中医药正在世界范围内逐步得到重视，已逐渐成为新的经济增长点。从中医和中药现代化的策略出发，中医药现代化将逐步展开，相互促进，共同发展，中药现代化将促进中医现代化，中医现代化又将推动中药现代化进程，而在中医现代化进程中，中医药的临床研究评价是极为重要的。为实现中医药现代化、中医临床研究与国际接轨，亟待解决中医药临床研究评价的关键问题。临床疗效是中医药学生存和发展的基础，美国替代医学研究中心（NCCAM）的前身替代医学办公室（OAM）顾问委员会在 1995 年提交的替代医学研究方法论的报告中就明确指出，替代医学被人们接受的关键是临床疗效的肯定。其中的主要环节又在于研究方法的科学性和合理性。系统从事对各种临床药物、技术和疗法进行评价的世界 Cochrane 协作网（Cochrane Collaboration）在其设立的 7 个研究领域中就有包括中医药在内的补充医学（Comlementary medicine）领域，成立了专门的评价工作小组，广泛搜集了有关补充医学疗法的临床对照试验，开始对某些中草药、针灸和按摩等疗法进行系统评价。截至 1998 年底，他们已经搜集了有关补充医学疗法的 3000 余篇临床对照试验（CCT）和 4000 余篇临床随机对照试验（RCT）论文，产出了 300 余篇系统评价的论文。

对中医药临床疗效进行全面的、系统的、严谨的科学评估是医学对中医药的基本要求，中医药已有几千年历史并被广泛地接受和应用，毫无疑问，中医药作为一个整体有其极为成功的一面，但这并不等于说其每一个防治措施都是有效的。循证医学与传统医学有着重要区别，传统医学以个人经验为主，医生根据自己的实践经验、高年资医师的指导，教科书和文献古籍的报告为依据来处理患者，可能出现的结果为一些真正有效的疗法不为公众了解而长期未被临床采用，而无效的防治措施也可能被长期地广泛使用。Chalmers 等用 Meta-analysis 的方法分析和总结了关于产科所使用的 226 种临床方法疗效的随机对照试验的证据，发现只有 20% 的方法疗效是肯定的，近 30% 的方法可能是无效的，甚至是有害的；另外 50% 的方法，尚没有任何随机对照试验的证据。循证医学实践既重视个人临床经验又强调采用现有的、最好的临床研究证据，两者缺一不可。循证医学方法学可以促进中医药学发展和中医临床

医疗决策科学化；促进中医药临床医生业务素质的提高，紧跟科学发展水平；解决中医药临床难题，促进中医药临床研究和临床流行病学研究；促进中医药临床教学培训水平的提高，培养素质良好的中医药人才；提供可靠的中医药科学信息，有利于中医药卫生政策的科学化；有利于患者本身的信息检索，监督医疗、保障自身权益等等。因此，采用循证医学的方法对中医药临床疗效作出客观、科学、系统的评价是十分必要的。

3. 中医药学临床评价是对中医药理论体系的检验

人类社会自从有医疗实践以来，就一直在寻找有关证据以揭示疾病与健康的规律，寻找和发现防病、治病的有效方法。进行中医药临床研究评价，同时也是对其理论体系的检验，"评价"无外乎是根据"证据"来评价，中医药学在其发展中也十分重视在获取临床证据的基础上，运用中医药理论进行思辨。中医学关于证候的理论和实践就是证明。"证"是"证据"、"证明"，"候"是外观、是表现。从四诊获取信息、证据，进而进行辨证、施治。中医学还十分重视医学文献的收集与整理，并强调历代医著在理论、实践上的指导意义。这和循证医学强调从医学研究文献所获取的系统信息指导临床决策有相同之处，循证医学着重从人体对于干预措施的整体反应去选择临床试验的结局指标，和中医学关于人体生命活动的整体观，其思辨方式则几乎是一致的。中医药学的发展、循证医学的兴起，其目的同样在于提高诊疗水平，改善人群的健康状况。我们没有理由认为两门学科之间无法互相渗透。有学者认为，循证医学和传统医学并不是相对抗的术语。事实上，国内外应用临床流行病学、循证医学的方法开展传统治疗方法的有效性方面做了极有意义的进展。

中医药理论是一个独立的、完整的体系。但和西医一样，它的功用是指导防治疾病和促进健康的医学实践。其理论正确与否取决于其能否正确地指导医学实践活动。因此，进行中医药临床研究评价，同时也是对其理论体系的检验。中医药临床疗效的证实便是对理论正确性的有力支持。相反，中医药临床疗效的否定，便是对其正确性的质疑。就整体而言，肯定的治疗方案临床疗效比例越多，否定的比例就越少，修正和改进中医药理论中的局部错误，必将促进中医药理论的进一步发展和完善。

4. 应用循证医学方法开展中医药学临床研究评价的思路

应用循证医学方法开展中医药学临床研究评价的目的，主要是停止使用无效的治疗方案，寻找有效的中医药临床治疗的药物、方法、技术、措施等，节省社会卫生资源，

使有限的中医药研究资源更合理、更有效地分配和利用。所以，中医药临床研究评价体系的形成、建立、推广和应用是一项繁重的系统工程。其总体目标是建立一个包括中医药临床研究评价中心，通过中医药虚拟网络连接、协作开放、资源成果共享的完整体系，科学、系统地评价中医药新产品、新技术和新疗法的临床疗效，全方位、多层面地服务于政府职能部门、国内外中医药临床和科研机构、企业、个人。其发展思路是在中医药基本理论的指导下，从中医药的临床优势和特点出发，应用包括临床流行病学、循证医学及信息技术在内的方法和技术，借鉴现代医学临床结局研究评价的方法学和成果，建立系统评价所依托的协作网络组织。开展符合现代医学模式、能够充分反映中医药临床疗效优势的综合的中医药临床研究评价方法、指标体系和标准等关键技术的研究。同时开展中医药临床评价中心和数据库（Database）的建设以及专业人员的培训，选择有代表性的重大疾病、疑难疾病及其相关证候为样板，系统、科学地开展中医药临床评价体系的研究。

5. 中医药学临床研究评价的基本特点

中医药临床研究的评价是目前中医药临床研究的前沿领域，如何体现中医药的特色？中医药治疗疾病的作用环节是什么？如何反映中医药防治疾病所具有的真正效能？如何制定疾病的可行有效的中医药防治措施和策略？是当前中医药临床研究欠缺的，也是临床研究评价亟待回答的问题。中医药临床研究与西方医学临床研究有其不同之处，也有其自身的特点。

5.1 中医药的临床研究以疾病"辨证论治"为其精华 [3]

"辨证论治"集中体现了中医药学对人体生理、病理规律的认识和临床治疗水平，是有别于现代医学诊疗体系的一大特色和优势。"辨证"是论治的前提，"证候"是疾病过程中某一阶段机体对内外致病因素作出的综合反映，在宏观上表现为特定的症状、体征的有机组合，是从整体观出发疾病内在变化的概括。抓住"证候"这一关键环节开展中医药临床研究，有可能带动临床其他领域的进展，并推动中医药学术的发展。然而，由于证候的判断乃以症状、舌象、脉象等一系列软指标或定性指标为依据，并在一定程度上还有赖研究者的个人经验。因此，证候研究的客观性成了亟待解决的难题。这一难题的解决仍有待于科学方法的应用。

5.2 中医药临床实践，历来重视人体的禀赋、体质、心理活动（七情）以及社会环境、自然环境对健康与疾病的影响

中医临床不仅是以"病"为研究对象，更重要的是以

患病的"人"作为对象，这就决定了"个体化治疗"成为中医学的重要医疗模式，同时也决定了中医对人的健康与疾病的认识规律，临床治疗学等具有多维的性质和丰富的内容。因而对于人体的健康与疾病的衡量、治疗反应的评价上不应只限于生物学发病机理微观指标的改变，更应重视其自身整体功能的调节及对于环境（自然、社会）的适应能力。这些方面，反映了中医药临床研究的难度与复杂性，也给现有的临床科研方法学带来了新的挑战。

5.3　在中医药临床实践中提出并假设检验是中医药学临床研究的重要模式

对于假说的检验，以至于理论的产生、方法的形成都主要通过在人体身上的医疗实践而完成。因此，临床实践在整个中医药学理论体系和治疗方法的构建和发展中具有不可估量的价值。这一点与西医学的从动物实验到临床研究的过程有着显著的差异。直接的临床研究结论避免了结论外推过程中从动物到人的种属差异，但同时由于研究因素不似实验研究中易于控制而可能增加人为的误差，也可能由于医学伦理的原因，有些从临床观察中提出的假说无法通过临床研究加以验证。由于临床研究的复杂性，科学的研究方法对中医学的临床研究和中医的学术发展具有重要意义。

5.4　中医药学的传统研究对中医药理论和诊疗体系的形成和发展发挥了极其重要的作用

传统的研究方法内容极其丰富，既有哲学方法，如归纳、演绎、推理、判断、概念化等，也有一般的科学方法，如观察法、比较法、类比法、调查法、试错法等，也有自身独特的方法。其中的许多方法也是现代科学方法方法论的雏形或者是其重要组成部分。可以说，中医学的形成和发展正是中医学独具特色思维模式和现代研究方法相结合的过程。然而我们也必须看到，由于长期的封建统治，桎梏了生产力和科学技术，许多已经萌芽或初步形成的方法并没有得到进一步的发展和完善。总的来说，中医药传统科研方法着重于宏观性、整体性和直观性，因而形成了宏观描述较多而精确量化较少、综合推理较多而具体分析较少、直观观察较多而实验研究较少的，在一定程度上阻碍了中医药学的发展。正确的应用循证医学、临床流行病学的方法学，合理地继承中医学传统研究方法，促进两者的有机结合，将对发挥中医药学的自身优势有十分重要的作用。

6. 应用循证医学方法开展中医药学临床研究评价的主要任务和关键技术

对中医药临床研究进行评价及实施中医药循证医学是一个极为复杂和长期的系统工程，它涉及思维模式的转变、研究重心的转移、资源的重新分配、有关专业人员的培训

和有关服务及研究机构的建立等，有许多面临的理论和实践问题亟待解决。

我们认为现阶段中医药临床研究评价的主要任务应集中在以下几个方面。

6.1　评价和完善证候诊断标准，开展中医证候疗效评价方法和标准的研究

证候诊断的标准化是科学、客观、系统评价中医临床疗效的前提之一。辨证是在中医理论指导下，应用一定标准对疾病或亚健康状态的思辨、分析、度量和归类过程。从真正的科学意义上说，作为度量客观事物的标准，必须具备准确性和可靠性的特点。由于这一工作的难度和研究方法学上的不尽成熟，还有许多问题尚待解决，有必要在原有的基础上，制定和完善证候诊断标准，开展中医证候临床疗效评价方法和标准的研究，它不仅对于提高临床疗效有重要意义，而且还有助于国际医学界认识和接受，这将大大推动中医药走向世界。

6.2　中医临床研究评价方法、评价的指标体系和标准的研究与建立

西医学对于疾病的常规性疗效评价标准，着重于评价解剖学指标、病理损害指标、生化改变指标等。随着医学模式的转变，逐渐重视对于人体功能活动生存质量和影响健康重大事件的评价。中医强调辨证论治，具有调整、改善人体脏腑、气血功能活动和整体机能状态，提高人体对社会和自然环境适应能力的特点。在常规的西医"病"的疗效评定标准的基础上，建立适用于中医药需要，包括中医证候、生存质量评价[5]在内的综合的临床疗效系统评价的方法、评价的指标和标准，提供中医药对重大疾病、疑难病证和亚健康状态临床疗效的科学证据。这既顺应了现代医学模式和健康观念的转变，又有利于显示中医药临床疗效的优势，进而客观地评价中医药的临床疗效。

6.3　应用临床流行病学、循证医学方法，开展中医药临床研究评价实践

应用临床流行病学、循证医学方法，结合重大、疑难疾病防治方案及有关代表性中成药的再评价研究，系统开展中医临床疗效的评价实践，包括治疗文献的系统评价，开展多中心临床随机对照试验以及队列研究等，科学、系统地开展中医临床疗效的评价。多中心随机对照临床试验对研究结论的真实性具有无可置疑的价值，将使中医药有效性的评价建立在牢固的科学基础上，并加速中医药走向世界的进程。

中医药的临床试验应遵循随机、对照、重复、盲法的一般原则，同时必须结合中医药的理论与临床特点，进行专业设计，尤其是对重大疾病的辨证论治综合治疗方案的有效性评价，对进一步揭示中医药的辨证证治规律具有重要的价

值。同时，可以对中医药临床的诊疗方法、临床研究的方案、上市中药、新药开发前的处方、医院制剂的再开发、新技术、新方法（如刮痧、小针刀）等进行评价——再评价，同时针对当前中医临床研究的质量进行评价，提高临床研究的水平。对企业中药新药的开发提出指导性意见，协助研究单位科研立项进行顶层设计，为医疗决策提供信息和证据。

6.4 组建专业机构和培养专业研究队伍

对中医药临床研究评价的知识体系进行研究，应是多学科、多层次的交叉渗透，具备相关的基础知识和专业知识。这其中包括组建全国临床研究评价中心和专科疾病临床研究评价分中心，编写培训教材，培养专业研究队伍，使临床研究评价的有关专业人员逐步掌握临床疗效评价方法和技能，加强国内外交流等。即以国家科技部筹建的5个 GCP 中心为主体，组建全国临床研究评价中心，选择优势学科单位，建立专科疾病临床疗效评价分中心，围绕GCP 相关法规和操作规程、临床流行病学、循证医学、相关生物统计学、信息网络技术 [2] 等方法学为中心的学习内容，通过行业内外、国内外的培训和交流，尽快地培养一支具有高水平专业素质和职业道德的中医药临床疗效评价队伍，定期撰写有关临床研究评价的文章，提供给临床研究人员和临床医生参考，这对提高中医临床研究质量和水平以及促进整个中医药学的发展都具有深远的意义。

中医药临床研究评价的关键技术应从以下几个方面考虑。

6.4.1 中医药治疗性研究文献系统性分析（Systematic Review）

医学文献的系统性分析 [4] 是医学科研的基础性工作，对指导临床医学的治疗决策也具有重大的意义。自1992年英国 Cochrane 合作研究中心成立以来，国际上对临床医学文献的系统性分析进入一个新的阶段，形成了国际性的合作研究网络。在国家自然科学基金委及卫生部的支持下，华西医科大学已加入该合作网络，我国中医药临床医学研究文献的系统性分析工作可以说还处于初始状态。

医学文献的系统性分析不同于传统的描述性综述（Traditional Narrative Review），它是应用临床流行病学和循证医学方法对某一课题或项目所有的研究论文进行全面、系统的质量评估的定性分析，同时对符合条件的研究论文加以综合，进行定量的 Meta 分析（Meta-Analysis）以较全面准确地掌握该项研究的现状，研究结构的真实程度及其可应用性，为临床决策或者为未来的研究决策提供依据。

传统的文献综述是一种叙述性综述（Narrative Review）。其最大的弱点在于没有规定系统的方法以获取原始数据或综合其发现，而是凭综述者的主观判断。这样，综述文章的质量和结论就无法得到恰当的评价；另外综述者没有通过定量方法来综合数据，当发现相同的几个研究具有不同结果时，综述者往往主观加以选择或摒弃、或无所适从。所以，做好中医药医学文献的系统性分析是中医药临床研究评价基础性工作，也是关键的技术工作，由于文献系统分析法是国际医学界公认的研究方法，有利于与国际学术界进行交流，促进中医药走向世界。

6.4.2 中医临床系统评价体系的操作规范及其质量监控手段

通过对中医药临床研究的过程、研究的关键技术、疗效评价进行质量监控。对监控的手段进行研究。为保证中医药临床疗效系统评价的客观性、科学性，除了"病"、"证"的诊断和临床疗效评价标准的权威性、客观性之外，还有赖于评价过程中的规范操作。因而，建立中医药临床疗效系统评价体系的操作规范又是一个关键环节。借鉴 GCP 有关原则和规范，应用 DME 和循证医学等有关的方法学，建立一整套具有科学性、权威性的中医临床系统评价体系的操作规范，并通过相应的计算机软件系统，规范操作行为和过程，为中医临床疗效系统评价体系服务。

6.4.3 建立以中医药治疗性研究文献系统性分析为主的数据库

医学文献的系统性分析数据库是医学科研基础性工作的基础，中医临床医学研究文献的系统性分析数据库工作可以说还处于空白状态。医学文献的系统分析不同于传统的描述性综述（Traditional Narrative Review），它是对某一课题或项目所有的研究论文进行定量的 Meta 分析（Meta-Analysis），以较全面准确地掌握该项研究的现状，临床疗效的真实性程度及其可应用性，为临床决策或医政管理以及未来的研究决策提供依据。建立中医药治疗性研究文献的系统性分析信息数据库是一件十分有意义的工作，除了能够应用于全面评价中医药临床疗效之外，还可以对中医临床研究中科研方法学的应用状况、存在问题和研究质量的总体水平做出评估，指导中医药临床研究的进一步提高。

应用临床流行学与循证医学方法，着重围绕上述领域开展中医药的临床研究，有可能对"中医药临床疗效的客观评价"这一具有挑战性的命题做出有价值的回答。

7. 循证医学与中医药临床研究评价存在的问题及展望

在当今千变万化的医疗卫生环境中，循证医学这个新学科飞速发展也面临着方法学、逻辑学、社会学的众多挑战。循证医学有其重要性，也有其局限性。循证医学注重临床研究的复杂性，强调排除偏倚的重要性，并且追求临床研究的真实性与科学性，开展循证医学的基本要求为正确的科研设计，选取客观、准确的测量指标，真实可靠的评价其临床意义。证据是循证医学的基石，遵循证据是循证医学的本质所在，临床研究者和应用者应尽可能地提供和应用当前最可靠的临床研究证据是循证医学的关键。遵循证据主要是指临床人体研究的证据，包括病因、诊断、预防、治疗、康复和预后等方面的研究。

循证医学有其局限性，循证医学以随机对照试验（RCT）为基础，本身就存在着一定的缺陷，如观察时间较短，常常不是安慰剂对照，效益容易被低估，入选的患者一般为危险性较低的人群，终点事件未纳入观察。例如，减少致残率及死亡率，防止疾病进展，改善生活质量等，随机对照试验还随着研究的人群、年龄、国家、地域、观察的终点、观察方法的不同而使结论有所差异，临床中大量药物治疗研究未纳入 Meta 分析，且许多疾病的治疗研究尚无定论，临床实践中存在着的灰色地带如某些肿瘤、许多预防性的疾病，很难提供满意的背景，不可能使用随机对照试验。

循证医学评价过程的权威性也值得商榷，不同专家可以有不同标准，对同一结论也有不同的解释，以 Meta 分析的角度、选材的不同，同样可造成偏差，另外，价格较高的药品也不能实施 RCT。

目前，中医药临床研究的质量存在诸多问题，临床研究常缺乏严谨合理的设计和严格的操作规范，缺乏严格的质量控制标准，RCT 资料极少，随机质量不能让人满意，统计方法比较落后，盲法应用较少，全部病例无临床结局评价，如致残率、病死率等，对不良反应、随访资料的收集欠缺，所以，疗效难以评定。同时，在中医药临床疗效评价这一环节中，未能很好地适应现代医学模式的转变和疾病谱的变化，自觉不自觉地照搬西医过去生物医学模式的疗效评价方法和标准，从单侧面、单生物学因素着手，缺少科学、系统地反映中医个体诊疗特色和复合干预策略的疗效评价方法，这一点严重影响了中医药新产品、新技术、新疗法的质量和水平及其可信度，也无法将中医药可能存在的临床疗效和特色客观地显现出来。中医药学赖以生存和发展的基础是临床疗效，进行中医药的临床研究评价是十分必要和有意义的。

建立在严谨、科学基础上的中医药临床研究评价，是中医药临床研究发展之重心，是中医药走向世界、更广泛地为人类健康服务且与国际接轨的必经之路，是中医药开发研究最快捷的途径。

参考文献：

[1] 张鸣明，刘鸣. 循征医学的概念和起源 [J]. 华西医学，1998，13（3）：265.

[2] 胡镜清. 网络——循证医学的支点 [N]. 国际卫生医药导报，2000，（6）：38.

[3] 赖世隆，梁伟雄，谢红，等. 临床科研设计、衡量、评价（DME）讲义 [N]. 广州中医药大学校内教材. 1996.

[4] Cochrane Complementary Medicine Field[A]. In：The Cochrane Library[C]. Oxford：Update Software，Issue 3，1999.

[5] Juniper E F，Guyatt G H，Jaeschke R. How to develop and validate a new health-related quality of life instrument[A]. In：Spilde B. ed：Quality of Life and Pharmoconomics in Clinical Trials[C]. Second Edition. Lippicort-Raven Publishers，Philadelphia，1996：49-56.

（收稿日期：2002-04-22）

附录 6

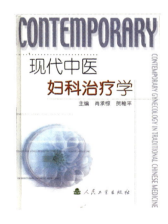

《现代中医妇科治疗学》封面书影

《现代中医妇科治疗学·序》

学友　王永炎

2003 年 12 月

21 世纪医学面对两大主题，一是现代难治病，二是亚健康。毋庸置疑，中医药防治现代难治病是一个值得重视的途径，而对亚健康的干预则更能体现中医药的优势和特色。当今人们对于中医药学学科的属性有了更为深刻的认识——它兼备科学与人文的双重属性，科学为人文奠基，人文为科学导向，科学与人文和而不同，互动互补。中医药学确是自然科学与社会科学交叉融合得比较好的学科。晚近，我国著名物理学家、中国科学院前院长周光召院士在中央教育台做了复杂适应系统科学与社会发展的演讲，其影响波及学术界各个领域，中医药行业的中青年学者亦备受鼓舞。的确，在还原论、控制论基础上，融会了理性论与系统论的新兴学科——非线性复杂系统科学将为中医药学科的进步与产业的发展带来新曙光。

中医药学最重视临床医学，理论升华与新药开发均源于临床实践。临床医学的核心内容是辨证论治，其中"证"是指证候；"治"是指治则治法，具体落实到遣药组方。学习中医最重"悟性"，要善于思考思辨，立法用方确当与否，全在乎识证，而证候具有内实外虚、多维界面与动态失控等特征。例如，"腹满时减复如故，虚也"，"胸闷短气不足以息，实也"，动态观察腹满与胸闷则可凭一证论虚实。然而胸痹心痛患者久病重症，其病机为阳微阴弦、标实本虚，则病证复杂，界面混沌不清，所以说医道尤以识证为重要。

诚然，治疗学应在辨证的基础上制定正确的治疗原则，在方剂配伍理论指导下，以药性理论为依据，组成"有制之师"的方剂进行治疗。例如，《伤寒论翼》称："因名论方者，粗工也；据症定方者，中工也；于病中审病机、察病情者，良工也"。可见病、证结合，将理法方药统一起来，才能获取良效，成为一名优秀的医生。

肖承悰教授牵头的专家群体，所撰《现代中医妇科治疗学》强调临床实用性，精选显效验方，编入多途径给药方法及多样化治疗，可谓从临床实践出发，放开手脚去写。是书注重科研成果的推广运用，开辟"经验、体会与讨论"、"相关研究进展"等栏目，以捕捉新信息，开拓科研思路，提高临床水平，赋予了时代特征。肖教授先祖父是北京四大名医肖龙友先生，禀世家真传，功底深厚。20世纪60年代毕业于北京中医学院，留校工作，是我的学友、同事。肖教授敦敏好学，为人耿直，最重友情，记得在我几经坎坷之时，曾予关怀与鼓励，使我学有所进。今日肖教授完成专著，邀我写序则甚感欣慰。书稿已成，实感作者群体辛勤，既庆梨枣寿世，爰为之序。

2004 年，66 岁

2004 年图 1　2004 年的王永炎先生

2004 年图 2　在江西进行人大执法调研（左 1 王永炎）

2004 年图 3　在山西进行人大执法调研 -1（左 1 王永炎）

2004 年图 4　在山西进行人大执法调研 -2（左 2 王永炎）

2004 年图 5　坐在团队年轻人中间的王院士（前者王永炎）

2004 年图 6　到吉林省敦化市进行农村医疗情况调研（正面中间者王永炎）

2004 年图 7　在敦化走访乡下卫生室（右 2 王永炎）

2004 年图 8　在敦化与农村医生交流（右 1 王永炎）

2004 年图 9　在敦化走访某药厂（中间者王永炎）

2004 年图 10　在亳州进行人大执法调研（右 2 王永炎）

1 月，主编《中医病历规范书写手册》（第二版），由湖南科学技术出版社出版。

3 月，参加人大卫生防疫法执法调研。

4 月，参加医疗保险药品目录的修订。

5 月，被全国总工会授予"全国五一劳动奖章"。

2004 年图 11　在亳州药材市场调研（中间者王永炎）

2004 年图 12　全国五一劳动奖章

2004 年图 13 《中医病历规范书写手册》（第二版）
封面书影

2004 年图 14 《中医病历规范书写手册》（第二版）
版权页书影

2004 年图 15 中央国家机关五一
劳动奖章先进个人 -1

2004 年图 16 中央国家机关五一
劳动奖章先进个人 -2

2004 年图 17 中央国家机关五一劳
动奖章先进个人 -3

　　5 月，作为首席科学家，主持北京市教委"新医药学科群"建设项目。

　　7 月，受聘为国家《基本医保药品目录》、《工保药品目录》调整制定工作咨询专家。在修订中，增加了中药饮片的内容，有利于加强辨证处方用药使用汤剂，保持与弘扬中医药原创优势。

　　指导策划"973"计划项目"证候

2004 年图 18 国家《基本医疗保险药品目录》、《工伤保险药品目录》调整制定工作咨询专家聘书

与方剂疾病相关性研究"。

至 2004 年，连任三届国家学位委员会中医学与中药学科评议组召集人，走遍了 15 所博士授权单位，提出了中医药学"博士不博"与"创新能力不足"的相关报告，并针对学科人才晚熟的特点，提出强化临床专业学位培养与增设中医学传承博士后工作站的建议，得到中医药导师的拥护和国家博士后管理委员会的批准。

此年，团队及学生的研究工作进展顺利，论文《中风病毒邪论》发表于《北京中医药大学学报》第 1 期，《论中医证候中的复杂现象及相应的研究思路》发表于《中国中医基础医学杂志》第 2 期，《中风病发病学研究述评》发表于《辽宁中医杂志》第 2 期，《中风络病证治述要》发表于《北京中医药大学学报》第 5 期，《清开灵有效组分对缺血脑组织神经营养因子含量的影响》发表于《北京中医药大学学报》第 3 期，《清开灵有效组分对大鼠缺血脑组织星形胶质细胞活化的影响》发表于《中国医药学报》第 6 期，《水淫玄府与隐性水肿假说》发表于《山东中医杂志》第 11 期，《玄府概念诠释（一）·玄府相关名词演变轨迹》发表于《北京中医药大学学报》第 6 期。

此年，北京市教委批准北京师范大学"新医药学科群"建设项目，联合首都医科大学、宣武医院李林课题组与北京中医药大学中药学院，先生为首席科学家。第一批拨款 1200 万元，主要用于人才培养，提高团队水平。

在参加人大卫生防疫法执法调研的过程中，走访了五个省会城市的防疫站与传染病院，这是有待加强的弱势领域，尤其是传染病院没有中医科室。

为了进一步提高中医药科研能力，促进中医药理论创新与成果转化，此年，先生开始指导国家的第二个与中医药相关的"973"计划项目"证候与方剂疾病相关性研究"的策划。其后中标，由北京中医药大学王庆国教授任首席科学家，付诸实施。

附
录
1

《北京中医药大学学报》2004 年 1 月第 27 卷第 1 期

中风病毒邪论

常富业，王永炎

（中国中医研究院，北京 100700）

摘要： 中风病是多种内外病因不断积累和正衰积损的必然结果。随着致病因素的不断积累，诸邪丛生，久积之邪，必化为毒；各种毒邪大量停留，滞于血脉、经络，碍于脑窍、心神，引起中风病的发生。因而，在致病因素积累的基础上，积毒和积损是中风病理演变过程的两个基本病机。

关键词： 中风病；毒邪；毒邪论

Toxic Pathogen Theory of Apoplexy

CHANG Fuye（常富业），WANG Yongyan（王永炎）

（The Postdoctoral Work Station，China Academy of Traditional Chinese Medicine，Beijing 100700）

Abstract： The authors hold that apoplexy is the fateful result of the accumulation of various endogenous and exogenous pathogenic factors，the decline of the resistance to disease，and the impairment due to pathogenic accumulation.As they accumulate in the body，the pathogenic factors activate and become toxic pathogens.Fatefully，apoplexy occurs，as the various toxic pathogens accumulate in the body by staying in blood vessels，and meridians and collaterals，whichaffects the brain and mentality.On the basis of understanding the accumulation of pathogens，therefore，the accumulation of toxic pathogens and the impairment due to the pathogenic accumulation can be considered as two basic pathogenic mechanisms of apoplexy in its development.

Key words： apoplexy；toxic pathogens；toxic pathogens theory

中图分类号：R255.2

"毒"的本义缘指毒草，《说文解字》云："毒，厚也，害人之草。"在医学中，毒的含义非常广泛，主要有以下三个方面的内容[1]。其一，是指病因，如《素问·生气通天论》云："虽有大风苛毒，弗之能害。"其二，是指病证，如脏毒、丹毒之属。其三，是指药物的毒性，如《素问·五常政大论》："大毒治病，十去其六，常毒治病，十去其七。"《素问·至真要大论》："有毒无毒，所治为主。"《素问·异法方异论》："其病在于内，其治宜毒药。"由以上可以看出，毒作为一种重要病因，早在《内经》即已有明确认识。现代毒物学认为[2]，凡有少量物质进入机体后，能与机体组织发生某些作用，破坏正常生理功能，引起机体暂时或永久的病理状态，就称该物质为毒物，与中医学中的"邪盛谓之毒"的观点相似，故亦称为毒邪，如"邪气者毒也"（《古书医言》）。总之，可以认为，毒是有害于机体的致病因素，这种致病因素无论来源于外界或体内，统称为毒。可见毒邪有内外之分，外毒顾名思义来源于体外，以外感六淫为主，六淫之邪侵袭人体，著者邪盛为毒，微者病因积累，日久反复外感，邪积为毒，就中风病来讲，此毒当以邪积之毒为主。无论邪盛为毒或邪积为毒，其致病作用都比原病邪有过之而无不及。例如，外邪所致的心痹，是由于"脉痹不已，复感于邪，内舍于心"（《素问·痹论》）所致，此时，内舍于心之邪除部分具有原病邪的性质外，更主要的是由于反复外感，病因积累，邪积成毒，形成一种有别于原病邪的更强的致病因素。内生之毒来源于体内，它是正衰积损，脏腑功能减退，体内排毒系统功能发生障碍的标志。其来源主要有三个方面[2]：一是机体在代谢过程中产生的各种代谢废物，由于其在生命过程中无时无刻不在产生，因而它是内生之毒的主要来源，也是机体排毒系统功能紊乱时存留体内危害人体健康的主要因素。二是指那些本为人体正常所需的生理物质，由于代谢障碍，超出其生理需要量，也可能转化为致病物质形成毒。三是指本为生理性物质，由于改变了它所存在的部位，也成为一种毒。可见内毒既是一种生理物质，又是一种病理产物，都是脏腑功能失调的反映，一旦产生，便又加剧脏腑功能失调，形成复杂的病证。

《金匮要略心典》云："毒，邪气蕴结不解之谓。"说明任何病邪不解，都可成毒。然而，邪与毒有质的不同，邪气偏盛猛烈，或蕴藏蓄积，郁久顽恶才是毒[3]。毒的致病特性除具有[3]依附性、酷烈性、从化性、秽浊性外，尚有以下特性：①骤发性，是指毒邪致病具有发病急骤或使原有疾病猝然加重的特点。这是因为"毒者，皆五行标盛暴烈之气所为也。"（王冰注《素问·五常政大论》）。②广泛性，包括三层含义，一是指致病的广泛性，任何疾病在其病理演变过程中，都可产生"毒"，故毒是任何疾病发展到一定程度必有的病理因素。例如《医医琐言》云："万病唯一毒。"二是指病位的宽广性，指毒邪致病，内侵脏腑、经络、脑髓，外达四肢肌腠，无一疏漏者。换言之，躯壳之内，无一不畏毒者。三是作用的广泛性，是指毒邪为病，不同于他邪，既可损气耗血、生风动血，又可损阴伤阳，折本夭末，临床上每见危疑难病证，气血皆伤，阴阳俱损，当此之时，从毒论治，解毒开窍以治标，往往救命于顷刻之间。纵使是脱证，扶正固脱之余，合理解毒醒神，以复神明之主，亦显得至关重要。③选择性，是指毒邪致病，因毒的来源、性质不同，其伤人的部位和程度，亦各有其别。阳毒、火毒、热毒等多侵犯人体的上部，阴毒、寒毒、湿毒等多侵犯人体的下部，瘀毒善阻血脉，痰毒善滞经络等。

1. 中风病毒邪论的理论依据

关于从毒论治中风病，历代医家论述甚少。《金匮要略·中风门》载以治疗中风病的名方侯氏黑散和风引汤，前方中首味药是菊花，后方中首味药是大黄，不难看出，这两味药都是临床上常用的清热解毒药，两方中尚伍有黄芩、寒水石、滑石、石膏等清热解毒药，可看成是运用清热解毒药治中风病的先声，遗憾的是以后未能发扬光大。明代医家张景岳，在其《景岳全书》中记载的绿豆饮（绿豆、盐），以治"夏月卒倒，忽患非风抽搐等证"，方中云："凡热毒劳热，诸火热不能退者"，皆可应用。受此启发，并结合临床经验，探讨从毒论治中风病，每以绿豆饮为辅助疗法，效果满意。

虽然从毒论治中风病的文献记载不多，但从火热论治

中风病的记载却不鲜见。《千金翼方》云："凡中风多由热起。"刘河间对中风病的认识提出了著名的"心火暴甚"学说，他认为"暴病暴死，皆属于火"，原因是"暴病暴死，火性疾速故也"。并指出："所以中风瘫痪者，……由五志过极，皆为热甚故也。"朱丹溪论中风病，主张"湿痰生热"，认为："五脏各有火，五志激之，其火遂起。"[4]既然"火热"之邪在中风病机中占有重要地位，治疗上理应运用清热泻火法治疗。然而，纵观古今医案，反思中风临床，治疗效果是不满意的，原因何在？实际上，温、热、火、毒异名同类，温为热之渐，火为热之极，火烈之极尽是毒。火热之邪一旦形成，以其固有的阳热炎上暴烈之性，蔓延四起，燎燃周身，而出现以下病理变化：①气耗排毒障碍。机体的排毒系统功能是与气化分不开的，火热太盛，势必耗气过多，故《素问·阴阳应象大论》有"壮火食气"之说。正气耗损，气化功能减弱，必然影响机体排毒系统正常的排毒功能，造成毒由以聚，毒因以滞，其病机路径是：火热之极→壮火食气→正气耗损→排毒系统功能减退→毒邪由生。②灼伤血脉，排毒管道失畅。热邪灼伤全身，血脉当不例外。排毒管道包括五官九窍、腠理毛孔、经络血脉[2]。血脉受损，排毒管道失畅，内生之毒必然为之停留。③火热动血妄行，毒邪随之四溢。火热之邪动血，是指火热之邪侵袭人体，容易引起血液妄行，不循常道。在正常情况下，血液是机体排毒系统发挥排毒功能的重要载体，血液妄行，毒邪必随之妄溢，浸淫留滞而成热毒重证。④火热窜扰，燔灼经络，机体排毒系统失调。机体的排毒系统是复杂的，脏腑组织器官必须依靠经络的沟通联络作用，才能协调一致，发挥正常的排毒功能。火热燔灼经络，经气必为之受扰，信息传输失职，联络功能失常，从而造成排毒障碍。从以上论述可看出，火热之极便是毒，有其内在的理论内涵和依据，而从热毒（火毒）论治中风病，是与从火热论治中风病有相同理论基础的。正因为火热之极尽是毒，才启示临床，单纯用清热泻火的方法，是不能尽括病机的，必须用重剂解毒法，方能切中病机，以期疗效。

当然，在这里强调火热之极是谓毒，多指中风病先兆期。就中风病整个病程来讲，并非仅显热毒或火毒，随着病机的变化，在中风病病理演变中，寒毒亦会显现。也就是说，中风病先兆期和急性期，尤以热毒为多，而在恢复期之后，热毒势减，寒毒显现，且痰毒、瘀毒、湿毒亦往往混杂，从而构成了中风病复杂的毒邪病理机转。

2. 中风病毒邪论的临床依据

从毒论治中风病，不仅有其一定的理论基础为指导，更有其丰富的临床实践为依据。目前中风病临床，大多以清开灵、醒脑静注射液为主，运用于中风病急性期的治疗，效果显著。其中清开灵注射液主要含有牛黄、水牛角、金

银花、栀子、黄芩、板蓝根等药物，醒脑静注射液主要含有牛黄、黄连、栀子、郁金、冰片等药物，皆可谓集清热解毒药之大成，具有明显的清热泻火解毒之功。另外，从中风病的临床表现来讲，亦显示浓厚的毒邪色彩：①中风病起病急骤，见症多端，变化迅速，这与毒邪致病的骤发性是分不开的。②中风病病位在脑，涉及五脏气血，累及血脉经络，这又与毒邪致病的广泛性相似。③中风病病理因素涉及虚、火、风、痰、气、血多端，而毒邪致病又具有依附性和从化性的特点，恰恰是这些诸端致病因素，才为毒生、毒聚、毒留、毒滞提供了可能的条件。④中风病多出现神志改变，而毒邪的酷烈往往造成"毒邪犯脑"和"毒邪攻心"，毒邪的秽浊性又可造成"秽邪蔽窍"、"浊邪害清"及"浊邪蒙神"，临床上对于闭证出现的神志改变，多用解毒开窍法救治。正因为如此，可以认为，"毒邪"是中风病病理演变过程中极重要的一种致病因素，贯穿于中风病的整个病变过程。其他病理因素既是演变毒邪的病因，又可因毒邪的致病特性而产生。二者既有区别，又有联系，必须分清诸邪成毒后的病机关键，才能有的放矢，切中要害。

3. 中风病毒邪的产生

毒有外毒与内毒之分，中风病当以内毒为主，且先兆

期和急性期多因火热之极所致。除外，其他病理因素或可演变成毒，或可助长毒势而成为毒邪的培养基。故毒是中风病变过程中多种病理因素的积一化和必然的转归，也是中风病复杂发病机制中最重要的病邪表达。

3.1 病因积累，诸邪丛生

中风病的发生，多因外感六淫、情志失调、饮食不节、劳倦失度和年老体衰等引起，这些复杂的病因作用于人体，在经过长期的隐性演变过程中，随着病因的不断积累，诸邪丛生：①反复的外邪侵袭，阻遏经络气血，而现气滞血涩或气滞血瘀，气滞和血瘀形成之后，又成为新的致病因素而不断积累，最终形成气滞益甚，血瘀益加的局面。②反复长期的情志失调，相继可出现气滞、血瘀、火热、痰浊等邪，尤其是痰浊、血瘀等邪，生于正衰积损之体，难以自生自灭，相反始动病因不除，生成不断，积累日甚，最终闭塞脉管经络，而致中风病的发生，此所谓"中风未有不成痰瘀者也"（《本草新编》）。③长期的饮食失调，通过损脾而滋生湿浊、痰热，此所谓"湿土生痰，痰生热，热生风也"（《丹溪心法》）。④劳倦过度，脏腑功能失常，气血失调，可产生一系列的病理因素：风、火、痰、气滞、血瘀等。其病机路径如图1所示。

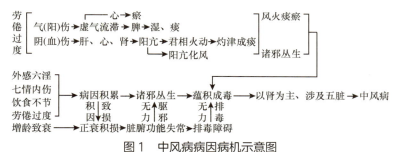

图1　中风病病因病机示意图

总之，外邪、饮食、情志、劳倦等既是中风发病的始动病因，呈现一个长期的慢性潜病过程，又是引起发病的重要诱因。病因反复作用，使诸邪丛生，这些新的病理因素产生之后，又成为中风病变过程的主体病因在体内积聚，最终形成复杂的病证。

3.2 正衰积损，邪积成毒

那么，在以上多种病因作用下，所产生的一系列诸端病理因素，产生怎样的转归，令人深思。《素问遗篇·刺法论篇》云："正气存内，邪不可干"，正衰积损，无力驱邪，邪必可干，势必诸邪日益增多、加剧而积甚。正气愈虚，邪积愈甚；反过来，邪积愈甚，又致正气愈虚，所谓"无虚不成积，久积正愈虚"。从而造成多因素交织在一起的中风病正衰邪甚体。

如此，风、火、热相引，痰、瘀、气相结，久而不去，蕴积不解，必在体内蓄积为毒，故诸邪积聚，日久成毒，

是众邪的必然转归，也是正衰积损，无力驱邪排毒的必然趋势。毒邪一旦产生，即成为一种新的病邪而显示毒邪的致病特征，同时又带有原病邪的某些特点。中风病过程中常见的毒邪有：①热毒，亦称火毒，由火热之邪或以火热之邪为主结聚而成，兼有火热和毒邪的致病特性，以热极生风、热迫血妄、热毒攻心、热毒犯脑为临床特征。因该毒易在阴虚阳亢体质中产生，故中风病以热毒为多，尤见于先兆期和急性期。②痰毒，由痰浊久积而成，兼有痰和毒的两种致病特性，以痰蒙神窍、毒邪攻心、阻滞脉络、持续昏蒙、舌苔黄垢而腻为主要特征，多见于中风病恢复期。③瘀毒，由瘀血日久蕴结而成，兼有瘀和毒的两种致病特性，以毒滞脉络（血脉、经络、脑络）而现神志改变、病久不愈、疼痛麻木、舌质暗淡出现瘀点瘀斑为临床特征，多见于中风病恢复期和后遗症期。④寒毒，多见于阳虚体质、无火热之邪或火热之邪不甚的情况下，由气滞、血瘀、痰凝日久蕴积从化而成，兼有寒和毒的两种致病特性，以寒伤阳气、

毒滞脉络为主要特征。因寒凝血瘀，故寒毒每与瘀并见而症状多似，多见于恢复期和后遗症期，尤以后遗症期为主。总之，毒邪导致中风病的病机路径如图1所示。

3.3 中风病毒邪的致病特点

毒邪于中风病病机演变过程中，一旦形成，即以其固有的七大特性，表现出种种见证：①损伤脏腑，以犯脑攻心为主。《朱氏集验方》云："已毒即归于脏"，而脏与腑又相表里，所以损脏伤腑，显而易见。同时，因"脑为元神之腑"，又为"髓之海"，凡五脏精华之血，六腑清阳之气，皆上注于头，故毒邪最易犯脑，而脑也最畏毒邪。再者，心主神志，又主血脉，故毒邪犯脑，每与毒邪攻心并见，形成犯脑攻心之危急重症。症见：神志昏迷，或谵妄，或嗜睡，或烦躁不安等。此外，入于肝则眩晕欲仆，痉厥抽搐；入于肺则胸高气粗，咳喘痰鸣；入于脾胃或肠腑则呕吐呃逆，口臭口糜，便秘，吐血便血；入于肾则二便不通或自遗；入于膀胱则溲赤淋沥等。②毒滞血脉经络，简称毒滞脉络。血脉是机体最重要的运毒、排毒管道，而经络是人体运行全身气血、联络脏腑形体官窍、沟通上下内外的通道[5]，是机体发挥整体排毒功能最重要的调节系统。

血脉、经络中富含气血，尤其是血液，为机体发挥排毒功能最重要的载体。因此，毒邪形成之后，必先滞气浊血进而导致留滞血脉、经络而成毒滞脉络之证。症见眩晕，肢麻，肢痛，或口舌歪斜，言蹇，失语，半身不遂等。临床所见，当毒邪始生或毒邪轻浅时，以毒滞脉络的表现为主，少见犯脑攻心重症，症状相对较轻，多可出现眩晕欲仆，肢麻肉瞤，一过性言语不利，或轻度偏瘫，或短暂性晕厥，或视物模糊等，且往往发有定时，时作时止等中风病先兆证的临床表现。

参考文献：

[1] 中医研究院，广州中医学院．简明中医词典．北京：人民卫生出版社，1979：609．

[2] 姜良铎，张文生．从毒论治初探．北京中医药大学学报，1998，21（5）：2-3．

[3] 王秀莲．试论"毒"的概念与特点．天津中医学院学报，1995，（3）：7-8．

[4] 任应秋．中医各家学说．上海：上海科学技术出版社，1991：85，217．

[5] 张伯臾．中医内科学．上海：上海科学技术出版社，1985：209．

（收稿日期：2003-10-15）

附录 2

《中国中医基础医学杂志》2004年第10卷第2期

论中医证候中的复杂现象及相应的研究思路

郭　蕾，王永炎

（中国中医研究院，北京 100700）

摘要： 中医证候的复杂性表明对于证候的研究不能单纯使用西医学的手段和方法，用于复杂系统和复杂现象研究的系统科学理论为证候的研究提供了新的思路。证候的定位是整体性或亚整体性的，从系统论角度而言，是机体系统质和功能子系统异常的外在表现。证候偏重于功能失调，是对机体整体功能反应状态的认识和把握，运用耗散结构理论可以对此进行深入解释和理解。证候与致病因素之间、与理化指标之间、与方剂效应之间都存在着非线性关系，这些非线性关系是导致多年来证候研究出现矛盾和困惑的根源。

关键词： 证候；复杂现象；系统质；耗散结构理论；非线性

中图分类号：R2-03　文献标识码：A　文章编号：1006-3250（2004）02-0003-03

证候是中医学对机体整体功能状态反应的认识和把握，贯穿于中医学养生保健和疾病治疗过程中。目前难以用现代西医学的理论和相关量化指标来说明。对中医证候本质的研究需要用现代科学的多学科理论、尤其是适用于复杂系统和复杂现象研究的系统科学理论来研究和阐释。所谓复杂现象或复杂问题，是指"凡现在不能用还原论方法处理的，或不宜用还原论方法处理的问题，而要用或宜用新的科学方法处理的问题，都是复杂性问题，复杂巨系统就是这类问题。"[1] 人体系统是复杂巨系统，证候是这一复杂巨系统所表现出的复杂现象，从证候的整体性、恒动性、模糊性、时空序列等特征而言，证候具有复杂性特点，与这种复杂性相适应的新学科、新方法主要有：系统论、信息论、耗散结构、协同论、非线性科学和模糊数学突变论。利用这些学科中的理论和方法来探讨与揭示证候的科学内涵是中医证候研究走出困境的希望。

1. 证候是机体系统质和功能子系统异常的外在表现

证候具有"以候为证"的特点，"候"是疾病的外在表现，包括症状和体征两大类，症状主要为患者的主体性的不适感觉，体征则主要是医者对脉象、舌象及神色形态的感知与把握；通过对"候"的认识、归纳和总结，医者确定患者的"证"，这种"证"的结论是以机体整体水平所表现出的"候"为基础的，其实是对机体在某一时间和空间环境中具体状态的认识和把握，与西医学疾病的定位是完全不同的，它注重的是主体的综合感觉，而不是某一组织、器官、分子等的病理改变，因此，证候的定位是整体性或亚整体性的，即证候是对机体功能反应状态的一种整体性的认识。

现代系统科学的建立和发展为证候的这一特点提供了相应的理论工具和科学依据。根据钱学森院士给出的对系统的描述性定义："系统是由相互作用和相互依赖的若干组成部分结合成的、具有特定功能的有机整体。"[2] 系统质是"指系统整体的属性、功能、行为"[3]。中医学认为，人体是由阴阳二气相互结合、相互作用而构成的具有特定生理功能的有机整体。阴精、阳气涵盖了组成人体系统的各种物质以及各种物质所具有的生理功能，因而是存在于人体系统整体水平的系统质，是形成于系统各组成部分，又高于各组成部分的新功能、新性质，二者的运动、变化使生命呈现出多姿多彩的各种功能和外在表现。证候则是阴精、阳气关系失调所表现出的多种多样的非健康状态。阴虚证是对机体物质不足状态的认识，阳虚证是对机体功能不足状态的认识，阴阳两虚证则是对机体整体代谢水平低下的认识。阴邪亢盛证是对外邪过强、机体机能受到抑制状态的认识，阳邪亢盛证是对机体奋起抗邪、机能亢进

状态的认识……可见，从系统论角度而言，证候是机体系统系统质的异常所表现出的特定状态，是机体整体功能异常的外在形式，是疾病的内在原因。

中医学的五脏代表执行人体生命活动的五大系统，分别承担着机体的呼吸、消化、血液循环、水液代谢以及生殖等各种功能任务，是生命系统的功能子系统。生命活动是各功能子系统相互协调、相互作用下涌现出的系统的整体功能。五脏证候是五脏功能子系统异常、进而影响到整体生命活动的正常状态，从而表现出一定的外在之"候"。目前比较公认的一项研究成果表明，肾阳虚证与下丘脑——垂体——肾上腺皮质、丘脑——垂体——甲状腺、下丘脑——垂体——性腺三轴内分泌系统失常密切相关，肾阳虚证涉及西医学的呼吸系统、消化系统、循环系统、内分泌系统、神经系统等多个系统的疾病，如支气管哮喘、动脉粥样硬化性心脏病、神经衰弱、红斑狼疮、妊娠毒血症等[4]。因此，肾阳虚证应当定位于上述三个功能轴上，是涵盖这三个功能轴失常的高一层次的功能子系统的异常。

这里系统质和功能子系统概念的引入，其优越性在于它不受病理解剖、局部定位、理化指标等局限性的影响，直接从整体和宏观上把握机体在某一时空的状态，既解决了证候难以通过西医学检测指标进行定性、定量研究的问题，同时也与中医学理论体系自身的思路和特点相吻合；既阐明了证候的科学性和客观实在性，同时也将证候研究提高到现代科学水平。

2. 证候偏重于功能性失调

证候从整体上、宏观上把握机体的功能状态，所谓"辨证"，就是对整体水平的功能异常的"候"的分析、判别，其理论基础在于对"气"这一概念的认识和运用。中医学认为，人体生命活动的进行是通过气的升、降、出、入实现的，人体自身及其与外界所进行的物质、能量、信息的交换都是以气为媒体的，即"气充形"、"形载气"。证候的基础就在于气的异常——气化失常，气机失调是百病之源，是一切外在之"候"的内在依据。

耗散结构理论对于解释证候的这种特性具有比较重要的意义。普利高津指出："把生命系统定义为由于化学不稳定性呈现一种耗散结构的开放系统，无疑是很诱人的。"[5] 耗散结构理论提示，生命是最为典型的耗散结构，"开放、耗散、负熵、有序是生命区别于非生命系统的本质特征。"[6] 在中医学理论中，上述的开放、耗散、负熵、有序都是通过气的运动实现和维持的。气的异常是证候发生的内在机制。气虚反映机体物质、能量的不足，气盛反映机体物质、能量的过盛，气逆、气闭、气陷、气脱反映机体内外环境的物质、能量、信息交换过程的异常，营卫不和、升降失调反映机体内部各系统质之间关系的失常，所有上述种种

最终都以生命系统的有序度下降而表现出各种不同的证候。

耗散结构理论认为，系统结构的存在有两种状态——有序和无序。就生命系统而言，健康是有序，疾病是失序。从中医学角度而言，证候不仅仅是结构的异常或失稳，更重要的是功能的失序，是系统内部各要素之间相互关系的失调或系统与外环境之间关系的失调。心肾不交的失眠、营卫不和的自汗、气血失调的肌肤麻木、邪正交争的往来寒热等等，都难以落脚于具体的解剖部位或特异性改变的理化指标，它们只存在于机体各种功能子系统相互交叉的层面上，只有当各功能子系统之间关系失调时才表现出来，属于典型的功能结构载体的异常。熵是表征系统失序的概念。薛定谔氏提出了著名的"生命以负熵为食粮"的论断，之后，熵病概念被广泛应用于医学研究领域。广义的熵病包括人体系统的一切失序，狭义的熵病则指热熵的增高，火热证、实证、阳证是体内代谢产物积累或能量过多积聚的状态，因而属于典型的热熵增高的状态，是人体系统失序后极为常见的情况。

将耗散结构理论应用于中医证候研究中，其意义在于它不仅阐明了有机体在疾病状态下的病理变化机制，同时也包涵了有机体在疾病之前的前趋性的功能失常的机制，揭示了引起器质性病变的内在发生的过程。证候的整体性、功能性特征使其不仅在疾病治疗中占据重要地位，同时也使其在养生保健中发挥作用，因为健康并不仅仅是没有器质性病理改变的状态，而应当是有序、稳定、和谐的状态。

3. 证候与其相关因素之间的非线性关系问题

证候与致病因素、方剂效应之间存在着级连关系，证候-方剂效应是中医临床辨证论治的基本过程。机体在致病因素作用下，正常生理活动被干扰甚至被破坏，从而表现出一系列特定的症状和体征，医者根据"候"总结判断出相应的"证"，之后确立治疗原则和方法，最后以方剂的形式对证候进行干预，纠正失序的状态。在这一过程中，证候与前后二者之间的关系并非是简单的、一一对应的线性关系，而是极为复杂的、许多中间环节仍有待于进一步研究的非线性关系。

"线性"与"非线性"用于描述系统内部各组成部分之间相互作用的关系。"线性，是指独立、均匀、对称、可加性。非线性，是指不独立、不均匀、不对称、不可加，甚至可乘。"[7] 证候与其相关因素之间的非线性关系主要表现为不均匀、不对称、不可加。首先，证候与致病因素之间的非线性关系表现为同一致病因素可以导致不同、甚至性质截然相反的证候。寒邪可以导致寒证，也可以导致热证，还可以导致血瘀证、痰饮证等。热邪可以导致火热证、阴虚证、可以动风、可以伤津、可以动血，但一般不形成

寒证。同一邪气导致的证候可以是程度不同的，外感风寒，可以形成较重的伤寒表实证，也可以形成相对较轻的伤风束表证，还可以形成更重的两感证。所有这些都体现出因与果之间的非均匀性、非对称性、非加和性。

证候与理化指标之间的非线性关系主要表现为非独立性方面。目前尚未找到具有相对排他的某一或某些理化指标可以作为某一证候的判断标准。例如，有研究表明，"在以微量元素为指标的研究中，肺气虚证血清锌低下，与脾气虚证、脾阳虚证的情况相似。"[8] 又如，在肾阳虚证研究中被采用的24小时尿17-羟类固醇指标，在脾阳虚证、胃阴虚证中也得到了应用。有人对脾阳虚证测定结果，其含量值降低[9]，而另外的研究却不支持这一结果，其测值均较正常组升高[10]。在胃阴虚证的研究中，得出了该指标降低的结果[11]。即24小时尿17-羟类固醇的量在脾阳虚证中可以低，也可以高；在肾阴虚证、胃阴虚证中又都降低，表现出指标在证候中的非独立性。

证候与方剂效应之间的非线性关系也表现出非独立性、非对称性、非加和性。研究表明[12]，桂枝汤对发热者有退热作用，对低温虚寒者有温经作用，对下利者可止利，对便秘者可通便，对高血压者可降压，对低血压者可升压，对心率快者可减慢，对心率慢者可加快……说明方剂对证候的干预作用不一定是直接对应的线性关系，可能是通过了一定的中介，从而表现出非独立性、非对称性。补肾方由生地、熟地、附子、肉桂、山茱萸、山药、巴戟天、淫羊藿、补骨脂9味药组成，方内各药均不含类皮质激素样物质，但具有肾上腺皮质激素样作用[13]。该方对于肾气虚证、肾阳虚证、肾阴虚证、肾精亏损证皆有较好的干预效应，说明方剂系统内部各要素之间的相互作用使该方涌现出了新的功能，这一功能对证候的干预是多角度、多方面、多层次的，是非线性的。

对于系统内部各要素之间以及不同系统之间的非线性关系的认识为解决证候研究中所遇到的多种矛盾提供了新方法。它将中医证候研究的思路拓展到一个全新领域，这一领域使中医学在保持其相对独立性的同时可以最大程度地利用自然科学、社会科学的普遍规律来研究问题、解决问题，发展自身，避免了单独运用西医学思路和手段来研究中医证候，并从中探索西医综合征本质的误区。

综上，中医学的证候是对机体偏离有序稳态后某一具体时间、空间范围内机能反应状态的认识和把握，生命活动的复杂性决定了其失序以后各种状态的复杂性，这是导致证候复杂性的根本原因。运用现代科学的复杂性理论对其进行认识和研究可以有效解决证候研究中所遇到的多种困难和矛盾，可能是证候研究取得突破的现实途径。

参考文献:

[1] 于景元, 刘毅. 复杂性研究与系统科学 [J]. 科学学研, 2002, 20 (5): 449.

[2] 钱学森, 许国志, 王寿云. 组织管理的技术——系统工程. 论系统工程 (增订本) [M]. 长沙: 湖南科学技术出版社, 1998: 27.

[3] 祝世讷, 陈少宗. 中医系统论与系统工程学 [M]. 北京: 中国医药科技出版社, 2002: 213.

[4] 沈自尹. 肾的研究 (续集) [M]. 上海: 上海科学技术出版社, 1990: 5.

[5] 祝世讷, 陈少宗. 中医系统论与系统工程学 [M]. 北京: 中国医药科技出版社, 2002: 295.

[6] 湛垦华. 普利高津与耗散结构理论 [M]. 西安: 陕西科学技术出版社, 1982: 21.

[7] 苏恩泽. 复杂系统学引论 [M]. 西安: 陕西科学技术出版社, 1998: 55.

[8] 谭茹. 小儿反复呼吸道感染肺气虚证与微量元素关系的研究 [J]. 辽宁中医杂志, 1991, 18 (7): 8.

[9] 张祥德. 脾虚证尿 17—酮和尿羟类固醇的初步研究 [J]. 中医杂志, 1986, 27 (5): 329-331.

[10] 王清云. 脾胃气虚胃脘痛各兼证的生物化学基础 [J]. 河南中医, 1986, (4): 19.

[11] 李振华. 脾胃气虚本质的研究 [J]. 河南中医, 1986, (3): 1.

[12] 严有斌, 赵敏霞. 桂枝汤的临证应用 [M]. 西安: 陕西科学技术出版社, 1990: 39-44.

[13] 姜春华, 沈自尹. 肾的研究 [M]. 上海: 上海科学技术出版社, 1981: 166.

（收稿日期: 2003-09-03）

附录 3

《辽宁中医杂志》2004 年 2 月第 31 卷第 2 期

中风病发病学研究述评

常富业[1], 王永炎[2]

（1. 中国中医研究院博士后流动站; 2. 中国中医研究院, 北京 100700）

摘要: 回顾中风病的发病学, 对近 10 年来中风病的发病机制进行了总结, 提出以下学说: 中风病肾虚肇基学说; 中风病病因积累学说; 中风病正衰积损学说; 痰瘀互阻学说; 中风毒邪论; 瘀血阻络学说; 形神失调学说; 其他发病学说。认为对中风的认识, 古往今来, 经历了由外风到内风, 由外感到内伤的漫长过程, 目前正由重瘀时代、重痰时代、重痰瘀时代向中风毒邪论方向发展, 逐渐形成了中风以虚为本, 风、火、痰、瘀、毒众邪为害的病机认识, 丰富了中风病的发生学。

关键词: 中风病; 发病学说; 综述; 展望

中图分类号: R255.2　**文献标识码:** A　**文章编号:** 1000-1719 (2004) 02-0102-02

中风病起病急骤, 症见多端, 变化迅速, 全国人口标准化发病率 185.5/10 万[1], 患病率 500 ~ 600/10 万[2], 具有发病、死亡、致残、复发率高的特点, 因而古居四大难证之首, 今为三大死因之一, 为中西医重点研究的疾病之一。目前, 医学界在加强基础、临床研究的同时, 渐次把目光移向探索本病的发生发展规律方面, 以期在复杂的病机中搜寻出主导病机, 在众多的致病因素中搜寻出关键致病因子, 以由博反约, 增强防治的针对性, 基于此, 兹就本病的发生发展情况述评如下。

1. 肾虚肇基学说

该学说认为, 中风是一种衰老性疾病, 肾气亏虚为中风发病之病机基础[3], 资料表明[4], 50 岁以后中风发病者可占总数的 79.5% ~ 86.1%。笔者研究[3]68 例患者中, 50 岁以上发病者 59 例, 占 86.8%。《医经溯洄集·中风辨》云: "中风者, 非外来风邪, 乃本气病也。凡人年逾四旬, 气衰之际……多有此疾。"《景岳全书·非风》指出: "人于中年之后, 多有此证其衰可知……根本衰则人必病, 根本败则人必危矣。所谓根本者, 即真阴也。"《临证指南医案·中风》亦云:"精血衰耗,水不涵木……肝阳偏亢,内风时起。"上述皆强调"总由乎虚,虚固为中风之根也。"(《杂病源流犀烛》)说明人到中年以后,肾气渐衰,功能渐退,气虚血运迟涩,瘀阻脑络,隧窍不利,元神失养,发为中风。古代其他医家对中风的认识如刘河间主"心火暴甚",李东垣倡"正气自虚",朱丹溪云"湿痰生热",实际上亦应当是在肾虚为本的基础上形成的。因只有肾虚,肾失去调和阴阳的能力时,心火才会因其他因素而"暴甚",肾虚而对各脏腑组织器官的推动温煦作用减退时,才得以出现"正气自虚"。至于"湿痰生热",也当责之于肾虚,因"肾为生痰之本"[5],湿与痰同类,肾虚痰生,久虚湿痰不去,必然郁而化热。王进等[6]强调"肾虚血瘀",进一步说明了肾虚于中风发病的基础作用。由于这种虚是一种渐生的过程,所以虚的临床表现可以是显现的症状表现,也可以是隐潜的病理改变[7]。沈自尹[8]说:"虚证的本质多数是隐潜而散在的改变,而且是在采用先进而敏感的检测方法才能反映出来的。"

2. 中风病病因积累学说 [9]

认为机体的发病,是各种内外病因不断积累的结果,这种积累,既有数量的累积增多,也有性质上的渐移嬗变。中风病作为临床疑难病证之一,起病虽急,但却是漫长的各种内外病因不断作用于人体,形成病因积累的结果,这一潜在的病理过程,正是病因积累到一定程度,导致"天人不应"的过程。中风病发病便是这种病因积累之极的、暴发式的、最集中、最突出表现。关于病因积累,大致可归纳为以下三个方面的内容:即时间上的长期性、数量上的累积性和性质上的质变性。

3. 中风病正衰积损学说 [10]

该学说渊源于《景岳全书·非风》:"卒倒多由昏愦,本皆内伤积损颓败而然。"。认为正衰积损是中风病发病的基本病理基础。强调了在中风病病机演变过程中,诸端致病因素,非衰不生,无虚火难炽、风难亢、痰难生、气难滞、血难瘀;在正衰积损产生过程中,增龄致衰和积因致损互相影响。并认为正衰积损具有渐进性、长期性、加速性和突变性四大特征;积因致损具有七情致损、饮食致损、过劳致损、过逸致损和六淫致损等多种类型。

4. 痰瘀互阻学说 [11]

认为痰瘀互阻或痰瘀痹阻是缺血性中风恢复期主要病机。朱丹溪在《明医杂著》中云:"古人论中风、偏枯、麻木酸痛不举诸证,以死血、痰饮而言。"《本草新编》说:"中风未有不成瘀痰者也。"这些论述,无不强调了痰浊和瘀血在中风发病中的地位。从中风的全部病变过程中来

看,致病因素有虚、火、风、痰、气、血六端,此六端因素,在中风病机演变过程中,随着正气的盛衰、邪气的消长和治疗的影响,在急性期过后,其病情可出现多种转归,或由深出浅,表现为邪渐消、正日复而病向愈。或由轻渐重,表现为风邪横窜经络,每每结痰夹瘀,或邪遏气燔经,凝津成痰,灼血致瘀,病进虚而难复,不仅痰瘀不化,且又易生痰瘀。痰瘀一旦产生,每每互相胶结阻气遏血,故痰瘀互阻是缺血性中风恢复期的主要病机。丁元庆等[12]认为,痰瘀痹阻可贯穿于中风病之全过程,但在早期尤为突出。可存在于发病之前,但在发病后有一个逐渐加重的过程,强调它既是原发性证候,同时也是痰热腑实证、风痰上扰证、痰湿或痰热蒙塞心神证向气虚血瘀证、阴虚风动证或气阴两虚证转化的中间证候。亦即痰瘀痹阻证是中风病机进退转化的过渡性证候。

5. 中风毒邪论 [13]

"毒者,邪气蕴结不解之谓"。《金匮要略心典》,认为中风病在病机演变中,诸多病理因素如风、火、痰、瘀等,久留不去,蕴结不解,众邪归一,贻极之余,酿积成毒,是为中风发病和病机的基本点,这个基本点,贯穿于病程的始终。毒的致病特性除具有[29]依附性、酷烈性、从化性、秽浊性外,尚有骤发性、广泛性、选择性共7大特性,因而毒邪为病,发病急骤,病症多端,变化迅速,异象纷呈,病情沉疴。中风病过程中常见的毒邪有:热毒:亦可称为火毒。由火热之邪或以火热之邪为主结聚而成,兼有火热和毒邪的致病特性,以热极生风、热迫血溢、热毒攻心、热毒犯脑为主要特征。易在阴虚阳亢体质中产生,故中风病以热毒为多见,尤见于中风病先兆期和急性期。痰毒:由痰浊久积而成,兼有痰和毒的两种致病特性,以痰蒙神窍、毒邪攻心、阻滞经络、持续昏蒙、舌苔黄垢而腻为主要特征,多见于恢复期。瘀毒:由瘀血日久蕴结而成,兼有瘀和毒的两种致病特性,以毒滞脉络而现神志改变、病久不愈、疼痛麻木、舌质黯淡且有瘀点瘀斑为临床特征,多见于恢复期和后遗症期。寒毒:多见于阳虚体质、无火热之邪或火热之邪不甚的情况下,由气滞、血瘀、痰凝、水饮等日久从化而成,兼有寒和毒的两种致病特性,以寒伤阳气、毒滞脉络、嗜睡目呆、小便自遗或少尿无尿、持续浮肿等为主要特征。因寒凝血瘀,故寒毒每每与瘀并见而症状相似,多见于恢复期和后遗症期,尤以后遗症期为主。

6. 瘀血阻络学说

姜春华等[14]从微观辨证角度提出,无论是缺血性中风还是出血性中风,都有微观"血瘀证"。钱振淮[15]认为无论缺血性中风或出血性中风,都有瘀血阻络或脑腑,无

论肾虚、肝郁、脾虚，最终必然导致痰、火、瘀血，或瘀血阻滞经络，甚则上蒙清窍。从现代医学角度看，缺血性中风属于血管内"瘀血"，出血性中风所出之血在脑内瘀积形成血肿，属于"积血"、"蓄血"，仍为瘀血[7]。对于出血性中风的"离经之血为血瘀"，往往"出血量越大，血瘀程度也就越重"[16]。屈振廷[17]认为中风发病源于内风，内风所生因于血瘀，强调血瘀生风。王志坦[18]断言中风的主要病机是瘀血内阻于脑，这种具体化的认识，有别于一般化的"蒙蔽清窍"。以上论述从不同的侧面，强调了血瘀在本病中的发病地位，证实了血瘀是中风的本质[19]。正是瘀血阻滞，血脉不通，脑脉痹阻，才导致中风诸症。

7. 形神失调学说[20]

形即形质，神即神明，包括神气和神志两部分，形者神之体，神者神之用，形神关系体现着物质与精神、生理与心理、脏腑结构与功能的关系。只有形质失调导致神明失调，或在形质失调的基础上，加之多种病因导致神明失调，使神明失去"总统"作用，才可导致中风病的发生。认为形神失调既是中风病的基本病因，又是中风病的基本病机。

8. 其他发病学说

李瑛[21]认为气机失调贯穿于中风病的整个过程，气机升降逆乱是中风证发病的主要病机。骆丰[22]认为瘀水互结是急性中风的病机核心。崔向宁[23]认为气机逆乱、瘀血、痰饮、水浊交互为患是急性中风的病理特点。虢周科[24]认为脑出血的主要原因是阴阳气血失常，痰湿内盛，而致气血逆乱，肝阳扰动，痰湿上犯，脑髓受损以及瘀血、水饮、痰浊积聚于脑，形成脑髓受压，阳气受伤。陶凯[25]认为出血性中风病机多变，但瘀热占了重要地位，其病机特点是：多瘀、多热，多由情志、烦劳而诱发。周慎[26]认为初期以痰火风波为主，中经络者以痰瘀风多见，中脏腑以痰火风多见，后期则以虚瘀为主。

从临床实际来讲，中风病是因虚而渐生，因实而卒中，初病不显虚，病进虚实参，后期主为虚，最终形成虚实夹杂、正虚络痹[27]的复杂病机。

总之，对中风的认识，古往今来，经历了由外风到内风，由外感到内伤的漫长过程，目前正由重痰时代、重瘀时代、重痰瘀时代向中风毒邪论方向发展，逐渐形成了中风以虚为本，风、火、痰、瘀、毒众邪为害的病机认识，丰富了中风病的发生学。

对中风的发生发展，可以概括为：病因积累加正衰积损加诸邪丛生（风、痰、火、瘀、毒），加气血逆乱等于脑脉痹阻或血溢脑脉之外等于中风病（虚者渐生，虚到一定程度形成脱证；邪者渐聚，聚到一定程度，或碍心神，闭脑窍而为闭证；或阻经络而为中经络证）等

于正虚络痹。

病机特点：中风病急性期多以标实表现为突出，而本虚的现象可能会暂时被严重的标象所掩盖，但一旦急性期过后，"虚"象就会逐渐显露出来，中风后遗症患者多有虚证，即是明证[7]。诚如刘正才[28]所言："脑卒中是本实恶化和标实激化的结果，这个本虚不可能在卒中后短短的急性期和恢复期得到解决，才留下了后遗症。"

（收稿日期：2003-10-27）

参考文献：

[1] 许沛虎.中医脑病学[M].北京：中国医药科技出版社，1998：362，642.

[2] 赵明伦.脑血管病的抢救与康复[M].北京：人民卫生出版社，1997：40.

[3] 常富业.化瘀通络汤治疗缺血性中风恢复期的研究[J].山东中医药大学学报，1998，22（6）：432.

[4] 陈邦森.脑血管疾病[M].北京：人民卫生出版社，1991：112.

[5] 李七一.周仲瑛教授论五脏痰瘀[J].北京中医，1996，（3）：7.

[6] 王进，杨奇斌.补肾活血法在脑血管病中的应用概况[J].山西中医，1997，13（5）：45.

[7] 刘志龙.中风病机探讨—665例中风患者临床资料分析[J].湖南中医学院学报，1995，15（3）：16.

[8] 沈自尹.微观辨证与辨证微观化[J].中医杂志，1986，27（2）：55.

[9] 常富业.浅谈中风病病因积累学说[J].辽宁中医杂志，2003，30（1）：12.

[10] 常富业.浅谈中风病正衰积损学说[J].山东中医药大学学报，2002，21（4）：195.

[11] 常富业.化瘀通络汤治疗缺血性中风恢复期的研究[J].山东中医药大学学报，1998，22（6）：432.

[12] 丁元庆，宋代波.中风病痰瘀痹阻证治探讨[J].辽宁中医杂志，1996，23（6）：255.

[13] 常富业，邵海毅，薛幼彬.脑宁康防治中风病先兆证的临床研究[J].山东中医药大学学报，2002，26（1）：29.

[14] 姜春华，等.活血化瘀研究新编[M].上海：上海医科大学出版社，1990：147.

[15] 钱振淮.急性脑血管病的中西医结合诊治[J].中西医结合杂志，1987，7（8）：491.

[16] 原生隆.活血化瘀法在脑血管意外疾病中的应用[J].辽宁中医杂志，1981，5（12）：31.

[17] 屈振廷.血瘀生风理论初探[J].湖南中医杂志，1997，13（5）：6.

[18] 王志坦.对中风病机的探讨[J].成都中医药大学学报，1995，18（3）：13.

[19] 李蔚生.活血化瘀治疗中风280例[J].上海中医药杂志，1984，（11）：151.

[20] 任志云.形神失调与中风病[J].山东中医杂志，2000，19（5）：263.

[21] 李瑛.调理气机是中风病的重要治法[J].山东中医学院学报，1991，15（3）：48.

[22] 骆丰.邵念方治疗中风病经验[J].山东中医杂志，1998，17（2）：77.

[23] 崔向宁.活血利水通脉饮治疗中风的研究[J].山东中医药大学学报，1997，21（1）：37.

[24] 虢周科.脑出血的病因病机及辨证论治规律探讨[J].陕西中医，1992，（11）：496.

[25] 陶凯 . 辨证论治疗急性出血性中风 43 例报告 [J]. 中医杂志，1987，（11）：32.

[26] 周慎 . 中医药治疗脑血栓形成的临床述评 [J]. 湖南中医药杂志，1992，（2）：44.

[27] 邱幸凡 . 从 "正虚络瘀" 治疗中风偏瘫的体会 [J]. 湖北中医杂志，1997，19（5）：3.

[28] 刘正才 . 脑血管病的治疗 [J]. 中西医结合杂志，1990，10（6）：327.

附录 4

《北京中医药大学学报》2004 年 5 月第 27 卷第 3 期

清开灵有效组分对缺血脑组织神经营养因子含量的影响

钟相根[1]，李澎涛[1]，王永炎[2]

（1. 北京中医药大学，北京 100029；2. 中国中医研究院，北京 100700）

摘要：目的 观察清开灵有效组分对缺血不同时段脑组织神经生长因子（NGF）、碱性成纤维细胞生长因子（bFGF）、脑源性神经营养因子（BDNF）含量的影响，以期从神经营养因子环节探讨清开灵有效组分抗脑缺血损伤的机制。**方法** 参照 Longa 法复制脑缺血模型，清开灵有效组分干预，酶联免疫吸附实验（ELISA）法测定脑组织 NGF、bFGF、BDNF 含量。**结果** 脑缺血 12 小时和 24 小时，模型组脑组织神经营养因子含量反应性增加。脑缺血 12 小时和 24 小时栀子苷组、珍珠母水解液组脑组织 NGF 含量显著降低，脑缺血 12 小时胆酸组脑组织 NGF 含量显著升高；脑缺血 24 小时胆酸组脑组织 bFGF 含量显著降低，其余各用药组脑组织 bFGF 含量均增加；脑缺血 12 小时和 24 小时，各用药组脑组织 BDNF 含量均降低。**结论** 清开灵有效组分对脑缺血损伤神经元的保护作用中，促进星形胶质细胞等产生 bFGF 是其主要途径。

关键词： 清开灵；脑缺血；神经营养因子；神经生长因子；碱性成纤维细胞生长因子；脑源性神经营养因子

中图分类号： R285.5

Influence of the Effective Fractions of Qingkailing on the Levels of Neurotrophic Factors in the Brain of the Rat with Cerebral Ischemia

ZHONG Xianggen（钟相根），LI Pengtao（李澎涛），WANG Yongyan（王永炎）

（Beijing University of Traditional Chinese Medicine，Beijing 100029）

Abstract：Objective To observe the effects of the effective fractions of Qingkailing（EFQs）on the levels of NGF，bFGF and BDNF at different intervals in the rat brain undergoing ischemia，in order to find the mechanism of EFQs against cerebral ischemic injury on the basis of neurotrophic factors. Methods The Longa' s procedure was used to induce cerebral ischemia in the rat，and EFQs were given to the model for intervention，and ELLSA was used to detect the levels of NGF，bFGF and BDNF in the brain of the model rats. Results The levels of the mentioned neurotrophic fictors were reactively increased at the 12th hour and 24th hour，respectively during the cerebral ischemia in the model group；the level of NGF was markedly decreased at the 12th hour and 24th hour，respectively in both the geniposide group and the Concha Margaritifera Usta group；the level of NGF was markedly increased at the 12th hour in the cholic acid group；the level of bFGF was markedly decreased at the 24th hour again in the cholic acid group while it was increased in all other groups；and the level of BDNF was decreased at the 12th hour and 24th hour in all the EFQs-treating groups. Conclusion Promotion of the production of bFGF by the astrocytes is the main mechanism of EFQs in protecting neurons from being injured by cerebral ischemia.

Key words：qingkailing；cerebral ischemia；neurotrophic factor；NGF；bFGF；BDNF

神经营养因子（NTF）是一组对神经组织起特殊营养作用的蛋白质或多肽分子。迄今为止，已发现的 NTF 主要包括神经营养素家族、睫状神经营养因子家族、胶质细胞源性神经营养因子家族、成纤维细胞生长因子家族等 20 余种。NTF 不仅在中枢神经系统发育过程中，对神经元的生存、分化、生长起重要作用，而且亦为成熟的中枢和周围神经系统的神经元维持生存及执行正常的生理功能所必需。近年的研究结果表明，NTF 在脑缺血及再灌注后神经元损伤和修复过程中有重要作用。通过外源性补充及基因敲除等方法证实了它们的神经保护作用。本文观察了清开灵有效组分对缺血不同时段脑组织神经生长因子（nerve growth factor，NGF）、碱性成纤维细胞生长因子（basic fibroblast growth factor，bFGF）、脑源性神经营养因子（brain-derived neurotrophic factor，BDNF）含量的影响，以期从神经营养因子环节探讨清开灵有效组分抗脑缺血损伤的机制。

1. 材料与方法

1.1　动物及分组

健康清洁级 SD 大鼠，雄性，体重（330±20）g，购自北京维通利华实验动物公司。取造模成功的大鼠，随机分成 6 组：模型组、黄芩苷组、栀子苷组、胆酸组、珍珠母水解液组、合方组，另设假手术组。

1.2　主要仪器

SXP-1B 型手术显微镜（上海医用光学仪器厂）；1411 型高频小电刀（上海医疗器械技术公司）；AE160 型电子分析天平（瑞士 Mettler 公司）；DY89-1 型自动玻璃匀浆机（宁波新芝生物科技股份有限公司）；DDL-5 型低温离心机（上海安亭科学仪器厂）；SPECOTRAL 型酶标比色仪（奥地利）。

1.3　模型制作方法

参照 Longa 法[1]以 10% 的水合氯醛（3.5ml/kg）腹腔注射麻醉大鼠。颈前术区脱毛、消毒。颈部正中切口长约 3cm，逐层分离，暴露左侧颈总动脉。沿颈外动脉依次分离其分支：枕动脉、甲状腺上动脉，使用电刀凝闭。使用 5-0 的缝合线结扎颈外动脉远心端，结扎处剪断颈外动脉使其残端游离。颈内动脉游离至与翼颚动脉的分叉处。一个动脉夹夹闭翼颚动脉起始端，另一个夹闭颈总动脉。用眼科剪在颈外动脉残端做楔形切口，置入钓鱼线（直径 0.25mm，头端加热呈直径约 0.3mm 的圆球形），插入约 18 ～ 20mm（距颈总动脉分叉处），有阻挡感，表明已插至大脑前动脉起始端，阻断了大脑中动脉血流。用缝合线结扎颈外动脉残端固定鱼线，松开动脉夹。术区局部使用青霉素粉少许，逐层缝合切口。假手术对照组不插入钓鱼线，其他步骤同手术组。该模型成功的标志为大鼠苏醒后出现同侧 Horner 征和对侧以前肢为重的偏瘫。

1.4　给药方式及途径

参照本课题组以往方法[2]，采取腹腔注射方式给药。除假手术组外，其余各组造模前 1 小时均预防性给药 1 次。各给药组分别给药 3ml/kg，其中合方组为各有效组分等比配伍而成（黄芩苷、栀子苷、胆酸、珍珠母水解液、合方注射液均为课题组制剂）。上述给药均用生理盐水稀释至 9ml/kg，间隔 4 小时第 2 次给药。2 次给药后 12 小时第 3 次给药。模型组腹腔注射生理盐水 9ml/kg。

1.5　取材及测定

10% 水合氯醛（3.5ml/kg）腹腔麻醉，断头，在冰盘上迅速修取缺血侧大脑中动脉供血区脑组织，称重后加入冰生理盐水，在 0 ～ 4℃ 条件下进行匀浆，取匀浆液在恒温下进行离心（10 000r/min，15min，4℃），取上清液 –20℃ 保存待测。用 ELISA 法测定，操作严格按试剂盒说明书步骤进行。

1.6　统计分析

采用 t 检验的方法进行统计学分析，数据均以 $\bar{x}\pm s$ 表示。

2. 结果

2.1　清开灵有效组分对缺血脑组织 NGF 含量的影响

脑缺血 12 小时和 24 小时，模型组脑组织 NGF 含量具有增高趋势，但与假手术组比较 $p > 0.05$，差异无显著统计学意义。脑缺血 12 小时各用药组分析显示，胆酸组 NGF 含量高于假手术组和模型组，其与假手术组及模型组的差异极显著，$p < 0.01$；黄芩苷组及合方组 NGF 含量与假手术组比较，$p < 0.05$，呈显著增高，但与模型组比较，$p > 0.05$，差异无显著统计学意义。但是，栀子苷组、珍珠母水解液组 NGF 含量显著低于模型组，$p < 0.05$ 和 $p < 0.01$。脑缺血 24 小时各用药组 NGF 含量均呈降低状态，其中，栀子苷组和珍珠母水解液组最为显著，与假手术组及模型组比较，其降低趋势有显著统计学差异，$p < 0.05$ 和 $p < 0.01$。结果见表 1、表 2。

表 1　清开灵有效组分对脑缺血 12 小时脑组织 NGF、bFGF、BDNF 含量的影响（μg/L；$\bar{x} \pm s$）

组别	n	NGF	n	bFGF	n	BDNF
假手术组	7	0.029 ±0.008	6	0.053 ±0.019	7	3.043 ±1.519
模型组	7	0.041 ±0.016	6	0.064 ±0.017	6	3.178 ±1.723
黄芩苷组	7	0.042 ±0.012 #	7	0.065 ±0.018	6	1.380 ±0.256 #*
栀子苷组	6	0.022 ±0.008 *	8	0.092 ±0.015 ##**	8	1.052 ±0.169 ###**
胆酸组	6	0.078 ±0.020 ##**	7	0.143 ±0.025 ###**	8	2.518 ±0.779
珍珠母水解液组	6	0.019 ±0.007 #**	6	0.088 ±0.025 #	6	1.218 ±0.379 #*
合方组	7	0.063 ±0.028 #	7	0.189 ±0.022 ###**	6	2.839 ±0.976

注：与假手术组比较，#. $p < 0.05$；##. $p < 0.01$；与模型组比较，*. $p < 0.05$；**$p < 0.01$。

表 2　清开灵有效组分对脑缺血 24 小时脑组织 NGF、bFGF、BDNF 含量的影响（μg/L；$\bar{x} \pm s$）

组别	n	NGF	n	bFGF	n	BDNF
假手术组	6	0.067 ±0.022	6	0.119 ±0.064	7	0.829 ±0.071
模型组	6	0.091 ±0.032	6	0.599 ±0.229 ##	7	1.286 ±0.238 ##
黄芩苷组	6	0.063 ±0.020	7	0.750 ±0.150 ##	6	0.923 ±0.222 *
栀子苷组	9	0.045 ±0.009 #**	6	0.843 ±0.294 ##	9	0.677 ±0.085 ###**
胆酸组	7	0.076 ±0.017	6	0.127 ±0.059 **	7	0.851 ±0.189 **
珍珠母水解液组	8	0.038 ±0.012 ###**	7	0.905 ±0.164 ###**	8	0.769 ±0.153 **
合方组	6	0.063 ±0.025	7	0.999 ±0.136 ###**	6	1.124 ±0.403

注：与假手术组比较，#. $p < 0.05$；##. $p < 0.01$；与模型组比较，*. $p < 0.05$；**$p < 0.01$。

2.2　清开灵有效组分对缺血脑组织 bFGF 含量的影响

脑缺血 12 小时和 24 小时，模型组脑组织 bFGF 含量增加，于 24 小时时呈现出与假手术组有显著统计学意义的差别，$p < 0.01$。脑缺血 12 小时，除黄芩苷组外，各用药组脑组织 bFGF 含量均呈有显著统计学意义的增加，与假手术组及模型组比较，$p < 0.01$ 或 $p < 0.05$，以胆酸组与合方组增加的绝对值最大。脑缺血 24 小时，胆酸组脑组织 bFGF 含量与假手术组无显著差异，$p > 0.05$，其余各用药组脑组织 bFGF 含量均显著增加，与假手术组比较，$p < 0.01$，而珍珠母水解液组及合方组 bFGF 含量又显著高于模型组，其差异具有显著统计学意义，$p < 0.05$ 和 $p < 0.01$。结果见表 1、表 2。

2.3　清开灵有效组分对缺血脑组织 BDNF 含量的影响

模型组脑组织 BDNF 含量在缺血 12 小时即呈增加趋势，至缺血 24 小时，与假手术组比较，其增高具有极显著的统计学意义，$p < 0.01$。在缺血 12 小时时段，栀子苷、珍珠母水解液、及黄芩苷组脑组织 BDNF 含量呈显著降低，与假手术组及模型组比较，均 $p < 0.01$ 和 $p < 0.05$；胆酸及合方组与模型组、假手术组的差异无显著统计学意义，$p > 0.05$。缺血 24 小时，除合方组外，余各用药组脑组织

BDNF 含量均显著低于模型组，$p < 0.01$ 或 $p < 0.05$。该结果与药物对 NGF 含量的影响具有趋同性。结果见表 1、表 2。

3. 讨论

3.1　清开灵有效组分对 NGF 含量影响的特征分析

研究证实，NGF 的营养谱比较广泛，包括基底节胆碱能神经元、海马和皮层的神经元。给予外源性的 NGF 预防因脑缺血导致的海马和皮层神经元的变性坏死，并能缓解兴奋毒性所致的神经元损伤。有学者[3]用 NGF 转基因鼠进行研究，发现短暂大脑中动脉（MCA）闭塞后，大鼠皮质和海马神经元坏死和凋亡均明显减少。脑内 NGF 主要来源于神经元，其次是胶质细胞。当脑缺血或出血等损伤发生时，在早期 NGF 即反应性表达，意在对神经元发挥保护作用。本实验结果显示，脑缺血后模型组呈现了针对损伤的反应性表达增加趋势。而用药各组出现了不同的反应状况，其中栀子苷、珍珠母水解液组脑组织 NGF 含量最低，且低于模型组。黄芩苷、合方组与模型组相近，胆酸组显著高于模型组。结合星形胶质细胞的 bFGF 的表达特征，可以认为栀子苷、珍珠母水解液的作用环节主要在神经元，而胆酸的作用可能主要在胶质细胞反应环节，其缺血 12 小时脑组织的高 NGF 含量与促进星形胶质细胞的 NGF 合成

有关，这种作用主要表现在脑损伤的早期。黄芩苷未显示出对这两个环节的有益效应。而这样的作用配伍则形成了合方组脑组织 NGF 含量的表达状态。这种结果显示，清开灵各有效组分及组分合方均具有稳定缺血损伤神经元代谢功能的作用，这种作用使受损神经元代谢合成处于低水平状态，有利于神经元在缺血缺氧的环境中获得存活。

3.2 清开灵有效组分对 bFGF 含量影响的特征分析

bFGF 产生于各种组织细胞，一般认为脑组织内 bFGF 主要产生于星形胶质细胞，神经元、血管内皮细胞亦有分泌。Lin 等[4] 报道，暂时性局部脑缺血大鼠，缺血后 1 小时，bFGF mRNA 开始表达，12 小时后梗死区和梗死周边区 bFGF mRNA 显著表达，分布于包括神经元在内的多种细胞。本实验结果亦显示脑缺血 12 小时、24 小时，脑组织 bFGF 含量均升高。bFGF 无论在体内体外，均有肯定的神经营养活性。在损伤早期，给予外源性 bFGF 可以明显提高受损部位周围脑组织存活神经元数目，对临床有重要意义[5]。体内实验亦显示 bFGF 能促进受损神经元存活、修复或再生[6,7]。

在缺血 12 小时时段，虽然栀子苷组 bFGF 含量呈显著增加，而从合方组 bFGF 含量增加的绝对值来看，胆酸对于脑缺血后脑组织 bFGF 的产生发挥了决定性促进作用。延至缺血 24 小时，珍珠母水解液组、合方组脑组织 bFGF 含量虽仍高于模型组，但从绝对值倍数来说呈减弱趋势，而胆酸组 bFGF 含量已接近假手术组，可能与星形胶质细胞反应的时段性有关。

3.3 清开灵有效组分对 BDNF 含量影响的特征分析

BDNF 主要产生于中枢神经系统的神经元，近年来研究发现，星形胶质细胞等神经细胞亦可产生，是一个分布广泛的神经营养因子。在缺血情况下 BDNF 及其受体 trkB 表达均增加[8]。可以通过诱导钙结合蛋白表达，从而稳定了细胞内 Ca^{2+} 浓度[9]。BDNF 可以下调 NMDA 受体功能，从而抑制了谷氨酸的毒性[10]。BDNF 可以对抗 NO 供体的细胞毒，从而保护神经元免受损伤[11]。另外，BDNF 可以调节自由基代谢，增加超氧化物歧化酶和谷胱甘肽过氧化物酶等在神经元内的含量，使自由基积聚减少，从而保护神经元免受自由基的攻击[9]。本实验结果显示，脑缺血后脑组织 BDNF 含量增加，但用药发现，栀子苷、珍珠母水解液、黄芩苷显著降低脑缺血后脑组织 BDNF 的含量，合

方用药也未显示促进 BDNF 含量增加的作用。这一结果与脑组织 NGF 含量的用药结果具有相似性，进一步表明了清开灵有效组分对缺血损伤神经元代谢的稳定作用，这对于在低氧环境下神经元的存活有重要生物学意义。

综上可见，清开灵有效组分对脑缺血损伤神经元的保护作用中，促进星形胶质细胞等产生 bFGF 是其主要途径，以缺血组织神经元产生 NGF、BDNF 的神经保护作用可能不是其有效机制。在前者的作用中胆酸的生物效应居主导地位。但栀子苷、珍珠母水解液可能发挥了稳定受损神经元功能，降低代谢合成水平而增强神经元抵御缺氧能力的作用。

参考文献：

[1] Longa E Z, Weistein P R, Carlson S, et al. Reversible middle cerebral artery occlusion without craniectomy in rats. Stroke, 1989, （20）: 84.

[2] 李传云，潘彦舒，贾旭，等 . 黄芩、栀子配伍对大鼠局灶性脑缺血再灌注模型缺血级联反应的影响 . 北京中医药大学学报，2002，25 （6）: 31-34.

[3] Guegan C, Ceballos Picot I, chevalier E, et al. Reduction of ischemic damage in NGF-transgenic mice; correlation with enhancement of antioxidant enzyme activities. Neurobiol Dis, 1999, 6（3）: 180-189.

[4] Lin T N, Te J, Lee M, et al. Induction of basic fibroblast growth factor expression following focal cerebral ischemia. Brain Res Mol Brain Res, 1997, 49（1～2）: 255-265.

[5] Wagner J P, Black I B, DiCicco-Bloom E. Stimulation of neonatal and adult brain neurogenesis by subcutaneous injection of basic fibroblast growth factor. Neurosci, 1999, 19（4）: 6006-6016.

[6] Toh V, Rajadurai V S. Term infants with hypoxic ischemic encephalopathy; poor neurodevelopmental outcome despite standard neonatal intensive care. J. Trop Pediatr, 1999, 45（4）: 229-232.

[7] Flores C, Stewart J. Basic fibroblast growth factor as a mediator of the effects of glutamate in the development of long-lasting sensitization to stimulant drug: studies in the rat. Psychopharmacology, 2000, 151 （2-3）: 152-165.

[8] Tsukahara T, Yonekawa Y, Tanaka K. The Role of Brain Derived Neurotrophic Factor in Transient Forebrain Ischemia in the Rat Brain. Neurosurgery, 1994, 34（2）: 323.

[9] Bin Cheng, Mark P. NT-3 and BDNF Protect CNS Neurons against Metabolic/Excitotoxic Insults. Brain Research, 1994, 640: 56.

[10] Tremblay R, Hewitt K, Lesiuk H, et al. Evidence That BDNF Neuroprotection Is Linked to Its Ability to Reverse the NMDAinduced Inactivation of Protein Kinase C in Cortical Neurons. Neurochem, 1999, 72（1）: 102.

[11] Lindvall O, Kokaia Z, Bengzen J, et al. Neurotrophins and Brain Insults. Trends Neurons Ci, 1994, （17）: 490.

（收稿日期：2004-01-05）

附录 5

《中国医药学报》2004 年第 19 卷第 6 期

清开灵有效组分对大鼠缺血脑组织星形胶质细胞活化的影响

钟相根[1]，李澎涛[1]，王永炎[2]，贾　旭[1]

（1. 北京中医药大学，北京 100029；2. 中国中医研究院，北京 100700）

摘要：探讨清开灵有效组分对大鼠缺血脑组织星形胶质细胞活化的影响。**方法**：参照 Longa 法复制大鼠脑缺血模型，清开灵有效组分干预，免疫组化分析缺血脑组织胶质纤维酸性蛋白（GFAP）、酸性钙结合蛋白（S-100β）表达的组间与时效特征。**结果**：脑缺血后 GFAP、S-100β 表达增强。用药可增强缺血 12 小时 GFAP、S-100β 的表达，促进星形胶质细胞的激活，对受损神经元发挥保护作用；至缺血 24 小时，除珍珠母水解液组外，其余用药组促进 GFAP、S-100β 表达的作用减弱。**结论**：清开灵有效组分促进星形胶质细胞活化的作用具有明显时效性和相对特异性，黄芩苷、栀子苷的作用在于促进星形胶质细胞的反应性增生，而胆酸、珍珠母水解液则表现为对星形胶质细胞功能活化的促进作用。

关键词：清开灵；有效组分；脑缺血；星形胶质细胞；GFAP；S-100β；动物实验研究

星形胶质细胞与神经元联系密切，脑缺血损伤后所激发的星形胶质细胞反应已远远超出了对神经元的营养支持和清除变性坏死组织的作用；它伴发着复杂的分子生物学变化，在脑缺血区的早期变化可增强神经元对低糖和缺氧的耐受性，并且通过调节细胞外液 K^+ 浓度和摄取谷氨酸以及表达神经营养因子对缺血性神经元有明显的保护作用[1]。损害因素导致星形胶质细胞的激活，主要包括形态学改变、数量增加、位置改变以及相关蛋白质的表达等几方面。胶质纤维酸性蛋白（glial fibrillary acidic protein，GFAP）是星形胶质细胞（Ast）微丝的结构蛋白，在反应性星形胶质细胞其含量显著增加。S-100β 是星形胶质细胞胞浆内的钙结合蛋白，可调节星形胶质细胞的形态和代谢[2]，GFAP 和 S-100β 蛋白质在急性脑缺血时显著表达。笔者采用免疫组织化学方法，探讨清开灵有效组分对星形胶质细胞活化的影响，目的在于寻找在此环节发挥作用的清开灵组分配伍特征。

1. 材料与方法

1.1　实验动物及分组

健康清洁级 SD 大鼠，雄性，体重（330±20）g，北京维通利华实验动物公司，动物合格证号：SCXK（京）2002-2003。取造模成功的大鼠，随机分成模型对照组 5 只，

黄芩苷组 5 只，栀子苷组 5 只，胆酸组 5 只，珍珠母水解液组 5 只，合方组 5 只，另设假手术对照组 5 只。

1.2　动物模型

参照 Longa 法[3] 以 10% 的水合氯醛（0.35ml/100g）腹腔注射麻醉大鼠。颈前术区剪毛、消毒。颈部正中切口长约 3cm，逐层分离，暴露左侧颈总动脉。沿颈外动脉依次分离枕动脉、甲状腺上动脉，电刀凝闭。使用 5-0 的缝合线结扎颈外动脉远心端，结扎处剪断颈外动脉使其残端游离。颈内动脉游离至与翼颚动脉的分叉处。一个动脉夹夹闭翼颚动脉起始端，另一个夹闭颈总动脉。用眼科剪在颈外动脉残端做楔形切口，置入钓鱼线（直径 0.25mm，头端加热呈直径约 0.3mm 的圆球形），插入约 18～20mm（距颈总动脉分叉处），有阻挡感，表明已插至大脑前动脉起始端，阻断了大脑中动脉血流。用缝合线结扎颈外动脉残端固定鱼线，松开动脉夹。术区局部使用青霉素粉少许，逐层缝合切口。假手术对照组不插入钓鱼线，其他步骤同手术组。该模型成功的标志为大鼠苏醒后出现同侧 Horner 征和对侧以前肢为重的偏瘫。

1.3　给药方式及途径

采取腹腔注射方式给药。除假手术对照组外，其余各组造模前 1 小时均预防性给药 1 次。各给药组分别给药

0.3ml/100g，其中合方组为各有效组分等比配伍而成（黄芩苷、栀子苷、胆酸、珍珠母水解液、合方注射液均为课题组制剂）。上述给药均用生理盐水稀释至0.9ml/100g，间隔4小时第2次给药。缺血24小时，第2次给药后12小时第3次给药。模型对照组腹腔注射生理盐水0.9ml/100g。取造模成功的大鼠纳入观察。

1.4 取材处理

缺血后，在麻醉下开胸，用0.9%生理盐水200ml经左心室快速冲洗，继用4%多聚甲醛（0.01mol/LPBS配制，pH值为7.4）400ml灌流固定。取脑后置入4%多聚甲醛内后固定6小时。在脑缺血区进行冠状切片，片厚5μm，隔5取1贴于载玻片上，进行免疫组化反应。

1.5 免疫组化反应（SP法）

石蜡切片，常规脱蜡至水，用0.01mol/LTBS洗3次，入0.3%H_2O_2，室温20min，TBS洗3次，滴加山羊血清，室温40min，之后分别滴加抗大鼠多克隆抗体GFAP（1：400）和S-100β（1：200），置于湿盒内4℃，过夜；滴加二抗，室温40min，滴加三抗，室温60min；DAB显色。各步骤之间用0.01mol/LTBS洗3次，每次5min。阴性对照实验用TBS代替一抗，其余步骤相同。显色之后，脱水、透明和封片。

1.6 图像分析与统计

在相同的光亮强度和20倍物镜下，每张切片取3个视野，采用奔Visilog5.0（Size640×480）图像分析软件，检测光密度。采用t检验的方法进行统计学分析，数据均以$\bar{x}\pm s$表示。

2. 结果

2.1 清开灵有效组分对缺血脑组织GFAP表达的影响

假手术对照组大脑皮层可见少量GFAP染色阳性细胞呈星状，突起明显。脑缺血12小时和24小时，模型对照组可见大量的GFAP染色阳性细胞，胞体显著增大，数量增加，突起变长、增粗和增多，主要在缺血半暗区，GFAP表达渐次增强，其光密度值与假手术对照组比较差异显著，$p < 0.05$和$p < 0.01$，呈显著增加。脑缺血12小时各用药组分析显示，各用药组均可见大量的GFAP染色阳性细胞，GFAP表达呈强阳性，与假手术对照组比较差异极显著，$p < 0.01$。其中黄芩苷、栀子苷组GFAP表达增加最显著，与模型对照组比较差异显著，分别为$p < 0.01$和$p < 0.05$。而胆酸、珍珠母水解液及合方组光密度值与模型对照组比较无显著差异，$p > 0.05$。脑缺血24小时，除栀子苷组外，其余各用药组仍可见大量GFAP染色阳性细胞，其光密度值与假手术对照组比较差异显著，$p < 0.01$。栀子苷组可

见少量GFAP染色阳性细胞，GFAP表达的光密度值与假手术对照组比较$p > 0.05$。与模型对照组比较栀子苷、胆酸、黄芩苷组GFAP表达呈减弱状态，其光密度值与模型对照组比较差异显著，$p < 0.01$和$p < 0.05$。而珍珠母水解液、合方组表达的光密度值与模型对照组无显著差异。见表1。

表1 缺血脑组织GFAP表达的组间比较（n=5，光密度值，$\bar{x}\pm s$）

组别	12小时	24小时
假手术对照组	0.146±0.003	0.144±0.002
模型对照组	0.154±0.009 #	0.158±0.005 ##
黄芩苷组	0.166±0.002 ###**	0.151±0.006 ###*
栀子苷组	0.162±0.004 ###*	0.149±0.006 **
胆酸组	0.160±0.008 ##	0.151±0.004 ###*
珍珠母水解液组	0.158±0.006 ##	0.159±0.009 ##
合方组	0.153±0.005 ##	0.155±0.004 ##

注：与假手术对照组比较，#. $p < 0.05$，##. $p < 0.01$；与模型对照组比较，*. $p < 0.05$，**. $p < 0.01$。

2.2 清开灵有效组分对缺血脑组织S-100β表达的影响

假手术对照组可见少量S-100β染色阳性细胞，胞体、突起明显。模型对照组S-100β表达呈轻度阳性，胞体增大，突起变长和增粗，但其形态学变化不如GFAP染色阳性细胞显著，主要在缺血半暗区，渐次增强，缺血24小时光密度值的增高与假手术对照组比较差异显著，$p < 0.05$。脑缺血12小时各用药组分析显示，黄芩苷、栀子苷可见S-100β表达呈轻度阳性，与假手术对照组、模型对照组比较光密度值无显著差异，$p > 0.05$。胆酸、珍珠母水解液、合方组可见大量S-100β阳性细胞，S-100β表达呈强阳性，与假手术对照组、模型对照组比较光密度值差异显著，$p < 0.01$和$p < 0.05$。脑缺血24小时各用药组除胆酸外均可见S-100β表达呈中度阳性，与假手术对照组比较光密度值差异显著，$p < 0.01$或$p < 0.05$。但与模型对照组比较，只有胆酸组光密度值的下降有显著意义，$p < 0.01$。其余用药组与模型对照组比较，光密度值无显著差异。见表2。

表2 缺血脑组织S-100β表达的组间比较（n=5，光密度值，$\bar{x}\pm s$）

组别	12小时	24小时
假手术对照组	0.165±0.007	0.166±0.004
模型对照组	0.168±0.009	0.177±0.011 #
黄芩苷组	0.172±0.007	0.175±0.005 ##
栀子苷组	0.169±0.006	0.175±0.005 ##
胆酸组	0.176±0.004 ###*	0.162±0.005 **
珍珠母水解液组	0.178±0.010 ###*	0.182±0.005 ##
合方组	0.180±0.012 ###*	0.170±0.004 #

注：与假手术对照组比较，#. $p < 0.05$，##. $p < 0.01$；与模型对照组比较，*. $p < 0.05$，**. $p < 0.01$。

3. 讨论

3.1 清开灵有效组分对缺血脑组织 GFAP 表达的影响

近年来研究表明，中枢神经系统内的胶质细胞参与神经元功能的调节，并在联系和维持神经元生存的微环境中起重要作用。脑缺血缺氧后，胶质细胞异常活跃。GFAP 是 Ast 所独有的细胞骨架蛋白，是 Ast 中主要的中间丝蛋白。由于 Ast 对神经元损害的反应是通过丝蛋白的增生来实现，故 GFAP 可作为研究脑损伤后胶质反应的标志[4]。颈总动脉和椎动脉短暂性阻塞后，GFAP 阳性反应高峰和时间与神经元坏死范围和程度有关，提示轻度缺血后的胶质增生与神经元生存的环境改变密切相关[5]。在脑缺血早期，在梗死毗邻区 GFAPmRNA 和蛋白的表达迅速升高。可见，早期 Ast 的激活在缺血性脑损伤中具有重要作用。

本实验结果显示，脑缺血后模型对照组 GFAP 表达呈强阳性，Ast 针对缺血损伤迅速激活，在脑缺血区发生肥大和增生性变化[6]。激活的 Ast 能合成与分泌多种神经营养因子，缓冲细胞外 K^+ 和代谢多种神经递质，因而活性 Ast 对缺血性损伤神经元发挥保护作用。在缺血 12 小时时段，清开灵有效组分 GFAP 表达较模型对照组增强，均有一定程度的促进 Ast 反应性增生进而保护受损神经元的作用，其中黄芩苷、栀子苷组作用最强，珍珠母水解液未显示明显的促进效应。延至缺血 24 小时，模型对照组 Ast 呈进一步激活，但各用药组 GFAP 表达均较模型对照组减弱，呈现为较早期的促进作用。

3.2 清开灵有效组分对缺血脑组织 S-100β 表达的影响

S-100β 蛋白是酸性钙结合蛋白，在脑组织中，S-100β 主要见于胶质细胞[7,8]，特别是 Ast 合成和分泌，存在于 Ast 的胞浆中。近来研究显示，S-100β 表达上调是 Ast 功能活化的重要标志[9]。S-100β 蛋白具有广泛的生物学活性：①调节蛋白激酶 C 和钙调蛋白的磷酸化及 RNA 的合成，从而调节细胞的能量代谢[10]。②增强 ATP 酶的活性，构成与维持由磷脂构成的细胞膜表面，参与微管、微丝的解聚[11]。③作为细胞内的正常成分参与细胞内外钙离子水平的调节。④具有神经营养作用，神经胶质细胞可以旁分泌和自分泌 S-100β 蛋白，作用于神经元和神经胶质细胞，从而促进神经的生长和损伤的修复。

本实验结果显示，脑缺血后 S-100β 表达渐次增强，缺血损伤激发了 Ast 功能活化，发挥抗脑缺血损伤作用。在缺血 12 小时时段，各用药组 S-100β 表达增强，对脑缺血损伤发挥保护作用。其中胆酸、珍珠母水解液、合方组作用最强。延至缺血 24 小时，与模型对照组比较，用药组 S-100β 表达减弱，也呈现为较早期的促进 Ast 活化反应的作用。

可见，清开灵有效组分对脑缺血后 Ast 活化的促进作用具有时效性，主要表现为对极早期 Ast 活化的影响，随后这种效应消失，反映了其作用的自限性。这种作用形式既促进了早期相关神经营养因子的分泌，发挥对神经元的保护作用，又自限了无限活化的反应性胶质增生对神经再生修复所造成的不利影响。另外，清开灵不同组分对 Ast 的影响具有相对特异性。黄芩苷、栀子苷的作用在于促进 Ast 的反应性增生，而胆酸、珍珠母水解液则表现为对 Ast 功能活化的促进作用。当然，也可能是影响了 Ast 不同的亚型。有研究已证实 Ast 免疫表现型不尽相同[2]，可能具有不同的机能，从而产生了本实验的结果特征。

参考文献：

[1] Kuwabara K，Matsumoto M，Ikeda J，et al. Purification and characterization of a novel stress protein, the 150-Kda oxygen regulated protein（OPR150），from cultured rat astrocytes and its expression in ischemic mouse brain. Biol Chem，1996，271：5025.

[2] Tanaka H，Araki M，Masuzawa T. Reaction of astrocytes in the gerbil hippocampus following transient ischemia：Immunohisto chemical observations with antibodies against glial fibrillary acidic protein, glutamine synthetase and s-100 protein. Exp Neurol，1992，116：264.

[3] Longa E Z，Weistein P R，Carlson S，et al. Reversible middle cerebral artery occlusion without craniectomy in rats. Stroke，1989，20：84.

[4] Jorgensen M B，Finsen B R，Jesen M B，et al. Microglial and astroglial reactions to ischemic and kainic acid-induced lesions of the adult rat hippocampus. Exp Neurol，1993，120（1）：70.

[5] Petito G K，Halaby I A. Relationship between ischemia and ischemic neuronal necrosis to astrocyte expression of glial fibrillary acidic protein. Int JDev Neurosci，1993，11（2）：239.

[6] Rischke R，Krieglstein J. Postischemic neuronal damage causes astroglial activation and increase in local cerebral glucose utilization of rat hippocampus. Cereb Blood Flow Metab，1991，11：106.

[7] Isobe T，Takahashi K，Okyama T，et al. S100αprotein is present in neurons of the central and peripheral nervous system. Neurochem，1984，43：1494.

[8] Kindblom L G，Lodding P，Rosengren L，et al. S-100 protein in melanocytic tumors. Acta Pathol Microbiol Immunol Scand，1984，92：219.

[9] Kretzschmar H，Ironside J，DeArmod S，et al. Diagnostic criteria for sporadic Creutzfeldt-Jakob disease. Arch Neurol，1996，53：913.

[10] Landar A，Caddell G，Cgssher J，et al. Identification of an S100A/S100B target protein, hosphoylucomutase. Cell Calcium，1996，20（2）：279.

[11] Obrien E T，Salmion E D，Erickson H P，et al. How calcium causes microtubule depolyemerization. CellMotilCys-tosk，1997，36（1）：125.

（收稿日期：2004-02-11）

附录 6

《北京中医药大学学报》2004 年 9 月第 27 卷第 5 期

中风络病证治述要

常富业[1]，王永炎[1]，高　颖[2]，杨宝琴[3]

（1. 中国中医研究院博士后流动站，北京 100700；2. 北京中医药大学东直门医院，北京 100700；
3. 首都医科大学中医药学院，北京 100013）

摘要：中风病是临床上的常见病、多发病，按脏腑辨证方法进行诊治，并不能完全满足临床需要。络病辨证方法可作为其有益的补充。中风病自始至终都存在着病络病机，按络病辨证方法诊治中风病，有助于提高临床疗效。认为中风病络病辨证常见的证候有：风窜络脉证、痰阻络脉证、瘀阻络脉证、火扰脑络证、毒滞络脉证、水淫络脉证、络脉气血两虚证等。

关键词：中风病；络病；病机；辨证论治

Brief Discussion on Diagnosis and Treatment of Apoplexy from the Angle of Dealing with Collateral Diseases

CHANG Fuye（常富业），WANG Yongyan（王永炎），GAO Ying（高颖），et al.

（The Postdoctoral Research Station，China Academy of Traditional Chinese Medicine，Beijing 100700）

Abstract：Apoplexy is a commonly-encountered disease and sometimes，its zang-fu diagnosis and treatment can not fully achieve desired clinical efficacy.It seems that the approach of diagnosing and treating collateral diseases can be adopted as a beneficial supplement for dealing with apoplexy.It is found that there exists the pathogenesis of collateral disease in the development of apoplexy，so that using the approach of diagnosing and treating collateral diseases to deal with apoplexy can help to increase the clinical efficacy.The commonly-seen TCM apoplectic syndromes differentiated by this approach are mainly attack of wind to collaterals，obstruction of collaterals by phlegm，obstruction of collaterals by stasis，harassment of cerebral collaterals by fire，detention of toxin in collaterals，attack of water to collaterals，and deficiency of both qi and blood of collaterals.

Key words：apoplexy；collateral disease；TCM syndrome differentiation；differentiation and treatment of TCM syndromes

中图分类号：R255.2

中风病是临床上的常见病、多发病，具有发病、死亡、致残、复发率高的特点。目前按脏腑辨证方法一般将其分为中脏腑与中经络及其相应的证候，并不能完全满足临床之需。中风病位在脑，凡五脏精华之血，六腑清阳之气，皆可上注于头；不少正经、奇经等经络上注于头，因而脑内气血之丰、络脉宏富。按照络脉、络病与病络的病机认识[1,2]，审察中风病的全病程，可以看出，中风病自始至终都存在着病络病机，按络病辨证方法诊治中风病，有助于提高临床疗效。

1. 风窜络脉证

目前认为中风病多是在内伤积损的基础上，复因劳逸失度、情志不遂、饮酒饱食或外邪侵袭等引起脏腑阴阳失调，血随气逆，肝阳暴张，内风旋动，夹痰夹火，横窜经脉，蒙蔽神窍从而发生猝然昏仆、半身不遂的一类疾病。其基本的病理因素之一是风邪内动。此风源于肝，动于肝，并沿肝经肆扰他脏于里；由于风为阳邪，气郁而成大块噫气旋转动越，易向上向外，上可达巅顶而乱于脑，所谓"巅高之上，惟风可到"；外可窜扰肢体，从而形成了中风病复杂的具有风的特点的一系列临床表现。而风的肆虐是以经脉为途径的，经脉之末为络脉，所以，风邪窜扰与弥漫最终受害的是网络全身的络脉。风之伤于络脉，可出现以下病理变化：络气受扰，气血运行紊乱，气乱则血液运行失常，或妄行而溢出，表现为血溢脑脉之外的病机是出血性中风病；或乱而血液紊乱，使血液内游风窜越旋动，难以周流向前，终可出现血液迟滞的状态，形成缺血性中风病。为此，风动病机在中风病的发病上表现为风扰、气戾和血乱的三个环节，治疗时应抓住这三个方面，采取治风、治气和治血的方法。治风当择熄风药物，治气当择顺气降气之品，治血当区别不同病情而择之，属于出血性中风病者，当伍以破瘀行血开窍，缺血性中风病者，当伍以活血化瘀达络之属。

2. 痰阻络脉证

痰邪亦是中风病的基本病理因素之一，痰之对于中风，除可以其秽浊之性，闭滞清窍而出现神昏外，尚不应忽视的是痰邪随气周流，无处不到，往往随风邪滞于络脉，随瘀血而胶结络道。络脉一阻，气血运行不畅，络病证候显现。认识到这一点，就应当采用祛痰通络为法。但还应认识到，络脉是微小的通道，痰邪滞于细微狭窄之地，非一般药物所能祛，同时痰还往往与他邪夹杂，所以，在临床择药时，除祛痰药物外，尚投活血、熄风和搜剔络道之品，方收痰祛络通之功。

3. 瘀阻络脉证

众所周知，血瘀是中风病最重要的致病因素，临床治疗中风病，未有不治瘀者。尤其是缺血性中风病或进入恢复期的中风病，表现得尤为突出。由于脑内络脉纵横交错，网络如织，网细致微，因而，任何原因导致的血瘀，一旦羌及于此，影响元神之用，危害无穷。当然，除脑之络脉外，其他各处的络脉也是血瘀的发病部位。由于瘀血阻络，气血不畅或不通，局限性与络脉相连属部位的脏腑组织器官缺少血液的濡养，导致相应的功能失常。病在于脑，则神明失用，神窍失聪；病在肢体，则肢体不用，动作不能。所以，在治疗时应积极地从络论治，运用相应的活血化瘀药物。同时，瘀滞于络多与他邪相结，再者中风病病程较长，往往新瘀日久成久瘀，久瘀又阻生新瘀，新瘀旧瘀缠结，可形成顽瘀之证。考虑到这一点，非用虫类通络药物不可，以使瘀开络通，恢复气血周流。

4. 火扰脑络证

火热之邪在中风病的发病与演变中占有重要地位。此火多伤于七情或饮食、劳倦等，成于心肝，并沿心肝二经

炽扰于他脏，燔灼于全身经络。扰于脑络者，是谓火扰脑络证。由于火扰脑络，络中气血乖戾；或血热相结于络而使气血不通，血液难供；或血热妄行，溢于脑外而为病。兼有扰于心络者，则心神受扰，出现心烦、失眠、多梦、面红、多汗等。扰于肺络者，则咳嗽气急，呼吸气促，或火热蒸液为痰，出现痰鸣如吼，甚或痰血相兼，持续发热不退等。火扰胃络者，因胃为多气多血之府，多气则热壅气遏，出现腹胀、腹痛、呕恶气逆等；多血则血扰而妄，出现呕血或黑便，以及伴有便秘、溲赤等。凡此，足可见火热危害的程度。治疗时，应针对火热扰络的基本病机，不失时机地采取上可清火降火、下可通腑泻热的方法，达到火邪去、扰络病机自消的目的。

5. 毒滞脑络证

火热之邪肆扰络脉，以其炎上的特性，导致脑络受累最重。在临床实际中，火邪非单独为害，往往与风、痰、瘀等邪夹杂，共同伤人。诸邪不祛，日久蕴结为毒，所谓："毒，邪气蕴结不解之谓"（《金匮要略心典》）。毒邪一旦形成，便以毒的依附性、酷烈性、从化性和秽浊性等[3]滞于脑络，损气耗血，生风动血，损阴伤阳，折本夭末。临床上每见中风急危阶段，气血皆伤，阴阳俱损，当此之时，从毒论治，解毒开窍以治标，往往救命于顷刻之间。纵使是脱证，扶正固脱之余，合理解毒醒神，以复神明之主，亦显得至关重要。

从临床上来讲，如何辨识毒，似有一定的难度，因其在临床上并无特异性的表现。大凡火热扰络之证数日不除或稍有不减，或症状日重者，从理论上讲，应想到毒滞脑络的可能。此时，应果断以解毒通络为法，择用大黄、黄连、黄柏、夏枯草、金银花、野菊花、蚤休、半枝莲、半边莲等，并伍用通络之品，如地龙、忍冬藤、蜈蚣等。当然，这里所言毒，并非仅热毒，因体质和病邪的兼夹不同，痰毒、湿毒、瘀毒等亦可出现，当随其所变而治之。

6. 水淫络脉证

水湿之邪在中风病的病机演变中的作用值得重视。中风初期水湿之邪可生痰，血瘀则津液外渗。水邪既生，可浸淫脑络，以其秽浊闭塞脑窍，神昏必显或加重。浸淫肢体络脉可阻遏络气络血，为痛为肿，肢体失用。强调水淫络脉于临床有其积极的意义。因气、血、津、液、水具有同源性，任何原因引起的血脉不畅，津液阻滞，而导致血不利则为水，津聚则为水。水邪形成之后，又可阻遏络脉，阻遏气血津液的流畅而复生水邪，形成恶性循环。为此，尽快解除水淫络脉，恢复气血正常运行，对于改善脏腑组织供血，至关重要。临床上多是水瘀并治，采用活血利水的方法，择用药物。不过，瘀、水并治，当分轻重，水淫

之甚，当重以利水为主，而祛瘀为辅，而通阳助气化既可化瘀又能利水，收两全之功。

7. 络脉气血两虚证

中风病起病虽急，但形成却有一个病程。病程越长，正气愈虚；其次，该病多见于中老年人，正气虚弱不言而喻；再者，中风发病，涉及六端病理因素，诸邪难以祛除，必然邪气损正，而导致正气愈虚。为此，正气不足，气血两虚，必然导致络脉空虚。因此，络脉气血两虚证，见于临床十分普遍。由于气血两虚，虚气留滞，血少行迟，最终导致络脉不通。此时，应审时度势，谨守病机，调补气血，常佐以理气通络之品。如八珍汤合补阳还五汤之类，用于临床，

效果显著。

以上浅识中风从络病辨证的七类证候，每种证候之间并不是孤立的，而是相互联系的。正因为中风络病可出现以上七类证候，因而导致中风发病急骤，病证多端，变化迅速，异象纷呈，治当谨守病机，调理阴阳，以平为期。

参考文献：

[1] 王永炎、杨宝琴、黄启福. 络脉络病与病络. 北京中医药大学学报，2003，26（4）：1-2.
[2] 常富业、王永炎. 络病辨证浅析. 北京中医药大学学报，2003，26（6）：9-11.
[3] 常富业. 浅谈中风热毒论. 北京中医药大学学报，2004，27（1）：3-6.

（收稿日期：2004-05-14）

附录 7

《山东中医杂志》2004 年 11 月第 23 卷第 11 期

水淫玄府与隐性水肿假说

常富业[1]，王永炎[1]，高 颖[2]，杨宝琴[3]

（1. 中国中医研究院博士后流动站，北京 100700；2. 北京中医药大学东直门医院，北京 100700；3. 首都医科大学中医药学院，北京 100013）

摘要： 刘河间提出的广义之玄府作为遍布机体的至微至小的一种结构，具有流通气液、渗灌津血等功能。玄府功能发生病变，流通气液障碍，必然导致津停为水，充斥玄府，瘀滞玄府，形成水淫玄府。水淫玄府有轻重微甚之异。轻者水淫局部玄府，形成隐性水肿证；重者水淫全身玄府，形成显性水肿证。认为水淫玄府是中医学的基本病机之一。强调从微观的角度，认识水肿的发生和病因病机，有助于丰富中医学理论，正确的决策临床干预方案。

关键词： 玄府；玄府病变；水；水淫；水淫玄府；病机；理论探讨

中图分类号： R228 **文献标识码：** A **文章编号：** 0257-358X（2004）11-0643-03

刘河间从狭义的、可及的汗孔进行大胆的想象，推测体内定有类似汗孔，但结构更微细的、遍布体内各处的玄微之府的存在——广义之玄府，无疑是中医学结构认识的一次深化。从微观的结构认识机体，并依此探讨其相应的功能，无疑是对藏象理论的发展。这种广义玄府的功能是以流通气液为主的，所谓流通气液，就是玄府这种孔隙结构，支持或维系气机和津液的运行。进一步说，即是以气

机的运动推动津液的运行。概言之，即"以气运津"或"以气行水"。回顾一下"以气运津"的功能，从脏来讲，归之于肺、脾、肾三脏；从腑来讲，归之于三焦、膀胱等。从脏腑这种宏观层次的"以气运津"或"以气行水"功能与玄府的"以气运津"或"以气行水"功能，从系统论的观点来讲，实乃系统质与要素质的统一。脏腑组织器官的运津行水功能，实际上就是相应脏腑组织器官中的众多玄

府作为其要素质的运津行水功能的整合和体现。或说玄府的运津行水功能是脏腑宏观层面的运津行水功能的投影。众所周知，脏腑层面的运水行津功能的障碍，必然导致津停为水，亦即水液运行输布失常而引起水肿的发生。若从玄府这样微观层面上说，运水行津功能障碍，将会引起什么病证令人深思。

1. 玄府流通气液障碍——水淫玄府

玄府的一个重要生理功能是流通津液，成为机体赖以滋润的源泉，故可称玄府为"津液之海"。津液虽然来源于水谷精微，但通过玄府的开阖通利作用，使血脉中的血液向外渗灌，亦可生成部分津液，补充津液之源。当然玄府内流通的津液，也不断渗灌于血中，以滋润脉络管壁，补充血量。最终实现了津血互化、津血环流，支持着复杂的新陈代谢，以满足各种功能活动。若玄府开阖通利失常，就会导致津血的渗灌环流障碍，引起临床病证的发生。

若玄府开阖通利过度，所谓开之有余，通利无度，必然导致血中津液外渗增多，增多之"津液"无以正常运行，必积而为害，酿生水邪或水浊。为何血中津液外渗而不是玄府中流通的津液内渗？盖因为血脉中运行的血量于人体最多，量多受约必重，外渗之力必大。故《读医随笔·气血精神论》云："四者之在人身也，血为最多，精为最重，而津之用为最大也。"水浊一旦产生，越积越多，形成水淫玄府，瘀滞玄府，使玄府的自身调节作用降低，开阖通利过度状态持续加重，形成恶性循环。当然也可因水浊瘀滞，使玄府的开阖通利失调由太过状态转变为不及或失用状态，即玄府郁闭，造成气的升降出入障碍，功能受损或丧失；津液渗灌不能，津血互化丧失，玄府内的津液失去血中之津液的补充而减少，血脉失去玄府内津液的内渗滋润，而导致血脉枯涩，惹致瘀血。最终形成了以水浊为主体的复杂病邪群，产生复杂的临床病证。

引起玄府开阖通利过度的原因很多，但主要以能引起功能暂时亢奋的阳邪为主，其中以火、热、毒等邪为最。引起火、热、毒邪的原因很多，除外感六淫邪从火化或直接感受温热毒邪外，大凡七情内伤、五志过极而化火，或因气滞、血瘀、痰浊、食积等郁而化火者，皆可以导致。由于热则流通，阳气发泄，气火窜扰，津液外渗加快导致血中大量津液外渗而瘀滞玄府，形成水淫玄府；水积渐多，积而成浊，充斥玄府，引起局部隐性水肿。但由于火性燔灼，损伤血络，导致既有脉络热壅血瘀，又兼热灼脉络血溢脉外而瘀于玄府，最终形成玄府内水浊、瘀血夹杂，此状态亦可称为血水积于玄府。由于壮火食气，伤津耗液，故因火热毒邪导致的玄府开阖通利过度是暂时的，随之即因气耗津少而使玄府由开阖通利过度转入玄府郁闭。玄府郁闭，

玄府内血水积浊被裹，压迫周围组织，影响气液流通，从而使病变范围呈扩大蔓延之势。

由于玄府开阖通利过度是暂时的，而玄府郁闭是较持续的，故水淫玄府多见于疾病的急性期或病情迅速恶化期。

2. 水淫玄府与隐性水肿

提出水淫玄府，有其积极的意义。以往中医学解释水浊的产生，往往归之于脏腑层面即肺、脾、肾三脏功能失调和三焦水道不利。诚然，从大的层次来讲，肺、脾、肾三脏功能失调和三焦水道不利，的确是水液代谢障碍的重要病机。但这种病机所导致的水液代谢障碍，多表现为严重的水肿，或是望诊可察、触诊可及的水肿。若将这类水肿称为显性水肿的话，那发生于体内局部的水肿，用四诊难以察觉的水肿，姑且可称之为"隐性水肿"。对隐性水肿中医学如何解释？诸如[1]2004年春广东、华北流行的 SARS 病，由于疫毒淫肺伤络，导致络瘀津液外渗，津停瘀滞为水，充斥肺之玄府，影响肺之玄府的流通气液功能，序贯发生肺如橐籥为体受损、肺以吐纳为用受碍。X 线与 CT 征象显示多叶多灶病变，病理观察肺泡形成透明膜，大量渗出，胸腔有血水，确是肺内"水肿"明显，这种水肿非四诊可及，非传统意义上的水肿，当属于隐性水肿范畴。

有学者称，这种隐性水肿，按中医辨证不是水肿，应按别的病机或病证进行辨别。诚然，对于是否水肿的争论暂且不提。在中医学理论框架内，只要称之为水肿，总脱离不开肺脾肾三脏功能失调这一水肿的主导病机，所谓"其本在肾，其末在肺，皆积水也"（《素问·水热穴论》），"脾病则不能制水"（《诸病源候论》）。关键的问题是，水肿由生的深层次病机是什么，这是中医学应当回答的重要问题。刘河间所提出的玄府，作为深层次的结构假说，为回答这种临床上所经常面对的疑团，找到了答案。承认结构的微观性，并不是否定中医学的整体观念和系统指导思想，而是在这一前提指导下，不断挖掘构成整体的合理之器与相应之用，以及构成系统质的更可能的要素质，以不断完善和发展中医学理论，是符合学科发展的自然规律的。中医学理论并不排除手术之刀和解剖之刃，排除的是器用分离。如此，从微观层次上发展中医学理论，应当是时代赋予继承者的最基本要求。为此提出水淫玄府和隐性水肿假说，意义在于从结构层次的微观角度，从病变范围的局限角度，来解释一些临床病理现象。承认水淫玄府和隐性水肿，并不否认水淫玄府与显性水肿之间的关系，事实上，无论什么样的水肿，从微观上说，都是水淫玄府的结果。

认识到以上，对于显性水肿和隐性水肿的内涵，可以定义为：所谓显性水肿，是由于肺、脾、肾三脏功能失调，三焦水道壅滞，引起体内水液潴留，泛滥肌肤，表现以头

面、眼睑、四肢、腹背，甚至全身浮肿为特征的一类病证。这种水肿四诊可及，望诊可察，切诊可觉。隐性水肿，是由于局部玄府开阖通利功能障碍，津液渗灌失常，导致津停为水，瘀滞玄府，水积成浊，引起相应组织器官功能减退或丧失，用传统四诊手段难以察觉的水肿。

水淫玄府，应当强调水和水浊的区别。水在中医学中既是一个生理学名词，即津液之义，如"汗与小便，皆可谓之津液，其实皆水也"（《读医随笔·气血精神论》），同时也是一个病理学概念，指病证名，如"水始起也，目窠上微肿，如新卧起之状……"（《灵枢·水胀》）；也指水饮或水气，临床也有称为水邪的。作为病因学中的水，为区别于生理学中的水，一般将病因之水称为水气、水饮或水浊。前二者众所周知，至于水浊与病因学中的水，在概念内涵上是有差异的。主要差异在于水浊强调的是水产生之后，在体内蓄积害清，影响器用。此水淫玄府之"水"，实为"水浊"的简称。

有学者认为，水淫玄府所称的"水"，不应称水，应是痰。诚然，水、痰皆为津液之变，可谓同源而异流。但痰邪在中医学理论体系框架内，其内涵较广，既有有形与无形之分，又有一般与怪异之别。而"水"作为津液之病，有形质可察。

所谓流动的津液不是病，而不流动的津液就是"水"——水浊，对此在临床上比较认可。正如《一得集·痰症随宜施治论》云：人之痰病甚多，全部内经，无一痰字"，为何？

提出水淫玄府与隐性水肿，并非理论上的标新立异，而是从微观的角度，从更深的层面上认识玄府病变。从临床来讲，不少疾病的急性期，如 SARS 引起的肺水肿，急性脑血管病大多在急性期出现脑水肿等，实为水淫脏腑内的玄府而引起隐性水肿的结果，此时用传统的四诊方法，虽不能按水肿病进行辨证，但依靠现代医学检查手段，是很容易诊断为脏器水肿的，临床上往往用一些利水解毒之方法进行干预，多可获得满意效果。

总之，提出水淫玄府与隐性水肿，其理论意义在于，从微观的或现代医学的方法来认识中医学的临床事件，并依此决策进行合理而积极的干预，以提高临床疗效。

参考文献：

[1] 王永炎，杨宝琴，黄启福.络脉络病与病络 [J].北京中医药大学学报，2003，26（4）：1-2.

（收稿日期：2004-06-14）

附录 8

《北京中医药大学学报》2004 年 11 月第 27 卷第 6 期

玄府概念诠释（一）
——玄府相关名词演变轨迹

常富业[1]，王永炎[1]，高 颖[2]，杨宝琴[3]

（1. 中国中医研究院博士后流动站，北京 100700；2. 北京中医药大学东直门医院，北京 100700；
3. 首都医科大学中医药学院，北京 100013）

摘要：回顾两千年来玄府概念的演变轨迹，可以看出其有以下特点：其一，概念内涵不清：或言气门、鬼门、或言汗孔、汗空，或言毫窍，或言元府，或言细络，或言腠理等。其二，结构定位模糊：或言空，或言孔，或言窍，或言纹理，或言腔（缝）隙，或言白膜，或言细络等。其三，功能阐发不一：或言开阖，或言通利，或言渗泄，或言灌注等。其四，作用阐述不详：或谓发泄气汗，或谓气机通降，或谓津液渗泄，或谓气血渗灌等。诠释玄府概念，探讨玄府相关名词历史沿革，明确其异同，对促进中医学术的发展，更好地服务于临床实践，具有重要的意义。

关键词：玄府；概念；历史沿革；述评

Annotation of the TCM Term Xuanfu（Ⅰ）：the Evolvement of Xuanfu-Related Terms

CHANG Fuye（常富业），WANG Yongyan（王永炎），GAO Ying（高颖），et al.
（The Postoctoral Research Fellowship Programs，China Academy of Traditional Chinese Medicine，Beijing 100700）

Abstract：The retrospective study of the connotation of the TCM term Xuanfu developed in the past two thousand years shows that there are four unfavorable facts：① the term Xuanfu has many analogues of unclear meanings，such as the gate to qi，the mysterious gate，sweat pore，microorifice，yuanfu，fine meridian collateral，and the body interstitial structure；② Xuanfu is described as many uncertain morphological conformations，such as a hollow，an orifice，body texture，cleft or lumen，white membrane，and fine meridian collateral；③ there are no accordant views on the function of Xuanfu，and it is said to be with such functions as opening and closing，unclogging and dredging，oozing and draining，and perfusing and pouring；④ there are no accordant views on the actions of Xuanfu，and it is said to act to activate qi and dispel sweat，activate qi and lead qi downward，ooze body fluids，and to perfuse and diffuse qi and blood.It is of great significance to the TCM development and clinical practice to clarify the meaning of the TCM term Xuanfu and the historical development of the analogues of Xuanfu，and to make certain the difference and similarity between them.

Key words：xuanfu；historical development；TCM term；review

中图分类号：R223.1

中医学文献中关于玄府及其相关名词的记载非常丰富，上逮《内经》，下至清朝，不少医家对玄府及其相关名词的概念、生理与病理等都作了一系列的论述，为认识玄府，深入探讨玄府奠定了基础。玄府的相关名词涉及较多，主要有气门、鬼门、汗孔、汗空、毫窍、元府、细络、腠理、焦理等。为了深入解读玄府的概念、系统诠释其内涵，笔者对玄府相关名词的历史演变轨迹作一勾勒。

1. 气门演变轨迹与述评

（1）指腧穴。如《跌打秘方》："气门在乳上动脉处，伤即气塞，救治稍迟，三时必死。"《神灸经纶·妇科症治》："气门（在关元旁三寸）。"《验方新编·三十六图穴》亦记载："凡人身上有一百零八穴……右胁近脐处为气门，名商曲穴，点打重者五个月死。"

（2）指尿窍。如《针灸逢源·九门》："气门（溲溺之门），居前阴中，由气化而出，故曰气门。"

（3）指汗孔，是阳气散泄的门户。如《素问·生气通天论篇第三》："故阳气者，一日而主外，平旦人气生，日中而阳气隆，日西而阳气已虚，气门乃闭。"

（4）指玄府，是营卫之气通行之道路。如《医经原旨》云："气门，玄府也，所以通行营卫之气，故曰'气门'。"

（5）指腠理空窍，以发泄营卫之气。如《伤寒论翼·六十年运气病治之纪》："气门，腠理空窍也，所以发泄营卫之气，故曰气门。"

总结以上认识，可以看出，气门除了指特定的腧穴和溲溺之门外，作为气机发泄出入和通行的门户，自《内经》提出以后，内涵基本无变化，与所言的玄府和将要探讨的汗孔、汗空等，可以看成是名虽异而实同。但气门与腠理空窍却是有不同的内涵的，详细区别有待讨论。因此，目

前提起气门一词，多认指汗孔，意谓在出汗的同时，阳气得以随汗而发泄，使人之气与自然界之气相通，起着调节机体的阴阳平衡，并以此而实现"天人相应"。因此，亦可以说，气门，乃机体与天地自然之接壤之门、相通之门、联系之门，通过汗液和阳气以实现人与自然的和谐统一。

2. 鬼门演变轨迹与述评

历代文献对鬼门的记载，有谓腧穴，谓肛门，谓汗孔、毛孔，谓气门、玄门及谓肤腠等不同，从而有不同的意义和内涵。

（1）指腧穴。如《凌门传授铜人指穴·秋夫疗鬼十三针之格》："人中一穴名鬼宫，少商二穴名鬼室……承浆一穴名鬼门……。"《千金翼方·禁邪病第十五》亦云鬼门指针灸部位或穴位，如"鬼门者，掌中心是也……。"

（2）指肛门。如《经络考·营卫》语："肛肠，又名广肠，即肛门也。一名鬼门，大便出处。"

（3）指汗孔、毛孔。如《目经大成》言："汗孔，谓之鬼门。"《素问·汤液醪醴论篇第十四》云："平治于权衡，去菀陈莝……开鬼门，洁净府。"《黄帝内经素问集注·汤液醪醴论篇第十四》说："鬼门，毛孔也。开鬼门，发表汗也。"

（4）指汗空、气门、玄门。如《素问识·汤液醪醴论篇第十四》谓："鬼门，张云：汗空也。肺主皮毛，其藏魄，阴之属也，故曰鬼门。简按通天论：气门乃闭。王注：气门，谓玄门。盖气鬼古通。"

（5）指肤腠。如《丹溪治法心要·水肿》强调："开鬼门，洁净府。鬼门，肤腠也，属肺；净府，膀胱也，属肾，未闻有导肾之说。"

《古今医统大全·内经治水肿法》对鬼门名称之缘由作了解释，云："鬼门者，幽玄之谓，有毛窍而不见其开阖，

邪气感人，邪与正相搏，毛窍闭塞而寒热作焉。"另外，尚有"鬼神门"一词，见于《素问玄机原病式·六气为病·（四）火类》，曰："然皮肤之汗孔者，谓泄气液之孔窍也……一名鬼神门者，谓幽冥之门也。"实乃鬼门之别称。

归纳上述认识，目前认为，鬼门一词除了指特定意义的腧穴外，不再言称肛门为鬼门。而多沿用《素问·汤液醪醴论篇》的认识，指汗毛孔之义。因为鬼，古通魄。肺藏魄，肺气通于皮毛，汗从皮肤而出，称魄汗。如此，汗毛孔则称为鬼门，发汗法则称为开鬼门。即所谓"开鬼门，洁净府"也。

3. 毛孔、汗孔、汗空的演变轨迹及述评

古代医学家非常重视毛孔、汗孔与汗空，也被称为鬼门，名虽异而实则一，皆指皮肤之隙孔，意谓汗液所出之门孔或道路。《素问·水热穴论篇第六十一》云："所谓玄府者，汗空也。"《推拿抉微·五脏各有所司》谓："人之皮肤，具有隙孔，俗称毛孔，非若铜铁之坚实平板，不透空气者也。"《黄帝内经太素·温暑病》语："所谓玄府者，汗空。……《甲乙》汗空作汗孔也。"《目经大成》则明确指出："汗孔，谓之鬼门。"

关于皮肤之汗孔的数量，记载不一。《读医随笔·升降出入论》认为，周身有八万四千毛孔，且毛孔主于肺，随肺的呼吸而相应开合。谓："鼻息一呼，而周身八万四千毛孔，皆为之一张；一吸，而周身八万四千毛孔，皆为之一翕。"《医原·人身一小天地论》记载的汗空之数量则更多，竟然达八百万之巨，并认为汗空就是玄府。例如，"凡外感燥湿，种种见证，虽各脏腑本气自病，而要皆关乎肺，以肺为群气之宗，天无二气故也。不独空窍之大者为然也，即皮肤外八百万有奇之汗空（汗空名玄府，又名鬼门）亦无不然……"

总之，毛孔、汗孔与汗空，的确分布于皮肤，且数量众多，并在汗液代谢、体温调节中发挥着非常重要的作用，已被西医学所证实。中医学将其主于肺，开则有利于肺的宣发，阖则有助于肺的肃降，实为肺的生理功能的反映。古人已认识到了其具体数量，足见对其重视程度。至于具体数量，因记载的数量差别甚大，尚有待进一步证实。

4. 古人对毫窍的论述

古代文献中有不少论及毫窍的。例如，《素问经注节解·皮部论》云："囊括一身，以总统夫脏腑者，皮也。……皮之职，内既包脏腑，外则司开阖，而毫窍附焉，故又为诸邪出入之门户。"《丹台玉案·痨瘵门》语："自汗则真元耗散，腠理皆开。肺失统气之权，不能固表故毫窍疏豁。"《古今医彻·消症》亦谓："闻之一毫窍中，皆有生气。所云生气者，则津液也。皮毛得之以润，肌肉得之

以滑，筋骨得之以柔，血脉得之以和。其所以充周一身者，固无乎不至也。"

通过上述，可以认为，前两者所言的毫窍，与上述所说的毛孔、汗孔等，有着相似的内涵，即毫者，毛之意，窍者，空窍、孔窍之意，也是汗液和阳气发泄出入的门户通路。后者所言的毫窍，与毛孔、汗孔的内涵实有不同，乃为流通气液和渗灌气血的至微腔隙结构，与将要讨论的广义之玄府有相同的内涵，故认为，此毫窍指玄府之义。

5. 古人对元府的论述

对元府的认识，主要有：一指经脉。如《目经大成》讲："元府，河间谓十二经皆有之，乃神气出入升降之道路门户也。……经脉即元府说的是。然余更有妙解。盖经系手足三阴三阳之经，脉乃通五官四末之脉，元府则脉中流行，不舍昼夜之气血。譬诸花木，根干，经也，枝叶，脉也，雨露滋荫，有如元府。根干伤，则枝叶萎；枝叶伤，则花果落；一定之理也。"二指毫毛腠理。如《素问识·刺要论篇第五十》语："毫毛腠理者，鬼门元府也。高云：毫毛中之腠理。简按文选西京赋注引声类及广韵云：毫，长毛也。"三指汗空。如《灵素节注类遍·诊尺肤辨病状》言："勇而劳甚，则肾汗出，逢于风，内不得入于脏腑，外不得越于皮肤，客于元府，行于皮里，传为胕肿，本之于肾，名曰风水。所谓元府者，汗空也。"目前对于元府较少论及和使用，一般倾向于指汗孔或腠理，但汗孔和腠理，具有不同的内涵。前者指门户，乃皮毛之孔窍；后者谓腔隙纹理，在结构层次上比前者稍深。前者的功能主于开合阳气，发泄气液；后者的作用在于通利津液，渗灌血气。应注意区别。

6. 古人对细络的论述

古代文献对细络的记载较少，主要指玄府或血脉、络脉之意。

（1）指刘河间所论的玄府，为气液、血脉、荣卫、精神所升降出入的门户。例如，《形色外诊简摩·舌质舌苔辨》云："刘河间极论玄府之功用，谓眼耳鼻舌身意，皆借玄府以成其功用者也。上言舌体隐蓝，为浊血满布于细络，细络即玄府也。所谓浊血满布，是血液之流通于舌之玄府者，皆夹有污浊之气也。"

（2）指血络。如《中西汇通医经精义·五脏所属》谓："肝藏魂。昼则魂游于目而为视，夜寐则目闭魂复，返于肝。西医剖割眼珠，极赞重叠细络之妙，受光照察之神，然试问醒开寐闭。"此处的细络大概指出入眼球的血管而言。

《高注金匮要略·妇人产后病脉证治第二十一》所称的细络大概也指血管。如"经水不利者，非由十二经脉。其渗灌血室之细络，为癥病所阻。即血室之下通贴脊腰俞

等之细络，为干血所瘀。"

《审视瑶函·目为至宝论》所讲的细络意谓经络之络。如"瞳神居中而独前……内有大络者五，乃心肝脾肺肾，各主一络，中络者六，膀胱大小肠三焦胆包络，各主一络，外有旁枝细络，莫知其数，皆悬贯于脑，下达脏腑，通乎血气往来以滋于目。"

以下二处所言的细络也皆指血管或所称的络脉。如《读医随笔·升降出入论》语："其机向内而无所泄也，则壅窒于脏腑，而昏厥颠仆之事见矣。更有气并于气之细络，而胀闷不堪，致生自啮自刃之变者；又有气滞于血之细络，而怫郁不解，致成为痒、为疹之灾者……。"《读医随笔·伏邪皆在膜原》言："夫果百邪皆即伤即病，是人身只有邪伤肤表之病，何以有邪在膜原之病？……其所伏，必不在呼吸之冲道，亦必不在血气之细络，而必在空阔无所拘束之部，此即膜原是也。"

总之，古人对细络的认识应当是比较明晰的，与西医学所讲的血管或血液微循环系统十分相似。至于细络是否为玄府，将有待进一步探讨。

以上就古文献中与玄府相关或相混淆的一类名词如气门、鬼门、汗孔、汗空、毫窍、元府、细络等的历史演变轨迹作了粗浅论述。认为由于历史的原因，医学家从不同的角度，对玄府及其相关名词进行了记载和论述，或一词多名，或一词多义，导致文字混乱，概念模糊，内涵不清。为促进医学名词术语的规范化以利于科研交流，建议应摒弃不规范的一些名称，诸如气门、鬼门、汗孔、汗空等，可统一指定用通俗易懂且意义容易把握的汗孔作为规范用词。至于以上名词与玄府的关系，以及腠理的历史演变轨迹，待进一步探讨。

（收稿日期：2004-05-13）

2005 年，67 岁

2005 年图 1　2005 年的王永炎先生

2005 年图 2　亚健康中医基本证候课题鉴定会上（右 2 王永炎）

2005 年图 3　在广西药用植物园参观（前右 2 王永炎）

2005 年图 4　王永炎为广西药用植物园题词

2005 年图 5　王永炎在内科分会湖北恩施西部专家义诊启动仪式上讲话

2005 年图 6　在湖北恩施下乡义诊－查看病历（右 1 王永炎）

2005 年图 7　在恩施下乡义诊－门诊应诊（左 2 王永炎）

2005 年图 8　在恩施下乡义诊－与当地医生座谈（中间者王永炎）

2005 年图 9　在恩施下乡义诊－与当地医生亲切握手（前左 1 王永炎）

2005 年图 10　在江阴调研中成药市场与应用情况 –1（左 2 王永炎）

2005 年图 11　在江阴调研中成药市场与应用情况 –2（前左 2 王永炎）

2005 年图 12　在江阴调研中成药市场与应用情况 –3（右 2 王永炎）

　　3 月，国家自然科学基金委员会重大项目"中医证候、方剂、针灸原理研究"获批，任专家组组长。

　　5 月，获全国先进工作者荣誉称号。

2005 年图 13　在中医药发展国际会议上讲话

2005 年图 14　2005 年全国劳模和先进工作者表彰大会光荣册

2005 年图 15　"全国先进工作者荣誉奖章"

　　7 月，被科技部聘为国家重点基础研究发展计划中医理论基础研究专项专家组顾问。同月，为人民卫生出版社出版的"中医临床必读丛书"撰写序言。

　　8 月，连任国家药典委员会执行委员。

　　11 月，获中国中医研究院唐氏中药发展奖。

　　同月，为《中医大辞典》（第二版）撰写书评，刊登于《中国中医药报》2005 年 11 月 17 日第 7 版。此书第二版于 2005 年 1 月由人民卫生出版社出版。

2005 年图 16　国家重点基础研究发展计划中医理论基础研究专项专家组顾问聘书

2005 年图 17　"中国中医研究院唐氏中药发展奖"证书

2005 年图 18　"中国中医研究院唐氏中药发展奖"奖牌

2005年图19　首都医科大学附属北京中医院、北京市中医研究所专家顾问委员会首席专家聘书

12月，受聘为首都医科大学附属北京中医医院、北京市中医研究所专家顾问委员会的首席专家。

此年，团队科研成果丰富，尤其是在中医"玄府"理论的研究方面，发表了一系列的论文。《辨证方法新体系的建立》及《玄府概念诠释（二）·腠理的历史演变与比较》发表于《北京中医药大学学报》第1期，《复方组分配伍方剂配伍新模式》发表于《中国医药报》02月26日，《清开灵有效组分透过体外模拟血脑屏障的研究》及《玄府概念诠释（三）·玄府的历史演变轨迹与述评》发表于《北京中医药大学学报》第2期，《玄府与细胞间隙的比较》发表于《安徽中医学院学报》第2期，《病络与络病对比研究》及《玄府概念诠释（四）——玄府为气升降出入之门户》发表于《北京中医药大学学报》第3期，《玄府概念诠释（五）·玄府流通气液功能的探讨》发表于《北京中医药大学学报》第4期，《玄府病变诠析》发表于《中医药学刊》第8期，《方剂关键科学问题的基础研究——以组分配伍研制现代中药》发表于《中国天然药物》第5期，《玄府概念诠释（六）·玄府为神机运转之道路门户》发表于《北京中医药大学学报》第5期，《开通玄府对大鼠实验性脑出血脑水肿的效应研究》发表于《中医药学刊》第10期，《论开通玄府》发表于《中国临床康复》第39期，《玄府理论与临床应用初探》发表于《北京中医药大学学报》第6期。

此年，由于先生被科技部聘为"973"项目顾问组成员，推荐张伯礼先生接任"973"项目"方剂关键科学问题的基础研究"首席科学家，直至完成课题研究。国家自然科学基金委重大项目"中医证候、方剂、针灸原理研究"获批，先生被聘为组长，负责单位是北京中医药大学。这一项目的重要任务之一，就是要加强多学科团队的建设。

此年11月19日，经中央编制委员会批准，中国中医研究院更名为中国中医科学院。

此年，国家中医药管理局为实施培育中医名医战略设置第一期优秀中医临床人才研修项目已经开始。这一研修项目，以先生所倡导的"读经典、做临床、参明师"为基本措施。为了适应进一步开展中医临床人才培养工作的需要，在先生的建议下，人民卫生出版社从"优秀中医临床人才研修项目"中精选了中医各科必读古医籍20余种，出版"中医临床必读丛书"第一期。先生欣然为此丛书作序。

附录 1

《北京中医药大学学报》2005 年 1 月第 28 卷第 1 期

辨证方法新体系的建立

张志斌，王永炎

（中国中医研究院，北京 100700）

关键词：辨证方法；新体系；必要性

中图分类号：R241

辨证论治是中医理论的核心，是中医临床医学的精髓。证候是对人体疾病病理生理变化整体反应的概括，是辨证的结果和论治的依据，是中医诊治疾病的基础，体现了中医学理论特色与优势。中医辨证论治的特色在 2003 年 SARS 防治研究中得到充分的体现。但是证候概念的长期不统一与证候诊断的长期不规范，已经成为中医临床疗效客观评价与中医走向世界的瓶颈。证候的概念与诊断，既是基础理论问题，也是临床应用问题，是联系二者的重要桥梁，有可能成为中医学发展的突破口。以往的辨证相关的研究工作大致可分为两大部分。

1. 传统的辨证方法体系

传统的辨证方法体系，这是中医学几千年的积淀，具体的辨证方法体系很多，如八纲辨证、六经辨证、脏腑辨证等。这些辨证方法经历长期的中医临床实践考验，并在实践中不断得到发展与补充，对于中医临床有着良好的指导作用，几千年来对中华民族的健康与繁衍起到了重要的作用，至今仍然有着很强的生命力与临床使用价值。但是因为这些辨证方法体系是由不同的医家在不同的时代、不同的文化环境中，以不同的思维方式、为不同的目的创建的。因此，对于今天来说，首先是各种辨证方法的抽象程度不一样。例如，八纲辨证的抽象程度很高，阴阳二纲可以概括所有的生理病理概念及疾病证候；而六经辨证抽象程度比较低，更多存在着的是具体的方证对应。其次是各种辨证方法的使用范围不一样，如一般认为八纲辨证是总纲，脏腑辨证用于内伤杂病，六经辨证用于伤寒，卫气营血辨证用于温热病，三焦辨证用于湿热病等。但是这种使用范围的区分界限却很不严格，存在着较大程度的重叠，辨证的内容也有相当程度的交叉。五脏六腑的概念在各种辨证方法中的重复自不待言，如"太阳、阳明、少阳、太阴、厥阴、少阴"之概念在六经辨证与三焦辨证中也都是十分重要的概念。而且，在不同的辨证方法中同名概念的歧义较大。这就使得现代医生在掌握与使用上存在一定的问题，需要较长的时间来学习理解多种不同的辨证方法体系，需要更长的时间来熟练地把多种不同的辨证方法体系正确使用到多种不同的临床实际情况中去。这较大地影响了年轻中医在尽可能短的时间内具有较高的临床证候辨证水平，更不容易使辨证论治走向世界。

对于这一问题，中华人民共和国成立以来各位先晋已经有了充分的注意，而且针对如何来对辨证方法进行规范也曾展开了十分激烈的讨论。例如，裘沛然提出温病只是伤寒的一部分，所以外感热病（包括伤寒与温病）的辨证论治都应统一于六经辨证[1]；邓铁涛则认为从中华人民共和国成立以来中医治疗急性传染病的资料来看，主要是采用了卫气营血辨证，因此应该将温病与伤寒统一于卫气营血辨证方法之下[2]。但是正因为各种辨证方法抽象程度不一致，使用范围不一致，对同名概念的理解不一致，选择其中的一种来统领其余各种辨证方法的思路真正实行起来可能都有一定的困难，都不是十分切实可行。而且更重要的是，各种辨证方法各有各的长处，各有各的特色，选择任何一种辨证方法恐怕都很难涵盖其他各种辨证方法的优势。这可能也正是这么多不同的辨证方法不断产生、而且长期共存的真正原因。

当然，也有的前辈早就考虑到了应该融合现有的各种辨证方法，来建立新的辨证方法体系。例如，沈凤阁认为脏腑气血是各种辨证方法的核心，因此应该融合脏腑、气血、八纲辨证而建立脏腑气血辨证系统[3]；方药中则提出"脏腑经络定位，风火湿燥寒表里气血虚实阴阳毒十四字定性"的辨证论治思路[4]，问题是他们的思路均尚未得到客观的、有计划的、建立在广泛调研及多学科方法上的证实，而仅仅是思辨或经验方法的具体落实。

2. 现代证候规范研究

对于证候研究的重视，源于 20 世纪 50 年代，由于任应秋、秦伯未、姜春华等先晋的努力，确立了辨证论治在整个中医诊疗体系中的特殊地位。同时，证实质的实验研究等相关研究也逐步展开。随着证候研究的深入，至 80 年代，现代证候规范研究开始受到重视[5]。证候规范研究的目的是使科研、医疗、教学工作在证候概念、证候分类、证候命名、证候诊断这样 4 个方面都有一个"统一的标准"。经过 20 余年的工作，很多专家学者为此付出了很大的努力，做出了很多的成果。例如，"国标"、"行标"、统编教材、规划教材，以及其他由各专家领衔完成的证候规范及证候标准工作。分析这些标准与规范的表达方式，有一个共同特点，都是对具体的证候名称进行规范。把各课题成果相并而读，可以看到至目前为止，并未达到"有一个统一标准"的初衷。

首先是"证候"概念不统一。查阅近 20 年文献资料，明确给出证候概念表述的有 30 余条，其内容与形式可以划分为三类：一是训诂解释，从文字学角度给出证候及相关内容的含义[6]。二是正本清源，考证证候及相关内容的出处、原始意义[7]。三是各家发挥，畅谈自家见解，认为"证"与"证候"为等同概念[8]、"证"是"证候"的上位概念[9]、"证"与"证候"是两个并行而不相同的概念[10]；证候是疾病本质的反映[11]；证候是涵盖多种因素的综合表现[12]；证候是反映状态[13]；还有运用基因[14]、信息[15]等各种不同的知识解释证候内涵的。

其次是证候分类不统一。例如，《中华人民共和国国家标准·中医病证分类与代码·中医证候名称与分类代码》将证候分为六大类，258 个子类[16]；《中华人民共和国中医药行业标准·中医病证诊断疗效标准》则按病名分为 9 类，在病名之下分证候[17]；《中华人民共和国国家标准·中医临床诊疗术语证候部分》共为十四大类，420 个子类[18]；《高等院校统编教材·中医诊断学》共 4 大类，18 个子类[19]；邓铁涛主编的《中医证候规范》3 大类，不分子类。[20]

最后是证候的名称不统一。我们在本课题的前期工作中，曾对 7 种标准或规范类书籍中的约 1 700 个常用证候名称进行统计，各书统一表述收入的证候名称不到 10%。由于证候的诊断是由在证候名下具体提出的症、舌、脉决定的，证候分类与证候命名都不统一的情况下，证候的诊断则无从统一。

既然在各项证候规范研究相互之间都做不到统一，想要在全国的大范围来统一就更难了。可见，证候的概念、证候的分类、证候的名称、证候的诊断不统一的问题非常突出。这就使我们不能不思考一个问题，为什么证候规范工作进行得如此艰难，出路究竟在何方？

复杂性科学的引进对于证候规范研究具有指导性的意义。中医证候系统是一个非线性的多维多阶的复杂系统，用线性研究的办法无法真正来规范它。中医临床上所可能遇见的证候情况是动态的、多变的、复杂的，辨证也不能是一种由各种具体证候与临床表现之间单纯的线性联系。因此，从具体的中医证候名称入手，一个课题投入再多，恐怕是只能增加使用者掌握的难度，但却仍然适应不了临床证候的复杂情况。这个问题其实是由临床专家首先看到的，在课题组完成科技部基础性工作项目"中医药基本名词规范化研究"过程中，进行"证候名词规范"专家问卷时，中医内科学会的委员们如此回答我们"临床上需要多少个证候名称方能够用"的问题："临床的证候太复杂，如果除此之外就不让用别的名称，多少个也很难说够用。"正因为这一原因，上述那些由高水平专家主持进行的、学术态度十分认真严谨的、应该具有较高权威性的规范成果，执行的情况并不尽如人意。

综上所述，可以得出以下结论，现行的辨证方法体系亟需完善，亟需规范。但是，这个完善绝对不能以淡化辨证论治的圆机活法作为代价，必须要以能够体现中医辨证论治的优势特色为前提。因此，在证候规范的研究中，必须引进复杂科学的理念，充分利用现有传统辨证方法体系及证候规范研究成果，建立一个既符合现代规范要求又能够适应临床证候动态多变复杂情况，合理体现辨证论治圆机活法特色优势的、多维多阶的辨证方法新体系，这是目前证候规范研究中亟需开展的重要任务。

3. 建立辨证方法新体系的工作假说

证候是对疾病病理生理变化的整体反应状态的概括，是一个多维多阶多变量的复杂系统。以象为素，以候为证，病证结合，是构建辨证方法体系的中心理论。证候要素，应证组合是构建辨证方法体系的两个重要环节，这两个环节的关键在于降维升阶。首先是通过证候要素的提取，将复杂的证候系统分解为数量相对局限、内容相对清晰的证候要素；然后通过各证候要素间的组合、证候要素与其他传统辨证方法系统的组合等不同的应证组合方式，使辨证方法体系不再是一种由各种具体证候单纯的线性联系组合的平面，而具有复杂的多维多阶立体交叉的非线性特征，但是通过清晰的证候要素表达与应证组合规律的寻找，这一复杂的辨证方法体系具有可控性。

3.1　以象为素

象是现象、象征与法式，渗透于医生们可感受到的证候的整体反映之中，表现为舌象、脉象、病象、气象等。证候要素必须以象为依据、为内容，有何象则为何素。素是因素、元素、要素，是构成事物的基本成分，而证候要素是构成证候的基本成分。因此，证候要素的提取有两个原则：其一，同一层面的证候要素必须是同类概念；其二，证候要素必须是不可分解的最低单元，即单要素。不同的要素组合形成不同的证候。

3.2　以候为证

候，是动态变化着的可被观察到的外在表现，动态情状。与象不同，象是较为单一的一个表现，或一个方面的表现，而候则由要素来组合，或许是单要素，或许是多要素。证是指病机或状态的概括，根据中医诊断特色，证必须以可以观察的候为依据。

因而，证以候为依据，候由素来组合，素由象来表现，我们将证候的研究回归到根本上，把动态的多变的复杂的证候降解为数量相对局限、概念相对清晰的证候要素来研究。

3.3　降维升阶——证候要素，应证组合

所谓"维"，在此是指对常见证候进行简化分解之后的最基本的证候要素，在适当的范围内，维度越小，越容易掌握，使用者的可操作性越大。所谓"阶"，在此是指最基本的证候要素相互间的组合及与其他各种辨证方法的组合，在维度确定的情况下，阶度越大，体系的灵活性与适用性越大。

采用"降维"的办法，把复杂的证候系统分解成较为简单的证候要素来研究，再采用"升阶"的办法，进行应证组合，即通过证候要素之间的组合，证候要素与其他传统辨证方法的组合，建立多维多阶的辨证方法新体系。这个新体系具有非线性的特征，正符合证候复杂、多变、动态的特点。

总之，在这个体系中，使用者有着极大的自由掌握的空间。虽然证候要素、各种辨证方法及应证组合的思路、规律与方法等问题，是经过规范的，有着相对明确的限定。但是，如何针对每一例临床患者进行应证组合，即应该具体进行哪几种要素的组合，需要几轮组合，最后诊断为何种具体的证候，均由使用者来主动掌握。因此，这正符合患者个体差异及医生圆机活法的需求，能够保持传统辨证论治的特色优势。

参考文献：

[1] 裘沛然．伤寒温病一体论．上海中医药杂志，1982，（1）：2.

[2] 邓铁涛．邓铁涛医集．北京：人民卫生出版社，1995：106-109.

[3] 沈凤阁．关于六经、卫气营血、三焦辨证如何统一的思考．新医药学杂志，1979，（4）：7.

[4] 方药中．辨证论治研究七讲．北京：人民卫生出版社，1979：101-107，121-126，167-176.

[5] 张志斌，王永炎．证候名称及分类研究的回顾与假设的提出．北京中医药大学学报，2003，（2）：1-5.

[6] 干祖望．病、症、证三字必须区别．医古文知识，1995，（4）：27.

[7] 韦黎．证、证、症、候的沿革和证候定义的研究．中国医药学报，1996，11（2）：4.

[8] 巫君玉．说"证候"．光明中医杂志，1996，（4）：1.

[9] 赵国平．证与证候异同论．山西中医，1990，6（2）：6.

[10] 秦伯未．中医"辨证论治"概说．江苏中医，1957，（1）：2.

[11] 印会河主编．中医基础理论．上海：上海科学技术出版社，1984：8.

[12] 匡调元．中医病理研究．上海：上海科学技术出版社，1989：57.

[13] 张枢明整理．证的专家谈——陆寿康．中医杂志，1996，（7）：430.

[14] 王忠，王安民，鞠大宏．"毒邪致络病"与证候及基因组关系的探讨．中医杂志，2000，41（8）：500.

[15] 国家技术监督局．中华人民共和国国家标准·中医病证分类与代码·中医证候名称与分类代码．北京：中国标准出版社，1995.

[16] 国家中医药管理局．中华人民共和国中医药行业标准·中医病证诊断疗效标准．南京：南京大学出版社，1994.

[17] 国家技术监督局．中华人民共和国国家标准·中医临床诊疗术语证候部分．北京：中国标准出版社，1997.

[18] 朱文锋主编．高等院校统编教材·中医诊断学．上海：上海科学技术出版社，1995.

[19] 邓铁涛主编．邓铁涛医学文集．北京：人民卫生出版社，2001.

[20] 赵金铎主编．中医证候鉴别诊断学．北京：人民卫生出版社，1987.

（收稿日期：2004-06-15）

附
录
2

《北京中医药大学学报》第 28 卷第 1 期 2005 年 1 月

气血并治方有效组分不同配伍对血管内皮细胞损伤条件培养基诱导血管平滑肌细胞增殖的影响

嵇　波[1]，刘剑刚[1]，史大卓[1]，王永炎[2]

（1. 中国中医研究院西苑医院，北京 100091；2. 中国中医研究院，北京 100700）

摘要： 观察气血并治方中有效组分 D（主要为芍药苷）和 E（主要为总黄酮）原方配伍、D 和 E 优化配伍，对氧化低密度脂蛋白（ox-LDL）诱导血管内皮细胞（VEC）损伤条件培养基引起血管平滑肌细胞（VSMC）增殖的抑制作用。方法将正常 VSMC 培养液、ox-LDL 诱导 VEC 损伤的条件培养基、辛伐他汀加 ox-LDL 诱导 VEC 损伤的条件培养基、有效组分 D 和 E 原方配伍加 ox-LDL 诱导 VEC 损伤的条件培养基、有效组分 D 和 E 优化配伍加 ox-LDL 诱导 VEC 损伤的条件培养基分别作用于 VSMC，采用 MTT 染色法检测 VSMC 生长状态，流式细胞仪测定 VSMC 细胞周期。结果　与正常组相比较，VEC 损伤条件培养基作用于 VSMC 后，细胞增殖活性明显增加（ p < 0.01 ）、S 期细胞数增加；与 VEC 损伤条件培养基组相比较，气血并治方中有效组分 D 和 E 原方配伍组（终浓度为 1mg/L）、D 和 E 优化配伍组（终浓度为 1mg/L）细胞增殖活性明显降低（ p < 0.01 ）、细胞周期 S 期细胞数减少，作用和阳性药辛伐他汀组相似。结论　气血并治方有效组分不同配伍能有效地抑制 VEC 损伤条件培养基诱导 VSMC 增殖，气血并治方防治 AS 作用机理与此密切相关。

关键词： 动脉粥样硬化；内皮细胞；平滑肌细胞；氧化低密度脂蛋白；气血并治方

Abstract： Objective To observe the inhibitory effect of two combinations of active fractions of Qixuebingzhi Formula, the active fractions D（mainly paeniflorin）and E（mainly total flavones）blended according to a ratio based on the original formula and D and E blended according to an optimized ratio, on the smooth muscle cell（VSMC）prolifera-tion caused by ox-LDL-induced vascular endothelial cell（VEC）injury-conditioned medium.Methods VSMC was cultured respectively in the normal VSMC culture fluid, ox-LDL-induced VEC injury-conditioned medium, simvas-tatin plus ox-LDL-induced VEC injury-conditioned medium, D and E blended according to the original formula plus ox-LDL-induced VEC injury-conditioned medium, and D and E blended according to an optimized ratio.MTT stain-ing method was used to assess the growth state of VSMC and a flow cytometry method was used to detect the cell cycle of VSMC.Results After being cultured in VEC injury-conditioned medium, the activity of VSMC proliferation was markedly increased（ p < 0.01 ）and the number of S-phase cells was raised, as compared with the results from the nor-mal control group; and the activity of VSMC proliferation was found to be markedly lower（ p < 0.01 ）and the number of S-phase cells was found to be reduced in the group of D and E blended according to the original formula（ 1mg/L ）and the group of D and E blended according to an optimized ratio（ 1mg/L ）, the effects of which were like the those of sim-vastatin.Conclusion Both combinations of the active fractions of Qixuebingzhi Formula can effectively inhibit VSMC proliferation induced by VEC injury-conditioned medium, to which the mechanism of Qixuebingzhi Formula for prevent-ing and treating atherosclerosis is closely related.

Key words： atherosclerosis; endothelial cell; smooth muscle cell; oxidized low-density lipoprotein; qixue-bingzhi formula

　　气血并治方由传统中医活血化瘀名方"血府逐瘀汤"化裁而来，由川芎、赤芍、桃仁、红花、柴胡、枳壳组成，具有理气活血之功效。以往临床和实验研究证明，本方具有较好的抑制动脉粥样硬化（atherosclerosis，AS）形成的作用，其机制与调节脂质代谢、抑制血小板黏附聚集、防止血栓形成、调节血管活性因子水平及保护血管内皮细胞（vascular endothelial cells，VEC）损伤等有关[1]。AS 形成机制复杂，VEC 损伤是 AS 形成的始动因素，VEC 损伤后分泌功能失衡，释放的生长因子和生物活性因子能进一步促使血管平滑肌细胞（vascular smooth muscle cells，VSMC）增殖。我们研究发现，氧化低密度脂蛋白（ox-LDL）诱导 VEC 损伤条件培养基能使 VSMC 增殖活性提高、细胞周期 S 期细胞数增加及 G_0/G_1 期细胞数减少，可作为模拟人体 AS 的 VEC 损伤后继发的 VSMC 增殖模型。从中药中寻找抑制 VSMC 增殖的药物，是研究抗 AS 药物的方向。本实验在原有基础上，结合我们以前确定的气血并治方有效组分配伍对 VSMC 无毒浓度范围，进一步探讨气血并治方中有效组分 D 和 E 原方配伍、D 和 E 优化配伍对 VEC 损伤条件培养基引起 VSMC 增殖的影响。

1. 材料及方法

1.1 1ox-LDL 的制备

ox-LDL 由中国医学科学院基础所生化室提供。用硫代巴比妥反应物质（TBARS 值）鉴定其氧化程度。未氧化修饰 LDL 的 TBARS 值为 0.019，ox-LDL 的 TBARS 值为 0.096，为 LDL 的 5 倍，说明 LDL 已经被氧化。

1.2 气血并治方有效组分

由浙江大学生物工程和化学工程系提供气血并治方有效组分。提取物由活血化瘀药川芎、赤芍、桃仁、红花，理气药枳壳、柴胡的有效部位组成，并将全方中的有效组分 D（芍药苷 49.12%、总酸 18.26%、总蛋白 5.08%、总黄酮 3.25%、总皂苷 2.94%）、E（总黄酮 30.0%、总酸 20.43%、芍药苷 6.68%、总皂苷 5.28%、）配伍，分为原方配伍（重量比为 1.5：1.5）和经计算优化后配伍（重量比为 1：2）。

1.3 人脐静脉内皮细胞（HUVEC）培养和鉴定

取健康新生儿脐带（北京海淀妇幼保健医院提供），以 37℃ 的 0.1%Collagenase Type Ⅰ 溶液（Hyclon 公司提供）消化 10～15min，离心收集的流出液，1000r/min，8min，弃上清液，用含体积分数为 20%FBS（GIBCO-BRL 公司提供）的 M199 培养液（GIB-CO-BRL 公司提供）悬浮细胞沉淀，37℃、5%CO$_2$ 培养箱中培养。经形态学及Ⅷ因子相关抗原间接免疫荧光法证实为 VEC。实验用第 3 代细胞。

1.4 大鼠胸主动脉平滑肌细胞（ASMC）培养和鉴定

取 200g 左右 SD 大鼠（北京维通利华实验动物中心提供；合格证号：SCXK 京 2002-0003）胸主动脉段中膜平滑肌层，采用组织贴块法培养于含 10%FBSDMEM（GIBCO-BRL 公司产品）培养液中，置 37℃、5%CO$_2$ 培养箱中培养。经形态学及 α-actin 免疫组化染色鉴定为 VSMC。实验用第 4 代～6 代细胞。

1.5 MTT 染色法检测对 VSMC 增殖有抑制作用的有效组分配伍及有效浓度范围

取对数生长的第 4 代 VSMC，以 $1×10^4$/孔细胞浓度接种于 96 孔培养板中，补液至 100μl，待细胞生长融合达 50% 时，换以含 2%FBSDMEM 培养液，37℃、5%CO$_2$ 培养箱中培养 24 小时。细胞分为有效组分 D、有效组分 E 原方配伍和有效组分 D、有效组分 E 优化配伍两大组，再将每个大组分为以下各组：①组：正常组（未加药液培养的 VSMC）；②组：条件培养基组（EC-CM：终浓度为 100mg/L ox-LDL 与 HUVEC 共同孵育 24 小时的条件培养基）；③组：正常组+辛伐他汀（1mmol/L）；④组：EC-CM+辛伐他汀（1mmol/L）；⑤组：EC-CM+有效组分（100mg/L）；⑥组：EC-CM+有效组分（10mg/L）；⑦组：EC-CM+有效组分（1mg/L）；⑧组：EC-CM+有效组分（0.1mg/L）。每组设置 5 个复孔，置 37℃、5%CO$_2$ 培养箱中继续培养 48 小时，换以含 1g/LMTTDMEM 培养液，37℃孵育 4 小时后，每孔换以 100μl DMSO 显色，在酶标仪（Model550）以 570nm 测各孔吸光度，结果以各组 5 孔 OD 值的平均值 ± 标准差（$\bar{x}±s$）表示。

1.6 流式细胞仪对血管平滑肌细胞周期的检测

实验分为正常对照组（不加处理因素组）、模型组（EC-CM 组）、阳性药对照组（辛伐他汀加 EC-CM 组）、筛选出的有效组分 D 和有效组分 E 不同配伍有效浓度加 EC-CM 组。具体方法：取第 4 代生长达 50% 融合的 VSMC，以 2%FBSDMEM 培养液培养 24 小时，再换以各组培养液，继续培养 VSMC48 小时，以 0.125% 胰蛋白酶和 0.02%EDTA-Na$_2$ 等量混合配比的消化液消化 VSMC，制备单细胞悬液，使细胞数为 $1×10^6$ 个，加 70% 冷乙醇在 4℃ 固定细胞 24 小时，加入 1ml 的碘化丙啶（propidium iodide，PI，Sigma 公司）染色液至离心管细胞片状沉淀物，加入 50mg/L 的 RnaseA 原液，4℃孵育 3 小时；在流式细胞仪（EPICSElite 型，美国 Coulter 公司）上进行分析。

1.7 统计学分析

数据以（$x±s$）表示，应用 SPSS10.0 软件包，多组间比较采用单因素方差分析，组间比较采用 q 检验。

2. 结果

2.1 气血并治方有效组分 D 和 E 不同配伍对 VSMC 增殖活性的影响

结果见表 1。VSMC 经 EC-CM 48 小时处理后，其增殖活性较正常组明显增加（$p<0.01$）；辛伐他汀加正常培养液或加 EC-CM 组 VSMC 增殖活性较 EC-CM 组明显减少（$p<0.01$），与正常组相比较，无显著性差异（$p>0.05$）。有效组分 D、E 原方配伍（终浓度为 1mg/L）加 EC-CM 组

VSMC 增殖活性较 EC-CM 组明显减少（$p < 0.01$），其他浓度组与 EC-CM 组相比较，无显著性差异（$p > 0.05$）。有效组分 D、有效组分 E 优化配伍（终浓度为 1mg/L）加 EC-CM 组 VSMC 增殖活性较 EC-CM 组明显减少（$p < 0.01$），其他浓度组与 EC-CM 组相比较，无显著性差异（$p > 0.05$）。说明 VEC 损伤条件培养基可增加 VSMC 增殖活性，而气血并治方中有效组分 D 和 E 配伍可减少 VSMC 增殖活性，抑制 VSMC 增殖。

表1　有效组分 D、有效组分 E 原方配伍和有效组分 D、有效组分 E 优化配伍对 VEC 损伤条件培养基诱导 VSMC 增殖的影响

（$\bar{x} \pm s$；$n=5$）

组别	D、E 原方配伍 OD 值	D、E 优化配伍 OD 值
正常组	1.63 ± 0.08	1.63 ± 0.08
条件培养基组	$3.08 \pm 0.51^{\#\#}$	$3.08 \pm 0.51^{\#\#}$
正常组 + 辛伐他汀（1mmol/L）	$1.93 \pm 0.13^{**}$	$1.93 \pm 0.13^{**}$
条件培养基 + 辛伐他汀（1mmol/L）	$2.20 \pm 0.16^{**}$	$2.20 \pm 0.16^{**}$
条件培养基 + 有效组分（100mg/L）	3.08 ± 0.52	3.36 ± 0.05

续表

组别	D、E 原方配伍 OD 值	D、E 优化配伍 OD 值
条件培养基 + 有效组分（10mg/L）	3.45 ± 0.05	2.77 ± 0.61
条件培养基 + 有效组分（1mg/L）	$2.01 \pm 0.39^{**}$	$1.65 \pm 0.06^{**}$
条件培养基 + 有效组分（0.1mg/L）	3.48 ± 0.01	3.15 ± 0.58

注：与正常组比较，##. $p < 0.01$；与条件培养液组比较，**. $p < 0.01$。

2.2　流式细胞仪检测有效组分 D 和有效组分 E 不同配伍对 VSMC 细胞周期的影响

结果见图 1。流式细胞仪检测结果表明，VSMC 经 EC-CM 作用 48 小时组，与正常组相比较，S 期细胞数增加，G_0/G_1 期细胞数减少；有效组分 D 和有效组分 E 原方配伍（终浓度为 1mg/L）、有效组分 D 和 E 优化配伍（终浓度为 1mg/L）加 EC-CM 处理后，与 EC-CM 组相比较，S 期细胞数均减少，G_0/G_1 期细胞数增加，与辛伐他汀加 EC-CM 组相似。说明有效组分 D 和有效组分 E 原方配伍、D 和 E 优化配伍组能抑制 VEC 损伤条件培养基引起 VSMC 由 G_0/G_1 期进入 S 期。

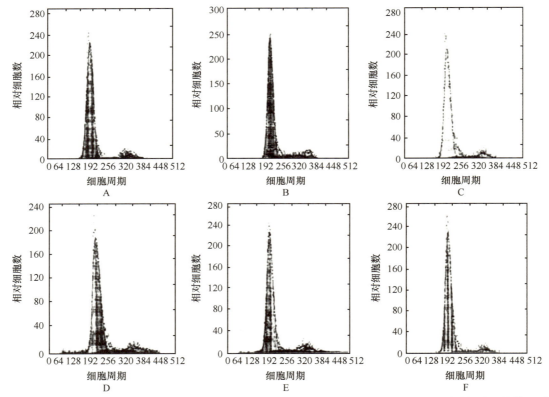

图1　流式细胞仪检测 D、E 原方配伍和 D、E 优化配伍对 VEC 损伤条件培养基诱导 VSMC 增殖细胞周期的影响

A. 正常组；B. EC-CM 组；C. 正常组 + 辛伐他汀 1mmol/L；D. EC-CM+ 辛伐他汀 1mmol/L；E. EC-CM+ 有效组分 D、有效组分 E 原方配伍 1mg/L；F. EC-CM+ 有效组分 D、有效组分 E 优化配伍 1mg/L

3. 讨论

动脉粥样硬化（AS）是严重危害人类生命健康的多发病和常见病，其形成机制非常复杂，其中 VSMC 增殖是 AS 形成和发展的关键病理环节之一[2,3]，VEC 为促使 VSMC 迁移和增殖有关诸因子的潜在来源[4,5]，VEC 损伤能明显促进 VSMC 增殖和迁移[6,7]。血液循环中的氧化低密度脂蛋白（oxidized low-density lipoprotein，ox-LDL）对 VEC 有明显的损伤作用，可表现为 VEC 结构的改变及其合成和分泌功能的平衡失调等[8,9]。抑制 VSMC 的增殖是防治 AS 形成和发展的重要环节，因而拮抗 VSMC 增殖的药物研究已成为防治 AS 引起的心血管疾病的国内外研究热点。

我们实验室曾在体外培养的大鼠胸主动脉平滑肌细胞水平，进行了气血并治方有效组分配伍的细胞药物毒性实验，结果显示：VSMC 经浓度范围为 200 ～ 0.01mg/L 的有效组分 D 和 E 原方配伍、D 和 E 优化配伍作用 48 小时，其形态及 MTT 染色法测定的 OD 值与正常培养液作用组无明显差别。本实验在此基础上进行，结果表明，ox-LDL 诱导 VEC 损伤条件培养基组 MTT 比色法测定的 OD 值明显高于正常对照组、流式细胞仪测定细胞周期 S 期的细胞数增加，证实 VEC 损伤条件培养基能促进 VSMC 增殖，这与文献报道相一致[8]。VEC 损伤条件培养基分别加辛伐他汀阳性对照药、气血并治方中有效组分 D 和 E 原方配伍、D 和 E 优化配伍后，MTT 比色法测定的 OD 值比 VEC 损伤条件培养基组明显降低，VSMC 细胞周期 S 期的细胞数减少，说明气血并治方中有效组分 D 和 E 原方配伍、D 和 E 优化配伍可抑制 VEC 损伤引起的 VSMC 增殖，且以 D 和 E 原方配伍（1mg/L）和 D 和 E 优化配伍（1mg/L）组作用明显（$p < 0.01$）。

综上所述，ox-LDL 诱导 VEC 损伤条件培养基确能引起 VSMC 增殖，而气血并治方中有效组分 D 和 E 配伍在抑制 VEC 损伤引起的 VSMC 增殖机制中发挥了重要作用。此实验结果提示，对与 VEC 损伤引起 VSMC 增殖相关的疾病，气血并治方有效组分 D 和有效组分 E 配伍可能具有一定的应用价值。但该方有效组分 D 和有效组分 E 配伍拮抗 VSMC 增殖的作用，是通过调整条件培养基中失衡的血管活性物质，还是直接作用于 VSMC 增殖机制中的某个环节，尚有待深入研究。

参考文献：

[1] 马迁，史大卓. 理气活血方不同组分对内皮细胞损伤的影响. 北京中医药大学学报，2003，26（6）：39-42.

[2] Lusis AJ. Atherosclerosis. Nature，2000，407（2）：233-241.

[3] Rivard A，Andres V. Vascular smooth muscle cell proliferation in the pathogenesis of atherosclerotic cardiovascular diseases. Histol Histopathol，2000，15（2）：557-571.

[4] 陈在嘉，高润霖. 冠心病. 北京：人民卫生出版社，2002：36-40.

[5] Ross R，Glomset J，Harker L. Response to injury and atheroge-nesis. Am. J. Pathol，1977，86：675-684.

[6] Fox P L，Chisolm G M，Dicorleto P E，et al. Lipoprotein mediated inhibition of endothelial cell production of platelet-derived growth factor-like protein depends on free radical lipid peroxida-tion. J Biol Chem，1987，262（13）：6046-54.

[7] 杨向红，孙东辉. 血管内皮细胞的活化或损伤诱导平滑肌细胞的增生或凋亡. 中华病理学杂志，2002，31（5）：445-446.

[8] Jialal I，Devaraj S. The role of oxidized low density lipoprotein in atherosclerosis. J Nutr，1996，126：1053.

[9] Chen Li，Liang B，Froose D E，et al. Oxidized low density lipoproteins in normal and hyperlipidemic patients：Effect of lyysophosphatiolylcholine composition on vascular relaxation. J lipid Res，1997，38（3）：546-553.

（收稿日期：2004-07-16）

附录 3

《北京中医药大学学报》第 28 卷第 1 期 2005 年 1 月

玄府概念诠释（二）
——腠理的历史演变与比较

常富业[1]，王永炎[1]，高　颖[2]，杨宝琴[3]

（1. 中国中医研究院，北京 100700；2. 北京中医药大学东直门医院，北京 100700；

3. 首都医科大学中医药学院，北京 100013）

关键词：玄府；腠理；概念；历史沿革；述评

中图分类号：R223.1

中医学自古以来就非常重视玄府，上逮《内经》，下至清朝，不少医家对玄府的概念、生理与病理等都做了一系列的论述。翻开历史的长卷，发现玄府与腠理两个概念混淆着。如《黄帝内经太素·温暑病》认为玄府就是腠理，谓："所谓玄府者，汗空。……汗之空名玄府者，谓腠理也。"《杂病源流犀烛·筋骨皮肉毛发病源流》也将腠理谓之玄府，并就其名称之内涵做了解释，谓："皮之外，又有薄皮曰肤，俗谓之枯皮。经言皮肤亦曰腠理，津液渗泄之所曰腠，文理缝会之中曰理，腠理亦曰玄府。玄府者，汗孔也。汗液色玄，从空而出，以汗聚于里，故谓之玄府。府，聚也。"而《素问识·经脉别论篇第二十一》不同意此观点，谓："玄府，腠理也，大误。玄府，汗空也，与腠理自异。"在笔者所检索的近千部古文献中，腠理的记载多达近万处，是一个出现频率极高的一类名词，且名称较多，有凑、腠、腠肉、肉理、肌腠、分腠、焦腠理及焦理等名称散见于文字记载中。为深入探讨玄府的概念，系统诠释其内涵与理论和实践意义，有必要对腠理的历史演变轨迹作一勾勒。以规范名词，避免歧义，明确区别，挖掘其应有的理论价值。

1. 文字释义与概念

"腠"与"凑"、"奏"相通，"聚"之意，也称肉腠。

例如，《素问识·生气通天论篇第三》云："凑理，广雅：凑，聚也。……以为天下之大凑。盖会聚元真之处，故谓之凑。以其在肌肉中，又从肉作腠。""理"，纹理之义。例如，《高注金匮要略·脏腑经络先后病脉证治第一》谓："理者，皮肤之纹。与肉轮并其丝缕相应者……故曰皮肤、脏腑之纹理也。"

《黄帝内经太素·三虚三实》介绍了焦腠理及焦理，实际上皆腠理之谓。曰："凡有六实：一曰，血气精而不浊；二曰，肌肉充实不疏；三曰，皮肤密致不开；四曰，毛发坚实不虚；五曰，焦腠理曲而不通（三焦之气发于腠理，故曰焦理。郁，曲也）；六曰，烟尘垢腻蔽于腠理。……平按：《灵枢》、《甲乙》血气精作血气积，焦理作腠理。"

《黄帝内经灵枢集注·淫邪发梦第四十三》区别纹理与肉理，云："腠理者，在外肤肉之纹理，在内脏腑募原之肉理，卫气所游行出入之理路也。是以淫邪泮衍，与营卫俱行，行于募原之肉理，则反淫于脏矣。"

腠理有大小之分。例如，《金匮玉函要略辑义·论十三首、脉证三条》言："腠理一作䐃理。三焦出气，以温肌肉，元真之所凑会，血气之所灌渗也。理者，有粗理，有小理，有密理，有分理，有肉理。此皮肤之理也。腑之环回周叠，脏之厚薄结直，此脏腑之理也。"

腠理有深浅之分，有外连皮肤之腠理也，有近筋骨之腠理。例如，《素问识·诊要经终论篇第十六》谓："冬气在骨髓中，故当深取俞窍于分理间也。志云，分理者，分肉之腠理。乃溪谷之会，溪谷属骨。而外连于皮肤，是以春刺分理者，外连皮肤之腠理也。冬刺俞窍于分理者，近筋骨之腠理也。"

上述认识，总未偏离张仲景在《金匮要略·脏腑经络先后病脉证》对腠理进行的经典解释："腠者，是三焦通会元真之处，为血气所注；理者，是皮肤脏腑之文理也。"

2. 腠理形质

腠理具体形质为何，说法不一：①有言指肉间白膜。例如，《推拿抉微·五脏各有所司》说："至其所谓司腠理，是其未识腠理为肥肉内瘦肉外之白膜，与内部三焦之油膜相连系而为少阳所司也。盖少阳系自肾系生板油，网油膜油，以上生胸间之膈膜，肝之膜油。心之包络，与周身之腠理，无不相连属者也。虽少阳有手足之分，而其为上下内外之油膜则一。"②《中西汇通医经精义·全体总论》则认为腠理乃皮肤内的油膜，有绉纹，云："腠理乃分肉之外，皮肤之内，油膜是也，有绉纹，故曰腠理。"③《黄帝内经素问集注·举痛论篇第三十九》认为膜原就是脂膜，为气分之腠理。谓："膜原者，连于肠胃之脂膜，亦气分之腠理。……盖在外则为皮肤肌肉之腠理，在内则为横连脏腑之膜原。"④《重订通俗伤寒论·诊法》认为脉管之外的网膜就是腠理，语："脉为血脉，西医名为脉管。脉管之内，内经名营。脉管之外，皆其网膜，内经名腠理。"⑤《难经正义·五十八难》认为腠理乃肥肉内夹缝中之纹理，曰："人身皮内之肌，俗名肥肉；肥肉内夹缝中有纹理，名曰腠理，又内为瘦肉，瘦肉两头即生筋，筋与瘦肉为一体，皆附骨之物也。"

3. 腠理结构

关于腠理的结构，多认为指腔隙道路。例如，《友渔斋医话·一览延龄一卷》云："一人之身，一国之象……骨节之分，犹百川也；腠理之间，犹四衢也。"《类经·精气津液血脉脱则为病》语："津者阳之液，汗者津之泄也。腠理者皮肤之隙。"《高注金匮要略·脏腑经络先后病脉证治第一》则进一步强调了腠理为空腔结构，谓："皮肉之窍冥虚空为腠，五脏之元真，各自开门，由其本经而出于皮肉之窍冥虚空。"《金匮要略浅注·脏腑经络先后病脉证第一》概要认识到腠理乃机体一身之空隙，此空隙与皮肤脏腑之纹理相应，井然有序。如"病则无由入其腠理。腠者，是（一身之空隙。）三焦通会元真之处。理者，是（合）皮肤脏腑（内外井然不紊）之文理也"。

4. 腠理功能

对腠理的功能，古人认识的比较一致，集中起来就是气、津液流通和血气所注之所。如《素问·阴阳应象大论篇第五》："故清阳出上窍，浊阴出下窍；清阳发腠理，浊阴走五脏。"张仲景于《金匮要略·脏腑经络先后病脉证》强调："腠者，是三焦通会元真之处，为血气所注。"《中西汇通医经精义·全体总沦》则认为："腠理……内发于三焦，乃卫气所行之道路。"《注解伤寒论·伤寒例第三》认为腠理是津液渗泄之所。谓："腠理者，津液腠泄之所，文理缝会之中也。"张锡纯认识到腠理内遍布微丝血管，从而为张仲景所言的腠理为血气所注之所提供了论证，但这种血气所注，并非血液直接注入腠理，而是注入腠理其中的血脉内。例如，《医学衷中参西录》说："人之营卫皆在太阳部位，卫主皮毛，皮毛之内有白膜一层名为腠理，腠理之内遍布微丝血管即营也。"

概括上述认识，可以认为，腠理的名称虽多，意义有博狭之别，但其共同的认识是，腠为空隙或腔隙，理为纹理，合而为一即是纹理间的腔隙。《简明中医辞典》解释为："腠理泛指皮肤、肌肉、脏腑的纹理及皮肤、肌肉间隙交接处的结缔组织。分皮腠、肌腠、粗理、小理、膲理等。是渗泄体液、流通气血的门户，有抗御外邪内侵的功能。"按照如此解释，显然，腠理与《内经》所言的作为汗孔的玄府和刘河间所言的、结构至微至小的、"无物不有，人之脏腑、皮毛、肌肉、筋膜、骨髓、爪牙，至于世之万物，尽皆有之"（《素问玄机原病式·二、六气为病》）的玄府是有不同内涵的。

总之，腠理是津液流行和气机运行之腔道，其载体是五体和脏腑间（非脏腑内）的结缔组织，其中广布络脉，而为血液所灌注，其所主乃三焦。例如，《吴医汇讲·拟张令韶（伤寒直解）辨证歌》云："经曰，三焦膀胱者，腠理毫毛其应，是三焦主腠理，膀胱主毫毛，膀胱有出窍而无入窍，济泌别汁而渗入于膀胱者也。"如此，对腠理概念的理解，应把握以下为关键：腠理是一身之隙，内行一身之气，内运一身之津，内灌一身之血。

（收稿日期：2004-04-11）

附录 4

《中国医药报》2005 年 02 月 26 日

复方组分配伍 方剂配伍新模式

王 阶，王永炎，杨 戈，王 睿

方剂作为连接医药学理论和临床实践的桥梁，集中体现了中医药治疗疾病的特色。方剂配伍理论研究是方剂关键科学问题的基础及要点，深入研究方剂配伍，寻找更新方法和模式，对新药研究及临床疗效都将产生积极的影响。

方剂配伍原则、方法及思想体系至今仍指导着中医临床医疗并具有理论和实践价值。就中医药的进程而言，代表 21 世纪中医方剂配伍的理论应有自己的时代特色及与时俱进的标志。近几年的中医药基础及临床研究，已经开始根据中药药理成分，诸如已经清楚的化学成分及有效组分进行针对性治疗的案例逐渐增多。利用化学成分及有效组分配伍成为新近研究及临床的特点。组分配伍模式将有可能使中药配伍从饮片层次上升到组分层次，并使中医方剂因成分清楚，作用靶点明确，作用环节及机理清楚给中医药带来突破进展。组分配伍的新模式有可能成为中医方剂配伍理论新的继承与创新的延伸。

1. 复方组分配伍的范畴

中药复方组分配伍是在中医理论指导下利用中医药有效组分并根据药理作用进行的配伍。

其基本方法有以下几种：一是单味药标准组分。每一味中药是单方，其中的组分比例是相对固定的，将其中的组分调整，药物的作用即出现差异。炮制方法等使药性及作用的改变即属此类。将其中的某一成分提出，应用时已和原药材药性相异。单味药的标准组分应用及改变组分比例都有可能从中发现新药。

二是不同药物的有效组分配伍。例如，麻黄汤由麻黄、桂枝、杏仁、甘草组成，若将麻黄中的麻黄碱、杏仁中的苦杏仁苷、桂枝中的桂皮醛和甘草中的甘草次酸进行配伍，其在针对病理环节及靶位上作用会加强，相关靶位疗效也

会明确，但其所对证候与传统相比还需要相关工作进一步验证。另外，麻黄汤用于表实证兼喘，用麻黄及桂枝中的某些成分能多大程度上代替原方亦是值得深入探索。

三是针对病理环节的组分配伍。研制成分清楚，作用靶点及机制明确的药物是药物研究的目的。例如，针对冠心病心绞痛，可选用具有扩冠及改善内皮功能的川芎嗪、赤芍总碱、元胡素及三七总苷等进行配伍。但此种配伍需进一步考虑原处方的药性，只有这样才能使配伍创新而又不失传统特色。

四是对病方与对证方的配伍。针对病的研究已成为临床中医师应用的热点。组分配伍需要针对临床症状，证候指标及病变环节进行综合考虑。对病方组分配伍的研究要将西医有关联合用药的规则及中医方剂配伍理论的原则融为一体，并根据组分的特性进行配伍，才能有效地完成这一重任。对病必须针对病理环节靶点，而药物应是组分或化学配伍层次方可达到。

五是中药有效组方配伍规律研究。目前临床正在进行相关摸索，利用国家科技部"973"项目的资助，前期从药物标准组分入手，对复方的主要药效物质、疗效原则、基本规律以及组分中的总苷、总黄酮、多糖、萜类等配伍，所产生的效应进行总结归纳，验证规则。

2. 复方组分配比优化方法的研究

如何根据药效指标群寻找最优的复方剂量和比例是中药新药开发的关键。有研究提出试验设计 - 非线性建模 - 多目标优化（ED-NM-MO 三联法）作为中药复方组分配比优化的方法。针对 ED-NM-MO 三联法的优化结果，即针对多个药效指标的 Pareto 最优集，采用直接选择法和归一化加权选择法，供专家根据对药效指标的不同要求选取相

应的最优解。ED-NM-MO 三联法引入了试验设计领域的前沿方法，具有非线性拟合能力和多目标优化能力，适合复方多药物（部位、组分）、多药效指标（靶点）、非线性，适宜处理复方多自变量、多因变量、非线性的量（比例）效函数关系等特点，使 ED-NM-MO 三联法成为一种适合复方复杂特征的剂量配比优化方法。以组分配伍开发中药新药的模式已得到"973"方剂关键科学问题的基础研究相关课题组研究工作的证实。例如，扶正祛邪研究组通过对清开灵的研究，已经形成了具有新药前景的来源于清开灵，而药效优于清开灵，毒副作用得到降低的新药；标本同治研究组通过对复方丹参的研究形成了新的组方，新的组方

显示了标本同治的优势。全项目组已经形成了复方丹参、清开灵小方、血府逐瘀组分配方等具有新药开发前途的组分配伍组方，完成了组分配伍模式的前期验证工作。这些工作的进一步开展，将对组分配伍模式及规则方法的完善提供新的例证。

吸收现代新药研究理论的思维方法，解决中医临床用药的科学性和规范标准化，是 21 世纪中医临床医学提高临床疗效的关键。组分配伍可完善中药物质与活性成分研究的现代技术体系，突破以临床经验积累作为研制新药的单一模式，为创新药物的研究和中药质量控制提供理论基础和技术支持，促进我国医药事业的可持续发展。

附录 5

《北京中医药大学学报》2005 年 3 月第 28 卷第 2 期

ox-LDL 诱导内皮细胞损伤条件培养基及气血并治方有效组分配伍对平滑肌细胞 MAPK、PKC 活性和胞内 Ca²⁺ 荧光强度的影响

嵇　波[1]，史大卓[1]，刘剑刚[1]，王永炎[2]

（1. 中国中医研究院西苑医院，北京 100091；2. 中国中医研究院，北京 100700）

摘要：目的　观察氧化低密度脂蛋白（ox-LDL）诱导血管内皮细胞（VEC）损伤条件培养基及气血并治方有效组分 D（主要为芍药苷）和 E（主要为总黄酮）配伍（重量比 1：2）是否对血管平滑肌细胞（VSMC）MAPK、PKC 活性和胞内 Ca²⁺荧光强度有影响。**方法**　将 VSMC 正常培养液、ox-LDL 诱导 VEC 损伤的条件培养基、辛伐他汀加 ox-LDL 诱导 VEC 损伤的条件培养基、有效组分 D 和 E 优化配伍加 ox-LDL 诱导 VEC 损伤的条件培养基等分别作用于 VSMC，采用 β- 放射活性法测定丝裂素活化蛋白激酶（mitogen-activated protein kinase，MAPK）及蛋白激酶 C（protein kinase C，PKC）活性，流式细胞仪检测 VSMC 内的 Ca²⁺荧光强度。**结果**　VEC 损伤条件培养基作用于 VSMC 后，与正常培养 VSMC 相比，细胞 MAPK、PKC 活性明显增加（$p < 0.01$），细胞内 Ca²⁺荧光强度增加；有效组分 D 和 E 配伍作用于 VEC 损伤条件培养基培养的 VSMC 后，与模型组相比，MAPK 及 PKC 活性明显减少（$p < 0.01$）、细胞内 Ca²⁺荧光强度降低。**结论**　气血并治方中有效组分 D 和 E 优化配伍可以拮抗 MAPK、PKC 活性和细胞内 Ca²⁺荧光强度的增加，气血并治方防治动脉粥样硬化（AS）的作用可能与此有关。

关键词：动脉粥样硬化；内皮细胞；平滑肌细胞；氧化低密度脂蛋白；气血并治方

中图分类号：R285.5

血管内皮细胞（vascular endothelial cells，VEC）损伤是动脉粥样硬化（atherosclerosis，AS）形成的始动环节[1]。病理状态下，VEC 的屏障功能和分泌功能均发生改变，不仅可使血液循环中的活性物质直接地作用于血管平滑肌细胞（vascular smooth muscle cells，VSMC），而且还可大量合成和分泌多种生长因子和生物活性因子，使 VSMC 表型发生转变（由收缩表型转变为合成表型），并刺激 VSMC 迁移增殖，促进 AS 的发生和发展[2]。新近有研究联胺

（diamide）损伤 VEC，采用 ^{3}H-TdR 掺入法观察 VEC 损伤条件培养基对 VSMC 增殖活性的影响，结果证明 VEC 损伤条件培养基确实能明显促 VSMC 增殖[3]。VSMC 信号转导机制及调控的研究为目前防治 AS 研究领域的热点。VEC 损伤条件培养基对 VSMC 信号转导通路影响尚未见报道。气血并治方由活血化瘀名方"血府逐瘀方"化裁而来，方由川芎、赤芍、桃仁、红花、柴胡、枳壳组成，具有理气活血之功效。我们以前的研究[4]发现 ox-LDL 诱导 VEC 损伤条件培养基能明显促进体外培养的 VSMC 增殖，由气血并治方提取的有效组分 D（主要为芍药苷）和 E（主要为总黄酮）配伍能明显抑制条件培养基诱导 VSMC 增殖。为了进一步探讨有效组分 D 和 E 配伍抑制 VSMC 增殖的机理，在原实验基础上，观察有效组分 D 和 E 配伍对 ox-LDL 诱导 VEC 损伤的条件培养基引起 VSMC 信号转导通路中平滑肌细胞丝裂素活化蛋白激酶（MAPK）、蛋白激酶 C（PKC）和胞内 Ca^{2+} 变化的影响。

1. 材料及方法

1.1 ox-LDL 诱导内皮细胞损伤条件培养和鉴定

制备 ox-LDL，人脐静脉内皮细胞、大鼠胸主动脉平滑肌细胞培养和鉴定，方法见参考文献 [4]。

1.2 血管内皮细胞损伤条件培养基的制备

第 2 代 HUVEC 以 $2×10^5$ 个/孔密度接种于 6 孔细胞培养板（2ml/孔）中，贴壁后换以含 2%FBSM199 培养液培养 6 小时，再换以终浓度为 100mg/Lox-LDL 继续培养 VEC 24 小时，收集上清液，以直径为 0.22μm 微孔滤膜过滤后制备条件培养基，–20℃保存备用。

1.3 流式细胞仪检测血管平滑肌细胞内 Ca^{2+} 荧光强度

实验分为 6 组：A 组，正常培养液组；B 组，血管内皮细胞损伤条件培养基（endothelial cell conditioned medium，EC-CM）；C 组，EC-CM 加辛伐他汀（终浓度为 1mmol/L）；D 组，EC-CM 加 D 和 E 配伍（终浓度为 10mg/L）；E 组，EC-CM 加 D 和 E 配伍（终浓度为 1mg/L）；F 组，EC-CM 加 D 和 E 配伍（终浓度为 0.1mg/L）。取各组培养液作用于第 5 代 VSMC48h，弃培养液，用 PBS 洗 2 次，用 0.125% 胰蛋白酶和 0.02%EDTA-Na$_2$ 等量混合的消化液进行消化，收集细胞至 Ep 管，用 4℃ PBS 洗涤 2 次，离心弃上清液，制成细胞悬液，$5×10^5$L，0.2ml 细胞悬液加入 1μL Fluo-3 染液，置 37℃避光 45min。PBS 洗涤 2 次，加入 0.3ml PBS 重悬。300 目尼龙网过滤，上机检测。

1.4 血管平滑肌细胞 MAPK 活性测定

取经过条件培养液及药物处理 1 小时的 VSMC，弃培养液，用冷 PBS 洗 3 次，用 0.125% 胰蛋白酶和 0.02%EDTA-Na$_2$ 等量混合的消化液进行消化，收集细胞至 Ep 管，4000r/min 离心 5min，弃上清液。加入 5 倍体积的细胞裂解液，置于冰上 30min 后，超声破碎细胞 5s，4℃ 13 000r/min 离心 10min，取上清液用于 MAPK 活性测定及蛋白定量[5]。取上述上清液 50μl，考马斯亮蓝法进行蛋白定量（反应体系中蛋白质含量要达到 50～200μg），加入羊抗 -MAPK 抗体每 100pg 蛋白 5pg 抗体，0.5ml，4℃ 振摇孵育 4 小时，生成的免疫复合物进一步与抗 - 小鼠 IgG-琼脂糖珠共孵育（4℃，30min），随用裂解缓冲液冲洗 6 次，取免疫复合物与含髓磷脂碱性蛋白（MBP，1g/L）的激酶缓冲液 100μl 共孵育 15min（30℃）后，置冰浴终止反应，取 80μl 反应液点于 P81 Phosphocellulose 滤纸（Whatman）上，0.5% 磷酸缓冲液洗净，自然干燥后置于液闪瓶中，加闪烁液过夜，β- 液闪仪测定 MBP 中 ^{32}P 的掺入量，以样品和空白 ^{32}P 掺入量的差值表示 MAPK 活性，单位为 nmol/（g·min）。

1.5 血管平滑肌细胞 PKC 活性测定

取经过条件培养液及药物处理 1 小时的大鼠胸主动脉平滑肌细胞，弃培养液，细胞以 4℃ PBS 洗 3 次，悬浮于穿细胞液中（反应终体积 150μl），37℃孵育 10min 后，加入 γ-^{32}P-ATP（37kBq/ 管）启动反应，孵育 10min 后加入冷终止液 100μl 终止反应[6]。冰浴 10min 后离心（3 000r/min，15min），取上清液 120μl 点于 P81phos-phocellulose 滤纸上，晾干后以洗脱液洗 2 次，再以无水乙醇洗 1 次，干燥后加入闪烁液，以 β 液闪仪测定放射活性（cpm/$3×10^5$ 个细胞）。同时作不加 PKC 底物肽的对照检测，实验管与对照管的差值表示 PKC 的活性，单位为 nmol/（g·min）。

1.6 统计学分析

数据以（$x±s$）表示。应用 SPSS10.0 软件包，多组间比较采用单因素方差分析，组间比较采用 q 检验。

2. 结果

2.1 ox-LDL 损伤 VEC 条件培养基及有效组分 D 和 E 配伍对 VSMC 内 Ca^{2+} 荧光强度的影响

结果见图 1。VSMC 经 ox-LDL 诱导 VEC 损伤条件培养基作用后 [图 1（b）]，细胞内 Ca^{2+} 荧光强度比正常对照组 [图 1（a）] 增强；VSMC 经 ox-LDL 诱导 VEC 损伤条件培养基加有效组分 D 和 E 配伍（终浓度分别为 10、1、0.1mg/L）作用后，细胞内 Ca^{2+} 荧光强度，比 EC-CM 组减弱，而且有效组分 D 和 E 配伍（1mg/L）组与阳性药辛伐他汀组细胞内 Ca^{2+} 荧光强度相似。

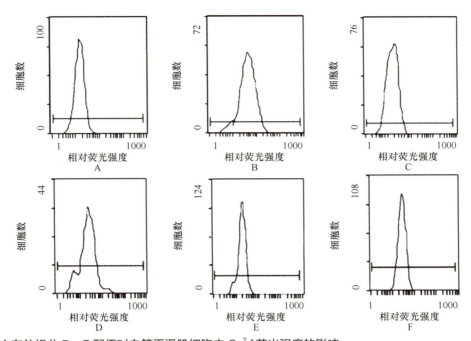

图 1　气血并治方有效组分 D、E 配伍对血管平滑肌细胞内 Ca²⁺荧光强度的影响

A. 正常组；B. 条件培养基组；C. 条件培养基 + 辛伐他汀组（1mol/L）；D. 条件培养基 +D 和 E 配伍（0.1mg/L）；E. 条件培养基 +D 和 E 配伍（1mg/L）；F. 条件培养基 +D 和 E 配伍（10mg/L）

2.2　ox-LDL 损伤 VEC 条件培养基及有效组分 D 和 E 配伍对平滑肌细胞 MAPK 和 PKC 活性的影响

ox-LDL 诱导 VEC 损伤条件培养基可增 VSMC 内 MAPK 和 PKC 活性，而气血并治方中有效组分 D 和 E 配伍可拮抗条件培养基诱导 VSMCMAPK、PKC 活性的增加。结果见表1。

表 1　气血并治方有效组分 D、E 配伍对血管平滑肌细胞 MAPK 和 PKC 活性的影响（$n=4$；$\bar{x}\pm s$）

组别	MAPK 活性 /[nmol/（g·min）]	PKC 活性 /[nmol/（g·min）]
正常组	60.80±3.10	161.94±13.93
条件培养基组	359.04±9.84 △△	817.14±19.19 ##
条件培养基 + 辛伐他汀 /1mol/L	64.76±6.40 **	186.27±4.91 **
条件培养基 +D 和 E 配伍 /0.1mg/L	269.69±8.07 **	702.60±23.61
条件培养基 +D 和 E 配伍 /1mg/L	180.09±12.62 **	267.68±1.65 **
条件培养基 +D 和 E 配伍 /10mg/L	67.33±8.39 **	217.36±28.27 **

注：与正常组比较，$\triangle\triangle p. < 0.01$；与条件培养基组比较，$*p. < 0.05$，$**p. < 0.01$。

3. 讨论

动脉粥样硬化是严重危害人类生命健康的多发病和常见病。血管平滑肌细胞增殖是 AS 形成和发展的关键病理改变之一。抑制 VSMC 的增殖是防治 AS 形成和发展的重要环节，因而拮抗 VSMC 增殖的药物研究已成为防治 AS 引起的心血管疾病的国内外研究热点[7]。

VSMC 增殖机制是一个复杂的网络系统，涉及血管周围生长因子和生物活性因子的产生和释放、信号转导通路的级联反应、原癌基因表达调控及细胞周期等方面的变化。近年来在研究 VSMC 增殖信号转导通路方面取得了许多成果。目前研究较多的与细胞增殖相关的信号转导途径主要包括如下几条：丝裂原活化蛋白激酶（MAPK）通路；磷脂酶 C- 蛋白激酶 C（PKC）通路；Src-FAK 通路；JAK/STAT 途径等。PKC 和 MAPK 在 VSMC 增殖调控中起重要作用[8]。平滑肌细胞膜上受体经受体激动剂激活后，由 PLC 催化的磷脂酰肌醇二磷酸（phosphatidyli-nositol-4,5-bisphosphate，PIP2）水解为 1,4,5- 三磷酸肌醇（inositol-1,4,5-trisphosphate，IP3）和二酰基甘油（DG），使细胞外信号转化为细胞内信号。IP3 浓度增加后，可作用于内质网上的 IP3 受体，使内质网储存的 Ca²⁺ 释放，DG 作为第二信使，在 Ca²⁺ 存在下激活 PKC。PKC 静息时主要存在于胞浆部分，当 PKC 激活时，会发生浆膜转位，通过催化多种靶蛋白发生磷酸化反应，完成细胞对外源性信号的应答。MAPK 系统是细胞外生物信号引起细胞增殖、分化等核反应的共同途径或汇聚点，其在生长因子刺激 VSMC 增殖中起十分重要的作用[9,10]。以往研究表明，许多增殖信号和抑制因子通过其受体或其他跨膜途径，激活或抑制细胞内蛋白激酶如 PKC，通过相应因子介导，最终激活或抑制 MAPK。活性的 MAPK 可以通过使一些转录因子磷酸化，从而使增殖信号传递到核内，启动原癌基因（c-myc、c-fos、c-jun、）表达，诱导 VSMC 增殖。

我们曾在体外培养的大鼠胸主动脉平滑肌细胞水平，进行气血并治方有效组分 D 和 E 配伍的细胞药物毒性实验，结果显示：VSMC 经 D 和 E 配伍（浓度范围为 $0.01 \sim 200mg/L$）作用 48 小时，其形态及 MTT 染色法测定的 OD 值与正常培养液组无明显差别。本实验在此基础上，以放射活性和流式细胞仪检测方法，观察 ox-LDL 诱导 VEC 损伤条件培养基组 PKC、MAPK 活性明显高于正常对照组，Ca^{2+} 荧光强度高于正常对照组。气血并治方中有效组分 D 和 E 配伍能有效拮抗 VEC 损伤条件培养基刺激平滑肌细胞内 PKC、MAPK 活性增加，降低细胞内 Ca^{2+} 浓度。说明磷脂酶 C-PKC 途径和 MAPK 途径介导了 ox-LDL 诱导 VEC 损伤条件培养基促 VSMC 增殖效应。气血并治方有效组分 D 和 E 配伍抑制 VEC 损伤条件培养基诱导 VSMC 增殖效应与磷脂酶 C-PKC 途径、MAPK 途径密切相关。其确切的机制尚有待于进一步的研究。

参考文献：

[1] Ross RN. The pathogenesis of atherosclerosis: a perspective for the 1990s. Nature, 1993, 362: 801.

[2] 陈在嘉，高润霖. 冠心病. 北京：人民卫生出版社，2002：36-40.

[3] 夏春枝，邓仲端. 内皮细胞脂质过氧化损伤与平滑肌细胞增殖的关系. 中国动脉硬化杂志，1996，4（3）：181-184.

[4] 嵇波，刘剑钢，史大卓，等. 气血并治方有效组分不同配伍对血管内皮细胞损伤条件培养基诱导血管平滑肌细胞增殖的影响. 北京中医药大学学报，2005，28（1）：30-31.

[5] Tenhunen R, Marver H S, Schmid R. Theenzymatic catabolism of hemoglobin: Stimulation of microsomal hemeoxy genase by hemin. J labClin Med, 1970, 75: 410-420.

[6] Fiorani M, Cantoni O, Tasinato A, et al. Hydrogen peroxide and fetal bovine serum induced DNA synthesis in vascular smooth muscle cells: positive and negative regulation by protein kinase C isoforms. Biochem Biophys Acta, 1995, 1269: 98-104.

[7] Bohi D F, Dominiczak A F. Pathopysiology of vascularture in hypertension, 1991, 18（Suppl Ⅲ）: 69-75.

[8] 温进坤，石缨. 血管平滑肌细胞增殖调控机制的研究. 生理科学进展，1996，27（2）：149-152.

[9] Griending KK, Ushio-Fukai M, Lassegue B, et al. Angiotensin Ⅱ signaling in vascular smooth muscle cell. Hypertension, 1997, 29（1）: 366-373.

[10] Skaletz-Rovawski A, Waltenberger J. Protein kinase C mediates basic fibroblast growth factor-induced proliferation through mitogen activated protein kinase in coronary smooth muscle cell. Arterioscler Thromb Vasc Biol, 1999, 19（7）: 1608-1614.

（收稿日期：2004-10-21）

附录6

《北京中医药大学学报》2005 年 3 月第 28 卷第 2 期

清开灵有效组分透过体外模拟血脑屏障的研究

高永红[1]，王永炎[2]，肖盛元[3]，叶丽亚[4]，娄晋宁[4]，罗国安[3]，王硕仁[1]

（1. 北京中医药大学中医内科学教育部重点实验室，北京 100700；2. 中国中医研究院，北京 100700；3. 清华大学药物研究所，北京 100084；4. 中日友好医院临床研究所，北京 100029）

摘要：目的 检测清开灵有效组分在体外模拟血脑屏障中的透过率。**方法** 应用脑微血管内皮细胞单层培养模型体外模拟血脑屏障，用高效液相色谱-质谱（LC/MS）分析方法，检测清开灵有效组分栀子苷、黄芩苷、牛胆酸、猪去氧胆酸、去氧胆酸在 24 小时内的透过率。**结果** 透过率从高到低依次为栀子苷、牛胆酸、猪去氧胆酸和去氧胆酸。在滤液中未检测到黄芩苷。**结论** 清开灵有效组分在体外模拟血脑屏障中有较高的透过率，其透过机制和药理作用值得进一步研究。

关键词： 清开灵；有效组分；血脑屏障；透过率

中图分类号： S285.5

由于血脑屏障的存在，几乎所有大分子药物和98%的小分子药物都不能进入大脑及中枢神经系统[1]，而药物能否跨越血脑屏障并达到有效的治疗浓度是至关重要的。为寻找和进一步分析清开灵多环节、多靶点的生物效应和途径，本实验应用了脑微血管内皮细胞单层培养模型体外模拟血脑屏障（blood-brain barrier，BBB），用高效液相色谱-质谱（LC/MS）分析，在24小时内不同时间点测定清开灵注射液中有效成分栀子苷（geniposide）、黄芩苷（baicalin）、牛胆酸（cholic acid）、猪去氧胆酸（hyodeoxycholic acid）、去氧胆酸（dexocholic acid）的透过率。

1. 材料与方法

1.1 材料与仪器

DMEM培养基，胰蛋白酶（Sigma公司）；血清（Heclon公司），内皮细胞生长因子（ECGS）由北京中日友好医院临床研究所病理生理室提取。细胞培养用24孔板与细胞插入器（8μm孔径，7.6mm直径，膜面积0.45cm²）是Falcon公司产品。甲醇（Fisher公司，色谱纯），胆酸、黄芩苷、栀子苷标准品由清华大学罗国安教授实验室提供，以脑微血管内皮细胞完全培养液（ECCM）溶解，0.22μm滤膜过滤后备用。液相色谱质谱联用仪：Agilent 1100 Series LC/MSD Trap；ESI源。

1.2 实验方法

1.2.1 小鼠脑微血管内皮细胞（MB-MVEC）的分离与培养

脑微血管内皮细胞由北京中日友好医院临床研究所提供，从6～8周龄的BALB/c小鼠脑皮质分离，其分离方法参照文献[2]。本实验所使用的脑微血管内皮细胞为第8代，以ECCM（DMEM，20%胎牛血清，100 000U/L青霉素，100mg/L链霉素，2mmol/L谷胺酰胺，100mg/L内皮细胞生长因子（ECGS），40 000U/L肝素培养。

1.2.2 BBB体外实验模型

采用单层内皮细胞培养体外模拟正常状态血脑屏障。细胞插入器预先以2%明胶包被，将脑微血管内皮细胞均匀地接种在24孔细胞插入器中，密度为200 000个/cm²，在5%CO₂，37℃孵箱中培养至汇合状态，经透射电镜证实形成细胞间紧密连接，跨细胞电阻增大，辣根过氧化物酶（HRP）4小时通透率为0.33%，具备了BBB的基本特性，该部分内容另见文献[3]。加入药物前进行4小时液面试漏实验，将培养基加入到供池内，使供池与受池的液面差大于0.5cm，4小时后若仍能保持明显的液面差，为试漏实验阳性，认为BBB基本形成。

1.2.3 药物透过BBB体外实验模型的通透性实验

选择试漏实验阳性的孔进行通透性实验，向供池中加入栀子苷、黄芩苷、猪胆酸、牛胆酸药液（50mg/L）各1ml，受池中加2mlECCM。在第0小时、2小时、4小时、8小时、12小时、24小时分别从受池中小心收集滤液各200μl于4℃保存，待所有取样结束后做样品处理。分别向滤液中加2倍量甲醇，超声处理20min，经4℃，5000r/min离心10min，取上清液，作LC/MS分析。

1.2.4 透过率计算

根据LC/MS分析所得各时间点所取滤液浓度计算受池中的总透过量占供池药物原液总含量的百分比。

$$P_{药物}（\%）= \frac{M_{受池}}{M_{供池}} \times 100\%$$

1.3 数据处理

SPSS 10.0软件计算均值和标准差。

2. 结果

显微镜下观察到内皮细胞间形成了紧密连接，4小时试漏实验阳性，判断形成体外模拟血脑屏障模型。加入药液后24小时内收集的滤液，经LC/MS检测，有栀子苷和胆酸大量透过，24小时透过率从高到低依次为栀子苷（26.22±0.41）%、牛胆酸（20.28±1.60）%、猪脱氧胆酸（13.34±0.95）%和去氧胆酸（10.88±0.59）%。黄芩苷在滤液中未检测到。结果见图1。

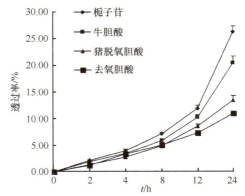

图1 清开灵有效组分在体外血脑屏障模型中不同时间点的透过率（n=3）

3. 讨论

BBB是维持脑内环境稳定的重要结构基础。BBB是一个复杂的细胞系统，主要由内皮细胞、星形细胞、周皮细胞和血管周围的小胶质细胞以及基膜构成。脑微血管内皮细胞是 BBB 的主要结构基础,在诱导、维持血脑屏障完整性上具有重要意义。该内皮细胞非常扁平,细胞之间紧密连接,缺乏吞饮小泡和内皮细胞膜表面的负电荷也是血脑屏障的独特特征。因此,体外 BBB 模型的核心是培养脑微血管内皮细胞,可以通过建立内皮细胞单层培养模型体外模拟 BBB 来研究药物的通透性[4~6]。

本实验应用内皮细胞单层培养模型进行体外模拟 BBB,该模型经过形态学、电阻和通透性方面的鉴定,具备了 BBB 的基本特性,适用于中枢神经系统药物跨 BBB 能力的研究[3]。结果表明清开灵有效组分在此模型中有较高的透过能力,依次为栀子苷、胆酸、猪去氧胆酸和去氧胆酸。在 24 小时内透过率和时间基本呈线性关系,说明各药的透过是比较稳定的。

栀子被认为是清开灵注射液中最重要的药味,具有清热泻火、利便止血的功用。化学成分研究表明栀子中有 3 类有效组分:环烯醚萜苷、有机酸和色素;9 个成分:栀子酸、栀子苷、异栀子苷、京尼平龙胆二糖苷、绿原酸、藏红花酸和 3 种藏红花素[7],而栀子苷是栀子中主要的有效活性成分。国内外研究表明,栀子苷有抗炎和抗凝血活性[8,9],并具有解毒、抗氧化、抗肿瘤作用[10,11]。在神经药理研究中,栀子苷具有神经营养,诱导神经元分化作用[12,13]。清开灵注射液中栀子提取物能改善大鼠脑缺血再灌注损伤后神经功能缺损症状[14]。牛黄具有镇静开窍、清热解毒之功,胆酸具有与之相似的药效活性。栀子苷与胆酸合用可显著降低 TNF-α 和 ICAM-1,明显优于单独使用一种成分[15]。栀子苷和胆酸同时以较高透过率通过血脑屏障,发挥抗炎作用,成为重要的阻止脑中风病理级联反应作用的一个环节。而上述所有作用的取得,栀子苷和胆酸能够较大量地透过血脑屏障是其直接原因和首要的条件。

黄芩苷是黄芩的主要有效成分,现代药理研究表明黄芩苷能够清除氧自由基,减轻组织的缺血再灌注损伤,具有明显的神经细胞保护作用[16,17]。本模型滤液中未检测到黄芩苷,其原因可能是:药物溶液的 pH 值在 7.2 ~ 7.4,黄芩苷在此检测体系中不稳定[18],LC/MS 分析系统未能有效地将其分离出来。黄芩苷是否能够直接透过血脑屏障尚有待进一步的实验明确。

参考文献:

[1] 赵相国,陈国广.脑靶向给药的主要方式及其应用.中国新药杂志,2003,12(2):93-97.

[2] Lou J N, Gasche Y, Zheng L, et al. Differential reactivity of brain microvascular endothelial cells to TNF reflects the genetic sus-ceptibility to cerebral malaria. Eur J Immunol, 1998, 28:3989-4000.

[3] 谢英,叶丽亚,张小滨,等.血脑屏障体外实验模型的建立.北京大学学报(医学版),2004,36(4):435-438.

[4] Biegel D, Spencer D D, Pachter J S. Isolation and culture of human brain microvessel endothelial cells for the study of blood-brain barrier properties in vitro. Brain Research, 1995, 18(692):183-189.

[5] Evangeline Priya Eddy, Beverly E. Maleef, Timothy K. Hart, et al. In vitro models to predict blood-brain barrier permeability. Advanced Drug Delivery Reviews, 1997, 23:185-198.

[6] Helmut Franke, Hans-Joachim Galla, Carsten T. Beuckmann. Primary cultures of brain microvessel endothelial cells:a valid and flexible model to study drug transport through the blood-brain barrier in vitro. Brain Rearch, 2000, 5:248-256.

[7] 徐燕,曹进,王义明,等.多波长高效液相色谱法同时测定栀子中的三类成分.药学学报,2003,38(7):543-546.

[8] Koo H J, Lee S, Shin K H, Kim B C, Lim C J, Par. Geniposide, an anti-angiogenic compound from the fruits of Gardenia jasminoides. Planta Med, 2004, 70(5):467-469.

[9] Suzuki Y, Kondo K, Ikeda Y, Umemura K. Antithrombotic effect of geniposide and genipin in the mouse thrombosis model. Planta Med, 2001, 67(9):807-810.

[10] Kuo W H, Wang C J, Young S C, et al. Differential induction of the expression of GST subunits by geniposide in rat hepatocytes. Pharmacology, 2004, 70(1):15-22.

[11] Lee M J, Hsu J D, Wang C J. Inhibition of 12-O-tetrade-canoylphorbol-13-acetate-caused tumor promotion in benzo[a] pyrene-initiated CD-1 mouse skin by geniposide. Anticancer Res, 1995, 15(2):411-416.

[12] Yamazaki M, Chiba K, Mohri T. Neuritogenic effect of natural iridoid compounds on PC12h cells and its possible relation to signaling protein kinases. Biol Pharm Bull, 1996, 19(6):791-795.

[13] Yamazaki M, Sakura N, Chiba K, Mohri T. Prevention of the neurotoxicity of the amyloid beta protein by genipin. Biol Pharm Bull, 2001, 24(12):1454-1455.

[14] 李传云,潘彦舒,贾旭,等.黄芩、栀子配伍对大鼠局灶性脑缺血再灌注模型缺血级联反应的影响.北京中医药大学学报,2002,25(6):31-33.

[15] 张娜,朱晓磊,李澎涛.胆酸、栀子苷及配伍对大鼠缺血再灌注脑组织 TNF-α、IL-1β 和 ICAM-1 含量的影响.中国医药学报,2003,18(3):463-465.

[16] Li H, Wang H, Chen J H, et al. Determination of amino acid neurotransmitters in cerebral cortex of rats administered with baicalin prior to cerebral ischemia by capillary electrophoresis-laser-induced fluorescence detection. J Chromatogr B Analyt Technol Biomed Life Sci, 2003, 788(1):93-101.

[17] 陈群,曾因明,王建国.黄芩苷的脑保护作用和对微管运动蛋白免疫活性的影响.中国药理学通报,2001,17(1),117-118.

[18] 于波涛,张志荣,刘文胜.黄芩苷稳定性研究.中草药,2002,33(3):220.

(收稿日期:2004-09-23)

附录 7

《北京中医药大学学报》第 28 卷第 2 期 2005 年 3 月

玄府概念诠释（三）

——玄府的历史演变轨迹与述评

常富业[1]，王永炎[1]，高　颖[2]，杨宝琴[3]

（1. 中国中医研究院博士后流动站，北京 100700；2. 北京中医药大学东直门医院，北京 100700；

3. 首都医科大学中医药学院，北京 100013）

关键词：玄府；概念；历史沿革；述评

中图分类号：R223.1

1. 玄府释义

"玄"，《说文》解释为："玄，幽远也。黑而有赤色者为玄。象幽而入覆之也。"主要意思有五：①赤黑色。《说文·玄部》："玄，黑而有赤色者为玄。"②深之意。即《说文·玄部》"玄，幽远也。"③远之意。如《广雅》谓："玄，远也。"④神妙、深奥之意。如《玉篇·玄部》说："玄，妙也。"《老子》第一章亦云："玄之又玄，众妙之门。"⑤透彻，通达之意。如《淮南子·精神》谓："使耳目精明玄达而无诱慕……则望于往事之前，而视于来事之后，犹未足为也。"

"府"，其意有三：①藏之意。如《说文》曰："府，文书藏也。"《玉篇·广部》亦曰："府，藏货也。"②聚集之意。如《玉篇·广部》曰："府，聚也。"③腑脏之意。如《说文解字注笺·广部》说："府，人身亦有出纳藏聚，故谓之五府六藏，俗别作腑脏。"

总上，"玄府"一词意谓在结构上幽远深奥难见、至微至小，其内流通气液，功能上主于通达畅利，作用至为玄妙的一种遍布机体各处的微观结构。

2. 狭义玄府说

玄府一词首见于《素问·水热穴论篇第六十一》，指出玄府即汗空，其内涵比较集约而清晰。云："所谓玄府者，汗空也。"

《类经·三十八、肾主水水俞五十七穴》继承《内经》的观点，解释了汗水色玄，出乎玄微，是谓玄府名称的由来。谓："所谓玄府者，汗空也（汗属水，水色玄，汗之所居，故曰玄府。从孔而出，故曰汗空。然汗由气化，出乎玄微，是亦玄府之义。空，孔同）。"

《素问识·水热穴论篇第六十一》宗《内经》玄府之意进一步解释了玄府名称的由来："玄府者汗空也。马云：汗空虽细微，最为玄远，故曰玄。张云：汗属水，水色玄，汗之所居，故曰玄府。从孔而出，故曰汗空。然汗由气化，出乎玄微，是亦玄府之义。"

玄府就是腠理说[1]《素问灵枢类纂约注·病机第三》认为玄府就是气门。谓："故阳气者，一日而主外。平旦人气生，日中而阳气隆，日西而阳气已虚，气门乃闭（气门，谓玄府，即汗孔）。"《医经原旨》宗气门玄府说，强调了玄府在气的运行中的作用。说："气门，玄府也，所以通行营卫之气，故曰'气门'。"以气门等为玄府的认识，《素问经节注解·生气通天论》对此持相反的意见："按：生者气长渐盛，隆则盛之极也。闭非闭绝不通，谓去阳经而入阴分，犹分门而别户也。注以气门为玄府，误矣。"

《古今医统大全·卷之九十九·养生余录（上）·地元之寿起居有常者得之》则对玄府作了生动的解释："人之身，仙方以屋子名之。耳眼口鼻，其窗门户也；手足肢节，其栋梁榱也；毛发体肤，其壁牖垣墙也。曰气枢，曰血室，曰意舍，曰仓廪玄府，……盖不一也，而有主之者焉。"

3. 广义玄府论

刘河间在《内经》认识的基础上，将玄府的意义不断延伸，以独特的视角，精练的语言，提出了一个全新的集合着结构、功能与信息的概念，赋予玄府更加广阔深邃的内涵。如《素问玄机原病式·二、六气为病·（四）火类·（分述）》指出："然皮肤之汗孔者，谓泄气液之孔窍也，一名气门，谓泄气之门也。一名腠理者，谓气液出行之腠道纹理也；一名鬼神门者，谓幽冥之门也；一名玄府者，谓玄微府也。然玄府者，无物不有，人之脏腑、皮毛、肌肉、筋膜、骨髓、爪牙，至于世之万物，尽皆有之，乃气出入升降之道路门户也。"归纳刘河间的论述，王氏[2]分析玄府有以下三种特性：其一，分布广泛性。不仅遍布人体内外各处，而且存在于世界万物（指生物）中。其二，结构微细性。所谓"玄微府"，即言其形态之玄冥幽微，殆非肉眼所能窥见。其三，功能上的贵开忌阖性。玄府作为气液血脉、营卫精神升降出入的通道，赖玄府的通利才得以维持营卫的流行、气血的灌注、津液的布散和神机的运转，因而玄府以通为顺、闭阖为逆。进深分析：①广义的玄府是在气门、鬼门、汗孔、汗空等具有"孔"、"门"结构的名词中升华出的一个概念，因而其在结构上还应具有"孔"或"门"的属性。也就是说，刘河间是从肉眼能看到的汗孔等居于皮肤之表的大"门"结构中，推测出体内乃至全身各处一定存有更加细小且肉眼难及的众多小门结构，这种结构与汗孔结构类似，功能上与汗孔的发泄阳气和汗液相应，是流通气、津液的玄微之门。②广义之玄府也是在腠理作为腔隙结构而演变出来的一个概念，因而尚应具有结构的腔隙性。正是这种腔隙，才为流通气液和血气灌注提供了一个最基本的平台。③功能的复杂性。刘河间所言玄府的功能，支持着"气液、血脉、营卫、精神"的运转流通，文字言简意赅，可谓功能之大全。它不仅囊括了气门、鬼门、汗孔、腠理等相应的功能，而且可以说概括了中医学对机体生理功能的全部论述，所谓：玄府至小，作用至大，功能至全。

4. 玄府概念述评

《内经》提出玄府以降，对其内涵认识大致有以下分歧：首先是广义与狭义之分。谓玄府就是气门、鬼门，或细络，或腠理者等，皆指狭义的玄府，而刘河间所论玄府，实乃广义上的玄府。在狭义上的玄府认识中，其分歧的焦点是：一是玄府就是气门、鬼门，强调了玄府在气运行和发泄中的作用。二是玄府就是汗孔，强调了玄府在汗液代谢中的作用。三是玄府就是腠理，强调了玄府在气津运行中的作用。但细思斟酌，玄府与腠理在功能上虽是一致的，但其结构层次似有宏观与微观之异。腠理作为腔隙，属于相对

宏观层次范畴，而玄府乃至微至小的微观层次范畴。从结构成分来讲，腠理兼有纹理和腔隙两种属性，尤其是腔隙属性，在流通气液上，如河之流。在生理上，有致密和疏松两种状态，总以通利为顺；在病理上，有疏松太过和致密有余之别。而玄府则兼有孔门开阖和腔隙通利两种属性，在流通气液上，如溪之渗。在开阖功能中，生理上以开为顺，以阖为逆；通利功能中，以通为顺，以闭为逆。四是玄府就是细络，强调了玄府可能就是血液微循环系统，在血液的运行中具有重要作用。但随着对络脉作为血液微循环系统认识的深化[3]，建议摒弃细络玄府说，将细络、络脉联系起来。尚有认为玄府就是毫窍，而毫窍与汗孔意同，玄府就是元府，而元府的意义也多种，可能元府之"元"字，为玄府之"玄"的误写之故。有鉴于此，建议对玄府的认识，应从广义上把握其内涵，舍弃狭义玄府之称谓，将狭义的玄府可以汗孔或汗空作为规范名称，以利于教学和科研交流之需。

总之，我们认为，玄府从概念上讲，从狭义的汗毛孔、腠理、气门、鬼门等，到广义的玄微之府，在认识上是一个飞跃。这种飞跃，使玄府的结构不仅局限于外在的孔窍或腔隙，并赋予相应的功能，而可能是整合着上述种种功能，且在层次结构上不断延伸递进，使玄府成为一个遍布机体各处的最基本的玄微结构。对这种玄微之府的认识，结合中医传统脏腑学说，将有助于加深对藏象学说之藏象一统、体用如一理论的理解和把握。也就是说，玄府的概念，从内涵上有狭义与广义之分，狭义的玄府指汗孔，以发泄气汗为主要的生理功能；广义的玄府则是遍布机体各处，无所不有的一种至微至小的组织结构，在功能上主要是与流通气（津）液、渗灌气血和运转神机有关。尤其是在流流气液功能上，遍布机体各处的玄府，可能或和三焦而自成系统，与机体的络脉成为血液的微循环系统相应，乃构成机体的水液或津液微循环系统。血液微循环系统，其主要作用是与气血循环有关，即依靠气的推动作用，来运行血液，使血液发挥重要的生理功能。而玄府作为津液或水液微循环系统，也依靠气的推动作用，来实现津液的周身环流，以发挥津液的重要生理作用。水液微循环系统和血液微循环系统的功能是密切联系的，联系的纽带是气，正是气的升降出入，才不断推动血液行于脉中，并不断渗灌气血，化生津液，滋润无穷，生机无限。对以上认识的理解，将有助于把握中医发病学与治疗学，从而指导实践，服务于临床。

参考文献：

[1] 常富业，王永炎，高颖，等 . 玄府概念诠释（二）——腠理的历史演变与比较 . 北京中医药大学学报，2005，28（1）：8-9.

[2] 王明杰 . 玄府论 . 成都中医学院学报，1985，（3）：1-4.

[3] 王永炎，杨宝琴，黄启福 . 络脉络病与病络 . 北京中医药大学学报，2003，26（4）：1-2.

（收稿日期：2004-09-13）

附录
8

《安徽中医学院学报》2005 年 4 月第 24 卷第 2 期

玄府与细胞间隙的比较

常富业，王永炎，高　颖，杨宝琴

（中国中医研究院，北京 100700）

摘要： 提出玄府 - 细胞间隙假说。认为玄府从结构的微细性、结构特点的腔隙性以及功能特点等多方面，与现代医学的细胞间隙十分相似，将二者联系起来，有助于加深对玄府的认识。相似并非相等，玄府毕竟是在特定的历史条件下的产物，不可避免地带有主观臆测成分。赋予众多功能于一体的玄府，其功能的全部内涵，远非细胞间隙所能概括。不同医学理论体系下的概念，其内涵是不同的。

关键词： 玄府；细胞间隙；假说

中图分类号： R22　**文献标识码：** A　**文章编号：** 1000-2219（2005）02-0001-03

刘河间基于《内经》所提出的、作为狭义玄府即汗孔认识的基础上，将玄府的意义不断延伸，以独特的视角、精练的语言，提出了一个全新的集合着结构、功能与信息的概念，赋予玄府更加广阔深邃的内涵。指出："然皮肤之汗孔者，谓泄气液之孔窍也……一名玄府者，谓玄微府也。然玄府者，无物不有，人之脏腑、皮毛、肌肉、筋膜、骨髓、爪牙，至于世之万物，尽皆有之，乃气出入升降之道路门户也。"（《素问玄机原病式·六气为病·火类》）不难看出，刘河间所提出的玄府，结构至微，功能至多，且遍布各处。作为这样的一种结构或功能，在 21 世纪的今天，随着现代医学对人体结构认识的日益深化，几乎达到了至微至小的程度，对机体脏腑组织器官的功能也深入到因子网络，在这种前提下，刘河间所认识的一个居于人体结构中至微至小的玄府，在形态结构上，到底是什么？从流通气液、渗灌血气和运转神机的多种功能来说，在现代医学认识的脏腑组织器官结构框架内，究竟孰能担当？近 20 年来，有学者曾进行了探讨，也发表了相关文章引人深思。总结这些大胆的想象或假说，大致有以下观点[1-3]：即玄府 - 细胞膜 - 离子通道说；玄府 - 微循环说等。这些观点从很大程度上诠证了其间的相似性。但毕竟不能诠释玄府的全部内涵。

800 多年前，刘河间采用推测的方法，首次提出了微观之玄府；100 多年前，人类首次发现了生命的基本单元——细胞。并且在人类深化认识了细胞之后，相继发现了细胞膜的诸多功能，细胞与细胞之间的联系，正是依靠由细胞膜围成的细胞间隙，其内充满着、循环着细胞外液——机体赖以生存的内环境来实现的。缩短历史的差距，将玄府与细胞膜及其间隙联系起来，提出所谓玄府 - 细胞间隙说，以抛砖引玉，加深对玄府的认识。

1. 玄府与细胞间隙的相似性

玄府与细胞间隙，无论是从结构层次及其特点，还是生理功能等很多方面都是相同的。尤其是玄府的流通气液功能与细胞间隙的细胞外液流动及其信息传递相似，更支持这一假说。

1.1　结构的微细性，非肉眼所能看见

发现细胞及其细胞间隙，只是 100 多年前光学显微镜发明之后的事情。早在 800 年前，刘河间就猜测体内一定有肉眼难以窥测的微观结构——玄府，开辟了中医学结构学说的新纪元。

1.2　结构特点的相似性

广义的玄府（即刘河间之所谓玄府）是在气门、鬼门、

汗孔、汗空等具有"孔"、"门"结构的名词中升华出的一个概念，因而其在结构上具有"孔"或"门"的属性。也就是说，刘河间是从肉眼能看到（相对而言）的汗孔等居于皮肤之表的大"门"结构中，推测出体内乃至全身各处一定存在有更加细小且肉眼难及的众多小门结构，这种结构与汗孔结构类似，功能上与汗孔的发泄阳气和汗液相应，是流通气津液的玄微之门。同时，广义之玄府也是在腠理作为腔隙结构而演变出来的一个概念，因而也具有结构的腔隙性。正是这种腔隙，才为流通气液和血气灌注提供了一个最基本的平台。同时，玄府的这种孔门属性与腔隙属性是协调统一，相辅相成的。孔门开，则腔隙通利；孔门阖，则腔隙不通。不过，从微观角度来说，孔门和腔隙是难以区分的，孔门必是腔隙的孔门，因此，可以说，玄府可能就是广布于机体各处的小腔隙、小孔道或小腔道。

玄府作为孔隙结构，即带孔的小缝隙、小腔隙。而机体是由细胞组成的。每个细胞的细胞膜上都带有数量不一的小孔——通道、载体等。正是这种带有小孔的细胞膜围成的细胞间隙，才保证了各细胞之间的密切联系以进行信息传递。

1.3 功能特点的相似性

组成多细胞生物机体的各细胞之间，存在着紧密的相互联系，通过细胞间的联系，方能达到相互影响和协调，构成一个有机的整体。随着生理学的研究深化，目前认为，细胞间功能联系或信息传递的主要形式是化学性信号。这种化学性信号，主要是在细胞外液进行的。因为，在多细胞机体内，一个细胞周围所能接触到的，主要是细胞间液或广义上的细胞外液；一个细胞与另一个细胞的联系，主要是自己制造和释放的某些化学物质，通过在细胞外液中的扩散和运输，到达相应的细胞，影响后者的功能活动，完成信息传递。这样，特定的化学物质即扩散和运输于细胞间液的化学物质，成了信息或能量的携带者，担负着信息传递或信使的作用。

刘氏认为玄府是气液流行之所，"精神、荣卫、血气、津液出入流行之纹理。"玄府不但具有物质交换的特征，而且还具有信息交流的特性，玄府是"神气"通利出入之处，"神气"的运转是建立在气血流通渗灌的基础上的，所谓："夫血随气运，气血宣行，则其中神自清利，而应机能为用矣"；"人之眼、耳、鼻、舌、身、意、神识，能为用者，皆由升降出入之通利也，有所闭塞者，不能为用也。若目无所见，耳无所闻，鼻不闻臭，舌不知味，筋痿骨痹，齿腐毛发堕落，皮肤不仁，肠不能渗泄者，悉由热气怫郁，玄府闭密而致，气液、血脉、荣卫、精神不能升降出入故也。各随郁结微甚，而察病之轻重也"（《素问玄机原病式·六气为病·火类》）；"升降出入，无器不有"（《素问·六微旨大论篇第六十八》）。

从这个意义上说，由细胞间隙中流通的细胞外液所介导的信息传递和代谢支持作用，与玄府通过流通气液来实现各脏腑组织器官的正常生理代谢及彼此间的联系功能惊人地相似。就神机运转来说，玄府的神机运转功能与细胞间隙的神经信息传递也十分一致。高等动物，体内有体液调节系统和神经调节系统，使细胞间或机体各部分和各种机能之间的相互配合达到了相当精确和完善的程度。体液调节主要是靠一些内分泌细胞产生的激素，通过体液运输，到达相隔较远的特定细胞（靶细胞），改变后者的功能特性和活动水平。在神经调节的过程中，当动作电位在一个神经细胞的范围内传播时，这种以 Na^+、K^+ 通过膜通道的快速移动为基础的电信号，是神经信息的携带者；但在神经细胞和神经细胞之间，或神经细胞和它支配的效应器细胞之间，都有细胞间液把两个细胞分隔开来；这个间隙虽然只有 15～25nm 的距离，但它们之间要发生联系，也需要某种形式的传递。进一步研究发现，当神经冲动到达神经纤维的末梢处时，首先是引起贮存在该细胞膜（突触前膜）内侧囊泡中的化学物质——神经递质释放出来，神经递质通过在细胞间液中的扩散，到达下一级神经细胞或效应器细胞的膜表面即突触后膜，再通过镶嵌在膜中的受体，影响下一级神经细胞或效应器的活动。从细胞水平来看，以激素为信使和以递质为媒介的信息传递联系方式，虽然是化学性联系的两种类型，但都是发生在细胞"间隙"、靠细胞间液来实现的。

2. 玄府 - 细胞间隙说的意义

提出玄府 - 细胞间隙说，有其重要的理论意义和实用价值。中医学的全部生理病理观是以脏（腑）立论的，通过各脏的功能之表象，即以脏为象——脏象，来认识脏腑；通过各脏腑的表象异常来辨识证候要素，即以象为素；通过各证候要素的动态变化来把握疾病的时空演变，即以素为候；通过具有时空变化的各要素的整合来诊断病证，即以候为证。这种序贯的推测过程，无不在遵守着一个规律——脏象，一个寓于结构与功能有机整合，宜合不宜分的、打不开的"灰箱"。虽然脏腑是打不开的，但可通过广布各脏腑组织器官的玄府去推测和认识。西医学发展到今天，结构越分越细，对其功能的认识也越来越杂，殊有剪不断、理还乱之嫌。细胞被打开了，可至今无法组合一个最简单的细胞。对细胞的认识也仅仅是粗疏的，带有臆测性的。幸运的是，从细胞整体上，依靠细胞膜上的"小孔"，取得了不少关于细胞的认识。一句话，现代医学是借助细胞膜来认识细胞的，无疑，对现代医学来说，细胞仍然是一个打不开的"黑箱"或稍微打开的"灰箱"。承认玄府 - 细胞间隙说，有助于祖国医学从微观的角度来认识脏腑，这正如现代医学从相对宏观的角度——细胞膜来认识细胞，是相辅相成的。

需要说明的是，刘河间所说的玄府，毕竟是在特定的历史条件下，以超乎寻常的想象而提出来的，不可避免地带有主观臆测成分。正因为如此，赋予众多功能于一体的玄府，其功能的全部内涵，也并非完全等同于细胞间隙。另外，祖国医学的玄府，是在中医学整体观念、关系本体论思想指导下的一个集约着功能、结构、信息与能量等综合的产物，而现代医学的细胞间隙，是建立在实体中心论下的一个具有日益清晰功能的实实在在的结构。指导思想不同，理论体系不一，因而，对于玄府与细胞间隙，目前尚不能绝对的等同起来。

参考文献：

[1] 王明杰 . 玄府论 [J]. 成都中医学院学报，1985，（3）：1-4.
[2] 郑国庆，黄培新 . 玄府与微循环和离子通道 [J]. 中国中医基础医学杂志，2003，9（4）：13-14.
[3] 郑国庆 . 玄府与离子通道的比较研究及中风病的分子机制 [J]. 浙江中西医结合杂志，2002，12（12）：755-756.

（收稿日期：2004-12-20）

附录 9

《北京中医药大学学报》2005 年 5 月第 28 卷第 3 期

病络与络病对比研究 *

王永炎[1]，常富业[1]，杨宝琴[2]

（1. 中国中医研究院，北京 100700；2. 首都医科大学中医药学院，北京 100013）

摘要：系统介绍了络脉研究概况，提出了病络的概念。认为病络作为一种病理状态与过程，标志着疾病的演变；作为病位病机与病势，是认识疾病变化、确定治疗方案的一个理论工具。从病机看病络可理解为各种病理因素以络脉为幕布的病变的影射；病络作为一种病理过程，包含着复杂的动态病位变化，具体体现为各种病理因素的空间特性的演化；病络作为络脉的一种非正常状态，标识着络脉的种种结构或功能的改变。初步研讨了病络与络病内涵的异同，前者属于中医学的病机范畴，后者则限定为泛指发生于以络脉为主要病位、以络脉的功能和或结构失常为主要病机的一类疾病。强调深入分析病络机制，对寻求共性的证候病机、确定治法遣药组方指导治疗、判断预后，具有重要的意义。

关键词：络脉；病络；络病；病机；理论探讨

Abstract：To introduce the study of collaterals and put forward the concept of abnormal collateral.The abnormal col-lateral，as a pathological satate and course，indicates the disease development；as the location，pathogenesis and state of disease，it is a theoretic tool for recognizing disease changes and determining treatment plan.It can be thought as a patho-logical reflection of different factors with collateral as a curtain.As a pathological course，it contains the complicated，dy-namic changes of disease location，which reflect the evolution of different pathological factors；as an abnormal state of col-lateral，it marks various changes in structres and functions of collaterals.The similarities and differences between the con-cepts of the abnormal collateral and the diseases in collaterals were discussed in this paper.The abnormal collateral was part of pathogenesis of Chinese medicine and the diseases in collaterals were those with location，abnormal structures and functions in collaterals as their main pathogenesis.It is significant to finding out the common pathogenesis，deciding thera-pies，using drugs and forming prescriptions，guiding treatment，and assessing prognosis on the basis of a thorough analysis of the mechanism of the abnormal collateral.

Key words：collaterals；abnormal collateral；the diseases in collaterals；pathogenesis；discussion in theory

中图分类号：R241.7

自20世纪末，围绕络脉与络病的研究逐渐展开，从文献梳理到学说辟新，从模式生物到临床研究，从基础到诊疗，涉及多层面、多视角而取得一定的进展。随着对络脉研究的日益深入，络病学说或络病理论已成为中医理论体系的重要内容之一。采用从络施治或按"络病"治疗，正逐渐在临床上显示出优势。晚近关于络脉和络病的专著业已面世，可以说络病学说或络病理论日益受重视。进深思考，究竟何为络病？怎样介定其外延与内涵？毫无疑问，络脉于机体，正常则不病，异常则病生。络脉由正常到异常，由不病到有病，其间的病理过程或病理机制是什么，由病络到"络病"的病理机转又是什么，这是值得深思的命题。

为系统分析与总结络脉研究成果，深化对络脉、络病与病络的认识，以崭新的视角理解与诠释其外延与内涵，进而指导临床实践，笔者试就络病与病络的比较提出一些不成熟的认识，敬请同道斧正。

1. 关于络脉研究的回顾

1.1　络脉有气络、血络之分

众所周知，提起络脉，必然要与血联系起来，或就是血络的代名词，而忽视了其主气的属性。如何全面认识络脉，发掘其应有的理论内涵，值得深思。《类经·四卷·藏象类》云："血脉在中，气络在外。"明确指出了络脉应有气络、血络之分。在病理上，湿热、瘀血、痰饮或他病的影响，均可导致气络不舒或气络受阻而发生疾病。如《形色外诊简摩·卷下·外诊杂法类》云："凡人胃中与前阴，病湿热腐烂，或瘀血凝积作痛者……知其气络有相应也。"有鉴于此，笔者[1]考查《素问·营卫生会篇》"营行脉中，卫行脉外"理论，结合现代研究，认为络脉在运行气血上，应包括气络、血络，气络与血络相伴而行，共同成为气血运行的载体。从而深化了对络脉的认识，弥补了对络脉认识之不足。

1.2　络脉有广义、狭义之别

目前所言的络脉，其意义不断递进延伸，较经络学说中的"络"和脉络之"络"有更加清晰深邃的内涵。目前多认为[2]，络有广义、狭义之别。广义之络包含"经络"之络与"脉络"之络。经络之络是经络系统的重要组成部分，是对经脉支横旁出的分支部分的统称。如《灵枢·脉度》云："经脉为里，支而横者为络，络之别者为孙"，说明在形态上经脉较为粗大，是主干，络脉是细小支横别出的部分。脉络之络系指血脉的分支部分，脉络在《灵枢》亦称血络。狭义之络仅指经络的络脉部分。

无论广义之络脉还是狭义之络脉，构成络脉系统的各分支，既有十五别络、孙络、浮络和血络之分，又有阴络、阳络、脏络、腑络及系络和缠络之异，各支各类彼此连接，犹如网络，纵横交错，遍布全身，内络脏腑，外联肢节，成为沟通机体内外、保障脏腑气血灌注的功能性网络，也是协调机体内外环境统一和维持机体内稳态的重要结构[3]。

1.3　络脉有阴络、阳络之异

阴阳学说是中医的重要基础理论之一，体现于络脉上，《临证指南医案》认为络脉有"阴络"、"阳络"之分。"阴络即脏腑囊下之络"，如"肝络"、"胆络"、"胃络"等；"阳络"即是浅表的皮下之络。实际上，今人所言络脉之"阴络"、"阳络"，大抵浮现与体表者就是阳络；深隐于体内者，尤其是深藏于纵深之处，横贯行走于脏腑内部者，就是阴络。赵氏[4]认为："阳经之络脉，多行于头顶、体表等阳位，阴经之络脉，多入于体腔、脏腑等阴位。"说明络脉的阴阳之别，非性质之分，实乃部位所属之异。

区别络脉的阴阳之异，从理论上讲，似无价值，但对指导临床，仍有一定的意义。首先，阳络多浅出于体表，视之可及，通过络脉的色泽扭曲盈亏变化，可以判断疾病，成为诊察疾病的重要途径之一。其次，阳络位置表浅，远离经脉主干，在运送血液的过程中，行程愈远而支流愈细、愈少，最容易受到阻滞或外邪侵袭而发生疾病，诸如五体的不少疾病，每每与阳络发生病变有关。就阴络来说，由于位置深隐，难以察觉，且行走迂回曲折，沿途窜屈窄碍，最易受阻。倘若发生病变，早期难察，俟病状出现，往往病程已是迁延，或病情沉疴。

1.4　络脉之三大特性

总结中医学对络脉的认识，可以看出络脉不仅在分布上是广泛的、结构上是复杂的，而且在功能上也是多方面的。表现为分布的广泛性、结构的复杂性和功能的多维性。

（1）分布的广泛性。络脉是无处不在的，皮、肉、筋、脉、脏、腑、骨、髓均各有自己的所属络脉，以支持其功能活动。

（2）结构的复杂性。络脉分大络、支络、细络、孙络、毛脉等，逐级分次，为数众多，结构复杂《灵枢·脉度》载："当数者为经，其不当数者为络。"《医门法律·络病论》云："十二经生十二络，十二络生一百八十系络，系络生一百八十缠络，缠络生三万四千孙络。自内而生出者，愈多则愈省，亦以络脉缠绊之也。"针对如此庞杂纵横交叉的络脉系统，在结构上可以看出有浅、深、末、网的四大特点[5]。五脏、六腑、五体等各有所属的络脉，并不是单一的，而是可以无限支横而别，一干多支，一支多分，一分多极，从而构成干支成丛，络中有络、层层叠叠的细密网络。这种多级细分，递进伸延的结果，使络脉在其形态学上表现为一个网络系统、三维结构；在空间层面上，有表有里，有内有外，有深有浅，无处不到，无所不达，纵横交错，相互贯通，缠绕成网络，以支持复杂的气血运行、津血渗灌，维系着各种生命活动。

（3）功能的多维性。人体是一个多层次、多功能的有机体，与此相应，络脉也就表现出其功能的多维性。络脉的生理功能是多方面的，不仅是血液运行的通道，同时也是气机运行的通路。络脉在从主干发出后，将运行于主干的气血不断地渗灌注于全身，从而发挥了营阴阳、濡筋骨、利关节的作用。而起始于四肢远端肤浅的络脉，又会呈向心性伸延分散，以运行气血，排泄污浊。"血气者，人之神"（《素问·八正神明论》）；"血者，神气也"（《灵枢·营卫生会》）。络脉在运行气血的同时，也必然将神机进行运转传递，因而络脉也是神机运转的重要途径之一。

1.5　络脉的生理功能

络脉在机体复杂的功能活动中，担负着重要的生理作用。络脉在很大程度上从属于经脉，故络脉的生理功能是与经脉密切相关、息息相通的。络脉的生理功能除具有与经脉共同的生理作用外，重点是加强了十二经脉中表里两经之间的联系，输送营卫气血，渗灌濡养周身，保证经气环流，成为具体联系的纽带和效应的信使。再者是加强血络主干与主干之间、主干与分支之间、分支与分支之间的气血联系、津液渗灌和神机运转，以协调机体的整体平衡和维持体内环境的稳定。

笔者认为，络脉的正常生理状态当是充盈满溢，出入自由。否则络脉虚、络脉瘀，导致病络，可见缠络、结络等，皆由功能改变导致结构的改变[1]。穆氏[6]认为：气血在十四经循环过程中，由各经溢于所属的络脉之中，将血气渗灌全身，从而发挥了营阴阳、濡筋骨、利关节的作用。体内体表部分自五脏六腑发出，成网状散布于经脉之间；与经脉支横别出的部分相互交叉，其中阴络走阳，阳络走阴，阴阳之间，络气相互渗灌，最终出于孙络，散于肌肤。总结对络脉生理功能的认识，可概括为以下几个方面。

（1）络脉流通。是指络脉维系着气血的运行，成为气血运行的通道。络脉支持气血的运行，不同于十四经脉的如环无端，单向流动，而是既能使经脉中的气血流溢蓄积于络脉之中，又能反向流通，表现为双向性流通的特点。

（2）络脉渗灌。络脉流通不是目的，仅仅是过程。通过络脉流通，运行其中的气血；依靠络脉自身的逐级旁岔深入分化，不断蓄溢渗透，灌注到相应的脏腑组织器官中，以实现养营作用。

（3）络脉反注。反注即反流回注。所谓络脉反注，是指络脉在渗灌的同时，又不断地将脏腑组织器官的代谢废物吸收入血液中，并实现气血的回流，将代谢废物运走移除，以实现代谢排除作用。

络脉的流通渗灌和流通反注，使络脉在支持气血运行方面呈现双向流动的特性[7]，即络脉中的气血既能离经方向流动而布散于脏腑组织，又可向经脉方向流动而依次注入络脉与经脉，具有"双向流动"、"满溢渗注"的特点。

流通作用、渗灌作用和反注作用是密切联系的，流通作用是基础，渗灌作用和反注作用是目的。通过渗灌作用，以实现气血的养营和津血的渗灌互化；通过反注作用，来实现泌浊排泄。上述三大作用的实现，均有赖于络脉的滑利畅通。否则，一旦络脉不通，必然导致渗灌障碍和反注不能，从而导致疾病的发生。

1.6　络脉是功能结构载体

晚近，不少学者就络脉的结构或功能实质，结合现代研究方法，进行了大量探索。穆氏[6]通过对经脉的生理功能、病理反应、诊断方法和临床应用等方面分析后认为，络脉不能简单地被视为经脉的浅表分支，而是与经脉有关而又独立的人体运行气血的立体网状系统。并认为络脉与体表静脉有密切的关系。刘氏[8]也强调络脉体表静脉说，认为除大隐静脉外的全部体表静脉都是络脉十五别络的别出之处，皆有相应的体表静脉，刺络穴和刺脉出血都是刺浅表静脉出血。

不少学者[9,10]认为，祖国医学的络脉相当于西医学的微循环，络脉的渗灌气血、濡养组织以及营、血、津、精的互渗作用与微循环的生理功能极其相似。但中医络脉的功能内涵更宽，中医的络脉不仅包括了西医的微循环系统，"气络"中运行的经气又远远超出了微循环系统[2]。据此，可以说，络脉之血络，大致相当于西医的血液微循环系统，而气络的结构定位显然非血液微循环系统，是否为神经网络、细胞因子调节网络等，尚有待进一步探讨。

进深分析，络脉与西医所言的血管或微循环系统确有相似之处，但对经络的实质研究至今仍无定论，不能简单地将其看成微循环。络脉结构的复杂性和功能的多维性，决定了络脉是功能结构载体[1]，并具有功能与结构密不可分的特征。割裂功能去按图索骥于人体上寻找结构，或舍弃结构而凭空妄猜其功能，都是值得怀疑的。只有将二者联系起来，于活生生的机体上，从整体上把握络脉的功能和结构，才有可能认识络脉。

2. 病络概念的提出与络病关联的探讨

2.1　何为病络

《金匮要略浅注·卷七·惊悸吐衄下血胸满瘀血病脉证第十六》云："以由病络而涉于经，宜从治络血之法。"首次提出了"病络"这一名词。笔者在总结络病的研究之后，首次对病络的概念进行了明确诠释，指出：病络是络脉的病理过程、病机环节、病证产生的根源。络脉有常有变，常则通，变则病，病则必有"病络"产生，"病络"生则"络病"成，此时产生一种状态，可以是疾病状态，也可是亚健康状态。所谓病络，其概念的外延是络脉某种具体的非正常的状态，而内涵是以证候表达为核心的联系病因病机的多维界面的动态时空因素,是可直接提供干预的依据[1]。

2.2 病络与络病比较

目前广为言称的"络病",仔细分析,其外延不清,内涵模糊,似指非指,似是而非。之所以如此,在于"络病"从字面上说,当是指一个病或一类病,倘若此,这与古代医学家尤其是叶天士所说的络病大相径庭。叶天士认为,"久病入络"或"久痛入络",意谓不少疾病或病证都可以波及络脉,导致络脉功能或结构失常,此时的非正常状态是否就称为络病?产生此状态的过程是否也称之为"络病"?基于目前对"络病"的认识,大多认为此"络病"指的是络脉病理过程或与络脉非正常状态有关的病机。从这个意义上说,提出病络并强调病络这一概念,对正确认识、辨析和深入研究当今所言的"络病"及其他急危疑难病证,有其重要的意义。

结合利用现代医学方法对络脉的研究进展,络脉在很大程度上,其结构定位与西医学的微循环甚相似。临床不少医者,则更直接将络脉看成是微小的血管。对西医学范围内病位以小血管为主的一类疾病即周围血管病,如闭塞性周围动脉粥样硬化、雷诺综合征、血栓性静脉炎;风湿病如变应性肉芽肿血管炎、超敏性血管炎及白塞病之血管型等,目前中医学对此尚未有明确的归类或恰当的命名,我们认为从这些疾病出现的疼痛、麻木、局部皮肤色泽变化和病程较长等临床表现,与通常所言的"络病"十分相似,可统称为"络病",将络病的内涵限定为泛指包括上述病种的一类疾病。如此,络病的概念可以表述如下:络病泛指发生于以络脉为主要病位、以络脉的功能和或结构失常为主要病机的一类疾病。这种疾病与在病程的某一个阶段出现或兼夹"络病"是有不同内涵的。如目前普遍认为中风病存在久病入络,这种"入络"实际上与络病是不同的。

病络的概念可以这样把握:病络是中医学的一个重要病机,是指邪气侵袭络脉或正虚以及络脉本身的病变,导致络脉的形质改变或功能异常,造成相应脏腑组织器官损伤,引起种种疾病或病证的一种基本病机。

据此,不难看出,络病与病络不同,络病可以限定为一类病,属于病的范畴;病络则不局限于一种病,属于中医学的病机范畴。由于络脉分布的广泛性,任何疾病都可以波及络脉,引起病络病机,导致相应的疾病或病证。毫无疑问,病络不单产生络病,也可以产生其他疾病。任何疾病都可能出现病络病机,病络病机可与其他病机夹杂同现。

将病络看作一种可以引起中医多种疾病的病机、初萌似难以理解,实际上,就像西医学认识的"血栓"、"炎症"之概念一样,西医学范围的疾病,有很多是以此来解释病理的,深化了对疾病发生学的认识,有助于指导临床。

3. 病络说的理论与实践意义

3.1 病络作为一种病理状态,标志着疾病的轻重变化

"凡病,惟络病最轻,经病稍重,腑病又重,脏病最重。此审病轻重之大法"(《中风论·论奇经八脉》)。"经络病可以引年,脏腑病难于延岁也"(《金匮玉函要略述义》)。就中风来说,"口眼歪斜,络病也,其邪浅而易治;手足不遂,身体重痛,经病也,邪差深矣……"(《金匮翼·中风统论》)。上述指的大抵是疾病初期,邪气侵袭表浅之阳络而病的情形。而随着病程的延长或毒疠酷烈之邪侵袭络脉,则病程不论长短,则标志着病邪深入,病情危重。诚如《临证指南医案·卷三·肿胀》所言:"已属络病,难除病根(气逆入络)。"

3.2 病络作为一种病势,成为认识疾病变化、确定治疗方案的一个理论工具

络脉有气络、血络之分,作为病络则也有病势趋血、趋气之异。趋于病气络者,多偏于功能的变化或丧失,少有形质异常,在治疗时当以治气为主,兼顾及血;而趋病血络者,则在功能变化的同时,多伴有形质的改变,在治疗时当以治血为主,兼顾治气。目前,临床上似乎形成一种定势,提起络脉,动辄想到久病,在遣药上,必然要用虫类通络或活血化瘀药。实际上,纵识络脉,未免失之偏颇,当审其病机而论。

3.3 病络作为一种病机,具体体现为各种病理因素于以络脉为幕布的病理投影的移变

病络的发生,在时间上表现为一种动态过程,随着时间序列的递进,各种病邪产生的增多,应证要素组合的形式也就必然增多,临床上出现的证候也相应增多。疾病之初,邪气往往是单一的,此时临床上可以表现为病或不病的状态。随着正邪的斗争和阴阳的消长,正气终究会正不胜邪而使病邪深入。在病邪深入过程中,肇基之邪未祛,他邪又生,由一邪而生多邪,多邪夹杂共同伤人而使病情沉痼。在某种程度上,他邪产生和留滞害人的过程,总以络脉为主体,主要反映了络脉损伤的程度和速度。这是因为,络脉作为流通气血、沟通上下内外的重要网络,不仅支持各脏腑组织器官的养营,也维系着其新陈代谢、排污泄浊。邪气无论在何而生或因何而生,既生之邪往往迅速被正气祛除,此祛除之道,当以络脉为主要途径。邪气之所以伤人,往往昭示着非正气大虚,乃络脉损伤,邪气去路不通。此络脉作为邪气退却的道路,损伤速而重者,必然意味着所产生和留滞的病邪多,病情就重。

络脉的损伤,造成邪气因(原发)病而生,所产生的

各种邪气并非尽纷呈于外，而是有主次之分。有的邪气产生之多者，或与体质的易感性相符者，便在损人伤体的同时，而表现出临床证候；相反，若邪气产生之少，或与体质的易感性相悖者，便在损人伤体的同时，难以表现出临床证候。需要强调的是，这种新旧之邪的夹杂性，在时间序列演变上，总以络脉为经线，病初伤于气络，凡能伤于气的病理因素必然会因此而生，因此而夹杂同犯；之后，由气入血，气血同病，气血二维因素夹杂，待病情又进，主以血病，重点伤于血络，使凡能伤于血络的各种病理因素胶结表达，最终形成各种病理因素交织于一体的复杂病局。在此过程中，络脉始终为邪气深入的主干道和病情递进的晴雨表。

3.4 病络作为一种病理过程，包含着复杂的动态病位变化，具体体现为各种病理因素的空间特性的演变

疾病的过程，在很大程度上是沿络脉深入传里布散的过程。在这一过程中，络脉正常的生理功能和形质结构遭到破坏，病络机制显现，各种病理因素纷呈，多因素交织于一体，邪气损正，阴阳消长，此盛彼弱，变化多端，始终形成而表现为流动的或动态的证候演变。

3.4.1 初病入络于浅表

所谓初病入络，是指疾病之初，邪气即侵袭络脉而出现病络。络脉在部位上有深浅阴阳之异，性质上有属气属血之别，任何原因侵袭人体，从理论上讲，都可以侵袭络脉，伤及络血，碍及络气，引起病络机制而疾病。"久病入络"理论自叶天士明确提出后，目前已经趋于认同，对于疾病之初，是否存在入络的病理机制，晚近逐渐引起学者的重视。实际上，初病入络机制是广泛存在的，而且是由络脉的空间结构特点所决定的。

进深分析络脉的生理位置和分布走向，不难发现，络脉具有"络脉 - 经脉 - 络脉"、"络脉 - 血络主干 - 血络分支 - 络脉"和"络脉 - 脏腑 - 络脉"的分布走向之特点，这种特点从空间结构上讲，形成"外 - 中 - 内"和"窄 - 阔 - 窄"的分布状态，表现为三维、三层的联属关系，从而决定了络脉"在内连属于脏腑，在外连属于筋肉、皮肤"和"在内连属于经脉，在外渗灌于络脉"，具有沟通上下内外的功能。无论在内在外，气血效应的发挥，都必须依靠络脉的流通、渗灌和反注来完成。络脉之这种上下内外、纵向贯通、横向交叉、多维多级分布的结构，决定了其是一个整体的"互联网络"。这种"互联网络"，使络脉系统，具备以下三个特点：一是络脉分布的广泛性，任何脏腑组织器官，都有遍布的密密麻麻的络脉。正是这些密密麻麻的络脉，就生理上来说，才能满足各方面的生理效应，就病理上来说，病邪会从各个方面侵袭络脉，导致病络而引起疾病。也就是说，无论疾病之初，还是疾病的晚期，都可以出现病络。尤其是疾病之初，由于体表广布络脉，位

置表浅，最容易遭受外邪的侵袭、跌打金创和虫毒之所伤，故而初病入络是每每多见的。二是联系的紧密性，脏腑组织器官之所以组成一个有机的整体，毫无疑问，与络脉的广泛联络是分不开的。通过络脉的气血流通、信息传递和代谢物的排除，得以建立和维系着正常的机体活动。这种紧密性也就决定了机体任何部位的病变，无问病期，都可以由他入络，引起络病。诚如《古今医统大全·卷之七》亦曰："邪之客于形也，必先舍于皮毛，留而不去，入舍于孙络；留而不去，入舍于络脉；留而不去，入舍于经肺。内连五脏，散于肠胃，阴阳俱感，五脏乃伤。"说明外感病初起，邪从皮毛入而传入于络脉，进一步再传于经脉。经脉之邪久留不去，又可著于深层之络。病情的进一步发展，深层之络深入于脏腑，又将病邪内传于脏腑而引起脏腑疾病。

"初病在经在气，久病入络入血"，显然，初病入络之络当是以气络为主，或说重在气分而兼及血分。正因为以气分的病变为主，因而在临床上，具有起病急骤、症状出现快、传变迅速、病情易变的特点，其与"久病入络"的基本内涵重在血络，显然是侧重不同的，临床上应注意识别。

初病入络导致病络，其实质是外感六淫之邪损伤络脉的过程。其病理因素的关键词主要是六淫、气和气络，由这些要素应证组合临床证候。因而在干预时，应把握于斯，确定祛邪、理气和宣发气络的治疗理念，以尽快祛除病邪，恢复络脉功能。

3.4.2 久病入络于纵深

久病入络不仅指时间上的历久性，更标志着病位的纵深性。因为络脉虽然有表里浅深阴阳之异，但彼此是互相连通融会的。疾病之初，邪气往往侵犯表浅之络脉，而后随着正邪消长，邪气深入，沿表浅之络脉传入之深隐之络脉，由表浅之部位，传入到纵深的脏腑组织器官。其间，络脉始终扮演了邪气之通路作用或邪气之"短路"作用。由于这种短路作用，造成了从初病入络到久病入络，并非尽是一个历久的过程，可以在时间上较短，当然这要依赖于正邪的消长情况而定。若邪气猛盛，正气虚象已显，邪气可以较快地沿络脉之短路由表入里；反之，则表现为一个较长的致病过程。在邪气入里过程中，值得注意以下几点：①一络而及多络，是指任何一个络脉的病变，都有可能将病邪传给与其相联络的其他络脉，形成一络而及多络的现象；②一处病络而及多处病络，是指病邪在损伤一处络脉的同时，会将病邪传远到他处，而引起其他部位的络脉出现功能失常或形质改变；③一网络而及多网络，络脉在空间上，彼此形成流通渗灌的复杂网络，因而病络的过程，其实质是网络功能或和结构的失常。一个网络的病变，由于病邪的弥散，会引起他处网络的病变，形成多处网络俱病。

络脉虽细小，但因为一络而及多络，一网络而及多网络，最终造成病邪趋里入深、邪气弥散、病位扩大、病情加重的局面，临床上应熟识如斯，采取得力措施，杜绝络

脉的短路传变作用，以使病位局限。

3.5 病络作为络脉的一种非正常状态，标识着络脉的种种结构或功能的改变

就功能的改变而言，病络主要是络脉之气和络脉之血的异常，前者具体表现为络脉之气亏虚、气机郁滞、气郁蕴热化或酿毒等；后者具体表现为络脉之血液亏虚、血液瘀阻、血液壅滞等。络脉结构的改变主要是络弛（如微循环麻痹之休克）、络破和络结。①络弛。是络脉因某种原因导致络脉麻痹弛缓，血液滞留于局部而他处血少或无血，影响络脉渗灌、反注的一种病理状态。②络破。是由于外伤、火邪及其他原因导致络壁损伤，络脉中的血液溢出的一种病理状态。③络结。即络脉管壁因痰浊、瘀血、瘀脂等原因导致增厚、变硬、凹凸，影响络脉正常的流通气血而产生的一种病理状态。

总之，病络是中医学重要的病机之一。深入分析病络机制，理解其动态演变过程，对全面地认识疾病、确定病位、判断预后，具有重要的意义。就病络而言，病因可有外感六淫、内生五邪等外内病邪的不同；病变则涉及脏腑阴阳气血津液和神志等功能与形质的变化。所包含的基本病理变化，可按基本证候因素如郁、滞、瘀、虚、毒、痰、水、湿、风、火、寒等实性因素和阴虚、阳虚、气虚、血虚等虚性因素进行应证组合，衍生出多种病络模式，以把握络病。所谓

病络，是指络脉因各种原因导致的一种络脉非正常的病理状态和病理过程，介导着各种病理因素与络脉的交互影响，体现为多种病理因素的应证组合的时空变化，标志着病位的浅深移变和疾病发展的趋势，是临床干预的依据之一。

参考文献：

[1] 王永炎，杨宝琴，黄启福. 络脉络病与病络. 北京中医药大学学报，2003，26（4）：1-2.
[2] 雷燕. 络病理论探微. 北京中医药大学学报，1998，21（2）：18-23.
[3] 雷燕，黄启福，王永炎. 论瘀毒阻络是络病形成的病理基础. 北京中医药大学学报，1999，22（2）：8-10.
[4] 赵京生. 论十五络脉的实际意义. 南京中医药大学学报，1998，14（5）：289-290.
[5] 常富业，王永炎. 络病辨证浅析. 北京中医药大学学报，2003，26（6）：9-11.
[6] 穆腊梅. 络脉是附于经脉的立体网状系统. 湖北中医杂志，1994，16（6）：21-22.
[7] 李梢，王永炎. 从"络"辨治瘀病学术思想举隅. 北京中医药大学学报，2002，25（1）：43-45.
[8] 刘里远. 经络的现代科学概念. 中国针灸，1999，19（10）：2.
[9] 宋俊生. 试述中西医结合的切入点. 辽宁中医杂志，2000，27（5）：197-198.
[10] 刘伍立，江一平. 浅谈微循环与络脉的关联. 北京中医，1986，5（2）：44-45.

（收稿日期：2005-01-15）

附录 10

《北京中医药大学学报》第 28 卷第 3 期 2005 年 5 月

玄府概念诠释（四）

—— 玄府为气升降出入之门户

常富业[1]，王永炎[1]，高　颖[2]，杨宝琴[3]

（1. 中国中医研究院博士后流动站，北京 100700；2. 北京中医药大学东直门医院，北京 100700；
3. 首都医科大学中医药学院，北京 100013）

关键词：玄府；气机；生理功能；理论探讨
中图分类号：R223.1

玄府从狭义之汗孔到广义的玄微之府，不仅是结构从

相对宏观到绝对微观的变化，更主要的是功能发生了巨大

变化[1]。从刘河间论述的玄府原文来看，玄府的生理功能是多方面的。首要的最基本的功能是"流通气液"。除此之外，以病测用，"悉由热气怫郁，玄府闭密而致气液、血脉、荣卫、精神不能升降出入故也"（《素问玄机原病式·二、六气为病》），说明玄府尚与血脉的流通渗灌和神机的运转有关。为何玄府的主要生理功能定位于流通气液而不是流通气血？因为广义玄府作为玄微之府结构的猜想，是基于发泄气液的汗孔、流通气液的腠理而诞生的。按有外窍必有内窍的理论，外窍可察，内窍难见，可以外窍推测内窍之功用。外有气汗发泄，内亦应有气液流通。如此，以外揣内，以大知小，天人相应，内外相类，构成了中医学理论的基本特色。也就是说，玄府的存在或玄府之结构，是与外窍的存在相应的。外窍与内窍在开阖方面是一致的。故可以外窍的开阖司发泄气液之功推测内窍的开阖司流通气液之用。又如河间谓："然皮肤之汗孔者，谓泄气液之孔窍也；一名气门，谓泄气之门也；一名腠理者，谓气液出行之腠道纹理也；一名鬼神门者，谓幽冥之门也；一名玄府者，谓玄微府也。"由此及彼，故尔作为玄府的功能，也当以流通气液为主。也就是说，玄府是气机运行和津液流通的道路门户。本文拟就玄府作为气升降出入之道路门户作一浅识。

1. 气一元论

1.1 气一元论是中医学立论之基

气是中国古代哲学范畴系统中一个最重要的最基本的范畴，是中华民族独有的普遍的范畴。气一元论，又称元气论，认为气是天地万物统一的基础，是世界的本原。按照气 - 阴阳 - 五行的逻辑系统，揭示了世界万物包括生命的本质，阐明了自然界物质运动平衡的规律。此即《河洛原理》所谓："太极一气产阴阳，阴阳化合生五行，五行既萌，遂生万物。"中国古代哲学的气一元论应用于中医学领域，成为中医学认识世界和生命运动的世界观和方法论。与医学科学相结合，形成了中医学的气一元论。故《庄子·知北游》曰："人之生，气之聚也。聚则为生，散则为死。……故万物一也。"气一元论思想被引入医学领域后，认为气是构成人体和维持人体生命活动的活力很强、运动不息、极其细微的物质，具有物质与功能的二重性，是生命物质与生理机能的统一。

气的哲学含义正在由博返约。气是中国古代哲学标示物质存在的基本范畴，是运动着的、至精至微的物质实体，是构成宇宙万物的最基本元素，是世界的本原，是标示着占有空间、能运动着的客观实在。这种客观实在，从云气、水气到量子、场，无不涵盖其中。可谓"至大无外"，"至小无内"。随着社会的发展、科学的进步和西学东进，气范畴的发展正在淡化古代色彩，而趋近于近现代科学的说明与规定，从虚无飘渺中走向客观实在，视气为光、电、

质点、原子、量子、场等。因此，淡化其抽象性而走向具体，限局其普遍性而走向个别，是一种发展趋势。昭示着气有涵盖质量与能量的二重性。

1.2 气作为物质的运动，构成了机体的功能活动，是物质与功能、信息与能量的统一

气的运动状态由混沌到有序，构成了生机勃勃的生命活动。气的根本属性是运动。地球乃至宇宙的形成，标志气的运动正由混沌走向有序。从系统论的观点来讲，人是由气组成的高度有序化的巨系统，人之气的规律和谐运动，才构成了阴平阳秘的复杂而有序的生命活动。气分阴阳，阴阳相错，而变而生。阴阳相错，或称阴阳交错、阴阳交感，是气运动变化的根本原因。也就是说，阴阳的对立统一运动是气运动变化的根源。故曰："阴阳者，天地之道也，万物之纲纪，变化之父母，生杀之本始"（《素问·阴阳应象大论》）。气的阴阳对立统一运动，《内经》以"升降出入"四字概括之，曰："出入废，则神机化灭；升降息，则气立孤危。故非出入，则无以生、长、壮、老、已；非升降，则无以生、长、化、收、藏。是以升降出入，无器不有"（《素问·六微旨大论篇》）。因此，医者谈气，容易想到"功能"之属性，忽视了物质属性、信息属性和能量属性。譬如 Na^+，在自然界是一种实实在在的物质，而在活的机体内，则表现为物质和功能、信息与能量的有机统一。因此，气的运动功能，是机体各种功能活动的总称，表现为气的升降出入的运动，是物质与功能、信息与能量的高度整合。

2. 玄府为气升降出入之道路门户，是物质与功能、信息与能量整合的基本结构

2.1 气表现为物质的运动必然有相应的结构支持

承认气的物质属性和运动属性，就必然探讨其运动道路或轨迹。古往今来，就气运行道路的认识有着大量的论述。可以说，对气运动道路的认识，本来是模糊的或疏忽的。《内经》就气的运动做过形象而粗放的描述。如"气之升降，天地之更用也。……升已而降，降者谓天；降已而升，升者谓地。天气下降，气流于地；地气上升，气腾于天。故高下相召，升降相因，而变作矣"（《素问·六微旨大论篇》）。尔后虽然不少医家对气的运动做过论述，诸如沿三焦、经络等，但也仅是宏观性的描述，对具体运动道路的认识，仍模糊着。随着对气的升降出入运动规律属性的认识，作为气运动的结构支持的探讨，逐渐引起医学家的重视，使探讨有序之气的运动道路正由粗放趋向细致。刘河间在总结了肉眼可及的汗孔作为发泄气、汗的孔窍之后，推测机体内各处一定有类似汗毛孔这样的一种结构，

以支持气机的发泄和流通。为此提出了沿用玄府之旧名称，赋予其崭新的内涵——广义玄府论，认为正是遍布机体的玄府，才为气的运动提供了一个最基本的运动平台或运行通道。气运行于玄府之中，凭借玄府升降出入，形成了气的生生不息的气机流，显示出生命系统的各种功能活动。这种认识有其非常积极的意义。

2.2 玄府是气运行的基本道路

中医学所说的气，并非是无水之鱼，无林之木，而是在玄府内运行不息着。以往认识气的运动及其运动途径或运行道路，往往归结于宏观层次的三焦、腠理或经络等。如《推拿抉微·五脏各有所司》云："人之皮肤，具有隙孔，俗称毛孔，非若铜铁之坚实平板，不透空气者也。吾人如以显微镜检察人之周身，则见吾人一呼气，而毛孔亦一开而呼气；吾人一吸气，而毛空亦一闭而吸气。……至其所谓司腠理，是其未识腠理为肥肉内瘦肉外之白膜，与内部三焦之油膜相连系而为少阳所司。盖少阳系自肾系生板油，网油膜油，以上生胸间之膈膜，肝之膜油。心之包络，与周身之腠理，无不相连属者。虽少阳有手足之分，而其为上下内外之油膜则一。"说明三焦和腠理皆为体内之油膜，三焦为脏系之油膜，腠理为五体系之油膜，皆为宏观层次上的概念。《读医随笔·升降出入论》也指出："人身肌肉筋骨，各有横直腠理，为气所出入升降之道。升降者，里气与里气相回旋之道也；出入者，里气与外气相交接之道也。里气者，身气也；外气者，空气也。鼻息一呼，而周身八万四千毛孔，皆为之一张；一吸，而周身八万四千毛孔，皆为之一翕。出入如此，升降亦然，无一瞬或停者也。"以上两段原文皆指出体内气机的运动或发泄皆以三焦、腠理为基本运行道路。而对微观层次的认识，始终未引起重视。况且对三焦、腠理的认识，自古以来就在争论中，尤其是三焦，到底为何物，至今未有定论。因此，使气机的运行道路，总未揭开其神秘的面纱。似乎体内之气，仅凭主观想象去把握其运行或运行的道路。玄府概念的提出，为认识气的运行，增强了不少感性认识。可以这样说，诺大的机体，气寓其中，行其内，从宏观道路上说，是三焦或腠理等，若从微观结构上说，是玄府，正是由玄府这样的至微至小的孔隙结构，孔隙彼此相连，自成系统，才成为气运、气化的道路和场所。如此，气不再是混沌散漫而无约束，而是在玄府所提供的结构中，有规律地运行着。玄府的结构特点：一是孔门性质而有开阖之用；二是腔隙性质而行通利之功。孔门属性决定了一处之气有余，必然为之开放，而具有泄气之能，正如汗孔能发泄阳气。腔隙属性，决定了其支持气的运行不已，通利持续。例如，一般认为，元气发于肾间（命门），通过三焦，沿经络系统和腠理间隙循环全身，内而五脏六腑，外而肌肤腠理，无处不到，以

作用于机体各部分。仔细推敲这样的循行途径，元气到达脏腑后，其在脏腑内部是如何循行的，查阅医学典籍，没有满意的记载。再如，宗气的分布与循环，多认为是宗气积聚胸中，灌注心肺之脉。其向上出于肺，循喉咙而走息道，经肺的作用而布散于胸中上气海。令人深思的是，宗气积聚胸中，无疑是积聚于肺脏为主。如此，积聚循行于肺脏的具体什么部位？利用玄府理论，回答这样的问题是显而易见的。盖元气到达脏腑后，直接循行于相应脏腑的玄府，通过分布广泛的玄府而作用于相应脏腑之具体靶标，使脏腑成为各有其功能，各司其责的器官。宗气亦是如此，宗气生成于肺后，直接分布循行于肺内的玄微之府，随之灌注心肺之脉，之后向他处布散。

2.3 气行玄府而形成了广泛的气机流，使玄府成为结构、能量与信息的集合

玄府作为遍布机体的玄微结构，气运行其中，为全面认识气的各种功能活动提供了可能。气，是构成人体和维持人体生命活动最基本的物质，对于人体具有十分重要的作用。故曰："气者，人之根本也"（《难经·八难》）；"人之生死，全赖乎气。气聚则生，气壮则康，气衰则弱，气散则死"（《医权初编》）。气行玄府，升降出入，运行不息，为机体的生命活动提供了无穷的动力，使玄府表现为能量属性。同时气行玄府，升降出入，将一处的信息传递他处，而使玄府又表现为信息特性。气的生理功能主要有：推动作用、温煦作用、防御作用、固摄作用、营养作用和气化作用。以气的温煦作用为例，气的温煦作用主要表现为"通体之温"、"少火生气"作用等。大凡气循行分布于相应靶器官的玄府后，通过玄府的开阖通利作用，来传递和调节局部的体温和维持相应的功能活动。当一处的"体温"稍有降低时，相应的玄府开阖通利状态趋于减缓，以避免阳气发泄而维持相应的"温度"，同时他处的玄府开阖状态上升，以利于他处的阳气传入而发挥温煦作用。气的防御作用是指气护卫肌肤、抗御外邪的作用，也就是"正气存内，邪不可干"（《素问·刺法论》）之作用。这种作用具体表现为护卫肌表、抵御外邪和正邪交争、驱邪外出作用。当外邪侵入肌表后，卫气行气于玄府，相应的玄府不断开阖通利，以使更多的卫气行入，驱邪外出。按照刘河间的认识，皮毛也有玄府，人体皮毛多达数万乃至数百万之毛孔，常人为何不病，就是因为卫气不断运行于皮毛的众多之玄府，起到守卫作用，同时大敌当前，邪气欲侵之时，相应的玄府之孔门开阖状态下降，也就是阖大于开，使邪气无从侵入。气的其他作用用玄府理论解释也类如以上。总之，玄府的开阖通利，不仅为气的运行提供了一个通道，同时也提供了一个控制阀、开阖枢，以有效地调节着机体的功能活动。

玄府作为气升降出入的道路门户，是非常重要的功能，

在支持气升降出入的同时，也为津液、血脉的运行提供了一个动力保障系统。正如《读医随笔·升降出入论》："升降出入，无器不有……凡窍横者，皆有出入去来之气；窍竖者，皆有阴阳升降之气往复于中。"此所言之窍，大概即指玄府，所言阴阳，当包括气、血、津液等。

总之，气作为构成人体的最基本的、运动的物质，必然有赖以运行的最基本的道路。气的特性是"至大无外"，于人体来讲，至大之特性与整个人体相应，所谓"人之一生，一气而已"（吴廷翰《古斋漫录》）；"至小无内"，所谓"人生所赖，惟气而已"（《医门法律·明胸中大气之法》）。正因为至微至小，必然就有至微至小的玄微结构作为其运行的道路，所谓"气小而道小，气至小而道至微"。河间以前，历代医家没有认识到这样一种结构的存在，正是在这种思想启发下，刘河间补前人之所未发，在800多年以前，以超前的眼光，通过逻辑思维推测，提出了玄府结构的存在，并认为这种结构，存在于机体各处，乃至万物（所有生物）。

玄府作为气运行的道路，与三焦、腠理、经络乃至血脉等皆作为气运行的道路，并不是相悖逆的。三焦之结构可以看作大的运动之道路；腠理次之；经络则是气运行的高速通道；血脉虽然也是运行气血之道路，但其结构具有宏观性，主要功能是行血为主的；而玄府则是最基本的，或说是最基础的运行道路，主要功能除运行气机外，流通环流津液是其另外一个重要功能，将有待讨论。换句话说，三焦、腠理、经络等也必须赖玄府所运行的气机方能维持其相应的功能。如此，是否可以说，玄府作为气运行的道路，乃是三焦或腠理等气运行道路的终端；玄府内的气机流是三焦或腠理功能的具体的、微观的表现形式。

参考文献：

[1] 常富业，王永炎，高颖，等.玄府概念诠释（三）——玄府的历史演变轨迹与述评.北京中医药大学学报，2005，28（2）：5-6.

（收稿日期：2004-05-13）

附录 11

《北京中医药大学学报》第 28 卷第 4 期 2005 年 7 月

玄府概念诠释（五）
——玄府流通气液功能的探讨

常富业[1]，杨宝琴[2]，王永炎[1]，高　颖[3]

（1.中国中医研究院，北京，100700；2.首都医科大学中医药学院，北京 100013；
3.北京中医药大学东直门医院，北京 100700）

关键词：玄府；津液；生理功能；理论探讨
中图分类号：R223.1

津液是人体一切正常水液的总称。包括各脏腑组织的正常体液和正常分泌物，如胃液、肠液、唾液、关节液等。习惯上也包括代谢中的尿、汗、泪等，故曰："汗与小便，皆可谓之津液，其实皆水也"（《读医随笔·气血精神论》）。津液以水为主体，含有大量营养物质，是构成人体和维持人体生命活动的基本物质。关于津液的生成、输布和排泄，是一个涉及多脏腑一系列生理活动的复杂生理过程。其总的过程是"饮入于胃，游溢精气，上输于脾，脾气散精，上归于肺，通调水道。下输膀胱，水精四布，五经并行"（《素问·经脉别论》），但具体的运行途径是玄府，所谓"玄府者所以出津液也"（《医略十三篇》）。

1. 三焦、腠理为津液运行之宏观道路，玄府为津液运行之微观道路

三焦决渎，为水液运行之干道。如《金匮玉函要略辑义·论十三首·脉证三条》所言："故得三焦之气，统领气血津液，充溢脏腑腠理，则邪不能入。"三焦作为水液运行的道路，是一种默认的理论。这种水液运行的道路，与玄府作为水液运行的道路应当是有不同内涵的。首先是层次不同。三焦本身就是一个大的至今无从确切定位或归属的结构与功能的整合，而玄府是微观结构层次。从功能属性讲，三焦的气津运行之功能，囊括了五脏六腑的功能，当然也包括了玄府的流通气液的功能。也就是说，玄府的流通气液功能，本身就是三焦功能的组成部分。没有小结构的或小层次的气液流通，何谈大层次的气液输布？因此，玄府的流通气液功能与三焦的运行水液功能，是相辅相成的，二者是辩证的统一。

谈津液的输布往往谈到腠理，玄府与腠理在功能结构上是密切相关的。玄府的主要功能是流通气液，这与腠理的功能是相同的。是否玄府就是腠理。按照刘河间的认识，玄府在结构上是道路与门户，从门户即"孔"来讲，为气液发泄之所用，从道路讲，为气液流通之所用。兼有道路和门户的功能，说明玄府在结构上，可能是一种带门或带孔的腔隙或缝隙，且这种结构遍布体内各处。而腠理的结构仅仅限于通降之道路，且在分布上讲，也不如玄府分布广泛。比较其结构的层次大小，总有这样一种感觉，就是腠理似乎为大的腔隙通道，如道路之干。而玄府为至微至小的且带孔的腔隙。由于玄府遍布各处，当然也存在于腠理中，因此，彼此的玄府相接壤，必然连成较大的腠理通道。果真如此的话，也仅仅是限于皮肉筋骨和脏腑的表面。因从古人的论述来讲，腠理是不存在于脏腑内的，而玄府无论是脏腑内外，乃至机体各处，都有分布。二是津液充溢脏腑与灌溉的问题。津液到了脏腑或其他靶器官后，具体沿着什么途径到达脏腑或其他靶器官内部而发挥濡润作用的，毫无疑问，是其内部的玄府。正是分布密集而又广泛的玄府，才为津液渗于脏腑内部，提供了可能。

2. 五脏通过其内玄府的气行津运，构建和维持其功能，发挥对津液的代谢输布作用

心主血脉，为津液运行提供动力。如《读医随笔·气血精神论》语："中焦受气，泌糟粕，蒸津液，化其精微，上注于肺脉，乃化而为血，以奉生身，莫贵于此，故独得行于经隧……腠理发泄，汗出溱溱，是谓津。"显示心脏通过主血脉的作用，为津液的运行提供动力，这种动力，盖通过血脉之玄府而实现。由于玄府密布机体各处，当然也包括血脉，血脉的玄府随着血流而开阖调节，当心脏收缩时，可使血液外渗趋势增强，化为津液而濡润组织器官；反之使玄府内的津液内渗为血，濡润滑利血脉。通过心脏提供的动力之"泵"，玄府提供的渗灌之道，促进了津液的布散流动。

脾主专运。一方面将津液负责向上输送于水之上源——肺，并由肺的宣发和肃降，使上源高处之水输布于全身。另一方面，通过脾主腠理的作用，将津液直接输送于腠理，又通过腠理腔隙，而"灌溉四旁"。在脾运送津液的过程中，脾脏之玄府的作用是非常重要的。大概先通过脾之玄府的开阖有度，使中焦受气取汁于玄府，所取之汁即津液在玄府内的气运作用下，不断将津液通过玄府之小腔隙，向上传送，并入三焦，或到达于肺，或沿腠理灌溉四旁。

肺主行水。华盖之脏，位居最高，玄府密布。肺之玄府既行呼吸吐故纳新之用，亦主布津通调水道之职。具体作用：一是玄府开阖作用。玄府开，大气入，浊气出。已入之气通过玄府气津相合，渗灌于血脉。体内浊气由血脉渗出于玄府，由玄府的开阖作用，发泄于体外。二是通利作用。通过玄府通利，外界之大气得以吸入，内部之浊气得以排出。在气的出入过程中，伴随着津液的流动。也就是说，肺在行水中的作用，始终是伴随着气的出入而得以进行的，运水布津的过程，是一种被动的过程。

肾主津液。所谓"肾者水脏，主津液"（《素问·逆调论》），具体作用也是通过肾之玄府的开阖通利作用来实现的。大概由肺下输至肾的津液，通过肾之玄府内的阳气，对津液进行气化蒸腾，清者由玄府渗灌入血脉，浊者由玄府下输至膀胱，变为尿液而排出体外。

肝主疏泄。肝主疏泄，调畅气机，三焦气机流通，推动津液运行。具体作用是通过肝之玄府内的气机运动，推动津液的运行。津液运行于肝之玄府，以载肝气，使肝气不亢，肝气得柔，气疏津润，气津流通，构建和维持着肝脏的疏泄功能。认识肝主疏泄对津液运行的推动作用，具有重要意义。肝在五行属木，肝之疏泄犹如木之生发，而木之生发全赖水津之滋润，否则，木之无水，肝之无津，必使肝气亢逆，相火妄动，而病证丛生。如《推求师意》云："五脏俱有火，相火寄于肝者，善者则发生，恶者为害甚于他火……。"

总之，任何一个脏腑对津液的输送布散作用，是通过其相应的玄府得以实现的。津液在脏腑内玄府伴随气的升降布散，本身就是津液整体布散的重要组成部分。正是脏腑内玄府气机推动津液的运行，气津和匀，才维持相应脏腑的阴阳和平，体用如一，功能正常，从而使脏腑在水液代谢、津液运行输布过程中发挥相应的作用。

以上集中说明了津液的输布主要是依靠脾、肺、肾、肝、心和三焦等脏腑的生理功能的综合作用实现的。正如《三

指禅·水肿脉浮大沉细论》所云："人生饮入于胃，气化之妙，全凭脾、肺、肾三经。脾专运用之职，肺擅通调之官，肾司熏蒸之用，而后云兴雨施，渗入膀胱。三经失权，其气不化，蓄诸中州，横流四肢，泛溢皮肤，一身之中，无非水为之灌注矣。"在津液具体输布过程中，三焦犹如江河，起着主流作用；腠理犹如支流，起着溪流作用；玄府犹如遍布各处的腔隙，起着渗灌作用。一言以蔽之，没有玄府就没有渗灌濡润；没有玄府，就没有各脏腑的气行津运，气属阳，津属阴，从而也就没有各脏腑的阴平阳秘。最终脏之不脏，腑之不腑，功能失常，也就无从谈起输布津液了。当然，在津液的运行输布过程中，血脉的作用亦十分重要，如《医学指要·三焦要论》："营行脉中，卫行脉外。三焦必仰赖营卫之气，乃能行于腠理。故言三焦必兼营卫，而其脉亦与营卫同辨。"卫者，气也，营者，血也，说明三焦的气化行水必须有赖于营卫的气化渗灌。

通过以上概要论述，可以设想津液的代谢过程是，津液由脾胃大小肠吸收后，通过三焦之气的作用，流通于全身的玄府，以发挥滋润营养作用。当天热时，流通于玄府中的气（津）液，聚于腠理，通过汗孔的开合而变为汗液排出体外，当然汗液排泄的同时，阳气也随之发泄，以调节体内的阴阳平衡。当天寒时，汗孔闭，腠理密，玄府向上向外的流通作用趋于减弱，向内向下的流通作用增强，如此则流通于腠理的气津相对减少，津液下输膀胱增多，变为尿液而排出，排出尿液的同时，体内的阳气也随之发泄，阴阳复归新的平衡。如《灵枢·津液五别第十三》云："水谷皆入于口，其味有五，分注其海，津液各走其道。故上焦（一作三焦）出气以温肌肉充皮肤者为津，其留而不行者为液。天暑衣厚，则腠理开，故汗出。寒留于分肉之间，聚沫则为痛。天寒则腠理闭，气涩不行，水下流于膀胱，则为溺与气。"《医学指要·脏腑总论》亦谓："膀胱者，上应肺金，下应三焦，外应腠理毫毛者也。……有下口而无上口，其渗入之窍与周身之毛窍同开闭。"文中所言的渗入之窍大概即指玄府。

3. 玄府流通气液功能——津液微循环系统

玄府作为担负着最基础的运行气机和流行津液功能，总称流通气液功能，必然为医者把握气津关系，充实了思路。气属阳，津液属阴；气津共流于一腔一隙，阴阳共处于一质一体；气津和合，阴平阳秘，为临床把握生理病理现象，提供了不少帮助。这种"气津一流"的关系，正是阴阳作用的生动体现。津液的正常运行和功能作用，离不开气，因气能生津、行津、摄津。相反，气也离不开津液的作用，所谓"气生于水"（《血证论·阴阳水火气血论》）、"水可化气"（《程杏轩医案续录》）和"津可载气"。气和津液的这种密切关系，正是借玄府来实现的。玄府之窍隙，流通气津，津液因气而运，气因津运而载。倘若气运不能，必然气滞而津停为"水"，导致濡润营养滑利不能；水淤又必然阻遏于气，导致气机郁结，功能失常。

认识玄府的流通气液功能，具有非常重要的意义。目前展开的络脉系统研究，正日益深入。文献表明[1]，络脉可能是运行血液的微循环系统，"营行脉中，卫行脉外"（《素问·营卫生会篇》），营包括营血和营气，络脉乃营血与营气的载体，营气与营血共处于一络脉中，互相促进，气为血之帅，血为气之母，营气以生血、行血、摄血；营血以生气、载气，营气与营血，一阴一阳，互相维系，"一身气血，不能相离，气中有血，血中有气，气血相依，循环不已"（《不居集》），气血共处于一个统一体中，形成一个气血共寓、如环无端、流注不已的循环回路。该循环回路从大到小，纵横交错，网络如织，广泛分布于脏腑组织之间，形成了一个遍布全身的网络系统，以满足机体活动的需要。与此相应，众多的至微之玄府，在腔隙"空间"结构上彼此连接，气液流行其中，自当构成一个津液微循环系统或水液微循环系统。两个循环系统互相为用，互补性强，借络脉上的玄府之孔，不断渗灌血气，互化津血，以共同实现"行血气，营阴阳"、"内灌脏腑，外濡腠理"等诸多功能。此即谓玄府在"血脉、营卫的升降出入"中，起到一种渗灌津血，贯通营卫的作用。提出玄府作为津液（或水液）微循环系统，意义不仅在于深刻把握玄府的流通气液功能，而且对认识和揭示一些临床病理现象，指导临床实践，具有重要意义，具体意义将在后文中探讨。

参考文献：

[1] 王永炎，杨宝琴，黄启福. 络脉络病与病络. 北京中医药大学学报，2003，26（4）：1-2.

（收稿日期：2004-09-16）

附录 12

《中医药学刊》2005 年 8 月第 23 卷第 8 期

玄府病变诠析

常富业[1]，王永炎[1]，杨宝琴[2]

（1. 中国中医研究院博士后流动站，北京 100700；2. 首都医科大学中医药学院，北京 100013）

摘要： 刘河间提出的广义之玄府作为遍布机体的至微至小的一种结构，任何层次结构发生的病变，都可以归结为玄府病变，简称玄病。玄府具有流通气液、运转神机和渗灌气血等功能，气血津液的运行流通发生失调，神机的运转发生失常，都可以归结为玄府病变。认为玄府病变是中医学的最基本病机。玄府病的主要表现形式有两大类：即开阖通利太过和开阖通利不及。强调从微观的角度，认识疾病的发生和病因病机，有助于丰富中医学理论，推动中医学理论体系的完善。

关键词： 玄府；玄府病变；玄病；耳聋；目病；中风病；肺痿；理论探讨

中图分类号： R223.1　　**文献标识码：** A　　**基金项目：** 国家中医药管理局资助项目（国中医药科 02-03JP14）

刘河间早在 800 多年前，以超前的眼光，推测体内必有一种至微至小的微观结构存在。将这种结构借用玄府之名称，赋予其流通气液、运转神机和渗灌气血等功能，拉开了从微观角度，认识疾病的序幕。指出："然皮肤之汗孔者，谓泄气液之孔窍也，一名气门，谓泄气之门也。一名腠理者，谓气液出行之腠道纹理也；一名鬼神门者，谓幽冥之门也；一名玄府者，谓玄微府也。然玄府者，无物不有，人之脏腑、皮毛、肌肉、筋膜、骨髓、爪牙，至于世之万物，尽皆有之，乃气出入升降之道路门户也"（《素问玄机原病式·二、六气为病》）。并以火热立论，认为热郁玄府，玄府闭密或闭塞，是导致疾病的基本病机。云："人之眼、耳、鼻、舌、身、意、神识，能为用者，皆由升降出入之通利也，有所闭塞者，不能为用。若目无所见，耳无所闻，鼻不闻臭，舌不知味，筋痿骨痹，齿腐，毛发堕落，皮肤不仁，肠不能渗泄者，悉由热气怫郁，玄府闭密而致气液、血脉、荣卫、精神不能升降出入故也。各随郁结微甚，而察病之轻重也"（《素问玄机原病式·二、六气为病》）。河间玄府闭密学说，为后世不少医家所认同，如《古今医统大全·卷之六十一·眼科》、《证治准绳·第七册·七窍门上》、《玉机微义·卷二十九·眼目门》《医学入门·外集·卷四》、《儒门事亲·卷十三·刘河间先生三消论》等皆引用河间之说，诊疗或论述疾病。但主要集中于目病、耳聋、消渴等少数病种。实际上，玄府作为遍布机体的至微至小的一种结构，任何层次结构发生的病变，都可以表达为玄府病变，简称玄病。玄府具有流通气液、运转神机和渗灌气血等功能，气血津液的运行流通发生失调，神机的运转发生失常，也都可以归结为玄府病变。

1. 百病皆因玄府病变的必然性

玄府的重要生理特性是开阖通利，主要生理作用是流通气液、渗灌血气和运转神机，玄府功能的异常应当主要表现为开阖通利的失常，即流通气液失调、渗灌血气失常和运转神机失灵。一言以蔽之，就是升降出入失调。升降出入的正常生理状态是气血津液在机体内运行不息，流通不止，成为脏腑功能活动的基础，维系着机体复杂的生命活动。气血津液的运行流通一旦发生失调，或为气病，或为血病，或为津停水瘀简称水病，或为神机异常等，必然导致脏腑组织器官功能活动失常，而发生种种病变。以上病变，可以发生于机体的任何部位、不同结构层次或功能层面。发生于脏腑者，即为脏腑气病、脏腑血病、脏腑水病等；发生于机体的某一局部者，则为局部的气病、血病、水病等。发生气分层次者，则以气病为主；发生于血分层次者，则以血病为多。无论是气之病、血之病、水之病，还是神之病，要而言之，均是玄府病变即"玄病"之义。

故"玄病"为包含多层次的，多病理因素的，具有普遍意义的一个基本病机概念，是中医学的最基本病机。该病机的内涵意谓是由于玄府开阖通利障碍，导致升降出入失常而引起的，以气血津液运行失调，神机运转不灵为主要病理变化的总称。引起玄府病变的原因很多，既可以因实而致，实邪直接阻滞玄府，妨碍开阖通利；亦可以因虚而为，导致开阖疲惫、通利涩滞，最终形成所谓虚气留滞、虚血留瘀、津少行迟、虚而神呆等。

2. 玄病的基本表现形式

　　玄病因发生的部位不同，而有脏腑玄病、奇恒之府玄病、五体玄病、五官玄病、九窍玄病等。无论是何部位的玄病，其主要表现形式有两大类：即开阖通利太过和开阖通利不及。玄府开阖通利太过是指玄府的正常开阖通利功能超出常度，导致精、气、血、津液的运行或神机运转亢奋或有余的一种病理状态。玄府开阖通利不及是指玄府的正常开阖通利功能低于常度即处于低值状态，导致精、气、血、津液的运行或神机运转乏力或疲惫的一种病理状态。无论是玄府开阖通利太过或是不及，又可以演化出种种不同的病机，如因玄病而致气病，因玄病而致血病，因玄病而致水病，因玄病而致神志异常等，从而导致临床复杂的病机事件。考察玄病的病因是复杂的。既有因实而病，亦有因虚而为。因实而致者，主要有外感六淫、内伤七情、内生五邪等，因虚而致者，仍以先天不足、大病久病、劳倦内伤等为主。病因虽多，但对玄府的危害，主要有以上两种表现形式，即开阖通利太过和开阖通利不及。大凡因阳邪所致者，主要造成玄府开阖通利太过，引起气液流通加速，血液渗灌加快，神机运转超常；因阴邪或虚所致者，主要造成玄府开阖通利不及，引起气液流通减慢，血液渗灌减弱，神机运转迟滞。需要说明的是，河间强调火热在疾病发生中的作用，认为热郁玄府，玄府闭密或闭塞，是导致疾病的基本病机。火热之邪，属于阳邪，即是热邪，热郁玄府，何以造成玄府开阖通利不及而闭密？盖疾病之初，热邪为害，热则流通，必然造成玄府开阖通利太过，显示出机体或组织器官功能的一时超常，但这种超常是病理性的，不持久的。

3. 玄府病变举隅

3.1 耳聋

　　刘河间利用玄府理论解释耳聋的发生是因热邪内壅，听户玄府郁滞所致。由于热邪内盛，热壅气遏，玄府内气机郁滞，进而造成神气不得通泄，即神机运转不利而导致耳聋。如："所谓聋者，由水衰火实，热郁于上，而使听户玄府壅塞，神气不得通泄也。"为了验证这一观点，还进行了验证实验。如："其所验者，《仙经》言双手闭耳

如鼓音，是谓'鸣天鼓'也。由脉气流行，而闭之于耳，气不得泄，冲鼓耳中，故闻之也。或有壅滞，则天鼓微闻。天鼓无闻，则听户玄府闭绝，而耳聋无所闻也"（《素问玄机原病式·二、六气为病》）。在治疗上强调应开发玄府，以使耳中郁滞得通。临床择药，应打破常规，大胆使用辛香走窜温通类药物，意在开通玄府，重建玄府流通气液、运转神机功能。如："聋既为热，或服干蝎、生姜、附子、醇酒之类辛热之物，而或愈者，何也？答曰：欲以开发玄府，而令耳中郁滞通泄也"（《素问玄机原病式·六气为病》）。当然，对于因热郁玄府导致的耳聋，刘氏提倡用辛热发之，应注意病机的演变情况。热郁而盛者，应禁用。如"凡治聋者，适其所宜，若热证已退，而聋不已者，当以辛热发之。三两服不愈者，则不可久服，恐热极而成他病尔！"

3.2　目病

　　玄府理论在目病的辨证诊疗中占有重要地位，有不少目病，用玄府理论来诊疗，取得了满意效果，因而为古今医家所重视。

3.2.1　刘河间用玄府理论论治目病，开目病认识之先河

　　刘河间最先用玄府理论解释目病，认为目无所见、目微昏、目昏而花等，都是目之玄府病变的结果。且导致目之玄府发生病变的原因，以热邪为主，由于热炎于目，壅遏玄府，使玄府开阖通利功能障碍，气液不通，玄府郁闭，引起目的功能减退或丧失。如："故知热郁于目，无所见也。故目微昏者，至近则转难辨物，由目之玄府闭小也，隔嫌视物之象也。或视如蝇翼者，玄府有所闭合者也。或目昏而见黑花者，由热气甚，而发之于目，亢则害承乃制，而反出其泣，气液昧之，以其至近，故虽视而亦见如黑花也，及冲风泣而目暗者，由热甚而水化制之也"（《素问玄机原病式·六气为病》）。针对玄府郁闭的病机，在治疗时应开通玄府，流通气液。选择药物仍可选用热药。虽然是热邪致病，理论上不能选用热药，但热药能辛热开通，有宣郁之力，可适当用之。故云："因热服之，因热而玄府郁结得通，而怫热无由再作，病势虽甚，而不得顿愈者，亦获小效，而无加害尔"（《素问玄机原病式·六气为病》）。当然，刘河间强调，宣郁之药，非仅辛热，其他类药物亦可。所谓"散结之方，何必辛热而已耶！"

3.2.2　《目经大成》宗河间玄府论观点，扩大玄府理论在目病诊疗中的应用

　　（1）目血
　　《目经大成》认为目血是由于肾元虚惫，虚火上浮，又感风热，两热相合，热灼血脉，血行妄溢于玄府，引起玄府阻滞而出现目血，表现为目中鲜血流出。治疗时强调

应以补肾壮元为主，使肾水足，玄府气旺液充，而火热自消，目血自止。避免枉泻火热，导致苦泻伤阴，睛陷而失明。如云："时下眼流血泪，面前人隔烟萝……此症目无病痛，自然鲜血迸流……系老年及有心计的人，元神虚备，倏感风热，一脉上游，直血未归元府，因逼而妄泄。泄之至再至三，睛徐陷而失明……总以大补元、人参养荣、归脾、滋阴地黄等汤，与治立效"（《目经大成·目血》）。

（2）妄见症即云雾移睛

《目经大成·妄见六》记载妄见症即云雾移睛，表现为视物如游丝、结发、飞蝇、舞蝶、蛇旗、绦环等物之状，色或青黑、粉白、微黄，看在眼外空中飞扬缭乱，倏灭倏生。仰视则上，俯视则下。发病的基本病机是肝肾津液精血不足，玄府津液亏虚而引起精明之窠元府不用所致。云："本科谓云雾移睛者是。乃酒色财气男儿，其亡血过多、悲泣思忿之妇女……真阴元阳堕败殆尽，致脏腑空虚……胆肾受伤而津液愈竭，万不能升运精华以滋化源，则精明之窠元府不用……"（《目经大成·妄见六》）。

（3）目赤痛肿障症

目赤痛肿障症是由于风热流注元府而引起玄府郁闭所致。创消风活血汤（荆芥，蔓荆，丹参，白芷，蒲黄，桃仁，防风，川芎，红花，芍药，石斛，当归，山慈菇，土茯苓）以疏风开玄。

3.2.3 《审视瑶函》光大玄府理论，将其充分运用于目病的理、法、方、药中

神光自现症：神光自现症表现为目外自见神光出现，每如电光闪掣，甚则如火焰霞明，时发时止，与瞻视有色之定者不同。发病的病机是阴精亏损，清气怫郁，玄府太伤，孤阳飞越，而光欲散。内障之重者，非比萤星痰火之轻也。治当补肾水，宁心神，恢复玄府的流通气液功能为主。

（4）视正反斜症

此"症谓物之正者，而反视为歪斜也。"发生的基本原因乃内之阴阳偏胜，神光欲散之候。阳胜阴者，因恣辛嗜酒怒悖，头风痰火气伤之病；阴胜阳者，色欲哭泣饮味，经产血伤之病。其基本病机是"内之玄府，郁遏有偏，而气重于半边，故发见之光，亦偏而不正矣。"治疗宜"培植其本，而伐其标，久而失治，内障成矣。"选择药物"宜服：补阳汤"（《审视瑶函·视正反斜症》）。视赤如白症："此症谓视物却非本色也。因物着形，与瞻视有色，空中气色之症不同，譬诸观太阳若冰轮，睹灯火反粉色，视粉墙转如红如碧者，看黄纸而如绿如蓝等类。"发病的基本病机是"内络气郁，玄府不和之故。"临床择药宜服："复明汤：黄芪（蜜制）、当归身、柴胡、连翘、甘草（炙）、生地黄（各一钱半）、黄柏（三分半）、川芎、苍术（米泔泡炒）、广陈皮（各五分）"（《审视瑶函·视赤如白

症》）。¼ 青盲症：青盲症系目内外并无障翳气色等病，只自不见者，表现为瞳神不大不小，无缺无损，仔细视之，瞳神内并无些小别样气色，俨然与好人一般，只是自看不见，方为此症。若少有气色，即是内障，非青盲也。其病机是："乃玄府幽深之源郁遏，不得发此灵明耳。其因有二：一曰神失，二曰胆涩。须讯其为病之始，若伤于七情，则伤于神，若伤于精血，则损于胆，皆不易治，而年老尤难。"在治疗时宜服："镇肝明目羊肝丸"或合"复明丸"（《审视瑶函·青盲症》）。

3.3 中风病

中风的发病与玄府闭塞有关。《医学启源·暴病卒死》云："肥人腠理致密，而多郁滞，气血难以通利，若阳热又甚而郁结，甚则故卒中也。瘦人反中风者，由暴然阳热太甚，而郁结不通故也。"在中风病发病或病机演变过程中，虚、火、风、痰、气、血作为最常见的病理因素，都可导致玄府开通障碍、玄府郁滞而引起或加重中风。若因虚所致者，或虚气留滞而造成气运不及，或津亏行迟，环流渗灌减弱，或阴血不足，少而行迟留瘀，均可引起玄府气液流通失常，渗灌不能，影响气血的运行，而最终导致脑脉痹阻或血溢脑脉之外，发生中风病。若因火、因风、因痰、因瘀等邪所致者，可直接阻遏脑之玄府，导致玄府流通气液受阻，渗灌不能，序贯引起脉络干涩，血液不通，脑脉痹阻或风火窜扰，血运失序，溢出脉外，引起中风病。就临床来讲，中风急性期因火热之邪引起者，较为多见。

3.4 肺痿

肺痿有虚寒肺痿和虚热肺痿两大类。肺痿的发生与肺之玄府发生病变有密切关系。以虚热肺痿论，是由于水少火炽，热灼肺金，热郁肺之玄府，引起肺之玄府内的气耗液伤所致。如"又谓肺痿吐涎沫而不咳。此为……上焦热则冤郁而肺之玄府燥涩"（《轩歧救正论·论诸痿》）。

3.5 遗精、阳强

遗精、阳强的发生，与玄府开阖通利太过有关。由于相火妄动，热开玄府，气液流通加速，引起阳气亢盛无制，扰动精室而致。

总之，玄府病变作为重要的病机之一，自刘河间提出以来，虽经不少医家略有发挥，但目前用于临床，指导实践的，远未尽人意。究其原因，主要是认识的差异。未有从根本上认识玄府，或者说，仍未将广义的玄府和作为汗孔之狭义的玄府区别开来，从而更谈不上认识河间玄府说，认识玄府概念的理论价值和玄府病变对临床的指导意义。

（收稿日期：2005-03-10）

附录 13

《中国天然药物》2005 年 9 月第 3 卷第 5 期

方剂关键科学问题的基础研究——以组分配伍研制现代中药

张伯礼[1]，王永炎[2]

（1. 天津中医学院，天津 300193；2. 中国中医研究院，北京 100700）

摘要：中医治病多以方剂为载体，注重整体，采用辨证论治的方法，进行综合治疗，这种思想符合现代治疗学的发展趋势。然而，传统中医药缺乏对药效物质的微观分析和质量控制，缺乏药物活性筛选综合评价方法，缺乏药物设计的更新理念，成为影响中医药迅速发展的瓶颈。本文从方剂的文献、药效物质制备关键技术、药效物质分析方法和技术、活性筛选及评价研究、有效组分配比优化筛选模式五个方面进行了阐琐，提出了以组分配伍研制现代中药的新模式，建立了相关技术和方法，发展了中医药理论。

关键词：中药；方剂；组分配伍；药效物质；活性筛选

中图分类号：R28　**文献标识码**：A　**文章编号**：1672-3651（2005）05-0258-04

方剂是一个复杂体系，方剂作用的人体也是一个复杂系统，面对双重复杂系统，要想认识它，必须在复杂性科学理论指导下，将复杂系统中非线性规律部分降阶、降维为线性规律去研究，多个线性规律的综合有助于对复杂系统的认识，因此研究方剂必须遵循"复杂—简单—复杂"的原则，借鉴现代化学的研究方法，发挥中医药理论的优势，保持中药方剂的配伍特点，研制创新中药。在整个研究过程中始终贯彻在生物活性导向下的化学研究思路，努力做到"两个基本清楚"，即药效物质与作用原理基本清楚，为构建以组分配伍的现代中药提供理论依据和技术支撑。

在项目研究中，坚持中医药理论的指导并引进复杂性科学方法论，以祖国传统医学和现代医学理论相结合的学术思想为指导，在充分参考了古今文献的基础上，借进了洋中药开发的经验，围绕整个项目的研究目的，经专家的反复论证，建立了方剂科学问题研究总体假说："方剂在病证结合、方证对应、理法方药一致的条件下，通过多组分作用在多靶点，融拮抗、补充、整合、调节等多种功效而起到治疗作用"。

围绕工作假说展开的顶层设计，为检验假说提供了充分的证据。总体假说不仅为构建现代中药提供了理论依据，而且指导了方剂作用原理和在药效活性导向下进行有效部位提取与药化的研究，为建立通过"明确主部位，强化主效应，降低副效应"，构建能达到"整体综合调节"、以部位（组分）配伍为依据组成的新复方，研制有效、质量可控的创新中药提供了理论依据。本文为该"973"项目的思路与方法。

1. 方剂理论的文献研究

项目组对几千年来的方剂理论进行文献梳理与分析，考查了自《内经》以来历代有关方剂配伍的文献，认为方剂配伍的理论依据是药性理论与君臣佐使等理论，药对配伍是方剂配伍的基础，《内经》配伍理论是方剂配伍理论的主流。

建立方剂配伍文献数据库，检索中国中医药期刊数据库 1990 年至 1999 年数据，10 年间有关于中药配伍研究的文献 1785 篇。将检索出的文献分为基础方剂学研究、实验方剂学研究、临床方剂学研究、方剂制剂学研究四类。

建立方剂配伍关联数据库，以五个纵向研究课题组和两个横向研究课题组研究数据为基础，建立了中药药理研究、药物化学研究、化学成分图谱及中药基因研究基础数据结构型数据库，同时各数据库间建立了相关联系。

追踪古今文献中 5 个代表方的成方理论、配比、化裁、药组、药对及疾病谱演变等情况，并与各分题的研究结果进行相关性分析，从"药对"入手，研究5个复方的组成，探索药组、药对及加合的药理作用与全方的药效关系，基本阐明方剂基本药组、药对的药效相加、相乘、拮抗等配伍关系及其化学基础，揭示组方的优势及方剂配伍的合理性。

2. 方剂药效物质制备关键技术

中药材中各种组分的提取、分离是药效物质基础与组分配伍研究的重要组成部分。经过4年的努力，项目组在此问题上取得了重要进展，首次提出并初步建立了规范化、重复性好的中药标准组分提取分离平台，该平台在中药化学物质基础研究过程中发挥了很好的作用，成为本课题得以顺利完成的重要技术保障。

2.1 标准化提取分离的总体策略

中药（或方剂）是一个复杂的、包含多种有效成分的天然组合化学库。中药体系不仅含有含量变化悬殊的众多不同结构类型的化学物质，而且在其中仍然有许多有效成分未被人们充分了解。因此全面系统重复地获取各种中药化学组分对现代中药的系统研发具有至关重要的意义。采用传统常规手段提取分离中药材中的有效成分费时费力，特别是微量成分的快速获取更是棘手。如何系统完成中药中不同成分的快速制备是一个亟需解决的问题。基于这个背景，项目组提出了标准组分库及其分离平台的战略构想。基本思路是利用标准化、规范化的工艺流程，综合运用多种现代分离技术，并将其有机结合，快速、高效、系统、重复地提供大量中药组分，最大程度地避免中药研究过程中的重复过程，从根本上解决中药化学成分研究的散乱局面，实现样品的积累、信息的共享和中药研究的可比性；此外中药标准组分库以组分标准化的相对简单的形式解决GAP、GLP、GMP标准化中的复杂问题，克服以往什么都想阐述清楚但又阐述不清楚的困难，立足于组分这一有限目标，进行化学物质基础的表征系统集成、系统生物学表征，切合实际地阐明药材及复方配伍过程的化学物质基础。要实现这个战略构想，必须建立组分标准化的提取分离平台，这需要各种技术的系统集成，包括多模式多柱色谱系统及多元检测技术、化学指纹图谱的分析技术、制备分离技术、计算机数据管理等，最终目标是高通量、系统集成的分离平台。

2.2 标准化提取分离的方法及步骤

中药标准组分提取分离平台主要由三个子系统构成：标准溶剂提取子系统、大规模工业色谱分离制备子系统和信息管理子系统。中药标准组分的获取按照下列步骤进行：首先利用提取子系统从中药材或饮片中提取不同极性或不

同类别化学成分群标准提取物，然后再利用分离制备子系统的大规模工业色谱技术将标准提取物精细分离得到所需标准组分并建立标准组分库。信息管理子系统则贯穿于整个生产制备过程中：一方面提供数据管理维护功能；另一方面也对生产全过程进行质量跟踪控制；同时以化学计量学方法对标准组分的化学和生物信息进行关联与分析，挖掘中医药的内在科学规律。

提取子系统主要以溶剂提取、超临界萃取及溶剂分配等技术方法将中药总成分分为不同极性的标准提取部位，为下一步的精细分离提供原材料。高效大规模工业制备色谱是这个子系统的核心部分。根据中药中主要成分的结构、极性、溶解性和各种分离材料的性能，提出了以RNR模式为主体的扁平化型平台设计方案。

2.3 主要关键技术

2.3.1 标准组分制备技术

中药材中各种组分的提取、分离、制备是进行中药研究与开放的起点及关键性步骤。经过几年的努力取得了重要进展，首次提出并初步建立了标准化、规范化、重复性好的中药标准组分提取分离平台，该平台在中药化学物质基础研究过程中发挥了很好的作用，成为中药研究工作的重要技术保障。应用标准化的提取分离平台，项目组开展了系统而大量的工作。已经从人参、黄芪、细辛、天麻、川芎、赤芍、柴胡、枳壳、丹参、三七等药材中提取了200余个组分，并对其中的几十个组分做了初步的药理试验，发现了一些高活性的组分。

2.3.2 系统提取分离方法与技术

建立了标准规范的提取分离平台，强调标准化、规范化的提取分离制备，采用快速、高效、可重现的先进分离技术，获取稳定可靠、可重复获取的部位、组分、成分，研究发展可控的分离制备新方法。强调小组分的分离制备，突破微量组分或成分的分离难点，提高了获得新化合物的可能性。解决中药化学物质的大规模可重复提取分离的难题，它不仅仅可用于制备单一化合物，同时也为中药标准组分库的建立打下基础。

3. 方剂药效物质分析方法和技术

中药样品是典型的复杂体系，包含种类众多、含量变化悬殊的化合物。中药样品的分析是揭示中药物质基础的必然过程，而分析方法直接关系定性与定量分析的准确性，适当、优化的色谱分离条件的快速建立是复杂中药样品分析的重要步骤，稳定、高效的分离分析方法的建立是指纹图谱质量评价体系的前提，是药物研究与开发过程中药材、标准组分、功能组分及组分配伍的质量控制保证。由于中药样品的复杂性，任何单一的分析模

式都难以完成其全成分分析，因此在多模式、多柱原则的指导下，针对不同中药的样品特性，应用相应的分析模式及方法进行中药分析，建立了行之有效的气、液相色谱分离条件优化的方法及软件。

3.1　方剂药效物质分析的色谱条件优化与方法

按照色谱优化理论，色谱优化分三个步骤进行：第一步根据色谱专家系统的理论及方法，根据样品的性质确定合理的分离模式。例如，挥发油成分使用气相色谱分析，而丹参的酚酸类化合物使用酸抑制后用 HPLC 分析等；第二步是获取样品中各组分保留参数和柱系统峰形规律；第三步就是根据保留值和峰形规律预测目标条件下组分的分离度，并按照一定原则确定最终的优化条件。三个步骤中后两个步骤尤为重要。

3.2　方剂药效物质分析的重叠峰精确拟合定量方法与技术

近年来，色谱仪器及其联用技术迅速发展，使得复杂未知样品的分析成为可能，但是对于色谱重叠峰的处理依然是色谱研究和应用的一个难点。对于中药样品，由于其组成复杂，包含不同种类、异构体等多种化合物，组分间的交叉重叠十分严重，即使进行色谱分离条件的优化，有时仍然存在程度不同的重叠峰。虽然色谱数据的记录和处理目前已经普遍为色谱工作站代替，为实验数据的再处理和精加工提供了方便，但是大多色谱工作站仍然沿用积分仪的数据处理方法，对于重叠峰采用经典的垂线法或切线法进行积分，难以得到重叠组分的精确定量信息，尚无有效的处理方法。

色谱峰曲线拟合方法是获得重叠峰精确定性定量信息、谱图动态仿真和条件优化的基础。以数学模型描述色谱峰，根据峰形变化规律进行谱图拟合：①可以实现重叠峰解析得到各重叠组分的精确峰面积，解决色谱所不能完全解决的分离问题，拓展色谱分离的应用范围；②结合保留值的准确预测，实现谱图的动态仿真和色谱操作条件优化；③可以获取重叠组分精确的保留时间，为准确计算其色谱保留参数提供保证。在以指数修正的高斯（EMG）模型描述色谱峰的基础上，发展了快速求解峰形参数的自动曲线拟合方法，除了可以快速获取峰形规律外主要应用于复杂中药样品分析中的重叠峰精确拟合定量。

3.3　中药指纹图谱计算分析技术

3.3.1　创建了基于遗传算法的色谱指纹峰配对识别方法，可自动校正待测中药指纹图谱峰位置，使待测指纹图谱与对照指纹图谱上的各谱峰自动相互配准，为中药指纹图谱相似性计算提供了指纹峰自动配准算法。

3.3.2　首次提出中药色谱指纹图谱相似度测度及其评价方法，建议使用峰数弹性（elasticity of peaknumber）、峰比例同态性（homostasis of proportion among peaks）及峰面积同态性（homostasis of peakarea）三个指标评价指纹图谱相似性测度的优劣。

3.3.3　根据 Fisher 准则提取色谱指纹图谱中可表征中药材质量模式的化学指纹特征变量，用于鉴别中药材真伪，创建了基于 Fisher 判据的中药色谱指纹图谱比较分析方法。

3.3.4　创造性提出基于小波变换的色谱指纹图谱分形表达方法，用于表征中药材质量等级。该方法将中药色谱量测数据转换成小波基分形变量来表达色谱指纹图谱，可克服保留时间漂移的影响和干扰，提高了中药质量评价结果的准确性。

3.3.5　首次提出将化学特征分类与类内相似度计算相结合，对中药指纹图谱进行类别相似性计算，解决了色谱指纹图谱难以用于中药质量类别量化分类的计算问题，创建了中药指纹图谱类别相似性计算方法。

3.3.6　提出基于信息融合的多元指纹图谱计算方法，根据不同的融合策略（串行和并行），将两张指纹图谱中的特征信息进行融合，得到多元指纹图谱的融合特征并在此基础上进行模式分类或相似度计算，从而创建了多元指纹图谱相似度计算方法。

3.4　中药材质量智能辨识与评价技术

创建了中药材质量分析数据可视化技术。提出了中药材分析数据的特征信息提取新方法。提出了中药药效预测计算方法。运用模糊神经元计算等方法，根据中药化学组分预测其药效活性，发展形成了依据药效定量辨识中药材质量的新技术。

4. 方剂活性筛选及评价研究

为评价方剂活性，建立了采用整体、器官、细胞和分子四个药理水平综合评价技术，建立了 15 类 66 种中药活性评价动物模型的 SOP 和 19 类 86 种实验的 SOP，在项目组中推广应用。同时，还创建了多种动物模型，构建了防治心脑血管病药物生物活性筛选和评价平台。运用附子脂溶性生物碱致心律失常的动物模型、"热毒血瘀证"和血栓形成的病证结合大鼠动物模型、小型猪慢性缺血性心脏病模型、注入生物微球法制造多发性脑缺血大鼠模型、导丝拉伤性家兔动脉硬化闭塞模型、多病理因素和细胞相互联系的 AS 相关动物和细胞模型。

对中医动物实验研究的规范化工作进行探讨，制定了实验模型、实验方法及指标检测的操作规程，保证本项目药效及原理研究的方法与数据的规范性、可靠性，同时明确了整体、细胞筛选的适用范围及其有机结合的一般方法。

建立药效研究的整体、器官、细胞等层次的实验模型设计,包括整体、器官、细胞及分子多层次、多水平系统评价,检测了包括病理形态、智能行为、生理生化功能及生化物质定量半定量的全方位指标,初步构建了中药方剂生物活性评价技术平台。

进行了复方药代动力学探索,首次建立了方剂配伍的多种药效物质所形成的化学环境对靶部位自身生物性能的调节作用模式,为创新药物的研究提供了新的切入途径。

5. 有效组分配比优化筛选模式

中药有效组分复杂,目前尚没有对中药组分配伍进行研究的经验,也没有现成的方法可供借鉴。本项目对复方组分配比的优化方法进行研究,对研究方剂复杂系统的方法学进行初步探索,建立了多种中药组分配伍优化筛选的模式。

5.1 计算机辅助有效组分辨识方法研究

计算机辅助有效组分辨识方法,是本研究提出的一种基于因果关系发现的以方剂有效组分研制现代中药的方法。

本方法首先将复方分离获取若干部位,并研究各部位的化学组成;然后根据试验设计要求,将分离所得各部位重新配伍组合,获取系列样本,并选择代表主要效应的药效指标开展药效学试验,得到以各部位配伍量为自变量、药效活性为因变量的数据集;最后利用基于因果关系发现的 STEP-CARD 算法,辨识关键药效组分并研制现代中药。

其优点是,可从中药化学分析数据和药效检测数据中辨析化学组分及其配伍与药效活性间的复杂关系,快速发现关键药效组分,揭示中药复杂化学物质体系的药效物质基础,提高中药筛选过程的效率和针对性,克服以往中药有效组分筛选通常采用活性追踪方法,难以考察各组分配伍的协同作用,往往出现分离得到的化合物越纯其活性越低的缺点。

5.2 基线等比增减发现模式

基线等比增减设计是适用于中药小复方配比优化筛选的实验设计方法,其特征是 A、B 两种药物(君药、臣药)在总量恒定的前提下,以药典记载的配比为基线,其间 A 药含量以 10% ~ 30% 递减,B 药含量以 10% ~ 30% 递增;或者 B 药含量以 10% ~ 30% 递减,A 药含量以 10% ~ 30% 递增向两侧扩展,最后扩大到极点,两侧极点分别为单纯 A 药和单纯 B 药;以主要效应和次要效应为评价指标,强化主效应,兼顾次效应;采用整体模型,进行多指标优化和多维时间序列分析,结合离体器官、细胞实验及药化分析结果,依托新的信息处理方法进行系统地分析,确定药物之间的最佳配伍配比范围。

基线等比增减法模式,是针对在名特优处方的二次开发中,从同一配伍的不同配比中优选最佳配比的实验设计模式,适用于有确切的临床评价指标,药效物质基础相对清楚,药味相对较少的小复方。对研究结果采用高维小样本信息处理方法,其优点是实验研究与数学计算相结合,信息处理的空间大,既可使用传统的假设检验(方差分析、t 检验),也可使用模糊综合评判(fuzzy comprehensive assessment)、聚类分析(clusteranalysis)及交互分析等生物信息分析方法,充分挖掘多配伍组药物效应的数据信息,发现最优组合。

5.3 药效功能筛选模式

药效功能筛选的主要思路是以药效团模型的建立为基础,以基于药效团的虚拟筛选为手段,探讨中药及方剂在作用机制上的协同性,从而阐述中药及方剂在化学组成上的配伍特征。这一方法使得方剂配伍从成分配伍开始通过整体论回归到药味层次的配伍,从而使药味配伍、组分配伍、成分配伍及功效配伍有机地衔接成整体,更好地阐释了方剂配伍的科学内涵。

以药效功能筛选组分配伍开发中药新药的模式得到纵向课题组研究工作的证实,扶正祛邪方研究组通过对祛邪扶正方的研究,已经形成 3 个具有新药前景的、来源于祛邪扶正方,而药效优于祛邪扶正方、毒副作用得到降低的新方。

5.4 试验设计 – 非线性建模 – 多目标优化的三联法

试验设计 - 非线性建模 - 多目标优化的三联法(ED-NM-MO 三联法)对复方剂量配比进行优化:如何根据所针对的药效指标群寻找最优的复方剂量和比例是中药新药开发一个非常重要的任务,项目组探索并提出 ED-NM-MO 三联法作为中药复方组分配比优化的方法。针对 ED-NM-MO 三联法的优化结果,即针对多个药效指标的 Pareto 最优集,采用直接选择法:和归一化加权选择法,供专家根据对药效指标的不同要求选取相应的最优解。

相对现有的复方优化方法存在三个问题:不能同时对多药效指标进行优化,不具有非线性拟合能力或非线性拟合能力较弱,试验设计方法少而单一。ED-NM-MO 三联法引入了试验设计领域的前沿方法,具有非线性拟合能力和多目标优化能力,适合复方的三个特点:①多药物(部位、组分)。②多药效指标(靶点)。③非线性,适宜处理复方多自变量、多因变量、非线性的量(比例)效函数关系。因此,ED-NM-MO 三联法是一种适合复方复杂特征的剂量配比优化方法。

6. 结语

组分配伍的模式为中医方剂配伍理论做出了科学诠释,发展了中医理论,在此指导下创建的现代中药复方融合中医理论和现代工艺技术为一体,与国际接轨,为中药进入国际市场奠定基础。按照该模式创建的一批新型中药即将问世,将成为促进国民经济的新增长点。

附录 14

《北京中医药大学学报》2005 年 9 月第 28 卷第 5 期

玄府概念诠释（六）

——玄府为神机运转之道路门户

常富业[1]，王永炎[1]，高　颖[2]，杨宝琴[3]

（1. 中国中医研究院，北京 100700；2. 北京中医药大学东直门医院，北京 100700；
3. 首都医科大学中医药学院，北京 100013）

关键词：玄府；神；神机；生理；病理；理论探讨
中图分类号：R223.1

神机，即是神志、神明或精神，统称为神。神的含义有三：①泛指自然界的普遍规律，包括人体生命活动规律；②指人体生命活动的总称；③指人的精神、意识、思维、情志、感觉、动作等生理活动，为人类生命活动的最高级形式，即中医学中狭义的神。神自生命诞生之时就产生了，所谓"生之来谓之精，两精相搏谓之神"（《灵枢·本神》）。神既产生，随着个体的发生、发育、成长、消亡而发生、发展、消亡。神必须时刻依赖于后天水谷精气的充养，方能精充气足，血盛神旺。故曰"神者，水谷之精气也"（《灵枢·平人绝谷》），"血气者，人之神"（《素问·八正神明论》）。

1. 气、血、津液是神机运转的物质基础

精、气、血、津液等不仅是人体脏腑功能活动的物质基础，也是神机运转的物质基础，同时又是神的表现形式。从这个意义上讲，神的升降出入必然伴随着气、血、津液的流通渗灌，尤其是气（津）液流通过程中，神借气液以行，借气液以养，对神机的运转作用至为重要。故《读医随笔·气血精神论》谓："津液相成，神乃自生。神借津以养也。是又因气之盈亏，而神为之累矣。"《黄帝素问宣明论方·积聚总论》亦云："谓人形精神，与营卫血气津液，出入流通。"

2. 玄府内气液流通和血气渗灌是神机运转的表现形式

神本是看不见、摸不着的东西，是无形的。但神又不是超物质的东西，神的产生是有物质基础的，精气是产生神的物质基础。所谓形具而神生，形者神之体，神者体之用。形存则神存，形谢则神灭。形神总是统一的，而统一的纽带就是气、血、津液。神必须借助于气、血、津液的运行，方能表现出来。气机的运动、血的运行和津液的流通，使机体显示出生命的活动。如此，相应的机体或形体便有了神。否则，气运停止、血运不能和津流中断，神也就随之消亡。故神机的运转表现为气、血、津液的运动或流通。

玄府作为气液流通的基本道路，伴随着气机的运动、津液的流通和血气的渗灌，生命之神机也就活灵活现，或表现为一般动作如肢体活动，或表现为意识思维如六欲七情等。无论是广义的神，抑或狭义的神，升降出入是神机运转赖以实现的基本保证。正是玄府内气液的升降出入和血气的不断渗灌，才使神机息息运转，维持、协调和控制着机体的生命活动。

因而《素问·六微旨大论篇第六十八》云："出入废，则神机化灭，升降息，则气立孤危。故非出入，则无以生长壮老已；非升降，则无以生长化收藏。是以升降出入，无器不有。"

在运转神机过程中，应当强调脑之玄府的作用。因"脑为元神之府"（《本草纲目》），人神之所居，"人身之大主"（《医易一理》），诸阳之会，凡十二经脉三百六十五络之气血皆汇集于头。故脑内玄府甚丰，气液

流通最旺，血气渗灌最多。在不息的气液流通、血气渗灌过程中，脑之神机借此不断地升降出入，上下纵横，多维传递，激发意识思维感情，传达感觉动作指令，构成了丰富多彩的"神机化"。

3.玄府开阖通利障碍是神机运转失常的基本病机

玄府作为神机运转的道路门户，气液流通和血气渗灌是神机运转的表现形式。如此，一旦玄府发生病变，造成气液流通和血气渗灌障碍，必然影响神机运转，出现相应的病证。玄府在结构上呈现孔、隙性质，玄府之孔贵于开阖，玄府之隙贵于流通。若开阖通利正常，则神机运转有度，精神和平，动作协调，表情自然等；若开阖通利太过，气液流通超常，则神机运转超度，表现为亢奋有余的一派征象，如狂证、惊厥、谵语或感觉超常等；若开阖通利不足，气液流通不及，则神机运转低下，表现为机能减弱、兴奋不足的一派征象，如动作不能、感觉丧失或减弱、意识模糊或丧失、神志异常等。引起玄府开阖通利障碍的原因是很多的，刘河间强调火热之邪，认为热郁玄府是导致玄府功能失常的重要原因，指出："人之眼、耳、鼻、舌、身、意、神识，能为用者，皆由升降出入之通利也，有所闭塞者，不能为用也。若目无所见，耳无所闻，鼻不闻臭，舌不知味，筋痿骨痹，齿腐，毛发脱落，皮肤不仁，肠不能渗泄者，悉由热气怫郁，玄府闭密，而致气液、血脉、荣卫、精神

不能升降出入故也。各随郁结微甚，而察病之轻重也"（《素问玄机原病式·六气为病》）。除火热之邪外，大凡风邪的窜扰、寒邪的凝滞、湿邪的黏滞、燥邪的干涩流滞、毒邪的肆虐损正伤质、水邪的淤滞、瘀血的阻遏等，均可以危害玄府，惹致玄府郁闭，功能减弱或丧失。当然，玄府病变不仅限于郁闭，玄府开阖太过亦不鲜见。如火热之邪既可以引起玄府郁闭而使神机运转不能，亦可引起玄府开阖太过而使神志运转有余。应当强调水邪在玄府郁闭中的作用。这是因为，机体的病变，无论是发生于大层次的脏腑、五体，还是小层次的组织器官，都是气、血、津、液、精、神失常的结果。而气、血、津、液、精、神在人体的运行虽然各有其道，但在玄府这个最小层次上却是殊途同归的，通则俱通，闭则俱闭。也就是说，从微观层次上来说，气、血、津、液、精、神的病变，都可以归结为玄府这个最小层次的病变。而玄府的主要生理功能是流通气液，"气液昧之"是疾病发生的基本病机。"气液昧之"，即气液不通，气滞则津液不行，津停必化为水，因而水淤玄府，造成玄府开阖通利不能，必然引起神机运转失常，导致种种病证的发生。

从临床来讲，不仅实邪可引起玄府发生病变，正虚亦可引起玄府功能失常。大凡虚气流滞、血少行迟、津亏燥涩、液乏涩滞等，都可导致玄府开阖无力、开阖无以通利、开阖无以滑利等，而引起玄府病变，出现神志异常或其他病证。

（收稿日期：2005-01-16）

附录 15

《中医药学刊》2005年10月第23卷第10期

开通玄府对大鼠实验性脑出血脑水肿的效应研究

常富业[1]，王永炎[1]，高　颖[2]，李　辉[3]

（1.中国中医研究院临床评价中心，北京100700；2.北京中医药大学东直门医院，北京100700；
3.费县人民医院，山东费县273400）

摘要：目的：研究以开通玄府、利水解毒法组方的利开灵对大鼠实验性脑出血脑水肿的效应，并初步探讨其作用机制。方法：采用胶原酶/肝素尾状核注射法制备脑出血脑水肿模型。观察大鼠神经行为、脑系数、脑含水量及脑组织 Na^+、K^+、Ca^{2+} 的含

量变化。结果：利开灵能有效改善大鼠神经功能缺损及脑水肿的程度，降低不同时相的脑血管通透性、脑组织含水量，调整 Na^+、K^+、Ca^{2+} 含量。与模型组、单纯利水解毒法组方的利开组及醒脑开窍组方的安宫牛黄丸组比较，在不同时相有显著性差异（$p < 0.05$ 或 $p < 0.01$）。结论：以开通玄府、利水解毒法组方的利开灵对急性脑出血大鼠脑水肿有可靠干预效应，值得进一步研究。

关键词：开通玄府；利水解毒；玄府；大鼠；脑出血；脑水肿；利开灵

中图分类号：R-332　文献标识码：B

脑卒中是神经科常见疾病之一，尤其是脑出血，以其起病急，病情变化快，致残率、死亡率高，预后差等特点引起了人们的高度重视。大多认为脑出血损伤的核心部分通常是不可逆的破坏，而脑出血后血肿周边的脑水肿被认为是继发性损伤的主要原因之一。近年来，应用中药治疗急性期脑出血脑水肿有散见报道，疗效不一。为了深入探讨中医学对中风病脑水肿的病机认识，我们提出了水淫脑之玄府、浊毒损脑是中风病急性期脑水肿的基本病机，据此立开通玄府、利水解毒法，创制了利开灵用于实验性脑出血脑水肿大鼠，观察其对脑水肿的干预效应。旨在从动物实验方面验证开通玄府、利水解毒法拮抗脑水肿的作用机制，以期丰富中风病治疗学。

1. 材料与方法

1.1 实验动物

健康雄性 Wistar 大鼠 250 只，4～8 月龄，体重 250～300g，由北京维通利华实验动物中心提供。

1.2 主要药品和仪器

戊巴比妥钠，批号 020919，德国进口分装，北京化学试剂公司提供；胶原酶（collagenase typeIV），美国 Sigma 公司提供；肝素钠，常州新华活性材料研究所提供；伊文思蓝，Fluka 进口分装，上海化学试剂采购供应站提供；DF205 电热鼓风干燥箱，北京西城区医疗器械二厂生产；微量加样器，规格：1P1，宁波市镇海玻璃仪器厂生产；立体定位仪，西安西北光电仪器厂；岛津 AEL200 型电子分析天平，日本岛津公司生产；恒冷冰冻切片机；721 分光光度计，上海第三分析仪器厂生产；OLYMPUS VANOX 显微（日本）。

1.3 实验分组与给药方法

实验动物随机分为假手术、对照组（False Operation，FO）、模型对照组（Model）、利开灵组（LKL）、利开组（LK）和安宫牛黄丸组（AGNHW）。每组再分为脑出血后 6 小时、1 天、3 天、5 天和 7 天 5 个时间点共 25 组，每组 10 只，纳入模型制备程序。FO 与 Model：均生理盐水 2ml/100g 灌胃，每日 2 次；LKL：利开水煎液（1ml 相当于生药 3.2g），2ml/100g 灌胃，每日 2 次；LK：利开灵水煎液（1ml 相当于生药 3.0g），2ml/100g 灌胃，每日 2 次；

AGNHW：安宫牛黄丸配成混悬液（1ml 相当于安宫牛黄丸 0.06g），2ml/100g 灌胃，每日 2 次。上述各组自造模后 1 小时给药，以后每隔 12 小时给药 1 次。

1.4 模型建立取材与样品处理

采用 IV 型胶原酶 / 肝素钠生理盐水注射可以建立脑出血脑水肿动物模型[1]。各组动物每天采用 Longa[2] 的四分法进行神经功能评分 1 次。各时相分批处死大鼠，取各组大鼠脑组织标本，沿桥脑上界水平面切断，以手术针孔为准将左右半球作冠状切开，其中左右前半球部分取出血区周围及对称部位脑组织作脑含水量测定，右前半球皮层脑组织进行 Na^+、K^+、Ca^{2+} 含量测定。各组动物取材前均禁食 12 小时，自由饮水，末次给药 1 小时后取材。

1.5 统计学检验方法

实验数据采用 $\bar{X} \pm s$ 表示，采用 SPSS11.5 统计软件对结果进行单因素方差分析、样本均数的 t 检验，以 $p < 0.05$ 或 $p < 0.01$ 为有差异性界值的标准。

1.6 观察指标

动物行为测定：参照 longa 评分法[2] 进行行为学观察。0 分　没有神经功能缺损；1 分　左侧前爪不能完全伸展；2 分　行走时，大鼠向左侧转圈；3 分　行走时，大鼠身体向左侧（瘫痪侧）倾倒；4 分　不能自发行走，有意识丧失。脑血管通透性的测定：实验动物均经股静脉缓慢注射 2.5% 伊文思蓝（EB）生理盐水（0.2ml/100g 体重），注射后 5 小时将动物处死取脑，分别测定不同时相脑血管通透性。将脑组织以手术针孔为准，均匀分成左前、右前、左后、右后四部分后，将左前、右前两块脑组织称取湿重，分别浸泡于 3ml 甲酰胺溶液中，在 45℃ 恒温箱中温育 72 小时，待脑组织中色素全部浸出，取色素液用 721 型分光光度计在 620nm 下测定其 OD 值，根据标准曲线计算脑内伊文思蓝的含量，以 μg/g 脑湿重表示。脑组织含水量测定：将测脑血管通透性时余下的造模侧后部脑组织块（右后块），当即用滤纸吸取表面液体后，装入称量瓶，取标本全过程在 5min 内完成。用分析天平称量湿重后，放入电干燥箱 105℃ 烘烤 3 天至恒重后称取干重。控 Elliott 公式[3] 计算脑组织含水量。Water contents（%）=（wet tissue weight-dry tissue weight）/wet tissue weight×100%。1/4 脑

组织 Na^+、K^+、Ca^{2+} 含量的测定：将上述测定含水量的干重标本，用定量硝酸、高氯酸消化，双蒸水去离子水定容后，原子吸收分光光度计（火焰法）测定电解质含量。

2. 实验结果

2.1 利开灵对急性脑出血大鼠行为学变化的影响

如表 1 所示，术后各模型组神经系统症状评分随时相呈现先高后低的变化，72 小时达到峰值，至第 7 天仍未降至正常水平。各模型施加药物干预后，对神经系统缺损均有一定的改善效应，以 72 小时效应最显著。模型内组间比较，以 LKL 效果最好，在 72 小时与其他两药物组比较，具有显著性差异（$p < 0.05$ 或 $p < 0.01$）。提示 LKL 具有减轻脑水肿所致肢体活动障碍、改善神经功能的作用。

表1　利开灵对急性脑出血大鼠行为学变化及脑水肿脑血管通透性的影响（$\bar{X} \pm s$）

	时相	n	longa 评分(Scores)	伊文思蓝含量/[(μg/g 湿脑)]
F0	6h	10	0.00±0.00	3.50±1.26
	1d	10	0.00±0.00	3.61±1.38
	3d	10	0.00±0.00	3.95±1.46
	5d	10	0.00±0.00	3.92±1.43
	7d	10	0.00±0.00	3.86±1.35
Model	6h	9	2.11±0.60△△	8.66±1.60△△
	1d	8	2.67±0.87△△	14.80±2.60△△
	3d	9	3.44±0.53△△	19.42±5.12△△
	5d	7	2.78±0.67△△	14.59±3.12△△
	7d	6	1.56±0.73△△	9.87±2.98△△
LKL	6h	10	1.70±0.48△△**	7.44±1.13△△
	1d	10	1.80±0.79△△**	9.74±2.67△△**
	3d	8	2.00±0.67△△**##★	11.41±3.42△△**###★
	5d	9	1.60±0.52△△*##	10.28±2.87△△*#
	7d	7	0.80±0.79△△*	6.55±1.85△**
IK	6h	9	1.78±0.67△△	7.85±2.09△△
	1d	6	2.11±0.60△△	10.05±2.39△△*
	3d	8	2.67±1.00△△*	14.59±2.84△△*
	5d	7	1.89±0.78△△*	11.71±2.78△△*
	7d	7	0.89±0.78△△*	7.47±2.32△△*
AGNHW	6h	9	1.89±0.60△△	8.12±2.19△△
	1d	7	2.33±0.71△△	11.12±2.53△△*
	3d	8	2.89±0.78△△	15.65±3.44△△*
	5d	6	2.11±0.60△△*	13.43±2.61△△
	7d	7	1.11±0.60△△	8.77±3.09△△

注：与同时相 F0 比较，△. $p < 0.05$，△△. $p < 0.01$；与同时相 Model 比较，*. $p < 0.05$，**. $p < 0.01$；与同时相 AGNHW 比较，#. $p < 0.05$，##. $p < 0.01$；与同时相 IK 比较，★. $p < 0.05$。

2.2 利开灵对大鼠实验性脑出血脑水肿脑血管通透性的影响

由表 1 可见，术后各模型组伊文思蓝含量随时相呈现先高后低的变化，峰值在 72 小时，至第 7 天仍处于较高水平。各模型组施加药物干预后，对伊文思蓝含量均有一定的降低效应，以 72 小时效应最显著。模型内组间比较，以 LKL 效果最好，在 72 小时与其他两药物组比较，5 天、7 天与 AGNHW 组比较，具有显著性差异（$p < 0.05$ 或 $p < 0.01$）。提示 LKL 在脑出血水肿状态下对脑血管通透性呈现较强的改善效应。

2.3 利开灵对大鼠实验性脑出血脑水肿脑组织含水量的影响

如表 2 所示，术后各模型组脑组织含水量明显增加，且随时相呈现先高后低的变化，峰值在 72 小时，至第 7 天仍未降至正常水平。各模型组施加药物干预后，对脑组织含水量均一定的降低效应，以 72 小时效应最显著。模型内组间比较，以 LKL 效果最好，在 3 天时点与其他两药物组比较，24 小时、5 天与 AGNHW 组比较，具有显著性差异（$p < 0.05$ 或 $p < 0.01$）。提示 LKL 在脑出血脑水肿状态下对脑组织含水量变化具有较好的药理效应。

2.4 利开灵对大鼠实验性脑出血脑水肿脑组织 Na^+、K^+、Ca^{2+} 的影响

由表 2 可见，术后各模型组 Na^+、Ca^{2+} 含量变化随时相轴出现先上升，后下降的变化趋势，其曲线峰顶在 3 天时点，至第 7 天仍未降至正常水平。以药物干扰该变化发现，LKL 对脑出血脑水肿状态下各时点 Na^+ 含量均有明显改善效应（$p < 0.05$ 或 $p < 0.01$），Ca^{2+} 含量除 6 小时、7 天时点外，亦有较佳效应（$p < 0.05$ 或 $p < 0.01$）；LK 组仅在 3 天、5 天两个时点对 Na^+ 含量有改善效应（$p < 0.05$ 或 $p < 0.01$），各时点对 Ca^{2+} 含量影响均不显著（$p > 0.05$）；AGNHW 组在各时点对 Na^+、Ca^{2+} 含量的变化均不明显（$p > 0.05$）。模型内组间比较，对 Na^+、Ca^{2+} 含量变化影响，以 LKL 效果最好，以 3 天时点最明显，显著优于其他两药物组（$p < 0.05$ 或 $p < 0.01$）。提示 LKL 在脑出血脑水肿状态下对脑组织 Na^+、Ca^{2+} 含量变化具有较好的药理效应。

表 2　利开灵对大鼠实验性脑出血脑水肿脑组织 Na$^+$、K$^+$、Ca^{2+} 的影响（$\overline{X}\pm s$）

	时相	n	Na$^+$/[μmol/(g·dry)]	K$^+$/[μmol/(g·dry)]	Ca^{2+}/[μmol/(g·dry)]	脑组织含水量/%
FO	6h	10	205.10±30.31	538.45±40.76	3.40±1.26	75.79±0.94
	1d	10	206.07±34.26	536.85±39.73	3.23±1.03	75.91±0.86
	3d	10	204.63±26.45	535.40±36.98	3.32±0.92	75.77±0.77
	5d	10	207.76±31.35	540.85±32.22	3.37±1.02	75.92±0.81
	7d	10	206.44±29.31	542.88±35.36	3.34±0.94	75.83±0.97
Model	6h	9	271.54±35.00$^{△△}$	464.14±40.57$^{△△}$	4.09±1.71	78.40±1.53$^{△△}$
	1d	8	315.95±32.08$^{△△}$	453.78±32.41$^{△△}$	5.99±1.85$^{△△}$	80.83±1.32$^{△△}$
	3d	9	348.81±34.40$^{△△}$	442.29±38.67$^{△△}$	7.38±1.51$^{△△}$	82.29±2.15$^{△△}$
	5d	7	295.12±28.79$^{△△}$	466.90±32.78$^{△△}$	6.11±1.50$^{△△}$	80.73±1.58$^{△△}$
	7d	6	246.70±33.85$^{△△}$	477.60±35.35$^{△△}$	4.48±0.93$^{△△}$	78.12±1.10$^{△△}$
LKL	6h	10	237.43±30.50*	479.97±38.31$^{△△}$	3.43±1.48	77.31±1.75$^{△}$
	1d	9	275.48±29.01$^{△△*\ \#}$	473.93±32.50$^{△△}$	4.47±1.70*	78.38±1.32$^{△△*\ \#}$
	3d	8	287.16±27.15$^{△△*\ **\ \#\#\ ★}$	485.65±28.50$^{△△*}$	5.34±1.60$^{△△*\ **\ \#\#\ ★}$	78.90±1.84$^{△△*\ **\ \#\#\ ★}$
	5d	9	265.79±22.61$^{△△*}$	499.75±29.20$^{△△*\ \#}$	4.62±1.15$^{△*\ **\ \#}$	77.84±1.66$^{△△*\ \#}$
	7d	7	215.26±30.62*	528.10±29.91$^{*\ **\ \#\ ★}$	3.61±0.96	76.78±1.27*
LK	6h	9	248.71±34.17$^{△△}$	475.55±40.46$^{△△}$	3.73±1.53	77.97±2.18$^{△△}$
	1d	6	295.30±30.32$^{△△}$	464.95±39.63$^{△△}$	4.86±1.51$^{△}$	78.68±1.52$^{△△*}$
	3d	8	314.48±30.83$^{△△*}$	474.22±28.39$^{△△*}$	6.63±1.39$^{△△}$	80.51±1.79$^{△△*}$
	5d	7	273.06±22.87$^{△△*}$	483.32±28.84$^{△△}$	5.17±1.15$^{△△}$	78.83±1.97$^{△△*}$
	7d	7	229.54±30.17	497.55±30.62$^{△△}$	3.91±1.01	77.02±1.87
AGNHW	6h	9	258.80±36.56$^{△△}$	468.36±34.94$^{△△}$	3.83±1.51	78.02±1.71$^{△△}$
	1d	7	307.91±38.87$^{△△}$	456.88±30.01$^{△△}$	5.19±1.91$^{△}$	79.53±1.06$^{△△*}$
	3d	8	328.70±27.14$^{△△}$	463.45±29.61$^{△△}$	7.02±1.20$^{△△}$	81.26±1.71$^{△△}$
	5d	6	285.81±35.23$^{△△}$	472.05±28.77$^{△△}$	5.72±1.03$^{△△}$	79.29±1.56*
	7d	7	237.96±36.04$^{△}$	490.74±30.92$^{△△}$	4.17±1.06	77.52±1.43$^{△△}$

注：与同时相 FO 比较，$△\ p < 0.05$，$△△ .\ p < 0.01$；与同时相 Model 比较，$*.\ p < 0.05$，$**.\ p < 0.01$；与同时相 AGNHW 比较，$\#.\ p < 0.05$，$\#\#.\ p < 01$；与同时相 LK 比较，$*.\ p < 0.05$。

上述模型观察发现，脑组织 K$^+$ 含量变化走势与 Na$^+$、Ca^{2+} 含量变化走势相反，即随时相轴出现先下降后上升的变化趋势，其曲线谷底在 3 天时点，至第 7 天仍未升至正常水平。以药物干扰该变化发现，LKL 对脑出血脑水肿状态下，除 6 小时、1 天两个时点外，对 K$^+$ 含量有明显改善效应（$p < 0.05$ 或 $p < 0.01$），LK 组仅在 3 天时点有改善效应（$p < 0.05$），而 AGNHW 组在各时点对 K$^+$ 含量的变化均不明显（$p > 0.05$）。模型内组间比较，对 K$^+$ 含量变化的影响，以 LKL 效果最好，以 3 天、5 天两个时点最明显，显著优于其他两药物组（$p < 0.05$）。提示 LKL 在脑出血脑水肿状态下对脑组织 K$^+$ 含量变化具有较佳的药理效应。

3. 讨论

3.1　广义玄府论

刘河间基于《内经》认识玄府（狭义）的基础上，将玄府的意义不断延伸，以独特的视角，精练的语言，提出了一个全新的集合着结构、功能与信息的概念，赋予玄府更加广阔深邃的内涵。如《素问玄机原病式·二、六气为病》指出："然皮肤之汗孔者，谓泄气液之孔窍也，一名气门，谓泄气之门也。一名腠理者，谓气液出行之腠道纹理也；一名鬼神门者，谓幽冥之门也；一名玄府者，谓玄微府也。然玄府者，无物不有，人之脏腑、皮毛、肌肉、筋膜、骨髓、爪牙，至于世之万物，尽皆有之，乃气出入升降之道路门户也。"分析刘河间之玄府有以下三种特性[4]：即分布广泛性、结构微细性和功能上的贵开忌阖性。玄府作为气液血脉、营卫精神升降出入的通道，赖玄府的通利才能得以维持营卫的流行、气血的灌注、津液的布散和神机的运转，因而玄府以通为顺，闭阖为逆。所谓"人之眼、耳、鼻、舌、身、意、神识，能为用者，皆由升降出入之通利也，有所闭塞者，不能为用也。若目无所见，耳无所闻，鼻不闻臭，舌不知味，筋痿骨痹，齿腐，毛发堕落，皮肤不仁，肠不能渗泄者，悉由热气怫郁，玄府闭密而致，气液、血脉、荣卫、精神不能升降出入故也。各随郁结微甚，而察病之轻重也"（《素问玄机原病式·二、六气为病》）。提示玄府阻滞，气液不通，渗灌障碍，运转不能，将百病由生。

3.2 水淫脑之玄府浊毒损脑是中风病急性期脑水肿的基本病机

长期以来，中医学对中风病发病机制的认识过于粗疏或简略，目前基本上仍停留在六端病理因素。对急性期脑水肿发病机制的认识更是模糊。就以往的认识，或为瘀血化水，或为津液外渗，或为瘀积为痰为水，至于如何瘀血化水或津液外渗，未有深入探讨。因而在治疗上，无论是醒脑化痰通腑法[5]、清热熄风化痰法、活血化瘀利水法[6]、祛瘀破血疏导法[7]，还是清热化痰、益气养阴、活血化瘀、熄风开窍综合治疗法[8]、破血逐瘀法[9]、化痰祛瘀法[10]等，虽从临床报道来看，都有一定的效果，但效果也是参差不齐，所基于的资料样本偏小，其效果的可靠性最终也难以评价，从而影响了方药和方法的推广使用。

欲重新认识中风病急性期脑水肿的病机，就必须了解中医学对"脑水肿"属性的认识。我们认为，在中医学理论体系内，对这种诸如脑水肿、肺水肿等仍属于"水肿"范畴，此时的脑水肿，当属于隐性水肿[11]。

中风病急性期，尤其是出血性中风，大多系肝阳暴张，阳升风动，风火上扰，气血逆乱犯脑，以致脑脉瘀阻或络破血溢脉外，终致瘀血内留，瘀积为痰为水而闭塞脑窍，使神明失主、肢体失用、七窍失司，临床大多表现为邪盛标实为主。无论是出血性中风还是缺血性中风，其病机的共同点是瘀血已为临床所公认。此瘀血的存在，于机体来讲，属于有碍机体结构和功能活动的有形之占位实邪，为此可称之为"血肿"或"瘀肿"。此血肿的具体部位，随中风的不同而异。对于出血性中风，此血肿以脉外为主，而缺血性中风，此血肿以脉内为主。脉内或脉外的血肿，没有性质之别，只有微甚之异。无论是脉内或脉外的血肿，其持续的存在，就必然影响正常的血液运行和气血律液正常的渗灌交流。在正常状态下，脉内外之气或说是卫、营之气是不断内外交流环运的。卫之气滑疾而入内，以助血之运行，营之气丽泽于外，以为津液而和匀于卫。当脉内

不通而受到瘀血所阻时，受阻的脉管内，由于前有瘀血所阻，后有流入之血，在这种夹击下，脉道必然被撑压而处于高度胀满的状态。持续的胀满，使正常的卫、营之气津内外交流失常，造成卫气难入内以助血液运行，而营津过度外流外渗，变成津停为水，形成水淫之证。进一步需要说明，此水由脉内而到脉外，其运行流出的途径是什么？经考证，文字未有记载，我们认为，其经由的途径便是（广义之）玄府。其病机路径见图1：

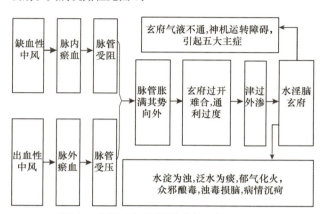

图1 中风病急性期发病的病机示意图

图1病机示意说明，中风病急性期的发病，始于血肿，次之气肿，由生水肿，继之演化为沉痰、淀浊、酿毒的系列变化，而变化的基本部位在于玄府，引起玄府气郁、水瘀、毒滞是为病机关键，序贯而生其他病邪是为病情复杂和病势进深的重要因素。简单说，水淫玄府、浊毒损脑乃中风病急性期或脑水肿的基本病机。因而在治疗时，应切中玄府，抓住水浊和毒这两大病理因素，实施最基本的应急干预。为此，根据王永炎院士防治中风病的经验，精心选择药物，创制了专门针对脑水肿的"利开灵"（主要由泽泻、石菖蒲、半边莲、桂枝等组成）。方中泽泻，利水、渗湿、泄热为主，尤其利水作用，功力专宏，针对水淫玄府之水浊，切中关键；半边莲，功善利水消肿、清热解毒，此药不仅能治水，与泽泻之利水相须为用，尚能独具解毒之功；石菖蒲，主于开窍醒神，化湿豁痰；《本草从新》认为其"辛苦而温，芳香而散，开心孔，利九窍"，堪称开通玄府要药，切中脑水肿水淫玄府之病机，辅佐上二味甚为重要；桂枝，以发汗、通阳为主；此药于本方效用有二：一是以其辛甘发散作用，直接作用于玄府，使玄府滞之水得以开散通利，解除"脑水肿"之压迫症状；二是通过其通阳作用，尽快改善郁结的阳气，重建脑之气化，恢复脑的气液流通和神机运转，由于此药辛热助火，用量偏小，用之不可或缺，失之倍有遗憾。

总之，利开灵按中风病脑水肿"水淫脑玄"之病机认识，用于脑出血患者，收到了满意疗效，初步验证了开通玄府方法的可行性和有效性。临床研究结果表明，应用利开灵

治疗组的总有效率及血肿吸收率均高于对照组, 提示利开灵能促进血肿吸收, 改善血肿周围的缺血、缺氧, 减轻脑水肿, 具有明显的神经保护作用, 从而有效地治疗急性脑出血, 且本药价廉, 药源广, 副作用小, 安全可靠, 值得进一步深入研究。

参考文献:

[1] 张艳玲, 陈康宁, 邵淑琴, 等. 采用 IV 型胶原酶构建大鼠 脑出血模型 [J]. 第三军医大学学报, 2002, 24 (12): 1394-1395.

[2] Longa E Z, Weinstein P R, Carlson S, et al.Reversible middle cerebral artery occlusion without craniotomy in rats[J].Stroke, 1989, 20 (1): 84-91.

[3] Elliott K A C, Jasper H.Measurement of experimentally in induced brain swelling and shrinkage[J].Am JPhysiol, 1949, 157: 122.

[4] 王明杰. 玄府论 [J]. 成都中医学院学报, 1985, (3): 1-4.

[5] 杨爱学. 脑化痰通腑法饮治疗中风急性期脑水肿的临床 研究 [J]. 河南中医药学刊, 1994, 9 (3): 39-40.

[6] 桑海康. 中医治疗脑卒中急性期 66 例疗效观察 [J]. 浙江中西医结合杂志, 2000, 10 (8): 464-466.

[7] 庞鹤, 王晓梅, 王硕仁, 等. 醒脑健神丹合清开灵注射液治疗急性脑出血的实验研究 [J]. 中国中医急症, 1995, 4 (2): 69-71.

[8] 胡全穗. 中医治疗出血性中风疗效观察 [J]. 中西医结合实用临床急救, 1998, 5 (7): 291-293.

[9] 王爱凤, 秦玉花, 王惠茹. 血肿消口服液治疗中风病的临床疗效观察 [J]. 山东中医杂志, 2003, 22 (9): 534-535.

[10] 晏荣, 赵聚凯, 谢红梅, 等. 加用化痰祛瘀法治疗高血压脑出血临床观察 [J]. 中国中西医结合杂志, 2003, 23 (2): 141.

[11] 常富业, 王永炎, 高颖, 等. 水淫玄府与隐性水肿假说 [J]. 山东中医杂志, 2004, 23 (11): 643-645.

附录 16

《中国临床康复》第 9 卷第 39 期 2005-10-21 出版

论开通玄府

常富业[1], 王永炎[1], 高颖[2], 杨宝琴[3]
(1. 中国中医研究院临床评价中心, 北京 100700; 2. 北京中医药大学东直门医院脑病科, 北京 100700; 3. 首都医科大学中医药学院, 北京 100013)

中图分类号: R22 文献标识码: A 文章编号: 1671-5926 (2005) 39-0128-02

摘要: 玄府作为遍布机体内外的一种结构, 支持着机体的气液流通、血气渗灌和神机运转。玄府阻滞是中医学的最基本病机, 玄府一旦发生病变, "气液昧之", 诸症丛生。开通玄府是中医学最基本的治疗原则。从微观的角度正确认识疾病的发生与病机演变, 灵活把握与运用开通玄府方法, 特别是开通玄府的九种治疗方法, 将丰富中医疾病发生学与治疗学, 更好地指导临床。

关键词: 玄府; 玄府阻滞; 病机; 开通玄府; 治则; 治法; 理论探讨

0. 引言

刘河间在 800 多年前, 以超前的眼光, 推测体内必有一种至微至小的微观结构存在。将这种结构借用玄府之名称, 赋予其流通气液、运转神机和渗灌气血等功能, 拉开了从微观角度, 认识机体生理与病理的序幕。并以火热立论, 认为热郁玄府, 玄府闭密或闭塞, 是导致疾病的基本病机。

河间玄府闭密学说, 为后世不少医家所认同。实际上, 玄府作为遍布机体的至微至小的一种结构 [1], 任何层次结构发生的病变, 都可以表达为玄府病变, 简称"玄病"。玄府具有流通气液、运转神机和渗灌气血等功能, 气血津液的运行流通发生失调, 神机的运转发生失常, 也都可以归结为玄府病变。故可以认为, 玄府病变是中医学的最基本病机。玄府为病的基本病机是通利障碍, 开合失常, 玄府郁滞、淤滞、瘀滞或因玄府亏虚而阻滞等[2]。因此，相应的治则即应当是开通玄府，以顺应玄府之"复其开合，贵于通利"之性，重建正常的开合流通功能，恢复气血津液的正常流通渗灌和神志的正常转运。由于引起玄府病变的病因不同，病机各异，其开通玄府的具体治疗方法亦必然有别。

开通玄府，这是玄府发生病变后的一个总的治疗原则。然而，开通玄府作为一个概念，又与临床上所采用的开通玄府之具体治疗方法，是有区别的。在概念内涵上，前者当属于广义之开通玄府，后者则属于狭义的。所谓广义的开通玄府，是指运用中医药治疗手段，切中引起玄府发生病变的基本病机进行治疗，以恢复玄府正常的开合通利功能的一个基本治疗原则。在这一原则下，可以衍生出很多具体的治疗方法，譬如理气开玄法、利水开玄法、活血开玄法、祛痰开玄法等。而狭义的开通玄府，一般是指运用辛窜宣通之品，依靠其辛宣通利作用，直接作用于脏腑组织器官，使病变处的玄府尽快恢复开合通利功能的一种具体治疗方法。广义和狭义的开通玄府虽然内涵不同，但二者又是密切联系的。首先，广义的开通玄府包括狭义的开通玄府，也就是说，狭义的开通玄府是广义的开通玄府的一种方法。其次，广义的开通玄府所包含的多种具体治疗方法，在临床实施时，常常配合狭义的开通玄府方法或药物进行治疗。

1. 开通玄府法

为刘河间所首创。主要是运用辛窜宣通之品，借其辛宣通利作用，使玄府尽快恢复开合通利功能的一种具体治疗方法。本法是玄府病变最常用的一种治疗方法。原则上说，只要是玄府发生病变，存在玄府开合通利功能失常的病机，都可以用此法进行治疗，或可以配伍辛窜宣通的药物。关于开通玄府法所常用的药物，根据刘河间记载，大致有：磁石、干蝎、生姜、附子、醇酒、麻黄（汤）、桂枝（汤）、乌头或硫黄、钟乳、木香、桂心等，大多是辛温或辛热药物。按刘河间的观点，上述开通玄府药物，原为治疗热郁玄府而设，既是热郁，为何要用热药？刘氏认为，"因热服之，因热而玄府郁结得通，而怫热无由再作，病势虽甚，而不得顿愈者，亦获小效，而无加害耳！此方散结，无问上下中外，但有益而无损矣"。（《素问玄机原病式·二、六气为病》）言外之意，惟有辛热窜猛，方能散结开郁而使玄府开通。但是，本是热性病机作祟，再以热药干预，无异于抱薪救火，炭上浇油。鉴于此，刘氏认为，可"佐以黄芩、石膏、知母、柴胡、地黄、芍药、栀子、茵陈、葱白、豆豉之类寒药消息用之"（《素问玄机原病式·二、六气为病》）。

针对上述药物仔细分析，有的属于常用的发汗解表药。

如何理解开通玄府与汗法的关系？所谓汗法，是指能开启汗孔，使气液流通于体外为汗的一种方法。上面已经述及，广义的玄府包括汗孔，如此，通常所说的汗法，也就是开通玄府法，只不过汗法的开通玄府作用，仅仅是限于表浅部位，通常所说的发汗解表药，的确能开通玄府，只不过也仅能开通表浅部位的玄府。

2. 理气开玄法

即理气开通玄府法。关于此种方法，刘河间并未明确论述，但从玄府作为气机运行的道路门户说，玄府一旦发生郁闭，首当其冲的是造成气机郁结，因而当进行理气开郁，使玄府开通。故理气开玄法是专门针对玄府气郁而进行干预的一种治疗方法。从中医学病机演变的角度来讲，百病生于气，先有气郁，随之会造成其他诸郁。然而，总以气郁为主，在治疗时，可适当照顾兼夹病机一并施治。至于药物选择，可参考《医方集解·明目之剂第十九·羊肝丸》所云："肝郁解则目之玄府通利而明矣。黄连之类，解热郁也，椒目之类，解湿郁也，茺蔚之类，解气郁也，芎归之类，解血郁也，木贼之类，解积郁也，羌活之类，解经郁也，磁石之类，解头目郁，坠邪气使下降也，蔓菁下气通中，理亦同也"。

3. 活血开玄法

即活血开通玄府法。玄府病变，气血渗灌障碍，络脉中的血液瘀滞于玄府，从而妨碍玄府正常的流通渗灌功能，因而在治疗上，应当活血化瘀，使瘀血散开，玄府得以开通。临证择药时可选择活血化瘀类药物。

4. 运水开玄法

即运水开通玄府法。玄府作为流通气液的孔隙，一有病变，必然导致"气液昧之"而发生津停为水，形成水淫玄府，并裹约络脉，挤压脏腑组织器官。为此，在治疗时，应从速运水泄浊，减轻水浊泛溢，恢复玄府开通。临床上可选择路路通、王不留行、猪苓、泽泻、赤小豆、玉米须、薏苡仁、灯心草、滑石、虎杖、香薷等。

5. 清热解毒开玄法

即清热解毒开通玄府法。是指运用寒凉药物，解除热郁玄府之邪，以达到邪去热退，玄府开通的一种方法。刘河间对于热郁玄府曾做了专门的论述，认为即使邪热较盛，也应适当配伍辛温宣通之品，以助散热结，开壅滞。此法的实质，乃使清温并举，寒凉并用。如此，既能祛除邪热，又能直接开通玄府，可谓一方多法，一石多鸟。目前，临床上对于一些邪热壅盛之证，如肺痈等，在临证时，往往径投一派寒凉，希冀寒凉直折。然而，热邪壅盛，热壅气郁血阻，相应的玄府必然为之郁阻，造成正常的气血难以在病处渗灌，从而妨碍了正气驱邪，不利于疾病的恢复。若适当配伍辛热宣通，使局部玄府尽快恢复流通渗灌，对疾病的治疗不无裨益。又如传染性非典型肺炎疾病，作者曾对防治此种病的一些病案和中药方剂进行分析，发现所用的中药大多是一些或寒凉清解、或甘温补益之类，很少使用辛温之品。纵使使用，也仅仅限于疾病的初期。众所周知，传染性非典型肺炎危重之时，X 射线与 CT 征象示多叶多灶病变，病理观察肺泡形成透明膜，血瘀津液外渗，胸腔积有血水，通气换气障碍，喘憋紫绀症见[3]。此显然是属于热毒壅肺，肺之玄府发生郁闭所致。当在寒凉清解的基础上，必须投用辛热开壅之品，方能化险为夷，救急于顷刻。遗憾的是，临床上对于热毒之证，畏而用热，恐以热助热，反成大错。实际上是不歆玄府理论而已。

因此，对于清热解毒开玄法，在临床上使用时，除选择寒凉之品外，勿忘伍用辛热宣通之品，是其要义。

6. 凉血开玄法

即凉血开通玄府法。本法主要用于邪热深入血分，累及玄府，序贯发生玄府渗灌流通障碍之证。临床上在选择药物时，除选择咸寒之品以入血分外，应当适当配伍辛温发散开结之品，两法并举，冀建奇功。

7. 攻下开玄法

即攻下开通玄府法。意谓在泻下大便，荡涤肠胃的同时，应当配伍一些辛热宣通之品。实际上，就泻下药而言，本身就是开通肠胃玄府的药物。因此类药物的主要作用是排除胃肠积滞、燥屎及有害物质如毒、虫等，或能清热泻火，使实热壅滞之邪通过泻下而清解；或逐水退肿，使水湿停饮随大小便而排除。凡此，均能通过祛除胃肠之邪，使肠胃之玄府得以开通，有利于气液流通，渗灌如常，气机调匀，疾病向愈。不过，在此基础上，稍稍伍之辛温，确能助玄府开通。

8. 祛痰开玄法

即祛痰开通玄府法。水淫玄府之证，无论是轻证还是重证，若不及时治疗，必因水淫日久，持续阻遏气机而惹致水泛为痰，痰浊一旦产生，会因其随气周流之性，走窜他处，阻玄府，结络道，使病邪弥散，疾病加重或趋于迁延难愈之途。为此，当用祛痰开玄法，在投用祛痰药的基础上，配伍辛温流通之品，以使阴霾散尽，玄府得通。仲景云："病以痰饮者，当以温药和之"，大抵依温药来开通玄府，使玄府气液流通，痰无以生而已。

9. 补虚开玄法

即补虚开通玄府法，是针对虚证施补者的一种治疗方法。玄府正常的流通渗灌，有赖于气血充盛，阴阳和平。倘若正气虚弱，无力气化，则必造成玄府因虚而滞、因虚而闭。此时，当酌情施补。同样，应适当配伍辛温开通之品，以助开通之力。

对于阳虚者，在补益的基础上，伍之以辛温，容易理解和把握。对于一些阴血亏虚、津少行迟所造成的玄府通利障碍，若伍之一些辛温走烈之品，岂不是因燥劫阴血而助纣为虐。实际上，按照刘河间的论述，完全不必担心，少用辛温的前提，是在重用甘补滋润的基础之上。生活中每见血虚患者，因体虚而缺乏食欲，常常食之一些辛辣之品以开胃，大抵是以此开通胃之玄府，有利于玄府渗灌，多滋生一些"消化液"而已，焉能因辛辣燥血而因噎废食。

上述就开通玄府所常用的方法分九种（类）做了浅述。由于病因种类繁多，病情复杂，实际上开通玄府方法远不止这些。临证时应审时度势，明辨兼夹，或一法为主，或多法并用，触类旁通。开通玄府作为临床上最基本的治疗原则之一，不仅适用于内、外、妇、儿、五官诸科疾病及急危重证，也适用于疾病的临床康复。因为玄府作为气液流通、血气渗灌和神机运转的道路与门户，疾病进入恢复期后，重在尽快恢复玄府的开通功能，才能促进气血和平、津液流通和神机的运转，从而有助于机体结构重建和功能恢复。从西医学讲，开通玄府，一是有利于排泄体内蓄积的种种致病微生物及代谢毒素，达到了"推陈出新"的作用；二是调节或刺激机体的神经、免疫、内分泌各系统，激动多种效应产生了许多生物活性物质，如神经递质、糖皮质激素、干扰素、白介素、肿瘤抑制因子、脑 - 肠肽等，通过细胞因子网络和生物反馈调节控制作用，自动化调节、调整、修复、改造了各脏腑器官组织的结构和功能，纠正了机体的阴阳偏颇，增强了机体的细胞免疫和体液免疫功能，提高了机体的抗病力，最终达到了临床干预的目的。

参考文献：

[1] 常富业，王永炎，高颖，等 . 玄府概念诠释（三）- 玄府的历史演变轨迹与述评 [J]. 北京中医药大学学报，2005，28（2）：5-6.

[2] 常富业，王永炎，高颖，等 . 水淫玄府与隐性水肿假说 [J]. 山东中医杂志，2004，23（11）：643-5.

[3] 王永炎，杨宝琴，黄启福 . 络脉络病与病络 [J]. 北京中医药大学学报，2003，26（4）：1-2.

附录 17

《北京中医药大学学报》2005 年 11 月第 28 卷第 6 期

玄府理论与临床应用初探

杨辰华，王永炎

（中国中医研究院，北京 100700）

关键词：玄府；涵义；功能；临床意义

中图分类号：R223.1

玄府理论肇源于《内经》，发扬于金元医家刘完素，散见于明清医家著作，是中医理论的重要组成部分。遗憾的是，由于玄府概念抽象、形态结构不明，长期以来，未能为医家重视。王永炎院士指出，五脏六腑皆有玄府。在导师指导下，笔者梳理古今文献，借鉴现代科学知识，从临床实际出发，认为深入探讨玄府理论，提示其科学内涵，有望成为中西医结合防治疑难病的突破口、切入点，从而为提高临床疗效提供全新的理论依据。玄府涵义有待诠释，玄府理论有待继承和完善，试作阐发，诚望斧正。

1. 玄府涵义

"玄府"一词最早见于《内经》，如《素问·水热穴论》："所谓玄府者，汗空也"。《素问·调经论》："上焦不通利，则皮肤致密，腠理闭塞，玄府不通，卫气不得泄越，故外热。"《灵枢·小针解篇》："玄府者，汗孔也。"张景岳《类经》注释："汗属水，水色玄，汗之所居，故曰玄府，从空而出，故曰汗空，然汗由气化，出乎玄微，是亦玄府之义。"在古汉语里"空"和"孔"通用，故"汗空"是指汗孔而言。可见，"玄府"本指汗孔而言。金元四大家之首刘完素对玄府论大加发挥，延伸其内涵，扩大其外延。《素问玄机原病式》谓："玄府者，谓玄微府也，然玄府者，无物不有，人之脏腑、皮毛、肌肉、筋膜、骨髓、爪牙，至于世之万物，尽皆有之，乃气出入升降之道路门户也，人之眼、耳、鼻、舌、身、意、神、识能为用者，皆升降出入之通利也，有所闭塞，不能为用也。"归纳刘氏所论，玄府有三层含义：一是普遍存在性，内至脏腑，外至四肢百骸、人体七窍均有玄府，甚至各种生物体内亦不例外；二是形态微观性，既然客观存在，又非肉眼所能窥见，说明限于当时的科学技术水平，其结构细微，微观难辨；三是功能畅通性。玄府是"精神、荣卫、血气、津液出入流行之纹理"，气血津液等物质在体内的输布及代谢运动有赖玄府畅通，只有玄府畅通才能保证人体正常的生理活动，因此，玄府贵开通，忌闭阖。刘完素为玄府理论奠定了坚实基础，也是对人体结构和功能认识的一次理论升华。玄府理论在后世中医眼科得到发展与完善，成为眼科理论的重要支柱之一，并有效指导着临床，古老的中医理论有其科学的内涵，亟待继承弘扬，并加以提高。

值得一提的是，《内经》中与玄府同义的词，除"汗空"外，还有"气门"、"鬼门"、"腠理"，刘完素《素问玄机原病式》谓："然皮肤之汗孔者，谓泄气液的孔窍也；一名气门，谓泄气之门也；一名腠理者，谓气液出行之肉腠纹理者；一名鬼神门者，谓幽冥之门也；一名玄府者，谓玄微府也。"直把"气门"、"鬼神门"、"腠理"、"玄府"四者并名于汗孔之中，说明四者可分不可离，名异而实同，大同而小异。《中医辞海》对玄府的释义为："中医术语，又名玄府，即汗孔。一种说法，以其细微幽玄不可见；另一种说法，是汗液色玄，从孔而出，故名。"综上所述，玄府一词有广义、狭义之分，狭义者即《内经》所言汗孔也，广义者当指广泛分布于人体组织器官中的超微结构或网络通道。

2. 玄府是结构功能的载体

唯物论和进化论认为，生命的表现形式为形态、结构与功能相结合的统一体。玄府这一无物不备的细微结构，具有气机升降出入的生理功能，是功能结构的载体。气是构成和维持生命活动的物质基础，气的运动变化即气化，实质上是精、气、血、津液各自的新陈代谢及相互转化，是物质和能量代谢的过程。气化是生命活动的根本，没有气化，意味着生命终结，"故非出入则无以生长壮老已，非升降则无以生长化收藏，是以出入升降，无器不有"，出入升降是气在人体存在和运行的基本形式，其功能得到体现的场所就是脏腑经络等组织器官中的超微结构——玄府，玄府开通，道路通畅，则升降出入运动协调平衡，玄府郁闭，门户关闭，升降出入平衡失调，故玄府是气血津液正常运行的功能载体。玄府的本质是什么？与人体组织有无内在联系？有些学者做了有益的探索，王氏[1]认为：玄府属于经络系统中最细小的孙络的进一步分化，是迄今为止祖国医学有关人体结构最深入的层次。周氏[2]则倡导"细络瘀血"学，把玄府与络病相提并论。郑氏[3]从西医学角度出发，认为玄府与微循环有共通之处，与离子通道有共性内涵。笔者认为玄府与微循环、细胞膜及血管内皮细胞等相关，但不等同。玄府的结构载体，不应局限于西医学理论中的系统、器官、组织等局部解剖实体，简单地将其归类于微循环、神经、内分泌、细胞、分子都是机械的、不全面的，玄府应是人体客观存在、以现代生物学解剖结构为载体，且有自身分布规律的空间网络系统。深化研究当从中医整体观念出发，运用现代科技成果，如分子生物学、基因工程等，加强玄府基础研究，分析其功能与结构的相关性，正如肾-命门学说，与下丘脑-垂体-肾上腺皮质系统、性腺及甲状腺功能密切相关性一样，最终将揭示其科学的涵义。

3. 玄府与病证相关

玄府病变的产生，可因外感六淫、内伤七情、饮食劳倦、痰饮瘀血等因素引起，《内经》论玄府致病，以水肿和热证居多，病因有外感有内伤，刘完素在《内经》基础上将其延伸到机体的各个方面，认为玄府闭塞则"目无所见，耳无所闻，鼻不闻臭，舌不知味，筋痿骨痹，齿腐，毛发脱落，皮肤不仁，肠不能渗泄"，说明玄府郁闭是具有普遍意义的病机概念。既然玄府是气血津液升降出入的门户，一旦郁闭，必然形成气血津液运行失调、升降出入活动障碍等一系列病理变化。其基本病理改变，可概括气滞、血瘀、湿阻、火郁四端。四者各有侧重，并密切相关，通则俱通，闭则俱闭，气血水在生理上相互联系，病理上相互影响。如朱丹溪创著名的六郁论，即"气郁而生湿，湿滞而生热，热郁而生痰，痰滞而血不行，血不行而食不化"，由气郁而产生湿郁、热郁、痰郁、血郁、火郁，病久六郁互结玄府，

以至虚实寒热夹杂，病邪胶结缠绵。玄府病变有实亦有虚。明代医家楼英《医学纲目》中明确指出："血盛能使玄府通利而目明，血虚使玄府无以出入升降而昏。"玄府的正常功能是开合有度，要维持其功能发挥，有赖于气的推动和激发，津血的濡养和滋润，若因禀赋不足，或后天失养，久病消耗，或失血脱液等原因，以至气血津液亏虚，玄府失却营养，无以出入升降，势必影响气血正常运行，不仅脏腑经络功能减退，甚则产生痰饮瘀血等病理产物，加剧病情，形成愈虚愈郁、愈郁愈虚的恶性循环。归纳起来，玄府的病机大致可用五字赅之，即"虚、滞、瘀、阻、郁"，尽管玄府有气滞、血瘀、湿阻、郁火、气血亏虚等不同的病理变化，但其共同的病理基础为玄府郁闭。多种致病因素侵入人体，玄府不通，气血津液阻滞，玄府闭郁加重，新的致病因素产生，进一步加重病情，增强病邪痼结难解之势，诸病叠起，顽痼难愈。可见玄府郁闭是多种疾病的基础和中介环节，也是玄府病变的实质和根源，故玄府为万病之源。

4. 玄府的临床指导意义

新的理论孕育着新的发展与突破，而理论的指导价值只有在临床实践中才能得到验证和体现，既然玄府在人体普遍存在，其功能一旦失调，必然产生广泛的病理变化，从而使玄府理论对临床各科均有指导意义。由于金元以降该理论没能得到全面的继承与完善，以致现代很少用于指导临床。目前除眼科领域应用外，其他各科鲜有述及。进一步弘扬玄府理论，对拓宽视野，寻求中医临床新的思路和方法，扩大其临床应用价值，具有现实意义。

（1）玄府理论为探寻有效防治措施开辟新的途径。SARS 是 2003 年春季在广东、华北流行的一种新型传染病，起病急、病情重、传变快，极似中医的温疫、热病。病因为疫毒浸淫，肺主气、司呼吸，疫毒之邪上受犯肺，肺之玄府郁闭，气不布津，津聚为湿，湿蕴为痰，气不行则血不畅，留而为瘀，毒湿痰瘀闭肺，损伤肺体则出现干咳、呼吸困难、气促胸闷、喘息憋气。结合现代医学影像学、肺部病变为多叶多灶性，病理观察肺泡形成透明膜，胸腔积有血水，通气换气障碍，喘憋紫绀症见。肺气郁闭在整个 SARS 病理过程中起着关键作用。开通肺之玄府郁闭，畅达气血津液运行至关重要。王永炎院士认为，在辨证论治基础上，加用大黄、硫黄、雄黄复方可起到解毒化痰、活血通络作用。玄府理论为 SARS 治疗提供新的防治手段。

（2）为提高疑难病防治疗效提供可能的突破口。随着社会的老龄化，痴呆的发病率持续攀升，虽然中西医学者都在寻找理想的治疗方法，但目前疗效难以尽如人意，根据玄府理论，五脏六腑皆有玄府，痴呆发病与虚、痰、瘀痹阻脑内玄府，气血郁滞不畅，神机失用相关。治疗上除

常规补肾填精、化痰开窍外，配用开通玄府、畅达脑部气血运行药物后疗效确有提高。又如视神经萎缩属于中医青盲内障范畴，为眼科难治病之一，临床上常以杞菊地黄丸补益肝肾明目为治，收效甚微，而加入开通玄府、畅达神光的麝香、细辛、三七后疗效倍增。玄府理论有望成为攻克疑难病的切入点。

（3）可指导临床遣方用药。历代治疗消渴病多从阴虚燥热立论，滋阴清热润燥为治疗大法，而刘完素依据玄府理论使用辛味药开发玄府，布达律液，推陈致新。"辛以润之，开腠理，致津液，通肺气下流，故气下火降而燥衰矣，其渴乃止"，治消渴以辛散结，开通玄府，真是别开生面，使人茅塞顿开，这一治法为后世治疗糖尿病选用石膏、桑叶、葛根等辛味药提供理论根据。

综上所述，玄府是人体内最细微的解剖结构，具有调节精气血津液新陈代谢的重要作用。其功能失常是多种疾病发生的本源。因此，深入研究玄府理论，紧紧抓住玄府郁闭的病机环节，积极开展防治研究，必将为现代临床带来新的曙光。任何一种理论都需要经历漫长的发展过程，要使玄府理论得以发扬光大，更好地开发利用，仍需进行大量而细致的研究工作。

参考文献：

[1] 王明杰."玄府"论.成都中医学院学报，1985，（3）：1.
[2] 周学海.形色外诊简摩.北京：人民卫生出版社，1987.89-90.
[3] 郑国庆，黄培新.玄府与微循环和离子通道.中国中医基础医学杂志，2003，9（4）：13.

（收稿日期：2004-11-01）

附录 18

《中医临床必读丛书·黄帝内经素问》封面书影

中医临床必读丛书·序

王永炎
2005 年 7 月 5 日

中医药学是具有中国特色的生命科学，是科学与人文融合得比较好的学科。在人才培养方面，只要遵循中医药学自身发展的规律，只要把中医理论知识的深厚积淀与临床经验的活用有机地结合起来，就能培养出优秀的中医临床人才。

近百余年西学东渐，再加上当今市场经济价值取向的作用，使得一些中医师诊治疾病，常以西药打头阵，中药作陪衬，不论病情是否需要，一概是中药加西药。更有甚者不切脉，不辨证，凡遇炎症均以解毒消炎处理，如此失去了中医理论对诊疗实践的指导，则不可能培养出合格的中医临床人才。对此，中医学界许多有识之士颇感忧虑而痛心疾首。中医中药人才的培养，从国家社会的需求出发，应该在多种模式、多个层面展开。当务之急是创造良好的育人环境。要倡导求真求实，学术民主的学风。国家中医药管理局设立了培育名医的研修项目，第一是参师襄诊，拜名师，制订好读书计划，因人因材施教，务求实效。论其共性则需重视"悟性"的提高，医理与易理相通，重视易经相关理论的学习，还有文献学、逻辑学、生命科学原理与生物信息学等知识的学习运用。"悟性"主要体现在联系临床，提高思想、思考、思辨的能力，破解疑难病例，获取疗效。再者是熟读一本临证案头书，研修项目精选的书目可以任选，作为读经典医籍研修晋阶保底的基本功。第二是诊疗环境，我建议城市与乡村、医院与诊所、病房与门诊可以兼顾，总以多临证、多研讨为主。若参师三五位以上，年诊千例以上，必有上乘学问。第三是求真务实。"读经典，做临床"关键在"做"字上苦下功夫，敢于置疑而后验证、诠释进而创新，诠证创新自然寓于继承之中。

中医治学当溯本求源，古为今用，继承是基础，创新是归宿。认真继承中医经典理论与临床诊疗经验，做到中医不能丢，进而才是中医现代化的实施。厚积薄发，厚今薄古为治学常理。所谓勤求古训、融汇新知，即是运用科学的临床思维方法，将理论与实践紧密联系，以显著的疗效、诠释、求证前贤的理论，寓继承之中求创新发展，从理论层面阐发古人前贤之未备，以推进中医学科的进步。

综观古往今来贤哲名医，均是熟谙经典，勤于临床，发遑古义，创立新说者。通常所言的"学术思想"应是高层次的成就，是锲而不舍长期坚持"读经典，做临床"，在取得若干鲜活的诊疗经验的基础上，应是学术闪光点凝聚提炼出的精华。笔者以弘扬中医学学科的学术思想为己任而绝不敢言自己有什么学术思想，因为学术思想一定要具备创新思维与创新成果，当然是在继承基础上的创新；学术思想必有理论内涵指导临床实践，以提高防治水平；再者学术思想不应是一病、一证、一法、一方的诊治经验与心得体会。金元大家刘完素著有《素问玄机原病式》，自述"法之与术，悉出《内经》之玄机"，于刻苦钻研运气学说之后，倡"六气皆从火化"，阐发火热病证脉治，创立脏腑六气病机、玄府气液理论。其学术思想至今仍能指导温热、瘟疫的防治。非典型性传染性肺炎（SARS）流行时，运用玄府气液理论分析证候病机，确立治则治法，遣药组方，获取疗效，应对突发公共卫生事件造福群众。毋庸置疑，刘完素是"读经典，做临床"的楷模，而学习历史，凡成中医大家名师者基本如此。即使当今名医具有卓越学术思想者，亦无例外，因为经典医籍所提供的科学原理至今仍是维护健康防治疾病的准则，至今仍葆其青春。因此，"读经典，做临床"具有重要的现实意义。

值得指出，培养临床骨干人才，造就学科领军人物是当务之急。在需要强化"读经典，做临床"的同时，以唯物主义史观学习易经、易道、易图，与文、史、哲、逻辑学交叉渗透融合，提高"悟性"，指导诊疗工作。面对 21 世纪东学西渐是另一股潮流，国外学者研究老聃、孔丘、沈括、朱熹之学，以应对技术高速发展与理论相对滞后的矛盾日趋突出的现状。譬如老聃是中国宇宙论的开拓者，惠施则注重宇宙中一般事物的观察。他解释宇宙为总包一切之"大一"由极微无内之"小一"构成，大则无外小而无内，大一寓有小一，小一中又涵有大一，两者相兼容而为用。如此见解不仅对中医学术研究具有指导作者是，以宏观生物学与分子生物学的链接，纳入到系统复杂科学的领域至关重要。近日有学者撰文讨论自感受的主观症状对医学的贡献和医师对照的意义；有学者从分子水平寻求直接调节整体功能的物质，而突破靶细胞的发病机制；有医生运用助阳化气，通利小便的方药能同时改善胃肠症状治疗幽门螺旋杆菌引起的胃炎；还有医生使用中成药治疗老年良性前列腺增生，运用非线性方法，优化观察指标，不把增生前列腺直径作为惟一的"金"指标，用综合量表评价疗效而获得认许。这就是中医的思维，要坚定地走中国人自己的路。

人民卫生出版社为了落实国家中医药管理局设立的培育名医的研修项目，先从研修项目中精选 70 余种陆续刊行，为进一步扩大视野，续增的品种也是备受历代医家推崇的中医经典著作，为我们学习提供了便利条件。只要我们"博学之，审问之，慎思之，明辨之，笃行之"，就会学有所得，学有所长，学有所进，学有所成。治经典之学要落脚临床，实实在在去"做"，切忌坐而论道，应端正学风，尊重参师，教学相长，使自己成为中医界骨干人才。名医不是自封的，需要同行认可，而社会认可更为重要。让我们互相勉励，为中国中医名医战略实施取得实效多做有益的工作。

《中医大辞典》封面书影

一部权威性高、实用性好的中医辞书
——读《中医大辞典》第二版

王永炎

从 1973 年《中医名词术语选释》出版至 1995《中医大辞典》合编第一版出版历时 20 年余，到今天我看到这本书墨飘香《中医大辞典》第二版又是 10 年。30 年的时间在历史长河中不过白驹过隙，但用以检验一部工具书的优劣大致已经可以了。30 年来，《中医大辞典》获得了包括国家科学技术进步（著作类）三等奖在内的多项大奖，国内外读者反映良好。说明这是一部权威性高、实用性好，具有重要学术影响，经得起实践与时间检验的辞书。

它的权威性寓于它的广泛性之中。此书的编纂出版是国家卫生部医学科学发展规划的重点课题之一，以中国中医研究院与广州中医药大学牵头，体现了全国中医药界广泛而良好的合作，全国许多知名的中医科研机构及高等院校的知名中医药专家 200 余人参与这一项工作。可以说是中国医学发展史上的一次空前成功的团结壮举，是尊重专家，尊重知识，积集体智慧，团结合作，共同完成研究工作的典范。

它的学术性寓于它的严谨性之中。此书的编辑过程体现了认真、负责、实事求是的科学态度。它的编写始于 1974 年 2 月，在立项之前，作为主编单位的中国中医研究院与广州中医药大学在中医工具书编撰方面就有着良好的研究基础与合作基础，1973 年出版的极受欢迎的《中医名词术语选释》就是由他们合作完成的。立项之后，他们又将《中医大辞典》的编辑工作分作三步走。1979 年 3 月，先完成了该辞典的普及试用版——《简明中医辞典》；1981～1987 年，又先后出版了《基础理论分册》、《中药分册》、《内科分册》等 8 个分册，分别作为各学科辞书的试用本及征求意见本。此后，又经过 8 年的艰苦工作，完成了统筹安排、增新纠错、规范释文、提高质量的合编

系统工程，《中医大辞典》由郭沫若先后题写书名，于 1995 年由人民卫生出版社出版问世。至今，又是 10 年过去了。中医药在党和国家领导的重视关怀下，在国家快速发展繁荣昌盛的大背景下，在现代科技发展的有利条件下，取得了相应的发展。尤其近些年来由国家科技部及国家中医药管理局主持开展的中医药科技名词术语审定、中医病名及证候指南、规范、标准研究、中药材质量标准、饮片炮制规范研究、现代剂型规范研究、中医药规划教材编写、若干中医药专科辞典出版，以及近 10 年来中医药事业的进步，随着疾病普的变化，中医新疗法等相继出现，对中医名词术语及其概念内涵的阐释提出了新的要求。《中医大辞典》又做了新的修订工作，增加了许多新的内容。我欣喜地看到，在《中医大辞典》第二版的修订过程中，从主编到编写人员均补充了新生力军，为这一全面系统的中医工具书注入了新的活力。

它的实用性首先寓于它的原创性之中。近来，中医药界进行了什么是中医药特色优势的讨论，比较一致的观点是中医药的优势在于它的原创成果与原创思维。《中医大辞典》的编纂很大程度地关注到中医药学的原创性，收词以来自于中医古典医著的名词术语为主，并且注明原始出处以反映它的原创含义。它的实用性又寓于它的规范性之中。当前，全球科学观念发生了变化，科学求真，人文求普，中医学有着科学与人文的双重属性，是自然科学与社会科学结合得比较好的一个学科。所以，人们对传统医学，尤其是对中医学有了新认识，有了更大的包容与兴趣。而我们的学科如何走出国门，走向世界，学科本身的规范化是至关重要的基础性工作。《中医大辞典》注意到了本土

化、原创性,同时在规范辞典格式、规范释文表述等方面,也做了大量的工作,各种翻译本、翻印本、易名本、英文节译本在其他地区与国家的出版说明了它的国际影响。

它的长久时效寓于它的与时俱进之中。前面已经说过,从立项研究到《中医大辞典》出版之时的 20 年内,它已经出版 4 种不同的版本。而在 10 年之后的今天,它又经过新一轮的修订。这样反复征求意见,反复修改,知识不断地更新,团队不断地交替。《中医大辞典》的研究者已经清醒地看到了,中医药辞典的编纂工作是一个朝向完美目标的永无止境的过程。正是这样一种清醒的认识,使它经受了实践与时间的考验而保持长久的时效。当然,也正是出于这样的观点,我们可以看到《中医大辞典》第二版也还不是白璧无瑕,追随时代的步伐总需进一步修正与充实,这使我们开始了对第三版的期待。

勿庸置疑,这是一部值得放在案头的好书。对于新一代中医人才的培养,我曾倡导“读经典,做临床”。如何将古代的经典使用到今天的临床,我想到:这部《中医大辞典》应该是一件应手的工具。

(原载《中国中医药报》2005 年 11 月 17 日第 7 版)

2006 年，68 岁

2006 年图 1　2006 年的王永炎先生

2006 年图 2　与黄璐琦（右）及王燕平（左）在中国工程院

5 月，连任两届中国工程院医药卫生学部常委，届满卸任。

6 月，参加在人民大会堂大礼堂召开的中国科学院第十三次及中国工程院第八次院士大会。

7 月，出任中国中医科学院中医临床基础医学研究所所长。

2006 年图 3　全国人大浙江调研——与威坪镇汪川村民座谈（中间者王永炎）

2006 年图 4　院士大会邀请函

10 月，受聘为上海中医药大学附属曙光医院顾问。

11 月，与黄璐琦合作的《中药材质量标准研究》由人民卫生出版社出版。

国家与北京自然科学基金委评委届满卸任。

2006 年图 5　上海中医药大学附属曙光医院顾问聘书

此年，国家第一个中医药"973"项目"方剂关键科学问题的基础研究"完成结题，第二个"973"项目"证候与方剂疾病相关性研究"正在顺利进行，发表多篇论文大多与这两个项目相关。《中药方剂有效成（组）分配伍研究》发表于《中国中药杂志》第 1 期，《证候要素及其靶位的提取》发表于《山东中医药大学学报》第 1 期，《证候动态时空特征的复杂性及相应的研究思路》发表于《中医研究》第 3 期，《关于证候概念研究的思考》发表于《山西中医学院学报》第 4 期，《论证候理论的科学性及其研究的关键问题》发表于《新中医》第 7 期，《论证候要素与证候靶点应证组合辨证》发表于《中医杂志》第 7 期，《组分配伍研制现代中药的理论和方法》发表于《继续医学教育》第 19 期。另外，还有《论内毒损伤络脉病因与发病学说的意义》发表于《北京中医药大学学报》第 8 期，《禀赋概念的理解与诠释》发表于《浙江中医杂志》第 10 期，《禀赋生理心理特征及影响因素》发表于《天津中医药》第 6 期。

2006 年图 6　《中药材质量标准研究》封面页书影

2006 年图 7　《中药材质量标准研究》版权页书影

至此年 5 月，先生已经连任三届中国工程院医药卫生学部常委。6 年中，有石学敏、李连达、张伯礼三位中医药界的知名教授当选为院士。在任期间，先生积极参与国际学术会议的筹备工作，完成了卫生防疫等相关咨询工作，届满而退出。同年，先生完成了国家与北京自然科学基金委赋予的各类项目的审评工作，亦届满卸任。

此年，中国中医科学院曹洪欣院长，聘先生为新成立的中医临床基础医学研究所所长，吕爱平教授为常务副所长。该所仿照现代科研院所制度建所，简化机构，只设所办公室与科教处，编制"少、要、精"。科研设计起点要高，重视信息手段，主要从事中医标准化、中成药上市后再评价、临床药理学、中医学心理学与叙事医学及中医药文化建设等研究。虽然，这只是一个科研小所，有 90 个人员编制，但通过各科研课题，招收了一批博士后进站工作，连同招进的硕士生、博士生，流动科研人员比所内在编人员还多。当年，即开展了 WHO 西太区 27 种常见病循证医学指南等重要研究课题。

附录 1

《中国中药杂志》2006 年 1 月第 31 卷第 1 期

中药方剂有效成（组）分配伍研究

王　阶[1]，郭丽丽[2]，王永炎[3]

（1. 中国中医科学院广安门医院，北京 100053；2. 中国中医科学院西苑医院，北京 100091；
3. 中国中医科学院，北京 100700）

摘要： 方剂通过配伍提高临床疗效，组分配伍是中药方剂配伍的新形式。组分配伍以中医学理论为指导，其目标是能够按照中医理论辨证用药，并且具有较高的安全性，临床适应证明确且针对性好，成分及作用机理相对清楚，质量稳定可控，能够产业化推广。因此，组分配伍必须要建立标准组分的配伍方法，并根据实验设计确定主要组分，剔除有毒组分，还要建立组分剂量配比的方法。组分配伍模式有从有效方剂的饮片配伍深入到组分配伍，直接组分配伍及单味药的标准组分配伍几类，组分配伍的作用方式仍然是多组分、多靶点、整体综合调节。有效组分配伍的意义在于确保临床用药剂量准确和安全有效，提高疗效，节省药材，减少毒副作用。通过上述工作创制成分清楚，机理明确的现代中药。现代对中药化学及其药理作用的研究结果为有效组分配伍提供了科学依据，现代医药学面临的多基因复杂性疾病靠单一成分难以获得最佳疗效为有效组分配伍新药提供了新机遇。因此，从传统有效复方中寻找最佳配伍，从成分清楚的单味标准组分中按中医理论组合最佳配伍，突破以临床经验积累作为中药研制的一贯模式，相信可以为中医学术进步及产业发展起到积极的推动作用。

关键词： 方剂配伍；有效组分；有效成分；模式；方法

中图分类号： R289　**文献标识码：** A　**文章编号：** 1001-5302（2006）01-0005-05

方剂是中药应用的基本形式，方剂通过配伍提高了临床疗效，几千年来对人类健康发挥了积极作用。但传统方剂的中药配伍停留在饮片层次，成分复杂，质量难以控制，疗效机理难以说明。作为防治疾病的内源性或外源性的药物，不论其组成是简单还是复杂都必须朝着质量可控、安全有效、机理清楚的基本要求发展。因此，采用现代科学手段诠释新的方剂配伍理论，在提高临床疗效的同时，提高中药产品科技含量及内在质量，有重大理论意义及临床价值。

1. 组分配伍理论基础及形式方法

1.1 组分配伍指导思想

组分配伍模式是以中医学理论为基础，以系统科学思想为指导。从临床出发，遵循传统方剂配伍理论与原则，保持新模式配伍方剂的中医特色，通过严谨规划，针对有限适应证，降低方剂研究的难度。其作用机理基于方剂的潜能及其整合，与西药的对抗补充不同。方剂治病，融合了调节、对抗补充，启动自组织、自平稳的整体功能，求得和谐自然的整合效应。

1.2 组分配伍模式的目标

安全、有效并具有特定功能主治是组分配伍模式所追求的主要目标。《方剂关键科学问题的基础研究》的研究工作已经初步证明这一目标是可能达到的。包括：①能够按中医辨证用药；②具有较高的安全性；③临床适应证明确且针对性好；④物质基础及作用原理相对清楚；⑤质量稳定可控，能够产业化推广。

1.3 标准组分与组分配伍的原则与方法

1.3.1 标准组分配伍方法

在确定适应证的条件下，针对特定的病证结合证候，以明确的关键病理环节为药效目标，以整体、器官、组织、细胞及分子模型为筛选模型，以现代病理学指标为主要依据，采用均匀设计、正交设计等试验设计方法，根据设计方案，采用计算机辅助有效组分发现法、药效功能筛选法等方法，发现或确定主要组分，剔除有毒组分，明确药物君臣佐使配伍关系。

1.3.2 组分剂量配比的方法

几千年的中医临床及研究认识到复方药物组成相同但因剂量 / 或比例不同时疗效迥异，这是由于复方具有非线性特征所致。因此，即使是相同的药物组成，在治疗目的不同时也要采取不同的剂量比例。由于用单一的病理指标难以表达方剂的作用，因此研究中[1]采用多指标，在文献及理论的基础上，提出合理实验设计，通过非线性建模 -

多目标优化方法解决组分配比关系，通过实验设计 - 非线性建模 - 多目标优化 3 个相关联的环节，共同实现复方剂量配比的非线性多目标优化。

1.4 组分配伍模式的实现形式

1.4.1 从有效方剂饮片配伍深入到组分配伍

临床应用的经验效方不少，可归属于对病效方、对症效方、对证效方、病证结合特定证候效方几类。将其开发成符合现代用药习惯、具有时代特征的中药新药是当前学术及市场的迫切需求。针对临床有效方剂，通过组分研究，以病证结合为基础，针对关键病理环节与作用途径，优化方剂中不同组分配伍配比关系，强化主效应，减轻或避免副效应，形成针对特定病证结合证候的中药组分配伍方剂，实现从饮片配伍向组分配伍的发展。而中医方剂配伍理论与方法的深化也是名优中成药深度开发的重要方法。

1.4.2 直接标准组分配伍

以积累单味药研究资料为基础，明确中药不同化学类别组分的药理作用及对证候的影响，针对特定的病证结合证候，依据方剂配伍理论与原则方法进行标准组分配伍可以形成新药，此类新药能加强其针对病理环节 / 靶位的作用，相关靶位的疗效也会因此而加强，但所针对的证候与传统理论的关系相还需要进一步研究。此类组分配伍方剂，可以从对病出发，亦可从对症或对证出发。

1.4.3 单味药的标准组分配伍

中药有"天然组合化学库"之称，从组分的角度来看，每味中药就是一个复方，其中的组分比例是相对固定的，将其中的组分调整，药物的作用即出现变化，提取单味药的组分并通过对组分的配伍关系进行调整，可能从中发现新药。国外有许多植物不以标准提取物为基础进行的研究开发，因而其产品不能体现辨证论治。

1.5 组分配伍方剂的作用方式

组分配伍的方剂仍然是以多组分、多靶点、整体综合调节作为其作用方式。其整体综合调节体现在：①方剂的作用不仅与药物组成有关。而且与机体的状况有关，以血府逐瘀汤及生脉饮分别干预气滞血瘀及气阴两虚型冠心病心绞痛 63 例，通过随机双盲研究证实，中医方剂的疗效与证候有关，方证对应时疗效明显优于方证不对应；以随机双盲的方法进行的血府逐瘀汤干预冠心病心绞痛的拆方临床研究，共纳入 126 例冠心病心绞痛患者，结果提示方剂的疗效不仅取决于治疗，还要求方药与理法一致。2 项随机双盲的临床研究提示方剂的疗效不仅取决于方药，更取决于理法方药一致。左金丸干预热证胃炎模型及反左金丸干预寒证胃炎模型的实验研究，也证明方证对应是中药治疗取效的关键。②组分配伍方剂作用是多环节作用的整合。无论饮片层次及组分配伍，其作用皆表现为多环节、多靶点作用的整合。此时可以呈级联效应或为瀑布式作用方式，也可以是强效应与弱效应、正效应与负效应等多种形式效应整合。其最终效应受到若干个重要环节的影响，其中任何单一环节皆不能形成唯一贡献，即方剂的最终效应是多个环节作用的整合，其中存在多种互相影响的反馈机制。无论是何种作用方式，组分配伍方剂的共性特点是多个成分（群）针对多个病理环节的作用，表现为复杂体系的效应特征，如以组分配伍为基础的清开灵小方表现出对抗缺血级联反应的药理效应，起到提高抗损伤能力，降低缺血损伤因子作用的效应。此外，组分配伍方剂间整合作用还可以发生在多个环节。

2. 有效成（组）分配伍的意义

2.1 确保临床用药剂量准确和安全有效

中药的用药剂量，一般是指每一味饮片的成人日用量。由于中药饮片中既含有发挥治疗作用的有效成分，又含有产生不良反应的相关成分，因此剂量是否得当，是确保用药有效、安全的重要因素之一。由于影响中药有效成分和有毒成分含量的因素很多，如产地的土壤、日照、温度及化肥、农药的使用状况等，在中药饮片层次组方上，剂量成为衡量一个中医师水准高低的标准之一，"中医不传之秘在量上"的说法即源于此。尽管在长期的用药经验中，形成了"道地药材"的概念并对采收时间和用药部位进行了限制，而且为了最大限度地发挥中药的效力，克服其不良反应，传统上还建立了多种炮制方法，若缺乏现代科学技术的渗入，不能进化到分析化学成分这一步，也就不可能按有效成分的多少来准确确定临床剂量，方剂中中药的用量很大程度上还要根据用药经验来确定，存在很大的盲目性。采用有效成（组）分组方可确保用量准确，疗效稳定。

2.2 提高疗效，节省药材，减少毒副作用

如上所述一味中药含有多种成分而在方剂中发挥作用的仅仅是某一类或几类成分，其他成分则成为无效成分，起干扰或拮抗作用。有效成（组）分组方可克服上述缺点。例如，青蒿治疗疟疾虽然已有1000余年的历史，然而由于传统的煎煮法，其活性成分受到很大影响，丸、散剂中的青蒿，有效成分很低，治疟疾效果不佳，绞汁服用也只有1/5的有效成分被利用，其余有效成分仍留在生药残渣中，有效剂量很低，近些年利用现代技术，分离出青蒿素，使

青蒿治疟疾的机理得到证实，同时使其整个研制过程完全符合国际惯例，治疗疟疾不必麻烦地绞汁或是煎煮，只需按要求口服几片药物即可，方便易行，疗效明显，使有效成分得到了最大限度利用，节约了大量药材。又如大黄含有多种鞣质，口服总鞣质有改善肾功能的作用。进一步研究发现，其中5种低分子鞣质口服能被吸收，而其中3种鞣质有改善肾功能的作用，1种有加重肾功能损害作用。由此可以想到去掉有害作用部分只保留改善肾功能的部分效果可能会更好[2]。

2.3 有利于创制成分清楚、机理明确的现代新中药

中药现代化的目的之一是减少中药复方制剂中的非药效因素，提高制剂水平和疗效。以单味黄芪为例[3]，黄芪含有多种成分，主要为多糖、黄芪皂苷和黄酮，不同成分主要作用不同，黄芪皂苷主要作用于心脑血管，通过扩张血管达到降压目的；对心脏的作用则是通过改善心肌收缩舒张功能，增加冠脉流量，对心功能起到保护作用。黄芪多糖主要对免疫系统有影响，不仅能作用于多种免疫活性细胞，促进细胞因子的分泌和正常机体的抗体生成，还可以从不同角度发挥免疫调节作用。黄芪多糖和皂苷均可诱生干扰素，在抗病毒中发挥作用。黄芪中的总黄酮和总皂苷等成分具有显著的抗氧化活性，能抑制自由基的产生和清除体内过剩的自由基，保护细胞免受自由基产生的过度氧化作用的影响，进而延长细胞寿命。因此在用于治疗心脑血管病组方选用黄芪皂苷，用于增强免疫功能时选用黄芪多糖，用于和氧化有关的疾病治疗时用黄芪总黄酮和总皂苷，使组方得到精简，药效更为明确，这是目前从中药复方创制新药的常用方法。

3. 有效成（组）分配伍的可行性

3.1 对方剂配伍传统理论的正确理解是实现有效成（组）分配伍的前提和基础

中医药学经过数千年的应用，已被实践证明是安全和有效的。但中医药理论带有我国传统文化归纳与综合的特性，其系统观以古代哲学及古代科学为基础。古代科学的特性是对现象进行描述、对经验进行总结和对事物进行猜测性思辨。因而，中医的术语及观测指标有模糊性及不易掌握。加之中医药术语古朴而深奥，因此如何正确理解和继承前人成功经验，用正确的理论指导中医药的发展方向，使祖国医学更加发扬光大，造福于后代成为首先应该解决的关键问题。国家"973"项目"方剂关键科学问题的基础研究"成果为科学认识传统中医配伍理论、并用其指导中

药有效成（组）分配伍提供了科学的理论。

3.2　现代对中药化学成分及其药理作用的研究结果为有效成（组）分配伍提供了科学依据

近年来随着分离技术的发展，对中药有效性成分的研究取得了丰硕成果，已从数百种中草药中分离出多种活性单体和组分，这些单体和组分成分的药理作用得到公认，并在临床上发挥了重要的作用[4]。

中药的现代研究提供了许多微观上的资料。目前中药药理药效的研究成果验证了一些配伍组方规律，显示出良好的发展前景。例如，川芎与当归相使配伍组方在临床常用，川芎的主要有效成分川芎嗪与当归的主要成分阿魏酸合用时，在解除血管平滑肌痉挛、增加心脏灌流量和降低血糖方面有协同作用，对小鼠的急性毒性表现为拮抗。这就揭示了川芎与当归在中药配伍组方应用中的物质基础，同时初步表明其有效成分川芎嗪、阿魏酸也符合相使配伍的组方原则[5]。

3.3　现代医药学面临的问题为中药有效成（组）分配伍提供了机遇

西医治病重在靶器官病理改变的纠正、逆转。故西药常为单一化学成分，具有高度专一性，作用靶点单一明确，因此在病因明确、发病机理清楚的疾病治疗中占绝对的优势。中医强调辨证施治，即将疾病的某一阶段的病理、生理改变归纳为"证"。根据"证"这一整体水平的疾病认识，从脏腑的联系、人和自然的关系等方面综合考虑，采用中药配伍复方用药的多种化学成分、多靶点、多环节、多途径调节机体的动态平衡。因此中药复方具有高度复杂性、整体性，是一动态调节过程，在治疗复杂疾病显示其特有的优势。随着社会的变迁，人类疾病谱发生了变化，如今癌症、艾滋病、代谢综合征、老年性痴呆等多种发病机理不明、治疗靶点不清的复杂疾病成为困扰西方医药学界的难题，而中医药在这些疾病的治疗方面显示了其独特的疗效，这为中药有效成（组）分配伍提供了极好的用武之地。

4. 有效成（组）分配伍的实现途径

4.1　从有效复方中寻找最佳配伍

所谓方剂有效组分是指中药复方中具有相近化学性质的一大类化合物（成分群），即将中药配伍组成的复方看作一个整体，采用现代提取分离方法，将其分离成为各个部位（如挥发油、生物碱类、黄酮类、香豆精类、蒽醌类、强心苷类、皂苷类、萜类、多糖类等）。复方有效组分不是1味中药饮片的有效组分，而是组成复方的各味药相互

作用后生成的成分。复方成分分离可根据复方的用药经验和临床作用特点采用多种方法进行分离（如按化学成分的分子质量、极性大小或酸碱性不同进行分离）。有研究采用复方有效组分分离和药理实验相结合的方法，从补阳还五汤中分离提取了7类有效组分，即总生物碱、总多糖、总苷元、总苷、蛋白质、氨基酸和挥发油，然后进行配伍使用，研究各组分对小鼠脑缺血的影响及各个有效组分间的相互作用。结果表明，总生物碱、总多糖、总苷、总苷元和挥发油单独应用均可使小鼠对结扎双侧颈总动脉及迷走神经所致脑缺血的耐受时间明显延长，而蛋白质和氨基酸单独应用则无明显作用。正交试验结果表明，蛋白质和氨基酸与其他有效组分之间及两者之间均无交互作用，从而得出补阳还五汤中具有抗脑缺血作用的有效组分主要为生物碱、总多糖、总苷、苷元和挥发油，它们按一定比例配伍可发挥较好作用，从而形成了优于原复方的有效成分组方[6]。

4.2　构成复方的有效成（组）分配伍

这种组方方式虽然也是以临床有效复方为基础，但与上述方法不同。不是把复方看成一个整体，而是将复方中的每味药当成一个个体，根据复方的组方原则和主要功效、主治病症，选取每味药在方中的有效成分或部位，采用现代药理学方法进行有效成分剂量的最佳配伍研究，最后确定组成和剂量，成为组分清楚的现代复方。例如，黄芩汤出自《伤寒论》，用来治疗太阳与少阳合病所致之下利，有清热止利、缓急止痛之功效。本方药味精简、力专效宏，后世医家在此方基础上加减化裁，用于治疗下痢、泄泻等病证，故清·汪昂《医方集解》中称："仲景此方遂为万世治痢之祖矣。"而从疾病症状表现来看，溃疡性结肠炎应属于下痢、泄泻等病证的范畴。在临床上，应用黄芩汤治疗溃疡性结肠炎也确实具有较好的疗效。但传统剂型存在作用机理不明确、质量控制不稳定、煎服不方便等缺点。有研究通过对黄芩汤组成药味的分析，采用组方中有效组分按黄芩苷：白芍总苷：甘草酸=6：2：1配成悬浊液，结果显示黄芩汤有效组分配伍组对溃疡的修复有明显的促进作用[7]。有效组分配伍组方克服了传统剂型的缺点，并且具有较好的疗效。

4.3　作用靶点和机理清楚的有效成（组）分配伍

中医理论给予对疾病从整体上把握的整体观思想，在宏观上优于现代医学中还原论的观点及方法。从中药中提取有效成分，即可以提高疗效、易控质量，也大大减少了服药量，这是我们研究的一个目的。中药复方通过配伍可达到增效减毒的作用，这是中药配伍的优势所在，要想既

提高药效，改善剂型，同时保存方剂多环节、多靶点、整体调节的优势，又不能将中药西药化、割裂中药配伍的联系，不妨尝试将中医药配伍理论和现代生命科学研究的成果相结合进行配伍组方。

现代中药药理及有效成分的研究提供了对中药更深层次的了解。应用中药的现代知识，结合传统的中医理论，针对确立的治疗目标，设计一定的中药有效成分复方，针对发病的多个环节应用系统思维方法，结合数学优选方法，对组方进行优化研究，可以找出新的有效方剂。在设计复方时，要兼顾中西医两种理论的长处，中医从整体宏观上把握，辨证论治；而西医则从微观上入手，针对致病机理，选择针对性药物应用。例如，针对冠心病心绞痛气滞血瘀型患者，按照中医治则应活血化瘀、行气止痛，选用赤芍、三七、川芎和元胡等，在此基础上，结合各味药的现代研究结果，选用具有扩冠和改善内皮功能及止痛的赤芍总碱、川芎总碱、三七总苷及元胡素等进行配伍、优化组方，使配伍创新又不失传统特色。总之，现代分析、分离技术和生命科学的进展为有效成（组）分配伍积累了丰富的资料，对中医药配伍理论的科学认

识使有效成（组）分配伍有了正确的理论指导。因此，组分或成分配伍可完善中药物质与活性成分研究的现代技术体系，突破以临床经验积累作为中药研制新药的模式，为创新药物的研究提供方法和技术体系。相信中药方剂有效成（组）分配伍研究的深入开展，可以为中医学术进步及产业发展起到积极推动作用。

参考文献：

[1] 王阶，王永炎，杨戈. 中药方剂配伍理论研究方法和模式. 中国中药杂志，2005，30（1）：6.

[2] 刘德麟. 分子网络紊乱与调节. 北京：清华大学出版社，1999：224.

[3] 卢彦琦，贺学礼. 黄芪化学成分及药理作用综述. 保定师范专科学校学报，2004，17（4）：40.

[4] 刘士敬. 论重视和加强中药有效成分的研究. 中医药学报，2002，30（4）：1.

[5] 徐军，李仪奎，梁子钧. 川芎嗪和阿魏酸单用和合用对血管平滑肌、血液黏度、急性毒性的影响和比较. 中国中药杂志，1992，17（11）：680.

[6] 邓常青，唐映红，贺福元. 补阳还五汤各有效成分部位及其组方对小鼠脑缺血的影响. 湖南中医学院学报，1999，19（4）：1.

[7] 丁晓刚，傅延龄. 黄芩汤有效成分配方抗大鼠实验性溃疡性结肠炎实验研究. 北京中医药大学学报，2003，16（1）：45.

附录2

《山东中医药大学学报》2006年1月第30卷第1期

证候要素及其靶位的提取

王永炎，张启明，张志斌

（中国中医科学院，北京 100700）

摘要：明确了证候要素、证候要素靶位的基本内涵和特征。以 SARS 为例论证了证候要素和证候要素靶位的提取方法。

关键词：证候要素；证候要素靶位；提取方法

中图分类号：R241　文献标识码：A　文章编号：1007-659X（2006）01-0006-02

The Induction of Syndrome Factor and Affecting Target

WANG Yongyan，ZHANG Qiming，ZHANG ZHibin

（Traditional Chinese Medical Academe of China，Beijing 100700，China）

Abstract：The basic meaning and character of syndrome factor and affecting target were defined in the thesis .Taking SARS as an example，the induction of the syndrome factor and affecting target were discussed .

Key words：syndrome factor ；affecting target of syndrome factor ；induction method

1. 什么是证候要素、证候要素靶位

证候是对人体疾病病理生理变化的整体反应状态的概括。任一证候都是由若干证候要素和证候要素靶位组合而成，其中证候要素是对证候病因病机的表述，证候要素靶位是关于证候要素发生部位的厘定。例如，在"寒湿困脾"证候中，寒、湿是证候要素，脾是证候要素靶位。任一证候要素或证候要素靶位都具有不同于其他证候要素或证候要素靶位的特异性症状、体征及其组合。

2. 证候要素及其靶位的特征

2.1　内实外虚

对某一证候要素或其靶位而言，临床出现的稳定性与特异性较强的症状和体征常是判断该证候要素或其靶位的主要依据，也是评价临床干预效果的主要依据，称为"内实"症状和体征。一般不超过 3 个至 4 个。相反，对某一证候要素或其靶位而言，临床出现的稳定性与特异性较弱的症状和体征在辨证中仅起参考作用，称为"外虚"症状和体征。例如口眼㖞斜、脉浮是外感风邪的"内实"症状和体征，咳嗽、关节痛则是外感风邪的"外虚"症状和体征[1]。

2.2　动态时空

在疾病的发生发展过程中，不同的发病部位（空间）和不同的发病阶段（时间），证候要素及其靶位存在着明显的动态演变规律。例如，"见肝之病，知肝传脾，当先实脾"是靶位的动态演变；外感病的六经传变、温热病的卫气营血传变和湿热病的三焦传变是证候要素及其靶位的动态演变。

2.3　多维界面

界面是对证候要素及其靶位的分类的认识。证候要素常被分为 3 个界面：①病因。外感病邪、内生病邪、七情内伤、饮食居处、先天不足、外伤、寄生虫；②病性。虚寒证、虚热证、实寒证、实热证、真寒假热证、真热假寒证、寒热错杂证；③病势。虚实夹杂证、真实假虚证、真虚假实证。证候要素靶位常被分为脏腑、形体（包括膜原、玄府）、官窍、经络（络脉）等界面。

同一界面中证候要素或证候要素靶位的个数称为维度。由证候要素和证候要素靶位组合成的证候个数称为阶度。证候规范化研究的目的之一就是一方面降低维度，以使学习者容易掌握，另一方面升高阶度，以增加应证组合的灵活性。

2.4　非线性关系

证候是由证候要素和证候要素靶位组合而成，但证候的临床表现并非证候要素和证候要素靶位的临床表现的简单组合或线性叠加。证候的特异性症状常常与证候要素及其靶位的特异性症状不完全相同，而这恰恰表现了证候要素和证候要素靶位之间的非线性关系。例如，口眼㖞斜、脉浮是外感风邪的特异性症状和体征，鼻流清涕、脉紧、关节肿大是外感寒邪的特异性症状和体征[1]，干咳无痰、咳嗽、哮喘是肺的特异性症状和体征。但风寒犯肺证的特异性症状和体征却是鼻流清涕、咳嗽、哮鸣[2]。

3. 证候要素及其靶位的提取

证候要素及其靶位的提取常采用两种可以相互补充的方式。本文试以 2003 年流行的 SARS 疾病为例分述之。

3.1　由症状体征提取证候要素及其靶位

SARS[3] 常以发热为首发症状，38℃，但不恶风寒，故应为毒热所致；头痛、关节酸痛、肌肉酸痛、乏力、腹泻，显然属外感毒热挟湿、浊的表现；咳嗽、胸闷，甚至呼吸急促、喘憋，说明证候要素靶位是肺。毒、火、湿、浊之邪中于血脉，则见脉弦滑数。在疾病过程中，患者的灰腻苔先变为黄腻苔，再变为黑腻苔，最后变为干黑苔，这是毒、火内陷，灼耗津液的动态演变过程。毒火灼伤肺津则使患者干咳、少痰；毒火灼伤肺络，络脉瘀阻，而见血丝痰；肺叶失于濡养，"肺热叶焦"，故常见肺叶萎缩（尸检所见）。疾病后期，病位由肺及心，使心阳虚衰，患者常先出现"背部冷痛如掌大"，进而阳虚不能化水，则出现胸血水。胸血水的产生也与瘀血有关，因为肺络瘀阻，血中津液不循常道，从肺膜原上的玄府漏出即为血水，此即张仲景所谓"血不利则为水"。

3.2 从发病态势提取证候要素及其靶位

北京某医院的一个高致病的 SARS "毒王"，使同时上电梯的 13 人全部感染。显然 SARS 是从口鼻而不是皮毛、风池、风府入侵机体的。SARS 具有发病急骤、病情笃重、症状相似、传染性强等特点，符合疫疠之毒的致病特点。在整个疾病过程中，除了发病初期和晚期患者处于抑制状态外，其间可干预的时段都处于亢奋状态，这显然是实邪火邪为患。

概言之，SARS 疾病的证候要素及其演变规律为疫疠毒火、液耗津亏；湿浊、瘀血致气伤，进而亡阳，导致厥、脱。证候要素靶位及其演变规律为：口鼻→肺（络脉、膜原、玄府）→心络。

参考文献：

[1] 张启明，王永炎，张志斌，等. 外感病因中证候要素的提取 [J]. 山东中医药大学学报，2005，29（5）：339.

[2] 张启明，李可建. 中医统计诊断 [M]. 北京：中国中医药出版社，2004：319，275.

[3] 中华中医药学会. 传染性非典型性肺炎（SARS）中医诊疗指南 [J]. 中医杂志，2003，44（11）：865.

附录 3

《中医研究》2006 年 3 月第 19 卷第 3 期

证候动态时空特征的复杂性及相应的研究思路

郭　蕾[1]，王永炎[2]，张志斌[2]，张俊龙[1]

（1. 山西中医学院，山西太原 030024；2. 中国中医研究院，北京 100700）

摘要：动态时空是证候复杂性中最为核心的问题，目前对证候动态时空特征研究的广度和深度是远远不够的，证候的动态时空特征有着非常丰富的内容和极其复杂的演化规律。深入开展证候动态时空特征的研究思路应当包括以下几个方面：进行理论挖掘和提升。开展临床观察和动物实验研究，并采用多种现代数理统计方法、数据挖掘方法获得关于常见证候的动态演化规律的客观认识。采用系统科学、非线性科学等复杂科学建模方法实现对证候动态演化规律定性和定量的把握。

关键词：证候；动态时空；研究 / 方法　**中图分类号**：R241　**文献标志码**：A

几十年来证候研究进行得十分艰苦，然而迄今为止所有研究尚没有取得突破性进展，究其原因在于证候是复杂的。其复杂性有三个方面，第一，证候具有非可逆性。证候是生命系统在时间进程中对内外环境因素的异常变化表现出的适应性整体反应状态，生命活动的不可逆性决定了证候的不可逆性。第二，证候的影响因素非常之多（高维），实践中很难掌握所有这些因素，因而表现出较强的不确定性。第三，证候表现为时间因素很强而具有较强的动态演化性。此外，实践表明，用还原法不能完全阐明证候的内在机制，说明证候具有结构层次较深或模糊交叠性强的特点，即证候构成要素之间存在着非线性关系。

在证候的复杂性之中，动态演化性是最为核心的问题。证候是发生在人体这一极其复杂系统中的极其复杂现象，是一个不断变化的矛盾过程，证候范畴中的所有因素随着时间的推移在方式、程度、速度等方面都会发生无穷多样的变化，从而导致证候发展变化过程中难以预测的多种形式，成为证候复杂性的关键原因之一，王永炎院士将证候的这种动态演化性概括为"动态时空"特征[1]。中医临床辨证施治的灵活性在很大程度上取决于证候的动态时空特征，证候随着时间的迁移发生了变化，诊断和治疗也随之而变化。因此，证候的动态时空特征是证候所有特征中最显著、最核心、最关键的一个，能够实现对证候动态时空特征的认识和把握，对于揭示证候实质，准确预防，提高疾病的治疗水平均具有重要意义。

然而，与其重要价值和地位相比，证候动态时空特征的研究现状却远远不能令人满意。虽然有学者对此给予关注，但基本上都是泛泛而论。如有学者对证候的时相性进行字义解释[2]，也有研究证候动态演化的内在原因[3]，还有探讨研究证候动态演化的具体内容[4]。

临床方面，目前只有对中风病的动态演化规律进行较详细的观察和研究。例如，国家"八五"攻关项目——中风病高危因素和相关症状研究（85-919-02-02），对于中风病发病前 1 个月、1 个月～7 天、7 天～72 小时、72 小时～24 小时、24 小时以内的症状和病机变化规律进行了较为系统的研究，采用条件 logistic 回归分析、聚类分析和主成分分析方法对每一时段中各症状的综合情况（对中风病发作的贡献度、所处的主症、次症、兼症等不同的地位等）进行了定性和定量描述。[5] 以此资料数据为基础，我们对中风病发病前人体系统状态随时间的推移而发生的变化（即系统的状态演化）规律进行研究，根据数据特征建立了中风病发病前机体状态的动态演化方程 $y(t_i) = \sum_{k=1}^{n} \overline{OR_k(t_i)} * \overline{X_k(t_i)}$ [6]，为临床诊断和治疗提供参考。

分析目前证候动态时空特征的研究现状，可以看出其广度和深度是远远不够的。理论方面的文献十分有限，临床方面仅有 2 项关于中风病发病前的症状变化观察统计，研究结果却大相径庭，在临床预防和诊断活动中难以起到真正的指导作用。事实上证候的动态时空特征是有着非常丰富的内容和极其复杂的演化规律的，如仅就症状而言，随着时间的推移，构成证候的各症状就有多种变化形式，包括以下内容。

症状自身的可能的变化形式：①症状仅发生轻重程度的变化。目前多采用量表的形式进行研究。一般分为轻、中、重三个等级，不同的等级给予不同的分值，通过这种方式研究症状在减轻或加重时表现出的变化特点。②症状发生增加或消失的变化。随着时间的演进，有些症状可能消失，也有可能在原有症状不变的情况下又增加新的症状；还有可能在某些症状消失的同时伴有某些新的症状的出现。③症状在证候中的位置和意义发生变化。即前一时间段中处于主症的位置，也许在下一时间段中变成次症或兼症；而原来的次症或兼症也可能变为主症，从而使症状对于证候的诊断意义发生变化。

症状与病机相耦合的可能的变化形式。症状是病机的外化，症状与病机的变化可以是同步的，也可以是异步的。例如，①当症状只有轻重程度上的改变时，其内在病机发生质的改变的可能性就相对较小。②而当症状出现增加、消失的变化、或主症发生变化时，则内在的病机就有可能已经发生了变化。③症状与病机的耦合还可以出现特殊的情况，即随着病机的变化，在危重时刻可能会有假象的出现，表现出的症状与内在病机相矛盾，从而增加诊断的难度。

症状与实验室检查指标相耦合时也可能出现多种变化形式[7]：①症状与客观指标共变。即当症状变化时，实验室检查的各项指标也同时发生变化，表现为症状与客观指标之间的对应性关系。②症状与客观指标的差异关系。症状与客观指标之间的变化是不同步的，某些症状发生了变化，伴随有某些客观指标的改变或不变，表现为症状与客观指标之间的非对应性关系。③症状与客观指标的剩余关系。表现为症状消失后，仍有客观指标的异常变化；或症状仍有变化，而客观指标正常。

此外，从证候整体角度而言，有单证自身的演化，有单证的传变，有单证的转化，有单证转化为复合证，也有复合证转化为单证，同时还有复合证之间的演化等等，从形式到机制都是极其复杂的。从时间周期节律角度而言，有的证候有周期节律性改变，有的则呈非周期节律性变化，有周期节律性的证候其节律的具体表现又各不相同，有日节律、月节律、年节律等等。

以上可以看出，证候动态时空特征的研究虽然开始起步，但是远远没有解决理论突破和实践应用的问题，也远远不能满足中医理论发展和临床实践的需要，其丰富的理论内涵和重要的实践价值尚没有真正挖掘和揭示出来。因此深入开展证候动态时空特征的研究已成为证候研究领域的另一迫切任务。其基本内容应当包括以下几个方面。

首先进行理论挖掘和提升。从传统中医理论出发，对证候动态时空特征进行中医的现代理论总结。包括证候动态时空的科学含义，证候动态时空的具体内容，证候动态变化的基本趋势、证候动态变化的常见形式，影响证候动态变化的内外因素，等等。

其次，在上述研究的基础上，运用系统科学等的理论和方法，对中医证候动态时空特征进行现代科学诠释。包括将耗散结构理论、非线性复杂系统科学理论、协同学等相关内容运用到中医证候动态时空特征的研究中，深入研究证候动态变化过程中表现出的目标动力性、自组织性、自激振荡、有序、混沌等性质和现象，使证候的动态时空特征得到现代科学阐释并广为接受。

再者开展临床观察和动物实验研究。选择临床常见病高发病，对其证候动态演化规律进行认真细致地观察，并通过研制相应的动物模型，总结客观普遍规律。这方面的研究需要采用大规模临床病例调查的方式和大样本动物实验，对证候范畴中能够观察的所有内容（症状、实验室检测指标、影像学资料、病因、时间节律等）都尽可能地详细询问、测量和记录。在获得客观可靠的数据资料后，采用多种现代数理统计方法如主成分分析、聚类分析、多元统计回归等进行科学分析，如果数据量达到一定程度，还可以采用数据挖掘方法如贝叶斯网络技术、神经网络技术、决策树方法等，最终获得关于这些疾病的动态演化规律的客观认识，进一步指导临床诊断和治疗。

最终实现对证候动态演化规律定性和定量的把握。系统科学、非线性复杂科学等现代多学科的兴起和发展为证候研究提供了新的思路和方法。系统科学认为，任何系统都具有可以观察和识别的状况、态势、特征等，称为系统的状态，若能够正确区分和描述这些状态，就可深入研究并揭示系统运行规律[8]，系统演化方程可以对此做出定性和定量描述。非线性复杂科学飞速发展，对非线性动态系统随时间演化的定性行为的把握也有了突破性进展，微分方程定性分析根据其本身的结构，直接研究微分方程所确定的积分曲线（或轨线）的几何性质及稳定性问题，相平面法将系统的动态过程在相平面内用运动轨线的形式绘制成相平面图，然后根据相平面图全局的几何特征，来判断系统所固有的动静态特性。

综上，证候的动态时空特征是重要的同时也是复杂的，对其进行研究，正确的方法应当是采取钱学森院士倡导的研究开放复杂巨系统的"从定性到定量综合集成研究方法"，分别从理论和临床角度对证候这一复杂动态系统的非线性动力学特征进行深入系统的研究，以解决证候内部各子系统之间存在的动态变化规律的定性分析问题、多因素集成、多变量的相互作用问题、不同变量的不同地位及其变化等复杂性问题，最终实现对证候的动态时空特征的科学认识。

参考文献：

[1] 郭蕾，王永炎，张志斌.证候概念的诠释 [J].北京中医药大学学报，2003，22（2）：5.
[2] 刘涛，王灿晖.论"证"的性质和特点 [J].南京中医药大学学报，1996，12（5）：5.
[3] 王庆其.关于证候病理学的探讨 [J].中国中医基础医学杂志，1995，1（4）：14.
[4] 刘耿.中医的"证"与人体"状态" [J].医学与哲学，2000，21（11）：39.
[5] 王泓午，王玉来，金章安，等.中风发病前 7d ～ 30d 内先兆症状的 1：2配对病例对照研究 [J].中国中医基础医学杂志，2002，8（9）：56.
[6] 郭蕾，王永炎，张俊龙，等.中风病发病前机体状态的动态演化过程 [J].北京中医药大学学报，2004，27（4）：19.
[7] 张天奉，常存库，杨桂华.证候本质研究的思路与方法 [J].医学与哲学，2004，24（2）：48.
[8] 许国志，顾基发，车宏安.系统科学 [M].上海：上海科技教育出版社，2000：27.

（收稿日期：2005-10-12）

附录 4

《山西中医学院学报》2006 年第 7 卷第 4 期

关于证候概念研究的思考

郭　蕾[1]，王永炎[2]，张志斌[2]，张俊龙[1]

（1. 山西中医学院，山西太原030024；2. 中国中医研究院，北京100700）

摘要：分析证候概念模糊和歧义的主要原因，认为证候是中医学对人体生命活动规律的认识成果，它不仅仅具有自然科学的特性，同时还与中国传统文化、思维方式等存在着密切联系，因此应当从多学科角度出发，对证候概念进行科学界定。基本思路为：从发生学角度对证候概念进行研究，运用概念学知识对证候概念进行研究，采用系统科学理论对证候概念进行研究，通过信息学方法对证候概念进行研究，利用系统生物医学技术对证候概念进行研究。

关键词：证候；概念；研究思路

中图分类号：R203　**文献标识码**：A　**文章编号**：1671-0258（2006）04-0054-02

证候是 2000 余年来中医学对人体生命活动规律的认识成果，它不仅仅具有自然科学的特性，同时还与中国传统文化、思维方式等存在着密切的联系，这也是造成证候概念复杂、模糊的重要原因之一。因此，从单一学科或某一局部出发对证候概念进行界定和诠释，必然会导致对该概念认识和应用的歧义。只有多学科、全方位地对证候概念进行深入研究，才能得到被认可、被推广、立得住的认识成果，因此本文就"证候概念"研究所应当具有的基本思路做初步探讨。

1. 通过追本溯源研究证候概念的发生过程

中医学是中国传统文化的一部分，具有自然科学与人文科学相结合的本质特点，因此，研究证候概念，首先应该置身于中国传统科学文化的大环境中，从文化发展的角度探究证候概念发展的脉络。应用发生学研究方法，通过对历代关于"证"、"候"、"证候"等概念的表述与界定，全面总结证候内涵研究的成果，从字义、文义角度对证候概念做出相对准确的界定和表述。同时，研究证候概念，还必须紧密联系中医理论自身的规律，通过对文化角度得出的证候概念与中医学学术体系中固有的关于证候的印证性、对照性研究，进一步规范在中医学特定的理论环境中"证"、"候"、"证候"、"病证"等概念的界定和表述，使文化角度的概念与中医理论环境中的概念高度吻合。这方面的研究应当是全面深入的，应当对《黄帝内经》开始至中华人民共和国成立后 50 年来所有文献中关于"证"、"候"、"证候"、"病证"等的内容进行考证和比较，弄清楚各历史时期内上述概念的应用、引伸和发展情况，探求当时文字学、文化学发展对中医理论环境中"证"、"候"、"证候"、"病证"等概念的影响轨迹。同时从中医理论原旨出发，研究上述概念的应用轨迹，探究"证候"在中医理论领域内的发展状况，在弄清楚"证候"概念的形成和发展对中医理论完善的促进作用基础上，理清"证候"概念发展变化的基本脉络，进一步探究"证候"概念歧义形成的基础，最后，系统总结历代中医文献中"证候"概念的变化过程及结果，总结研究规律，澄清模糊概念，客观分析诸多歧义形成的原因，筛选出最能反映"证候"本质的中医学概念。

2. 运用概念学知识界定证候概念的内涵外延

概念做为一种思维形式，有其自身的实质和特征。历史上不同学派对"概念"都有着不同的观点。从柏拉图到黑格尔，一直到现代的逻辑实证主义者，把概念看成是主观自生的东西；而在辩证唯物主义者看来，一切概念都是有其客观来源和客观内容的，是现实世界的客观事物和客观对象在人思维中的反映。形式逻辑认为，概念是反映客观事物共同属性（包括特有属性和本质属性）的思维形式；辩证逻辑认为，概念是反映客观事物的矛盾属性（或客观事物的矛盾性）的思维形式[1]。形式逻辑重在研究概念的形式，从抽象普遍性和确定性方面来理解和把握概念。辩证逻辑则要求在概念的主观性与客观性、形式与内容的对立统一中，在概念的抽象性与具体性，普遍性与特殊性的对立统一中，在概念的确定性与灵活性的统一中来理解和把握概念[2]。

证候是中医理论体系中的重要概念之一，它既真实客观地发生、存在于患者的心理或躯体上，同时也离不开医者的思维活动，是患者病理生理客观变化在医者头脑中的主观反映结果，因此，对证候概念进行研究，显然无法脱离概念本身所具有的共性实质和特征，只有根据逻辑学、概念学中关于概念形成和发展的理论，探讨证候概念形成和发展的源泉、基础和环节，运用更多的、更有效的逻辑手段和逻辑方法不断发现和确定证候的更深刻本质，以形成关于证候的真正科学的概念。

3. 采用系统科学理论对证候概念进行现代科学表述

状态是刻画系统定性性质的概念，一般可以用若干称为状态量的系统定量特性来表征。人体系统、一般生物系统、社会系统都可以用适当的状态量来描述。系统的状态量可以取不同的数值，称为状态变量，一般系统需要同时用若干状态变量来描述[3]。

证候作为人体系统的状态，必然也有其状态量，表征证候的状态量是四诊信息。四诊信息是表征人体系统的四个状态量，这四个状态量能够较好地、较为全面地刻划人体系统在某一时空范围内的状态，并且任何一个都不是其他三个的函数。但由于人体系统的极其复杂性以及中医学认识手段和方法的独特性，这些状态量是以定性描述的形式存在的，如果能够将这些用文字表述的内容通过合理的方法变换为数值表达，则可以实现对人体的证候进行定性和定量的把握和描述，同时还可以解决现代实验室检查的各种客观结果与传统中医诊断理论和方法相融合的问题。

此外，根据系统科学理论，人体系统在某一时间范围内所有症状的集合（由所有状态量所组成的矩阵）就代表机体在该时段中的状态。如果已知这些状态量在任意初始时刻的值，便能较完整地确定系统从时刻到时刻系统的状态演化过程。系统在任意时刻的状态可以用由时段与状态量值二者构成的状态平面中的一个点来表示，由于是在一个连续的时间阶段中对系统的状态量进行考察，故所建模型反映了系统状态连续演化的规律。因此，运用系统科学状态方程方法还可以从整体水平对证候的"动态时空"特征进行定性和定量描述。

4. 采取信息学方法对证候特征进行研究

由于历史条件的原因，中医学的证候始终具有"以候为证"的特点，即通过对外在症状表现规律的认识和把握来判断机体内部的整体功能状态，因此，证候具有"内实外虚"的特征。"内实"是指构成证候信息群的组成而言，"它犹如小太极的双鱼图形，中间黑白分明的鱼眼即内实部分，指寓于诸多个性之中的共性，是对证候诊断最具有权重的，或必须具有的、最不易变动的关键性症状，这些症状决定了证候的性质，如同证候的核心，外周由深至浅的灰色鱼身即外虚，是指反映了个体特征的多种信息集合，它们对证候的诊断权重相对较轻，这些信息是多变的，可以受各种因素的影响而或有或无，对诊断一般只起到辅助作用，而且是越至外周，灰色越浅，并逐渐融入与其他证候的交叉，因此对诊断的意义就越小"[4]。既往对证候"内实"部分的认识大多是凭临床经验而加以认定的，具有较强的主观成分，同时由于"外虚"部分的干扰和混淆，常常会加重证候的模糊性，给临床诊断带来一定的困难，也为证候规范化研究带来一定的影响。

信息科学的迅猛发展为证候特征的研究提供了强有力的技术支撑。在信息科学中，信息是根据表示数据所用的约定，赋予数据的意义。信息是数据所表达的客观事实，数据是信息的载体，信息经过加工和改造形成知识[5]。因此，对于数据进行搜集、积累及处理，最终形成新的知识已成为各种不同领域研究者所关注的焦点之一。其中数据挖掘（data mining）是一种按照既定目标，对大量数据进行探索，揭示隐藏其中的规律性并进一步将之模型化的方法。它融合了机器学习、统计学、信息科学等多门技术，是目前数据库研究中一个很有应用价值的新领域，能够帮助人们对数据进行更深层次的分析。其中决策树方法、基于案例的推理方法、归纳逻辑程序、贝叶斯分类、K-最近邻分类、神经元网络等众多的数据挖掘方法为深化证候内涵，寻找和界定"内实"（不再是单纯的症状，而是包括对证候诊断具有重要价值的所有内容）部分提供了新的较为可靠的现代化工具，同时也为证候诊断标准的建立提供客观依据。

5. 利用系统生物医学技术深化证候内涵

证候是发生在人身上的病理生理变化，因此必然存在着相应的生物学内容。然而近几十年来所进行的所有关于

证候实质的研究表明，与证候直接相关的生物学指标不存在特异性。近50年来的实验研究结果表明，证候是发生在人体整体水平的功能或结构的异常改变，单纯沿用还原论的方法进行实证性研究是行不通的。

系统生物学的兴起为进一步深入研究证候的实质提供了新的思维方式和技术平台。系统生物医学是系统生物学与医学的结合，它以系统理论为指导，通过综合使用各类大规模信息提取技术，深入研究基因组信息与环境信息的相互作用，阐明发病机理，研究新的诊断和治疗技术，推进人类医学进入预测性、预防性和个性化的时代。由于生物体是由大量结构和功能不同的元件组成的复杂系统，并由这些元件选择性和非线性的相互作用产生复杂的功能和行为。因此，需要建立多层次的技术平台，研究和鉴别生物体内所有分子，研究其功能和相互作用，在各种技术平台产生的大量数据的基础上，通过计算生物学用数学语言定量描述和预测生物学功能和生物体表型及行为。

证候是人这个极其复杂的生物体在病理生理状态下机体内部各个层次之间相互作用异常而表现于外的整体反应状态，因此从系统和综合的观念出发探索证候的本质规律，通过日益复杂的大型精密技术设备和并行计算技术、信息技术、纳米技术等广泛深入的应用，尤其是系统生物学的技术平台（基因组学、转录组学、蛋白质组学、代谢组学、相互作用组学和表型组学等）的开发，为证候的生物学实质研究提供了最为先进可靠的客观条件，同时也为从生物学角度界定证候概念的内涵奠定基础。

综上所述，证候概念的研究是一项艰巨而又十分有意义的工作，它不仅需要深厚的中医学理论和实践功底，需要对中医学传统文献中对于证候的论述进行深入研究和理论思考，同时还需要广泛吸取多学科知识并采用先进的实验技术手段，对其进行多视角、全方位的综合研究，唯有如此才有可能对证候概念的内涵和外延做出科学界定，最终将其扩展为中医学证候理论体系并用于指导和规范临床实践活动。

参考文献：

[1] 彭漪涟. 概念论 [M]. 上海：学林出版社，1991：153-156.

[2] 彭漪涟. 辩证逻辑基本原理 [M]. 上海：华东师范大学出版社，2000：97.

[3] 许国志. 系统科学 [M]. 上海：上海科技教育出版社，2000：27-28.

[4] 郭蕾，王永炎，张志斌. 关于证候概念的诠释 [J]. 北京中医药大学学报，2003，26（2）：5-8.

[5] 史忠植. 知识发现 [M]. 北京：清华大学出版社，2002：1.

（收稿日期：2006-06-13 修回日期：2006-07-15）

附录 5

《新中医》2006 年 7 月第 38 卷第 7 期

论证候理论的科学性及其研究的关键问题

程昭寰，王永炎

（中国中医科学院中医基础理论研究所，北京 100700）

摘要：探讨证候的定义、内涵和外延；从折射时空观的理论、证候和治法、方药的统一、证候是邪正斗争的反映这几个方面概括了证候理论的科学性；并探讨了研究证候理论的关键，即统一认识、整合思维和改革研究方法等。

关键词：证候；证候理论；中医基础理论；研究

中图分类号：R292　**文献标识码**：A　**文章编号**：0256-7415（2006）07-007-03

辨证论治是中医学辨识病症发生、发展规律和把握病症防治规律的主要手段，是中医基础理论与临床实践结合的前沿。因此，对证或证候的研究显得十分重要。由于认识角度的不同，学术界仁智各见。为此，笔者不揣浅陋，就证候理论科学性和研究的关键问题加以探讨，借以抛砖引玉。

1. 证候的定义

证：有证明、证据的涵义。《新华词典》云："中医的证是对患者若干症状和体征的总称。"就证的字义而言，这种解释是颇为一致的。

候：候字的涵义较广泛，如守望、观察、气候、节候、时候，或者在某些变化中的情况和程度，如证候、症候、火候等，辞书类的解释基本是统一的。

证候：《中医证候鉴别诊断学》[1]云："证"是疾病所处一定阶段的病因、病机、病位、病性、病势的病理概括。笔者赞成岳美中教授的提法：证候是空间上的证与时间的候的病理概括，两者都是变动不居的[2]。

现在我们通常谈的辨证，实际上包括证候的概念在内。辨证论治即"辨证候论治"，为了明了，通常又简称为"辨证论治"，因为空间的证显然处在一定的时间段内（候）。因而，张震说："所以证候一词已与成为祖国医学所特有

的传统的诊断学基本概念。"[1]

2. 证候的内涵与外延

内涵与外延是一对哲学概念范畴，当证候定义明了之后，就应依据中医学术理论体系对其内涵和外延作出清晰的界定。

2.1　证候的内涵

2.1.1　状态定型性

证候是患者在疾病发生发展过程中的必见状态表现，如脉象、舌象、色象（望色）及相关症状等，无论是八纲辨证、脏腑辨证、六经辨证等何种辨证方法，其中必须依据于状态的定型性。这就是张仲景所强调的"观其脉证"（状态）。只有"观其脉证"，才能"知犯何逆，随证治之"。

2.1.2　状态的阶段性

任何疾病都具有阶段性，如疾病可分为早、中、末（或恢复期），不同时间段有不同的病理演变规律，任何证候的表现状态都不是一成不变的，而是有时间变化的阶段性。正如张仲景在《伤寒论》中所言："伤寒一日"、"伤寒八九日"、"太阳病欲解时，从己至未上"等，就鲜明地阐明了证候依附于病，且随时间变动而有阶段性。

2.1.3 相对独立性

由于临床所见具体证候多半以复合的形式出现，能够在不同程度上概括人体病机变化的共性规律和不同患者千差万别的个体差异性，因而，证候相对独立性决定相对阶段的时间长短，且取决于邪正斗争的形势。由于证候有相对独立性，才有提供诊断依据的价值。

2.2 证候的外延

2.2.1 证候的整体性

由于中医比较强调整体观念，而证候也具有整体性，如《伤寒论》中结胸、发黄、吐泻、蛔厥等，似乎既是病也是证。例如，外感热病表现出卫气营血的不同证候，既反映证候的变化规律，又能揭示疾病发展变化的趋势，你为什么要"透热转气"呢？你又为什么要"先安未受邪之地"呢？这就是从证候的整体出发作出的防治决策。

2.2.2 证候的多结构性与多层次性

《中医证候鉴别诊断学》[1]提出："客观事物的形成，一般都循着有秩序分层次的自然结构法则，中医学的证候也有其自身的结构和层次"。就结构而论，以空间因素为坐标的圈层式结构而言，如表证、里证等，以时间因素为坐标的连续结构而言，如卫分证、气分证、营分证、血分证等。以结构与层交的连续性而言，如卫之后方言气，营之后方言血等。

证候也具有多层次性，应当分为：①核心证候，如八纲证候；②基础证候，如脏腑、经络证候等，即核心证候构成比较基础的部分；③具体证候，即基础证候与病位病性的结合，如膀胱湿热证、热结阳明证等。

2.2.3 证候的可重复性

证候的可重复性决定了证的重要性，《临证指南医案》[3]云："医道在乎识证、立法、用方。此为三大关键，一有草率，有堪司命，然三者之中识证尤为紧要。"既然识证是辨的前提，是用方的依据，如果几千年来证不能重复出现的话就无证可辨，可见证候的可重复性是绝对的。例如，异病同治的基础就是证候相同，不同疾病亦能见到相同的证候，其重复性就不言自明。

2.2.4 证候的可变换性

可变换性是指证候自身的变化。古代各位名医已对此作出了详细的阐述，如张景岳强调"证随人变"。能导致证候变化的因素可种种多样，在多因素作用下，证候可在一定的范围、一定的幅度上起变化，但仍然有规律可循，我们可称之为"位移"，如营卫不和见卫强而营阴弱的桂枝汤证，在这一证候基础上出现动水而致奔豚，于是桂枝汤原方不变加重桂枝以利水邪而治奔豚，这就是桂枝汤证

位移到桂枝加桂汤证。岳美中教授到晚年发出感慨："医到晚年医律细"[2]，愈要精细于医，愈要提高疗效，就愈要在证候位移的细微处下功夫。

还要特别强调：证候是依附于疾病，受疾病的基本矛盾所制约，证候是疾病过程中阶段性的主要矛盾，辨证是抓主要矛盾方法的具体运用。而症状是患者自身各种异常感觉，是辨证识病的依据。所以研究证候时，病、症、证的概念应严格区分，至于无症可辨之证，也要洞察主要矛盾而施治，才能有效。

3. 证候理论的科学性

笔者认为证候理论的科学性在于：证候揭示疾病的阶段性主要矛盾规律，并且不断地随时间而变动。

3.1 折射时空观的理论

中国古代哲学家和医学家创造了阴阳时间医学，并且把时间因素与空间因素贯穿于生理、病理、诊断、摄生、功效各个方面，而于证候而言则更为具体。例如，经气在人体各系统各经脉运行，表现出周而复始，若循行失常，可见病候。例如，十二经病候就是十二经时空变化的表现，《灵枢·经脉》通过本经腧穴法治疗十二经病候的变化规律，无疑是证候理论的价值所在。并强调其重要依据。也为确立异病同治，同病异治的证候时空观提供了理论依据。

3.2 强调整体观念，确立"证候"的核心地位

追求证与法、方、药的统一完美，证候就必须与治法、方药协调统一。具体而言。

3.2.1 证候与治法

名医吴鞠通就曾提出，治疗疾病只谈药不辨证，不足以言医。同样，强调辨证候的目的，也就是要做到"有是证"才可"立是法，选是方，用是药"。《内经》提出："寒者热之，热者寒之"，"形不足者，温之以气；精不足者，补之以味"等都反映出证与治法的关系，而方、药是治法的具体落实，只有理、法、方、药一致，才能取得很好疗效，其中证候就是关键和核心。

3.2.2 证候的类同与疑似

客观反映疾病本质与现象之间存在某些近似或部分类同。类同或称类证，一般是指相互间的病理基础颇为近似，如肝气郁滞与肝气郁结横逆就属类证；识别证候间反映疾病病理矛盾由量变积累向质变转化的变化规律，无疑是证候理论的价值所在。例如，以疑似而言，辨识真寒假热，真热假寒等证，就是证候理论的逻辑思维结果。

3.2.3　因果链条的综合

病因与症状是因果关系，而证候是因果链条上矛盾的集结。《伤寒论》在确立辨证论治原则时，始终注重因果关系论证候，只有从因果关系入手，才能做到"伏其所主而先其所因"，提高辨证论治水平。

3.2.4　邪正斗争的客观反映

疾病发生、发展转归的过程，是以邪正斗争的形势为依据的，如"正气存内，邪不可干"，"邪之所凑，其气必虚"，这是指发病。"正胜则邪却"，正虚则邪胜而病进，这是指发展过程。凡此等等，不管疾病表现形式如何，总是以不同阶段邪正斗争胜负为依据而出现"证候"，可以这样肯定，《伤寒论》所有证候（又称方证）都是邪正斗争的客观反映，也就是说，证候的科学性还在于其揭示邪正斗争过程中主要矛盾的准确性。

我们强调证候的科学性是因为这一理论得到事实（实践）的支持，得到了 5000 年来历代中医学者的尊重，是中医学揭示生命运动中疾病防治规律的科学。

4. 证候研究的关键问题

前已述及，证候理论既有客观真理成分，也有指导实践的现实价值。但要指出的是，这并不意味证候理论已完美无瑕。如有：证候的不确定性、证与症的混淆使主体不清、证候研究多停留于文献研究、无更深科学内涵的突破、证候无评估的指标体系等，都给证候研究带来极大的困难。因此，笔者认为研究中解决的关键问题是：

4.1　规范人心

以注释为基本方式和外在特征的中医学，无论其研究方法还是理论思路，都具有典型的守成思想体现，以经典著作为价值导向，以经释经，并借此阐发自己的学术思想观点，这基本上是几千年来中医研究特点。这一研究特点，看似保守，其实任何学科，任何文化要发展，就必须对既有的成就有所守，如果没有所守，则飘游无根。但是任何事情都有两面性，一方面守成过了头，就会成为崇拜而不自觉自拔，就会成为复古主义者；另一方面是无所守，无所学，飘游无根，甚至移花接木，貌合神离，这就成为无源之水。当然，我们强调的是厚今薄古，寓学术权威于学科理性之中。也就是说中医界规范人心，应在守成中创新，发扬理论精髓，与时俱进，吸收多学科方法，揭示证候的科学内涵。

4.2　整合思维

思维是人类物质运动的最高级形式，也是人能对客观事物的反映，因而思维对科学研究的重要也就很明显了，证候的研究必须凭借思维的整合才能取得突破。科学界关于复杂思维和非线性思维的研究可谓方兴未艾。而当代学者则认为，复杂性和非线性是物质、生命和人类社会的进化中最显著的特征。中国文化的特色就是非线性复杂性思维的结果。因此，复杂系统探究方式不仅能战胜自然科学和人文科学之间的隔阂，而且也能缩小西方文化和东方文化之间的距离，同样也能缩小中西医间的距离。所以，证候的研究要在思维的整合上进行变革；既运用于非线性复杂思维去追求证候的"多样化统一"，同时也适度地运用线性方法进行微观论证。

4.3　改革研究方法

近几十年来，虽然对证候的研究包括运用核苷酸、血浆 ACTH 和皮质醇等去证明肾阴肾阳证的互根性，或是运用生命科学已取得成果去证明证候的实质等，虽然取得了微小成绩，但从本质来讲，还是隔靴搔痒。既没有把准证候的"脉搏"，也没有揭示证候科学内涵。因此，研究方法的改革，势在必行。笔者认为：

4.3.1　从时空观入手，选择光学为突破口

中医认为：白天为阳，夜晚为阴，白天与黑夜是以光来分辨的，光度愈强则阳气愈盛，光度愈暗则阴气愈盛，光的强度虽随光速而变化，如作为固有成分，也必然可以揭示阴证和阳证的实质。因而，在中医宏观理论指导下，运用光学理论去反证证候的确定性是有希望的。

4.3.2　引进旧三论和新三论

引进旧三论和新三论（控制论、信息论、系统论、耗散结构论等）的学术原理去揭示证候的科学内涵是完全可能的，如普利高津的《结构耗散和生命》，既说明非线性热力学能使生物学和物理学之间的鸿沟缩小，也运用了热力学方法讨论生物有序之源。试想运用非线性热力学原理也就可以证明生命体的"时空"状态下的生命现象，从而揭示证的科学内涵也就有可能，当然其中假设的确立，技术路线的审定等都必须进行创新性的劳动。

参考文献：

[1] 姚乃礼 . 中医证候鉴别诊断学 [M]. 北京：人民卫生出版社，1987.

[2] 岳美中、陈可翼 . 岳美中中医学文集 [M]. 北京：中国中医药出版社，2000：3，34.

[3] 叶天士 . 临证指南医案 [M]. 上海：上海科学技术出版社，1959：2.

（收稿日期：2005-05-23）

附录 6

《中医杂志》2006 年 7 月第 47 卷第 7 期

论证候要素与证候靶点应证组合辨证

张志斌[1]，王永炎[2]，吕爱平[3]，郭 蕾[4]，王 耘[5]

（1. 中国中医科学院医史文献研究所，北京 100700；2. 中国中医科学院；3. 中国中医科学院中医临床医学基础研究所；4. 山西中医学院研究生部；5. 北京中医药大学）

摘要：只有采用数据挖掘的方法，将复杂的证候系统分解为数量相对局限、内容相对清晰的证候要素；再通过各证候要素间的组合、证候要素与其他传统辨证方法系统的组合等不同的应证组合方式，使辨证方法体系不再是一种由各种具体证候单纯的线性联系组合的平面，而形成一个以证候要素、应证组合为核心的多维多阶的体系，具有非线性特征。

关键词：辨证 / 方法；证候要素

Abstract：Using data-excavating method to systematically decompose a complicated syndrome system as essential elements of syndrome relatively limited in quantity and relatively clear in contents.By combination of various essential elements of syndromes，systematical combination of essential elements of syndromes with other traditional syndrome differentiation method and other different corresponding syndrome combination ways，syndrome differentiation method system is no longer a kind of combined plane of simple linear connection of various concrete syndromes，therefore a system of multiple dimensions and multiple steps with combined essential elements of syndrome and corresponding syndromes as core was formed.The System is of non-linear characteristics.

Key words：syndrome differentiation/method；essential elements of syndrome

中医学辨证论治体系是中医理论的核心，是中医临床医学的精髓。到目前为止，尚缺乏一个能够体现中医证候临床复杂多变情况的辨证方法体系[1]。因此，很有必要对现行的辨证方法新体系进行完善。

1. 证候要素与证候靶点的提出

什么是证候？就我们现在所研究的重点来说，证候就是对疾病状态下人体生理病理整体反映的概括。虽然关于证候的概念目前学术界的观点并不一致，但主流观点的内容差别不大。例如，1986 年第一个"中医证候规范"研究课题的结论指出："证候是疾病发生和演变过程中某阶段本质的反映。它以某些相关的脉症，不同程度地揭示病因、病机、病位、病性、病势等。[2]"至 2001 年国家中医药管理局组织编写的《中医药常用名词术语辞典》：证是"对疾病过程中一定阶段的病位、病因、病性以及病势等病理概括，是对致病因与机体反应两方面情况的综合，是对疾病阶段性本质所作的结论。"而"证候"则是"证的外候"[3]。

2005 年由全国名词委颁布的《中医药学名词》基本维持以上观点[4]。

可见，构成证候的元素一般包括病位、病因、病性、病势、病理、症状、邪正关系、机体状态等，可将之称为"界面"。而现实生活中 3 个界面就已经构成三维立体结构，过多的界面反而容易淆乱视野。所以，如果将这八者简化，其实关键只在于病因、病位、症状 3 个界面，其他界面是由它们派生出来的。简单地说，在疾病过程的某一阶段中，一定的病因作用于一定的病位，便出现一定的症状。其他的东西可以被涵盖在此三者之中。而三者中的关键又在于病因与病位，症状只是与病因及病位相关的表象。当然没有症状表象就无法测知内在的病因与病位问题。所以本研究提出的"证候要素"主要着眼于病因，"证候靶点"着眼于病位（证候要素作用的靶点），将二者分别与症状相联系。

再将病因与病位做比较，病位相对来说比较明确。只有疾病状态下，人体生理组织结构才会出现功能失常引起的各种症状，才能称之为病位。具有特定病名的疾病，其病位可能更为明确。此时证候要素显得较为重要，而可能无需过多地强调病位的问题。这样突出证候要素，就可能把复杂问题分解为简单问题来研究。

必须要强调的是，证候要素主要着眼于病因，但并不等于就是病因。一方面，它超出了旧有病因的范围，在病因所派生的病理、病性、病势方向上做一些必要的延伸，如在下一节段中会提到的气血阴阳相关要素。另一方面，它又过滤了一些在治疗中难以直接驱除的对象、或可以忽略的原始诱因。所以，把证候要素看作病机层面的东西则更为合适。换个角度，从传统的辨证方法体系来看，其研究思路相对也可分为两大类：一类属病机层面，如八纲辨证、六淫辨证、内生五邪辨证、气血津液辨证；一类属病位层面，如脏腑辨证、六经辨证、经络辨证、三焦辨证。所以今天从这样两个层面入手进行辨证体系的研究应该也是可行的。

2. 证候要素与证候靶点的提取

所谓证候要素，是指组成证候的主要元素。就像所有的化合物都可以由基本的化学元素组成一样，从理论上说，所有的证候都可以由证候要素组成。例如，《中华人民共和国国家标准·中医临床诊疗术语·证候部分》"血虚动风证"、"风热外袭证"、"痰瘀互结证"、"阴虚火旺证"[5]分别由证候要素"血虚"与"内风"、"风"与"热（火）"、"痰"与"血瘀"、"阴虚"与"内热（火）"组成。证候要素落实到人体的某一部位或组织，可以认为是证候的靶点，此前曾称之为病位。为了区别于疾病的病位，为之命名为证候靶点。还有一类证候是由证候要素与证候靶点二元合成，如《中华人民共和国国家标准·中医临床诊疗术语·证候部分》"心气虚血瘀证"、"风寒袭肺证"分别由证候要素"气虚"及"血瘀"、证候靶点"心"与证候要素"风"及"寒"、证候靶点"肺"组成。

如何提取证候要素？其实也可以从以往的文献及临床的经验中发掘。以古今大量相关文献及足够数量的随机性中医回顾性病例为基础，尤其要重视现已取得的证候规范成果与临床医师实际辨证的经验，建立关联数据库，以获取大量的证候信息。同时，还要开展设计合理的若干病种流行病学调研，取得关于证候的可靠的相关流行病学调研资料。在获得足够有用的基础数据后，利用数据挖掘技术，进行证候要素与证候靶位的提取。

2.1 病机层面（即证候要素）的研究

首先以八纲辨证为基础，结合六淫辨证、内生五邪辨证及气血津液辨证，完成病机层面的证候要素的提取。证候要素的研究，包括两方面的内容，即证候要素的名称与各要素名称下所属的内容。

证候要素的名称：以此前已完成的具有代表性的证候规范及标准类成果（如行标、国标、国标代码等），以及古今著名医家的医案或医籍中的证候名称为依据，进行信息学数据处理，以合理的计算方法提取约 30 个病机层面的证候要素。以往的工作研究提示，可以利用课题前期工作中由专家提出的"6 类"共"30 个"证候要素进行深入研究，即外感六淫：风、寒、暑、湿、燥、火；内生五气：内风、内寒、内火、内湿、内燥；气相关：气虚、气滞、气郁、气逆、气脱、气陷；血相关：血虚、血瘀、血脱、血燥、出血；阴阳相关：阴虚、阳虚、阴盛、阳亢；其他：毒、痰、水、石。确定证候要素可以此作为参考的基础，根据相关信息数据分析结果来对之进行修正完善。同时，针对初步确定的证候要素进行专家问卷调查，并根据反馈的专家评估信息进行调整修订。

在证候要素确定之后，将作为数据分析过程中的一个重要标杆进行深入分析。应该以证候名称下面的病机层面的症状内容为依据，进行信息学数据分析，以合理的计算方法提取各证候要素下属的内容；每个证候要素将根据各症状权重，区分出主症、次症与兼症。再进行专家评估，同样根据反馈的信息进行调整修订。

2.2 病位层面（即证候靶点）的研究

在传统的脏腑、六经、经络、卫气营血、三焦等辨证方法的基础上，与证候要素进行病位层面上的交叉。首先通过对各辨证方法下所属病位层面的内容进行合理的信息学数据计算，厘定这几种辨证方法相关的证候靶点，并进一步研究每一靶点的下属内容。同时，还要进行中医生理学与病机学的研究，对证候靶点的厘定提供中医基础理论依据。在生理病机学的科学推理与数据分析两种方法相结合的基础上，这一部分内容，以四诊信息为主，包容其他综合信息。在病位层面的研究初步完成之后，同样必须进行专家问卷调查，并同样根据反馈的专家评估意见进行调整修订。

3. 应证组合是回归完整体系的关键步骤

在证候要素的提取与证候靶点的厘定后，辨证体系的初步框架基本形成。但是现代中医临床实践已经采用的诊断方法是病证结合，即在疾病名称诊断明确的基础上进行辨证论治。所以，病证结合实际上是这个辨证方法体系第三个层面上的研究。只是作为一个证候的辨证体系暂时还涉及不到各个特定的病名。

在临床实践中，病机与病位是不能分离的，既没有脱离了病位的病机，也没有离开了病机的病位。因为临床证候反映是一个多维多阶的非线性复杂系统，我们的研究不能从整体、模糊、不确定前提出发，最终回到整体、模糊和不确定的结论上。而必须根据其特点，将其进行可能的适当的分解，切割成相对清晰地具有线性联系性质的界面来进行研究。由此而将复杂的证候分解为概念相对清晰、数量相对局限"证候要素"与"证候靶点"来进行研究。因此，"病机层面"、"病位层面"、"病证结合层面"只是为了研究与规范的方便，并不意味着三者是可能互相分离的，这些"层面"都必须回归到多维多阶立体交叉的复杂系统中去，才能被灵活运用。那么这种回归的关键步骤就是应证组合。无论是在研究成果的体现上还是在临床使用中，辨证方法体系都必须是，也只能是一个完整的体系，"证候要素"与"证候靶点"都不可能游离于"应证组合"而单独使用。

所谓应证组合，就是对应临床证候的实际情况进行必要的组合。临床上实际可以见到的证候情况是非常复杂的，应证组合也可以体现为多阶多维。所谓"维"，在此是指对临床常见证候进行简化分解之后的最基本的证候要素，在适当的范围内，维度越小，越容易掌握，使用者的可操作性越大。所谓"阶"，在此是指最基本的证候要素相互间、证候靶点间的组合、证候要素与证候靶点间的组合，以及病证结合，在维度确定的情况下，阶度越大，体系的灵活性与适用性越大。

临床证候的情况可能是多种多样，应证组合的方式便随之可能是多种多样的。具体的临床证候可能是单要素，也可能多要素组合；可能是单靶点，也可能多靶点。这些不同的应证组合方式，使辨证方法体系不再是一种由各种具体证候单纯的线性联系组合的平面，而具有复杂的多维多阶立体交叉的非线性特征，通过清晰的证候要素表达与应证组合规律的寻找，这一复杂的辨证方法体系具有可控性。

4. 以证候要素，应证组合为核心完善辨证方法体系

以证候要素，应证组合为核心完善辨证方法体系，必须充分注意两点。证候要素的提取关键在"要"，即简要，要"降维"，达到易学易记的效果，以增加体系的可控性与使用者的可操作性；应证组合的关键在"合"，即多种组合，要"升阶"，达到扩大立体空间的效果，以增加辨证方法体系的在临床实践中的适用性与灵活性。通过降维升阶，这个辨证方法体系的最大优势是明确规范相对局限的内容，可以获得理论上几乎是无限的使用空间，而且，这个空间将交由使用者在一定的思路与方法指导下自由掌握，以符合患者特殊个体差异及医生圆机活法的需要。

完善辨证方法体系，应该体现现代科学与传统科学的有机结合，需要中医学与现代生命科学、人文哲学相互交融、多学科合作。首先，辨证方法体系的完善不能以淡化辨证论治为代价，应着重考虑在辨证方法体系突现中医辨证论治圆机活法的特色优势。建立规范的同时，必须为使

用者留出发挥空间，以体现中医以悟性为依托的圆机活法的使用。另外，还要着重考虑显现中医重视临床主观症状，以患者自我感觉为重要观察点的个体化治疗特色，以中医学传统理论为依据，以四诊信息为主，融合多层次信息，保留主观症状的突出地位。主观症状包括："但见一症便是"的特异性症状及与病机相关的常见症状；在整体、活体上反映出来的、与病机或与西医病理非相关的个体性很强的偶见自觉症状；甚至难以解释的怪症状。必须对以上各类主观症状给予足够的关注，以利高度开放地全面采集信息。在完善辨证方法体系的过程中，既要继承传统辨证方法的优势特色，也要纳入前人的科研成果，同时还要重视进行证候规范研究多学科方法学的探索。

现借用赵金铎《中医证候鉴别诊断学》中的一组临床表现"心悸怔忡，气短乏力，心神不宁，失眠虚烦，动则易汗，手足心热，口干，舌边尖红，舌苔少，舌质淡而光剥，脉细数或结代"[6]做说明。根据"气短乏力，动则易汗，舌质淡，脉细"可以做出证候要素Ⅰ——"气虚"的诊断；根据"虚烦，足心热，口干，舌边尖红，舌苔少，或光剥，脉细数"可以做出证候要素Ⅱ——"阴虚"的诊断；将"气虚"与"阴虚"进行第一轮应证组合，可以做出"气阴两虚"的诊断。再根据"心悸怔忡，心神不宁，失眠，脉结代"可诊断其证候靶点在"心"，然后再进行第二轮证候要素与脏腑辨证的应证组合，可以得出"心气阴两虚证"的诊断。还可以根据不同疾病的特殊临床表现，进行第三轮病证结合的应证组合，再得出心肌炎·心气阴两虚证，或冠心病·心气阴两虚证的诊断。

在这个诊断过程中，被限定的是各证候要素与证候靶点的相关内容，被规范的是各证候要素与证候靶点的组合形式与规律，而针对临床病证表现实际情况，进行多少个证候要素、或多少个证候靶点的诊断，以及进行多少阶层应证组合，最后得出什么证候名称的诊断，则完全由使用者主动掌握。通过这样的方式以发挥临床医师的主观能动性，使之可以根据个人的经验及患者的情况进行必要的个体诊疗。

参考文献：

[1] 张志斌，王永炎. 证候名称及分类研究的回顾与假设的提出. 北京中医药大学学报，2003，26（2）：1-5.

[2] 邓铁涛. 证候规范研究. 见：邓铁涛医学文集. 北京：人民卫生出版社，2001：1740.

[3] 李振吉主编. 中医药常用名词术语辞典. 北京：中国中医药出版社，2001：197-198.

[4] 全国科学技术名词审定委员会公布. 中医药学名词. 北京：科学出版社，2005：81.

[5] 国家技术监督局. 中华人民共和国国家标准·中医临床诊疗术语·证候部分. 北京：中国标准出版社，1997：1，4，9，13.

[6] 赵金铎主编. 中医证候鉴别诊断学. 北京：人民卫生出版社，1987：92.

附录 7

《北京中医药大学学报》2006 年 8 月第 29 卷第 8 期

论内毒损伤络脉病因与发病学说的意义

张允岭[1]，常富业[2]，王永炎[2]，杨宝琴[3]，黄启福[4]

（1. 北京中医药大学东方医院，北京 100078；2. 中国中医科学院，北京 100700；3. 首都医科大学中医药学院，北京 100013；4. 北京中医药大学基础医学院，北京 100029）

关键词：内毒损伤络脉；病因与发病；动态过程

中图分类号：R228

传统的病因学理论认为"三因"学说，即内因、外因、不内外因是导致疾病发生的根本原因，较长时期以来，病因学理论一直没有形成重大突破。随着自然和社会环境变化及疾病谱改变，传统的病因学理论对临床上众多的难治病、复杂性重大疾病的原因解释能力不足，科学性不强，从而直接影响临床疗效的提高。

无论中医或西医，对病因的认识离不开对疾病的发生发展过程的分析和把握。深入研究发现，现代临床难治病、复杂性重大疾病大多是多因素的、复杂的、内伤性致病过程，既往在因于风、因于火、因于痰、因于瘀等的认识基础上，采用中医单一或多因的辨证论治，取得了一定的疗效，但进一步的疗效提高实在艰难且临床可重复性差。促使现代中医学家总结以往的临床经验，重新审视其发病过程，提出了"内毒损伤络脉"的病因与发病学说。

1. 内毒致病易损伤络脉

毒邪作为致病因素的记载起始于《内经》时代，总结古今认识，我们认为毒是有害于机体的、引起机体功能破坏、丧失和 / 或败坏形质、导致病情恶化加重或呈沉疴状态并难以干预的一类特殊的致病因素。但以往毒邪作为致病因素多用于阐释瘟病发热以及疮疡疔疖的发生原因，即重视外毒的致病作用。内毒是指脏腑功能紊乱，气血运行失调，使体内的生理产物堆积或病理产物蕴积不解，损害脏腑组织而生之毒，可见内毒源于内生诸邪，无论痰瘀风火炽盛或诸邪蕴化累积，一旦酿化成毒，它仍可体现原有病邪的致病特点，但其致病作用都比原病邪有过之而无不及，它既是风火痰瘀等诸邪不同组合的复合形式（如痰毒、瘀毒、火毒、风毒等），更是诸邪蕴化，病邪性质由量变到质变的转化节点。

当今生命科学对生物毒的认识也有变化和发展，认为毒的来源主要有三个方面：一是机体在代谢过程中产生的各种代谢废物，由于其在生命过程中无时无刻不在产生，因而它是体内毒素的主要来源，也是危害人体健康的重要原因；二是指人体正常所需的生理物质，由于代谢障碍，超出其生理需要量，也可能转化为致病物质形成毒。三是指本为生理性物质，由于改变了它所存在的部位而成毒。例如，代谢综合征复杂机制中的脂肪分解、酯化为甘油三酯，在胰岛素敏感脏器异位沉积产生的脂毒性作用；心力衰竭中在血液循环和心肌组织中过高的去甲肾上腺素对心肌细胞的毒性作用；动脉粥样硬化中炎性因子对血管壁的炎性毒性效应等。其相同的作用结果是导致靶向器官、组织细胞发生不可逆损害。可见这里所说毒就其形成过程和毒性效应与内毒致病具有相似或相同的认识。

络脉包涵经络之络与脉络之络，经络之络是对经脉支横旁出的分支部分的统称，脉络多指血脉的分支部分[1]。络脉网络在组织器官之上，正常生理状态当是充盈满溢，出入自由，起到温煦濡养的功能，同时将代谢废物排除，具有功能与结构密不可分的特征。

络脉有常有变，常则通，变则病，病则必有"病络"生，"病络"生则疾病成[2]。由此可见病络是络脉的病理过程、病机环节，也是病证产生的重要原因。内生毒邪，可导致脏腑、器官、组织、营卫、气血等众多损害，但其突出特性为善窜络脉，或从热化或从寒化，既损耗气血，又腐蚀络脉，成为病络形成的关键环节和疾病产生的根源。究其原因络脉既是人体运行全身气血、联络脏腑形体官窍、沟通上下内外的通道，也是机体最重要的运毒、排毒管道，是机体发挥整体排毒最重要的功能结构载体。因此，内生毒邪形成之后，必先滞气浊血进而导致络脉损害功能障碍，成为引发疾病的重要原因，同时也可因诸邪蕴积，酿化生毒，损伤络脉，败坏脏腑，使病情突变或进展恶化，从而更加难治难愈。这里将《内经》中论及的毒与络脉结合，不仅指出了致病因素的性质、特点和损伤部位，更重要的是阐述了毒邪入络，损伤络脉，引发和加重疾病的规律，因此给经典的病因与发病学理论赋予了新的意义。

2. 内毒损伤络脉是现代临床难治病、复杂性重大疾病具有共性发病和进展加重的原因

当代中医学家在长期临床实践基础上，提出内毒损伤络脉的病因与发病学观点，随着理念的更新和研究的深入正在逐步达成共识。20世纪80年代以来，从传统的安宫牛黄丸发展而来的清开灵注射液Ⅰ号方，重在清热解毒、化痰通络，从治疗病毒性肝炎、上呼吸道感染着手，取得较好疗效，在此基础上，在"七五"、"八五"、"九五"期间，我们针对缺血性中风病急性期原有常规治法难以更好取效的状况，采用了静脉滴注大剂量清开灵以清热解毒、化痰通络，随后又扩大应用于出血性中风急性期治疗，大量的临床实践证明，解毒通络在急重型出血性、缺血性中风病抢救和治疗上取得疗效，进一步验证内毒损伤络脉的存在和在发病中的作用。近年来的深入研究发现，急性中风后常有内生瘀毒、热毒、痰毒互结，毒邪损伤脑络，破坏脑髓，这些毒性病理产物，继发成为重要的致病因素，累积蕴化日久，不仅参与了脑神经元损伤链的病理过程，而且是中风病病情险恶、难以治愈的关键病因，内生毒邪的作用后果还可造成脑组织及功能的进一步损害，导致智能下降乃至痴呆发生，事实证明在治疗与用药方面针对病因以解毒通络为法，及时清除及抑制这些有毒物质的产生，可以提高疗效和改善预后[3]。此后陆续的研究报告有内生热毒、湿毒、瘀毒、痰毒等导致毒损肾络、毒损肝络、毒损胃络、毒损肺络、毒损心络等等，由此而产生的疾病有慢性肾功能衰竭、病毒性肝炎、肝纤维化、慢性萎缩性胃炎、阻塞性肺气肿、病毒性心肌炎、冠心病心肌梗死、肿瘤、艾滋病、动脉粥样硬化、帕金森病、活动性类风湿性关节炎、干燥综合征、系统性红斑狼疮，等等，从多视角、多系统证实了内毒伤损络脉是临床众多难治病、复杂性重大疾病具有共性发病和进展加重的原因。

可见内毒损伤络脉是从长期的临床实践经验中归纳总结而来的现代病因与发病学观点，是现代临床难治病、复杂性重大疾病具有共性发病和进展加重的原因，遵循审因论治、因脉证治的原则，它可直接、有效地指导临床防治，提高疗效，因此揭示其科学内涵是病因与发病学理论乃至治疗学理论可持续发展的迫切需要，深入研究有望在病因学理论和疗效上取得进展与突破。

3. 内毒损伤络脉是病因联系病机复杂的动态过程

内毒损伤络脉是病因联系病机的动态过程，也是疾病发生与转变的重要原因，其形成涉及多种致病因素的相互作用，多个病机环节的演变转化。而风、火、痰、瘀等内生病邪不仅导致病络发生，而且存在于病络机制的各个阶段，不断推动络中气机郁滞、血行不畅、络脉失养、津凝痰结等病机环节的转化。然而无论络中邪积或邪盛，一旦酿生成毒，即可损伤络脉，进而败坏脏腑组织，可见内毒损伤络脉是病络机制的关键环节，在这一动态过程中的不同界面仍然可以体现出原有致病因素的特性，但其程度上有层次和量级的差别。内毒损伤络脉不但标示着毒邪的性质、邪入途径和部位、机体的状态、疾病的轻重变化等，还体现着机体内相关物质基础由此而发生的动态变化，其物质基础涵盖了血管活性物质调控异常、血管内皮和平滑肌细胞损伤、细胞因子及信号传导通路调控异常等细胞、亚细胞结构、活性蛋白、基因多个层面组成的信息网络的异常变化，从而形成一个动态的、多维的、开放的复杂系统[4,5]。显而易见在这一前提下，注定很难用一个单元的特异指标来解释它。

因此将整体论指导下的内毒损伤络脉病因与发病学说同现代生命科学技术相结合，阐述其科学内涵成为研究的必由之路。通过随机的临床试验和前瞻性的动物实验，取得大量数据，并利用现代计算机和信息学的理论方法和实验条件，对海量数据、信息进行"系统集成"，分析认识动态过程中的不同表现，从而较为准确地把握内毒损伤络脉的具体状态，指导临床治疗。这也必将成为中医与西医，传统与现代研究的契合点、切入点。

传统的病因学理论是在长期临床医疗实践中归纳总结并反复验证提炼出来的，认为六淫邪气所触，五脏情志所伤，饮食劳倦、跌扑金刃以及虫兽所伤是导致疾病发生的主要原因。内毒损伤络脉病因与发病学说与传统的三因学说有所不同，它既是内生诸邪，蕴化生毒，损伤络脉，引发疾病的始动原因，也是由此而败坏脏腑使疾病恶化加重的继发原因。它阐释了现代临床难治病、复杂性重大疾病发生发展或恶化加重的全过程，按审证求因、证因脉治原则，内毒损伤络脉必然还与病机、辨证、诊断、治疗紧密联系。因此深入研究将会使内毒损伤络脉的病因与发病学说从规范确立、现代诠

释、理论表达到指导临床应用，形成更加完善、准确和实用的科学体系，丰富和发展传统的病因与发病学理论。

参考文献：

[1] 王永炎，常富业，高颖，等 . 病络与络病的对比研究 [J]. 北京中医药大学学报，2005，28（3）：1-6.

[2] 王永炎，杨宝琴，黄启福 . 络脉络病与病络 [J]. 北京中医药大学学报，2003，26（4）：1-2.

[3] 王永炎 . 关于提高脑血管疾病疗效难点的思考 [J]. 中国中西医结合杂志，1997，17（4）：195-196.

[4] 张允岭，白文，韩振蕴，等 .9601 颗粒对急性多发脑梗塞大鼠海马皮层 MARCKS 磷酸化调节作用的研究 [J]. 北京中医药大学学报，2005，28（1）：45-48.

[5] 雷燕，黄启福，王永炎 . 论瘀毒阻络是络病形成的病理基础 [J]. 北京中医药大学学报，1999，22（2）：8-10.

（收稿日期：2006-03-22）

附录 8

《浙江中医杂志》2006 年 10 月第 41 卷第 10 期

禀赋概念的理解与诠释

王永炎，刘向哲

（中国中医科学院，北京 100700）

关键词：中医禀赋学说；遗传信息；胎传信息；学术探讨

禀赋的概念，在中医学浩瀚的医籍文献中，记述颇多，诸如：禀质、禀受、禀气、资禀、赋气、资质等，另有胎禀、胎赋、胎肖、胎传及天赋、天授、天年、先天、素体、素质等。禀意接受，是子代承受父代；赋即给予，是父代赋予子代。辞书对于禀赋的解释大体相同，但也有细微差别，《辞源》："禀赋，称人所禀受的资质。"《辞海》："禀赋，犹天赋，指人所禀受的天资或体质。"《康熙字典》引"《韵会》：禀受也，给与也。《礼·中庸》：天命之谓性。性者，人所禀受。朱传注曰：气以成形，而理亦赋焉。"在此"气"即可理解为物质，"理"则为功能。即生命的功能依一定的物质基础向下一代传递。《现代汉语词典》释禀赋为："人的体魄、智力等方面的素质。"《中医大辞典》则把"禀赋"解释为"先天赋予的体质因素"。

中医禀赋理论的起源可以追溯到战国至西汉时代的《内经》，其《灵枢·天年》篇曰："黄帝问于岐伯曰：愿闻人之始生，何气筑为基？何立而为楯？何失而死？何得而生？岐伯曰：以母为基，以父为楯，失神者死，得神者生也。……血气已和，荣卫已通，五脏已成，神气舍心，魂魄毕具，乃为成人。"张景岳《类经》云："夫禀赋为胎元之本，精气之受于父母者是也。"明·石寿棠《医原》曰："人身囷囷一个形躯，禀父母之精血凝结而成。"可见，禀赋来自于父母，即是先天人所禀受的"精"与"气"等物质基础，而且还有"神"、"理"等生命功能。然而中医学中禀赋概念尚待研究，应用现代诠释学的原则与方法做初步的探讨，具有一定的现实意义。

1. 禀赋以遗传信息为主

禀赋之源便是生命之源，生命之源来自父母之精，《素问·金匮真言论》曰："夫精者，生之本也。"《灵枢·本神》篇说："生之来，谓之精。"《灵枢·决气》篇也说："两神相搏，合而成形，常先身生，是谓精。"可见禀赋受于父母，在未生之前，亦即是先天。既生之后的生长发育，则为后天。先天与后天共同构筑机体，影响人的生老病死。至于父母之精是什么样的物质？有称"元气"者，如清·徐灵胎《医学源流论》曰："当其受生之时，已有定分焉。所谓定分者，元气也。视之不见，求之不得，附于气血之内，宰乎气血之先。其形成之时，已有定数。"

当今研究资料表明，父母之精承载着遗传信息，遗传信息的物质基础是染色体和基因，并且只有起源于染色体和基因的变异才能遗传，单纯由环境条件所直接引起的变异则不能遗传。遗传是人们观察到的由亲代将其特征传给子代的一种现象，且表现为垂直传递。现代遗传学提出一个人从他的双亲那里继承下来的全部物质及遗传信息都包含在卵子和精子里面。人类一切遗传性状都是在遗传信息的控制下，在发育过程中，于环境的影响下从受精卵开始直到死亡，经过一系列的演变而形成的。现在证明生殖细胞中的染色体载负着遗传信息。染色体是细胞核里的"线性"结构，并载有直线排列能自我复制的基因，因而有储存和传递遗传信息及控制细胞分化发育的作用。基因的化学本质是具有一定功能的一段 DNA（脱氧核糖核酸）序列，其生物学本质就是遗传信息的基本单位，其功能就是决定性状。所以，遗传信息即是受孕以前精子和卵子所携带的信息，遗传信息的传递是时空流、信息流、物质流的结合。

对于万物化生的原理和规律，中国古代《周易》有"一阴一阳之谓道"的著名论断。周敦颐《太极图说》记述："无极而太极，太极动而生阳，动极而静；静而生阴，静极复动。一动一静，互为其根，分阴分阳，两仪立焉。阳变阴合，而生水火木金土，五气顺布，四时行焉。五行一阴阳也，阴阳一太极也。太极本无极也，五行之生也，各一其性。无极之真，二五之精，妙合而凝……二气交感，化生万物。万物生生，而变化无穷焉。惟人也，得其秀而最灵，形既生矣。"由无极至太极，至两仪，至五行四时，至化生万物，这不仅是对整体生命起源演化的推衍，也是对个体生命孕育生成的阐释。继承先贤学说与现代遗传学原理链接，对生命科学研究具有重要的指导意义。

遗传密码的破译，中心法则的确定，蛋白质和核酸的人工合成，是近代分子遗传学发展的三大成就。研究表明，DNA、RNA（核糖核酸）的复制、转录、翻译和表达有一套严密的信息编码排序原则和体系，决定着遗传信息的传递。中国古代的贤哲用阴阳五行、太极从宏观的角度揭示了遗传的本质和规律，与现代遗传学微观的细胞、分子、基因学说看似相距遥远，但二者都是对生命现象的探索，将宏观与微观研究逆向对接，双方是可以互为借鉴的。有学者用《易经》六十四卦圆图说明生物遗传的三联体六十四密码排列。认为在中医学中，六十四卦图是最早的人体结构与生理功能模型，是自然界大宇宙和人身小宇宙间，物质流、信息流、能量流相互交流、循环、转化的系统理论模型，还是一副用严密数理逻辑语言和遗传密码的生命语言描绘书写出来的美丽画卷[1]。

任继学教授曾指出：禀赋内植"其精甚真，其中有信"，参和阴阳水火生克之调，"水火木金土之序"以及五行生克即易中消息之能，可知禀赋是生命在时间上和空间上形成调控—排序—编码—信息—表达，而表达于内外者即是象，象是宏观与微观皆可见的，如气血、脏腑、津液等[2]。可见开展对禀赋的深入研究，针对禀赋特征与基因表达的内在联系，则是探索人类生命奥秘的重大课题。

2. 禀赋与胎传信息相关

胎传信息是指受孕以后至出生期间胎儿所获得的信息，因其在出生以前已赋予胎儿，并大多将在胎儿出生后伴随其生长发育于一生，所以归属于先天禀赋。胎传信息由母体传给胎儿，但不会再向下一代遗传，所以具有类似传染病水平传递的某些特点。

孕妇及其生存的生态环境是胎传信息的来源，所以母体的内外环境因素对于胎儿先天禀赋的形成具有重要影响。身心健康的母亲加上和谐的生态环境能够赋予子代良好的胎传信息。明《幼科类萃·论小儿受胎禀赋厚薄不同》云："大抵禀赋得中道为纯粹，阴阳得所，刚柔兼济，气血相和，百脉相顺，精备神全，脏腑充实，形体壮健。其未周之时，颅囟坚合，睛黑神清，口方背厚，骨粗臂满，脐深肚软，茎小卵大，齿细发润，声洪稳睡，此皆受胎气之得中和者也。"反之，孕妇身体虚弱或身心有疾则会向胎儿传递不良信息，甚至导致各种疾病的产生。陈复正《幼幼集成》云："如禀肺气为皮毛，肺气不足，则皮薄怯寒，毛发不生；禀心气为血脉，心气不足，则血不华色，面无光彩；禀脾气为肉，脾气不足，则肌肉不生，手足如削；禀肝气为筋，肝气不足，则筋不束骨，机关不利；禀肾气为骨，肾气不足，则骨节软弱，久不能行。此皆胎禀之病。"《景岳全书·小儿则》也有论述："如母多火者，子必有火病；母多寒者，子必有寒病；母之脾肾不足者，子亦如之。凡骨软行迟、齿迟语迟、囟门开大、疳热脾泄之类，多有由于母气者。"该类病症中医称之为"五迟"、"五软"、"五硬"、"胎怯"、"胎毒"等。西医学也发现孕妇在头3个月感染风疹病毒、巨细胞病毒、弓形虫或接触致畸物质则可能导致胎儿先天性心脏病、先天性白内障等各种先天畸形或出生缺陷等。

关于孕母心理情绪变化对胎儿禀赋的影响，明·万全《妇人秘科》曰："受胎之后，喜怒哀乐，莫敢不慎。盖过喜则伤心而气散，怒则伤肝而气上，思则伤脾而气郁，忧则伤肺而气结，恐则伤肾而气下，母气既伤，子气应之，未有不伤者也。其母伤则胎易堕，其子伤则脏气不和，病斯多矣。盲聋喑哑，痴呆癫痫，皆禀受不正之故也。"《素问·奇病论》亦曰："人生而有病颠疾者，病名曰何？安所得之？岐伯曰：病名为胎病，此得之在母腹中时，其母有所大惊，气上而不下，精气并居，故令子发为颠疾也。"

3. 结语

总之，禀赋概念源远流长，论述纷繁，但对其实质研究还缺乏深度。笔者认为，从现代生物学和遗传学的角度来认识，中医禀赋的概念当有狭义和广义之分，狭义的禀赋即遗传信息，广义的禀赋则指所有从先天获得的信息，包括遗传信息和胎传信息。在中医学中，应用更多的是禀赋的广义概念。遗传信息的表达有其物质基础，即染色体和基因，胎传信息的表达则是由胎孕期间各种内外环境因素造成的。所以，禀赋的概念可否厘定为：禀赋是个体在先天遗传的基础上及胎孕期间内外环境的影响下，所表现出的形态结构、生理功能、心理状态和代谢方面综合的、相对稳定的特征。其形成于出生之前，但受后天环境影响。

21 世纪人类正力求在遗传基因的层面认识生命，并且已从基因组时代、后基因组时代、蛋白质组学时代步入系统生物学与分子生物学相结合的生物信息学时代，然而这对于生命的认识还只是冰山一角。生命信息的获得除与遗传信息有关外，还与禀赋不足、气血不充、营养、情绪、生活方式、地域、气候等各种内外环境因素所造成的胎传信息密不可分，而这可能是中医禀赋学说的优势所在。

禀赋学说是中医学理论的重要组成部分，充分认识其本质含义，并进一步从生理、病理、诊断、治疗等各个层面深入研究禀赋和人体健康与疾病的关联，关注生殖健康、母婴保健，预防出生缺陷、远离遗传性疾病，还有既病防变，重视后天调养。总之，完善中医禀赋学说框架，复习古代医家关于禀赋的论述，联系当今科研成果，运用现代诠释学的原则与方法，从中医基础理论层面继承与创新，对于探索人类的生命奥秘和有效指导临床实践具有一定的理论意义和重大的实用价值。

参考文献：

[1] 杨力 . 周易与中医学 . 第 3 版 . 北京：北京科学技术出版社，2005：1235.

[2] 任继学 . 任继学经验集 . 北京：人民卫生出版社，2000：344.

（收稿日期 2006-08-08）

附录 9

《天津中医药》2006 年 12 月第 23 卷第 6 期

禀赋生理心理特征及影响因素

刘向哲，王永炎

（中国中医科学院，北京 100700）

摘要：禀赋具有先天性、个体性、地域性、种族性和可调性，先天性是其最根本的特征。禀赋特征都是遗传和环境条件互相作用的最后产物。遗传和环境条件任何一方面发生变化都可能导致某种禀赋特征的变异。环境包括孕妇体内的小环境和体外的大生态环境。在生物 - 心理 - 社会新的医学模式下，环境因素也包括社会环境和心境。

关键词：禀赋特征；遗传；环境

中图分类号：R223　文献标识码：A　文章编号：1672-1519（2006）06-0450-04

禀赋是个体在先天遗传的基础上及胎孕期间内外环境的影响下，所表现出的形态结构、生理功能、心理状态和代谢方面综合的、相对稳定的特征，形成于出生之前，受后天环境影响。现分析如下。

1. 禀赋的生理心理特征

1.1 先天性

个体禀赋受各种环境因素影响，但其先天性仍然起主导作用。万全《幼科发挥》云："夫男女之生，受气于父，成形于母，故父母强者，生子亦强，父母弱者，生子亦弱，所以肥瘦、长短、大小、妍媸，皆有父母也。"可见，父母对于子代具有决定性的影响，男女媾精之初，子代即接受了父母双方的遗传信息。禀赋的先天性，不仅表现在其决定体质之强弱，心理之勇怯，还表现在其决定生命之寿夭。对此《景岳全书·先天后无论》曰："故以人之禀赋言，则先天强厚者多寿，先天薄弱者多夭。"

禀赋是某些先天疾病的决定因素，万全《妇人秘科》曰："盲聋音哑，痴呆癫痫，皆禀受不正之故也。"先天之精充盈，则禀赋足而周全，出生之后体质强壮而少偏颇；先天之精不足，禀赋虚弱，可使小儿生长发育障碍，影响身体素质和心理素质的发展。

1.2 个体性

遗传信息和胎传信息（受孕以后至出生期间胎儿由内外环境因素所获得的信息称为胎传信息）的差别使得世界上没有任何两个人是完全相同的。正如《灵枢·寿夭刚柔》篇所说："人之生也，有刚有柔，有弱有强，有短有长，有阴有阳。"

禀赋的差异直接关系到对邪气的易感性及治疗方法的不同。徐灵胎在《医学源流论》指出："天下有同此一病，而治此则效，治彼则不效，反而有大害者，何也？则以病同而人异也，夫七情六淫之感不殊，而感受之人各殊，或气体有强弱，质性有阴阳，生长有南北，性情有刚柔，筋骨有坚脆……一概施治，则病情虽中，而于人之气体迥于相反，则利害亦相反矣。"可见中医治病，不仅要辨证，还要分辨禀赋差异。实际上证候与禀赋是有联系的，正是禀赋的差异导致了感邪后证候的不同。辨证与分辨禀赋相结合，充分体现了中医个体化整体诊疗思想。

基因是细胞内遗传物质的功能单位，是代表决定某种蛋白质分子结构的相应的一段脱氧核糖核酸（DNA），即由一定的核苷酸（主要是其中的碱基成分）按特定顺序排列而成。一定结构的 DNA，便产生一定结构的蛋白质，由此产生一定的形态结构与生理特征。由 4 种碱基排列方式所决定的无穷无尽的形态结构与心理特征，使世界上没有两种生物的 DNA 会有完全相同的碱基排列次序，也没有两个人的 DNA 会有完全相同的碱基排列次序。这就是人与人之间个体差异的遗传学根据[1]。

1.3 地域性

人的禀赋因地域不同而具有明显差别，这是人类长期

进化的结果，也是为适应不同地域的生存条件而自我优化的结果。中医学认为世界是物质的，生命是自然界发展到一定阶段的必然产物。《素问·至真要大论》曰："天地合气，六节分而万物化生矣。""万物"当然包括人在内，这是对生命朴素的唯物主义认识。人生之后，其生命之气与自然界是相互通应的，这种通应关系，使不同的地域和气候给禀赋打上了迥异的烙印。

《素问·异法方宜论》说："东方之域，天地之所始生也……其民皆黑色疏理，其病皆为痈疡……西方者，金玉之域，其民华食而脂肥，其病生于内……北方者，天地所闭藏之域也，其民乐野处而乳食，藏寒生满病……南方者，天地所长养，其民皆致理而赤色，其病挛痹……中央者，其地平以湿，其民食杂而不劳，故其病多痿厥寒热。"徐灵胎在《医学源流论·五方异治论》明确地指出："人禀天地之气以生，故其气体随地不同。西北之人气深而厚……东南之人气浮而薄……若中州之卑湿，山峡之高燥，皆当随地制宜。故入其境，必问水土风俗而细调之。"不同地域的居民禀赋不同，因此在诊断和治疗上都应"因地制宜"。不过，正因为禀赋具有明显的地域性，也使得群体预防和群体治疗成为可能。

1.4 种族性

不同的人种、不同的民族其禀赋是不一样的，甚至不同家族间其禀赋也有区别，其区别缘于先天遗传与环境条件共同作用的结果。人种是一些具有不同基因库的群体，基因库不同，则其性状各异。其差异表现（表型）很多，如身高、肤色、发色、眼色、发型、头型以及唇和鼻的形状。

某些疾病与种族禀赋有密切关系，有资料表明，肿瘤的发病率有种族差异，不同人种有不同的好发肿瘤。例如，白种人患白血病比其他民族多，黑人中多发性骨髓瘤较白人多见，日本人患松果体瘤比其他民族高 11～12 倍，非洲撒哈拉大沙漠以南地区和亚洲东南部的马来西亚、印度尼西亚、菲律宾、新加坡的肝癌较多，中国人鼻咽癌发病率居世界各民族首位，并且世界各地的中国移民发病率比其他人种发病率高十几倍至几十倍[2]。另外，如果基因库中某个基因发生变异，则可能导致某种遗传疾病的发生，这种遗传病具有家族性。19 世纪英国维多利亚女王家庭是一个著名的血友病家庭。在女王的后裔中，血友病患非常普遍，并通过携带致病基因的女儿的联姻，将血友病传给了欧洲的一些贵族而产生了一系列的血友病患者和血友病基因携带者。对于一个家族来说，这是一个大的灾难。

1.5 可调性

禀赋与先天因素密切相关，但既生之后，年龄、营养、七情、房劳、疾病、生活习惯、地域气候等内外环境因素都能对个体禀赋产生一定影响。《景岳全书·传忠录》曰："其

有以一人之禀而先后之不同者，如以素禀阳刚而持强无畏，纵嗜寒凉及其久也，而阳气受伤，则阳变为阴矣。或以阴柔而素耽辛热，久之则阴日以涸而阴变为阳矣……故日久而增气，物化之常也。气增而久，夭之由也。"

所以，强调禀赋的先天性，并不否认后天调养对禀赋的作用，即禀赋具有可调性。禀赋的可调性使得调整禀赋、养生增寿、防病治病成为可能。张介宾《类经》明确指出："人之气数，固有定期，而长短不齐者，有出于禀受，有因于人为。"继之，在《景岳全书·先天后天论》中曰："人生于地，悬命于天，此人之制命于天也。栽者培之，倾者覆之，此天之制命于人也。天本无二，而以此观之，则有天之天者，谓生我之天，生于无而由乎天也；有人之天者，谓成我之天，成于有而由乎我也。生者在前，成者在后，而先天后天之义，于斯见矣……后天培养者，寿者更寿，后天斫削者，夭者更夭。"此段论述对先天与后天的关系分析得非常清楚。

2. 禀赋的影响因素

禀赋形成于出生之前，但受后天环境影响。人体禀受的全部性状或称禀赋特征都是遗传和环境条件互相作用的最后产物。遗传和环境条件任何一方面发生变化都可能导致某种禀赋特征的变异。

2.1 遗传因素

禀赋具有先天性，"以母为基、以父为楯"，所以父母基质是子代禀赋的决定因素，并且尤其强调"精"在生命遗传中的作用。例如，《素问·金匮真言论》曰："夫精者，生之本也。"那么，父母基质、父母之精是什么样的物质？今天已非常清楚，遗传信息的物质基础是染色体和基因。对此，古代医家有自己的认识，并称其为"元气"、"气"。清·徐灵胎在《医学源流论》云："当其受生之时，已有定分焉。所谓定分者，元气也。视之不见，求之不得，附于气血之内，宰乎气血之先。其形成之时，已有定数。"

正是认识到了父母基质对于子代禀赋具有重要影响，所以历代医家对"基质"的盛衰及其影响因素非常重视。认为男女的婚龄、体质、交合时的气候、情绪、嗜酒与否等都与其基质有重要关系，进而影响子代的禀赋。《医宗金鉴》指出："精通必待三十娶，天癸二十始适人，皆欲阴阳充实后，育子坚壮寿偏增。"张介宾强调指出，男女交合时的气候、情绪很重要："然惟天日晴明，光风霁月，时合气爽及情思清宁，精神闲裕之况……非惟少疾，而且聪慧贤明，胎元禀赋实基于此。"

饮酒对父母之精影响严重，好多禀赋异常之病都与父母嗜酒有关。《玉房秘诀》第三忌曰："新饮酒饱食谷气未行，以合阴阳腹中鼓享小便白浊，以是生子，子必癫狂。"《医

心方》亦指出："醉饱之子，必为病癫疝痔有疮。"

2.2 环境因素

受孕之后至出生之前影响胎儿生长发育的环境因素，可以分为孕妇体内的小环境和体外的大生态环境。当然，两者是有联系的，外部大环境通过母体起作用。

2.2.1 母体环境

受孕之后，怀胎十月，胎儿在母体内发育生长，对于胎儿来说，母体就是其生活的小环境。孕妇的饮食起居、身体状态、心理情绪、思想欲念都能对胎儿的禀赋造成影响，正如《幼幼集成·护胎》曰："胎成之后，阳精之凝，尤仗阴气护养。故胎婴在腹，与母同呼吸，共安危，而母之饥饱劳逸、喜怒忧惊、食饮寒温、起居慎肆，莫不相为休戚。"朱震亨《格致余论》亦曰："儿之在胎，与母同体，得热则俱热，得寒则俱寒，病则俱病，安则俱安。母之饮食起居，尤当慎密。"

胎毒，是指由于孕母饮食、起居调摄失宜，或情志不畅等，使体内热盛，传于胎儿，引起胎黄、鹅口疮等疮疔痘疹之类的病症。例如，胎黄又称胎疸，多指新生儿病理性黄疸，以小儿出生后全身皮肤、巩膜发黄为特征。《诸病源候论·胎疸候》指出："小儿在胎，其母脏气有热，熏蒸于胎，至生下小儿体皆黄，谓之胎疸也。"胎弱，又称胎怯，是指小儿先天禀赋不足，出生后体质虚弱，气血阴阳不足。表现为皮肤脆薄，毛发不生，形寒肢冷，面黄肌瘦，筋骨不利，腰膝酸软等，可见"五迟"、"五软"、"五硬"、胎寒、解颅等。

关于孕母心理情绪变化对胎儿禀赋的影响，万全在《妇人秘科》曰："受胎之后，喜怒哀乐，莫敢不慎。盖过喜则伤心而气散，怒则伤肝而气上，思则伤脾而气郁，忧则伤肺而气结，恐则伤肾而气下，母气既伤，子气应之，未有不伤者也。"对于癫疾的形成原因，早在《内经》就有记载，《素问·奇病论》曰："人生而有病癫疾者，病名曰何？安所得之？岐伯曰：病名为胎病，此得之在母腹中时，其母有所大惊，气上而不下，精气并居，故令子发为癫疾也。"

同时一些西医学认识到的母婴垂直传播疾病，如艾滋病、肝炎等均能对胎儿的禀赋造成恶劣影响。

2.2.2 生态环境

孕妇体外的生态环境也是影响胎儿禀赋的重要因素。环境中的有害因素主要包括：物理因素、化学因素、生物因素和药物因素等。例如，电离辐射、噪声、重金属、有机化合物、病毒及细菌感染、抗肿瘤药物、某些抗生素、激素等均会影响胎儿器官的正常发育，诱发畸形，严重时还会引起流产、早产、死胎等。

古代医家对于影响禀赋的生态环境也有认识，《幼幼

集成》曰："然天地之气化有古今，斯赋禀由之分厚薄。上古元气浑庞，太和洋溢，八风正而寒暑调，六气匀而雨晴若，人情敦茂，物类昌明，当是之时，有情无情悉归于厚，非物之厚，由气厚也；及开辟既久，人物繁殖，发泄过伤，攘窃天元，雕残太朴，世风渐下，人性浇漓，故水旱有不时之扰，流灾有比户之侵，生物不蓄，民用目促，值此之际，有知无如咸归于薄，非物之薄，由气薄也……然则今之受气于父母者，其不能不薄也可知矣。"

可见"古今天地之气化不同"导致了禀赋之厚薄不同，所以构建和谐健康的生态环境对人类禀赋的良性发展是有长远意义。

总之，禀赋具有先天性、个体性、地域性、种族性和可调性，先天性是其最根本的特征。其各个特征之间是有联系的，并且均受后天影响。禀赋的影响因素很多，遗传和环境是影响禀赋的主要因素，环境包括孕妇体内的小环境和体外的大生态环境。在生物 - 心理 - 社会新的医学模式下，环境因素当然也包括社会环境和心境。只有充分认识禀赋的生理心理特征及其影响因素，才能一方面远离病因，健康生活。另一方面制定个体化干预措施，避免出生缺陷，使人类禀赋朝向健康方向优化发展。

参考文献：

[1] 匡调元. 人体体质学 - 中医学个性化诊疗原理 [M]. 上海：上海科学技术出版社，2003：32-40.
[2] 陈迪，李晓文，程晓丽. 医学遗传学 [M]. 北京：中国人口出版社，1999：163-169.

（收稿日期：2006-06-30）

附
录
10

《继续医学教育》2006 年第 20 卷第 19 期

组分配伍研制现代中药的理论和方法

Theories and Methods Used in the Research of Modern Chinese Medicine by Drug Combination

张伯礼　王永炎　商洪才
ZHANG Boli WANG Yongyan SHANG Hongcai
（天津中医药大学第一附属医院，天津 300193）

方剂是中医临床应用的基本形式，通过合理配伍提高了临床疗效，几千年来对人类健康发挥了积极作用。方剂是一个复杂体系，传统方剂多为饮片配伍，其成分繁杂，质量难以控制，疗效机理很难说清。同时，方剂作用的人体也是一个复杂系统，面对双重复杂系统，必须在复杂性科学理论的指导下，将复杂系统中非线性规律部分降阶、降维为线性规律去研究，而多个线性规律的综合有助于对复杂系统的认识[1]。因此，研究必须遵循"复杂—简单—复杂"的原则，借鉴现代药学的研究方法，发挥中医药理论优势，保持中药方剂的配伍特点，研制创新中药。在国家重点基础研究项目（ "973"）《方剂关键科学问题的基础研究》中，创建了基于组效关系的组分配伍研制现代中药的理论模式和相关技术体系，为现代中药的发现与设计开拓了思路和途径。现简要介绍如下。

1. 组分配伍理论的形成

组分配伍是以中医学理论为基础，以复杂性科学思想为指导，以临床有效的名优中药二次开发为切入点，遵循传统方剂的配伍理论与原则，在基本搞清方剂药效物质和作用机理的基础上，以组效关系为基础，优化设计，针对临床适应病证，筛选有效的中药处方。组分配伍理论的内涵为方剂的潜能蕴藏于整合之中，不同组分配伍产生不同的效应，重新整合朝向多模式组方。针对全息病证，解读多组分与多靶位的相关性。组分配伍配比优化设计可融整合调节、对抗补充于一体，启动自组织、自稳态的整体功能，求得方剂和谐自然的整合效应[2]。

2. 组分配伍中药的特征

针对特定的病证，安全有效、质量可控是组分配伍中药所追求的主要目标[3]，作为组分中药，应该具备如下特征：①按照中医理论配伍组方；②临床适应病证明确且有较强针对性；③新方的物质基础及作用机理相对清楚；④药物质量稳定、可控，适于产业化推广。

3. 组分中药研制的基本条件

研制组分配伍配比的现代中药一般应该具备以下基本条件：①确有疗效由饮片组方的名优中成药；②有效组分基本清楚，化学提取分离技术成熟；③作用机理相对清楚，活性评价有较公认标准。

4. 组分配伍中药的研制方法

组分配伍中药的研制大致分成以下 5 个步骤。

4.1 标准组分的提取分离

4.1.1 总体策略

总体策略是建立标准组分库及其分离技术平台。具体讲是，利用标准化、规范化的工艺流程，综合运用多种现代分离技术并将其有机结合，搭建相关技术平台。快速、高效、系统、重复地提供大量中药组分，最大限度地避免中药提取过程中的盲目性，提高收率和效率，努力实现样品的积累、信息的共享和中药研究的可比性。

4.1.2 方法步骤

中药标准组分提取分离平台主要由三个子系统构成：标准溶剂提取子系统、大规模工业色谱分离制备子系统及信息管理子系统。中药标准组分的获取按照下列步骤进行：首先利用提取子系统从中药材或饮片中提取不同极性或不同类别化学成分群标准提取物，然后再利用分离制备子系统的大规模工业色谱技术将标准提取物精细分离得到所需标准组分并建立标准组分库。信息管理子系统则贯穿整个

生产制备过程中，既提供数据管理维护功能，对生产全过程进行质量跟踪控制，同时以化学计量学方法对标准组分的化学和生物信息进行关联与分析，挖掘中医药的内在科学规律。

4.2 活性评价

组分提取分离后，如何进行各组分效应的比较和筛选是关键问题。主要采用拟治疗病证的相对特异性模型和指标，以整体、器官药理水平的评价技术对其进行活性评价，必要时结合细胞和分子药理实验，阐明组效关系。

4.3 组分配伍配比的优化

如何获得各有效组分在某种效应上的最佳组合是组分中药研制过程中至关重要的一步。针对临床适应病证，对中药有效组分进行配伍、配比两个层次的优化设计，以筛选较优的配伍配比。

具体建立了 4 种配伍配比的优选设计方法，即因果关系发现设计、基线等比增减设计、极性分段筛选设计、药队协同效应设计。4 种方法各有其适用范围，分述如下。

4.3.1 因果关系发现设计[4]

首先将复方分离获取若干组分，并研究各组分的化学组成；然后根据试验设计要求，将分离所得各组分重新配伍组合，获取系列样本，并选择代表主要效应的药效指标开展药效学试验，得到以各组分配伍量为自变量、药效活性为因变量的数据集；最后利用基于因果关系发现的 STEP-CARD 算法，辨识关键药效组分并研制现代中药。克服了以往中药有效组分筛选通常采用活性追踪方法，难以考察各组分配伍的协同作用，往往出现分离得到的化合物越纯其活性越低的缺点。

在气血并治方的研究中采用这种方法，对获得的气血并治方的 A、B、C、D、E、F 六个部位，采用 L24（64）均匀设计（4 水平）表进行配伍，得到 32 个样本；利用大鼠高脂血瘀模型，以配伍得到的混合物进行药效试验，从血脂水平、血小板黏附聚集、白细胞黏附因子、内皮素（ET）、血栓素与 6- 酮 - 前列腺素 F1a（TXB2、6-Keto-PGF1a）、炎症介质因子等方面，比较观察 32 个样本干预 AS 的药效作用，并与全方进行药效学比较。然后利用基于逐步条件相关性分析的因果关系发现算法（STEP-CARD）处理不同部位配伍与药效活性的相关性数据集，辨析药效与化学组分之间的关系。结果表明，血脂途径上多个药效指标与 D、E 部位相关，而炎症指标与 F 部位相关。通过计算辨识发现的气血并治方有效部位与 D、E、F 确实能够代表原方抗 AS 的药效。

4.3.2 基线等比增减设计[5]

基线等比增减设计是适用于中药小复方配比优化筛

选的设计，其特征是组效关系明确的 A、B 两组或两种药物组分，在总量恒定的前提下，以药典记载的配比为基线，其间 A 药含量以 10%～30% 递减，B 药含量以 10%～30% 递增；或者 B 药含量以 10%～30% 递减，A 药含量以 10%～30% 递增向两侧扩展，最后扩大到极点，两侧极点分别为单纯 A 药和单纯 B 药；以主要效应和次要效应为评价指标，强化主效应，兼顾次效应；采用整体模型，结合离体器官、细胞实验结果，采用综合信息处理方法，进行多指标优化和多维时间序列分析，确定药物之间的最佳配伍配比范围。

采用这种方法，对丹参／三七的有效组分按以下比例：10/0、10/1、10/3、10/6、10/10、1/10、0/10 进行了多效应的药效学比较研究，结果表明：丹参的水溶性组分作用靶点侧重于血管，其扩张冠脉的效应强，而三七总皂苷的作用靶点侧重于心肌，其对缺氧心肌的保护作用强，且丹参／三七有效组分伍用与单用的效应明显不同，明确改善心肌缺血为主效应时，丹参三七有效组分相伍的最佳比例是 10/3～10/6。

4.3.3　极性分段筛选设计 [6]

采用 HPLC/DAD/MS/MS 方法比较全方与单味药及组分的指纹图谱，对每一个物质按照响应值分类，并归纳物质的极性归属，按一定工艺制成各极性段并按功效组成不同配比的系列制剂。选择所治病证主效应、兼顾次效应进行整体评价的一种筛选方法。适用于药物极性有明显差别的复方组分的筛选。

通过对清开灵原方的研究，已经形成 3 个具有新药前景的组分新方。

4.3.4　药队协同效应设计

方剂药队间存在相互增强和制约等多种协同方式；配伍的差异不仅表现在药效动力学方面，也表现在药代动力学方面。两者的作用不是简单加减，而是整合后的综合效应。

以六味地黄方对神经、内分泌或免疫功能的主要药效或主靶点为观测指标，根据"三补三泻"的组方原则进行拆方，将全方分为"三补"和"三泻"两个药队，分别从神经突触的可塑性、HPG 轴平衡和免疫功能三个方面进行了配伍原理的探索，并与全方的作用进行了比较，同时也从六味地黄汤吸收动力学的角度对拆方进行了初步研究 [7,8]。

4.4　多目标优化和信息综合处理 [9]

在中药组分配伍配比优选研究的多目标系统中，由于不同药物组分组合对指标的影响往往不是一致的，甚至会产生相反的影响。因此，在中药组分配伍研究中，应寻找在对某些关键指标不能太坏的条件下使得目标更优的可行解，并且根据不同药物组分组合的药效综合评价结果对其进行比较，选出最优的组分配伍处方。

4.5　组分中药的机理阐明

得到药效确切的组分中药后，需要进一步深化研究，阐明其治疗疾病的机理，以便更好地应用于临床。仍以新复方丹参方为例，分子层次机理研究的结果显示：配伍的机制主要是通过增强缺血后血色素生物合成、能量代谢中质子运转、脂肪酸代谢及线粒体脂肪酸的 β 氧化类以及糖代谢通路中各种酶和底物基因表达，提高缺血心肌的能量供应；通过提高抗氧化基因表达减轻氧自由基损伤；抑制细胞黏附分子、细胞因子、免疫递呈相关基因表达等减轻免疫增敏的炎性反应；上调编码心肌收缩的蛋白基因表达，增强心肌收缩力；下调细胞外基质金属蛋白酶及胶原表达，影响左室的重构；抑制凋亡通路中的蛋白激酶基因表达；增强钾通道基因表达。丹参和三七有效组分及其配伍，作用途径、靶位及强度均不相同，较好的配伍配比可以融上述作用为一体，整合调节，最大程度地发挥心脏保护作用。

5. 展望

近年来，国外植物药大量进入中国市场，同时筑高技术壁垒，阻止中成药出口，对我国中药产业形成严峻挑战。严峻的挑战和巨大的机会往往同时出现。面对挑战，我们项目组提出组分配伍的理论和模式，建立和完善了中药组分研究的现代技术体系，突破了既往以临床经验、饮片组方研制中药的传统思维，开拓了基于组效关系、组分配伍优化设计现代中药的新模式。按照该模式创建的一批新型中药即将问世，成为中药现代化的一个标志性成果，产生重要而广泛的效益。

参考文献：

[1] 张伯礼，王永炎 . 方剂关键科学问题的基础研究——以组分配伍研制现代中药 [J]. 中国天然药物，2005，3（5）：258-261.

[2] 于友华，王永炎 . 论方剂"整体综合调节"的作用方式 [J]. 中国中药杂志，2003，28（4）：289-291.

[3] 王阶，郭丽丽，王永炎 . 中药方剂有效成（组）分配伍研究 [J]. 中国中药杂志，2006，31（1）：5-9.

[4] 王毅，程翼宇 . 中药组效关系辨识方法学与计算理论研究思路与策略 [J]. 中国天然药物，2003，1（3）：178-180.

[5] 商洪才，张伯礼，王永炎，等 . 一种适用于中药小复方配比优选设计方法的建立 [J]. 中国实验方剂学杂志，2003，9（3）：1-3.

[6] 李传云，潘彦舒，贾旭，等 . 黄芩栀子配伍对大鼠局灶性脑缺血再灌注模型缺血级联反应的影响 [J]. 北京中医药大学学报，2002，25（6）：31-33.

[7] 马渊，周文霞，程军平，等 . 六味地黄汤对快速老化模型小鼠下丘脑 - 垂体 - 卵巢轴的调节作用及机理研究 [J]. 中国中西医结合杂志，2004，24（4）：325-330.

[8] 张永祥，赵毅民 . 六味地黄汤现代药理学与化学研究 [M]. 北京：科学出版社，2006：1.

[9] 商洪才，李梢，高秀梅，等 . 丹参、三七不同配比的多目标模糊优化研究 [J]. 北京中医药大学学报，2003，26（4）：28-31.

（收稿日期：2006-02-20）

2007 年图 1　2007 年的王永炎先生

2007 年图 2　在人大会议上发言（左 1 王永炎）

5 月，与中国中医科学院曹洪欣院长一起，给人事部全国博士后管理委员会写报告，建议为加强学术传承设中医传承博士后工作站。

2007 年图 3　《北京晚报》发布的人大会议场景（左 1 王永炎）

2007 年图 4　国家自然科学基金重大研究计划评审专家合影（前排右 4 王永炎）

6 月，由全国人大教科文卫委员会组织调研组，任组长，对中药饮片与制剂进行市场执法调研，并形成考察报告，呈报药监局。

同月，组织设计国家高技术研究发展计划（863 计划）项目"缺血性中风早期康复及避免复发中医康复方案研究"。

2007 年图 5 《中医脑病学》封面页书影

2007 年图 6 《中医脑病学》版权页书影

7月，中国科学技术协会常务委员任满两届10年卸任，被聘为顾问委员。此月，学生张占军博士获得2007年全国优秀博士学位论文奖，因获教育部、国务院学位委员会颁发的全国优秀博士学位论文指导教师奖。

8月，被聘为"十一五"国务院"重大新药创制"专项主体组成员，组织了大品种培育二次开发研究专题的策划与审评立项工作。

同月，主编《中医脑病学》，由人民卫生出版社出版。

9月，夫人杨宝琴教授退休，并辞去全国与北京针灸学会副会长兼职。

11月，中医内科学分会举行学术年会暨换届大会，孙塑伦接任主任委员。自1987年至此年，先生已经连任三届主任委员，对中医内科分会的工作，付出了辛劳与智慧。

2007 年图 7 中医内科学会换届大会新老主任委员交接（左2 王永炎）

2007 年图 8 中国医疗保险研究会第一届顾问聘书

此年，任中国医疗保险研究会第一届顾问。

除了继续此前的研究领域，开展中医药疗效评价的研究。论文《气血并治方组分配伍防治载脂蛋白 E 基因敲除小鼠早期动脉粥样硬化的实验研究》发表于《中西医结合学报》第1期，《再议完善辨证方法体系的几个问题》发表于《天津中医药》第1期，《中医临床疗效的综合评价》发表于《福建中医药》第2期，《证候是什么？》发表于《中国中医基础医学杂志》第5期，《建立中医药技术标准体系的迫切性》发表于《中医杂志》第 6 期，《通腑法在中风病防治中的应用》发表于《中国中医基础医学杂志》第 12 期。另外，还为张志斌著《中国古代疫病流行年表》作序，此书同年 9 月由福建科学技术出版社出版。为《新编中药志》（第 5 卷）撰写书评，刊登在《中国中药杂志》第 9 期。

此年中国中医科学院传承博士后科研工作站的建立，是曹洪欣教授任院长期间为中医药事业、学科发展所采取的一项创举。有鉴于中医学科人才成长规律，深厚的临床功底常是创新的前提条件，合作导师集多年寓理论于临床所形成的学术思想，又亟待系统化的梳理升华，成为创新成果。传承博士后是弥补纠正"中医博士创新能力不足"的一种值得探索的新途径。

此年，全国人大科教文卫委员会组织对中药饮片与制剂进行市场执法调研，邀聘翟胜利主任药师参加，先生组队赴广东普宁、安徽亳州等药市。调查发现假药不多，而不合规格的次品不少。中成药上市后安全性再评价亟须补课，有关安全性的项目缺如者太多，尚待研究。例如，中成药上市需要有法定说明书，明确药物使用的副作用、禁忌症、注意事项。尤其是中药注射液质量标准亟待提高，必须做二次科研再开发。

汇总调查结果与解决意见，考察报告呈送药监局后，得到充分重视，国务院"十一五""重大新药创制"专项，组织了大品种培育二次开发研究专题，取得良好效果。带领中国中医科学院中医临床基础医学研究所科研人员，从顶层指导"中药上市后再评价关键技术研究"项目的设计。并联合全国各中药生产及研究机构，合作开展"863"项目"缺血性中风早期康复及避免复发中医康复方案研究"的工作。

附录 1

《中西医结合学报》2007 年 1 月第 5 卷第 1 期

气血并治方组分配伍防治载脂蛋白 E 基因敲除
小鼠早期动脉粥样硬化的实验研究

董国菊[1]，刘剑刚[1]，史大卓[1]，王永炎[2]，栾连军[3]，程翼宇[3]

（1. 中国中医科学院西苑医院心血管科，北京 100091；2. 中国中医科学院，北京 100091；3. 浙江大学药学院中药科学与工程学系，杭州 310027）

摘要：目的。观察气血并治方水提取物组分配伍（以下简称气血并治方）防治载脂蛋白 E 基因敲除（apolipoprotein E-deficient，ApoE⁻）小鼠早期（19 周龄）动脉粥样硬化不稳定斑块形成的作用。

方法。40 只 6 周龄的 ApoE⁻ 小鼠，给予高脂饮食。随机分为 4 组：气血并治方高剂量治疗组（360mg/kg）、气血并治方低剂量治疗组（72mg/kg）、辛伐他汀治疗组（25mg/kg）和模型组，每组 10 只。同时取同龄的具有相同遗传背景的 C57BL/6 小鼠 10 只作为空白对照组。从 15 周龄至 19 周龄连续给药，气血并治方高剂量治疗组、气血并治方低剂量治疗组和辛伐他汀治疗组均给予相应药物灌胃。模型组和空白对照组给予等量自来水。19 周时麻醉处死，检测动物血脂水平，免疫组织化学和计算机图像系统分析斑块构成、斑块积分、斑块内巨噬细胞和血管平滑肌细胞的含量。

结果。与模型组比较，气血并治方高剂量治疗组能明显降低小鼠的低密度脂蛋白胆固醇水平，辛伐他汀能明显降低小鼠的总胆固醇和低密度脂蛋白胆固醇水平（$p < 0.01$），而气血并治方高剂量治疗组和辛伐他汀治疗组均能明显增加小鼠斑块的纤维帽厚度和小鼠斑块内血管平滑肌细胞的数量（$p < 0.05$），减少斑块内巨噬细胞的数量和脂质中心面积与斑块面积之比（$p < 0.01$）。

结论。气血并治方和辛伐他汀均可以干预 ApoE 小鼠早期动脉粥样硬化的形成，并能降低动物的血脂水平，在一定程度上有消减斑块、改变斑块构成和稳定斑块的作用。

关键词：基因敲除小鼠；动脉粥样硬化；低密度脂蛋白胆固醇；总胆固醇

中图分类号：R285.5　文献标识码：A　文章编号：1672-1977（2007）01-0045-05

Abstract：Objective：To investigate whether the water extractives of regulating qi and blood prescription（WQBP）had effects on early atherosclerosis of apolipoprotein Edeficient mice（ApoE⁻ mice）at the age of 19 weeks or not，and to explore the possible mechanisms.

Methods：Forty ApoE⁻ mice，six weeks of age，were given high-fat diet and randomly divided into four.

Groups：high-dose WQBP-treated group（360 mg/kg），low-dose WQBP-treated group（72 mg/kg），simvastatin-treated group（25 mg/kg）and untreated group，with ten mice in each group. Meanwhile，ten C57BL/6 mice of same genetic background were allocated to normal control group. Mice in the high-and low-dose WQBP-treated groups and simvastatin-treated group were administered with corresponding drugs from the 15 to 19 weeks. Mice in the untreated and normal control groups were administered with isovolumic water. Sacrificed at 19 weeks，the level of blood-lipid，the plaque construction，plaque integral，and the contents of plaque macrophages and vessel smooth muscle cells of the mice were analyzed by immunohisto chemical method and a computer picture processing system.

Results：Compared to the untreated group，high-dose WQBP group could obviously decrease the level of low-density lipoprotein cholesterol（LDL-C）. Simvastatin group could decrease the levels of LDL-C and total cholesterol（TC）（$p < 0.01$）. In high-dose WQBP-treated group and simvastatin-treated group，the thickness of fiber cap and the quantities of vessel smooth muscle cells increased（$p < 0.05$），the quantities of plaque macrophages and the ratio of lipid and plaque reduced（$p < 0.01$）.

Conclusion：WQBP and simvastatin can interfere in early atherosclerosis of ApoE⁻ mice，attenuate and stabilize plaque in some extent. The mechanisms may include adjusting blood lipid，decreasing macrophage number and increasing the quantities of vessel smooth muscle cells.

Key words：knockout mice; arteriosclerosis; low density lipoprotein-cholesterol; total cholesterol

早期的动脉粥样硬化（atherosclerosis，As）病理改变通常为脂质条纹逐渐增加并发展成为粥样斑块，其过程是一个缓慢的、进展性的病理变化。而 As 不稳定斑块的破裂是急性冠脉综合征（acute coronary syndrome，ACS）的病理基础。有证据表明内皮细胞、巨噬细胞和血管平滑肌细胞（vessel smooth muscle cell，VSMC）是构成 As 斑块的三要素，参与不稳定斑块形成。但临床上多数患者是在 As 的晚期引起一定症状时才发现并开始诊治，往往疗效不佳。目前，国内外少有中医药防治 ApoE⁻ 小鼠和干预不稳定斑块的报道 [1]。本实验选择与人的 As 模拟性较强的载脂蛋白 E 基因敲除小鼠（apolipoprotein E-deficient mice，ApoE⁻ 小鼠）为研究对象 [2]，进行病理实验分析，并用中药全方的水提取物组分配伍进行早期干预治疗。气血并治方由活血化瘀名方血府逐瘀汤加减而来，前期临床观察表明其水提取物有效组分配伍对颈动脉粥样硬化患者有较好疗效 [3]，本实验观察其防治 ApoE⁻ 小鼠早期 As 不稳定斑块的效果并探讨其作用机制。

1. 材料与方法

1.1　动物及分组

40 只 ApoE⁻ 小鼠，雌雄各半，6 周龄，体质量 18～20g。给予高脂饲料饮食，由北京大学医学部实验动物科学部提供，动物合格证号：SCXK（京）2002-0001。高脂饲料为：脂肪 21%，胆固醇 0.15%。15 周龄时随机分为 4 组：气血并治方水提取物组分配伍（简称气血并治方）（water extractives of regulating qi and blood prescription，WQBP）高剂量治疗组、气血并治方低剂量治疗组、辛伐他汀治疗组和模型组。每组 10 只。同时取同龄的具有相同遗传背景的 C57BL/6 小鼠 10 只作为空白对照组。

1.2　药物与试剂

气血并治方由川芎、赤芍、桃仁、红花、柴胡、枳壳组成，全方水提取物分成 6 段，其有效组分含量较高的 3 段，主要成分分别是总黄酮约占 30%，芍药苷约占 49.12%，总酸约占 32.07%。三者按 1 : 1 : 1 进行配伍，相当于含生药 33.6g/g，由浙江大学药学院提供。舒降之（辛伐他汀），20mg/ 片，由杭州默沙东制药有限公司提供，批号 N1080。

总胆固醇（total cholesterol，TC）、甘油三酯（triglycerides，TG）、高密度脂蛋白胆固醇（high density lipoprotein-cholesterol，HDL-C）和低密度脂蛋白胆固醇（low density lipoprotein-cholesterol，LDL-C）试剂盒由北京中生北控生物科技股份有限公司提供；免疫组织化学试剂盒，一抗兔抗 CD68、一抗 α 肌动蛋白、即用型 SABC 免疫组化试剂盒及 3，3- 二氨基联苯胺盐酸盐显色剂，均由武汉博士德生物工程有限公司和百事创新（北京）科技有限公司提供。

1.3 给药方法

从 15 周龄至 19 周龄连续灌胃给药，按体质量计算给药量。气血并治方高剂量治疗组用药量为 360mg/kg，气血并治方低剂量治疗组用药量为 72mg/kg，辛伐他汀治疗组用药量为 25mg/kg，均用自来水稀释至 0.4ml 灌胃，1 次 /d。模型组和空白对照组给予相当量的自来水灌胃。

1.4 血样和组织处理

小鼠麻醉后，经眼眶采血，分离血清，测定血脂指标。主动脉光镜病理标本制备：麻醉处死小鼠，取出心脏及主动脉，生理盐水冲洗，从主动脉根部至主动脉弓，10% 甲醛固定，常规石蜡包埋，从主动脉根部起间断均匀切片，切片厚度约 5μm。每只取 5 张切片进行 HE 染色，普通光镜下观察形态学改变，显微镜彩色图像处理系统测量相关病理指标。

1.5 检测指标与方法

1.5.1 血脂测定

TC、TG 使用酶比色法；HDL-C，LDL-C 使用直接测定法。以上血脂测定用 RX-2000 型全自动生化仪（美国 Technicon 公司），均按照使用说明书进行操作。

1.5.2 病理学检测

每组随机取 5 个标本，普通光镜观察血管及斑块的形态结构，进行病理形态学描述；每个标本取 3 张切片（每隔 5 张取 1 张），用美国 Iamge-Pro Plus 型计算机显微镜彩色图像处理系统，共对 15 个视野进行测量统计。测量指标包括：管腔面积（luminal area，LA）；血管内膜厚度（intima medium thickness，IMT）；斑块面积（plaque area，PA）；纤维肌性成分（fiber structure，FS），包括斑块中胶原和纤维成分；斑块面积与管腔面积之比（PA/LA）；脂质中心面积（cholesterol area，CA），即斑块中除胶原和纤维成分以外的斑块面积；最小纤维帽厚度（fiber cap thickness，FCT）；脂质中心面积与斑块面积之比（CA/PA）；脂质中心面积与纤维肌性成分之比（CA/FS）。均按照说明书进行操作。

1.5.3 免疫组织化学测定

每组随机取 5 张切片，根据即用型 SABC 法试剂盒说明书操作。切片常规脱蜡，封闭内源性过氧化物酶，10% 正常山羊血清封闭。滴加适当稀释的一抗（1 : 100），37℃ 孵育 1h；滴加二抗，室温 20min；滴加 SABC，室温 20min；3，3- 二氨基联苯胺盐酸盐显色，苏木素轻度复染；脱水，透明，封片，显微镜观察。每张切片随机采 3 个视野，每组共计 15 个视野，计算机图像扫描半定量分析阳性信号的表达（以灰度值表示）。

巨噬细胞阳性表达率：根据上述免疫组织化学抗生物素 - 生物素 - 过氧化物酶复合法（avidin biotin peroxidase complex technique，ABC 法）操作，滴加一抗 CD68，封片后显微镜观察并计算机图像分析其表达强弱，以其阳性信号面积表达率表示其含量；VSMC 阳性表达率：滴加一抗 α- 肌动蛋白，其余操作同上。

1.6 统计学方法

数据用 $\bar{x} \pm s$ 表示，计量资料前后比较采用配对 t 检验，组间比较采用单因素方差分析，计数资料用 χ^2 检验，采用 SPSS12.0 软件包进行统计学处理。

2. 结果

2.1 气血并治方对 ApoE⁻ 小鼠血脂的影响

从第 15 周至第 19 周连续给药 4 周后，第 19 周时气血并治方高剂量组的 LDL-C 水平显著降低，与模型组比较，差异有统计学意义（$p < 0.01$）；辛伐他汀治疗组的 TC 和 LDL-C 水平明显降低，与模型组比较，差异有统计学意义（$p < 0.01$）；气血并治方低剂量治疗组各指标水平虽有不同程度的降低趋势，但与模型组比较，差异无统计学意义；正常对照组、气血并治方高剂量组、气血并治方低剂量组和辛伐他汀治疗组的 TG 水平有所降低、HDL-C 水平均有所提高，但与模型组比较，差异无统计学意义，这可能与给药时间较短有关。见表 1。

表 1 气血并治方对 ApoE 小鼠血脂的影响

Table 1 Effect of WQBP on blood lipid in ApoE⁻deficient mice

($\bar{x} \pm s$)

Group	n	TC/(mmol/L)	TG/(mmol/L)	LDL⁻C/(mmol/L)	HDL⁻C/(mmol/L)	TC/HDL⁻C
Normal control	10	1.33±0.43**	0.56±0.08**	0.58±0.08**	0.49±0.05**	2.67±0.51**
Untreated	10	18.51±1.79	2.18±0.41	6.53±1.54	3.76±0.36	4.92±1.32
Low dose WQBP treated	10	17.44±3.02	1.89±0.46	5.59±0.98	3.89±1.18	4.47±2.55
High dose WQBP treated	10	17.61±2.52	2.21±0.28	4.72±0.90**	3.51±0.98	5.01±2.57
Simvastatin treated	10	15.52±2.12**	2.12±0.45	5.11±1.18**	3.79±1.02	4.08±2.07

**. $P < 0.01$,vs untreated group。

2.2 气血并治方对 ApoE⁻ 小鼠斑块病理形态的影响

第 19 周 ApoE⁻ 小鼠均有斑块形成，以纤维斑块为主。其中气血并治方高剂量治疗组和辛伐他汀治疗组纤维帽较厚，结构较为完整，内含脂质成分；气血并治方低剂量治疗组和模型组纤维帽较薄，有时缺乏连续性，尤以模型组为明显。连续给药 4 周后，第 19 周各组 IMT 比较，差异无统计学意义；各用药组的 PA、PA/LA 较模型组均有不同程度的减轻，但差异无统计学意义（ $p > 0.05$ ）。与模型组比较，气血并治方高剂量治疗组和辛伐他汀治疗组 CA/PA、CA/FS 均减少（ $p < 0.01$ ）；另外，气血并治方高剂量治疗组和辛伐他汀治疗组的最小 FCT 均较模型组厚，差异有统计学意义（ $p < 0.05$ ， $p < 0.01$ ）。空白对照组血管基本正常。见图 1、表 2。

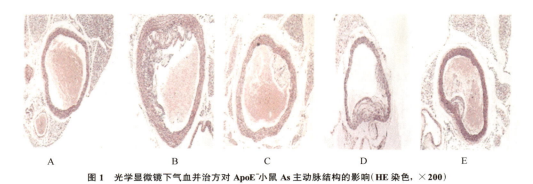

图 1 光学显微镜下气血并治方对 ApoE⁻小鼠 As 主动脉结构的影响（HE 染色，×200）

Figure 1 Effect of WQBP on atherosclerosis aortic structure in ApoE⁻deficient mice under light microscope（HE staining，×200）

A：Normal control group；B：Untreated group；C：Simvastatin treated group；
D：Low dose WQBP treated group；E：High dose WQBP treated group.

表 2 气血并治方对 ApoE⁻小鼠 As 斑块构成的影响

Table 2 Effect of WQXP on plaque structure in ApoE⁻deficient mice

($\bar{x} \pm s$)

Group	n	PA/LA	Minimal FCT（μm）	IMT（μm）	CA/PA	CA/FS
Normal control	10	0**	0**	20.56±11.63**	0**	0**
Untreated	10	0.16±0.84	11.28±3.10	76.47±19.60	0.37±0.32	0.59±0.45
Low dose WQBP treated	10	0.16±0.85	15.32±5.78	66.88±19.38	0.36±0.51	0.58±0.39
High dose WQBP treated	10	0.14±0.77	16.10±5.38*	65.46±12.68	0.31±0.26**	0.50±0.48**
Simvastatin treated	10	0.13±0.38	16.92±2.26**	65.90±16.83	0.28±0.39**	0.38±0.44**

*. $P < 0.05$，**. $P < 0.01$，vs untreated group。

2.3 气血并治方对 ApoE⁻ 小鼠巨噬细胞、平滑肌细胞阳性表达率的影响

第 19 周时，ApoE⁻ 小鼠的巨噬细胞免疫组化计算机图像分析结果表明，气血并治方高剂量治疗组和辛伐他汀治疗组均能减少斑块内巨噬细胞阳性表达率，其阳性细胞面积百分比明显降低，和模型组比较，差异有统计学意义（ $p < 0.01$ ）。第 19 周时，VSMC 免疫组化结果显示，

与模型组比较，气血并治方高剂量治疗组和辛伐他汀治疗组的 VSMC 阳性面积百分比显著增高（$p < 0.05$）；而巨噬细胞阳性表达则明显降低（$p < 0.01$）。见表 3。

表 3　气血并治方对 ApoE⁻小鼠斑块内巨噬细胞、平滑肌细胞阳性表达率的影响

Table 3　Effect of WQBP on the contents of macrophages and vessel smooth muscle cells in ApoE⁻deficient mice

（ $\bar{x} \pm s$, %）

Group	n	Macrophage	VSMC
Normal control	10	0 [**]	0 [**]
Untreated	10	30.55 ±2.25	4.33 ±0.58
Low dose WQBP treated	10	28.72 ±2.27	4.78 ±0.86
High dose WQBP treated	10	22.13 ±1.86 [**]	5.53 ±0.87 [*]
Simvastatin treated	10	17.23 ±2.19 [**]	5.37 ±0.62 [*]

*. $P < 0.05$, **. $P < 0.01$, vs untreated group。

3. 讨论

As 斑块的溃疡、破裂是临床心血管病事件发生的关键病理学基础，斑块破裂及随后的血栓形成是急性冠脉事件发生的主要原因之一。As 斑块破裂几乎全部在不稳定斑块的基础上发生。近年来，随着对 As 斑块稳定性研究的逐渐深入，斑块的病理组织学形态特征已成为比斑块本身的大小更为重要的、且能反映临床预后的关键指标。不稳定斑块的病理形态学特点是纤维帽薄，脂质中心面积较大，易于破裂。

早期 As 主要病理改变为脂质升高、沉积，单核细胞黏附、趋化、迁入内皮下间隙并分化为巨噬细胞，VSMC 增生[4]。巨噬细胞和 VSMC 均可分泌生长因子、基质金属蛋白酶等，促进内膜增生、胶原分解，加速 As 的进程。本研究从动物血脂水平和主动脉病理形态学角度观察气血并治方对 ApoE⁻小鼠 As 斑块的影响。采用同源重组的基因打靶技术使 ApoE⁻基因失活，小鼠在高脂饲料喂养下可产生严重的高胆固醇血症，并自发形成 As 斑块，其斑块分布及病理特征与人类 As 斑块极为相似[5]，是研究 As 形成及干预效果的较好动物模型。在以往的实验研究中，我们发现气血并治方具有抗 As 的作用[6]，我们应用 ApoE⁻小鼠，从斑块大小、斑块构成、斑块内巨噬细胞数量、血脂水平等方面，观察气血并治方防治 As 的作用机制。

本实验选择初步形成 As 斑块的 15 周龄 ApoE⁻小鼠，连续给药 4 周后，比较其斑块大小及斑块成分的差异。结果表明：用药 4 周后，斑块大小虽无明显改变，但对斑块构成成分有显著影响。气血并治方组高剂量治疗组和辛伐他汀治疗组的斑块构成中脂质成分相对较少，胶原纤维成分相对较多，纤维帽更为完整、连续。说明早期用药干预 As 可以改变斑块构成，可能会延缓甚至阻抑粥样斑块的形成。因此，As 消退除应重视自身斑块体积的缩小外，更应重视斑块本身的性质变化，即减少其脂质中心面积，增加纤维帽的厚度。

气血并治方水提取物组分配伍是将气血并治方全方作为一个整体，以水为溶剂全方提取，根据药物的不同极性分成不同组分，然后将不同组分进行配伍。本实验将全方水提取物的主要组分总黄酮、芍药苷和总酸进行配伍。结果表明：气血并治方高剂量治疗组可以降低 TC 和 LDL-C 水平，减少脂质沉积；可以明显减少斑块巨噬细胞阳性表达，从而抑制其引起的一系列炎症反应；并可通过增加斑块内 VSMC 阳性表达，增加斑块内肌性成分，改变斑块构成。这些均在一定程度上减缓、抑制了 As 的进程。同时，气血并治方高剂量治疗组和辛伐他汀治疗组的斑块构成中脂质成分相对较少，胶原纤维成分相对较多，纤维帽更为完整、连续，说明早期用药干预 As 可以改变斑块构成，延缓甚至阻抑粥样斑块的形成。气血并治方高剂量治疗组和辛伐他汀治疗组的 PA/LA 和 CA/FS 均比模型组和小剂量组明显减少，最小 FCT 均比模型组厚。气血并治方高、低剂量治疗组动物血管壁的 VSMC 形态较为完整、连续，斑块内 VSMC 表达强于模型组。保护血管壁 VSMC，增加斑块内 VSMC 是气血并治方组分配伍稳定斑块的作用环节之一。中药复方具有多靶点、多环节的干预优势，有望在抑制 As 病理进程、稳定斑块方面有新的突破，为中医药在稳定斑块、减少心脑血管急性事件方面提供一定的药理学依据。

参考文献：

[1] Zhang WG，Zheng GJ，Liu LT.Effects of Chinese integrative medication on atheroscleorsis of apolipoprotein E-deficient mice.Zhong Xi Yi Jie He Xin Nao Xue Guan Bing Za Zhi.2003；1（8）：480-482.Chinese.
张文高，郑广娟，刘龙涛 . 中西药物对载脂蛋白 E 基因敲除小鼠动脉粥样硬化的干预作用 . 中西医结合心脑血管病杂志 .2003；1（8）：480-482.

[2] Nakashima Y，Plump AS，Raines EW，et al.ApoE⁻ deficient mice develop lesions of all phases of atherosclerosis throughout the arterial tree.Arterioscler Thromb.1994；14（1）：133-140.

[3] Zhang HX，Liu JG，Shi DZ.Effects of Qixue Bingzhi prescription on hypersensitive C-reactive protein and other indexes in the patient of cervical atherosclerosis.Zhong Yi Za Zhi.2004；45（12）：907-910. Chinese with abstract in English.
张红霞，刘剑刚，史大卓 . 气血并治对颈动脉粥样硬化患者超敏 C 反应蛋白等指标的影响 . 中医杂志 .2004；45（12）：907-910.

[4] Isner JM，Kearney M，Bortman S，et al. Apoptosis in human atherosclerosis and restenosis. Circulation. 1995；91（11）：2703-2711.

[5] Liu XM，Wu FH . Comparison of animal models of hyperlipidemia. Zhong Xi Yi Jie He Xue Bao. 2004；2（2）：132-134. Chinese with abstractin English
刘雪梅，吴符火 . 几类高脂血症动物模型的比较 . 中西医结合学报 .2004；2（2）：132-134.

[6] Ji B，Geng P，Liu JG，et al. Effects of active components extracted from Qixue Bingzhi Recipe on proliferation of vascular smooth muscle cells and expressions of platelet-derived growth factor and its receptor genes. Zhong Xi Yi Jie He Xue Bao. 2006；4（1）：30-34. Chinese with abstract in English.

附录 2

《天津中医药》2007 年 2 月第 24 卷第 1 期

再议完善辨证方法体系的几个问题

王永炎，张志斌

（中国中医科学院，北京 100700）

作者简介：王永炎（1938—），男，中医内科学神经内科学专家，1962 年 9 月毕业于北京中医学院医疗系，毕业后留校在附属东直门医院，历任内科助教、住院医师、讲师、主治医师、内科副主任、医务处主任、常务副院长、副教授、教授、主任医师；1983 年 12 月任北京中医学院院长、学位委员会主席、脑病研究室主任，曾任北京中医药大学第一副校长、校长、博士生导师，1997 年当选为中国工程院院士；1998 年 12 月调任中国中医研究院院长，现任中国中医科学院名誉院长，国家重点基础研究发展规划专家顾问组成员，全国科技名词委五届常委，中国科协第六届、第七届常委，十届全国人大代表、常务委员会委员、教科文卫委员会委员；2004 年获五一劳动奖章，2005 年获全国先进工作者；从事中医内科医疗、教学、科学研究近 50 年，主要研究方向是中医药防治中风病与脑病的临床与基础研究，先后主持了包括世界卫生组织（WHO）国际合作项目，国家"973"、"863"和国家"七五"至"十五"攻关课题 20 余项；通过对缺血性中风系统临床观察，总结了证候演变、辨证治疗、调摄护理的规律；针对中风病急性期痰热证、痰热腑实证而设计、研究的化痰通腑汤与清开灵注射液静脉滴注疗法，提高了显效率，减轻了病残程度；1990 年以来受聘为中医内科学术带头人，深入系统进行了中风、痴呆临床和基础研究，在病因调查、证候规律、治疗方案、疗效评价及新药研制各方面都有创新性工作，提高了我国中医脑病防治水平，被评为教育部重点学科和重点实验室；在中医药标准化研究方面，主持了《中医药基本名词术语规范化研究》、《中医病案书写规范》和《中医内科常见病证诊断与疗效评定标准》等标准化建设工作，组织起草制定了标准化文件，对推动中医药学术进步有一定作用，还主持制定了中风病辨证量表与中医诊疗标准，已被推广试行；1983 年主持的《中医病案书写规范》又于 1992 年总结经验再次修订实施，1999 年作为首席科学家，主持了国家重点基础研究发展规划项目《方剂关键科学问题的基础研究》的中医药基础研究，提出了以方剂组分配伍研制现代复方中药的新模式，搭建了 3 种公共技术平台，项目验收时发表论文 512 篇，科学引文索引（SCI）收录 96 篇，研制了 10 余种现代中成药，在中药现代化方面取得了一定的进展，在国内外产生了较为重大的学术影响；自 1986 年以来，获国家级科技进步奖二等奖 2 项、三等奖 3 项，省部级科技成果奖一等奖 5 项，获何梁何利基金"科学与技术进步奖"、香港求是基金会"中医药现代化杰出科技成就奖"，先后作为第一主编出版《临床中医内科学》、《今日中医临床丛书》等 12 部学术专著，发表学术论文 120 余篇；已培养医学博士 48 名，出站博士后 15 名，在站博士后 8 名，其中 1 名博士于 2003 年度荣获全国百篇优秀论文奖励。

摘要：传统中医辨证方法很多，各有特色，但不易推广。完善辨证方法体系的研究，目的是综合各种辨证方法的特点，丰富及规范证治内容。在此项研究中，要注意几个重要的理念：动态时空、内实外虚、多维界面是证候具有的特征；以象为素，以素为候，以候为证是证候研究的依据；提取证候要素，厘定证候靶位，进行应证组合是完善辨证方法体系的步骤；据证言病，病证结合，方证对应是临床证候研究的主要原则；系统对照，回顾验证，互补互动是深化证候研究的重要措施。面对证候这样高度非线性的研究对象，我们预期达到广义相对论的整合效应。

关键词：辨证方法；体系；证候；证候要素

中图分类号：R2-03　**文献标识码：**A　**文章编号：**1672-1519（2007）01-0001-04

古往今来，中医辨证方法有多种，可谓多姿多彩，是不同历史时期的继承创新，各有特色，自成体系，对于中医临床有着重要的指导作用。只是由于传统的辨证方法不易推广，不易使年轻人尽快成才。而且，规范的出现是一门学科走向成熟的标志，要制定规范就必须有一定选择与扬弃。因此我们现在所做的工作，一定程度上来说，是旧问题求新解，是希望能在古人或传统的基础上，综合各种辨证方法的特点，进行完善辨证方法体系的研究。然而，试图将所有的中医辨证方法统一为一种辨证方法的想法就目前来说，尚不现实。系统生物学与中医学均有整体观的内涵，而两者之间有着很大的差异。目前要将西医理、化、影像、生物学检测指标纳入中医辨证系统，以求丰富"证素"内涵，仍然是一件可求不可及的难事。

中医辨证方法在不同的历史时期，针对面临的不同问题，古今均有在继承基础上，成功创新的例子。有一些不同的声音，不一定就是坏事。清代寒温统一引发的争议中，在伤寒六经辨证基础上的温病卫气营血及三焦辨证就是一个很好的范例。而中风病三代辨证量表的产生，提示了在新的形势下创新证候诊断标准的可能。

在完善辨证方法体系的过程中，有几个重要的理念需要重申及补充。

1. 动态时空，内实外虚，多维界面

这是证候的三个重要特征。"时"是指时间的连续、节奏、周期和进程；"空"是指存在于空间范围的各种因素、现象、实体和关系；"动态"则指"时"和"空"的变动、演化、迁移和发展。"内实外虚"是指证候信息群的性质而言。"内实"是指寓于诸多个性之中的共性，是对于证候的诊断最具有权重的信息，是干预的依据，即主方功能主治选择的依据。"外虚"是指反应个体特征多种信息的集合，对证候的诊断权重相对较轻，对干预原则和方法具有一定的影响，是主方加减的依据。多维界面，是指证候的构成及相互关系而言。"维"是指组成证候的各种要素，"面"是指证候可供医生观察的显现，"界"则是一证候要素与他证候要素之间的分水岭。证候是恒动的、处于混沌与有序之间的，亦虚亦实的。其"实"的部分小，是其内核，而"虚"的部分大，是其外壳。证候的三个特征互相联系，可分而不可离。"动态时空"特征正是体现于证候系统的"内实"和"外虚"的内容具有在"时"和"空"两个方面的变动、演化、迁移和发展的规律。"内实"总是被包裹于"外虚"之中，需要临床医生用自己的慧眼从庞杂繁复的临床信息群去发现和确定。而"界"作为不同证候之间的分水岭，有着中华文化的特殊性。正是由于证候的内实外虚具有混沌特性，所以证候之界在内不在外，在于虚实之间，贴近"有序"，有共性规则可循。如果证候的内核产生变化，移位越"界"，原来的诊断就不能成立，证候就有可能发生由此及彼的改变。

2. 以象为素，以素为候，以候为证

象是现象、象征与法式，渗透于医生们可感受到的证候的整体反映之中，表现为舌象、脉象、病象、气象等。证候要素必须以象为依据，其内容有何象则为何素。素是因素、元素、要素，是构成事物的基本成分，而证候要素是构成证候的基本成分。候是指时空，是动态变化着的可被观察到的外在表现，动态情状。与象不同，象是较为单一的一个表现，或一个方面的表现，而候则由要素来组合，或许是单要素，或许是多要素。证是证明、证据，指病机或状态，根据中医诊断特色，证必须以可以观察的候为依据。

宇宙间生命现象演化的原理，依照物理—事理—伦理—哲理，四个性质不同而又彼此相关的层次，自下而上或自上而下的运动着。因而，证以候为依据，候由素来组合，素由象来表现，将证候的研究回归到根本上，则具有哲理、伦理的内涵，落实到干预的方向，应把证候分解为证候要素与要素的表象上来研究。

3. 提取要素，厘定靶位，应证组合

事实上，与证候相关的起码有三部分内容，养生、亚健康的干预与疾病的治疗。研究证候与疾病、方剂的相关性，以提高临床疗效为目标，重在疾病的治疗。在这一前提下，证候就是对疾病状态下人体生理病理整体反映的概括，这是一个非线性的复杂巨系统，包罗了难以计数的证候名称信息。借鉴以往所做证候诊断标准的经验，很难将相对于临床证候复杂情况的海量证候名称逐一规范，而从另一方面来说，海量的规范等于没有规范。因此，我们提出以提取证候要素，厘定证候靶位的方式来简化这一系统。即根据证候的特点，将其进行可能的适当的分解，切割成相对清晰的具有线性联系性质的界面来进行研究。由此而将复杂的证候分解为概念相对清晰、数量相对局限的"证候要素"与"证候靶点"来进行研究。

需要强调的是，无论是证候要素，还是证候靶位，均来自于以往传统的中医辨证方法，只是将以往辨证中具体的证候名称，分解为不可再分的具有独立内涵的单一概念。如脏腑辨证系统中的"心气阴两虚证"，可以分解为证候要素——"气虚"、"阴虚"，证候靶点——"心"。从研究的角度来说，证候要素主要着眼于病因，证候靶点着眼于病位（要素作用的靶点），将两者分别与症状相联系，如此，证候要素主要体现病机，并不等于仅只是病因。它综合了八纲辨证、内生五邪、气血津液等辨证方法的要素，超出了旧有病因的范围，在病因所派生的病理、病性、病势方向上做了必要的延伸。所以，把证候要素看作为病机

层面的内容是值得探索的课题。在临床实践中，病机与病位是不能分离的，既没有脱离病位的病机，也没有离开病机的病位。提取证候要素，厘定证候靶位，只是为了研究与规范的方便，两者必须回归到多维多阶立体交叉的复杂系统中去，才能被灵活运用。这种回归的关键步骤就是应证组合，也就是对临床证候的实际情况进行必要的组合，"证候要素"与"证候靶点"都不可能游离于"应证组合"而单独使用。临床证候的情况多种多样，应证组合的方式与之相应。可能是单要素，也可能多要素；可能是单靶点，也可能多靶点。多种多样不同的应证组合方式，使辨证方法体系不再是一种由各种具体证候单纯的线性联系组合的平面，而具有多维多阶的非线性特征，通过清晰的证候要素与证候靶位表达与应证组合规律的寻找，这一复杂的辨证方法体系具有可控性。

4. 病证结合，据证言病，方证对应

治病还是治人，治患了病的人，还是治人所患的病，是一个很关键的问题，这是不同的两种思维方法、处理方法，必然产生两种不同的结果。因此，"据证言病"还是"据病言证"，这是本文再议的重点。"据证言病"是指中医治病，要立足于证候来讨论疾病，讨论病证结合。笔者强调辨证论治是中医诊疗的特色，是中医数千年来疗效长盛不衰的关键所在。因此，中医证候有着超越疾病界线的功能，同时，也不排除疾病的特异指标。在特定的西医病名之下，病位就有可能较为确定，此时证候要素显得更为重要，而可能无需过多地强调证候靶点的问题。这样突出证候要素，就可能把复杂分解为简单来研究。

"病证结合"是目前在国内广泛公认的临床诊断和治疗需要采取的原则和方法。提出"据证言病"的目的是要在正确的指导思想下进行临床的病证结合。据证言病之"病"可以是中医的病，也可以是西医的病。每一种疾病均有其发展的内在规律，可能是区别于其他疾病的特殊规律，不同疾病下的证候不可避免地受到各种疾病基本病理变化和病情演变规律的制约和影响。西医"病"是建立在病理解剖与病理生理基础上具体化的模型，中医"证"是建立在哲理人文指导下的生理病理状态过程上的具抽象意义的模型。若两者在简单的线性的系统中可以"病""证"结合，然而纳入到复杂非线性系统中，则存在可结合与不可结合两部分，这是不容忽略的现实。而证候在不同的病中，或在疾病的不同时段，症状表现可能不同。所以，病证结合对临床证候研究寻求结合点的探索，指导临床诊断治疗具有积极意义。值得注意，当今中医西医防治疾病的"调控"目标是一致的，而两者"体系"不同，过程不一样，因此，病证结合的研究必须弘扬中医原创的思维。

与病证关系最为密切的就是方剂。方剂是根据证候而立法选药、配伍组合而成，与证候之间有着内在的吻合性，即有是证则用是方。诚如上述，由于证候具有多维多阶多变量与动态时空的特征，因此，方剂应针对证候要素来选择或拟定。如此符合降维升阶的要求，既可以排除各种信息中非必要因素的干扰，同时又可以抓住证候的主旨，并通过证候要素，应证组合的变化观察证候动态演变规律，真正体现出法随证立、方从法出的辨证论治精髓。在某一特定疾病进程的各个阶段可能有几个最为常见的证候，称为"基本证候"，基本证候是在证候要素基础上做出的诊断。方剂也可以针对这些基本证候来选择或拟定。

"方证对应"的提出，必须与"方证相应"有所区别。后者是多对多的关系，即一个证候可以采用多个方剂来治疗，一方也可以治疗多个证候；前者是一对一的关系，一个证候要素或一个基本证候采用一个方剂来治疗。采用方证对应的方法，目的是将研究集中在重点目标上，这仅仅是科研设计上的权宜措施，分阶段设置目标。还有通过某一方剂的较为清晰的作用原理来检验相应证候的诊断是否正确，通过揭示方剂的作用原理来反映某一证候的生理病理状态，它仅仅是方证关联研究的一种可供参考的模式。由于方剂中存在有基本方衍化合方的现象，故基本方可以看成是合方的结构单元，同时证候的变化与方剂的变化相互联系，相互对应，从基本方与基本证候的对应关系来研究合方与复杂证候的对应关系，为方证对应关系提供科学的理论和事实依据。化学药物的研发一定有靶点，没有靶点做不出药品来，有中医学者强调复方多组分多靶点，然而，上百个靶点则可视为无可调控的靶点，可是临床疗效显著。应该认识到两者的差异，注重阐发中医原创的优势。同时要说明的是，方证相应的整合效应不是不重要，而是目前研究的条件还达不到相应的要求。

5. 系统对照，回顾验证，互补互动

"系统对照，回顾验证"，是深化证候研究的重要步骤。我们的研究是基于多种传统辨证方法基础上的综合与完善，其中包括脏腑辨证、外感六淫、内生五气、气血津液，等等，由于这些辨证方法所能提供的证候诊断名称数量十分庞大，任何一个课题组都难以通过设置数以千计的证候名称进行证候的规范。课题研究采用"降维升阶"的措施，以求由非线性向线性过渡，得到简约清晰的表达。这里所谓"维"，是指对常见证候进行简化分解之后的最基本的共性证候要素与证候靶点；所谓"阶"，是指最基本的证候要素与证候靶点之间的多种组合方式。如此使证候诊断不再是一种由各种具体证候单纯的线性联系组合的平面，而呈现出一种多维多阶、立体交叉的组合关系。在这种组合之中使用者有着很大的自由掌握空间，这正符合患者个体差异及医生圆机活法的需求。

如前所述，证候是一个多维多阶的复杂系统，面对高度非线性研究对象，我们预期达到广相对论的整合效应。然而，通过这样的综合与完善，是否保持与发扬了中医辨证论治的优势与特色，即各种传统辨证方法的精髓，就需要进行系统对照与回顾验证，将经过完善的证候辨证系统回归到各种临床辨证方法。在对照与验证中，以求新旧系统的互补互动，以保证我们所制定的指南、规范或标准，真正能够丰富证治内容，服务于提高防治水平。

（收稿日期：2007-01-04）

附录 3

《福建中医药》2007 年 4 月第 38 卷第 2 期

中医临床疗效的综合评价

谢仁明[1]，王永炎[2]，谢雁鸣[2]，杜宝新[1]，黄燕[1]

（1. 广东省中医院脑病中心，广州 510120；2. 中国中医科学院中医临床基础研究所，北京 100700）

关键词：中医；四诊指标；定量指标；中医证候；临床疗效；综合评价

中图分类号：R242　**文献标识码**：A　**文章编号**：1000-338X（2007）02-0001-03

中医学是自然科学和社会科学的有机结合，所以在中医临床疗效组成中，既有自然科学含量，又有社会科学的复杂性。因此尝试用综合评价方法探讨建立符合中医临床特点的疗效评价标准是一种较好的思路。综合评价是目前运用于社会、自然科学研究中的应用数学方法，其功能主要有三：①是对所研究事物进行分类；②是对分类以后的小类进行序化；③是对某一事物做出科学的整体评价。具体评价中，首先要进行中医四诊指标的量化，这是临床疗效综合评价的基础；其次是定量指标筛选及其权重的确定；中医的特色是辨证论治，所以还要进行疾病的中医证候分类及判别，然后就可以在此基础上进行中医疗效综合评价。

1. 中医四诊指标的量化

四诊指标的量化诊断主要是指将通过望、闻、问、切四诊所获得的症状、体征、舌象、脉象进行客观化、定量化，而其中研究较多的便是症状、体征等软指标的量化。这是进行综合评价的基础性工作。

1.1　重度法（又称 10mm 刻度法，视觉评估量表 VAS）

对不能用频次表达的其余症状，都用此法。单位为 mm。研究者告诉患者症状严重度由左至右逐渐加重，范围为 100mm，患者可以根据自己治疗前后的体会在适当的点上选择。

1.2　频次法

考察症状出现的频率。对尿频、腹泻、呕吐、遗精等分别采用 24 小时及 2 周内的次数定量表达，单位为次。

1.3　考察症状持续时间的长短（或症状缓解时间）[1]

其单位是时间，是计量资料。

1.4　考察症状的性质程度

采用较多的是按程度分级，一种是分为不出现、轻度、中度、重度 4 级，分别计为 0、1、2、3[1]，SF—36 即采用此分法。一种是分为轻度、中度、严重 4 级，分别记为 +、++、+++、++++[2]。WHOQOL 采用的是五级分类法，这种分类有中间值，两端对称。程度等级分类的资料是半定量资料，研究时可视为计量资料处理。

1.5 M 指数法

这是缪兴中[3]等研究的一种新的对症状语言五分类等级资料的一种处理方法，按非线性的思路，用黄金分割的方法进行计量化。无症状计 0 分，症状较轻计 0.236 分，中等症状计 0.618 分，症状较重计 0.854 分，症状极重计 1 分。四级症状语言的评价可以直接用黄金分割的 2 个点，无计为 0 分，轻计为 0.382 分，中计为 0.618 分，重计为 1 分。

1.6 考察症状与外界刺激的关系

此种方法研究尚不多，还只是一些专家的建议，临床操作还需继续研究。

1.7 难以分级的症状体征

分为出现、不出现，分别记为 0、1。

1.8 对于精神症状和性功能、心理症状的定量方法

可采用专用的国际统一量表，如 MMPI、SAS、SDS 等。

1.9

对于舌诊、脉诊的计量诊断已做了大量工作，如有人从病理形态学、微生物学、血流变、微循环检查、电镜检查等进行计量，并利用舌色仪、舌象仪，对舌色、舌质、舌苔进行综合研究。崔敏圭等[3]运用"中医舌诊专家系统"，采用彩色数字图像处理和模式识别技术，客观地观察了 378 例中风病患者的舌质、舌苔变化，从舌质、舌苔方面对中风病的证候学进行定量研究。

症状与体征是辨证的主要依据，二者的完全客观化无论在中医还是西医中都还没有实现。目前的研究中采用的刻度法和等级计量法（实际为半定量），其描述、记录和分析都有较强的主观性，对最终的辨证结果有影响，但是目前看来，还没有更好的方法。

2. 定量指标筛选及其权重的确定

2.1 可选用极大不相关法 3 筛选定量指标

①求出样本的相关阵 R（公式见一般统计教，可用计算机程序进行操作）$R=r_2$；②求出复相关系数 p_i；③求 p_i^2，其中值最大的一个，表示它与其余变量相关性最大，指定临界值 D 之后，若 $p_i^2 > D$，则可删 x_i。

2.2 选取典型指标（指标较多的情况下选用）

先将较多的指标进行聚类（用聚类分析），而后在每一类中选取若干典型指标，可用单相关系数法（较粗略，但计算简单）。第 1 步：计算 n 个指标之间的相关系数矩阵 R；第 2 步：计算每一个指标与其他 $n-1$ 个指标的决定系数（相关系数的平方）的平均值；第 3 步：比较 r_i^2 的大小，若有 $r_k^2 = \max r_i^2$（$1 \leq i \leq n$），则可选取 a_k 作为 a_1，a_2，…，a_n 的典型指标。若需要的话，还可在剩余的指标中继续选取。

2.3 德尔菲（DelPhi）法

又称为专家法，其特点在于集中专家的经验与意见，确定各指标的权数，并在不断的反馈和修改中得到比较满意的结果，基本的步骤如下：①选择专家选择中医专业领域既有实际工作经验又有较深理论修养的专家 10 ~ 30 人；②填写权重将待定的 p 个指标和有关资料及统一的确定权数的规则发给专家，请他们独立给出各指标的权数值；③进行统计回收结果并计算各指标权数的均数与标准差；④重定权数将计算后的结果及补充资料返还给各位专家，要求所有的专家在新的基础上重新确定权数；⑤重复上述③步、④步直至各指标权数与其均值的离差或变异系数不超过预先给定的标准为止，也就是各专家的意见趋于一致，以此时各指标权数的均值作为该指标的权数。

3. 疾病的中医证候分类及判别

中医辨证论治的关键环节是中医证候的判定。一方面，证候是中医认识和处理疾病的有力工具，它反映了疾病的类型、患者的整体功能状况，从而指导治法方药的确定；另一方面，证候又是疗效评价中仅次于终点指标的指征，可以充分地反映中医辨证论治的特色和优势。所以证候分类诊断很有意义，证候分类与判别可以用以下 2 种方法。

3.1

在文献分析和德尔菲（Delphi）法即专家调查的基础上进行确定，即确定分几类，每一类各是什么证候，若证候之间为有序，均可设计在调查表上。将结果进行统计分析即可。

3.2

用指标聚类分析来确定某病（中医疾病或现代医学疾病均可）下中医证候类别数目和每类证候各自必须包含的指标与信息。某一疾病聚多少类证候合适，也可以结合专家法来确定。

4. 中医临床疗效综合评价

4.1 中医临床疗效综合评价的总体思路

中医临床疗效综合评价体系的建立与中医证候诊断标准的建立有其不同点。中医证候诊断在中医辨证治疗中占核心地位，但是它作为一个理论工具，并不必然能在临床疗效评价体系中占核心地位。证候诊断标准可以在疾病的框架内建立，也可以有一个单独的证候诊断标准供临床诊疗使用。而疾病疗效的评价一般是以疾病本身的代表性指标（终点事件、客观指标等）为核心，而其中如何体现中医的特色和优势则是一个关键问题，也是难点所在。

目前中医临床研究常用的疗效评价指标体系有现代医学的终点事件、临床表现、实验室客观指标、生存质量（quality of life，QOL）、中医证候指标。它们之间关系如图1所示。

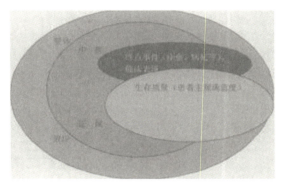

图1　疗效评价指标体系

由图1可以看出，传统的中医证候指标中包含了现代医学的终点事件、临床表现、生存质量，但是都不完整、不规范，而且没有客观指标这一块，用于疗效的综合评价时可操作性差。我们现在的目标是建立新的规范的、可操作的中医疗效综合评价体系。我们认为，体现中医特色的疗效评价标准还应该体现中医学"形神统一"的学术思想，对"神"进行定性的评价。"神"是中医学对人体整体功能状态的一种抽象的认识，可以定性，有时也可分出轻重等级，但无法量化，但"神"的判定有时却是其他西医指标代替不了的。因此，新的中医疗效评价体系既要反映中医治疗对神明、终点事件、客观指标的影响，又要反映其对生存质量的影响，尤其是生存质量这一块涉及社会、生活、交际、躯体、心理感受的评价，可以借鉴生存质量量表学方法与原则，结合中医证候内容的特色加以发挥与完善。进行中医疗效综合评价时，可以将指标体系分为神、终点事件、临床表现、客观指标、生存质量（QOL）几个部分；确定神的评价原则与方法，并采用极大不相关法或多元回归方法确定终点事件、临床表现、客观指标、生存质量四大板块中各自的指标体系组成。

4.2 中医临床疗效评价的几种适用方法介绍

4.2.1　Delphi 法 [4]

又名专家法。不同病种的中医疗效综合评价中，这几个部分所占比重应当不同。这一点，可以通过专家调查来确定其各自的权重。然后把采集到的各改善信息代人方程式，相加后即可。具体方法见前文。

4.2.2　层次分析法（AHP）[5]

把中医整体疗效看作一个系统，用系统分析的方法，建立树状图，对疗效指标进行连续分解，得到各层评价目标，最下一层就是各具体指标。然后依据这些指标计算出综合评分指数，对整体疗效进行评价。其步骤先建立评价目标层分图，然后自上而下逐层确定权重评分，并计算出归一化权重系数，然后用逐层连乘法计算各具体测量指标的组合权重系数。最后计算综合评分指数，公式：$GI=\sum C_iP_i$。GI 为综合评分指数，C_i 为第 i 个指标的权重系数，P_i 为第 i 个指标的测量值。

4.2.3　距离综合评价的 Topsis 方法 [6]

中医临床疗效是个多维综合效应，可以将每个病例的疗效看成一个多维综合点进行评价。基于归一化的原始数据矩阵，找出最优疗效和最劣疗效，然后分别计算每个病例与最优疗效和最劣疗效的距离，获得该病例与最优疗效的接近程度，以此作为评价疗效优劣的依据。公式：$C_i=D_i^-/(D_i^-+D_i^+)$。式中 C_i 为该病例与最优疗效的接近程度，D_i^+ 和 D_i^- 分别表示该病例与最优疗效和最劣疗效的距离。C_i 在 $0\sim1$ 之间取值，值越大表明疗效越好。

4.2.4　秩和比法（RSR）[7]

中医临床数据多是离散数据，往往很难达到参数统计的要求，如何进行非参方法向参数方法的过渡是一个难题。秩和比法是计算非参统计量秩和比（rank sllm ratio，RSR）以进行综合评价并排序的方法。秩和比是行（或列）秩次的平均值。其获得步骤如下：①列原始数据表：n 行 m 列；②编秩：RX_1–RX_n 计算行的秩和，SR=SUM（OF RX_1–RX_n）；③计算秩和比：RSR=WSR/n；④根据概率分布分档排序。

RSR 是个非参数的统计量，其产生不依赖于各评价指标的总体分布，不至于因模型拟合不佳而出现与事实出入较大的情况，因而此方法能反映评价对象的真实位置。所计算出的 RSR 值是一个连续变量，研究中可以用参数统计方法对此值进行统计检验，还可以根据 WRSR 值对评价对象进行分档排序（痊愈、显效、有效、无效等），分档数可由研究者根据实际情况掌握，此方法对于标准的研究也可资参考。

目前秩和比法研究在医学研究中多运用于医院效益管理体系的综合评价和医院质量管理的综合评价。在中医学中运用还较少，中医临床疗效评价中是可以尝试采用的。

4.2.5 模糊综合评价方法 [4]

其思想是通过将疗效评价目标的定性指标进行模糊变换，建立隶属度函数，最后可以用秩转换等方法进行综合评价，具体方法参阅有关书籍。中医所关注的疗效指标均为模糊定性的指标，很难量化，而且就是勉强进行一般的量化也难于做到更精确，反而丧失了定性的优势。因此，模糊综合评价不失为一种较好的选择。

中医临床疗效的评价是全方位、多维度、综合性的评价，采用综合评价方法可使中医疗效更量化，更有法可循，

也更具有说服力。在这方面，我们还有许多的工作要做。

参考文献：

[1] 梁茂新，洪治平．中医症状量化的方法初探 [J]．中国医药学报，1994，9（3）：37．

[2] 赵玉秋，陈国林，陈泽奇，等．肝郁脾虚证临床流行病学调查 [J]．中国现代医学杂志，1998，8（12）：35-37．

[3] 崔敏圭，项宝玉，黄世敬，等．中风病舌诊定量研究 [J]．中国中西医结合杂志，2001，21（9）：670-673．

[4] 胡永宏，贺思辉．综合评价方法 [M]．北京：科学出版社，2000：17．

[5] 官君达，万霞，胡立胜．中医症状量化及其疗效评定方法探讨 [J]．中国中西医结合杂志，2002，22（6）：431．

[6] 项静恬，史久恩．非线性系统中数据处理的统计方法 [M]．北京：科学出版社，2000：97．

[7] 孙振球．医学统计学 [M]．北京：人民卫生出版社，2002：386，392．

附录 4

《中国中医基础医学杂志》2007 年第 13 卷第 5 期

证候是什么？

贾春华[1]，王庆国[1]，王永炎[2]，黄启福[1]，鲁兆麟[1]

（1.北京中医药大学，北京 100029；2.中国中医科学院，北京 100700）

摘要：目的：探讨证候是什么。**方法：**从本体论、认识论、意义理论分别探究证候的本体、如何认识证候以及证候的意义。**结果：**证候的本体是失去健康的人；在证候认识过程中，存在由客观存在向观念性存在转移；证候的意义有病因病机学上的意义和临床治疗学上的意义。**结论：**证候研究切勿有违"整体反映"的本意；那个被称之为"病因病机"的东西是我们不能检验的；证候临床治疗学上的意义更具有可检验性。

关键词：证候；本体论；认识论；意义

中图分类号： R228　**文献标识码：** A　**文章编号：** 1006-3250（2007）05-0321-02

证候研究首先应该问的或者说首先应该回答的是"证候是什么"这一貌似简单的问题，然而要想做出回答却不是那么简单。因为你需要回答证候的"**本体论**"、"**认识论**"及证候的"**意义**"等诸多问题。也就是说，你不仅要说出"证候"指称的那个"实体"，还要明确如何认识"证候"

以及"证候"所代表的"意义"。

1. 证候的"本体论"

毫无疑问，"证候"依附于或者说存在于患者的身心。所以"证候"应该指称患者的状态，它应该包括表现出的

状态和未表现出的状态两大部分，用现今流行的哲学术语说[1]即"在场的"和"不在场的"。"在场的"即是已经呈现人们面前的东西；"不在场的"是指未呈现人们面前的东西。而"不在场的"是"在场的"背景，在场者通过不在场者的衬托而显现。既然"证候"依附于患者的身心，我们则不能不谈及"患者"，患者是指失去健康状态的人。是患者就应有在场和不在场的"患者"表现，当我们用中医证候理论去指称"患者的特有表现"时，我们就会说患者的表现是"某某证候"。当我们说某人患有某病证之时，指称的是患了某病证的某个人，即那个脱离了健康状态下的人。所以，证候是包括在场的与不在场的东西，也就是人们所说的"整体反映"，其中既有生理功能的体现又有病理过程的反映。谈及这一问题还是以引用原文来说明为好。《伤寒论》18 条："若酒客病，不可与桂枝汤，得汤则呕，以酒客不喜甘故也。"诸家对这一条文的解释虽然会有不同，但其既然强调"若酒客病，不可与桂枝汤"，显然患者患的是"太阳病且为桂枝汤证"，只不过是此太阳中风证发生在"酒客"的身上，不然张仲景不会作此等语。这在此条文的前一条"桂枝本为解肌，若其人脉浮紧，发热汗不出者，不可与之也。常须识此，勿令误也"中已交代得相当清楚。但是发生在"酒客"身上的太阳中风证并不等同于发生在常人身上的太阳中风证。所以有理由认为，本条文即是说"即便是酒客患了桂枝汤证，也不可与桂枝汤"。虽然我们还可以进一步引伸此处的酒客意指湿热内蕴的人，但这不影响本条文中所说的"酒客"是不在场的，因酒客不是症状与体征，它只能通过医家询问患者的生活嗜好而得到。

我们能否认为证候的本体即是那个失去健康的人呢？如果证候包括的不只是"症状与体征"这些在场的东西，还应包括那些未显现不在场者。如果是这样，我们在辨证论治的过程中该如何理解那些未显现东西的意义呢？简而言之，不在场的东西给在场的东西构成了一个背景，那些已表现出的"症状与体征"只是在那些未显现出不在场东西所构成的背景下才显现出意义。如此看来，证候的本体当是那个失去健康的人，它不仅包括那些在场的已经显现的"症状与体征"，而且还包括那些不在场的未显现的东西。但在我们的证候研究中，所要关心的是那些已经显现的"症状与体征"，而对不在场的东西表现得没有那么关心，这样是否有违证候是"整体反映"的本意？

2. 证候的"认识论"

谈及认识论不得不做主客体的区分，即将医家视为主体，将患者视为客体，通过联结原则将客体的状态反映于主体的大脑之中。中医认识证候或者说诊断证候的传统手段是望、闻、问、切，即通过望、闻、问、切的途径来认识客体证候。当医家认识到患者的某些系列表现可以用某一词语来指称时，预示着一系列表现也就有了一个"名称"，也可以说医家得到了一个指称患者表现的概念。例如，《伤寒论》3 条"太阳病，发热，汗出，恶风，脉缓者，名为中风。""中风"是名称，传统中国文化要求的是"名实相符"。在证候的认识论中，医家一定要问"表现出这些症状体征的原因是什么"？这就要涉及那些不在场的东西，是不是那些不在场的东西是这些已在场的原因？前已言及，不在场的是在场的背景，背景不一定是原因，但一部分背景可能是也应该是在场者的原因。在此我们需要讨论的问题是，中医学是如何认识原因、其主要的思维方式是什么？众所周知的事实是：中医学认识疾病的方法是"援物比类"、"司外揣内"，即以相似理论为基础，应用类比方法，通过对"形"的观察而得出病证的原因。引用《伤寒论》53 条、62 条原文来说明之。

"病常自汗出者，此为荣气和。荣气和者，外不谐，以卫气不共荣气谐和故尔。"

"下之后，复发汗，必振寒，脉微细。所以然者，以内外俱虚故也。"

以上的几条原文可以简化为"某为某的原因"形式："卫气不共荣气和谐"是"病常自汗出"的原因；"内外俱虚"是"振寒，脉微细"的原因。此处的"病常自汗出"、"振寒，脉微细"、"结胸（证表现）"皆是外在的且可以观察到的，它是客观的；而"卫气不共荣气和谐"、"内外俱虚"是主观的。也就是说，我们是通过这些外在的可观察到的客观现象，推测出这些现象的观察者认为的主观原因。在这一认识过程中中医学家更多地应用的是"信念"，凭借一张人工编成的信念之网来断定客观现象的原因。从认识论的角度来看，我们会将临床表现认为是现象，而将这些现象的原因认为是本质，并常以此方法将临床表现还原为本质。然而在这一还原过程中，或者说早在病因的认识过程中，即采用"援物比类"法得到的病因已非"真因"，而是与所援之物相类的"类因"，它已不是客观的与所援之物相同的"本体"。可以说在从临床表现到病因的认识过程中，既已出现了由客观存在向观念性存在的转移。那个被称之为"病因"的东西是我们不能检验的，起码是我们肉眼不能观察到的。

3. 证候的"意义"

如何揭示或阐释"证候"的临床意义，此则涉及意义理论。任何一种意义理论都必须能够预言一个有意义的表达式是什么和不是什么，以及语词与它们含义之间的系统的关系。在此说的意义理论主要是语义学的。当我们将语义学中的意义理论移植至中医证候的研究中，我们将依据什么来分析意义？我们所依据的只能是：它是可由经验证实或确证的。

每一个症状与体征相当于一个有意义句子中的每一个语词，我们可以问每一个语词的意义，但每一个语词的意义的组合并不等同于句子的意义。理论上来说，当我们清楚了每一个语词的所有意义，又清楚语词与语词之间的有效联结，如此才能清楚一个句子的意义，然而这样的难度太大了，以致人们会将此认为是"无穷的倒退"。套用到中医学的证候，也就是说清楚每一个症状或体征的意义，并不能由此得出一组症状或体征的意义，我们还必须搞清楚症状与体征间的有效联结。

意义理论与逻辑学中"真"的理论有密不可分的关系。真在意义理论中占有重要地位，而指称与涵义显然是意义理论的核心。指称与涵义之间的关系我们以太阳中风证为例讨论："太阳病，发热，汗出，恶风，脉缓者，名为中风。"这里"中风"是"名"，用以指称"发热，汗出，恶风，脉缓"这组症状与体征，但"太阳病，发热，汗出，恶风，脉缓"的涵义是什么？我们可以说它代表的是"太阳中风证"，然而我们不会满足于这样的回答，因原文中已明确告诉我们"名为中风"。这样的回答会让人们以为什么都没说。于是人们想从因果关系去阐明"太阳病，发热，汗出，恶风，脉缓者"在发生学上的涵义，"太阳病，发热，汗出，恶风，脉缓者"出现的原因是：感受风寒，卫阳与邪抗争与外，营阴外泄不能内守。如此"感受风寒，卫阳与邪抗争与外，营阴外泄不能内守"与"发热，汗出，恶风，脉缓者"的因果关系也就建立起来。我们为"太阳病，发热，汗出，恶风，脉缓者"找到了发生学上的涵义，也可以说我们将"太阳病，发热，汗出，恶风，脉缓者"还原成了"感受风寒，卫阳与邪抗争与外，营阴外泄不能内守"。现在需要追问的是，这种发生学上的涵义是不是"太阳病，发热，汗出，恶风，脉缓者"的惟一涵义？回答是否定的。因为我们可以从行为语言学的角度，即"说话就是做事"的角度找出它另外的涵义。12 条条文云："太阳中风，阳浮而阴弱。阳浮者，热自发；阴弱者，汗自出。啬啬恶寒，淅淅恶风，翕翕发热，鼻鸣干呕者，桂枝汤主之。"我们可以此段条文为依据说"太阳病，发热，汗出，恶风，脉缓者"的涵义就是"应用桂枝汤来治疗"。"现代经验主义的一条基本原则是：一个句子作出认知上有意义的断定，以因而可以说它是真的或假的。当或仅当，或者①它是分析的或矛盾的——在这种情况下人们说它有纯逻辑学的意义；或者②它是能够至少潜在地能够用经验证据来检验的——

在这种情况下人们说它有经验意义。"我们需要探讨的是证候的经验意义。经验意义的可检验标准不只是为经验主义所独有，它也是现代操作主义的，在某种含义上同样是实用主义的特征。如此而言，我们需要讨论的是证候意义的可检验性问题。也就是说，我们如何检验"太阳病，发热，汗出，恶风，脉缓"的意义。

"太阳病，发热，汗出，恶风，脉缓"是一观察句，凡处在最佳观察角度的医家都应该观察到，也就是说它是可观察的、可核实的。但是下列反映"太阳病，发热，汗出，恶风，脉缓"意义的两个句子是否能够被证实：

"太阳病，发热，汗出，恶风，脉缓者"的意义是"感受风寒，卫阳与邪抗争与外，营阴外泄不能内守"。

"太阳病，发热，汗出，恶风，脉缓者"的意义是"应用桂枝汤来治疗"。

在此我们可以引入塔斯基的"真"理论来判定这两个句子的真值。这两个句子均可被写成这样的形式：S 是 T 当且仅当 P，那么上面的句子可以写为："太阳中风是感受风寒，卫阳与邪抗争与外，营阴外泄不能内守"是真的，当且仅当"太阳中风是感受风寒，卫阳与邪抗争于外，营阴外泄不能内守。""太阳中风是用桂枝汤来治疗"是真的，当且仅当"太阳中风是用桂枝汤来治疗"。

我们可以直观地看出，从发生学角度探讨太阳中风的意义是不能检验的；而从操作或实证的角度来探讨的意义是可以检验的。若仅从证候意义可判定性的角度来看，实证的操作的证候定义法更具有明显的优势。

可以概括如下：证候的本体即是那个失去健康的人，它不仅包括"症状与体征"这些在场的已经显现的东西，还应包括那些不在场的未显现的东西；对证候的认识，有主体客体之分，客体的证候即是证候的本体，是指患者的整体状态；主体的证候是客体证候在观察者头脑中的反映，是观察者通过感觉、知觉、判断而得到的概念，客体证候与主体证候的关系是一种"物与词"的关系；证候的意义至少有病因病机学上的意义和临床治疗学上的意义，且临床治疗学上的意义更具有可检验性。

参考文献：

[1] 张世英. 哲学导论 [M]. 北京：北京大学出版社，2002：34.

[2] 亨普尔. 关于认知意义的经验主义标准：问题与变化 [J]. 马蒂尼奇. 语言哲学 [M]. 北京：商务印书馆，1998：16.

（收稿日期：2007-01-20）

附录 5

《中医杂志》2007 年第 48 卷第 6 期

建立中医药技术标准体系的迫切性

王永炎，王志国，韩学杰，黎元元，刘　垣，赫　炎

（中国中医科学院中医药技术标准研究中心，北京 100700）

关键词：中医药标准化；技术标准；管理标准

近些年来，在国际市场竞争中出现了把技术标准与知识产权相结合，形成新的技术垄断联盟的情况，即借助于技术标准的特殊地位，强化相关知识产权的保护；借助知识产权的专利性，来实现某些技术标准事实上的垄断，以追求经济利益的最大化。随着传统医药巨大的医疗价值和市场潜力日益显现，中医药在越来越多的国家和地区迅速普及，中医药标准化的国际呼声和需求日益高涨。在世界卫生组织发展传统医药决议的引导下，日本、韩国及欧美等国家纷纷开展了传统医药标准的研究制定，通过各种形式和途径争取国际标准制定的主导权。中医药标准化在激烈的国际竞争中面临着新的机遇和挑战。国家科技部率先提出了人才、专利和技术标准三大科技发展战略，并将重要技术标准的研究列入我国"十五"科技重大专项。但是由于多方面的原因，迄今为止我们的技术标准尚没有像发达国家的高科技标准那样起到主导产业、开辟市场的作用，中医药技术标准更显薄弱。中医药标准化工作与中医药事业发展的需要还存在一定的差距：一是在行业内标准化意识不强，认识还不一致；二是中医药标准化还处在探索阶段，不能很好地与中医药工作实际相结合，标准适用性不强，不能满足医疗、科研、教育发展和对外交流合作的需要；三是推广运行机制不健全，缺乏有效实施和监督；四是中医药标准化基础条件薄弱，缺少统筹规划和有效的组织与经费保障，缺少中医药标准研究网络和可依托的骨干单位，缺乏标准化专业人才。解决上述问题，需要对中医药标准化工作进行统筹规划，明确指导思想和目标，理清工作思路，落实各项重点任务和保障措施，推进中医药标准化在新的历史时期的新发展。如何实现"中国"标准的崛起，建立中医药技术标准体系，使技术标准成为提升我国核心竞争力的坚实技术基础，是我们面临的重要课题。

1. 指导思想和基本原则

坚持发挥中医药特色与优势，以提高中医药继承发展能力为核心，充分发挥标准化在中医药事业发展中的技术支撑和基础保障作用，增强技术创新能力，加强行业规范管理，加快中医药走向世界，更好地为人民健康服务。通过运用现代科学理论和技术手段，系统整理中医药理论和学术思想，建立中医药基础标准体系，能够更好地推进中医药的理论创新；通过系统总结中医临床安全有效的诊疗经验和方法，形成次优诊疗方案，建立中医药技术标准体系，能够更好地促进中医临床疗效的提高；通过对中医药管理实践中既有经验进行总结归纳，建立中医药管理标准体系，进一步完善和补充法律法规，能够更好地使中医药管理做到有法可依。通过提高中医药产品、服务质量，使中医药产品、服务达到国际技术交流合作与贸易的条件要求，符合国际基本惯例，能够更好地增强中医药的国际竞争力，同时有效应对技术壁垒，合理保护我国利益。因此，中医药标准化既是中医药事业发展的内在要求，也是中医药事业发展的重要技术支撑。《中华人民共和国国民经济和社会发展第十一个五年规划纲要》将"推进中医药标准化、规范化"纳入了新时期的重点任务。落实好中医药标准化工作的新任务、新要求意义重大。

修订中医药标准应遵循如下四条基本原则：①坚持以

市场为导向、以医疗机构为主体的原则。充分发挥市场机制对技术标准工作的基础性作用，鼓励医疗机构成为制定标准和采用标准的主体，增强标准的适用性和国际化程度；②坚持政府引导、社会参与的原则。综合运用行政、经济、技术、法制等手段，充分发挥并引导各级各类医师、教师和科研人员参与技术标准制定与试行工作，整合团队力量形成良好的社会氛围；③坚持自主创新、重点突破的原则。强化技术标准研制与科技创新活动的紧密结合，优先起草临床急需、争议较少和有一定工作基础的规范标准，争取重点领域率先突破，从而推动中医药学科建设，促进专业人才培养；④坚持有序推进、长效管理的原则。重视对国内外技术标准的学习研究，有计划、有组织、有成效地充分掌握本底资料，推动标准化工作全面进步，逐步建立适应国情需要的中医药医疗卫生保健事业与产业发展的长效运行机制。

2. 目标与任务

建立起适应国内外中医药科技发展形势和行业发展需要的技术标准推进模式和运行机制，逐步形成各种社会资源合理配置的技术标准研究、制定、应用、推广实施体系。经过努力，争取到2010年左右，全行业标准化意识明显增强，技术标准推进机制和支撑服务体系基本建立，一批技术标准研制示范基地陆续形成，造就一批高素质、具有创新能力的从事技术标准的人才队伍。

为贯彻落实《中华人民共和国国民经济和社会发展第十一个五年规划纲要》提出的"推进中医药标准化、规范化"重要任务，更好地实施《中医药事业发展"十一五"规划》，按照国家标准化发展战略要求，国家中医药管理局制定了《中医药标准化发展规划（2006～2010年）》。中医药标准体系是中医药标准化建设的主要任务。"十一五"期间，初步建立以中医药技术标准和管理标准为主体框架的标准体系。在技术标准领域，重点加强基础、临床、中药等方面关键技术标准的制修订；在管理标准领域，重点加强医疗、教育、科研等方面资质、建设、服务标准的制修订。

2.1 中医药技术标准

在基础标准方面，围绕中医药基本理论，以及中医药标准制修订过程中的共性问题，重点开展中医基础理论术语标准、临床诊疗术语标准、中药理论与应用基础标准、中医药名词术语分类与代码等标准的制修订工作。同时，开展中医药信息、翻译、基本方法、计量单位等标准的研究与制定。开展中医药信息基础标准、中医药信息管理与共享服务标准、中医医疗机构信息网络系统标准、中医药数字化技术规范等制修订工作，为中医药信息交换和共享提供技术支撑。

在临床标准方面，以提高中医临床疗效、规范中医医疗技术服务行为为目的，围绕常见病、多发病及重大疾病，重点加强中医、中西医结合临床病证诊疗指南的制修订。针对关系中医药发展的关键技术问题，进一步加强研究，开展中医临床疗效评价标准的制定，争取在方法学上取得进展。在针灸基础标准取得进展的基础上，重点开展针灸临床技术操作规范和临床治疗指南的制定，完成毫针、三棱针等针灸技术操作规范国家标准的制定工作。同时，开展骨伤、推拿、护理等临床各科常用技术操作规范和中医药预防、保健、康复等服务技术标准的制修订。

在中药标准方面，围绕提高中药材质量、保护野生药材资源，保护中药传统技术和知识产权，重点开展中药材种质资源、药用动植物基源、种子种苗、道地药材、中药炮制、中药资源保护和中药材质量控制等标准的研究和制修订，解决当前中药材质量与资源保护领域最为紧迫的技术标准需求。围绕中医临床用药，重点开展处方规范、用药名称、煎服方法、贮藏管理等保障临床用药的安全性和有效性的相关标准规范的制修订。

2.2 中医药管理标准

建立涵盖中医药医疗、教育、科研、国际交流合作等各个方面的管理标准体系。围绕推进中医药依法行政，规范行业管理，重点开展中医医疗人员、机构、技术的准入和资格资质标准的制修订。围绕提升中医医疗机构建设和服务管理水平，促进基础条件和就医环境改善，加强中医医疗机构建设与质量管理标准制修订。加快中医医疗机构医疗质量监测系统管理标准制定，提高对中医医疗质量监测和统计分析水平。

积极组织和参与中医药教育和科研机构的资格资质标准、机构建设与管理标准、中医药教育机构的专业设置标准、各级各类人才培养及管理标准、人才知识与技能基本标准、科研活动管理标准、科研成果评价标准等制修订工作。

此外，积极主动参与中医药国际标准化活动，推进我国中医药标准化成果向国际标准转化。加大中医药国际标准的制修订的参与力度，逐步将以往的自发、分散、被动参与转变到有目的、集中、主动、全面深入参与。积极承担国际标准化工作，提出国际标准草案，争取以我为主形成技术标准，掌握制定中医药国际标准的主导权。加强对国际标准化活动的研究，建立国际标准化信息渠道，了解国外有关的法律法规与标准的研究的动态与趋势，研究和提出中医药标准国际化的政策建议和技术要求。

加强中医药标准化基础性工作，开展发展战略研究，以及相关政策研究，将中医药标准化与贯彻落实依法行政、规范行业管理相结合，加强对中医药标准化的政策指导。开展中医药标准化理论与方法研究，为中医药标准体系建设提供理论指导与技术支撑。促进标准化与中医药科技创新活动的结合，建立中医药标准制修订与科学研究的紧密结合的新机制，将中医药标准制修订相关研究工作作为中医药科学研究的重点领域，加大对中医药标准特别是技术标准制修订前期基础性科学研究的支持力度。

在国家中医药标准化管理部门统筹规划、宏观指导下，发挥各中医药学术团体、行业组织及中医药机构在各自领域的技术优势和组织协调作用，建立中医药标准化技术组织。成立国家中医药标准化专业技术委员会，建立各学会、协会的标准化技术组织，开展不同层次的中医药标准立项论证和审查，进行技术研究、指导和协调，加强对中医药标准制定、实施和监督的组织管理。依托具备一定基础条件、在相关领域具有优势地位的中医药医疗机构、高等院校、科研院所，以及重点学科、专科，通过组建中心、基地、工作组等形式，确定为中医药标准化研究制定的骨干单位，承担标准的制修订以及实施推广等任务。

依托现有的中医药信息资源，加强中医药标准化工作、管理、服务的信息化建设。通过建立中医药标准化信息网站，构建中医药标准化信息资源平台。同时，做好同国家标准化信息系统等平台的链接，实现各系统间的标准数据转换和共享，全面、准确、及时提供中医药标准信息服务。

积极开展各种宣传活动，充分利用社会及中医药各种媒体，通过多种渠道和方式，加大中医药标准化宣传力度，普及中医药标准化知识，扩大中医药标准化的影响，提高全行业中医药标准化意识。针对国家标准及行业标准的发布实施，及时开展不同类型和不同层次的标准化知识与技术培训，增进中医药人员对标准内容的了解和掌握，提高贯彻中医药标准的自觉性，形成宣传贯彻中医药标准的良好氛围。

"得标准者得天下"在今天不仅仅是一句口号。技术标准已越来越成为世界各国发展贸易、保护民族产业、规范市场秩序的重要手段。中医药是我国具有自主知识产权的为数不多的民族文化与传统医药产业，要得到巩固和发展，实现现代化，得到国际认可，必须制定可操作的相关技术标准，建立中医药技术标准体系。

（收稿日期：2007-04-30）

附录 6

《中国中医基础医学杂志》2007 年 12 月第 13 卷第 12 期

通腑法在中风病防治中的应用

王莹莹，焦玉梅，杨金生，王永炎

（中国中医科学院，北京 100700）

关键词：中风；通腑法；防治

中图分类号：R255.2　文献标识码：B　文章编号：1006-3250（2007）12-0924-02

中风病是由于气机升降逆乱，气血、津液运行不循常道或滞留或充溢于神明之府，形成痰饮、瘀血、气滞、阻塞清窍，导致猝然昏倒、失语、肢体偏瘫，因此说中风病的病机基础主要是经络、气血的阻滞不通。临床证实，通腑与化痰、破瘀、引血下行、调畅气机等治法存在着协同的作用。近年来，随着中风病发病率升高的趋势，加之人们社会环境、工作压力和生活习惯的改变，通腑法在防治中风病中的作用日益突出，现就其具体方法和意义简述如下。

1. 未病防其发

不治已病治未病，如《中风辨诠》中记载："病根潜伏，藏气变化，酝酿者深，乃能一触危机。"中风病的防治不可忽略，重在预防。大肠为六腑之下极，且"魄门亦为五脏使"，其气通畅与否与脑神、全身气机有密切关系。如《素问玄机原病式》中所说："人之眼耳鼻舌身意神识能用者，皆升降出入之通利也。"要预防中风，必先保持腑气通畅，安其五脏。对此前人提出了节饮食、慎起居、调情志等一般性预防措施。

"饮食自倍，肠胃乃伤"。因此，调节饮食的目的是减轻肠胃的负担，使腑气通畅，六腑之气随之而畅则全身气机协调。平素饮食要以清淡素食为主，多吃新鲜的、粗纤维丰富的蔬菜、水果，尽量少食高脂肪、高胆固醇的食物，减轻胃肠负担；同时食量宜适当，不应过饱，切忌暴饮暴食，保持胃肠正常有规律地蠕动。

所谓慎起居是指生活要有规律，劳逸适度。适度的劳动可以促进气血的运行，调畅气机，气主动，动则气机顺畅，肠腑健运，饮食的消化，减少气滞聚湿生痰的可能。尤其是人过中年以后，应重视体育锻炼。叶天士《临证指南医案》中也谈到"高年下焦阴弱，六腑之气不利，多痛不得大便"。有人曾对411例做过调查，60岁以上老人极少活动者便秘发生率为15.4%，而坚持早跑的人便秘发生率仅为0.21%。

另外，精神调摄同样重要，"恬淡虚无，真气从之，精神内守，病安从来"。精神愉快，思想乐观开朗，情志舒畅，机体就会保持正常有序的新陈代谢，脏腑气机通畅，就可以少得或不得中风病。

2. 欲病防其作

中风发病之前一般多有先兆症状，称为中风先兆，中医称为"微风"、"小中"等。此时，虽然缺乏疾病的典型临床表现，但体内病变因素已经存在，出现了阴阳的偏盛偏衰，气机逆乱于头，处于欲病而未作的"潜证"阶段。中风先兆与中风的病因病机大致相同，有学者认为中风先兆期就已存在腑气不通的病理现象，便秘在中风先兆发生过程中起着重要的诱因作用。张学文等调查350例中风先兆患者，其中137例表现出不同程度的便秘现象（占39.14%），且与先兆症状的轻重呈正向关系，多合并高血压。当用药后，大便通畅则血压下降，显示便秘 - 高血压 - 中风先兆在病理上存在着一定的内在联系。"大肠者，诸气之道路也"，腑气通畅，从而五脏六腑气机协调。通腑法在中风病的预防中有重要意义，在中风先兆证阶段主要有以下方法。

2.1 化痰通腑泻浊法

随着人们生活水平的提高，滋饮醇酒已为常事，肠胃乃伤，腑气不畅，聚湿生痰，痰湿内蕴，郁久化热，热极生风。早在《素问·通评虚实论》便载有："仆击、偏枯痿厥……甘肥贵人，则膏粱之疾也。"张山雷认为"肥甘太过，酿痰蕴湿，积热生风，致为晕仆偏枯，猝然而发，如有物击之使之仆者，故曰仆击，而特着为病源，名以膏粱之疾。"此类患者体丰，症见头晕头重、胸闷泛恶、便秘、舌红、苔厚腻、脉滑等，治宜化痰通络，通腑泄浊，常用方药为瓜蒌、半夏、枳实、橘红、石菖蒲、胆南星、僵蚕、大黄、郁金、地龙等。

2.2 平肝通腑泄热法

此法适用于平素易头晕头痛，烦躁易怒，与情绪过于激动时发作的中风先兆证。暴怒伤肝，则肝阳暴张，或心火暴盛，风火相煽，血随气逆，上冲犯脑，即刘河间之"所谓中风瘫痪者……多因喜怒思悲恐之五志过极，而卒中者皆为热甚故也"。症见面红目赤，气粗，口臭，便秘，头晕头痛，烦躁易怒，舌暗红，苔黄，脉弦滑，治宜平肝潜阳，通腑泻热，方药常用夏枯草、钩藤、大黄、生地黄、天麻、牛膝、代赭石、石决明、枳实、厚朴、芒硝等。

3. 既病防其变

中风发作，骤然而至，变化迅速，"痰瘀交阻，气机升降逆乱"是其主要病机。卒中后由于神机失用，脏腑失调，气机更加瘀滞，肠腑传导不畅，浊邪不降，痰热壅滞，腑气不通，加之患者制动，或屡用脱水剂，肠燥便秘，从而形成腑实证。中焦是气机升降的枢纽，临床报道约有"40% ～ 65.38%的中风病急性期患者伴有腑气不通的症状"，甚至"80%左右患者出现便秘症状"。腑气不通比较广泛地存在于中风病患者中，它不仅是主要的致病因素，而且是病情恶化的重要诱因，并持续存在于中风病发生、发展的全过程，尤其是在急性期。临证时要抓住气机升降逆乱这一中心环节，于中风早期果断采用通腑法以降逆气、泻腑实，兼顾祛瘀涤痰或清火息风，使中焦气机通畅，升降复常，气血得以敷布，濡养脏腑经络，对改善主症，促使神识转清，缩短病程，减少后遗症及预防复中有显著的临床意义。

3.1 通腑化痰法

此法在临床上运用较为频繁，适用于平素过食肥甘醇酒，脾失健运，痰湿不化，或素体肝旺，气机郁结，克伐脾土，痰湿内生，郁久化热，痰热夹风，横窜经络，甚则内闭清窍者。方用星蒌承气汤加减，药用大黄、芒硝、胆南星、桃仁、枳实、茯苓、陈皮、半夏、菖蒲等。

3.2 通腑开窍法

此法适用于中风病急性期属闭证者，患者突然昏倒，不省人事，牙关紧闭，口噤不开，两手握固，大小便闭，肢体强痉，常伴烦躁不安、腹胀口臭、便秘、苔黄腻、脉弦等症。此乃痰火壅盛、闭阻清窍、心神被扰所致，证属阳闭腑实，当辛凉开窍、苦寒泻下为法，以开窍醒神，急下存阴。方用安宫牛黄丸合涤痰汤及承气汤类方加减，药用大黄、芒硝、胆南星、黄芩、瓜蒌、枳实、甘草等。

属阴闭者常伴壅塞气粗、神昏不语、苔白、脉迟等症，此乃寒痰内盛，闭塞气机，蒙蔽神明所致。此证虽腑实不明显，但因通下可助上，仍用通腑法，法应开窍化痰，温通泻下。方用苏和香丸合温胆汤及承气汤类加减，药用大黄、枳实、陈皮、茯苓、胆南星、半夏、竹茹、甘草等。

3.3 通腑活血法

此法适用于血瘀兼有腑实之中风者。临床多见半身不遂，口舌歪斜，偏身麻木，眩晕头痛，或有身热，口干不欲饮，或有胸闷心悸，或有脘腹作痛，大便秘结，或大便色黑，或伴呕血，舌质暗红或有瘀点瘀斑，脉弦或弦数。通腑法的运用，不仅可泻腑实、畅气机，且有利于瘀血的消散及吸收，增强疗效。张仲景治瘀，大黄是其主药，如桃核承气汤、大黄牡丹汤、大黄䗪虫丸等，皆为瘀实同治、推陈致新之法。有实则泻，无实则活血，两法合用，相得益彰。方用桃核承气汤加减，药用桃仁、当归、川芎、丹参、地龙、三七、大黄、芒硝、枳实、陈皮等。

3.4 通腑息风法

此法适用于中风阳亢风动之证，多因五志所伤、情志过极，引起肝阳暴亢或心火暴盛，风火相煽，上冲犯脑而卒发中风。症见半身不遂，舌强语蹇，或口舌歪斜，头目眩晕，耳鸣，或烦躁不安，手足抽搐，尿赤，大便秘结，舌红或绛，脉数。治宜息风以潜阳，通腑以泄热，釜底抽薪，使上亢之风阳引入于下。方用增液承气汤合镇肝息风汤加减，药用牛膝、钩藤、天麻、龟板、生地、麦冬、大黄、芒硝、玄参、生龙牡等。

3.5 通腑泻热法

用于中风病急性期，阳火亢盛，消灼津液，致胃肠燥结，腑气不通，症见体热，或胸腹灼热，大便秘结不通，面红目赤，鼻鼾痰鸣，口中浊气熏人，舌红，苔黄腻。乃胃中灼热不得下泻，瘟氲蒸腾，阳痰火上蒙犯脑。治宜通腑泻热存阴法，上病下取，导热下行，急存阴液，藉以平肝息风，即可"釜底抽薪"，断其热源而达"热去风自消"的目的。方用大承气汤加味，药用大黄、芒硝、枳实、厚朴、鲜竹沥、胆南星、银花、栀子等。

总之，中风病急性期要重视通畅腑气，使升降逆乱之气机恢复正常，即使发病初期没有大便不通的表现，也可酌加通腑之品，预防腑实证的形成，防止病情的发展。

4. 病后防复中

中风发病以后，易发中风的体质基础没变，顽痰死血没有尽除，潜伏于体内，耗损气血，使正气渐虚，从而易复发中风。因此，中风病急性期过后，更应注意全身气机的协调，尤其是腑气的通畅。腑气通畅，即可避免触动诱因，又可减少因气机阻滞、津液代谢失常而新生的痰浊、水饮、瘀血。此外，腑气通畅，则脾胃可充分吸收水谷精微，使气血充盛、津气得布，四肢百骸、筋骨脑髓得以濡养，加快半身不遂、意识障碍等症的好转。恢复期和后遗症期以补助通，临床上此期的病人可采用益气活血通腑法防止复中，并对促进瘫痪肢体的恢复和减少后遗症具有重要意义。

综上所述，通腑法在中风病防治中占有重要地位，对于中老年人，及早调理肠腑能预防中风病的发生。在中风病急性期的治疗中，应注意调畅肠腑气机，使患者安全度过急性期；在中风病恢复期，调理肠腑既可杜绝痰、瘀之来源，防止中风病的再发，又可促进肢体的早日恢复。

（收稿日期：2006-12-06）

附录 7

《中国古代疫病流行年表》封面书影

中国古代疫病流行年表·序

中国工程院院士　王永炎
丁亥春，于中国中医科学院

"善言古者必有验于今"，此言史可为鉴。当今治疫与防疫，亦当温故知新，医者采其良法，民众借其经验。先秦以降，学人、医者，论"疫"甚详。《内经》云："五疫之至，皆相染易"；"民必大疫，又随以丧"，此言瘟疫肆虐，发病广泛，传播迅疾，伤亡惨重，确系人类大敌。反观古代中医防疫之理念，治疫之举措，博大精深，内容宏富。故我国历代虽频发大疫，荼毒百姓，然经奋力防治，尚未导致民族迁徙或人口骤降。历代抗疫防疫之感人事迹，世代相传。中华民族繁衍昌盛，得益于古代中医造福桑梓，其功不可没。

当今一则是"可上九天揽月，可下五洋捉鳖"，飞船、潜艇，标示科技之发达；另则却是，"绿水青山枉自多，华佗无奈小虫何"，虫菌疫毒，如野火死灰，得风复燃。曾几何时，变异冠状病毒作祟，导致民众恐慌一时。政府、医界，联袂奋力抗击，数月即平。后期中医参与防治，虽不贪功，然令世人得知，国医国药防治现代大疫之效仍是无可替代。中医药学防治重大疫病的作用再次得以彰显，吾辈深感毛泽东主席拟定卫生方针与中医政策之伟大。"中医不能丢"、"中西医并重"，确实英明！

华夏医药，历数千年，其天地人相参、精气神一体的系统论，是中医的原创思维。此原创优势，自当我主人随，加以弘扬光大。当今世界，艾滋病流行、结核病反弹、病毒病增多。西人制定"生物盾"计划，探求新致病原及变异病毒防范策略与方法，也将吸纳东学作为途径之一。然攻毒之先，首当强身。防则强化自身免疫功能，治当坚持证为主体，据证言病，病证结合，方证相应，以提高防治水平。

张志斌教授对学术勤于耕耘，刻苦钻一研，学风严谨；对学生诲人不倦，重道求真，为人师表；其早年从事临床，精于诊务，后来从事中医历史研究，又获博士学位。近著《中国古代疫病流行年表》，可作为深入研究古代疫病流行之工具书。该书阐发作者对瘟疫理论与实践的研究，不乏创新见解，颇多真知灼见。我于1998年调任中国中医研究院（即今中国中医科学院）后，与张教接相识，切磋学问，多受启发。今日其书稿即将付梓，邀余作序，感念治学中，互勉互助，故聊以数语，乐观厥成。

附录 8

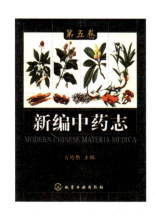

《新编中药志》封面书影

评《新编中药志》（第 5 卷）

王永炎

（中国中医科学院）

　　《新编中药志》（第 5 卷）出版了，笔者有幸先睹全书，感到这部著作对促进中药的现代化和国际化方面做出了它应有的贡献。

　　以肖培根院士为主编的《新编中药志》凸显常用中药，收载品种范围大致与《中国药典》一部相仿。第 5 卷的内容，共分五部分：第一部分主要介绍 2005 年版《中国药典》新增的 28 个中药材；后四部分则是对前 4 卷的品种增补修改近几年的研究成果与进展相关的文献。综览全书，有以下的特点：

　　一新。中医药的文献日新月异，而且近年来在中医药现代化的指引下，研究资料与成果不但在数量上有成倍的增加，而且在质量上也有长足的提高。本书基本将文献追踪到了 2006 年，因此能够与时俱进反映我国在中药方面的主要研究成就，成为当今我国中药行业的一部代表著作。

　　二精。本书介绍的内容，经过相关学科，包括植物、生药、化学、分析、药理学专家的再加工，去粗存精，一般均能突出重点，每个中药品种可以给读者一个较完整的概念。

　　三全。为适应中药质量评价及中药研究开发工作的需要，本书对化学成分、质量控制及药材的真伪鉴别、药理作用及临床应用等内容作了重点介绍，因而实用性很强。

　　难能可贵的是，本书主要是年逾古稀，倍受学人尊敬而已经退休的老科研工作者作为主力完成，他们凭着对中药学科与事业的热爱与执著，一丝不苟、夜以继日地完成了这部力作。

　　《新编中药志》已成为专业人士经常应用的业务参考书，作者愿意向大家推荐这样一部能反映中医药现代化成就的好书。

（原载《中国中药杂志》）2007 年第 9 期）

2008 年，70 岁

2008 年图 1　2008 年的王永炎先生

2008 年图 2　新老两任中国中医科学院院长（左王永炎，右曹洪欣）

1月，受聘于广州中医药大学，任"省部共建教育部重点实验室、广东省高等学校科研型重点实验室——中药资源科学重点实验室"的专家学术委员会主任。

2008 年图 3　带领学生做教学查房 -1（左 2 王永炎）

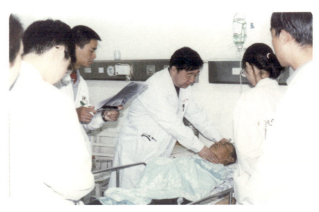

2008 年图 4　带领学生教学查房 -2（中间为患者做检查者王永炎）

3月，全国人大常委会换届卸任。

6月，受聘为太湖世界文化论坛首席专家。

同月，受中国中医科学院院长曹洪欣续聘为首席研究员。

7月，受聘于中华人民共和国卫生部为"健康中国 2020"战略规划研究首席专家之一，任中医药组组长。

2008 年图 5　带领学生做教学病案分析（正面者王永炎）

2008 年图 6　在《中医内科常见病诊疗指南》发布会上接受采访（左 1 王永炎）

2008 年图 7　广州中医药大学"中药资源科学重点实验室"的专家学术委员会主任聘书

2008 年图 8　中国中医科学院首席研究员聘书

　　8 月，受聘于中国中医科学院任中国中医科学院艾滋病专家委员会主任委员；受聘于社保部对 2004 年版医疗保险与工伤保险药品目录考查调研制定《目录》修订方案。

2008 年图 9　"健康中国 2020"战略规划研究首席专家聘书

2008 年图 10　中国中医科学院艾滋病专家委员会主任委员聘书

　　同月，为肖承悰等主编的《中医妇科名家经验心悟》作序。此书 2009 年 2

2008 年图 11　南京中医药大学学术顾问聘书

月由人民卫生出版社出版。

同月，二女儿王彤于黑龙江中医药大学管理系研究生毕业，获硕士学位。

11 月，受聘为南京中医药大学学术顾问及南京中医药大学附属医院（江苏省中医院）中医药事业发展总顾问。

同月，获北京中医药大学中药学院建院 50 周年特别贡献奖。

2008 年图 12　"北京中医药大学中药学院建院 50 周年特别贡献奖"奖牌

2008 年图 13　南京中医药大学附属医院中医药事业发展总顾问聘书

同月，主编《名老中医学术思想源流》，由中医古籍出版社出版。

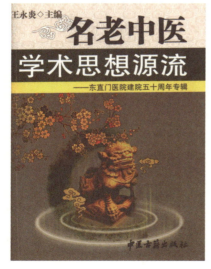

2008 年图 14　《名老中医学术思想源流》封面页书影

2008 年图 15　《名老中医学术思想源流》版权页书影

12 月，受聘为北京中医药大学内科学北京市普通高校重点实验室学术委员会主任委员及北京中医药大学中医内科学教育部重点实验室第二届学术委员会主任委员。

2008 年图 16　北京市普通高校重点实验室学术委员会主任委员聘书

2008 年图 17　中医内科学教育部重点实验室学术委员会主任委员聘书

同月，与黄璐琦研究员共同主编的《药用植物种质资源研究》由上海科学技术出版社出版。

此年，中医诊疗标准的制定研究工作进一步展开，先生带领其中医标准化团队，制定了中医内科临床实践指南。论文《清开灵对脑出血脑水肿大鼠 AQP4 表达的影响》发表于《安徽中医学院学报》第 3 期，《中医诊疗标准共性技术的方法与思考》

2008 年图 18　《药用植物种质资源研究》封面页书影

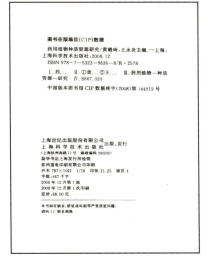

2008 年图 19　《药用植物种质资源研究》版权页书影

发表于《中国中医急症》第 11 期，《证候概念语言和字义演变过程研究》发表于《中国医药指南》第 23 期，《中风病化痰通腑治疗后的病证转归与相应治疗》发表于《北京中医药大学学报》第 12 期。另外，为王玉来、张允岭主编的《薪火传承——永炎篇》一书写序。此书 2009 年 2 月由人民卫生出版社出版。

先生在全国人大常委会委员任期内，为中医立法在法律委员会与国务院法制办做了许多工作，虽已纳入人大立法计划，但执法主体仍存有争议。还参与了食品卫生法调研与修订工作。

此年，先生在中医科学院指导的学生杨洪军、严华、黎元元、龚燕冰、高凡珠、支英杰、荆志伟等通过学位论文答辩，获得博士学位。先生带领研究团队与广东众生药业股份有限公司联合研发的脑栓通胶囊及与吉林辽源誉隆亚东药业有限责任公司联合研发的苁蓉益智胶囊，获批上市。

为培养高层次后备学科带头人，国家中医药管理局设置了全国优秀中医临床人才研修班，为期3年。先生受聘为专家组组长，从经典古医籍的选择、命题遴选到中期评估及结业考核，专家组全程督导按培养计划与方案进行，先生力主重新推广中医策论的撰写。此年第一批学员结业，共收到215篇中医策论文，优中选优，最终集合111篇优秀中医策论文，汇集加按语后，形成《中医临床思辨录》一书由中国中医药出版社付梓，正式出版发行，颇受老一辈专家赞许。并为第二批中医临床人才的培养积累了经验。

由上海科学技术出版社出版的《药用植物种质资源研究》一书，资料来源于国家科技项目的研究成果，展示了该领域的新成果。主要介绍药用植物种质资源相关理论基础，种质资源的调查、保护与评价，生物技术在药用植物种质资源研究中的应用。并从根及根茎类中药、花类中药、果实种子类中药中选择具有代表性的药用植物为例，分别对人参、三七、半夏、地黄、金银花、菊花、枳壳、薏苡仁等8种药用植物种质资源的现状和问题、产地调研和收集、种质资源的系统评价等内容开展研究，涉及相关的标准。

附录 1

《中国科学基金》2008年5月第3期

概念时代应重视中医学原创思维的传承与发展

王永炎
（中国中医科学院中医临床基础医学研究所，北京 100700）

摘要：随着社会由"信息时代"向"概念时代"转变，全世界对原创思维更加重视。中医学是中国特有的原创性思维，在概念时代，更要重视对中医学原创思维的传承与发展。在保持中医学自身特色、发挥其特有优势的基础上，重视概念并将其拓展到高概念。将形象思维与逻辑思维相结合，将中医原创思维向全新思维过渡，以保持其在新时代的不断发展。

关键词：原创思维；概念时代；传承；发展

Emphasizing the Inheritance and Development of TCM in Conceptual Age

WANG Yongyan

（Institute of Basic Research In Clinical Medicine，Chinese Academy of Chinese Medical Sciences，Beijing 100700，China）

Abstract：With the change of our society from Information Age to Conceptual Age，original thoughts are more important to the world. Traditional Chinese Medicine（TCM）is a kind of original thoughts. In Conceptual Age，we should pay more attention to the inheritance and development of it. On the basis of keeping its characteristics，we should educe its own advantages，emphasizing the concept and expand it to high concept，combining the concrete thinking with logical thinking，and impelling the original thoughts of TCM to a who le new mind，keeping its development continuously in a new age.

Keywords：conceptual age； traditional Chinese medicine（TCM），original thoughts

在人们对中医药的科学性及发展前景的争论中，人类的生存环境也在动荡中不断发展变化。19 世纪，我们的社会经历了由"工业时代"（Industrial Age）向"信息时代"（Information Age）的转变。而现在，随着经济全球化、软件向亚洲外包、物质丰富和自动化盛行，新的时代——"概念时代"（Conceptual Age），即将到来。发达国家的知识工作者正在挖掘、掌握那些不能外包的技术与能力，以适应社会的快速发展，并立于不败之地。与之相应的是人们对创新意识的要求更加强烈，原创思维得到高度重视。发展右脑，进入全新思维的呼声也日益高涨。源于此，在新的概念时代，重视中医原创思维，大力传承发展中医原创思维对于中医学的整体发展将具有重要意义。

1. 概念时代的到来

概念，是人类对世界认识、也是认知过程中所形成的一种基本模式。是反映思维对象本质属性或特有属性的思维形式，是人类知识组成的最小单元。概念被认为是思维的基础，与判断和推理并列为思维三要素。概念的内涵定义所反映事物的本质属性，其外延则描述了概念所对应的一切事物。近几年来，世界上许多发达国家都在发生变化，从逻辑、线性、以计算能力为基础的"信息时代"向"概念时代"转变。"概念时代"的经济和社会建立在创造性思维、共情能力和全局能力的基础上。在信息时代标榜的"左脑"逻辑思维能力在今天仍然必要，但是却不再能满足人们的全部需要。曾经被低估和忽视的具有形象思维能力的"右脑"——富于创造性、执著、快乐感和探寻意义，将越来越能决定世界的未来。实际上，无论怎样分开谈论左右半脑，它们都是协作的。大脑作为一个运行平稳、一致的联合体，是完整统一的——左半脑知道怎样处理逻辑，而右半脑负责了解感知世界。只有两者完美的结合，人类才有了强有力的思考能力。随着对右半脑形象思维能力的不断重视，作为一个时代标志的概念，其内涵与外延也被赋予了更宽广的含义——"高概念"（High Concept）的出现，使概念具有了更为鲜明的时代特征。

高概念是形象与逻辑的结合，是概念间的复杂联系。高概念的能力包括具有美感、富有创造力和丰富的情感、能写出优美的文章以及将表面上毫无关系的事物结合起来，创造出新的东西……。与之并列的则是高感性（High Touch），高感性的能力包括理解别人、懂得人与人相互交往的细微之处、找到乐趣并感染别人、超越平凡、寻求生活的真谛和意义。美国最具影响力的新闻记者之一托马

斯·弗里德曼的著作《世界是平的：21 世纪简史》[1] 描绘了与美国现代作家丹尼尔·平克的畅销书《全新思维》[2] 中相似的场景：崇尚高概念、高感性。正如丹尼尔·平克告诉我们的：未来属于另一类人，他们拥有全然不同的思维——创造性思维，包括了共情型思维、模式识别型思维和追寻意义型思维。以上几种不同的思维方式都要求人们具有丰富的想象力、勇于创新。这些全新思维方式的运用更能体现学术之魅力，独立之精神、自由之思想。

21 世纪，追求的是一个全新的，以创意、共情、模式识别、娱乐感和意义追寻等"右脑"能力为主导的"概念时代"。具有创造性的原创思维将会受到不同领域、不同学科的广泛重视，也必将发挥出更大的作用。

2. 中医学的原创思维

所谓原创思维，是指特有的、与众不同的、创造性的思维方式。概念时代的到来，要求任何学科的发展必须具有原创思维。只有具备了原创思维的学科，才能拥有原创性的成果与原创性的优势，才会不断发展与完善。

中医学是历代医家数千年来通过不断深入的观察与反复临床实践所总结的对健康与疾病的认识。是通过与西医学完全不同的视角与思维方式所形成的具有特定概念与理论的医学体系。它是中国医生群体智慧的结晶，是真正意义上的原创思维。中医学素以形象思维和整体观念为核心，重视临床医学，其原创思维既体现了科学与人文融合，也强调天人相应、调身与调心并重。这一思维模式的形成既来源于众多医家的临床实践，又以临床疗效作为检验的证据。

首先，中医原创思维体现了科学与人文融合。中医学不仅属于医学的范畴，还寓有人文科学的内涵。科学是反映自然、社会、思维等客观规律的知识体系。人文是指人类社会的各种文化现象。前者更强调客观性，后者常带有主观性。但两者又密不可分，互补互动。科学为人文奠基，人文为科学导向。以维护健康、防治疾病为主要研究内容的中医学反映了人体的客观规律，属于自然科学的范畴。同时中医学植根于以人为本的中国传统文化的沃土中，含有大量的人文内容。人文因素是中医理论的特色，也是中医学原创思维的重要体现。可以说，中医学的自然科学内容与人文哲学内容是水乳交融、难以分割的。因此，要进行中医理论的现代研究，不能忽视人文哲学对于中医学原创思维的影响。中国传统文化和中医学的原创思维多是基于形象思维，因而思维科学和形象思维的研究会为中医药

现代化提供理论基础。

思维科学的研究，其突破点在于形象思维学的建立，形象思维解开了，才能去认真研究综合性的创造思维。形象思维是宏观的、整体性的。在中国传统文化中，形象思维被大量运用，中国古代哲学有不少宏观性、整体性的思想成果，中医学就是这一成果的典型代表。中医学中许多重要的基本概念都是形象思维的产物。譬如，五脏中的"肺"，其功能主气，司呼吸，在体合皮毛，为华盖，居至高之位，主治节，为相傅之官。根据其形态和功能，以金曰从革，中医学将其形象地称为肺如"橐龠"，肺体清虚。橐龠：一种有鼓风袋，似通气管的风箱。汉代典籍中论及橐龠者甚众。山东滕县出土汉代冶铁画像石中有橐龠的画面。它有3个木环、两块圆板、外敷皮革而成。拉开皮橐，空气通过进气阀而入橐；压缩皮橐，橐内空气通过排气阀而进入输风管，再入冶炼炉中。这种将"肺"比为"橐龠"的形象思维，生动、贴切地展现了肺的形态和功能。又如五脏中的"肝"，在五行属木，木曰曲直。中医学将肝比喻成一棵参天茂盛的大树，如果无拘束、无羁绊的成长，则可正常发挥其主疏泄、主藏血的功能；如果受到阻碍和抑制则会功能失常，引发疾病。因此说，肝性刚喜柔，性喜条达，郁则生病。同样，如此将肝比做"木"的形象思维也生动描绘了肝的性质和功能。在中医学中，这种恰到好处的形象思维比比皆是，正是这些形象思维的集合，使得中医学具有了鲜明的自身特点，形成了其独具的原创思维。

其次，中医学强调天人相应、调心与调身并重。中医学重视自然环境与社会环境对人体的综合影响。这种影响既包括生理上的，也包括心理上的。因此中医学在认识与治疗疾病时强调要综合、整体的考虑多因素对人体的影响，从而形成了学科独有的诊疗模式。中医学重视整体观念、天人相应、形神一体与辨证论治，要求理法方药一致。论治讲承制调平，圆融和合，防治求本。其诊疗过程是医生通过与患者接触，进行望闻问切等自身感知与体验，对于患者的病证所对应的模式进行识别的复杂的认知过程。同时，也是医生通过实践，积累经验，不断验证并修正的学习过程。这一过程是多维的、自上而下的综合集成的过程。体现了生理与心理、感性与理性、科学与人文的高度融合。

3. 概念时代中医学原创思维的传承与发展

虽然中医学与西医学诊治疾病的方法与手段不同，但其基点是完全相同的——两种医学体系所关注的基本对象都是人体；其发展的最终目的也是完全一致的——都是防治疾病、维护人类健康。因此，两种医学体系只是以不同的视角和不同的思维方式对人类健康与疾病的共同反映。正是因为不同医学体系的并存，为人类认识与防治疾病提供了不同的方法与手段。不同医学体系间的交流与借鉴，更加有利于人类认识疾病的本质，追求健康的真谛。因此，在概念时代，更要重视对中医学原创思维的传承与发展。"只有民族的，才是世界的"，只有在保持中医学自身特色、发挥其特有优势的基础上才能促进其整体的不断发展与完善。

中医学原有的概念与形象思维是中医学原创思维的基础与源泉。重视中医原创思维传承，也是重视中医药学的传承，是发展中医、创新中医的主要途径。重视原创思维的传承与创新是中医学发展的动力。中医药是中国传统文化中最灿烂的园地之一。对于其原创思维的传承、创新应以形象思维来阐述中医学的天人相应、形神兼备等有关学说，并联系综合集成的思想，诠释辨证论治，然后从我国首创的复杂巨系统的观点阐述中医理论。从思维科学出发，与现代系统论相结合会为我国中医药的现代化发展奠定坚实的基础。因此，当前的迫切任务是基于经验，结合现代科学前沿方法学，并运用其方法系统阐释与发展中医学的原创思维。这种发展更应该继承中华文明的传统，融汇百川，倡导多学科交叉渗透，欢迎相关学科与前沿学科科技工作者参与中医药的学术研究。中医学人要认真学习现代自然科学与社会人文科学，特别是要认真学习系统复杂性科学。通过对中医学原创思维的传承与发展，推进中医发展，为人类科学事业作出努力。

东方文化的崛起，欧美文化中心论的动摇，世界正以更加客观、成熟的视角来审视与学习东方文化与中医学。在信息革命第三次浪潮中，更加侧重于综合的思维方式。中国传统的整体思维长于综合，中医也以综合为自身特点。尽管中国传统综合与今天所提倡的综合有相当距离，但是，只要通过努力是可以进入高级综合时代的，这也是东方思维的巨大潜力之所在。

新时期，"概念"叩响了时代的门扉，高概念和高感性正在世界经济和社会中产生着作用。发展中医学的形象思维和综合集成的四诊八纲，会为医学科学吹来习习清新的空气。中医学原创思维的传承和发展适应概念时代的需求，重视概念并将其拓展到高概念。将形象思维与逻辑思维相结合，将中医原创思维向全新思维过渡，以保持其在新时代的不断发展。

抚今追昔，在全新思维的"概念时代"，正是企盼现代化的中医药工作者创新发展的良好机遇期。只要珍惜并抓住这一机会，奋发图强，一定会创造现代中医学发展的美好未来。

参考文献：

[1] （美）托马斯·弗里德曼著.何帆，肖莹莹，郝正非，译.世界是平的：21世纪简史[M].长沙：湖南科学技术出版社，2006.
[2] （美）丹尼尔·平克著.林娜，译.全新思维[M].北京：北京师范大学出版社，2006.

附录
2

《安徽中医学院学报》2008 年 6 月第 27 卷第 3 期

利开灵对脑出血脑水肿大鼠 AQP4 表达的影响

常富业，张云岭，王永炎

（煤炭总医院，北京 100028）

摘要：目的：观察以开通玄府、利水解毒法组方的利开灵对大鼠实验性脑出血脑水肿的效应，并初步探讨其作用机制。方法：采用胶原酶肝素钠尾状核注射法复制脑出血脑水肿模型，观察在不同药物干预下，水通道蛋白 4（AQP4）的表达变化。结果：利开灵能有效抑制脑出血大鼠 AQP4 的表达，与模型组、单纯利水解毒法组方的利开组及醒脑开窍组方的安宫牛黄丸组比较，在不同时相差异均有显著性（$p < 0.05$ 或 $p < 0.01$）。结论：以开通玄府、利水解毒法组方的利开灵对急性脑出血大鼠脑水肿有可靠的干预效应。

关键词：脑出血；脑水肿；开通玄府；利水解毒；玄府

中图分类号：R743.34　**文献标识码：**A　**文章编号：**1000-2219（2008）03-0027-03

1. 材料

1.1　实验动物

健康雄性 Wistar 大鼠 126 只，4 ～ 8 个月龄，体质量 250 ～ 300g，由北京维通利华实验动物中心提供。

1.2　主要药品和仪器

利开灵（LKL），主要由泽泻、石菖蒲、半边莲、桂枝等组成。用时水煎成 1ml 相当于生药 3.2g 的水煎液；利开（LK），由泽泻、石菖蒲、半边莲组成，用时水煎成 1ml 相当于生药 3.0g 的水煎液；安宫牛黄丸，每丸质量 3.0g，北京同仁堂制药厂生产（批号 11020076），北京中医药大学东直门医院提供。多聚甲醛，北京化学试剂公司提供，批号 040312；AQP4 单克隆抗体，美国 Chemi-con 公司提供；ABC 试剂盒，北京中山公司提供；DAB 显色试剂盒，北京中山公司提供；北航（CM-2000B）生物医学图像分析系统；恒冷冰冻切片机及 OLYMPUS 光学显微镜（日本）等。

2. 方法

2.1　实验分组与给药方法

实验动物随机分为假手术组（false operation，FO）、模型组（Model）、LKL 组、LK 组和安宫牛黄丸组（AGN）。除 FO 组外其他组再分为脑出血后 6 小时，24 小时，3 天，5 天和 7 天 5 个时间点，共 21 组，每组 6 只。FO 组：9.0g/L 氯化钠注射液（NS）20ml/kg 灌胃，每日 2 次。Model 组：NS 20ml/kg 灌胃，每日 2 次。LKL 组：LKL 水煎液（1ml 相当于生药 3.2g），20ml/kg 灌胃，每日 2 次。LK 组：LK 水煎液（1ml 相当于生药 3.0g），20ml/kg 灌胃，每日 2 次。AGN 组：安宫牛黄丸配制成混悬液（1ml 相当于安宫牛黄丸 0.06g），20ml/kg 灌胃，每日 2 次。上述各组自模型复制后 1 小时给药，以后每隔 12 小时给药 1 次。

2.2　模型复制与取材

使用Ⅳ型胶原酶复制脑出血模型的方法参照文献 [1]。大鼠术前 12 小时禁食，4 小时禁水，用 4.0g/L 戊巴比妥钠腹腔麻醉，保证手术操作期间大鼠有自主呼吸，俯卧固定于江湾型动物头颅立体定位仪上，头皮丁字切开，取前囟为原点，向右 3mm，向后 1mm，深度 6mm 为注射点（尾状核），骨钻钻开颅骨，进针后缓慢注射Ⅳ型胶原酶肝素钠（collagenase heparin）-NS2.0µl（1µl 含Ⅳ型胶原酶 0.2u 及肝素 2u），留针 2min，缓慢退针，骨蜡封闭颅骨钻孔，缝合皮肤。术后常规注射青霉素 40 万 u 以防止感染。术中大鼠肛温保持在 36.5～37.5℃，手术后大鼠被送至通风和有空调的动物房饲养。FO 组只进针，既不注射血液，也不注射胶原酶，其他过程相同。模型复制前后，均由北京中医药大学东直门医院脑病实验室用普通大鼠饲料喂养，自由饮水。动物发生死亡，以当时实际存活动物数进行观察和统计。

各组大鼠取材前均禁食 12 小时，自由饮水，末次给药 1 小时后取材。取材方法：各组动物在规定时点，乙醚麻醉后，打开胸腔，暴露心脏及升主动脉，夹闭降主动脉，将与低压灌流泵（LDB-M 型）连通的 9 号针头插入心尖，通过心室，直达升主动脉，固定针头。同时剪开右心耳，开通灌流泵，逐步升压到适宜压力（100mmHg）。先用 4℃ 肝素化 NS（20 万 u/L）100ml 灌流，再用 4℃ 含 40g/L 多聚甲醛，pH 值为 7.4，浓度 0.02mol/L 的磷酸缓冲液灌流固定 30min，断头取脑，在注射胶原酶位点前后附近 2mm 切开，冰冻切片，片厚 7µm，分别进行苏木精-伊红染色和免疫组化染色。

2.3 免疫组化方法

采用免疫组化二步法。兔抗大鼠 AQP4（1∶100，Chemicon 公司）、兔免疫组化二步法检测试剂盒均购自中山生物技术有限公司。阴性对照用 PBS 代替一抗进行孵育。具体操作步骤如下：①脱蜡，水化组织切片；② 30ml/LH$_2$O$_2$ 去离子水孵育 5～10min，阻断内源性过氧化物酶；③根据所应用一抗的特殊要求，对组织切片进行预处理；④滴加兔一抗，37℃孵育 1～2 小时或 4℃冰箱过夜，PBS 冲洗，2min×3 次；⑤滴加兔抗 IgG 抗体-HRP 多聚体，室温或 37℃孵育 30min，PBS 冲洗，2min×3 次；⑥选用 DAB 显色；⑦蒸馏水充分冲洗；⑧必要时可进行复染、脱

水、透明，并选择适当的封片剂进行封片。

2.4 图像分析

在 10×10 倍光学显微镜下，对水肿区进行免疫组化的同一部位切片各 5 张进行观察，采用北航（CM2000B）生物医学图像分析系统进行定量分析，分析项目是细胞平均吸光度值（A）。

2.5 统计学方法

连续型变量以"$\bar{x}\pm s$"表示，采用 SPSS11.5 统计软件包对结果进行单因素方差分析，两样本均数比较采用 q 检验，以 $p < 0.05$ 或 $p < 0.01$ 为显著性水准。

3. 结果

在 FO 组大脑半球皮质和尾状核区少数细胞膜淡染，胞浆及胞核未着色，AQP4 蛋白呈弱阳性表达。在 Model 组，AQP4 表达呈现"低→高→低"的变化趋势，峰顶在第 3 天。即脑出血后 6 小时，血肿周围水肿区细胞 AQP4 蛋白表达阳性，随着出血时间的延长其表达明显增强，第 3 天达高峰，以后逐渐下降，1 周后仍未接近正常水平。AQP4 阳性反应产物主要位于水肿区的细胞膜上，而胞浆及胞核未见阳性反应产物，因此，光镜下 AQP4 阳性细胞呈空泡状。

以药物干预后，LKL 对脑出血脑水肿状态下各时点 AQP4 蛋白表达均有明显抑制效应（$p < 0.05$，$p < 0.01$），水肿区 AQP4 阳性细胞均明显减少，局部表达亦较分散，阳性信号显著减弱，随着干预时间的延长其抑制效果呈增强趋势，第 3 天抑制效果最为明显，信号减弱幅度最大，但 AQP4 阳性细胞 1 周后仍未接近正常水平。

LK 虽在 3 天、5 天、7 天 3 个时点有抑制效应（$p < 0.01$），但与 LKL 组比较，在 3 天时点差异有显著性（$p < 0.05$）。而 AGN 组在各时点对 AQP4 蛋白表达的变化均不明显（$p > 0.05$）。模型内药物组间比较，对 AQP4 蛋白表达以 LKL 效果最好，以 3 天时点最明显，显著优于其他两药物组（$p < 0.05$，$p < 0.01$），且在各时点均显著优于 AGN 组（$p < 0.05$，$p < 0.01$）。提示 LKL 在脑出血脑水肿状态下对脑组织 AQP4 蛋白表达变化具有较好的药理效应。见表 1。

表 1　利开灵对大鼠实验性脑出血脑水肿周围组织 AQP4 蛋白表达的影响（$n=6$，A，$\bar{x}\pm s$）

组别	A				
	6 天末	24 小时末	3 天末	5 天末	7 天末
FO	0.06 ±0.02	0.06 ±0.02	0.06 ±0.02	0.06 ±0.02	0.06 ±0.02
Model	0.14 ±0.03△△	0.16 ±0.01△△	0.24 ±0.02△△	0.20 ±0.03△△	0.16 ±0.04△△
LK	0.12 ±0.02△△	0.14 ±0.02△△	0.19 ±0.03△△＃	0.16 ±0.02△△	0.11 ±0.03△△
AGN	0.12 ±0.02△△	0.15 ±0.02△△	0.22 ±0.04△△	0.18 ±0.02△△	0.14 ±0.04△△
LKL	0.11 ±0.02△△	0.14 ±0.01△△	0.16 ±0.02△△＃＃*▲	0.15 ±0.03△△＃	0.09 ±0.02＃＃

与同时点 FO 组比较，△△.$P < 0.01$；与同时点 Model 组比较，*.$P < 0.05$，**.$P < 0.01$；
与同时点 AGN 组比较，＃.$P < 0.05$，＃＃.$P < 0.01$；与同时点 LK 组比较，▲.$P < 0.05$。

4. 讨论

水通道蛋白（aquaporins，AQP）是一组构成水通道与水通透有关的细胞膜转运蛋白，该通道是由一系列具有同源性的内在膜蛋白家庭成员所形成，广泛存在于动物、植物及微生物界，介导着不同类型细胞膜的跨膜水转运。有 6 种水通道蛋白在啮齿动物的脑组织中分布。它们是 AQP1、AQP3、AQP4、AQP5、AQP8 和 AQP9。其中在脑组织中分布最广且研究最多的是 AQP4。李燕华等[2] 在脑出血模型中发现，脑出血后 6 小时，脑含水量和血肿周围 AQP4 蛋白表达增加，出血后 72 小时达到高峰，出血 1 周后仍高于正常，且 AQP4 蛋白的表达和脑含水量呈正相关，提示 AQP4 参与脑出血后脑水肿的损伤过程。本研究取得了类似的研究结果，提示 AQP4 参与了脑出血后脑水肿的形成，并在脑水肿中起重要作用。

早在 800 余年前，刘河间基于《内经》认识的基础上，将玄府的意义不断延伸，提出了一个全新的集合着结构、功能与信息的概念。其在《素问玄机原病式・二、六气为病》中指出："然玄府者，无物不有，人之脏腑、皮毛、肌肉、筋膜、骨髓、爪牙，至于世之万物，尽皆有之，乃气出入升降之道路门户也。"并率先用玄府理论解释疾病，认为玄府郁滞，气液不通，气液昧之，是导致疾病的重要病机。"故知热郁于目，无所见也……或目昏而见黑花者，由热气甚，而发之于目，亢则害承乃制，而反出其泣，气液昧之，以其至近，故虽视而亦见如黑花也，及冲风泣而目暗者，由热甚而水化制之也。"

晚近研究表明，玄府作为机体最微小的结构学单位，具有流通气液、渗灌气血和运转神机的作用[3]。玄府郁滞，

气液不通，水液淤滞玄府，浊毒损脑，为卒中后脑水肿的基本病机[4]。LKL 就是基于玄府理论，择用利水解毒之半枝莲、泽泻，并伍以桂枝等药组方的。

用 3 组不同的药物干预后发现，3 组药物对 AQP4 的表达均有不同的抑制作用，但以 LKL 的作用为最大，明显优于 LK 组和 AGN 组，说明同样作为临床治疗脑出血的 AGN 和 LKL，其对 AQP 的抑制作用是有所不同的。前者的作用机制在于醒脑开窍，后者的作用机制在于开通玄府、利水开窍。至于 LKL 与 LK 的区别则在于，前者在传统利水的基础上，遵河间之说，配伍辛热的桂枝以开通玄府，从而增轻气液流通，以减轻"气液昧之"，达到拮抗脑水肿的目的。后者则单纯配伍利水之品，缺少开通玄府之味，因而对于脑水肿后玄府瘀滞，气液流通障碍，虽利水也难奏效。提示脑出血后脑水肿的发生机制，是与中医学中的玄府郁结不无关系的。因而在治疗上必须适当配伍开通玄府之品，方能重建玄府的气液流通，解除"气液昧之"，达到尽快消除脑水肿的目的。

参考文献：

[1] 张艳玲，陈康宁，邵淑琴，等 . 采用Ⅳ型胶原酶构建大鼠脑出血模型 [J]. 第三军医大学学报，2002，24（12）：1394-1395.

[2] 李燕华，孙善全 . 大鼠脑出血后 AQP4 mRNA 的表达与 Ca^{2+} 关系的探讨 [J]. 中国急救医学，2003，23（7）：437-439.

[3] 常富业，王永炎，高颖，等 . 玄府概念诠释（三）——玄府的历史演变轨迹与述评 [J]. 北京中医药大学学报，2005，28（2）：5-6.

[4] 常富业，王永炎，高颖，等 . 水淫玄府与隐性水肿假说 [J]. 山东中医杂志，2004，23（11）643-645.

（收稿日期：2007-11-29）

附录 3

《中国中医急症》2008 年 11 月第 17 卷第 11 期

中医诊疗标准共性技术的方法与思考

王丽颖，韩学杰

指导 王永炎，吕爱平

中图分类号：R2-03 文献标识码：A 文章编号：1004-745X（2008）11-1587-03

摘要：随着中医药在全球越来越多的国家和地区逐步普及，已体现出巨大医疗价值和市场潜力。为了使中医药能够更快的发展，逐步走向国际，以我为主制订中医药诊疗标准迫在眉睫，解决相关诊疗标准制定过程中的一些共性技术如证据分级、疾病证候分类、制定程序等问题，从而确保中医标准化事业稳定发展并逐步走向成熟。本文从建立中医诊疗模式、规范中医四诊信息、实现证类诊断的规范化、实现证候规范基础上的方证相应、建立中医诊疗标准制定模式五个方面对中医诊疗标准共性技术问题进行阐述。

关键词：中医；诊疗标准；共性技术；诊疗模式

中医药具有深厚的社会基础。随着巨大医疗价值和市场潜力的涌现，中医药在全球越来越多的国家和地区逐步普及，中医药标准化的需求也日益迫切。国家在"十一五"发展规划以及国家中医药管理局"中医药事业发展规划"中明确提出，推进中医药标准化、规范化建设，建立起以中医药技术标准和管理标准为主体框架的标准体系，规范中医药发展。可见，以我为主制定中医药诊疗标准迫在眉睫。我所承担了国家中医药管理局课题《中医内科常见病诊疗指南》和 WHO 西太区传统医学临床实践指南课题。我们发现，由于中医临床实践的自身规律，相关诊疗标准制定过程中的一些共性技术如证据分级、疾病证候分类、制定程序等问题缺乏规范，制约了诊疗标准的制定、认同和推广。因此，解决中医诊疗标准制定的共性技术问题，对于确保中医标准化事业稳定发展并逐步走向成熟至关重要。

1. 建立中医诊疗模式

模式又称范型、范本、模本，是某种事物的标准形式，是使人可以照着做的标准的样式。模式作为事物的标准形式或者样式，具有相对稳定的特征，这种稳定性来源于实践的证明和自身的不断修正。模式是从实践中的总结提升，具有一定的逻辑线索，符合逻辑思维。中医诊疗模式融入了中医的形象思维，是多学科综合的逻辑思维和形象思维结合起来的具有创造性功能的全新思维的一种模式，具有模式的范本作用和相对的稳定性。

模式和规律、原则、方法、策略之间密切关系。模式应在规律原则的指导下，任何一种模式中都包含着若干的方法，所以方法与策略是在模式以下的，模式的上面是规律和原则。如果模式没有具体可操作的方法，就不能称之为模式，模式与规律、原则相比更加具体、可操作。方法的操作性比模式更具体，任何一种可取的方法在模式中均可以体现出原则、规律的渗透。策略是在规律的指导下，根据特定的情境对规律、原则、方法的变通使用，策略具有更大的灵活性。

中医诊疗模式框架的研究，将为中医诊疗标准的发展提供方向。搞中医诊疗的模式，应是中医药学自身的规律如中医药整体观念、天人相应、辨证论治、形神一体这些理论框架原则的指导下，以象为素，以素为候，以候为证，

据证言病；病证结合，法依证出，方证相应；证为主体，言之有理，理必有据，象意并举；理法方药，承制调平，圆融和合，防治求本。

2. 规范中医四诊信息

辨证论治是中医诊治疾病的基本原则，四诊信息是中医诊病和辨证过程中重要的和主要的依据，四诊信息的全面收集及规范表述关系到诊断、治疗、疗效评价等判定。然而中医学具有 2000 余年的历史，由于时代变迁对语言的影响，造成了古今四诊信息描述的差异，而且地域性的不同也造成各地区习用的四诊信息描述之间有差别，使得中医临床诊疗术语出现了一词多义、多词一义现象。此外，中医四诊信息的采集是建立在传统的望、闻、问、切基础上，缺乏客观的诊断标准和量化指标。以舌诊为例，传统意义上将舌质的颜色分为淡舌、红舌、绛舌，且有明确的定义，但在临证时，面对同一个患者，不同医生会出现诊断不一的现象，客体的舌象不会是典型的淡舌或红舌，临证时可见多种介于淡舌和红舌之间的舌象，由于缺乏客观的量化指标，不同的主体对介于典型的舌质颜色之间的舌色的认识不一。因此，中医四诊信息规范化，尤其是对中医四诊信息的命名、临床描述、概念内涵、诊断标准、采集规范、量化指标等方面应进行不断的探讨和研究。目前中医四诊信息规范化研究的广度和深度还未成熟和普遍接受，其准确性和规范性是行业发展首先要解决的关键性问题。

在中医四诊信息规范化的过程中，需要解决两个重要的问题：一是观察的方法。从古今医学文献中全面搜集关于临床四诊信息的描述，构建条目池，明确需要规范的四诊信息的范围，每一个具体的四诊信息描述称为一个条目，对其标释，明确条目的概念内涵、临床描述要点，同时要注意具有多重概念的条目，将其不同的概念分别进行标释。在此基础上，对收集的条目进行分析总结，梳理条目之间的关系，对具有相同内涵的条目进行归并，选择临床上使用频率较高的、最能概括概念内涵的条目作为它的名称。二是数据分析的理念与方法，融入整体系统。四诊信息的客观化、量化是制定四诊信息诊断标准和采集规范的基础。对于四诊信息的客观化、量化，许多专家学者都进行过有益的探讨，但尚未完全量化、客观化。如将症状的程度按

照不出现、轻度、中度、重度分别量化为 0、1、2、3，使用 M 指数法对症状进行计量化并不能完全适应科研和临床的需要；运用计算机技术、数码技术开发的舌象分析系统推进了舌诊信息的客观化，但还不能完全为临床所用，由于方法学的滞后严重影响了证候诊断的规范和疗效的评价，四诊信息的完全客观化、量化，需要中医与其他学科的交叉融合，才能真正实现。

3. 实现证类诊断的规范化

证候是对疾病生理病理变化的整体反应状态的概括，是一个多维多阶多变量的复杂系统。辨证是中医诊治疾病的基础，证候的确定是建立在望闻问切的直观方法基础上，由医家思辨而经验性地形成的，具有主观、模糊和随意性，缺乏客观、统一的诊断标准。证候诊断标准的欠缺在很大程度上阻碍了中医科研和临床的发展，阻碍了中医药现代化的进程[1]。

"病证结合"是目前国内公认的临床诊断和治疗需要采取的原则和方法。但某些临床一级学科如外科（含骨伤）等只需辨病，无需辨证。在大多数内科病中需要采取病证结合的模式进行临床诊断和治疗疾病。病分中西，包含西医的疾病和中医的病种，是以病理学内容为核心的疾病分类体系及以此为基础的诊断模式，证是以病机为核心的疾病分类体系及以此为基础的诊断模式。病证结合涵盖了从中西医病理学到中西医诊断学的全部内容，其实质是将疾病概念体系与证候概念体系相结合研究疾病的发生发展规律，指导疾病防治[2]。中医治病，要立足于证候来探讨疾病，即"据证言病"，所以证候的规范需建立在病证结合的基础上。

王永炎院士提出建立辨证方法新体系的设想[3]。他指出以象为素、以素为候、以候为证是证候研究的依据；提取证候要素，厘定证候靶位，进行应证组合是完善辨证方法体系的步骤；据证言病，病证结合，方证对应是临床证候研究的主要原则；系统对照，回顾验证，互补互动是深化证候研究的重要措施。

许多学者在辨证方法新体系的指导下，运用数学统计手段探索证类诊断的"内实"和"外虚"，通过搜集患者不同时段的证候信息，探索证候的"动态时空"演变规律，这种降维降阶的方法，较好地解决了某一疾病的证类诊断规范化中的证类构成比、病证所属症状的基本构成规范、证类临床诊断标准规范、证类基本演变趋势等问题，为证候的规范提供了可行之策。

可见，解决证候规范化问题，利用数理方法，对西医疾病的中医证候的大样本的临床流行病学调查是必不可少的。但由于"证"具有时序性、特异性和恒动性的特点，随着病程的进展和演变其内容也在发生不断变化，而量化

建立的函数式或判别方程，侧重把症状与证候作为相对固定不变的模式来刻画，建立症状和证候单一的线性对应关系，对证候诊断的动态演变以及证候的非线性关系则研究不足[4]。因此，在解决证候规范的过程中，要不断探索更好更适合中医证候研究的多种方法，如将钱学森院士提出的"从定性到定量的综合集成"引入到证候的研究中，通过证候的研究，可以为证候规范提供思路，为证候标准化服务，同时，要注意到各种方法在实际应用过程中的局限性，重视结果与临床实践、中医理论的结合。

4. 实现证候规范基础上的方证相应

方剂是一个复杂的系统，其复杂性取决于组成方剂的药物成分的复杂性及各成分相互关系的复杂性，也取决于方剂与人体相互关系的复杂性，方剂作用不仅在于方剂组成本身，而且与证候有关[5]。中医方剂以证作为选取方的根据，并因证立法，创制新方，建立方与证、方与法、方与药的有机结合，体现了"方以法立、法以方传"的特点，使理、法、方、药丝丝入扣，一线贯串[6]。

王永炎院士指出，方剂是根据证候而立法选药、配伍组合而成，与证候之间有着内在的吻合性，即有是证则用是方[3]。由于证候具有多维多阶多变量与"动态时空"的特征，因此，方剂应针对证候要素来选择或拟定，通过证候要素，应证组合的变化观察证候动态演变规律，能够真正体现法随证立、方从法出的辨证论治精髓，为"方证相应"的研究奠定了坚实的理论基础。

方剂的规范应建立在"病证结合，据证言病，方证对应"的基础上，需从文献、实验、临床等多个方面进行不断的深入研究，互相补充。首先，以中医的病证为前提，大量搜集古代医家治疗某一病证的相关文献著作，进行统计分析、数据挖掘；其次，运用循证医学的方法对中医临床研究文献进行判定和评价，筛选出多个与证具有对应关系的方剂，将之应用于临床，并运用流行病学等多种方法，评价其疗效，对行之有效的方剂进行药理药效的实验研究，明确其作用靶点、作用机理及安全性等，才能够真正实现证候规范基础上的方证对应。可见，通过多种方法进行多次降阶，使之由一个复杂系统分解为多个彼此联系的线性关系，是解决方证对应问题的关键。

5. 建立中医诊疗标准制定模式

上述几个问题是中医诊疗过程中亟需解决的问题，是提高临床疗效、推进科研进步的必由之路，也是制定中医诊疗标准的前提和基础。症状、证候、方剂规范的最终目的是形成中医临床诊疗指南，规范临床治疗，提高临床治疗水平，加强中医学内涵建设，用标准化、规范化的形式再现中医理论和医疗技术，加强中医学与现代科学沟通能

力，使其更快地走向世界。

指南的制定需要收集来自各方面的观点和意见，以及尽可能多的证据和文献，制定文件的框架。指南的证据来源于文献回顾，专家共识和其他方面的工作。一个高质量临床指南的制订最基本最重要的是基于循证医学的证据，包括全面地收集证据并对证据进行科学的、准确的评价。然而，由于中西医学思维方式的区别，中医诊疗标准的制定与现代医学诊疗标准的制定存在很大的差别，在中医指南的制定过程中如何体现中医证候分类的地位和作用，如何实现证候分类——经验还是临床数据整理发现，如何将中医个体化的个案分析、经验总结体现到循证的证据上是至关重要的。因此，现代医学诊疗标准的制定模式不能适用于中医临床实践指南的制定，要探索中医诊疗标准的制定模式。在国际指南制定程序与方法的基础上，充分考虑中医治疗的具体特点，合理运用统计学、临床流行病学与循证医学等研究方法，将其与中医的具体特点相结合，建立具有示范作用的制定某一疾病诊疗标准的模式，对于中医诊疗标准的制定具有重要的意义。

目前解决中医诊疗标准制定问题的一个设想是采用Delphi法收集专家经验，采用循证医学方法对文献进行评价、对证据分级与分类，建立中医诊疗标准制定模式。但此设想尚需大量临床实践及科研验证。

制定中医诊疗标准，是一项艰巨而复杂的任务，需要解决其共性技术问题，首先要实现中医四诊信息定性定量规范、中医证类诊断规范、中医证候规范基础上的方证对应，在症状、证候、方剂规范的基础上，建立中医诊疗标准制定模式，最终制定有据可循的中医诊疗标准程序与规范。而思想的争鸣才能迎来百花齐放，这些共性技术问题的解决需要诸多专家学者的不断研究与深入探讨，以及在理论指导下的大量临床实践的检验。同时，要意识到这是一项长期的事业，需要不断的探索，并在探索中不断完善。

参考文献：

[1] 吴秀艳，王天芳.中医证候诊断标准的研究思路 [J].新中医，2007，39（3）：1-3.

[2] 衷敬柏，王阶，赵宜军.病证结合与方证相应研究 [J].辽宁中医杂志，2006，33（2）：137-139.

[3] 王永炎，张志斌.再议完善辨证方法体系的几个问题 [J].天津中医药，2007，24（1）：1-4.

[4] 李福凤，王忆勤.在证候标准化研究中数理统计思想和方法的应用概况 [J].辽宁中医杂志，2007，34（2）：148-151.

[5] 衷敬柏，王阶，王永炎.方剂的复杂性与中药新药开发 [J].中国中药杂志，2002，27（5）：321-323.

[6] 宋姚屏，雍小嘉，蒋永光，等.从多维角度看方证对应 [J].新中医，2007，39（2）：6-7.

（收稿日期 2008-06-04）

附录 4

《中国医药指南》2008 年 12 月第 6 卷第 23 期

证候概念语言和字义演变过程研究

郭　蕾，乔之龙，王永炎，张志斌

摘要： "证"是"證"和"証"的规范简化字，是中医学关于疾病的认识成果，是证候的最初表达形式。"症"字至明清时期得到广泛使用，中华人民共和国成立后专指症状。候包含着空间与时间两方面含义：一是观察到的疾病的临床表现及其变化之情状和程度；二是疾病的临床表现与医者的诊察活动、气候变化密切相关。"候"既包含了"症"的内容，也反映出证的病机内容中运动、变化的特性。因此，"證"经过一系列内涵和语义的演化，最后通过与"候"的联用，"证候"实现了从抽象概念到具体概念的飞跃。

关键词： 证候；證；証；症；候

Abstract：＂证＂is the standard simplified character of＂證＂and＂証＂，is the fruit of Chinese medical understanding for the disease，and is also the first expression of syndrome，＂症＂has been the widely used word since the Qing period，and it was specifically refers to the symptoms after the founding of China.＂候＂includes both the space and time meanings.First，the clinical manifestations and the observed changes in the shape and extent of the disease；Second，the clinical manifestations is closely related to the activities of the medical examination and the climate change.＂候＂includes the concept of＂症＂which also reflects the property of motion and change of the syndrome's pathogen.Therefore，underthrough a series of evolution in in content and word meaning and finally used together with＂候＂，＂證＂realized the leap forward from the abstract concept to the concreter concept.

Key words：Chinese syndrome；

中图分类号：R22　文献标识码：A　文章编号：1671-8194（2008）23-0222-03

概念是客观对象在人脑中的反映，概念的最终形式是语言文字，因此，语言文字是概念的载体。社会历史实践的深度和广度决定着人们对于客观对象认识的程度和水平，实践的局限性则决定着概念的局限性。而这一切都可以通过表达概念的语言文字得以体现。证候概念的语言文字经过两千多年的变迁，目前处于多字多义、用法混乱的局面。但如果将文字的变革与相应的历史背景、应用环境、学科特点和学术水平结合起来考察，则可以比较清晰地理清其变化的脉络，最后做出规范的结论。

1.＂证＂的含义和演变过程

1.1　＂证＂与＂證＂

证候概念的混乱和歧义在很大程度上与＂证＂字的变迁有关。证，最早为證。《素问·至真要大论》中说：＂气有高下，病有远近，證有中外，治有轻重……＂。王冰注此句为：＂藏位有高下，府气有远近，病證有表里，药用有轻重……＂，从王冰注语中分析，證与病同义，说明在《内经》时期＂證＂已经开始作为另外一个表达病的意义的文字出现在医学典籍中。

證，《说文》：＂證，告也。从言，登声。＂有关證与疾病相关的记载，最早见于《列子·周穆王》载：＂其父之过鲁，过陈，遇老聃，因告其子之證。＂《汉语大字典》解释为＂病况。通症。＂从当时医学发展的水平来看，證字的意思就是症状。与《内经》同时期的《难经》中有关證的用法也可以作为佐证。如《难经·十六难》中有＂假令得肝脉，其外證善洁，面青，善怒；其内證齐左有动气，按之牢若痛……＂这里的外證、内證都是指的症状，可见，当时的證就是指的病象、症状、临床表现等层次的内容，这与当时对疾病的认识水平也是相符合的。

到《伤寒论》中，證仍保留着《内经》中的基本意思，但＂观其脉證，知犯何逆，随證治之。＂（16 条）中的后一个＂證＂字则含有探讨疾病内在机制的意思，其内涵比单纯的症状等要深刻。

金元时期，由于中医理论和临床实践的发展，證字的内涵更加丰富，除保留了《内经》中原有的意思外，还含有病机的意思，体现出＂證＂的另外一个词义——证据、

凭据。这一词义源于《大戴礼记·文王官人》：＂平心去私，慎用六證。＂具体到中医学领域，应当是症状及其背后隐藏着的病机是临床诊断的证据。现今许多学者持此观点，认为证候的证含有证据、凭据的意思。

从上述考证可以断定，＂证＂的原字是＂證＂，在金元时期以前，＂證＂就是证候的原型，其内涵也已经确定，就是指病机。其后的变迁都是文字上的变换，证候概念的内涵始终没有发生根本性的改变。

1.2　＂证＂与＂証＂

＂证＂与＂証＂的关系源于＂證＂字的演变。

对于＂証＂与＂證＂，王力主编《王力古汉语字典》[1]中做了辨别：宋代以前証与證本不同音，也不同义。証在耕部，證在蒸部。証的本义是谏正。《说文》：＂証，谏也。从言正声，读若正月。谏，証也。从言柬声。＂可见証与谏互训，最初与病和證并无关系。明代开始以証能證，《正字通》：＂証，与證通＂。清·段玉裁注《说文解字》：＂今俗以証为證验字，遂改。＂说明本来与医学无关的＂証＂字因为与＂證＂通假，才有了与疾病相关的含义，所以这一含义只能是＂證＂的含义。

《汉语大字典》[2]对証、證和证做了概括：証……，同證。证，證的简化字。3 个字虽然不同形，但同义，因此，无论是＂证＂或＂証＂还是＂證＂，所表达的意思与＂證＂的意思都是完全一致的。

1.3　＂证＂与＂症＂

症，据考证[3]首见于宋·李昂英的《文溪集》：＂症候转危，景象愈蹙。＂只是此处并非指疾病，而是比喻当时的环境。也有研究指出[4]，元代郑德辉《倩女离魂》第三折中有＂症候＂一词出现。最早以症指示疾病者，是明·万历进士谢肇淛的《五杂俎·物部》：＂人有阴症寒疾者＂。明代吴有性在《温疫论》中指出：＂病證之證，后人省文做証，嗣后省言加为症。＂明清许多医学著作都以＂症＂命名，如《脉症治方》、《方症会要》、《杂症汇考》，等等。

上述考证说明，吴有性的分析是比较客观的，症字出现在宋代，元明清时期是其由初用到约定俗成的阶段，在

医学领域仍是證、证的含义。明清时期，证候概念的内涵已经界定得较为清晰，因此，症字在明清时期可以说仍是证的另外一种表达方法，不仅仅是指症状，也有病机的内容在内，《辞源》对此的解释可以作为佐证："症，病徵。古皆作證"。可以说到明清时期，表示证候的字、词已经有多种形式：證、证、症和證候、症候。它们的内涵与宋金元时期的"證"完全一样。

"證"、"证"在文字上被后世简化规范为"证"字，而在中医学上则被提炼成一个特有概念的专有名词[5]。而"症"却与"证"并行使用至今，但中华人民共和国成立以后，中医药学者逐渐一致地分别赋予了"症"与"证"的字义和概念，不可混淆使用。症指症状，就是患者的主观异常感觉，如发热、恶寒、头痛、咳嗽、呼吸困难等[6]；证指机体在疾病发展过程中某一阶段的病理概括，它比症状更全面、更深刻、更正确地揭示了疾病的本质。其实，对于症与证进行区别，也就是在理论上对症状与病机所作的鉴别，这一规范标志着中医学理论和实践的进步，是对证候的内涵认识得更加清晰的结果。

2. "候"的含义和演变过程

"候"字在中医学中的运用经历了单独使用和与"证"联用构成"证候"两个阶段。

2.1 "候"字单用

候，《内经》中出现较多，含义也多样。总体上有以下几个方面的运用。一是《素问·六节藏象论》中的："五日谓之候"。二是《素问·六元正纪大论》；"阳明司天之政……候反温。"三是《素问·三部九候》中的"候"。四是《素问·八正神明论》中"候八风之虚邪"五是《素问·五运行大论》中"夫候之所始，道之所生。"其余篇中的"候"均不出上述4个方面的意思。

《汉语大字典》总结了"候"的7个含义：①观察，守望。举例为《后汉书》："故分布祷请，窥候风云"。②侦察，探听。③诊察。举例为，段成式："候脉良久，曰：都无疾。"④古代计时单位，五天为一候，现在气象学上仍沿用。⑤气候，时节。⑥征兆。⑦在变化中呈现的某种情状或程度。《内经》中的候几乎包含了全部上述的7个含义。

分析上述对于候的解释，与疾病直接相关的意思是诊察，即《素问·三部九候》中候的意思，做动词，是对疾病症状或现象有目的地进行认识的行为。其余"观察、守望"，"计时单位"，"气候、时节"，"在变化中呈现的某种情状或程度"等意思虽然与疾病没有直接联系，但体现出中医学天人相应的生理病理观，因而这些内容都是研究疾病所必须涉及的方面。

在《伤寒论》中并没有采用候这个字，而是换用为"辨"字，《康熙字典》中列《说文》"判也"。《广韵》"别也"。

《礼学记》"离经辨志"，[注]辨谓考问得其定也。《周礼天官》"弊群史之治六日廉辨"，[注]辨谓辨然于事分明，无有疑惑也。……所有这些解释的意思与当今基本一致，为辨别、判定之义。《伤寒论》中以"辨"代"候"，从一个侧面说明医疗实践水平的提高，即对疾病已不再是单纯对疾病症状的收集，而是在收集的基础上进一步辨别，辨别的目的是为了判断出某一组症状组合所反映的疾病的本质。因此，从"候"到"辨"的转变过程也就代表了对疾病的认识由表象到本质的转变过程。

2.2 "候"与"证"联用

《伤寒论》中没有使用候字，而晚于《伤寒论》的晋·王叔和的《脉经》则首次将证与候联用，在《脉经·序》中有"声色证候，靡不该备。"同时也有沿用《内经》将候作动词的用法："仲景明审，亦候形证。"其后，南北朝·陶弘景在《肘后方》中也有相同的用法："其论诸病证候……"。对于证与候最初的含义，《说文解字》中有"證，从言，告也。"、"候，司望也。"说明在医学领域中，证是通过问或告知而得到的关于疾病的信息，候是通过望或观察而得到的关于疾病的信息，因此二者都有表示疾病症状、临床表现的意思，对此，《中华大字典》中有"证，候也。"可以佐证。可以说，二者的联用实现了患者主诉与医者检查所见的有机统一[7]。

将候与《内经》中的几个含义结合起来研究分析，就可以看出，候不仅仅是人体生理病理活动的表现，而且还指自然气候变化，指五日一个时间单位，指司望和诊察。因此，如果将候的这些含义与中医学的思维方式、理论特点相结合来认识，候与证的联用则反映出更加深刻的内容，那就是：候将证原有的内容赋予了时空特性，候指示出证所反映的病机是运动的、变化的；病机反映于外的临床表现（包括主观感觉和医者的诊察结果）也是动态的、变化的；所有这些变化与自然环境、气候变化存在着密切的联系；这些变化有时间阶段性或周期性规律。因此，与候联用的证不再是静态的、呆板的病机和症状的简单概括，而是一个以天地自然为大背景的、生动的、符合客观实际的关于人体疾病本质和外在表现的认识结果。

3. "证候"词义解

通过上述对证候及其相关字、词的考证和分析，可以确定出证、候、症三字和证候一词的基本含义。

"证"是"證"和"证"的规范简化字，是中医学关于疾病的认识成果，是证候的最初表达形式。

"症"字将"證"和"证"的部首"言"改为"疒"，成为医学专用语，至明清时期得到广泛使用，建国后将其字义范围缩小，专指症状。

候包含着空间与时间两方面含义：一是观察到的疾病

的临床表现及其变化之情状和程度；二是疾病的临床表现与医者的诊察活动、气候变化密切相关。"候"既包含了"症"的内容，也反映出证的病机内容中运动、变化的特性。因此，"證"经过一系列内涵和语义的演化，最后通过与"候"的联用，"证候"实现了从抽象概念到具体概念的飞跃。

因此，证候是中医学从疾病最初的表象开始，随着对客观对象本质的认识逐渐深入，而最终得出的关于疾病本质的、最为贴切的载体形式，它全面涵盖了证候两字的所有含义和基本意思，是中医学关于人体疾病本质规律认识的最佳语言表达形式。

参考文献：

[1] 王力主编. 王力古汉语字典 [K]. 北京：中华书局，2000：1276.

[2] 宛志文. 汉语大字典 [K]. 武汉、成都：湖北人民出版社、四川辞书出版社，1999：1694.

[3] 崔月犁主编. 中医沉思录·李致重.證、证、症、候的沿革和证候定义的研究 [M]. 北京：中医古籍出版社，1997：177.

[4] 童舜华，段逸山，童瑶."证"概念探讨 [J]. 上海中医药大学学报，2001，16（3）：9-11.

[5] 朱建平. 医学名词"证"、"症"、"征"规范使用的探讨 [J]. 科技术语研究，2003，5（4）：14-17.

[6] 陈可冀，董泉珍."证"、"症"、"征"与相关医学术语规范用字的意见 [J]. 科技术语研究，2003，5（4）：10-11.

[7] 刘进，徐月英，梁茂新. 论证及其易混概念的辨析 [J]. 医学与哲学，1998，（9）：427.

附录 5

《北京中医药大学学报》2008 年 12 月第 31 卷第 12 期

中风病化痰通腑治疗后的病证转归与相应治疗

谢颖桢 [1]，王永炎 [2]

（1. 北京中医药大学东直门医院神经内科，北京 100700；2. 中国中医科学院）

摘要：痰热腑实证是中风急性期的主要证候，是由中风后气机逆乱、痰热壅结阻遏中焦的病理机转所致。化痰通腑法为其主要治法。化痰通腑治疗后，中风病势总体向愈，但不同患者病状有别，呈现不同的病证转归。经过长期大量的化痰通腑临床应用、反复验证的观察研究，总结并形成化痰通腑法治疗后证候演变与不同转归的系统认识及应对措施。

关键词：中风；化痰通腑法；病证转归；治疗

中图分类号：R255.2

Abstract：The syndrome of phlegm-heat and fu-excess is a main syndrome in the acute phase of stroke, which is induced by disturbance of qi movement and phlegm-heat obstruction in the middle-jiao. The therapeutic method for this syndrome is the therapy of removing phlegm to relax bowels. After the treatment stroke tends to being cured but different patients have diferent symptoms and diferent outcomes. The system recognition and relevant measures on syndrome development and outcomes of stroke after the treatment were summed up through a lot of observation and study on the clinical application of the therapy of removing phlegm to relax bowels for a long time.

Key words：stroke；therapy of removing phlegm to relax bowels；outcomes of diseases；treatment

痰热腑实证是中风急性期的主要证候，在病情较重特别是在中经和中腑患者中出现率更高，积极通腑泻热不仅可以防止中经向中腑移行、防治病情加重，同时还有助于中腑患者意识状况改善，促使病情向中经络方向好转。由于痰热腑实为中风气机逆乱、痰热壅结阻遏中焦这样一种共性病理机转所致，因此化痰通腑法成为中风病急性期主要的治法之一。临床观察发现，化痰通腑后，患者出现的病状往往纷繁复杂，呈现不同的病证转归。王永炎教授带领东直门医院神经内科团队历经30余年对化痰通腑法治疗后证候演变与中风病之不同转归进行长期系统地观察研究，总结出适应临床诊疗的应对措施[1]。本文谨就以上内容进行阐发。

1. 中风病痰热腑实证形成的多种途径

由于中风病形成于不同体质、不同发病诱因、不同的兼夹疾病乃至不同的饮食习惯、生活习惯、地域环境条件，以及中风后严重程度不同，因此，作为主要证候痰热腑实产生于上述不同情况下，其证候严重程度不一、形成途径多种。

1.1 风痰上扰，痰热阻遏

中风患者平素多有膏粱厚味的饮食习惯，好逸少劳的生活方式，长期紧张的精神状态，可因饮食自倍使脾胃受伤，痰浊内生，也可因肝郁日久，木克脾土，脾失健运、致痰湿内生，同时肝郁日久，气机不畅、瘀血阻络，气郁化热灼伤阴液、炼液为痰，形成瘀血阻络、痰浊内盛、痰热内阻之素体。此内蓄痰热的患者，若遇调摄失宜，气机逆乱、内风旋动则形成风痰上扰、痰热阻遏、痰热腑实之病证。

1.2 风痰瘀血痹阻脉络，痰瘀化热，中焦阻遏

中年以后，正气积损，痰瘀内阻。或七情刺激、气滞血瘀，或烦劳过度，阳气亢张，或饮食不节、内生痰湿，致气机逆乱、风痰瘀相搏，壅滞经脉，此属风痰瘀血痹组脉络，发为中风。中风后，痰瘀内阻，郁而化热，痰热蕴结、阻遏中焦，致使中焦升降失常，腑气不通，从而形成痰热腑实。

1.3 阳亢生风，风火上扰，气机逆乱，痰瘀化热阻遏中焦

"年逾四十，气阴自半"。性情急躁、肝阳素盛之体，存在因长期气郁化热、郁热暗耗肝肾之阴、导致水不涵木、阴虚阳亢之病状，兼有气滞血瘀、郁火炼液为痰、痰瘀阻络之势。若平时饮食不节，嗜酒过度或劳倦内伤则可使脾失健运，聚湿生痰，痰郁化热。遇到情志火极，内风动越之时，或致风火上扰、络破血溢、或致风火上扰、痰瘀阻络，则气机逆乱升降失常，风火炼液为痰、痰火内盛、蕴结中焦、胃肠气机不降而成痰热火盛腑实内结之病证[2]。

1.4 气虚生风，风痰瘀阻

年老正气衰弱之人，气血本虚，脾胃功能衰弱，痰湿内生，加之情志、劳累等诱因，使气机逆乱于心胸，风挟痰瘀阻络，痰湿郁积中焦而化热，痰热阻滞，升降失职渐致腑气不通。

2. 化痰通腑法治疗后的不同证候演变与疾病转归

2.1 腑气通畅，痰瘀阻络，病势向愈

痰热腑实形成于中风后风痰瘀血痹阻脉络、气机逆乱、痰瘀化热者，此类患者多为中风中经络，痰热腑实一般多出现于中风后3～7天，在中风病情的极期，及时化痰通腑后，往往只需1～2剂，绝大多数患者则腑气通畅，痰热减轻，形成痰热瘀阻及痰瘀阻络证,经对症治疗病情稳定、逐步向愈。

2.2 腑气通畅，气虚血瘀，病势趋缓

痰热腑实形成于气虚血瘀、气机逆乱、虚气流滞、气虚生风。中风后以风痰瘀血痹阻脉络标实为主，但部分患者在发病5～7天，痰瘀化热出现腑实内结者。由于证候演变缘于患者本身气血不足的体质，应用化痰通腑法后腑气通、痰热消，标实证候已去，正气虚象渐显，多见气虚血瘀证，病势趋于和缓，但由于患者素体正气虚弱，因此本证病程相对较长，恢复较慢。少部分患者可能出现虚风再次形成，引起复中或小中风的发生。

2.3 腑气通畅，腑实再结，病情欠稳

痰热腑实形成于中风后风痰上扰、痰浊瘀血痹阻经络、痰浊瘀血阻遏三焦气机不畅，或兼痰湿内盛化热者，往往患者素体气郁、痰湿相对较盛，应用星蒌承气汤化痰通腑后大便虽可通，但大便量少、虽通而不畅，须坚持应用，大便才会通畅，或大便通后，痰热未减、气机未畅，腑实很快再结。此类患者化痰通腑治疗，腑气通畅后，病情虽有好转，但因痰热易蓄势再结，更致气机不畅，故病情又欠稳定、需密切关注，积极调治保证腑气通畅、气机调达。

2.4 腑气通畅，痰热仍盛，病势缠绵

痰热腑实形成于素来内蓄痰热之体或肝阳素盛兼嗜食肥甘者，患者平素即常有腑实内结，中风后风痰上扰、痰热腑实在发病后即刻形成。此类患者多为中风中经、或中经向中腑移行者。化痰通腑法治疗腑气通畅后，痰热内蓄或兼肝阳上亢之势仍然较盛，表现在患者口气臭秽、舌红

苔黄腻或黄厚腻、脉弦滑诸症未有明显改善，或伴有头痛、头晕昏沉、嗜睡，上症可持续 1～2 周或更久，化痰通腑法需要坚持治疗的时间较久，病情相对急重的状况持续时间较长，积极合理全面调整有助于病情稳定和好转。此类患者值此期间，若调摄不适或用药权衡不当，致腑实再结、痰热壅盛，可致热盛阴伤、或痰热扰神甚至内闭心窍，导致病势逆转，因此治疗调护不可不慎。

2.5 腑气通畅，阴液大伤，病情不稳，警惕复中

阴虚阳亢、水不涵木之体，在肝风内动、风火上扰、气机逆乱、痰火阻遏中焦基础上形成痰热腑实证者，在清热息风的同时，并用化痰通腑法，若腑气通畅但由于邪热内炽、灼伤阴液，或是屡用脱水剂后阴液大伤者，病情不稳，容易出现阴虚风动证，导致复中风，临床应高度警惕，积极防治。

2.6 腑气不通，风火更甚，痰热内闭心窍，由腑及脏，病位加深

屡用化痰通腑法后腑气仍不通，多见于痰热实邪重或兼风火内扰者。风火炼液为痰，可加重痰热内结之势，痰热互结又可进一步化火生风，形成恶性循环。痰热随风阳上扰清窍，而见神志昏蒙。若腑实不通、痰火壅盛，风阳痰火内闭心窍而致昏迷。此时病情由腑及脏，病位加深。此类证候演变如果治疗及时得当，于 1 周或 10 天之内，神志逐渐清醒者尚可脱离险境[3]。

2.7 腑气不通，风火痰热猖獗，变证丛生，病势恶化

痰热腑实、痰热内闭心窍虽经化痰通腑法治疗腑气不通，风火痰热猖獗，消灼阴液耗损正气，正不胜邪使得变证丛生，病势恶化。常见变证有四：一是在口噤不开、水米不进的情况下出现呃逆频频的症状，这是由于风火痰热消耗正气，因胃气败伤而形成。二是阳闭神昏数日之后，骤然背腹灼热而四肢手足厥冷，此时患者背部、腹部用手摸时有如火炭烧灼般的烫手，这是肠热内闭的缘故。然而患者手足冰冷，甚至寒冷至肘膝以下，当然上下肢发凉的程度是肢体远端更凉，这种四肢发凉甚至冰冷的症状称为"厥逆"，是由于邪热内闭，阻遏了阳气外达而形成的。中医还有热深厥深的说法，即是邪热内闭的情况越重，则四肢厥冷的症状亦随之加重。三是阳闭神昏不遂之时还兼有频繁的抽搐。这种中风神昏患者出现的抽搐，西医学认为是脑血管病继发的癫痫，中医也可以把它看成是癫痫的一种证候类型。这是因为肝风与痰热互结，在屡犯心窍的情况下，由风阳内盛肝阴不足，使筋膜燥涩，内风动越所

成。四是阳闭数日之后出现便血、呕血的症状，这是由于邪热猖獗，肝胃之火灼迫血络造成的。变证一旦出现，无论呃逆、厥逆、抽搐或便血、呕血都是病情恶化的标志，预后多不佳。

3. 化痰通腑治疗后不同演变证候及相应治疗措施

3.1 痰热瘀阻，痰瘀阻络证

经过化痰通腑后，腑气已通，痰热消减，首先出现痰热瘀阻证，临床上常见患者大便已通，但舌苔仍黄腻，或口气臭秽虽减轻仍存在，或有瘀斑，舌底脉络瘀张，脉弦滑、或涩，并见面部烘热，心烦易怒，走路脚步不稳等。故治疗以清热化痰、活血化瘀通络，常加全瓜蒌、胆南星清泄痰热；丹参、赤芍、鸡血藤等活血通络，亦可酌加行气、降气之品，如枳实、半夏、橘红等以治痰。此证调治一段时间后，痰热渐化，呈现痰瘀阻络证，舌质淡红或淡暗，苔薄或腻，治疗以化痰通络。

3.2 痰热已退，气虚血瘀证

应用化痰通腑法治疗后腑气通，痰热标实证候已去，临床常见气虚血瘀证，患者面色㿠白，气短乏力，口流涎，自汗出，手足肿胀或肢体松懈瘫软，舌质暗淡，苔白腻，脉变为沉细、细缓或弦细。此时需益气，然而在痰热刚刚化净之时，虽有气虚见证，益气药物应以甘平或甘微温之品最适宜，药如太子参、茯苓、生山药、白扁豆等，注意避免过分甘温壅滞气机的药物。至恢复期纯属虚证而无热象，可考虑黄芪、党参等药的使用，方剂可选《医林改错》补阳还五汤加减。

3.3 气机未畅，腑实再结证

应用星蒌承气汤化痰通腑后大便通，由于气机不畅，腑实再结，舌苔仍黄腻，此时应考虑少阳枢机不利，改用利气疏导的大柴胡汤。大柴胡汤主少阳兼阳明实证，是少阳邪热未及时和解而传入阳明，为"枢机不利，里热结实"之故。审证论治，故治宜"外和枢机，里下结实"，即因枢机不转，里实内结可相互影响，故治疗时双管齐下，则可收事半功倍之效。中风患者多是气机的不调畅，应用大柴胡汤治疗时，外用和解之法以利枢机，并可促进腑气之畅行；内下结实之邪也可助枢机运转，两者相辅相成、相得益彰。

3.4 痰热内蓄，肝阳亢盛证

化痰通腑法治疗腑气通畅后，部分患者出现的痰热内蓄或兼肝阳上亢证候，表现在患者口气臭秽、舌红、苔黄腻或黄厚腻、脉弦滑诸症未有明显改善，或

伴有头痛、头晕昏沉、嗜睡，上症可持续1～2周或更久，清热化痰通腑法或兼平肝潜阳息风法需要坚持治疗的时间较久。

临床治疗多以星蒌承气汤和羚羊钩藤汤加减治疗，药用胆南星、瓜蒌、黄芩、天竺黄、酒大黄、丹参、赤芍、羚羊角、钩藤、菊花、生龙骨、生牡蛎、川牛膝等。同时配合清开灵注射液或醒脑静注射液。

3.5　气阴两虚，阴亏内热证

如果应用化痰通腑剂后舌质转红绛，黄腻苔呈斑块剥脱，甚至舌面光净无苔，脉弦细而数，并烦躁不安，甚至彻夜不眠者，属痰热内蕴而阴液内耗、胃气虚衰的表现。这主要是由于痰热腑实证经治腑气已通，痰浊渐消，而邪热更炽，灼伤阴液或是屡用脱水剂后阴液大伤，致使内风旋动转化为阴虚风动证。此时治疗最难，可适当加入鲜生地、沙参、麦冬、玄参等育阴药，但不宜过多，恐有碍于涤除痰热。此时病情不稳，发生复中的危险性很大。

3.6　腑气不通，痰热内闭心窍证

痰热内闭心窍为阳闭重证，可见于起病之初，也可由痰热腑实证及风火上扰清窍证转变而来。应该指出，若本证神昏、半身不遂起病骤急，多在顷刻之间发生，则是因为暴怒等情志刺激使肝阳暴涨，阳引风动，致气血奔并上窜，气血俱浮上壅，如迅雷不及掩耳之势干扰神明之府而发病。临床以起病骤急，神昏，昏愦，鼻鼾痰鸣，躁扰不宁，半身不遂甚而肢体强痉拘急，舌质红绛，舌苔褐黄干腻，脉弦滑数为主症。至于半身不遂而肢体强痉拘急，项强是由痰火亢盛，内风横窜，肝肾阴液耗伤，筋脉失于润养而成，面红、躁扰不宁、气粗、口噤、便秘等症均属风火痰热阳邪内闭的表现。舌质红绛，舌苔褐黄干腻是阴液大伤、痰热内盛的表现，脉弦滑数由痰热使然。

临床应及时清化痰热、醒神开窍，选用羚角钩藤汤加减。药用羚羊角粉2g（分冲），钩藤24g，菊花10g，夏枯草15g，黄芩10g，生石决明30g（先煎），生赭石30g（先煎），石菖蒲6g，远志6g，牡丹皮10g，天竺黄6g。中成药亦可用安宫牛黄丸或局方至宝丹，以及选用清开灵或醒脑静注射液静脉滴注。

3.7　腑气不通，风火痰热猖獗，中风变证

中风病变证是因邪热炽盛内闭气血而使阴阳离绝的危重病证，包括呃逆、厥逆、抽搐、呕血、戴阳。可在痰热内闭心窍、神昏日久，或正不胜邪，或治疗不当的基础上，由于风火痰热猖獗、邪气亢盛，耗损阴液阳气、败伤脏腑功能、气血逆乱、阴阳格拒而形成。

密切观察变证的早期信号，在变证发生之前积极防治具有重要意义。例如，呃逆变证，由痰热腑实基础上气机逆乱引起，宜积极通腑泻热、和胃止呃，根据病情选用大承气汤加味或大柴胡汤、黄龙汤加味。而因胃气胃阴两伤属"土败胃绝"之呃逆，应益气养阴、和胃止呃，方选人参粳米汤。厥逆为热深厥深应急予羚羊钩藤汤加减，送服或鼻饲安宫牛黄丸、局方至宝丹，此与痰热内蒙心窍证的治疗相同。厥逆而周身湿冷、阴阳离绝之时，方选白通加猪胆汁汤以附子、干姜回阳救逆为主，反佐以猪胆汁咸寒苦降之品，取"甚者从之"之意。

由于变证多发生于邪盛正衰之际，因此对中风重症患者虽以风火痰热猖獗为主，但兼见气血亏虚、阴阳损伤之证者，宜在积极清热解毒、化痰息风、开窍醒神的同时，予以或益气养阴或回阳固脱的抢救治疗，临床用药方面可在服用安宫牛黄丸或局方至宝丹，以及运用清开灵或醒脑静注射液静脉滴注的驱邪同时，加用参脉或参附注射液扶正救治，或可力挽狂澜、防止变证脱证的发生。

4. 小结

综上所述，痰热腑实证为中风后气机逆乱、中焦痰热内蕴、阻遏导致升降失常、腑实不通，是许多不同状况的患者中风后的共性机转；应用化痰通腑法后出现不同的病状，体现了中风病发病和疾病发展的个体化病机特点。

把握中风病疾病与证候演变规律，同时临证时还需深刻了解每位患者的禀赋体质、生活习惯、危险因素、发病特征，在临证时把中风病病证演变规律与患者的具体病情相结合、应证组合、随机应变，才会提高临床辨证论治的疗效和中医药防治中风病的水平。

参考文献：

[1] 王永炎，李秀琴，邓振明，等.化痰通腑法治疗缺血性中风158例疗效观察[J].中国医药学报，1986，1（2）：22-24.

[2] 牛明娣.通腑化痰法在中风病急性期中治疗作用的理论探讨[J].社区中医药，2005，10（7）：115.

[3] 邹忆怀.王永炎教授应用化痰通腑法治疗急性期中风病的经验探讨[J].北京中医药大学学报，1999，22（4）：68-69.

（收稿日期：2008-08-29）

附录
6

《薪火传承——永炎篇》封面书影

薪火传承——永炎篇·绪言

导师寄语

王永炎

2008 年 3 月

　　中医药学是中华文明的一颗璀璨的明珠，为民族的繁衍和国家的富强做出了巨大的贡献。毛泽东主席早就指出："中国医药学是一个伟大的宝库，应当努力发掘，加以提高。"半个多世纪以来，在党和国家中医政策的指引下，我国中医药事业蓬勃发展，取得了令人瞩目的伟大成就，谱写了弘扬传统优秀文化、保障人民健康的新篇章。

　　面对 21 世纪，人们不约而同地在翻检、回顾、筛选、总结经验，进而升华为时代的记忆，留给后人。20 世纪前 50 年中医中药历尽坎坷曲折。还原论盛行，华夏文化遭遇无数次的肆虐批判，直至今天笼罩在中医药学人头上"不科学"的阴霾才逐渐消散，作为"整体医学"的原创思维与原创优势，渐为世人共知。当今政府积极扶持，百姓企盼欢迎，具有深厚社会与群众基础的中医药学迎来了良好的发展机遇期。科学与人文的融合已成为时代的主题，科学求真，人文求善，科学、人文合而不同，互补互动。人类崇尚真、善、美的最高境界，势必将中医学理论与实践，融入人文哲学和生命科学中去，展示其特色和优势，成为人类先进文明的例证。进入 21 世纪，人们关注从信息时代迈向"概念时代"，思维科学渗透到各学科领域。中医学原有的概念与形象思维是其原创思维的基础与源泉。重视中医原创思维传承，即是重视中医药学的传承，是发展中医、创新中医的主要途径，重视原创思维的传承与创新是中医学发展的动力。对于思维科学的研究，其重点在于形象思维的建立，只有这样才能去认真研究综合性的逻辑思维，因为形象思维是宏观的、整体性的。显而易见以形象思维"比类取象"阐释中医学理论与实践，将推动中医药现代化的进程。诸如临床医学运用"病证结合、方证相应"，既以

整体的生理病理状态为依据，重视证候学研究，遵循以象为素、以素为候、以候为证、据证言病等理论，将逻辑思维与形象思维结合，运用于中医药学领域，并以现代系统复杂性科学指导中医研究。还有中医学主张"调心身"、"治未病"，运用复方治病。方剂是中医理法方药的核心环节，上承理法，下接遣药组方，落实到"承制调平"，预期达到"以平为期"的和谐效应。总之，中医药学原创优势与特色将对丰富现代医学科学内容具有重要的现实意义。

　　中医人才的培养，首先是遵循中医药学自身发展的规律，把中医理论基础的深厚积淀与临床鲜活的诊疗经验有机地结合起来，培养出优秀的中医临床人才。再则是传承创新发展中医药事业的需求，培养多学科融合的人才，从事以中医为主体，我主人随地宏扬原创思维原创优势，为提高防治水平服务的后备学术带头人。前者治学当溯本求源，古为今用，厚今薄古，厚积薄发，坚持熟谙经典，勤于临证，发挥古义，创立新说，锲而不舍的"读经典，做临床"，在取得显著疗效的基础上凝聚提炼学术的闪光点，运用科学的临床思维方法，求证诠释前贤的理论，寓继承之中求创新，从理论层面阐发古人前贤之未备，以推进中医学科的进步。后者是多学科融合的人才，当前可分两类，一则兼通文史哲，另则兼通理化生。造就内科临床领军人物，应先从医学专业博士做起，训练成临床功底坚实的主治医师后，其临床技能不逊于同年资的本科学士。进而在强化临床的同时，以唯物主义史观学习易经易道，与文、史、哲、逻辑学、心理学、社会学交叉渗透，提高"悟性"，指导诊疗工作，将之塑造成学科的中坚骨干。再则攻读科学哲学博士学位，朝向临床医学前沿学科，诸如生物信息学、

化学生物学、数学与数理统计学等，学习与整合基因组学、蛋白质组学、代谢组学，运用模式生物实验，以中医为主体融入系统复杂性科学，在系统论的指导下还原分析，将中医与西医、宏观与微观、综合与分析、实体本体论与关系本体论链接起来，对"病证结合、方证相应"进行相关性的疗愈机制的研究。与此同时在中医治病确有疗效的基础上诠释、求证前贤的理论，指导临床提高防治水平，推进学科的进步。

自 1985 年以来我曾培养硕士生 9 名，博士生 43 名，博士后进站人员 27 名，其中除 1 名硕士生、1 名博士生中途辍学，其他均获得相应学位或顺利出站。近因北京市政府设置中医薪火传承工程，北京市中医管理局邀聘我做传承导师，又应人民卫生出版社支持，拟将研究生与博士后论文摘要汇编成册，此举是对我与我的学生的鼓励和鞭策，在此深表感谢。回首培养研究生、博士后走过的路，歉疚之情油然而生，中医中药学科的博士不博与创新能力不足比较突出。我作为国务院学位委员会中医学与中药学学科评议组的召集人做过调研、搞过试点，然而成效不大，为了诊评中医学博士学位授予的质量，将辑要成书的论文集公之于众，可做靶标敬请专家学者，各位先晋、学长赐教，多予批评指正。

作为一名年近七旬的教师有责任有义务对后学发表一些感想，望能起到借鉴的作用。青出于蓝而胜于蓝，遍读中国医学史，可见朱丹溪的学问超过了他的老师罗知悌；李时珍的成就超越了其父李月池，如此不乏先例。作为导师应发自内心倡导学生超过导师的理念。我以为导师最大的成功应该是他培养出了超越自己的学生。导师要有甘当铺路石的精神，鼓励学生开创一条超越老师的成功之路。其二是科学民主、圆融和合，加强道德修养。作为医师教师最讲实事求是。老子明示：知不知，尚矣；不知知，病也。切不可自以为是。华佗刚直求是，不肯趋炎附势为一个人侍医竟遭被杀；王清任果敢求实，坚持《医林改错》被抨击排斥于太医院之外，可见做到不易，甚至要付出惨痛的代价。圆融和合崇尚中道，建设团结关爱、开拓进取的学术团队，提倡为他人创造条件、帮助他人的作风，提倡自反性的学术批判，把被批判者作为最崇敬的人。良好的品格对创造性的科研成就是不可或缺的。道德修养不在举之于其口，而在践之于其行。学为人师，行为示范。学医者必先做"人"，而后治学致用。其三是善于整合信息，提高创新素质。素质是什么？有多种不同的理解。我认为素质是获取信息转化为智慧，进而取得创新成果的速度与能力。对于从读硕士始，再读医学专业博士，最后获取医学科学博士的学科领军后备人才的培养，着力要求三级学科的专攻，二级学科的基本功，一级学科及学科门类的广博知识，更重要的是相关前沿学科的丰富的信息。全方位敏锐的搜集加工分析利用信息可使学人变得聪明，我们既要紧跟时代的步伐，又要坚持我主人随地弘扬中医药学的优势特色，闯出一条中医学人自己的路。

本书是我 20 余年来所带的硕士博士的论文摘要与博士后在站工作的部分报告内容整理汇集成书。她像是一面镜子映射出为繁荣中医学术推动学科进步奋力向前的风貌，也如实展现出论文、报告的缺憾，治学不严不精应牢记的教训。为此，悬请广大中医同道对本书批评指正，惠赐宝贵意见。时间流逝，吾辈学人已至暮年，殷切期望中青年医师教师互相勉励，和合共进，弘扬中医药学术精粹，为人民健康事业多做奉献。

附录 7

《中医妇科名家经验心悟》封面书影

中医妇科名家经验心悟·序

王永炎

2008 年 8 月

随着经济全球化，物质丰富和自动化盛行，新的时代——"概念时代"即将到来，与之相应的是人们对创新意识的要求更加强烈，原创思维得到高度重视。在新的概念时代，重视中医学原创思维，大力传承发展中医原创思维，对于中医中药事业的整体发展将具有重要意义。所谓原创思维，是指特有的、与众不同的、创造性的思维方式。概念时代要求任何学科的发展必须具有原创思维，只有具备了原创思维的学科，才能拥有原创性的成果与原创性的优势，才能造就一支开拓创新的学术团队。中医学强调天人相应、调心与调身并重。中医学重视自然环境与社会环境对人体的综合影响，这种影响既包括生理上的，也包括心理上的，因此中医在认识与治疗疾病时强调要综合、整体地考虑多因素对人体的影响，从而形成了学科独有的诊疗模式。中医学重视整体观念、形神一体与辨证论治，要求理法方药一致。中医的诊疗过程是多维的、自上而下的综合集成，体现了生理与心理、感性与理性、科学与人文的高度融合。中医学科当前迫切的任务是基于促进人类健康、提高防治疾病的疗效，将鲜活的临床经验与现代的科技成就结合，诠释与弘扬原创的思维，为构建统一的新医药学并推动生命科学的进步做贡献。中医学人既要学习古人前贤兼通文史、哲学、历法、术数、吕律，又要认真学习现代自然科学与社会科学，倡导大科学广兼容的理念，容纳百川，团结与欢迎相关学科、前沿学科的学者专家参与中医药的学术研究，在全新的概念时代我主人随地不断地推动中医药学术的进步。

作为一名普通的老教师，我对于如何培养出优秀的中医临床人才有些想法，愿与同道一起研讨。我认为首先应遵循中医学自身发展的规律，把中医理论基础的深厚积淀与临床实践鲜活的诊疗经验有机地结合起来。若论治学必当溯本求源，古为今用，厚积薄发。坚持谙熟经典，勤于临证，发挥古义，创立新说，如此锲而不舍地"读经典做临床"，在取得显著疗效的基础上凝聚提炼学术的闪光点，运用科学的临床思维方法，求证诠释前贤理论而发古人之未备，再验证于临床，继承之中求创新。再则，教书育人提倡圆融和合，加强道德修养。作为医师教师，

最应实事求是，可历史告诉我们真正做到实事求是并不容易，有时甚至要付出惨痛的代价。良好的品格对创造性的学术成就是不可或缺的前提。崇尚中道不在举之于其口，而在践之于其行。可谓学为人师，行为示范，学医者必先做"人"，而后学以致用。还有就是青出于蓝而胜于蓝，为人师者应发自内心倡导学生超越自己，老师最大的成就应该是培养出超越自己的学生，鼓励学生开创一条超越老师的成功之路。

欣闻肖承悰学长等主编《中医妇科名家经验心悟》这一值得庆贺之事。肖教授系京四大名医肖龙友前辈之嫡孙女，现任中华中医妇科学会主任委员，其学术造诣精专，临床积淀深厚，学术影响享誉海内外。该书作者群体堪称中医妇科精英，前任中华中医药学会副会长及中医妇科分会主任刘敏如学长为此书主审，还有副主编罗颂平教授得其先父罗元恺亲传。编委会专家有的虽未能直面交流，然而以文会友，读其论著多有收益，令我敬佩。该书撰述近代 50 位中医妇科名家的治学思想与诊疗经验以飨读者，参以作者自己的体悟和感触。遍读中国医学史，凡成中医大家名师者，均是攻读经典阐发己见的楷模，通过提高"悟性"，落实到临床诊疗过程，以显著的疗效体现卓越的学术成就。回顾高等中医药院校的临床医学教育历程，我感到必须遵循中医学术自身的规律，早临床多临床，着力培养科学的临床思维方法，独树一帜创新发展；不宜只是传授技术，更应强调文化熏陶；不宜一味追求专业，更应拓宽知识领域；不宜跟随一般潮流，更应强化独立创新的意识。雄厚的中医基础、扎实的临床技能、必备的伦理医德、较高的人文素养和宽阔的科技视野，这才是我们培养中医临床人才的大目标。本书以撰著名医大师的经验切合培育后备学术带头人的需求。我深信出版后将对中医妇科学科建设及高层次优秀临床人才的培养发挥重要的导向作用，并对临证诊疗独具使用价值。缘于肖承悰教授邀我作序，实为对我的信任与鼓励，不敢懈怠，乐观厥成。

2009 年，71 岁

2009 年图 1　2009 年的王永炎先生

2009 年图 2　接见美国中学生代表团（右 5 王永炎）

2009 年图 3　王永炎（左）与博士研究生吕诚（毕业时）合影

2009 年图 4　中医药应对甲型流感结果发布会（右 2 王永炎）

2009 年图 5　为病人诊治疾病（右 1 王永炎）

2009 年图 6　首届中西医结合脑病诊治高级研修班（二排左 6 王永炎）

1 月，专著《中风病防治要览》由人民卫生出版社出版。

2009 年图 7 《中风病防治要览》封面页书影

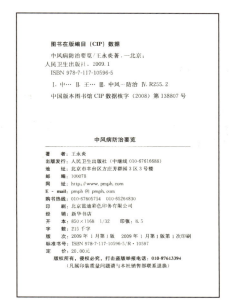

2009 年图 8 《中风病防治要览》版权页书影

4 月，受聘为首都医科大学临床医学系学术委员会主任委员。

6 月，受聘为卫生部修订我国基本药物目录方案专家组长，主持 2009 年版《国家基本药物目录》的修订工作。由于积极参与和支持中医急症工作，由中华中医药学会急诊分会授予中医急症工作突出贡献奖。

2009 年图 9 首都医科大学临床学系学术委员会主任委员聘书

2009 年图 10 中华中医药学会急诊分会中医急症工作突出贡献奖证书

同月，承担了中医药防治传染病行业专项项目"中医药防治甲型 H1N1 流感与流行性乙型脑炎的临床方案及诊疗规律研究"。

8 月，受聘为国务院重大新药创制专项总体组成员。

10 月 1 日，应筹备委员会邀请，参加在天安门广场举行的庆祝中华人民共和国成立 60 周年庆祝大会及当晚举行的联欢晚会。

2009 年图 11　甲型 H1N1 流感重症与危重症辨证治疗方案专家论证会（前排左 3 王永炎）

2009 年图 12　王永炎（右）与呼吸科专家王辰讨论 H1N1 流感诊疗问题

2009 年图 13　建国 60 周年庆祝活动请柬 -1

2009 年图 14　建国 60 周年庆祝活动请柬 -2

2009 年图 15　建国 60 周年联欢晚会请柬 -1

2009 年图 16　建国 60 周年联欢晚会请柬 -2

同月，受聘为国家中医药管理局中医药重点学科建设委员会主任委员。

同月，继任《北京中医药大学学报》与《现代中医临床》主编；受聘为《环球中医药杂志》名誉主编；受聘为中国药典会执行委员。

11 月，受聘为《中国中医基础医学杂志》名誉主编。

2009 年图 17　国家中医药管理局中医药重点学科建设委员会主任委员聘书

与团队合作的论文《从玄府理论新视角论治银屑病》发表于《北京中医药大学学报》2009 年第 2 期。为萧承悰著《一代儒医萧龙友》写序。此书同年由化学工业出版社出版。

此年 9 月，财政部批准了中医药防治传染病行业专项项目"中医药防治甲型 H1N1 流感与流行性乙型脑炎的临床方案及诊疗规律研究"，先生被聘为组长，有吕爱平、王燕平、刘保延、王玉光、晁恩祥、王融冰、李秀惠、涂晋文等中医药界知名专家共同参加研究。从中医临床、基础研究、中药筛选、人才培养、体系建设等方面开展中医药防治传染病的研究，建立了"快速、准确、科学、有效"的中医药防治传染病的应急体系，有力地发挥了中医药在服务公共卫生、保障人民健康中的作用。重大科技专项——重大创新药"中药上市后再评价关键技术研究"也获得了立项。

此年，社保部医疗保险目录修订颁布。国务院重大新药创制专项启动，先生受聘为主体组成员。此时，先生在 1996 年 5 月中央七部委讨论中药现代化立项问题的会议上，提出的"中医药界应转变观念，重视安全性研究"等三点意见方受到重视。卫生部拟定按国际规范 WHO 内罗毕基本药物条例修订我国基本药物目录方案，先生受聘为专家组组长。逢《北京中医药大学学报》与《现代中医临床》杂志换届，先生继续任主编。中华医学会创办《环球中医药》，推荐张伯礼任主编，先生为名誉主编。

此年，先生还参与制定卫生部由陈竺主持，韩启德总策划的"健康中国 2020 年"卫生发展规划，任中医药组组长，有吕爱平、王燕平等参加。同年本院医史文献所张志斌研究员受邀赴德国洪堡大学查理德（Charitè）医科大学，从事英文版《本草纲目辞典》国际合作项目，因缺乏支持，而邀聘来中医临床基础医学研究所工作，保障研究工作的完成。

附录 1

《北京中医药大学学报》2009 年 2 月第 32 卷第 2 期

从玄府理论新视角论治银屑病

宋　坪[1,2]，杨　柳[2]，吴志奎[1]，邹忆怀[2]，王永炎[3]

（1. 中国中医科学院广安门医院，北京 100053；2. 北京中医药大学东直门医院；3. 中国中医科学院中医临床基础研究所）

关键词：玄府；核心病机；银屑病

中图分类号：R275

玄府理论起源于《内经》，发扬于金元，散见于明清各医学著作，成为中医理论重要的组成部分。现代医家亦从不同角度，探讨玄府概念的内涵及外延，并利用现代医学技术，进一步阐述玄府理论的物质基础，用以指导临床。导师王永炎院士提出，五脏六腑皆有玄府[1]，玄府是气血津液输布流通的道路，是神机出入的场所[2]。我们在导师指导下，根据玄府理论，从新的视角提出玄府郁闭，热毒蕴结是银屑病的核心病机，以及该病机相对应的治则治法，取得较好疗效。

1. 玄府理论溯源

"玄府"一词，始见于《内经》，本指汗孔而言。如《素问·水热穴论》云："所谓玄府者，汗空也"；《素问·六元正纪大论》又有"汗濡玄府"一说。玄府有"气门"、"鬼门"等名。如《素问·生气通天论》："日西而阳气已虚，气门乃闭。"《素问·汤液醪醴论篇》："平治于权衡，……开鬼门，洁净府。"

刘完素借助汗孔具有的通行气液的功能，对玄府概念加以发挥，提出"玄府者，无物不有，……乃气出入升降之道路门户也。"同时明确了玄府功能，提出玄府病理变化，描述玄府闭密的临床表现，治疗上"宜以辛热治风之药"，并以玄府理论为指导，提出耳科玄府论、目科玄府论，为后世医家发展专科理论奠定基础。

自刘完素之后，玄府学说仅在少数学科有所发挥，并未形成系统理论。王永炎院士提出"玄病"概念，指出玄府是物质功能、信息与能量的集合，并从神经病学角度深入探讨了玄府理论的科学内涵，提出开通玄府、利水解毒法治疗出血性中风[3]，开通玄府，补虚解毒法治疗血管性痴呆[4]，收到满意效果。常氏证实开通玄府、利水开窍法能够有效抑制脑出血大鼠水通道蛋白 4（AQP4）的表达，对急性脑出血大鼠脑水肿现象有可靠的干预效应[5]。

随着研究的不断深入，玄府理论在心脑血管疾病、糖尿病、妇科、眼科、五官科等疾病治疗方面，获得广泛应用。玄府概念从位于皮肤的汗孔演绎而来，然而玄府理论在皮肤科的应用尚未见文献报道。我们在导师王永炎院士指导下，以银屑病为研究起点，以玄府理论为基础，在大量临床实践基础上，重新审视银屑病的发病过程，提出与以往研究迥然不同的核心病机。

2. 玄府郁闭，热毒蕴结是银屑病的核心病机

银屑病俗名"牛皮癣"，属于古代文献中"白疕""松皮癣""干癣""白壳疮"等范畴，是一种常见并易复发的顽固难治性皮肤病。其皮损主要表现为红色斑片，搔起白屑，状如松皮，形如疹疥。古籍记载本病与风、湿、热、燥、毒等有关，如《医宗金鉴》指出本病"固由风邪客于皮肤，亦由血燥不能荣外"。近年中医学对本病论述颇多，大都从血热、血燥、血瘀论治，然而此论并不能全面解释银屑病的发病机制。为什么病情冬重夏轻？如何解释部分患者发病前出现的发热、恶寒、烦躁症状？我们临床观察发现，

几乎所有银屑病患者的皮损部位灼热而没有汗液，患者的烦躁、皮肤灼热症状在出汗之后会有所减轻。

在王永炎院士指导下，我们以玄府理论为切入点，提出"风邪闭郁玄府，阳气不得外达，拂郁化热成毒，燔灼气血津液，发为红斑鳞屑"，是银屑病发病的核心病机，其理由叙述如下。

2.1 发病初期有风邪外束之象

银屑病发病初期，部分患者出现发热、恶寒、鼻塞、咽痛等上感症状，此为外感风邪所致。风邪外袭，玄府开阖失司，阳气闭郁于内，蕴而化热成毒，燔灼气血，发于肤腠，则见焮赤丘疹，刮之出血；玄府郁闭，汗孔不利，则皮损处干燥无汗。《素问·调经论》云："上焦不通利，则皮肤致密，腠理闭塞，玄府不通，卫气不得泄越，故外热。"

2.2 细络即玄府，临床表现以络脉病变为主

络脉为人身之最细小脉络，联络脏腑肌肤，为人体气血津液输布的桥梁。清·周学海在其《形色外诊简摩·舌质舌苔辨》中明确指出"细络即玄府也"。王氏亦提出玄府与孙络、微循环以至细胞膜有类似之处[6]。银屑病临床表现以红色斑片为主，正所谓"络脉盛色变"也。邪阻络脉，津液不布，肌肤失养，故皮损表面见层层鳞屑；日久气滞血瘀，痰湿蕴结，则皮损肥厚浸润。若情志抑郁，则气机不畅；若过食酒醪肥甘，则痰湿内蕴，阻塞络脉，更加重细络玄府郁滞之象。现代研究认为，银屑病是以T淋巴细胞、角质形成细胞、血管内皮细胞病变为主体的免疫异常性疾病。上述细胞通过复杂的细胞因子网络相互作用，如果这一网络失衡，则会导致细胞过度增殖，功能异常，出现银屑病损害[7]。而细胞间物质及信息的交流，是通过玄府来实现的。此即王永炎院士所述，"玄府是神机运转的通路，是物质、信息与能量交换的场所"。

2.3 夏季腠理开，则疾病向愈

大多银屑病患者发病有明显的季节性，常常冬季复发或加重。《灵枢·五癃津液别》："天寒则腠理闭"，此乃冬季寒邪束表，腠理致密，玄府郁闭，无汗肤燥，阴津难以外布，肌肤无以润泽所致。而夏季腠理开，玄府通利，《素问·举痛论》云："炅则腠理开，荣卫通，汗大泄"，故皮损往往在夏季减轻或自愈。现代研究将银屑病病情的季节变化归为日光中紫外线的作用。中医理论认为日光属阳属热，《素问·生气通天论》云"阳气者若天与日"。以阳热之光温煦肌肤，则玄府开通，腠理开泄，疾病向愈。

2.4 玄府郁闭，热毒蕴结证暗合银屑病发病机制

中医理论认为，风为百病之长，各种致病因素均挟风邪侵入人体；风邪闭郁玄府，拂郁化热成毒（产生细胞因子），毒热蕴积皮肤腠理，燔灼气血津液（细胞因子入血），产生红斑鳞屑性损害。可以看出，西医学关于银屑病的发病机理，与中医玄府理论对本病的论述暗合。

综上所述，我们认为风邪郁闭皮肤之玄府，拂郁化热成毒，阻滞络脉，气血津液运行不畅，发为银屑病。日久耗伤气血，玄府开阖失司，新的致病因素产生，病邪痼结难解，疾病顽固不愈。以玄府为切入点论述银屑病的核心病机，更符合银屑病发病的全过程。

3. 从玄府理论新视角论治银屑病

我们在临床实践基础上，从新的视角重新审视银屑病的发病过程及病理变化，提出玄府郁闭，热毒蕴结是银屑病的核心病机，在治疗上提出疏通玄府、通络解毒法治疗斑块状银屑病。

我们曾根据名老中医的临床经验，配制了开通玄府，活血散瘀功效的外用中药制剂复方莪倍软膏，用以治疗斑块状银屑病。其主要成分莪术性温味辛苦，有行气破瘀、消积止痛的功效，具有抑制血管生成、抗炎症作用[8]，暗合"细络即玄府"一说；冰片性凉味辛苦，能够开通玄府百窍，消散拂郁之火；五倍子酸涩收敛，与莪术、冰片共伍，使玄府开阖有度，祛邪而不过于耗散正气。临床观察显示[9]，该药物治疗斑块状银屑病的总有效率与国际公认的外用西药制剂疗效相当，且不良反应少。采用激光多普勒图像诊断系统（LDPI）观察复方莪倍软膏治疗前后的血流灌注情况[10]，发现随着皮损评分的降低，血流灌注值亦相应降低。临床实践证实，热水洗浴能够通利汗孔，宣畅气机，疏通络脉，达到开通玄府的作用。我们采用中药浸浴疗法治疗银屑病，使药物通利玄府，直达病所，取得较好疗效。通过以上临床观察，初步验证了开通玄府法应用于银屑病外治法的有效性。

在王永炎院士的指导下，我们采用以麻黄为君药的开玄解毒方治疗斑块状银屑病。麻黄苦、辛、温，宋《大明日华诸家本草》载："调血脉，开毛孔皮肤。"清《神农本草经百种录》谓其"清扬上达，无气无味，乃气味中最轻者。故能透出皮肤毛孔之外，又能深入凝痰积血之中，凡药力所不能到之处，此能无微不至。较之气雄力厚者其力更大。"为开通玄府最常用药物。本方以辛温发散的炙麻黄9g、荆芥9g、桂枝9g、细辛3g、附片6g，开通玄府，配合凉血、活血、解毒的紫草15g、莪术9g、白花蛇舌草20g、土茯苓30g等疏通细络，清解拂郁热邪。全方温通与

清解并用，共奏开通玄府，通络解毒之效。初步临床观察显示，以此法治疗慢性斑块状银屑病患者 26 例，采用国际公认的 PASI 评分，8 周后痊愈 8 例，显效 9 例，有效 5 例，无效 4 例，总有效率 84.6%。

4. 病案举例

病案一：赵某，男，26 岁。2008 年 11 月 11 日初诊。全身泛发暗红肥厚斑块 3 年，加重 2 周。3 年前急性扁桃腺炎后，于躯干四肢出现红色丘疹，上有银白色鳞屑，诊断为银屑病，经中西药物治疗，病情反复发作，冬重夏轻。2 周前无明显诱因皮疹加重，泛发全身，伴瘙痒，无咽痛咳嗽等症。舌质暗红，苔黄厚而干，脉滑数。皮科检查：全身散在暗红肥厚斑块，厚如牛皮，干燥无汗，上有成层灰白色鳞屑，刮之即落。PASI 评分 =0.1（Eh+Ih+Dh）Ah+0.2（Eu+Iu+Du）Au+0.3（Et+It+Dt）At+0.4（El+Il+Dl）Al=0+0.2×8×1+0.3×9×1+0.4×9×2=11.5。证属玄府郁闭，热毒蕴结挟湿，治宜开通玄府，通络解毒化湿。方选开玄解毒方，加枳壳 10g、竹茹 10g、陈皮 15g 以化痰行气。外用复方羟倍软膏，并以塑料薄膜包裹皮损以助汗液透发及药物渗透。

二诊，2008 年 11 月 18 日。皮疹颜色明显变浅，厚度变薄，鳞屑减少，基本已无瘙痒。PASI 评分 =0+0.2×3×1+0.3×3×1+0.4×6×2=6.3。舌质暗红，苔黄厚腻有减，脉滑数。继以上方 7 剂内服，外用复方羟倍软膏，包裹法同上。

三诊，2008 年 11 月 25 日。躯干、上肢皮疹基本消退，下肢皮疹淡红，无浸润，无明显鳞屑。PASI 评分 =0+0.2×1×1+0.3×1×1+0.4×2×2=2.1。舌暗红，苔薄黄，脉滑数。痰湿已化，继续开通玄府，通络解毒法。开玄解毒方 7 剂隔日服用，外治法同上。

四诊，2008 年 12 月 9 日。皮疹基本消退。停服中药，嘱其继续外用药物，并调畅情志，调摄饮食，防止复发。

病案二：孙某某，女，49 岁。2008 年 06 月 10 日初诊。全身散在暗红斑块 17 年，加重 2 年。17 年来反复出现红色丘疹、斑块，上有白色鳞屑。长期服用中西药物治疗，冬重夏轻。近 2 年皮疹加重，无明显季节变化，肥厚皲裂，瘙痒疼痛。伴有大便难解，咽痛。舌体胖，质淡红，苔薄黄，脉细。皮科检查：肘部、小腿胫前、臀部暗红肥厚斑块，苔藓样变，干燥皲裂，上有厚层白色鳞屑。全身泛发点滴状淡红丘疹，鳞屑不多。PASI 评分 =0.1（Eh+Ih+Dh）Ah+0.2（Eu+Iu+Du）Au+0.3（Et+It+Dt）At+0.4（El+Il+Dl）Al=0+1.2+5.2+4.8=11.2。证属玄府郁闭，热毒蕴结，以开玄解毒方加生石膏 30g、大青叶 15g 以增强清解郁热之力，外用复方羟倍软膏。

二诊，2008 年 6 月 24 日。点滴状疹变暗，变浅，肥厚斑块明显变薄，部分已消退，夜间瘙痒。咽痛症状消失，大便调畅。舌体胖，质淡红，苔薄黄花剥，脉细滑。PASI 评分 =0.1（Eh+Ih+Dh）Ah+0.2（Eu+Iu+Du）Au+0.3（Et+It+Dt）At+0.4（El+Il+Dl）Al=0+1+2.4+3.2=6.6。上方附片用量减少为 6g，加玄参 20g、生地 30g 以养阴清热。

三诊，2008 年 7 月 22 日。皮疹大部分消退，不痒，残余皮疹转暗 PASI=0.1（Eh+Ih+Dh）Ah+0.2（Eu+Iu+Du）Au+0.3（Et+It+Dt）At+0.4（El+Il+Dl）Al=0+0.4+0.3+0.8=1.5。舌淡红，苔薄黄，脉滑。继以上方调理月余。2008 年 8 月 12 日复诊，皮疹全部消退。

作为人体最细微的解剖结构，玄府具有流通人体气血津液的作用。我们以玄府理论为基础，从新的视角探索银屑病的核心病机，并已在临床中初步验证其客观性。而以银屑病为研究模型，借助先进科学技术，进一步阐述玄府的内涵及外延，揭示其科学本质，不断完善玄府理论，并用以指导临床实践，提高疗效，是我们今后的研究重点。

参考文献：

[1] 杨辰华，王永炎. 玄府理论与临床应用初探 [J]. 北京中医药大学学报，2005，28（6）：15-17.

[2] 常富业，王永炎，高颖，等. 玄府概念诠释（六）——玄府为神机运转之道路门户 [J]. 北京中医药大学学报，2005，28（5）：12-13.

[3] 常富业，王永炎，高颖，等. 开通玄府对大鼠实验性脑出血脑水肿的效应研究 [J]. 中医药学刊，2005，23（10）：1784-1787.

[4] 杨辰华，王永炎，王新志. 血管性痴呆的证候要素与玄府病机 [J]. 北京中医药大学学报，2006，29（10）：665-667.

[5] 常富业，张云岭，王永炎. 清开灵对脑出血脑水肿大鼠 AQP4 表达的影响 [J]. 安徽中医学院学报，2008，27（3）：27-29.

[6] 王明杰. 专题笔谈视神经萎缩 [J]. 中医杂志，1989，30（2）：6-7.

[7] TERUIT, OZAWAM, TAGAMIH. Role of Neutrophils in Induction of Acute Inflammation in T-cell-mediated Immune Dermatosis, Psoriasis: a Neutrophil-associated Inflammation-boostingloop [J]. Exp Dermatol, 2000, 9（1）：1-10.

[8] 李国栋，许付，沈爱军. 术技油的研究进展 [J]. 中国药学杂志，2002，37（11）：806-809.

[9] 宋坪，颜志芳，许铣，等. 复方羟倍软膏治疗斑块状银屑病的临床观察 [J]. 中国中西医结合杂志，2007，27（4）：352-354.

[10] 宋坪，舒友廉，刘瓦利，等. 复方羟倍霜对斑块状银屑病皮损血灌注的影响 [J]. 中国皮肤性病学杂志，2006，20（12）：715-717.

（收稿日期：2008-06-18）

附录2

《一代儒医萧龙友》封面书影

一代儒医萧龙友·序

王永炎　　己丑仲夏

崇向国故，追思前贤，令吾辈学人晚年垂慕而倍受鼓舞。欣闻萧承悰教授近著《一代儒医萧龙友》，真乃可喜可贺之事。是书系前辈萧龙友先生嫡孙女萧承悰教授纪念萧先生诞辰140周年，仙逝50周年而作。萧先生是文史学家、书法家、中医学家、中医教育家，生平跨越两个世纪，适民族于水深火热之中，国学遭遇摧残，中医历经坎坷，萧先生一代儒医，为彰显国故勤勉奋争而成就卓越，实为今人楷模。当今笼罩在中医学人头上"不科学"的阴霾逐渐消散，中医受歧视的日子即将过去。由于东学西渐与西学东渐并存，中医药学渐为科学家首肯，其深厚的社会基础，已为百姓拥戴，我们即将迎来中医学术发展的良好机遇。为此感怀故人忠诚国学、笃志国医之精神，自当相互勉励，严谨治学，为事业出力，为学术修身，为群众造福。

传承、创新、现代化、国际化是时代赋予吾辈学人的使命。传承是基础，创新是目的，学习前贤之学说，而发煌古义，诠释医理既是传承又是蕴育创新；现代化是国家民族的要求，适应13亿人口的大国办卫生，以现代科技整合中医药原创优势，我主人随地体现人文关怀；国际化首当着眼于为人类健康做建立统一的新医学与新药学的前期准备。什么是中医学自身的规律？我认为是中国自然哲学引领下的整体医学，自适应、自组织、自调节、自稳态维护健康防治疾病，一切都要顺应自然。中医学的理论框架是天人相应、辨证论治、形神一体。中医学重视临床医学，鲜活的诊疗经验，显著的临床疗效最富有活力。还原分析用模式生物方法研究中医药量虽不可或缺，然而应在系统论指导下去拆分再将数据归于整体去分析。毋庸置疑中医药研究更需要人体实验，学习循证医学方法克服局限性，按中医自身规律去设计去观察，做总结，出成果，而后辐射推广，宏扬学术而造福桑梓。

喜读《一代儒医萧龙友》一书，其中家学渊源足知先生饱学经史子集，熟谙四书五经，学问功底之深厚。先生热衷于教育，于变法维新之始即在山东济南办高等学堂，亲拟章程兼任教习至今留有政声。先生于1928年践行不为良相，便为良医的夙愿，曾被内务部聘任为考试中医士襄校委员，先生自号"息翁"，为弃官行医自撰《息园医隐记》，文刻扇骨珍藏于世。1934年北京举行第一次中医会考，主考官即萧龙友、孔伯华、施今墨、汪逢春四位，此即京城四大名医之由来。萧先生一生致力发展中医教育事业，主张"非学校医院并设，使学习与临床互有经验，不易取得良好效用"，至今仍有指导意义。萧先生与孔伯华先生创办北平国医学院，可谓筚路蓝缕，倾囊解助，愈挫而弥坚。中华人民共和国成立后，萧先生当选全国人大第一、第二届代表，曾任主席团成员，作为中医学家当选中国科学院学部委员（即今院士），曾任中国中医研究院名誉院长。萧承悰教授将萧先生医道医术凝练升华汇总成篇，寓薪火传承之志，现佳作已成，邀我写序。深感学友厚谊，铭刻先贤遗愿，予重振国医学宏扬国医矢志不移，愿与同道共勉。

2010年，72岁

2010年图1　2010年的王永炎先生

2010年图2　春节时任国务委员兼国务院秘书长马凯同志（右）看望王永炎先生

2010年图3　北京中医学院首届毕业老同学相聚（前排右起：翁维健、祁宝玉、钱英、王永炎、聂惠民、田德荫、吕景山、包信；后排右起：王沛、晁恩祥、石国璧、李士懋、傅世垣、王世民）

2010年图4　给博士后讲课（正面者王永炎）

3月，在中药现代化推进中，首先提出二次研发培育"三高四特"大品种。

5月，带领团队开展中医药标准化项目研究，提出了我国参与国际标准化组织中医药技术委员会（简称ISO/TC249）工作的建议。与曹洪欣院长一起，受聘为国家重点出版工程《中华医学百科全书·中医药与民族医药卷》总主编。"北京师范大学新医药学科群"通过中期评估。

2010 年图 5　2010 国际中医药发展论坛主席台（左起：第七王永炎

2010 年图 6　获得"岐黄中医药基金会传承发展奖"的七位专家（左起：马继兴、陈可冀、陆广莘、路志正、王永炎、李经纬、薛清录）

2010 年图 7　十一届全国人大常委会周铁农副委员长（左）为王永炎先生（右）颁奖

2010 年图 8　王永炎先生在灯下研究病历

2010 年图 9　国家重点出版工程多媒体《中华医学百科全书》中医药学类总主编聘书

2010 年图 10　军队高层次科技创新人才工程培养对象带教导师聘书

　　7 月，长外孙刘为考入天津中医药大学中药系。

　　10 月，由肖培根院士推荐，经中国药学会批准，受聘为《中国中药杂志》主编。由军队高层次科技创新人才工作办聘任为军队高层次科技创新人才培养对象带教导师。

同月，与张伯礼合作主编《组分配伍研制现代中药的理论与实践》，由辽宁科学技术出版社出版。

2010 年图 11 《组分配伍研制现代中药的理论与实践》封面页书影

2010 年图 12 《组分配伍研制现代中药的理论与实践》版权页书影

2010 年图 13 第十届药典委员会执行委员聘书

12 月，受聘为第十届药典委员会执行委员。同月，主编《实用中风病康复学》由人民卫生出版社出版。

同月，主编《中国现代名中医医案精粹》（第 3～6 集）由人民卫生出版社出版。此套丛书的前两集，由董建华先生生前主编，同期出版。

2010 年图 14 《实用中风病康复学》封面页书影

2010 年图 15 《实用中风病康复学》版权页书影

2010 年图 16　《中国现代名中医医案精粹》（第 3 集）封面页书影

2010 年图 17　《中国现代名中医医案精粹》（第 3 集）版权页书影

2010 年图 18　《中国现代名中医医案精粹》（第 4 集）封面页书影

2010 年图 19　《中国现代名中医医案精粹》（第 4 集）版权页书影

2010 年图 20　《中国现代名中医医案精粹》（第 5 集）封面页书影

2010 年图 21　《中国现代名中医医案精粹》（第 5 集）版权页书影

2010 年图 22　《中国现代名中医医案精粹》（第 6 集）封面页书影

2010 年图 23　《中国现代名中医医案精粹》（第 6 集）封面页书影

　　同月，受聘为中关村科技园区大兴生物医药产业基地院士专家工作站进站院士。

　　先生作为传染病行业专项组长，每当发现疫情，及时做出反应，组织专家做流行病学调查，尤其重视全面收集中医症状学资料与地区季节气候、物候反常状态。进而组织专家委员会及时归纳分析证候类型及演变特征，拟定防控治疗方案，转卫计委汇总下达。同时，由国家中医药管理局医政司召开全国的电话会议进行部署。鉴于省市级传染病院中医人才队伍薄弱，

2010年图24　中关村科技园区大兴生物医药产业基地院士专家工作站进站院士聘书

举办学习班，宣讲防控方案，并复习《温病条辨》等中医温病经典著作，培训人才，建立防控传染病的中医药人才体系。

带领团队，从气虚血瘀证——冠脉综合征、脑梗死、肾病入手，开展证候为核心的开发研究。并与中药制药行业进行广泛合作，促进中药新药开发，提高中药饮片质量。

此年，关于中医疗效评价的研究引起较为普遍的重视。先生带领中医标准化团队完成WHO西太区资助的27种优势病种的中医循证临床实践指南。而在理论研究方面，先生倡导对"高概念""中医意象""诠释学"进行深入的研究。论文《高概念时代中药学研究的传承与创新》发表于《中药与临床》第1期，《中医意象诊疗模式诠释》发表于《北京中医药大学学报》第4期，《中医复杂干预与疗效综合评价》发表于《中国中医基础医学杂志》第6期，《论诠释学与中医学创新》发表于《中医杂志》第7期，《浅谈诠释学方法在中医学中的应用》发表于《天津中医药》第4期，《引入数据包络分析法用于中医临床疗效综合评价》发表于《中医杂志》第9期，《中医临床疗效评价的关键科技问题》和《中医"君相互感"心身调节模式诠释》发表于《北京中医药大学学报》第12期。

先生领导的"北师大新医药学科群"进行中期评估，通过了市教委专家组的审评。此项研究在"新"和"群"上下功夫，专注于人才培养与平台搭建。此外，面向产业，提供科研服务，贯彻品、质、性、效、用一体，落实医、产、学、研、资结合，为步长、绿谷、青春宝、健兴、誉隆、绿叶、康缘、青峰、济仁等药业集团的发展规划与大品种培育做科学咨询论证。在中药现代化推进中，首先提出二次研发培育"三高四特"大品种。三高，即高科技含量、高知名度、高销售额；四特，即适应症针对性强、疗效显著、服用方便、携带方便。主张重视中小企业，加大科技投入，组建规模小、规格高、特色浓的研发团队，跟上时代发展的趋势。

此年，先生受聘国家防控突发公共卫生事件委员会，任副主任委员，王陇德先生任主任委员。中医药标准化研究项目启动，先生带领研究团队参加ISO/TC249的标准制定，吕爱平、黄璐琦、王燕平、唐旭东、高颖等参加。同时，还带领另一组科研人员，从气虚血瘀证——冠脉综合征、脑梗死、肾病入手，开展证候为核心的中成药开发研究。有王忠、王显、高颖等教授及步长药业贾力夫、南景一等共同参与。

同年，《中国中药杂志》编委会换届，经肖培根院士推荐，中国药学会批准先生任主编。还与曹洪欣教授共同受聘为《中华医学百科全书·中医药与民族医药卷》主编，当年落实了编撰项目设计与撰写分工。

附录 1

《中药与临床》2010 年 1 月第 1 卷第 1 期

高概念时代中药学研究的传承与创新

王永炎

作者简介：王永炎，男，汉族，1938 年生，教授，博士研究生导师，1997 年当选为中国工程院院士。我国著名中医内科学、中药资源学专家，享受国务院政府特殊津贴。历任北京中医药大学第一副校长、校长，中国中医研究院院长。现任中国中医科学院名誉院长，中国中医科学院科技委员会主任委员；曾任国家重点基础研究发展规划专家顾问组成员；全国科技名词委五届常委；国务院学位委员会学科评议组成员，中国科协第六届、第七届常委，十届全国人大代表、常务委员会委员、教科文卫委员会委员。

王院士从事中医内科医疗、教学、科学研究近 50 年，主要从事中医药防治中风病与脑病的临床与基础研究。先后主持包括 WHO 国际合作项目、国家"973"、"863"和国家"七五"至"十五"攻关课题 20 余项。通过对缺血性中风系统临床观察，总结了证候演变、辨证治疗、调摄护理的规律。

针对中风病急性期痰热证、痰热腑实证而设计、研究的化痰通腑汤与清开灵注射液静脉滴注疗法，提高了显效率，减轻了病残程度。在中医药标准化研究方面，主持了《中医药基本名词术语规范化研究》、《中医病案书写规范》和《中医内科常见病证诊断与疗效评定标准》等标准化建设工作，对推动中医药学术进步有重要作用。1999 年作为首席科学家主持了"973"方剂项目的中医药基础研究，提出了以方剂组分配伍研制现代复方中药的新模式，搭建了 3 种公共技术平台，项目验收时发表论文 512 篇，SCI 收录 120 余篇，并研制了 10 余种现代中成药，在国内外产生了重大的学术影响。

中图分类号：R2-03　文献标识码：A　文章编号：1674-926X（2010）01-0001-02

概念是人类对世界认识、也是认知过程中所形成的一种基本模式，是反映思维对象本质属性或特有属性的思维形式，是人类知识组成的最小单元。概念被认为是思维的基础，与判断和推理并列为思维三要素。晚近世界上许多发达国家正在发生变化，从逻辑、线性、以计算能力为基础的"信息时代"向"概念时代"转变。概念时代的经济、科技和社会建立在创造性思维、全局观念和共情能力的基础上。诚然信息时代的还原分析与逻辑思维能力今天仍然需要，但是却不能满足人们的全部需求；曾经被低估和忽视的富有创造性、艺术性和探寻意义的形象思维将对人类未竟的事业和科学的进步发挥重要的作用。

何谓"高概念"？首先是作为时代标志的概念，其内涵与外延被赋予了更为宽广的含义，使之具有鲜明的时代特征；它是形象思维与逻辑思维的结合，是概念间复杂关系的沟通、联系与交流，使之落实到科学问题的凝聚、解释与深化研究；它包括了具有美感、富有创造力和丰富的情感等。近代思想家法兰克福学派的哈贝马斯诠释了"关键概念"[1]。可谓对现实世界的诸多"概念"做了理解、解释与逻辑分析，提炼升华为"高概念"。联系到中医中药学科领域，譬如说中药材的道地性与复方中药的临床使用，"道地"与"临床"两个概念的多元性关联：道地性的药性、地域、物候、品质与临床实验过程的配伍、调剂、疗效与安全性的考察验证和评价等，相互联系、相互印证，将实证研究与关系研究链接起来，在传承的基础上发展，则需要思维科学的指引与方法学的创新。毋庸质疑，高概念在理念层面赋予了明确而清晰的方向。于是中药道地性研究通过技术、手段的提升与器物装备的支持，为临床科学合理用药、提供民众优质药品的医疗服务和推动中药健康产业的进步目标的实现奠定了坚实的基础。还有高概念与高感性是密不可分的，高感性的能力包括懂得人与人相互交往的细微之处，重视团队精神，克服急功近利，于平凡中超越平凡，寻求生活的真谛和意义。当今脑科学研究成果表明：大脑左半球知道怎样处理逻辑，右半球则体现共情能力了解世界，然而无论怎样分开谈论左右半脑，它们实际上都是协作的，大脑作为一个运行平稳、一致的联合体，是完整统一的。中医药学侧重于应用科学门类，重视中药与临床的技能，而"悟性"是技能的升华，有鉴于中医中药寓有人文科学的内涵，正是研讨高概念时代思维科学的现实需求。

20世纪末将中医学与中药学分列属两个一级学科，然而古往今来中医与中药是紧密结合的。中医学与中药学具有基本相同的原创思维。先说何谓原创思维，其指学科特有的、与众不同的、创造性的思维方式。高概念时代要求任何学科的发展必须具有原创思维。只有具备了原创思维的学科，才能拥有原创性成果与原创性优势，才会不断地发展与完善。中医药学是历代医家数千年来通过不断深入的观察与反复临床实践所总结的对健康与疾病的认识。它是真正意义上的原创思维。中医学素以形象思维和整体观念为核心，重视临床医学，其原创思维既体现了科学与人文融合，也强调天人相应、调身与调心并重。这一思维模式的形成来源于众多医家的临床实践，又以临床疗效为检验的证据。

中医中药原创思维体现了科学与人文融合。以维护健康、防治疾病为主要研究内容的中医药学反映了人体的客观规律，属于自然科学的范畴；同时中医学植根于以人为本的中国传统文化的沃土中，含有大量的人文内容。人文因素是中医理论的特色，也是中医药学原创思维的重要体现。要进行中医理论的现代研究，不能忽视人文哲学对中医学原创思维的影响。中国传统文化和中医药学的原创思维多是基于形象思维，因而思维科学和形象思维的研究会为中医药现代化提供理论基础。思维科学的研究，其突破点在于形象思维学的建立，形象思维解开了，才能去认真研究综合性的创新思维。形象思维是宏观的、整体性的。在中国传统文化中，形象思维被大量运用，中国古代哲学有不少宏观性、整体性的思想成果，中医学就是这一成果的典型代表。正是这些形象思维的聚合，使得中医药学具有了鲜明的特色，形成了独具的原创思维。

进入21世纪，中医药学领域的学人都在思考学科自身规律是什么？作者愿将不尽成熟的认识提出，供大家参考：中医药学是自然哲学引领下的整体医学，其学科自身规律是自适应自组织自调节自隐态的生命科学体系，其核心是天地人相参、精气神一体，是人体生长发育顺应自然的健康医学。创新方法学的理念是圆融和合，主张宏观与微观、综合与分析、实体本体与关系本体、中医与西医的链接；主张系统生物学引领下的还原分析，从整体出发的拆分，拆分后的组学研究微观分析，通过研究数据再整合，回归到整体上做结论；主张研究对象的属性难以确定，非可测量的混沌状态是值得重视的未来科学的新领域。毫无疑问，中医药学将拓宽17世纪牛顿所定义的科学范畴。

中药学在高概念时代的传承与发展，对我国医疗卫生保健具有重要的现实意义。国家正在建立基本药物制度，制度的设计与实施，既要符合国情又必须依据国际规范。按照1985年内罗毕会议精神，药品要不断提高科技含量同时要降低治疗成本，目的是最大限度地提高社会可及性。在我国迫切的任务是逐步解决好9亿农村人口常见疾病的治疗用药问题，显而易见，中药是提高医疗服务公平性的重要保障之一，其优势无可替代，与化药生物制剂具有等同的作用。具体到中药材饮片与中成药的保护利用和开发研究，应重视"品质性效用"一体化系统工程[2]的设计与实施。从效用研究着眼，迫在眉睫的是已上市的中成药大品种做上市后安全性有效性的再评价，与此同时运用化学生物学的方法提高药品质量标准。从总体上提高国家用药水平。论及品质研究，中药材的生态环境、道地性与优质相关性、栽培技术等已成为世人瞩目的重大课题。至于药性研究贯穿基础与临床，体现中医药学自身规律的时代特征，要在传承的基础上创新。

中医药学由于与西方医药学采用了不同的认识论和方

法论来认识生命和疾病现象，是我国最具有原始创新潜力和可能的学科领域，实现其自主创新，既是中医药自身发展的关键，也关系到中国科技能否实现重点跨越的问题，政府和民众期望在医学和生命科学方面有所突破。"只有民族的，才是世界的"，中医药学原有的概念与形象思维是中医药学原创思维的基础与源泉，重视中医药原创思维传承是发展中医药、创新中医药的主要途径，也是中医药学发展创新的动力。例如，前贤提示：药者毒也、厚也、瀹也，以毒攻毒是对抗，以厚味调养是补益，瀹者寓疏导调节之意，体现药性的"七情合和"使方剂的潜能蕴育于配伍之中。人们企盼中成药改变粗大黑的形象，同时又能增效减毒，通过提取纯化强活性的组分群总皂苷、总黄酮、总生物碱之类，筛出标准组分，探求组分配伍与组效关系，逐步形成研发现代中药的一条途径，当然其研究成果的贡献要经受实践和历史的检验与评价[3]，应该是一个不断完善的过程。当前必须重视现代科学前沿的方法学，并运用其方法系统阐释与发展中医药学原创思维。关注中医中药研究模式的创新，建立具有普世价值、稳定结构与永续动力的一种模式，需要多学科的交叉渗透与融合。为此我们应该继承中华文明传统，汇纳百川，欢迎相关学科与前沿学科的科技工作者参与中医中药的学术研究。中医中药学界既要崇尚国故而追思前贤做好学术传承，又要认真学习现代科技与人文科学，尤其是系统复杂性科学。通过对中医药学原创思维的传承与创新，促进学科进步，为人类健康事业做一份有力度有意义的工作。

参考文献：

[1] [英] 安德鲁·埃德加著. 杨礼银, 朱松峰译. 哈贝马斯: 关键概念 [M]. 南京: 江苏人民出版社, 2009: 110.

[2] 万德光. 中药品质研究——理论、方法与实践 [M]. 上海: 上海科学技术出版社, 2008: 11.

[3] 科技部基础研究管理中心. 国家重点基础研究发展计划（973 计划）发展报告（1998—2005）[Z].1999 立项：076.

（责任编辑：刘德群）

附录 2

《北京中医药大学学报》2010 年 4 月第 33 卷第 4 期

中医意象诊疗模式诠释

王永炎[1]，郭　蕾[2]，孙岸弢[1]，张俊龙[2]

（1. 中国中医科学院临床基础医学研究所，北京 100700；2. 山西中医学院研究生部）

摘要：首先对意象概念进行疏解。意的内涵包括三点：意侧重于忆时，属于短期记忆范畴；侧重于志时，属于长期记忆范畴；侧重于心时，与思、虑、智构成完整的思维行程，属于思维行程中的 1 个环节。象为表象、征象、法式，又蕴"见乃谓之象"。继而对意象诊疗模式结构进行解析：意象（证候）＝意（医者之忆、志、心）＋象（患者之舌象、脉象，疾病之征象）。此结构可分属于深层动力系统和表层操作系统，意象诊疗模式通过深层动力系统与表层操作系统有序衔接、流畅通达的动态实施过程得以显现。可以将其划分为 4 个环节：立"象"（意之志象）；立"象"过程（意之忆象形成过程）；立"意"（意之心象）；综合集成。最后概括出意象诊疗模式具有唯象性、思辨性和动态性特点。

关键词：意象；诊疗模式；诠释

中图分类号：R241

意象，是中国古代文论中的一个重要概念。意与象的论述起源于《周易·系辞上》："圣人立象以尽意"，《周易·系辞下》又有："易者象也"，说明《周易》以象为表意之工具，成为意象思维与意象理论之滥觞。从语源学的角度而言，最早将意与象连缀成词的是东汉王充，见于《论衡·乱龙》；作为审美范畴的意象，则出自于魏晋南北朝刘勰《文心雕龙·神思》[1]。意象思维方式和意象理论渗透于中国传统文化的各个领域，构成中国传统文化的基本特质。

中医学在中国传统文化的母体中孕育生成，其理论体系和实践模式同样昭显着典型的意象神韵。由《后汉书·郭玉传》中"医之为言意"所衍生的"医者，意也"，以及《类经附翼·医易》中"医易同源"所衍生的"医者，易也"，明晰了医、意、易、象四者的内在关联性——医即意及易，而易又即象，由此推演，则有医即意即易即象，医通过易与意象建立了不可分割的交融关系。

中医学的诊疗模式自清代周之干在《慎斋遗书》中提出"辨证施治"，章虚谷在《医门棒喝》中提出"辨证论治"后，辨证论治这一临床操作体系的诊疗模式地位就得以确立。由于中医学理论与实践中所蕴涵的意象特质在其诊疗模式中曾得到过比较充分的传承与发展，缘于此可以将中医学的诊疗模式称为意象诊疗模式。

1. 意象诊疗模式概念疏解

1.1 意象概念疏解

意，《说文解字》："意，志也，从心"，可见，意与志、与心直接相关；而《灵枢·本神》中对此三者则有更加明确的界定："所以任物者谓之心，心有所忆谓之意，意之所存谓之志……。"总结分析上述关于"意"之注解，可以揭示出意的内涵包括三点：意侧重于忆时，属于短期记忆范畴；意侧重于志时，属于长期记忆范畴；意侧重于心时，与思、虑、智构成完整的思维行程，属于思维行程中的1个环节。

象，《周易·系辞上》界定为"见乃谓之象"，视觉所获得的关于事物之形状、样式、姿态、面貌等皆属于象。象的外延还不止于此，凡是由感觉器官可感知的一切性状均属于象的范畴，如听觉、嗅觉、温觉（冷热）、触觉、味觉等特征，统称为物象。由于意难以言说而象可被描述，因此，《周易》将察象作为识意的途径，象因为其表达意的功能而与意相连。故当意与象联动时，意的3个内涵可以通过象而得以体现：意之忆象是对事物的短期存记；意之志象是对事物的长期存记，并在存记过程中逐渐融入主体自身的情感、想象、愿望等，即意之志象是主体将忆象与自身的历史境遇相融和、产生共鸣和主观分析的过程；意之心象是以忆象为起点，伴随志象而展开的思维行程。意之心的思维行程虽然时刻都伴随有忆象和志象的痕迹，但并不受忆象、志象之羁绊，而是通过对两者的抽提、凝炼

升华逐渐进入到高级理性思维阶段——抽象思维过程，此时意之心象已脱离具体实物而以概念、判断、推理等抽象形式被表达出来。故意之心象既带有忆象、志象的感性成分，又带有抽象思维结果的理性成分。

《辞海》中意象的解释为：①表象的一种。即由记忆表象或现有知觉形象改造而成的想像性表象。文艺创作过程中意象亦称"审美意象"，是想像力对实际生活所提供的经验材料进行加工生发，而在作者头脑中形成了形象显现。②中国古代文论术语。指主观情意和外在物象相融合的心象。

《辞海》对于意象的界定，递进性地表达了由象到意再到意象的流程。将意象形成的流程可以概括为：主体由形象思维开始对客体（象）展开认知过程，经由抽象思维（意）而形成基本认识成果，再通过形象思维方式将基本认识成果表达出来（意象）。因此，意象的结构应当包括主体（意）、客体（象）和主体对客体认识加工的结果（意象）三部分。

1.2 意象诊疗模式概念疏解

中医学的诊疗模式为辨证论治。辨证论治的定义为所谓将四诊（望、闻、问、切）所收集的资料、症状和体征，通过分析、综合，辨识疾病的原因、性质、部位，以及邪正之间的关系，概括判断为某种性质的证候，以探求疾病的本质。论治又称施治，其目的是根据辨证的结果，确定相应的治疗原则和方法[2]。分析该定义，实际上是对中医诊疗过程的描述，这里仅就"诊"的过程加以分析：首先主体医者收集客体患者之资料、症状和体征（收集过程中即开始了短期存记的思维行程，意之忆的内涵）；继而分析、综合、辨识（结合长期存记的理论和实践经验，并产生某种判断倾向，意之志的内涵）……；最后概括判断（进入思维行程中理性环节，意之心的内涵）为某种性质的证候。这一过程始终贯穿着意象中"意"的3个内涵。再分析客体患者之资料、症状和体征。在天人相应思维方式引导下，中医学重点采用取象比类的方法对人体健康和疾病进行认识和叙述，因此，医者对患者考察的内容是"象"（围绕舌象、脉象、症象等，统称为病象），记录下来并进行分析与加工的是与疾病有关的各种"象"的集合，最后判断为某种性质的证是"象"集合所反映的疾病在某一特定阶段的本质。充分体现了意象之"象"的内涵。由于中医学"诊"的过程充分凸显了意象的所有内涵，因此可称为"意象辨证"；"疗"以"诊"为基础，是"诊"的进一步延伸，同样也沿袭了意象之特质，故而称中医学诊疗模式为"意象诊疗模式"。

2. 意象诊疗模式结构解读

意象诊疗模式的结构仍可采用二元模式，表达模式为P（IE）。I，image，象；E，emotion，memory，will，情感，记忆，愿望，只是其内涵中融入了中医学的成分。此结构中主体为医者，客体为患者之资料、症状、体征，主客交

融的结果为诊断结果——证候。将其模式用文字展开即：意象（证候）＝意（医者之忆、志、心）＋象（患者之病象）。引用审美意象理论的观点对此结构进行描述，则此结构可分属于 2 个层次系统：深层动力系统和表层操作系统[3]。深层动力系统隐匿于主体潜意识的广大领域，又分为 2 个层次：首先是现实需要，它赋予主体医学素质与修养，转换为对诊疗模式外在的形式、结构与秩序的组织适应能力；而更深的层次则是人的精神需要——诊疗活动中对于真善美的追求，它为诊疗活动提供基始的动力。表层操作系统，是指当处于诊疗活动中的主体与客体猝然相遇，在当下既得的感知中形成诊疗忆象，并经过思维行程，对忆象作判断与评价，最后产生诊疗结论。意象诊疗模式就是通过深层动力系统与表层操作系统有序衔接、流畅通达的动态实施过程得以实现的。

根据意之忆、志、心的内涵分别与象联动的先后次序，可以将这一动态过程划分为 4 个基本环节。

第一环节，立"象"（意之志象）。此环节归属于深层动力系统。深层动力系统（意之志象）的生成需要放在中医学理论和实践的历史生成中来考察：最初医疗实践经验的积累，经过先贤复杂的认知过程，形成了关于健康和疾病认识的基本理论体系，医者学习理论并在医患接触中进一步学习与提高，掌握了基本的各种病症相应的模式识别，如 P_1（白腻苔居舌中如拇指大，湿困脾土）集合，P_2（印堂晦暗不泽，血瘀血虚）集合，P_3（短气不足以息，瘀阻胸阳）集合等，这些集合相当于一个个相对独立的子模式，构成了长期存记的志象模式识别系统。

第二环节，立"象"过程（意之忆象形成过程）。此环节归属于表层操作系统。表层操作系统在具体情境中生成，是一个多维自下而上的综合集成过程：医患接触，主体面对客体所呈现的纷繁复杂的各种资料、症状和体征，凭藉自身医学素养和既往积累的医学实践经验，对各种信息进行归纳与演绎，形成诊疗支撑依据——病象，并通过对病象的短期存记形成意之忆象。病象的提取以及由病象进入忆象是意象思维行程的开始。

第三环节，立"意"（意之心象）。此环节属于沟通深层动力系统与表层操作系统的中心环节，通过意之心将意之忆与意之志顺畅地衔接起来，这一过程以意间相似性的判定为主要活动，判定的结论就是意之心象。意间相似性判定，指进入主体思维行程的表层操作系统的意之忆象，通过意之心的思维过程，与深层动力系统既有的意之志象模式识别系统相比较、相映照，最后判定忆象的志象子模式归属。因为是以意之志象论说意之忆象，故此过程既可称为"意间相似性判定"，又可称为"以象说象"。立"意"是诊疗模式结构的"分界线"和"交会点"：向下，可追索潜意识领域的深层动力系统（意之志象）；向上，可考察意识水平上的表层操作系统（意之忆象）。而当通过意之心将这两层流畅衔接、得出意间相似性判定结论之时，

就是"主客医患相互作用之意象（证候）"诞生之际。因此，证候是意象诊疗模式中深层动力系统与表层操作系统在诊疗过程中整合的思维成果。"候"为病象、忆象经由心的思维行程与志象相比照而形成的心象的感性形式，"证"为意之心的思维行程的逻辑终点的理性形式。

第四环节，综合集成。中医学具有自然与社会科学双重属性，对人的健康与疾病的认识采用感性认知与理性推演有机结合的方法，认识成果包含有心理生理、形态功能、能量信息等丰富内容，具有形神一体的特点。这些属性与特点同样贯穿于深层动力系统与表层操作系统之中，在意间相似性判定的过程中应当全面考虑、充分重视这些属性与特点，并通过综合集成方式将其融入意象诊疗模式中，使其保持中医学的整体观念、辨证论治的特色。

3. 意象诊疗模式特点剖析

意象诊疗模式是意象思维、意象理论与中医诊疗模式的有机融合，因此带有融合后的新特点，可以概括为唯象性、思辨性和动态性。

3.1 唯象性

意象诊疗模式全面继承了《周易》关于象的重要观念。《周易》的象可分为现象、意象、法象三者[4]，意象诊疗模式中深层动力系统（志象模式识别系统）的生成主要是通过法象方法实现的；表层操作系统的起点是病象，经由主体整合分析，形成意之忆象，进而通过"以象说象"，得出感性思维与理性思维相结合的产物——心象。因此，象贯穿于意象诊疗模式的所有环节，是意象诊疗模式结构的重要组成部分。

3.2 思辨性

意象诊疗模式突出反映了意与象的辩证关系，可以表述为"意的感性成分是相应的象的感性成分的凝练和浓缩，意的理性成分是相应的象的理性成分的涵盖和总结"。意的起点是象，意内涵中的忆、志的内容都是象，由忆象而志象的过程，即是对相应的象的感性成分进行凝练和浓缩的过程。意的起点是象，而象是需要被感知的，只有进入意的视域的象才能成为意象结构的组成部分，而意是带有主观理性成分的，因此，意在与象接触、碰撞的瞬间就已经赋予象某种义理或情感，对象的理性成分进行涵盖和总结的过程，不过是对意的忆象、志象、心象的义理或情感进行挖掘、抽象与提升的过程。

意与象的思辨关系同样体现在意象诊疗模式中。主体获得志象的重要途径之一就是法象，法象的过程就是对象的感性成分的凝练和浓缩：内含病机成分的病象引起主体关注、被主体所采纳综合成为忆象，进而进入志象、心象进程，病象、忆象都是通过感性方式获得的具体病象。心象的过程是对象的理性成分的涵盖和总结：证候的特点是

"以候为证"[5]，证为心象过程中对"候"（忆象与志象相比照而形成的心象的感性形式）所涵盖的疾病本质进行抽象判断的理性形式。

3.3 动态性

意象诊疗模式始终经受着医疗实践的检验，在检验中得到修正与完善。其基本过程为：主体从理论和实践中获取大量的病象，在受某种诊疗感受的特定信息的触发下，将已得的病象改造、生发、整合、变形，通过忆象、心象而成为志象诊疗模式系统。主体再运用语言等媒介手段将其志象诊疗模式系统传达出来，即变成了各种诊断子模式。当另一主体面对着各种诊疗子模式时，通过对于符号系统的辨识解读，从而在自己的头脑中唤起新的诊疗子模式，各种新的诊疗子模式汇集起来，对原有志象诊疗模式系统进行修正和完善。这是诊疗意象模式转换的基本流程。

意象诊疗模式的动态性为中医学诊疗模式的创新发展提供了广阔空间。随着科学的发展、技术的进步，表层操作系统获得的病象内容日益丰富，在新的病象、忆象的撞激下心象中原来所伴随的隐志象与潜志象也不断被激活，表层操作系统与深层动力系统始终互相渗透、影响，就表现为新的意象诊疗模式以行进的姿态无限拓展。

如"据证言病，病证结合"诊疗模式就是意象诊疗模式创新的典型。诊断手段的发展使得病象的内容除四诊信息外，还有大量影像、生化等资料；这些新的病象内容在诊疗主体心神感悟下逐渐生出新的志象模式识别系统，如在 P_1（白腻苔居舌中如拇指大，湿困脾土）子模式中结合病的内容而形成 P_1'（白腻苔居舌中如拇指大，湿困脾土，

感冒夹湿）的新的诊疗子模式。病象、忆象的拓展使得心象中原来所伴随的隐志象与潜志象也不断被激发出来，如胃炎的病因在于幽门螺旋杆菌感染，当《素问·水热穴论篇》中"肾者，胃之关也"这一既往志象被激活，与幽门螺旋杆菌相链接，即可以关门不利，聚水以从其类，通过助阳化气，温肾利小便的途径而收效。从病象经由忆象、志象、心象而成证候，再从证候与疾病特征相链接实现病证结合的过程，不仅需要形象思维、意象思维、抽象思维，还需要依赖于综合集成的思路和方法，如诊断不仅需要证候的定性化同时还必须结合疾病的定量化，诊断术语需要中西相参，诊断手段如将舌图脉图转换为数据等均需要创新，并以中医现代理念指导着技术手段的创新。总之，概念时代应重视中医学原创思维的传承与发展[6]，以形象思维来阐述中医的天人相应等有关学说，联系综合集成思想，诠释辨证论治，然后从我国首创的复杂巨系统的观点阐述中医理论，从思维科学出发，与现代系统论相结合，这就为我国中医药的现代化奠定了基础。

参考文献：

[1] 李进超．王充与刘勰意象论之关系 [J]．社会科学战线，2009，（9）：245-248.

[2] 郭霞珍．中医基础理论 [M]．上海：上海科学技术出版社，2006：9.

[3] 汪裕雄．审美意象学 [M]．沈阳：辽宁教育出版社，1993：140.

[4] 孟庆云．《易经》与中医学理论[J]．江西中医学院学报，2005，17（2）：5-7.

[5] 张志斌，王永炎．辨证方法新体系的建立 [J]．北京中医药大学学报，2005，28（1）：1-3.

[6] 王永炎．概念时代应重视中医学原创思维的传承与发展 [J]．中华中医药学刊，2008，26（4）：677-679.

（收稿日期：2010-01-20）

附录 3

《中国中医基础医学杂志》2010 年 6 月第 16 卷第 6 期

中医复杂干预与疗效综合评价 *

高凡珠，谢雁鸣，王永炎

（中国中医科学院临床基础医学研究所，北京 100700）

关键词：复杂干预；综合评价技术；疗效评价

中图分类号：R02-03　文献标识码：A　文章编号：1006-3250（2010）06-0527-03

疗效评价是临床评价的主体，疾病及证候的诊断是为干预提供依据，并期待从结局中获得良好预期。于是，疗效评价方法学的研究成为首要和关键，对临床疗效的科学诠释和评价成为关乎中医药学生存和发展的重要科学问题。复杂干预贯穿中医诊疗始终，中医疗效评价体系应充分体现中医复杂干预的诊治理念。综合评价（comprehensive evaluation，CE）采用多个指标对一个复杂系统进行总体评价，适合中医临床诊治复杂干预及疗效评价指标多维度的特点，将在中医疗效评价中发挥重要作用。

1. 中医复杂干预使疗效评价个体"复杂化"

中医治疗是以调整个体功能为核心的包括药物及非药物疗法的复杂干预的应用过程[1]，治疗目的和手段的多样性则体现着中医药学对疾病的多维度干预的特点。复杂干预是贯穿于整个中医临床医疗活动，并且在疾病的治疗、预防、康复、护理过程中出现的一种客观现象，这些复杂的药物干预与非药物干预的活性成分和它们之间的相互关系，在很大程度上影响着患者病情的发展或结局[2]。

疾病的临床情况是复杂的，常常呈现出多因、多果、动态变化的局面，疾病的复杂性决定了试图单一干预解决问题是不现实的，这就产生了多角度、多层面、多样化的复杂干预问题[3]。中医药学把人及其健康与疾病视为复杂系统，在诊断和治疗疾病时以复杂性为前提。笔者认为，中医复杂干预表现在三个层面：其一，疾病证候动态演变，选方用药亦随之调整，药物的调整和加减变化体现中医复杂干预的过程。如《类证治裁·卷之五·痹证论治》引《入门》所言："痹初起，骤用参、芪、归、地，则气郁滞，邪不散，只以行湿流气药主之。久而不愈，宜峻补真阴，使气血流行，则病邪随去。"《内科通论·杂病广要·外因类·历节》又曰："以上之法俱不效者，终成瘤疾，不必强药消之，只宜先天大造丸、史国公酒药，每常服之，终年亦可转重就轻，移步行履，尚可图也。"其二，各种治疗手段单独或联合应用，针对患病个体，干预的治疗手段多样化。例如，中风早期康复的治疗过程中，在服用传统中药汤药的基础上，可给予静脉点滴中药注射剂；亦可加以针灸、推拿、泡洗等外用治法，充分体现中医"外治佐内治"的思想。其三，就中医治病目的而言是多维度干预，既控制病情活动，又改善患者的生存质量；既改善患者主观感受的不适症状，又注重肢体功能恢复。例如，在中风早期康复的治疗过程中，中医中药的治疗是多方位多靶点的，在改善患者主观感受

不适的同时，强调对受损的神经功能恢复的影响，改善日常生活活动能力，并注重对患者生存质量的影响。综上所述，复杂干预贯穿中医诊疗过程的始终，在整体观及辨证论治思想的指导下，中医诊治疾病不仅仅是"病因"治疗，更注重调整、改善人体脏腑、气血功能，改善反映证候要素的"症状"，调整生命体状态的失衡，控制病情并提高病人的生存质量。

针对中医临床实际工作中的复杂干预，如何重新审视和评价中医疗效？既往研究中，评价单方单药或某一药物组分或某种针灸推拿手法的临床疗效显然是不合适的，无法克服中医复杂干预的问题，降低了中医药优势的发挥，从而降低了实际临床疗效。因此，中医临床疗效评价应回归临床实际，反映临床诊疗真实世界，强调中医复杂干预对患病生命体的整合调节作用。

2. 中医疗效评价是对复杂干预过程的综合评价

中医药学的强大生命力在于临床疗效，而临床疗效的产生，是辨证思维指导下的整体观、形神统一观、平衡协调论等中医优势与特色在临床实践中通过复杂干预的形式具体体现出来。如何在遵循中医学自身诊疗特点的基础上，建立能够客观、全面、真实、科学评价复杂干预的中医临床疗效评价体系，成为当前影响中医药发展的关键问题。

首先，中医疗效评价体系应充分满足中医治疗"个体化"的特殊需求。在中医临床诊治过程中，强调个体化辨证论治，同时强调整体观念、天人相应、因人因时因地宜，体现中医学"以人为本"的疾病健康观。个体化治疗的体现形式即为动态的辨证论治及治疗手段的多样化。既往临床试验中，往往研究单方、单药或针灸、推拿等单一治疗方法对疾病的干预作用，不能全面、客观地反映中医实际临床疗效，不利于中医辨治精髓的体现。例如，对中风早期康复的疗效评价中，应充分纳入辨证论治中的中药汤药、中药注射剂、针灸推拿等综合治疗方法对患病生命体的整体影响，才能对中医治疗的临床结局进行充分、全面的测量。

其次，中医疗效评价体系应反映中医治疗目的多维度的特点。基于中医健康观、疾病观及防治理论，从多个角度出发，充分考虑医生、护理者、患者对治疗的不同期望和需求。临床流行病学专家赖世隆教授指出，完善的中医临床疗效评价指标体系可从以下几方面进行构建：①对于"病"的公认的常规疗效评价指标；②构成证候症征变化的评价指标；③生命质量的评价指标，包括通用的生命质

量评定量表、体现中医学特点的通用生命质量量表、疾病特异性的生命质量量表[4]。

多个疗效评价指标不是简单的叠加，而应根据中医药疗效评价目的的不同，决定多个子系统、多个结局指标不同的选择组合。我们把相互关联的临床疗效评价指标整合成一个整体，将整个疗效评价指标体系作为所研究和处理的对象，分析系统的结构和功能。这并不是子系统的简单的相加，它的整体功能远远大于各部分功能的总和，它具有各个组成部分所没有的新功能。这是一项复杂的系统工程，是一个多层次、多领域、多指标、多维度的综合评价体系，是一个动态的不断修改和完善的过程。

因此，中医疗效评价体系的建立应能充分体现中医复杂干预的诊治理念。中医疗效评价系统的构建，应该是既遵循中医理论依据，突出中医特色，又符合现代医学重证据、重标准的要求，宏观和微观相结合，整体和局部相结合，身心状态和生存质量相结合，通过多指标综合评价更好地共同表达和反映中医药干预措施对疾病个体特定病证的临床状态、自然进程、疾病结局或预后的干预影响。中医临床疗效的评价应该是全方位、多角度、综合性的评价，采用综合评价方法，用多个指标对中医药这个复杂系统进行总体评价，才能使中医疗效的评价更真实、客观，也更具有说服力，从而客观、全面、真实地反映中医药临床治疗的实际水平。

3. 综合评价技术概况及应用于中医临床疗效评价的思考

综合评价技术又称为多指标综合评估技术、多变量综合评价方法。它将多个描述被评价事物不同方面且量纲不同的统计指标，转化成无量纲的相对评价值，并综合这些评价值以得出对该事物一个整体评价的方法[5]。综合评价是针对一个复杂系统，应用定量方法（包括数理统计方法）综合计量多个指标，对数据进行加工和提炼，最终求得其优劣等级的一种总体评价的方法。早在 1888 年，开现代科学评价之先河者艾奇沃斯（Edgeworth）在英国皇家统计学会的杂志上发表的论文"考试中的统计学"中，就已经提出对考试中的不同部分应如何加权。1913 年，斯皮尔曼（Spearman）发表了"和与差的相关性"一文，讨论了不同加权的作用。20 世纪 70 ～ 80 年代，是科学评价蓬勃兴起的年代。在此期间，产生了多种应用广泛的评价方法，诸如 ELECTRE 法、多维偏好分析的线性规划法、层次分析法、数据包络分析法等。从总体上可将目前常用的综合评价方法分为以下几类[6,7]：专家评价法、经济分析法、运筹学和其他数学方法、智能化评价方法等。

3.1 专家评价法

是一种以专家的主观判断为基础，通常以"分数"、"指数"、"序数"、"评语"等作为评价的标准，对评价对象做出总体评价的方法。常用的方法有评分法、分等方法、加权评分法及优序法等。专家评价法属于定性评价范畴，可以发挥人的智慧和经验，避免和减少因统计数据不足或不精确而产生的片面性和局限性。传统的中医诊疗过程中，多采用医生的主观判断以确定疾病的疗效，但由于评价中的随机因素影响较多，评价结果易受到医生主观意识的影响和经验、知识的局限，易带有个人偏见和片面性。

3.2 经济分析法

是一种以事先议定好的某个综合经济指标来评价不同对象的综合评价方法，常用方法如直接给出综合经济指标的计算公式或模型的方法、费用 - 效益分析法等。这类方法常用于新产品的开发、科技成果和经济效益的评价等，在医学研究领域较少应用。

3.3 运筹学和其他数学方法

包括多目标决策方法、数据包络分析方法、层次分析法、模糊综合评价方法、灰色综合评价方法及数理统计方法等[7]。

3.3.1 多目标决策方法

是指在具有相互冲突、不可公度的多个目标情况下进行的决策[8]，其最终目的是从多个备选方案中选出最满意的方案供决策者使用。它对评价对象描述比较精确，可以处理多决策者、多指标及动态的对象。

3.3.2 数据包络分析法

是用数学规划模型，评价具有多个输入和输出的"部门"或"单位"（称为决策单元）的相对有效性，是一种非参数的经济估计方法，其本质是判断各决策单元是否位于生产可能集的"前沿面"上。目前初步尝试用于医学领域多种治疗方案之间的有效性评价，能够评价并比较具有多个投入指标和多个产出指标的治疗方案的相对效率，挑选最佳治疗方案，使分析结果更加客观、全面。

3.3.3 层次分析法

又称多层权重系数解析法或解析递阶过程，是用系统分析的方法，对评价对象依评价目的所确定的总评价目标进行连续性的分解，得到各级（各层）评价目标，并以最下层作为衡量目标达到程度的评价指标。在中医临床疗效评价中,可以把中医整体疗效看作为一个系统,用系统分析的方法，建立树状图，对疗效指标进行连续分解，得到各层评价目标，最下一层就是各具体指标，然后依据这些指标计算出综合评分指数，对整体疗效进行评价[8]。

3.3.4　模糊综合评价方法

是对受多种因素影响的事物做出全面评价的一种十分有效的多因素决策方法，其特点是评价结果不是绝对地肯定或否定，而是以一个模糊集合来表示。由于模糊综合评价方法可以较好地解决综合评价中的模糊性（如事物类属之间的不清晰性，评价专家认识上的模糊性等），可能是中医综合评价的一种较好选择[9]。

3.5　灰色综合评价方法

运用灰色系统理论对研究对象进行综合评价，主要工具是关联分析，及通过比较数列与参考数列的关联系数和相关度，来确定各种影响因素或备选方案的重要度，进而决定重要因素或最优方案。

3.6　数理统计方法

主要是应用其中的主成分分析、因子分析、聚类分析、判别分析[10,11]等方法对一些对象进行分类和评价等，该类方法在环境质量、经济效益的综合评价以及工业主体结构的选择等方面得到了应用。

4. 智能化评价方法

主要是指基于BP人工神经网络的评价方法，模拟人脑智能化处理过程的人工神经网络技术，通过BP算法，学习或训练获取知识，并存储在神经元的权值中，通过联想把相关信息复现。能够"揣摩""提炼"评价对象本身的客观规律，进行对相同属性评价对象的评价。

中医临床疗效的综合评价，是对中医临床疗效这个复杂系统用多个指标，进行总体评价的方法。中医在防病治病方面有其独到的优势，这些优势的展示急需科学、系统的临床评价方法。建立适用于中医复杂干预，又包括疾病疗效、中医证候疗效及生存质量评价等多指标的综合临床评价体系及方法，为中医药临床疗效提供最佳证据。疾病生命个体作为一个多层次、多因素、多变量的复杂系统，

是在各种综合因素以及多种干预因素共同作用下而发生的，因此其治疗也应该是多样化的综合治疗，那么应该如何判断其疗效？复杂干预贯穿整个中医临床医疗活动，这些复杂的药物干预与非药物干预的活性成分和它们之间的相互关系如何，治疗方案中哪个起着主要作用？综合评价技术的介入，将为中医疗效评价的开展提供新的研究方法和思路。但是，中医临床疗效的综合评价作为目前中医临床研究的前沿领域，如何体现中医的特色，如何反映中医防治疾病所具有的真正效能，如何制定疾病的可行有效的中医药复杂干预防治措施和策略，如何客观地判定药物或治疗措施具有改变某一个体或人群的特定病证的自然进程、结局或预后的能力，如何运用综合评价技术评价不同治疗方案的整体优势并进一步优化方案，这些均有待于我们在临床评价方法学中进行尝试和探索。

参考文献：

[1] 赖世隆. General considerations in the clinical assessment of traditional Chinese medicine, consultation meeting on traditional and modern medicine: harmonizing the two approaches（两种医学和谐）大会上的报告, 北京, 1999.
[2] 谢雁鸣, 支英杰, 王永炎. 适合中医临床疗效评价的新法初探——复杂干预措施的临床疗效评价方法 [J]. 中医杂志, 2008, 49（5）: 395-397.
[3] 杨小波, 吴大嵘, 赖世隆. 随机研究在中医和中西医结合领域中的应用 [J]. 中国中西医结合杂志, 2006, 26（1）: 77-81.
[4] 赖世隆. 中医药临床疗效评价若干关键环节的思考 [J]. 广州中医药大学学报, 2002, 19（4）: 245-250.
[5] 邱东. 多指标综合评价方法的系统分析 [M]. 北京: 统计出版社, 1991.
[6] 王宗军. 综合评价的方法、问题及其研究趋势 [J]. 管理科学学报, 1998, 1（1）: 73-74.
[7] 陈衍泰, 陈国宏, 李美娟. 综合评价方法分类及研究进展 [J]. 管理科学学报, 2004, 7（2）: 70-71.
[8] N E Leonard, G Graver. Model-based feedback control of autonomous underwater gliders[J]. IEEE Journal of Oceanic Engineering, 2001, 26（4）: 633-645.
[9] 谢仁明, 王永炎, 谢雁鸣, 等. 中医临床疗效的综合评价 [J]. 福建中医药, 2007, 38（2）: 1-3.
[10] 何小群. 现代统计分析方法 [M]. 北京: 中国人民大学出版社, 1998: 215-344.
[11] Jacques Savoy.Statistical inference in retrieval effectiveness evaluation[J]. Information Processing and Management, 1997, 33（4）: 495-512.

（收稿日期：2010-02-08）

附录
4

《中医杂志》2010 年 7 月第 51 卷第 7 期

论诠释学与中医学创新

王永炎[1]，郭 蕾[2]，张俊龙[2]，赵宜军[3]，李 鲲[4]

（1.中国中医科学院，北京 100700；2.山西中医学院研究生部；3.中国中医科学院中医临床基础医学研究所；
4.中国中医科学院科研处）

作者简介：王永炎，男，汉族，教授，博士研究生导师，中国工程院院士。我国著名中医内科学、神经内科学专家，享受国务院政府特殊津贴。从事中医内科医疗、教学、科学研究近 50 年。主要研究方向是中医药防治中风病与脑病的临床与基础研究。先后主持了包括 WHO 国际合作项目、国家"973"、"863"和国家"七五"至"十五"攻关课题 20 余项。荣获国家级科技进步二等奖 2 项、三等奖 3 项，省部级科技成果一等奖 5 项；荣获何梁何利基金科学与技术进步奖、香港求是基金会中医药现代化杰出科技成就奖。出版学术专著 20 余部，发表学术论文 120 余篇。培养博士、博士后百余名。

关键词：诠释学；中医学；创新；中医诠释学

诠释学（hermeneutics）作为西方哲学流派之一，已经成为当今世界十分活跃的哲学思潮之一。随着诠释学在中国的传播，中国哲学家们已将其作为参照背景对中国传统和现代哲学进行深刻反思和创新建设。

中医学与中国传统哲学有着千丝万缕的内在联系，且同时具有 2000 年以上注释经典的传统，在当今历史条件下又处于传统与现代、东方与西方、整体与还原、继承与发展等多方面的矛盾与调适困境。因此，吸纳和借鉴诠释学的理念、思路、方法、技艺来促进中医学的传承和发展，是中医学走出困境、走向世界的正确途径之一，可以说对中医学进行科学诠释的过程就是中医学实现创新的过程，诠释就是创新。

1. 诠释学概况

诠释学是一门关于理解、解释和应用的实践哲学，它的主要任务是：①确立语词、语句和文本的精确意义内容，②找出这些符号形式里所包含的教导性的真理和指示，并把这种真理和指示应用于当前具体情况[1]。诠释学起源于对《圣经》的注释，其发展经历了三次重大转向，代表人物有施莱尔马赫（Friedrich Schleiermacher）、狄尔泰（Wilhelm Dilthey）、海德格尔（Martin Heidegger）、伽

达默尔（Hans-Georg Gadamer）等。早期诠释学主要集中于以文本为主要研究对象的个别领域，如神学、法学、历史学等。随着各局部领域在文本的解释技巧方面不断提高并渐趋一致，具有普遍性的理解原则开始受到重视，施莱尔马赫首先提出了关于"理解"的一般方法——重构学说[2]，将理解视为从思想上、心理上、时间上去"设身处地"地体验作者的"意思"，即创造性地重构作者原意，通过语法的正确理解和心理的重新构建能够使理解者和文本作者理解得一样，甚至比文本作者自己理解得更好。伽达默尔在批判重构学说的基础上进一步将"理解"的本体内涵发展成为系统的哲学诠释学，其核心概念是效果历史意识，即强调诠释者自身的历史境遇，并将诠释者的历史性的参与作为理解的中心环节，提出："为了理解这种东西，解释者一定不能无视他自己和他自己所处的具体的诠释学境遇。如果他想根本理解的话，他必须把文本与这种境遇联系起来"[3]。20 世纪哲学诠释学的最高发展则是以亚里士多德的实践智慧（phronesis）为其核心，强调了诠释对象与诠释者在历史进程中的前行关系，如人文科学中的政治、宗教、伦理等，人的实践参与是它们的本质特征，从而为人文科学建立新的、有别于自然科学研究的全新模式。

随着诠释学的哲学转向，当代诠释学领域呈现出纷争

冲突的复杂阵势，布莱希尔（J.Bleicher）将其大致划分为三类：作为方法的诠释学、作为哲学的诠释学和作为批判的诠释学[4]。代表人物分别是贝蒂（Enrico Betti）、海德格尔、伽达默尔、阿佩尔（Karl-Otto Apel）和哈贝马斯（Jürgen Habermas）等。

2. 诠释学的普适价值

诠释学作为关于理解、解释和应用三位一体的实践哲学，具有广泛的应用价值。它研讨理解、解释的普遍原则和方法，因此，具有重要的认识论、方法论意义；它研讨理解、解释的本体基础和精神，因此，它具有重要的思想创造意义；它试图将对文本的理解、解释融入人对"善"的践行过程，因此，它具有重要的实践指导意义。

诠释学的认识论、方法论意义在语文诠释学中得到完全体现。代表人物阿斯特（Friedrich Ast）将理解区分为3种：历史的理解、语法的理解和精神的理解；并对解释的三要素进行区分：文字解释、意义解释和精神解释。此外，贝蒂全面继承了古典诠释学的成就，他为自己的诠释理论提供了一套可供操作的方法，将其概括为诠释的3个规则[5]：对象自主性的规则、意义融贯性规则、理解的现实性规则。诠释学的认识论方法论体系为经典及文献的研究提供了操作平台，它的"技艺学"特征赋予诠释者以理解规则、解释技巧，使得诠释对象的客体内涵被深刻领悟、系统揭示。

诠释学的思想创造意义在哲学诠释学中得到系统阐释。伽达默尔圆熟的思想体系反复强调了诠释者的历史性对于理解、解释的决定作用。诠释对象具有其自身的历史境遇，诠释者带着主体的历史境遇与客体相周旋，在周旋中彼此交融渗透，诠释对象因诠释者的理解而昭显它在当下的真理性意义，诠释者则因诠释对象的提升而获得经验与创造力。在伽达默尔看来，方法和规则对于理解、解释是毫无裨益的，诠释学的德文表达为Phantasie——想象力、幻想力，他认为诠释学就是一种想象力，这才是创造性精神科学家的标志。诠释学的思想创造意义使得诠释对象摆脱了时间、空间的藩篱，它的"效果历史意识"观念赋予诠释者更加广阔的提升意义和体验世界的自由空间，使得理解、解释具有高度的自主性、自由性。

诠释学的实践指导意义在神学诠释学和法学诠释学中得到刻意强调。神学诠释学和法学诠释学强调了诠释学过程中"应用"是与"理解"、"解释"同等重要的组成要素，应用伴随着理解、解释过程同时发生。瓦赫（J.Wach）最早提出了"应用"在这两个领域中的意义和作用：法律和神学的本质部分并非仅仅是对条款和经文的解释，而是为人们的行为提供正确的指导，即规范的任务，且人们的实践活动需要这种具有可内化于自身道德践行的解释。诠释学的实践指导意义不仅在于为诠释者提供关于一般意义上的应用程序的解释和规则，而且还强调了与纯粹科学和技术相区别的智慧、德行、自我升华等重要价值，为诠释者提供了理解、解释行为深层次的、向善求善的心灵取向。

3. 中医学诠释探索

中医学历史悠久、典籍浩瀚，自古就有注释经典的传统和经验，与诠释学有着相当密切的关系，这使得诠释学在中医学继承和创新过程中发挥重要作用具有可行性。在这一思路引导下，遵循诠释学的基本原则和方法，我们对中医学中的若干重要概念进行了探索性研究。

3.1　基于重构学说的概念诠释

施莱尔马赫的重构学说旨在实现对诠释对象的完全性回溯，通过重构当时的历史时空背景、作者视域而对诠释对象进行精准的把握。遵循重构思路，对玄府、禀赋、络脉、络病与病络的概念进行了追根溯源的研究，从相关名词的演变轨迹到概念内涵的界定、外延的边域，都做了较为清晰客观的表达。

玄府，是指结构上幽远深奥难见、至微至小，其内聚集、流通气液，渗灌血气，运转神机，功能上主于开阖通达畅利，作用至为玄妙的一种遍布机体各处的微观孔隙结构[6]。禀赋，是个体在先天遗传的基础上及胎孕期间内外环境的影响下，所表现出的形态结构、生理功能、心理状态和代谢方面综合的、相对稳定的特征。其形成于出生之前，但受后天环境影响[7]。络脉是功能结构载体；病络是络脉的病理过程，病机环节，病证产生的根源。络脉有常有变，常则通，变则病，病则必有"病络"产生，"病络"生则"络病"成[8]。

3.2　基于效果历史意识的概念诠释

伽达默尔的效果历史意识旨在凸显诠释者的历史境遇和自身参与，将诠释者的主动创造作为诠释过程的重要环节。贝蒂在此基础上提出了理解的现实性原则，即诠释者一定是在当前环境下、带着一定要求和目的对诠释对象进行当下的理解、解释。根据目前中医学发展的需要，我们在当代复杂系统科学理论的基础上对证候概念进行创造性诠释，针对目前代谢综合征的广泛性、危害性及其对于诊治水平要求的迫切性，对浊阴、浊邪和浊病进行现代科学诠释。

证候是一个非线性的"内实外虚"、"动态时空"和"多维界面"的复杂巨系统，包括"证"与"候"两个方面，二者的关系是"以候为证"，即通过观察各种外在表现来确定内在的病机或机体状态[9]。浊阴、浊气都是指饮食精微中质地稠厚，营养成分丰富的部分，是构成和维持机体新陈代谢的重要物质，它来源于饮食，是包括机体消化吸收的一切营养物质的统称。相对或绝对过盛的浊阴、浊气是导致疾病发生的因素，因此可以称之为浊邪，由于浊邪作祟而导致的各种疾病就可以称之为浊病[10]。

3.3 基于实践理性的概念诠释

亚里士多德的实践理性概念被当代哲学诠释学重新拾起并给予高度重视，目的在于为人文科学的研究创建有别于纯粹自然科学研究的新模式，其基本特征是将关注的焦点从诠释对象的客观性转向其历史前行性、从自然科学的程序规则转向诠释者主体的实践动力需求。基于此种理念，在对上述玄府、证候等概念做出清晰表达的同时，将其运用于临床具体诊疗活动中，对中医临床诊疗过程起到规范、引导作用；同时，将诠释对象转向医者的思维过程，从思维科学角度对中医学诊疗模式进行诠释，实现主体与客体、理论与实践、思维与存在、理性与感性的深层次互动与融合。

从临床提出问题，通过概念诠释，启迪临证思维，解决疑难重症的诊疗水平，具有现实的指导意义。回顾2003年SARS肆虐，病原体为冠状病毒，毒力超强，病理解剖死亡病例可见肺叶焦枯萎缩、满胸腔血水，病理机制不明。复习金元大家刘完素所著《素问玄机原病式》关于玄府气液理论，进而明辨毒热灼损肺络，瘀毒迫血从玄府溢出，通过对"玄府"的现代诠释，把握核心病机，指导辨证治疗，致使危重患者经用热毒宁、喜炎平、丹参注射液与参麦注射液带来脱险生还的希望，抢救成功的病例值得总结。例如，经动脉介入检查，未见血管狭窄与斑块梗塞而发生心绞痛者属复流障碍，与微血循相关。通过对"病络"学说的现代诠释，辨识证候特征，运用中医药治疗，可获得显效。

关于证候对中医临床诊疗活动的规范作用，以往我们提出了"以象为素，以素为候，以候为证"[11]、"病证结合，方证相应"[12]的研究思路；在此基础上对以证候为诊疗对象的辨证论治模式进行深入探究，提出"意象诊疗模式"概念并加以阐释——意象（证候）＝意（医者之忆，志，心）＋象（患者之病象）。此结构可分属于深层动力系统和表层操作系统，意象诊疗模式通过深层动力系统与表层操作系统有序衔接、流畅通达的动态实施过程得以显现。可以将其划分为四个环节：立"象"（意之志象）；立"象"过程（意之忆象形成过程）；立"意"（意之心象）；综合集成[13]。

4. 创建中医诠释学展望

由于诠释学既与认识论相关，又与本体论相关，是思维智慧的结晶，因此已经深入到文学、艺术、宗教、法学、历史学等众多领域。中医学作为中国传统文化的重要组成部分，同样具有吸纳、融合其普遍性原则的基础和条件，创建中医诠释学是中医学按自身规律发展和创新的可行途径。中医诠释学体系可以包含以下3个系列。

4.1 诠释技艺系列

该系列在既往中医文献学研究方法的基础上，深入研究诠释学关于理解、解释的理论精髓和操作技巧，将中医传统的经典注释方法与诠释学普遍的规律性的原则进行有机结合，创建具有形式化特征的一般诠释系统，应用于中医学典籍的研究，以期实现对文本研究的规范化、系统化、精准化。

4.2 诠释创新系列

该系列在现今历史境遇中，将当前科学和技术发展取得的最新成果应用于中医学的关键概念和诊疗经验的研究中，创建基于先进技术手段的中医学研究方法学体系和共享平台，在现代科学理论引导下发现新规律、创立新学说；同时深入研究诠释学关于实践本体的理论学说，有效激发实践主体的创新动力，提高其综合素质和科学素养，创建中医学人才培养新模式。

4.3 诠释唯美系列

该系列在全面继承精神意识领域取得的重大成就的基础上，深入研究当代哲学诠释学关于人、善、真、美等的理论和学说，对于人之所以为人、人之于真、善、美的追求和取向等关乎人生意义和价值等问题进行思考和求索，获得生命本体对世界最真实的体验，创造中医学崇高的人性修为智慧和高远的心灵追求境界。

综上，诠释学的思想、理念、原则和方法对于中医学研究具有重要的借鉴、应用价值，移植和改造诠释学的相关内容并将其运用于中医学继承与创新过程，创建中医诠释学新学科，是中医学发展的新思路、新途径。诠释就是创新！

参考文献：

[1] 洪汉鼎.理解与解释——诠释学经典文选[M].北京：东方出版社，2001：14，159.
[2] 何卫平.通向解释学辩证法之途[M].上海：上海三联书店，2001：19.
[3] 汉斯-格奥尔格·伽达默尔著，洪汉鼎译.真理与方法[M].上海：上海译文出版社，1999：423.
[4] 景海峰.中国哲学的诠释境遇及其维度[J].天津社会科学，2001，（6）：17-21.
[5] 埃米里奥·贝蒂著，洪汉鼎译.作为精神科学一般方法论的诠释学.//洪汉鼎.理解与解释[M].北京：东方出版社，2001：124-168.
[6] 常富业.玄府病变与神机运转障碍[J].江苏中医药，2009，41（8）：9-10.
[7] 王永炎，刘向哲.禀赋概念的理解与诠释[J].浙江中医杂志，2006，41（10）：561-563.
[8] 王永炎，杨宝琴，黄启福.络脉络病与病络[J].北京中医药大学学报，2003，26（4）：1-2.
[9] 郭蕾，王永炎，张志斌.证候概念的诠释[J].北京中医药大学学报，2003，22（2）：5-7.
[10] 季春林，郭蕾，佟志，等.气虚浊留与浊病[J].中国医药指南，2009，7（18）：38-39.
[11] 王永炎.完善中医辨证方法的建议[J].中医杂志，2004，45（10）：729-731.
[12] 张志斌，王永炎.辨证方法新体系的建立[J].北京中医药大学学报，2005，28（1）：1-3.
[13] 王永炎，郭蕾，孙岸弢，等.中医意象诊疗模式诠释[J].北京中医药大学学报，2010，33（4）：221-224.

（收稿日期：2010-05-06；修回日期：2010-05-14）

附录 5

《天津中医药》2010 年 8 月第 27 卷第 4 期

浅谈诠释学方法在中医学中的应用

常富业[1]，王永炎[2]

（1. 煤炭总医院老年病科，北京 100028；2. 中国中医科学院，北京 100700）

摘要：诠释学作为一门指导文本理解和解释的规则的学科，就其发生发展与基本规则进行了浅识。认为中医学的发展史堪称是诠释学发展史，强调读经典、做临床和跟名师是中医学诠释的 3 个基本手段，并就玄府概念诠释进行了简要的说明。

关键词：诠释学；中医学；中医研究

中图分类号：R-05　**文献标识码：**A　**文章编号：**1672-1519（2010）04-0267-04

进入 21 世纪以来，中医学的研究，进入了历史的快车道。无论是基础研究、临床研究，还是方法学研究等，都进行了积极的探索。新近"诠释学"方法的应用，也逐渐引起关注。现就诠释学方法与中医学研究进行浅识。

1. 诠释学方法的浅识

诠释学（Hermeneutik）一词来源于赫尔默斯（Hermes），后者是希腊神话中诸神的一位信使的名字，专门向凡夫俗子迅速传递诸神的消息和指示。欲进行正确的传递，必须进行翻译和解释，要做到翻译和解释，则必须要理解诸神的语言和指示，因此，理解就成了翻译和解释的前提，也成为诠释行为的必然要求。

诠释学作为一门关于传达、翻译、解释和阐明的学科，在西方已有漫长的历史，在经历了作为圣经解释学、罗马法解释理论、一般文学批评理论，以及人文科学普遍方法论之后，随着时代的发展，20 世纪 60 年代，诠释学进入了作为实践哲学的更深层次的发展阶段，已把自身从一种理解和解释的方法论发展成为一种哲学理论，标志着哲学诠释学的诞生。

哲学诠释学所强调的是实践智慧德行，其最鲜明的特征就是它所强调的理解与解释的与时俱进的品格、实践品格和创造品格，其影响迅速波及西方人文科学，甚至自然科学[1]。哲学诠释学的出现，标识着诠释学不在于如何去解释，而在于在解释中什么东西发生，发生了之后，用以指导实践。目前，对诠释学的理解至少要把握 4 个方面的意义，即理解、解释、应用和实践能力，前 3 个方面是统一过程中不可分割的组成部分，解释就是理解，应用也是理解，理解的本质就是解释和应用；后一方面说明它不是一种语言科学或沉思理论，而是一种实践智慧。这种实践智慧决定了诠释学的哲学转向与多元论的转向并行。过去的传统诠释学主张文本只能有一种真正的意义，而哲学诠释学则完全拟接受单一文本能得到不同意义的多元论观点，从而使诠释学具有了一种与时俱进的理论品格。这种与时俱进性，决定了在进行诠释行为时，理解客体总是知道如何把这种客体的意义应用于现时的具体境遇和问题，应用决不是理解之后才开始的过程，决不是什么首先理解、然后才把所理解的东西应用于现实，而应当强调一切理解都包含应用，这鲜明地表现了诠释学经验的卓越实践能力。生活世界的实践视域指明了诠释学活动的出发点和目的地，哲学诠释学成功地摈弃了那种脱离实践脉络而评价知识或理论的真理的素朴的客观主义[2]。

2. 中医学的发展史堪称是东方诠释学发展史

诠释学虽然兴起于西方，但实际上，中国也有与之类似的诠释学传统，经学就是其代表，表现在医学上就是历代医家对经典中医文献的注解。与西方不同的是，中国的诠释思想传统尚未形成体系[3]。

走进中医学的文献宝库，不难发现，中医学的许多概念、学说，是基于诠释学方法而逐步建立和发展的。

历代对中医古籍的研究，不外校勘、注释、语译、专题研究等几个方面，这种研究与现代诠释学有许多相同之处。从诠释学的角度而言，《内经》的学术研究史，也可以说就是《内经》的诠释史，只不过不同的历史时期有着不尽相同的理论与方法[4]。

仔细回想一下，中医学的许多经典著作在历代都有所校勘、考证、注解和发挥，这些注解、注释、考证与发挥等，虽然水平不一，内容有丰赢，程度有深浅，但基本上符合今天所说的诠释过程，实际上就是历代医家对古代中医典籍的诠释。据不完全统计，在《中华医典》所收录的近千部中医药古籍中，仅对《内经》进行诠释的书籍就有56部，对《伤寒论》进行诠释的书籍有68部，对《金匮要略》进行诠释的书籍有36部，对《神农本草经》进行诠释的书籍有84部等。由此可以看出，中医学的发展史，实际上就是历代医家不断总结前人经验，结合当时的科学发展水平，不断对前人的古籍、理论、概念、学说等进行诠释的历史。如果说《黄帝内经》和《伤寒杂病论》对中医学理论体系勾勒出理论框架的话，那么，正是历代医家的不同的诠释，才使得中医学理论体系的框架丰满，才发展成有血有肉的理论体系，而不是空洞的、泛哲学式的空架子。从这个意义上，是否可以说，没有诠释，就没有中医学丰满的理论体系，没有诠释，就不能有今天的中医理论繁荣。

3. 诠释学与中医学发展

诠释的基本要求就是在所要诠释客体（文本）的框架上，注入时代的血肉，增添时代的灵魂，创新发展的翅膀。这些新生的血肉和灵魂，便成为中医学发展的内容和标志。原则上说，诠释必须遵守其应有的边界。虽然诠释总是力图自出机杼，在当时的语境和心情的刺激下，发现原始文本未被发掘的意义，仿佛与原始文本产生着离心力。但是，被诠释的文本总有一定的指事范围，会对诠释者加以确定的外在限制，任何诠释总要受到那个存在的文本的制约，它成为诠释者不可逾越的边界，将诠释拉向自己，仿佛产生向心力，使得诠释行为不能越雷池一步而进行过度诠释。但同时，在开展诠释进行阅读过程中，既要尊重文本的存在、作者的存在，也必须看到读者的差异，这种差异广泛地表现在读者的经历、知识修养、个性特征、性别、情绪变化、文化背景、种族和年龄特征等方面，由此产生的读者与文本、作者的相互作用和对话，必然会产生认识层次的差别、

角度的差别、兴奋点的差别，这些差别使得在诠释过程中，会自觉不自觉地围绕文本重心产生一种向外的离心力，激越起发散式思维，产生一些甚至是激烈的动荡，凭借着这种动荡，弹去其应当舍弃的尘埃。在经历了一番或几番的发散式思维之后，结合一切可能凭借的当代发展，寻找一种较为和谐的向心力，把这种向心力放大，勾勒出几根学说的绳索和理论的框架，填充上时代发展的内容，并用时代的语言进行表述，付诸实践之后进行总结、升华，便形成了新的观点和理论。因此，可以说，诠释学是中医学理论发展的基本手段，中医学理论的发展离不开诠释，换言之，没有诠释，就很难说中医理论有所发展。

4. 中医学诠释的基本手段之一：读经典

诠释的步骤之一是理解，只有理解了诠释的对象，勾勒出诠释对象的框架，才能发现框架的软肋和所缺如的气血筋肉。就中医学来说，要对中医学的概念、学说或理论进行诠释，就必须对这些概念、学说和理论进行深入细致的理解。要进行充分地理解，就必须阅读，尤其是阅读经典，阅读古文、原文。只有读懂了、读熟了、读透了，才能深刻理解其主旨精髓。所谓熟读百遍，其义自见。在熟读精读的基础上，才能勾勒出文献的重心，发现并或许超越文献的边界，在重心与边界之间，柔和于聚内的向心力和向外的离心力和。当向心力足够大，或许能丰富原来体系框架的内容，当离心力足够大，或许能创新一种新思维，阐释出一种新观点、新概念和新理论，如此，可以说完成了一个完美的诠释动作。

王永炎院士十分重视读经典工作，强调"读经典做临床是培养优秀中医临床人才的重要途径"。其所强调的，实质就是重视文献诠释工作。毛泽东主席早在1958年就提出："中医药学是一个伟大的宝库，应当努力发掘，加以提高。"进深分析毛主席的语录，不难看出，语录中的发掘，其实质也就是读经典，重诠释。爱因斯坦也曾说过："理论物理学的完整体系是由概念、被认为对这些概念最有效的基本定律，以及用逻辑推理得到的结论这三者构成的。"仔细分析爱因斯坦的这句话，也能发现，对概念的理解、概念与基本定律的逻辑推理，其实质也就是诠释工作。在诠释中发现，在诠释中创新，在诠释中发生，在诠释中发展。

5. 中医学诠释的基本手段之二：做临床实践

与一般人文学科相比，经典中医文献一个显著特征，即强烈的实践性。经典中医文献的不少内容直接就是对古人当时临床实际的描述。就中医而言，经典之所以成为经典，一是在于实践的有效性，二是在于后人不断的诠释，丰富

理论内涵与创新学说新端。因此，临床实践也是一种诠释，既是诠释的基本手段，也是诠释的目的之所在。

中医学之所以走过了几千年的发展历程，而且至今仍在传承与发展中，其中主要原因之一在于临床实践，在于临床实践的业者，在于临床实践所取得的疗效。后者成为传承的基础，前者则成为传承的使者。通过临床，一方面，使得中医学理论得到实践的验证，另一方面，又通过实践，不断丰富和完善着中医学理论。任何理论失去实践的过程，都终将因为缺乏验证而失去发展和创新的机会，从而也就变成了一种死理论而被束之高阁，无异于自我毁灭。中医学理论或学说惟有通过临床的实践，才能在实践的过程中发现问题，并或许能萌生出解决这些问题的方法或方案。

中医学理论发展的重要标志，是历代涌现出来的著名医家。这些医家大多是经验丰富的临床实践家。一方面，他们熟识经典，通过经典的内容丰富了临床思维；另一方面，他们又通过日益宽广的临床思维和临床知识，不断地对经典的概念、学说或理论等进行解析、勾勒与诠释。因此，历代著名医家，可以说大多都是经典理论诠释的医学大家，正是依靠他们精通的理论基础和丰富的临床实践，赋予了睿智的诠释思维，推动着中医学理论的传承与创新。

6. 中医学诠释的基本手段之三：跟名师

王永炎院士强调"读经典、做临床、跟名师是培养优秀中医临床人才的重要途径"，所强调的最后一点，突出了"跟名师"在中医传承与学术创新中的巨大作用，也从另一个侧面，反映了"跟名师"是实现中医学诠释的重要环节。名师之所以名师，一方面，名师是中医理论的精通者，他们具有中医理论知识的宽广性，能高瞻学术的最高峰和远瞩其最前沿阵地，最能发端学术的新思维，最能从他们那里捕捉到学术前沿的走向脉搏，为诠释者最能提供阐释灵感，提供创新的思路和捷径。另一方面，名师具有系统而丰富的临床经验，最能从他们那里，丰富诠释内涵，也最能为诠释的目的——实践与应用提供最好的验证。笔者在做博士后工作期间，深受王永炎院士的教诲，在开展"玄府概念诠释"一课题时，正是聆听王老师的教诲，汲取王老师丰富的临床经验，才得以将玄府概念诠释这一个工作顺利地初步完成。另外，名师本身就是中医理论或观点的践行者，他们蕴积了中医学丰富的实践智慧，而且不同的名师，形成了不同的学术观点和流派，不同的学术流派，形成了对经典理解的多元性，正是这种对经典理解和阐释的多元性，恰与哲学诠释学的多元论观点不谋而合，为丰富经典之文本客体的内涵，提供多维的现实应用范围，提供了可能。

7. 玄府概念诠释

7.1 玄府概念诠释的基本步骤

按照诠释学的思路与原则，在王永炎院士的指导下，对中医学的经典概念"玄府"进行了初步的诠释[5-8]。

按照诠释学的 3 个基本要素是理解、解释、应用及哲学诠释学的实践智慧德行观念，确定了诠释的基本步骤，其技术路径是：检索→阅读→梳理→勾勒→诠析→实践→总结。

在检索方面，以《中华医典》及明清时期散在的电子文献和纸质文献为蓝本，实行多主题词的文献检索和手工检索，建立相应的资料库。

按照读经典的原则，对所搜集的资料，进行全面的阅读，重点资料及其历代医家有差异认识的资料，实施重点阅读和反复阅读，以期加深理解，为诠释提供思路。

按照时间维的历史性原则，对肇基于《内经》的玄府认识和缘起于《素问玄机原病式》的玄府认识，以及对玄府的多个相关名词进行梳理，理清其演变轨迹和概念差异之所在。

在上述步骤和较为细致认识的基础上，对玄府的概念内涵进行分类认识，提出了狭义玄府说和广义玄府说。按照狭义与广义的分类认识，结合现代的时代特点，进行主题勾勒，对玄府的概念、结构、生理功能、病理变化及其作用等，进行全面诠析。

在诠析阶段，提出了系列认识假说，为学术刊物刊登后，一方面，为同行所关注；另一方面，受到了中医学多专业同行的实践应用。目前，可以说，就玄府的概念诠释来说，仍处于实践阶段，相信在今后的实践中，会对玄府的认识进一步深化，以期为今后的总结取得更为丰富的资料，获得更为饱满的内容，从而取得对玄府的较为圆满的诠释。

7.2 玄府概念初步诠释结果

（1）"玄府"是指结构上幽远深奥难见、至微至小，其内聚集、流通气液，渗灌血气，运转神机，功能上主于开阖通达畅利，作用至为玄妙的一种遍布机体各处的微观孔隙结构：①玄府之内涵有广义与狭义之分。②结构有宏观与微观之异。③功能有相对简单到绝对复杂之别。④功能上开阖自如，贵于通利，"一有怫郁，诸病生焉"。

（2）提出玄府 - 细胞间隙假说，认为两者有相似性。并就玄府 - 微循环说、玄府 - 离子通道说进行了探讨与述评。认为玄府毕竟是在特定的历史条件下的产物，不可避免地带有主观臆测成分。赋予众多功能于一体的玄府，其功能的全部内涵，远非细胞间隙、微循环和离子通道所能概括。

（3）运用玄府概念，提出 4 个相关假说。即玄府 - 津液微循环假说；玄府阻滞 - 神机运转障碍假说；水淫玄府与隐性水肿假说；玄府阻滞病机假说。

（4）探讨了开通玄府的基本方法。

总之，诠释学作为重要的研究方法之一，运用于中医学的研究，必须坚持中医学的主体理论观点，坚持中医研究的取向，坚持中医学系统整体观与辩证思维的特点，以读经典、做临床、跟名师为基本手段，充分吸收现代相关的科学研究成果，重视总结确有疗效的临床经验，运用时代语言，为中医经典充实和丰富新的解读，或许使经典的文本发生新的意义，推动中医理论体系的不断完善与发展，以实现中医的良性研究循环和自主性发展。

参考文献：

[1] 潘德荣 . 文字·诠释·传统——中国诠释传统的现代转化 [M]. 上海：上海译文出版社，2003：57-58.

[2] 洪汉鼎 . 诠释学：它的历史和当代发展（哲学史家文库）[M]. 北京：人民出版社，2001：78-79.

[3] 杨峰，赵京生 . 中医经典文献研究的诠释学向度 [J]. 医学与哲学（人文社会医学版），2007，28（7）：70-71.

[4] 邢玉瑞 . 诠释学与《黄帝内经》的研究 [J]. 江西中医学院学报，2004，16（2）：7-8.

[5] 常富业，王永炎，高颖，等 . 水淫玄府与隐性水肿假说 [J]. 山东中医杂志，2004，23（11）：643-645.

[6] 常富业，王永炎，高颖，等 . 玄府与细胞间隙的比较 [J]. 安徽中医学院学报，2005，24（2）：1-3.

[7] 常富业，王永炎，高颖，等 . 玄府概念诠释（三）——玄府的历史演变轨迹与述评 [J]. 北京中医药大学学报，2005，28（2）：5-6.

[8] 常富业，王永炎，高颖，等 . 论开通玄府 . 中国临床康复，2005，39（9）：128-132.

（收稿日期：2010-04-08）

附录 6

《中医杂志》2010 年 9 月第 5 卷第 9 期

引入数据包络分析法用于中医临床疗效综合评价

高凡珠，谢雁鸣，王永炎

（中国中医科学院中医临床基础医学研究所，北京 100700）

摘要：既往中医疗救评价研究主要采用单维度疗效指标评价，缺乏将多个维度的指标同时考虑在内的综合分析。数据包络分析（DEA）是运筹学、管理学和数理经济学交叉研究的新领域，是一种非参数的经济估计方法，用于评价多个决策单元的相对有效性。由于 DEA 在处理多输入、多输出问题上的绝对优势，适用于中医复杂干预抬疗方案的多指标综合评价研究。应用 DEA 方法进行中医疗效综合评价，有助于使中医疗效评价研究更加贴近临床实际。

中医在防病治病方面有其独到的优势，这些优势的展示亟需科学、系统的疗效评价方法。因此，建立适用于中医复杂干预，包括疾病疗效、中医证候疗效及生存质量评价、卫生经济学等多指标的综合评价体系具有重要意义。近年来，层次分析法、模糊综合评价法等综合评价方法在中医临床疗效评价领域已有尝试应用，但由于不能很好地解决指标权重赋值和共线性问题，使得进一步探入研究受到了限制。数据包络分析（data envelopment analysis，DEA）是近年来发展起来的一种新的项目绩效评价方法，由于它在处理多输入、多输出问题上的绝对优势，目前已成为评价具有相同类型投入和产出部门（决策单元）相对效率的多指标综合评价方法 [1]，DEA 因其自身的特点和优势将在中医多指标综合评价中发挥重要作用。

1. DEA 的特点和优势

DEA 是运筹学、管理学和数理经济学交叉研究的一个新领域。1978 年，著名运筹学家、美国得克萨斯大学教授 A.Charnes 等正式提出了运筹学的一个新领域——DEA[2]，其模型简称 C2R 模型，用以评价部门间的相对有效性，因此被称为 DEA 有效。1988 年我国魏权龄教授出版了国内关于 DEA 的第一本专著《评价相对有效性的 DEA 方法——运筹学的新领域》，促进了国内 DEA 的研究和发展。

DEA 使用数学规划模型，评价具有多个输入和输出的"部门"或"单位"（称为决策单元）的相对有效性，是一种非参数的经济估计方法。"相对有效性"或"效率"是针对产出与投入之比而言，是加权意义上的产出投入比。根据对各决策单元观察的数据，判断决策单元是否为 DEA 有效，以判断各决策单元是否位于可能集的"生产前沿面"上。设 n 个决策单元（$j=1，2，\cdots，n$），每个决策单元有相同的 m 项投入（输入）（$i=1，2，\cdots，m$），每个决策单元有相同的 s 项产出（输出）（$r=1，2，\cdots，s$），x_{ij} 表示第 j 决策单元的第 i 项投入，y_{rj} 表示第 j 决策单元的第 r 项产出，衡量第 j_0 决策单元是否 DEA 有效。如图 1 所示。

决策单元	1	2	$\cdots$	n	1	2	$\cdots$	n	决策单元
投入指标 1	X_{11}	X_{12}	$\cdots$	X_{1n}	y_{11}	y_{12}	$\cdots$	y_{1n}	1 产出指标
2	X_{21}	X_{22}	$\cdots$	X_{2n}	y_{21}	y_{22}	$\cdots$	y_{2n}	2
m	X_{m1}	X_{m2}	$\cdots$	X_{mn}	y_{s1}	y_{s2}	$\cdots$	y_{sn}	s

图 1　多个决策单元投入产出关系示意图

一个决策单元在某种程度上是一种约定，确定决策单元的主导原则是：就其"耗费的资源"和"生产的产品"来说，每个决策单元是一个相同的实体，亦即在某一视角下，各决策单元有同质的输入和输出。通过对输入输出数据的综合分析，得出每个决策单元综合效率的数量指数，据此将各决策单元定级排队，确定有效的（即相对效率最高的）决策单元。并指出其他决策单元非有效的原因和程度，给主管部门提供管理信息；同时，判断各决策单元的投入规模是否恰当，并给出各决策单元调整投入规模的正确方向和程度，应扩大还是缩小，改变多少为好[3]。

DEA 方法具有如下特点[4]：其一，DEA 各输入、输出的权重变量，总是从最有利于决策单元的角度进行评价，从而避免了确定各指标权重的问题。其二，DEA 方法不必确定输入、输出之间关系的显式表达式，即不必像生产函数法那样先利用回归分析确定一个生产函数表达式，然后再估计在一定输入的条件下能达到多大的产出。因此，DEA 方法排除了许多主观因素的影响，因而具有很强的客观性。与其他的综合评价方法相比，DEA 方法不仅能对每个决策单元相对效率进行综合评价，而且可以得到很多在经济学中具有深刻经济含义和背景的管理信息，用于指导决策单元输入、输出指标的改进和修正[5]。另外，DEA 分析是纯技术性的，决策单元的相对有效性评价结果与输入、输出指标的量纲选取无关。DEA 的这些优越性吸引了众多的应用者，其应用领域也在不断扩大[6,7]，而且可以用于多种方案之间的有效性评价、技术进步评估等[8,9]。

2. DEA 适用于中医复杂干预的多指标综合评价

2.1　DEA 用于中医复杂干预（多投入）的疗效评价

中医治疗是以调整个体功能为核心的包括药物及非药物疗法的复杂干预的应用过程，治疗目和手段的多样性则体现着中医药学对疾病的多维度干预的特点。我们认为，中医复杂干预表现在三个层面：其一，疾病证候动态演变，选方用药亦随之调整，药物的调整和加减变化体现中医复杂干预的过程；其二，多种治疗手段单独或联合应用，针对患病个体，接受的治疗手段是多样的；其三，就中医治病目的而言是多维度干预，既控制疾病，又改善患者的生存质量。因此，既往传统的中医疗效评价模式，如研究某方某药或某种针灸按摩手法治疗某种疾病的临床疗效，无法解决中医复杂干预的问题，影响了中医药优势的发挥，从而降低了实际临床疗效。

DEA 与传统中医疗效评价方法相比，不强调治疗方案的一致性，治疗方案是完全个体化的，既可以辨证论治、随证加减，又可以联合其他治疗措施。患者作为独立的决策单元，根据临床实际情况接受不同的干预治疗，治疗方案是由临床医生决策的，即体现患者的个体化治疗；而且治疗手段上也可根据患者的实际情况给予复杂干预，如中药汤药联合针灸，或中药汤药联合中药注射剂，亦或中药汤药联合西药等。每个患病个体作为独立的决策单元，输入指标是同质的，如投入的费用、就诊次数、住院天数等，通过数学模型可计算出投入所产出的最大效果（疗效）。

2.2　DEA 用于中医疗效的多指标效果（多产出）综合评价

DEA 在处理多指标效果（多产出）问题的能力上具有绝对优势。既往中医疗效评价的研究中，主要采用的是单维度疗效指标的逐个评价，缺乏将多个维度的指标同时考虑在内的综合分析。根据生物—心理—社会医学模式，疾病（尤其是慢性非传染性疾病）是多因多果的，在诊断和治疗时需要考虑其"多因"，在疗效评价时需要考虑其"多果"，如果仅用某一个维度的指标进行方案优劣评价，则可能用甲维度指标判断的结果与用乙维度指标判断的结果不一致，出现类似"盲人摸象"的现象。这种在评价指标和评价方法设计上的局限性，不仅使得研究结果缺乏说服力，而且也不能正确指导临床实践。因此，未来的中医疗效评价体系应建立在多指标综合评价的基础上，强调多指标综合评价，即产出（疗效）指标是多维度的。采用 DEA 模型，可以计算不同治疗方案"产出"的评价指标，包括疾病疗效评价、中医证候疗效评价、生存质量评价、不良反应评价等，经过综合分析、排序，评价不同治疗方案的优劣。

2.3 DEA 用于中医疗效综合评价的方法学初探

从理论上讲，DEA 用于中医疗效综合评价是合适的，亦是可行的。针对中医复杂干预的诊疗过程，及多维度多指标综合评价的需求，DEA 可用于临床不同治疗方案的综合评价分析，用于干预措施（治疗方案）的优化，用于评价疗效/不良反应（受益/风险）的相对有效值等。DEA 能够评价并比较具有多个投入指标和多个产出指标的抬疗方案的相对效率，挑选最佳治疗方案，使分析结果更加客观、全面；而且，DEA 还可以帮助低效率医疗方案找出投入和产出不合理的原因，有利于临床医生和卫生决策者客观地选择医疗方案，并采取措施使投入和产出达到理想的状态。

将 DEA 实际应用于中医复杂干预的多指标综合评价，

需要针对不同治疗方案的投入、产出进行分析，指标的选择必须能客观地反映治疗过程中投入与产出的实际情况。就决策单元（患者）而言，无论采取何种治疗措施（复杂干预），患者投入的金钱或时间是同质的，产出指标是疗效（多指标综合评价。如图 2 所示，每个患者作为独立的决策单元，应用了不同的治疗方案，体现了中医复杂干预的特点；DEA 的优势正是忽略了决策单元的绝对一致性，不强调各决策单元的治疗措施完全一致，只强调输入指标的同质性，如就患者而言，他投入的是门诊费用、住院费用、误工费用、就诊时间，等等。表面看来，患者投入的是金钱、时间等显变量；实际上，不同治疗方案作为隐变量间接地反映在投入的金钱和时间上。输出指标为包括疾病疗效评价、中医证候评价、生活质量评价等多维度、多指标综合评价的信息。临床医师可依据每个患者的实际情况给予个体化治疗，这种方式客观地反映了中医复杂干预的实际诊疗过程；在此基础上，采用 DEA 方法分析不同的复杂干预治疗方案的综合疗效，有助于给出最佳治疗方案。因此，DEA 是一种适用于评价中医复杂干预下不同治疗方案的综合疗效的评价方法，具有广阔的研究前景和应用价值。

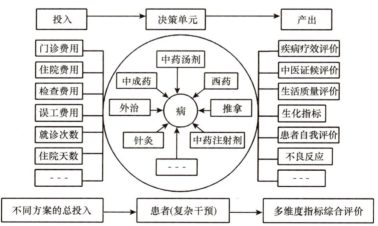

图 2 DEA 用于中医疗效综合评价模式图

参考文献：

[1] Sherman H D. Hospital efficiency measurement and evaluation. Empilioal test of a new technique[J].Med Care, 1984, 22（10）: 922-938.

[2] Charnes A, Cooper W W.Rhodes E. Measuring the efficiency of decision making unies[J].Euro J Operate Res, 1978, 2（6）: 429-444.

[3] Sengupta J K. New efficiency theory. extentions and new application of data envelopment analysis[J].Int J Sys Sci, 1998, 29（3）; 255-265.

[4] Charnes A, Cooper W W. Data envelopment analysis theory, methodology and application[M].Boston: Kluwwer Academic Publishers, l994; 3.

[5] Seiford L M, Thrall R M. Recent developments in DEA the mathematical programming approach to frontier analysis[J]. J Econom, 1990, 46（1-2）: 7-38.

[6] Zhang T.Frame work of data envelopment analysis a model to evaluate the environmental efficiency of China's industrial sectors[J].Biomed Environ Sci.2009, 22（1）: 8-13.

[7] Huerta T R. Ford E W. Peterson L T, et al. Testing the hospitaI value proposition: an empirical analysis of efficiency and quality[J].Health Care Manage Rev, 2008, 33（4）: 341-349.

[8] Cesconetto A, Lapa Jdos S, Calvo M C. Evaluation of productive efficiency in the Unified National Health System hospitals in the State of Santa Catarina, Brazil[J].Cad Saude Publica, 2008, 24（10）: 2407-2417.

[9] Mark BA, Jones CB, Lindley L, et al.An examination of technical efficiency, quality, and patient safety in acute care nursing units[J]. Policy Polit Nurs Pract, 2009, 10（3）: 180-186.

（收稿日期：2010-03-12；修回日期：2010-04-18）

《北京中医药大学学报》2010 年 12 月第 33 卷第 12 期

中医临床疗效评价的关键科技问题
——香山科学会议第 368 次学术讨论会综述

王永炎[1]，刘保延[1]，张启明[1]，杨炳忻[2]

（1. 中国中医科学院，北京 100700；2. 香山科学会议）

摘要： 中医应如何建立体现自身特点的疗效评价体系，香山科学会议第 368 次学术讨论会的专家认为，起源于以原子论、还原论、主客对立为特点的西方文明的西医学更关注人患的病和外部干预，植根于以元气论、整体观、天人合一为特点的东方文化的中医学更重视患病的人和自身调节。治未病、个体化、综合干预等是中医诊疗的特点，自然状态下整体观察的"象"是中医疗效评价的最适指标，系统科学指导下的综合评价是中医疗效评价的最适方法。

关键词： 疗效评价；中医特点；象；香山科学会议

中图分类号： R24

Abstract： How to establish an evaluation system of curative effect that can reflects the academic characteristics of Chinese medicine？ Experts in the 368th Workshop of Xiangshan Scientific Conference stated that Western medicine originated from Western civilization，which is manifested by atomism，reductionism and opposite relationship between observer and subject，paid more attention to patient's diseases and external interventions.Chinese medicine，rooted in eastern culture and characterized by the monism of qi，holistic concept and correspondence between nature and human being，focuses on diseased people and their self-regulation. The diagnostic and therapeutic characteristics of Chinese medicine are attaching importance to disease prevention，personalization and comprehensive intervention.The manifestations aquired by whole observation on natural condition are the most suitable evaluation indicators for curative effect of Chinese medicine in clinic.Synthetical evaluation directed by system science is the best method to evaluate the curative effect of Chinese medicine.

Key words： evaluation of curative effect；characteristics of Chinese medicine；manifestations；Xiangshan Scientific Conference

临床疗效是中医学存在发展的根本，但是中医学没有形成体现自身特点的、规范的疗效评价理论和方法学体系。目前的中医临床疗效评价基本上是照搬 20 世纪 70 年代形成的临床流行病学的理论与方法。然而，严格按照"随机对照"原则设计临床试验方案，经常得到中医诊治无效的尴尬结论，故本文就其产生的原因展开讨论。

2010 年 3 月 24～26 日，主题为"中医临床疗效评价的关键科技问题"的香山科学会议第 368 次学术讨论会在北京香山饭店举行。王永炎、王吉耀和刘保延教授担任会议执行主席，中医药行业内外多学科跨领域的专家学者 80 余人应邀参加了此次会议。会议的中心议题包括：中医临床疗效评价的理念，中医临床疗效的评价方法与指标体系，

中医临床疗效的证据及其应用。刘保延和王家良教授分别以"中医临床评价的现状与展望"和"关于中医临床疗效评价的思考"为题做了主题评述报告。王永炎、姚晨和唐金陵教授分别以"九五攻关项目中医药治疗血管性痴呆随机对照试验研究的反思"、"临床研究的统计学原理及应用条件"和"中医药临床效果研究的关键性问题"为题做了中心议题评述报告。与会专家在畅所欲言、百家争鸣的平等氛围中，围绕中心议题进行了热烈讨论，取得了广泛共识，并提出了许多建设性意见。

1. 中医学有独特的认知理念

举世公认，在人类历史上影响最大的两大文化巨流是

以华夏文化为主体的东方文明和以古希腊文化为源头的西方文明。这两大文明在数千年的漫长岁月中走着各自独特的发展道路，形成了各具风采的认知理念。认真分析和比较两种认知理念的差异，对于客观公正地评价中医临床疗效具有重要意义。

1.1 原子论与元气论

关于世界的基本物质组成，西方人推崇德谟克利特（Democritus）的原子论，认为世界由原子组成，原子不可分割、永恒存在、本质相同、形态各异，运动是其基本属性。原子论一方面强调个体的间断性，从间断的个体出发论及宏观世界的万事万物；另一方面强调事物的内部结构，认为任何事物都有其结构要素和构成途径，并从解剖事物的内部结构入手认识其本质。

在中国，元气论占据主导地位。元气是一种"流于天地之间"[1]的连续的物质形态，"其大无外，其小无内"[2]，没有形体，不可计量，故无从说明其内部结构和构成途径。元气在永恒的运动中，首先"清阳为天，浊阴为地"[3]，然后"天地合气，万物由生"[4]。但是，由元气化生的形体是运动变化中的形体，是内外相互联系的连续统一体，人们只能从整体水平上把握其性能。

1.2 还原论与整体观

关于认识世界的方法，还原论认为整体是由部分简单组合而成的整体，部分的性能研究清楚了，就能通过逻辑推理，概括出整体的性能。于是一方面把统一的自然界划分为不同的领域，把一个研究对象离析为不同的部分；另一方面，将高层次的运动规律分解为较低层次的运动规律，用简单的运动形式解释复杂的运动形式。这种在特定条件下，从被研究对象的内部进行观察和实验所获得的结论常具有可重复性。

整体观一方面认为被研究对象是一个不可分割的有机整体，另一方面认为被研究对象与外界环境之间相互联系、相互影响。人们只能在自然条件下俯视鸟瞰，把被研究对象放到一个包容他的更大的环境中观察其外部特征，并从被研究对象与其他事物的联系中揭示其运动规律或功能状态，但常因为观察角度的不同而获得不同的结论，由于自然条件的不断改变，使观察结论难以重复。

1.3 主客对立与天人合一

在人与自然的关系上，主要受工业文明影响的西方文化更关注自然，把自然看成人的敌对力量，因而人应征服和控制自然。于是研究者与被研究对象也是对立的，常将被研究对象置于可控的特殊条件或前提假定下研究其运动规律，如匀速直线运动、自由落体运动都是在无任何摩擦的理想状态下发现的规律。从这一意义上说，起源于西方文化的现代自然科学不是真正意义的在自然状态下开展研究的科学，毋宁称为实验科学。

发端于农耕文明的中国文化关注的对象主要是人，常把自然人格化，将人的精神消融于自然之中，追求人与自然的和谐统一。于是研究者与被研究对象具有平等的地位，在不对被研究对象施加任何干预措施或不做任何预设的条件下，对被研究对象进行整体观察，故所获得的结论应是真正意义的自然状态下的观察结论。

1.4 人患的病与患病的人

关于人与疾病的关系，基于原子论、还原论和主客对立的西医学常把人体看作由器官、组织、细胞组成的可以拆装的"机器"。通过实验室和影像学检测反映的是人的物质实体的改变，这种改变又是诊断疾病的依据。于是，患有同种疾病的人群自然被看成是同质人群，人患有同种疾病自然也是独立无关事件。于是，开展基于同质人群和独立无关事件的前瞻性临床试验和统计分析，也自然成为注重人患的病的西医学疗效评价无可争辩的"金标准"。

基于元气论、整体观和天人合一的中医学认为人体是一个与天地万物相互联系且由心智主导的复杂整体。借助望、闻、问、切手段采集的临床信息反映的是人在自然状态下的功能改变，而后者又是中医认识疾病、辨识证候和判断疗效的依据。在中医临床诊疗过程中，常常是诊断结果和治疗方案随着人体功能状态的变化而不断变化，不会一病一方治疗始终。即使是依据实体检测确诊的同病种人群，因为所处季节地域的不同，患者体质的不同，医生学识经验的不同，通过望、闻、问、切采集的信息不完全相同，中医诊断和治疗也就不同。所以，对于注重患病的人的中医学来说，在个体化诊疗过程中不可能存在真正意义的同质人群和独立无关事件，随机双盲大样本的临床试验设计和统计分析工具也就不能适用了。

1.5 外部干预与自身调节

就外来影响与人体反应的关系看，西医学注重外部因素的改变对人体的影响，于是外伤、病毒、细菌等致病因素，手术、抗生素、放化疗等治疗措施就成为关注的重点。在致病因素、治疗措施与疾病种类直接对应的关系下，疾病的诊断指标与疗效评价指标是一致的，自然可以借助临床流行病学手段和统计学方法进行病因的筛选和治疗措施的疗效评价。

中医学关注内外关系的改变引起人体功能状态的改变，认为人是朝向健康的目标动力系统，具有自适应、自调节、自稳态、自修复的功能特征，疗效是复杂的治疗措施与复杂的人体系统之间相互作用的结果。其中治疗措施仅起外部辅助作用，机体内在的应答能力（即人体的自我调节机制，中医称为神）更为关键。治疗的目标是自然状态下的形与神俱、以平为期。

2. "象"是中医疗效的评价指标

与会专家指出，中医诊断疾病、辨识证候所依据的望、闻、问、切四诊信息在中国传统文化中称为"象"，中医的疗效也应以"象"作为评价指标。

2.1 "象"的定义

西方人倾向于把事物分解为实体要素、属性及其间单一的关系来研究，因而作为思维工具的概念常常是对事物的直接抽象和概括，意蕴大都是单一的、固定的。中国人习惯于把事物当作一个有机整体予以考察，而一个有机整体显然蕴涵有多重实体要素、属性和关系，这就意味着用单一意蕴的概念来表征该事物是不全面的，也是不可能的。为了解决这一困难，中国人创造了"象"的概念。所谓"象"，是研究者将借助感官获得的客体在自然状态下的表象、征象、法式，与其既往的学识经验相结合所产生的关于客体的实体要素、属性和关系的综合概括。"象"有 4 个特点：① "象"是客体在自然状态下的整体呈现。即观察"象"时不对客体施加任何限制或做任何预设。② "象"是客体在所有关系下的整体呈现。内外关系的改变是客体的"象"发生改变的主要原因。③ "象"是主、客观的结合体。"象"的获取不仅取决于客体本身，还与观察者的学识经验有密切关系。④ "象"具有多重内涵。同一个"象"常是客体的实体要素、属性和关系的综合概括。如"五行"既是实体要素概念，代表木火土金水 5 种实物，又是属性概念，"木曰曲直、火曰炎上、土爰稼穑、金曰从革、水曰润下"[5]，还是关系概念，表征具有五行属性的五类客体间的生克乘侮关系。

2.2 "象"的获取

中国人是靠直觉体悟来把握"象"的。所谓直觉体悟，就是人脑基于有限的资料和事实，调动已有的学识经验，对客体的本质属性及其规律性联系做出迅速的识别、敏锐的洞察、直接的理解和整体的判断的思维过程。

事实证明，在科学创造活动中，直觉体悟在确定研究方向，识别有希望的线索，预见事物的发展进程和可能的研究结果等方面，都起着十分重要和无可替代的作用。但是直觉体悟也有其明显的不足：①由于证据常不充分，且不经过严密的逻辑推理，所得结论常带有猜测性；②由于人们在学识经验方面的差异，对同一事物就可能存在不同的认知结果；③研究者无法向他人说明思维的行程和结论形成的原因，带有很大的个体性。

2.3 "象"的表达

为了体现中医"象"的特点，克服"象"的不足，提高"象"的证据级别，量表测评和生物信号检测是可行的方法。

2.3.1 量化"象"中的软指标

自我感觉异常经常是患者就诊中医的主要依据。这些软指标存在主观性强、信息维度高的特点，如在"入冬则鼻塞流清涕遇凉风加重"这一过敏性鼻炎常见的现象中，除了"鼻塞"这一主观感觉异常，还有冬季发生、伴随流清涕、遇凉风加重三个维度的信息。借用国际已发展成熟并被广泛接受的量表测评方法，可以最大限度地消除观察者的主观影响，提高信息采集的可重复性。

量表是用来量化观察中所得印象的一种测量工具，主要评定被调查者的"主观感受"。它能对评定内容作出质与量的估计，用数字语言代替文字描述，使观察结果定量化、规范化和细致化，提高临床信息的客观性、准确性与研究结果的可靠性。借用量表，不仅可以采集患者的自我感觉症状，还能采集来自患者关于自身健康状况和生存质量的评价信息、陪护人员的看法等，便于对疗效做出综合评价。

2.3.2 增加"象"中的硬指标

利用现代技术手段进行的人体检测可分为两类：一类是实体检测，如白细胞计数、血红蛋白含量、X 光片，检测结果是在特定条件下获得的，具有空间、静态、局部的特征；另一类是功能检测，如心电、脑电和呼吸音的检测，X 光、B 超下的心肺运动状态检测，检测结果是在自然状态下获得的，具有时间、动态、整体的特征。后者与借助望、闻、问、切获得的症状信息都体现着人的整体功能状态。当今的科学技术已经使传感器、存储器和数据传输费用大大降低，如果能在自然状态下，借以对人体的体温、脉搏、呼吸、运动等生物信号进行连续系统的采集，不仅有助于增加中医的临床信息量，有助于中医的定量诊断，更有助于中医疗效的客观评价。

3. 评价体系构建应关注的几个问题

3.1 中医临床疗效的评价不应削足适履

20 世纪 70 年代形成的临床流行病学的理论与方法是一个从人体形态结构入手、以实验数据为支撑、以疾病为核心、以"绝对因果论"为基础的现代临床评价体系。对于借用实体检测确诊的单一病种或疾病过程中始终使用的单一治法，如由某一病原微生物引发的传染病和不做任何加减变化而长期使用的中成药，这套评价体系应是确认疗效的可用方法。

但是，中医的辨证论治具有许多不同于西医诊疗的特点：①具有未病先防、既病防变的防重于治的理念；②依赖于患者的体质、患病的季节和地域等个体信息；③体现着医生的学识、经验和诊疗习惯；④常是多种疗法在不同时点的综合运用；⑤对于同一种疾病常从不同角度进行诊治；⑥诊疗过程常不直接针对主症，而是在改善并发症的过程中达到治疗目的；⑦擅长治疗慢性疾病、功能性疾病、多种原因造成的复杂性疾病；⑧诊断结果和治疗措施随着疾病状态的改变而改变。因而，中医的疗效评价就不应削足适履，为了借用临床流行病学方法而改变、削弱自己最具优势的个体化诊疗特点，而应创建体现这些特点的全新的疗效评价方法和理论体系，分阶段、分层次地反映其疗效。

3.2 加强中医临床基础研究

按照研究目的的不同，临床研究可分为描述性研究和分析性研究两类。描述性研究（从临床中来）的目的是全面真实地采集个人和群体特征信息，分析性研究（到临床中去）回答的是暴露因素与疾病结局之间的关系。目前的中医临床研究应当首先复习既往的诊治经验和研究成果，做好临床信息的命名、定义和辨证识病、治则治法的标准规范等基础性工作，发现中医诊疗规律，提炼科学问题；其次才是科学地设计临床研究方案，提出体现中医认知理念和诊疗规律的疗效评价方法和理论体系。

3.3 综合评价体现中医优势特色

早在 1948 年的联合国世界卫生组织（WHO）成立宣言中就指出：健康不仅是无虚弱与疾病，而且是在躯体上、心理上和社会适应上的完善状态[6]。亦即，一个人只有具备身体健康、心理健康和良好的社会适应能力，才能算是真正的健康。相应地，疾病就应是患者自身感觉的异常、他人察觉的异常或理化检测结果的异常。换言之，关于疾病的界定和疗效的评价就不应仅仅依赖于医生和实体检测结果的改变，患者及其陪护人员的感受等也应属于疗效评价的重要内容，而后者恰恰是强调"以人为中心"的中医学对疗效评价的关注重点。这也给当代的临床流行病学提出了严峻的挑战。

3.4 系统科学为中医疗效评价提供了难得的机遇

世界上的事物就其结构而言，可分为简单系统、简单巨系统、复杂系统、复杂巨系统和开放的复杂巨系统。当前，以还原论方法为基础发展起来的现代科学只能认识简单系统、简单巨系统和复杂系统，还没有办法认识清楚复杂巨系统，更没有能力研究透彻开放的复杂巨系统。而中医学早在几千年前就已经用"天地人相参"的理念，把人看成开放的复杂巨系统，在人体内外的协调关系中把握其整体功能变化了。故 20 世纪末西方曾有人预言，21 世纪将是东方文化引领世界的世纪，其意是指整体观在 21 世纪将发挥极其重要的作用。今天的基因组学、蛋白质组学、系统生物学等整体观新概念在生物医学界不断出现，已经十分清楚地标志着现代科学界、生物医学界方法学革命的开始。中医学应当把握这一机遇，借用这次方法学革命的研究成果，努力实现中医理论的迅速发展和临床疗效的公正评价。

参考文献：

[1] 赵守正. 管子注译 [M]. 南宁：广西人民出版社，1982：77.

[2] 任廷革. 黄帝内经灵枢经 [M]. 北京：人民军医出版社，2006：153.

[3] 山东中医学院，河北医学院. 黄帝内经素问校释 [M]. 北京：人民卫生出版社，1982：65.

[4] 冯国超. 论衡 [M]. 长春：吉林人民出版社，2006：511.

[5] 杨萍. 尚书 [M]. 长春：吉林人民出版社，1996：44-45.

[6] 李华荣. 健康概念的内涵与表达 [J]. 山西中医学院学报，2008，9（5）：52-55.

（收稿日期：2010-10-08）

附录8

《北京中医药大学学报》第 33 卷第 12 期 2010 年 12 月

中医"君相互感"心身调节模式诠释

郭蓉娟[1]，王永炎[2]，张允岭[1]

（1. 北京中医药大学东方医院脑病二科，北京 100078；2. 中国中医科学院）

摘要：君火寓神明活动，居上而主静；相火蕴脏腑功能活动，处下而主动。生理上君火顺从自然不妄动，相火动而中节，裨补机体，生生不息；病理上君火为物所感则妄动，相火亦随之妄动，火起于妄，变化莫测，煎熬真阴，变症丛生。这种"君相互感"学说从生命的高层次上揭示了人体心和身的整体调控模式，它肇始于金元时代的刘完素及朱震亨，发展于明代张景岳、赵献可，后世医家又不断补充、完善。

关键词：君火；相火；君相互感；心身调节模式

中图分类号：R223

Abstract：The paper thinks that sovereign fire includes activities of the mind, and ministerial fire includes functional activities of zang-fu organs.Sovereign fire exists upper place and dominates rest, on the contrary, ministerial fire exists lower place and dominates activity.Physically, sovereign fire is submissive to the nature and has reckless action, and ministerial fire acts appropriately and endlessly to replenish the body.Pathologically, sovereign fire can act recklessly because of pathogenic factors, and followed by ministerial fire；reckless action can develop unpredictable fire, suffer kidney-yin, and cause lots of deteriorated cases.The theory of "mutual induction of sovereign fire and ministerial fire" reveals human mind and the body's overall control model on a high level of life, which was originated from LIU He-jian and ZHU Dan-xi in Jin and Yuan Dynasties, developed by ZHANG Jing-yue and ZHAO Xian-ke in the Ming Dynasty, and supplemented and improved continuously by doctors later.

Key words：sovereign fire；ministerial fire；mutual induction of sovereign fire and ministerial fire；model of mind-body regulation

心理疾病、心身疾病已经成为当今社会的常见多发病，心和身即精神和躯体之间如何联系和调控已经成为研究的热点。20世纪70年代"神经—内分泌—免疫网络"学说的提出，西医才逐渐认识到精神和躯体之间的紧密联系，然而如何进行联系、精确的调控机制迄今仍不十分清楚。中医自《黄帝内经》就奠定了"形神一体""心身合一"的整体观念，在金元时期已经初步形成了"君相互感"的心身调节模式，有效地指导着中医药防治疾病的临床实践。进一步挖掘、整理、诠释中医"君相互感"的心身调节模式，对指导当今的临床有着重要的意义。

1. 君火寓神明活动

君火之名首见于《素问·天元纪大论篇》，曰"君火以名"原是用来阐释天地运气的。将君火概念引入医学范畴，用来说明人体生理、病理情况，肇始于金元时代开始。刘完素在《素问玄机原病式》[1]中说："手少阴君火之热，乃真心小肠之气也。"此处的君火是指心与小肠的热证病机。朱震亨在此基础上汲取了理学的精华，在《格致余论·相火论》[2]有："太极动而生阳，静而生阴。阳动而变，阴静而合，而生水、火、木、金、土，各一其性。惟火有二，曰君火，人火也；曰相火，天火也。火，内阴而外阳，主乎动者也，故凡动皆属火。以名而言，形气相生，配于五行，故谓之君。"朱震亨认为君火有名有形，可与五行相配。至此后世医家普遍认为心火即君火，君火即心火，具有温血脉、主神明的功能，对人体脏腑功能活动具有强大的制约和调节作用。李中梓在《医宗必读·乙癸同源论》中说："盖火分君相，君火者，居乎上而主静；相火者，处乎下而主动。君火惟一，心主是也。"可见君火的功能涵盖着人的全部精神心理活动，蕴神志之火，即人体正常的整体神明活动。君火定位在心，以静为常，但易为物所感也。朱震亨在《格致余论·相火论》中说："心，君火也，为物所感则易动，心动则相火亦动。"君火容易被人欲、情欲等所感而过极。

笔者认为君火概念就是指有名称、可构成形气相生、可与五行相配、可保持机体正常神明活动的生理之火（有名有形）。君火寓心火，涵盖着人的全部精神心理活动，亦称为神志之火。其特性为：①具有五行火的性质，与五脏心相应；②喜静恶躁，以静为常，恬淡虚无，精神乃治，容易受人欲、情欲等的影响而过极形成病理之火，变症丛生；③君火具有调控人和环境和谐互动的功能，它既能使人认识环境，又能指导人改变环境，增强了人对环境的适应能力，使人在复杂的环境中得以生存；④君火主司人的感知和思维的功能，不同的环境可以激发不同的主观感受、思维方式及行为习惯，正因为有了君火，人才有了喜、怒、忧、恐、惊等情志变化，吃、穿、住、行等生活行为，人的自我意识和对外界的感知皆有赖此火，故谓之"人火"。君火对人体脏腑功能活动具有强大的制约和调节作用，为五脏六腑之大主。

2. 相火蕴脏腑功能活动

相火之名亦首见于《素问·天元纪大论篇》，曰"相火以位"也是用来阐释天地运气的。将相火概念引入医学范畴，用来说明人体生理、病理情况，亦肇始于金元时代开始。刘完素在《素问玄机原病式》中说："手少阳相火之热，乃心包络三焦之气也。"此处的相火是指心包络、三焦热证的病机。朱震亨在此基础上创立相火学说，并著《相火论》专门进行论述，在《格致余论·相火论》曰："……惟火有二：曰君火，人火也；曰相火，天火也。……以位而言，生于虚无，守位禀命，因其动而可见，故谓之相。"朱震亨认为相火有名无形，它虽有产生部位，但当不动时，在它的部位上看不到，好像守位待命一样；只有在其动时，才可以看到它的象征。

至于相火的部位众说纷纭，李东垣认为[3]："相火，包络下焦之火，元气之贼也。火与元气不两立，一胜则一负……"，又名之曰"阴火"。此处的相火是指产生于下焦的病理之贼火。而朱震亨明确指出，相火的活动机能虽然在各脏腑都具备着，但它源于肝肾。朱震亨说："见于天者，出于龙雷则木之气；出于海，则水之气也。具于人者，寄于肝肾二部，肝属木而肾属水也。胆者肝之腑，膀胱者肾之腑，心包络者肾之配，三焦言司肝肾之分，皆阴而下者也。"张景岳、赵献可是命门学说的主导者，其论相火则独重命门，认为相火的起源就是命门，相火禀命于命门，而真水又随相火。赵献可还有突出的见解，他认为三焦相火为命门的臣使之官。杨氏等[4]集各家之论，指出相火以位，根于肾命，寄于肝胆。苟得肾水肝血以涵之濡之、肾以温之纳之、脾土以敦监之、肺金以润之、心神以镇静之，则何妄之有？凡脏腑运动、气机升降、气血津液的化生皆赖相火，是推动生命活动的原动力，故人非此火不能有生，其所以恒于动者，皆相火之为也。相火源之于肾，寄寓于下焦肝肾精血之中，相火之动则以肝肾之阴为物质基础。

笔者认为相火的概念是指虚无不见，守位禀命，只有在其妄动时，才可以看到它的象征的脏腑之少火（有名无形）。它蕴含于各脏腑之中，根源于肾和命门。相火既有阳动之性，又有阴守之性，动中有守，动而中节，守于本位而不妄为其常。相火的特性不同于五行之火，具有龙雷之火的性质，不为水灭湿伏，此火只宜养之、藏之、敛之，绝不可折之、伐之；相火需肾水肝血以涵之濡之、肾以温之纳之、脾土以敦监之、肺金以润之、心神以镇静之。病理上相火易妄动，煎熬津液，耗伤气血，变症丛生。

3."君相互感"学说

君火和相火生理上互相资生，互相制约，彼此协调，一上一下，互相配合，共同温煦脏腑，推动机体生长发育，新陈代谢。病理上互相影响、互相损耗，变症丛生。这种"君相互感"学说肇始于金元时代的刘完素及朱震亨，发展于明代张景岳、赵献可，后世医家又不断补充、发展。

朱震亨认为相火既有阳动之性，又有阴守之性，动中有守，动而中节，守于本位而不妄为其常。朱震亨说："盖相火藏于肝、肾阴分，君火不妄动，相火惟有禀命守位而已"；"人心听命乎道心，而又能主之以静，彼五火之动皆中节，相火惟有裨补造化，以为生生不息之运用耳"，这是正常之相。病理上相火妄动亦可为乱贼，"相火易起，五性厥阳之火相煽，则妄动矣。火起于妄，变化莫测，无时不有，煎熬真阴，阴虚则病，阴绝则死……故曰相火元气之贼"，这是妄动之相，为相火之变。朱震亨把"欲"（人欲、情欲）看成动火的主要原因，鉴于阴精易亏、相火易妄、人之情欲无涯的生理、病机特点，朱震亨倡"阳有余阴不足"的观点，把滋阴降火作为重要的治则，在养生方法上重视保护阴精，提倡男三十而娶、女二十而嫁，并在《格致余论》中首列"色欲箴"与"饮食箴"，示人节制饮食和性欲以防早衰。

高氏[5]将君火与相火生理上的关系总结为三方面：其一为相火为先天之火，君火为后天之火。因为相火源于先天之本肾，故为先天之火。君火的生成受后天环境影响，如后天无所闻、无所见、无所触、无所嗅，则神志意识无以生成，故君火为后天之火。其二为相火为君火的根本，君火是相火的保障。正如张景岳说："君火之变化于无穷，总赖此相火之栽根于有地。"相火为君火的根本，但君火不独赖相火而生，而是在相火基础上被所感受到的各种信息触发而生成的，其所推动的是一种更高级的生命运动，故君火为相火的升华。君火为神志之火，为物所感而触发，灵活易动，使人知饥饱，识食味，摄入水谷之气，使相火得以给养；适寒热，明劳逸，晓安危，起居有常，不妄劳作，趋利避害，使相火不被伐伤。故君火是相火的保障。其三为君火为相火之使，相火为君火之守。人的情绪变化、肢体行为、分析表达虽为神志意识所支配，但均是通过气血运行、脏腑运动完成的，而气血运行、脏腑运动皆赖相火推动，故各种自主活动、情志变化不是由君火直接推动的，而是由君火引动相火，进而由相火推动完成的。从这个角度讲，君火是发令者，而非行动者，相火是禀命者，是实际运作者。故张景岳说："君道惟神，其用在虚；相道惟力，其用在实。"戴氏等[6]认为君相二火，皆与情志有关。君火，在心在脑，主神志；相火，在肝在肾，寄于命门。肝肾沃于精血，命门司主生殖，故人之情欲亦是君相二火共同作用。

笔者认为中医"君相互感"的心身调节模式为君火（心火、神、精神心理）通过君相互感、水火既济（神经—内分泌—免疫网络）的桥梁和纽带，与相火（脏腑功能、根于肾水、形、躯体）互相联系、互相影响，使人体形成形神一体、心身合一整体，进而使人和自然形成天人合一的大整体。"君相互感"学说的临床应用为君火生理上具有人心听命乎道心，而又能主之以静的特点；病理上易被人欲、情欲等所感而过极化火；治则上应以降火为主；养生上宜恬淡虚无以养君火。相火生理上具有五火之动皆中节，相火惟有裨补造化的特性；病理上相火妄动，煎熬真阴，阴虚则病，阴绝则死；治则上应以滋阴养血为主；养生上形宜动，动则顺乎天然。

总之君火与相火在生理上互根互用，在病理上相互影响，君相和谐则形与神俱，君相不和则形神俱损。这种君相二火的关系，正是中医形神合一生命观的重要体现。在医学模式向社会—心理—生物模式转变的今天，已经普遍地认识到精神和身体的关系，提出了心身疾病和身心疾病，这与中医"君相互感"理论的内涵不谋而合。"君相互感"理论揭示了人体在生命高层次上的整体调控模式，是医学史上的重要突破，对其深入研究无疑将对心身疾病的中医诊治及预防和中医心理学科的发展都有着重要的指导意义。

参考文献：

[1] 刘完素. 素问玄机原病式 [M]. 北京：人民卫生出版社，2005：4-8.

[2] 朱震亨. 格致余论 [M]. 北京：人民卫生出版社，2005：8-45.

[3] 李东垣. 脾胃论 [M]. 北京：人民卫生出版社，2005：8-32.

[4] 杨利，严月娥，刘振杰. "相火" 刍议 [J]. 广州中医药大学学报，2000，17（3）：201-203.

[5] 高峻. 试论君火与相火的生理病理关系 [J]. 吉林中医药，2008，28（12）：863-865.

[6] 戴琪，朱明. 从朱丹溪君火与相火的关系论中医心理调节机制 [J]. 北京中医药大学学报，2002，25（2）：5-9.

（收稿日期：2010-06-30）

2011 年，73 岁

2011 年图 1　2011 年的王永炎先生

2011 年图 2　参加路志正老从医七十周年大会（左起：王国强、张伯礼、路志正、李辅仁、许嘉璐、王永炎、曹洪欣）

1月，主编《中医内科学》（第二版），由人民卫生出版社出版。

2月，与李昶、黄璐琦、肖培根共同主编的《道地药材的知识产权保护研究》由上海科学技术出版社出版。

3月，被卫生部聘为突发事件卫生应急专家咨询委员会副主任委员。

2011 年图 3　与北师大青年学生在一起（上右1 王永炎）

聘　书

兹聘任**王永炎**同志为卫生部突发事件卫生应急专家咨询委员会副主任委员，聘期三年。

中华人民共和国卫生部
二〇一一年三月十日

2011 年图 4　卫生部突发事件卫生应急专家咨询委员会副主任委员聘书

2011 年图 5 《中医内科学》（人卫第二版）封面页书影　2011 年图 6 《中医内科学》（人卫第二版）版权页书影　2011 年图 7 《道地药材的知识产权保护研究》封面页书影　2011 年图 8 《道地药材的知识产权保护研究》版权页书影

9 月，以为传承博士后学生授课内容为主体，于智敏、王燕平整理成《永炎医说》一书，由人民卫生出版社出版，对学术界有一定影响。

2011 年图 9　中医药治疗手足口病中期工作总结会（前排左 6 王永炎）　2011 年图 10　《永炎医说》封面页书影

10 月，受聘为北京市突发公共事件中医药应急专家委员会指导组专家，以及《中华中医药学刊》编委会副主任委员。同月，主编《中国中医科学院中医优势病种研究》，由中国中医药出版社出版。

11 月，受聘为《北京中医药大学学报》第五届编委会及《北京中医药大学学报（中医临床版）》第四届编委会主编。同月，主审由学长晁恩祥先生倡议并主编的《明医之路　道传薪火》（北京中医药大学首届毕业生从医回顾及学术精华集），由北京出版社出版。先生应邀写序，敬献母校。

2011 年图 11　北京市突发公共事件中医药应急专家委员会指导组专家聘书

2011 年图 12　《中华中医药学刊》编委会副主任委员聘书

2011 年图 13　《中国中医科学院中医优势病种研究》封面页书影

2011 年图 14　《中国中医科学院中医优势病种研究》版权页书影

2011 年图 15　《北京中医药大学学报(中医临床版)》第四届编委会主编聘书

2011 年图 16　《北京中医药大学学报》第五届编委会主编聘书

　　自 1989 年至此，连任第二、第三、第四届中央保健委员会会诊专家组专家。

此年，主持《国家基本药品目录》的再次修订，严格遵照 WHO 的规范标准，在卫生部领导下，认真组织遴选专家学习，努力编制出符合国家民众用药需求与水平的目录，于次年颁布。

在中医"意象"理论及诠释学方面继续深入研究，并带领团队在中医标准方面做了更多的思考。论文《中医药学学科方向的变革与创新》发表于《北京中医药大学学报》第 1 期，《浅谈中医科学诠释的理念、规范与路径》发表于《中国中医基础医学杂志》第 1 期，《中医"意象"思维理念刍议》发表于《中医杂志》第 2 期，《象思维的路径》发表于《天津中医药》第 1 期，《中医"象"与"意"的哲学思辨》发表于《中国中医基础医学杂志》第 2 期，《诠释学在中医内科学研究中的应用》发表于《中医杂志》第 7 期，《通过东西方文化对比认识中医"象"的特点》发表于《环球中医药》第 3 期，《象思维与中医辨证的相关性》发表于《自然杂志》第 3 期，《中医药科研形势及发展趋势》发表于《中国中医基础科学杂志》第 7 期，《毒损络脉病机的理论内涵及其应用》发表于《中医杂志》第 23 期，《中医药现代化、国际化的策略是标准化》发表于《世界科学技术——中医药现代化》第 4 期，《中医辨证论治诊疗技术标准化的思考》发表于《中国中西医结合杂志》第 10 期。

此年，北京师范大学常务副校长史培军组织专家团赴云南考察，邀聘先生为组长。考察期间，召集厅局以上干部会议，请先生就中药开发利用的深化发展主题做报告。其后与姚大木、姜延良、章臣桂、罗国安等专家，对云南中药资源与中成药研发状况进行考察分析。而后就二次开发，提高质控标准，培育大品种，筛选了省内企业药品目录，提出了研发方案及中期规划，其文本送云南省发改委。

《道地药材的知识产权保护研究》一书，立足于道地药材，以此作为具体的研究范例，对传统知识和遗传资源的知识产权保护议题进行研究和探讨，为未能取得实质性进展的有关国际立法保护提供借鉴。《永炎医说》一书以先生为传承博士后学生授课内容为主体，包括医论、医话、医说的书籍。体现了先生崇尚国故、追思前贤、读经典、做临床、参明师的人才为医为教观点。

附录
1

《北京中医药大学学报》2011 年 1 月第 34 卷第 1 期

中医药学学科方向的变革与创新

王永炎[1]，黄启福[2]，鲁兆麟[2]，盖国忠[1]，张志强[1]

（1. 中国中医科学院中医临床基础医学研究所，北京 100700；2. 北京中医药大学，北京 100029）

摘要：随着 21 世纪科学技术的发展，中医药学的学科方向也随之发生了一定的变化，深刻地影响了中医药学人的思维与相关的行为。中医药学学科方向变革的现实需求指出了学科发展的朝向：在自然哲学的引领下实施健康医学行动，主要针对中医中药诊治的优势病种，开展以辨证论治为主体的个体化医学；不断完善中医药学疗效的评价方法体系，以获取共识性的循证证据，进而提高中医药学理论的科学性与技术的可及性；建立规范的中医药行业国内外通行标准，不断地提升国际学术影响力。中医药学的学术创新门径是学用诠释学与循证医学。重视人才素质的培养与学术创新能力的提高，科学与人文要有机融合，学科带头人要能够兼通文史和透视组学，重视表征的观察与体悟，重视多学科交叉渗透融合，为构建统一的新医学、新药学奠基。

关键词：中医药学；学术发展；学术变革；学术创新

中图分类号：R 2-03

Change and Innovation of TCM Discipline Orientation

WANG Yongyan[1]，HUANG Qifu[2]，LU Zhaolin[2]，GAI Guozhong[1]，ZHANG Zhiqiang[1]

（1. Institute of Chinese Basic Clinical Medicine，China Academy of Chinese Medical Sciences，Beijing 100700；2. Beijing University of Chinese Medicine，Beijing 100029）

Abstract：The orientation of traditional Chinese medicine（TCM）discipline has changed along with the development of science and technology in the 21st century，and the changes have influenced deeply the thinking and behaviors of TCM scholars.The development orient will be，according to the reform demand of TCM discipline，medical procedure guided by natural philosophy，major diseases diagnosed and treated by TCM and Chinese medicinal，and personalized medicine with syndrome differentiation and treatment as main body.The author thought that the evaluation system of TCM curative effect should be completed continuously to obtain common under standing evidences of evidence-based medicine（EBM）and improve the scientificity and technologic accessibility of TCM theory.The accepted standards of TCM industry popularized in Chinese and overseas should be established for promoting the international academic in fluence of TCM.One of innovation ways of TCM discipline is to learn and apply hermeneutics and EBM.The training of talent and the improvement of academic innovation ability should be paid attention to and science and humanity should be integrated organically.The academic leaders of TCM will know culture and history，perceive metabolomics，pay regard to the observation and experience on characterization and interwoven of multi-disciplines with each other，and lay the foundation for united new medicine and new pharmacology.

Key words：Chinese medical sciences；academic development；academic reform；academic innovation

进入 21 世纪，中医药学的学术方向发生了一定的变化，其中包括有西学东渐和东学西渐的融合互动，还有人类新思维进入后科学时代的影响。我们需要系统地梳理，并结合中医药学科的现状去探寻创新之路。今就中医药学学科方向的变革与创新这一主题展开研讨。

1. 学科方向变革的背景

随着全球科学格局的变化，中医药学的学科方向需要调整变革与创新。所谓科学大格局应该包括概念的更新，思维模式的转变，理论框架的构建与付诸实践行动的指南。其中的重要因素，应该是科学概念的更新和宇宙观的深化。当英国物理学家史迪芬·霍金在 1974 年做黑洞预言时，整个科学界为之震惊。黑洞是一个只允许外部物质和辐射进入而不允许物质和辐射从中逃离的边界（eventhorizon）所规定的时空区域。黑洞会发出耀眼的光芒，体积会缩小，质量要无限大，甚至会爆炸。黑洞是一种引力极强的天体，就连光也不能逃脱。当恒星的史瓦西半径小到一定程度时，就连垂直表面发射的光都无法逃逸了，这时恒星就变成了黑洞。说它"黑"，是指它就像宇宙中的无底洞，任何物质一旦掉进去，"似乎"就再不能逃出。由于黑洞中的光无法逃逸，所以我们无法直接观测到黑洞。宇宙中黑洞的物质运动是不规则的、非线性的、不确定性的，显然它是我们研究的对象。2010 年 11 月 16 日美国宇航局宣称，科学家通过美国宇航局钱德拉 X 射线望远镜在距地球 5000 万光年处发现了仅诞生 30 年的黑洞，其中有 90% 的暗物质。至今我们可以看到的物质只占宇宙总质量的不足 10%（约 5%）。暗物质无法直接观测得到，但它却能干扰星体发出的光波或引力，其存在能被明显地感受到。在宇宙中，暗物质的能量是人类已知物质能量的 5 倍以上。暗能量更是奇异，以人类已知的核反应为例，反应前后的物质有少量的质量差，这个差异转化成了巨大的能量；而暗能量可以使物质的质量全部消失，完全转化为能量。宇宙中的暗能量是已知物质能量的 14 倍以上。上述宇宙天体的观测与发现又会对中医药学有什么影响呢？中医药学确切说不是唯物为主的，而是以唯象为主体，是非线性和不确定性的，强调关系本体论，注重能量与信息的时空转换等，这些无疑是与现代大科学的宇宙观相吻合的！

始于 20 世纪中叶的一个争论比较久远的问题，那就是中医药学被称做经验医学，学科本身有没有自己的理论？有，又是一个什么样的理论？资深科学家钱学森先生对中医中药的事业很关心。他十分肯定地说：中医药学有自己的理论，中医药学的理论是现象理论、非线性理论、是巨系统的复杂理论。它的理论价值一方面体现了中华文明科学哲学的底蕴，体现了中国人崇尚真、善、美；另一个方面，它能够指导实践，维护健康和防治疾病。其与线性科学不同，具有很大的发展潜力，如思维模式。20 世纪初期，西学东渐，还原论盛行，还原论无疑给人们带来了工业文明的进步，给人类的精神文明和物质文明都创造了良好的条件，功不可没。然而还原论的盛行，特别是"五四运动"提出

"打倒孔家店"，否定了优秀的中华文明，是一个重大的错误。21 世纪已经过去了十年，迎来了中华文明的复兴，呈现东学西渐与西学东渐并行的时代，全球截止到 2009 年已有 720 多所孔子学院，关注学习中国的文史哲。长期的农耕文明、象形文字造就了中国人的形象思维。形象思维是中医药学的原创思维，形象思维决定着我们重视观察和体悟。我们重视病人的客观表现，做好望闻问切四诊的检查，就是通过四诊收集到病人"象"的表现，医生运用自己已有的知识与经验，对于"象"作出分析，是临床医生诊疗工作的依据，这是主体的认知过程，将主体、客体、象、意、体结合，是具有可操作性的象思维。"象思维"属于动态的整体，其所使用的工具有视、嗅、听、味、触等感知层面，还可有超感官之形而上层面的内容，而且是更为重要的。如老子的"大象无形"、顿悟等。

健康理念的更新是 21 世纪中医药学重要的源动力。20 世纪以还原论为主体的西医学是建立在以"病"为中心的模式上，今天则需要从诊治"人的病"向关怀"病的人"转换。忽视了主体是"人"，过度注重医疗技术的进步而忽视人文关怀是错误的，以致出现心理障碍、精神疾病发病率增高又得不到合理的诊疗等。随着科学技术的不断发展，全球均重视了医疗改革，突出表现在医学模式的转变和健康理念的更新。健康不仅是医学问题，更是社会问题。医学研究的目的最终是人类的生活满意度与生存幸福感，强调的是人与自然的和谐及社会的可持续发展，关注的是满足各类人群的不同医疗需求和实在的疗效，重视个体化医疗与循证医学证据等，这是引起西方学者关注中医药学的内在因素之一。中医药学的原创思维与原创优势可引领 21 世纪医学发展的方向。其整体医学思想、多维恒动的关系本体认识论、顺应自然的各种疗法有其存在的广阔天地。为此，中医药学学科建设要坚持我主人随，弘扬原创思维与原创优势，重视传承和在传承基础上的创新。要植根于大科学的背景之下，要适应大环境的变迁。所谓大环境的变迁应该包括自然生态与人文生态。要服务于大卫生的客观需求，促进国家的医疗卫生体制改革，要朝向全社会的广大民众，要提高为广大民众服务的公平性和社会可及性，要让广大群众能够得到及时、合理、安全、有效的防治，对常见病、多发病能够看得上药、吃得起药，能够把中医的适宜技术加以推广，更要重视人文关怀，及时解除病人的痛苦。为实现中医药学科的总体目标，科学与人文融合互动，东学西学兼收并蓄，来建构统一的新医学、新药学，为人类的健康事业作出更大的贡献。在这里要强调的是学科建设要贯彻"我主人随"的原则。20 世纪的中医前辈们是为了中医的生存而奋斗，现在我们需要面临的是为中医药未来的发展谋策略。我们主张以国学、国医为主体，有主有从，中西结合，同时，欢迎和团结一切关心中医药学

发展的多学科人员与社会的有识之士参与进来。

2. 中医药学学科方向概述

21世纪的医学不应该继续以疾病为主要的研究领域，应当以人类和人群的健康作为主要的研究方向，这也是世界卫生组织的意见。中医药学的学科方向是在自然哲学的引领下实施医学健康行动，针对"以人为本"的健康问题与中医药学的临床优势病种，以辨证论治为主体方向的个体化诊疗手段，不断完善中医药学的评价方法体系，以获取共识性的循证证据，进而提高中医药学理论的科学性与技术的可及性，保证技术使用的安全性与稳定性，建立规范的中医药行业国内外通行标准，不断地提升中医药学的国际学术影响力。

自然哲学是任何自然科学的引领指针，在"道"的层面。21世纪的自然哲学观重视系统科学为核心的网络信息链接为主的模式，强调关系本体论和实践第一性的观点。这也为中医药学的发展提供了良好的发展机遇，同时也是重要的挑战。纵观20世纪医学科学的发展轨迹，是以二元论和还原论为中心展开的纯生物性理论与技术的发展方向；代价是医学人文的失落，浪费主义盛行，卫生资源的短缺，寿命虽有延长但伴随痛苦的增加，眼中只有"病"而没有主体的"人"，过度追逐科学化，以生物学标准判别疗效。虽然在传染病和感染性疾病治疗方面取得了重大的成绩，为人类的健康作出了不可磨灭的功绩，推动了医学科学的发展，但同时也发现了医学主体"人"的复杂性、能动性、非线性、不确定性等特质，尤其是现代宇宙观的重大变化，带来了人们视觉域的不断拓宽，特别是现代信息技术的快速发展对中医药学带来的是更多的机遇。新的自然哲学观引领下的健康新理念主要强调的有：突出"以人为本"的价值目标，主张整体系统的和谐与统一的理念，注重关系本体论的认识方法，在真实世界的背景下开展相关的科学研究，注重人文关怀、人的道德和人的社会适应性能力的培养。

把针对"以人为本"的健康问题与中医药学的临床优势病种作为中医药学研究的主要领域。中医药学历来是重视"人"这一主体因素的。"人为本，病为标"、"治病救人"等理念深刻烙印在中医药学人的脑海中。人有生物学属性，更有社会心理属性，每个人均有 1×10^{14} 个细胞，同时还有寄生于人体上比人体自身细胞多10倍的细菌，多么庞大的军团！中医药学有着十分丰富的内涵。目前中医治未病（包括亚健康防治）思想与工程不断推进，中医养生和中医饮食文化的研究也十分活跃，中医心理学也开始为人们所重视。在中医药学的研究领域，"十一五"期间国家各类研究计划把重点放在了现代难治病的辨证论治方案和证治规律上，其中包括临床流行五病，即高血压病、

冠心病、中风病、肿瘤及糖尿病；对新发突发传染病的防控也有专项资助。2009年发生的甲型H1N1流感、2010年的手足口病，中医药在防控上起到了重要的作用。在优势病种上，以辨证论治为主体的方向，如何把握好时间、空间的转换，寻找到证候演变的拐点，有效诊治与阐发机理是我们的优势。譬如冠心病，有胸部闷痛、心电图不正常，可以确诊为冠心病，然而介入造影检查冠状血管完全是通畅的，未见有斑块，它只是微血管的血循障碍；中医称为"病络"，是络脉的病，按"络脉者，常则通，变则病，变则必有病络生，病络生则络病成"，通过审证求因、明辨导致病络的核心病机，依据共性的病理环节进行治疗，运用复方中药的标准汤剂多获较好的疗效。以"证"为人类健康维护的中心加以展开，"有是证，则用是药"，贯彻"我主人随"的主体性原则，因人、因时、因地的三因制宜。天人相应、形神一体、动态时空等，均有其合理的内核。

保证技术使用的安全性与稳定性，建立规范的中医药行业标准。针对中医药优势病种诊治疗效的共识性问题有二：一是疗效的循证证据不足；另一是担心中医药技术的安全性。前者要不断地完善中医药学的评价方法体系，以获取公认的循证证据，这是目前中医药学术领域重要的方面之一。要充分而客观地看待循证医学，一要学，二要懂，三要用，四要知道局限性，五要为我所用、创新与发展。特别是关注"人"和"病人"的评价研究，如自我感知、心理承受、知情同意等。在安全、有效、稳定的大前提下亟待建立规范的中医药行业标准，这是一把公平的尺子，是人们均应该遵守的"游戏规则"。否则难以比较，无法约束而使行业行为处于无序的状态。要以全球的视野去处理中医药学的相关问题，这样才有一定的高度，才有和谐的发展环境，才能使中医药学有良好的国际学术影响力。

现今提出的中医药学学科方向的调整变革问题，是基于目前二元论与还原论逐渐被多元大科学的革新所取代，同时一元论与系统整体论的兴起也需要不断地拓展，把"人"放在天与地之间来看人的健康，来看人的疾病，精气神一体，象与形融通。我们主张科学和人文融合互动，然而医学的方向不能够从人文到人文，如果是从人文到人文，过分强调象思维，不与形体融通，就不能更好地维护健康。这是一个值得高度重视的大问题。现在人们问责大学，问责大学培养的人才社会适应性差。从中医药学科看，主要是我们培养的人才实践技能不足，亟须强化基本功训练等。值得思考的中医教育是跟着西方的模式走，是借鉴，能赶超吗？要重新调研，要吸收宋代书院及太医院教习，优化目前中医药学的教学资源，闯出中国人自己的路！

3. 中医药学学科方向内涵的调整

以人类健康为主要研究方向，在具体的学术内容上朝

向个体化医学（personalized）、预测医学（predictive）、预防医学（preemptive）、参与医学（participatory）（简称4P医学）作出调整，以适应转化医学（translational medicine）与网络医学（network medicine）的发展。

东学西学融合提倡4P医学，由于人类基因组计划的顺利完成以及分子生物学技术和生物信息学的迅猛发展，药物遗传学从中得到了强有力的推动，个体化医学的概念也是在此背景下发展起来的。基于药物遗传学的发现如何去发展个体化医学，受到各方面的高度重视。对于患相同疾病的不同病人，现在的用药方法是用同样的药，而在将来的个体化医学中，由于可以预测不同病人的药物效应，即使是治疗同一种疾病，医生也可能根据病人的遗传背景来选择合理的药物和最合适的剂量。同时，医学模式中的心理、社会与环境等方面也是个体化医学的重要内容。显然中医药临床医学的核心——辨证论治的理念与技术将在21世纪的个体化医学方面有充分的发展机遇。各类人群，不同的环境，得病的机率是不一样的。南甜北咸，东辣西酸，是人们适应当地自然环境的一种生存需求与本能。四川人为什么吃辣椒？因为四川地区是一个湿气较重的区域，火神派医生多生长在四川，其用附子非常多，做菜都可以加附子。所以人适应生存环境是长期积累的过程。人养成生活习惯的条件，包括自然生态，也有社会环境。中医关注一个人在一定社会环境、自然环境下，整个生长过程、成长经历，再加上他现在的表现，通过望闻问切综合地观察与评价，所以中医学才是真正的个体化医学，包括个体化诊断和个体化治疗。

未病先防、已病防变提倡预测医学，预测疾病的发生和发展，其重点应该放在病前的早期监测上，可及时地预测、辨识健康状态及变化趋势，一旦发现异常变化就要及时采取相应的防护措施。预测医学包括各种气候、物候、环境、致病因素等，既要关注环境等自然条件，又要关注是什么样的人得了什么样的病、怎么样去调理、针对人体的状态通过调身心去解决对病证的治疗等问题。中医多通过望、闻、问、切的宏观观察方法，也可以结合现代科技手段、应用生物学指标做微观的研究。中医治未病思想和五运六气学说是代表性的预测医学。

关于整体医学指引下的预防医学，即是对疾病的发生与发展的过程进行人为的干预，包括药物干预、营养干预，或者是生活行为干预，这是目前应对慢性病公认的最佳策略。中医药学中整体系统医学思想早已有之，且有明确的内在标准，如"气脉常通""阴平阳密""积精全神""形与神俱"等。具体干预的方法也众多："法于阴阳，和于术数，食饮有节，起居有常，不妄作劳"；"恬淡虚无，真气从之，精神内守，病安从来"；"志闲而少欲，心安而不惧，形劳而不倦，气从以顺，各从其欲，皆得所愿"等，

均为实践证实有效的生活调摄方法。"民以食为天"（《汉书》），中国人最讲究饮食与营养，中国在全球最有影响力的文化之一就是饮食文化，在医学领域中也形成了独具特色优势的饮食疗法："调"为核心的理念与相应的丰富烹调技术。不仅有药物干预方法，还有祝由调心、调气、调神、针灸等上百种外治方法，且多为天然、可及、安全、经济、有效等干预措施。

至于参与医学，即对个人的健康并不是被动地仅由医生来决定如何进行诊断和治疗，倡导自己也要主动地参与到对自身健康的认知和自觉维护的全过程中，主张自然科学与社会科学的融合，提倡科学与人文融通。中医药学历来重视人的智慧能力，"人为本，病为标"，"正气存内，邪不可干"。机体在发病学中占有最重要的地位，是决定着病人在临床上是否发病的关键。治病的目的是救人，"人"是核心，是健康的主体。

转化医学作为重点的变革之一，要凸现个体化医学的中医药学优势，同时还要参与到全球卫生信息化工作中，重视高概念时代的医学导向，为构建统一的新医药学奠基。什么叫高概念？一要有现代的大科学理念；二要研究复杂的相关性，要敢于突破原有的学术边界，提倡整合；三要在实践中践行诠释与创新。目前美国已有38所大学医学院建立了转化医学中心，美国国立卫生研究院（NIH）2006年起实施"临床与科研成果转化奖励计划（Clinical and Translational Science Awards，CTSAs）"，美国国立卫生院每年投入5亿美元用于推进转化医学。转化医学这个方向的变革是由广大民众对医药的客观需求拉动的，要以病人为出发点去研究、开发和应用新的技术，强调的是病人的早期检查和疾病的早期评估。在现代的医疗系统中，我们清晰地看到医学的研究进程向一个更加开放的、以病人为中心的方向快速发展，以及对于从研究出发的医学临床实践的社会包容。故此，转化医学倡导以病人为中心，从临床的实际工作中去发现和提出科学问题，再做基础研究与临床应用基础的研究，然后将基础科研成果快速转向临床应用，基础与临床科技工作者密切合作，进而提高医疗的总体水平。所以，转化医学的研究模式主张要打破以往研究课题组单一学科或有限合作的模式，强调多学科、多机构、多层次组成课题攻关组，发挥各自的优势，通力协作。中医药学历来以临床医学为核心，从临床到基础，临床是开端，通过基础的研究、机理的研究再回到临床上来，还要以临床研究为最根本的评价标准，因为基础理论升华、中药研究与开发的源泉都在临床。医院要到院前去转化，院前就是社区、乡镇和农村；临床上的成熟技术要向产业转化，研究的成果要向效益方面转化，要应用到基层上去；医、教、研、产要向人才培养转化。转化医学的模式要具有普适的价值，才能得到很好的应用，更要有永续的动力

去支撑可持续发展。转化医学的模式需要稳定的结构，过去的提法是创新团队，进一步朝向产、学、研联盟的更新；近来已有专家提出"多学科联合体"这一新概念，未来我们应该建立多学科联合体。多学科的联合体有3项要求：第一，一定要有多学科、多机构、多层次性的稳定结构；第二，要引领转化医学的研究方向，要朝向基层、朝向临床、朝向应用，将农村、社区慢性病的防治、防控突发传染病等作为研究的重点；第三，要实行医、产、学、研、资一体化。资源的"资"，要求前置进入市场，进行资本的有效运作，在实践中来提高学科自主运作的综合能力，这也是我们把维护健康和防治疾病工作做好的保证。如此，我们就能够取得基本医疗保险、商业保险、促进健康基金会等有效的参与和大力支持，就能够有资本的高效支撑，中医药学的学术发展必然会更加顺畅和健康地向前快速发展。总之，转化医学的重点要前移，移到预防上来；重心要下移，移到社区和乡村中去。

网络医学也是调整变革的热点。还原论的思想与方法功不可没，但是用它来解决生物医药复杂的病理过程，特别是多因素、多变量与多组织器官变化的过程就十分困难了。这个过程是一个非常复杂的病理生理过程的转化，必然要涉及机体相关性的网络系统与多重靶点效益的整合互动时空。从系统生物学的观点来看，机体受到某一个应激性刺激的时候，它就出现一个网络的系统调控，应激系统运作，到一定的时候还会启动机体的代偿功能，一直到系统失控时，才表现出疾病的表征。这样一个复杂的过程，不只是特异性、机体自我适应性，还有机体自组织、自修复、自调节等方方面面。所以，疾病的过程是一个非常复杂的过程，涉及机体整体、各系统、各器官、各层面组织细胞，它的共有特征就是网络协调性。在这种背景下，要认真地总结前人的经验，把原有的中医药学的学说与理论，合理地延伸到所谓的神经体液免疫的网络之中，延伸到细胞的分子网络体系之中。网络医学不仅仅是人们理解的用计算机远程会诊、哪个医生看什么病、享受医疗资源，更重要的是网络医学是来解释健康与疾病，特别是复杂性、难治性疾病的。这种机体产生的各个组织细胞的复杂病理变化有它的网络变化的整合效应。探索复杂疾病之间的内在关联，重要的是要解决表征问题，根据表征与基因组学和蛋白组学、代谢组学等，不仅要了解基因，还要知道基因的功能以及它与表征的关系。所以，我们在衡量临床疾病诊治的过程中，不仅要注意反映疾病真实面貌、治疗的效果，还要注意它的临床中间节点，同时也要注意影像学等检测的客观指标的表征变化，把这些主观的评价表征和科学数据结合起来。疾病是多因素、多变量、多环节，它呈现出一个多层次的网络结构，我们要解释在网络中它的共性病理环节是什么？它不是一个单靶点，而是一个多靶点的节

点的协调变化。这就是中医要解决的证候的核心病机，所以网络医学、病理生理学都具有一个非常亲缘的关联，都是揭示疾病发生的主导环节与多节点、多靶点的互动，这样就可以去探索宏观与微观的结合、关系本体与实体本体的链接。正因为网络医学是构建在系统内、整体内的，故重在综合。在网络医学引领下，基于基因组学、蛋白组学、代谢组学等系统生物整体观念，把疾病理解成表征，即是中医"证候"。表征的基因是一个功能化的概念，基因节点就是多靶点，与药物受体三个要素互动，运用计算机技术，观察药物对病理网络的干预和影响，这样就使研究的新药更贴近于疾病的本质，从而提高研究的效率。在前期"973项目"的研究中已提出了复方组合化学这一新的复方中药概念，在网络药理学基础上提出来的研究复方组合化学的新方法，它是针对复杂疾病系统的多靶点、多环节的。复方网络药理学，它是以蛋白质组学、基因组学等系统生物学为基础的。随着自然科学的发展，运用基因芯片技术以及二位凝胶点、蛋白凝胶点等，我们不仅能够识别基因，同时可以探讨这个基因的功能，以及基因功能在什么条件下、什么时间上实现蛋白质表达及多个基因的组合互动等。通过对先进技术的组合，我们可以继续沿着这个方向去研究，完全有可能反映系统的复杂问题。

4. 中医药学的学术创新门径

面向未来，最为重要的是学科建设和人才培养。

4.1 注重学科建设

第一，是学用诠释学。诠释学是理解、解释与应用三位一体的科学，对于学科的骨架概念进行诠释也是创新。如中医学的概念，冲、任、天癸、玄府、气液、病络等概念是西医学中没有的，要给出一个清楚的概念使人能够懂得、能够接受、能够理解，在国内外的生物医学期刊上发表。联系到评价一所高校的整体水平，要看教师（医师、研究人员等）包括研究生每年能有多少篇论文被SCI收录，又有多少能够体现中医药学的学术水平、有国际学术影响力的文章，这些是比较重要的。将西医学没有的概念给予诠释，被接受并吸收了就是对于医学科学的充实，关键在于它能够指导临床。例如，在2003年传染性非典型性肺炎（SARS，下称"非典"）的中医药应对过程中，运用了中医诠释。在参加非典死亡病例的病理解剖中，我们真正地看到了"肺热叶焦"的形态，非典的病原体是明确的，变异的冠状病毒导致出血性肺炎，打开胸腔看，肺叶萎陷干枯，满腔的胸血水。怎么解释？机理是什么？至今不清楚。按中医诠释，金元医学大家刘河间在其著作《素问玄机原病式》中有"气液玄府"理论，就能够很好地解释非典为什么会出现这样的胸血水和"肺热叶焦"。由于毒邪的感染，

疫毒之邪侵犯了肺中的络脉，络脉瘀滞而渗出了血液，血液又通过了膈膜，膈膜上的孔隙是不是细胞间质还需要进一步求证。依据刘河间的学说，其机理是渗出的血液通过膜上的"玄府"而渗透进了胸腔的。这个例子中最可贵的不只是我们看到了"肺热叶焦"是一种什么样的状态，更重要的是它能用来指导我们的临床治疗。它是由于疫毒之邪导致了病络的形成，通过玄府渗出来的胸血水，那么需要用解毒清热、凉血化瘀的治法，可使用辨证的中医汤剂，也可大量地使用静脉注射液，包括清热解毒的喜炎平、热毒宁等，还有活血化瘀的复方丹参注射液、丹红注射液等，再用一些益气养阴中药治疗，尽早投药治疗可取得较好的疗效。通过中医药的综合抢救很多病人就有了生还的希望，还能减少大量激素冲击治疗带来骨质疏松的弊病。

第二，是循证医学。循证医学不等于随机对照实验，然而循证医学的理念为大家所共识。循证医学不一定完全适合于中医学，然而我们要得到一个共识的疗效，就必须更新现有的评价方法，去创新方法学，才能达到共识的疗效。共识的疗效就是说中医药的临床实验所取得的疗效，中医认可，西医也认可，中国人认可，外国人也认可。如此，我们不仅可在核心刊物发表文章，而且在国际著名医学杂志上也能够发表文章。例如，2009年甲型H1N1流感的防控，首先在预防方面我们研究了一张小复方，有鱼腥草、金银花、菊花、薄荷、生甘草，制成标准汤剂送给大、中、小学生和基地受阅部队食用，当时北京七八月时还没有疫苗研制出来。通过回顾性的研究，做了3万多例的回顾性调查证实，中医药是有一定预防作用的。在佑安医院做的263例轻症的临床实验，一组使用莲花清瘟胶囊，一组使用达菲胶囊，进行了甲型H1N1流感治疗的非劣性检验，结果说明莲花清瘟胶囊治疗效果不比达菲胶囊差，而且在流感样症状缓解方面还有它的优势。

关于完善评价方法体系，我们对于疾病防控，特别是社区慢性病的防控，随机对照临床实验是有局限性的，可采用实用性的随机临床实验。要比较中医在参与治疗中是否起作用？起什么样的作用？在什么样的时空间起作用？起到了多大的作用？能体现出中医的疗效优势和它的特质吗？从而服务于广大民众，同时也要发表学术论文，还要在国际上、在SCI数据源的专业杂志上发表文章，这样也就提高了我们中医药学的整体学术水平和国际学术影响力。

4.2 提高人才素质与学术创新能力

第一，就是要兼通文史，透视组学，宏观与微观、综合与分析要逆向对接。学术方向的调整与变革的最高理念是宇宙观，宇宙是由大而无外的大一与小而无内的小一共同构成的，大一寓有小一，小一中涵有大一，两者相兼容而为用，大一含天体、地学、物候、气候，小一含蛋白质、分子、中子甚至比中子更小的。综合和分析，宏观和微观，关系本体论和实体本体论，要去对接。宏观的研究向下，微观的研究向上，如果能够对接上，找到契合点，这就是一种重大的发现。然而机会常常是擦肩而过的，平行地擦肩而过，没有能够契合在一起，大概需要几代人，需要几十年、上百年的工夫。然而，大一融入小一，小一酝于大一，大一小一能够融通，东学西学能够兼容，科学与人文能够融合互动，这是一个重要的理念。

我们当前所面对的是如何体现中医药优势，其重点在临床医学。首先是有肯定的疗效，而后要制定诊疗指南和规范标准，并且具有可推广和辐射的能力，再后去发现其中的机理。

第二，要科学与人文的有机融合。学科带头人要能够兼通文史，特别要关注科技发展史，包括对中医的各家学说等应该有很好的把握。传承是基础，创新是目标。要实现创新的目标，要通过崇尚国故、追思前贤、善于学习借鉴等手段来实现。例如"小学"，这个"小学"是指对文字的释译。药者毒也，药能对抗疾病，如大黄、附子等；药者厚也，药也能够补充营养，像阿胶、鹿茸、熟地黄之类；药者瀹也，瀹有疏导调节之功。这个"瀹"字，三点水，说明水是源泉，上善若水，积淀厚重；右面上是一个人，人底下一个横，一是阳，断开了当然就是阴，一画开天，人贵阳气；三个口为团队，群体，三生万物；再下面是一个册字。团队所谋之事，含事理、伦理、哲理，有和合配伍的物质群体，才能起到疏导调节的作用，这当然需要实践和时间的更多检验。

第三，是透视组学一定要用系统论来指导还原分析。要从整体出发，进行还原分析的研究，通过还原分析的研究回归到整体上来。要重视表征，重视观察、体悟、司外揣内等，这是中医药学的特点之一。基因、蛋白质、代谢组学和表征之间的关联，我们希望能做逆向的对接，然后它非常可能是平行的擦肩而过，对于新的技术应该着眼于整合，使之成为系统才具有创造功能。

第四，是动态的观点。太极图是平面的示意图，快速旋转的时候，你就再看不出来黑与白，而是一个灰色，你再也看不到白鱼的黑睛和黑鱼的白睛了，因为都融合了。还有由动态时空出现多维的界面，此时太极就没有了外边圈的界限了，整体是一个混沌的，所以它是复杂的、非线性的，它是不确定性的。它可以演化成千千万万的变化。这是中国人的哲学，这种见解来自于农耕文明与象形文字的象学，这也为中医提供了良好的发展机遇。

第五，是多学科交叉渗透融合。理念、技术、器物3个层面中技术和器物不具备学科专属性，而具有学科属性的是理念，请大家要注重对中医药学理念的思考、理解、学习和应用。譬如光谱质谱与功能核磁共振等科学仪器装备的应用，催生了生物医药的新技术，同时可为多学科研究服务。中医药融入的多学科当分成两类，一类是传统的天文、星占、术数、历法、物候、地理、吕律等，另一类是现代数学、物理、化学、生物学、地理学、信息学、逻辑学等。

为适应当今中医药学学术方向的变革与创新，一定要着眼于人，着眼于人的素质、水平的提高，克服急功近利思想，加强道德、学风建设，大力提倡"精神成人、专业成才"。广大中医药工作者要做真正的学人，学术所化之人，做敢于选择走最艰险道路的人，为构建我们创新性的国家而努力工作。

（收稿日期：2010-12-16）

附录 2

《中国中医基础医学杂志》2011 年 1 月第 17 卷第 1 期

浅谈中医科学诠释的理念、规范与路径

王永炎，盖国忠，张志强，陈仁波

（中国中医科学院中医临床基础医学研究所，北京 100700）

作者简介：王永炎（1938—），男，中医学家，中国工程院院士，中国中医科学院名誉院长，教授，主任医师，从事中医内科学研究、教育、医疗 50 余年，主要研究方向是老年病的临床与基础研究。承担国家"973《方剂》项目"首席科学家等多项重大课题，担任国家自然基金委重大计划项目等多项专家组组长。获国家科技进步奖等多项科技奖励，拥有全国先进工作者等多项荣誉称号。主编专著 15 部，发表论文 115 篇，培养博士生 88 名、博士后 36 名。

摘要：针对中医科学诠释的基础在于有丰富的哲学理念的高度、有序地引领导入了中医科学诠释亟须建立科学的规范标准：经验性、理性、可检验性、节简性、普适的价值、尝试性、能被严格地评判及美学 8 个方面，还对中医临床的科学诠释提出了一些有益的研讨。最后示例性地论述了 SARS 机理的中医科学诠释，对于中医开展科学诠释工作有一定的借鉴意义。

关键词：中医学；诠释学；规范标准；路径；SARS

中图分类号：R222.15   文献标识码：A   文章编号：1006-3250（2011）01-0001-02

随着现代科技革命的深入发展，医学科学也由纯线性朝向非线性、复杂，由物质实体论朝向现象本体论的变革。中医科学诠释是目前中医研究的重要内容，应该加以高度重视。诠释学是理解、解释与应用三位一体的科学，是中医药学中应用最广泛的学科之一，现就其有关的学术问题研讨如下。

1. 科学诠释的基础在于哲学理念

笔者历来重视哲学、文化等因素对中医药学术研究方面的影响，有时是至关重要的[1]。宇宙观是其中最重要和最顶层的，其决定本体论、认识论、方法论、评价等。然而随着新科技革命的快速发展，特别是近年来一些惊人的发现，已颠覆了许多传统哲学理念，已出现了许多理论方面的混乱。如暗物质占 90% 以上，24% 已能为人所感知区的物质仅知道 4%，暗能量占 70%，宇宙还在加速度地膨胀等，促发了世界生于"无"、"混沌"、"分岔"、整体观（与中医不同）等新的科学哲学观[2]，形成了以引领哲学理念的后现代主义、后结构主义、后现代思维、后科学主义等新的科学哲学的学科群。其突出的标志是否定真理的实在性与一元论的观点，主张实事和真理的构建性质，人类认知的多元性等深层次的主张，从而是现代科学理论的模式化与网络化倾向、集成技术等等的内在依据之一。如关系本体论认为，否定终极真理的存在，事实并不都是客观存在的，而是人类自身通过各种形式的沟通加以创造而构建的，其主要借助于语言、文字等表达而构建出来。人的创造是多元的，故此真理也就有了多元的基本属性和时空的广延性。惠施说："至大无外，谓之大一；至小无内，谓之小一。"《庄子·秋水》也说"因而所大而大之，则万物莫不大；因其所小而小之，则万物莫不小。"《内经》也有"然其要一也"等论述。

2. 中医诠释要建立规范

诠释方法有很多，只有基于证实主义理念者才主张科学的诠释方法。今限定在"科学诠释"这一个研究的范畴之内。一般而言，科学诠释领域内的规范须符合如下几方面的标准，中医诠释的规范也要遵此执行。

中医科学诠释是有经验性质的。如中医临床随机对照试验研究（RCT）的研究数据的分析结果，要以中医医理为中心去展开，不能仅以 $P < 0.05$ 为标准去认定有无临床意义。因为计数资料的例数过大均会有 $P < 0.05$ 的结果，还要看其科学数据的实际意义去诠释，这就有一个临床经验和临床研究经验的问题，有经验者就可以很好地把握研究的盈亏平衡点。

中医科学诠释是有科学理性的。对于中医临床这一复杂的对象不能随意去解说，而是要有一定的中医药理论知识或临床诊疗经验的内在支撑，能够自圆其说。同时还要有其理论范畴内的逻辑一致性和外在客观的依据性及一定群体（或大众）的接受程度性。

中医科学诠释是有可检验性的。通过临床实践的检验，或说是别人依据你的诠释能够在中医药的实践活动中加以运用且效果理想，这也是科学诠释的基本功能之一。如活血化瘀法治疗中风病有效，那么使用川芎有效，使用赤芍也要有效，使用红花还要有效等，才有其可检验性的属性。其中也包括最基本的、能够经得起原有公认理论的逻辑推导的检验。

中医科学诠释是有节简性的。1+1=2 是最简洁的、最节约的、最直接的，不能用"圆"去环推之，这是中医科学诠释的一大原则，这也是中医临床研究需要注意的一个大问题。在对中医临床数据诠释时，采用最简洁的理论去说明之，不可上论一下天，下论一下地，中间论一论当前中医药发展的大好形势，说了半天不知其要表达什么意思，这是不符合中医科学诠释节简性原则的。

中医科学诠释要有普适的价值。我们诠释的东西要有一定的理论高度和创新性，才能指导进一步的深化研究，才能够指导我们的临床实践，更要有好于过去的疗效和安全性、稳定性的保障，从而惠及广大民众，这就是普适的价值。还要求你的诠释要有更加宽泛的应用范围，不能太窄了，否则其普适的价值就不大了。

中医科学诠释有尝试的性质。诠释具有创新性质，故其就有了尝试的性质。尝试性要允许探索和出错，且还要积极地加以鼓励。同时，要求对其诠释的内容尽量全面，多从不同的方向和角度加以综合分析，拿出多个方案加以对比研究，选出最佳和最优的诠释。

中医科学诠释要被严格评判的。严格评判的标准是评判的主体应该具有独立、中立的客观性质，能够公平，同时评判的内容也要标准和客观，尽量少受主观因素的干扰。如第三方（非利益方）评判为最优，标准多选用国际公认的诊疗标准等均是很好的办法。

中医科学诠释要有美的成分。一要使我们的诠释顺畅自然，"气血冲和"、对称稳定等；二要有良好的可接受性，即要易于与原有的理论有效地对接或融合（整合）；三要符合当代的价值观（社会主源流相一致）等。

大而言之，还有生活常识性诠释、信仰性解释等，兹不多述。

3. 中医临床研究中的诠释路径问题

目前"中医临床数据"是个泛化的概念，包括量化与质性等复杂状况，近年来多倾向于符合循证医学的规则，前提是验证科学假说，诠释的路径多针对于此而大加拓展。然其不足之处多可追溯于设计上的不足或缺点，甚至有的尚可推翻原有的研究结论。其根源皆起于忽视了临床对象和研究等的复杂性（多层次、多因素、多环节等）。如补剂的假设是人体缺乏某物质而需要补充之，但是是有一定条件的限制，才能生效的。如人体对补充后的状态反应如何？人这方面需细化筛选而限定。因为"人"是一个相当泛化的概念之一，国籍、民族、性别、年龄、职业、职位等重要的因素对人的健康影响太大了。单独服用，还是放在饮食中的自然环境下服用，其机制是否一样？有多大的不同？剂量大小对人体的警觉反应是否一样，胰岛素低剂量抵抗是低的，而静脉大剂量易造成其高抵抗。这是中医临床的诠释，也就是其内在隐藏的秩序机制。

我们认为，其路径应由医生或研究者的哲学观念、社会因素、文化传统与变迁、生活习惯、心理等个体状况、自然环境、病、证、症、中医学理论基础等不同一起参与，强调的是"和而不同"。

还要选好中医诠释的有关问题，这是起点，也是关键点。选好一个能够解决的科学问题是任何科学研究的核心之所在，中医临床研究也不例外。

中医诠释更要灵活地针对具体的科学问题加以展开。有的从实际的数据入手，有的是从文本的描述开始，有的是从顿悟的环节切入等。从此点开始，要向方位加以延伸和不断拓展。

对中医诠释的多种结果要加以科学的比对，展开科学的优化研究，特别要认真地对待证伪法的合理应用。

4. 诠释的示例

笔者在2003年传染性非典型性肺炎（SARS，下称"非典"）的中医药应对研究中就有中医诠释的成功范例[3]。在参加非典死亡病例的病理解剖中，我们真正地看到了"肺热叶焦"的形态，非典的病原体是明确的，变异的冠状病毒导致出血性肺炎，打开胸腔看，肺叶萎陷了，干枯了，满腔的胸血水。怎么解释，机理是什么，至今不清楚。按中医诠释，金元医学大家刘河间在其著作《素问玄机原病式》中有"气液玄府"理论，就能够很好地解释非典为什么会出现这样的胸血水和"肺热叶焦"。由于毒邪的感染，疫毒之邪侵犯了肺中的络脉，络脉瘀滞而渗出了血液，血液又通了隔膜，隔膜上的空隙，这个空隙是不是细胞间质那还很难说，需要进一步求证。依据刘河间的学说，其机理是渗出的血液通过膜上的"玄府"而渗透进了胸腔。笔者认为，最可贵的不只是我们看到了"肺热叶焦"是一种什么样的状态，更重要的是它能用来指导我们的临床治疗。它是由于疫毒之邪导致了病络的形成，通过玄府渗出来的胸血水，那么需要用解毒清热、凉血化瘀的治法。可使用辨证的中医汤剂，也可大量地使用静脉注射液，包括清热解毒的喜炎平、热毒宁等，还有活血化瘀的复方丹参注射液、丹红注射液等，再用一些益气养阴中药治疗，尽早投药治疗可取得较好的疗效。通过中医药综合的抢救，很多病人就有了生还的希望，还能减少大量激素冲击治疗带来骨质疏松等弊病。

参考文献：

[1] 王永炎，郭蕾，孙岸弢，等．中医意象诊疗模式诠释[J].北京中医药大学学报，2010，33（4）：221-224.
[2] 暗物质[DB/OL].http://baike.baidu.com/view/763.htm.
[3] 王永炎，郭蕾，张俊龙，等．论诠释学与中医学创新[J].中医杂志，2010，51（7）：287-289.

（收稿日期：2010-10-15）

附录 3

《中医杂志》2011年1月第52卷第2期

中医"意象"思维理念刍议

孙岸弢[1,2]，王永炎[1]，谢雁鸣[1]

（1. 中国中医科学院中医临床基础医学研究所，北京 100700；2. 黑龙江中医药大学，哈尔滨 150040）

摘要："意象"源于中国古代哲学，在古代哲学思想指导下的中医学无论是在理、法、方、药，辨证论治，还是在思维层面都借鉴并延伸了"意象"思维与表达方式。审视中医"意象"思维，以象说象，以象解象，因象会意，意象交融，达到立象以尽意的高度，"医者意也，在人思虑"，可以说中医"意象"思维既是一种形象思维的延续，更是一种医学理念的传承。

关键词：象；意；意象思维

"意象"一词最早起源于中国古代哲学，《易经·系辞》已有"观物取象"、"立象以尽意"之说，古代哲学思想指导下的中医理论与实践也借鉴并延伸了"意象"这种思维与表达方式。

1. "意象"思维的中医概念

1.1 中医"意"与"象"

鉴于中医学与中国传统文化是一脉相承的，因此，中医完全体现了中国古人特有的、不同于西方的思维方式。中国古人对事物的观察不在于对个体的形态、结构的描画及分析，而注重对事物整体的、动态的把握，形成一种整体的感受，即整体观。古人在天人合一的思想指导下，其思维过程中并未将主体与客体分开，也未将客体作为对象看待，而是以一种非对象性的思维方式进行。这种非对象性直接导致了在思维上主体与客体的互动，体现了古人对运动变化的重视。无论是《周易》中各卦象的交感变化，还是《老子》中"道"的"周行而不殆"，都体现了古人对生生不息的万物运动的重视。这种意象概念是古人经过长期实践形成的建立在形象思维基础上的抽象概念，实际上已超越其本身的内涵和直觉判断，并融合了抽象思维，如分析、综合、归纳、假设、类推、演绎等，它已经变成某种属性的象征性符号。"得意而忘形，得象而忘言"，这种超越事物表象的思维方式在中医学中体现的最为完美。

1.2 中医基础理论的唯象理念

1.2.1 中医藏象学说、经络学说和精、气、神学说中的"象"的理念

藏象学说是关于人体脏腑功能的学说。由"藏象"之名可知，中医是以象为内容的学术体系。由"藏象"之名可知，中医是以现之于外的象来把握藏之于内的脏的，即"执其功见其形"。《素问·六节藏象论》对心的描述是："心者，生之本，神之变也；其华在面，其充在血脉，为阳中之太阳，通于夏气。"其他四脏的描述与此相仿。由此可以看出，这里心已经不是解剖学中的有一定形态结构之心，而是一系列相关的生命活动的表现在人脑中形成的综合的象。它不具有实体性，如果非要与现代医学相比较的话，与之对应的是多个系统、器官、组织及其功能。

关于经络学说，《灵枢》对十二经脉循行起止的描述让人感觉确实存在这么一个生理系统，其实并非如此。第一，中国古代并不看重用解剖手段来认识事物，况且古人没有先进的解剖知识，不可能通过解剖发现经络，即使是现代人用最为精密的仪器和最先进的技术也未必能找到经络，人体的经络不是一个实体存在。第二，经络是通过其所产生的功能与五脏六腑密切联系的。由于中医的脏腑并非实体器官，而是一组生命活动综合之象，"皮之不存，毛将焉附"，因此，作用于脏腑的经络不是实体组织也就不难解释。第三，《灵枢·九针论》曰："阳明多血多气，太阳多血少气，少阳多气少血，太阴多血少气，厥阴多血少气，少阴多气少血。"如果将经络作为实体理解，经络必须是有气有血的人体整体系统，而这是令人难以想象的。运行于经络之中的是气，《灵枢·营气》曰："营气之道，内谷为宝，谷入于胃，乃传之肺，流溢于中，布散于外；精专者，行于经隧，常营无已，终而复始，是谓天地之纪。"

所谓经络的实质就是人体中不断运动着的气，而气是功能性的，气本身就是人体生命运动之象。古人对经络的感知缘于长期针灸实践的积累，也不乏出自内修者的体验，由此方得出经络就是在人体中不断运动着的气的轨迹，也是人体生命活动所表现出的象。

关于"精、气、神"理论，所涉及的基本概念很多，其中一些仅有指象的意义，如营、卫、三焦、神等，它们不具有实体特征，只能通过意会，这是容易理解的；而另一些概念，如精、气、津、液、血、脉等都有实体物质特征，但这些名词在多数情况下也都又是一种象。在《灵枢·决气》篇中，黄帝曰："余闻人有精、气、津、液、血、脉，余意以为一气耳"，是说的人体总的生命活动是通过功能指象，而不是通过实际指某一器官体现的器质之象，而这种生命活动又有不同特性。精只有在少数情况下表示生殖之精，在大多数情况下则是用来形容对人体有用的、极为珍贵的、非常细微的物质，是精微、珍贵之象。在《灵枢·决气》篇中对气的描述是这样的："上焦开发，宣五谷味，熏肤，充身，泽毛，若雾露之溉，是谓气"。这是与精、津、液、血、脉并称的气，显然也是象。而中医的津液虽有特指，如汗、唾、尿、涕、泪等，然《灵枢·五癃津液别》曰："津液各走其道，故三焦出气，以温肌肉，充皮肤，为其津；其留而不行者为液"。又统称一切液体状的物质。在对疾病的病因病机认识过程中，津液同血、脉一样，多用象指。讲津液受寒，聚则为痛，这里的津液只能以象会意。同样描述血虚，并不是指西医所讲的总的血量减少的贫血，而是一系列生命活动失衡的综合之象。还有，经脉空虚或经脉闭塞时，也不是指某一血管空虚或闭塞，而是指象，如此等等。

1.2.2 中医诊断是以象为对象和内容的

中医对疾病的诊断是望、闻、问、切四诊合参，它是通过对人的气色、神情、体态、气味、声音、脉象及生活习惯、环境等的了解，对人形成整体的印象，以察其生命活动的失衡之处，得出的结论不是某种病菌或病毒，而是人体生命活动平衡的偏离所表现的象，并据象提出治疗。西医诊断的结果力求准确、精细、具体、有可视性或可测性；而中医诊断的结果总是某种整体的、综合的象，虽然有一定的模糊性，但却具有很强的操作性。所以对于很多自我感觉已经非常明显，但各种仪器都不能检查出病因的患者，西医往往认为没有病，而中医则能通过对其生命活动之表象的考察，洞明其偏性，得出一个以象为内容的诊断。

在四诊中，象对于中医诊断的重要性最典型的莫过于望诊和脉诊了。望诊的每一项内容都有特定的含义，这种含义并不是逻辑的推理，而是医者长期以来对于人体外在表现的领悟，即对象的慧然体悟。如"明堂骨高以起，平以直，五脏次于中央，六腑挟其两侧，首面上于阙庭，五

官在于下极，五脏安于胸中，真色以致，病色不见，明堂润泽以清，五官恶得无辨乎"。《灵枢·五色》曰："青黑为痛，黄赤为热、白为寒。"以上的描述并不是解剖所见，而是对人体机能活动综合把握的象。在望诊的内容中，包括面部神色、行为举止、环境等所得之象的基础上，医者会形成更为概括的象，正所谓望而知之，以象说象。中医的脉诊更是取之以象的典型方法，《黄帝内经》中的"象"特指脉象，《灵枢·邪气脏腑病形》曰："色脉与尺之相应，如桴鼓影响之相应也，不得相失也，此亦本末根叶之出候也，故根死则叶枯矣。"不论是"往来流利，如珠走盘，应指圆滑"之滑脉，"端直而长，如按琴弦"之弦脉，"浮大中空，如按葱管"之芤脉，"状若波涛汹涌"之洪脉，还是危亦林《世医得效方》里的"十怪脉"，都形象地说明血在脉道中的流动情况,这种象的生动性可见一斑，故有人将脉诊称之为"脉象"。所谓洪、大、细、数、弦、代、涩、滑等都可各辨其象，只能意会，非言语所及也。《素问·脉要精微论》中："长则气治；短则气病；数则烦心"等所描述的脉象与疾病之间的关系更是要以象会意，闻诊和问诊与此也都有相似之处，在望闻问切之后，医者会根据第一项诊断所得之信息形成一个象。然后将四诊之象再进行融合，最终得出一个人生命活动在目前时刻较为完整全面的并可综合把握的象，即所谓以象说象。

1.2.3　中医对药物的认识

中医认为，植物的药茎中间是空的，因此，用此类药可以有通达的作用，"诸花独升"，取药花为上升之意，"诸子独降"，取子为下沉之意。中药理论讲的是四气五味，即温、热、寒、凉及苦、辛、酸、咸、甘，其中的每一项本意都是人对温度或味道的感觉，药物作为物质虽然也有生命，但它们是无法像人一样感知的，而中医却把这些人体感官所能知道的感觉运用到中药理论中来，并赋予其相关药性的综合之象。在对中药的运用方面，中医方剂学讲求君、臣、佐、使的组方原则，也是利用社会现象以达意的一种体现。

2.中医"意象"思维范式

渊源于中国古代文化的中医意象，特别是思维层面的阴阳、五行、藏象、经络、神、气、六淫、七情等，无不渗透关于"意"与"象"或意象思维，可谓意象参杂并举。中医意象所蕴含的思维范式有以下特点。

2.1　完整性、综合性

西方学者在以分析还原为特性的对象性思维过程中，把感性认识上升到理性阶段，完成一个认识过程，从而在演绎理论中得出一个西方式的逻辑概念；而中国学者是在以整体性、运动性为特征的非对象性思维过程中，直觉体悟本身就具有很好的完整性，不可能产生逻辑推理性过程，

其得到的结论只能是一个中国式的完整的、综合的象。这里的直觉体悟与西方的感性认识是有区别的。中国古人对世界的认识重在对运动变化的把握，事物的这种永恒而又微妙的运动反映在人脑中，便形成了一个综合的象。这种思维方式在中医学中得到充分的体现，中医对人体及疾病的认识不是孤立地看待，而是将疾病与人、生活环境、气候变化等作为一个整体来考虑，此即"天人相应"的观点。

2.2　运动性、动态时空

人体是一个动态发展的生命体，其生理、病理都有一个时间发展性，疾病的过程不是在某个阶段停滞不前，而是向愈或向恶前进的。相对于疾病而言，医学也是重视时间的，特别是中医学，从某种意义上讲，中医学也是一个时间医学。

不同于西方的思维方式，中国古代对于整体性和运动性的强调，使得中医学未从解剖入手分析人体的结构、成分，而是以极简单的解剖为基础，构造出以象为内容的有机体系。对于整体性和活动性的强调，使得中医诊断的对象不是疾病，而是人，不是具有一定形态结构的组织或生物体，而是人的整体的生命活动所表现出的象，而这个象是动态变化的，有时空发展的，而且是多种"象素"和多维"象素"构成的，这就是证候。中医重"证"不重"病"，将各种病症表现归结为"证"，如眩晕欲扑、手足抽搐、震颤等病症都具有动摇的特征，与善动的风相似，所以都归为"风证"范畴。另外，中医根据动态功能的象类比而定证，同病异治也好，异病同治也好，不取决于病或症状，而取决于是否有相同的病机，并据此可以对证进行定位和定性。辩证唯物主义认为，主体与客体是相互作用的，主体对客体有能动作用，而客体也会反作用于主体，辩证论治就是主客体交融的过程，而象与意也是在辩证论治过程中完成的。

2.3　医者意也，在人思虑

中医重视对医者个人素质的培养，突出的是医者悟性、灵活性的特点。《素问·八正神明论》中如此描述："神乎神，耳不闻，目明，心开而志先，慧然独悟，口弗能言，俱视独见，适若昏，昭然独明。"这种只可意会，无法言传的独悟，正是医者独自感悟的思维过程。"医者意也"初见于《后汉书·郭玉传》，书中写到："郭玉，和帝时为太医丞，多有效应。而医疗贵人，时或不愈。帝乃令贵人羸服变处，一针即差。召玉诘问其状。对曰：'医之为言意也。腠理至微，随气用巧，针石之间，毫芒即乖。神存于心手之际，可得解而不可得言也。'"随后陶弘景说："医者意也。古之所谓良医，盖以其意量而得其节，是知疗病者皆意出当时，不可以旧方医疗"。张仲景曰："欲疗诸病，当先以汤荡涤五脏六腑，……故用汤也；若四肢病久，风

冷发动，次当用散；……次当用丸，……能参合而行之者，可谓上工。故曰医者意也"，"若夫医道之为言，实惟意也。固以神存心手之际，意析毫芒之里，当其情之所得，口不能言；数之所在，言不能谕"，唐代许胤宗曰："医者意也，思虑精则得之，望问闻切而不能知，或强不知以为知，遂以意为之，鲜有不败事者。"因此，"医者意也，善于用意，即为良医"，这就是中医所强调的行医治病，贵在思辨，强调在临床诊疗实践过程中，医者的思考能力与思维方式的重要性[1]。

"医者意也，在人思虑"，意的最高境界就是"进与病谋，退与心谋"[2]。医者重视临床实践，深入观察疾病的演变规律，积累感性知识，潜心体悟，并且研究疾病现象背后的本质规律，就是"进与病谋"；学会思考，善于用心总结经验，深刻意会，领悟表象之后的内涵，就是"退与心谋"。这种"进与病谋，退与心谋"就是在临床实践中更好地运用意象思维和形象思维进行辨证施治的行之有效的方法。

"病"与"心"，"形"与"神"的反复谋合，理论与实践的不断深化，就是意的运用的高级境界。所有这些未可言明的独悟和精湛的思虑都是由于逻辑语言不能充分完整地表达医者所思所意，故只能通过象与意之间的思维构建，即"立象以尽意"达到"医者意也"的目的。中医学意象思维的理念作为原创思维已经存续了三千多年，审视中医意象思维，以象说象，以象示象，以象解象，因象会意，意象交融，达到立象以尽意的宗旨，不难发现它既是一种形象思维的延续，也是一种医学理念的传承，同时更需要在现代医学背景下发挥其原有的生命力，不断创新与发展。

参考文献：

[1] 杨忻，孟庆刚."医者意也"在中医研究中的启示 [J]. 中医杂志，2009，50（9）：781-783.
[2] 裴沛然. 壶天散墨（增订本）. 见裴沛然医论集 [M]. 上海：上海科学技术文献出版社，1990：110.

（收稿日期：2010-09-20；修回日期：2010-11-05）

附录 4

《天津中医药》2011 年 2 月第 28 卷第 1 期

象思维的路径

王永炎，于智敏

（中国中医科学院，北京 100700）

作者简介：王永炎（1938—），男，中医内科学神经内科学专家，1962 年 9 月毕业于北京中医学院医疗系，毕业后留校在附属东直门医院工作，历任内科助教、住院医师、讲师、主治医师、内科副主任、医务处主任、常务副院长、副教授、教授、主任医师，1983 年 12 月任北京中医学院院长、学位委员会主席、脑病研究室主任，曾任北京中医药大学第一副校长、校长、博士生导师，1997 年当选为中国工程院院士，1998 年 12 月调任中国中医科学院院长，现任中国中医科学院名誉院长，曾任国家重点基础研究发展规划专家顾问组成员，中国科协第六届常委，现为全国科技名词委五届常委，中国科协第七届常委，第十届全国人大代表常务委员会委员、教科文卫委员会委员，2004 年获五一劳动奖章，2005 年获全国先进工作者；从事中医内科医疗、教学、科学研究近 50 年，主要研究方向是中医药防治中风病与脑病的临床与基础研究，先后主持了包括世界卫生组织（WHO）国际合作项目，国家 973、863 和国家"七五"至"十五"攻关课题 20 余项；通过对缺血性中风系统临床观察，总结了证候演变、辨证治疗、调摄护理的规律，针对中风病急性期痰热证、痰热腑实证而设计、研究的化痰通腑汤与清开灵注射液静脉滴注疗法，提高了显效率，减轻了病残程度；1990 年以来受聘为中医内科学术带头人，深入系统进行了中风、痴呆临床和基础研究，在病因调查、证候规律、治疗方案、疗效评价及新药研制各方面都有创新性工作，提高了中医脑病防治水平，被评为教育部重点学科和重点实验室；在中医药标准化研究方面，主持了《中医药基本名词术语规范化研究》、《中医病案书写规范》和《中医内科常见病证诊断与疗效评定标准》等标准化建设工作，组织起草制定了标准化文件，对推动中医药学术进步有一定作用，还主持制定了中风病辨证量表与中医诊疗标准，已被推广试行，1983年主持的《中医病案书写规范》，又于1992年和1999年两次组织了修订；1999年作为首席科学家，主持了国家重点基础研究发展规划项目《方剂关键科学问题的基础研究》的中医药基础研究，提出了以方剂组分配伍研制现代复方中药的新模式，搭建了3种公共技术平台，项目验收时发表论文512篇，科学引文索引（SCI）收录96篇，研制了10余种现代中成药，在中药现代化方面取得了一定的进展，在国内外产生了较为重大的学术影响；自1986年以来，获国家级科技进步奖二等奖2项、三等奖3项，省部级科技成果一等奖5项，获何梁何利基金"科学与技术进步奖"、香港求是基金会"中医药现代化杰出科技成就奖"，先后作为第一主编出版《临床中医内科学》、《今日中医临床丛书》等12部学术专著，发表学术论文120余篇，已培养医学博士51名，出站博士后15名，在站博士后8名，其中2名博士荣获全国百篇优秀论文奖。

摘要：象思维是中医主要的思维方式，其思维路径大体经过观天地以察象，立象以尽意；得意而忘象，依象而思虑；据象以辨证，据证而施治等几个步骤，最终实现据"象"而"思"，"依思惟道理而生智慧"的根本目的。象思维具有原创优势，是中医自主创新的先导，是可持续发展的保障。倘能将形象、具象、抽象系统整合，有利于推动证候规范研究，朝向构建统一的医药学迈步。

关键词：象思维；路径；中医

中图分类号：R2-01　文献标识码：A　文章编号：1672-1519（2011）01-0001-04

象思维是中国的主要思维方式，由象与思维构成。据"象"而"思"，"立象以尽意"，"依思惟道理而生智慧"是其根本目的。路径是个体在时空间活动的连续轨迹，作为一种思维活动，象思维亦有路径可循。

1. 观天地以察象

象寓形象、现象、表象、征象、图像之意，由此引申为天象、地象、拟象、卦象等诸多内涵。甲骨文以"长鼻巨齿为其特征"；《说文解字》曰："象，南越大兽，长鼻牙。"[1]这是理解象思维的关键。此种描述表明：象思维以把握事物现象的典型特征为基本思维要素，同时还要考虑地域性差异，亦即在不同的环境、不同的条件下，"立象以尽意"会有所差异。这是象思维需要把握的。

汉字是象思维的产物。许慎《说文解字·序》认为，古人造字，受"鸟兽蹄迒（háng）之迹，知分理之可相别异"的启发而"初造书契"，人类自此告别了"上古结绳而治"的时代。"八卦"也是象思维的结果。《周易·系辞下》曰："古者包羲氏之王天下也，仰则观象于天，俯则观法于地，观鸟兽之文与地之宜，近取诸身，远取诸物，于是始作八卦，以通神明之德，以类万物之情。"[2]

象思维首要是重在"察象"。《周易·系辞下》曰："象者，像也。"[1]强调"立象"先求其形似，但又不拘泥于"形与象"。此"象"，可有象有形，也可无象无形。有象有形者，取自然之形；无象无形者，取自然之理。表现虽异，实则殊途同归。明·龚贤《乙辉编》所谓："心穷万物之源，目尽山川之势。"[3]实则表达了这种"取象"、"立象"的方法。即前者取万物的"法象"；后者取自然的"图像"。唐·张怀瓘《书议》曰："玄妙之意，出于物类之表；幽深之理，伏于杳冥之间。"[4]因之可知、意、理等有形、无形者，皆可取象。三国·钟繇《笔法》所谓："见万象皆类。"[5]意蕴诸此。

2. 立象以尽意

"借物言志"，"寄物托情"，书法、绘画等，本质上也是象思维的体现，其目的仍然是"立象以尽意"。

唐·张怀瓘《六体书论》曰："形见曰象；书者，法象也。"[4]书法之所以为高层次的中国艺术，盖由于"心不能妙探于物，墨不能曲尽于心，虑以图之，势以生之，气以和之，神以肃之，合而裁成，随便所适；法本无体，贵乎会通"[6]，不过是"借书法，言志尽意"（《六体书论》）。元·杜本《论书》有言："夫兵无常势，字无常体。若日月垂象，若水火成形。倘悟其变，则纵横皆有意象矣！"[7]

中国古代的科技文化是在农业生产基础上发展起来的，农耕文明重视节气变化，因而对天地之"象"的观测仔细而精确，是象思维的较早运用者。对24节气的归纳，一些民间农耕谚语的总结，无不是象思维的集中体现。如"清明前后，种瓜点豆"等。毕竟"掌握季节，不违农时"是农业生产的基本要求。《齐民要术》所谓："顺天时，量地利，则用力少而呈贡多。任情返道，劳而无获。"[8]因而可知农谚无论是对种植季节的把握、年景预测以及灾害预防，都以观天地之"象"为依据，"立象以尽意"的。

古有"非务农则不能明医"之论，实际上是在表明两方面的含义：一是医生应该像农夫、农妇学习，像爱护幼苗一样关爱患者的性命生机；二是医生应该向农民学习，参天彻地，不违农时。医生应该有此种精神和素养，以此体察患者之象，特别是证候疾病之象，以把握最佳治疗时机。

象思维也是中医学的主要思维方法。无论是对中药性能的把握，还是对脏腑之象、经络之象、舌象、脉象、证象、病象乃至于"医者意也"意象的观察揣摩，都以象思维贯穿其中而发挥主要作用。王叔和《脉经·序》指出："百病根源，各以类例相从；声色证候，靡不赅备。"[9]此言"百病""、证候"，实在是对"声色"等外在表象的一种提炼归纳，同时也展示中医学是一门以证候为主要辨识对象的医学。

3. 得意而忘象

象思维有其路径，依着一定的程序与步骤层层递进，有序进行。始则借助于外在物象，求得内在的意义；最终又不执着、不拘泥于具体的物象甚至跳出"象"的本身，去探寻并获得真正的事理精髓。

"圣人立象以尽意"是象思维的目的。有些事理只可心领神会，不可言传身教。唐·张怀瓘《六体书论》曰："其趣之幽深，情之比兴，可以默识，不可言宣。"[10]意与此同。

《庄子·外物》曰："言者所以在意，得意而忘言。"[11]是象思维的深化。如果说"取象比类"，"以象尽意"还带有明显的"象"的痕迹的话，那么，抛开具体事物的本身，以全新思维进行意义的探讨，则体现了思维的递进。晋·王弼《周易略例·明象》曰："言者所以明象，得意而忘言；象者所以存意，得意而忘象。"[12]"存象，忘意之由也；忘象以求其意，义斯见矣。"[13]因之可知"立象"是为了"得意"、"尽意"。此"意"指普遍的看法、观点或规律，具有主观"意向性"，因而具有"主观性"、"随意性"与"开放性"，不等同于特定之显现形式。"立象"后必有所"忘"，然后才有所"得"。

"立象"，先求其形似，"尽意"时求其神似，最终达到"形与神俱"，"得意忘形"、"得神忘象"终至"大象无形"，这是象思维的最高境界。缘为最伟大恢宏、崇高淡定境界，往往并不拘泥于一定的外表格局而表现为"气象万千"的面貌场景。明·项穆《书法雅言》曰："初学条理，心有所事；因象而求，意终及通会；行所无事，得意而忘象。"[14]此之谓也。

4. 依象而思虑

象思维之"思维"与现代逻辑学、认知科学之"思维"和而不同。现代所谓思维指思想，或指理性认识的过程，即思考。是人脑对客观事物间接的和概括的反映，是认识的高级形式。包括逻辑思维和形象思维，通常指逻辑思维。

而于佛学则表述为"思惟"，其以"对境审虑而引起心、心所造之精神作用"为"思"，以"思虑推度，思考真实之道理为思惟"，以"依思惟道理而生智慧"为最终目的，此论与象思维意同。

"象思维"以形象观察为开端，以"尽意悟道"为终点，强调"心智"作用，即《孟子·告子上》"心之官则思，

思则得知，不思则不得，此天之所与我者"[15]之言。象思维是人类思维的本源。无论哪个民族的文化，都是从象思维基础上产生出来的，每个民族都有自己的"图腾"崇拜可为例证。象思维之"象"可以无固定形象，无明确态势，不必定性，也不必定量，依《周易·系辞下》"唯变所适"[2]为原则，体现象思维的基本特征。

5. 据象以辨证

中医的证候包括症状和体征。症状和体征就是"象"，对诸多"象"的提炼概括就构成系统而完整的证候。要言之，症是外部表现，是一种现象；征是即将出现的问题预兆，是一种征象；候是规律，是一种法象；证是对以上诸多"象"的概括归纳，是一种可资察证的意象。

"医者意也，在人思虑"，实际上是在强调象思维当"唯变所适"，依"思维道理而生智慧"，进而"立象以尽意"。这是中医以证候研究为创新突破口的原因，也是以辨证论治为最鲜明特色的根本。

鉴于证候是中医把握疾病基本规律的重要手段，晚近有关证候研究方兴未艾。回顾所用研究方法，量表学、统计学、应用数学、临床流行病调查等多种综合分析方法；基因组学、蛋白质组学、代谢组学、系统生物学等微观前沿方法被吸收引用。数字医学与信息网络技术的渗透融合，为研究者创造条件对证候的海量数据进行分析处理，这无疑是一种积极有效的探索，也从不同的侧面逼近证候的实质，加深人们的认识。但对中医临床科研工作者而言，海量数据犹如汪洋大海，而临床证治研究渴求的则是维护生命的淡水！

中医学现代理念与思维方法决定人们所采取的技术手段，证候研究离不开中医学临床思维方法。证候与象思维都是中医的原创，也是最基本的思维模式。不溯本求原，不从中华民族文化的思想汲取源头活水，就不可能运用创造性思维展开证候与方剂、疾病相关性的理论基础研究。

"以象为素，以素为候，以候为证，据证言病，病症结合，方证相应"的临床诊疗路径与模式，其核心与根本仍然是象思维。从"象"开端贯穿一体，体现了差异性竞争。由于理论框架的不同，东西方思维方式也不同。西方以工业文明为背景，使用拼音文字，重视逻辑思维，而后落实到哲学科学；东方长期的农耕文明，使用象形文字，重视形象思维，引导哲学科学，则以"象"为核心。论其发展，象思维当是我们错位竞争的优势所在。这在分析还原方法仍占主导地位的今天，象思维是中医错位竞争的优势特色，证候及证候病机研究则是诠释辨证论治的重要内容。

"以象为素"之"象"，是一种现象、表象、征象乃

至整体的印象。《般若波罗蜜多心经》所谓以"眼、耳、鼻、舌、身、意"感知的"色、声、香、味、触、法"都属于"象"，是取象、立象的范畴，这是一种"物质实在"，人可以感知；"素"是因素、元素与要素，是构成事物的基本素材，是具有根本性的东西。从本质上说，它表达的仍然是一种"物质实在"，它虽然在"象"的层面上有所深化，但仍是"象"的阐发，同时它又是向"候"的过渡，表明思维层次的递进。"素"还有质朴、不加掩饰的含义。《道德经》以"见素抱朴"为治国三策（见素抱朴、绝学无忧、少思寡欲）之一，实则蕴观天、彻地、识人之妙法，外表生动具象，内在质朴无华，外以察其"象"，内以识其"质"，亦为象思维的具体体现。

"以素为候"之"候"是观察、守望，是对"象"、"素"的深入观测，以寻找其本质与规律。"候"虽动态变化，但有周期性的循环规律。《素问·六节藏象论》曰："五日谓之候，三候谓之气，六气谓之时，四时谓之岁。"[16]是指天地的运行规律，这是一种"关系实在"。从象、素向候的转化过渡，体现了思维从对"物"、"象"的关注，转向对"关系"与"关联性"的关注过程，这是思维的升华。

"以候为证"之"证"是告知、告发，还为凭据、依据、证据。深义当为参悟、证悟。从思维的角度理解，表达了这样一个过程：人以六根（眼、耳、鼻、舌、身、意）感知事物的"色、声、香、味、触、法"，此为察象；以象为素，见素抱朴，外观其象，内察其质，此为立象；察象、立象，寻找规律，立象以尽意，此为意象；参悟、证悟意象以明理悟道，此为法象。《周易·系辞上》曰："是故法象莫大乎天地，变通莫大乎四时。"[2]此以法象喻天地自然规律。

佛学以"看山是山，看水是水；看山不是山，看水不是水；看山还是山，看水还是水"比喻参禅的三种境界。虽言参禅，但于参禅、观象中证悟事理与佛理之真谛，达到洞察世事后的返璞归真而明心立德养性。以象思维为主体的辨证论治、形神一体、整体医学、治病求本、以意为之等，又何尝不是如此？只有明白自家的本心，才能明心见性。能否洞彻玄机之理的关键在于此，象思维的核心在于此，辨证论治的水平高低在于此，"心悟者上达之机，言传者下学之要"的根本在于此。

6. 象思维与创新

据载，德国哲学家海德格尔20世纪60年代接受记者采访时指出，西方出现的问题还要回到西方的传统根源上寻求解决。同理，中国尤其是中医要想解决自己发展中出现的问题，也只能回到自己思想文化的源头寻求解决。中医证候的研究也当如此。象思维是中医症状学与证候学研究的基础，证候研究无论采用什么样的方法与手段，都不能离开、更不能抛弃象思维。这种思维对诊断疾病、评估病情、临证治疗、判断预后意义重大。在"崇尚国故，追思前贤，传承发扬"的今天，仍然有强大的生命力。

中医学研究应该置身于大科学、大文化的背景之下，以适应大环境，体现大卫生，突出弘扬中医学的原创思维。坚持我主人随，以创新为先导，重视领军人才的培养，抓住推动学科发展的关键科学问题，实实在在做好工作。中医学的发展创新需要自然科学与人文科学的结合及自然科学多学科的交叉渗透，以彰显科学与人文并重，科技为人文奠基，人文为科技导航的重要理念。

形象思维为原创。具象思维体现主体客体意象结合的操作程序，抽象思维的推理判断为东西方思维模式的共识。笔者期待将形象、具象、抽象系统整合，推动证候规范研究，朝向构建统一的医药学迈步。

参考文献：

[1] 李恩江.贾玉民说文解字议述（全本）[M].郑州：中原农民出版社，2006：874-874.

[2] 周振甫译注.周易译注[M].北京：中华书局，1999：247，256，259，269.

[3] 郭因.中国绘画美学史稿[M].北京：人民美术出版社，1981：447-447.

[4] 王镇远.中国书法理论史[M].合肥：黄山书社出版社，1990：24，131-131.

[5] 宗白华.美学与意境[M].北京：人民出版社，1987：336-336.

[6] 王筱云.中国古典文学名著分类集成散文卷4隋、唐、五代[M].天津：百花文艺出版社，1994：256-256.

[7] 陶明君.中国书论辞典[M].长沙：湖南美术出版社，2001：258-258.

[8] 马跃东，龙之魂.影响中国的一百本书第21卷·齐民要术[M].北京：中国戏剧出版社，2000：321-321.

[9] 黄志杰.中医经典名著精译丛书·脉经精译[M].北京：科学技术文献出版社，1999：581-581.

[10] 王镇远.中国书法简史[M].合肥：黄山书社出版社，1990：129-129.

[11] 陈鼓应注释.庄子今注今释[M].北京：中华书局，2009：772-773.

[12] 陈晏清，许瑞祥.哲学思想宝库经典·周易略例[M].大连：大连出版社，1994：330-330.

[13] 朱伯昆.国际易学研究[M].第7辑.北京：华夏出版社，2003：21-21.

[14] 卢辅圣.中国书画全书第4册·书法雅言[M].上海：上海书画出版社1993：78-78.

[15] 杨伯峻注译.孟子译注[M].北京：中华书局，2008：270-270.

[16] 田代华整理.黄帝内经素问[M].北京：人民卫生出版社，2005：18-18.

（收稿日期：2010-12-02）

附录
5

《中国中医基础医学杂志》2011 年 2 月第 17 卷第 2 期

中医"象"与"意"的哲学思辨

孙岸弢[1、2]，王永炎[1]，谢雁鸣[1]

（1. 中国中医科学院中医临床基础医学研究所，北京 100700；2. 黑龙江中医药大学，哈尔滨 150040）

摘要：从哲学角度审视中医意象思维，古人运用"象"的概念对事物进行观察、分析和认识，凡是对天、地、人、社会等诸多方面的认识都离不开象，中医的这个"象"指的就是体征、症状；"意"是内在的、深层次的，是一个大脑加工过程，它将汇集到的所有信息进行整理、归纳、演绎、推理、判断和总结，最终形成一个完整认识的思维过程，它是在具有一定相通性的事物之间进行思维的过程，是中医学原创思维的传承与发展，且"意象"思维的过程是受文化背景、哲学思维定势影响的。

关键词：象；意；意象思维

中图分类号：R222.15　**文献标识码**：A　**文章编号**：1006-3250（2011）02-0117-02

思维属于人类认知过程的一个组成部分，从哲学角度来说，思维是人脑对客观世界的本质特征和规律性联系间接的反映[1]。从心理学角度而言，思维是为解决问题而进行的意象运演活动，包含概念形成、推理、问题解决等一系列广泛的心理活动。以意象思维为代表的中医原创思维是基于中医"象"与"意"知识构象建立起来的，是形象与逻辑的结合，体现着这一原创思维的哲学性。

1. "象"与"意"的哲学构建

1.1　"象"的哲学概念

"象"是人体感官所发现的客观世界的个体反映，是客体。广义的"象"包含宇宙中所有的有形之象，而狭义的"象"是指具体的形象，是大脑能够感知的存在于物质世界的个体，也就是未经大脑加工的呈象。"象"既然是表现于外的征象，也就是物质的。由于辩证法认为物质是运动的、变化的，因此"象"也就是运动变化着的。

1.2　"意"的哲学概念

"意"是内在的、深层次的，可以说是主体的一个思维过程。"意"是一个大脑加工过程，它将汇集到的所有信息进行整理、归纳、演绎、推理、判断和总结，最终形成一个完整认识的过程。它是在具有一定相通性的事物之间进行思维的过程，并且这个"意"的过程是受文化背景、哲学思维定势影响的。

1.3　"象"与"意"的中医哲学诠释

从认识论角度来看，人类对事物的认识总是先从感性认识出发，然后逐步上升为理性认识，这个思维过程也体现了由形象思维向抽象思维的演变，在科学研究过程上就体现为由科学事实向科学概念、科学理论的演变。理论的主要旨趣是使可有效地加以控制的活动有可能从信息上得到维护和扩大[2]，这就为我们提供了思维的可能。自我反思的标准不考虑独特的不确定状况，因为在不确定状况中，一切其余的认识过程的标准都需要批判的考虑。使我们从自然中脱离出来的东西就是我们按其本质能够认识的惟一事实即独立判断，而其本质就是事物之间联系变化的内在规律。

理解者（der Verstehemde）在两个世界之间建立一种联系，当他把传统运用于自己和自身状况时，他就抓住了流传下来的东西（das Tradierte）的真实内涵[3]，这也就是中医所讲的"意"。

对内涵的理解按其结构来说，目标是行动者（医者）在流传下来的自我认识（对先验哲学以及医学）的框架内可能的共识（新的医学认识）。方法论的框架确定着批判性陈述（对先验医理的去粗取精过程）这种范畴的有效内容，并以自我反思（思维，慧然体悟）的概念为标准来衡量自己。

从辩证法角度来认识，先验地理解现实的诸种特殊观点，确定以下3个可能的知识范畴：第一，信息。它扩大我们技术的支配力量（中医通过四诊合参所搜集到的被观察者的信息）；第二，解释。它使共同传统下活动的导向成为可能（受中医理论熏陶的医者通过自身体悟或训练思维将所搜集到的证素进行大脑加工）；第三，分析。它使意识从依附于对象化的力量中摆脱出来（医者得出一个对被观察者最终结论，包括诊断和治疗方案）。这就是一个完整的"意"的过程。

2. "象"与"意"的中国传统文化基础

2.1 中国传统文化中"象"的含义

"象"，是一个象形文字，本义是指哺乳动物大象。《韩非子·解老》云："人希见生象也，而得死象之骨，案其图以其生也，故诸人所意相者，皆谓之象也。"古人只是根据象骨绘图而知大象，故象又引申为图像即像似、想像。《段注说文解字》云："古书多假象为像。像者，似也……凡形像、图像、想像字，皆当从之，而学者多作象，象行而像废矣。""象"是"像"的通假字并逐渐取代了"像"字。

古人运用"象"的概念对事物进行观察、分析和认识，凡是对天、地、人、社会等诸多方面的认识都离不开象。诸如气象上观物候以知季节变化，农业上观气象以候农时，哲学上"立象以尽意"，文学上"古诗之妙，专求意象"，识人方面"刚柔、明畅、贞固之征，著乎形容，见乎情味，各如其象"。甚至汉字的建构也是以象形为主："盖依类象形，故谓之文；其后形声，则谓之字。文者，物象之本；字者，言孳乳而寝多也。"

《易传·系辞上传》中曰："圣人有以见天下之赜而拟诸其形容，象其物宜，是故谓之象。"又曰："书不尽言，言不尽意，然则圣人之意其不可见乎？"《周易》曰："易者象也。象也者，像也。"如三坎上下为阴爻，中间为阳爻，卦形象水，因此"坎为水"。陆德明《经典释义》"本义作陷"，《汉石经》作"欿"，说明坎义为陷，帛书《易经》作"赣"，而赣可训陷，与坎音义都相当接近，其卦德为陷，洪水之险，引申为险，中国和西方上古都有过洪水为患的记忆，故以水作为险的代表。离卦形象火，而火中最亮之处是白色，离卦以"中虚"来表示非常形象。《说卦传》："离也者，明也。"《广雅，释诂四》"离，明也。"《大象传》说："明两作，离"，离也是明的意思，其卦德就是亮，也就是亮丽，意义显然由"明"而来。火燃烧起来就产生了明亮，

以火为象。正反巽相对异为木，正巽为树，反巽是树的倒影，故有树阴之象。

2.2 "象"属于中国古典哲学的范畴

儒家思想中的"意"与"象"思维模式渊源已久。子曰："圣人立象以尽意。"说明古人看到世界万物的微妙变化，感到难以言传或无从言说，故立象以达意，这就是象产生的缘由。而道家思想中的"意"与"象"则体现在宇宙生成论中。《老子》四十二章中"道生一，一生二，二生三，三生万物"，是道家思想典型的宇宙生成观。春秋时期诸子百家思想的交融及魏晋南北朝时期的佛、儒、道三种文化的交融都对中医学起着重要的影响。象的最高理解当见《老子》中曰："绳绳不可名，复归于无物，是谓无状之状，无物之象。"《韩非子·解老》对老子的象解释曰："人希见生象也，而得死象之骨，案其图以想其生也，故诸人之所以意想者皆谓之象也。今道虽不可得闻见，圣人执其见功处见其形，故曰：无状之状，无物之象。"这是说所谓象在客观世界中有其根源，但绝不是客观事物本身，不是指具体的事物，没有具体的形态，不是一般所讲的形象的象，却代表某一类事物的共性，这一共性并非是形态结构的共性，而是运动变化的共性。

中国古人对事物的认识采取观物取象、取类比象的方法，形成独具特色的以象为内容的哲学理论，中医的阴阳、五行、气的学说便属此类。

阴阳本指日光的向背，而古人取其象、会其意，指天地之气的两种不同性质的运动。老子以阴阳说明万物之生成，在《老子》四十二章中有："道生一，一生二，二生三，三生万物。万物负阴而抱阳，冲气以为和"，是取阴阳之象说明万物运动的最根本的两种方式。《周易》更以阴阳两象而生天、地、雷、火、风、泽、水、山等八卦，由八卦交感变化而生六十四卦。天地定位，山泽运气，水火相济，雷风相薄，从而呈现出各种综合的象，从整体、运动中把握事物，而这一切都是以阴阳两爻为基础的。因此《系辞上传》云："一阴一阳之谓道。"又云："阴阳不测之谓神。"

五行最早出现于《尚书·甘誓》与《尚书·洪范》中。五行本指自然界随处可见的五材，但在中国古人眼里却是有指象作用："水曰润下，火曰炎上，木曰曲直，金曰从革，土曰稼穑。润下作咸，炎上作苦，曲直作酸，从革作辛，稼穑作甘。"不难看出，这里对称作"五行"的木、火、土、金、水并没有作具体的形态描述或结构描述，而是指出了它们的特性，因其不是指具体的事物，而意在阐明此5种事物所指之象。王安石著《洪范传》，对五行作了详细的解释："五行者也，成变化而行鬼神，往来乎天地之间而不穷者也，是故谓之行……盖五行之为物，其时、其位、其材、其气、其性、其形、其事、其情、其色、其声、其臭、其味皆各其耦。"表明五行是5种不同的象，运用于说明事物的各

方面的性质。冯友兰云："汉语的'行'字，意指 to act（行动），或 to do（做），所以'五行'一词，从字面上翻译，似是 five activities（5 种活动），或 five agents（5 种动因）。[4]"

古人取"气"之象来描述世界万物永恒运动的特性，对于气的认识也更是观物取象之典范。《左传》昭公元年记载医和的言论云："天有六气，降生五味，发为五色，徵为五声，淫生六疾。六气曰阴阳风雨晦明也。"这里的气即是天地万物交感变化之象。《管子·内业》中对气做了如下描述："是故此气，杲乎如登于天，杳乎如入于渊，淖乎如在于海，卒乎如在于山。是故此气也，不可止以力，而可安以德；不可呼以声，而可迎以意。"说明气代表的是事物无所不在、微妙至极的运动变化，且"不可止以力"，"不可呼以声"，即气非有形实体。由此可知，这时的气和阴阳、五行等一样，已经脱离了物质的含义，而只有象的意义。

2.3 "意象"是中国古代哲学认识思维的一个重要途径和方法

《简明不列颠百科全书》将"意象"（imagery）定义为："人脑对事物空间形象和大小的信息所作加工和描绘。"新版《辞海》解释为："指主观情意和外在物象相整合的心象。"这是从文学艺术角度下的定义，而从哲学和中医学角度来看，"意象"则是古人认识思维的一个重要途径和方法，是"对物象进行摹似的一种象征性符号"[5]，也就是古人所说的"立象以尽意"。

《周易略例·明象》："夫象者，出意者也。言者，明象者也。尽意莫若象，尽象莫若言。言生于象，故可寻言以观象。象生于意，故可寻象以观意。意以象尽，象以

言著。故言者所以明象，得象而忘言。象者所以存意，得意而忘象。犹蹄者所以在兔，得兔而忘蹄；筌者所以在鱼，得鱼而忘筌也。然则言者象之蹄也，象者意之筌也。是故存言者，非得象者也。存象者，非得意者也。象生于意而存象焉，则所存者乃非其象也。言生于象而存言焉，则所存者乃非其言也。然则忘象者乃得意者也，忘言者乃得象者也。得意在忘象，得象在忘言。故立象以尽意，而象可忘也。重画以尽情，而画可忘也"。王弼的观念大致有三层意思。其一，象与言是通向意的门户；其二，需要"得意而忘言"，真正得意是在忘象与言之后；其三，存在一个言、象、意的序列，言以明象，象以尽意，得意而忘言象。

纵观科学发展史，每一门学科的背后都有其深厚的历史文化渊源和哲学思想主导，中医学在中国传统文化的母体中孕育生成，其理论体系与实践模式无不受到哲学思想的影响，意象思维也不例外。总之，概念时代应重视中医学原创思维的传承与发展[6]，从思维的层面挖掘其哲学含义尤为重要。

参考文献：

[1] 郭黎岩. 心理学 [M]. 2 版. 南京：南京大学出版社，2006：3.
[2] 洪汉鼎. 理解与解释 [M]. 北京：东方出版社，2001：235.
[3] 洪汉鼎. 理解与解释 [M]. 北京：东方出版社，2001：236.
[4] 劳斯·迈因策尔. 复杂性的思维 [M]. 曾国屏译. 北京：中央编译出版社，2000：111.
[5] 黄自元. 内经意象思维探析 [J]. 上海中医药杂志，1995，10：10.
[6] 王永炎. 概念时代就重视中医学思维的传承与发展 [J]. 中华中医药学刊，2008，26（4）：677-679.

（收稿日期：2010-09-28）

附录 6

《中医杂志》2011 年 4 月第 52 卷第 7 期

诠释学在中医内科学研究中的应用

王永炎[1]，王 飞[2]，杨 晗[2]

（1. 中国中医科学院，北京 100700；2. 成都中医药大学）

摘要： 应用诠释学作为一种对文本理解、解释、应用和实践的哲学方法论对中医内科疾病、概念、术语及内科临床理论

进行现代诠释，阐明中医内科学所蕴含的科学理念、原理、规律的本质内涵，为中医内科学的发展奠定扎实的基础，为实现中医内科学理论的突破与创新做参考。

关键词：诠释学；中医内科学；应用

中医内科学是中医临床医学的主干学科，在一定程度上代表了中医学临床和临床基础研究的发展水平。目前，中医内科学所蕴含的科学理念、原理、规律还有待深化。应用诠释学（hermeneutic）作为一种对文本理解、解释、应用和实践的哲学方法论，对中医内科疾病、概念、术语及临床理论进行现代诠释，为中医内科学理论和临床诊疗的进步奠定基础并提供新思路。

1. 诠释学的原理与方法

1.1 诠释学的内涵

诠释学作为一种西方哲学流派，随着海德格尔的"本体论"而出现，由伽达默尔建立起诠释学哲学。经过发展，目前已演变成众多的诠释学体系，如体验诠释学（狄尔泰）、结构主义诠释学（利科尔）、解构主义诠释学（迭里达）等[1,2]。从西方诠释学的发展历程，对诠释学的基本内涵可做出大致的定义：诠释学从词源上至少包含 3 个要素，即理解、解释（含翻译）和应用传统诠释学把这 3 个要素称之为技巧，即理解的技巧（subtilitas intelligendi）、解释的技巧（subtilitas explicandi）和应用的技巧（subtilitas applicandi）。因此，诠释学的主要环节应包括理解、解释、应用和实践[3]。

1.2 诠释学在中医学的引入

20 世纪 80 年代，西方诠释学进入到中国并逐渐在我国学术界发展起来。随着这种世界性哲学思潮在中国哲学领域的蔓延，中国诠释学的研究已经拓展到对西方诠释学与中国传统哲学、马克思主义哲学以及其他哲学之间关系的研究。由于学者对诠释学的拓性表示了极大的关注，促进了诠释学的多元化发展[4]。

随着中国诠释学研究的不断深入，研究中国传统理论的现代化构建方式已得到越来越多的重视。中医学作为一个融合自然科学和社会科学等诸多学科的传统医学理论体系，历史悠久、典籍浩瀚，自古就有注释经典的传统和经验，与诠释学有着相当密切的关系，这使得诠释学在中医学继承和创新过程中发挥重要作用具有可行性[5]。因此，中医诠释学研究作为中医理论建构的现代研究的分支自然应运而生，它是对中医理论研究特色、思维方法的哲学审视，是通过现代诠释学研究方法，对中医理论进行理解和解释的一门学科，是一门研究中医理论理解和诠释方法的系统理论。中医诠释学研究是在中医文献学特别是训诂学、注释学等传统中医理论研究方法的基础上，结合现代诠释学理论产生的，目前尚处于起步阶段。

2. 诠释学在中医内科学中的应用

中医内科学是中医临床学科的基础和主干，在中医学中占有极为重要的地位。随着现代科学技术的飞速发展，各个学科的国际交流与合作日趋频繁，对中医内科学中许多的概念和名词术语，乃至临床理论进行阐释，显得愈来愈重要。这既是机遇，也是挑战。随着国内中医诠释学研究的兴起，目前有关专家已经意识到从自然哲学视角来思考中医内科学的重要性和必要性。但因晚近"西学东渐"的冲击，一些中医药研究领域在引入诠释学的同时，"西化"倾向明显，多以西方哲学的思维模式方法、概念、范畴及学科模式对中医学进行西化的推定，脱离了中华文化的氛围[6]。鉴于此，我们应在秉承中华优秀传统文化的基础上将诠释学应用于中医内科学的系统性研究中，用与中医学的产生和发展过程相一致的中国诠释学研究中医内科学，移植复杂性系统科学中的释义和理论，深入阐明其基本理论的概念内涵和辨证论治的哲学思维模式，用现代哲学方法论阐释中医内科学所蕴含的科学理念、原理、规律为中医内科医疗、教学、科研注入新的元素。

2.1 对中医内科病证的诠释

2.1.1 病证的内涵与外延

所谓病，是指有特定病因、发病形式、核心病机、演变规律和转归的一种完整的过程。中医内科学多以病的主症来命名，如咳嗽、心悸、头痛、眩晕、胃痛、水肿等，也有部分病名与该病的主要病机有关，如郁病、虚劳、癃闭等。证候指医生观察与收集的患者四诊的信息，主要指症状、体征等临床表现，还包括中医诊病所重视的体质、性别、年龄、职业、自然环境（天时、气候、物候、地理等因素）、生活水准、人文生态、此前的诊疗经过等状况，以及各种现代检测的结果，它反映了疾病发展过程中，该阶段病理变化的全面情况，是四诊信息表达的人体生理病理反应状态环节过程的概括，具有"内实外虚"、"动态时空"和"多维界面"3 个基本特征[7]。

病与证：病是指疾病完整的过程系统，而证是反映疾病在某一特定阶段的病理变化环节过程。临床诊疗中，常将病、证二字放在一起讲，这样既能包括某病的临床特征，也概括了病因和核心病机。

证与症：症是指疾病的具体临床表现，即医生诊病时收集到的患者的异常现象，由症状和体征两部分组成，除了包括患者自我感觉或发现身体不适、异常的表现，还包括由医生观察到和体检出的患者的病理征象，如舌象、脉象及通过色诊、触诊收集到的临床信息，也可参考西医体检所得的信息；而证是指在疾病发展过程中，某一阶段的病理概括。病证研究的重点需要重视对证候动态观察的理解和阐述，通过"以象为素，以素为候，以候为证"[8]、"病证结合，方证相应"[9]的研究思路辨识疾病的证候特征，并在此基础上对以证候为诊疗对象的辨证论治模式进行深入探究，提出"意象诊疗模式"概念并加以阐释[10]，从而对证候进行深层次、多角度的探究和动态监测，为病证的诠释提供有意义的科学依据，使中医内科病证更加贴近科学，更加易于被现代医学和现代人所接受和认识。

2.1.2 对内科疾病病名的诠释

为了便于掌握，我们将疾病首先分为外感与内伤杂病两大类，内伤杂病再根据五脏、气血津液、肢体经络进行分类，当然，疾病所归属的分类系统具有不确定性，因此，我们引入诠释学方法对内科疾病病名的概念进行现代诠释，即通过查阅古代文献，反复研读，系统的科学实验和临床实践，结合现代科研成果，定义其内涵与外延。《中医内科学》教材所列的疾病绝大部分是常见病、疑难病。首先应该对国家规划教材收集的50种内科疾病进行诠释。诠释过程大体有3个层次，第一是疾病的起源。一般来说，许多疾病病名的提及或症状的描述都是在《黄帝内经》中，这个时期的特点主要以症状或体征描述为主。第二是疾病的充实完善。经过不同时期的发展，特别是集中在宋元明清时期，众多医家通过诊疗实践，结合鲜活的临证经验，从不同方面补充完善了疾病的病因病机、临床表现、预后转归和流行病学特点，为现代疾病概念的规范奠定了基础。第三是系统发展。这个时期主要是指近现代，首先是语言的转化，将古文演变成现代文进行阐述；其次是增加当代中医学者的新见解、新技术；最后是纳入现代科学技术对中医的研究成果，其中含医案知识库的发掘与循证医学的研究等，用现代自然科学的语言、术语、概念进行阐述和解释。当然纳入的过程应重视体现中医原创优势与传统中医理论的有机结合。以"肺胀"为例，"肺胀"属现代难治病，由多种慢性肺系疾患反复发作，迁延不愈，导致肺气胀满，不能敛降所致。中医古籍对肺胀的记述颇多，有明显的阶段性，后世医籍对本病也不断有充实和发展。自20世纪80年代后，逐渐将其作为专门病证，列专篇论述。《灵枢·经脉》篇提出："肺胀者，虚满而喘咳。"明确了病名，其病位在肺，主要症状有喘、咳及胸部膨满3种。这应该是第一个层次。晋隋唐时期医家开始认识到肺胀属本虚标实之病，详细论述肺胀多由久病体虚，肺脾肾虚损，水停痰凝，气虚气满，痰瘀互结，外寒之邪乘虚侵袭，以致气机升降失调而发。隋代巢元方更是强调肺气本虚，复感外寒之邪是导致肺胀的发病机理，元代《丹溪心法·咳嗽》

云："肺胀而嗽，或左或右不得眠，此痰挟瘀血碍气而病"，提出本病痰挟瘀血证候，并开创活血化瘀法。明清时期进一步整理规范认为，肺胀是一组症候群，是由多种原因引起的，此属于第二个层次。近现代除进一步完善描述其临床症状外，并研究分析肺胀客观上存在着气道高反应性、肺动脉高压、肺纤维化、肺瘀血等病理状况。若能将其"系统"地纳入，形成肺胀项下的相应条目，则进一步完善和明确了肺胀的内涵和外延。经过发展，肺胀病的概念为：以胸部膨满、憋闷如塞、喘息上气、咳嗽痰多、烦躁、心悸、面色晦暗、或唇甲紫绀、脘腹胀满、肢体浮肿等为主要临床表现一种慢性虚弱性肺系疾患。其病程缠绵，时轻时重，经久难愈，严重者可出现神昏、惊厥、出血、喘脱等变证与坏病。继之制订肺胀的分期和分级标准，引入现代科学技术研究内容等。从肺胀的病名演变过程看，符合诠释学的基本原则，实际上也是按照复习文献资料，临证细心体悟；结合众家之长，归纳整理；通过诊疗实践充实修正；纳入现代研究成果，完善肺胀病的现代诠释[11]，应属于第三个层次。

2.2 对中医内科专有名词术语的诠释

中医内科专有名词术语是指在中医基础理论指导下确定的具有中医内科学学术特点，并构成本学科概念体系的特有的关于人体生理病理名词、名称、用语，如命门、髓海、阴结、肺胀、消渴、偏头痛、萎黄、脏躁、髓海、蓄血、肝积、淋证、肾风、癃闭、关格、筋痹等。

专有名词术语有其自身的含义、使用特点和范畴，而且它在中医内科理论体系的构建与阐释中也极为重要，若不能对之进行明晰的厘定，必然会影响学习者对它的准确把握。历代医家从各自所处的历史背景、认知角度提出专属内科学的概念术语，他们对这些术语的解释是我们理解的基础，借助诠释学对中医内科特有名词进行辨识的验证，对其演变进行哲学审视，揭示术语产生发展的本质及术语原构造者在当时文化环境下对人体生理病理现象的理解和表述，采用现代文献学、考据学等方法，对这些术语进行多层次，多角度的理解和认识，进而作出科学准确的评判，并用科学语言转换为具体的说明，使说明的内容能进入实验过程，从而矫正部分古代医学术语概念多义性、歧义性、模糊性、隐喻性的不足，进而不断发掘传统医学与现代医学的内在联系。例如，我们在对中医内科名词术语进行诠释时可以参照朱文锋[12]对规范中医诊断名词术语提出的几项基本原则，进行分步骤诠释学研究，一是科学的医学名词术语必须在实质内容上统领其所属内涵，这就要求我们系统全面收集查阅古代、近代医学文献，并结合临床广泛调研，注重名词术语内涵与外延的研究；二是在初定正名的基础上做出注释，进而按其内涵、外延做出定义性注释，定义有困难的先做说明性注释，力求用词科学性、系统性、准确性、简明性、单一性、派生词能力强；还应组织本学科及相关学科，如中医基础理论、中医诊断学及其他中医临床学科及术语学、汉语言学等学科的专家进行咨询论证、整体讨论，完善其现代属性。

2.3 对中医内科临床理论的诠释

中医内科理论方法论的构建与完善是关系中医内科学现代化发展的重要环节，如何遵循形象—具象—抽象思维方法对其进行深层次的审视，用现代化语言对其进行理论总结、升华而后赋以清晰、明确的科学性表述，使其真正融入到现代医学体系中，是中医内科学界一直都在思索的问题，现代诠释学的引入为这个问题的解决提供了新的思路。对中医内科理论进行诠释学研究，必须坚持中医学系统整体与形象思维的特点，重视症状学观察，证候病机的归纳，重理法方药的一致性，通过理解重构、思辩创新来发掘传统内科理论中潜在的知识结构和科学内涵，通过翻译的手段实现理念更新，用逻辑、数学语言加以表述，进行科学语言的转化过程，进而采用模式生物实验加以佐证。同时根据对诠释学的三要素之一——应用的理解，我们明确了实践也是一种诠释，因此，中医内科理论的诠释应以实践观点为基础来重建现代中医诠释学，将理论研究与临床实践紧密结合。采用临床流行病学调查，基于循证医学临床数据支撑的诠释，采用适宜的数据统计方法等[13]，建立中医内科的临床应用模型，通过应用模型证明中医内科诠释学体系的科学性和在实践中的可操作性。

以"通因通用"内科临床治疗理论的诠释为例。"通因通用"语出《素问·至真要大论》，属反治法的内容。原文："热因热用，寒因寒用，塞因塞用，通因通用。必伏其所主，而先其所因……"。这告诉我们在诊疗疾病过程中要审证求因，辨明真伪，遣方用药时采取顺从疾病外在表象而治的治法，这便是诠释该理论的第一个层面。医家张子和谓："君子贵流不贵滞。"着重强调了气机通畅的重要性；高士宗谓："通之之法，各有不同。调气以和血，调血以和气，通也；上逆者使之下行，中结者使之旁达，亦通也；虚者助之使通，寒者温之使通，无非通之之法也。若必以下泄为通，则妄矣"。此说法不但在前人基础上对"通"的理解做了概念的提升，而且为通法的应用打开了新的思路。在具体临床实践中，医圣张仲景对通因通用治法的应用可谓心思周全，巧妙灵活，其著《伤寒论》、《金匮要略》中多处提到"通因通用"治法，如"汗法治汗"的桂枝汤，"下法治利"的大承气汤、小承气汤，"吐法治吐"的瓜蒂散，"活血祛瘀法治胎动不安之漏下"的桂枝茯苓丸，等等，这些用法充分扩展了"通因通用"的临床应用范围，同时也表明该理论的应用已达到了较为成熟的阶段，医者

在诊病时，不再将通法拘泥于下法，凡人体表现出异常通的假象，均可用通法治之，此为第二层面上的诠释。"通"字，《说文解字》谓："达"也。《辞海》谓："通，贯通，由此端至彼端，中无阻隔。"就机体而言，在生命活动中，阴阳平衡，气血调和，气机畅达是新陈代谢活动的基本保障，脏腑经络，气血阴阳各方面的功能失调均可导致异常"通"的症状，因此，凡机体各孔窍表现出非生理性"通"的症状，如自汗、盗汗、呕吐、吐血、衄血、泄泻、下痢、脱肛、遗尿、淋证、崩漏、带下、遗精等均可视之为通证，在四诊合参，审证求因的基础上，辨明真伪，将符合形通而实不通的病例纳入到"通因通用"理论的适用范围之内，以通为用，以通治之，从而完善对该理论的升级，即诠释的第三层面。

此外，又如"肺热叶焦"、"宿痰伏饮"、"心肾相交"、"乙癸同源"这些中医内科学生理病理概念中的文化哲学意蕴，也有必要进行深入的剖析和阐释；另如，"扬汤止沸"、"增水行舟"、"釜底抽薪"、"逆流挽舟"、"提壶揭盖"、"引火归原"、"利湿退黄"等治疗方法中包含的自然哲学思维以及它们的实质性内涵，更有待作出全方位的现代诠释。

3. 中医内科学诠释的原则与方法

3.1 崇尚国故，熟读经典

诠释的第一要素是理解，只有明确理解了所诠释的对象，搭造出诠释框架，才能发现框架的瓶颈所在，从而为之输入新的科学元素。就中医内科学而言，要想准确诠释内科学的概念、理论，首先就必须对其进行深入的理解，那么就需要熟读经典，追思前贤学说，只有读懂吃透，才能全面、深刻理解其主旨和精髓。

3.2 研习原著，勤于临证

中医内科学理论学术体系的发展，本身也是在实践经验的基础上，通过对经典著作的不断阐释来实现的，因此，临床实践也是一种诠释，它既是诠释的基本手段，也是诠释的目的所在。通过获取临床疗效，一方面可以使中医内科学理论得到充分的实践证明，另一方面又可不断丰富和完善中医内科学理论。

3.3 传承创新，系统规范

要创新就要大胆汲取和借鉴相关学科特别是系统科学和信息技术成就，多学科地对中医理论进行研究，充分吸收当代社会医学、转化医学、医学心理学、气象、物候、地理等学科研究成果，多角度、多层面研究、借鉴与整合，从而使中医内科学诠释性研究在开放中求创新、求发展，并以有利于学科进步为目的。现阶段我们认为诠释就是创新。它为促进中医内科学学术理论的标准化规范化奠基，

将充实现代医学科学朝向统一的新医学新药学迈进。现代诠释学是一种思辨体系和方法论,是对思想方式、思维方式、观念理解的交叉融合解析,能为我们提供富于启发性的见解和思维。我们运用现代科学方法论对中医内科学进行解释,构建中医内科诠释学体系,从自然哲学高度理解中医内科学中的辨证观点、思维和方法,完善传统医学概念的现代语言转换,在深层内涵上与现代科学语言实现逻辑连贯、互补相通,把握中医内科学理论体系的特质,必将有利于中医内科理论的继承和创新;有利于中医内科临床诊疗水平的提高。

参考文献:

[1] 伽达默尔. 真理与方法(上卷)[M]. 上海:上海译文出版社,1999:21.

[2] 成中英. 本体诠释学三论 [J]. 安徽师范大学学报(人文社会科学版),2004,32(4):397-403.

[3] 洪汉鼎. 诠释学与中国 [J]. 文史哲,2003(1):8-12.

[4] 叶美芳,牛文君. 诠释学研究中的拓展与泛化 [J]. 安徽师范大学学报,2005,33(4):339-443.

[5] 王永炎,郭蕾,张俊龙,等. 论诠释学与中医学创新 [J]. 中医杂志,2010,51(7):587-589.

[6] 苏培庆,战文翔. 中医哲学概论 [M]. 北京:中国中医药出版社,2009:15.

[7] 郭蕾,王永炎,张志斌. 证候概念的诠释 [J]. 北京中医药大学学报,2003,22(2):5-7.

[8] 王永炎. 完善中医辨证方法的建议 [J]. 中医杂志,2004,45(10):729-731.

[9] 张志斌,王永炎. 辨证方法新体系的建立 [J]. 北京中医药大学学报,2005,28(1):1-3.

[10] 王永炎,郭蕾,孙岸弢,等. 中医意象诊疗模式诠释 [J]. 北京中医药大学学报,2010,33(4):221-224.

[11] 中华中医药学会内科分会,内科疾病名称规范研究组. 中医内科疾病名称规范研究 [M]. 北京:中国古籍出版社,2003:15-71.

[12] 朱文锋. 中医诊断规范研究述评 [J]. 中医诊断学杂志,1997,1(3):12-15.

[13] 郭蕾,张俊龙. 论诠释学在中医理论基础研究中的意义和价值 [J]. 中医药信息,2006,23(3):1-2.

(收稿日期:2010-10-20;修回日期:2011-01-13)

附录 7

《环球中医药》2011年5月第4卷第3期

通过东西方文化对比认识中医"象"的特点

王雁南,王永炎,张启明

(山东中医药大学附属医院周围血管病科,济南 250014;中国中医科学院中医临床基础医学研究所,北京 100700)

摘要: 在西方文化中,现象是由物质实体或空间结构决定的特定时空条件下的表现。中国文化中的"象"是关于实体、属性和关系的综合概括,具有物我合一、现象与本质相融、自然、整体、时序特性和物象、具象、意象 3 个不同层次。在"象"思维引导下建立起来的中医五脏是时序模型,而不是解剖实体。

关键词: 现象;象;中医;哲学

中图分类号: R22 **文献标识码:** A doi:10.3969/j.issn.1674-1749.2011.03.012

许多文献都把中医学的肝、心、脾、肺、肾五脏英译为解剖学的同名脏器,依次为 liver、heart、spleen、lung、kidney。但显然中医五脏的功能不同于解剖学的同名脏器,如中医学的脾有类似于消化系统的消化吸收功能,不同于循环系统的脾脏；中医学的肝有类似于中枢神经系统的情绪调节功能，不同于消化系统的肝脏。事实上，中医的五脏与解剖学的同名脏器是不同思维模式下的产物。本文将从中国与西方文化的对比中展示这种差异的由来。

从大的视角看，世界有空间和时间两大方面。空间方面显示为"体"，即形体、形质等一切有边界的实在；时间方面显示为"象"，即事物在各种内外关系存在的自然状态下运动变化的呈现。"体"的存在离不开时间，但以空间属性为主。"象"的存在离不开空间，但时间属性为主[1]。

1. 西方文化主流重视"体"

关于世界的本源，古希腊时期的泰勒斯（Thales，公元前 624 年 - 前 547 年）认为是水，阿那克西美尼（Anaximenes，约公元前 570 年 - 前 526 年）认为是气，赫拉克利特（Heraclitus，约公元前 530 年 - 前 470 年）认为是火，但德谟克利特（Democritus，公元前 460 年 - 前 370 年）的原子论更受推崇：认为原子是虚空中的物质微粒，世界由原子组成，原子不可分割、永恒存在、本质相同、形态各异，运动是其基本属性。17 世纪法国数学家和哲学家伽桑狄（Pierre Gassendi，1592—1655 年）再次提出原子假说，并运用于自然科学。嗣后，道尔顿（John Dalton，1766-1844 年）和阿伏伽德罗（Amedee Avogadro，1776-1856 年）建立原子—分子学说，使古原子论取得了精确和定量的形式。原子论一方面强调个体的间断性，习惯于从间断的个体出发推而广之，论及宏观世界的万事万物，另一方面强调事物的空间结构，认为任何事物都有其空间结构和构成途径，并从解剖事物的空间结构入手认识其本质[2]。现象只是由本质决定的附属品，有时（如实验室中）甚至是事物在特定时空条件下的表现。

即使是马克思主义哲学中的物质范畴，也是从客观实在的物质形态（重空间特性）中抽象出来的，并将其作为认识主体（意识、感觉）以外的与认识主体相对立的存在来认识[1]。其中的抽象思维过程常是遵循形式逻辑的规则，将事物原本具有的实体、属性和关系三种内涵进行过滤，而形成仅有单一内涵或共性的概念的过程。在这一过程中，主体与客体、现象与本质、个性与共性等都成了对立的双方。

2. 西医学通过空间认识现象

在西方文化氛围中成长起来的西医学可能更致力于寻找人体生命和疾病现象的本质，认为人体的各种生命现象是由其实体结构决定的。于是，在文艺复兴时期（14～16 世纪）就出现了维萨里的人体解剖学说、哈维的血液循环学说、摩干尼的器官病理学说、巴斯德的细菌学说和魏尔啸的细胞病理学说[3]。医学家们认为正是这些宏观或微观结构的病理改变决定了疾病的表象，于是治疗的目的就是改变这些结构的病理状态。比如把发热、咳嗽、咽痛等临床现象视做由病毒或细菌引起的鼻腔、咽或喉部的炎性反应，治疗的方法就是有针对性的采用抗生素杀灭病毒或细菌或抑制其生物活性。外科针对甲状腺功能亢进实施的甲状腺大部切除术亦来自同样的理念。

进入 20 世纪，生命科学的研究进入了分子水平。认为生命是由核酸和蛋白质等物质组成的分子体系，疾病是由各种外因或自身遗传缺陷导致的分子体系结构异常所致，于是就采用细胞工程技术或基因工程技术来影响 DNA、RNA 复制和蛋白质合成以达到治疗目的。

这种从系统解剖学、局部解剖学、组织学、细胞生物学到分子生物学的人体结构剖析，本以为在人类的基因序列解析清楚之后，生命的本质就揭示清楚了。但随着研究的细化，信息量越来越大，实体结构与现象之间的距离越来越远。促使人们不得不反思，实体结构就是现象的唯一本质吗？不全面。现象的产生和变化不仅取决于实体结构，还取决于以物质流和能量流为实体媒介的内外关系的协调。见图 1。

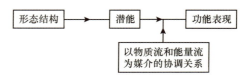

图 1　形态结构与功能表现的间接关系

3. 中国文化主流重视"象"

关于世界的本源，在中国的传统思维中，"元气论"占据主导地位。"元气"是一种"流于天地之间"的连续的物质形态，"其大无外，其小无内"，没有形体，不可计量，故无从说明其内部结构和构成途径，只能从宏观整体上把握其性能[2]。于是，人们从时间出发，将宇宙万物的演变过程看作是春生、夏长、秋收、冬藏的自然生化过程，四时生化万物，时间统摄空间。由于这种顺时演变永无休止，从不反顾，而自然条件不断变化，永不重复，于是，面对万物的自然演变过程，人们只能辅赞，不可代行，只能顺随，不可逆反，只能融入，不可强对，故自然而然地形成了物我合一，人与自然交融的思维模式。这种思维模式又称意象思维，即在彻底开放而不破坏事物所呈现象之自然整体性的前提下，探索事物整体规律的思维模式。在这种模式下产生的认知结果称为"象"[1]。

"象"有 3 个特点：①"象"体现着观察者与观察对象的统一。"象"的获取不仅取决于观察对象本身，还与观察者的学识经验有关。当观察者从不同的角度或不同的层面观察时会获得不同的结果，当观察者运用不同的思维方法观察时也会获得不同的结果。②"象"是观察对象在各种因素影响下的自然整体呈现。即认识"象"时不对观察对象所处的环境施加任何限制或干预以破坏其整体状态，而是注重从观察对象的内外关系的变化中认识"象"的变化。③借助直觉体悟和援物比类抽提的"象"常是观察对象的现象与本质的统一，是关于观察对象的实体、属性和关系的综合反映。如"五行"既是实体概念，代表木、火、土、金、水五种实物，又是属性概念，"木曰曲直、火曰炎上、土爱稼穑、金曰从革、水曰润下"，还是关系概念，表征具有五行属性的五类观察对象间的生克制化关系。

4. 中医学通过时序认识"象"

在中国传统文化的背景下，中医学对人体生理、病理的认识，如舌象、脉象、肝肾阴虚、六淫疫疬、痰饮瘀血、精气血津液神、脏腑经络等都可归结为"象"的范畴。这些"象"无不打着时序的烙印，如筋、脉、骨、肉显然是形态学概念，但《素问·痿论篇》在论述它们产生痿证的治疗时，却称"筋脉骨肉，各以其时受月，则病已矣"。

根据认识的深度不同，"象"可分为物象、具象、意象3个层次：

4.1 物象

物象即"观物取象"，是"象"最原始、最基本的层次，是观察者借助于感官直接感知的未经思维加工的、最朴素的"象"。中医通过望、闻、问、切获得的各种症状体征，都是通过患者的体验或医生的感知而直接获得的最朴素的"物象"，都是人体在各种外来影响与自身调节综合作用下的自然整体呈现。这些物象具有5个构成要素[4]。①观察者：执行物象采集任务的具有正常认知能力的患者和他人（陪人和医生）。②观察工具：采集物象时所用的人体感受器和神经系统。③观察对象：物象表现的人体部位。④观察角度：观察对象在形态或功能上的各种改变的最小类型。所谓最小是指同一观察角度（变量）下的各种改变（取值）具有可比性。⑤观察结果：观察对象在形态或功能上某一观察角度的改变在人脑中的直接或间接反映。

4.2 具象

具象，即具体生动的形象。世界上的事物可分为两类，一类是人们通过感官直接感知的东西，一类是人们通过感官不能直接感知但却客观存在的东西。关于后者的认识就得通过人的具象思维来完成。具象思维过程就是将人体感官不能直接感知的事物转化为可以理解的有具体形象的概念。如万有引力是人们不能直接感知的客观实在，但可从苹果坠地、星球运转等具体生动的形象中概括出来。

中医学通过归纳和比较患者的各种不同物象（症状体征）之间的联系，使散乱的物象群变成一组组相对条理的物象类，这些物象类就是具象。这种对物象的分类不是逻辑性的，只是对联系紧密的、总是相伴出现的物象的初步归纳。这种归纳具有直感性特点，即与患者呈现的象直接联系，是直接的感性认识[5]。恶寒发热、头项强痛、脉浮紧常同时出现于同一患者身上，是一个具象。大便黏液、排便不畅、里急后重常同时出现于同一患者身上，也是一个具象。

4.3 意象

当具象日渐积累变成经验时，人们开始有意识地对具象发生的原因和规律进行深入研究。这种研究常常是在被研究对象与研究者相统一的前提下，将被研究对象置于更大的环境中，从被研究对象内外关系的变化引起的"象"的变化中逐步获得全新的认识。于是研究者的学识经验，甚至人格情感等因素都不可避免地融入到研究结果中，形成的具有物我合一、现象与本质相融、自然、整体的时序概念就是意象。这里的"意"是观察者对物象、具象的感受、体悟而做出的升华，常是观察者关于观察对象的运动规律及其妙用和韵味的把握。它不离于"象"但高于"象"，常让观察者"得'意'而忘'象'"[6]。恶寒发热、头项强痛、脉浮紧是一个以肌肤反应为主的具象，常因受凉引发，于是根据自然界寒性收引的特点，将这一病理过程归纳为"寒邪袭表"的意象。大便黏液、排便不畅、里急后重常发生于潮湿的季夏，于是根据自然界湿性黏滞的特点，将这一病理过程归纳为"湿阻下焦"的意象。

毋庸置疑，中医五脏的产生曾经源于人的解剖形态，如心似倒垂的莲蕊主血脉，肺虚如蜂巢司呼吸，但后来的五脏更是依据人体表现于外的生理之"象"和病理之"象"，通过直觉体悟、援物比类等方式形成的意象概念。具体地说，中医学以阴阳五行哲学思想为指导，依据其属性和"同声相应，同气相求"的原则，将人体分为阴、阳两部分和木、火、土、金、水五部分。并用生克制化关系诠释人体各种"象"产生和变化的机理，从而产生了五脏学说。如果将五脏中的每一脏按照阴阳属性分为供能物质（静而有形属阴）和能量流（动而无形属阳）两大类，依据五脏之间的生克关系建立数学模型，借用人体供能物质和能量流的统计数据进行计算机实验，容易发现在该关系框架下五脏功能变化的传统认识（五脏对应五季）与中国气候的季节性变化是一致的，即天人相应。因此，可以说中医的五脏是在中国传统"象"思维的引导下建立起来的具有物我合一、现象与本质相融、自然、整体的时序模型，而不是解剖实体。与中医五脏对应的人体结构是以供能物质和能量流为实体媒介的生克关系结构[7]。详见图2。

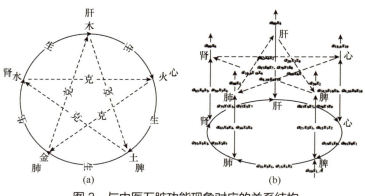

图2　与中医五脏功能现象对应的关系结构

注：其中每一脏都部分为维持功能的能流和产生能流的供能物质两部分，五脏之间的相生关系是供能物质与供能物质间的直接关系，五脏之间的相克生关系是能流与能流间的直接关系，数学符号是这些关系的数学表达式。

参考文献：

[1] 刘长林. 中国象科学观：易、道与兵、医（修订版）[M]. 北京：社会科学文献出版社，2008：27-95.

[2] 王永炎，张启明. 中医研究应进行系统论指导下的还原分析 [J]. 北京中医药大学学报，2007，30（7）：437-439.

[3] 殷国荣，王彬全，杨建一. 医学科研方法与论文写作 [M]. 北京：科学出版社，2002：4.

[4] 张启明，王义国，张磊，等. 内涵最小的独立症状 [J]. 北京中医药大学学报，2010，33（1）：5-12.

[5] 刘天君. 具象思维是中医学基本的思维形式 [J]. 中国中医基础医学杂志，1995，1（1）：33-34.

[6] 杜庆元. 具象、抽象、意象谈 [J]. 淮北煤师院学报（社会科学版），1993，（2）：120-123.

[7] 张启明，王永炎. 中医五脏供能物质和能流变化的动力学特征 [J]. 自然杂志，2010，32（1）：26-32.

（收稿日期：2011-03-23）

附录 8

《自然杂志》2011 年 6 月第 33 卷第 3 期

象思维与中医辨证的相关性

王永炎　　张启明

（中国中医科学院中医临床基础医学研究所，北京 100700）

关键词：象；现象；西方文化；东方文化；中医辨证

　　在西方文化中，现象是由物质实体或空间结构决定的特定时空条件下的表现，强调不以人的意志为转移的客观性或观察的可重复性。中国文化中的"象"具有物我合一、现象与本质相融、自然、整体、动态时序的特点。直觉体悟和比类取象分别是中国人认识和表达"象"的常用方法。象思维过程可分为物象、具象、意象 3 个不同阶段。中医辨证乃至中医理论的形成集中体现了象思维的特点。

　　数千年前，由于历史条件的限制，人们不可能通过解剖事物的内部结构来认识其变化的机制，于是中华先民基于"有诸内必形诸外"的原则"司外揣内"，创建了象思维模式，即通过观察事物的外在表现推测内在的变化机制。遵循这种思维模式，人们的思想可以自由地驰骋于宇宙之间，对天地的形成、物质的存亡、生物的演变、社会的发展都作出了不同于工业文明科学时代的特有解释。中医辨证乃至中医理论的形成是象思维的最好体现，象思维将是中医科技创新的渊薮。

1. 象思维是中国传统文化的特色

从大的视角看，世界可分为空间和时间两大方面。空间方面显示为"体"，即形体、形质等一切有边界的实在；时间方面显示为"象"，即事物在各种内外关系存在的自然状数态下运动变化的呈现。"体"的存在离不开时间，但以空间属性为主。"象"的存在离不开空间，但以时间属性为主[1]。相比之下，西方文化更看重"体"，中国文化更关注"象"。

1.1 "象"的特点

在西方文化中，现象是与本质相对的概念。现象是事物的各种外在表现，其特点是具有不以人的意志为转移的客观性或观察的可重复性；本质是事物的根本性质，常归结为物质实体、空间结构、运动规律。现象有时（如实验室中）是事物在特定条件下而不是真正意义的自然状态下的表现，它只是由本质决定的附属品。科学研究的目的就是透过现象看本质。在这一过程中，研究者与被研究对象、现象与本质都是对立的双方。

在中国文化中，象，本指大象，即《说文解字》"长鼻牙，南越大兽"，后来泛指人们观察事物时所获得的各种认知结果，因侧重点不同而有现象（注重时间）、形象（注重空间）、表象（注重感性）、征象（注重理性）等不同说法。"象"有5个特点[2]：①"象"是物我合一的结果。"象"的获取不仅取决于观察对象本身，还与观察者的学识、经验、所处的环境等密切相关。当观察者从不同的角度或层面观察时会获得不同的认知结果。②"象"是观察对象在各种外来因素影响下的自然呈现。即认识"象"时不对观察对象所处的外界环境施加任何限制以破坏其自然状态。③"象"是观察对象在各种外来影响与自身调节共同作用下的整体呈现。观察对象无时无刻不在受各种外来因素的影响，研究"象"时不是通过建立标准操作规范（SOP）将这些外来因素消除，而是将其视为展示观察对象自身调节能力的试金石。④"象"是关于观察对象的实体、属性和关系的综合反映，是观察对象的现象与本质的统一。如"五行"既是实体概念，代表木、火、土、金、水5种实物，又是属性概念，"木曰曲直、火曰炎上、土爱稼穑、金曰

从革、水曰润下"，还是关系概念，表征具有五行属性的五类观察对象间的生克制化关系。⑤"象"是时序概念。自然万物的演变过程是春生、夏长、秋收、冬藏的时序过程，故关于自然万物的认知结果——"象"也都打着时序的烙印。即使是筋、脉、肉、皮、骨这些本属于形态学的概念，《素问·痿论》在论述它们产生痿证的治疗时，都称"筋脉骨肉，各以其时受月，则病已矣"。由于时间的不可逆转性（自然条件不断变化，永不重复），"象"不可能严格复现。

1.2 "象"的获取

西方文化的创始人大多是自然科学家。如米利都（Miletus）学派的创始人泰勒斯（Thales）是古希腊第一个天文学家、几何学家和物理学家。德漠克利特（Democritus）是"经验的自然科学家和希腊人中第一个百科全书式的学者"。这一特质使他们在探索世界的过程中更加注重定量实验与实证分析，把所研究的对象从复杂的环境中取出，置于有条件的典型的环境之中，观察其某个侧面或某个层面的现象，并借用逻辑推理透过这些现象认识其本质。被称为西方传统逻辑学的奠基人亚里士多德（Aristotle）提出的逻辑思维三大基本定律（同一律、矛盾律和排中律），确定的判断、定义及分类，三段论推理的主要形式与规律，以及阐释演绎法与归纳法的关系等等，直到今天仍是欧洲人值得骄傲的成就。所谓逻辑推理，就是指遵循严密的逻辑规则，通过逐步推理获得符合逻辑的正确答案或结论的思维方式。它进行的模式是阶梯式的，一次只前进一步，步骤明确，包含有一系列严密、连续的归纳或演绎过程。在其行进过程中，研究者能充分地意识到过程所包含的知识与运算，并能用语言将该过程和得出结论的原因清楚地表达出来。

在中国，古代圣贤强烈的从政意识和入世意向，以及"究天人之际、穷古今之变"的哲学目的，常使其注重自身经验、突出思维主体，凭借直觉体悟，仰观俯察，远取近取，统摄天下万物于思维之中。所谓直觉体悟，就是人脑基于有限的资料和事实，调动一切已有的知识经验，对观察对象的本质属性及其规律性联系作出迅速地识别、敏锐地洞察、直接地理解和整体地判断的思维过程。它不经过明显的中间推理就直接得出结论，故研究者不能明确地意识到它的行程，也因之不能用语言将该过程和得出结论的原因清楚地表述出来，大有"知其然，不知其所以然"之感。

1.3 "象"的表达

著名数学家欧几里得（Euclid）在《几何原本》中创立的数学史上第一个公理化系统，包括大量定义、公理、公式、命题、面积变换，以及对圆、多边形、相似形等的

讨论，比例论、数论、简单立体几何、求面积和体积等是现代自然科学倍加推崇的现象与本质的表达方式。英国思想家、新时代实验科学的创始人罗吉尔·培根（Roger Bacon）认为"离开数学，自然就不可能被人认识"，"除非有实验方法的印证，单凭推理得到的结论未必可靠。"在这里，事物原本具有的实体、属性和关系三种不可分割的内涵被过滤成仅有单一意蕴的概念。

在中国文化中，为了表达具有多重内涵的事物的"象"，古人常常用另一种与之跨度很大的事物的"象"作比喻，后一种"象"常常是人们比较了解的，使要说明的"象"与比喻的"象"的共性，正是人们对要说明的"象"想表述的内容，此即所谓"比类取象"。"比类取象"可使人们通过体会两种事物"象"的共性，使对比喻的"象"的理解，巧妙地转移到要说明的"象"上来。这种方式的好处在于，可以在不说出被说明的"象"是什么的情况下，也能理解和把握其内涵。如"神之于质，犹利之于刃；形之于用，犹刃之于利。利之名非刃也，刃之名非利也，然而舍利无刃，合刃无利，未闻刃没而利存，岂容形亡而神在？"《神灭论》以刃利喻形神，即使不说出后者是什么关系，也不影响人们对它的理解与把握。《易经》、《老子》、《黄帝内经》等名著在中国历史上之所以长期成为经典，原因之一就在于它们取风雨雷电、日月星辰、花木鸟兽、山川湖泊、社会人伦等自然或社会之"象"，形象地表达了作者深邃的思想内涵。

1.4 象思维的规律

1.4.1 象思维的定义

思维是与存在相对的概念，即人脑对事物的反映过程。但在中国文化中，思维的器官是心，即《孟子》"心之官则思，思则得知，不思则不得，此天之所与我者"。

象思维就是以事物的各种外在表现为依据，充分借用观察者已有的知识经验，通过广泛联系，旁征博引，体悟事物的内在本质或变化规律的思维方法。正如《易传·系辞下》所言"古者包牺氏之王天下也，仰则观象于天，俯则观法于地，观鸟兽之文，与地之宜，近取诸身，远取诸物，于是始作八卦"。

1.4.2 象思维的特点

（1）重视主体。研究者既往的知识、经验、所处的环境，甚至人格情感等都对象思维的过程及结果产生重要影响。例如，甲型H1N1流感的一个重要表现是干咳无痰，缺少经验的临床医生容易误辨为阴虚肺燥，因为干咳无痰是阴虚肺燥的最常见症状。然而，如果联系患者布满舌面的灰白腻苔，就会发现这里的干咳无痰系湿浊阻碍津液的敷布，不能濡润肺系所致。

（2）关注关系。象思维关注事物在各种外来影响与自身调节综合作用下呈现的性质、功能或作用，而不是事物的构成元素和实体。《素问·阴阳应象大论》的篇名之所以强调阴阳与"象"的联系，而不是与"体"或"质"的联系，是因为一事物的形体或形质本身是无所谓阴阳的，只有当它与其他事物发生联系时，呈现出一定的性质、功能或作用，才表现出阴阳属性。所以从实体本体论和关系本体论的角度看，象思维更关注关系本体论。

（3）强调变化。任何事物都处于永恒的运动变化之中。象思维总是将事物置于其本来的发展进程中，将"象"看做是这一进程中某一阶段的认知结果，当事物发展到下一阶段时，"象"就要做相应的改变，即通过象思维获得的"象"不可能永恒存在，这在《周易·系辞下》又称"唯变所适"。

1.4.3 象思维的规律

尽管象思维的主体不能明白地说明其思维的行程，但象思维过程有其明显的规律性，存在三个不同的认知阶段：第一阶段是肯定阶段，初次接触，随意观察，形成印象；第二阶段是疑惑阶段，观察深入，头绪繁多，疑团满腹；第三阶段是彻悟阶段，随着知识经验的积累，对疑惑进行深入分析或验证，最后大彻大悟，获得深刻的认知结果。这三个阶段就像参禅的三重境界："看山是山，看水是水；看山不是山，看水不是水；看山还是山，看水还是水"。

2. 象思维的现代科学诠释

2.1 象思维适应了科学大格局的变化

所谓科学大格局应是从长期、全局的大视野出发认识的科学发展趋势，包括概念内涵的更新，思维模式的转变和理论框架的重构等多个方面。20世纪以还原论为主体的西医学建立在以"人的病"为中心的模式上，今天则需要从诊治"人的病"向关怀"病的人"转换。世界卫生组织在关于《迎接21世纪的挑战》报告中指出："21世纪的医学，不应该继续以疾病为主要研究领域，应当以人类的健康作为医学的主要研究方向"。过度注重医疗技术的进步而忽视人文社会的关怀是片面的，常导致心理障碍等情志疾病得不到合理的诊治。当今，全球性的医疗制度改革突出表现在医学模式的转变和健康理念的更新上。健康不仅是医学问题，更是社会问题。医学研究的目的应聚焦到人类的生活满意度与生存幸福感上，强调的是人与自然的和谐及社会的可持续发展，关注的是满足各类人群的不同医疗需求和实在的疗效，重视的是个体化诊疗与循证医学证据等。中医药学确切地说不仅是唯物的而且重视唯象的理念，强调的是关系本体论，注重的是能量与信息的时空转换，具有天人合一、形与神俱、整体恒动等特点，这些无疑都与现代科学大格局的变化是一致的。

2.2 象思维适应了高概念时代的思维模型

所谓"高概念时代"是指概念的内涵被赋予了更为丰富的含义，使之具有了鲜明的时代特征。①高概念是象思维与逻辑思维的结合。既要按照逻辑学的规则对概念的内涵进行明确界定，遵循逻辑规则进行严格推理获得结论，又要充分运用象思维的直觉体悟认真梳理概念间的复杂关系，最终落实到科学问题的凝炼、解释与机理的揭示上。例如，中药材的道地性与复方中药的临床应用就是"道地"与"临床"两个概念的多元关联。中药的药性、地域、物候、品质与临床应用中的配伍、调剂、疗效及安全性评价等，既相互联系，又相互印证。②高概念是实证研究与关系研究的结合。中医药研究既需要技术手段的提升、器物装备的支持，又需要在关系本体论基础上形成的模式化理念引导方向。③高概念是自然科学与人文哲学的融合。以维护健康、防治疾病为主要目的的中医药学反映了人体的客观规律，属于自然科学的范畴，中医药学植根于以人为本的中国传统文化的沃土中，其中的人文哲理如天人相应、形神一体是中医药学的原创理念，具有社会科学的属性。只有将自然科学与人文哲学交叉渗透，才能彰显科学与人文并重、科技为人文奠基、人文为科技导向的重要理念。

2.3 象思维是科技创新的源动力

象思维虽最初与如何实现对"天道"的体悟，如何实现"天人合一"的境界，如何达到对道德规范的自觉与自愿紧密相关，但在现代科学研究中，也是一种行之有效的方法。由于客体纷繁复杂，影响因素多种多样，多种可能性同时存在，由于问题空间通常都是不明确的，所需的事实和证据也常常十分有限，更由于不存在一种凝固不变的逻辑通道引导我们解决问题，因此，人们在处理各种各样的问题时，常常会遇到不确定性，而在不确定性情景中，遵循严密逻辑规律，采取逐步推理方式是难以奏效的。相反，富于探索性的象思维则可于此发挥作用。借助象思维，人们可在客观现实提供的各种可能性中作出适当选择，在纷繁复杂的情况下做出有效决策，在事实、证据有限的条件下作出预测，在问题空间不明确的情形中迅速地找到解决问题的一般性原则和中间环节。大量事实表明，在科学创造活动中，象思维在确定研究方向，选择有前途的研究课题，识别有希望的线索，预见事物的发展进程和研究工作的可能结果，提出假设，寻找解决问题的有效途径，领悟机遇的价值，在缺乏可供推理的事实时决定行动方案，在未获得决定性证据时形成对新发现的看法等方面，都起着十分重要的作用。

3. 象思维与中医辨证的相关性

中医的辨证过程可概括为"以象为素、以素为候、以候为证"的过程。即先采集患者的症状体征（象）作为基本素材（素），再将同时出现的症状体征联系在一起（候），最后基于学识经验参悟出病因病机（证）。这一过程体现着象思维过程的3个不同阶段。

3.1 物象

物象即"观物取象"，是"象"最原始、最基本的层次，是观察者借助于感官直接感知的未经思维加工的、最朴素的"象"。中医通过望、闻、问、切采集的各种症状体征，都是通过患者的体验或医生的感知而直接获得的最朴素的"物象"，都是患者在各种外来影响与自身调节综合作用下的自然整体呈现。这就是象思维的第一阶段，即肯定阶段。

3.2 具象

具象，即具体生动的形象。世界上的事物可分为两类：一类是人们通过感官直接感知的东西；一类是人们通过感官不能直接感知却客观存在的东西。关于后者的认识就得通过人的具象思维来完成。如万有引力是人们不能直接感知的客观实在，但可从苹果坠地、星球运转等众多具体生动的形象中概括出来。

中医学通过归纳和比较患者的各种不同物象（症状体征）之间的联系，使散乱的物象群变成一组组相对条理的物象类，这些物象类就是具象。这种对物象的分类不是逻辑性的，只是对联系紧密的、总是相伴出现的物象的初步归纳。这种归纳具有直感性特点，即与患者呈现的"象"直接联系[3]。恶寒发热、头项强痛、脉浮紧常同时出现于一个患者身上，是一个具象；大便黏液、排便不畅、里急后重常同时出现于一个患者身上，也是一个具象。一个个具象常会促使人们自然而然地产生好奇心。这就是象思维的第二个阶段，即疑惑阶段。

3.3 意象

当具象日渐积累变成经验时，人们开始有意识地对具象发生的原因或机理进行深入研究。这种研究常常是将被研究对象置于其本来所处的环境中，从被研究对象内外关系的变化引起的物象或具象的变化中获得全新的认识。于是研究者的学识经验，甚至人格情感等因素都不可避免地融入到研究结果中，形成的具有物我合一、现象与本质相融、自然、整体、动态时序的概念就是意象。这里的"意"是观察者对物象、具象的感受、体悟而做出的升华，常是观察者对于被研究对象的运动规律及其妙用和韵味的把握。它不离于"象"，但高于"象"，常使得观察者"得'意'而忘'象'"[4]，并最终达到"大象无形"的境界。例如恶寒发热、头项强痛、脉浮紧是一个以肌肤反应为主的具象，常因受凉引发，于是联系自然界寒性收引的特点，将这一病理过程归纳为"寒邪袭表"的意象（证候）。大便黏液、排便不畅、里急后重常发生于潮湿的季夏，于是联系自然界湿性黏滞的特点，将这一病理过程归纳为"湿阻下焦"的意象（证候）。由各种证候进一步升华，形成的藏象经络、精气血津液神、六淫疫疠、痰饮瘀血等中医理论应是"大象无形"境界中的概念。这就是象思维的第三个阶段，即彻悟阶段。

概言之，与工业文明科学时代的思维模式完全不同的中国象思维有其独特的认知理念，在大科学的背景下和高概念时代到来之际，它应当是现代科学思维模式的重要内容。中医的辨证过程乃至中医理论的形成集中体现了象思维的全部过程，故认真研究中国古代的象思维对于正确理解和研究中医药学具有重要意义。世界范围的医学研究方向正在由还原分析转向系统整合，这种转变与基于象思维形成的中医理论殊途同归，无疑为中医药的发展提供了巨大的推动力！

参考文献：

[1] 刘长林.中国象科学观：易、道与兵、医（修订版）[M].北京：社会科学文献出版社，2008：27-95.

[2] 王永炎,刘保延,张启明,等.中医临床疗效评价的关键科技问题——香山科学会议第368次学术讨论会纪要[J].北京中医药大学学报，2010，33（12）：797-800.

[3] 刘天君.具象思维是中医学基本的思维形式[J].中国中医基础医学杂志，1995，1（1）33-34.

[4] 社庆元.具象、抽象、意象谈[J].淮北煤师院学报（社会科学版），1993，（2）120-123.

（收稿日期：2011-04-15）

附录 9

《中国中医基础医学杂志》2011 年 7 月第 17 卷第 7 期

中医药科研形势及发展趋势

王永炎

（中国中医科学院，北京 100700）

关键词：中医学；科研形势；发展趋势

中图分类号：R222.15　**文献标识码**：A　**文章编号**：1006-3250（2011）07-0705-03

从科技领域、依据科学发展的视角来谈两点意见：一是谈形势，另一是论整合。中医学人们过去是为谋生存而奋斗，现在是为谋发展而努力。关于形势方面，有喜有忧而总体看好。科学的大格局正在发生着深刻的变化。人在天之下，地之上，天地人一元论的宇宙观逐渐成为科技界的共识。工业文明追求的是精准，而农耕文明弘扬自然的混沌，现在已渐成为一股思潮。西方世界工业文明追求精准，为上个世纪人类的精神生活与物质生活带来极大的提高，这一点功不可没。然而它绝不是惟一的，惟有精准才是科学的对象？！妄加一分便是谬误。现在应该提倡的是东学、西学兼收并蓄，系统论与还原论融通。

清华百年校庆刚刚过，清华最著名的学人是吴宓当国学院院长时的王国维、陈寅恪、梁启超、朱自清、赵元任，后来有杨振宁、钱学森等。陈寅恪在欧洲留学数国，精通西语和西学，回国后以国学为体，西学为用，是一位倡导国学的大家，一位历史学家，他是教授的教授。中医药学孟河学派的恽铁樵先生亦是精通西学与西文，能够以国学为体，注重中医，学习中医，是中医大家。

目前，科学的范畴在拓展，在延伸。国学为体应该引领中医药学学科发展。观天象、察物候，弘扬象思维、象科学。

因为中国是长期的农耕文明，是象形文字而不是拼音文字。取类比象是中医理论思维的诠释，是中医学科重要的方法学。证候是以象为素，以素为候，以候为证，据证言病，方证相应，既强调以"象"的观察体悟为开端，又使理方药融为一体。

所谓察物候，竺可桢院士讲得非常清楚，就是仪器再先进也替代不了人的观察和体悟。中医主张象与体的结合，象与体能够结合，中医、西医亦必能融合。事物总是发展的，天地人相参、精气神一体，是整体医学的概念。当今应该是整体医学指导下的还原分析，从科研的设计就应该注重整体医学的引领，而后进行还原分析。比如说证候组学、方剂组学与经穴组学的研究，做一份还原分析的工作，再回归到整体上来，进行结果的归纳分析。

当前，有许多人在问责大学，主要是因为大学培养出来的学生社会适应性很差。一些博士不博、创新能力不足，这是公认的事实。大学究竟应该怎么办？是按照 18 世纪德国人所设计的学科体系和专业设置走下去，去赶超吗？还是回过头来考察当前教育体制的问题，整合发掘办教育的优质资源？我们应该倡导的是博雅教育，作为其核心的价值观，提倡澹定淡雅，来克服当今的浮躁。

在深圳，朱清时先生办了科技书院，是按中国人自己的理念去办学，而困难重重。我们应该重新思考与考察宋代的书院，其提倡主动性地制定读书计划，而后师长们根据学生的问题做辅导。韩愈《师说》中的"传道、授业、解惑"是最基本的。钱学森提出，中国的教育、中国的人才缺少的是创意。所以，如果在韩愈《师说》的基础上，我们再加强创意，就能走出一条中国人自己的路。中医教育需要重新考察太医院的教习，其中最主要的是案例式的教学。应进一步弘扬与推广策论的撰写，而不是当今的科学论文形式，应由老师问策，而后学生射策，最后撰写策论。国家中医药管理局提出的名医战略计划即按此方式培养了 400 位优秀临床人才，他们写的策论合 100 余篇成书叫做《临床思辩论》，该书有很好的影响，是道道地地的中医学问。

科学大格局的变化，其核心是将不确定性、非线性的研究对象列入科学的范畴，这已经形成全球科技界的共识。当今是哲学、科学混沌与精准线性科学互融的时代。换言之，中医药学具有不确定性、非线性，过去认为是不科学的。20 世纪二三十年代曾经出现过这种现象：西医虽然治不好病，但是从组织学和细胞学上能说通道理，因而它是科学的；中医能治好病，但是没有细胞学、细菌学、组织学的道理，它就是不科学的。直到今天，科技界已形成共识：非线性的、不确定性的研究对象是科学的范畴。哲学科学的混沌与精准线性的科学互相融合的时代已经到来。

关于现象理论的价值取向。什么是现象理论？诸如"恬淡虚无，真气从之，精神内守，病安从来"，这就是理论，是健康医学的现象理论。现象理论具有极高的价值：第一，它体现了现实。第二，它具有对于养生与医疗实践的指导作用。这是周光召先生提过的观点。他认为，中医药学人应认准自己的方向，要有明确的定位，中医药的现象理论是科学的。现象理论的价值是美国人首先认识的。美国西部曾经把狼群打光了，后来又把狼请回来。美国人认识到一个道理，那就是过分向自然索取，必将受到大自然的惩罚。他们体会到顺应自然才是真与美的通途。科学求真，人文求善，真与美的通途就象征了科学与人文的融合。由灵与肉的分离过渡到调心调身的并重，就体现了治未病的理念。

西学至今还没有完全摆脱灵与肉分离的困境，认为灵魂、心理情绪的障碍主要靠牧师，主要靠信奉真主，躯体的疾病主要靠医生的抗生素和手术刀。现在，诸多心理学的分支已经渗透进入了西医学，而中医学在心理学的渗透方面则显得有些落后。

中医药学的学术方向应该进行调整和变革。怎样变革？！应在自然哲学引领下实施健康医学行动，要针对现实的中医学的优势病种，以辨证论治为主体方向，更新评价方法体系，获取共识疗效，提高社会可及性与国际学术影响力。科技部科技支撑"十一五"计划提出，应做辨证论治，进行复杂性干预。"十一五"已经完成，但方法学的问题基本没有解决，这样的情况下，我们做复杂性干预，对辨证论治的方案和中西医结合的方案或者单一的西医方案进行比较研究，得出的结果，具有一定的参考价值。这其中的核心是共识疗效。什么是共识的疗效？就是中医认可，西医也认可；中国人认可，外国人也认可的疗效，叫做共识的疗效。然而，取得共识的疗效谈何容易！？它是一个难点、重点、热点，是一个艰巨的任务。

社会可及性和国际影响力之间是有矛盾的。提高社会可及性，服务民众，适应医疗卫生体制改革，能够起到惠民作用，符合当今社会民生需求，几乎所有的医生都承认。然而这样的工作基础，要在国外的专业刊物，乃至国外比较高层次的综合性期刊上发表文章，基本无法实现。不是一个道地的 RCT 的、有循证医学证据的文章，当前的发达国家就很难承认！就难以真正占有一席之地！

药物的研究，在设定条件下的时候，尚需要做前瞻性的 RCT，其临床试验的结果可被承认。然而复杂性的干预，对现代难治病的临床研究，则难以完成 RCT，可见创新方法学的问题基本没有解决。要发展，应该寻求如何解决 RCT 的局限性为我中医所用！

中医认为，人身三宝精、气、神，精与气表达了物质、能量、信息的机能。现在信息学得到了迅速发展，然而能量和能量代谢的体内过程仍然是研究的薄弱环节。中医的形态学至今仍是一个值得深入研究的课题，到底应该怎样评价，它现在是否有用？！现在的骨伤科，已经把所有的骨和骨连接等都应用了西医名词。姑且可以如此，然而其他学科是否可以完全使用地地道道的西医解剖名词？什么是玄府？玄府就是汗孔吗？什么是孙络、别络、缠络、细络？什么是冲任、天癸？这些西医学没有的概念、解剖名词、组织学的一种实体形态，仍然是应该进行研究和诠释的。

精气神和天地人，重要的还是道法自然。要追求和谐之美与纯正之美，科学与人文的融合，它构建了真与美。中医认为，"两精相搏谓之神"。神的狭义是"血气者，谓之神"；广义的神，就是指思辨、思维、思想。道是规则，是法则。道不明则失其自然。

现在，亟待破解的难题首先是共识疗效。中西医两种体系的冲突仍然存在，社会可及性与国际学术影响力相互之间的矛盾也有待破解。例如，关于痴呆的治疗。我们用随机化盲法对照，循证临床试验分为中医一组，西医一组，不服药的空白对照一组。其研究结果很容易被肯定，但它不符合中医自身的学术规律。应进行个体化的顶层设计对每一位痴呆病人的治疗方案，包括以辨证论治为主体并从社会工作者角度，给他做心理调试，疗效肯定会高于RCT的循证研究。

关于创新方法学。对于构建评价体系的问题，基本还没有得到解决，还不能达成共识的疗效，尚做不到真实世界反映的疗效。因为中医的辨证论治属于复杂性的干预，而真实世界要求 PRO 与 DRO 两者结合，甚至有更广的社会医学内容需要探索。对于循证医学，正确的态度是一学、二用、三改进，一定要分析它的局限性。一元论和整体论与二元论和还原论的融通互动目前仅是一种趋势，广大西医尚未接受，尤其是西医外科医生尚不接受。始于方剂配伍与证候诠释的研究刚刚开始，但现实是还没有走出困境。

网络医学、表征组学，不管是证候组学、方剂组学、经穴组学，都是从上面的宏观自然哲学引领向下，从下面的基因蛋白组学引领向上，这一上一下试图对接的问题。如果找到契合点，那将是重大突破！然而上下之间常常是擦肩而过，尚需有识学人的刻苦工作。

关于整合。鉴于中医药学科具有自然科学与社会科学的双重属性，它需要置于大科学背景下进行整合。首先，我主人随。要弘扬中医学的原创思维与原创优势，重视传承，在传承的基础上创新。要适应大环境的变迁，服务大卫生的需求，构建统一的医药学，这是一种整合。

中医和西医，特别是中医优势的临床思维，从循证诠释到学派的研究，应该充实现代医学科学，进而构建统一的医学与药学。毫无疑问，这就是大科学背景下最重要的整合。医学的社会性增加了，适应医疗卫生体制改革的需求，必须实施医药科学与社会学的整合。西方发达国家都有社会工作者，没有了社会工作者，我们何谈社会医学与医学社会学呢！

学中医要兼通逻辑学，兼通应用数学。科研机构与医疗中心必须要有学习运用循证医学的人才、应用数学的人才和数理统计学的人才，才能保证研究结果更具有说服力，才能知道研究的局限性在何处，才能更好地走向国际，产生更大的影响力。

这种整合只是政策的需求。什么是政策？中医不能丢，中西医并重，中医现代化，中西医结合，这四条缺一不可。政策标志着我们需要整合，应抓住良好发展机遇期，实现国家重大战略需求的目标。这是整合的前提。

强化国家意识，要整合，要重视人才，以人才作为第一资源，服从国家重大战略需求。按照这个目标来整合，需要分析与聚焦本领域的战略需求的重点，而后重要的是落实运作机制。重点是什么？第一要紧的，是突发、新发病毒性传染病的应对，这个应对可以做 RCT 的临床实验。应重视国际学术影响力。中医症状学的感悟、观察，上升到证候学，归纳核心病机，必能拟定出方证相应的治疗方案。另外，针对艾滋病的防治要突出中医优势，抓住一点，就是调节免疫、提高生存质量的研究，要走向世界，要扩大我们的影响，要做出共识的疗效。诸如现在的难治病冠心病、脑卒中、肿瘤，要优化方案，复杂的辨证论治的研究和推广，现在也有很多的进展。目前，很多课题针对难治病进行机理研究，胃肠应激综合征、关节病、头疼、抑郁症，都被认为是中医药的优势病种，应加强研究。

要有学科内的整合，而后要跳出学科，与临近的学科整合，天地生、数理化、逻辑学、心理学、社会学等，这是必不可少的。要和前沿学科整合。现在"973"已经把交叉学科和前沿学科分成两个领域。总的来说，应追寻大学科、广覆盖，要置于大科学背景下来求发展。

实施整合应逐步进行：第一，要跳出中医药学科的领域。要服务于中医药事业的战略任务，强化国家意识。欢迎一切热爱和愿意参与中医药研究的科学人文，各学科的志士仁人加入到我们的队伍中来。应该主张批判地继承，逐步取得共识。管理者要敢于突破依靠发指南、投招标的一般的方式。切实发挥产学研联盟和多学科联合体，医产学研资要整合而后进入资本运作。亟须加强培养复合型人才，即懂政治、学经济、做学问的学术与学科带头人。

要寻求新型的举国体制。举国体制对中国有其优势和特色。中国主张和谐，坚持科学发展观，既要搞好经济建设，又要搞好社会建设，改善社会民生。举国体制对中医来说，首先就是领军人物，他应该具备三条：第一，可信任，道德好。第二，有积累。要有相当的知名度和较丰富的经验。第三，年轻化。要在知名度和积累的前提下尽可能年轻化。其次强调团队，要肯为团队献身，要整合出自强高效的团队，要有全局的意识、要有创新能力。对于一些超常人才，应给予发展的时空。

整合的运作机制要多机构、多学科，这是医学科学属性决定的。目前较为可行的是以项目运作为核心的方法。当然，不能忽视学科，因为学科建设着眼于人，项目运作着眼于成果。要有自主选题的设置，构建临床研究为主体的科研联盟。但要解决好知识产权的问题。医学科学的研究，必须要有团队，必须要整合，应在科研方面建立好档案，尊重科学，尊重创意的提出者。

"十二五"期间应培养由将而帅的领军人才，着力培养战略科学家。倡导"独立之精神，自由之思想"。我认为独立与自由是创新的基础。没有独立之精神，自由之思想，何谈创新，何谈原始的创新？杂家很重要，杂家在一定意义上就是战略科学家，战略科学家得有杂家的修养。

中医药事业的春天到了，但乍暖还寒；前面是曙光，然而脚下却没有路。愿以筚路蓝缕的精神，朝向光明的未来迈进。

（收稿日期：2011-02-17）

附录 10

《中医杂志》2011 年 12 月第 52 卷第 23 期

毒损络脉病机的理论内涵及其应用

李澎涛[1]，王永炎[2]

（1. 北京中医药大学东直门医院，北京 100700；2. 中国中医科学院中医临床基础医学研究所）

摘要：针对"毒损络脉"病机概念的模糊问题，对损络之"毒"与中医学传统"内毒"的理论内涵进行界定，提出"毒损络脉"病机之形成乃各种原因引起络脉拘急或阻滞，导致络脉气血出入失常，使营气与卫气失于交汇协调，卫气壅滞而化生火毒灼伤络脉，其现代病理学基础是炎症级联过程。卫气壅滞化生之火毒，与外感温热、寒郁或气郁化火之病机显著不同，不循经脉漫及全身，故无全身火毒壅盛之症状与脉象。"毒损络脉"是络脉本体受损，表现为神气游弋及气化之障碍，与痰瘀阻络之络脉气血出入盈虚交替状态的异常，血络与气络功能受损不同。中风病、严重肺损伤、门脉高压症、尿毒症均表现了"毒损络脉"的微观病机特征。

关键词：毒损络脉；营卫失和；病络；痰瘀阻络

我们提出中风病"毒损脑络"病机概念后[1]，有关从毒论治络脉病的认识在学术界开展了广泛的讨论，并在临床实践中获得发展与应用。但是，由于概念的泛化，关于"毒损络脉"病机的研讨出现了许多理论上的歧义，直接影响了病络学说的研究深化与推广。为此，本文从概念的规范出发对毒损络脉之内涵外延予以归纳，并对诊疗实践运用的相关问题与同道商榷。

1. 毒损络脉病机的理论内涵

1.1 "毒"的概念界定

"毒"一词是机体正常状态体内不存在的物质的泛称。因此，历来的中医理论将痰、饮、水湿、瘀血统称为内生毒邪，痰浊、瘀血阻滞络脉作为证候病机在临床疑难病治疗上发挥了重要作用。而毒损络脉之"毒"是在传统毒邪理论解决当代复杂疾病存在实际困难的情况下，提出的具有狭义概念的致病因素，与痰浊、瘀血有显著不同。

风、火、痰、瘀、虚作为中风病的病因一直指导着临床诊治，尤其是痰浊、瘀血阻滞经脉、血脉、络脉多为常见的证候病机。如此分析，病机指导临床治疗，对头痛、眩晕、癫狂、痫证和胸痹心痛等病证的治疗虽能起到缓解病情与症状的作用，但对中风病的致残率与复发的疗效不尽如人意，显然，风、火、痰、瘀阻滞经络的病机理论在指导中风病的治疗上尚存在较大局限性，如果从痰、瘀阻滞络脉讨论毒损络脉问题只能是概念的混淆，无理论与实用价值。

那么，毒损络脉之毒为何？毒损络脉之毒邪概念最早产生于对中风病长期临床观察与思考的结果，王永炎院士于1997年提出从毒邪和络脉论治中风病可望成为疗效发展的突破口[2]。此后对中风病机比较分析中发现，中风病发生后患者存在严重的营卫失和现象，如常自汗出、睡眠颠倒、偏身感觉障碍等。联系病理学关于缺血性微炎症在脑血管疾病病理过程中以损伤级联反应为核心的微血管神经元损伤单元的概念，则为毒损络脉学说内涵界定提供了一定的证据[3-5]。基于此，内毒可为卫气壅滞化生之火毒，其现代病理学基础是炎症级联过程[1]。那么，卫气何以壅滞？中医学认为人体的能量信息主要包括在气血和营卫通路中，经脉血脉络脉是该通路基本的功能与结构单位；气血运行于经脉血脉之中，由络脉将气血敷布开来发挥营养机体器官组织的作用，营气伴随着这种敷布而运行于脉中，卫气则运行于脉外肌腠之中发挥温煦作用，两者交汇协调于络脉之处。各种原因引起络脉拘急或阻滞，均可导致络脉气血出入失常，使营气与卫气失于交汇协调，卫气壅滞则化生火毒，进而灼伤络脉，这是毒损络脉的由来。

1.2　毒损络脉的病机特点及其理论基础

毒损络脉之毒虽为火毒，但为壅滞之卫气所化生，与外感温热、寒郁或气郁化火之病机显著不同。卫气行于脉外脏腑腠理之间，卫气郁滞在局部，化生火毒损络而不循经脉漫及全身，故无全身火毒壅盛之症状与脉象，可见舌质紫暗、瘀斑等表象；其与疮疡之发类似，重在伤络而化腐，可致络郁、络阻或络破等病络状态，而影响神气之游弋、气化之出入，甚至导致水液停聚或呈鲜红色弋血出血等。

经络内属于腑脏，外络于肢节，贯通上下，联系内外，是人体气血运行与敷布的承载者。经脉是气血运行的通道，承载全身能量信息的沟通，如环无端，将人体联系形成统一的整体。同时，又可将皮肤五官感受之外邪传入脏腑，也可使脏腑气血之异常状态征象于体表，故经脉病症常表现为全身之症状与脉象、舌象异常相关联的临床证候。络脉是气血敷布的场所，敷布来自经脉的气血于腠理组织，并贯通营气与卫气，而发挥荣养与温煦作用，因此，保持盈虚交替、出入自由的状态是络脉的生理基础。络脉病症则以局部病痛表现或引发脏腑功能异常的间接表现为主，常无脉象和舌象的异常反应。

络脉者，常则通变则病，变则必有病络生，病络生则病成，这里的"变"与"病络"至关重要，内毒火毒致"变"，发生络脉损伤的病变状态与病理过程是属"病络"，至于内风、痰湿、血瘀等均可引发络脉之损伤。从临床观察分析，风、寒之邪重在导致络脉拘急或挛缩，痰、瘀之邪重在阻滞络脉气血之出入，而火、毒之邪则损伤络脉本体致络损或络破，由病络而成络病。

2. 毒损络脉与痰瘀阻络的区别

由于痰浊和瘀血常常作为广义的毒邪用以诠释证候病机，因此，界定毒损络脉与痰瘀阻络之内涵十分必要。其本质性区别在于络脉的损伤与否。痰瘀阻络重在络脉气血出入盈虚交替状态的异常，痰浊、瘀血或在络中或在络外，阻滞了络脉的畅通。痰浊或瘀血并非产生于局部，而是由脏腑气化或经脉气血运行异常所产生并阻滞于络脉局部，导致血络和气络的异常状态，多表现为疼痛或肿胀。其病理学基础是血液流变学异常、血管调节物质代谢紊乱和组织间异常物质的沉积等，进而导致脏器缺血反应和组织肿胀。一旦痰浊、瘀血获得清除，则络脉常可较快畅通而恢复脏腑、肌腠之荣养。一般属易治之病证，诸如临床之头痛、眩晕、胸痹憋闷、胁下胀满、肢体疼痛等症。

毒损络脉重在络脉损伤，是属火毒损害络脉本体。内毒产生于局部，是风火、痰浊、瘀血等邪盛导致络脉瘀阻，卫气壅滞局部而化生，进而损伤络脉而导致气血敷布及营卫交会异常，从而表现为神气游弋及气化之障碍。其病理学基础是缺血性微炎症或微血管病变等导致的脏器实质细胞缺失和微血管物质交换异常。由于其火毒之邪为卫气壅滞所化生，即使导致络脉瘀阻之风火、痰浊、瘀血等邪气获得清除，该壅滞之火毒也难以疏解，此为该病症难治之关键，如老年性痴呆、中风后抑郁证、臌胀、慢性阻塞性肺疾病和尿毒泛弋等病症。

基于上述分析，毒损络脉与痰瘀阻络病机在通络治法上具有显著的不同。针对痰浊或瘀血阻络的化瘀通络治法重在祛痰或活血，如祛痰之胆南星、白附子、半夏，活血之红花、桃仁、赤芍等；并辅以行气和血之法，如川芎、枳壳、当归等。其中调谐脏腑之气机常作为祛痰或活血的治本之举，如茯苓、白术、陈皮健脾化湿断生痰之源，柴胡、郁金、川楝子疏肝理气以复血行之根。针对毒损络脉的解毒通络治法则重在疏解壅滞之火毒，调和营卫之枢机，并兼以养血和络。根据火毒损络之轻重常选用凉血解毒散结的栀子、解毒养血和络的丹参、三七以及凉营解毒的牛黄等从营血角度解毒；选用扶助正气、托里解毒的黄芪、甘草等从宣行卫气角度解毒，从而畅通营卫之枢机，使毒邪疏解而络脉得以修复。

3. 毒损络脉病机在阐释疑难重症发病理论中的应用

3.1 毒损脑络病机与脑中风发病

脑为元神之府，十二经脉以手足三阳经脉直接上头，而手足三阴经脉通过经别并入表里阳经抵于巅顶其经气上注于脑。因此，肝阳化风，心火暴张，风火相煽，或夹痰浊、瘀血直冲犯脑，蒙蔽清窍，并横窜经络阻滞经脉气血迫伤元神，从而出现神志恍惚、肢体麻木或半身不遂、舌强语謇，甚者突然昏仆、二便失禁等。针对该病机采用熄风泻火、开窍醒神、化痰通络，以及急性期后化痰通络、益气活血等治法，在苏醒神志、恢复肢体运动及感觉功能方面均可取得较好疗效，这是气血畅通、经脉功能恢复的表现。但是，患者的记忆障碍、语言表达困难、睡眠颠倒和不能做精细动作等涉及脑神活动的问题，用上述治法并未获得理想疗效。其病理学基础显示，上述治疗有效地改善了受损脑区的血液循环、血管源性脑水肿，并促进了胶质细胞增生等修复功能，但是，细胞中毒性脑水肿引发的迟发性神经元死亡、炎性细胞因子导致微环境紊乱带来的胶质细胞无序增生和突触功能重建障碍，却依然存在。从遗留的症状表现来看，属于营卫失和，神气游弋不利，由生病络。毒损脑络病机使该病理过程获得了恰当的阐释，即中风之发生，风火夹痰浊瘀血上蒙清窍，横窜经络，络脉拘挛或阻滞，失于盈虚交替、开阖自如，营卫交汇受阻，卫气壅滞化生火毒，损伤络脉，或为不通或为络破而出血，阻抑脑神之游弋并进一步加重营卫失和之机转，呈现为以微血管为核心的炎症级联损伤病理过程，并导致严重的脑微环境紊乱，对神经元功能联系再建形成了巨大障碍，所谓毒邪损伤脑神，构成脑神难复的核心机制。因此，只有解毒凉血通络乃至破瘀醒神治疗，才能从根本上阻抑这种病机转化，减轻毒性物质导致的继发性脑神损害，修复脑神功能赖以生存的微环境[6]。研究显示，解毒通络治法可以实现这一治疗目的[7-10]。

3.2 毒损肺络病机与严重肺损伤

一般来说，对于肺之疾病多从肺气改变认识其病机转变，如肺气不宣、肺失肃降、肺气壅滞及肺气虚乏等，即或肺阴不足导致的咳喘或肺络损害之咳血也多从肺气失于肃降论治。由此所建立的相关治法在多数肺疾患，如肺炎、支气管炎、哮喘初期等的治疗中显示了可靠的临床疗效，但是，对于严重的肺疾患如急性肺损伤、哮喘重症等的治

疗力不从心。诸如此类病症实为肺体的损伤而导致了肺宣发肃降功能的严重损害。肺为娇脏，朝百脉，并为天阳之气与水谷精气合为宗气之所，宗气乃胸中大气，为呼吸和肢体运动的原动力。而天阳之气来自于肺之纳入在脉外，水谷精气由脾气散精上归于肺在脉中，两者合和之所在肺中之络脉。外感之热邪或寒邪化热过甚，寒邪束肺日久，以及素痰伏积等，均可导致肺体损伤肺络不畅，营卫交会受阻，卫气壅滞化生火毒而损伤肺络，致宗气生成受阻，从而出现呼吸困难喘憋、少气不足以息、体倦乏力以及水道不通的少尿或无尿；同时，因营卫失和，故伴发畏寒身热、自汗等症状。其病理学基础是肺部发生的以肿瘤坏死因子-α为核心的炎性细胞因子的瀑布式反应对肺泡壁的损伤，肺泡壁毛细血管损伤和肺渗出吸收困难导致气体交换障碍发生低氧血症，见于各种原因引起的急性肺损伤和慢性阻塞性肺疾病。解毒通络治法可有效地改善这种病理状态，与针对导致肺气失于宣肃的病机治疗相辅相成，能够显著提高该类疾病的临床疗效[11-13]。

3.3 毒损肝络病机与肝硬化门脉高压症

肝硬化是由慢性病毒型肝炎、脂肪肝、酒精与药物等化学性因素导致的肝损伤等迁延不愈发展而来。各种肝损伤的核心病机是脾虚、湿阻、肝郁，历来认为这种病机导致了湿阻血瘀，最终形成肝硬化的病理改变，并将继发的门脉高压症所出现的脾肿大、腹壁静脉怒张等臌胀病变归咎于瘀血阻络病机。但是，多年来的临床实践证实，根据上述病机特征所采用的中药治疗对于改善肝硬化患者的主观症状和体质状态有一定的疗效，却并未使肝硬化的病理进程特别是门脉高压症的发展获得有效地阻抑。现代病理学研究表明，肝硬化门脉高压症不仅是胶原纤维增生分割肝小叶导致肝内血管系统循环异常所致，肝窦内皮细胞受炎性细胞因子刺激而发生肝窦毛细血管化成为肝硬化门脉高压症的更为难以阻抑发生的病理基础。同时，肝窦周围的星状细胞（HSC）活化，肝窦内皮细胞损伤，以内皮素-1（ET-1）为代表的引起血管收缩的物质合成增加和一氧化氮（NO）代表的舒张血管的物质合成减少等，所谓的肝内"内皮病"出现的血管调节因子紊乱还导致肠系膜血管扩张，加重了门静脉的压力升高[14]。其中的重要发现是转化生长因子β为促发胶原纤维增生与肝窦毛细血管化共同的重要刺激因子[15,16]，全身高动力循环使内脏血流量增加，血流速度改变导致剪切力增大，增加了门静脉的血流[17]。而具有解毒通络作用的丹参对该病理过程显示了有效的阻抑作用[18]，并从解毒通络角度开展复方研究，通过调节肝窦内皮细胞、星形细胞和肠系膜微血管内皮细胞的功能，显著逆转了肝硬化的门脉高压状态[19-20]。因此可以认为，湿阻、肝郁导致了肝络瘀阻，卫气壅滞化生火毒损伤肝络，而肝为藏血之器官，肝络损伤则郁闭，故出现胁下癥块、

腹壁青筋暴突，络破则出血量大而色鲜，气郁则臌胀难消，解毒通络之治法取得了良好的临床疗效。但是，当今临床根据现代病理学对肝硬化腹水的认识采用利水之治法脱离了基本病机认识，不仅腹水不消并出现严重的阴虚的"伤阴"表现，使得病机更为复杂。

3.4 毒损肾络病机与氮质血症

氮质血症以及进一步发展到尿毒症是多种肾脏疾病晚期的结局。主要临床表现为乏力萎靡，心悸自汗，少尿或尿多，夜尿频，时有低热，并可见口中异味、身痒、头痛等症，舌淡苔腻，脉细或濡。对此，多数学者从脾肾阳虚、湿蕴三焦病机论治[21]，甚至采用大黄等泻下浊毒之治标之法。实践表明，上述认识思路能够有效地改善部分症状，但是对于病情的进展并未获得有效的阻抑。已故著名中医学家赵绍琴教授在氮质血症及尿毒症的治疗上，则擅长以温病学中的卫气营血理论为指导[22]，在此理论指导下的辨证治疗有效地控制或逆转了该病理进程。比较分析发现，前述氮质血症临床表现实为营卫失和之征象，且凸显了卫气敷布受阻，温煦与气化失常的特征。其病机转化实为湿浊蕴结日久致肾络瘀阻，卫气壅滞化毒损伤肾络而形成上述营卫失和的恶性循环病机。其现代病理学基础是慢性肾病肾组织转化生长因子β和衍生血小板转化生长因子对肾小球毛细血管基底膜和肾间质毛细血管的广泛破坏。在治疗上，采用黄芪、丹参、栀子等药物解毒通络治疗取得了较好的结果。

综合上述，我们在临床诊疗实践和研究的基础上，首先对毒损络脉病机的理论内涵做了初步探索，其次对毒损络脉与痰瘀阻络的区别进行了比较分析，以不同疾病为例阐释了证候病机与指导治疗的意义。今后将以更加科学规范的验证性工作，使毒损络脉病机学说的应用推广规范化。

参考文献：

[1] 李澎涛，王永炎，黄启福."毒损脑络"病机假说的形成及其理论与实践意义[J].北京中医药大学学报，2001，24（1）：1-6.

[2] 王永炎.关于提高脑血管疾病疗效难点的思考[J].中国中西医结合杂志，1997，17（4）：195-196.

[3] 朱晓磊，李澎涛.急性缺血性脑卒中后的血管保护策略[J].中国临床康复，2006，10（28）：123-125.

[4] 李卫红，青雪梅，李澎涛.从络论治脑病的中药研发思维探索[J].北京中医药大学学报，2006，29（5）：304-306.

[5] Li weihong，Li Pengtao，Hua Qian，et al.The impact of paracrine signaling in brain microvascular endothelial cells on the survival of neurons[J].Brain Res，2009，80（12）：28-38.

[6] Du Huan，Li Pengtao，Pan Yanshu.et aL.VascuLar endothelial growth factor signaling implicated in neuroprotective effects of placental growth factor in an in vitro ischemic model[J].Brain Res，2010，81（14）：1458-1472.

[7] 张娜，朱晓磊，李澎涛，等.胆酸、栀子苷及配伍对大鼠缺血再灌注脑组织 TNF-α、IL-1β 和 ICAM-1 含量的影响[J].中国医药学报，2003，18（8）：463-465.

[8] 黄月芳，章正贤.中医药防治缺血性中风的临床研究概况[J].中医杂志，2011，52（10）：885-888.

[9] Hua Qian，Zhu Xiaolei，Li Pengtao，et aL.The inhibitory effects of cholalic acid and hyodeoxycholalic acid on the expression of TNF and IL-1 bata after cerebral ischemia in rats[J].Arch Pharm Res，2009，32（1）：65-73.

[10] Hua Qian，Zhu Xiaolei，Li Pengtao，et aL.Refined Qing Kai Ling，traditional Chinese medicinal preparation，reduces ischemic stroke-induced infarct size and neurological deficits and increases expression of endothelial nitric oxide synthase[J].Biol Pharm Bull，2008，31（4）：633-637.

[11] 王智民，朱晓新，崔晓兰，等.防治 SARS 中药的筛选（英文）[J].中国中药杂志，2003，28（6）：484-487.

[12] 李澎涛，张娜，朱晓磊，等.痰热清注射液抗内毒素所致急性肺损伤的实验研究[J].中国药学杂志，2005，40（7）：518-521.

[13] 刘松，殷凯生，王祥，等.丹参对内毒素性肺损伤的保护性作用及其机理研究[J].中华急诊医学杂志，1998，7（3）：153-155.

[14] Wiest R，Cadelina G，Milstien S，et al.Bacterial translocation up-regulates GTP-cyclohydrolase I in mesenteric vasculature of cirrhotic rats[J].Hepatology，2003，38（6）：1508-1515.

[15] De Bleser PJ，NiKi T，Rogiers V，et al. Transforming growth factor-beta gene expression in normal and fibrotic rat liver[J].J Hepatol，1997，26（4）：886-893.

[16] 王宪波，刘平，唐志鹏.肝星状细胞活化在大鼠肝硬化门脉高压形成中的作用[J].中国中西医结合消化杂志，2005，13（4）：211-214.

[17] Fernandez M，Mejias M，Angermayr B，et al.Inhibition of VEGF receptor-2 decreases the development of hyperdynamic splanchnic circulation and portal-systemic collateral vessels in portal hypertensive rats[J].J Hepatol，2005，43（1）：98-103.

[18] 孔德润，胡乃中，许建明，等.丹参对肝硬化门脉高压血流动力学及血管活性物质影响的相关性[J].安徽医科大学学报，2006，41（2）：166-168.

[19] 杜庆红，韩琳，姜俊杰，等.肝络通防治大鼠胆汁性肝纤维化门静脉高压症的初步研究[J].中华中医药杂志，2009，（4）：446-451.

[20] 姜俊杰，杜庆红，韩琳，等.肝络通对门静脉高压症大鼠肝组织α7-烟碱样乙酰胆碱受体的影响[J].世界科学技术-中医药现代化，2010，12（3）：45-49.

[21] 李敏，张淑英.慢性肾功能衰竭中医理论探讨[J].现代中医药，2006，26（4）：41-44.

[22] 彭建中.赵绍琴教授辨治慢性肾病心法述要[J].湖南中医药导报，1998，4（4）：35-36.

（收稿日期：2011-05-16；修回日期：2011-08-15）

附录 11

《世界科学技术—中医药现代化》2011 年第 13 卷第 4 期

中医药现代化、国际化的策略是标准化

韩学杰，刘兴方，王丽颖，史楠楠，宇文亚，王永炎，吕爱平

（中国中医科学院中医临床基础医学研究所，北京 100700）

摘要：由于中医药诊疗模式适应现代疾病谱，并具有"整体观、恒动观、时空观"等特色，其在国内外发展迅速。然而，受中医思维逐步淡化、中药质量存疑、疗效评价方法不当及虚假医疗屡禁不止等诸多因素干扰，中医药临床疗效遭到质疑，加上安全事故频发，导致中医药公信力急剧下降。同时中医药国际化道路曲折，深陷技术贸易壁垒及"去中国化"等一系列困境。中医药标准化作为中医药特色和优势的重要载体，是实现中医药现代化和国际化的前提。本文认为中医药在发展过程中要想摆脱上述困扰，必须走标准化的道路，并提出了借助标准化维护公信力、传承中医诊疗技术和保障中药质量和安全、克服技术贸易壁垒及纠正"去中国化"等系列策略和建议。

关键词：中医药；现代化和国际化的策略；标准化

Abstract：Traditional Chinese medicine（TCM）has numerous characteristics，such as holism，notion of perpetual motion and space-time view.The practice pattern of TCM has adapted to the spectrum of modern diseases.As a result，TCM has been made great development around the world.However，the clinical curative effect of TCM was under question due to many disruptive factors，for instance，gradually downplaying of TCM thought model，doubt in Chinese medicine quality，improper evaluation method of clinical curative effect，repeated unauthentic Chinese medicinals.And this，coupled with frequent occurrence of safety accidents，led to declining public credibility of TCM sharply.Meantime，the internationalization of TCM has faced a host of troubles，suffering from technical barriers to trade（TBTs），increased risk of desinification and so on.The standardization，an important carrier of characteristics and advantages of TCM，is the premise to achieve modernized and international development of TCM.This article considered that TCM must go the way of standardization if it wants to get rid of proposed troubles in the course of development and puts forward corresponding countermeasures that maintaining public credibility and boosting internationalization by the means of standardization.For example，diagnosis and treatment technique of TCM should be inherited.Quality and safety of Chinese herbal medicine should be insured with the aid of standardization.And TBTs can also be overcome and put into the right tendency of desinification by making use of TCM standardization.

Key words：traditional Chinese medicine；strategy of modernization and internationalization；standardization

随着社会、经济的发展和人们生活方式的改变，受人口结构老龄化等因素的影响，主要威胁人类生存和健康的疾病演变成了难以治愈的癌症、心脑血管疾病、功能性疾病、精神心理疾病等慢性病，加上化学药品的毒副作用所导致的药源性疾病在世界范围内急剧增加，引发了全球对健康、疾病认识的更新以及治疗理念的改变，促使人们将目光转向了补充替代医学（complementary and alternative medicine，CAM），以寻找一种安全、有效且价格低廉的替代方法[1-3]。当今医学已经进入一个以预警、预防和个性化为核心的"3P"（prediction；prevetion；personalization）新时代，这代表着医学发展的终极目标和最高阶段[4]。正是在这样的背景条件下，中医药这一具有"整体观、恒动观、时空观"等鲜明特点，强调以"治未病"为核心预防保健思想和以"辨证论治"为个体化诊疗方案的独特东方医学体系，引起了全世界的关注。西方国家希冀能够从古老的东方传统医学中寻求另一种医学的智慧，一方面寻找对于慢性疾病更好的防治办法，另一方面则试图通过传统医学的应用，来降低日益增长的医疗费用[5]。2009 年 5 月 1 日，欧盟委员会成立了"后基因时代中医药良好实践研究协作组织"（The Good Practice in

Traditional Chinese Medicine Research in the Post-genomic Era consortium，GP-TCM），是欧洲第七框架计划（EU-funded7th Framework Programme，FP7）的第一个协作项目，总预算 995100 欧元，致力于通过临床专家和科学家之间多学科经验和技术交流，分享通报中医药安全性和有效性方面的最佳实践和协调研究 [6]。

1. 挑战分析

过去的十几年里，作为补充替代医学重要组成部分的中医药，其使用在西方国家大幅度增加，并被一些国家列入医疗卫生保健体系，甚至立法 [7-9]。在国内，"平等对待西医和中医"成为卫生保健政策的三大支柱之一 [10]。然而，在迎来全球发展机遇的同时，中医药也面临着一些挑战，由于应对乏力，严重影响了其现代化、国际化的进程。

1.1 公信力急剧下降

1.1.1 临床疗效受到质疑

临床疗效是衡量医学价值的首要标准。中医药虽然越来越为国外民众接受，然而质疑声依旧不断。几千年来，中医药在守护国人健康方面功不可没，如今其疗效却受到抨击，被某些人冠以"伪科学"的称号。2006 年网络上掀起的"废除中医"运动闹得沸沸扬扬，时间证明这只不过是一场闹剧，然而我们在对此嗤之以鼻的同时，是否也该深思这场风波背后深层次的原因。中医临床疗效受到质疑，问题出在以下 4 个方面：

第一，中医思维逐步淡化。由于国内中医人才教育培养模式值得商榷，中医传承出现危机，甚至有老中医提出目前中医教育是在培养"中医的掘墓人"，而这绝不是危言耸听。没有中医思维，不能正确遣方用药，何谈疗效？没有传承，哪来发展，又何谈创新？

第二，中药质量受到质疑。中医药疗效的彰显需要两方面支撑，只靠诊断和处方准确是不够的，还需要中药药效过关才行，缺一不可，而中药的药效取决于中药的质量。中药范围广泛，包括中药种植、中药饮片、中成药等。"药材好，药才好"，其实中间还漏了"饮片"这一中间环节，炮制不得当，也会影响药效，甚至产生毒副作用。出于经济利益的驱使，目前国内中药市场上中药饮片品种混淆、部分药材的互相代用，掺杂异物、增加重量，非药用部分严重超标、染色掺假，水分、灰分超标，含量差异大等问题极为突出，严重影响了中医药的临床疗效。用药如用兵，为将者即使再圆机活法、神机妙算，兵源质量不行，想胜也是妄谈。因此中药质量这一环节极为重要，道地药材和炮制得法才能保证中医药效的发挥，为中医疗效提供保障。

第三，疗效评价方法不当。以个体诊疗为特点、个案记载为写照的中医疗效，几千年来得到了广大民众的肯定和信任。但随着以概率为尺度的统计学尤其是以多中心、大样本、随机双盲对照为特点的循证医学的应用，使中医有效个案的证据效力受到质疑，使中医疗效的传统判定方法受到严峻的挑战。

第四，虚假医疗屡禁不止。患者"病急乱投医"的心理以及政府部门的监管力度不够，给虚假违法中医医疗服务提供可乘之机。2011 年 3 月，国家中医药管理局对全国 62 家都市类报纸和文摘类报纸发布中医医疗广告情况进行了监测，共监测到虚假违法中医医疗广告 600 条次，与去年同期相比增长了 65%，其中监测的都市类报纸发布的中医医疗广告几乎全为虚假违法广告，给中医药行业发展造成了恶劣的影响。

1.1.2 安全性事故频发

随着中医药在世界范围内的广泛应用，中药产品的质量安全问题日益凸显，中药贸易和信誉受到严重损害。截止 2004 年 5 月，世界卫生组织（WHO）共收到中草药的可疑不良反应报告达到 11716 份 [11]，"关木通"、"小柴胡汤"等中药不良反应事件引起国际社会广泛关注。国内方面，从 2006 年的"鱼腥草"注射液事件，到 2008 年的"刺五加"、"茵栀黄"事件，再到 2009 年的"双黄连"事件，中药制剂接连发生严重不良反应事件，加剧了人们对中医药的不信任。

中成药也是中医药治疗的一种手段，需要在中医药理论指导下才能正确使用。而目前大部分中成药却是由综合医院的西医医师开出的，2008 年由北京市中医药管理局与北京市中医药学会组织的西医使用中成药现状的大规模调查研究发现，临床中成药不合理使用率最高达四成，给用药安全带来巨大隐患。

1.2 国际化进程受阻

中医药国际化虽然前景光明，道路却并不平坦。中医药国际贸易市场的扩大伴随的是技术贸易壁垒的叠加，而中医药技术在国际快速传播的同时，"去中国化"趋势也愈发明显，知识产权保护情况令人担忧。

1.2.1 全球贸易壁垒重重

随着中医药国际市场逐步扩大，许多国家为了本国医药公司及相关医疗服务的收益，实行贸易保护主义，设置技术贸易壁垒，限制中医药的进入，严重减少了我国中医药所占的国际市场份额。目前发达国家针对我国中药出口的技术性贸易壁垒形式多样，如技术标准壁垒、技术法规壁垒等，最直接影响就是我国的产品由于技术、环保等因素无法进入或被迫退出目标市场。而间接影响则主要表现为对我国中药企业竞争力的影响，这主要是由于中药企业为应对国外的绿色壁垒等，在技术、环保、测试设备、认证方面增加了产品成本，从而丧失了产品价格优势，削弱了其在国际市场上的竞争力[12]。

1.2.2 "去中国化"风险加大

中医药是发源于中国的原创医学体系，其影响力不断扩大，传播到世界160多个国家和地区，其中针灸技术的传播尤为快速。针灸是中医药体系不可分割的重要组成部分，已成为我国具有世界影响的文化标志之一，然而中医针灸在走向世界的同时面临"去中国化"的倾向。其中同属大中华文化圈的日本、韩国是中医药走向世界的主要竞争对手。日本汉方医学和韩医学是一门建立在中医药基础上的，同时适应本国文化的医学[13]，在美国，中医药和二者被统称为"东方医学"。

抢先制定中医药相关国际标准是日、韩等国"去中国化"的重要手段之一。2009年，韩国投资191亿韩元（约1.1亿元人民币）在韩医学研究院设立"韩医技术标准中心"，计划与中、日两国角逐中医药国际标准的领先地位。在世界卫生组织国际疾病分类代码（ICD-11）传统医学部分起草工作中，韩国方面反对中医药部分以中医药命名，提出以"东方医学"（TOM）、"传统东亚医学"（TEAM）命名。由于日韩等国的阻挠，ISO/TC249从2009年12月成立至今，"中医药技术委员会"依旧为其暂定名。2008年的"韩国针灸被世界卫生组织定为国际标准"一事，虽然最终以WHO承认中国在针灸国际标准制定中发挥重要作用而平息，却给我国敲响了警钟。

此外，中医药作为我国最具原始创新潜力的领域，知识产权的保护意识薄弱，造成了许多专利权的丢失。目前在我国申请的中医药专利有90%是来自国外，多达万余件；日本根据我国中成药"六神丸"配方生产"救心丸"，一年销售额高达6亿～7亿美元；从中草药黄花蒿中提取的青蒿素是治疗疟疾的良药，却被国外申请了系列专利[14]。

2. 对策与建议

中医药要想取得更大发展，为更多的人服务，必须解决上述难题，而标准化将是重要的新手段。卫生部中国循证医学中心将中医药现代化定义简述为：中医药现代化＝标准化＋科学化＋国际化，其中标准化是科学化的前提，标准化和科学化是国际化的前提[15]。

2.1 借助标准化维护公信力

公信力的维护事关中医药的生死存亡。人无信则不立，中医药失去公信力，同样将无立足之地，现代化发展亦成妄谈。而中医药标准化目的正是为了中医药完整保存和可持续发展[16]，因此，中医药公信力的维护，应当在保持中医药学整体恒动、辨证论治等鲜明特色与优势的前提下，取其精华，去其糟粕，通过科学管理，使之与当代社会相适应，走中医药规范化、标准化的道路。

2.1.1 中医药标准化是中医药特色和优势的载体

（1）借助标准传承中医诊疗技术临床疗效是建立中医药公信力的基础。中医药要想"挺起腰杆"，直面质疑，必须"以效服人"，中医药标准化作为其特色和优势的载体将提供有力的支撑。中医名词术语等基础标准及中医教育标准的制修订，将促进中医思维的传承及理论和技术方法的创新，推动跨国科研合作平台的建设。而通过中医医疗标准及指南的制修订，能使中医的特色诊疗技术、方法得到更好的推广应用。

（2）通过标准手段保障中药质量，中药的质量直接关系到药效，而药效直接影响到中医的临床疗效。目前中药质量方面的问题可以通过及时组织制定相关环节的标准来控制，如药材来源、饮片炮制、包装运输等环节，同时注重标准的推广实施。国家对中药质量问题日益重视，不断加强质量标准研究，提高药品质量控制水平，加大管理力度。国家食品药品监督管理局在中药材栽培、加工、储藏、销售等环节推行《中药材生产质量管理规范》（GAP）等安全质量管理规范。2010版《中华人民共和国药典》首次编纂中药饮片卷，使中药饮片有了国家标准，并大幅增加了中药收载品种数量，不断提高中药行业的标准化水平，保证中医临床用药的安全有效。

（3）制订中医药临床疗效评价标准。中医药临床疗效评价标准的滞后是中医走向国际的巨大障碍。目前有些人用西医药的标准来衡量中医药，寻求西医理论来证明中医药的疗效，实践证明这是行不通的。其实中医药不缺疗效，缺的是能够证明自身疗效的公认可信的中医药疗效评价标准[17]。2009年1月5日，由中国中医科学院牵头组织实施的"中医临床疗效评价标准"研究在京通过专家验收，该项研究开创性地将PRO量表研制与应用融入中医疗效评价之中，在评价体系建立方面增加了中医药学特色，受到国际临床流行病学领域专家的高度关注[18]。

（4）建立健全相关管理标准。在中医药现代化进程中，行业的科学管理水平是衡量其发展水平的一把重要标尺，而科学管理水平的主要标志是管理的规范化、标准化、系统化。中医药标准化是规范行业管理的途径，在一定程度上来说，中医药标准化的程度有多高，中医药现代化的水平就有多高[19]。实现科学化管理，将为中医医疗保健活动建立最佳秩序，保证服务质量。

2.1.2 中医药标准化是保障中药安全使用的重要手段

陈可冀院士[20]认为，我国有关标准不够严格是导致中药安全问题的重要原因。提高中医药标准化水平，是保障中医药安全性的重要手段。

"关木通"、"小柴胡汤"等不良反应事件的发生，与缺少中医理论指导，不合理使用有极大关系，凸显出中医与中药的国际化进程不协调，也证明了"废医存药"是行不通的。对此，我们一是加强对药效的研究，建立中药药效标准；二是针对国外常用的中成药制定外文版的临床合理使用指南，国内已有的直接翻译即可，以减少由不合理使用引发的安全事故。

中药注射液接连被禁事件的背后，折射出我国中药标准化研究仍处于薄弱阶段，大部分中药注射剂的质量标准有待提高和完善。2006年8月，国家药典委员会牵头实施了中药注射剂提高标准行动计划，意在全面提高中药注射剂的质量，使其真正达到安全、有效、可控。

不合理用药是中成药使用的重大安全隐患，长此以往，必将给中医药的声誉带来恶劣影响，急需出台中成药的临床使用指南，指导合理地使用。为此，国家中医药管理局于2009年发布了《中成药临床应用指导原则（征求意见稿）》。吕爱平认为该原则针对所有医院的医生，可操作性不强，效果有限，建议尽快制定专供西医医生使用的中成药临床使用指南，明确高血压病、冠心病、糖尿病等常见疾病的中成药使用基本原则、用法用量、使用注意事项等。

2.2 通过标准化助推国际化

未来国际竞争的焦点就是标准的竞争。中国要想在日后中医药国际化进程中，破解目前国际化困局，保持中医药特色和竞争优势，得到与"中医药起源国"身份对等的利益，就必须走中医药国际标准化的道路，并掌握标准制定的主导权。

2.2.1 中医药国际标准是克服技术贸易壁垒的有效途径

中医药国际标准化是克服国际非关税性技术壁垒的有效途径，要打破壁垒，促进中医药国际化发展，急需制定以中国为主的中医药国际标准。目前中医药国际标准屈指可数，与巨大的中医药国际贸易市场形成鲜明对比，中医药国际贸易相关的标准存在巨大缺口。谁在中医药国际标准制定领域抢先一步，谁就有更大的话语权，谁就掌握了市场的主动权，在国际贸易中将占据更大的优势。

目前许多国家也意识到中医药贸易领域的巨大发展潜力，争先制定中医药相关标准，同时跨国医药巨头也纷纷加入了中医药的研发行列，大力储备人力和物力资源，以抢占先机。我国作为中医药的起源国，在占据天时、地利、人和的优势下，更应该厚积薄发，勇于面对挑战，积极主动承担制定中医药国际标准，在保持中医药特色和优势的前提下，活用国际规则，掌握中医药国际标准制定的主导权，使国际与我们接轨，在适当的时候也可利用合理的程序，

将成熟的国家标准成果转化为国际标准。

2.2.2 中医药国际标准化有助于纠正"去中国化"

面对当前中医药在国际发展过程中出现被"去中国化"的风险，我们在推动中医药文化传播、树立中医药国家品牌形象、加强国际科研合作的同时，应利用好标准化这一中医药国际化的重要抓手。

2010年11月16日中国申报项目"中医针灸"正式通过联合国教科文组织保护非物质文化遗产政府间委员会第五次会议审议，被列入"人类非物质文化遗产代表作名录"，这无疑是对针灸"去中国化"最好的回应，为中医药国际化奠定了重要基础。

标准就意味着话语权，如果丧失话语权，在目前大多数国家对中医药了解不深情况下，不用别人刻意为之，针灸宗主国的地位自然旁落他家，"去中国化"水到渠成。中医界应当有责任和紧迫感，在针灸的发展问题上进行前瞻性研究，在政府主导下主动参与相关国际组织的标准制修订工作，提高科技竞争力，而不应当靠日、韩等国的"倒逼"来推动。

中医药在国际化的过程中还应当注意知识产权的保护，维护国家利益。由于现代知识产权体系的缺陷，很难实现中医药知识的全面保护，造成了无可挽回的巨大损失，需要我们探索一条新的保护途径。在当今知识经济时代，标准与知识产权关系紧密，发达国家正通过"技术专利化、专利标准化、标准许可化"的全球技术许可战略，以保证其在国际贸易中能获得最大利益。因此，将中医药知识产权保护与中医药标准化制修订相融合，或许将是一个新的选择[16]。

综上所述，中医药标准化将是中医药脱离困境的必经之路。中医药标准化作为一个完整的体系，应当站在国家和民族利益的高度统筹规划。于文明建议，中医药标准化战略应当纳入国家"十二五"规划给予重点支持，建立中医药标准化跨部门协调工作机制，建立重大事件联动机制，推进中医药国际标准化工作进程。同时，加大中医药标准化工作的经费支持。在目前每年300万中医药标准化专项的基础上，设立中医药标准化重大专项，在重大科技专项中将中医药标准化作为重点领域予以安排，支持中医药标准化的基础研究和前期研究。

参考文献：

[1] 聂慧，王奇，李荣华.浅谈中西医学主观指标测评的优势互补.中国中西医结合杂志，2010，30（12）：1317-1319.

[2] 李今庸.保持中医特色，弘扬中医优势—给国家中医药管理局的一封信.中医药通报，2005，4（3）：1-6.

[3] 吴万垠.中医药在恶性肿瘤治疗中的"替代"与"补充"作用.中国中西医结合杂志，2011，31（1）：111-114.

[4] 李振光，蒋东晓，周丽，等."3P"医学新概念.中国卒中杂志，2008，3（8）：609-611.

[5] 赵英凯，崔蒙，范为宇，等.补充替代医学发展现状与趋势分析.中国中医药信息杂志，2007，14（10）：1-3.

[6] Uzuner H，Fan TP，Dias A，et al.Establishing an EU-China consortiumon traditional Chinese medicine research.Chin Med，2010，5（12）：42.

[7] 王尚勇，孔丹妹.中医在世界各国和地区的现状（上）.亚太传统医药，2006，（8）：5-23.

[8] 王尚勇，孔丹妹.中医在世界各国和地区的现状（下）.亚太传统医药，2006，（10）：5-22.

[9] Chen FP，Chen TJ，Kung YY，et al.Use frequency of traditional Chinese medicine in Taiwan.BMC Health Serv Res，2007，7：26.

[10] Zhu C.Chen Zhu.China's modern medical minister.Interview byRichard Stone.Science，2008，319（3）：1748-1749.

[11] 张冰，徐刚.中药不良反应概论.北京：北京大学医学出版社，2005：5.

[12] 张慧，李金良.加入 WTO 后我国中药出口如何跨越技术性贸易壁垒.商场现代化，2008，（31）：27-28.

[13] Yu F，Takahashi T，Moriya J，et al.Traditional Chinese medicine and Kampo：a review fromthe distant past for the future.J Int Med Res，2006，34（3）：231-239.

[14] 佚名.中药产业在忧患中奋起.医药经济报，2006-08-11（008）.

[15] 李幼平，吴泰相，刘关键，等.卫生部中国循证医学中心促进中医药现代化的策略.中国循证医学杂志，2007，7（4）：83-85.

[16] 宋晓亭.中医药标准化与知识产权的渗透.中国中医药信息杂志，2008，15（12）：3-4.

[17] 蒋文跃.亟待建立中药药效标准学.辽宁中医杂志，2002，29（4）：230-231.

[18] 秦秋."中医临床疗效评价标准"通过验收.中国医药报，2009-01-13（A04）.

[19] 李振吉.中医标准体系构建研究.北京：中国中医药出版社，2010：8-11.

[20] 陈可冀.剖析"中药为何频发安全事件".前进论坛，2007，（1）：14.

附录 12

《中国中西医结合杂志》2011 年 10 月第 31 卷第 10 期

中医辨证论治诊疗技术标准化的思考

宇文亚，吕爱平，韩学杰，史楠楠，王丽颖，王燕平，王永炎

摘要：辨证论治诊疗技术的标准化是中医药走向世界的前提，但是其个体化的诊疗特征与标准化的规范要求存在技术体系上的矛盾。本文归纳了目前辨证论治技术标准研究中取得的成绩、存在的问题，提出了解决的思路和建议。

关键词：中医药；辨证论治；技术标准

Exploration on Syndrome Differentiation Standardization of Chinese Medicine Diagnosis and Treatment Technologies

YU Wenya，LU Aiping，HAN Xuejie，et al.

（Institute of Basic Research in Clinical Medicine，China Academy of Chinese Medical Sciences，Beijing100700）

Abstract：The syndrome differentiation standardization of Chinese medicine and treatment technologies is the premise of Chinese medicine's entry into the world.But its individualized diagnosis and therapeutic features are contrary to the specification of standardization.The achievement and existent problems in syndrome differentiation standardization of Chinese medicine and treatment technologies were summarized in this paper.The thinking ways and recommendations to solve were proposed as well.

Key words：Chinese medicine；syndrome differentiation；technical standard

辨证论治是最能体现中医诊疗特色与优势的核心技术，只有实现标准化才能体现其科学价值。然而，辨证论治具有个体化的诊疗特征与标准化的规范要求[1]存在技术体系的矛盾。那么，辨证论治诊疗技术能否实现标准化，如何实现标准化并体现它的个体化诊疗特色，这是中医研究者面临中医如何发展的难题，也是辨证论治诊疗技术如何走向世界，与世界医学科学接轨的重大问题。

1. 辨证论治诊疗技术的标准化是中医药走向世界的前提

标准是衡量学科成熟的标志，辨证论治诊疗技术的标准化是体现中医疗效优势的核心技术载体，它的科学价值是对中医诊疗技术行为发挥规范性作用和指导作用。作为中医药的核心技术——辨证论治要服务于全人类，不但临床疗效要取得世界医学界的认可，更重要的是形成辨证论治诊疗技术的规范，将其技术特色与优势以标准的形式固定下来，形成技术标准，所以，实现辨证论治诊疗技术标准化是提升其技术的科学内涵，走向世界服务于人类的前提。

中医辨证论治诊疗技术有两千多年的发展历史，具有完整的理论体系，独特的临床思维，肯定的临床疗效，其诊疗技术的成熟度毋庸置疑。但由于辨证论治是建立在整体观理念上的个体化诊疗技术，与现代医学技术在理论体系、思维方式等方面存在很大的差异，也就是说个体化的诊疗技术犹如量体裁衣，按标准化的技术要求很难统归在标准化的技术规范中。

2. 辨证论治诊疗技术标准化的研究现状

辨证论治诊疗技术是中医诊疗疾病的思维方式，它是以中医理论为指导，对疾病进行理（辨别证候）、法（确定治法）、方（依法组方）、药（组配药物）的临床思维过程，可见辨证论治中证候是治疗的基点，方药是治法的具体体现，其中又含有个人经验的学术成分，而标准化的要求，就是要将这一诊疗思维过程用标准化的形式固定下来，其技术要求不但要体现其疗效优势，而且要体现标准化的技术规范要求。基于证候是治疗的基点，证候治疗的客观化、标准化是辨证论治规范化的前提和基础[2]，只有依据准确的辨证，确立治法方药才能保证临床疗效的可靠性。据此，自从20世纪50年代开始，中医药研究者围绕证候标准开展了系统的研究，对证候概念和内涵、证候分类、命名、证候量化的诊断标准等方面进行了证候的规范化[3]。中医证候标准的制订取得了一定的成绩，但是标准的临床应用情况却不容乐观[4]。

在疾病辨证论治标准化的研究方法上，有研究者充分利用人才与技术资源优势，根据中医药技术标准的特点率先进行探讨，采用循证医学方法、专家共识法、定性与定量分析法等科学研究方法，首先在中医疗效优势病种上形成诊疗指南等标准化技术文件[5-6]，基本上取得了中医药行业的一致性。最近有研究者在证候标准的制订中提出，通过提取证候表现中与病位和病性相关的证候要素对证候分类加以规范的新思路[7]。但其临床应用性、技术操作的可行性、临床疗效的可靠性有待于在推广应用中检验。

3. 辨证论治诊疗技术实现标准化存在的问题

技术标准的基本特点是要取得相关方最大程度的协商一致性[1]，一方面要求标准研究要在学科发展较成熟的基础上进行，另一方面作为个体化辨证论治诊疗技术要体现个体化技术特征，并要具有实用性、可操作性，才能被临床医生接受和应用，科学价值与疗效优势才能在规范辨证论治中得到体现。故此，近二十余年来，辨证论治的前端技术——证候规范化研究始终是中医药现代化和标准化研究的热点，相继出现了不少研究成果，如各学术团体、专业委员会制订了相关疾病的以辨证论治为核心的诊疗指南、证治标准；中医药行政管理部门组织专家制订了证治标准、中药新药临床研究指导原则等证型标准；从事中医临床、科研的人员在学术刊物上不断发表各种疾病的证候规范文章；不同版本的教科书、学术专著也以辨证论治的证候规范为核心，提出各不相同的证治类型，仁者见仁、智者见智，各抒己见，使得证候规范并未统一，并未达到作为成熟理论的辨证论治技术标准，达到协商一致性的规范要求。存在的主要问题如下：

3.1 标准形式不够规范，内容不够均衡

中医药标准制订发布的部门、组织较多，程序不够健全，形式不够规范。如辨证论治标准既有单独的"诊断标准"、"辨证分型标准"、"治疗指南"，也有将几种组合的"中医病证诊断疗效标准"等综合性标准，又有仅包括某一病证的《单纯性肥胖病的诊断及疗效评定标准》等单一病证标准。此外，证候名在各标准中也不够统一[8]。这些问题给辨证论治标准的使用造成了很大的困难和不便，应当建立统一协调管理机制，对标准的制订与管理予以必要的规范。

3.2 标准制订方法不够规范，协调性不强

从已发布实施的中医药行业标准来看，辨证论治标准的制订方法主要依靠专家对临床实践经验的总结，缺乏对个体化诊疗经验共性规律的提取，因而造成同一种疾病不同指南、教科书之间的证候分型和处方用药不统一、不协调的现象。一方面造成了指南使用者茫然无所适从，另一方面造成指南的权威性不高。同样，指南与教科书中的证

型和处方用药也不统一。究其原因，主要是由于缺乏科学的方法对临床经验的共性规律进行提取，提高临床经验的可靠性、可重复性。如何采用科学的方法进行辨证论治标准的制订，避免指南、教科书间的内容不统一，体现标准内容的重复性，应该是辨证论治标准研究需要解决的关键问题。

3.3 单一证型标准与临床实际难接轨

近期有研究者针对疾病证候非实即虚的证候特征，以慢性萎缩性胃炎伴异型增生为例，开展了324例证型结构特征的临床研究，研究发现虚实关联、标本相兼的证型占45%，进而认为慢性疾病以虚实相兼证型居多[9]。现在的规范、指南等单实单虚的证候规范论治使临床陷入了非实即虚的证候选择中，脱离了中医对慢性疾病辨证论治的临床思维。此观点提出的证候结构的多态性与证候演化的动态性使辨证论治标准的证型更为复杂。归根结底，使辨证论治的个体化特征在实现标准化过程中难以体现。如果疾病的主证类型有可能或有待于实现标准化的话，那么游离于主证之外的证候变异、症状变异的个体化问题的标准怎样解决，恐怕这是辨证论治标准化研究中值得深思的又一个层次问题。

4. 实现辨证论治诊疗技术标准化的设想

要实现辨证论治诊疗技术标准化，笔者以为要开展三方面的研究：其一，规范辨证论治标准制订的管理，增强组织间的协调性、统一性；其二，开展辨证论治标准制订方法的研究，探索个体化诊疗经验共性规律提取的方法研究；其三，梳理辨证论治标准的思路，坚持有所为有所不为原则。

4.1 加强标准化工作的组织领导

建立健全中医药标准化管理体制，在管理体制建设中，要进一步明确政府主管部门、行业主管部门、地方主管部门、各企事业单位、学术团体等在中医药国家标准、行业标准、地方标准、企业标准的制订、推广、评价中的地位和具体职责，协调中医药标准制订部门间的关系，打破条块分割，形成统一领导、分级负责、权责清晰、运行顺畅的中医药标准化管理体制，通过管理体制形成标准的唯一性，增强标准间的协调性和统一性。

4.2 加强标准制订方法的研究

辨证论治的个体化主要体现在单个症状采集的个性化、单个体征采集的个性化、症状体征群采集的个性化、辨证的个性化、用药的个性化几方面。但标准化研究的主要目的是从个性化群体信息中寻找共性规律。专家经验是在长期临床实践中人工总结出来的规律，但其科学性需要

科学数据的支持。如何取得科学数据的支持，需要多学科交叉合作，借鉴医学统计学、数学等研究方法。王永炎院士等研究认为聚类分析、回归分析等多元统计方法、神经网络、贝叶斯网络等数据挖掘方法、基于最小二乘法原理的数学建模方法等都是从个性化信息群中发现共性规律的可用方法[10]。在疾病证型分类和处方用药中，可以选择上述研究方法。由此可见，在辨证论治标准的制订中，可以在专家共识法的基础上采用数学统计学等方法形成科学数据对专家共识结果的可靠性进行支持，即形成基于证据的循证标准。

4.3 开展标准制订领域的研究

辨证论治标准的研究要坚持有所为有所不为的原则，在需求导向原则的基础上结合学科发展的成熟度。建议首先从中医药理论体系、优势病种两个方面开展中医辨证论治标准研究。中医辨证论治理论体系主要体现在八纲辨证、六经辨证、卫气营血辨证、脏腑辨证的辨证组方中，其证候结构的辨证方法主要体现虚实标本的临床思维方法。伤寒六经辨证、卫气营血辨证的证型方药标准已很明确。始于《内经》的八纲辨证是辨识疾病表里寒热虚实病性的纲领。脏腑辨证理论是脏腑生理、病理证候辨识的标准散见于金元之后的医籍中，尚未形成理论体系的共识、标准有待于进一步研究，它的研究有利于从辨证论治体系的理论源头上解决证候标准的思维方法，对临床具体病证辨证论治疗效标准的产生发挥了指导与规范性作用。

开展优势病种辨证论治证候常态分布类型及治疗标准研究，包括实证、虚证、各类相兼证，及其核心处方用药研究。开展基于早期控制为主的重大疾病前期病变和重大非传染性疾病的诊疗标准研究。选择具有国际公认诊断标准的代谢综合征、胃肠癌前病变、慢性阻塞性肺疾病和肾小球肾炎慢性肾功能不全氮质血症期、骨髓增生异常综合征等重大疾病的早期病变和疾病转归的关键环节，结合以往研究成果，进行干预和评价，明确优势所在，形成公认的诊疗标准。选择中医药治疗具有一定优势的重大难治疾病，如恶性肿瘤、心脑血管疾病、糖尿病、白血病、再生障碍性贫血、类风湿关节炎、急性多脏器功能衰竭，以及女性的月经病、围手术期，明确优势所在，形成公认的诊疗标准。

总之，在中医药辨证论治标准的研究中，要在学科成熟的基础上坚持有所为有所不为的原则，以需求为导向，通过科学的方法从众多临床个性化信息中抽提共性规律形成标准，通过标准的形式把中医药辨证论治的优势和特色固定下来。

参考文献：

[1] 李学京.标准化综论[M].北京：中国标准出版社，2008：4-6.

Li XJ.The synthesis statement on standardization[M].Beijing：Chinese Standard Publishing House，2008：4-6.

[2] 王阶，姚魁武 . 中医证候规范方法学研究探讨 [J]. 中国中医基础医学杂志，2006，12（8）：57-573.

Wang J，Yao KW.Exploration of syndrome standardization methods in traditional Chinese medicine[J].Chin J Basic Med Tradit Chin Med，2006，12（8）：57-573.

[3] 贾振华，吴相锋，吴以岭 . 中医证候规范化研究的回顾与发展趋势 [J]. 中医杂志，2007，48（8）：751-754.

Jia ZH，Wu YF，Wu XL.Study on research reviews and development tendency of syndrome standardization in traditional Chinese medicine[J]. J Tradit Chin Med，2007，48（8）：751-754.

[4] 王玉贤，危剑安，宋春鑫 . 简述我国中医诊疗标准化研究概况 [J]. 标准科学，2010，2：55-57.

Wang YX，Wen JA，Song CX.The research situation of standardization for traditional Chinese medicine diagnosis and treatment[J].Standard Sci，2010，2：55-57.

[5] 中华中医药学会 . 中医内科常见病诊疗指南（西医疾病部分）[M]. 北京：中国中医药出版社，2008：1-309.

China Association of Chinese Medicine.Guidelines for diagnosis and treatment of common internal diseases in Chinese medicine disease of modern medicine[M].Beijing：CPTCM，2008：1-309.

[6] 中华中医药学会 . 中医内科常见病诊疗指南（中医病证部分）[M]. 北京：中国中医药出版社，2008：1-151.

China Association of Chinese Medicine.Guidelines for diagnosis and treatment of common internal diseases in Chinese medicine：symptoms in Chinese medicine[M].Beijing：China Press of Traditiond Chinese Medicine，2008：1-151.

[7] 朱文锋，张华敏 . "证素" 的基本特征 [J]. 中国中医基础医学杂志，2005，11（1）：17-18.

Zhu WF，Zhang HM.The basic characteristics of syndrome factor[J].Chin J Basic Med Tradit Chin Med，2005，11（1）：17-18.

[8] 李振吉 . 中医标准体系构建研究 [M]. 北京：中国中医药出版社，2010：25.

Li ZJ.Study on building standard system of traditional Chinese medicine[M]. Beijing：China Press of Traditional Chinese Medicine，2010：25.

[9] 沈舒文，宇文亚，陈丽英，等 . 胃粘膜异型增生证候结构特征及其血清肿瘤标志物水平的关系 [J]. 中医杂志，2009，50（6）：541-543.

Shen SW，Yu WY，Chen LY，et al.Study on the syndrome structural characteristics of gastric mucosal dysplasia and their relations with the levels of serum tumor markers[J].J Tradit Chin Med，2009，50（6）：541-543.

[10] 王永炎，张启明，赵宜军 . 对中医个体化诊疗的理解与解释 [J]. 环球中医药，2009，2（3）：161-163.

（收稿日期：2010-11-01；修回日期：2011-01-22）

附录 13

《明医之路道传薪火》封面书影

明医之路　道传薪火·序

北京中医药大学 1956 年级学生　中国工程院院士王永炎

一画开天，万象更新。20 世纪 50 年代，中医中药踏上了复兴之路。1956 年，在党和政府的阳光照耀下，北京中医学院诞生了，一代青年学子走进了校门。回首在校六年的求学历程，倍感温暖与幸福，但也有几分苦涩与惆怅。半个多世纪过去了，得益于母校的哺育，我们成为了明医。为弘扬中医药的原创思维与优势，我们仍在尽心竭力地工作着。今日，已逾古稀的中医学人聚在一起，几位学长倡议首届毕业生写一点文字，将一生的学习、求索经历与感悟留传给后学，敬献给母校，于是便汇集撰著成《明医之路道传薪火》这本书。

回顾 20 世纪初叶，西学东渐，倡导新文化运动，举起科学民主的旗帜，无疑对推动社会进步有过积极的作用。然而，发起对中国优秀传统文化的批判，所谓 "打倒孔家店" 等则贻害深重。幸而尚存兼通西学而热衷国学之一代先贤，诸如陈寅恪、梁启超、马一浮、熊十力等，他们逆风挺立世间，主张崇尚国故、追思前贤，谋求中华文明的传承发展。20 世纪 30 年代旧国民政府曾有废止国医案，这显然是扼杀中华文明瑰宝之大谬，此举遭到民众反对，中医先辈奋力抗争，大声疾呼，维护国医国学，真可谓力挽狂澜，为中医药的生存做出了伟大奉献。忆往昔，吾辈铭刻在心，不敢忘怀。时至今日，已是东学西渐与西学东渐并存的时期，东学西学和而不同，当互补互动。二元论、还原论对科技进步曾发挥过重要作用，对人类物质文明与精神文明的提高功不可没；一元论、系统论兴起于中华民族，它将为哲学科学赋予新概念、新模式、新生命。毋庸置疑，它将指引自然科学与人文科学的融合，促进健康医学的发展。

古往今来，中医中药扎根于基层，具有深厚的群众基础。当今，有鉴于医学模式与疾病的巨大变化，民众更加期望运用中医药调心身、治未病、怡心养性、延年益寿。老一辈革命家毛泽东、周恩来制定的中医政策深入人心、影响深远。中央政府积极扶持中医药事业与产业的发展，业绩辉煌，成绩斐然。进入 21 世纪，我们迎来了中医药事业发展的机遇期，前景光明、充满希望。中医学人虽亲身体悟到春天般万象更新的时代气息，然而乍暖还寒，我们必须传承前辈的夙愿继续努力，弘扬中医药学原创思维与原创优势，朝着健康医学与生命科学的方向去完成前章未竟的事业。

21 世纪，中医药学科建设必须置于大科学的背景下创新发展，必须适应大环境的变迁，必须体现大卫生的需求。医学家们将转化医学、数字（网络）医学与再生医学作为医学发展的趋势与支柱。中医转化医学以临床实践经验与人体实验验证为开端，结合模式生物的基础研究，再落实到指导诊疗，提高临床疗效；还有从医院的成果规范普及到社区乡镇，从科研成果的新技术、新方药辐射到基层，使广大民众受益。总之，实施"临床—基础—再临床—产业—人才"系统的构建，推进转化医学的发展是一项重要的民生工程。转化医学从现代理念上将中医药原创的整体观念、形象思维、辨证论治、形神一体和治未病等理论与实践吸收运用，必将产生重要的学术影响力，体现中医药学的科学价值。应该指出，中医药学的研究与创意，朝向大科学，需要正确的宇宙观、科学观的指引。天、地、人一元论源于长期农耕文明与象形文字的影响，有益于将宏观与微观、综合与分析、关系本体论与实体本体论连接起来。传承中国人的学问，贯通儒释道及诸家之说，令东学西学兼收并蓄，以中医天人相应、辨证论治、形与神俱为主体框架，在系统生物学的指引下还原分析，从整体出发的多因素、多变量、多层次的基础研究，再回归到整体做出初步结论。中医学的精髓是临床医学，无论基础理论研究，或是方药开发研究，均从临床开端，又落脚到提高临床防治水平的终点。显而易见，与多学科相融合的"过程

系统"是重要的方法学。当今自然科学领域也需要多学科融合，牛顿、居里夫人的时代已渐渐逝去。当然，我们尊重科学家出于自身爱好、志趣的创意，而今天科学研究处于不同时空的不同需求，针对凝练的科学问题，需要多学科领军人才主持，以全局意识、共情能力和人文素养团结专家群体在一起工作。中医学人要善于与多学科专家学者协作，虚心学习、刻苦钻研，对中医临床学科要引进循证医学的理念与方法，学习与掌握临床顶层设计与疗效评价的方法和相关技能，对中医临床优势病种以高质量、高级别的循证证据，取得中医、西医、国内、国外共识的疗效，展现中医药学的生命力。中医基础医学研究与健康产业开发必须重视方法系统创新，将理解、解释与应用三位一体的科学诠释学，用于独具原创性的概念诠释，诸如藏象、经络、证候、冲任、五运六气等，以充实现代医学科学，体现出愈是民族的则愈是世界的，将本土化与全球化连接在一起。吾辈学人虽已年迈，理应自勉自重，关心创新团队建设，倡导宽容，允许失败，克服浮躁与急功近利，要树立良好的学风与作风，澹定方能淡雅，为团队修身才能为事业出力。

《明医之路道传薪火》一书由 1956 年级的几位学长倡导发起，追忆往事，提炼医教研实践中的经验与感悟，肩负起承前启后的历史责任。健在的诸位学长多数是既从事中医临床诊疗工作又承担教书育才重任的医师、教师，他们从鲜活的临证诊疗经验积淀中，体悟中医药学自身发展规律的真谛，适应传承创新中医药事业的需求，抒发中和融通、格物致知的情怀，坚持熟读经典勤临证，发皇古义创新说。今天，吾辈中医学人由追随师长为生存而奋斗已过渡到为发展谋规划的新阶段。论发展，当从理念、技术、器物三个层面去研讨。有鉴于"技术与器物"不具备为哪个学科服务的专属性，譬如功能磁共振与液质联用的新装备是化学与物理学的科技成果，可用在生物体对生命现象进行观察研究，同样可以用来作中医诊疗的相关研究。若论及理念，中医学的原创思维与中医学自身规律则是必须回答的关键问题。中医学是自然哲学引领下的整体医学。中医学科的自身规律是自适应、自组织、自调节、自稳态。中医学是天地人相参、精气神一体、生长发育顺应自然的健康医学。中医学的原创思维主要是形象思维，重视临床观察，包括舌象、脉象、证象藏象及病象等，体现科学与人文融合，调心与调身并重，而以疗效作为检验的证据。中医药学秉承中华传统文化的形象思维，搜集整理客体（患者）的四诊信息，通过主体的观察分析，提升为具象思维，对主体意识中的物象资料进行有目的的加工。总之，形象思维与具象思维、抽象思维共同构成中医学基本思维模式。目前，医学科学正经历由信息时代向概念时代的过渡。概念是人类对世界认知过程中最小的知识单元，概念被认为

是思维的基础，与判断和推理并列为思维三要素。现实世界人们重视高概念与高感性的思维。何谓高概念？"高"在何处？首先具有现代理念，以一元论、系统论正确的宇宙观、科学观为指导。重视概念间存在着各种复杂的联系，深入进行事物相关性的研究。还有概念的更新与延伸，用来指导实践活动的创新。至于高感性，则是情商的表述，全局意识、共情能力、模式识别具有全新的创意。当我们对西学与东学作简要比较时，可以看出西方侧重判断"是与否"，重实证、重逻辑，具备精确性与可测量性。东方侧重判断"吉与凶"，重形象、重关联，具有动态时空的不确定性和非线性。显然东学西学兼容，若能互补互动，则可提高生命科学与医学对人类健康的贡献度。当今倡导创造性思维，而所缺的则是象思维与象科学，而我国中医学者以形象思维和整体观念为核心，若能联系综合集成的思路，结合我国首创的复杂巨系统的观点，诠释天人相应与辨证论治，从思维科学出发，融入系统论，则可为中医药现代化奠定基础。

《明医之路道传薪火》所载的文章内容，最可贵的是诸位学长多年运用于临床的识证、组方、遣药、屡获良效的鲜活经验，读后可直接再次临床验证，为民众解除疾苦。然医者意也、理也、易也，善于融汇新知而成明医者，必当追思前贤崇尚国故，而后立德修身不断提高"悟性"，于临床中慎思明辨又回归临床提高疗效，并能凝练理论内涵，令终身受益。论及中医治学，当以临床为本、理论为根、技艺为用。学科的进步，当以肯定疗效、规范标准、发现机理为要务。譬如，2009 年恰逢新中国成立 60 周年庆典.甲型流感肆虐，先期服用清解肺热之轻剂，佩戴香囊作预防，对轻证病患拟定辨治方案辐射推广全国，依诊疗指南规范治疗，获取高质量循证证据为民众防控疫病服务，还获得一定的国际学术影响力。对危重患者吐粉红色血水者仿《温病条辨》上焦篇"太阴温病血从上溢者以犀角地黄汤合银翘散主之"，运用中药注射剂以静脉滴注途径治疗以冀生还的希望，而后复习刘完素撰著的《素问玄机原病式》的玄府气液理论进而研讨诊疗机理。20 世纪还原论盛行时期有人否认中医理论，并提出中医学说没有形态学的基础云云。21 世纪初叶，诸如"过分向自然索取必遭报应"的现象理论，警示人们的行为，环境生态顺应自然何等重要！中医学有"恬澹虚无真气从之"与"正气存内邪不可干"等和合平衡理论，既重视"邪侵正"，更强调"正胜邪"，对今天实施转化医学具有重大的现实意义。中医学理论有朴素的现象理论成分，体现了深厚的华夏人文哲学底蕴，最重要的是它有指导实践的理论价值，充实了系统科学与整合医学。在中医学基础理论指导下构建中医诊疗模式，以象为素，以素为候，以候为证，据证言病，病证结合，法依证出，方证相应。该模式具有普适价值、稳定结构与永续动力。该模式以象为素，从象开端，而后立象以尽意，体现了象思维、象科学中医学的原创优势。该模式表达了医患主客体复杂的认知过程与实践经验积累过程，具备动态时空多维界面上下互通的综合集成特征。该模式贯穿着理法方药一致性，承制调平的目标动力系统，圆融和防治求本的主体思想。抚今追昔，在全新思维的概念时代，中医药学人奋起直追、创新发展，弘扬学科的优势与特色。

在中医药学的发展历程中，中药始终是防治疾病与维护健康的重要手段。60 余年在中药材抚育栽培、饮片规范生产、中药新药研究开发及药性理论诠择创新等方面均有长足的进步。目前，国家通过实施各类科研计划，积极探索创新方剂配伍与现代复方中药的新技术、新方法、新机制，同时实施中药资源合理利用的保护措施，推进中药健康产业的现代化、集约化可持续发展策略，已取得重要的成就适应大科学背景下医疗卫生体制改革的需求，中药学学科建设要开展"品、质、性、效、用"一体化的系统工程。品种的种质资源研究重点是中药材的道地性，重视优质药材的培育。品质药性研究方向朝着效用的实际需求，为临床治疗与康复保健服务。新药制剂的研究应坚持理法方药剂工质效结合，以提供安全、有效、可控的现代中药大品种。值得指出，中医学人更应重视个体化诊疗优势的发挥，要强化辨证使用饮片的水煎汤剂，这是提高辨证论治水平的重要途径，也正是诸位学长于本书中所倡导的根本方向。

我们热爱母校，她把我们培养成为一代明医，母校在进步，她自 20 世纪 60 年代即被教育部定为全国重点院校，今天她已成为 21 世纪建设的重点大学和教育部直属院校。我们关心母校，期待着她再创辉煌，真正成为国内一流、国际著名的医药名校。洞察现实的中国，有识之士开始问责大学培养的人才社会适应性差，这是因为当今博士不博、创新能力不足，这已是学界的共识。全球仿照 19 世纪德国人创立的学科体系分专业、分层次培养人才，历时百余年，成就斐然。进入 21 世纪，高等教育走向大众化，知识社会的变迁导致知识工作者的培养多元化，大学与社会的界限变得模糊。学科设置、知识类别与知识标准也随之变化，传统的知识体系与学科界限也渐渐融合。以需求为引领，多学科融合培养人才，拓宽基础，落实通识化教育，以应对跨学科研究工作的开展，已成为时代的亟须。关键的所在，是中国的高等教育延续了西方的模式，至今仍是基本照搬。今后是借鉴赶超呢，还是回首追寻中国人自己的路？应当说，我们对待宋代书院、太学与科举制度，应取其优质而发扬，兼取批判态度，认真作一分为二的分析，发掘积极的要素，寻求有益的经验。家传、师授、学派的传承与太医院的教习，均是培育明医的门径。另外，古有称务农可以培育明医。当然不是说非务农不能明医。1956 年级学生教学实习与毕业实习时带教的中年教师相当一部分是来自县乡两级农村第一线的中医师，他们生活在大自然中，体悟农民日出而作、日落而息的农耕文明，对于理解、诠择天地人一体的宇宙观与生命观及认识中医学原创优势多有裨益。本届毕业生在校时多次下乡学农务农，并下矿区劳动锻炼，这对于明医素养的提高起到了潜移默化的作用。

书濒脱稿，承蒙本届毕业的学长们的信任、鼓励与厚爱，由我来写序言，心中惴惴不安。有感于学友深情，不敢懈怠，只有尽心竭力。今日，免罩在中医学人头上"不科学"的阴霾正在消散，作为"整体医学"的原创思维与原创优势渐成科技界的共识，中医药事业有政府的积极扶持，百姓的企盼爱戴，发展形势有喜有忧而总体看好，我们迎来了良好的发展机遇期。倚重后学者，甘当铺路石子，冀望中道和合，青出于蓝又胜于蓝，事业中兴发展，学科首善常青。让吾辈追思前贤，立德养性，唯道是从，团结一切关心、参与中医药事业发展的相关学科的智者仁人，互相勉励，倡导筚路蓝缕迎难而上的精神，为创建统一的新医药学奠基，为人类健康事业与生命科学的发展，向着光明未来迈进。

2012 年图 1　2012 年的王永炎先生

2012 年图 2　在学生们中间（第 1 桌左 1 王永炎）

1月，与黄璐琦、肖培根合作主编的《中国珍稀濒危药用植物资源调查》由上海科学技术出版社出版。

2012 年图 3　《中国珍稀濒危药用植物资源调查》封面页书影

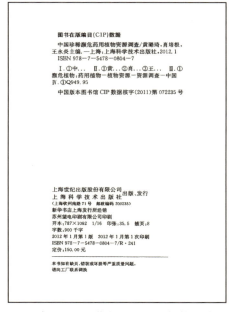

图书在版编目（CIP）数据

中国珍稀濒危药用植物资源调查/黄璐琦，肖培根，王永炎主编.—上海：上海科学技术出版社，2012.1
ISBN 978—7—5478—0804—7

Ⅰ.①中…　Ⅱ.①黄…②肖…③王…　Ⅲ.①濒危植物：药用植物—植物资源—资源调查—中国　Ⅳ.①Q949.95

中国版本图书馆 CIP 数据核字（2011）第 072235 号

上海世纪出版股份有限公司　出版、发行
上海科学技术出版社
（上海钦州南路 71 号　邮政编码 200235）
新华书店上海发行所经销
苏州望电印刷有限公司印刷
开本：787×1092　1/16　印张：35.5　插页：8
字数：900 千字
2012 年 1 月第 1 版　2012 年 1 月第 1 次印刷
ISBN 978—7—5478—0804—7/R·241
定价：150.00 元

本书如有缺页、错装或坏损等严重质量问题，请向工厂联系调换

2012 年图 4　《中国珍稀濒危药用植物资源调查》版权页书影

2月，为萧承悰主审；胡国华、罗颂平主编的《全国中医妇科流派研究》作序，此书于2012年2月由人民卫生出版社出版。

3月，与金世元先生合作，培养医药圆融团队。受聘任中国老年学学会老年医学委员会认知障碍专家委员会顾问。

5月，受聘于中国中医科学院研究生院，任北京首届西学中高级研究班指导老师，负责学位论文指导工作。

2012 年图 5　中国老年学学会老年医学委员会认知障碍专家委员会顾问聘书

2012 年图 6　北京市中医管理局及中国中医科学院研究生院首届西学中高级研究班指导老师聘书

6月，受聘为国务院中央文史研究馆馆员。15日上午9时许，在中南海紫光阁，国务委员兼国务院秘书长马凯宣读国务院聘任通知，国务院总理温家宝颁发聘书。

2012 年图 7　时任国务院总理温家宝与新聘国务院参事、中央文史研究馆馆员合影

新华社 . 温家宝向新聘任国务院参事、中央文史研究馆馆员颁发聘书并同参事、馆员座谈 . 中国政府网 .[EB/OL]. http://www.gov.cn/jrzg/2012-06/15/content_2162143.htm，2012–06–15.

2012 年图 8　中央文史研究馆馆员聘书

2012 年图 9　《中华医藏》专家委员会主任委员聘书

2012 年图 10　在国学大讲堂上（左起吴刚、张伯礼、王永炎、陆广莘、苏叔阳、颜华）

2012 年图 11　参观地坛中医药养生园（右 2 王永炎）

2012 年图 12　"新发突发传染病中西医结合临床救治研究平台"项目专家组组长聘书

8 月，被中华人民共和国文化部及国家中医药管理局聘任为《中华医藏》专家委员会主任委员。

9 月，承担"十二五"科技重大专项"新发突发传染病中西医结合临床救治研究平台"项目专家组组长，并组织编写《流行性感冒与人感染禽流感诊疗及防控指南》。

10 月，主编《中药上市后临床再评价设计方法与实施》，由人民卫生出版社出版。

11 月，被国家中医药管理局评为全国中医药应急工作先进个人。

12 月，经中华医学会批准，受聘为《中华医史杂志》总编辑。受聘于北京中医协会理事会任北京中医协会第二届理事会名誉会长。

大女婿刘克成退休。

自 1977 年始为学生开课以来，多年主讲心脑病证的备课笔记，由郭蓉娟、张允岭整理成书，书名为《王永炎中医心脑病证讲稿》由人民卫生出版社出版，并亲自为此书作序。此年秋季，为任继学先生所著之《任继学医学全书》作序，此书为《国医大师亲笔真传系列》之一，次年 1 月由中国中医药出版社出版。

此年，自 2002 年承担国家自然科学基金委重大项目"中医证候、方剂、针灸原理研究"，历时 10 年，顺利验收。WHO 27 种疾病循证医学临床指南结题。

2012 年图 13 《中药上市后临床再评价设计方法与实施》封面页书影

2012 年图 14 《中药上市后临床再评价设计方法与实施》版权页书影

2012 年图 15 国家中医药管理局全国中医应急工作先进个人证书

2012 年图 16 《中华医史杂志》第九届编委会总编辑聘书

此年，对中医药的科研思路与临床思维，以及为医为人与文化自觉等相关中医发展方向及命运的问题做了许多思考。如论文《基于转化医学的中医药社

2012年图17　北京中医协会第二届理事会名誉会长聘书

区慢病防治策略》、《中医药标准化研究的几点建议》发表于《北京中医药大学学报（中医临床版）》第1期。《读中医策论文有感》发表于《北京中医药大学学报》第3期，《中医临床思维模式与行为范式》发表于《北京中医药大学学报（中医临床版）》第2期，《共识疗效亟待破解的难题》发表于《医学研究杂志》第3期，《孔德之容　惟道是从》发表于《中国中医基础医学杂志》第3期，《中医药学科建设目标·研究方向与人才培养》发表于《中医杂志》第10期，《漫话做人治学之道》发表于《北京中医药大学学报》第6期，《大科学时代中医学研究思路》发表于《中国中医基础医学杂志》第8期，《基本药物制度下大中药产业发展的若干思考》发表于《中国中药杂志》第18期。《文化自觉与弘扬中医药》发表于《中国中医基础医学杂志》第10期。并在《天津中医药》上连续发表《医苑丛谈》系列文章。此外，还为张志斌、李经纬主编的《图说中医》丛书撰写书评，刊登于《中医杂志》第4期。

此年3月，为加强中医传承工作，组建医药圆融团队，先生与金世元老先生联合亲炙授徒。黄璐琦、苏庆民、王燕平、商洪才、杨洪军、张占军、张华敏、张志强、翟华强九人在北京国子监举行了拜师仪式。国家中医药管理局王国强局长、国医大师路志正先生、北京市中医管理局屠志涛局长、中国中医科学院王志勇党委书记莅临参加了这个仪式。

同年，受聘国务院中央文史研究馆任馆员，文史馆为荣誉性、咨询性组织，系终身制，排名年高者在前。经遴选后，由国务院总理温家宝授聘书并召开座谈会。随后，先生带领团队参加国学中心中医药馆设计工作，由中国中医科学院中医临床基础医学研究所副所长王燕平研究员带领组成文本，交由设计组开展该项目的布展工作。

6月，中国中医科学院的郑金生、张志斌两位研究员，完成了三年的国际合作课题，从德国洪堡大学查理德（Charitè）医科大学返回。先生与郑、张二位研究员商议策划，开展基于多年研究基础上的《本草纲目》系列研究。

自2002年承担国家自然科学基金委重大项目，历时10年，于此年验收。探索中药上市后再评价企业博士后工作站成立，展开联合培养工作。

此年12月，中华医学会1947年时出版的第一种期刊——《中华医史杂志》编辑委员会换届改选，由前主编李经纬先生推荐，中华医学会批准，先生受聘为新一届主编。

《王永炎中医心脑病证讲稿》一书，由人民卫生出版社出版。全书分为绪论和各论。前者反映了先生晚年对中医内科学科学原理的长期思考，内容涉及意象思维与中医辨证的相关性、证候规范化研究、病证诊断标准规范化研究、毒损络脉理论、中风病痰热腑实证与化痰通腑治法临床应用等。后者分别论述了心脑病证，设有中风病、胸痹心痛、心悸、头痛、眩晕、不寐、昏迷、癫痫、痿证、痉证、癫狂、郁证、颤振、厥证、痴呆 15 个病证。先生亲自为此书写序。

此年，适逢第二批中医临床人才完成培养学习课程，迎来结业考核。先生为此，针对《中医临床思辨录》一书，撰写《读中医策论文有感》一文，发表于《北京中医药大学学报》2012 第 3 期。客观地加以评价，鼓励青年中医读经典，勤临床，参明医。

附录 1

《北京中医药大学学报》（中医临床版）2012 年 1 月第 19 卷第 1 期

基于转化医学的中医药社区慢病防治策略

王永炎，盖国忠，张志强

（中国中医科学院中医临床基础医学研究所，北京 100700）

摘要： 从临床医学研究的标志性的转变分析入手，引申出转化医学的产生背景和与中医药学的内在联系，提示需要调整的方向与中医药社区慢病防治策略。明确社区对中医药医疗技术的需求是首要的任务，组建多学科团队是组织保障，规范临床研究落实到社区是前提保证，临床研究目标是惠及患者，多元化的防治模式是今后的方向。

关键词： 转化医学；慢病；中医药；策略

中图分类号： R2-03

Preventive and Therapeutic Strategies of Chinese Medicine for Community Chronic Diseases Based on Translational Medicine

WANG Yongyan，GAI Guozhong，ZHANG Zhiqiang

（Institute of Chinese Basic Clinical Medicine，China Academy of Chinese Medical Sciences，Beijing 100700）

Abstract： The paper drew out the background of translational medicine and its internal relation with Chinese medicine，the direction needing to be adjusted and preventive and therapeutic strategies of Chinese medicine for community chronic diseases from the analysis on symbolic changes of clinical medicine research. The demands of community to TCM technology will be principal task，team construction with multi-disciplines，organic safeguard，and standardization of clinical research in community，precondition. The goal of clinical research is to benefit patients and diverse mode of prevention and treatment is future orientation.

Key words： translational medicine；chronic diseases；Chinese medicine；strategy

近 30 年的临床医学发展经历了巨变，临床医学的发展多依赖于基础医学和相关自然科学的发展，在科学至上的年代，临床医学的研究是以科学理念为唯一的标准，是以物质本体论为主导，科学物质观是唯一的真理标准，其结果自然是以生物医学为主攻的研究方向，其间也取得了很大的进步，诸如再生医学、器官移植、物理或化学诊断、介入诊疗、各类组学等。在步入 21 世纪的后科学时代则是以系统科学观为指导，有鉴于天体物理学等前沿学科的进步，如暗物质、暗能量、混沌理论等的提出，把非线性、不确定性的物质运动纳入科学研究的范畴，更加强调了物质结构与功能、信息的交互作用，以关系本体论为主体，凸显了物质间的关联性解析。处理海量的组学数据，开展基于临床数据的循证研究，体现了系统生物学的核心内容。不仅要讲证据，更要讲整体、系统上的证据，坚持从整体、系统出发的顶层设计的临床实验，然后再回归到整体的数理统计分析以提高疗效置信度的共识。

整体医学的出现，使医学科学从生物—心理—社会向更加广阔的两极方向拓展，小到量子，大到天体。突出的是关注医学中心的前移和重心的下移，向以预防医学为主、维系健康为核心的个体化医学（personalized medicine）、预测医学（predictive medicine）、预防医学（preemptive medicine）、参与医学（participatory medicine）的4P医学做出调整，以适应转化医学（translational medicine）与网络医学（network medicine）的发展[1]。

转化医学是对20世纪医学科学研究分析后得出的结论之一。科学的目的是为人的健康与幸福服务的，医学研究的目标更是直接为人的健康与幸福服务的，这是第一位的，而不是把什么科学理论与科学证据放在第一位。由于人体的复杂性等，既往的线性医学科学研究有许多相悖之处也是可以理解的。健康学与卫生经济学的观点认为：用少量的钱投入人类的预防保健事业，是可以得到相当丰厚的物质与精神回报的。如健康教育与健康促进的研究、慢病危险因素的预防、健康文化的传播等。另一方面，中心和重点放在疾病上，过度医疗已成为重大的问题，其结果是花钱多，疾病由于其不可逆转性而无限期地增多，看病难、看病贵等问题层出不穷。随着生物医学的不断研究，病是越来越多、越来越复杂。还有基础医学的研究也是远离了临床的实践。在临床医学方面，表现为循证医学和个体化医学两大趋向。循证医学面临的问题是没有那么多的证据供给临床医生去应用于临床实际，其应用有很大的局限性，在践行循证医学时允许临床医生的经验加入其中，这是十分合理的，也是符合科学研究理念的。在不同的国家循证医学的传播路径和起点不一，并不都是节约的和高效的。如何高效地组织、系统地统筹和计划是转化医学产生的内在原因之一。个体化医学更是体现"以人为本"，在充分认识群体医学规律的基础上，如何将循证证据用于具体的、个体化的患者身上并实现其优化之目的是个体化医学的基本要求。循证医学是个体化医学的保障之一，但更为重要的是如何立足于整体与系统基础之上的循证证据，线性的结论直接外推到复杂的整体之中是不可取的。临床上对很多慢性疾病又是束手无策的，加之过度医疗等原因造成了医疗卫生资源的配置不合理等已是全球性的难题。反观20世纪的临床医学轨迹，从临床现实的需求出发，系统地调整我们的研究方向应是今后的重点，这就是转化医学的风向标。

1. 转化医学与中医药学

转化医学第一次作为一个新的医学名词正式出现，应该是在1996年《柳叶刀》杂志上的一篇文章：结肠腺瘤性息肉病与转化医学（*Adenomatous Polyposis Coli and Translational Medicine*）。也有人以发展性研究（development research）、应用科学（implementation science）、研究利用（research utilization）、研究应用（research use）、知识转化（knowledge translation）等名词开展类似的研讨。其主旨是T1——从实验室到临床（bench to bedside）以及T2——从临床到实验室（bedside to bench），即通常所说的BtoB过程。T1是利用现代分子生物技术在内的多种现代研究方法的研究成果转化为可为临床应用的新产品、新方法与新技术，这主要是研究现有知识的成果转化，如医学信息交流平台的建设、新医学成果展览会与学术交流会、医药企业的生产及促销等，这是西医传统医学的常规做法，只是要如何高效地利用的问题。这里面也有众多的研究内容，如国内已产生了的"诊疗规范""临床指南""临床路径"及许多科研成果，研究者自己都掌握不全，如何去推广应用？目前的研究成果是越来越多，但与临床实际脱节也十分严重，值得深入研究以提高其应用的效率是目前的一大任务。T2是基于原有的理论基础和基础医学成果，适时开展临床实践的循证研究，通过系统的临床观察与分析等规范的临床研究，先行确立其科学证据，一是直接服务于临床医疗活动，二是可指导基础医学的针对性研究，以便更好地认识人体健康与疾病，进行更优化的实验研究来促进基础医学理论的发展，从而实现整体医学水平的全面提高，真正解决患者的健康问题[2]。转化医学核心的理念是系统科学观。系统科学理论与自动化通信技术等在医学研究中的广泛应用，从而使临床医学研究向工程技术产业化方向快速发展，这必将导致基础医学与临床医学之间的距离迅速缩短。常规的方法是建立各种信息库，利用数据挖掘等方法进行多学科的系统整合。两者的有机互动，整体系统的设计与多平台的支撑是转化医学的研究基础和必要的条件。其循环系统的组成包括：基础医学研究—临床基础研究—临床研究（循证证据）—（实践应用：个体化医疗）—（医疗政策制定）—基础医学研究。

中医药学与西医学有不同的医学理念，中医多为不经实证的物质观而直接进入关系本体论之中，利用已有的临床经验体系和先验的理论模式去指导临床实践，针对复杂的多因素、多变的非线性问题加以整体性的解决。与西医的研究思路是相对的，中医主张的观点是不断地优化，直接转化。中医优势在T2阶段，与西医不同之处在于强调的是实践第一性的实用观点，重在处理复杂干预对复杂现象时的经验方法（层次定性法，如阴阳方法等），现在已有了实质进展的"真实世界"等研究方法，可以回答部分数学本质的内在联系及其规律。

转化医学现今存在的主要问题表现在以下几方面：市场为引领的转化医学易于功利化，特别是在现阶段不规范的情况下尤为突出；基础医学研究到临床实践应用之间实在是太远，合作起来的环节太多，各方的积极性等内在动力不足；医学伦理问题也十分突出；转化医学的有效循环体系目前尚未形成；缺乏政府的高效组织和 / 或学术组织的有机整合，表现为各自为政、小而全、散而弱、多节点、少联络的不系统性。核心在于目前中国的中医药企业的觉醒力不够、内驱力不足和人才匮乏等诸多方面[3]。

转化医学为中医药临床研究带来了机遇与挑战。一是肯定疗效的证据研究。中医药学的国际化是 21 世纪中医药学人的历史使命，核心问题是解决中医药学的循证证据问题。循证医学不等于随机对照研究（RCT），其有一套规范的程式与办法，其中包括专家共识和个人的临床经验，如何建立符合中医药临床特点的评价体系与标准是目前临床基础医学研究的重点内容之一。二是关注中医药临床研究的规范。这也是中医药临床研究的重要方面，标志着学科的成熟度。三是发现中医药疗效的机理。诠释是科学描述、诠释理解、预测和控制四大基本功能之一。这是回答"知其所以然"的问题。四是能为中医药临床领域的拓展提供机会。有肯定疗效证据的中医药疗法，可促使中医药为更多的患者服务，包括国际化问题。中医药更有可能对西医疑难病症展开有一定规模的循证证据研究，特别是中国的西医医院开展的中医研究数量势必会有较大的增加，将更有利于中医药学知识的高效传播和在社区乡镇等范围内的大力推广。五是能为中医药的临床研究提供新的研究思路与方法。如生态学研究、真实世界研究、临床路径研究、数据挖掘技术、各类组学研究及生物测量技术、生物信息技术等。转化医学为中医药科研人才的素质提高与团队建设、中医药临床学科群的健康发展、科学与人文的有机融合、西方与东方文化的合理交流等提供了机会。

2. 中医药社区慢病防治策略

国家对社区慢病防治已有众多政策与管理办法，有针对性强且十分可行的相应的政策保障。转化医学又为中医药学在社区慢病防治提供了更广阔的发展空间，结合我们目前的工作和社区中医药防治慢病的现状，有如下初步设想，愿与同道交流。

2.1 明确社区对中医药医疗技术的需求是首要的任务

根据转化医学的理念与要求，解决社区需求是第一位的。一是社区有需求，有肯定疗效证据的中医药诊疗技术。这是目前中医药少有的技术状况，原因是缺少规范的中医药临床研究。如符合系统综述和 Meta 分析报告条目清单的文献很少。二是社区有需求，疗效证据不肯定，但有较为规范的中医药诊疗技术。这是中医药诊疗技术的大多数情况，这就需要我们加大临床研究的力度，提供有力的循证证据应是"十二五期间"中医临床研究的重点。三是社区有需求，无规范的中医药诊疗技术。这需要我们去粗取精，开展相关的临床应用基础研究，找出有肯定疗效的规范的技术。其中，对名老中医药专家经验的研究是其重点，这也是中医瑰宝之

一。四是社区有需求，中医药无规范的诊疗技术。这部分要前置到基础医学研究层面上，如医学文献研究、危险因素调查等。五是社区无需求，有肯定疗效的中医药诊疗技术。根据国情现状，暂不支持该领域的研究。到社区去调查研究是必修课，对患者与社区一线医生、护士或管理者进行访谈，按照优选原则和现有技术条件，筛选出优先开展研究与推广的临床项目。这也是社区慢病转化医学研究的重要内容。

2.2 组建多学科团队是组织保障

转化医学的构建思想是系统科学理念，多学科、多平台、多方法等是支撑其研究的基础。首先，人是最为活跃、最为重要的因素，人才策略是不争的内容，但又是易为忽视的领域之一。其中，学科带头人是关键，还有其核心组成员及支撑的学科领域人员。建立具有全球视野战略、精通美国食品药品管理局（Food and Drug Administration，简称 FDA）等国际医药产业有关政策的领航员及核心团队去主导项目研发的全过程。二是要有切实可行的研究机制。优势互补，互相促进，合作奉献，利益共享。要讲求奉献，为事业出大力、为学科谋发展。三要有团队精神和文化支撑。团队的精神之魂是维系团队健康发展的必备条件之一，文化规范是制约成员的法宝。四是要有学术交流平台和信息联络的保障。定期或不定期的学术研讨会、相互间的学术论证会等。五是要有供大家开展业务工作的条件。如申请到合作的课题项目等。六是社区医生的素质提高与强化继续教育。

2.3 规范临床研究落实到社区是前提保证

转化医学研究的理念之一是循证医学证据的获取，那么规范标准研究是其重点内容之一。中医各科临床术语、诊疗指南、临床路径等是研究的重要内容。其间，临床研究的注册、临床研究的伦理问题、临床研究的标准化操作规范（SOP）、中医临床疗效的评价体系构建问题、临床研究的新方法与新技术的合理引进等均是目前迫切需要解决的，第一应突出关注"系统综述和 Meta 分析报告条目清单"中的研究要素。第二要关注技术可及性的问题。现今的临床研究越发复杂化，求大求全，内容太杂，掌握起来十分困难。如一种病的证候达十几个，均有其理、法、方、药、调、护、防等体系。技术推广的接受性和可操作性也是重点关注的内容之一。在保证科学性的前提下，可及性是最为重要的，研究的技法在于如何做好减法，研究简便易行的技术。第三是注重疗效机理的研究。一方面为基础医学的发展提供思路与借鉴，一方面能为下一步的推广应用打下良好的基础。中医学最讲究明"理"，特别是诠释好有科学数据支撑的"理"是十分重要的研究内容。

2.4 临床研究目标是惠及患者

促进医学基础研究成果转化为临床应用是转化医学的

目标与方向，其最引人关注的是它提出的评价标准。不看重在美国科学引文索引（Science Citation Index，简称 SCI）论文发表的数量，不看重什么专利，不追求得了什么奖，要看你的研究成果有多少能应用于临床，指导医生，惠及广大民众与患者。这是转化医学的研究目标的基本要求和方向性的引导，与以往中医药课题的研究目标要求当有区别。其一，要以一线特别是广大社区对中医药诊疗技术的需求为第一要务，为此而展开相应的研究，才有意义。这也是国家健康保障的需求。其二，无转化的临床研究课题不是国家下一步支持的重点。国家政策层面的引导是风向标，无经费和时间条件保障的项目研究难度之大可想而知，努力引导到国家需求上来，集中力量研究社区慢病的需求。第三，防重于治。这是中医优势与特色的重点研究领域。治未病的理念、多种行之有效的养生保健技术、临床未病防治技术为首务。

2.5 多元化的防治模式是今后的方向

中国的国情决定了我们国家对于社区慢病的防控必然是多元化的。一是地大。南北地理环境的变化太大了。二是人多。如多民族的大家庭、渐已步入老龄化社会、职业化多样等。三是医学技术的多样性。有西医、中医、中西医结合、民族医等。东西方文化融通、科学与人文并蓄，学术交流频繁，医学理念与技术的不对等和医疗卫生服务不公平等也十分突出。四是社区慢病防治的经验不足。有本土的技术与方法，也有国外引进的技术与方法，有以社区基层为中心、有以三甲医院为中心、有以科研单位为中心等不同的模式。五是缺乏整体性、系统性、适应性的科学证据体系的建立和立足于社区"真实世界"的研究方法体系（技术）。因此，多元化的探索是前进的内在动力之一。

参考文献：

[1] 王永炎，黄启福，鲁兆麟，等.中医药学学科方向的变革与创新 [J].北京中医药大学学报，2011，34（1）：5-11.
[2] 蔡红兵，杨明会，孙学刚，等.中医中药应尽快纳入转化医学的轨道 [J].新中医，2011，43（5）：8-9.
[3] 陈发明，金岩，施松涛，等.转化医学：十年回顾与展望 [J].实用口腔医学杂志，2011，27（1）：5-11.

（收稿日期：2011-11-22）

附录 2

《北京中医药大学学报（中医临床版）》2012 年 1 月第 19 卷第 1 期

中医药标准化研究的几点建议

王永炎，王丽颖，史楠楠，宇文亚

（中国中医科学院中医临床基础医学研究所，北京 100700）

摘要：标准是学科成熟程度的标志，是中医药学科发展的必然需求。"十一五"期间，中医药国内、国际标准化工作均取得了较大的发展，然而，存在的问题也很突出，主要表现在思想认识、科学研究以及统筹协调等方面。针对中医药标准化工作面临的形势，从时空转换、科学主义、文化冲突、国内情况以及整合资源 5 个方面提出建议，以期促进中医药标准化工作的发展。

关键词：中医药；标准化

中图分类号：R2-03

Some Suggestions on Standardization of Chinese Medicine Research

WANG Yongyan，WANG Liying，SHI Nannan，YU Wenya

（Institute of Chinese Basic Clinical Medicine，China Academy of Chinese Medical Sciences，Beijing 100700）

Abstract：Standard is a sign of discipline mature degree and inevitable demand of TCM discipline development. During the period of Eleventh Five-Year Plan，the national and international standardization of Chinese medicine have made great development，but there are still protruding problems in cognition，research and overall coordination. The authors proposed some suggestions from five aspects including time -to -space conversion，scientism，cultural conflict，domestic situation and conformity resources.

Key words：Chinese medicine；standardization；suggestion

标准是衡量事物的准则，是学科成熟程度的标志，是中医药学科发展的必然需求，是最高层次的科研成果。标准化的意义，就在于能够在一定范围内持续获得最佳秩序和效益，从而不断地推动经济发展和社会进步。标准在制定过程中具有综合性和共识性，在执行过程中具有权威性和约束力，并随着时空的转化不断地提高、不断地修订，因此标准制修订工作是一项长期的工作。

当今中医药标准化工作面临的形势是喜忧参半。喜的是中医药标准化工作在"十一五"期间，有了更好、更快、更大的发展，形成了中医药专家广泛参与、全行业关注、支持和参与标准化建设的良好氛围，中医药标准制修订步伐明显加快，相对独立、完整的中医药标准体系框架初步形成。中医药标准化工作的支撑体系建设得到加强，涌现出一批能够承担中医药标准化研究制定的组织机构，凝聚起一支医教研产相互配合、精通中医专业技术、熟悉标准管理知识的复合型专家队伍。国际标准化工作取得了突破性进展，我国实质性参与世界卫生组织（WHO）国际疾病分类代码（ICD-11）传统医学部分的制定，在国际标准化组织中医药技术委员会（暂定名）（ISO/TC249）平台，我国 2 个中医药国际标准项目通过了国际立项，并获得了 3 个国际工作组召集人席位，可以说，这是具有跨时代意义的重大成就，与针灸腧穴标准的制定与日同辉，而又有当今的时空特征。

忧的是中医药标准化工作存在的问题也很突出。一是思想认识的问题。中医药界某些学者对标准的制定存在比较严重的误区，认为高层次的科研成果可以为标准，并可在全国推行、甚至可推荐为国际标准，很显然这是一种误解。因为标准具有综合性，是多人多项成果的搜集、整理、升华，是最高层次科技成果的整合。单一的科研成果尚无广泛的专家共识，也缺乏严格的科学验证以及时间和实践的检验。二是科学研究的问题。我们在部分疾病上，有三五个，甚至十几个指南、规范、标准，究其原因在于缺乏制定中医药标准的创新方法学，这是我们必须要关注的。将循证医学引入中医诊疗指南的制定中，不可否认对提高诊疗指南的质量具有一定的作用。目前中医医案被认为是最低等级的循证证据，笔者对其存在质疑。早年上海章太炎先生就说，中医对人类贡献最著者莫过于医案。如果我们按病证诊疗整合医案，采用现代的数理统计方法作有效的分析，基于临床数据的医案研究将能提高其循证证据的级别。三是统筹协调的问题。标准的制定、推广、应用、反馈、修订应该是螺旋上升的过程，目前制定的许多标准束之高阁，实际应用较差。要加强政府主管部门对相关标准的管理，

加强标准制修订与标准的推广应用的统筹协调。同时，也应注意到标准的制定与知识产权保护之间的关系。

针对中医药标准化工作面临的形势，笔者在研究对策方面提出 5 点建议。

第一，关于时空转换。中国是中医的发源地，而后传到日本、韩国及世界各地。日本尊仲景学说，发展汉方医学，代表人物如吉益东洞，代表性著作《杂病广要》传到中国并被推广。中医在韩国被称为韩医学，宗太极八卦，代表著作如《东医宝鉴》。值得重视的是我们要学习日本人、韩国人，他们较早学习并应用符合国际规范的方法学来制订或修订标准，拥有一批掌握国际规范的标准化人才，而我们起步较晚，缺乏这样的人才，应该抓紧时间培养懂历史、重传统、善于标准制定、熟悉国际规则、能够运用英文和多语种的人才，争取国际标准制定的主导权和制高点。

第二，关于科学主义。大家应该看到，过分追求精准仍然是今天的现实，然而它正在发生着变化。标准的制定要求精准才可操作，然而这并非是唯一的准则，当今科学的格局正发生着深刻的变化，非线性、不确定性物质运动被列为科学的范畴。以种子种苗的研究为例，我们既要看到植物学相关生态研究的成果，我们又要朝向两端延伸，宏观到观天象察物候，微观到基因组学、蛋白组学、代谢组学，而后是微观与宏观链接、综合和分析的链接、实体本体论和关系本体论的链接，然而这仅仅是一种研究思路，如能找到契合点则意味着突破，但常常擦肩而过，显然这仅仅是一个开始，渴望对接是任重道远的企盼。

第三，关于文化冲突。文化的冲突是标准竞争的最基本的因素，政治、经济、军事、外交的冲突最终都是和文化冲突密切相关的。中医学是医学体系的重要组成部分，是防治疾病、维护人类健康的生命科学，中医药有文化但不完全是文化，中医药研究也不应是从文化到文化，然而文化冲突必须重视。标准是掌握学科主动权的重要工具。应该看到我国与日本在标准化建设上尚有一定的差距。这源于近现代我们标准化发展没能跟上时代发展的步伐，没能适应全球标准化发展的趋势。就中医中药来说，我们是发祥地，具有原创的思维，体现优秀的传统文化。中医药原创思维是意象思维、具象思维，最后是形象思维，我们的原创优势是现代传染病，特别是病毒性传染病，我们和转化医学、个体化医学靠得最近，所以中医药标准的制定应该以我为主体，我主人随，最终能够做出中医认可、西医共识，中国人认可、外国人也认同的标准，这是一件困难的事，要达成共识是我们努力的目标。

第四，关于国内情况。标准化工作首先应当增强自我意识，通过宣传教育，在临床上深入转化医学，加强现有科技成果、临床实践经验等对标准制修订的技术支撑，促进标准在科研、教育、医疗产业等领域的推广运用。其次，注重中医药标准化的创新方法学研究。对于循证医学、疗效评价，作综合研究，获得基于临床试验数据的共识性的循证证据，对循证医学技术手段应在充分学习应用的基础上，加以改进完善，使之能够服务于中医标准的制修订。最后发挥政府的职能，推进将形成中医药标准草案作为重大项目立项实施和评估及评审验收的基本要求，推进中医药的教材、著作、论文等的撰写与现有中医药标准的衔接，推进建立标准研究制定、推广运用、评价反馈、再修订的螺旋式上升的中医药标准制修订机制。

第五，关于整合资源。标准的制修订要集成古代和现代中医药成果的精华，注重古代和现代的资源整合，原则上要厚今薄古，古为今用，通过不断整合当下最先进的得到广泛共识的科研成果而不断修订、更新、完善。针对当前部分疾病存在三五个以至七八个指南标准规范不统一的现象，要加强整合，

发挥各专业标准化技术委员会的技术指导作用，鼓励多个社会团体、学会组织联合协作制定标准。同时，中医药标准化工作需要行业内外的统筹整合，应追求大学科、广覆盖，要将中医药标准化的发展置于大学科背景下，要跳出学科限制，要服务于中医药事业的发展，天地生、数理化、逻辑学、运筹学等都是不可缺少的。最后，要加强国际合作，整合国际资源，调动国际学术组织的力量，通过国际科技合作，扩大我国在中医药科研领域的影响力，加强政府间的对话，注重在合作共赢前提下的竞争，争取更多国际利益相关方的支持。

今天，科学大格局正在发生着深刻的变化，其中包括概念更新、思维模式、理论框架与实践活动。中医药学原创的形象思维—具象思维—抽象思维的模式是概念时代复兴中华文明的钥匙；其天人相应、辨证论治、形神一体的理论框架引领着整体健康医学。中医药标准化建设应在大科学的背景下适应大环境的变迁，应时而变，坚持我主人随，弘扬原创思维与原创优势。

（收稿日期：2011-12-01）

附录 3

《天津中医药》2012 年 2 月第 29 卷第 1 期

医苑丛谈·谈治学

王永炎[1]，王燕平[1]，于智敏[2]

（1. 中国中医科学院临床基础医学研究所，北京 100700；2. 中国中医科学院中医基础理论研究所，北京 100700）

摘要：如何成为有成就的中医学人、如何在高原上打造高峰是中医学界关注的问题。选择合适的治学方法，注重自身素质的培养，提高个人境界，强化临床诊疗技能的培养是其中的关键所在。"医苑丛谈"就是紧密围绕这四点展开的。

关键词：中医人才；谈治学；谈素质；谈境界；谈诊疗

中图分类号：R24　**文献标识码**：A　**文章编号**：1672-1519（2012）01-0001-04

近来，有关中医人才培养问题持续受到学界关注。许多人和我交流如何成为有成就的中医学人、如何在高原上打造高峰等诸多问题。尽管目的不一，角度各异，但归根结底可以看出对成才与成功的期盼。基于此，笔者愿意将自己的观点和点滴经验以"医苑丛谈"的形式和盘托出以为引玉之砖。

之所以命名为"医苑丛谈"，主要是考虑到中医学具备的科学与人文的双重属性，强调其一难免挂一漏万。所谓"苑"者，学术、艺术荟萃之处；"丛谈"，以性质相同或相近的文章合成之名。本文将"谈治学"、"谈素质"、"谈境界"、"谈诊疗"四者合而论之，意蕴诸此。

1. 辨章考镜，求书究学

笔者以为，无论教学、科研还是临床，都应该重视中医经典的研读。之所以用"研读"二字而不用别的，是因为它"其文简，其义博，其理奥，其趣深"，不能像一般书籍那样批阅翻检，需要字斟句酌，反复参悟，于无字句处探寻经典蕴含的微言大义。

存在主义大师萨特在《辩证理性批判》一书中谈到马克思主义哲学时指出："它仍是我们时代的哲学，它是不可超越的。因为产生它的情势还没有被超越。"套用萨特的论述描述：中医经典仍然是我们时代的经典，它是不可超越的。因为产生它的情势还没有被超越。这也是笔者主张"崇尚国故、研读经典"的缘由。

章学诚在《校雠通义》中说过，文献学功用是："辨章学术，考镜源流"，"即类求书，因书究学"[1]。这是从学术研究说的，一是了解学术发展源流，二是查检学术研究的书籍。中医治学亦当循此门径，如此方能登堂入室。

中医经典，浩如烟海，汗牛充栋，学者常有望洋之叹。丹波元简编著的《医籍考》收录中国古代医书2880余种，薛清录主编的《全国中医图书联合目录》共收录中医图书12124种，郭霭春主编的《中国分省医籍考》共著录医籍8000余种，裘沛然主编的《中国医籍大辞典》共收录上自先秦，下迄20世纪末的中医药书目23000余种。如此众多的书籍，虽尽平生之力，亦难尽其一二。

笔者认为，研读经典，首先应该从目录学入手，了解中医的"家底"有多厚，再从中各取所需。其次还要学习掌握文字学、音韵学、版本学、校勘学等中医文献学知识。马继兴先生主编的《中医文献学》就是一部较好的参考书籍。

此外，还应当本着"继承——验证—质疑—创新"的原则，勤于思考，勇于实践，敢于质疑，从中悟出中医学经典中蕴藏的微言大义。这是学好中医，当好医生的基础。

2. 由博返约，精读心悟

董建华先生重视精读书的学习。所谓精读书，是指需要字斟句酌、反复品味的书籍。古人治学，强调"博学无所弗睨"，更重视选择精读书。

孙思邈在"大医习业"中指出，要想使自己成为一名德才兼备的名医，必须精读《素问》、《甲乙经》、《黄帝针经》、《明堂流注》以及张仲景、王叔和、阮河南、范东阳、张苗、靳邵等人的著作。此外还要精研《周易》，通读五经三史以及《庄子》、《老子》。

王旭高在《医论拾遗·杂说》提出："看病工夫在读书，书不在多，如《内经》、张仲景《伤寒论》、《金匮玉函》、《本草》、《药性》、《脉诀》、吴又可《温疫论》、薛生白《湿热论》，方解《明医方论》最好，《医方集解》略选。叶天士《温热论》（要宜熟读）。此数种书，三年可以读完，再加玩索揣摩，已可日进于高明矣。他如刘河间、朱丹溪、李东垣、张子和亦有好书，虽不必熟读，亦须细阅。《寓意草》亦好书也。"[2]刘仕廉纂辑的《医学集成》也推荐了一些精读书目，较《医论拾遗》补充了《周易》、《难经》、《脉经》，同时主张先要熟读儒家经典著作。以上所列书籍，都应该属于精读之书的范畴。

笔者认为，古代医家列出的以上精读书目具有较强的代表性，真正做到精读，能够有效提高理论思维能力和临床诊疗水平。但当代中医还应该与时俱进。当前中国传统文化热潮席卷全球，对于国学基础不够扎实的中医，也应该补上这一课，可考虑研读《十三经》，其中以清代阮元的《十三经注疏》可为首选；当今社会结核病死灰复燃，抗结核药物都不同程度的产生耐药性，古人对"痨病"的诊疗经验值得我们今天借鉴，可考虑精读《理虚元鉴》和《红炉点雪》。

通过几年的不断学习，即可对以上精读书有较深的理解，对中医药学也就会有全新的认识，此时可以考虑扩大读书范围，选择一些泛读书来阅读。

总之，经典贵在精选、精读、深思、验证。制定好读书计划，持之以恒，广泛涉猎，扩大视野，增长见识，也是打造高级中医人才的途径。

3. 览观杂学，开阔视野

博览群书的过程，实际上就是浏览、翻阅、泛读的过程。通过泛读，实现从书山寻捷径，从书海淘宝归的目的。

泛读不一定一本书从头读到尾，一字不落，可以快速翻检，各取所需。当发现精华之处，或者看到自己感兴趣的东西，则静下心来，反复琢磨，做笔记，夹标签，自己的私人图书还可以做批注。泛读一定要养成"不动笔墨不读书"的习惯，千万不要曲解古人"好读书，不求甚解"的原意。

近年出版的中医古籍很多。如《中国医学大成》、《古今图书集成医部全录》、《三三医书》、《珍本图书集成》，新近出版的有《唐宋金元名医大成》（共20部）、《明清名医大成》（共30部）以及《明清中医临证小丛书》等多种，这些都可以作为泛读书来研读。当然，泛读过程中是为了探索发现自己感兴趣的精读书。

2005年，国家中医药管理局启动了"优秀中医临床人才研修项目"，项目确定了100多种必读书目，人民卫生出版社已经陆续出版，我曾为之作序。这些书籍也可以作为泛读书目。此外，文、史、哲、美学、佛学、道学等典籍，也应适当涉猎。

4. 勤求古训，溯本探源

"读经典"，博览群书的目的在于溯本求源，在于继承，在于古为今用，但最终的归宿要体现学术的创新，要认真继承中医经典理论与临床诊疗经验，敢于质疑而后验证、诠释进而创新。经典读通了、读懂了，诠证创新自然寓于继承之中，进而才是中医现代化的实施。

溯本求源，勤求古训的同时还要融会新知，即是运用科学的思维方法，将理论与实践紧密联系，以显著的疗效，诠释、求证前贤的理论，寓继承之中求创新发展，从理论层面阐发古人前贤之未备，以推进中医学科的进步。张仲景"勤求古训，博采众方"的治学精神，值得每一位中医学人学习借鉴。

5. 融会新知，继承创新

纵观古往今来的先哲名医，均是熟谙经典，勤于临证，发遑古意，创立新说，形成学术思想者。笔者以为"学术思想"，应该是学者高层次的学术成就，是长期锲而不舍坚持读经典，做临床，在取得若干鲜活的诊疗经验的基础上凝聚的学术闪光点与提炼的思想精华，其中蕴含着创新思维和创新成果。

学术思想必须有理论内涵并能指导临床实践，提高临床防治水平，这样的学术思想才有持久的生命力。它不是单纯的临床经验，但源于一病、一证、一法、一方、一药的诊治经验与心得体会，又在此基础上进行高度的抽象概括和理性提升。金元大家刘河间是"读经典，做临床"的楷模，他在《素问病机气宜保命集》中提到："法之与术，悉出《内经》之玄机。"[3] 于刻苦钻研运气学说之后，倡"六气皆从火化"，阐发火热病证脉治，创脏腑六气病机、玄府气液理论，其学识思想至今仍能指导温病、瘟疫的防治。

总之，凡成中医大家名师者，皆为博览群书，勤求古训而融会新知的楷模。因为经典医籍所提供的科学原理至今仍是维护健康，防病治病的准则，至今仍葆其青春。因此，读经典，做临床具有重要的现实意义。

读书学习的最高境界，是做到由博返约，举一反三。研读中医经典，也必须经过精读—泛读—再精读—再泛读的过程。"再精读"，就是要"精中选精"，选择案头书，手不释卷，一有空暇，即取出阅读。孙思邈"青衿之岁，高尚兹典；白首之年，未尝释卷"[4]，讲的就是对案头书的重视、喜爱与研读。

6. 案头之书，每日翻检

中医学人要养成每日读书的习惯。如果没有大块的时间系统学习，可考虑挑选一本案头书研读。

案头书，顾名思义，就是放在床头、案边，或者随身携带，可以随时取来翻检阅读的书籍。案头书根据个人的兴趣、爱好、专业、主攻方向的不同而有所不同。阅读山东科学技术出版社出版的《名老中医之路》可知，大凡中医名家，无不重视案头书的研读；名家的案头书，丰富多彩，不一而足。但是，每一位名家的成功，都是既博览群书，又重视案头书的学习，有些人甚至读案头书一辈子。

例如，岳美中的案头书为《内经》、《伤寒论》、《金匮要略》，熟读的标准是"做到不假思索，张口就来"。金寿山尤喜《伤寒论》、《金匮要略》、《温热论》；姜春华重视《内经》、《伤寒论》，认为其重要性犹如儒家经典的"四书"；李聪甫读《医宗必读》、《士材三书》和《医门法律》；朱仁康为《疡科心得集》等等。

董建华先生的案头书是《医家四要》，笔者推荐笔者的学生也读读这本书。由于喜欢并从中受益匪浅，笔者愿意就《医家四要》多说几句。

本书为综合性医书，程曦、江诚、雷大震同纂。成书于清光绪十年（1884年）。本书由"脉诀入门"、"病机约论"、"方歌别类"、"药赋新编"四篇组成。由于以"脉、病、方、药"四要为纲，而此"四要"为医家必须具备的基本功，故名。它辑录历代医书精华，分门别类，归纳整理而成。卷一载脉诀，十二经络、内景部位、五运六气、万金一统述等内容，论四诊及人体生理功能；卷二分72论，主论病机，列内伤杂证、伤寒时疫、五官、妇人胎产等，荟萃先贤名论，并简述其病机与治法。卷三选方40首，以歌括形式，分门别类论述其功用，后列君臣佐使配药和七方十剂治病及水煎法等内容。卷四仿《药性赋》"寒、热、温、平"的赋体形式，分述300余味药物的性能功用，每味药物之下，都载炮制方法、相须、同类制品及所属草木金石各部，后附有药性大意、相反相畏歌等。是一部基础临床并重，生理病理兼顾，理法方药俱全，炮制制剂具备的好书。

本书近年来未见再版问世。现有清光绪十二年豫章邓灿堂刻本（养鹤山房藏版）、1958年上海科学技术出版社铅印本等。

笔者认为，选择一本好的案头书，能把中医诸多经典有效链接起来，做到理论和实践、博和约的有机结合。阅读案头书，联想以往读过的精读书、泛读书的内容，由点及面，广泛联系；通过两者之间的相互印证和临床实践，使理论与实践交叉渗透，如此则能加深记忆力，进而开启"悟性"，提高思想、思考与思辨能力。

选择案头书反复阅读，积极思考，融会贯通，就会做到一理通，百理通，一理融，百理融，向着"通于一而万事毕"的境界迈进。所以，中医工作者，应该重视案头书的选择与阅读。

参考文献：

[1] 章学诚 . 校雠通义 [M]. 上海：会文堂书局，1928：1-8.

[2] 王旭高 . 医论拾遗 · 见褚玄仁辑注 . 王旭高医书全集 [M]. 北京：学
苑出版社，2001：459.

[3] 刘完素 . 素问病机气宜保命集 [J]. 北京：人民卫生出版社，2005：9.

[4] 孙思邈 . 千金方 [M]. 长春：吉林人民出版社，1994：1.

（收稿日期：2011-12-26）

附录 4

《中医杂志》2012 年 2 月第 4 期

读《图说中医》丛书

王永炎

（中国中医科学院，北京 100700）

六年前，张志斌教授与我商量要写一部图文并茂的中医科普丛书，并请我担当此书的主审。很高兴现在这套精美雅致的图书已经放在了我的案头。丛书作者阵营整齐强大，分别是中医药历史文献不同领域的领军人物。浏览翻阅了各位学者亲自动手撰写的著作之后，我感觉他们的确投入了真情实意做好这套中医科普书。

中医药是以中华民族自然哲学与诊疗实践经验为主体，研究人类健康与疾病转化规律及其预防、诊断、治疗、康复和保健的一门古代医学科学，而至今葆其青春。科学求真，人文求善，而在延绵五千年灿烂的华夏传统文化中成长起来的中医药学，将自然科学与人文科学水乳交融地结合在一起，具有原创思维与优势，在当代疾病防治中起到不可替代的作用。今天，全球科学理念发生了变革，中医药越来越受到关注，越来越多的人希望了解中医药的保健治疗原理与方法。如何让群众能够以喜闻乐见的方式真正感受到中医深厚的文化积淀与严肃的科学内涵，这是我们中医学人义不容辞的责任。

国务院 2005 年颁布的《全民科学素质行动计划纲要（2006 — 2010 — 2020 年）》提出："增强科技界的责任感，支持科技专家主动参与科学教育、传播与普及。"我认为，这应该是科技专家很重要的一项任务。如何保证中医药科普工作的质量，真正的中医药专家的主动参与十分重要。但是此前，这项工作做得不尽如人意，原因是多方面的。对于有资质的专家来说，撰写科普读物也并非易事，它与专著当有不同的要求。又因专家们都承担繁重的科研任务，难得有暇顾及科普方面的工作。现在，我很高兴地看到，张志斌、李经纬、郑金生、黄龙祥四位先生，为中医科普做了一份很好的工作，实在是件可喜可贺的事。

这四位研究员我都很熟悉，他们是我院科研队伍中的骨干，都有着几十年中医研究阅历，都曾经组织编纂过多种千百万字的巨著。我很同意他们的理念："书无大小，贵在意义"。这套书一共有六册，从《中医的历史》、《中药》、《针灸》、《养生》、《疾病防治》、《宫廷医疗》六个不同的侧面，展示中医药学的风貌。这几位专家在不同的研究领域花费了毕生的精力，因而下笔之前，胸有成竹。各子书以若干重要实用的主题为纲，每一主题大致按历史发展的时序为主线进行叙述。整套丛书是一个整体，下属各子书有分工，有交叉，纵横交错，将中医历史与中医知识娓娓道来，要而不繁地展现出博大精深的中医科学内涵。

这四位研究员有一个共同的特点，就是工作非常认真严谨。因此，我理解他们为什么会用六年的时间来完成一套中医科普图书——他们是用一种"独立之精神，自由之思想"从事这份工作，决不因为这只是一部科普小丛书而有所松懈。其实，在各自的工作经历中，他们都有了丰富的积累。但是为了能把这套丛书做到最好，他们仍然会为了一个想法、一张图片而不远千里去进行实地调查。在这套书中，有许多精美的图片，是他们亲自从实地拍摄回来的。如安徽亳州的华祖庵、陕西耀县的药王庙、湖北蕲春的李时珍陵园……因此，阅读这套丛书，可以分享作者们"读万卷书，行万里路"的收获与对中医药文化的深切感悟。

也许有人会问：一套中医科普小丛书，值得让四位研究员去如此用心做吗？他们的回答是："博大精深的中医药学，值得我们为之倾注心血加以表述。"我认为这是

文化自觉的典范，为弘扬中华民族的优势文化起到了一定的引领作用，值得尊重与学习。因此，我愿意向大家推荐这一套专家们倾注心血而完成的中医科普丛书。并希望有更多的专家能够为传播中医药文化与中医药知识而倾注心血。

附录 5

《北京中医药大学学报》2012 年 3 月第 35 卷第 3 期

读中医策论文有感

王永炎，张志斌

（中国中医科学院中医临床基础医学研究所，北京 100700）

关键词：策论；中医；临床

中图分类号：R24

国家中医药管理局的优秀临床人才培养计划第二期即将结束，作为结业应试的形式之一，第一期和第二期学员共上交了 437 篇中医策论文。阅读这些文章，欣喜之余，感慨良多。

1. 关于中医策论文的一般情况

"策论"是一个颇为久远的文体概念，消沉多时，近年来又重新回到人们的视野中。

1.1　什么是策论

"策论"是以对策内容为主的议论文。所谓"策"，是指针对某一问题的对应策略；"论"则是针对所提出对策进行论述。关于"策论"，人们常将其与科举考试联系在一起。例如 1980 年版《辞海》曾说："策论：策是策问，论是议论文。宋金科举制度，曾用以取士。"[1]

一般认为，科举制度滥觞于隋炀帝大业年间[2]。而策论文作为一种文体，至少在西汉初年，已经盛行。当时的贾谊、晁错等人，都因其策论佳作而成为著名的政论家。如贾谊的《论治安策》《论积贮疏》《陈政事疏》，晁错的《守

边劝农疏》《言兵事疏》《论贵粟疏》《削藩策》等策论均享有盛名。汉文帝 15 年（公元前 165）曾诏令朝廷大臣推举贤良文学士，并亲自以诏书策问，晁错的《举贤良对策》提出了选拔人才应任人惟贤，制令行政要本于人情等政治主张，得以留名青史。汉武帝即位以后，亦曾多次要各地推举贤良和文学人才到朝廷参加对策。董仲舒作为贤良也被推举，汉武帝策问 3 次，董仲舒对策 3 次。这 3 次对策文字，就是董仲舒的《举贤良对策》。

可见，策论这一文体的起源远远早于科举，后来才被科举利用。但是随着科举制度被废除，策论文也受到了冷落。直至 2000 年，中央、国家机关公务员录用考试，再次纳入策论文这一考试形式。而中医策论文则是 2007 年引入国家中医药管理局临床优秀人才培养项目的"新"文体。

1.2　中医策论文的由来

为了贯彻落实吴仪副总理"要大力加强中医药人才培养""要培养造就一批名医""要以中医药特色优势为根本，把名院、名科、名医文章做大"的指示精神，国家中医药管理局于 2004 年 3 月启动了"优秀中医临床人才研修项目"，

目的是要培养出真正的中医传承者 [3]。

当时，国家中医药管理局邀请邓铁涛、王绵之、路志正、任继学等中医学家、临床家、教育家组成项目专家指导委员会，期待培养未来一代名医，传承学术，服务民众，令学科进步，事业兴旺。这一研修项目的计划目标与实施程序由局领导和专家指导委员会确定，而具体的运作过程，包括命题考试、策划讲座、选择推荐阅读书目、中期考评、结业考核验收，等等，则由秘书组负责。秘书组由早期全国各中医药院校毕业生组成，当时的"秘书"们也均已 60 多岁。

学员们在研修期间，精读四部经典古籍，泛读 6 部本专业相关著作。每个学员拜 3 位老师，撰写临床医案报告。结业考核有医案分析，有四部经典闭卷考试，等等。但老师们认为还是不够，为了给学员一个展示地道中医的机会，让他们能够尽情发挥来自于临床实践的体会与见解，于是就想到了策论。专家们拟就策问试题 30 则，应试者结合自身学科与临床阅历任选一题作答。

1.3　撰写中医策论文的学术传承意义

诚如上述，策论是一种讨论解决问题之对策的文体，先于科举，是一项优质的教育资源，不应该被看作是皇权的专利。以策问提供试题，以策论应答作为试卷，开卷撰写，从容不迫，形成研修项目高层次中医临床人才的考核新模式，测试其中医理论水平与临床应对能力。在中医教育史上，这是一项探索性工作。

这种探索是应时应势的需要。当今中医形势总体看好，有党和政府的大力扶持，人民群众迫切需要，科学家们积极鼓励。但事业的发展，关键在于自己的队伍建设，尤以中坚骨干临床人才的素质水平提高至关重要。

因此，展开这个研修项目，目的很明确，即培养热爱中医药事业，全心全意为人民服务，医德高尚，理论深厚，医术精良的新一代明医，使中医药更好地服务于人民群众的健康和我国的社会保障事业。简言之，也就是为中医药事业求生存、谋发展，培养高水平、可信任的中医人才。为了反映这样一个目的，中医策论文要求以临证为主体，论"理法"为内涵，围绕主题复习文献，领悟明师经验，结合本人实践，经提炼升华而提出个人的新见解。策论不尚空谈，要求落实到提高解决临床问题的能力，提高疗效。

第一批研修项目结业之时，学员们的中医策论文中不乏佳作。后从众多佳作中精选 111 篇，汇编成册，经由局领导批准，由中国中医药出版社出版。这些中医策论文，不仅反映出学员们扎实的中医理论功底与较高的临床思维悟性，还显示出年轻一代传承中医的强烈使命感与责任心，使学界老先生感到欣慰，部分缓解了他们对中医乏人乏术的忧虑。可以说，中医临床优秀人才研修项目的成果，验证了在现代环境条件下，完全可以培养出真正的中医传承者，造就一代明医。

当今第二期研修班结业在即，实践中探索的"读经典、做临床、参名师、写策论"这种人才培养模式，有可能成为复兴中医的战略模式，成为中医求生存、谋发展的拐点。

2. 两批中医策论文的整体水平与优势

第一期和第二期中医临床优秀人才研修项目，共收到中医策论文 437 篇，反映了研修学员研读经典著作、弘扬原创优势、虚心参师、潜心悟道、勇于实践、勤于思考、多源发散、回归本位的学习过程，这是刻苦研读的成果。

这些文章都是道地的中医学术文章，总体水平相对较高，表达了学员们的临证思辨，可圈可点。临证思辨是中医悟性培育的载体，医师的悟性缘于临床而又回归临床。通过"读经典、做临床、参明师、写策论"，面对临床常见病、多发病与重大疑难危急重症，不断总结出鲜活的临床经验，并提升其理论内涵，以策论的方式进行表达，足见学员临床技能与思维能力的提高。

2.1　传承经典理论，有所创新

如策问"张仲景小柴胡汤运用发微"，着眼点在于《伤寒论》有关小柴胡汤适应证的病机证候特点及古今医家灵活运用此方的思路和方法，要求论策者，结合临床实际，展示"读经典、做临床"的功力。

高社光主任医师的策对，在分析了《伤寒论》小柴胡汤的全部相关条文之后，论述了小柴胡汤疏肝利胆，调和脾胃，治疗肝胆胃肠诸疾；开郁达表，通调腠理，治疗汗证；舒肝解郁，利胆退黄，治疗各类黄疸；疏畅三焦，开郁通便，治疗非寒热虚实可辨之便秘；和解少阳，开郁醒神，治疗发作性嗜睡。谈理论依据经典，举临证确切可信。创新性地拓展了小柴胡汤的运用范畴，反映了多源发散的临床思维，最后又全部落实到提高疗效。

2.2　弘扬原创优势，思考思辨

如策问"论《伤寒论》'观其脉证，知犯何逆，随证治之'的临床应用"，着眼于对这一临床诊疗总则的理解与发挥，要求策论者慎思明辨，展示临证思维、思考、思辨的能力。

贾春华主任医师将哲学、逻辑学、认知科学知识结合起来，进行思考与论述。他认为"脉证"指病人的状态，业医者观察描述当有"在场的"与"不在场的"分野，提出后者是前者的背景，前者通过后者而显现。这种缘于哲学层面的分析，延伸到整体反映的病理生理状态过程的证候研究，运用数理统计学科方法切入辨证、治疗，为疗效评价奠定了基础，并创造了条件。同时，也为中医临床医师拓展了思路。作者提出"援物比类""司外揣内"是中医认识疾病的方法，"知犯何逆"当属辨证。辨证的依据当是四诊获取的信息，自然以症状体征为主，而纳入比类取象，则象寓有科学、人文双重属性。认识的顺序当是以象为素、以素为候、以候为证、据证言病，而后方证相应，进行治疗。如以象解象当是"意"，将象与意融入辨证之中，汇科学与人文为一体，当是中医药学科之真谛。作者在阐释"随证治之"时引入逻辑学知识对治疗思路进行分析，重视证候病机及其演变，强调中医治疗疾病的动态性，对"方随证转"及"病证"与"方证"的对应关系，做了较为深入的论证，反映了很强的中医思维能力。

2.3　诠释科学内涵，求真求实

如策问"论王清任调气活血的组方思想"，着眼点在于王清任对于调气与活血关系问题的处理，要求论策者结合不同的临床情况，展示灵活掌握相关理法方药的能力。

徐远主任医师的策对，提出调气意在活血，重视补气，重用黄芪；调气意在疏达，升降有序，行气活血；血瘀有因寒因热之不同，活血有养血消瘀之变化；通、散、逐、化、消、破、温、溶，为使气行血畅。并结合印会河老师的经验，论证临床实际用药的不同。认为调气活血的掌握，要注重辨别病因，寒热虚实，"有者求之"，"无者求之"；把握病机，"盛者责之"，"虚者责之"；明确病位，知犯内外上下；明了脏腑经络，"审气血之荣枯，辨经络之通滞"，勿犯"盲子夜行"之错。在总结时，还提出："气与血乃身之大宝，观今人，割肝摘肺、换心弃脾，皆可活，但气散血亡，故死之速。"反映出作者独特的思考。

3. 两批中医策论文的不足与问题

从两期学员的中医策论来看，也存在一些不足与需要注意的问题。

3.1　破题不力，射策不准

即审题欠准确。下笔之前，不明题目要求，则失之毫厘，差之千里。例如策问"从《金匮要略方论》肾气丸的应用论异病同治"，题之要点在于"异病同治"，"《金匮要略方论》肾气丸的应用"则是列举论据的范围。但是，不止一位作者只谈肾气丸的应用，而没有落实到解决异病同治的问题。

3.2　重于文献，弱于临床

中医策论文的写作，要求反映"读经典、做临床、参明师"的真切体会。有部分作者，对于"较为系统地复习文献"努力去做了，但是注意力的分配不够适当，对于跟师经验与临床实践较少论及，从文献到文献的写法，既不符合策论的要求，也背离了采用中医策论文这一考核形式，以及让作者"发挥来自于临床实践的体会与见解"之初衷。

3.3　引述较多，创见较少

传承与创新是相辅相成的两方面，在传承的基础上创新，而学术的生命力寓于不断创新之中。从两批策论文看来，关于提炼创新，与老一辈的期望值还有距离。有的文章甚至罗列了甲说、乙说、丙说……惟独"我"什么也没说。所谓策论，本来就是针对策问，提出本人关于解决问题的对策。"我"不说，如何体现"我"的对策？无"我"之策，非策论文所能允许。

3.4　文化功底不深，起承转合不够

文化功底不深的问题首先表现在文字不顺，文章没有起承转合，缺乏逻辑性，前面的理论阐述与后面医案举例缺乏必要的转承衔接。有的文章缺乏条理，五六千字的文章，竟然不设任何标题。

其次表现在对于历史时期的先后没有概念，有不少作者没有注意到这个问题。有一篇文章在谈到"历代医家论述"时，同一节各医家排列的顺序是：明代马玄台，清代沈尧封，唐代王冰，明代万密斋、张介宾，隋代杨上善，明代张志聪，近代张山雷，宋代陈良甫（自明）。讨论"历代论述"，是为了展现同一理论由远而近的发展源流。而这样混乱的排列顺序，就完全搅乱所谓的发展源流，失去了讨论"历代"的意义。

再次表现在对文献的标注规范掌握得不好。如有一篇文章，提到清代沈尧封《沈氏女科》如何说，紧接着"王冰注"如何说；提到宋代陈自明《妇人大全良方》如何说，紧接着"杨上善注"如何说。作者的意思应该是王冰"《素问》注"，杨上善"《太素》注"。但不规范的文献标注，很容易引起歧义：王冰是唐代人，杨上善是隋代人，如何去注释清代人或宋代人的书呢。

4. 中医策论文的撰写要求

鉴于以上情况，最后想再谈一谈关于中医策论文的撰写要求。

4.1　四步分明，重点突出

中医策论文是针对题目之策问作答，一般要求有四方面的内容（简称"四步"）：射策——破题；对策——立论；论策——议论；结论——见解。对策者阐发对策问（所选题目）的准确领悟，精炼破解相关概念的经典出处与理论源流，叫做"射策"；针对策问中提出的问题，提出自己明确的观点和应对策略，即临床实践中解决这一问题的具体措施，叫做"对策"；围绕自己提出的观点和策略展开论证和表述，列出明确的、具体的理法方药细化措施，赋以充足适用的论据、严密的论证逻辑、使人信服的论证过程加以表述，叫做"论策"；最后，作者用最为简洁准确的总结性语言提出本人的见解，这就是"结论"。

结合"临床优秀人才"这一培养目标与"读经典、做临床、参明师"这一培养模式，中医策论文内容重点是以临证为主

体，也就是要以老师的思想与经验、自己的实践与心得为主体，文献复习只是一个提高理论水平的方法，而提高解决临床问题的能力、提高疗效，才是策论要解决的关键所在。

就策论结构而言，上述四步须分明，但并非平均用力，要重点突出，即四步主次比例必须掌握好。策论文的主体，应该是"对策"与"论策"，论策者要把主要的笔墨投放在这两个部分。准确"射策"是为了"对策"更有针对性，简要"结论"是为了突出全文的重点，这两个部分可被看作是策论文的开头与结尾，在篇幅上不能占太大的比例。

4.2 "策"重实用，"论"求通达

中医策论文本身是为提高解决中医临床问题能力而设的一种文体，不是科举八股。因此，写好中医策论文的前提，就是确有源于临床实践、经提炼升华又回到临床实践中去的对策。有策能用，用之见效，是策论的重中之重。具体来说，策论提出的对应策略要得当，有针对性与可行性，要落实到提高临床疗效。对策要以老师的思想、经验及本人的心得或实践为宜。没有临床实际意义的以经解经，泛泛空谈，属于有论无策。无策之论，不算策论。

但有策而论述不清，也不是好策论。如何论策，关键是要通达明了。所谓"通达"，首先是通晓题意，即审题要清，"射策"要准，要领悟策问的着眼点，然后围绕这个着眼点展开"对策"与"论策"。如果论策者只想着重针对策问中某一个方面提出对策议论，不妨加一个副标题。

论策要深刻，不求广征博引，但需要具体的理法方药

等细化措施，以及这些措施的理论依据或实施效果。论据要充足贴切，效果要求真求实。有了这些内秀功夫，再进而琢磨文章结构，力求严谨完整、逻辑性强、条理清晰。下笔之前，要先布局谋篇。建议作者根据材料内容与逻辑关联，设置若干标题，体现文章的起承转合。文词不求华美深奥，但须通达流畅，能够将中心思想表达清楚。

最后还须检查策论的某些细节。例如参考文献的标注一定要规范。引文的表达，一般应该包括时代、人名、书名、卷次（或篇章名）等几项内容。从网上或《中华医典》光盘中拷贝下来的文献资料，需要核实纸质原文。文章中所引用的每一条文献，都应该按照杂志发表的要求在文后注明文献出处。

中华文化的功底不是一时一事便可以提高，需要在平时多学习，多积累。而必要的文化常识，必须加强补课。有了深厚的文化功底，将有助于中医策论的撰写，不仅可以避免出现常识性的错误，更可使文章富有文化底蕴。

参考文献：

[1] 辞海编辑委员会 . 辞海 [M]. 上海：上海辞书出版社，1980：1885.

[2] 张希清 . 科举制度的定义与起源申论 [J]. 河南大学学报：社会科学版，2007，（5）：99-106.

[3] 国家中医药管理局 . 中医临证思辨录 [M]. 北京：中国中医药出版社，2008：1.

（收稿日期：2012-03-20）

附录 6

《医学研究杂志》2012 年 3 月第 41 卷第 3 期

共识疗效亟待破解的难题

王永炎

（中国中医科学院，北京 100700）

当前，科学的大格局正在发生着深刻的变化。天地人一元论的宇宙观逐渐成为科技界的共识。西方工业文明追

求精准，为 20 世纪人类的精神生活与物质生活带来了极大的提高，功不可没。当今我们应该提倡东学、西学兼收并蓄，

以国学为主体，从整体医学出发进行还原分析，再回归到整体上分析，针对优势病种进行辨证论治，以复杂性非线性干预手段，获取中医与西医、国内与国外共识的疗效，更新评价体系，医生与患者做意象结合的评价，这的确是难题，尚待研究。

1. 取类比象是中医研究重要方法学

我们应该敏锐地看到，科学的范畴在拓展。自然哲学应该引领中医药学学科发展。因为我们国家是长期的农耕文明，是象形文字。取类比象是诠释中医理论的一个重要的方法学。诸如证候、方剂与俞穴配伍均是中医研究的重大关键科学问题。论及证候，当是以象为素，以素为候，以候为证，据证言病，病证结合，方证相应。象素体现了意象思维，中医重视症状学的观察与体悟，必须与观天象、察物候联系在一起。

中医还主张"象"与"体"的结合。事物总是发展的，天地人相参、精气神一体，是整体医学的概念。证候的组学研究，方剂的组学研究，经穴的组学研究，把表征组学和整体医学的设计思想链接，通过一份还原分析的工作，再回归到整体上来，进行结果的归纳。然而这种宏观与微观、综合与分析、实体本体论与关系本体论的研究，寻找契合点与突破点并不容易。

科学大格局变化的核心是不确定性、非线性的研究对象被列入了科学的范畴。当今已是科学哲学混沌与精准线性科学互相融通的时代。中医药学具有不确定性、非线性，过去被认为是不科学的。20 世纪 20 ～ 30 年代曾经出现过这种现象：西医虽然治不好病，但是从组织学和细胞学上能说通道理，因而被认定是科学的；中医能治好病，但是没有细胞学、细菌学、组织学的支持，它就被认为不是科学的。然而今天有了根本性的变革，非线性的、不确定性的研究对象被认为是科学的，这一点在科技界已经达成共识。所以说，科学哲学的混沌与精准线性的科学互相融合的时代到来了。

2. 中医药现象理论是科学的

什么是现象理论？诸如"恬淡虚无，真气从之，精神内守，病安从来"就是理论，是健康医学的现象理论。现象理论为什么有那么高的价值？首先是它体现了现实，对养生保健与医疗实践有指导作用，更重要的是它体现了中华文明的底蕴，体现了中国人崇尚真善美，在真与美之间、科学与人文之间打开了通路。前中国科学院院长周光召先生到中国中医研究院考察的时候，对中医现象理论给予了正确的评价，鼓励中医学人要认准自己的方向，要有明确

的定位。

3. 共识疗效尚未形成

中医亟待破解的难题首先是共识疗效。中西医两种体系的冲突现在仍然存在。我们应该看到，社会可及性、服务民众与国际学术影响力等问题，相互之间的矛盾还有待解决。

因为中医的辨证论治属于复杂性的干预，而真实世界要求患者自身的感受与医师的观察检查两者结合，甚至有更广的社会医学的内容还需要我们探索。对于循证医学，我的态度是一学、二用、三改进，一定要分析它的局限性。一元论和整体论、二元论与还原论的融通互动目前仅是一种趋势，应该说广大的西医尚未接受。始于方剂配伍与证候诠释的研究刚刚开始。尽管我们有些许成就，有些科学家支持我们，但是基本的状况还没有走出困境，这是现实。

网络医学、表征组学，不论是证候组学、方剂组学、经穴组学，都有一个从上面的宏观自然哲学引领向下，另从下面的基因蛋白组学引领向上，这一上一下试图对接的问题。如果找到契合点，那就是重大突破，然而找这个契合点谈何容易！它常常与我们擦肩而过。我想它绝不是一代人，也绝不是在短期 10 年、20 年所能解决的问题。

4. 独立与自由是创新的基础

中医药学科具有自然科学与社会科学的双重属性，需要置于大科学背景下整合。中医应我主入随。要弘扬中医学的原创思维与原创优势，重视传承，在传承的基础上创新。要适应大环境的变迁，服务大卫生的需求，构建统一的医药学，这是一种整合。

中医和西医，特别是中医优势的临床思维，从循证、诊释到学派的研究，应该充实现代医学科学，进而构建统一的医学。毫无疑问，这就是大科学背景下最重要的整合。

实施整合的运作机制。我认为应该跳出中医药学科的领域。我们既要跳出中医药学科的领域，又要服务于中医药事业的战略任务，强化国家意识，一定要欢迎一切热爱和愿意参与中医药研究的科学与人文相关学科的志士仁人。

寻求新型的举国体制。举国体制在中国有其优势和特色。"两弹一星"就是举国体制成功的典范。要营造宽松的环境，允许失败，倡导"独立之精神，自由之思想"。独立与自由是创新的基础。若没有独立之精神、自由之思想，何谈创新，又何谈原创的创新？

（转载自 2011 年 8 月 3 日《健康报》）

附录 7

《中国中医基础医学杂志》2012 年 3 月第 18 卷第 3 期

孔德之容　惟道是从

王永炎

（中国中医科学院，北京 100700）

中图分类号：R-02　文献标识码：A　文章编号：1006-3250（2012）03-0233-03

陆广莘先生的《中医学之道》出版以后，我认真读过、深受启发，激励我悟道治学。"孔德之容，惟道是从"是我的座右铭。孔德是大德，容自然社会之规律，要依据"道"来为人处事。就现实而言，遵循德与道来治健康医学、来克服疾病医学之弊端。

1. 科学格局的深刻变革迫使现代医学反思

当今科学格局发生和正在发生着深刻的变革，主要是非线性、复杂性的研究对象列入了科学的范畴。

从正面看，它更主要的是淡化了医生的观察体悟。病人自觉的感受和影像生化的检查，现在不只是西医，我们中医的中青年医生同样认为有了现代科技，有了 MRI、PET，何需望、闻、问、切？大家可能深切地感受到了，过度的诊断和过度的治疗给人们带来的伤害，给医学带来的负面效应。

应该说，过度治疗曾害死了许多肿瘤病人。美国对肿瘤药物研究开发经历 30 年，投入了 2000 亿美元，尚未取得任何有意义的进展。这话不是我说的，是美国人自己说的。近年来，美国人在肿瘤防治方面取得了很大的进展，上了一个大台阶。他们总结的经验就是克服过度治疗，加强宣教与吃点草药。从负面看，有个学人评论说，当前的急功近利到了除了钱之外，再没有别的了。可能这话说得有点过分，但很显然点明了我们这个时代忘却了淡定修身。

就中医学的现实情况来看，应该说是有喜有忧、喜忧参半。春天来了，乍暖还寒，这是我的一种认识。我的学长们有另外一种认识，他们说的是表热里寒、上实下虚、继续萎缩、尚未折返。两种对形势的认识有相悖之处，值得认真对待、调研与思考。

2. 崇尚国故，弘扬国医

对中医药形势的看法，大概也要做出一个客观的估计，最令人担心的是我们农村、乡镇的阵地丢了。最近我到天津去，姓章的一位副局长较详细地介绍了天津社区建设国医堂如何传承和发展中医，取得了值得探索的经验，以后要专程去学习考察；还有北京中医药大学三附院非常重视转化医学，把医学由医院转到院前去加强社区的医疗卫生服务，从而发现社区医疗卫生服务的是最稳定的人群，便于追踪和观察，有利于慢病的研究。

当今科学格局发生的深刻变革，促使我们必须进行中国传统文化，包括中医学的科学的传承，当前我们尤其应该提倡"崇尚国故、弘扬国医"。我建议各位要读一点马一浮、熊十力的论著，要仿照陈寅恪先生所说的"独立之精神、自由之思想"来治学，体现文化自觉的行动。

《易经》应是我们中医学"生生之道"的本源，我们当今提倡的文化自觉，实质上就是自觉地弘扬中华优势文明，克服文化冲突。因为文化冲突已经涉及经济、政治、外交、军事等各个领域。文化自觉就是要以和谐、平衡、仁恕之道，缓解矛盾冲突。易通医理，弘扬原创的唯象思维，应是当前的一个主要命题，它是中医基础理论研究所同仁们所关心的，也是中医基础理论研究的重大领域。

3. 要重新评估农耕文明的优势

中国是个文明古国，也是长期以农耕文明为主的农业大国。毋庸置疑，我们要学习借鉴西方文明的优点和长处，更要重新评估农耕文明的优势，突出顺应自然、天人合一、知行合一，尊重一源三流的儒释道，而"象思维"是农耕文明智慧的体现。

中国古代的科技文化也是在农业生产基础上发展起来的。农耕文明重视一年四季节气变化，因而对天地之"象"的观测仔细而精确，是象思维的较早运用者。对二十四节气的归纳，一些民间农耕谚语的总结无不是象思维的集中体现。如"清明前后，种瓜点豆"等。毕竟"掌握季节，不违农时"是农业生产的基本要求。《齐民要术》所谓："顺天时，量地利，则用力少而呈贡多。任情返道，劳而无获。"因而可知，农谚无论是对种植季节的把握、年景预测以及灾害预防，都以观天地之"象"为依据，"立象以尽意"。

古有"非务农则不能明医"之论，实际上是在表明两方面的含义：一是医生应该像农夫、农妇一样，像爱护幼苗一样关爱患者的生命生机；二是医生应该向农民学习，参天彻底，不违农时。医生应该有此种精神和素养，以此体察患者之象，特别是证候疾病之象，以把握最佳治疗时机。对于构建健康医学而言，这些是尤其重要的。

我再一次提出中医学人要补课，要认真地学习唯心史观，健康医学是将唯物史观和唯心史观整合来对待的。我们这一代学人，包括我们70多岁的这辈人，学习中医的时候都是讲中医学理论的框架是建立在朴素的唯物主义基础上的。对吗？对。全面吗？不全面。所以我们要补课，要补儒释道的课，尤其是要补上新儒学派相关的课程，以准确体现并把握整体观念，形与神俱。

4. 要在自然哲学的引领下进行还原分析

无论是中医研究，还是研究中医；无论是分析方法，还是还原方法，我们都要倡导在中国自然哲学引导下的还原分析，那就是从整体出发进行的还原分析，从整体的设计最后要回归到整体上来。我们需要的是实体本体论与关系本体论的上下对接，宏观与微观的上下对接，然而上下对接又是一件很不容易的事。

概而言之，我们首先应该明确为什么要分析？向哪里去还原？还原的是完全的还是不完全的？如果只关心向哪里还原，而不关心还原是否完全，这样的研究也是无益的。分析还原是现代科学，特别是物理学中常用的研究方法。而生命则是最复杂、最高级的物质形式，分析还原能从不同的侧面逼近生命的本质，但不能揭示生命的奥秘。对所有学科而言，只有以生命为研究中心而建立的科学，才是统一的科学。所以，生命科学的研究更要强调它的自主性。"自由之思想，独立之精神"的提出，也是号召人们研究

学问，不要受其他意识形态领域思潮的影响，乃至规避干扰。

当然，近现代科学的诞生得益于许多条件，中华民族伟大发明所起的作用尤其重要。应该提醒的是，当我们热衷于用分析还原方法研究中医的时候，还应该回过头来，研究思考一下中医学本身固有的方法。

我们能把表征组学、唯象、形象思维结合起来，大概就是突破。然而，这两者常常是擦肩而过，大概需要几代人、需要数百年才可能完成这种对接。我们要以人为本的健康医学，医学急需要走出医院，医学要面向社会人群，当今不乏技术。陆先生指出："中国的学问是聚的，往上走的，是有组织的。而现代科学是往下走的，分析的，对身外之物，物质世界往下分，分得很细，分得细就带来一个问题，越往下分对人越有害。"联系到中医的处方，你要追求化学成分，一味草药就是成百数千的化合物，它们之间的关系和作用是说不清的。然而，某一种药材和植物的MRNA，有一种特殊的效能是可以表达出来的，而且用系统生物学是可以加以分析的。所以，病毒和细菌，我们应当看成杀不尽、尚有益。我们既要看到邪侵正，又要想到正胜邪。中医学之道讲了目标动力系统，告诉我们的是忽略了人、忽略了人的健康，所以它有着革故鼎新的作用。

要谈学习陆广莘先生所提出来的观点，那就必须要花点功夫，潜心地、实实在在地读点《易经》。"归藏易"和"连山易"已经佚失了，现有的是《周易》，读《易经·易传》来体现自然演变之道。刚才陆老说实践即道，健康医学体现中医学之道，"生生之谓易"，自然界之中生生不息、循环往复、革故鼎新是万世万物产生的本源。哲学指导着科学和医学，我们中医的研究生和哲学科学博士，现在忽略了哲学思想对于医学的指导，往往已经陷入到单纯的技术手段，而技术手段没有学科的专属性，只有理念具有很强的学科的专属性。革故鼎新、推动医学的进步，鼎新和创新是我们重要的理念。

回顾非典，我是既做内科，又做的病理，参加了几次病理解剖的工作，打开患者胸腔，满灌的胸血水。为什么？冠状病毒何以能够出来这么多的胸血水？而我真正看到了什么叫"肺热叶焦"，两个肺叶同时焦枯萎缩成拳头那么大，整个的肺叶里面没有气了，自然导致死亡。在非典的时候我才真的见到了肺热叶焦，然后有了一些体会。通过玄府露出胸血水来了，思考玄府开合的功能何以失灵？是由于大量的血瘀、津液的外渗，津枯而肺热叶焦。所以，用五六百年前的刘河间的理论，"玄府气液"就能够比较深刻地阐述非典的病理机制。

5. 医易相通与健康医学

"易"以"生生"为基本的存在方式。生生不息、天人合一是人类把握自身规律的宇宙观，体现了生机勃勃、

永远向前、向上，体现了内在的目标动力系统。

《周易·系辞》："天地之大德曰生"；"生生之谓易"，揭示了生的本质。现在理工科已经开设了一门本科的课程，就叫《过程系统科学》。在我们医科院校，尚未见哪所学校设立这样的课程。天地交感而万物生，道也是实践出来的规律。人性、人格体现了德与道。医为防病之本、治病之工、顺应天地之气。道法自然，道生一、一生二、二生三、三生万物。三指什么？三指天地人，天地人混为一体，太极阴阳是个示意图，当它动作起来的时候，既没有黑色的鱼、白色的眼，也没有白色的鱼、黑色的眼，画个圆圈是示意图，圆圈根本是不存在的。它在示意当动起来的时候是没有边界、漫无边际的球体，无黑无白，隐蕴其中。

咳嗽是坏事吗？呕吐是坏事吗？未必。询其所因，顺降为主，无论肺、无论胃，都以顺降为主。有些时候把咳嗽、呕吐看成鼓动邪气外出的一种方式或途径，就应该是一种好现象。缪仲淳（缪希雍）先生就说：见咳休止咳，见血休止血。这才是中医道理的体现。高血糖、高血压、高血脂的治疗也应该反思，是否"一降了之"？这些都需要临床体会。

陆老第一个提出来向前、向上、向内的目标动力系统。我想这是理工科的先生们都能接受的观点，然而在我们中医里面需要相当长的时间。近 20 年来，我敢说至少 15 年来，陆广莘先生的观点和学说是弱势，是少数派。陆老一有时间就跟我坐在一起谈学论道，受到陆老的启迪，学问多少有所长进，包括在管理工作上也是深有体会，包括如何做事，如何为人，如何以宽厚之德对待一切事物。尽管体会不深。

《汉书·艺文志》讲："方技者，皆生生之具、王官之一守也。"道为大自然的规律，人生于天之下，地之上，秉天地气化，顺应自然。"医"通于易，医易皆以尊生、护生、养生、求生、长生为"生生之道"。其体用全面是生生之术与生生之器，就像陆老先生所讲的"聚毒药以供医事"转化利用的生生之具，最终求其生生之化与生生之效。医者要善于知常达变，取得更好的健康效益和疾病的疗效，效益与疗效是中医学的生命力所在。道与器具皆以生生为本，也就是体现了人本主义的思想。就以病毒为例，畅则通、通则变，我们要分析变化的病因，我们不能够只见毒，而忽略了人，病毒和细菌是杀不尽的，而且病毒和细菌却是尚有益，能够提高人的免疫机能，而且有些病菌是可以适应的。容融合和，与万物浮沉于生长之门，化毒为药，化害为利，化腐朽为神奇乃健康医学之要义。我对于"神无方而易无体"还是认识不足。神无方、易无体含义非常广，然后它又能够指导实践、万象更新。八卦可以生六十四卦，太极也是变化无穷的。医没有固定的模式，我们谈到模式就包括理念，应该是先进的理念、稳定的结构、诠释延伸三个要素。

我觉得，研究健康医学，我们还要十分重视彰显"敬"、"恕"、"合和"这种普适、博雅的价值观。当今的急功近利，当今社会的道德修为，关乎我们民族、社会和国家。"敬"，就是敬重崇尚；"恕"，要宽厚包容，而且这种宽厚包容不是领导对于下层，也不是师长对于学生，更不是长辈对于下一辈所讲的宽容，而应该是平等自由的宽厚包容。"合和"，就是要提倡中道中庸，非左非右而偏激易侮。近百年来是跌宕起伏的社会，一直到 30 年以前，每 5～10 年之间都有剧烈的振荡，在振荡的过程中都会受到重视、炒作，而惟有中道中和被淡化了。美国人丹尼尔·平克也提出来："要为他人着想、为他人做事、为他人服务、为他人创造条件、为他人做贡献"。总而言之，处自然和合为主，处社会敬恕为先。

6. 要重视相关性研究

高概念时代把非线性、复杂性、不确定性列入了科学的范畴，而现代最重要的是相关性的研究。我承担了第一轮 973 项目的首席，开展"方剂关键科学问题的基础研究"。项目对几千年来的方剂理论进行了文献梳理与分析，认为方剂配伍的理论依据是药性理论与君臣佐使等理论，药对配伍是方剂配伍的基础。在坚持中医药理论的基础上，引进复杂性科学方法论指导方剂研究，在"病证结合、方证相应、理法方药一致，多部位、多靶点、整体综合调节"的总体假说指导下，已将饮片配伍研究深入到部位和组分，并初步解决了中药有效成分的分离提取、质量控制、药效评价等重要关键技术问题。第二轮、第三轮由张伯礼院士承担首席继续做方剂配伍。关于 973 的项目关键科学问题的研究，我以为重视相关性研究为根本大法。

第二个 973 是着眼于证候的，叫做"证候方剂与疾病相关性的研究"。开展多因素、多变量的相关性研究是十分困难的。2009 年的甲型 H1N1，虽说我们有文章能够在美国内科学年鉴发表，评价很高，而且 1000 多家媒体、数十家网站报道了此事，说这是中医现代化的象征，我不大以为然。这篇文章是第一个高层次的刊物登载中药疗效的，而且肯定了同病、同证、同方、同量的汤药麻杏石甘汤和银翘散的疗效。很多人关心这个知识产权，问是谁的知识产权？我说这是张仲景的，是吴鞠通的，只不过由北京的专家组提出，最后由我来审定一下。随机对照盲法的临床实验用于单一病因的轻症，病人所取得的成绩有很大的局限性，并不适合于多因素、多变量、多环节慢病的辨证论治，可以说，评价辨治疗效的方法学，是我亟待解决的难题。

总之，医无固定的模式，医易相通，体现了辨证论治的精粹与核心的生生之气，那就是总以开枢机、调气化、起神机为目标，实现健康生活、延年益寿。

（收稿日期：2011-12-05）

附录 8

《北京中医药大学学报（中医临床版）》2012 年 3 月第 19 卷第 2 期

中医临床思维模式与行为范式

王永炎[1]，张华敏[2]，王燕平[1]

（1. 中国中医科学院中医临床基础医学研究所，北京 100700；2. 中国中医科学院中医药信息研究所）

关键词： 中医药；临床思维；临床行为；模式

中图分类号： R2-03

中医临床思维是指医生在临床诊疗过程中，收集疾病信息，分析病因、病机，判断疾病与证候，确立治则治法及处方用药过程中的思维活动。中医临床辨治过程是一个完整、复杂的思辨过程，有其独特的思维方式。中医在长期的临床实践中，积极吸收了东西方各类逻辑思维并不断加以运用来指导临床实践的整个过程，逐渐形成了有自己特色的逻辑形态[1]。其特殊的思维方式也决定了医生在诊治过程中的行为范式。因此，笔者从中医临床中所运用的思维方法与医生的诊疗行为角度，探讨中医的诊疗过程，以期对临床医生提高辨治水平及疗效有所裨益。

中医临床思维贯穿于整个诊疗过程中，大致可分为观察体悟、过程分析及理性思维 3 个阶段。

1. 观察体悟

观察体悟是中医获取疾病信息并作出正确判断的第一步。中医主要依靠望、闻、问、切四诊收集疾病信息，中医的四诊都是力求通过医生的感官收集和掌握患者的表象信息来判断病情，在这个过程中主要运用的就是形象思维。

形象思维是一种加工处理形象信息的思维方式，它以生动、直观为主要特征，以想象、联想、整合为基本思维方法。它的思维过程就是客观事物在大脑中形成表象以后，回忆经验或书本知识中有关的形象，将新感知的形象与已知的形象相比较，在比较的基础上作出鉴别，找出异同，为辨证提供可靠的资料[2]。这是中医师在原有感性认识的基础上，借助具体形象进行思考的一种思维方法，可概括为取类比象。例如，湿性重浊黏腻，临床上看到沉滞、困重症状，

如头部如裹、下肢沉重、胸部不适如绳索捆绑等，都会判断为湿邪致病。所以，中医诊察病情重点与西医有所不同，中医重视症状学，要全面了解患者的症状及体征信息，分清主症、伴随症、兼见症等。

医生在观察体悟的过程中首先要保持的就是聆听。医生见到患者，要问"您感觉怎么样"或者"您感觉哪不舒服"，然后要给患者充分的表达机会，医生要静静倾听，不去打扰和打断患者，但要及时、适当给予反应。要尽可能"全"地收集疾病信息，如在脉诊中应用遍诊法诊脉，要系统检查与重点检查相结合，对患者进行有针对性的系统诊脉，全方位了解患者脏腑经络气血阴阳虚实消长，以便能够为临床辨证论治、判断病势顺逆提供全面详实的信息[2]。要思考哪些症状是最核心的？患者的表述哪些是最靠得住的？这些症状对辨证的贡献度有多少？要思考各种病象相互之间的联系，判断疾病演变趋势。

2. 过程分析

医生诊察病情后，则进入了辨病及辨证的过程分析阶段。中医疾病名称很多与症状同名，这就使得中医疾病的内涵宽泛化，造成了临床中辨病的作用弱化，很多医生不经过辨病过程，直接辨证就能够立法处方。过程分析主要是中医辨证的思维过程。大脑对接受的感性认识，通过比较、分析和综合，从较多的个体性现象中，发现事物的属性和它们的共性，于是把它们从表象的形式中分化出来，与前人的理论和固有的证的框架概念作同构联系[3]，以象为素，以素为候，以候为证，从而作出当前的证候判断。如发现

恶寒发热、无汗、头身痛就会想起太阳病伤寒证，即所谓的有是证用是方，以病证结合而方证相应。中医的辨证思维和方法秉承于《伤寒论》《金匮要略》，直到今天人们头脑中的证（證）的框架也多以此为模板。但当在临床上遇到的患者症状繁多、病情错综复杂，而医生在头脑中找不到相似案例或者已有的知识时，医生就会在一般理性认识的基础上，运用所掌握的辨证思维方法对所遇到的各种病证进行具体分析，作出证候判断。这个过程中，医生充分运用了抽象思维，经过不断地比较、分析、综合、推理和判断，经过多次反馈形成所谓思维的螺旋式上升，使医生思维活动与患者病证演变相对保持一致。

这个阶段，医生会依据自己的医学知识和临床经验，问患者一些可能会有但没有表述出来的症状，以加深对病情的了解，同时依靠这些补充问题的答案进行鉴别诊断，来验证和确定自己对疾病的判断。

3. 理性思维

当医生经过观察体悟的诊察阶段和过程分析的辨证阶段后，就已经对患者的病情有了比较清晰的理性认识，这时候临床思维活动则由诊断转移到干预上来，即确立治则治法、处方用药。

治法方药的确立是一种纯理性思维过程。与辨证是在感性基础上形成抽象的规定过程不同，它是在一系列认识成果上的思维再加工过程，在这一过程中逐渐形成了理性判断。即治则治法处方的确立是对在辨证中形成的对疾病的理性认识，以及对与该病证相关的医学知识和诊治经验等进行比较、分析、综合，回归共性病理环节，逐渐形成理性判断的过程。

制定处方是这一阶段医生的重要行为。中医的组方主要就是选择成方（古方或他人验方）、自拟处方和成方与自拟相结合 3 种，临床上运用成方与自拟相结合的方式居多。医生在临床实践中制定处方的活动表现是一个客观的优化过程，可分为组拟处方、效果预测和处方表达 3 个阶段。成方的选择需要经过一系列复杂的思维过程，即使针对同一证候，中医也有很多成方可供选择，这时医生主要凭借自己的经验，针对核心病机进行选择，并根据伴随症状或体征、标本先后、主从顺逆对药物进行加减。医生在拟出次优处方之后，一般会对处方所能起到的治疗效果、作用时间及其对预后影响进行预测，这种思想中的预演在中医制方思维中很重要。它运用思维方法中的联想思维，经过思想预演，比较各备选方的优缺点，最后选择一个比较理想的处方，用语言向下一级医师或学生表达出来形成处方，或者直接书写处方形成治疗方案。

中医诊疗过程中"顿悟"的直觉思维方式在中医诊疗过程中也不少见。直觉体悟或顿悟，即人脑基于有限的资料和事实，调动一切已有的知识经验，对观察对象的本质属性及其规律性联系作出迅速的识别、敏锐的洞察、直接的理解和整体的判断的思维过程。它不经过明显的中间推理就直接得出结论，故研究者不能明确地意识到它的行程，也因之不能用语言将该过程和得出结论的原因清楚地表述出来，大有"知其然，不知其所以然"之感[4]。例如医生观察到某些症状后立即联想到用某种方法进行治疗，并没有进行严格的逻辑论证或分层次的解析，而是直截了当地作出诊断并提出立法处方。如医者见患者出现"腹满时减复如故"[5]的症象，立即确定为脾虚胀满，速予厚姜半甘人参汤；再如少阳病小柴胡汤证的"但见一症便是"[6]；还有白腻苔居舌中心必是湿邪困脾，当以醒脾芳香化湿为治。这种直觉体悟或顿悟是建立在广博的理论知识和丰富的实践经验基础上的，是人脑长期积淀形成的创造性活动的产物。

逻辑思维和形象思维既有本质不同，又是相互统一、密切联系的两种认识世界、改造世界的思维方法。前者是以抽象的思维活动为主，后者则是具象的思维活动方式。中医诊疗过程中，将这两种思维活动紧密结合，借助于逻辑思维促进形象感受的深化，借助于形象思维启发逻辑思考的深入。因此，这就要求临床医生能够把逻辑思维和形象思维有机结合，为逻辑思维注入形象体验，形象思维则要结合理性，从而更好地把握疾病的本质和规律，促进临床思维活动的准确化，提高临床诊疗水平。

唐代孙思邈在《千金要方·卷二十七·养性》篇提到"医者意也，善于用意，即为良医"，指的就是行医治病，贵在思维[7]。医者要想取得良好的治疗效果，基本条件就是必须完善自身的临床思维。除了要掌握广博的医学专业知识外，还要善于运用中医临床思维，才能作出准确的诊断，开出有效的处方。

参考文献：

[1] 卓同年，谷培恒 . 论中医临床思维的逻辑方法及其运用 [J]. 新疆中医药，1999，17（2）：1-3.

[2] 谢颖桢，周莉，徐栋，等 . 中医望诊须凝神，三部九候示内涵 [J]. 北京中医药大学学报：中医临床版，2011，18（5）：9-12.

[3] 谷培恒，卓同年 . 试论中医临床思维过程的认知程式 [J]. 新疆中医药，1999，17（1）：1-2.

[4] 王永炎，张启明 . 象思维与中医辨证的相关性 [J]. 自然杂志，2011，33（3）：133-136.

[5] 王新佩 . 金匮要略 [M]. 北京：中国中医药出版社，2011：133.

[6] 姜建国 . 伤寒论 [M]. 北京：中国中医药出版社，2004：245.

[7] 颜乾麟 . 关于中医临床思维的思考 [J]. 同济大学学报：医学版，2010，31（5）：1-2.

（收稿日期：2012-02-14）

附录 9

《天津中医药》2012 年 4 月第 29 卷第 2 期

医苑丛谈·谈素质

王永炎[1]，王燕平[1]，于智敏[2]

（1. 中国中医科学院临床基础医学研究所，北京 100700；2. 中国中医科学院中医基础理论研究所，北京 100700）

摘要： 中医学人必须注重自身素质的养成，读书临证过程中，既要深谙中医经典的微言大义，精研医理，还要重视对事理的体悟与心性的修炼，如此方能博览群书而医药精专，能明德性而悟大道，方能胸有洞见，临证万全。

关键词： 中医；素质；养成

中图分类号： R24　**文献标识码：** A　**文章编号：** 1672-1519（2012）02-0105-04

中医学研究者应熟悉"小学"。"小学"最早并不专门指学校，西汉时称文字学为"小学"，唐宋以后又称"小学"为字学。读书必先识字，掌握字形、字音、字义，学会使用，"小学"之名即由此而得。章太炎先生在《国故论衡·小学概说》中明确提出"小学"的意义与作用："盖小学者，国故之本，王教之端，上以推校先典，下以宜民便俗，岂专引笔画篆、缭绕文字而已。苟失其原，巧伪斯甚。"

研读中医经典，"小学"知识固然重要，"大学"之道必不可少。何谓"大学"之道？"大学之道，在明明德，在亲民，在止于至善。"陆游向他儿子传授写诗的诀窍是："汝果欲学诗，工夫在诗外。"[1]

1. 读书临证，修身为先

读经典、做临床，目的不是培养一些摇头晃脑、满嘴之乎者也，钻故纸堆，不谙世事，与世隔绝的"书虫"、"腐儒"，也不是为了培养"医匠"，而是为了培养能从中医学的本源汲取营养，发皇古意以创新说的高层次中医药创新人才。高层次中医药创新人才应该是表里一致、言行一致、实至名归的。就其内在的素质而言，无疑已经具备了名医的所有优点：技艺高超，如扁鹊之生死而肉骨；医德高尚，如举孝廉而不就，公车召而不往；平等心、慈悲心和恭敬心，贫富贵贱一视同仁等等，诸如此类。这些反映的是他们的

内在性格与本质特征，即所谓的内涵与素质。在言行举止中，他们还非常重视外在的气质与修养。

王世贞描述李时珍："目卒然貌也，癯然身也，津津然谭议也。"[2]寥寥数语，一位名医大家鲜活的形象跃然纸上，"真北斗以南一人"的评价顺势而出，无半点牵强，相信每一位读者都会留下终生难忘的印象。顾景星"李公份份，乐道遗荣，下学上达，以师古人；既智且仁，道熟以成"的评价，从内在修养与外在行为双重角度，对李时珍进行了深入的描绘刻画。

古代医家重视个人修养，能做到德艺双馨而不沾染世俗气息，终成"既智且仁"者。《张氏医通》"医门十戒"以"薰莸时习戒"位列第一，意在告诫为医者，切不可为流俗左右，沾染不良习气。顺其自然，心性双修，才能成为行家里手。基本标准为："馆师无坐板气，地师无流艺气，禅师无杖拂气，炼师无丹汞气，医师无方术气，方是白描画手，本分师家。"[3]

张璐所论，虽列举多种行业，主张从者，要达到内在的修养与外在表现的一致，做到精气内敛，痕迹全无，大巧若拙，大智若愚境界，方为行家里手。

具体到中医而言，教授学生不能思想僵化，方式呆板，要灵活多样，因材施教；传道授业解惑，要深入浅出，言之有据，切忌名为"引经据典"，实则资料堆砌，没有自

己观点主张。《三国演义·诸葛亮舌战群儒》所谓的小人之儒："唯务雕虫，专工翰墨，青春作赋，皓首穷经，笔下虽有千言，胸中实无一策。"[4] 就是这种教条之人的生动写照。中医师在面对患者，应用这一治则时，不能故弄玄虚，以子虚乌有之事、荒诞不经之言，投其所好。更不能装神弄鬼，恐吓患者，凭旁门左道招徕患者。

2. 事理圆融，医道何难

研读中医经典，既要学习医理，还要领会事理，提升自己的悟性。中医经典中有些内容是谈治学修身立德养性的，理解并掌握这些，临床疗效也会提高。王旭高《医论拾遗》进行的高度概括，很有见地。

一要工候：工候是指工夫、火候，是指要投入时间和精力。孙思邈"青衿之岁，高尚兹典；白首之年，未尝释卷"[5]，徐大椿读书五千卷，叶天士拜师十七人，这是工夫；火候是一种修养程度，是一种境界。扁鹊见蔡桓公而知病，张仲景断王仲宣眉落而死，这是火候。

二要见识：见识就是指人的眼界和学识。常言道，"读万卷书，行万里路"，这个过程实际上就是增长见识的过程。医学是一门实践医学，更需要时间的积累，临床的历练，将知识转化为智慧。增强见识，开阔眼界非常重要。

三要人品：人品是指人的品格，人的仪表。医乃仁术，司性命，断生死，为患者生命安危之所系，言谈话语，举手投足之间有"兴丧"之效。孙思邈《大医精诚》详之矣。

四要时运：名医不是自封的，需要同行认可，而社会认可更重要。名医大都是应时、应势、应运而生。纵然人生的境遇有些因素难以预测，对人的境遇有影响。但是，时运永远垂青于有准备的人。有些人确实因为一个偶然的机遇，改变了命运，改变了人生，但看似偶然，其中蕴含着必然。不妨扪心自问：如果有同样的机会，我能把握得住吗？否则，只能怨天尤人，骂一句"时无其人，遂成竖子之名"而已。

五要人情：人情含义较多，这里实际上指的是人际关系。良好和谐的人际关系是成功的基础。古今名医大多"常行谦下"，以谦谦君子之风而享誉杏林，闻名乡里。

六要旁衬：专家学者和普通医生都是相对的，没有普通医生的陪衬，专家学者也会黯淡无光。拥有良好的人际关系，组建优良团队，互相帮助，互相提携，共同进步，这是成功的基础。

七不贪利："天下熙熙，皆为利趋；天下攘攘，皆为利往"。但君子爱财，取之有道。临床诊疗，一定要小心谨慎，保持自己的为人处世原则，坚持洁身自好，贪图小利必有大患。有些医生出门诊，为了多拿挂号费、多提成，"快速作业"，相对须臾，立刻开方；或成箱、整件开药，这也是贪利的一种。

八寡言语：医生要出言谨慎，不要说大话，不恐吓患者。不要出于个人目的，妄下结论，病从口入，祸从口出，医疗纠纷、医源性疾病往往来源于此。

九不游玩："学贵专一，不容浅尝者问津；思贵沉潜，不容浮躁者涉猎"。医学不是文学，不需要寄情于山水之间寻找灵感，而需要十年磨一剑的沉思积淀，古人"不游玩"的意义盖源于此。

十存心地：心地是指对人的情意、心胸及心境。医生要有存心积善以济人，不可有求名利以害人这样的心胸。

以上十点，不惟医者成功之关键，实乃做人之圭臬，值得每个人深思。

3. 通儒道释，医药精专

现代重视培养"全科医生"。全科医生古已有之。如扁鹊的随俗为变，为妇人医、耳目痹医、小儿医；华佗的内外科皆精等等。龚廷贤《万病回春》"医家十要"对全科医生基本的素质归结为以下几个方面：

存仁心、通儒道群书当考。作为医生，首先要有"仁者爱人"之心，"仁民爱物"之心，一视同仁之心。如此方可达到"圣人一视同仁，笃近而举远"[6] 的圣人境界。还要具备较高的国学功底，了解儒家的思想道德行为规范，儒医双修，德才兼备，博览群书，穷究医理。《医林选青》有云："不读书穷理，则所见不广，认证不真，不临证看病，则阅历不到，运用不熟。"[7]

精脉理、识病原乃为专门。《脉经》曰："脉理精微，其体难辨，弦紧浮芤，辗转相类，在心易了，指下难明。"[8] 要想精通脉理，必须经过千百次反复的临床实践，用心去揣摩、感悟、体会。

笔者在学医时，董建华先生对脉诊训练采用的是"蒙目群诊"。第一步，选 10 位患者，按顺序编号，医生用黑布蒙上眼睛，每诊一个患者，就写下三部九候的脉象；第二步，打乱患者次序，医生再次诊脉并记录，最后比较同一位患者两次诊脉的结果，考查对脉象的体悟程度。此外还要了解发病原因，透过现象，抓住本质。只有审查病因，把握病机，判断预后，才能避免小病大治，重病轻治。只有达到这种境界，才可称得上行家里手。

知气运、明经络按时处治。按着"五运六气"的观点，每年都有各自独立的气候特点，对人体的健康、疾病有着很大的影响。中医在诊断治疗疾病时，既要洞察患者的当时病情，还要考虑到当年的气候特点，按时序分步骤治疗。

中医有言经脉所过，病之所主。"治病不明经络，开口动手便错。"从不同角度，强调了经络的重要性。同时也表明，不同部位的病症，可能和此处循行的经络密切相关。了解经络的循行部位和所主病症，对诊断疾病会有很大的帮助。

识药性、会炮制立方应病。古人对药性极为重视。《药性赋》开篇强调："药有温热，又当审详。"[9] 更有"寒热温凉，一匕之谬，覆水难收"[10] 之诫。中医还应掌握一定的制药技术，学会炮制、熬膏滋、调白及粉、炼蜜、打丹等，把握火候。陈嘉谟《本草蒙诠》："制药贵在适中，不及则功效难求，太过则气味反失"[11] 实为正论。火候决定药效，药效决定疗效。全科中医必须既知医，又懂药，医药皆精，方为上工。

4. 明德自医，临证万全

古有"善医者不能自医"之说。意思是说医生能给别人治病，但治不了自己的病。对"善医者不能自医"应该客观理解。"不能自医"之"医"不能称为"善医者"。不是指医生治不好自己的躯体疾病或心理疾病，而是不能治疗自己的其他方面的"疾病"。即：不学无术之病，脉证罔辨之病，轻忽人命之病，遵守时套之病，药似对证之病，曲顺人情之病（清·吴楚《医验录》）。医生如果染上这些疾病，必须及早治疗，否则害人害己，贻患无穷。

不学无术之病：中医非常重视学术的传承。"学"属于理论层次，"术"属于经验层次。学不丰则术亦贫，学为术之基，术为学之用。医生只有不断学习钻研，才能使学与术同步增长，才能提高水平，治病救人。不学无术有多种形式，常见的就是"吃老本"。评上教授，拿到博士学位，随师出徒，就认为大功告成，靠家学、师承、职称、学位、头衔吃老本，这都是不学无术。

脉证罔辨之病：中医诊疗过程中，理法方药是一以贯之的连续过程。医生如果不辨脉证，不究医理，只死记某药可治某病，某病当用某方，这也是为医者的大病。古人对于疑似难决之证，一定要凭脉诊决断。中医虽然有"从脉不从证，从证不从脉"之论。"不从"，是不从于外在的表象，而从于疾病的本质，是"从其真不从其假，不从其外貌而从其神髓"。不精研脉证，临床必颠倒错乱。

轻忽人命之病："医为仁术"；"医家有割股之心"。如果对患者漠不关心，麻木不仁，草率应付，敷衍了事，就会耽误病情，诊治失误；技术不精，怕担责任，对任何疾病，都开具一些四平八稳的方剂，轻病必渐加重，重病必渐至死。顾忌自己的名与利，不功告成，靠家学、师承、职称、学位、头衔吃老本，不顾他人的死与生，这都是轻忽人命之病。

遵守时套之病：天下事最便利的，莫过于按套路进行；危害最大的，也莫过于因循守旧，墨守成规。医生习惯按套路治病，就会不精求医理、深究药性、详察病情，不思进取，圆机活法、三因治宜等无从谈起，《庄子》"至精无形"的境界难以企及。

药似对证之病：医贵详察，切忌似是而非。孔子曰："恶似而非者，不恶其非。"医生临证在于权衡，在于用药；用药之妙在于辨证。如果一见发热，就用柴胡、黄芩，头痛则用川芎、藁本，腹胀则用枳壳、厚朴，口渴则用麦门冬、天花粉，其他一概不问，只说这是对症药。如此之类，看似对证，实则害命。

用药如用兵：处方中有些药物似乎不对症而实际对证，不仅在形似之间。如果不求其真，但求其似，则药不但不去病反会增病，不但不救命反足以害命。

曲顺人情之病：有的医生，或者为了讨患者欢喜，或者为了让旁人称赞，或者为了和其他医生融洽关系而曲顺人情；有些医生以随波逐流为良法，以同流合污为趋时，不求病家有实效，但愿众医无闲言。曲顺人情在于自己无真知灼见，既怕担风险，又怕没利润，只能随风倒舵，阿谀顺从。

医生如果患有以上"疾病"是亟须医治的。

5. 胸有洞见，手不释卷

"读书无眼，病人无命。"[12] 这个命题是俞根初在《通俗伤寒论》提出的，意在告诫人们，中医不是"口耳之学"，最忌纸上谈兵，坐而论道。徐灵胎《医学源流论》中也有"涉猎医书误人论"。读中医经典著作，不能有猎奇心理，也不能专找怪僻方药而标新立异。如此读书，实在是舍本逐末，甚则望文生义，贻害无穷。

如有人读到"有病不治，常得中医"，即片面理解为"有病不用治疗"而讳疾忌医；读到芒硝能"治关格、大小便不通，胀满欲死"时，即不加辨证，对号入座，大剂量用于消化道肿瘤患者，孟浪从事而草菅人命。此类事屡屡见诸媒体。读经典是为了明理，是为了开启智慧，解决实际问题。宁松生《医林选青》曰："不读书穷理，则所见不广，认证不真，不临证看病，则阅历不到，运用不熟。"[7] 这实在是至理名言。

告诫当今医者，医生有四种过失，应当极力避免。黄宫绣《脉理求真》有云"尝谓医有四失：一曰字句不晓，二曰涉猎汤方，三曰株守一书，四曰剿袭糟粕。"[13] 这些可以说是读书的大忌。

读经典必须理解原文的真实含义，探求蕴含的微言大义。否则就会曲解、误解、错解古书意蕴，就会犯下断章取义、望文生义的错误。鲁鱼亥豕之误，"书三写，鱼成鲁，帝成虎"之谬，锡饧不分，不知避讳等等盖源于此。

有人研读古籍，试图从中发现古人治疗禽流感的经验。当找"治野鸡病方"时，即认为可用于现代禽流感。殊不知，野鸡病乃古时"痔疮病"之谓，汉代为避吕雉之讳，以野鸡即"雉"代之。诸如此类，古今不胜枚举，此皆"字句不晓，涉猎汤方"之误也。或以为选取一部案头书，就万事大吉，对众多古籍毫不钻研，这也是读书者的大忌。

6. 小结

为医者需要有较高的综合素质。所谓素质是指人与生俱来的，以及通过后天培养、塑造、锻炼而获得的身体上和人格上的性质特点。读书、实践、参师、访友是提升素质的有效途径。

为医当胸有洞见，博览群书，手不释卷，此乃务本之大计，提升素质的关键，亦即"君子务本，本立而道生"之意。

《医门补要》指出："医者胸无洞见，拘定旧规，不知变通，经治必然少功。"[14]"每日勤读医书，手不释卷，倘有良友，常宜请益。盖学海无尽，此乃务本之计。"[15]否则，吴鞠通警示的"生民何辜，不死于病而死于医，是有医不若无医也；学医不精，不若不学医业"[16]可能会发生。

参考文献：

[1] 南宋·陆游.示子遹.常用古诗（续辑）[M].南宁：广西人民出版社，1985：418-419.

[2] 明·李时珍.本草纲目 [M].北京：人民卫生出版社，2005：1.

[3] 清·张璐.张氏医通.张璐医学全书 [M].北京：中国中医药出版社，2004：9.

[4] 明·罗贯中.三国演义 [M].上海：上海古籍出版社，1998：310.

[5] 唐·孙思邈.千金方 [M].长春：吉林人民出版社，1994：序.

[6] 唐·韩愈.韩愈全集 [M].上海：上海古籍出版社，1997：124.

[7] 清·宁松生.中医名言大辞典 [M].长沙：湖南科学技术出版社，1992：139.

[8] 晋·王叔和.脉经 [M].北京：人民军医出版社，2007：1.

[9] 金元·无名氏.药性赋 [M].成都：四川科学技术出版社，2009：269.

[10] 明·李中梓.医宗必读 [M].北京：人民卫生出版社，2006：13.

[11] 明·陈嘉谟.本草蒙诠 [M].北京：中医古籍出版社，2009：13.

[12] 清·俞根初.通俗伤寒论 [M].北京：中医古籍出版社，2002：2.

[13] 清·黄宫绣.脉理求真 [M].北京：中医古籍出版社，2005：367.

[14] 清·赵濂.医门补要.珍本医书集成 [M].北京：中国中医药出版社，1999：1064.

[15] 明·刘纯.杂病治例 [M].北京：人民卫生出版社，1986：884.

[16] 清·吴鞠通.温病条辨 [M].北京：人民卫生出版社，2005：18.

（收稿日期：2012-03-09）

附录 10

《中医杂志》2012 年 5 月第 53 卷第 10 期

中医药学科建设目标、研究方向与人才培养

王永炎，王忠

（中国中医科学院中医临床基础医学研究所，北京 100700）

摘要：为顺应与促进科学大格局的变化，中医药学学科建设目标和研究方向需要调整。从学科建设目标、学科研究方向的遴选与培植等方面进行了系统的阐述。

关键词：中医药学科发展；人才培养；学科建设

学科是科学的分支，学科建设是科学发展进步的基础。进入 21 世纪的学科建设，已呈现出大学科、广兼容的发展趋势，突出了前沿学科的辐射作用，并逐步形成多学科的渗透交融，推动了科技第一生产力的进步，以适应经济建设与社会民生的重大需求[1]。随着科学大格局的变化，新形势下的中医药学学科建设目标和研究方向需要调整、变革与创新，以彰显其学科优势，履行时代赋予的使命。

1. 学科建设目标

学科建设的本质是学术建设，目的是使该学科对探索事物发展规律的研究活动越来越深刻，所概括的知识体系越来越逼近真理，使研究人员的水平、能力越来越高强[2]。学科建设是高校、科研机构与医疗中心建设的核心内容之一，既是培养高水平研究人才、出高水平成果的重要

保证，也是衡量一所医、教、研学术机构水平和知名度的重要标志。

1.1 需求适应性

学科的发展要适应国家经济建设与社会进步的重大需求，建设目标的定位要与时俱进，应是有限的目标，学科领域不宜过宽，凝集出的科学问题不宜太多。建议中医学一级学科建设的目标应是继承与发展中医学优势特色，为全面提高人类健康素质和防治常见病、多发病与现代难治病服务。中医基础学科要联系临床实践，中医临床学科要结合基础理论与应用基础研究。

1.2 体现时代性

学科建设具有鲜明的时代特征与深刻的内涵，同时也紧密联系着高校或科研院所具体所处的时间和空间环境。21世纪的医学不应该继续以疾病为主要研究领域，应当以人类和人群的健康为主要研究方向。中医学是以生物学为基础，与理化数学交叉渗透，与人文哲学相互融合，具有丰厚中国文化底蕴的古代医学科学。中医学的整体观念、辨证论治、形神一体是自身学科的特色与优势，也是具有属性特征的科学内涵。中医学重视"人"，"患病的人"，其治未病的理念是健康医学的基础；中医师看人治病最重视精、气、神；中医学重视临床，疗效是学科的生命力，其临床思维方法是形象与逻辑思维的结合。"以人为本"不仅是中医中药的特征与优势，也代表了新时代医学发展的方向。

1.3 保持自主性

中医药学学科建设坚持我主人随，弘扬原创思维与原创优势，重视传承，在传承的基础上创新，不仅要加强传统学科建设[3]，而且要置于大科学背景下，适应大环境的变迁，服务大卫生的需求，科学人文融合互动，东学西学兼收并蓄，充分进行医学史思考[4]，吸收、积累与沉淀历史的优秀文化与成果，构建统一的新医学、新药学，为人类健康事业培育人才。

1.4 追求创新性

中医学的基础理论、应用基础与临床研究都需要创新，而继承是创新的基础，需要正确处理好继承与创新的关系。期望源头创新，应用现代的学科建设和管理模式[5]，寻求源头创新的领域、理念和方法学。在继承的基础上，应用复杂性科学方法，无论是证候、方剂、中药、针灸都首先需要从线性出发，通过非线性研究再提炼出线性规律；应该从个案研究出发，通过大量的群体规则的分析制订出个体化的临床诊疗方案。不是单纯地追求简单、清晰、明了的线性结论，而要通过非线性复杂性系统科学的方法进行

深入的研究。例如，嗜酒造成的胃热用寒药治，饮冰水导致的胃寒用热药治，这是二维线性的认识。而中医用左金丸治胃热，反左金丸治胃寒，黄连、吴茱萸1：6的剂量反佐，目的是治病而不伤正，再者长期饮冰水还可发生心阳不振、心血瘀阻的心绞痛，自然是非线性的多因素致病，而需用多组分多靶点的整合调节来治疗[1]。

1.5 强化国际性

自然哲学引领下实施健康医学行动，针对优势病种以辨证论治为主体，更新评价方法体系，获取共识疗效，提高社会可及性与国际学术影响力。通过对疑难重症与常见病临床诊疗方案的优化实施，提高疗效水平，推广新成果、新技术与新药的同时，鼓励面向全球化，多在相关专业刊物发表论著。

2. 学科研究方向的遴选与培植

学科所确立的学术方向应当有坚实的学术理论基础，独到的学术思想和特色，及时把握学科发展的趋势和学科前沿，开展高层次的科学研究课题，拓宽科学内涵，推动学科进步。

2.1 研究方向的界定

研究方向是学科设置的研究领域，一般来说研究方向在二级学科之下设置，依据中医学、中药学与中西医结合3个一级学科，根据自身学科发展的需要，也可以有多个二级学科在1个共同领域内构建研究方向，譬如"证候与疾病、方剂相关性研究"；"中药材道地性与药物资源保护开发利用"。研究方向隶属于学科，但又不同于课题、项目，它是学科中的研究领域。

2.2 研究方向的遴选与培植原则

学科建设是高校或科研院所整体学术水平提高的核心。一个单位一个学科遴选研究方向，培植学科新生长点，形成新的研究方向，坚持学术高水平和优势特色，形成科技发展的推动力[6]。

2.2.1 强调转化性

由以治病为主转向以人类健康为主要研究方向，转化医学成为重点，应凸显个体化医学优势，参与全球卫生信息化，重视高概念的导向，推动医学发展。

2.2.2 把握前沿性

学科发展的动力在创新，对前沿领域的把握决定了该学科发展的速度与高度。中医药学科发展上应注重及时了解该领域的动态，提高信息的感知度、把握度以及分析解读能力和应对能力。

2.2.3　保持稳定性

稳定性是指该研究方向有 10～15 年的经历，建设成就突出，居国内领先世界知名的地位，具有鲜明的自身的优势与特色。具体地落实到标志性成果上来，一是承担国家级与省部级重大研究计划的课题项目，或国际合作项目；获得多项国家级与省部级高级别的科学技术与学术成就奖励；具有重要学术影响的论文专著的发表。再者是培养出一批博士，有的已成长为著名学者，该研究方向的三代学术带头人均有重大的学术成就和较高的学术造诣，而且青出于蓝而胜于蓝，年轻的学术骨干具有较强的发展潜力。本学科的学术带头人与骨干在各级各类学术团体中有兼职，有相关学会、协会在本单位与本学科挂靠，并且承担着国家与地方政府有关本学科领域的公共政策的咨询任务。值得注意的一个问题是，近三五年出现了研究方向飘移现象。所谓"飘移"实际是稳定方向的滑坡，由于老一代学术带头人的退出，或学科带头人双肩挑行政管理工作繁重以及后备学科带头人的不稳定等因素致使学科建设停滞不前学术萎缩。还有因急功近利缺乏求真务实的措施以及经费投入严重不足造成研究方向的飘移。构建一个稳定的研究方向需要专家群体 10～15 年的不懈努力，成就来之不易，应当珍惜，对于一所高校、科研院所、医疗中心整体水平的评估，在评价标准的多项指标中，最重要的是水平层次高、稳定性强的研究方向 [6]。

2.2.4　代表先进性

学科方向应是该学科发展先进性的代表，体现了学科未来的主要发展方向，是相关先进技术、学术思想的聚集地，是最具有发展前景和潜力的方向。

2.2.5　富有拓展性

学科方向既要求稳定和持续，又必须与时俱进，不断深化，不断延伸和拓展，因此，富有拓展性是一个学科方向活力的体现，是顺应社会发展，不断推陈出新的必然结果。

如何遴选与培植学科方向，建议：①围绕高水平学术带头人遴选、确立研究方向，必须有著名教授、研究员、主任医师的支撑。老一代学术带头人、执掌学科的研究方向的带头人和后备的年轻学科带头人都具有显著的学术成果和一定的知名度，为学科建设奠定良好的基础。②承担国家与省部级各类重大研究计划的课题项目带动学科建设，培植学科新生长点，形成研究方向，体现本学科与本单位的优势与特色。③重视学科起步的前沿构建研究方向，如治未病理念与亚健康干预的研究，循征医学在中医临床试验的方法学研究，还有中医药学与分子生物学、生物信息学、数理统计学前沿交叉渗透，尤其是信息科学应贯穿学科内外上下的全方位，当作制高点对待。总之学科新生长点应在百米起跑线上通过竞争而涌现出来。④新的研究方向可来自原有稳定的研究方向，是原有研究方向的延伸、拓展与分化。允许一位学术带头人牵头两个研究方向，常常是后备学术带头人继续新的研究方向并逐步完善与发展。⑤国家、社会急需的领域构建研究方向，如《中华人民共和国中医药条例》颁布实施以后，中医诊疗技术标准的建设以及我国进入ＷＴＯ与药品管理法的实施，中药材资源保护与饮片的炮制加工都将成为相关学科需要强化或构建的研究方向。⑥从高校、院所、医院总体业务建设出发，选择共同的领域如证候学、病毒病、老年病等汇聚基础、临床、中药、针灸多学科参与建设的研究方向，以提高整体水平。

3. 学科带头人的培养与团队建设

3.1　学科带头人与学术梯队的职能

学科带头人是学科骨干的中坚，是人才梯队的组织者和领导者。学术带头人是学科建设的指导者，多数是学科某一研究方向的奠基人。学术骨干是实施学科医疗、科研、教学的主要成员，可以是项目与课题的负责人，学科带头人可推荐遴选某位学术骨干做后备学科带头人按照高等院校或科研院所的相关要求进行培养。多学习源的人才培养对中医药学科与多学科渗透融合，培植新兴研究方向至关重要。一类是生物学、化学、数学、物理学、信息学的相关人才学习中医中药，再一类是史学、哲学、逻辑学、心理学、环境生态科学等学科人才引进与从事中医中药研究，以提高学科在大科学中的活力。对于在站的博士后人员应强调在基础与应用基础研究领域做创新性的科学研究，当做新兴研究方向后备学术带头人加以培养，这对拓展学科影响力与核心竞争力是不可或缺的工作。

学术梯队建设是学科建设的核心。培养造就一支不仅具有一定数量，而且在年龄、职称、学历、学缘结构上合理，具有强烈的创新思想和创新精神，充满活力、团结合作的学术梯队，是学科建设的基础。造就和形成一批学术思想活跃、学术造诣较深、在国内甚至国际上有一定影响的学科带头人和学术骨干是学科建设的关键。在建设学术梯队过程中，吸收、培养、遴选学科、学术带头人十分重要。一个学科的兴衰，往往系于一二名优秀的学科带头人。由于学科带头人的思想境界和学术水平对学科建设关系重大，所以必须高度重视学科带头人和学术骨干的引进、选拔和培养。要创造条件，使学术骨干有更多的机会承担高级别、有影响的科研课题，参加国内国际的有关学术会议，加强与国内外的学术交流与合作，扶植他们尽快成长。

3.2 学科带头人的素质与培养途径

学科带头人必须在研究方向上有杰出的学术成就，而更重要的是宽广的胸怀，善于做"人"的工作，能团结反对过自己的同志一道工作；具备大科学、广兼容的理念，敢于求真求异，提倡敢说"不"的群体；积极扶持探索，容许失败，能正确对待超常人才，肯于循循善诱，发挥其所长；注意克服"大一统、均贫富"在科技教育界的弊端，鼓励年青一代脱颖而出。对于中医药学科门类的方法学研究注重科学与人文合而不同互补互动，提倡归纳法与演绎法并行，肯于吃苦持之以恒，具备锲而不舍的爱国激情。

学科带头人的培养途径有三：首先是研究方向，在稳定的基础上有创新发展的学术骨干可接替上一代学科带头人。其次通过学术引进消化吸收，多学科交叉渗透融合，构建新的研究方向，成为第一代的学科带头人。再者是承担重大课题项目的负责人，其中包括 WHO 邀聘与国际多边、双边的合作研究项目，长江学者特聘教授，国家自然科学基金委杰出青年基金以及国家相关部委设立的人才培养计划项目，通过项目运作取得标志性成果，获得国家与省市级与全国性学会科学技术奖励，成长造就专家团队，积淀了竞争学科带头人的实力。应当指出，项目运作强调"出成果"，切忌急功近利，营造宽松育才环境十分重要。对于博士授权的新学科点，在设定学科发展目标之后，应着眼于中医药学科门类的新领域，在百米起跑线上构建研究方向，如中医预防理念与预防医学、中医循证医学、生命科学原理与中医学、心理学逻辑学融入中医学的临床基础研究等，按计划选拔人才，送国内外领衔学术机构专门培训，这也是学科带头人培养的途径之一。

3.3 学科带头人的工作职责

不同层次的教育科研机构的学科带头人有不同的要求，以高等院校为例，高水平研究型院校、科研教学型与教学科研型院校，三个不同的层次，虽然学校都要求教学与科研两个中心，学科建设均重在科研，然而高水平研究型在人才梯队构成、经费装备软硬件的配备等，是按国家队的水平设置，学科带头人的学术地位与影响要求达到或接近国际先进行列。至于科研教学型与教学科研型，依照科研、教学具备的基础与学术知名度的差异，对于学科带头人的职责要求也有所不同。具体来说学科带头人的工作职责，第一是制订科学、合理、可行的学科建设计划，必须强调以研究方向的稳定性为核心，全面规划各类人才的培养方案，尤其是后备学科带头人的遴选。学科团队的活力可体现学科带头人"以人为本"理念与协调协作驾驭全局的水平，关键是"人才"，学科带头人以身作则率先垂范是起码的条件，而善于适时适度地调整人际关系，在稳定中求发展则关乎学科建设计划实施的成败。第二是组织课题项目的投标招标，科研成果评估鉴定申报奖励，组织科技专著与重点论文的撰写与发表，这是学科的支撑，是研究方向稳定性与先进性的展示。目前当以把握激励机制和完善管理制度作为工作重点，投招标要择需择重择优，评成果要公开公正公平。第三是学风建设，实事求是的良好学风是学科的灵魂，是取之不尽的力量源泉。诸如李时珍、叶天士、居里夫人、爱因斯坦，高尚、纯朴为科学事业献身的精神是今人的楷模。

中医药学科应在科学与人文融合的 21 世纪主题思想指导下，紧紧抓住学科建设，以发展目标、研究方向、人才梯队为三大要素，营造良好宽松的学术环境，拓宽空间，倡导"独立之精神，自由之思想"，鼓励自由探索，发扬学术民主，通过学术讨论的激荡碰撞，探寻新知，以管理创新推进源头创新和持续创新，完善基础条件建设，不断培植学科的新生长点和闪光点，推进各类人才队伍建设，将知识创新、技术创新和理念创新相结合，进入良性循环，求得稳步发展。

参考文献：

[1] 王永炎.关于中医学学科建设目标的研讨 [J].天津中医药，2003，20（2）：1-3.

[2] 王永炎.新世纪中医药学科建设论要 [J].江西中医学院学报，2003，15（1）：5-7.

[3] 闫晓天，张怀琼.对加强中医传统学科建设问题的思考 [J].中医教育，2007，26（2）：27-30.

[4] 王永炎，张志斌.关于中医学学科建设的医史学思考 [J].天津中医药，2005，22（5）：365-368.

[5] 张怀琼，阎晓天，李国文，等.学科建设管理模式浅析与现代学科建设的思考 [J].上海中医药大学学报，2006，20（4）：87-89.

[6] 王永炎.中医药学学科建设研究方向的思考 [J].天津中医药，2003，20（5）：5-7.

（收稿日期：2011-06-23；修回日期：2012-02-20）

附录 11

《北京中医药大学学报》2012 年 6 月第 35 卷第 6 期

漫话做人治学之道

王永炎

（中国中医科学院中医临床基础医学研究所，北京 100700）

摘要： 当今是日显世界性道德滑坡、急功近利的时代，以金钱为轴心的价值观大行其道。何以救世？有人提出弘扬东方文化，也就是以孔圣为宗的儒学。然而真正意义上的东方文化应该是儒释道一源三流的中华文明为核心的诸子百家，儒道为主体吸收外来的佛学，直至将其本土化后，形成了一源三流，更多强调的是做人，提到做人就离不开做事。因此，以阐述儒释道关乎 "道" 之本旨，着眼于求同。也就是三者在心学方面关乎做人做事的共性，进而规范我们的核心价值观。"道" 作为孔儒 "内圣" 学说之本旨，一直是孔周以降诸子争论的焦点。对于道之内涵诸子皆有发挥，然多源于孔而又别于孔。通过剖析儒学论道的思想，结合学科特点，领悟做人治学之道。提出：以孔儒思想为宗，重点学习新儒学的论著；兼读佛老；理解法家之学，取其优质相互融通。以非杂而求其用，用必获益有效的思想作为做人治学之指南。

关键词： 道；仁道；治学；新儒学；熊十力

中图分类号： R2-03

Talking on Ways of Conducting Oneself and Pursuing Scholarly Work

WANG Yongyan

（Institute of Chinese Basic Clinical Medicine，China Academy of Chinese Medical Sciences，Beijing 100700）

Abstract： This is a times of moral decline and quick buck，and money is taken as axis in values. How to rescue the world？Some body propose to carry forward oriental culture-Confucianism worshiping Confucius as the great master. Real oriental culture，however，contains various schools of thought and their exponents taking Confucianism，Buddhism and Taoism as the core，that is Chinese civilization.Confucianism and Taoism absorbed and localized foreign Buddhism so one source and three streams were taken shape，which stressed conducting oneself. Conducting oneself can not be apart from doing a deed.The paper expounds the original purpose of Dao（doctrine）in Confucianism，Buddhism and Taoism for seeking common ground，i. e. the generality in conducting oneself and doing a deed aiming at standardizing our core values. Dao（doctrine），as the original purpose of Neisheng theory in Confucianism，has been a focus of argument among various schools，and they all developed the connotation of Dao（doctrine）. Their thought came from Confucius but was also different from him. Through analysis on thought of Dao（doctrine）in Confucianism and characteristics of Chinese medical sciences，we can comprehend the ways of conducting oneself and pursuing scholarly work. The author suggested that we should take Confucianism as tenets，study the works of neo-Confucianism，Buddhism and Taoism，understand Legalism and make their essence into accommodation，from which the helpful and effective thought can be used as a guide of conducting oneself and pursuing scholarly work.

Key words： Dao（doctrines）；kindness；pursuing scholarly work；neo-Confucianism；XIONG Shi-li

首先我们先回顾一下孔儒的大致传承及发展脉络，至 1949 年，近 2500 年历史的孔儒，经过历代传承，有如下历史时段及几位标志性人物：有孔子之后的吕秦焚书坑儒；有孔子后 "五百岁" 以史学的方式继承孔儒的司马迁，自称以继承孔儒为己任，如《太史公自序》 "绍明世，正易传，继春秋，本诗书礼乐。" 由于吕秦的焚书坑儒，使得晚周儒籍几乎亡绝殆尽，残篇碎义弥足珍贵。因此，以史学方式来继承孔儒就显得尤为重要，甚至要超越以思想来继承；有汉武董仲舒"罢黜百家，独尊儒术"，孔儒群籍民间献书于朝，设立儒经博士；有汉以后之盛唐佛老盛行，冒死捍卫儒家正统地位之韩愈，以复兴儒学自命，著"原道""师说"以论道，有唐以后宋、明理学程颐、朱熹、陆象山、王阳明、陈白沙辈。沿及近代发展起来的新儒学派，在西方哲学及佛道的背景下力图还原孔儒"内圣外王"说的本真面目，其代表性人物有马一浮、熊十力、梁漱溟、牟宗三、唐君毅等著名学者。由于新儒学产生的历史背景，可谓集历代儒学之大成，对现实的指导更为深远而广泛。因此，本文着重于新儒学的思想来阐发关于仁道与治学。

1. 重点学习儒家思想、读新儒学派论著

放眼近代，在文化冲突的引力下，无论是原子弹氢弹等的研制成功，直至美苏冷战世界曾处于核战的危险边缘，无不体现思想家奥威尔对二战后的悲观。而毛泽东《论人民民主专政》："马列主义是放之四海而皆准的普遍真理"，掀起的学苏热潮，直至苏联解体重新引起学术界的反思。新儒学的代表人物唐君毅认为："中国永远是孔子的国家，马克思不可代替。"获诺贝尔文学奖提名的辜鸿铭曾经提出："人类未来文明……更确切地讲依赖于远东民族可称为儒家文明的东西。"[1] 被世人称为东方文化救世论开先河者。卡尔·雅克贝尔斯在《论历史的起源》中说："同情期许赞赏相信孔儒学说。"西方思想家伏尔泰 1949 年 9 月 28 日撰文："孔儒思想征服元清异族统治，康熙尊孔万世师表，所谓繁育万物，生机盎然，通向基督，释迦牟尼，为集大成者。"东西方先哲对孔儒的评价如此之高，值得我们重新温习。近读熊十力《原儒》及冯友兰《新原人》颇有感悟，中国心学不管是儒道抑或佛学，皆强调自觉。窃以为自觉换言之就是经过对自有之的反思，而后树立自身的文化主体意识。也就是求同存异，兼收并蓄力求主体的不断提升。之所以提倡重点学习儒家思想，缘于孔儒提倡内圣外王之仁道、天下为公的核心内涵恰恰可以指向现实、指向超越，拨乱反正，救世于万民。

1.1 儒道论

《论语·里仁》："参乎，吾道一以贯之。曾子曰：唯。子出，门人问曰：何谓也？曾子曰：夫子之道，忠恕而已矣。"另有"朝闻道，夕死可矣"之说。《论语·颜渊》："克己复礼为仁"，意即严防小己之私欲与偏差，将小己融入大己互通为一，就会恢复仁道。《论语·公冶长篇》："回也，其心三月不违仁。"可见孔圣所言之道即仁道，孔儒认为："忠恕"是通向"仁道"最基本可行的门径。"忠"是尽自己的全部能力，"恕"是推己之仁心来对人。

孔子之后，能真正弘扬孔子道内涵的首推孟轲。孟轲思想承接孔子，然有发挥。《孟子·离娄下》："舜明乎于庶物，察于人伦，由仁义行，非行仁义也。"《孟子·尽心上》："居恶在？仁是也。路恶在？义是也。居仁由义，大人之事备矣。"由此可见，孟子关乎道的心学思想核心为仁义。孟子主张性善论，在其看来，"仁"与"义"作为人们的先验的善良本性，原本即存在于人心的内部，是无待于外的。孟子认为仁之义有二：一为"上下与天地同流"；二为"万物皆备于我矣"。前者是说仁心之流通与天地无隔绝，浑然一体。后者是说仁泛爱万物，无所不容。提到孟子，我们不得不提韩愈。韩愈的心学思想独宗孟轲，诚如其所言："吾所谓道德者，合仁与义言之也，天下之公言也。"但韩愈可贵之处还在于其主张"宏中而肆外"，亦即强调内部主"宏"与外部主"肆"密切相连。也就是说，内修之道与外主创新紧密结合。在韩愈看来，弘道不能宗经，贵在"能自树立不因循"的创造精神。因此，我们在理解其"师者，传道，授业，解惑也"之道的承接之时，莫忽略韩愈外求之创新。

延及近代的新儒学派，又是如何解析儒学"道"之内涵呢？本文引用新儒学的典型代表人物熊十力的理论，熊先生在论 [2] 《易大传》"一阴一阳之谓道"时，认为："阴阳变化谓之道，道不离阴阳变化而独存""道为万物万化之根源"。《大戴礼》："大道者，所以变化而凝成万物者也。"《易》曰："大哉乾元，万物资始"（乾卦）；"至哉坤元，万物资生"（坤卦）。熊先生释道为万物万化之根源，万物是本体流行的过程，现似万有不齐之相，亦即心物万象，阴阳、乾坤、心物只不过是本体之功用的两个方面而已，并不是简单分为两体。其道之流行，至健无息，新新而起，其变万殊。将《易》之"生生"，佛之"刹那刹那"，程朱之"活泼泼地"，"明化育流行"诸说之精髓阐释若然。因此，新儒学派称儒家之道实为万物万化之本体 [2]。其认为：就道称本体而言，易之天命、乾元、坤元，论语之仁、理、德、礼，中庸之诚，程朱之理，阳明之良知，皆可谓本体或道。

1.2 仁道

孔子曰："人能弘道，非道弘人。"古语有曰："善言天者，必验于有人。"熊十力《原儒》："《易》固以万物之本体，名曰乾元。而《乾卦》之象曰：乾为仁。"此论亦可印证孔子所述之道即为仁道，那么新儒学又是如何认识孔儒仁道呢？熊十力主张"人道立天道始成""天人不二"。[2] 换言之，也就是人道本是天道，今即人而言，则曰人道，人道也即仁道。

在《原儒》中熊十力是这么阐释孟子关于仁之"上下与天地同流"的，他认为孟子本意是言心是虚明健动，也就是说仁心之流通是动而健，此与《易》之"天行健""动而健"之天道、天命吻合，也就是说道之在人则为仁道。

孟轲主张性善论，也就是说仁是心之本性，元无不善。道之在人而言，即吾心不违仁时，便可识道之妙用。而孟子关于仁"万物皆备于我"说，就是吾心不违仁时，便觉此心与万物无隔，故常广爱万物，无所不容。前文所述，熊十力论儒道主张体用论，强调体用不二。就仁道而言，熊十力主张："仁为体，仁之用是义"，因此得出："仁道乃非执一而不可通其变""仁之行于事变也，必将权其得失与轻重之数，而慎处之""仁道有所不能通，则必因物随事而制其宜"之论。这并不意味仁本体的改变，而是强调本体（仁）之功用或流行（义）之万殊。主张"义反于仁，而适成其仁"之说，因为小己之私与大仁相对，只有克己之私欲方可做到吾心不违仁，义反于仁说明义是克己私欲而不违仁之万殊。此论在强调心的主动性，认为心能认识物，解析物，体察物，改造物，变化裁成万物，此心以刚健中正之德统治物也。物顺从心，而发展其德用。

1.2.1　德、理论

提到人道或者仁道就不得不究儒学的"德""理"之内核。熊十力曰："德，理者，人道之大纲也。失其纲，则人道无与立。人道之有是理与德也。"又说："惟人也，能即物以穷理，反己以据德""德理双持，缺一即亏其本""以实现天道于己身，而成人道，立人极""范围天地之化而不过，惟有理以利于行""曲成万物而不遗，惟有德以善其守""徵验人之道，而知万德万理之端""理者成物之基，德者立人之本""本体备万德，含万理，肇万化"。[2] 因此，新儒学主张：明理，而勇于改造宇宙，司化育；进德，则严于改造自我。至此方能悟得仁道之真谛。熊氏认为"理通内外而一如"，也就是说物之理与心之理不二说。新儒学将理与礼的联系阐述的非常详备，认为礼之源即是天理，仁道的完成与明礼之源与得礼之要密切相关。又说"在物之理，在人之德""人以德立，德者，人之所以特殊与万物者也。无德，即人无以立""惟人也灵性显露，始能自识其所禀于天之德源，而涵养以实之，扩充以大之"。由此可见，仁道就人而言，新儒学将德的修养放在较为重要的地位。冯友兰《新原人》从义与利的角度释仁与德可取也，其将道德行为分为仁德行为与义德行为。其借朱熹之说，仁之道，只消道一公字，非以公为仁，须是公而人体之，"功夫却在人字上"。进一步表明自己的观点："义不义之辨，只是公私之分。但仁与不仁之辨，则不只是公私之分。仁不但是公，且须带有一种对别人痛痒相关的情感。此种情感，可以说是道德行为中人的成分""仁的行为必兼有义的行为，但义的行为则不必兼有仁的行为"。[3] 至此将仁德内核阐明若然。在此理论的指导下，重新阐释《论语》为己、为人说，并警示众人慎独，尽心竭力做事，不计较别人的知与否，不自欺，不欺人。

1.2.2　道德论

既明理德之分，则道德昭然。冯友兰《新原人》设专篇论道德，由此可窥新儒学关于道德之貌。他将道德看成是有觉解的人伦行为，也就是人别于其他具本能万物的一种特有行为。[3] 由此可见，道德与儒家之仁道密不可分。冯先生又将道德行为上升到一种行义行为，而将功利境界下人的行为视为一种行利行为。如果我们援用熊十力体用论，仁为体，义为用，并把行为当做是一种功用或流行来看，那么冯先生所述之道德实为仁道。另外，冯先生认为道德行为实际是一种有觉解的行为，那么这种行为又和孔儒所谓"人能弘道"及"吾心不违仁"有何区别呢？由于这种尽伦尽职的行为是建立在觉解（知性）的基础上，因此，这种行为无疑是一种尽性，是无所为而为，而不是有所为而为之。只有真正的无所为而为，才可以摆脱功利的"有我（利己）"，体现道德的"无我（无私）""真我（真正有我、主宰）"。另外，尽伦尽职也强调量才而用、量力而行，即人应就其才之所能，命运之所许，尽力以做其所能做及所应做的事，不以道德行为影响之大小而分别。只以其道德价值的实现为至极，即其行动皆是自觉"为往圣继绝学，为万世开太平"。

《原儒》分析道德内涵甚为可取。熊先生主张"道德之本质恒无变易，道德表现之形式则随社会发展而有变""一切道德只是应该的，不可问其何以故"。[2] 但是同时警示大家不能因为流于形式，而忽略道德之本质，宜辨异而观其通。理应克小己谋利之私欲，在道德规范方面存有羞耻之心、忏愧之心，不越清议制裁，培养并顺应社会关系形成的道德感。总之，新儒学关于道德的阐释，厘清道德之本与形式，一扫传统对于儒学愚忠、愚孝之狭解，在当今社会，仍具有现实指导意义。

2. 兼读佛学道学，领悟做人做事之要务

20 世纪 70 年代，英国剑桥大学教授汤恩比在其与日本学者池田先生的对谈集《二十一世纪的对话》中指出："解决 21 世纪社会问题，只有中国孔孟学说与大乘佛法。"儒释道之间除了关于本体或本源之异之外，也有许多相通之处，诸如普世的价值观是完全相通的，如中庸、包容、慈悲等。佛学传入中国显然晚于儒道，然就儒道先后之争，熊十力主老聃晚于孔而先于孟之说。因此，熊十力为代表的新儒学认为孔周以降之诸子及佛道虽然思想各异，然在东方文化之背景下，无一不直接或间接受孔儒之影响。虽有佛之法界、如来，道之顺应自然、太虚、太一之殊，但均为究本体为实。因此，本文强调兼通佛道实质在于求其相通对人获益之处，而不要拘泥异歧之争。

2.1　佛学之道

范文澜是当代历史学家，在他主编的《中国通史》中，曾经一度否定了一切宗教，认为佛教是"迷信""蠹国殃民"。晚年的范文澜专心研究佛学，认为不懂得中国佛教就不能真正懂得中国的思想史、中国的心学史、中国的文化史。佛学作为外来文化从印度传入中国，严格来讲已经不完全等同原先的印度佛学，在其面对的先入为主的本土儒道心学，佛学要想在中国扎根发展必然有个本土化过程。好在佛教心学跟中国传统儒道有一个内在的契合，也就是佛学以及中国传统儒家、道家心学，都是强调人的自身提升，佛教是强调自我的觉悟，中国的儒家心学强调德性的自觉与提升，所以这个地方是完全相和的。

儒学讲天道，天行健，明、精、刚，生生，而佛学倡导圆成实性，真如性体，勇、尘、暗，不生不灭，熊十力所言："儒家尽生之理、佛氏逆生之流。"[2]我们且不论儒佛生灭、明暗之争，我们仅取其优质所用。大乘佛学讲"观空不证""刹那才生即灭"，可见大乘已不全溺于空、无为。从大乘主生灭而言，儒佛具相通之处，那就是万物恒动不休。无非大乘所言生灭是侧重于灭的一面，也就是使人观无常之出世法则；而儒家所言动而健、生生不已、阳明主动侧重于生的一面，也就是使人敢担当之入世法则。

佛学倡导戒定慧，"戒"强调个人及集体或团队行为的规范，这种规范的强调在一定程度上可以克服当下这种浮躁、急功近利；"定"强调专注、专一，心无旁骛，非常认真地去负责；"慧"强调选择、判断。可见佛学的主旨与儒学在一定程度上具有契合之处，那就是主张基于智慧，予心，灵性、觉解的主动性，强调规范的作用，令克己之私、不越制裁，要求人们的行为专注，尽伦尽职、尽心竭力而自知。

2.2　老庄之道

道家作为东方本土文化，其生根发展必然有可弘扬之处。道家和儒家佛家一样是强调人的自觉，即对宇宙观、世界观、人生观本源的认识。老子认为："虚与神质混成，而名之曰道。"可见道家论道以虚无立本，认为虚生神、生质，并且虚与神质浑然为一，老子将一又称为得一、抱一，庄子将其称为太一。"道之为物，惟恍惟惚。恍兮惚兮，其中有象；恍兮惚兮，其中有物。窈兮冥兮，其中有精；其精甚真，其中有信"就是老子进一步对道的详细阐释。道家主张"道法自然"，在道家看来自然无建而自建。因此，就有返虚、笃静、守弱、退后之不敢为天下先、无为、不求利物、物将自利诸端思想。

其实世人常谓道家消极、苟且，值得商榷。道家主张道之用："道，冲而用之或不盈"，辅嗣注："冲而用之，用乃不能穷，满以造实，实来则溢。故冲而用之，又复不

盈，其为无穷，亦已极矣。形虽大，不能累其体，事虽殷，不能充其量。也就是说道之用贵在冲虚、不盈满，违道即不用冲或以满盈为用。人若用满盈之道，而造立实功实利，功利既立而横溢之祸随至。就宇宙而言，再大之物体也不能超越至大无外之虚空，否则必为其自体所累而无可运动。就做事而言，事业虽然殷繁，不汲汲于充足其量，人力务留有余，物力不欲竭尽。"辅嗣注解可谓弘老子所谓"知足不殆"之旨，所以后人称其为道家继起之孤雄（原儒）。我们且不论道本虚无对与否，就其所言道用之趣，就对现实具有很强的指导意义。

毋庸置疑，智者与强者历来就是决定社会及历史发展的重要力量。儒家养人恻隐之端（仁）、刚大之气，"先天下之忧而忧，后天下之乐而乐""明知不可为而为之"无不体现儒家对人的主观能动性依赖至深。因此，相对而言儒家更多培养的就是世人所谓的强者，之所以强调相对，并不是说儒家忽略人的智慧，因为儒家首先强调就是觉解、灵性、道德，所以儒家就人而言是培养强者与育德成智者。正因为这种强者只是基于不违仁基础之上的，所以在常人看来儒家所为都是有悖俗套的强者。并且就历史发展而言，儒家之强者多求胜所以往往蕴有易折的风险。虽然与儒家这种积极进取的入世心学相比，佛道相对而言消极，确为出世心学。但是如能结合佛道上述之优质为儒家所用，或许会缓和儒道刚健尽绝之性，旁开一寸，自有回旋，既不累其功用流行，也不过于早折。挫折坎坷不是坏事，就儒学而言可以激人奋进，但是在此基础上有一些佛道心学的思想，就会澹定淡雅而处事不惊，于做人做事皆有裨益。

3. 理解法家之学，取其优质相互融通

与儒释道温和之道相比，以焚书坑儒而著称的法家历来被世人称之为霸道。法家脱胎于儒道，发挥于老庄，就道本而言，儒道法具有兼通之处。《韩非子》："道无双，故曰一"（扬权）、"道者，万物之始"（主道）。儒释道皆不弃道德规范、清议制裁，唯法家倡性恶论，将约束制裁更为发挥。究其本旨而言，也是立足于制衡、纠偏、调控、引导。传统所谓集权统治及斗争思想仅仅是法家所主张的法、术、势一面，商鞅之"法任而国治也""国治必强""法者，君臣之所共操也"（修权）一语道破法家之本旨，即立法无非是强国、富国，而术、势之尊君臣卑只不过是建立于君臣共操基础之上的防范而已，防范国家内乱、维护国家社会稳定。另外，商鞅强调君尊的基础是贤能、为公，正如其所言"非私天下之利也，为天下位天下也。论贤举能而传焉。"（修权）。由此可见，传统所谓集权统治、斗争思维在法家来看是有前提的。法家并不是极致追求独裁之酷法，也很向往贤能治国之王道。《韩非子》："且夫尧舜桀纣，千世而一出……中者上不及

尧舜，而下亦不为桀纣。"（难势）在韩非子看来，像尧舜这样的圣王是罕有的，而"以法治国"仅是中等才能的统治者成功治国之道。法家提倡变法，"抱法处势，则治，背法去势，则乱"，法只不过是一种审时度势之权变功用。由此可见，法家君无为，而法无不为，与前文新儒学道德之本质恒无变易，道德表现之形式则随社会发展而有变具有相通之处。二者同提倡克小己谋利之私欲，在道德规范方面存有羞耻之心，忏愧之心，不越清议制裁，培养并顺应社会关系形成的道德感。无非法家审时度势着眼现实，将规范制裁放大而已。当今，道德滑坡、急功近利是一种普遍性的社会现实，为了私利不惜违背道德人伦。结合国情和现实，法家提倡的一些诸如集权、斗争的思维恰是儒家可兼而取之所在，对于维护社会稳定、和谐发展，就具有一定的现实意义。

中华文化博大精深，就道而论不敢言已得其全貌，本文仅是基于温习新儒学及佛道法基础之上的见仁见智而已，因此，充其量只可谓窥其一斑。本文意欲指向现实，首要提倡儒道之积极进取，同时认为道法、释迦牟尼、耶稣、苏格拉底皆有可学之必要。杂而求其用并非骑墙，只是基于用必获益的原则。至于，儒家思想历代为统治阶级所绑架，对于绑架而言，理应按"往事不可谏，近事犹可追"对待，不要过分泥于争辩、口诛笔伐。就现实而言，提倡做人谦逊慎独，做事澹定求真。

（张志强整理于医药圆融讲座）

参考文献：

[1] 辜鸿铭 . 辜鸿铭文集 [M]. 海口：海南出版社，1996：183.
[2] 熊十力 . 原儒 [M]. 北京：中国人民大学出版社，2009：132-134.
[3] 冯友兰 . 新原人 [M]. 北京：生活读书新知三联书店，2007：118-119.

（收稿日期：2012-05-10）

附录 12

《天津中医药》2012 年 6 月第 29 卷第 3 期

医苑丛谈·谈境界

王永炎[1]，王燕平[1]，于智敏[2]

（1. 中国中医科学院临床基础医学研究所，北京 100700；2. 中国中医科学院中医基础理论研究所，北京 100700）

摘要：中医学人，既要具备医学、心理学知识，还应当通晓事理学以及其他相关学科的知识，以提升自己的境界。读书临证过程中，既要精研医理，还要览观杂学，如此方能在高原上打造高峰。

关键词：中医；境界；培养

中图分类号： R24　**文献标识码：** A　**文章编号：** 1672-1519（2012）03-0209-04

1. 开示悟入，事理昭然

人们喜欢用"上知天文，下晓地理，中通人事"来形容知识渊博的人。知天、知地、知人，就是强调要把握天地间万事万物的道理，精通人情世故的事理。许多人喜欢研究某一具体学科的原理，轻视为人处世的道理，如此也会限制自身的发展。

事指宇宙间千差万别之现象。理指道理，即一切事物之存在、变化所准据之法则。事理，就是指事物存在、发展的内在规律，是事物何以成为"那样"的道理，它是通过人的观察、思考、描述，从客观存在中提炼出来的，具有高度的抽象性、意会性和生动性，也具备"高概念"的模式特征。

司马迁"究天人之际，通古今之变，成一家之言"（《报任安书》），强调天人合一，通古融今，而后创立新说。如果只研究某一学科的原理而不把握事理会为物所累。《庄子·山木第二十》曰："物物而不物于物，则胡可得而累邪！"[1]强调要善于利用物而不受制于物，以达到"通于一而万事毕"[1]（《庄子·天地第十二》），一事通，百事通，一理融，百理融的高深境界。"一"是万事万物的起点、原点、根本点、创始点，是表明万事万物所以然。中医学属于复杂科学体系范畴，具有科学、人文的双重属性。其独创的理论体系、思维方法、诊疗技术，实际上兼具医理学、事理学的双重特征。

观之于物，大凡看似简单，其实就是愈复杂，中医学尤其如此。从理论体系来看，阴阳五行、藏象经络、病因病机、诊法辨证、治则治法、养生康复一以贯通，理法方药，浑然一体，丝丝入扣，看似简单，稍具常识的人也能道其一二。但要达到"释缚脱艰，全真导气，拯黎元于仁寿，济赢劣以获安"的境界，只明医理，不明事理，显然是不够的。

《素问·疏五过论》云："圣人之治未病也，必知天地阴阳，四时经纪，五脏六腑，雌雄表里，刺灸砭石，毒药所主，从容人事，以明经道，贵贱贫富，各异品理，问年少长，勇怯之理，审于分部，知病本始，八正九候，诊必副矣。"[2]道尽医道之复杂。"从容人事"就是医理和事理的结合。

诚然，医理固然重要，以是《本草新编》有"人不穷理不可以学医；医不穷理不可以用药"之论[3]；李中梓尝读《素问·方盛衰论》而殿之曰："不失人情。"[2]并作《不失人情论》以记之，既慨叹黄帝大道之深，又深感中医事理之难明。徐大椿《医学源流论·病随国运论》曰不知天地人者，不可以为医。"[4]均乃实事理学之典范。

笔者曾深入研究思考过关于中医实证论、分析论、系统论、还原论等问题，深感要研究、发展、弘扬中医，应做到医理与事理的双重结合；中医的知识体系囊括了现代概率论的"大数律法则"。中国历来重视对"大数"的把握，对事理规律的探寻。《礼记·月令》云："凡举大事，勿逆大数。必顺其实，慎因其类。"[5]戴复古《送湘潭赵蹈中寺丞移宪江东诗》曰："盛衰关大数。"[6]无不申明要把握大数，忽视细枝末节。如果"崇饰其末，忽弃其本"，必然"审毫厘之小计，遗天下之大数"[6]（《史记·淮阴侯列传》）。

中医学研究经过多年探索，在"医理"层面上取得了许多成绩，这是值得肯定的，但对"事理"的研究尚嫌不足。

医理在于真传，事理在于心悟，智慧在于开启，大道在于明示。学习、领会、掌握、应用中医事理学的基本方法，一言以蔽之，就是"开示悟入"。

"开示悟入"为佛学术语。《中华佛教百科全书》曰："天台宗以'开示悟入'四字，来表示行者达到佛知见的深浅程度。"[7]这对中医的学习领悟过程仍具借鉴意义。

开，就是发掘，使其内涵彰显。《周易·系辞》"开物成务。"[8]宋·陈亮《祭俞德载知县文》曰："涉猎不休，经史百氏，开物成务，以发厥志。"[9]就是开通、了解事物，通晓事物道理之意。学习中医，首先要开拓思路，开阔视野。示，《华严经音义》云："示，现也。"[10]《苍颉篇》曰："示，现也。"把事物摆出来或指出来使人知道。中医生命力在于让患者看到临床疗效，这应该是展示的有效途径，所谓理论与实践的紧密连接。悟，《说文解字》曰"：悟，觉也。"[11]《佛光大辞典》曰："悟，证悟之意；事（现象）、理（本体）融通而有所悟。"[12]《医学心悟》则曰："心悟者，上达之机；言传者，下学之要。"[13]详之矣。入，《说文解字》云"：入，内也。"[11]《佛光大辞典》云："入，证入之意；谓事理既已融通，则可自在无碍，证入智慧海。"[12]学习中医学，最终目的要达到融会贯通的境界，所谓"医道通仙道"。

还应指出，精通医理，洞晓事理的目的是为了更好的临床实践，不能以此作为争名逐利、趋炎附势的工具。《三国志·董昭传》云："窃见当今年少，不复以学问为本，专更以交游为业。国士不以孝悌清修为首，乃以趋势游利为先。"[14]当为学人之"警世钟"！学人当潜心为学，精进悟道，立"抗志以希古人，虚心而师百士"之志，戒虚名，除浮躁，志存高远，岐黄之学方有续，薪火永炎得承传，医者之术可比卢医扁鹊，患者寿可享彭祖之年。

马克思在《关于费尔巴哈的提纲》中指出："人的本质并不是单个人所固有的抽象物。在其现实性上，它是一切社会关系的总和。"[15]

人的本质是具体的、历史的。每个人都生活在特定的历史时代，生活在特定的条件下环境内，人的生理、心理活动以及病理变化也必然受到所处时代的影响而打上鲜明的烙印。从这个意义上来说，一切医疗行为都应该重视社会环境、社会关系、人际关系、物我关系对人的影响，在诊疗时必须要考虑医理而诊治有据，贯通事理又不失人情，研究人的生物属性又关注社会属性，如此才能做到医身、医心而又不失人情。

2. 医者易也，灵活权变

孙思邈提出过这样一个命题："医者，意也，善于用意，即为良医。"[16]那么，"医"、"易"和"良医"之间究竟是什么关系?

2.1 善于医者曰良医

《古今医统大全》把医生分为明医、良医、国医、庸医、巫医五类。认为:"精于医者曰明医,善于医者曰良医,寿君保相曰国医,粗工昧理曰庸医,击鼓舞趋,祈禳疾病曰巫医。"[17]

所谓良医,是指医术高超,技艺精湛,临床上能随机应变,坐镇从容,临危不乱,诊断、辨证、立法、处方、遣药丝丝入扣,一以贯之,能治疗各种疑难大病,并取得如汤沃雪,桴鼓相应之效者。扁鹊、华佗、张仲景、孙思邈等,世人均称之为"良医"。

清代名医费伯雄,因治愈道光皇帝的失音症,道光皇帝亲自撰写对联:"人称其才我称其德,不为良相便为良医。"称赞他的道德人品和高超的医术。

2.2 易具医之理,医得易之用

《辞海》在"易"的词条下有多种解释,但和"医者,易也"似乎不大相关。

实际上,"易"是象形字,本义为爬行动物蜥蜴。其身体颜色随阳光强度的不同而改变。《明医指掌》曰:"易者,变易也。"[18]《小儿药证直诀》云:"变者,易也。"[19]"易"字还是《周易》的简称。考诸历代注释,对《周易》书名的理解,基本公认的是"周而不休,变化无穷"之意。"医者,易也。"一是主张中医讲究随机应变,知常达变,灵活变通;二是强调中医学和《周易》之间关系。

孙思邈所言,无非是强调,为医者要懂得随机应变,触类旁通,善于分析思考,只有这样才能成为高明的医生。《医旨绪余》曰:"医之理,可比《周易》。"[20]张景岳进一步解释为:"易具医之理,医得易之用。"[21]实一语中的。

2.3 医者,易也,其术不尽于药石

中医临床讲究圆机活法,重视权变,反对胶柱鼓瑟,墨守成规,故"医"、"易"并重。善于医者,如扁鹊洞彻玄机,死生而骨肉;如孙思邈"神存心手之际,意析豪芒之理"[16]。不以证试方,不以病试药。只要把握阴阳变化之理,在治疗手段上不必拘泥于药物、针灸、砭石等具体治疗方法。所以,《推蓬寤语》明确指出:"医者,易也,其术不尽于药石。"[22]《医便》总结为:"权而用之,毋胶柱而鼓瑟,始可以言医矣。故曰:医者,易也。"[23]医易相通,由来尚矣!

2.4 "医者易也,至便至易"为谬论

有人认为医学是一门最为简单易学的学问,只要有一定的家学师承,熟读汤头、脉诀,为医不难,如果再学会《周易》的卜筮技巧,为良医亦易。

这种观点是非常有害的。《医医医》指出:"此不特门外汉之言,实病医而误尽苍生之言。不知医之为言,易也,精微广大有如易道,诚合古今中外事业学问,无有难于此者。"[24]孙一奎"知医不知《易》者,拘方之学,一隅之见也;以小道视医,以卜筮视《易》,亦蠡之测,豹之窥也,恶足以语此"之论断,掷地有声。

"医者,易也。"强调的还是医生当善于权衡变化,知常达变,用动态、发展变化的观点来诊治疾病,这也是中医学的智慧所在。

3. 小结

中医科学和人文双重属性的理论体系形成于中国古代,受到中国古代的唯物论和辩证法思想的深刻影响,研究事物多以"取类比象"的整体性观察方法,通过对现象的分析以探求其内在机制。因此,仅仅具有中医学的基本知识是不够的。整体观念和辩证论治特点以及生物心理—社会医学模式,只有凭借事理学才能够实现有效联结。

作为新时代的中医学人,既要具备医学、心理学知识,还应当通晓事理学以及其他相关学科的知识,以提升自己的境界。只有掌握事理学原则,才会做人、做事、工作。"苦干、实干加巧干","事倍功半"与"事半功倍"的差别,人格、能力、事业上的差别多源于此。

参考文献:

[1] 庄子. 战国·庄子. 见王世舜注译 [M]. 济南: 齐鲁书社, 1998: 258, 146.

[2] 黄帝内经素问 [M]. 北京: 人民卫生出版社, 2005: 195, 200.

[3] 清·陈士铎. 本草新编. 见陈士铎医学全集 [M]. 北京: 中医古籍出版社, 1999: 615.

[4] 清·徐灵胎. 医学源流论. 见刘洋. 徐灵胎医书全书 [M]. 北京: 中国中医药出版社, 1999: 141.

[5] 张文修. 礼记 [M]. 北京: 北京燕山出版社, 1995: 122.

[6] 辞海 [M]. 1999 年版缩印本. 上海: 上海辞书出版社, 2000: 761.

[7] 蓝吉富. 中华佛教百科全书 [M]. 中华佛教百科文献基金会, 1994: 4522.

[8] 易经·系辞上. 见四书五经全译 [M]. 郑州: 中州古籍出版社, 2000: 230.

[9] 宋·陈亮. 祭俞德载知县文. 见陈亮集（全二集）[M]. 北京: 中华书局. 1974: 350.

[10] 段德森. 简明古汉语同义词词典 [M]. 太原: 山西教育出版社, 1992: 105.

[11] 汉·许慎. 说文解字. 见（清）段玉裁注. 说文解字注 [M]. 郑州: 中州古籍出版社, 2006: 224, 506.

[12] 慈怡. 佛光大辞典 2-7（1001-6984）[M]. 台北: 佛光出版社, 1988: 5305.

[13] 清·程国彭. 医学心悟 [M]. 北京: 中国中医药出版社, 1996: 1.

[14] 晋·陈寿. 前四史三国志 [M]. 北京: 大众文艺出版社, 1998: 98.

[15] 中共中央马克思恩格斯列宁斯大林著作编译局. 马恩选集第一卷 [M]. 第 2 版. 1995: 56.

[16] 唐·孙思邈. 千金翼方 [M]. 沈阳: 辽宁科技出版社, 1997, 序:

258.

[17] 明·徐春甫.古今医统大全.见古今医统大全精华本 [M].北京：
科学出版社，1998：51.

[18] 明·黄甫中.明医指掌 [M].北京：中国中医药出版社，1997：4.

[19] 李志庸.钱乙刘昉医学全书 [M].北京：中国中医药出版社，
2005：13.

[20] 韩学杰.孙一奎医学全书 [M].北京：中国中医药出版社，1999：
648，685.

[21] 明·张景岳.类经附翼 [M].北京：人民卫生出版社，1965：401.

[22] 明·李豫亨.推蓬寤语.见裘庆元辑.三三医书（第一集）[M].北京：
中国中医药出版社，1998：453.

[23] 明·王三才.医便.见裘庆元辑.珍本医书集成（第三册）方书类 [M].
北京：中国中医药出版社，1999：455.

[24] 清·孟今氏.医医医.见裘庆元辑.三三医书（第二集）[M].北京：
中国中医药出版社，1998：234.

（收稿日期：2012-04-20）

附录 13

《中国中医基础医学杂志》2012 年 8 月第 18 卷第 8 期

大科学时代中医学研究思路

王永炎

（中国中医科学院中医临床基础医学研究所，北京 100700）

摘要：中医学具有非线性、不确定的特征，呈现出多学科交叉融合、系统集成多元化、综合性的特点，属于大科学研究范畴，应作为科学的依据。高概念强调先进的理念，从事相关性的研究，中医学重视概念，诠释是对中医学基本概念的创新。中医学研究必须弘扬原创思维和原创优势，积极探索未知领域，创立中医学新的科学概念和科学理念，革新技术，诠释新的规律。关注学科发展和民众需求，朝向实施大目标与大团队建设，努力提高国际学术影响力。不仅应重视人文科学，兼通文史，还要把握现代科技的发展趋势，透视组学。在提倡东学、西学兼收并蓄，系统论与还原论融合的同时，在医学领域应倡导中西医学融通共进。

关键词：大科学；高概念；中医学；科学研究

中图分类号：R2-03　**文献标识码**：A　**文章编号**：1006-3250（2012）08-0813-02

大科学与小科学的分野是在第二次世界大战时期，小科学又称为科学主义，是以个人的兴趣、假说驱动为主要特征的科学研究，像牛顿、伽利略、居里夫人这些全球科学界的典范，就是按照自己的兴趣坚定不移地做研究工作。相对于小科学而言，大科学更注重解决复杂的科学问题，强调多学科交叉的研究团队，宏大的研究目标，科研难度大、投资强度大，多集中在当代科技发展的前沿和高新技术领域。小科学时代务求精准，大科学时代将科学的范畴加以拓展，其核心[1]是将不确定性、非线性的研究对象列入科学范畴。医学具有人文和自然的双重属性，而中医学的人文属性更为突出，具有非线性、不确定的特征，研究自然、社会、人构成的复杂系统，中医学的发展远远超越了学科和领域，呈现出多学科交叉融合、系统集成多元化、综合性的特点。

英国两院院士李约瑟博士对中国的科技做了历史性的考察，著名的"李约瑟难题"对国内外产生了重要的影响，其结论性的见解就是"中国有技术无科学"。造纸术、指南针、火药、活字印刷术是中国的四大发明，西汉时期的著作《盐铁论》证实了产盐、冶炼已经在当时成为推而广之的技术，因此"有技术"是肯定的。"无科学"，是小科学范围，指务求精准的小科学，将自然科学的思维方式引申到人文社会科学领域是不正确的。《黄帝内经》作为中医学经典著作，描述了人体的解剖学、生理学特点。《灵枢·经水》云："若夫八尺之士，皮肉在此，外可度量切循而得之，其死可解剖而视之"，正式使用了"解剖"一词。《灵枢·肠胃》记载"唇至齿长九分，口广二寸半"，中国科学院院士梁伯强先生将其与 Spalteholz 所著《人体解剖学图谱》所载消化道长度比较，食道和肠道的比例是非常接近的。《灵枢》、《素问》在多篇中也有对血液循环的认识。在当时缺乏高倍显微镜、现代仪器和观测方法的条件下，依然描述得很具体，因此中医药学应作为科学的依据，毫无疑问中国古代是有科学的。

概念时代的经济、科技和社会建立在创造性思维、全局观念和共情能力的基础之上 [2]。高概念之"高"，首先是必须具有先进的理念，从事相关性的研究，这是既往研究中所缺少的，它是形象思维与逻辑思维的结合。中医学重视概念，《黄帝内经》"其言简，其意博，其理奥，其趣深"，诠释就是对中医学基本概念的创新，是理解、解释与应用三位一体的过程。中医学研究必须弘扬原创思维和原创优势，积极探索未知领域，创立中医学新的科学概念和科学理念，革新技术，解释新的规律。本文立足于当前大科学时代背景下，讨论中医学科学研究的思路。

1. 中医学研究的目标朝向

为适应当今中医药学术方向的变革与创新，中医学研究必须紧密围绕中医药学科发展方向，提高中医学技术的可及性，研究目标明确，研究方向稳定，重视研究团队建设，提升国际学术影响力。

1.1 必须关注学科发展和民众需求

提高中医学研究水平，旨在推动中医学科的发展，推广学术经验和科研成果，培养多学科复合型学术骨干，提升自主创新的整体水平和能力，搭建良好的学术交流与协作平台。学科发展离不开人才培养，更离不开科学的理念指导。理念、技术、器物 3 个层面中，技术和器物不具备学科专属性，而具有学科属性的是理念。过去中风病康复理念不完善、不系统，缺乏科学指导，不仅影响了中医康复临床疗效，而且影响了中医康复学科的发展。笔者根据多年的中风病临床实践，提出"松与静"为中风病康复理念，基于七五至十五科技支撑计划以及 WHO 国际合作"脑血管病中医康复"的研究成果，对已经成熟的中医康复方法进行优化、整合，形成了"松与静"的中医康复方案，经过前瞻性、多中心、实用性随机对照试验，证实了中医康复方案能够改善运动功能障碍，降低严重致残率，具有较好的康复效果。

关注民众需求，就是要提高中医药的社会可及性。现在经济建设是一个中心，社会建设是另外一个中心，强调民生。中药道地药材是很好的例子。药材种植基地绝对不能离高速公路近，因为高速公路上的汽车尾气造成了周围土壤的污染，有害的化学物质肯定不利于药材种植。在临床医学方面，很重要的就是疗效评价，我们现在缺少的是对于身心健康的评价，尤其是心理情绪、言语行为的评价。近年来，有学者提出"实效研究"的概念 [3]，重视"以患者为中心"，解决的关键问题是"患者如何感觉更好或者活得更长"，其中患者的生活质量、机体功能状况及其满意度是医学决策中重要的内容，值得中医药研究者的关注。

1.2 朝向大目标与组建创新团队

进入大科学时代，主要特征是大目标、大团队，大团队做大目标的事情。中医学研究以项目课题为载体，应始终围绕提高临床疗效展开，治疗方法、方案应具有明确的比较优势，既具有前期研究基础，又必须凝练升华、有所连续，要有稳定的研究方向，一项研究最好能坚持 3 年、5 年、10 年，甚至更长，不应该是短期行为，要实实在在地去做开创性的工作，鸣锣开道的工作，带有里程碑式意义的工作。创新是中医药学人的时代责任，我们不仅要坚持原创思维的优势，如整体观念、辨证论治、不治已病治未病、方剂配伍等，创新发展中医药学的理论，而且利用现代科学技术方法进一步揭示中医药的科学内涵。

在大科学时代，科技的竞争在很大程度上取决于人才的竞争。研究团队首先应重视领军人物的培养，要培养战略科学家，从国家层面和战略高度来解决中医药发展的关键问题，如"十一五"科技支撑计划、重大新药创制、国家传染病防治等重大专项，都是为了满足国家需求和公共卫生服务。良好的团队是一支奋进的、团结的、创新的团队，团队人才立足于多学科交叉，鼓励强强联合，加强科技资源优势整合，创建循证中医药创新复合型人才队伍，涵盖中医基础理论、中西医临床、临床流行病学与循证方法学、医学统计学、应用数学、计算机网络技术、外语、项目管理等方面的人才。

1.3 努力提高国际学术影响力

中医学研究应基于循证医学的证据，对于循证医学（EBM）现有的方法，或 EBM 已经具有的工具的选择，要克服局限性，迈向真实世界，要能够得到共识疗效的评价，必须采用现行公认的病、证和生存质量疗效评价标准。以缺血性中风病临床疗效评价为例，评价指标常常选择显效与有效率、神经功能缺损程度等进行测量，缺乏与患者密切相关的结局指标，如致残率、复发率、病死率等终点事件。

共识疗效首先是惠民，有利于民生，并且基于循证中医药方法学的科研工作应该在国际医学刊物发表文章，反映中医药特色和优势，被国内外医学界广泛认同，努力提高中医药的国际学术影响力。

中医药在应对突发、新发病毒性传染病方面具有优势，其中 2009 年中医药治疗甲型 H_1N_1 流感对全球产生了比较深刻的影响。甲流属于中医"瘟疫"范畴，病毒感染，妇幼老少皆易染。在防治疫苗尚未研发、达菲购买受限的条件下，中医药能否有所作为？达菲治疗真的有效吗？这些问题激发了中医药工作者的研究热情。在流行病学与预防医学方面，为加强中医药对新发、突发传染病的临床防治能力和科研能力，2010 年国家中医药管理局依托全国省级传染病医院的中医科室成立了 41 家"中医药防控传染病研究室"，建立了防控体系。发表在 2011 年《内科学年鉴》的中医药 RCT 证实了中药复方"麻杏石甘 - 银翘散"标准汤剂有抗病毒作用，对感冒样症状的控制优于达菲。研究结果在国际高影响力期刊发表，成功提升了国际社会认可中医药抵御流感大流行的能力。

2. 中医学研究方法

2.1 重视人文科学，兼通文史

史学、哲学是国学，国学是基础，人文科学推动着中医药学的发展。晚近常常讲中医是辩证唯物主义的朴素的理论，著名剧作家与文学家苏叔阳先生则认为这是错误的，与现实不相符合。的确，我们应该承认中医学是唯物史观和唯心史观的融合，但是也要理解唯心史观对于中医药的推进作用。从大而无外的大一看，首先要学习历史，只有懂得历史才会有前瞻性的未来；用系统复杂科学来解决某些问题是对的，但其本身就有缺陷，它所能得到的信息和对信息的处理存在一定的问题，因此学习哲学要落实到人与自然中，顺应自然才能克服复杂系统科学的缺陷。

中医学是中国传统文化的优秀组成部分，与传统文化一脉相承。中国传统思维方式最大的特色是象思维，大体经过观天地以察象、立象以尽意、得意而忘象、依象而思虑、据象以辨证、据证而施治 [4]，中医学中藏象、舌象、脉象贯穿于诊断治疗的始终。中医药学人不仅应坚持"文化自觉"，学习中国传统文化，因为文化的研究有助于中医学实现期望价值，挖掘潜在价值，推动、促进核心价值与主体价值的彰显；而且要"医文结合"，熟读中医经典，最终的目的是临床应用和提高疗效。

2.2 利用现代科技优势，透视组学

兼通文史之外，充分把握现代科技的发展趋势，透视组学，将分子生物学渗灌透入到证候组学、方剂组学、穴位组学中。分子生物学更加微细，理念表达的是整体特征的生物组学，将有着整体相关性的基础研究落实到应用上，这是小而无内的小一，包括现在的计算机技术、云技术，都是从"一"而来的。现在是分子生物学，而比分子还要小的是中子、牟子，仍在进一步发展。

系统下的还原是一条可探索的门径，透视组学一定要用系统论来指导还原分析，通过还原分析的研究回归到整体上来 [5]，要重视表征，要重视观察、体悟、司外揣内等，这是中医药学的特点。在网络医学引领下，探索复杂疾病之间的内在关联，重要的是解决表征问题，了解表征与三大组学之间的关联，也就是中医要解决的证候核心病机问题。

3. 提倡中西医学融通共进

我们研究的切入点是中医、西医融通共进。中医理念、方法与器物对现代医学的研究与发展有很大的启迪，对于其形成与发展有重大的促动性。中医的病络学说和现代医学的微循环理论就是很好的结合点。研究微循环之前，中医的病络学说无人重视，其实是存在的。病络是络脉的病理过程，病络表达的是具体的非正常的状态，譬如"毒损脉络"的病机理论。落实到络脉，具体到孙络、别络，与现代医学对应的实际就是小动脉、微细血管，散布于全身，从皮肤到内脏、络脉无处不在，除血管外还有气络与神经系统相关。病络学说的提出从脑病学科开始，现在为临床各科所接受，比如说肺络、肝络、肾络、脾络、目络等，因为这些是实实在在的形态理论。"骨离缝，筋出槽"是中医骨伤科学中所特有的词，是对骨关节及其附属组织损伤一类筋伤疾病病机的高度概括。现代医学多采取局部制动的方法，中医则不然，认为"手法者，正骨之首务"，一般采用拔伸等手法及时整复，主张医生指导下的功能锻炼，后期出槽之筋出现肿胀为瘀血所致，运用传统中药云南白药、七厘散活血化瘀止痛，患者配合静养，屡获良效。因此，在提倡东学、西学兼收并蓄和系统论与还原论融合的同时，在医学领域应倡导中医学、西医学融通共进，西医学习中医，中医也要将学科基本概念进行诠释，能够为其所理解、所接受，治疗方法要取得共识疗效，中医认可，西医也认可，这才是最重要的。

中医学临床研究方面，中医、西医均参与其中，筛选具有确切疗效的中医、中西医治疗方案、技术和药物并进行系统的整理，建立诊疗路径技术规范和评价标准，组织多中心、前瞻性的临床研究进行验证和评价。对于疗效确优和安全性较好的临床方案，总结归纳方案产生的背景和工作基础，方案的组成及规范化的操作，中西医诊疗标准、辨证标准、适应证、禁忌证、评价标准、安全性与临床疗效的研究结果，技术（如针刺、推拿、手法等）提供具体

操作步骤，治疗方案特色，解决的临床关键问题，最终推广应用（本文由魏戌博士整理）。

参考文献：

[1] 王永炎. 中医药科研形势及发展趋势 [J]. 中国中医基础医学杂志，2011，17（7）：705-707.

[2] 王永炎. 高概念时代中药学研究的传承与创新 [J]. 中药与临床，2010，1（1）：1-2.

[3] Douglas PS，SetoTB.Outcomes research review[J].J Am Soc Echocardiogr，1998，11：916-920.

[4] 王永炎，于智敏. 象思维的路径 [J]. 天津中医药，2011，28（1）：1-4.

[5] 王永炎，黄启福，鲁兆麟，等. 中医药学学科方向的变革与创新 [J]. 北京中医药大学学报，2011，34（1）：5-11.

（收稿日期：2012-01-15）

附录 14

《天津中医药》2012 年 8 月第 29 卷第 4 期

医苑丛谈·谈发心

王永炎[1]，王燕平[1]，于智敏[2]

（1. 中国中医科学院临床基础医学研究所，北京 100700；2. 中国中医科学院中医基础理论研究所，北京 100700）

摘要： 发心，即立志，发愿，发誓。发心是做好任何事情的基础。要想使自己成为高级中医药人才，成为名医，为医者首先应完成自我塑造，"发心"、发"五心"，而后才有可能成为名医造福众生。

关键词： 中医；发心；含义

中图分类号： R24　**文献标识码：** A　**文章编号：** 1672-1519（2012）04-0313-03

名医是所有医生奋斗的目标，也是患者追逐的对象。为医者数以万计，而名医寥若晨星，良有以也！难怪徐大椿发出"为医固难，而为名医尤难"的慨叹。笔者以为，要想使自己成为高级中医药人才，成为名医，必须"发心"，同时具备"五心"才有可能达到目标。

1. 何谓"发心"

发心，即立志，发愿，相当于通常所说的发誓。佛学经常使用"发心"一词，多特指人们萌动善心善念。《维摩诘经》慧远疏曰："期求正真道，名为发心。"可知发心的目的是希望自己走上正路与坦途。

《丁福保佛学大辞典》曰："发心，发菩提心也。愿求无上菩提之心也。"何谓菩提心？本辞典的解释是："求真道之心曰菩提心。"真道即真理；求真道即是求真理。

也有谓"发心"为发大悲心的。通常认为，大悲心是利益一切众生之心，是自利利他之心。《丁福保佛学大辞典》曰："大悲心，欲拔一切众生之苦者也。"《大方广佛华严经》曰："发起大悲心，救护诸众生，永出人天众，如是业应作。"马鸣菩萨《起信论·信成就发心者》曰："发何等心？略说有三种：云何为三？一者直心，正念真如故；二者深心，乐集一切诸善行故；三者大悲心，欲拔一切众生苦故。"

佛学之"大悲心"以解救一切众生疾苦为目的。医为仁术，苍生司命，以"拯黎元于仁寿，济羸劣以获安"为目的，以延长健康快乐的美好生活为灵魂，两者可谓殊途同归。因之孙思邈称医者的"发心"为"大慈恻隐之心"，恻隐即是对受苦难的人表示同情而心中不忍，也可称为慈悲心。《智度论·二十七》曰："大慈与一切众生乐，大悲拔一切众生苦。"这就是慈悲心。

孙思邈《大医精诚》开篇指出："凡大医治病，必当安神定志，无欲无求，先发大慈恻隐之心，誓愿普救含灵之苦。"这是为医的前提条件；"若有疾厄来求救者，不得问其贵贱贫富，长幼妍蚩，怨亲善友，华夷愚智，普同一等，皆如至亲之想，亦不得瞻前顾后，自虑吉凶，护惜身命。见彼苦恼，若己有之，深心凄怆。勿避险巇、昼夜寒暑、饥渴疲劳，一心赴救，无作功夫形迹之心。如此可为苍生大医，反此则是含灵巨贼。"这是对为医者的基本要求。

"药王"孙思邈《大医精诚》《希波克拉底誓言》都主张把病人的健康和生命放在一切的首位，都可视为医生的"发心"，亦即医者的慈悲心、恻隐之心。

《孟子·告子上》曰："恻隐之心，人皆有之；羞恶之心，人皆有之；恭敬之心，人皆有之；是非之心，人皆有之。"为医者尤当有此之心。

2. "发心"的含义

具体到医生这个特殊的行业，医生除了应该具有恻隐之心、恭敬之心、是非之心外，仁心、恒心、信心、精心、耐心此"五心"，尤其必不可少。

2.1 为医要有仁心

"医者，人之司命也"，"秉天地造化之权，掌疾病死生之柄"，必须具有一颗仁爱之心和"大慈大悲的恻隐之心"，千万不可"习此业以为衣食之计"。只有把心放正、摆平，才能以一颗善良、公正、平和的心来应对患者。"医者能正其心术，虽学不足，犹不至于害人"[1]。《幼幼新书》曰："业医者活人之心不可无，而自私之心不可有。"[2]诚属真知灼见！

2.2 为学要有恒心

医者要用"勤求古训，博采众方"的恒心治学，要积数年之功，"博及医源，精勤不倦。不得道听途说，而言医道已了。"[3]《存存斋医话稿》曰："医非博不能通，非通不能精，非精不能专，必精而专，始能由博返约。"[4]《医门补要》曰："医贵乎精，学贵乎博，识贵乎卓，心贵乎虚，也贵乎专，言贵乎显，法贵乎活，方贵乎纯，治贵乎巧，效贵乎捷。"[5]是对医生的全面要求。

2.3 临证要有信心

《旧唐书·孙思邈传》曰："胆欲大而心欲小，智欲圆而行欲方。"[6]讲的是医生的胆量；"见微知著，弥患于未萌，是为上工"[7]（清·程国彭《医学心悟》），讲的是医生应该具备的素质；谭金章《诚书》曰："医之知药性，犹主将之识兵，必明顺逆险阻，而后战胜攻取。"[8]

主张处方用药如同选将，要知人善任，知药善用，胆大心细，遇事不慌；岳美中"治急性病要有胆有识，治慢性病要有方有守"[9]等，都强调医生要有信心，要有胆有识，灵活变通，当机立断。

2.4 诊断治疗要精心

《论衡》有言："医能治一病谓之巧，能治百病谓之良，是故良医服百病之方，治百人之疾。"[10]良医能治百病，主要在于能精心了解病情，分清疾病的轻重缓急，诊断治疗切中病机。《杨氏提纲医方纂要》曰："医之难，不难于治病，而难于知病。"[11]只有体察入微，才能分清疾病的标本缓急，主次轻重。这也是"微病，恒医皆巧；笃剧，扁鹊乃良"的原因所在。由此观之，《景岳全书》曰："医不贵乎能愈病，而贵乎能愈难病。"[12]实在是对名医提出的最基本要求。

还应体会"医之为道，全在身考"的含义，口尝身试，反复实践；"入国问俗，入家问讳，上堂问礼，临病人问所便"[13]，诊疗过程要处处精心。

2.5 对待患者要有耐心

"医者依也，有身者所依赖以生全者也"[14]。医生是患者的依靠，是患者生命的希望与寄托。加之"名医者，声价高，敦请不易"，如果缺乏耐心，忙于"诊务"，"省病问疾，务在口给，相对斯须，便处汤药。按寸不及尺，握手不及足，人迎、趺阳，三部不参，动数发息，不满五十。短期未知，诊决九候，曾无仿佛；明堂阙庭，尽不见察"[15]，纵然名气再大，只能成为欺世盗名之"名"医。

此外，"发心"还包括具备平等心、恭敬心、慈悲心，戒除分别心、妄想心、执著心等含义。这些不惟是为医者所必备的，也是任何一个正常人、健全人应该具备的，也应当牢记、恪守并践行。

3. 小结

中医具有科学和人文的双重属性，以维护健康，防治疾病为主要内容的中医经典，体现了生理、病理与心理，感性与理性，科学与人文的高度融合，这是读经典时应该汲取的。

孙思邈曰："医方卜筮，艺能之难精者也。"[16]笔者认为："名医大家，医之难成者也。"欲成名医大家者，当先发此"五心"，同时不断提高技艺，做到德艺双馨，庶几可臻名医大家之列。

中医经典中蕴含着许多原创思维，遵循经典是根，临床为本，仁术是魂，为医者先完成自我塑造，而后才可能造福众生。

参考文献：

[1] 清·徐灵胎.医学源流论.见刘洋.徐灵胎医书全书 [M].北京：中国中医药出版社，1999：155.

[2] 宋·刘昉撰集，明·陈履端编订.幼幼新书 [M].北京：中医古籍出版，1981：1.

[3] 唐·孙思邈.千金方 [M].长春市：吉林人民出版社，1993：1.

[4] 清·赵晴初.存存斋医话稿.见珍本医书集成第四册 [M].北京：中国中医药出版社，1999：731.

[5] 清·赵濂.医门补要.见裘庆元辑.珍本医书集成（第 4 册）[M].北京：中国中医药出版社，1999：1064.

[6] 后晋·刘昫.旧唐书 [M].1995.

[7] 清·程国彭.医学心悟 [M].北京：中国中医药出版社，1996：2.

[8] 清·谈金章.诚书·凡例 [M].北京：中医古籍出版社，1986.

[9] 中医研究院编.岳美中论医集 [M].北京：人民卫生出版社，1978：12.

[10] 东汉·王充.论衡 [M].上海：上海人民出版社，1974：208.

[11] 清·杨旦升.杨氏提纲医方纂要.转引自中医名言大辞典 [M].长沙：湖南科学技术出版社，1992：452.

[12] 明·张景岳.景岳全书 [M].北京：中国中医药出版社，1994：41.

[13] 灵枢经 [M].北京：人民卫生出版社，2005：73.

[14] 清·程杏轩.医述 [M].合肥：安徽科学技术出版社，1983：122.

[15] 东汉·张仲景.伤寒论 [M].北京：人民卫生出版社，2005：1.

[16] 唐·孙思邈.千金方 [M].长春：吉林人民出版社，1994：2.

（收稿日期：2012-05-14）

附录 15

《中国中药杂志》2012 年 8 月第 37 卷第 16 期

以六艺之学强化中药调剂人员道德责任的思考

翟华强[1, 3]，王燕平[2]，金世元[4]，王永炎[2, 3]

（1.北京中医药大学中药学院，北京 100102；2.中国中医科学院中医临床基础医学研究所，北京 100700；3.北京师范大学资源生态与中药资源研究所，北京 100875；4.北京卫生学校，北京 100053）

摘要： 构建和谐的药患关系，对临床药学技术人员提出更高的道德要求。传承"六艺之学"所倡导的"主敬涵养、穷理致知、博文立事、笃行进德"精神，加快发展中药临床调剂技术，对于加强和完善中药调剂人员道德责任建设具有重要的现实意义和学术价值。

关键词： 六艺之学；中药调剂；药学道德

随着我国医药卫生行业的改革和发展，医院药学和社会药学工作的任务正在发生重大改变，主要表现在从面向药品向面向病人转变，从以药品供应为主向以合理用药为主导转变[1]。新形势临床对药学技术人员提出更高的专业要求和道德修为建设，构建和谐的药患关系，加强中药调剂人员道德责任研究具有重要现实意义和学术价值。

1. 传承六艺之学的道德内涵

"六艺之学"乃国学大师、新儒家学派代表人物马一浮先生首倡，马先生将"国学"楷定为"六艺之学"，认为"六艺统摄一切学术"。有学者认为[1]，其目的有大有小。从小的方面说，有两方面的具体目的：一方面反对以"小学"（文字学）作为治"国学"之门径，将"国学"的根本定为"六艺之学"；另一方面反对以"西学"规范"国学"，而用我之固有的"六艺之学"规范"西学"。作为现代新儒家第一代宗师，马一浮可谓以这一特殊的学术取向体现了文化保守主义的根本立场。从大的方面说，他这么说的理想在于：彰显"六艺"的精神以说明儒家思想的普世价值，从而强调"世界人类一切文化最后的归宿，必归于六艺。而有资格为此文化之领导者，则中国也"。

马一浮与其他新儒家相比，更加关注的是人的道德修养。他说[2]："学问之道无他，在变化气质，去其习染而已矣。长善而救其失，易恶而至其中。"马一浮关于六艺论的阐述，都是以道德修养为归趣的。他的一生都在为道德而实践，并提出了读书、穷理、涵养的道德修养功夫。"性修不二"的思想是马一浮道德修养功夫的根据。"性修不二"本为佛教术语，在马一浮认为，性指道德本性，修指道德修养。道德本性为本体，道德修养是功夫。性修不二，即人的道德本性与道德修养不能相分离。道德本性不能脱离道德修养，必须通过道德修养才能显现；同时，道德修养也不能脱离道德本性，必须以道德本性为依归。马一浮的一整套道德修养功夫论，都是以因修显性的"性修不二"思想作基础的。主敬、穷理、博文、笃行，是马先生总结的4种道德修养的方法和功夫。4种功夫再说得完备一点，就是"主敬涵养、穷理致知、博文立事、笃行进德"[3]。马一浮道德修养功夫论不是顺随传统，无关现实，它充满了时代意识和现实关怀。它不仅是一种理论思考，而且是他一生道德实践的真实体现。马先生说这一套道德修养的功夫论，"语语从体验得来，从胸襟流出，一字不敢轻下"。他的一生是道德践履的一生，做功夫的一生。

2. 强化药学道德的重要意义

"人命至重，有贵千金，一方济之，德逾于此"。自古以来，中医药工作者十分注重职业道德修养，在救死扶伤的实践中把"大医精诚"奉为圭臬。在中国几千年的文明史上留下了许多千古佳话，丰富了伟大的中华民族精神文化和民族文化。"药德"作为药学道德的简称，在现代医药伦理学中对药学道德具有明确的概念表述，是指药学人员在药学实践中正确处理药学人员与患者、服务对象关系，药学人员与社会的关系及药学人员同仁关系的根本原则和行为规范。药学道德是指导药学人员进行正确的道德行为选择的纲领和指南。药德是医德的组成部分，是药学人员在工作中调整与服务对象及周围社会成员之间相互关系的行为规范的总和，是社会道德在药学工作中的特殊体现。

我国当代药业道德思想主要由三方面内容构成，包括了药德实践、药德关系、药德意识[4]。其中，药德实践，是指人们在医药活动中，运用一定的药德意识、原则和规范，对自己的药德行为进行评价的活动，它具体包括人们对药德行为的选择、评价、教育、修养等。药德关系，表现为人们在医药活动中运用内心信念、传统习惯、教育等方式来约束、规范、调整人与人之间道德关系的活动。药德意识，表现为人们对药德实践和药德关系的认识和反映，它包括人们对药德关系和药德实践反映的心理观念、信念、情感以及进行药德研究的活动等。

3. 中药调剂人员的道德责任

中药调剂学是在中医药理论指导下，以临床用药为核心，研究中药的调配、应付及服用等相关理念知识与操作技术的一门学科。它与中医临床紧密联系，是确保用药安全有效的重要环节，以探讨中药临床应用的安全性、有效性、合理性为核心，具有医药交叉学科的特征。中医处方能否发挥预期疗效，与中药临床调剂有着密切的关系。

保证患者在用药过程中的安全、有效、经济是中药调剂配发药学技术人员的基本工作责任，也是药学技术人员职业道德责任。为此，必须把好药品质量关，树立质量第一的思想。药品只有合格品与不合格品之分，不合格品一律不准用于临床。临床观察的药品要有正式批准手续，要有严密科学的设计，用于临床要经患者本人同意，对临床观察药品不应向患者收取药费或其他相关的检查费用，而应对参与实验研究用药的患者给予适当经济补偿，否则，不能给患者用药，这不但是道德上的责任，而且也是法律的限定。调剂人员在工作中，要在保障快速、准确调配的同时，为患者提供合理用药的指导，解答患者用药的疑惑，并注意收集药品不良反应等信息。

中药调剂人员道德准则包括药学技术人员与患者之间的道德准则和药学技术人员之间的道德准则两种。由于药学技术人员最终的服务对象是患者，而且，调剂人员还直接为患者提供服务，他们的道德修为对患者治疗、痊愈、康复有直接影响，在药学技术人员与患者的关系中，药学技术人员是主体，是强者；而患者是客体，是弱者；两者关系中的道德要求重点应放在药学技术人员方面，对药学技术人员应提出更高的道德要求，构建和谐的药患关系。做好药学工作，发展药学事业，不但要正确处理药学技术人员与社会、服务对象或患者的关系，同时要正确处理好药学技术人员之间的关系，它包括药学学科各行业之间、同行业之间、同级药学技术人员之间、青年与老年药学技术人员之间、上下级药学技术人员之间的关系。

历代医药工作者倡导的"赤诚济世、仁爱救人、不求名利、正直清廉、普同一等、一心赴救，精心炮制、谨慎用药、精勤不倦、理明求精、坚持科学、治学严谨、尊师重道、谦和谨慎"等药学道德是宝贵的财富。"六艺之学"包括六艺之书、六艺之文、六艺之道，三者不可分割，互相依存，同为一体，共同构成了这个整体的概念。传统需要经过阐释才能获得今天的生命，固有的思想文化的资源，只有经过当代有识之士的文化自觉主动传承，才能形成可以与各种不同地域文化的对话。追忆往昔，无论医院的中药房抑或开设的药店，从进货检验、分类别分等级贮存管理、依据医嘱炮制以及细料药、剧毒药的使用规范等均有严格与严谨的制度可以遵循。自 20 世纪 70 年代以来，中药调剂制度受到冲击，其中人才的断档是重要的关节，不少药店的中药闸柜不见了，医院药房主任药师没有能够传承中药闸柜的职能，及至中药饮片的调剂技术渐行渐远，现在亟须把传统资质恢复起来，以完善中药临床调剂技术[5]。人类文明的发展从来都有连续性。中国药业道德思想是从传统药业道德思想脱胎而出[6]。因此，它必然被深深打上中国传统药业道德思想的烙印，传统药业道德思想中的许多适合社会主义市场经济的内容理所当然地被保留下来，经过改造制作，这是完全合乎人类道德发展规律的。在中国社会主义药业道德思想的理论体系之中，从社会主义药德的原则、范畴到行为规范的具体要求，许多内容都是中国传统药业道德思想在社会主义市场经济条件下的新发展，是构建和谐的药患关系的具体体现。

参考文献：

[1] 翟华强，王双艳，毛敏，等 . 新医改需求的中药学复合型创新人才培养模式研究 [J]. 中国高等医学教育，2010，10（10）：5.

[2] 蒋国保 . 马一浮楷定"国学是六艺之学"的现代意义 [J]. 中共宁波市委党校学报，2009，4（4）：83.

[3] 刘炜 . 马一浮功夫论初探 [J]. 宁波大学学报：人文科学版，2006，19（2）：71.

[4] 焦泉 . 论我国当代药业道德思想的形成 [C]. 首尔：第 14 次中韩伦理学讨论会论文集，2006：60.

[5] 翟华强，黄晖，郑虎占 . 实用中药临床调剂技术 [M]. 北京：人民卫生出版社，2011.

[6] 周俊 . 应该弘扬医德和药德 [J]. 中国中西医结合杂志，2006，26（9）：774.

附录 16

《中国中药杂志》2012 年 9 月第 37 卷第 18 期

基本药物制度下大中药产业发展的若干思考

王永炎

（中国中医科学院，北京 100700）

中药产业是我国最重要的民族产业之一。近 10 年来，在中药现代化的推动下，中药产业迅猛发展，相关的工业、农业、商业、保健品、食品、兽药、化妆品、制药设备等产业都随之发展，逐渐形成了大中药产业的格局。大中药产业具有战略性新型产业的特征，其健康发展不仅有重要的社会、经济、环境效益，对我国产业的调整升级和综合国力的提升也有战略性意义。大中药产业有较长的产业链，适宜安排大量的人员就业，其健康发展可以有效地促进工农业结构调整、培育具有科技含量和知识产权的系列品种、促进贫困地区脱贫、推动农民就地致富、绿化荒山野岭、改善生态环境。

大中药产业蓬勃发展，2009 年底总产值已达 8000 亿元以上。然而，作为新型产业，其发展也伴随着较多的问题。大中药产业的发展没有经过国家层面的统一规划，存在盲目发展的情况，内容趋同，缺乏地域特色，区域优势利用不够；缺乏全局观，重视中药工业，忽视中药其他相关产业发展，尤其是忽视中药农业，忽视种子、种源、栽培和药材资源问题；重视产值和经济效益，忽视惠农、生态、民生等社会效益；盲目开发新药，忽略市场分析和政策变化；不重视名优品种 2 次开发，产品临床定位不清，不了解产品优势、特点，难以做到错位竞争；忽视过程管理，难以保证产品品质稳定；科技含量低，创新品种少，产品附加值低。

大中药产业要想获得可持续的健康发展，必须加强顶层设计，须在基本药物制度的指导下统一认识、明确方向、确立宗旨、加强规划，改变各自为政的混乱局面。基本药物是适应基本医疗卫生需求，剂型适宜，价格合理，能够保障供应，公众可公平获得的药品。基本药物制度的核心是保证公众的基本用药需求，最根本的要求是提高社会可及性，让广大民众有药吃、吃得起药、吃得上药，能够治疗多发病、常见病。如何保证有限的医疗资源能服务最大范围的民众，这就要求入选基本药物目录的品种具有较好的有效性、安全性、经济学指标；要运输、携带、服用都方便；要经过过程管理，质量可控；要保证资源，充分供给。可以看到，基本药物制度对药品的要求与大中药产业发展的关注点是一致的，都涉及大中药产业的整个产业链，尤其针对了目前大中药产业发展存在的问题。事实上，大中药产业的健康发展，必须建立在惠民的基础上，要从大局着眼，保障民众用药的可及性。从核心来看，二者是完全一致的。因此，大中药产业必须在基本药物制度的指导下发展。

1. 大中药产业发展关键

从基本药物制度的角度来看大中药产业的发展，总体来说，是以社会可及性为中心。社会可及性是个综合工程，它涉及资源的可持续利用，涉及销售渠道的畅通，更涉及药品经济性。药品的经济性与技术含量有关，通过不断地提高药品的科技含量，以降低医疗成本，提高社会可及性，这是从基本药物制度角度对中药品种的要求。

1.1 确保药材质量

药材是中药制剂的源头，药材的质量，直接决定中药产品的质量。我国改革开放30年的辉煌成就，一定程度上是以牺牲资源环境为代价的。三河三湖的污染十分严重，药材发生了变化，药效降低，产生毒性，尤其是生殖毒性——道地药材不优质了。因此，必须抓好药材的源头。

提高药源质量的一个重要方面在于驯化。野生药材资源有限，过度采摘要面临环境问题，同时，野生资源不容易开展过程管理，难以保证中药制剂质量的稳定。有效的解决办法是野生变成栽培。但是驯化的过程还有若干问题，如病虫害问题、水土大气问题等，这些都需要开展研究。

保证药材质量，要加强质量检测的研究。生物检测、化学检测必不可少，但宏观鉴别也很重要。宏观鉴别是形和性的鉴别，是传统中医药的精华之一，但已经面临失传。应认真整理老药工的经验，拜老药工为师，或者请老药工做合作导师，深入研究中药材的宏观鉴别。

1.2 鼓励开发小复方

大中药产业的产品研发，鼓励开发小复方。所谓小复方，就是不多于五味药的方剂。大中药产业的发展，品种始终是核心。品种要做大做强，要瞄准国际市场，必须遵循国际规则。小复方药味少，有利于品种的质量控制；同时药味少，组分少，便于开展药理、药代、毒理等方面的研究。这些方面，都是药品最终走向国际市场的重要保障。

鼓励开发的小复方中，"对药"是最好的对象，比如左金丸、枳术丸、反左金等，也可以考虑三味药、四味药的"队药"，比如对于感冒、暑湿非常有效的鲜藿香、鲜佩兰、鲜薄荷的配伍组合。

1.3 鼓励2次开发

新药开发耗资越来越大。2000年成功开发一个药物并顺利上市所需的费用大概是8亿美元，2005年上升到16亿美元。因此，各国药物开发都将重点转移到2次开发，如拓展老药的新用途，开发新剂型等。我国医药企业以中小型为主，研究经费有限，难以支撑巨额的开发费用，因此要鼓励2次开发。

针对2次开发的要求是要形成药效物质基本清楚、生物活性基本清楚的中药品种。药效要更具有针对性，适应证要合理定位。比如左金丸和反左金，吴茱萸与黄连的比例相反，一个治胃热，一个治胃寒，适应证十分明确。适应证不能像乌梅丸那样，涉及五大系统，包治百病，让人难以置信。

1.4 充分考虑成药性

中药的研发要充分考虑到成药性。以往的品种开发出现的种种乱象，很大程度上是因为在立题的过程中没有开展成药的风险评估

充分考虑成药性，一方面要倡导差异性竞争。差异性竞争又叫错位竞争，要着眼于适应证和功能，瞄准目前还没有药的领域。二是考虑0期临床。0期临床是成药性的临床依据之一。在临床家或者文献提供的线索之下，注射液、含有毒性药材、有效组分配伍的，可以考虑进行0期临床试验。0期临床试验，就是在Ⅰ期以前使用微剂量，直接在人身上做评价。中药新药很多源于临床验方、民间验方或地方常用的单味中草药，已应用多年，疗效和安全性有一定的保证，开展0期临床试验具有天然优势。另外，要做药物安全及药代动力学。可结合天然化合物的特点，研究其物理化学性质及人体的吸收、分布、代谢、排泄和毒性，研究药物传递相关技术，在提高疗效、降低副作用、减少用量上下功夫。

大中药产业的品种要求概括起来是"三高四特"，要有共识疗效。"三高"就是高技术含量、高知名度、高销售额；"四特"就是特效、特色、特别携带方便、特别服用方便。特效建立在适应证针对性强的基础之上，特色就是要体现

中医学的特色，如整体观、形神一体观、辨证论治等。共识疗效是指品种的临床疗效中医认可，西医也认可；国内使用、国外也使用。大中药产业下的中药品种，其受众更多、应用更广，因此其是否安全，是否有效，经济学特性好不好，对人民健康和社会经济的影响更加深远，应该更加慎重地对待。毫无疑问，在这种情况下，要获得共识疗效，需要更加科学可靠的依据，必须结合中成药的特点，开展上市后的有效性、安全性和经济学的再评价，尤其是注射液的安全性再评价。通过严格的试验设计、标准规范的临床试验和创新科学的数据分析，获得国内外都认可的评价结果，一方面回馈药品生产企业，改革药品生产工艺，修改药品使用说明书，促进合理用药；另一方面为药品的销售和应用提供依据，支撑药品走出国门，开拓国际市场。"三高四特"，且具有共识疗效的中药品种，才能支撑起大中药产业的高速发展，支撑起涉及数十个行业的产业链。

2. 大中药产业发展的基础

大中药产业的发展，品种是关键；但是，要支撑品种乃至产业发展，还要强调制度、企业、团队和人才建设等学科和产业基础的建设。

2.1 建立产品再注册制度

从制度的角度而言，应建立药品再注册制度。规定药品批准文号的有效期，有效期满需要继续生产的，要提供安全性、有效性、经济学的资料，申请再注册。再注册需要药品的上市后再评价，应按照国际规范，结合中成药的特点，开展有效性、安全性的再评价，尤其是注射液的安全性再评价。

2.2 以企业为主体，改变"多、小、散、乱"的局面

从企业的角度而言，需要改变"多、小、散、乱"的局面。"多、小、散、乱"，解决"散"是关键，只有"散"解决了，"乱"才能得到治理。"散"是指政府、产业、科研院所、大专院校之间的关系是松散。十六届四中全会就提出以企业为主体，直到今天才得到认真地落实。产学研联盟要有契约才能干好。企业要提高自主创新能力。鼓励企业建立研究所，研究所应该建设成规模小、规格高、多学科、特色浓的研发机构。所有的企业都应该积极进入到科技园区，在科技园区内整合。

2.3 倡导多学科联合体

多学科联合体是在创新团队和产学研联盟的基础上发展起来的。多学科联合体主要有3个要素：①多学科、多机构、多层次的联合。对于大中药产业而言，多学科强调产业不能只基于单一的学科，而是要联合包括医学、药学、生物学、物理学、化学、应用数学等多个学科为我所用，不断地从中汲取其营养，壮大自己；多机构强调产业要融合企业、大学、研究机构的力量，以加强产品研发和评价的能力；多层次强调整合各种层次的资源，从理念、技术、器物各个层面，从品种、类别、途径等多个层次入手，改变中药粗大黑的形象。②朝向转化医学。产业要面向临床、社会和农村，要建设稳定的研究方向，闯出健康效益，提高防治效果，还要考虑卫生经济学，以民众和国家的需求为要务，为提高国家医疗资源的社会可及性做出实实在在的贡献。③进入资本市场。多学科联合体是医、教、学、研、资5个要素的结合，进入资本市场，就是强调"医、教、学、研"与"资"的联合，强调成果能够被医疗保险、社会保险、商业保险所认可，能够被各类促进健康的基金会认可，可获得资本的支持。

2.4 培养学贯中西的人才

人才是大中药产业发展的基石。长远而言，大中药产业的发展根本在人，在人的理念，在人气、人脉，在东学和西学的融合。大中药产业对人才的要求，是要医药学、科学、人文相融合，东学西学兼通；要既能明白、掌握和研究基因、蛋白质，又要有中国的文史哲底蕴，要对中国人的哲学，对于整体论、系统论有深入的研究和理解，只有这样才能够真正成为有分量的科学家。

3. 展望

基本药物制度的建立和完善，对大中药产业发展的影响是强制性的。从药品生产企业的角度来看，要么主动适应，将企业的发展置于基本药物制度的指导之下，从而迎来大发展；要么被动适应，由于缺乏转变的主动性，跟不上行业的发展，从而被淘汰出局。有学者研究了实施国家基本药物制度对上海制药工业企业基层销售终端市场格局的影响，发现产生了洗牌效应，基层销售终端市场集中度提升了。可见，是否符合基本药物制度的要求，已经成为企业优胜劣汰的一个方面了。基本药物制度最根本的要求是提高社会可及性，实施基本药物制度的地区，门诊费用下降，就诊人次显著增加，更多的群众享受到基本医疗服务，这就是惠民，是行业发展的落脚点，更是行业能够持续健康发展的最根本保障。

附
录
17

《中国中医基础医学杂志》2012 年 10 月第 18 卷第 10 期

文化自觉与弘扬中医药
——《中华医学百科全书》中医药卷、民族医药卷主编会上的讲话提要

王永炎[1]，张华敏[2]，王燕平[1]

（1. 中国中医科学院中医临床基础医学研究所，北京 100700；2. 中国中医科学院中医药信息研究所，北京 100700）

中图分类号：R222.15　文献标识码：A　文章编号：1006-3250（2012）10-1053-02

当前正值中国迎接文化大发展、促进文化大繁荣的时代，作为与中华文化密不可分的中医药学，在面对国家文化发展盛世与科技转型的重要阶段，如何处理好与西方哲学、西方文化和西医学之间的关系，值得我们学人深入思考。社会学家费孝通教授提出的"文化自觉论"对于解决世界多元文化并存的时代中医药学学科的健康发展有所借鉴。本文结合对"文化自觉"的认识，谈谈面对当代健康危机如何更好地发挥中医药的作用。

1. 何谓"文化自觉"

"文化自觉"是费孝通先生 1997 年 1 月在北京大学重点学科汇报会上的讲话中提出的概念。费老说："文化自觉，意思是生活在既定文化中的人对其文化有'自知之明'，明白它的来历、形成的过程、所具有的特色和它发展的趋向。自知之明是为了加强对文化转型的自主能力，取得适应新环境。[1]"这里强调的是要传承中华文明，传承的自然是优秀的中华文明。费老提到的核心内容是"自知之明"，关键一个是自己，一个是明白。自知之明是为了加强文化转型的自我能力，适应新环境。现在我们面对的复杂问题是前所未有的状况，我们必须要有新思维才能够有所进步。新的思维从哪来？应该从中华民族几千年的文化中来，就是费老所说的自知之明，要了解中国文化的特点。作为医务工作者，要了解自己的医学、哲学、美学、宗教的特点，人文为科学奠基，科学促进人文发展。简而言之，当代的文化自觉就是自觉弘扬优质中华文化。

2. 文化自觉促进中医药健康发展

人类生存危机的出现是广泛、紧迫的，不是任何一个或几个国家或地区能应付的。生存危机是全球性的灾难，然而这种生存危机不是单纯的医学问题，文化冲突是其根源。

2.1 日益显现的人类健康危机

经济利益最大化的社会快速发展态势对人类生存的自然和社会环境产生了极大的影响，导致人类生活方式和社会行为发生了很大变化，由此带来了种种健康、疾病和社会问题，乃至出现人类生存危机。随心所欲的生活方式、食品添加剂、农药、化肥、防腐剂等的使用都直接影响着人类的健康。环境污染导致的温室效应、抗生素的滥用，为新型传染病的出现提供了温床。今年手足口病高发，发病者凡是疹子特别多、口腔里的疱疹也很多，这样的孩子基本没有生命危险；凡是疹子隐而不发的，往往容易出现重症而导致死亡。这符合中医透疹泄毒的原则，在目前疫苗还没出现的状况下，中医药可以发挥重要作用。

一方面，城市化的人口膨胀带来了教育、医疗资源的紧缺，尤其是人类赖以生存的水资源紧缺，饥饿、营养不良等在一些国家地区依然严重威胁着生命健康；另一方面，营养过剩和生活方式不健康导致的疾病，如肥胖、高血压、高血脂、冠心病、脂肪肝、动脉硬化、糖尿病等发病率大幅度提高。近年来，肿瘤已经成为对人类健康造成重要威胁的疾病之一，美国在肿瘤研究方面投资巨大，但效果不显著，因此其在肿瘤防治策略上发生了原则性的改变，那就是不过度治疗，加强宣教，可以采用补充及替代医学自然疗法。此外，随着社会竞争的日益激烈、生活节奏的加快及人生观和价值观的扭曲，使得人们的情绪、心理、精神发生很多变化，导

致抑郁症和心因性精神障碍不断攀升，抑郁症现症患病率已经达到 11.8%。我国已经进入老龄化社会，老年病患者增多，整个医疗卫生资源到了老年期大约占其花费的 70%[2]，而老年人在临终前两年的医疗费用消费又占到 70% 里的 70%。

因此，人类面临着前所未有的健康危机状态，这种危机状态迫使我们从理念上有所准备。要顺应自然，要把唯心史观和唯物史观结合起来，达到自然、社会与健康的和谐。

2.2　国医理念缘于国学，要了解中华文化的优与劣

儒、释、道为中华文明的一源三流，核心是儒学。国医的理念缘于国学，中华民族在农耕文明的基础上形成的生命观、健康观，以人为本，重视物质和精神活动的统一；强调涵养道德，修为养性，形神一体，天人合一。这些理念一直指导着健康维护和疾病防治。

近 10 年西方学者也首肯了农耕文明的优势。农耕文明的劣势一直是被批判的，特别是 1919 年的五四运动、打倒孔家店、废除三从四德等，甚至提出废除国医。但是农耕文明是一种优质的文化，儒、释、道特别是新儒学派已经采取了批判的继承。"象"、"象思维"、"象科学"就是农耕文明的产物，包括"气"、生气通天、大而无外。分子水平可以是小而无内，还可以往下做，做到更加精细。但应从整体出发，把整体观念和还原分析结合起来，这是科学研究必然要走的路。人类对疾病和健康的认识也一定要涉及影像学和大生化以外的人的自我感受与修为，所谓的 PRO 和 DRO 的结合，重视循证证据的临床试验与证候组学、方剂组学、腧穴组学的基础研究。大科学时代，如太空和海洋领域的探索，追求精准才是科学，然而真理妄加一分便是谬误。但科学家们同时也意识到，追求精准不是惟一的目标，如对于天体的探讨，黑洞、α、γ 能量的研究，所需要的根本办法是非线性的、混沌的研究方法，它同样是科学的范畴。

当前的自然与健康不和谐的根本问题来自于文化冲突。如何面对健康的危机？这需要来认识人类发展过程中不同民族的文化价值，大力提倡不同民族文化之间的包容和融通，这是国学国医复兴的关键。中华民族的长盛不衰与文明的灿烂，重要的原因在于不同民族文化间的包容与融通。欧洲文艺复兴的融通也提供了很好的范例。因此，不能说农耕文明就是小农经济、目光短浅，要看到农耕文明顺应自然的优势。当前应该学习新儒学派，要补课，既要了解笛卡尔、康德、尼采、黑格尔等等这些哲学家对于人生、健康的认识，将唯物史观和唯心史观结合，又要致力于中国文化、中国哲学与中国医学的比较研究，唯心史观和唯物史观的融合要把他们之间的沟通和交流与自然和健康的认识连接起来。

3. 中医药如何应对健康危机

中医以天地人整体观来把握人的健康维护与疾病防治，如"人以天地之气生，四时之法成"、"四气调神"、"生气通天"，都体现出顺应四时、形与神俱、融通整合的理念。这些先进的理念使得中医在诊疗当代疾病具有独特而显著的疗效。中医"整体观念"、"辨证论治"等理念及方法与器物对现代医学的研究与发展也有很大的启迪，如个体化诊疗、网络医学等。中医学也顺应了转化医学、健康医学、个体化医学的趋势，在应对健康危机中将发挥巨大的作用。

党和国家一直非常关注和支持中医药事业的发展。中医政策的第一句话是"中医不能丢"，第二句话是"中西医并重"，第三句话是"中医现代化"，第四句话是"中西医结合"。中医现在的形势应该是春天来了，但乍暖还寒。我们需要改变这种状态，仅靠孔子学院还不能解决问题，要让西方人理解中国人的哲学。像恽铁樵、陆渊雷、章太炎，精通西学而后致力于国学、国医，体现"大一"和"小一"的整合，勿忘大一，大而无外，从整体出发回归整体。要从不同地域传统的文化当中寻找发展的智慧和力量，来推进人类文明的进步，寻找未来发展的道路，这是一个历史的经验。英国著名哲学家伯特兰·罗素在《中西文明比较》中认为："不同文明之间的交流，过去常常被证明是人类文明进步的里程碑。"人类的自然与健康的和谐需要不同文明之间的沟通、交流。

中西医要融通共进，但要以我为主，我主人随。虽然我们不片面地追求现代医学的科研评价体系，但是在世界顶级杂志上发表中医药研究的文章，对于提升中医药的地位和国际影响确有裨益。过分强调师承教育模式会影响中医药人才培养的规模，会使中医药队伍萎缩，但是师承教育与博士后人才培养相结合不失为中医药人才培养的有效途径。如网络医学，有时候研究的就是证候学、症状学，就是 PRO 这部分病人的自我感受，然后与基因组结合分析。中医药学科的创新和变革要重视原创思维和原创优势，重视在传承的基础上创新。我们需要这种包容、沟通，应置于大科学背景下，适应大环境的变迁，服务大卫生的需求，科学人文融合互动，东学西学兼收并蓄，构建统一的医学药学。

4.《中华医学百科全书·中医药卷和民族医药卷》的编写

百科全书是概要记述人类一切知识门类的工具书。百科全书在规模和内容上均超过其他类型的工具书。百科全书的主要作用是供人们查检必要的知识和事实资料，其完备性在于它几乎包容了各种工具书的成分，囊括了各方面的知识。常被誉为"没有围墙的大学"。高质量百科全书的编纂成为衡量一个国家科学文化发展水平的标志之一。医学百科全书属于专科性的百科全书。

任何国家或者是地域的大百科全书，包括医学领域的百科全书都会赋予时代的特征。著名的《不列颠百科全书》纸质版大约是 10 年一更新，多媒体版本更新更为频繁，而网上版则每个月都在更新。做一次修订主要是充实内容，能够反映当前各个学科的最新研究成果。所以，这次医学百科全书

中医药诸卷和民族医药诸卷的修订，要考虑到当前科学研究正处在重大的变革时期，不仅是要汇总、充实内容向大众、向各学科学者表达，更主要的是更新观念。欧美发达国家对于百科全书的修订，往往反映出其学科建设上的重大变革。

当前，中医药学科发展正处在重要的转折点，在这个拐点上来修订医学百科全书，如何体现出当今的时代特征。上一版《百科全书》强调整体观念和辨证论治，这一版《百科全书》的修订要凸显"形与神俱"、"顺应自然"。无论是中医药卷还是民族医药卷，包括药学、生药学、中药学分卷等，要更新到形神一体、形与神俱、形神合一，主要体现形神关系上。其次是顺应自然。当前，社会经济、自然环境、生物生命的保障等等，特别是人类与自然和谐、健康这样一个基本的命题，正在逐步成为世界各国高度关注的领域。自然和健康的相关性，摆在我们的面前，必须要给予高度的关注。这种时代特征在百科全书的修订中要予以体现。

编撰当代中医药学百科全书，还要明确一个问题，中医药学属于医学科学，但其中蕴含着丰富的中华文化。中医药学、民族医学是区域性的，从古代流传至今盛而不衰，是优质的医药学资源。百科全书的编写，是要与多学科的学者去交流，与广大人民群众交流。他应该成为多学科交流和科学普及的范文，并具有现实意义和历史意义。百科全书的编写应当提倡文化自觉，因为文化自觉的核心内容是弘扬优秀的中华文明，把他作为促进中医药和民族医药优质健康资源惠民的原动力。

参考文献：

[1] 张荣华，费宗惠 . 费孝通论文化自觉 [M]. 呼和浩特：内蒙古人民出版社，2009.

[2] 陈仰东 . 分析人口老龄化背景下我国医疗保障面临的五大挑战 .http://www.zgylbx.com/ajvqqudmnew37770_1/.

（收稿日期：2012-03-23）

附录 18

《天津中医药》2012 年 10 月第 29 卷第 5 期

医苑丛谈 · 谈诊疗

王永炎[1]，王燕平[1]，于智敏[2]

（1. 中国中医科学院临床基础医学研究所，北京 100700；2. 中国中医科学院中医基础理论研究所，北京 100700）

摘要：重视诊疗技能，这是提高疗效的关键。但是，要想提高诊疗水平，真正做到善诊善治，还应在思路方法与理念上同时加以完善升华，才能进一步完善人格，砥砺学术，以期日新又新，成为苍生大医。

关键词：中医；诊疗；提升

中图分类号：R24　**文献标识码：**A　**文章编号：**1672-1519（2012）05-0417-03

1. 诊以候脉，疗以治疾

诊，诊断；疗，治疗；诊疗即诊断治疗。《黄帝内经》多"诊"与"疗"分论。笔者考诸文献，发现"诊"与"疗"合用者，首见于《资治通鉴》。《资治通鉴·唐懿宗咸通十一年》曰："昨公主有疾，深轸圣慈。宗勋等诊疗之时，惟求疾愈，备施方术。"胡三省《资治通鉴音注》曰："诊，候脉也；疗，治疾也。"

结合上下文可知，此"诊"字特指脉诊。如《素问·脉要精微论》曰："诊法常以平旦，阴气未动，阳气未散，饮食未进，经脉未盛，络脉调匀，气血未乱，故乃可诊有过之脉。"此外，"诊"还包括中医四诊。《汉书·艺文志》曰："原诊以知政。"颜师古注曰："诊，视、验；谓视其脉及色候也。""疗"，许慎《说文解字》曰："疗，治也。"《广雅·释诂》曰："疗，治也。"可见，"疗"当指各种治疗疾病的方法，包括药石在内的各种"方术"。早期中医"诊疗"各有侧重，"诊以候脉，疗以治疾"，故单独应用，其中蕴含有重视脉诊的含义。如《后汉书·王符传》曰："凡疗病者，必知脉之虚实。"现今则诊疗并用，泛指诊断治疗。如宋·吕陶《知渝州王叔重墓志铭》曰："置医生，审方剂，督察诊疗，以救尚鬼不药之死。"

中医诊断方法多端，治疗手段多样，可谓丰富多彩。但是，疾病种类更是数以万计，许多疾病至今仍然令群医束手无策。以是《史记·扁鹊仓公列传》慨叹："人之所病病疾多，医之所病病道少。"笔者认为，这里所谓的"病道"，包括诊病之道、疗病之道、防病之道。

2. 善诊善疗，发于机先

何谓"善诊"？《素问·阴阳应象大论》指出："善诊者，察色按脉，先别阴阳；审清浊，而知部分；视喘息、听音声，而知所苦；观权衡规矩，而知病所主；按尺寸，观浮沉滑涩，而知病所生。以治无过，以诊则不失矣。"此为善诊。

"病之始起也，可刺而已；其盛，可待衰而已。故因其轻而扬之；因其重而减之；因其衰而彰之。形不足者，温之以气；精不足者，补之以味。其高者，因而越之；其下者，引而竭之；中满者，泻之于内；其有邪者，渍形以为汗；其在皮者，汗而发之，其慓悍者，按而收之；其实者，散而泻之。"此为善疗。

善诊善疗的关键在于把握核心病机，发于机先。此所谓"夫欲理病，先察其源，候其病机"，如此方能做到"审其阴阳，以别柔刚，阳病治阴，阴病治阳；定其血气，各守其乡，血实宜决之，气虚宜掣引之。"以下五点是善诊善疗，发于机先的关键。

2.1 精于辨证

中医辨证，首先要辨八纲。阴阳、表里、虚实、寒热是辨证的重点。外感风、寒、暑、湿、燥、火六淫，还是内伤劳倦、饮食、七情，或为房事、金刃、虫兽所伤也是辨证的内容。否则面对纷繁复杂、变化万千的病证，只能是头痛医头，脚痛医脚。例如，临床上见到头痛恶寒，不能够轻易判定患者一定是外感。因为伏邪外发这些症状也常显现，有时并无表证。从治病求本角度来看，可以用发汗的方法驱除伏邪，见症治症可能会治而无功。

2.2 有胆有识

医生的基本素质之一就是胆大心细，遇事不慌，当机立断，有胆有识。如果临床上过于谨小慎微，当断不断，也会丧失最佳治疗时机。例如，患者体内实火亢盛，本当清热泻火，如果用药心存畏惧，想用苦寒之品清解，又怕伤阳败胃，用药轻描淡写，结果是杯水车薪，无济于事。阳明腑实证，治当急下存阴，有识无胆，也难以奏效。谨小慎微固不足取，粗心胆大危害尤甚。古书记载，有庸医在炎热的夏天治疗一位畏风自汗，头痛脉缓的患者，竟然给患者开了桂枝汤，结果，患者服后，下咽而毙。不知道在霜降后，春分前，有的患者会出现伏暑证、伏寒证，两者的表现大体相同。粗心大胆是导致医疗事故的主要原因。

2.3 实事求是

疾病很多，症状千差万别，临床一定要分析病因，寻找病源。遇到难点、疑点，百思不得其解时，不妨对患者直言相告，或者是推荐更高明的医生诊治。千万不可因为面子而固执己见，应该考虑时间、地点、患者体质等不同情况，区分患者的家庭条件和生活工作环境，不要生搬硬套古人的经验，削足适履，以身试药。

2.4 坐镇从容

"治病如救火"，要争分夺秒，抓紧时间，把握最佳治疗时机。但是，要忙而不乱，快而有序。否则就会忙中出错。治疗过程中也要沉稳，不可过求速效，迎合患者。例如臌胀、中风、痹病、痿病等，都因脏腑虚损，日积月累经年而成，短期治疗很难奏效，临床要"有方有守"。如果自以为是，骄傲逞能，性情急躁，以求速效则心不沉稳；患者没耐心坚持治疗则"恨病吃药"，这些都于患者有害无益。

2.5 沉潜专一

"学贵沉潜，不容浅尝者问津；思贵专一，不容浮躁者涉猎"[1]。医生要远离世俗的诱惑与干扰，闲来当怡神养性、深思医理，精研医书，体会其中的微言大义。如此日积月累，临床上自然会思维顺畅，遇到疑难怪病，也能专心思考，做到胸有成竹。只有发扬"为学日益，为道日损"的治学精神，不断改正自己的缺点，才能逐渐提高诊疗水平。

3. 能合脉色，可以万全

脉诊是中医学独特诊疗的技术之一，毫无疑问，每一位中医都应该认真学习，反复实践，用心体会中医脉学的精妙之处。

许多患者在看中医时，喜欢先让医生诊脉，所谓"病家不用开口，医生诊脉便知"。有些医生为了提高自己的知名度，取信于患者，临床上三缄其口，单凭诊脉就处方用药，这些都应该改正。清·陈修园在《医医偶录》中明确指出："据脉定症，是欺人之论。"[2]清·王燕昌在《王氏医存》中也确强调："不须望、闻、问，但一诊脉，即能悉其病者，欺人语尔。"[3]

古代名医，鲜有仅凭脉诊而处方者。《友渔斋医话》曰："孙思邈，唐季之真人，其治人疾病，必详问至数十语，必得其情而后已。何后人反智，以三部难形之脉，决人无穷之病，若非浅学无知，必遵古贤之训。"[4]

中医看病讲究"四诊合参"，主张"能合脉色，可以万全"。《脉诀汇辨》谓："望闻问切，犹人有四肢也。一肢废不成其为人，一诊缺不成其为医。然必先望、次闻、次问而后切者，所重有甚于切也。"[5]《逊志斋集》曰："脏腑而能语，医师色如土。"[6]是对"据脉定症"者的入骨讽刺！

经验丰富的医生可以以脉诊为重点诊病，但在诊疗时，无形中仔细揣摩，认真观察，详细收集各种临床信息，四诊合参，综合分析，全面把握，对病情有个整体了解，以增加诊断治疗的准确性，只不过是患者没有察觉罢了，这是应该说明的。因此，患者就医时，一定要详细叙述病情，不要隐瞒，更不要抱着考核医生水平的心理，一言不发，听凭医生诊脉。苏东坡的体会是："吾有疾病，必尽告医，使其了然于心，然后参以脉。今人以脉试医，犹以身试药也。"[7]

4. 小结

中医诊病之道、疗病之道固然可以解决许多临床问题，但是，防病之道也不能忽视。诚如《吕氏春秋》所说："生则谨养，谨养之道，养心为贵。"[8]清·石芾南《医原》："以心医心之法，乃是最妙上乘。"[9]此观点蕴含有诊病之道、疗病之道、防病之道。

单纯治病而不知调心，躯体症状固然可以缓解，但心理痼疾却难以消除；只会调心而不懂医药，同样收不到应有的疗效。清·程文囿《医述》曰："今之医者，惟知疗人之疾，而不知疗人之心。"[10]是对两者关系的精彩解读。

高明的医生治病，决不单纯依靠医疗手段上，而是配合心理治疗，通过心理开导，情绪疏通，使患者心情舒畅，信心增强，用药治疗起到事半功倍的效果。诊疗过程中如果面对患者一言不发，即使诊断准，用药精，药证相符，收效也慢。

诊疗结束后应为患者开出两张处方：一张用以治病，一张用以调心。医生要两者并重对待，患者要积极配合，严格遵守。《淮南子·缪称训》谓："心治则百节皆安，心扰则百节皆乱。"[11]元·罗天益《卫生宝鉴》曰："心乱则百病生，心静则万病息。"[12]对中医诊疗提出的另一种要求。

参考文献：

[1] 清·程国彭.医学心悟 [M].北京：人民卫生出版社，2006：11.
[2] 清·陈修园.医医偶录 [M].见裴庆元辑.珍本医书集成（第4册）医案、杂著类.北京：中国中医药出版社，1999：865.
[3] 清·王燕昌.王氏医存 [M].南京：江苏科学技术出版社，1983：66.
[4] 清·黄退庵.友渔斋医话 [M].见曹炳章原辑.中国医学大成8 医案医话分册.北京：中国中医药出版社，1997：762.
[5] 清·李延昰.脉诀汇辨 [M].上海：上海科学技术出版社，1963：21.
[6] 明·方孝孺.逊志斋集 [M].宁波：宁波出版社，2000：198.
[7] 清·程杏轩.医述 [M].合肥：安徽科学技术出版社，1983.：130.
[8] 战国·吕不韦.吕氏春秋 [M].延边：延边大学出版社，2000：31.
[9] 清·石芾南.医原 [M].南京：江苏科学技术出版社，1983：89.
[10] 清·程杏轩.医述 [M].合肥：安徽科学技术出版社，1983：108.
[11] 淮南子·缪称训 [M].长春：北方妇女儿童出版社，2006：79.
[12] 元·罗天益.卫生宝鉴 [M].北京：人民卫生出版社，1963：78.

（收稿日期：2012-06-30）

附录 19

《天津中医药》2012年12月第29卷第6期

医苑丛谈·谈"治未病"

王永炎[1]，王燕平[1]，于智敏[2]

（1. 中国中医科学院临床基础医学研究所，北京 100700；2. 中国中医科学院中医基础理论研究所，北京 100700）

摘要：治未病是中医的特色之一。如何正确地识"疾"认"病"、治"疾"防"病"，关键要知"机"治"疾"，如此方能完整准确地理解把握中医"治未病"的思想精髓，发挥中医药优势服务民众。

关键词：中医；治未病；培养

中图分类号：R24　文献标识码：A　文章编号：1672-1519（2012）06-0524-03

晚近中医治未病与养生的理论与实践备受社会各界关注，这是件好事。但是，应切合实际，完整准确地理解、把握其思想精髓，如此方能最大限度地发挥中医药优势服务民众，避免泛化或者局限化。

1. 治未病，识"疾"认"病"

什么是疾病？《辞海》说："疾病指人体在一定条件下，由致病因素所引起的有一定表现形式的病理过程。"[1] 显然这是指现代"病"而言。

中医对疾病的认识与此不尽相同。《周易参同契发挥》曰一阴一阳之谓道，偏阴偏阳之谓疾。"[2] 强调人体阴阳相互协调平衡是健康的关键，失去平衡就会发生疾病。"谨察阴阳所在而调之，以平为期"[3]，该治则就是据此而立。

徐大椿认为："凡人有所苦谓之病，所以致此病者谓之因。"[4] 这是广义的"病"。"苦"的含义也较多：因疾病、劳累导致的身体不适；因心情不畅、情志不遂、所愿不得造成的孤独寂寞，心理悲伤；或饱食终日、无所事事；或衣食不周，蝇营狗苟；人际关系不良等，都可称为"苦"。中医临床要面对各种以"苦"为主诉的患者，此时不管西医理化检查发现异常与否，都应作为患者对待，"拔苦与乐"就成了医生的首要任务。

此外，中医还有"生病起于过用"、"因邪致病"等认识，具有独特的中医特色，这是现代研究"治未病"更应该掌握的。

"疾"和"病"不同，程度上有差别。《说文解字》曰："疾，病也"；[5] "病，疾加也"[5]。"疾"是指小病；而"病"特指那些危重的疾病。《辞海》曰："疾，病。"[1]《常用字字源字典》曰："病，本指病加重，现在就指生病。"[6]《汉字源流字典》曰："疾，表示外伤轻病[7]；病，表示人得重病躺在床上。"

2. 治未病，治"疾"防"病"

《内经》所谓"治未病"应有两层含义：治"疾"防"病"。即小恙早治，大病先防；防微杜渐，以防传变。也就是《抱朴子》所说："消未起之患，治未病之疾。"[8] "扁鹊见蔡桓公"，反映了蔡桓公病情从"疾"向"病"的发展过程；扁鹊先期欲施之法，即"治已疾而未病"。厥后，桓公"病"已成而扁鹊遁逃。此即《素问·四气调神大论》中"病已成而后药之，乱已成而后治之，譬犹渴而穿井，斗而铸锥，不亦晚乎"之所指，导致的后果就是"人皆轻小害、易微事以多悔"（《淮南子》）。

清·陆懋修见地尤精。他在《不谢方》中指出："疾病二字，世每连称，然今人之所谓病，于古但称为疾，必其疾之加甚，始谓之病。病可通言疾，疾不可遽言病也。子之所慎者疾，疾者未至于病。病之为言困也，谓疾至此困甚也。故《内经》曰：'圣人不治已病治未病。'《经》盖谓人于已疾之后，未病之先，即当早为之药，乃后人以疾为病，认作服药于未疾时，反谓药以治病，未病何以药为？不知《经》言未病，正言已疾，疾而不治，日以加甚，病甚而药，药已无及，未至于病，即宜药之，此则《内经》

未病之旨，岂谓投药于无疾之人哉？"[9]

陆懋修一语道破《内经》"治未病"玄机：一是及早把握治疗时机，否则病情重笃，治而无功；二是药以治病，因毒为能，未染疾不可滥用药！可当为身强体健而乱服药求不病、乞长生者的"警世钟"！

昔《盐铁论》有云："断已然，凿已发者，凡人也。治未形，睹未萌者，君子也。"[10]《论衡》也有"是故微病恒医皆巧，笃剧扁鹊乃良""医能治一病谓之巧，能治百病谓之良"[11]的论述，此中道出重病的难治，良医的难求。

《内经》以降，历代医家如张仲景"见肝之病，知肝传脾，当先实脾"，以及叶天士"务在先安未受邪之地"等发挥，是对《内经》"治未病"理论的丰富完善与发展。

3. "治未病"，知"机"治"病"

中医治未病，重在审查病机，如此方能"以诊无过，以治不失"。四时气候、地方水土、生活习惯、性情好恶、体质、年龄、性别、职业等都在考虑之中，方能见病知源，诊疗无过。以是《素问·疏五过论》强调："圣人之治病也，必知天地阴阳，四时经纪，五脏六腑，雌雄表里，刺灸砭石，毒药所主，从容人事，以明经道，贵贱贫富，各异品理，问年少长，勇怯之理，审于分部，知病本始，八正九候，诊必副矣。"这实际上就是辨病机的过程。

"治未病"的关键是探求病本，据"本"施治。对于一个具体的个体或者疾病而言，这个病本就是病机。阴阳为八纲辨证的总纲，盖因"万事万变既皆本于阴阳，而病机药性脉息论治则最切于此"[12]，故主张"谨察阴阳所在而调之"。实际上"此求其病机之说，与夫求于本，其理一也。"[13] 中医临床诊疗是围绕病机展开的，辨证、处方、用药贵在切中病机，因之可知病机是临床诊疗之核心。

疾病证候纷繁复杂，有时寒热虚实夹杂，真假难辨，辨证当析于疑似之间；而所谓的"未病"更是处于"未形、未萌"状态，辨析难度大，尤当审察病机于毫厘之间，做到知"机"之本，悉"机"之要。如临床见"火气内衰，阳气外驰"，此为至虚有盛候，当"急用炮熟附子助火之原，使神机上行而不下殒，环行而不外脱，治之于微，奏功颇易"，此辨病机之功。若"世医不明医理，不识病机，必至脉脱厥冷，神去魄存。"[14]

医有上、中、下之分，而"良工"之专擅为求病机。以是先贤有云："因名立方者，粗工也；据症定方者，中工也；于症中审病机察病情者，良工也。"[15] "若不知求本（病机），则茫如望洋，无可问津矣。"

疾病是不断发生、发展、变化的动态过程，通常所说的"未病"更是如此。只有明晰疾病的变化趋势，才可能有效指导临床诊疗及预后判断。"机者，发动之由"，病势顺逆的表象体现着内在病机的变化。把握病机便把握住了病势变化的顺与逆。临证需把握病机，所谓"机不可失"，不可"坐失良机"。这也是人们重视"治未病"的缘由。

4. 结语

中医"治未病"的理论与实践历史悠久，积淀深厚，历代医家对此进行不断的丰富完善，使得内涵日益丰富。随着全民养生热潮的兴起，有关"治未病"研究更是方兴未艾。对科研工作者而言，如何正确地识"疾"认"病"，治"疾"防"病"，其中的关键是知"机"治"疾"，做到理论与实践的有机结合。如此方能完整准确地理解把握中医"治未病"的思想精髓，发挥中医药优势服务民众。

2012年度我们主持的"医苑丛谈"至此告一段落。通过"谈治学"、"谈素质"、"谈境界"、"谈发心""谈诊疗"、"谈治未病"6个专题的讨论，力求彰显中医学科学与人文的双重属性，重点在理念、思路、方法等层面进行解析，较少涉及具体病症的药方法理、病脉证治，难免挂一漏万。

"医苑"是个百花园，其中荟萃着医学学术。希望广大读者闲暇之时徜徉其间，或许能开卷有益。

本年度的"丛谈"栏目结束了，但我们的"医苑"却不会关门。机缘成熟，再来贵刊邀您做客！

参考文献：

[1] 辞海 [M]. 上海：上海辞书出版社，2000：1636，163.

[2] 万古丹经王《周易参同契》三十四家注释集萃 [M].北京：华夏出版社，1993：293.

[3] 田代华. 黄帝内经素问 [M].北京：人民卫生出版社，2005：177.

[4] 清·徐大椿. 病同因别论. 见清·刘洋主编. 徐大椿医学全书·医学源流论·病同因别论 [M].北京：中国中医药出版社，1999：126.

[5] 汉·许慎. 说文解字. 见（清）段玉裁注. 说文解字注 [M].郑州：中州古籍出版社，2006：348.

[6] 高景成. 常用字字源字典 [M].北京：语文出版社，2008：14.

[7] 谷衍奎. 汉字源流字典 [M].北京：华夏出版社，2003：584.

[8] 晋·抱朴子 [M].上海：上海书店出版社，1986：94.

[9] 清·陆懋修. 不谢方. 见陆懋修医学全书 [M].北京：中国中医药出版社，1999：135.

[10] 西汉·桓宽. 盐铁论. 见《盐铁论》译注 [M].北京：冶金工业出版社，1975：478.

[11] 东汉·王充. 论衡 [M].上海：人民出版社，1974：208.

[12] 明·张介宾编. 类经 [M].北京：中国中医药出版社，1997：148

[13] 明·徐春甫原集. 古今医统大全精华本 [M].北京：科学出版社，1998：34.

[14] 清·仲昂庭. 本草崇原集说 [M].北京：人民卫生出版社，1997：145.

[15] 刘道清，周一谋. 中医名言大辞典 [M].郑州：中原农民出版社，1991：63.

（收稿日期：2012-10-20）

附录 20

《全国中医妇科流派研究》封面书影

全国中医妇科流派研究·序一

中国中医科学院名誉院长、中国工程院院士　王永炎

2011.6.27

以史为鉴论学术。回顾16世纪前，我国科技领先位居强国之列。国民健康唯依国医为保障，国医之繁荣有赖民众之拥戴、学派之振兴，并与文史哲学兼容，更有天文、物候、历法、算学、律吕等圆融和合。若论中医学派应该是指中医学中由于师承不同而形成的具有不同学术观点的分支或团体。学派有从世家扩充影响而来；有缘地域学术领军人物独树一帜、代有传人而形成；有因一大类疾病的发现将从事同类疾病的研究者汇集成为群体；还有将相同见解的南北西东的学人的传世之作归成学术分支。总之，学派与传承和争鸣密不可分，它是学术学科进步的象征。如今中医药学面临着良好的发展机遇，回溯中医学派与书院式教育，倡导学术研究的独立之精神、自由之思想，可

谓恰逢其时。

论及现代中医的研究方法约有两种：一种是运用现代科技手段，另一是文献学与史学的传统方法。中医学属应用科学范畴，具有生物学与社会学双重属性，临床医学是中医学的核心，天人相应、辨证论治、形神一体最能体现其双重属性，其实施的是人文关怀。显而易见，传统方法的中医研究应是源头与基础的工作，包括中医学概念的界定与诠释，诸如冲任、天癸、禀赋、病络、玄府等西医学没有的概念，运用传统的方法和现代的语言厘清概念无疑将会对现代医学科学作出贡献。医案与医案学的研究是中医学临床研究的重要组成部分，也是研究古今著名医家与学派学术成果的一种方式，对于学派的梳理发掘也具有重要意义。鉴于中医学派的师承关系和学术观点相关联，我以为"学派"应具备三个条件：其一体现在独特的学说观点及与其相应的临床优势特色上，具有一定的创新性和说服力。其二这种学术观点必须有师承的关系，学生势必沿着老师的思路加以发展。值得提出的是，这种师承关系也可能是穿越时空的私淑，即未经学派的代表人物的躬亲指点，只是自学其著作，而追随弘扬其学说主张。如果一种学说主张得不到后人的追随、唱和与发挥，也不能成为学派。中医学派师承相传的发展关系，往往可以持续几代人，甚至延续跨越几个时代。其三要有相应的影响与研究队伍，学派的活动由信奉支持相同学说观点的医家群体通过发挥

其临床特色，或著书立说而体现出来。若一种学说过于阳春白雪，父子相传，缺少了理解者与支持者则可能只能称为中医世家而难以称为学派。真正意义上的中医学派出现较晚，《四库全书总目·子部·医家类》说："儒之门户分于宋，医之门户分于金元"。金元时期的中医学派争鸣使这一时期成为中医理论发展最为繁荣的重要时期，这是中医学与医史学界的共识。

欣闻胡国华、罗颂平教授主编，肖承悰教授主审的《全国中医妇科流派研究》一书即将脱稿付梓，实乃可喜可贺之事。参编本书的专家群体多是近现代著名中医妇科专家的传承人，每个流派的写作均由当今的学科带头人领衔编撰，具有较高的适用性和一定的权威性，赋予了时代精神。妇科流派研究进一步充实与完善了中医妇科理论与临床实践，为读者增加知识、拓阔视野，传承妇科流派名老中医的学术经验发挥了积极的作用。晚近全球科学格局正发生着深刻变化，这个背景有益于国学、中医事业的发展。当今笼罩在中医学人头上"不科学"的阴霾逐渐消散，中医受歧视的日子即将过去。现在已是东学西学兼收并蓄、科学人文融通共进的高概念时代，科学家们首肯中医学的原始思维与原创优势，中医深厚的社会基础与显著的诊疗效果已为百姓拥戴，我们迎来了中医中药的春天。吾辈学人诸位先晋、学长、同道当感怀先贤，忠诚国学，笃国医之志，互相勉励，勤奋治学，为团队修身，为事业出力。谨志数语，乐观阙成。

附录 21

《王永炎中医心脑病证讲稿》封面书影

王永炎中医心脑病证讲稿·序

王永炎

2012 年 8 月

回顾 20 世纪 80 年代初，我在北京中医学院东直门医院内科工作，与田德禄、王淑兰先生共同承担恢复高考之后的医七七年级、医七八年级及分院七八年级中医内科学

的主讲任务。鉴于当时教研室已多年未给大学本科生上课，董建华教授要求我们要全力投入备课、讲课、带教实习的教学工作中去，与此同时重修旧时的教学规程，授课的讲

稿是通过教研室审核通过后再吸取老先生的意见与建议修订完成的。晚近北京市中医药管理局启动了"名老中医药专家学术思想抢救挖掘与优秀人才培养联动工程"，经批准在北京中医药大学东方医院成立了名医传承工作站，由郭蓉娟博士领衔的工作站在整理文献资料过程中发现旧时的授课讲稿，提出了将之整理付梓的建议，以作中医学人医疗、教学的参考。我对出版旧稿颇感犹豫，觉得难为今用，深恐贻笑后学。年内郭博士等已就该稿与人民卫生出版社领导会商立项事宜，获准立项后，我仍惴惴不安，询问了现时内科授课教师的意见，复称旧稿对教师备课具有一定的实用价值，对心脑病证理法方药的诠释可供临床医师参考。事已至此，我只能尊重名医传承工作站和出版社的意见，勉强同意了。

我于1962年10月毕业于北京中医学院医疗系。先后在温病与内科教研室任教，及至20世纪80年代初跟随董建华教授已有20年光景。董先生重视养成教育、辅导读书治学、传授诊疗经验与授课教学要领、强化塑造明医等等，让我在做人做事方面受用一生，恩师入世助人为乐、出世淡定修身时刻影响着我，铭记在心。董先生叮嘱我要读好临床案头书，要将他送我的清代程曦、江诚、雷大震同纂的《医家四要》熟读牢记，这对奠定我的临床基本功至为重要。1964年春至1965年秋先后赴安徽枞阳与寿县，参加社会主义教育运动，实则是学农务农为农民服务的好机会，做医生从医院移向院前的乡镇农村，亲历农村卫生保健防病治病第一线的工作，可以说在农村全科医生式的冶炼使我终生受益，也验证了融入大自然与造就明医是密不可分的。1973年董先生从"牛棚"刚刚出来复职，于当年WHO大会返京后，决意送我去北京协和医院进修神经内科，并开展中西医合作研究，企望我能够以国学为体、西学为用，感悟东学、西学之长短优劣，融通中医与西医，学习与强化急救医学技术。所有这些阅历，潜移默化地影响了我的成长轨迹，有些反映于旧时授课的讲稿中。但是，辗转过了30年，今昔已是两重天，旧稿新用，肯定缺陷不少，若能在时下对读者有些许借鉴之用，或对反映30年前授课的思路与内容有资料价值，我心稍或安慰。

本书分为绪论篇与各论篇。回想普通中医高校中医内科统编第2版教材即有总论部分，然而内容多与中医基础课程重复，其中辨证部分是复习中医诊断学所讲的内容，而治疗学概论又多与方剂学相关。有鉴于此，教师备课与讲授总论时多感困惑，教学效果很差。及至20世纪90年代我应"普通高等教育中医药类规划教材"编审委员会的邀聘承担了中医内科学主编工作，当时有田金洲博士协编，将总论内容作了较大的改动，补入了中医内科学定义、性质及范围，中医内科发展简史，内科疾病分类及其依据，发病学要点，症状学要点，治疗学要点，中医内科学的研究现状与发展趋势等内容，约4万字，作为提供大学本科学习与奠定中医临床基本功的引导，同时也作为中医临床主干学科的参考。21世纪初叶承蒙上海科学技术出版社邀请我与严世芸学长主编修订了《实用中医内科学》的第2版，其总论即为"中医内科学原理概述"，设了导言、病因病机、辨证、治疗四章，试图以理念引导各论病证辨治的学习，探索科学原理对诊疗实践的指导作用。

时光荏苒，我与鲁兆麟先生主编的中医药学高级丛书《中医内科学》，曾十数次印刷，作为"十一五"国家重点图书，获得了全国中医药优秀学术著作一等奖。该书修订版时，张允岭教授是执行主编，就总论部分的撰述进一步凸显内科原理对诊疗实践的现实指导意义，受到了相关读者的欢迎。我的这本中医心脑病证讲稿获准在出版社立项后，我诚邀张允岭教授将我晚近对中医内科学科学原理的思考内容总结梳理，作为讲稿的绪论篇，内容包括中医学原理的意象思维与辨证的相关性，证候概念、要素及病证结合、方证相应的研究，关于病证诊断标准化研究，络脉、络病与络病病机学说，痰热腑实致中风和通腑化痰的研究，以充实内科学原理，体现重视传承和在传承基础上创新。

本书各论篇共计15个心脑病证。郭蓉娟教授在整理旧稿过程中，尽量保持了原貌。然而旧稿新用，当时的各病现代研究内容终究于今不宜，故经与出版社商议仅在各病现代研究项中，删去陈旧内容，补入晚近研究的新见解新成果、治则治法与组方遣药的鲜活临床经验等。该部分内容由北京中医药大学附属东直门医院与东方医院我们脑病团队的各位教授分别整理，谨致衷心感谢。

进入21世纪，健康医学、转化医学与个体化医学的提出，已是医学科学进步的重要标志。它为中医药学的传承创新带来了良好的发展机遇期。中医药学学科建设要坚持我主人随，弘扬原创思维与原创优势，要将学科置于大科学背景下，适应大环境的变迁，服务大卫生的需求，科学人文融合互动，东学西学兼收并蓄，构建统一的医药学，要重视传承，在传承基础上创新，谨此数语冀望中医学术的繁荣，聊以为序。

附录 22

《任继学医学全书》封面书影

任继学医学全书·序

中国中医科学院名誉院长
中国工程院院士　　　　　　　王永炎
中央文史研究馆馆员

壬辰季秋

　　壬辰季秋任继学先生系中医学家、中医教育家、中医临床家。先生生肖属虎，先我一轮次。我与先生相识于北京中医学院，自 20 世纪 50 年代后期始切磋岐黄医术，且倾心体悟人生。曾主研中医中药，涉猎美学哲学，所谓善言古者必有验于今，论及象思维、言思维、理思维，当以文化自觉弘扬国学国医，以传承为主旨，禀创新为归宿。追忆 1981 年于湖北武汉成立中华全国中医内科学会之际，我拜先生为参师，延及先生驾鹤西去。近 30 年，其间常往来于北京、长春与全国各地，或会议期间，或书房诊室，或襄随会诊，或研习讲座，所论最多者当属中医学科建设和事业发展的癥结。先生曾罹 20 世纪旧政府欲废除中医之痛切，虽年幼却为谋生存而奋争；先生曾受托主持东北野战军地方兵站工作，以救死扶伤实施革命人道主义精神，贯彻毛泽东主席四大卫生方针；先生坚持不为官只为民，恪守纯真淡泊理念，刻苦医术培育后学。记得 1986 年我在任职北京中医学院行政领导的三年期间，曾遭遇坎坷之际，乘落实改善课题任务的机会，与先生结伴出差沪、宁、鄂、粤、陕、吉等地，多次长夜促膝相谈，叮嘱晚辈应以对事业的拳拳赤诚之心，自问自责，检讨自己，于困难时追求进步，于失意处切勿悲泣，对待事业不言个人成败得失。激励我

在总结工作生活阅历之后，悟清学科领军人物当以群众为师，成熟的明医当以患者为师，教育者当先受教育，做个好老师当以学生为师。1997 年当我复出重新挑起校长职务时，多次告诫我"有权勿滥用，得意勿忘形"，应顿悟深谙团结、学习、求是、创新的重要，坚持双肩挑管理干部"自讨苦吃，朴实进取"的作风。先生的嘱咐至今回荡在耳际，仍记忆犹新。

　　两年前，任继学老师辞世，中医药界学人无不动容感叹。于今朝长春中医药大学设"继学书屋"，以追忆承传先生做人治学之风范。缘先生系吾辈良师挚友，故撰文志贺寄托感思之情。先生崇尚国故，仁术并重，专攻临证，彰显效力，总以惠民为天。其求实创新之举，悟道引航之功，甘为人梯之德，破策问难之论，历久弥新启迪后学；其独立之精神、自由之思想，博极医源精进沉潜；其修为淡定谈雅、唯善是从。总之，先生仁德必将常青于杏林，不竭于橘井，而流芳于千古，惠泽于万众。

　　近闻任玺勃、南征先生辑任继学老师全书，一则弘扬岐黄之学，二则阐释先生学术思想，士当弘毅任重而道远，愿吾辈勤于耕读以求薪火传承。迄今书稿辑成付梓之时，幸甚至哉，乐观厥成。

2013 年图 1　2013 年新春的王院士

2013 年图 2　《世界中医药》杂志第二届编委会
名誉主任委员聘书

3月，为陈可冀、张京春主编的《清宫医案精选》作序。此书 2013 年 4 月由中国中医药出版社出版。

5月，受聘为《世界中医药》杂志第二届编辑委员会名誉主任委员。同月，因突发急性左心衰并肾功能衰竭入院治疗。

9月，主编《流行性感冒与人感染禽流感诊疗及防控技术指南》，由中国中医药出版社出版。

2013 年图 3　《流行性感冒与人感染禽流感
诊疗及防控技术指南》封面书影

2013 年图 4　《流行性感冒与人感染
禽流感诊疗及防控技术指南》版权页书影

11 月，受中华中医药学会聘任中华中医药学会内科分会第六届委员会名誉主任委员。

2013 年图 5　中华中医药学会内科分会第六届委员会名誉主任委员聘书

此年，虽然健康不佳，但由于以往的学术积累，有大量的学术论文在期刊杂志上发表。讨论的问题，依然以中风病的治疗及中医药研究与应用的方法学思考为主。论文《中医神志学说的构建》发表于《北京中医药大学学报》第 1 期，《化痰通腑法治疗中风病痰热腑实证的源流及发展》（一）～（四）发表于《北京中医药大学学报（中医临床版）》第 1 ～ 4 期，《中医药防治甲型 H1N1 流感系统研究与体系建设的实践与思考》发表于《中医杂志》第 5 期，《病状术语规范化解决方案探讨》发表于《中医杂志》第 7 期，《中医证候要素的确认方法》发表于《中医杂志》第 10 期，《大数据时代中药上市后数据的整合与应用》发表于《中国中药杂志》第 18 期，并有 12 篇医论连续发表于《天津中医药》1 ～ 12 期。

2013 年图 6　天津市委领导看望王院士（右 1 王永炎）

2013 年图 7　弟子们看望康复中的王院士（左起：张华敏、张占军、王永炎、王燕平）

2013 年 5 月 12 日，先生因突发急性左心衰并肾功能衰竭，入住东直门医院脑三科病房，延请湛玉甫先生会诊，拟诊为心肾综合征。急予控制心衰及血液透析，病情得以暂时缓解。次日转 301 解放军总医院肾内科，虽经多次透析，尿量越来越少，血肌酐 500μmol/L 左右居高不下。后于 6 月 18 日转回广安门医院，连续透析至百次以上，体重降至 59 公斤。经 3 个月服用中西药物，曾请沈庆法、路志正与刘志明老师及薛伯寿学长会诊处方，拟诊为糖尿病肾病肾衰。结果，心衰与高血压得到控制，肾功能恢复仍不理想，先生决心移住外科，接受肾移植手术。

附录 1

《北京中医药大学学报》2013 年 1 月第 36 卷第 1 期

中医神志学说的构建

纪征瀚[1]，王永炎[2]，王忠[2]，张志斌[2]

（1. 北京中医药大学，北京 100029；2. 中国中医科学院，北京 100700）

关键词：五神；五志；五脏；黄帝内经

中图分类号：R221 doi：10.3969/j.issn.1006-2157.2013.01.002

中医学中的神志，即五神与五志，其学说构建始于《黄帝内经》。虽然在先秦哲学中，心不仅是一个实体器官，而且具有欲望、情志、任物等诸种精神功能，因此被奉为一身脏腑之君主；但是，在《黄帝内经》中，精神功能却没有统归于心，而是被拆开，分别隶属于五脏。因此，神志与五脏之间的一一对应，便成为构建中医神志学说的关键。

1. 五行与五脏

由于政治的需要，五行学说在汉代愈加受到重视。为与五行之说相对应，四时之外又多了一个季夏。相应地，祭礼也开始采用五时祭脏。今文《尚书》构建了肝木、心火、脾土、肺金、肾水的五行属性，并被引入《黄帝内经》中。

从表面看来，将心分属五行之一，是对心的君主地位的弱化。因为，五行的相克与相生关系分别构成了一个循环，首尾接续，如环无端，使得心与肝、脾、肺、肾处于同等地位。在今本《黄帝内经》不含五行学说的篇章中，精神病变的病位经常关系心、肝，偶然涉及肺，而脾、肾几乎全无关联。通过实现五神与五脏的一一对应，有效扩大了形神之间的联系。因为所有的精神病变都可以解释为五脏病变，而形体病变亦可通过五脏的媒介与精神病变相关联。

五行体系的优点是发现了事物的普遍联系，零散的医学经验与理论被整合并纳入体系。《素问·阴阳应象大论篇》中呈现的五行系统是一个相对完整的体系：方、天、地、体、脏、色、音、声、变动、窍、味、志被按照五行属性予以分类，同一属性的事物被串联起来，不同属性的事物之间则通过五行相克而发生联系。看似分离的自然现象与人体，乃至人体内部的生理与病理现象，都可以由于属性相同而相互影响，从而衍生出新的理论与治疗方法，再回到医疗实践中去接受检验。

五行体系的不足之处是不能证伪。当人体的一切都被纳入这个循环体系中，所有的生理与病理现象便会具有直接或间接的联系，没有什么不可以用这个体系来解释。当所有实践都只能进一步印证所属体系的正确时，真正的直接因果关系反而会隐而不见。

此外，五行体系还具有术数的局限：进行属性分类的同一组事物的成员数目必须是"五"，既不能多，也不能少。为了达到这一要求，许多情况下，有些概念便须经过特别提炼归并，或是刻意切割划分。典型的例子是季夏的产生，在神志学说的构建中也存在类似的问题。

2. 五神与五脏

《素问·六节藏象论篇》以"九野为九藏"，又分"形藏四，神藏五。"[1]26 该篇没有明确说明形藏与神藏的具体所指。后世注家虽然对形藏意见不一，但一般均认为神藏指的是心、肝、脾、肺、肾五脏。

2.1 精神魂魄的四时系统

在《素问·六节藏象论篇》中，还有这样一段文字："心者，生之本，神之变也……为阳中之太阳，通于夏气。肺者，气之本，魄之处也……为阳中之太阴，通于秋气。肾者主蛰，封藏之本，精之处也……为阴中之少阴，通于冬气。肝者，罢极之本，魂之居也……此为阳中之少阳，通于春气。脾胃、大肠、小肠、三焦、膀胱者，仓廪之本，营之居也，名曰器，

能化糟粕，转味而入出者也……此至阴之类，通于土气。凡十一藏，取决于胆也"。[1]28－29

这是一个按四时分类的例子。其中脏腑没有高下之分，心、肺、肾、肝对应四时，脾则与胃、大肠、小肠、三焦、膀胱并列。十一藏的统领是胆，而不是心。尽管有研究者认为，这里的"十一"乃"土"字之误。[2] 由于孤证不立，只能权作一种现代诠释。在这里，心与神、肺与魄、肝与魂已一一对应，而肾还只是精的居处。精、神、魄、魂分别隶属于肾、心、肺、肝四脏，而不是一心独揽。

精、神、魂、魄被挑选出来表示人体最重要的生理活动，这并不奇怪。先秦诸子的论著中早有大量对四者的讨论，而四者的并列亦可见于《灵枢·本神》："故生之来谓之精，两精相搏谓之神，随神往来者谓之魂，并精而出入者谓之魄。"[3]24

肾与精、心与神的对应显而易见。但是，魂魄的对应却耐人寻味。为什么是肝与魂、肺与魄，而不是相反？这里只能大致推测。《淮南子·主术训》曰："天气为魂，地气为魄。"[4] 而《小戴礼记·郊特性》云："魂气归于天，形魄归于地。"[5]1457 魂的运动趋于上，魄的运动趋于下。从《素问·六节藏象论篇》看，肺"通于秋气"，肝"通于春气"，春气升发趋上，秋气肃杀趋下，因此魄处于肺而魂居于肝。

2.2 舍智精而取意志的五行系统

然而，更多见于今本《黄帝内经》的是五行系统，即以五脏为核心，对天、地、人的各种现象与活动加以五行分类定性。五脏的精神属性中，心神、肺魄、肝魂的对应业已存在。而精的内涵更接近与人体生长、发育、生殖机能相关的一种直观物质，因此还需再找到两种与神、魂、魄同一层次的属性，分别与脾、肾对应。

同时代的《难经》中出现了七神的说法：除心神、肺魄、肝魂、肾精的对应外，又加入了意、智、志三者，即"脾藏意与智，肾藏精与志"。[6] 今本《黄帝内经》选用的是意与志。

智所以被舍弃，似乎可以从《灵枢·本神》里找到答案："所以任物者谓之心，心有所忆谓之意，意之所存谓之志，因志而存变谓之思，因思而远慕谓之虑，因虑而处物谓之智。"[3]24 意、志、思、虑之后才是智，相距较远。

《灵枢·本藏》云："志意者，所以御精神，收魂魄，适寒温，和喜怒者也……志意和则精神专直，魂魄不散，悔怒不起，五藏不受邪矣。"[3]81《灵枢·大惑论》则说："神劳则魂魄散，志意乱。"[3]133 意与志被提升到与精神、魂魄并驾齐驱的位置。《素问·调经论篇》亦说明了志、意的重要作用，"志意通，内连骨髓，而成身形五藏"。[1]127

《灵枢·九针论》提出，"心藏神，肺藏魄，肝藏魂，脾藏意，肾藏精志也"。[3]130 脾意、肾志的组合缘由目前尚不可考，也许是基于顺序的对应。不管以怎样的顺序排列五脏，肾总是殿后；"意之所存谓之志"，因此前面的意指给了脾，后面的志派给了肾。

《灵枢·九针论》虽然将意、志分别与脾、肾配合，但精仍然混迹于五神之中。实际上，五脏与五神的匹配远非一蹴而就，常见的是形神与五脏的混搭。典型的例子如《素问·调经论篇》："夫心藏神，肺藏气，肝藏血，脾藏肉，肾藏志，而此成形。"[1]127

在《灵枢·本神》中，形、神被真正地加以区分，脏藏形、形舍神，结束了往昔的混乱局面，完成了五脏与五神的完美搭配。"肝藏血，血舍魂……脾藏营，营舍意……心藏脉，脉舍神……肺藏气，气舍魄……肾藏精，精舍志"。[3]25 同样的搭配亦可见于《素问·宣明五气篇》。肝魂、脾意、心神、肺魄、肾志，后世中医理论中五神与五脏的对应关系就此被确定下来。接下来要解决的是情志与五脏的对应关系。

3. 五志与五脏

五志的"志"与志意的"志"不同：前者是人的情绪的总称，后者则偏指人的精神意志。五志与五脏的匹配问题，也就是如何将情志融入五行系统的问题，同样经历了一个渐进过程。

3.1 脏志的早期搭配

在《黄帝内经》中，五志与五脏的匹配关系令人迷惑。

《灵枢·本神》说："心怵惕思虑则伤神……脾愁忧而不解则伤意……肝悲哀动中则伤魂……肺喜乐无极则伤魄……肾盛怒而不止则伤志……恐惧而不解则伤精……是故五藏主藏精者也，不可伤，伤则失守而阴虚，阴虚则无气，无气则死矣。"[3]24－25 这里的五志是思、忧、悲、喜与怒，恐伤精而使五脏俱伤，并不与单个脏器相对应。本篇的脏志关系可以概括为心思、脾忧、肝悲、肺喜与肾怒，而其他篇章又提出了不同的观点。

《素问·玉机真藏论篇》云："或其传化有不以次。不以次入者，忧恐悲喜怒，令不得以其次，故令人有大病矣。因而喜大虚则肾气乘矣，怒则肝气乘矣，悲则肺气乘矣，恐则脾气乘矣，忧则心气乘矣，此其道也。"[3]48 这里，"忧恐悲喜怒"被看作五志。张志聪认为"怒则肝气乘矣，悲则肺气乘矣"一句文字舛错，"肝当作肺，肺当作肝，悲当作思"。[7] 经他修改后，完全符合现代中医的脏志对应和五行相克关系。然而，此时的传化"不以次"，也就是不按五行相乘的顺序。此外，在内经时代，理论分歧一直存在。如果参看前述《灵枢·本神》的脏志关系，把怒作为肾志，悲作为肝志；那么该句就并非不可解释的错文，而是五志与五脏的另一种对应形式：心喜、肾怒、肝悲、肺恐、脾忧。

《素问·宣明五气篇》给出了第 3 种对应形式："精气并于心则喜，并于肺则悲，并于肝则忧，并于脾则畏，并于肾则恐"。[1]57 这里说的是心喜、肺悲、肝忧、脾畏与肾恐。同样的搭配亦见于《灵枢·九针论》。

《黄帝内经》中五脏与五志对应比较见表 1。可以看出，在《黄帝内经》诸篇中，思、忧、悲、喜、怒、畏、恐都曾与五脏进行搭配，而且其对应关系多与后世不同。这说明在中医理论建构初期，不同的观点曾同时并存。直到后期完成的《素问·阴阳应象大论篇》，五行系统才基本发展成熟，五志与五脏的一一对应说法才被确定下来。

表1 《黄帝内经》中五脏与五志对应表
Table 1　Correspondence between five viscera and five minds in *Huangdi Neijing*

书名 Name	篇名 Chapter	肝 Liver	心 Heart	脾 Spleen	肺 Lung	肾 Kidney
灵枢 *Lingshu*	本神第八 Chapter 8	悲 Sorrow	思 Pensivenss	忧 Anxiety	喜 Joy	怒 Anger
素问 *Suwen*	玉机真藏论篇第十九 Chapter 19	悲 Sorrow	喜 Joy	忧 Anxiety	恐 Fright	怒 Anger
素问 *Suwen*	宣明五气篇第二十三 Chapter 23	忧 Anxiety	喜 Joy	畏 Fear	悲 Sorrow	恐 Fright
灵枢 *Lingshu*	九针论第七十八 Chapter 78	忧 Anxiety	喜 Joy	畏 Fear	悲 Sorrow	恐 Fright
素问 *Suwen*	阴阳应象大论篇第五 Chapter 5	怒 Anger	喜 Joy	思 Pensiveness	忧 Anxiety	恐 Fright

3.2　脏志对应关系的确定

脏志对应关系确定过程中遇到的第1个问题，是要从思、忧、悲、喜、怒、畏、恐中选取5项。

怒与喜是最为常见的两种情绪，意义明确，毋庸多议。恐与畏意思相近，保留1个即可。而恐又与怒、思、悲、忧等文字更为接近，形旁皆为"心"。最令今人奇怪的是：怒、喜、忧、恐、悲、畏都是典型的情绪表现；而思在现代则多解作思考、思维，表现为一种脑力活动。也就是说，思更倾向于抽象的意识思维活动，距离"神"比"志"更近。那么，为什么五志中留下的是思而不是悲？

《灵枢·本神》云："心怵惕思虑则伤神。"所谓"怵惕"，就是戒惧、惊惧的意思。因此，此处的思应与情感有关。该篇又有"因志而存变谓之思，因思而远慕谓之虑，因虑而处物谓之智"，这里既是对五神理论的延续和对思维活动的描述，也隐含着对变化的未来的惊惧与疑虑。明代医家张介宾在《景岳全书》中讲到思郁："又若思郁者，则惟旷女釐妇，及灯窗困厄，积疑任怨者皆有之。"[8] 由上可知，思是带有惊惧、疑虑、愁尤等情感色彩的。

更重要的是，思也曾被解作悲哀。《礼记·乐记》云："亡国之音，哀以思，其民困。"[5]1527 思与哀同义。西晋文学家张华作《励志》诗称："吉士思秋，寔感物化。"唐人李善注曰："思，悲也。"[9]

由于思或隐含情感，或与悲同义，悲被剔除，而留下了思。这种取舍甚至可见于唐代韩愈写给鄂州柳中丞的信中："夫远征军士，行者有羇旅离别之思，居者有怨旷骚动之忧。"[10] 思与忧两种情感直接相对。

这样，怒、喜、思、忧、恐最终胜出，组成了五志。下面需解决的问题，便是把筛选出来的五志与五脏一一对应，也就是确定它们各自的五行属性。

《素问·阴阳应象大论篇》给出了与现行五志较类似的说法：肝怒、心喜、脾思、肺忧、肾恐。五志在该篇中不但被明确划分给五脏，还依据五行相克关系对应推导出了情志相胜。心"在志为喜。喜伤心，恐胜喜"。[1]19 喜为

心之志。心属火，肾属水，水能胜火；因此，作为肾志的恐也能胜过作为心志的喜。

但是，这个脏志对应的五行系统并非完美无缺，取舍过程中遗留下来的问题尚待解决。

3.3　脏志对应的缺憾

3.3.1　忧与悲的并存

尽管因为思有时与悲同义，《素问·阴阳应象大论篇》的五志说把悲排除在外；但是，思亦有思维活动的意思，而悲显然也是一种常见的情感。因此，在该篇的五志相胜中，"悲胜怒"与"喜胜忧"两种说法并列存在。也就是说，忧与悲此时都可作为肺志。

《素问·举痛论篇》则纳入了悲，而舍弃了忧。"怒则气上，喜则气缓，悲则气消，恐则气下，寒则气收，炅则气泄，惊则气乱，劳则气耗，思则气结"。[1]85 怒、喜、悲、恐、惊、思与寒、炅、劳一起被称为九气。

九气说与五志说一直各行其道，直到南宋的《三因极一病证方论》才被统一起来。陈言提出："七者不同，各随其本脏所生所伤而为病。故喜伤心，其气散；怒伤肝，其气击；忧伤肺，其气聚；思伤脾，其气结；悲伤心胞，其气急；恐伤肾，其气怯；惊伤胆，其气乱。虽七诊自殊，无逾于气。"[11]106–107 中医学中通行的"喜怒忧思悲恐惊"七情至此才正式确立。

《素问·举痛论篇》说："悲则心系急，肺布叶举，而上焦不通，荣卫不散，热气在中，故气消矣"。[1]85 陈言针对"悲则心系急"，把这一病机改写为"悲伤心胞，其气急"[11]106，症见"善忘，不识人，置物在处，还取不得，筋挛，四肢浮肿"。[11]107 这种把悲与心包相关联的做法，得到了元人危亦林等的支持[12]。

金代刘完素则针对"肺布叶举"，认为悲与忧皆伤于肺，因而两者可以互相替代。"五藏之志者，怒、喜、悲、思、恐也。悲，一作忧"。[13] 悲定位于心包还是肺的问题便凸现出来，以至于明代李梃在《医学入门》中干脆写道："忧伤肺……悲伤心胞及肺系"[14]，两种理论兼收并蓄。

3.3.2 五志相胜反衬出五神生克关系的缺失

因为五行系统的构建主要是基于理论的类比推导，并非都有足够的实践经验作为支撑；所以对某些无法解释的五行属性关系，就采取了回避政策。就神志学说而言，仅论述了五志的相克关系，却没有涉及五神的相生相克。

更奇怪的是，《素问·阴阳应象大论篇》通篇都没有涉及五神。而在《灵枢·九针论》中，除肾藏精与志外，其他脏神关系均已确定；《灵枢·本神》和《素问·宣明五气篇》中的五神脏与今并无二致。因此，脏神对应关系的确定要早于脏志。

4. 小结

五神、五志与五脏的一一对应，完成了中医神志学说的构建。其意义在于，在中医早期经典理论著作中，五神与五志被分别定位于五脏。虽然曲折的过程中充满艰难的取舍，但最终勾勒出精神情志活动直接定向作用于五脏的图景。精神情志活动所造成的形体伤害，不再局限于"心"之一脏，因此其疾病表现也不局限于"神"乱的症状。各脏所主的每一种精神情志活动过度，都会导致该脏器产生相应的疾病，而这种病变则是精神症状与肉体症状的混合。可以说，通过中医神志学说的构建，

附录 2

形神之间的界限得以模糊，最终成为形神统一理论的基础。

参考文献：

[1] 黄帝内经素问（影印本）[M]. 北京：人民卫生出版社，1956.
[2] 王洪图. 黄帝内经研究大成 [M]. 北京：北京出版社，1997：982.
[3] 灵枢经（影印本）[M]. 北京：人民卫生出版社，1982.
[4] 刘安. 淮南鸿烈解 [M]. 高诱，注. 百子全书：下. 影印本. 杭州：浙江古籍出版社，1998：852.
[5] 郑玄. 礼记正义 [M] 孔颖达，疏.// 阮元. 十三经注疏. 影印本. 北京：中华书局，1982.
[6] 南京中医学院. 难经校释 [M]. 北京：人民卫生出版社，1979：85.
[7] 张隐庵集注 [M]// 黄帝内经素问集注. 上海：上海科学技术出版社，1959：80.
[8] 张介宾. 景岳全书 [M]. 北京：人民卫生出版社，1991：442.
[9] 萧统. 文选（上册）[M]. 李善，注. 影印本. 北京：中华书局，1977：276.
[10] 韩愈. 韩昌黎文集校注 [M]. 上海：上海古籍出版社，1986：225.
[11] 陈言. 三因极一病证方论 [M]. 北京：人民卫生出版社，1957.
[12] 危亦林. 世医得效方 [M]. 上海：上海科学技术出版社，1997：10.
[13] 刘完素. 素问玄机原病式 [M]. 影印本. 北京：人民卫生出版社，1956：17.
[14] 李梴. 医学入门 [M]. 北京：中国中医药出版社，1995：338.

（收稿日期：2012-07-03）

《北京中医药大学学报（中医临床版）》2013 年 1 月第 20 卷第 1 期

化痰通腑法治疗中风病痰热腑实证的源流及发展（一）
——历史源流、证候病机及临床应用

王永炎[1]，谢颖桢[2]

（1. 中国中医科学院，北京 100700；2. 北京中医药大学东直门医院，北京 100700）

摘要： 化痰通腑法目前已成为全国中医、中西医结合界广泛应用的治疗急性期中风病危重症的主要治法。回顾了通腑法治疗中风病的历史与源流。从"涌现"视角介绍了痰热腑实证的发现过程，依次从中风病始发态腑气不通现象的不断出现与观察、腑气不通与痰热证候同时存在及其与病情程度关系的思考、痰热腑实证候的涌现与毒损脑络病机的蕴育、中风病痰热腑实证形成的多种途径几方面对中风病痰热腑实证的涌现进行分析论述。进一步从辨证要点、证候鉴别、方药组成、组方释义、临证化裁、煎服法及使用细则、适用范围、观察指征及预后判断、使用禁忌几方面对痰热腑实证与化痰通腑法的临床应用进行系统阐述。

关键词： 化痰通腑法；中风病；痰热腑实证

中图分类号： R255.2

化痰通腑法目前已成为全国中医、中西医结合界广泛应用的治疗急性期中风病危重症的主要治法，由于其收效

显著，不但深受各级医师重视，有时甚至作为中风病急危症的重要治疗策略备受推崇。然而回顾历史，化痰通腑法

以及当今临床常规使用的治疗中风病的其他有效方法包括清热解毒通络法、醒脑开窍法、破血逐瘀法、扶正护脑法，被发现、验证并推广应用亦不过是近30年的事情。

自20世纪七八十年代始，心脑血管疾病因发病率高、致残致死率高，严重危害国民健康。当时除脱水降颅压及对症支持以外，缺乏有效的改善缺血与脑保护的方法与药物。不论是扩管、扩容，抑或是抗凝、溶栓疗法，在临床应用中都存在一些问题与不足。中医药治疗方法，虽然由过去的从外风论治转为扶正祛邪、养血息风泻热化痰论治，然而对中风病中医药治疗的研究仍缺乏系统和深入。

当时，我与同事及学生们在承担的国家"七五""八五""九五"等中风病急症攻关课题的协作研究中，与焦树德、任继学等老一辈中医大家，并联合全国的从事中医脑病工作的李济春、沈宝藩、张学文、涂晋文、夏永潮等先生对中风病中医药诊疗进行了较为深入系统动态的观察研究，先后取得了一系列省部级和国家级科技成果。

其中，以首创化痰通腑法治疗中风病痰热腑实证最为显著。1982年提出了中风病痰热腑实证的辨证论治[1]，1986年报道[2]运用化痰通腑饮（瓜蒌、胆南星、大黄、芒硝）治疗缺血性中风病痰热腑实证158例，总有效率为82.3%，显效率为51.3%。通过对158例中风病急性期患者的临床观察，总结了以舌红、苔黄厚而腻、口气臭秽、大便秘结或不通、脉弦滑而大等症为核心表现的痰热腑实证，作为中风急性期常见证候，其腑气通否及证候转归与疾病预后有密切的关系。临床发现及早运用化痰通腑法有减轻脑水肿的作用，可显著提高中风病的治疗效果，这为化痰通腑法治疗中风急症提供了实践依据。

1986年由中国中医药学会内科学会、中医急症中风病科研协作组颁布的《中风病中医诊断、疗效评定标准》[3]中，首次公布痰热腑实证，确立化痰通腑法，后经规范的（前瞻、随机、对照）临床研究和多年临床应用验证提示，化痰通腑法治疗脑血管病急性期痰热腑实证，对于改善患者意识状态、缓解病情加重的趋势和减轻偏瘫的病损程度具有较好效果。化痰通腑法治疗中风急症的研究获1986年国家中医药管理局中医药重大科技成果奖。

依据化痰通腑法在临床实践中创制形成的代表方剂星蒌承气汤成为中风病系列方药之中极具影响力的一员。比对临床报道的中风病治疗用药情况可以看出，从80年代之后，受我们临床研究报道影响，胆南星、瓜蒌、大黄及承气类使用明显上升[4]。近20年，大量临床实践证明，痰热腑实证是中风病急性期的常见证候，临床已广泛应用化痰通腑法治疗由痰火导致的各种急症包括窍闭神昏证。可以说化痰通腑、通腑泻热法已经成为今人截断扭转中风病乃至各种危急重症腑气不通，痰热、浊毒壅盛病证的有力措施。

1. 通腑法治疗中风病的历史与源流

我基于20世纪70年代师承董建华先生，其历来重视腑气以通降为顺，在学习金元医家学术思想的过程中，特别对张子和汗吐下三法治急重症尤为推崇，体会会深。张元素最先把通腑法运用于中风病治疗，创立三化汤（厚朴、大黄、枳实、羌活）；此后刘河间提出中风病"若风中腑者，先以加减续命汤，随证发其表；……若忽中脏者，则大便多秘涩，宜以三化汤通其滞"（《素问病机气宜保命集·中风论第十》），并指出"内有便溺之阻格者"可用三化汤以及大承气汤、调胃承气汤治疗。明代王肯堂拟三一承气汤治疗中风便秘、牙关紧闭、浆粥不入者；清代张锡纯在临床中发现，大凡中风病患者多有大便燥结不通之证，并认为"是治此证者，当以通其大便为要务，迨服药至大便自然通顺时，则病愈过半矣"（《医学衷中参西录·脑充血头疼》）。清代沈金鳌《杂病源流犀烛》云："中脏者病在里，多滞九窍……如唇缓、二便闭……邪之中较深，治宜下之（宜三化汤、麻仁丸）……中腑者病在表，多着四肢……二便不秘，邪之中犹浅。"当代名医焦树德在三化汤基础上加入化痰、降浊、化瘀、通络之品，而成三化复遂汤，治疗中风病中经证或有向中腑转化者[5]。

在中风急症治疗中，应重视三化汤的应用。因为方中加用少量羌活不独祛风而重在通督脉、升举清气、宣郁开窍、疏通经络，与小承气汤配伍，一升一降，一开一通，具有调和气机的作用，对中风因气机逆乱致中焦升降失和之腑实尤为对证。然而，在进一步的临床诊疗观察中发现，对于中风病后腑实便秘的证候特征，并非三化汤一方所能涵盖。

2. 中风病痰热腑实证的涌现

腑实便秘在中风急性期，特别是从始发态（24～72h）至发病1周不断涌现。中风俗称"痰火"，中风后腑实便秘，同时可并见痰热甚至风火诸证，治疗后发现腑实痰热消长与病势顺逆密切关联，使我们对之倍加关注，经动态系统的临床诊治观察研究，正式提出了中风病痰热腑实证。

2.1 中风病始发态腑气不通现象的不断出现与观察

从临床对大量中风病例证候的观察过程中发现，绝大多数患者中风病始发态会出现大便不通的现象。虽然有些患者在发病前即可出现大便不通或大便干燥难解，部分患者在中风后3～7d出现，但中风后1～3d大便不通作为普遍现象出现还是应引起重视。

肝阳亢盛或痰湿、痰热之体的患者平素腑实便秘就很常见，中风前后腑气不通不但频发且持续时间相对长久，治疗好转后还易再次出现，此类患者出现腑气不通本不足为奇。重要的是在脑出血或大面积脑梗死等中风中脏腑等病情危笃、意识障碍的阳闭患者中无一例外会出现腑气不通，且常常伴有痰声漉漉、呼吸气促。并且中风中经络的患者不论是气虚血瘀还是痰瘀内阻者，中风后腑气不通也屡屡发生。随着对中风病全面动态系统的证候学观察与诊治，在中风急性期这样一个特定时空中，不同类型中风病患者腑气不通现象的相继呈现，的确值得深思。

2.2　腑气不通与痰热证候同时存在及其与病情程度关系的思考

进一步的观察发现中风后患者在大便数日未行、腑实证出现的同时常常伴随有口气臭秽、腹胀腹满，以及恶心呕吐、呃逆、纳差、苔白厚或黄腻或黄褐腻苔、脉弦滑而大、口干口苦口涩，触诊可扪及腹中有燥屎数枚等腑实痰热证，病情较重者还伴有痰声漉漉、喉中痰鸣、痰涎壅盛或神志昏蒙、烦躁不安等痰热内蕴、痰热扰心的证候。此外患者还常可伴见言语謇涩、体胖臃肿、面色秽浊或面色潮红、头晕头痛、舌卷缩、肢体活动不利或麻木、肢体瘈疭抽搐等风、火、痰、瘀证候，其中痰热与腑实证候如影随形，痰热盛者不仅腑实不通严重，而且风火证候亢盛，病情危重，痰热腑实轻者，中风病情相对轻，痰热腑实与疾病严重程度密切相关。中风后痰热证与腑实相继出现形成一种关联，成为中风后大多数患者证候演变的共同路径。

2.3　痰热腑实证候的涌现与毒损脑络病机的蕴育

当中风后患者在突然肢体偏瘫、言语謇涩、口舌㖞斜、偏身麻木或眩晕头痛之时，又兼具腑气不通（便干便秘、苔厚腻、脉滑、脉弦、脉大、腹胀腹满、恶心纳差、呃逆、口气臭秽等）、痰热内蕴（苔黄、苔厚腻、脉滑、神志昏蒙、痰声漉漉、喉中痰鸣、痰涎壅盛、言语謇涩、体胖臃肿、面色秽浊或面色潮红、烦躁不安、口干、头晕头痛等）的表现，痰热腑实证作为中风后气机逆乱、痰热壅结阻遏中焦的疾病总体现象涌现突显了。

上述症状的出现，不仅仅是腑实证、痰证、热证的体现，更是代表了中风病在该阶段的整体的核心病机。正所谓风痰瘀火阻络、气机逆乱，从而引起的火热、秽浊之气扰乱神明、败坏形体之症征，痰热腑实证的背景与相兼证候特征，引发我们对"毒性火热、毒性秽浊、毒易生风动血、败坏脑髓形体、扰乱神明"的思考，为进一步蕴育中风病"浊毒损伤脑络"病机的认识奠定了基础[6]。

2.4　中风病痰热腑实证形成的多种途径

虽然中风病形成于不同体质、不同发病诱因、不同兼夹症的人群，他们有不同的饮食习惯、生活习惯、地域环境条件，并且罹患中风病严重程度也不同，但痰热腑实作为急性期常见证候可出现于上述各种人群。只是由于产生情况不同，痰热腑实证候轻重程度不一、兼夹证候与发病时证候特征有别。

2.4.1　风痰上扰，痰热阻遏

中风病患者平素多有嗜食膏粱厚味的饮食习惯，或好逸少劳的生活方式，或长期紧张的精神状态，可因饮食不节使脾胃受伤、痰浊内生，也可因肝郁日久、木克脾土、脾失健运，致痰湿内生，同时肝郁日久，气机不畅、瘀血阻络，气郁化热灼伤阴液，炼液为痰，形成瘀血阻络、痰浊内盛、痰热内阻之素体体质。此内蓄痰热的患者，若遇调摄失宜，气机逆乱、内风旋动则形成风痰上扰、痰热阻遏、痰热腑实之病证。

2.4.2　风痰瘀血痹阻脉络，痰瘀化热，中焦阻遏

中年以后，正气积损，痰瘀内阻。或七情刺激、气滞血瘀，或烦劳过度、阳气再张，或饮食不节、内生痰湿，致气机逆乱、风痰瘀相搏，壅滞经脉，此属风痰瘀血痹阻脉络，发为中风。中风后，痰瘀内阻、郁而化热，痰热蕴结、阻遏中焦，致使中焦升降失常、腑气不通，从而形成痰热腑实。

2.4.3　阳亢生风，风火上扰，气机逆乱，痰瘀化热阻遏中焦

"年逾四十，阴气自半"。性情急躁、肝阳素盛之体，因长期气郁化热、郁热暗耗肝肾之阴、导致水不涵木、阴虚阳亢之病状，兼有气滞血瘀、郁火炼液为痰、痰瘀阻络之势。若平时饮食不节，嗜酒过度或劳倦内伤则可使脾失健运、聚湿生痰、痰郁化热。遇到情志火极，内风动越之时，或致风火上扰、络破血溢，或致风火上扰、痰瘀阻络，则气机逆乱升降失常，风火炼液为痰、痰火内盛、蕴结中焦、胃肠气机不降而成痰热火盛腑实内结之病证。

2.4.4　气虚生风，风痰瘀阻

年老正气衰弱之人，气血本虚，脾胃功能衰弱，痰湿内生，加之情志、劳累等诱因，使气机逆乱于心胸，风夹痰瘀阻络，痰湿郁积中焦而化热，痰热阻滞、升降失职渐致腑气不通。

虽然不同发病途径、不同人群在中风病发生前后形成和持续存在痰热腑实的时间各不相同，中风后多种证候要素组合也存在差异，但由于临床观察发现痰热腑实在疾病极期出现，并与疾病发展走势密切关联，因此针对痰热腑实的治疗备受重视，化痰通腑法甚至作为调顺中风后逆乱

气机、截断扭转病情加重趋势的重要策略为越来越多的临床医师在中风病急性期优先着重地选择。

3. 痰热腑实证与化痰通腑法的临床应用

根据中风后伴随腑实而涌现的痰热壅盛特点，我们立化痰泻热通腑法，创化痰通腑汤，即著名的星蒌承气汤。《伤寒论》中大承气汤是通腑泻热的经典方剂。后世将其类方演绎出方剂无数，如增液承气汤、宣白承气汤、陷胸承气汤、白虎承气汤、导赤承气汤、桃仁承气汤等等。在气机升降失调显著时，我们也选用三化汤加减，药用生大黄、芒硝、全瓜蒌、胆南星、枳实、羌活6味药，若临证见痰热腑实盛而气机阻滞不著者常常去枳实少加羌活采用星蒌承气汤。

3.1 辨证要点

中风病急性期痰热腑实证的基本证候特征及辨证要点：便秘便干、舌苔黄腻、脉弦滑是临床选方应用时的三大基本指征。患者发病后即有便干便秘，常是3～5d，甚至10d不大便，初期见脘堵腹满、矢气臭，继而腹胀渐实，腹部可触及燥屎包块，或起病后虽能大便，但大便干硬如球状。便秘便难乃因中焦蕴蓄痰热、消灼津液所致。因腑气不通，浊邪上扰心神，进而发生意识障碍，致病情加重。舌苔初始可见薄黄，舌质多暗红，此乃内有热邪，若舌苔转为黄厚腻，是中焦蕴蓄痰热渐盛，又常见舌中后部黄厚而腻，此是痰热郁阻中下焦阳气受遏。脉弦滑是内有痰热，脉弦滑而大，尤以瘫侧弦滑而大显著者，则是痰热实邪猖獗之征，脉大为病进。

3.2 证候鉴别

应当注意鉴别的是，若患者数日未解大便，但舌苔不黄不厚，而舌质淡或舌体胖大，平素即大便数日一行，解时大便不干，甚或初头硬后溏稀，但排便无力，此属气虚，推动无力，治当健脾益气以助运化；再有便干便秘者，少苔或无苔，舌质嫩红，口渴喜饮，此属津亏液少、无水助行，治当增液行舟；又有便干便秘，舌苔厚腻，或白或黄者，但舌苔虚浮、颗粒粗糙，扪之不实，甚可拂去，此时应充分考虑虚的因素，或为气虚、推动无力、饮邪内阻，或为肾虚、气化不足、湿浊不化，或厚腻苔迅速脱落，至光剥无苔，为精亏液损之象。

3.3 方药组成

星蒌承气汤组成及常规用量：全瓜蒌30～40g，胆南星6～10g，生大黄（后下）10～15g，芒硝（冲服）10～15g，羌活6g。方中全瓜蒌清热化痰、理气散结；胆南星息风化痰清热，配全瓜蒌功专清热化痰，去中焦之浊邪；生大黄煎时后下，峻下热结，荡涤肠胃，通腑化浊；芒硝软坚散结，配生大黄通降腑气。四药相配，化痰热、通腑气、

切中病机，势宏力专。本方使用大黄、芒硝的剂量，应视病情及体质强弱而定，一般生大黄用量控制在10～15g左右，芒硝用量控制在6～10g，以大便通泻、涤除痰热积滞为度，不宜过量。若便秘而大黄干结不明显可用元明粉浸透生大黄10g而不用冲服芒硝。

气滞甚者于上方加入枳实10g，方中生大黄、芒硝通腑泻热，辅以枳实行气导滞，全瓜蒌、胆南星清化痰热，唯有羌活性辛温善通督脉，督脉总辖一身之阳气，所以用羌活有利于气血运行布达。

待腑气通后，再予清化痰热活络之剂，如瓜蒌、胆南星、丹参、赤芍、鸡血藤、威灵仙等，针对中脏腑而见痰热腑实证的重证患者，还可加用竹沥、或竹沥浸透广郁金等。竹沥苦微寒，具清热化痰之功，可单用或兑入汤药中服，每次口服30～60mL，每日2～3次。重症用清开灵、醒脑静、痰热清等注射液20～40mL加入5%葡萄糖溶液250mL中静脉点滴，每日1～2次。

3.4 组方释义

星蒌承气汤方中生大黄为君药，《得配本草》记载其"苦，大寒，入足太阴、手足阳明、厥阴经血分，性沉而不浮，用走而不守。荡涤肠胃之邪结，祛除经络之瘀血，滚顽痰，散热毒……"。《本草原始》记载大黄"：荡涤肠胃，推陈致新，通利水道，调中化食，安和五脏……平胃下气，除痰实，肠间结热，心腹胀满……泻诸实热不通，除下焦湿热，消宿食，泻心下痞满。"明代医药学家张景岳在《景岳全书·毒草部》中云："夫人参、熟地、附子、大黄乃药中之四维……人参、熟地者治世之良相也；附子、大黄者乱世之良将也……。"司马光在《资治通鉴》中云："礼义廉耻，国之四维，四维不张，国乃灭亡。"由此可知在医药方面大黄之重要。古代名医有用药如用兵的论述，并多次赞誉大黄具有尖锐攻击、无坚不破之力，斩关夺将、犁庭扫穴之能，能祛邪止暴、拨乱反正、定祸乱而致太平，如《药品化义》载："大黄气味重浊，直降下行，走而不守，有斩关夺门之力，故号为将军。"在葛洪的《肘后备急方》中第一味常备急救药为大黄。说明大黄乃是中华医药学治疗急、危重病中应用最多的药物，具有泻热通便、凉血解毒、活血逐瘀、利尿退黄、止血消肿、利肺平喘等多重作用。现代研究证明大黄能抗炎抑菌、抑制肿瘤坏死因子及影响呼吸链，清除自由基，还能改善血液流变性，增加脑动脉血流量，降低血管压力[7]。芒硝辛、苦、咸，大寒，荡涤三焦肠胃之实热，消除胸膈壅淤之痰痞（《得配本草》）。入胃、大肠、三焦经，咸以软坚，寒能清热，可"破蓄血，除痰癖，有推陈出新之动功"（《药品化义》），具有泻热通便、润燥软坚的功能。现代研究认为其硫酸离子不宜被吸收，存留肠内引起高渗溶液，使肠内水分增加，引起机械刺激，促进肠蠕动而排下稀便，一般服下4～6h排便，

且无肠绞痛副作用，从而阻止高颅内压加重，减轻脑水肿 [8]。大黄与芒硝配伍，具有荡涤肠胃、泻热降浊、推陈致新、通腑和营的作用。瓜蒌味甘、微苦而寒，归肺、胃、大肠经。其甘寒润降，具有荡涤胸膈之邪热、消除肺经之结痰，利大肠、消痈肿解毒的作用，导痰涎下行为其所长，于本方中起清热化痰、润肠通便之效。动物实验说明瓜蒌有显著增加冠脉流量及降血脂作用 [9]。大黄、芒硝、瓜蒌三药相合是《内经》所谓"热淫于内，治以咸寒，佐以甘苦"的具体应用。胆南星味苦、微辛、凉，是以猪胆汁炮制的天南星。炮制后其燥性大减，有清化燥痰、息风定惊、开窍醒脑、促进苏醒的功效。可治痰热导致的昏迷、惊痫、抽搐、发狂等证。药理证实其有抗惊厥镇静止痛祛痰作用，还能有效降低血液的凝固性，增加脑血流量 [10]。大黄、芒硝、瓜蒌、胆南星四药合用具有通腑泻热、清热化痰、息风开窍之功效。羌活，辛苦性温，气味俱薄，浮而升，阳也。足太阳行经风药，并入足厥阴、少阴气分（《本草原始》）。治头痛脊强而涉及太阳、少阴、督脉为病，治太阳、少阴、督脉为病所致头痛脊强。星蒌承气汤用羌活有清泻荡涤浊热邪毒于下、通经升清宣窍于上、燮理气机升降之效用。

3.5 临证化裁

星蒌承气汤可随证加减，治疗中风病目前临床常配合活血化瘀药物。痰热盛，恶呕、纳呆、腹满者可加燥湿化痰的法半夏、陈皮、厚朴；大便通而黄腻苔不退，少阳枢机不利，气郁痰阻者，配大柴胡汤化裁；风动不已、躁动不安者，加镇肝息风之品，如羚羊角、生石决明、磁石之类；痰火扰心、躁烦不眠，甚至昼睡夜醒者加郁金、栀子、石菖蒲、远志；瘀血重者，加丹参、桃仁、红花以活血化瘀；黄腻苔呈斑块样剥脱，已见阴伤之势者，减胆南星、全瓜蒌、芒硝、生大黄之量，加麦门冬、玄参、女贞子、旱莲草等，以育阴生津，寓增液承气之意。

本证在痰热腑实阶段可配用九制大黄丸，每丸 6g 重，6g/次，随汤药冲服，或配用清胃黄连丸，6g/次，随汤药冲服。还可配用番泻叶一撮冲泡代茶饮，以上药物均有通腑泻热的功用。如腑气通畅后仍痰热内盛者，可配用清心滚痰丸（每丸 3g），每次服 3 ~ 6g，随汤药冲服。也可用牛黄清心丸，1 丸 / 次，每日 2 ~ 3 次。待痰热渐化可用散风活络丸，每次服半袋，2 次 /d，以舒筋活血通络。值得指出，中风病始发重证不宜过多加减用药，当以星蒌承气汤药少力专治之。

3.6 煎服法及使用细则

如果药服一煎以后，约 4 ~ 6h 能使大便通泻，泻下积滞酸腐甚至臭味很大的粪便，尔后又有稀便 1 ~ 2 次，则不必尽剂，也就是说仅服这一煎就可以了，不必再服第二煎药，如果本方已服一剂而大便未通，可以连续服一二剂，以求大便通泻为止。除了口服汤剂给药外，对昏迷、

不能进食，腑实不通的患者还可选用鼻饲、灌肠、敷脐等多种给药方法，安全有效，简便易行，不仅无损于正气还有利于病情的好转。汤剂以每次处方 1 ~ 2 剂为宜。芒硝、生大黄适合单包，以便随时调整用量或停药，芒硝可用到 10 ~ 15g；胆南星气味腥苦，口服困难，不宜量大，汤剂中常用量 6g 左右，多用则苦腥气重。星蒌承气汤有较为明确的适应证，详辨细审，把握分寸，对证下药，用之无虞。至于临床用药饮片的选定，煎煮前的浸泡与入煎的时间、纳入水量及取汁多少、给服药的规程均需按"标准汤剂"要求操作。

3.7 适用范围

中风病分期诊断有急性期、恢复期和后遗症期，证类诊断分为中经络、中脏腑。化痰通腑法主要适用于中风病急性期中经或中腑的痰热腑实证。另外由于急性期风火痰瘀、内蕴化热、阻滞中焦、枢机不利，发病后 1 ~ 2d 无大便，而舌苔薄黄，或白腻者，腑气不通而燥结未成，有渐成痰热腑实之势者，亦可化痰通腑，阻其于未然。或虽有大便，但大便干而难解，纳差、腹胀，细观舌象，舌苔色黄，苔不厚，苔腻而颗粒细腻致密，仍为痰热内阻、腑气不通之征。当化痰通腑，腑气得通，食纳转香，则全身情况好转。

另外，掌握泻下的时机也很重要。对此，有人提出泻下法应当早用，其适应证范围也应扩充，不仅腑实可用，腑气不顺不降也可适当应用本法施治。从《伤寒论》传统主张认为，用通下剂以知为度，不必尽剂。但我们在临床观察中，见到部分患者一次通下后，在几天之内又可形成腑实，因此，大便得以通泻，能否作为腑气通畅的唯一佐证，是应该商榷的。从临床观察可知，大便得以通泻之后，其舌象变化有 3 种常见的情况：一是黄苔或黄腻苔渐渐脱落，代之以薄白苔而舌质转暗淡，此为顺；二是黄苔或黄腻苔持续不退，此时应考虑到少阳枢机不利、气郁生热的因素存在，改拟大柴胡汤，往往可使腑气通畅；三是黄苔成黄腻苔迅速剥落而舌质转红绛，此为逆，有复中的危险。

3.8 观察指征及预后判断

一般用 1 ~ 3 剂汤剂后，患者排出积粪，量多臭秽，而后神志多由恍惚转清，瘫肢好转，黄腻苔渐化，如大便通下后，应保持大便略稀，使患者大便次数维持在每日 2 ~ 3 次为宜。化痰通腑法应用 2 ~ 3 日，黄厚腻苔渐去，再根据病情变化相应改为化痰通络、甘平益气、育阴等法。不过用泻下药也可伤正，常见心慌、气短、自汗、口干、舌红少津、脉沉细缓等，甚或肛门总有少量大便。这种情况的出现一是用药过量，二是用通泻剂过早，在临床上经补液后，多可很快纠正。另一种情况，大黄、芒硝虽用至 10 ~ 15g，仍无大便，此时患者烦躁或腹中绞痛，而半身不遂和神志状况反渐变坏加重。所以应该强调根据病情和体质状况合理地运用本法。若素体壮实者，当以重剂，大黄、

芒硝可用 10g 以上，以达到通泻目的为度；若素体气阴不足者，则用药宜轻或以攻补兼施为宜。

3.9　使用禁忌

中风病基本病机为本虚标实，以肝肾不足为本，化痰通腑法旨在迅速祛除浊邪，不宜久用。应用时注意掌握时机，泻下药应以知为度，中病即止。并随时调整处方，绝不可一成不变，一方到底。阴闭阳不足寒痰重或脱证表现明显者，不宜使用化痰通腑法。若见脾肾阳虚、元气衰败之中风脱证，亟须重用附或参麦针剂。

关于通腑化痰法的临床应用，有两个问题值得讨论：①应用大黄和芒硝苦寒、咸寒泻下的药物会不会损伤正气？②腑气通畅以后应怎样掌握进一步的治疗？

首先说对于"通腑"治法的运用，关键在于患者具有可"通"的指征。联系本证其指征有 3 个。一是起病以后大便秘结，或虽有便意而便干难解。二是苔黄腻或舌苔由白转为黄腻。证明中焦蕴蓄痰热。有这类证候的患者，在起病之前舌苔可为薄白或薄白腻苔，然而发病以后可在短暂的 6h 以内舌苔即变为黄腻，一般在 24 ～ 48h 之间舌苔由白转黄，最迟在 3 ～ 5d 之内逐渐转黄。白苔转为黄苔考虑有郁热形成。白腻苔转为黄腻苔当是中焦蕴有湿痰或者痰热，再结合便秘、腹胀等症可知痰热积滞造成胃腑不通，如不采取通腑泻热的治疗，有的患者多至 1 周不解大便，自然腹内积有燥屎，舌苔则由黄腻先变为黄腻而干，舌质变红，进而舌苔变为褐黄干腻，舌质红或暗绛，最后舌苔变黑而干腻，舌质红绛而暗。当然此时不仅半身不遂加重而且常出现神昏，并有旋即复中的危险，这是阳明腑实、邪热灼伤真阴导致的恶果。三是脉弦滑而大。脉弦滑说明内有痰热积滞，大脉可见于虚证也可见于实证，所谓大则为劳和大则病进，脉象在弦滑有力的基础上出现大脉，当然属于邪气偏盛而正邪交争，因此我们说中风病虽然总属本虚标实之证，但在急性期多数侧重在标实，存在着痰热蕴结、闭塞不通的情况。所以根据上述 3 个方面的指征，属于痰热腑实、风痰上扰证者，应治以"通"为主，即或在构成本病的病因上有本虚的一面，此时也只能以"通"为补，及时地祛除痰热实邪使勿消耗正气，即蕴有维护正气的作用。当然，我们不否认运用通腑治法时，如果苦寒泻下药物用量过多、力量过猛，因通泻过度是会损伤正气的。为此，我们强调应该根据病情和体质状况合理地运用通腑化痰一法。如果在痰热阻滞症情较重时，医生仅用大黄、芒硝各 3g，服药之后不能起到通泻大便的作用，那么只能等于隔靴搔痒了。

第 2 个问题是在腑气通畅以后应怎样掌握进一步的治疗。一般在大便得以通泻之后，痰热证在，并有血络瘀阻，故应清化痰热活络，药用全瓜蒌、胆南星、丹参、赤芍、鸡血藤等。如因痰热阻滞再次出现腑实证者，可再次给予通腑泻热之剂，腑气通后再拟清化痰热活络。若头晕重者

可加钩藤、菊花、珍珠母。如果舌质转红而烦躁不安，甚至彻夜不眠者，属痰热内蕴而阴液内耗，此时治疗最难，可以适当加入鲜生地、沙参、麦门冬、玄参等育阴药，但不宜过多，恐有碍于涤除痰热。临床见痰热渐化之后转为气虚血瘀证者最多。

然而在痰热刚刚化净的时候，虽有气虚见证，但益气药物应以甘平或甘微温之品最为适宜，如太子参、茯苓、生山药、白扁豆等，注意避免过分甘温壅滞气机的药物。此时不可轻言重用参芪。至恢复期纯属虚证而无热象时，可以考虑黄芪、党参等药的使用，方剂可选《医林改错》补阳还五汤加减。再者，本证总以半身不遂为主症，其症必由邪扰脉络、血脉不行而成，因此本证治疗也应重视活血化瘀的应用。然而中医药学中记载的活血化瘀方剂和药物很多，在具体运用方面还应注意以下几点。一是早期血瘀必兼气滞，或气滞而导致血瘀，此时应在活血药物中加入香附、郁金等理气行气药物。二是病久常属于气虚血瘀，应加入黄芪、党参、太子参等补气药物，补气可以推动血行，还有中风病为本虚标实之证，应注意活血之中加入破血药物，因三棱、莪术等破血药具有破气的弊病，如用此类药物使正气耗伤则对病情的恢复不利，血可破而气不可伤，当以防范。即使对于血瘀重症，亦仅可选用穿山甲、水蛭、鬼箭羽等活血力量较大的药物，此外可应用丹参、川芎、当归、赤芍等活血药制成的静脉注射液，比如本证可用丹参注射液 20mL，或丹红注射液 20 ～ 40mL，或川芎嗪注射液 10mg，兑入 5% 或 10% 葡萄糖溶液 250 ～ 500mL 中静脉滴注，1 次 /d。治疗本证在辨证的基础上运用通腑化痰活络的汤药口服，再加上静脉滴注活血化瘀药物，似比单纯口服汤药的治疗效果要好。

参考文献：

[1] 王永炎，邓振明 . 缺血性脑卒中辨证论治初探 [J]. 上海中医药杂志，1982，4（4）：4-5.

[2] 王永炎，李秀琴，邓振明，等 . 化痰通腑法治疗中风病 158 例临床疗效观察 [J]. 中国医药学报，1986，1（2）：22-24.

[3] 中华全国中医学会内科学会 . 中风病中医诊断、疗效评定标准 [J]. 中国医药学报，1986，1（2）：56-57.

[4] 李赓韶 . 治疗中风病用药规律的探讨 [J]. 北京中医学院学报，1986，9（4）：20-22.

[5] 焦树德 . 中风病的诊治和预防 [J]. 新中医，1997，29（9）：6-8.

[6] 谢颖桢，高颖，邹忆怀 . 试论毒邪致病及证候特征 [J]. 北京中医药大学学报，2001，24（1）：11-13.

[7] 张向红，程黎晖 . 大黄的药理作用及临床应用研究进展 [J]. 中国药业，2009，18（21）：76-78.

[8] 应帮智，张卫华，张振power . 中药芒硝药理作用的研究 [J]. 现代中西医结合杂志，2003，12（20）：2155-2156.

[9] 屠婕红，余菁，陈伟光 . 瓜蒌的化学成分和药理作用研究概况 [J]. 中国药师，2004，7（7）：562-564.

[10] 于强，于洋 . 天南星化学成分和药理作用研究概况 [J]. 中医药信息，2007，24（5）：26-28.

（收稿日期：2012-09-25）

附录 3

《北京中医药大学学报（中医临床版）》2013 年 3 月第 20 卷第 2 期

化痰通腑法治疗中风病痰热腑实证的源流及发展（二）
——化痰通腑法治疗后的不同证候演变及疾病转归与治疗

王永炎[1]，谢颖桢[2]

（1. 中国中医科学院，北京 100700；2. 北京中医药大学东直门医院，北京 100700）

摘要： 总结中风病痰热腑实证经化痰通腑治疗后出现的证候演变、相应治疗及预后转归。发现不同体质、不同发病原因及机制导致中风病并见痰热腑实证者，经治疗后，可有腑气通畅、痰热消减，腑实暂除但腑气未通或痰热未减，及腑气不通、痰热风火炽盛等不同的证候演变，临床结局各不相同。表明痰热腑实证的形成源于中风病气机逆乱、痰热内蕴中焦、升降失常的共性病机，腑气通畅及痰热消减与否，与疾病向愈、病势顺逆密切相关。

关键词： 化痰通腑法；中风病；痰热腑实证

痰热腑实证为中风后气机逆乱、中焦痰热内蕴阻遏导致的升降失常、腑实不通，是许多不同状况患者中风后的共性机转。应用化痰通腑法后出现不同的病状，体现了中风病发病和疾病发展的个体化病机特点。把握中风病疾病与证候演变规律，同时还需深刻了解每位患者的体质禀赋、生活习惯、危险因素、发病特征，在临证时把中风病病证演变规律与患者的具体病情相结合，应证组合、知常达变，才会提高临床辨证论治的疗效和中医药防治中风病的水平。

1. 腑气通畅，痰瘀阻络，病势向愈

痰热腑实形成于中风后风痰瘀血痹阻脉络、气机逆乱、痰瘀化热者，此类患者多为中风中经络，痰热腑实一般多出现于中风后 3～7d。在中风病情的极期，及时化痰通腑，往往只需 1～2 剂，绝大多数患者则腑气通畅，痰热减轻。首先出现痰热瘀阻证，临床上常见患者大便已通，但舌苔仍黄腻，或口气臭秽虽减轻但仍存在，或有瘀斑，舌底脉络瘀张，脉弦滑或涩，并见面部烘热、心烦易怒、走路脚步不稳等。故治疗宜清热化痰、活血化瘀通络，常加全瓜蒌、胆南星清泄痰热；丹参、赤芍、鸡血藤等活血通络；亦可酌加行气、降气之品，如枳实、半夏、橘红等以治痰。此证调治一段时间后，痰热渐化，呈现痰瘀阻络证，舌质淡红或淡暗，苔薄或腻，治疗应予化痰通络。

临床发现中风中经患者随着痰热腑实的出现及凸显，患者意识可由清醒转至嗜睡昏蒙，甚至舌謇或言语謇涩及偏肢体瘫的加重。而及时有效的清热化痰通腑，随着腑气的通畅，浊毒的降解，痰热消减，病情转轻，中风中腑者多神志转清；整理总结东直门医院神经内科 1987～1992 年间治疗的 491 例中风病例，其中对 51 例中风病急性期伴有意识障碍者应用化痰通腑法治疗，发现应用化痰通腑法后，腑气通畅有助于意识改善，明显减轻了火热痰浊证的病情程度，意识障碍持续时间显著缩短[1]。

2. 腑气通畅，气虚血瘀，病势趋缓

痰热腑实形成于气虚血瘀、气机逆乱、虚气留滞、气虚生风、血中游风动越，中风后以风痰瘀血痹阻脉络标实为主，部分患者在发病 5～7d 痰瘀化热出现腑实内结者。由于证候演变缘于患者本身气血不足的体质，应用化痰通腑法后腑气通、痰热消，标实证候渐去，正气虚象渐显，多见气虚血瘀证，病势趋于和缓。患者面色白光白，气短乏力，口流涎，自汗出，手足肿胀或肢体松懈瘫软，舌质暗淡，苔白腻，脉变为沉细、细缓或弦细。此时需益气，然而在痰热刚刚化净之时，虽有气虚见证，益气药物应以甘平或甘微温之品最适宜。由于患者素体正气虚弱，因此本证病程相对较长，恢复较慢。少部分患者可能出现虚风

再次形成, 引起复中或时有小中风的发生。

3. 腑实暂除, 腑气未通, 病情欠稳

痰热腑实形成于中风后风痰上扰、痰浊瘀血痹阻经络、痰浊瘀血阻遏三焦气机不畅, 或兼痰湿内盛化热者, 往往患者素体气郁、痰湿相对较盛, 应用星蒌承气汤化痰通腑后大便虽可暂下, 但量少而不畅, 腑气实际未得通畅, 须坚持应用, 大便才会真正通畅; 或大便通后, 痰热未减, 气机不畅, 腑实很快再结, 舌苔仍黄腻, 此时应考虑少阳枢机不利, 改用利气疏导的大柴胡汤。大柴胡汤主少阳合阳明实证, 是少阳郁热未及时和解而传入阳明, 为"枢机不利, 里热结实"之故。审证论治, 故治宜"外和枢机, 里下结实", 即因枢机不转、里实内结可相互影响, 故治疗时双管齐下, 则可收事半功倍之效。中风病人多是气机的不调畅, 应用大柴胡汤治疗时, 拟用和解之法以利枢机, 并可促进腑气之畅行; 内下结实之邪也可助枢机运转, 两者相辅相成、相得益彰。此类患者化痰通腑治疗, 腑气通畅后, 病情虽有好转, 但因痰热易蓄势再结, 更致气机不畅, 故病情又欠稳定, 需密切关注, 积极调治保证腑气通畅、气机条达。

4. 腑气通畅, 痰热仍盛, 病势缠绵

痰热腑实形成于素来内蓄痰热之体或肝阳素盛兼嗜食肥甘者, 患者平素即常有腑实内结, 中风后风痰上扰、痰热腑实在发病后即刻形成。此类患者多为中风中经, 或中经向中腑移行者。化痰通腑法治疗腑气通畅后, 痰热内蓄或兼肝阳上亢之势仍然较盛, 表现在患者口气臭秽、舌红苔黄腻或黄厚腻、脉弦滑诸症未有明显改善, 或伴有头痛、头晕昏沉、嗜睡, 以上症状可持续 1～2 周或更久。化痰通腑法需要坚持治疗的时间较久, 病情相对急重的状况持续时间较长, 积极合理全面调整有助于病情稳定和好转。临床治疗多以星蒌承气汤和羚羊钩藤汤加减治疗, 药用胆南星、瓜蒌、黄芩、天竺黄、酒大黄、丹参、赤芍、羚羊角、钩藤、菊花、生龙骨、生牡蛎、川牛膝等。同时配合清开灵注射液或醒脑静注射液。此类患者值此期间, 若调摄不适或用药权衡不周, 致腑实再结、痰热壅盛, 可致热盛阴伤, 或痰热扰神甚至内闭心窍, 导致病势逆转, 因此治疗调护不可不慎。

5. 腑气通畅, 阴液大伤, 病情不稳, 警惕复中

阴虚阳亢、水不涵木之体, 在肝风内动、风火上扰、气机逆乱、痰火阻遏中焦基础上形成痰热腑实证者, 在清热熄风的同时, 并用化痰通腑法, 腑气通畅, 痰浊渐消。但由于邪热内炽, 灼伤阴液, 或是屡用脱水剂后阴液大伤,

致使内风旋动转化为阴虚风动证, 出现舌质转红绛, 黄腻苔呈斑块剥脱, 甚至舌面光净无苔, 脉弦细而数, 并烦躁不安, 甚至彻夜不眠者, 属痰热内蕴而阴液内耗、胃气虚衰的表现。此时病情不稳, 容易出现阴虚风动证, 导致复中风, 临床应高度警惕, 积极防治, 可适当加入鲜生地、沙参、麦冬、玄参等育阴药, 但不宜过多, 恐有碍于涤除痰热。

6. 腑气不通, 风火更甚, 痰热内闭心窍, 由腑及脏, 病位加深

屡用化痰通腑法后腑气仍不通, 多见于痰热实邪重或兼风火内扰者。风火炼液为痰, 可加重痰热内结之势, 痰热互结又可进一步化火生风, 形成恶性循环。痰热随风阳上扰清窍可见神志昏蒙。若腑实不通、痰火壅盛, 风阳痰火内闭心窍可致昏迷。此时病情由腑及脏, 病位加深。此类证候演变如果治疗及时得当, 于 1 周或 10 日之内, 神志逐渐清醒者尚可脱离险境。临床应及时清化痰热、醒神开窍, 选用羚角钩藤汤加减。药用: 羚羊角粉 2g（分冲）, 钩藤 24g, 菊花 10g, 夏枯草 15g, 黄芩 10g, 生石决明 30g（先煎）, 生赭石 30g（先煎）, 石菖蒲 6g, 远志 6g, 牡丹皮 10g, 天竺黄 6g。中成药亦可用安宫牛黄丸或局方至宝丹, 以及选用清开灵或醒脑静或丹红注射液静脉滴注。

7. 腑气不通, 风火痰热猖獗, 变证丛生, 病势恶化

痰热腑实、痰热内闭心窍虽经化痰通腑法治疗, 腑气仍然不通, 风火痰热猖獗, 消灼阴液, 耗损正气, 正不胜邪, 使得变证丛生, 病势恶化。常见变证有 5 个, 即呃逆、厥逆、抽搐、便血或呕血以及戴阳证。①呃逆是在口噤不开、水米不进的情况下出现呃逆频频的症状, 这是由于风火痰热消耗正气, 因胃气败伤而形成。②厥逆是阳闭神昏数日之后, 骤然背腹灼热而四肢手足厥冷。此时患者背部、腹部用手摸时有如火炭烧灼般的烫手, 这是肠热内闭的缘故。然而患者手足冰冷, 甚至寒冷至肘膝以下, 当然上下肢发凉的程度是肢体远端更凉, 这种四肢发凉甚至冰冷的症状称为"厥逆", 是由于邪热内闭, 阻遏了阳气外达而形成的。中医还有热深厥深的说法, 即是邪热内闭的情况越重, 则四肢厥冷的症状亦随之加重。③抽搐是阳闭神昏不遂之时还兼有频繁的抽搐。这种中风神昏病人出现的抽搐, 西医学认为是脑血管病继发的癫痫, 中医也可以把它看作是癫痫的一种证候类型。这是因为肝风与痰热互结, 在屡犯心窍的情况下, 由于风阳内盛、肝阴不足, 使筋膜燥涩、内风动越所致。④血证是阳闭数日之后出现便血、呕血的症状, 这是由于邪热猖獗、肝胃之火灼迫血络造成的。变证一旦出现, 无论呃逆、厥逆、抽搐, 或便血、呕血都是因邪热

炽盛、内闭气血而使阴阳离绝的危重病证，为病情恶化的标志，预后多不佳。⑤戴阳证最凶险，是危重患者病势垂危时阳气欲脱、虚阳浮越于上的现象，又称"回光返照""残灯复明"。临床患者突然出现颜面潮红可延伸至颈部，其两颊泛红颜色稍浓，但触摸面颊不热，四肢厥冷如故，脉沉微欲绝。戴阳证为阴竭而命门火衰于下，阴阳格拒、阴阳离绝之征，难以救治。

因此，密切观察变证的早期信号，在变证发生之前积极防治具有重要意义。比如呃逆变证，是在痰热腑实基础上由气机逆乱引起，宜积极通腑泻热、和胃止呃，根据病情选用大承气汤加味或大柴胡汤、黄龙汤加味。而因胃气胃阴两伤属"土败胃绝"之呃逆，应益气养阴、和胃止呃，方选人参粳米汤。厥逆为热深厥深应急予羚羊钩藤汤加减，送服或鼻饲安宫牛黄丸、局方至宝丹，此与痰热蒙蔽心窍证的治疗相同。厥逆而周身湿冷、阴阳离绝之时，方选白

通加猪胆汁汤以附子、干姜回阳救逆为主，反佐以猪胆汁咸寒苦降之品，取"甚者从之"之意。

由于变证多发生于邪盛正衰之际，因此中风重症患者虽以风火痰热猖獗为主，但兼见气血亏虚、阴阳损伤之证者，宜在积极清热解毒、化痰熄风、开窍醒神的同时，予以或益气养阴或回阳固脱的抢救治疗。临床用药方面可在服用安宫牛黄丸或局方至宝丹，以及运用清开灵或醒脑静注射液静脉滴注祛邪同时，加用参麦或参附注射液扶正救治，或可力挽狂澜、防止变证脱证的发生。

参考文献：

[1] 谢颖桢，任晋婷，王振垚，等.化痰通腑法影响中风病患者意识状况的临床分析[J].北京中医药大学学报：中医临床版，2009，16（2）：17-19.

（收稿日期：2012-11-25）

附录 4

《北京中医药大学学报（中医临床版）》2013 年 5 月第 20 卷第 3 期

化痰通腑法治疗中风病痰热腑实证的源流及发展（三）
——意象诊疗模式下中风病痰热腑实证的涌现特征

王永炎[1]，谢颖桢[2]

（1. 中国中医科学院，北京 100700；2. 北京中医药大学东直门医院，北京 100700）

摘要：意象思维是中国传统文化最具特色的思维方式，中医辨证论治采用"立象取意"的意象思维模式诊疗疾病。中风病始发态至极期，与病情发展变化同步出现的痰热、腑实征象，因其消长与疾病向愈、加重密切相关，在"以象为素、以素为候、以候为证"的意象诊疗过程中凸显涌现出来。在意象诊疗过程中总结中风病痰热腑实证候的涌现特征：意象结合高概念蕴育涌现"新颖性"，相应变化生意象刻画涌现"动态演化性"，意象内在存因果融通涌现"微-宏观效应"，必然意象寓偶然揭示涌现"整体统一性"。

关键词：化痰通腑法；中风病；痰热腑实证；意象诊疗模式

中图分类号：R255.2

21 世纪已是高概念时代，以"象思维"为理念，重视相关性研究对疾病防治的作用，体现理解、解释、应用三位一体的诠释与延伸发展。意象思维是中国传统文化最具特色的思维方式，中医辨证论治采用"立象取意"的意象

思维模式诊疗疾病。

《周易·系辞上》云："圣人立象以尽意。"汉代易学家王弼曰："立象尽意"和"得意忘象"（《周易略例》）[1]。这里的"意"是意象，这里的"象"则是现象和表象。掌

握了事物的内涵属性（即意象）后，则不再受具体事物表面现象的局限。取象的内容除包含事物的表象外，还包含特定事物的内涵属性、内部结构、实体与表象的关系，事物本身与其外界各事物的联系和制约关系等等。意象思维方法在分析四诊信息、概括病象集合的过程中常常形成对人体生理病理认识的"高概念"，蕴涵创新内容与理念。

"涌现"是指复杂系统在自组织演化过程中新结构、新属性、新现象、新状态的出现，具有"整体性（非加和性）、动态演化性、新颖性、微宏观效应、层次性"等特征。

中风病痰热腑实证与其说是发现，不如说是在意象诊疗模式下的"涌现"。立象之"象"[2]即为病患情况的客观"涌现"（物象、具象），经过医生主体观察分析"取意"而形成"意象"，即主客交融地对疾病一定阶段生理病理反应认识的"涌现"，证候是在"以象为素、以素为候、以候为证"的辨识过程中，形成对疾病人群"内实外虚、动态时空、多维界面"的"涌现"的认识[3]。

我们对于痰热腑实证的发现与提出，正是基于绝大多数中风病患者规律性地在中风病发病 3 ～ 5d 出现腑气不通及痰热证现象的观察，并且，痰热与腑实的消长常常同步，二者进退从总体上影响着中风病患者病势的转归[4]。正是这样，作为中风病气机逆乱病机层面的核心证候，痰热腑实证在疾病层面涌现并被认识与把握。在意象诊疗过程中中风病痰热腑实证候的涌现具备以下特征。

1. 意象结合高概念蕴育涌现"新颖性"

新颖性是指系统呈现出来的是以前所从未有过的、崭新的特性，不能根据系统组分而进行的预测或推导所获得。中风后腑气不通这一现象在历代医案中并非没有记载，但对中风病证候的认识既往皆从风、火、痰、瘀着手。腑气不通作为一种现象并未引起充分重视。我们对这一现象进行动态系统的观察后，从其出现与中风病发病时间关联、与痰热证关联，其消退与否与疾病总体转归关联的事实中，将痰热腑实这一中风病关键证候凝练抽提出来。

痰热腑实证的发现与提出是我们对中风病证候学的创新发展，与历史上的任一阶段对中风病证候的认识迥然不同。正是痰热腑实证的涌现，使得中医学对中风病证候规律及病机认识进一步深化，并且据证立法、处方，所创立的化痰通腑法与形成的星蒌承气汤，大大提高了中风病防治的疗效。

痰热腑实证作为中风病新证候的涌现，正是象思维"取象比类""立象取意、象意结合"形成的创新高概念。通过形象与逻辑的结合，将腑实不通与痰热内蕴的现象，二者并见、同步消长的现象与疾病转归的逻辑关系连接，反映了中风后神匿不能导气、气机逆乱、中焦痰热内蕴、阻遏导致升降失常、腑实不通诸概念间的复杂联系。

2. 相应变化生意象刻画涌现"动态演化性"

正如"涌现"现象不是预先所设定的，而是随着复杂系统的演化逐步形成的一样，痰热腑实证也正是在中风病临床征象与疾病发展同步演化的过程中凸显出来的。

2.1 痰热与腑实征象在中风后病情发展过程中出现

临床发现，中风后很多患者在半身不遂、舌强语謇等病症发生的初期和极期舌脉症方面会出现以下变化：舌质由暗淡或淡红转为红或红绛、暗红，舌苔由白转黄至褐、黑，由薄白至厚腻、黄厚腻，脉象由弦滑至弦滑而大，腑气由通而致腑实便秘、便干、数日一行、腹胀纳差，口气渐至臭秽，出现口苦口干，心烦，或面红目赤、溲赤，甚至进而出现痰声漉漉、呼吸气促，面色秽浊，神识由清转至嗜睡昏迷等临床变化。黄腻（或黄厚腻）苔、弦滑大脉、口苦口气臭秽，至心烦、便秘溲赤，为痰浊、痰热、痰火之象，而腑实便秘、便干、数日一行、腹胀纳差，则为中焦腑气不通、浊毒不降之征。这种痰热与腑气不通的变化，在发病后相继出现或同步形成，可知痰热腑实证是中风后病情演化的一种状态。

2.2 痰热腑实与中风病病情共同演化现象的观察

痰热腑实证由无到有，病情趋于急重，经治疗腑实痰热减轻，病情趋于和缓、减轻，特别是在中经与中腑的移行过程中更加明显，腑实痰热程度与此时患者肢体瘫痪程度及神识有着同步的动态演变、密切关联[5]。痰热腑实临床征象与中风病病情病势共同变化紧密关联的印象自然而生。

2.3 "以象为素、以素为候、以候为证"与涌现"动态演化性"

中风病痰热腑实证的涌现，正是出现在意象诊疗模式"以象为素、以素为候、以候为证"的过程中，上述痰热征象与腑实征象虽然可能存在与各种不同证候要素的组合，但仍然因其消长变化与疾病的发展变化密切关联而凸显出来。

意象诊疗模式下证候意象，主要是在相应疾病背景下大量个体在时空演化中呈现的同步变化和表现聚集，这组聚集征象即所为"以象为素、以素为候、以候为证"，即观察到构成观察要素的临床聚集征象，其消长与病势进退呈现出密切的关联，这样自然生发出与疾病病机关联的证候意象来。此即意象生发于有关联的动态变化中，痰热腑实证的上述涌现过程，应是对涌现动态演化特征的最好诠释。

3.意象内在存因果融通涌现"微 - 宏观效应"（双向关联）

微 - 宏观效应指从系统底层或微观活动产生了高层或宏观的性质、行为、结构、模式等。微 - 宏观存在着双向的关联，即从微观到宏观产生微 - 宏观效应；从宏观到微观，即微 - 宏观效应的结果对微观组分及其活动产生相应的影响。痰热腑实证涌现的宏 - 微观效应及微 - 宏观效应可以从象体融通两方面阐述。

（1）宏 - 微观效应。关于"痰热腑实"证"涌现"的宏 - 微观效应，从象而论即意象诊疗的角度，可以从中风病急性期痰热腑实证形成之后，又对其形成的相关因素进一步施加的影响看到。中风后痰热腑实不论是从中风前的肝风、痰火还是从痰湿、气虚、血瘀、痰瘀阻络等演化而来，都是气机逆乱、痰热蕴藉中焦的征象，腑实痰热反过来会进一步对形成的诸多因素施加影响，比如会炼液伤阴加剧肝风之势，会阻遏气机导致气虚、气逆态势等加重，形成恶性循环……

从整体论系统论与还原论联合的角度看即从体而论，中风或卒中发生后，机体处于脑血管病后整体应激状态，随着神经内分泌免疫网络的激活，一方面引起脑肠肽及肠神经系统功能紊乱，胃肠动力减弱导致排便功能障碍，导致毒素排泄障碍等胃肠道微观病理改变，另一方面，脑血管病变引起的血管炎性反应、氧自由基毒、兴奋性氨基酸毒等级联反应，会进一步引起机体微循环特别是血脑屏障相关的脑微循环免疫炎性改变。

（2）微 - 宏观效应。从意象诊疗角度看，中风后，腑实通畅、痰热消减，瘫痪肢体及精神意识随之好转，患者身体呈现全面向愈趋势；中经重症及中脏腑患者若痰热腑实持续难解，伤阴耗气，通过浊毒上扰、脑络损伤等微观病理环节，导致痰热内闭、风火炽张、元气暴脱等抽搐、呕血吐血、厥脱等变证丛生的整体改变。此为微 - 宏观效应。

在还原论系统论的认识中，卒中后引起的级联反应与脑肠肽分泌紊乱，是由于脑微循环炎性损伤、血脑屏障功能障碍，出现脑水肿，此时机体除神经功能缺损加重，烦躁、甚者昏睡、发热、白细胞增加、血糖应激性升高等表现，严重者还可出现神经源性肺水肿，系统性炎症反应表现为呼吸急促、痰声漉漉、发热等全身症状，由于胃肠蠕动减弱或消失，肠道细菌和毒素排泄障碍，胃肠道黏膜糜烂水肿、屏障功能破坏，加之微血管通透性增加，会导致肠道细菌和毒素入血，出现肠源性内毒血症，进而可由系统性炎症反应综合征（SIRS）向多脏器功能衰竭（MODS）转化，脑水肿脑损伤加重，出现高热、昏迷、呼吸功能衰竭、呕血、

抽搐等全身系统的继发反应，此为微 - 宏观效应[6]。

在临床中及时地化痰通腑降浊，及时消减痰热、病势向愈，在和腑气未通、痰热未减、病情未减甚或加重的临床若干现象与疾病整体预后的内在因果关联中，痰热腑实证候意象涌现。

由此可知，微 - 宏观效应是涌现最重要的特征，它是涌现之所以呈现的内在机制。

4.必然意象寓偶然揭示涌现"整体统一性"

涌现的整体统一性指的是"涌现"呈现出的是系统整体特性，它整合系统内部层次较低组分的特征并以同一的特征在宏观层次加以体现。

人体是一个复杂的系统整体，中风后痰热腑实证不是痰证、热证、腑实证的简单叠加之和，而是肝风、肝火、痰热、痰浊、瘀血、气虚、阴虚阳亢等不同证候要素共同作用于人体这一复杂系统，影响全身的气血运行，气机逆乱，升降失调，导致痰热内蕴、阻遏中焦气机所产生的全局性的影响，此为多数中风病发展的共同路径。虽然中风病患者从始发至疾病高峰之极期，可见风火痰瘀气阴虚等多种证候要素的不同组合，每个患者证候有其独特性，然而痰热腑实则为此期共同的证候，成为阶段众多具有不同病状证候患者的共同一面，痰热腑实证从大量个别偶然的案例中必然地涌现，自下而上、从部分到整体在中风病下宏观涌现。

从痰热腑实的发生，到发展演变，无不显示其在中风病证治及病势顺逆中的核心作用。经治疗后腑气通畅、痰热消减，病势为顺；若腑气通而不畅、痰热未减或减而难消，则病势胶着缠绵；若腑气虽通，但阴液大伤或气阴两伤，则恐阴虚风动引起复中；如经治腑气不通则一方面痰热上壅于肺，症见痰声漉漉、呼吸气促，一方面痰热上扰心神、蒙涩脑窍，症见烦躁、嗜睡、昏蒙，病势加重，严重者可致病情转逆、变证丛生，出现中焦气逆之呃逆，气血逆乱、迫血妄行之呕血、便血，以及痰热、肝风互结所致之抽搐和肠热内闭、阳气不达四末之厥逆……。

可见痰热腑实证源于中风后气机逆乱，如不能及时疏通又会进一步加重气机逆乱之势，形成恶性循环。痰热腑实证的涌现，使得医生不再把中风后腑气不通与痰热现象作为个别现象或偶发证候孤立看待，而是以整体的角度来分析其所代表的深层次的核心病机，从而在战略高度上重视腑气通畅与气机的关系、痰热消长与病势进退的联系，在疾病层面把握病势的发展程度、转归以及治疗的核心。

痰热腑实证整体统一性的涌现特征，既是意象诊疗模式下"以候为证、据证言病"之可据之证，又是"内实外虚、多维界面、动态时空"中"内实"的反映，也标志着其在中风病发生发展中的枢机地位，痰热腑实证是从中风后大

量个别偶发现象涌现出来的必然规律之意象。

综上所述，中风病病位在脑，因气血逆乱于脑而发病。在既往诊治神经系统疑难疾病的实践中，我们总结了疾病"起于下焦、莫过中焦、逆传上焦"的演变规律，而痰热腑实就病位而言恰恰占据了中焦枢纽的位置，关乎承上启下、升清降浊。就病性而言，为痰浊、痰热，涉及痰火及风火等，而这些正是"毒性火热、毒性秽浊、毒易生风动血、扰神闭窍、败坏脑髓形体"[7]之体现。

因此，痰热腑实已不是单个中风病患者腑实不通兼有痰热的偶然"出现"的证候，而是在中风病整体层面展现的发病后特定时空下共同模式的同步出现。它在几乎整个中风病患者群中涌现，极轻者可无而病重者持续难解，其"涌现"强弱、持续久暂与病势顺逆相关，是中风病核心病机的关键"涌现"。

我们脑海中的"痰热腑实"一证，体现了中风病发生发展过程脑—肠（—肺）—脑之间的联系，是既有病位病性的形象表达，又蕴病机病势之逻辑走向的中风病发生发

展之枢纽证候，是意象诊疗模式下，象思维"涌现"的高概念，具有判断证候、病机及采取相应对策等多方面的价值。

参考文献：

[1] 魏巍,郭和平.关于系统"整体涌现性"的研究综述[J].系统科学学报，2011，18（1）：24-28.

[2] 王永炎，郭蕾，孙岸弢.意象诊疗模式的诠释[J].北京中医药大学学报，2010，33（4）：221-224.

[3] 王永炎，张志斌.再议完善辨证方法体系的几个问题[J].天津中医药，2007，24（1）：1-4.

[4] 谢颖桢，任晋婷，高兴慧.中风病痰热腑实证的涌现及其特征[J].中国中医基础医学杂志，2012，18（2）：175-177.

[5] 谢颖桢，任晋婷，王振垚.化痰通腑法影响中风病患者意识状况的临床分析[J].北京中医药大学学报：中医临床版，2009，16（2）：17-19.

[6] 陈德昌，秦炳文，杨兴易，等.大黄对肠黏膜屏障保护作用的机制探讨[J].中国危重病急救医学，1997，9（8）：449-451.

[7] 谢颖桢，高颖，邹忆怀.试论毒邪致病及证候特征[J].北京中医药大学学报，2001，24（1）：11-13.

（收稿日期：2013-01-22）

附录 5

《北京中医药大学学报（中医临床版）》2013 年 7 月第 20 卷第 4 期

化痰通腑法治疗中风病痰热腑实证的源流及发展（四）
——中风后脑肠轴改变及化痰通腑法治疗痰热腑实证的效应机理

王永炎[1]，谢颖桢[2]

（1.中国中医科学院，北京 100700；2.北京中医药大学东直门医院，北京 100700）

摘要： 综述中风病肠道功能紊乱的发病情况及危害，胃肠道功能紊乱脑肠轴机制，中风病痰热腑实证的发生及中药治疗效应机制。目前研究普遍认为：卒中后脑肠肽应激性升高，其升高水平与卒中严重程度呈正相关。痰热腑实证患者胃动素水平较其他证候明显升高。迄今为止对化痰通腑法治疗中风病痰热腑实证的疗效机制主要从调节脑肠轴、抑制炎性反应、改善血液流变学 3 个方面进行了研究。

关键词： 中风；痰热腑实；脑肠轴

中图分类号： R255.2

Origin and Development of Therapy of Resolving Phlegm and Relaxing Bowels for Treating Syndrome of Phlegm Heat and Bowel Excess of Stroke（Ⅳ）： Changes of Brain- gut Axis After Stroke and Effective Mechanism of Therapy of Resolving Phlegm and Relaxing Bowels in Treatment of Syndrome of Phlegm Heat and Bowel Excess of Stroke

WANG Yongyan[1]，XIE Yingzhen[2]

（ 1. China Academy of Chinese Medical Sciences，Beijing 100700； 2.Dongzhimen Hospital，Beijing University of Chinese Medicine，Beijing 100700 ）

Abstract：The authors summed up the onset and damage of the disorder of intestinal function after stroke，and discussed the mechanism from the changes of brain-gut axis. The study results showed that after stroke the stress of brain-gut peptide increased and correlated to stroke degree. The level of motilin was significantly higher in the patients with syndrome of phlegm heat and bowel excess than in those with other syndromes. The effective mechanism of therapy of resolving phlegm and relaxing bowels was summarized from regulating brain-gut axis，inhibiting inflammatory reaction and improving hemorrheology.

Key words：stroke；phlegm heat and bowel excess；brain-gut axis

1. 中风病肠道功能紊乱的发病情况及危害

卒中后患者极易出现胃肠功能障碍，其中以结肠动力下降导致排便困难为最主要表现[1]。研究发现卒中后便秘的发生率占整个卒中人群的 30%～60%[2]，卒中后 1 个月内的新发便秘占 55%[3]，与致残高度相关。中重度卒中在发病 12 周内便秘的存在强烈提示预后不良[3]。

正常情况下，肠道依靠肠黏膜上皮、肠道免疫系统、肠道内正常菌群、肠道内分泌及蠕动组成的肠道屏障，可有效地阻止 500 多种浓度极高的肠道内寄生菌及其毒素向肠腔外组织和器官移位，以防止机体受内源性微生物及其毒素的侵害。

在严重脑卒中等应激状况下，肠道屏障功能受损，肠道细菌移位，严重者可导致多器官功能障碍综合征（MODS），从而影响患者的预后。近年来，随着对肠屏障功能在应激和危重病时重要性认识的不断加深，西医在肠黏膜屏障功能维护上作了较多探索，如合理的营养支持途径、谷氨酰胺、生长激素及多肽类生长因子等的使用，均可修复损伤的肠黏膜。

机体遭受严重打击后出现的全身炎症反应综合征（SIRS）是导致 MODS 的根本原因，而肠道菌群移位或并发严重感染所释放的毒素被认为是致 SIRS 炎症介质释放最主要的触发因素。白细胞介素 -6（IL-6）是重要的促炎症介质，在全身性感染的发生发展中起着重要的作用。同时 IL-6 还是反映机体炎症程度的重要指标，可以用于评价全身性感染患者炎症反应的程度并预测治疗效果[4]。细胞因子和炎性介质主要包括内毒素、肿瘤坏死因子（TNF）、干扰素（INF）、一氧化氮（NO）、白细胞介素（IL）、血小板激活因子（PAF）等，它们在肠黏膜损伤中以及相互间的作用尚不十分清楚，这些分子均有细胞毒作用，可

直接引起组织水肿和破坏。在严重创伤、感染、休克时，上述活性物质大量产生并相互作用而呈不断循环逐渐增加趋势，表现为"瀑布样"反应，使肠黏膜损伤逐渐加重甚至衰竭[5-7]。

2. 中风后脑肠轴改变与肠道功能紊乱机制

2.1 脑与脾胃以及中风与胃肠功能紊乱的关系

肠 - 脑相关的观点在中医理论体系中早有记载。胃肠功能统属于脾脏，中医藏象理论有五脏藏神之说，《素问·宣明五气篇》《灵枢·本神》等指出："心藏神、肝藏魂、肺藏魄、脾藏意、肾藏志。"脾藏意，主思，意、思是人类所具有的高级精神、意识、思维活动，其与脾胃功能强弱有着密切的联系。脑与脾胃的关系主要体现在脾胃升清降浊与清窍的关系方面。脾胃有升清降浊之功，清阳出上窍，浊阴出下窍，脾胃功能强健，清阳得升，清窍得养，才能耳聪目明，思维敏捷。

目前随着西医学的研究进展，脑卒中后出现的胃肠功能紊乱及其对患者预后的影响日益受到关注，而了解其病理生理机制及临床治疗措施对提高脑卒中整体治疗水平有重要的意义。

李文等[8]指出：脑卒中急性期，尤其是发生在后循环的脑卒中，缺血损害的部位主要累及脑干、特定的皮层和皮层下脑组织，脑肠轴功能受损导致胃肠功能紊乱，由于内脏神经的中枢性损伤及周身应激反应，存在吞咽困难、胃肠道出血、胃排空延迟、结肠直肠功能失调、肠蠕动减慢及胃肠黏膜缺血损伤等问题。脑肠轴的发现为深入研究痰热腑实证的发生机制奠定了重要的生理解剖学基础。

刘泰等[9]综合分析多项关于脑血管病急性期胃动素水

平研究的文章后指出，急性脑血管病（无论是出血性脑血管病，还是缺血性脑血管病），其血浆胃动素水平都较正常人明显升高，并且与患者的意识状态、消化道症状、血糖浓度、脑血肿量的大小等伴发症状密切相关，有这些伴发症状者其胃动素水平显著性地升高，引起胃动素异常升高的因素可能与 5 个方面有关联。此外胃动素水平将随着病情的变化而变化，因此其脑血管病的预后判断也有一定的价值。

何龙泉等[10]应用放射免疫测定法测定急性脑血管病（脑梗死、脑出血）患者血浆胃动素含量，分别较正常人的水平明显升高；而疾病组间比较无显著差异。急性脑血管病伴意识障碍及消化道症状时，血浆胃动素水平均较意识正常及无消化道症状者显著升高，并与脑血肿量呈线形正相关。即急性脑血管病伴中等以上血肿者，胃动素明显升高。疾病恢复期血浆胃动素水平较急性期显著下降，与健康正常人比较差异不显著。

华荣等[11]探讨中风始发态中医证候与血浆脑肠肽胆囊收缩素（cholecystokinin，CCK）水平的相关性。对确诊急性脑出血或急性脑梗死（发病时间小于 72h）患者采用 RIA 法检测血浆 CCK-8 水平，根据中医证候诊断标准对纳入患者进行辨证，分析不同证候间血浆 CCK-8 水平的差异。结果肝阳上亢证患者血浆 CCK-8 水平较非肝阳上亢证患者显著升高。

2.2 肠神经系统及脑肠轴

肠神经系统（ENS）首先由英国生理学家 Lang-ley 发现（1921）并命名，美国哥伦比亚大学解剖和细胞生物学系 Dr.Gershon MD 于 1998 年著书《第二脑》，提出肠神经系统属于第二脑。ENS 虽然属于外周神经系统，但不同于一般外周神经，它可以在中枢神经系统支配下活动，也可以脱离中枢神经系统的支配而独立活动。肠神经系统具有完整的自我传入、传出神经。ENS 的神经元约为 108 个，相当于脊髓内神经元的数目，是由胚胎时期来源于神经嵴的神经母细胞沿肠壁移行而形成的。其中有感觉神经元、运动神经元及大量的中间神经元，各种神经元之间通过短神经纤维相互联系，形成神经网络。ENS 神经元释放的神经递质和调质种类很多，几乎所有中枢神经系统中的递质和调质均存在于内在神经系统中。因此，以黏膜下神经丛、肌间神经丛、神经元构成的神经网络，由感觉神经元、中间神经元和运动神经元构成神经回路并最终形成一个完整的、可以独立完成反射活动的 ENS 整合系统。研究发现，切断肠管以外的所有外来神经后，肠壁神经丛的功能仍能保持，胃肠道的运动仍能规律地发生，加之其在神经元成分、分泌的神经递质以及独立完成神经反射的功能上都与大脑有极大的相似性，故又有腹脑或第二大脑之称[12]。

一般认为，神经系统对胃肠运动的调控通过 3 个层次的相互协调作用来实现。第 1 层次是肠神经系统的局部调控；第 2 层次是位于椎前神经节，接受和调控来自肠神经系统和中枢神经系统两方面的信息；第 3 层次是中枢神经系统，由脑的各级中枢和脊髓接受内外环境变化时传入的各种信息，经过整合，再由自主神经系统和神经 - 内分泌系统将其调控信息传送到肠神经系统或直接作用于胃肠效应细胞。这种在不同层次将胃肠道与中枢神经系统联系起来的神经 - 内分泌网络称为脑肠轴。机体通过脑肠轴之间的神经内分泌网络的双向环路进行胃肠功能的调节称为脑肠互动。

2.3 中风病痰热腑实证对脑肠轴及肠道功能的影响

目前关于中风病痰热腑实证对脑肠轴及肠道功能影响机理的相关研究尚少，研究多集中在对中风后脑肠肽改变的测定上，并从中分析其相关性。李学军等[13]收集中风急性期患者，测定其血浆脑肠肽 [胃动素（MTL）、胃泌素（GAS）、胆囊收缩素（CCK）] 水平探讨与中医证型的相关性，并与阴性对照组进行对比研究。结果表明：①风痰火亢组、痰热腑实组、风痰瘀阻组血浆 MTL 水平较对照组显著升高；痰热腑实组与风痰瘀阻组 MTL 值较其他证型显著升高；风火上扰组 MTL 值显著低于其他组。②风痰火亢组、痰热腑实组、风痰瘀阻组、气虚血瘀组血浆 GAS 水平较对照组显著升高；痰热腑实组、风痰瘀阻组较风痰火亢组、风火上扰组 GAS 水平显著升高；风火上扰组 GAS 水平显著低于其他各组。③风痰火亢组、痰热腑实组、风痰瘀阻组、气虚血瘀组血浆 CCK 水平较对照组显著升高；气虚血瘀组 CCK 水平较风火上扰组显著升高。中风病急性期患者部分证型血浆脑肠肽水平明显升高，提示可能存在"脑卒中急性期 - 脑肠肽水平升高 - 胃排空延迟 - 胃肠道症状"机制的可能性。

王双玲等[14]研究缺血性中风急性期 MTL 水平的变化，结果显示缺血性中风急性期初期的空腹血浆 MTL 水平比对照组明显升高，于发病第 7 天达到高峰，发病第 14 天较第 7 天明显下降。痰热腑实证患者血浆 MTL 水平比其他证型组明显升高，可能的原因为：中风病引起 MTL 释放增多，胃运动停滞，进而导致痰热腑实证；痰热腑实证患者的胃肠排空减慢，激发神经分泌反馈调节，机体释放更多的 MTL。

苏毅强等[15]测定 50 例急性出血性中风痰热腑实证患者空腹血浆 MTL，同时与其他中医证型组及健康对照组比较。结果发现急性出血性中风各证型组空腹血浆 MTL 水平均明显高于对照组（$P < 0.05$，$P < 0.01$），其中痰热腑实证组空腹血浆 MTL 水平明显高于其他证型组及对照

组（$P < 0.01$）。

从中风后脑肠轴与神经内分泌系统的变化探讨痰热腑实证，对揭示其发生机制及其对疾病转归影响的内涵具有重要意义。已经开展的卒中与脑肠肽变化的相关研究发现急性脑血管病痰热腑实证患者血中胃动素水平明显升高，与其他证型存在显著差异；对中风病始发态血浆脑肠肽的检查研究发现阳亢组较非阳亢组显著升高。进一步的关于卒中及痰热腑实证与肠神经系统、脑肠轴关系的研究仍未见报道。

3. 化痰通腑法在中风病中的效应机制研究现状

中焦脾胃气机与意识状态有密不可分的关系，中风后糟粕浊毒之气上扰清窍，痰热瘀血裹挟于脑脉，发为意识障碍，应用化痰通腑法治疗一可使阻于胃肠的痰热积滞得以降除，浊邪不得上扰心神，克服气血逆乱以防内闭；二可使腑气通畅，气血得以敷布，达到通痹活络促进疾病向愈发展的目的；三可急下存阴，以防痰热伤阴而呈阴竭于内、阳脱于外之势。痰热去则阴液存，浊毒清则神自明[16]。可见，在理论认识与临床疗效基础上，对其内在机理的研究有了逐步探讨。

3.1 调节脑肠轴机制

华荣等[17]从 CCK 角度探讨中风病痰热腑实证的形成机理及通腑化痰治疗的作用机制。痰热腑实证是中风病急性期最常见的证候之一，通腑化痰法已成为中风病的治疗大法之一。脑内 CCK 具有拮抗兴奋性氨基酸神经毒性作用，而 CCK 阳性神经元减少阶段恰好与临床上中风病痰热腑实证形成阶段相吻合，因此推测 CCK 在痰热腑实证形成过程中可能起重要作用，通腑化痰法的作用机理可能是通过调节体内 CCK 水平而发挥作用的。

罗琦等[18]对中风病痰热腑实证患者采用微电脑胃肠电检测分析系统方法进行体表多通道结肠电同步检测，观察体表结肠电的变化。结果发现中风痰热腑实证患者的与局限性运动相关的低频段结肠电活动增强，与推进性运动相关的收缩性复合肌电显著或倾向减低；经通腑泻热、涤痰息风法治疗后与推进性运动相关的收缩性复合肌电显著增强。

3.2 抑制炎性反应

张根明[19]观察星蒌承气汤对缺血性中风痰热腑实证超敏 C- 反应蛋白（Hs-CRP）的影响，以探讨化痰通腑法的疗效机制。发现星蒌承气汤能有效降低缺血性中风痰热腑实证血清 Hs-CRP 水平，推测其疗效机制可能与减轻脑缺血后炎症损伤有关。

马云枝等[20]研究化痰通腑法对急性脑梗死（ACI）患者 TNF-α 及 NO 含量的影响，发现 ACI 患者血清 TNF-α 和 NO 含量明显高于健康组。治疗 1 周后治疗组与对照组患者血清 TNF-α 及 NO 含量均降低，但治疗组降低更明显，与对照组比较差异有显著性意义（$P < 0.01$，$P < 0.05$）。提示化痰通腑法能够降低 ACI 患者血清中增高的 TNF-α 及 NO 水平，这可能是化痰通腑法治疗急性脑梗死的机制之一。

杜秀民等[21]观察加味大承气汤灌肠对危重脑卒中患者肠黏膜屏障的保护作用。发现治疗组治疗后血清 IL 下降情况优于对照组，且胃肠功能衰竭、肺部感染发生率均低于对照组，说明大承气汤加味灌肠可促使危重脑卒中患者胃肠功能恢复并减少其肺部感染的发生。

凌方明等[22]以祛瘀化痰通腑法治疗 ACI，治疗后中医证候积分、TNF-α、IL-6 均有下降，血液流变学、血脂等指标均有不同程度的改善。给卒中危重患者灌服通泻药物后发现，大黄组血清 IL 水平下降优于对照组，且胃肠功能衰竭与肺部感染发生率均低于对照组。

3.3 改善血液流变学

张允岭等[23]的研究结果显示，化痰通腑汤有抗血小板聚集，增加纤维蛋白溶解酶活性，缩短血栓长度、减轻血栓的体积、重量的作用。

胡文胜[24]研究通腑醒神口服液治疗痰热腑实、风痰上扰型脑梗死的临床疗效及对血浆内皮素（ET-1）、TNF-α 及血黏度的影响。发现脑梗死患者血浆 ET-1、血清 TNF-α、全血黏度值、血浆黏度值、纤维蛋白原（FI）水平明显高于健康组。ACI 患者上述指标呈正相关。通腑醒神口服液通过降低这些指标水平，减轻脑血管内皮细胞的损害，从而更好地改善临床症状，促进缺损神经功能康复，改善脑梗死预后。

现代研究发现，化痰通腑法治疗急性期中风病可通过改善脑肠肽对胃肠道的调节功能，促进肠管运动，清除氨类、吲哚等肠道有害物质，降低机体应激状态，预防和减轻应激性溃疡和肺部感染，调整自主神经功能紊乱，降低颅内压，减轻脑水肿，抑制缺血区炎性反应，促进血肿吸收，调整血管通透性，改善微循环，改善人体的新陈代谢，改善血液流变学，促进血液循行，调节脂质代谢等作用，促进神经功能恢复，减轻神志障碍，使患者较易度过急性期，并起到排毒护脑的作用。

参考文献：

[1] Bracci F，Badiali D，Pezzotti P，et al. Chronic constipation in hemiplegic patients[J]. World J Gastroenterol，2007，13（29）：3967-3972.

[2] Harari D，Norton C，Lockwood L，et al.Treatment of constipation and fecal incontinence in stroke patients：randomized controlled trail[J]. Stroke，2004，35：2549-2555.

[3] Su Y, Zhang X, Zeng J, et al. New-onset constipation at acute stage after first stroke: incidence, risk factors, and impact on the Stroke Outcome[J]. Stroke, 2009; 40: 1304-1309.

[4] 杜斌, 陈德昌, 潘家绮, 等. 降钙素原与白介素-6 的相关性优于传统的炎症指标 [J]. 中国危重病急救医学, 2002, 14（8）: 475.

[5] Salzman AL. Nitric oxide in the gut[J]. New Hofiz, 1995, 3: 352-364.

[6] Colgan SP, Resnick MB, Parkos CA, et al.IL-4 directly modulates function of a model human intestinal epithelium[J].J Immunol, 1994, 153: 2122-2129.

[7] Wang W, Smaid N, Wang P, et al. Increased gut permeability after hemorrhage is associated with up regulation of local and systemic IL-6[J]. J Surg Res, 1998, 79（1）: 39-46.

[8] 李文, 刘春风. 脑卒中后胃肠道功能紊乱的发生机制 [J]. 中国卒中杂志, 2006, 1（11）: 789-792.

[9] 刘泰, 吕晶. 脑血管疾病患者血浆胃动素水平及其对预后判定的价值 [J]. 中国临床康复, 2003, 7（31）: 4274-4275.

[10] 何龙泉, 陈文贵, 王勇, 等. 急性脑血管病血浆胃动素水平的研究 [J]. 中国危重病急救医学, 1994, 6（3）: 152-153.

[11] 华荣, 孙景波, 黄培新. 中风始发态证候与血浆脑肠肽的相关性 [J]. 中国中医药信息杂志, 2005, 12（3）: 24-25.

[12] Gershon MD.The second brain[M].New York: Harperc-ouins publishers, 1998: 1-57, 99-135.

[13] 李学军, 高燕洁, 陈志刚, 等. 中风急性期患者血浆脑肠肽变化与中医证型相关性研究 [J]. 中国中医急症, 2012, 21（9）: 1407-1408.

[14] 王双玲, 孟繁兴, 陈志刚, 等. 缺血性中风病急性期胃动素变化的研究 [J]. 中国民间疗法, 2013, 21（3）: 60-61.

[15] 苏毅强, 陆晖, 顾国龙, 等. 血浆胃动素与急性出血性中风痰热腑实证关系的研究 [J]. 上海中医药杂志, 2006, 40（3）: 18-l9.

[16] 刘岑, 王永炎. 化痰通腑法治疗意识障碍理论溯源 [J]. 北京中医药大学学报, 2000, 23（4）: 10-14.

[17] 华荣, 黄培新, 罗翌. 脑肠肽 CCK 与中风病痰热腑实证的关系探讨 [J]. 新中医, 2001, 33（7）: 5-6.

[18] 罗琦, 周福生, 黄志新, 等. 中风病痰热腑实证患者体表结肠电的观察 [J]. 现代中西医结合杂志, 2005, 14（16）: 2129-2130.

[19] 张根明. 星蒌承气汤对缺血性中风痰热腑实证超敏 C- 反应蛋白的影响 [J]. 光明中医, 2010, 25（7）: 1129-1130.

[20] 马云枝, 武继涛. 化痰通腑法对脑保护的临床研究 [J]. 上海中医药杂志, 2003, 37（6）: 31-32.

[21] 杜秀民, 张锐, 田孝安. 加味大承气汤灌肠对危重脑卒中患者肠黏膜屏障保护作用的研究 [J]. 中国中医急症, 2009, 18（10）: 1581-1582.

[22] 凌方明, 卢桂梅, 陈景亮. 祛瘀化痰通腑法治疗急性脑梗死临床与机理探要 [J]. 中医药学刊, 2004, 22（8）: 1401-1404.

[23] 张允岭, 王永炎. 运用化痰通络汤、化痰通腑汤治疗中风中经证的临床及实验研究 [J]. 中国中医急症, 1995, 4（2）: 55-57.

[24] 胡文胜. 通腑醒神口服液治疗痰热腑实风痰上扰型脑梗死的临床及实验研究 [J]. 中医临床研究, 2010, 2（1）: 69-72.

附录 6

《中医杂志》2013 年 3 月第 54 卷第 5 期

中医药防治甲型 H1N1 流感系统研究与体系建设的实践与思考

赵 静[1], 王永炎[△], 王燕平[1], 邱 岳[2], 王思成[2], 吕爱平[1], 刘保延[3]
（1. 中国中医科学院中医临床基础医学研究所, 北京 100700; 2. 国家中医药管理局; 3. 中国中医科学院）

摘要: 在对中医药防控 2009 年甲型 H1N1 流感过程中开展的系统研究与体系建设情况进行全面总结的基础上, 根据以往工作的实践, 进一步对甲型 H1N1 流感等传染病中医药防控工作的开展提出了思考与建议, 以期为传染病的应对提供更多的思路和参考。

关键词: 甲型 H1N1 流感; 传染病预防与控制; 体系建设

近年来, 不断出现的新发、突发传染病已严重威胁人类的健康, 影响社会稳定和经济发展, 成为各国政府与公共卫生领域关注的焦点。2009 年 3 月爆发于墨西哥的甲型 H1N1 流感（简称甲流）, 更是迅速席卷全球, 波及 214

注：△为共同第一作者

个国家，并造成超过 18449 人死亡 [1]。

在应对 2009 年甲流过程中，我国政府非常重视发挥中医药的特色与优势，采取中西医结合的方式第一时间参与救治，及时制定并更新中西医临床治疗方案，有效保障了人民健康。与此同时，国家中医药管理局注重同步开展研究工作和中医药防治传染病临床科研体系建设。在甲流流行期间及结束之后，由中国中医科学院牵头，在以王永炎院士为首的专家组主持下，持续开展相关工作，逐步建立了覆盖全国的从临床到基础、从科研到应用的中医药防治甲流等传染病的救治与研究体系，提高了中医药应对新发、突发传染病的整体能力。

1. 中医药防治甲流系统研究情况与成效

与中医药应对 2003 年传染性非典型肺炎（SARS）相比，中医药应对 2009 年甲流的一个重要特点是迅速抓住甲流在我国的高发期，及时开展了系统的前瞻性临床研究与全面的基础研究。2009 年 9 月，针对甲流在我国大范围流行的情况，国家中医药管理局及时启动中医药行业科研专项"中医药防治甲型 H1N1 流感、手足口病与流行性乙型脑炎的临床方案与诊疗规律研究"（简称 2009 年行业专项），开展以甲流为主，包括手足口病及流行性乙型脑炎等传染病的中医药系统研究。在 2009 年行业专项的带动下，中医药防治甲流的临床与基础研究工作在全国范围内全面展开。

1.1 发挥中医原创优势，总结甲流证候特征，指导临床实践

甲流爆发初期，在西医发病机理尚不明确、救治方案尚不完善的情况下，国家中医药管理局迅速组织专家，在开展中医药救治工作的同时，积极进行甲流中医证治特征研究。2009 年行业专项启动后，各课题组根据甲流在我国发病的特点，对中医证候特征进行了系统总结。第一，不仅进行了甲流轻症、重症及危重症的中医证候特征研究，还对甲流危重症患者的危险因素进行分析，为及时把握中医证候规律、有效阻止危重症的发生提供了临床依据；第二，针对 2009 年甲流特殊人群发病率高的特点，进行了孕妇、儿童等高危人群的甲流中医证候特征研究，为中医药针对特殊人群的传染病防治工作奠定了基础；第三，针对甲流患者既往健康情况，开展了无基础病患者与既往患有糖尿病、肝病及心、脑血管等慢性病患者的中医证候特征研究，为不同人群的中医药治疗积累了宝贵经验；第四，结合中医学"三因制宜"的特色，进行了不同季节（夏、秋、冬）及不同地域（南方、北方）甲流的证候特征总结。

上述研究及时总结了甲流中医证候特征，为科学、客观地认识甲流，应对疫情提供了大量有价值的临床资料，为丰富新时期中医外感病理论、提高中医药应对相关传染病水平提供了有效借鉴。

1.2 开展高水平临床研究，肯定中医药疗效，推动中医药走向世界

在系统开展甲流证候特征研究的同时，结合前瞻、严谨的临床设计，围绕 2009 年行业专项，及时开展了高水平的中医药防治甲流临床研究。其中既包括中医药对甲流预防作用的临床流行病学调查，也包括中医药对甲流治疗作用的系统研究。2009 年 9 月，河北省廊坊市东方大学城爆发了甲流聚集性疫情。2009 年行业专项项目办公室立即组织人员赶赴现场，采用流行病学调研方法对流感聚集性疫情爆发时在校的 20751 名学生进行回顾性调研，明确了甲流易感因素及中药预防情况 [2]。全国 45 个中心 5956 例队列研究结果显示，中医治疗方案与西医治疗方案具有相同疗效，但费用节省了 36.81% [3]。同时，针对甲流研发与筛选的中成药也显示了相同的作用 [4]。其中，中西医专家共同针对本次甲流证候特征研发的金花清感方，经 410 例前瞻性随机对照多中心临床试验研究证明与磷酸奥司他韦（达菲）疗效相当 [5]，研究结果发表在美国 *Annals of Internal Medicine* 上，引起了国际广泛关注。上述研究不仅肯定了中医药对甲流的临床疗效，也为甲流的中医药治疗提供了高质量循证医学证据，推动了中医药走向世界的进程。

1.3 筛选、研发甲流防治中药，明确作用机理，提供有效防治手段

在进行临床研究的同时，中医药防治甲流的相关基础研究也全面展开。甲流疫情爆发后，2009 年行业专项项目组迅速组织开展了针对甲流的中药筛选与研发，构建了抗甲流有效中药筛选体系与抗流感中成药信息数据库 [6]，采用离体与在体甲流模型，筛选出对甲流具有预防与治疗作用的中药，并运用系统生物学方法构建了甲流发病与中成药作用的分子生物学网络，分析了中成药治疗甲流的作用机制，为中医药临床救治及时提供了有效药物。并且在实验筛选有效防治甲流中药的同时，发挥中医药简、便、廉、验的特色，研发出预防香囊和口含片等中医特色产品。在疫苗尚未研发成功、达菲储备不足的情况下，提出中药药物储备方案，为我国甲流防控工作提供了有力保障，也为我国防治疫病中药的筛选与研发积累了宝贵经验。

1.4 理论联系实践，丰富发展温病理论

中医药防治疫病有着系统的理论基础，并在不断应对新发、突发传染病中创新发展。在甲流爆发之初，中医药专家在系统总结古今温病理论的基础上，结合此次甲流特点，明确中医对甲流证候特征的认识 [7]，提出中医药临床证治特点，并对中医治法的总体趋势和特点进行分析，为临床治疗、药物研发提供了理论支持。甲流结束后，又采用文本挖掘的方法对 4334 篇相关文献进行系统分析，从文

献学角度证实了本次新型甲流"风热疫毒犯肺"核心病机，及以热证为主，兼见湿证的证候特征[8]，丰富发展了新时期的温病理论。为持久、长效地发挥中医药在应对新发、突发传染病中的作用，国家中医药管理局还十分注重中医药防治传染病体系建设。从基地建设入手，搭建了中医药防治传染病相关技术平台，建立、健全相关保障机制，并加大力度进行队伍建设，希望持久发挥中医药防治传染病的作用，为我国政府更好地应对新发、突发传染病提供有力保障。

2. 中医药防治甲流等传染病体系建设情况与成效

2.1 建立覆盖全国的中医药防治传染病重点研究室（临床基地）

为促进中医药介入新发、突发传染病的广度与深度，2009年7月，国家中医药管理局开始"中医药防治传染病重点研究室（临床基地）"遴选工作，并于2010年2月根据各地中医药管理部门及有关单位的推荐，确定了上海中医药大学附属曙光医院、卫生部中日友好医院等41家中医药防治传染病重点研究室（临床基地）。中医药防治传染病临床研究基地与重点研究室是中医药应对新发、突发传染病防治科研体系的基本单元，依托各省、市法定传染病定点医疗机构进行建设，主要任务是第一时间开展临床救治和科学研究，建立高水平专业化人才团队，探索有利于发挥中医药优势的传染病临床与研究模式。传染病重点研究室（临床基地）的确立初步建立了覆盖全国的中医药防治传染病临床科研网络，进一步推进了中医药防治传染病临床科研体系建设，保证能早期、全程开展甲流的中医药防控与研究工作。

2.2 建立中医药防治传染病相关技术平台

在中医药防治传染病体系建设过程中研发了中医药防治疫病综合信息平台，及时为决策者、专家及临床科研人员提供甲流疫情信息；建立了中央随机系统与数据管理系统平台，为甲流、手足口等传染病课题提供随机技术、电子病例表及数据管理等服务，确保了临床研究科学、顺利地开展；建立了甲流中药筛选平台，加快了有针对性地研发中药的步伐；开发了传染病视频会议系统平台，提高了全国协同开展中医药防治传染病效率。上述平台的搭建，为全面、系统、科学地开展甲流等传染病研究提供了有力的技术支撑。

2.3 建立以专家为核心的保障机制

在本次中医药防控甲流过程中，中医药专家发挥了重要作用。2009年5月15日，我国甲流爆发后迅速成立了"防治甲型H1N1流感专家委员会"。由王永炎院士任组长，根据我国实际情况组织全国中医药防治传染病专家及时制定并更新中医药治疗方案，有效指导中医药临床救治。同时，

在救治甲流过程中，专家们积极参与各项政策与措施的制定，为政府决策提供有效建议；在甲流的中医药相关研究中，积极参与研究方案的制定和论证，确保了中医药防治甲流研究工作的顺利进行。此外，专家们还积极参加临床方案的宣讲、推广普及与中医药防治甲流人才的培训。

2.4 建立中医药防治传染病人才队伍

人才是新时期中医药防治传染病体系建设的基础，也是中医药长久发挥作用的保证。为培养更多优秀的传染病中医药人才，更快、更好地发挥中医药防治传染病的能力和作用，国家中医药管理局在2009年行业专项中专门设立人才培训课题，严格筛选标准，在全国范围内选择优秀人才队伍，采用定期集中培训、网络平台辅导、专家答疑、中医策论考核等方式[9]，突出中医综合能力培养，以期建立一支理论基础与临床技能扎实、科研水平较高的中医药防治传染病的优秀人才队伍，为广泛、持久地发挥中医药应对新发、突发传染病提供保障。

2.5 开展"军民融合"战略合作[2]

2012年，为完善中医药防治传染病体系建设，中国中医科学院、中国人民解放军第三〇二医院、中国人民解放军军事医学科学院等7家单位签署了"中西医结合防治传染病军民融合式发展战略合作"协议。协议各方坚持优势互补、资源共享、积极务实、有序规划、重点突破、继承创新、融合发展的原则，在应急处置、医疗协作、科研开发、成果转换、人才培养、文化建设6个方面广泛开展合作。在充分发挥中医药特色优势的基础上，整合优化军队、地方中西医防治传染病的优质资源，加快军民融合、军民互惠的传染病保障体系建设，最终达到维护、保障人民群众健康，巩固提高部队战斗力的目的。

3. 思考与建议

中医药在2009年甲流防控中的作用不仅得到国家与政府的认可，也得到世界卫生组织（WHO）的关注。WHO总干事陈冯富珍专门致信我国卫生部，询问中医药治疗甲流病例和使用药物情况，并要求与其他国家共享经验和成果。

2009年甲流虽然已经成为历史，但新的传染病仍会不断发生。在耐药问题严重、超级细菌和新型病毒不断涌现的今天，如何更好地发挥中医药原创特色与优势，丰富传染病的治疗手段，为我国乃至世界应对新发、突发传染病做出更大的贡献，这是现代中医应该思考的问题。

3.1 立足高水平科研，逐步制定针对不同传染病的临床指南，提高中医药治疗传染病的使用度与认可度

近年来，中医药在应对甲流等传染病过程中积极开展系统的临床与基础研究，一些高质量的临床研究为中医药

的临床应用提供了循证医学证据，深入的基础研究使阐明中医药作用机理成为可能。许多防治传染病的中药不仅在中医界广泛应用，也得到西医界的认可。临床实践中中药的使用越来越多。在中医药研究成果不断增多的同时，应进行及时总结，以基于循证证据、可持续更新的临床指南为核心，制定针对不同传染病中医药临床实践指南。这样不仅可以规范治疗、提高疗效，也能为西医医生正确使用中药提供有效指导，确保中医药疗效的发挥。同时可以扩大中医药的使用范围，提高西医学对中医药的认可度，使中医药的系统研究与临床紧密结合，达到相互促进、共同提高的目的。

3.2　立足长远体系建设，加强各地传染病医院中医药临床能力建设，提高中医药防治传染病的整体水平

由于传染病救治的特殊性，很多省、市都建立了传染病专科医院对传染病进行集中救治。特别是对新发、突发传染病的防控，传染病专科医院是主要力量。与其他综合性医院相比，传染病专科医院的中医科参与传染病救治的机会更多，也能更早地介入到传染病临床救治工作中。因此，应在现有建立的中医药防治传染病重点研究室（临床基地）的基础上，加大力度进行各地传染病医院中医科的建设，增加中医（中西医结合）科人员数量，加强培训，提高中医业务能力，使其能在常见传染病救治过程中熟练地运用中医理论与方法进行准确的诊断并给出合理的治疗方案。针对原因不明的新发、突发传染病，能迅速、全面地收集临床信息，通过中医药防治传染病信息系统上报或进行远程会诊，经全国中医药防治传染病专家委员会讨论后制定中医治疗方案并认真执行，及时反馈。同时，加强传染病专科医院的中医科研能力，在积极进行临床救治的同时及时开展中医药防治传染病的相关研究。这样既可以快速提高中医药防治传染病的整体能力，也可以深入推进体系建设，确保中医药在传染病防治中持续发挥作用。

3.3　立足快速反应和救治，建立切实有效的中西医合作机制，共同提高我国新发、突发传染病防控水平

中西医结合是我国医疗卫生的基本方针。在新发、突发传染病快速反应与防控过程中，中西医的通力合作显得更加重要。首先，应建立中医药与我国疾病预防控制中心的合作机制。做到中西医定期、及时共享传染病相关信息，掌握疾病的流行趋势，为中医药防控工作的整体部署提供支撑。同时，针对新发、突发传染病的防控，在新疫苗研制成功前，充分发挥中医药预防作用，对传染病进行积极防控，以降低发病率。其次，建立新发、突发传染病中西医会诊制度。对于慢性传染病的治疗，许多医院建立了定期的中西医会诊制度，但对新发、突发传染病的临床救治中医药的早期介入仍有困难。因此，应建立相应机制，确保在早期传染病临床救治时，即有中医医生参与，能够在第一时间发挥中医药的优势。在诊断、机理和病毒等不甚清楚的情况下，能先提供救治方案和措施。即使不采取相应中医药治疗也能保证中医医生全面了解疾病信息、从整体把握病情变化，并在适当时期积极采取中医药治疗，提高疾病的疗效，并降低转危率与病死率。同时，应建立全国中西医远程会诊平台，保证全国高水平专家对新发病例进行及时讨论与会诊；对于中医科室力量相对薄弱的医院和地区，也可利用该会诊平台，及时邀请中医专家进行诊治。这样的平台也是一旦发生紧急情况时，为应急决策提供依据的重要平台。只有保证中医药早期、全面参与传染病的诊治，才能确保中医疗水平，提高新发、突发传染病的防控能力。

中医药防治传染病的体系建设将是一个长期的过程。在这一过程中，不仅需要中医界的努力，也需要西医学及现代多学科的大力支持，只有这样才能更好地阐释中医、运用中医、推广中医，使中医药不仅能惠及我国民众，也能为维护世界人民的健康发挥更大的作用。

参考文献：

[1] Cheng VC，To KK，Tse H，et al.Two years after pandemic influenza A/2009/H1N1：what have we learned？ [J].Clin Microbiol Rev，2012，25（2）：223-263.

[2] 吕爱平，丁晓蓉，王燕平，等.2009 年廊坊市东方大学城甲型 H1N1 流感发病情况回顾性调查 [J].中医杂志，2011，52（18）：1549-1553.

[3] 罗翌，李俊，覃小兰，等.中医药治疗甲型流感的临床观察性研究 [C]// 国家中医药管理局 2009 年行业专项——甲型 H1N1 流感专项总结会论文集.北京：国家中医药管理局，2010：11-13.

[4] Duan ZP，Jia ZH，Zhang J，et al.Natural herbal medicine Lianhuaqingwen capsule anti-influenza A（H1N1）trial：a randomized，double blind，positive controlled clinical trial[J].Chin Med J（Engl），2011，124（18）：2925-2933.

[5] Wang C，Cao B，Liu QQ，et al.Oseltamivir compared with the Chinese traditional therapy Maxingshigan-Yinqiaosan in the treatment of H1N1 influenza：a randomized trial[J].Ann Intern Med，2011，155（4）：217-225.

[6] Tang SH，Chen JX，Li G，et al.Research on component law of Chinese patent medicine for anti-influenza and development of new recipes for anti-influenza by unsupervised data mining methods[J].J Tradit Chin Med，2010，30（4）：288-293.

[7] 姜良铎，付骞，王玉光，等.甲型 H1N1 流感的中医病因病机初探 [J].环球中医药，2010，3（1）：20-22.

[8] 郭洪涛，郑光，赵静，等.基于文本挖掘分析甲型 H1N1 流感的中医药治疗特色 [J].世界科学技术—中医药现代化，2011，13（5）：772-776.

[9] 盖国忠，陈仁波，张志强，等.传染病中医临床人才知识结构的调查研究 [J].世界科学技术—中医药现代化，2011，13（5）：763-766.

（收稿日期：2012-12-05；修回日期：2012-12-20）

附录 7

《中医杂志》2013 年 4 月第 54 卷第 7 期

病状术语规范化解决方案探讨

王志国，王永炎

（中国中医科学院中医临床基础医学研究所，北京 100700）

摘要： 重新定义病状的概念，用以区分病状和症状。根据病状术语普查内容划分出症状、体征、理化检查、影像检查、病理变化、病理生理改变、临床表现、临床特点、临床特征等类别，并给出了概念。着重论述了症状要素及其与症状规范化的关系。症状要素是症状描述或症状术语中抛开部位的部分，大部分为症状的性质，多个同类症状经常含有共同的因素。症状要素分为感觉异常、功能障碍等 10 余类。症状术语规范是病状术语规范的核心内容，症状要素、发病部位、病状清单三者相结合，古今兼顾、中西并举、学科统筹的解决方案将最终实现病状术语规范化。

关键词： 病状；症状；症状要素；规范化

病状是疾病发生发展过程中所表现出的状况。包括：症状、体征、理化检查、影像检查、病理、病理生理、临床表现、临床特点、临床特征等，不包括病名、证候名称等结论性术语。这里将病状的定义进行了扩大，并将其作为疾病表现于外的诸多状况的顶层概念。不同于以往将"症"与"病状"等同的作法[1]，此前多将病状作为症状与体征的合称。关于理化检查、影像检查、病理、病理生理等西医方面的术语相对规范，下面着重介绍病状所包含的以下几个概念。

1. 概念

症状：凡是患者可能有所感觉的主观感受或也能明显察觉的客观存在即归类为症状，处于症状、体征两可之间者也归类为症状，一般以患者能否直接顺利表述作为判断是否症状的重要标志之一。症状应达到术语水平，症状是词不是句。如发热、头痛、恶寒、皮肤瘙痒等。

体征：必须是通过医生检查（包括使用简单工具——听诊器、叩诊锤等）方能得知的身体特征，不能是由没有医学知识的患者直接说出的术语。所有的舌象、脉象、单纯的体表颜色变化（排泄物、分泌物的颜色除外）、光泽、无感觉的斑、身体畸形、特殊步态、表情与面容等均归类为体征；各种仪器检查（B 超、CT、磁共振、X 线片等）

得到的形态方面的影像数据归类为影像体征，体温、呼吸、脉搏、血压等生命指征另列。如面色晦暗、㿠白、白睛红赤、白睛蓝斑、醉酒步态、脊柱侧弯畸形、桶状胸、驼背、压痛、反跳痛、形体肥胖等。

复合症状：两个以上的症状术语并列使用，临床也多同时出现，多数可能有一定的内在联系，已成为习惯用语或"成语"，大多为四个字，强行拆分反而表达不准确或不习惯者归类为复合症状，这是中医特色之一。如甲沟瘙痒刺痛、胃脘痞满隐痛、鼻塞流涕、肠鸣腹泻、口燥咽干、头晕耳鸣、心悸健忘、喘咳痰鸣等。

限定性症状：该症状的出现有前提或限定条件，术语在语法形式上有定语，主要包括妇产科、儿科等特定条件下的症状表现。如孕期耳鸣、小儿喘急、冬月咳嗽、孕晚期腹痛、经期烦躁、经前鼻衄等。

临床表现：以短句形式，描述病状发生、发展的过程或特点的口语化表达形式，是最基本的病状表现形式，没有凝练到术语的程度。临床表现是句，不是词。如肩不能抬举、粪便从阴道遗出、便后便意未尽、齿龈患处有脓溢出等。

临床特点：区别于一般症状或对单一症状加以描述的"描述性单一症状"，以及对病状的进一步描述或阐释归纳为临床特点。凡带有程度、时间、比喻、牵涉其他部位、设有特定前提或条件、强调"无"某某症状者，皆归为此类，临床特点仍属症状。如喘促为症状，喘促日久为临床特点，再如，遍身浮肿、喷嚏频作、鼻衄天热加重、鼻衄如注、突然半身不遂、背痛彻心、背痛日晡加重、白带淋漓、粪臭如败卵等。

临床特征：临床特征是特殊的临床表现。一般表现为两个以上具有内在联系的症状群，这个症状群强调同一个性质，可能具有一定的证候诊断意义或明显强调与其他类似情况的区别。多个临床特点组合成临床特征，特征比特点重大，可达到证候级诊断水平，是证候诊断的核心，但不具备完整的证候表现（"但见一症便是"除外）。因此，不能用证候替代，应包括综合征和系统损害，如腹痛喜按，按之痛减，腹壁柔软者（多为虚证，常见的有脾胃气虚等），短气、语音低微（属气虚失养），尿频、尿急、尿痛（属膀胱刺激征）等。

2. 症状术语规范

症状术语规范化是病状术语规范化的核心内容，具有重要现实意义。症状的特点和差异，不但是病证诊断的重要线索，也是病名、证名规范的前提和基础[2]。症状规范化的思路与方法屡有论述，但不尽相同，本节着重论述症状要素在症状规范化中的应用。

2.1 症状要素

症状要素是症状描述或症状术语中抛开部位的部分，大部分为症状的性质，多个同类症状经常含有共同的因素[3]。"要"是简要、重要，不可或缺，也就是症状中不可或缺的重要因素。比如，人体多个部位均可发生疼痛，头痛、腰痛、腹痛等，可以说除毛发等少数部位外，几乎都会发生疼痛，不同部位疼痛当然不是同一症状，这样仅疼痛一项就至少有几十个症状。症状通常由部位和该部位发生的异常两部分组成，我们将"疼痛"从不同部位分离出来作为一个症状要素。其他如麻木、瘙痒、酸楚、胀满、发热等症状要素，分类如下[4]。

感觉异常：是指患者的自我感觉不正常。如疼痛（刺痛、绞痛、剧痛、隐痛、钝痛、压痛、窜痛、阵发痛、掣痛、空痛、酸痛）、瘙痒、麻木、酸楚、灼热、（身）热不扬、（肌肤）发凉、干燥、湿润、胀满、饥饿感等。

功能障碍：主要包括消化、呼吸、循环、泌尿、生殖、运动、神经等系统及器官功能亢进或不足，甚至不能完成正常生理功能。如不利、不通、不用、不遂、障碍、功能不全等。

结构变化：是指人体正常的生理结构发生变化，主要包括缺少、损坏、变形等。如肿瘤、肿块、缺损、关闭不全。

形态异常：指人体的外形较前发生明显不正常改变。如隆起（体征）、凹陷（体征）、肥大（体征）、缩小等。

数量异常：指可以用数字表达的正常生理状态发生了异常。如增多、减少等。

发育异常：指生长发育提前、推迟或缺如。如迟缓、异常、停滞、不良等。

状态异常：指日常的生理或生活状态发生了不正常改变。如溃疡、震颤、拘挛、抽搐、蠕动、怪异等。

营养异常：指营养不足，或过剩，或某种物质缺乏。如不足、不良、缺乏等。

性质异常：指人体组成部分发生变性。如老化、纤维化、退化、硬化、变性、坏死、液化等。

情志异常：指人的精神、情绪或情志不正常。如喜、怒、忧、思、悲、恐、惊、激动、不安、烦躁、紧张、兴奋、抑制、抑郁、淡漠等（因上述要素病位清楚，有些可直接作为症状，因此不作为症状要素）。

心理异常：人的心理发生异常。如障碍、异常、变态、麻木、老化、不成熟等。

色泽异常：指外在皮肤或器官及排泄物颜色较前改变。如（面色）红、黄、青、黑、（尿）黄；皮肤的光泽，如（皮肤）晦暗、鲜明、无华等。

气味异常：指人体局部或全身或排出物出现不正常气味或某种气味特别突出。如酸、苦、甜、咸、辣、腥臭、恶臭、酸臭、臊臭、酸腐等。

质地异常：指人体局部或全身或排出物坚硬、柔软（体征）、甲错、皲裂、粗糙、软化、黏腻、稠厚、清稀等。

声响异常：指身体发出不正常声响或音调音量改变。如鸣（响）、低沉、重浊、不扬、洪亮、低微等（其中部分由于病位明显而没有收入症状要素）。

周期异常：指更年期、月经期、青春期等生理时期或周期不正常。如提前、错后、紊乱、不定等。

节律异常：指心跳、呼吸、睡眠等具有节奏和规律的日常生理活动发生变化。如加快、过速、过缓、停顿等。

代谢异常：指新陈代谢的速度或进程发生改变。如旺盛、亢进、减退等。

动作异常：指人的动作、运动、活动发生异常。如受限、不能、障碍等。

症状要素的特点是不含有病位，具有高度概括性，只有一个症状使用的"要素"不作为症状要素，明显能够推断出病位的不作为症状要素，多个部位单独或同时出现的状况（如"畏寒"、"畏热"可发生在局部或全身，症状要素中予以保留），以及病位笼统不具体者保留适当的部位（如全身不同部位的皮肤，在症状要素前保留"皮肤"

或"皮"的字样）。因文章篇幅所限，上述分类和举例不是症状要素的全部，详情请参阅作者专著。以上分类不可避免地具有一定的交叉性，有些分法可能有待商榷，部分类别涉及病名、病因或体征，这也正是症状规范化面临的问题之一，即部分症状、体征、病名甚至理化检查难以界定，这种情况出现在多种文献中。如溺水、电击等，属于病因，但它具有高度概括性，可以"一言以蔽之"，简略了很多细节。一个症状也常具有多重属性，在数据库中可同时实现多维检索。

症状体征术语规范化面临很多问题[1]，不同的研究者背对背进行研究可能不会拿出相同的方案，当然也会有共同之处。症状是患者自身能够觉察到的非正常状况。医生通过简单器具诊查所见为体征，通过实验室检查所获得的数据应划分为理化检查指标。症状和体征有时难以区分，因为患者也能发现一些属于体征的异常而没有明显不适感觉。从大类上区分症状、体征、理化检查是必要的，任何系统都是要分类的，这有利于查询和描述，少量不易归类也无大碍。

2.2 发病部位

症状的发生必然要有部位做依托，大到全身，中到系统，小至汗毛，也可能会移动，但某一时点一定会落实到具体位置，或有感觉与部位不相符者，可能为传导使然，也或有扩大化或被掩盖者。从理论上说，人体任何部位都可能发生异常，因此，以解剖部位（包括组织和胚胎）的规范名词作为部位名称才可能是全面、系统的。此外，应补充中医特有的一些部位名词，如上焦、中焦、下焦、表、里、半表半里、经络、腧穴、五脏、六腑、奇恒之府等，以满足临床表述为原则。

3. 病状清单

病状清单包括症状、体征、理化检查、影像检查、病理、病理生理、临床表现、临床特点、临床特征等方面的清单，是对发病部位加症状要素模式的补充和完善。有些症状不易区分部位与要素，如呃逆、善太息、食欲增强等，可能与多个部位有关，也可能部位不好判断或要素难以提取，收集和给出此类症状的清单并不断更新完善有利于临床运用。试图给出全部症状的清单是困难的，因为很难没有遗漏，并且很繁琐不易用，如全身所有有感觉的部位都可能发生疼痛、麻木、酸胀等，难道都以解剖部位一一列出，很难想象，所以几乎所有症状、体征专著都冠以"常见"字样，

谁也不敢说是"全部"。不同症状以不同方式的组合则数量较多，实际上应与疾病的数量相当，或与中医的证候数量相当，较大的症状组合应属系统损害。再就是同一症状的不同程度和不同类型，仅以轻、中、重来划分，其数量就增加3倍，如果再细化则不计其数。所谓最小化的单一症状很难界定，到什么程度是最小化，所谓不能再分割不是绝对的，物理上是这样，术语也是这样，"任何事物都是可以一分为二的"，术语本身都具有一定的概括性，给术语所下的定义也许才是最基本的———描述性的。单一症状＋高度概括的"成语"类症状＋综合征构成了较全面的症状体系，要给出一个"完整"清单，需要统揽医学全局。

要规范症状术语，就要将其从其他术语中区分开来，因此，严格区分症状、体征、理化检查等病状范围内的概念是症状术语规范化的前提；中西医症状一并普查，统一分类，在保持中医特色的前提下，能西不中，避免重复命名，这是达到"立得住、能推广"的必要条件，也是建立统一新医学的必然要求；临床各科统筹规划，相互借鉴，以部位划分类别为主，儿科与内科需要区分者，术语前冠以"小儿"字样，儿科特有症状则不必，这是避免因界定不清造成不必要重复的重要举措。全面、规范、系统的症状要素名称与全面、规范、系统的人体部位名称分别匹配，相互结合的症状规范模式具有简明扼要、执简驭繁、不会遗漏等特点，是病状术语规范的核心。临床运用能够达到病位明确，性质清楚，治疗提纲挈领的目的。比如多个部位的疼痛用药可能是相同的，多个部位的瘙痒、瘀血、肿瘤等也多分别使用相同的药物。症状要素＋发病部位＋病状清单三者相结合，古今兼顾、中西并举、学科统筹的病状规范化解决方案，也许是满足各种需求的最佳方案。

参考文献：

[1] 朱文锋. 常见症状中医鉴别诊疗学 [M]. 北京：人民卫生出版社，2002：10.

[2] 王志国，王永炎. 制定《中医临床诊疗术语·症状体征部分》国家标准的重要性和迫切性 [J]. 北京中医药大学学报，2007，30（11）：729-739.

[3] 王志国，王永炎. 症状体征术语规范化面临的主要问题 [J]. 北京中医药大学学报，2012，34（4）：1-5.

[4] 王志国，王永炎. 症状要素与症状规范化 [J]. 世界中医药，2012，7（4）：227-228.

（收稿日期：2012-10-25；修回日期：2012-12-06）

附录 8

《中医杂志》2013 年 5 月第 54 卷第 10 期

中医证候要素的确认方法

张启明，于东林，王永炎

（中国中医科学院中医临床基础医学研究所，北京 100700）

摘要：证候要素的提出在中医学术界产生了重要影响并被临床广泛应用。然而在证候要素的定义及其确认方法方面仍存在值得澄清的问题。根据逻辑学的相关知识，我们给出了证候要素的定义及其 4 个特征：证候要素是属性概念，证候要素的诊断依据是症状的临床特征，证候要素的内涵最小，证候要素的内涵独立。最终确认了 6 个病位要素和 14 个病性要素。

关键词：证候要素；确认方法；中医诊断

冷方南《中医证候辨治轨范》载有 308 个证候[1]，邓铁涛《邓铁涛医学文集》载有 178 个证候[2]。中医证候知多少，没有确切答案。事实上，证候是关于疾病发展过程中某一阶段的病理生理变化的整体反应状态的概括[3]。由于受病种、疾病发展阶段、患者体质、专家经验等多种因素的影响，作为表征患者功能状态的中医证候可能有无限多个。证候要素概念的提出有望使不可数的证候转化为有限的证候要素，便于学习和临床应用，故在学术界产生了重要影响。然而关于证候要素的定义及其特征仍存在值得澄清的问题。

1. 中医证候的定义

《黄帝内经》中将临床常见症状分属于心、肝、脾、肺、肾、上、下、风、寒、湿、火、热，即俗称"病机十九条"的记载，已经显现出证候要素的雏形。之后历代医家多有阐发[4]。王永炎院士[3]基于系统复杂性科学的理念，研究了近 20 年中医证候规范研究的 7 本著作中的 1700 余种证候，提出了证候的内实外虚、动态时空、多维界面特征和降维升阶的中医证候规范模式，并确认了 30 个基本证候因素，之后又将这些证候因素归结为病机层面的证候要素，并补充了病位层面的证候靶点[5-6]。朱文锋教授[4]则将证候要素称为通过对症状的辨识而确定的疾病本质，即"病位证素"和"病性证素"。

证候要素是组成证候的内涵独立且最小的属性概念，其诊断依据是症状的临床特征，即症状的部位、症状所属脏腑的功能、症状的性质和症状的加重缓解因素[7]294。证候要素分为病位要素与病性要素两类。

2. 研究资料

纳入标准：①以《全国中医图书联合目录》为线索，挑选宋、元、明、清及近现代临床名家的医案专著；②医案的辨证用药遵循中医学的传统思路；③医案至少包含症状和用药两部分。

排除标准：①收载于不同书籍的同一医家的医案（防止原始资料的重复）；②属对患者多次复诊的医案，则由二诊时的疗效决定是否仅录入初诊部分（使各医案成为相对独立的事件）；③表述不规范，容易产生歧义的医案。

根据以上标准，共得到医案专著 229 册，涉及 1484 位医家的 51186 条医案。以 Visual FoxPro 6.0 为开发平台建立数据库。根据证候要素是组成证候的最小单元，每一证候要素都有不同于其他要素的特异性症状，临床所见的所有证候都可由证候要素组合 3 个条件，从这些医案的证候诊断中提取了备选证候要素 326 个作为本文的研究资料[8]。按照出现频数由高到低，前 13 个备选证候要素（第 14 个备选证候要素的出现频数突然下降）依次是肝、脾、虚、内热、内湿、气滞、内火、胃、肾、肺、阴虚、气虚、痰。另外，本研究还参考了来自古今文献的 127 个证素概念，其中包括 66 个病位概念和 61 个病性概念[9]。

3. 证候要素的确认

关于证候要素的确认，朱文锋教授[10]提出了满足临床需要、不宜过细、约定俗成、明确涵盖关系、符合中医基本理论等原则，并初步规范出共性证素 50 项和五官专科病位 9 项，但仍有 9 个"证素"尚待确认。本文在此基础上提出了证候要素的 4 个特征，可借以确认证候要素。

3.1 证候要素是属性概念

逻辑学认为，属性是指事物的量、色、质、味、时空、性能、功用等性质，以及和其他事物之间的相互关系[11]。根据属性是否为某类事物必然具有，可将其分为特有属性与偶有属性[12]。为某类事物必然具有而其他类事物必然不具有的属性称为该类事物的特有属性；或可为某类事物具有而其他类事物必然不具有的属性称为该类事物的偶有属性。

概念是反映事物特有属性的思维形式。其中事物的特有属性称为概念的内涵，具有这些属性的所有事物称为概念的外延。根据概念所反映事物的属性是否可数，可将其分为实体概念和属性概念[13]。内涵中含有不可数的多个属性的概念称为实体概念；内涵中含有可数的一个或几个属性的概念称为属性概念。实体概念是反映具体事物（有质和量的规定）的概念。属性概念是反映事物的性质和事物之间关系的概念[14]。

证候属于认识论的范畴[15]，只能通过思辨科学（以思辨逻辑推理为基础，研究属性的本质与规律的科学，如数学、哲学）来把握。作为证候的组成部分，证候要素常是具有辩证特征的概念，即通过相反或互相排斥的抽象概念的联合或同一来把握事物的本质和规律。如阴虚与阳虚是相反的证候要素组合，用以把握虚热与虚寒；脾、肺、肾、肝、心、胃是相排斥的证候要素组合，用以把握人体脏腑的生理功能和生理特性。因此，证候要素是反映事物的个别性质和事物之间关系的概念，是属性概念。

3.1.1 人体部位不是证候要素

在生命活动过程中，人体的各个组成部分，如五体、五官的形态及功能常有多种变化，并随着人们观察手段的改进会有新的属性被发现，即具有不可数的多种属性。故头、胸、膈、胁、腰、腹、清窍、目、肉轮、血轮、气轮、风轮、水轮、舌、咽喉、齿、龈、唇、鼻、耳、肛门、前阴、四肢、关节、皮肤、筋、骨、腠理、肌肉、丹田、膜原等人体部位是实体概念，不作为病位要素。

3.1.2 症状不是证候要素

中医的症状是患者或他人借助各种感官感知人体信息并与既往经验相对比形成的直观认识，只能通过以经验证实为基础的实证科学（研究具有实在的质和量的规定的客观事物的本质和规律的科学，如物理学、心理学）来把握。因此，症状是实体概念而非属性概念[7]33-34。

喜、怒、忧、思、悲、恐、惊、食积、虫积、燥屎、结石、有形之痰（如咳痰、吐痰、瘰疬结核）、瘀血（如紫斑、血肿、月经色黑有血块）、出血、水（如水肿、腹水、心包积液）、脓、失神常是患者的临床表现，属于症状学的研究范畴，不是证候要素。

3.1.3 客观病因不是证候要素

中医的病因可分为两类：一类是客观病因，即致病因子或致病条件，他们具有不可数的属性，可通过实证科学来证实，不属于证候要素。这类病因有外风、外寒、外暑、外湿、外燥、外火、疫疠、劳逸、外伤。喜、怒、忧、思、悲、恐、惊、食积、虫积、燥屎、结石、有形之痰（如咳痰、呕痰、瘰疬结核）、瘀血（如紫斑、血肿、月经色黑有血块）、出血和水（如水肿、腹水、心包积液）既是症状，又可作为客观因素引起其他症状，亦不是证候要素。另一类是主观病因，即在明确了病因的致病特点或常导致的症状基础上，根据患者的症状而推测出来的病因，即审证求因。这类病因有内风、内热、内湿、内燥、内寒、无形之痰、瘀血。主观病因常由客观病因引起，但与客观病因的性质完全不同，如气、血、痰、湿、食都可郁而化生出与原客观病因性质不同的内火。这类病因无质和量的规定，关注的是其几个可数的致病特点或属性，故可作为证候要素，属于中医辨证学的研究范畴。

3.2 证候要素的诊断依据是症状的临床特征

证候要素是组成证候的最小辨证单元，其诊断依据是症状的临床特征：①根据症状的部位判定病位要素，如腰部症状多提示肾病，胁部症状多提示肝病；②根据症状所属脏腑的功能判定病位要素，如不寐多提示心主神志的功能异常，急躁易怒多提示肝主情绪的功能异常；③根据症状的性质判定病性要素，如感觉刺痛多提示瘀血，感觉胀痛多提示气滞，排泄物质稀多提示虚寒，质稠多提示实热；④根据症状的加重缓解因素既可判定病位要素，又可判定病性要素，如生气加重多见于肝气郁结，矢气缓解多见于胃肠气滞。

3.2.1 证候不是证候要素

证候常用一组症状来表达，如腰膝酸软而痛、眩晕、耳鸣、齿松发脱、遗精、早泄、经少或闭经、或见崩漏、失眠、健忘、口咽干燥、五心烦热、潮热、或骨蒸发热、盗汗、午后颧红、形体消瘦、小便短赤、舌红少津、少苔或无苔、脉细数是肾阴虚的常见症状群，其中的每一个症状都是衡量肾阴虚这一整体状态的一个状态变量。证候的诊断依据症状群不同于证候要素的诊断依据症状的临床特征，故证候不是证候要素。

六经辨证、卫气营血辨证和三焦辨证是三种特殊的辨证方法，其辨识的证候不仅有病位要素和（或）病性要素的特点，还更关注疾病的传变规律或时序特征，常是由一组症状界定，故属于证候的范畴，不作为证候要素。这类病证有太阳病、阳明病、少阳病、太阴病、少阴病、厥阴病、卫分证、气分证、营分证、血分证、上焦病、中焦病、下焦病、表证、里证、半表半里证。

3.2.2　疾病不是证候要素

健康状态是指被观察者在生理、心理和社会关系上的完好状态（世界卫生组织），反之即为疾病状态，常表现为患者自身感觉的异常、他人察觉的异常或理化检测结果的异常。疾病状态有 4 个特性：①客观性：疾病状态不依赖于观察者而客观实在；②稳定性：疾病状态处于变化中，但反映其变化的某些观察指标（如症状）在适当时间内相对稳定；③规律性：疾病状态的变化过程具有规律性，如外感病的六经传变；④不完全能观性：人体是一个复杂系统，人们只能从某些层面或角度去认识疾病状态，很难做到对疾病状态的全面把握[16]。

正因为疾病状态的客观性，关于疾病状态的界定，即不同的病种，如痹证、痿证、黄疸、消渴、痢疾、疟疾、泄泻、失眠、胃脘痛、结胸等就不是证候要素。

3.2.3　病机不是证候要素

病机是关于各种病因、疾病、证候、症状之间因果关系的中医理论解释，常表达为一个论证过程。这一论证过程用到证候要素，但不是证候要素本身。一个完整的论证过程常由论题、论据和论证方式三部分组成。例如，痰浊何以导致痴呆是论题，心藏神，痰浊易阻滞气机是论据，论证方式是演绎论证，即心藏神，痰浊易阻滞气机，故痰浊为患，心之气机受阻（功能受限），神无所藏，表现为痴呆。这一论证过程或病机简称痰迷心窍。类似地，肺失清肃、脾不升清、胃失和降、肝不藏血、肾不纳气、气不摄血、津不上承、气化不利、阳气不振等也都是病机，而非证候要素。

3.3　证候要素的内涵最小

证候要素是组成证候的内涵最小的单元。①对于病位要素，内涵最小是指有特定的生理功能或生理特性，且这

种生理功能或生理特性的异常有特定的症状的临床特征作为诊断依据。脏的生理功能或生理特性是藏精气而不泻，但其异常没有特定的症状的临床特征作为诊断依据，只能通过脾、肺、肾、肝、心的生理功能或生理特性异常来表达。类似地，腑传化物而不藏的异常只能通过胆、胃、大肠、小肠、三焦、膀胱的生理功能或生理特性的异常来表达；三焦的生理功能或生理特性分属于上焦、中焦、下焦，均不作为证候要素。②对于病性要素，内涵最小是指存在特定的症状的临床特征作为诊断依据。气的异常通过气虚、气滞、气逆表达；血的异常通过血虚、血瘀、血寒、血热、血燥表达；虚是精气血津液不足；实是邪气亢盛或精、气、血、津液的停滞；毒有火毒、湿毒、风毒、水毒之不同，阴、阳是所有证候要素的纲领，均不作为证候要素。

3.4　证候要素的内涵独立

每一证候要素都要有不同于其他证候要素的特有属性。病性要素的特有属性是其独特的临床表现。①将内涵模糊的备选证候要素予以拆分。因为内热有实热和虚热之分，内寒有实寒和虚寒之别，故将内热拆分为实热和阴虚，将内寒拆分为实寒和阳虚。②将临床表现相同但表达方式不同的备选证候要素合并。气实（盛）、阳盛是实热的不同表达方式，并入实热；营亏是血虚的不同表达方式，并入血虚；类似地，将阴盛并入实寒，将津液亏虚并入内燥，将上、中、下并入上焦、中焦、下焦。③将临床表现具有包含关系的备选证候要素并入内涵更小的备选证候要素。血燥、血脱是血虚的不同表现形式或程度不同，并入血虚；气陷、气不固、气脱是气虚的不同表现形式或程度不同，并入气虚；气闭是气滞程度的加重，并入气滞；阳亢是血随气逆的表现，并入气逆；戴阳是下真寒上假热的表现，并入阳虚；亡阴、亡阳是阴虚、阳虚程度的加重，并入阴虚、阳虚；类似地，将血寒并入实寒，将血热并入实热。

病位要素的特有属性是其独特的生理功能或生理特性。如主血脉是心的生理功能，心火下行是心的生理特性。奇恒之腑和六腑大都没有不同于其对应的五脏的、独特的生理功能或生理特性。如膀胱的储尿、排尿功能归属于肾的主水功能；子宫发生月经和妊养胎儿功能归属于肾的主生殖发育功能；胆的存储和排泄胆汁功能归属于肝的疏泄功能；脑（髓海）为元神之府，心包（心之宫城）能"代心行令、替心受邪"，他们的功能与心无异；上、中、下三焦如果是对人体上部的心肺、中部的脾胃、下部的肝肾功能的概括，就归于相关的脏腑。大肠、小肠的功能可归之于胃，胃的生理功能是受纳、腐熟水谷，传输和排泄糟粕（动通），生理特性是降、喜润恶燥。脾的生理功能是

把水谷精微吸收并输布全身发挥营养作用（静藏），生理特性是升、喜燥恶湿。脾、胃的生理功能和生理特性不同，故设立胃作为证候要素。经络辨证是根据经络在人体肌表的分布，将相关部位的病变归于络属的脏腑的辨证方法，故不另立为证候要素。

根据证候要素的4个特征，最终确认了6个病位要素，即心、肝、脾、肺、肾、胃，和14个病性要素，即实寒、实热、阴虚、阳虚、内风、内湿、内燥、气滞、气逆、气虚、血虚、精虚、痰、瘀血。

4.讨论

证候要素的提出在中医学术界产生了重要影响并被临床广泛应用。本文根据逻辑学的相关知识，讨论了证候要素的定义及其4个特征，并最终确立了6个病位要素和14个病性要素。这些证候要素的合理性还可通过其在中医历代医案中的应用程度和精、气、血、津液的存在形式予以确认。

从历代医案数据库的辨证原文中拆分出肝、心、脾、肺、肾、心包、胆、胃、大肠、小肠、三焦、膀胱12个脏腑。例如记录号（每条医案对应唯一的记录号）为6的医案对应的辨证原文为脾胃气虚，从中可拆分出脾和胃两个脏腑证候要素。应用Excel2007外接SQL2005数据挖掘程序对12个脏腑证候要素之间的关系进行挖掘，发现心、肝、脾、肺、肾、胃6个脏腑的频数之和占所有12个脏腑总频数的90%以上；在由12个脏腑形成的包含两个脏腑的66个项集中，由心、肝、脾、肺、肾、胃形成的支持度计数最多的前12个项集的支持度计数之和占总支持度计数之和的

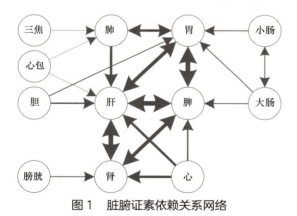

图1　脏腑证素依赖关系网络

81.3%；图1是12个脏腑的依赖关系网络，其中箭头的方向代表脏腑关联的方向，线条的粗细反映关联程度的强弱。可见，心、肝、脾、肺、肾、胃是12个脏腑的主要组成部分，12个脏腑可简化为五脏一腑[16]。

从精、气、血、津液的存在形式看，6个病位要素是关于人体组成部分的属性的认识，这些人体的组成部分是由精、气、血、津液构成的稳定结构。在14个病性要素中，实寒、实热、阴虚、阳虚是关于精、气、血、津液比例关系的异常[17]；内湿、气滞、气逆、血瘀、痰是精气血津液运行的异常；气虚、血虚、精虚、内燥是精气血津液的虚损；内风或为精、气、血、津液运行的异常，或为精、气、血、津液的虚损所致。

参考文献：

[1] 冷方南.中医证候辨治轨范[M].北京：人民卫生出版社，1989.

[2] 邓铁涛.邓铁涛医学文集[M].北京：人民卫生出版社，2001.

[3] 王永炎.完善中医辨证方法体系的建议[J].中医杂志，2004，45（10）：729-731.

[4] 朱文锋.创立以证素为核心的辨证新体系[J].湖南中医学院学报，2004，24（6）：38-39.

[5] 王永炎，张启明，张志斌.证候要素及其靶位的提取[J].山东中医药大学学报，2006，30（1）：6-7.

[6] 张志斌，王永炎，吕爱平，等.论证候要素与证候靶点应证组合辨证[J].中医杂志，2006，47（7）：483-485.

[7] 张启明，刘保延，王永炎.中医症状学研究[M].北京：中医古籍出版社，2012.

[8] 张启明，王永炎，张志斌，等.外感病因中证候要素的提取[J].山东中医药大学学报，2005，29（5）：339-341.

[9] 朱文锋.证素辨证学[M].北京：人民卫生出版社，2008：36-53.

[10] 朱文锋，甘慧娟.证素内容的辨析[J].中医药导报，2005，11（1）：11-13.

[11] 张志成.逻辑学教程[M].北京：中国人民大学出版社，2006：18.

[12] 金岳霖.形式逻辑[M].北京：人民出版社，2005：15.

[13] 李小克.普通逻辑学教程[M].北京：首都经济贸易大学出版社，2002：16.

[14] 徐锦中.逻辑学[M].天津：天津大学出版社，2005：24.

[15] 刘保延，王永炎.证候、证、症的概念及其关系的研究[J].中医杂志，2007，48（4）：293-298.

[16] Zhang L，Zhang QM，Wang YG，et al，The TCM pattern of the six-zang and six-fu organs can be simplified into the pattern of five-zang and one-fu organs[J].J Tradit Chin Med，2011，31（2）：147-151.

[17] 张启明.寒热证阴阳变化的模拟分析[J].辽宁中医杂志，1995，22（11）：481-484.

（收稿日期：2013-06-04；修回日期：2013-06-26）

附录 9

《中国中药杂志》2013 年 9 月第 38 卷第 18 期

大数据时代中药上市后数据的整合与应用

王永炎，谢雁鸣，王志飞

（中国中医科学院中医临床基础医学研究所，北京 100700）

20 世纪后期，微电子技术和人工智能的发展导致了电脑、电讯等信息产业的革命，即信息革命。经过 30～40 年的酝酿，信息革命的成果日渐显现，依托无所不在的计算机、嵌入式设备和传感器，以及由此构成的互联网和物联网，数据的收集、存储、共享变得十分容易。进入 21 世纪初叶，人类可应用的量化数据出现井喷，一场改变人类思维模式的大变革即将拉开帷幕——大数据时代应运而生。

1. 大数据时代是思维变革的时代

大数据主要是指基于信息自动收集和存储技术产生的数据，大数据的收集可能基于某一明确而单一的目的，但大数据的应用却是可扩展的。手机用户的通话信息可用于生成话费账单，也可用于预测通讯设备的服务压力，还可用于开展社会关系网络分析，大数据之所以能产生令人振奋的成果，就是因为它整合多种来源的数据，从多角度、多层次、全方位开展分析。毫无疑问，大数据时代的这些分析思维的新动向反映了数据分析的方法论从还原分析向系统综合的转型。

大数据时代的思维变革是数据驱动的变革。维克托·迈尔 - 舍恩伯格在《大数据时代》一书中分析了大数据时代思维变革的 3 个主要方面：①更多，不是随机样本，而是全体数据；②更杂，不是精确性，而是混杂性；③更好，不是因果关系，而是相关关系 [1]。这 3 个方面的思维转变都来源于数据内容和形式的转变，数据是思维变革的原动力。随机抽样方法的产生是为了以少量数据来反映研究目标全部数据的总体，大数据时代可以直接获取研究目标的全体数据，那么就应当分析全体数据来更好地反映研究目标的普遍性和特殊性。精确性去除了混杂，然而混杂并非毫无意义，对混杂的分析也可能产生重大发现，而且，随着数据数量的增长，特定混杂产生的影响会越来越小，规律会在大量数据下自然显现。对因果关系的研究朝向于最大化规律的扩展性，如果可以轻松获得事物的全部数据，那么应用其自身数据来发现自身规律更加具有优势，这是大数据时代关注相关关系的最根本原因。

大数据时代的思维变革将成为科学思维转变的契机。人们应用大数据的系统综合思维开展数据分析，产生了许多意想不到的成功；这些成功，必然会进一步鼓励系统综合思维的应用，产生积极反馈，推动科学思维的变革。从 google 的自动翻译系统，到亚马逊的商品推荐系统，再到 IBM 的汽车电力供应系统，基于系统综合思维的大数据分析已经撼动了从商业科技到医疗、政府、教育、经济、人文以及社会的各个领域。可以预见，随着大数据分析的深入开展，系统综合的思维将深入人心，并成为科学思维转变的契机。

系统综合是中国古代哲学的价值取向，因此大数据的思维与中医药的整体论和辨证观有很多相似之处。大数据分析立足于全体数据，要求多角度、多层次、全方位地理解和分析数据；中医药学也是如此，要求全面地收集症状，望、闻、问、切四诊合参。大数据强调现实发生的数据，不回避混杂；中医药学也强调严格设计的试验与临床真实情况的差异，关注临床实际。大数据强调发现相关关系，而中医药学应用的各种规律，从根本上说都是相关关系。可见，大数据的思维、方法和技术应用于中医药学具有先天的优势，可以产生巨大的理论和应用价值。

2. 大数据思维对中药上市后研究的启示

大数据思维用于指导中药上市后研究，将开启全新的局面。在我国，中药上市后研究方兴未艾。由于上市前研究的不足，如病例数少、研究周期短、人群和用药条件限定严格等，加之历史原因部分中药上市前研究未能系统开展，中药须进行上市后的研究已成为各方共识[2]。中药上市后研究是新药上市前研究的延续，目的是全面考察中药在真实世界的疗效、不良反应、稳定性及费用等是否符合安全、有效、经济的合理用药原则，发现上市中药确切的临床定位、适宜的用药人群、优化的用药方案，同时找到其不良反应及影响不良反应发生的因素，为临床更好地应用中药提供参考。可见，要实现中药上市后研究的目标，单一的前瞻性或回顾性研究都是不够的，必须以大数据的思维，整合所有可获得的相关数据，并充分考虑数据之间的时序性和互补性，开展多角度、多层次、全方位的分析。

目前，可用于中药上市后研究的数据主要有Ⅳ期临床试验数据、被动监测数据、主动监测数据、医疗数据和文献数据。

Ⅳ期临床试验是新药的上市后应用研究阶段，通过临床观察考察药物在广泛使用条件下的疗效和不良反应，评价在普通或特殊人群中使用的利益与风险关系，改进给药剂量。Ⅳ期临床试验是中药上市后研究的最基本要求，其对广泛使用条件下有效性和安全性的观察都是初步的，不仅无法获得不良反应发生率，也很难系统地观察上市中药罕见和偶发的不良反应。

我国的被动监测系统主要是自发呈报系统（spontaneous reporting system，SRS），SRS是我国目前药物上市后安全性数据的主要来源，具有监测范围广、参与人员多、不受时空限制的优点。国家药品不良反应监测中心于2003年11月开始启用SRS，目前数据量已达百万以上。2009年国家药品不良反应监测中心开始将SRS数据发给相关制药企业，鼓励企业开展研究。SRS可提供不良反应的相关数据，却无法提供药物使用人群的本底数据，因此要与其他数据整合以把握不良反应发生的全貌。

主动监测是中药上市后安全性评价的主要方式，上市中药的不良反应发生率只有通过主动监测才能获得。同时，罕见和偶发的不良反应，以及不良反应发生的类型、表现、影响因素等上市后研究关注的要点，也只有通过主动监测才能获得确证性的证据。中药上市后主动监测的形式通常为登记注册式的医院集中监测。按照上市中药的不良反应发生率估算样本量，往往都需监测万例以上。目前我国的主动监测一般都以项目的形式开展，然而这种单一品种一定时段的监测难以形成规模优势，投入产出比欠佳，监测结果也容易受到医院水平、人员资质等多方面的影响。因此建议建立主动监测体系，筛选全国各地各级有代表性的医院作为安全性监测哨点，开展标准培训和资格认证；通过认证的医院对本院所有药品开展常态化监测，将监测融入日常医疗活动之中；药品生产企业则通过支付一定费用来获取本品种的监测数据。这样，监测形成规模优势，成本大大缩减，监测则常态进行，源源不断地产生高质量的安全性大数据。

上市后研究关注药物在真实医疗环境中的应用情况，则医疗数据是最符合要求的大数据。大数据时代，由于医疗事务系统的广泛应用，医疗活动被真实记录下来，使得应用医疗数据开展上市后研究成为可能。医疗事务系统的数据积累主要体现于医院信息系统（hospital information system，HIS）。2007年的统计表明，我国三级甲等医院目前已基本普及HIS，县级医院中HIS的使用率也已达到60%。HIS数据与医疗实践同步，每时每刻都在扩充。一个1000张床规模的医院，电子病历系统（electronic medical record，EMR）每日产生文字记录约150万条，影像归档和通信系统（picture archiving and communication systems，PACS）每日产生图片数据量约8G[3]。而且，以上海市级医院临床信息共享项目为代表的区域HIS信息整合正在开展[4]。可以预见，HIS数据的整合必将形成典型的大数据。这将成为中药上市后研究最具潜力的数据源。

文献是各种研究的荟萃，其作为中药上市后研究的数据源具有很多优点，如报告者分布较广、可信度较高、研究周期较短、研究费用较低等。尤其重要的是，文献是发现罕见或偶发不良反应的重要线索。随着中药临床研究的不断发展，每年都有大量论文发表在各类学术期刊上，为中药上市后研究提供了丰富的资源。利用好这些资源，从这些资源上寻找证据和线索，对于科学系统地评价上市中药有重要的意义。

Ⅳ期临床试验数据、被动监测数据、主动监测数据、医疗数据和文献数据各有优势，也各有不足，应在大数据思维的指导下将其整合起来进行分析。数据整合带来创新，广泛的数据整合是大数据分析的特点之一。数据的总和比部分更有价值，而多个数据集的总和重组在一起比单个数据集的总和价值更大。大数据时代的中药上市后研究，应当尝试多方面数据的整合，以获得更加全面、更有价值的结论。

数据整合应充分考虑时序性。文献研究是其他研究的基础，开展中药上市后研究之始，通过全面地掌握文献，以发现研究品种可能的不良反应及其严重程度，初步评估其安全性，对于前瞻性研究设计中样本量的估计、CRF表的设计、不良反应应急预案的制定等均有价值。同时，文献研究也可为其他研究的开展提供线索。文献研究之后，应开展HIS数据分析，以了解上市中药在临床应用的真实情况，了解其应用人群、应用疾病、常用方案和方法，并根据文献线索开展重点研究。HIS 数据一般不包括药物应用的安全性指标，但会涉及到疗效指标和医疗费用，因此可开展相关的有效性和经济学研究。HIS 分析之后，应开展 SRS 数据分析。SRS 数据分析可发现上市中药不良反应的具体情况，发现关于不良反应影响因素、禁忌人群和配伍禁忌的线索。SRS 数据与 HIS 数据和文献研究结果相印证，可以较为全面地了解药物的安全特性，评估其临床应用中的风险和收益。当然，这样的研究结果只能提供线索，需要在此基础上进一步设计和开展Ⅳ期临床试验和主动监测等研究，以获得关于安全性、有效性和经济性的确证性的结论。

数据整合应充分考虑各数据间的互补性。文献数据来源广泛但报道零散；HIS 数据真实具体但又缺少某些特定信息；SRS 数据对不良反应描述详细但缺少用药人群的本底信息；主动监测和Ⅳ期临床数据可靠但费用昂贵。然而它们之间具有很好的互补性：HIS 数据可提供临床应用的具体情况；文献数据和 SRS 数据可提供应用后安全性、有

效性的具体情况；HIS 数据、文献数据和 SRS 数据互为补充、互相印证，为研究者提供上市中药应用的概貌和具体细节，为Ⅳ期临床试验和主动监测的设计提供线索；Ⅳ期临床数据则形成上市中药安全性和有效性的初步证据；主动监测则在 HIS 数据、文献数据和 SRS 数据的基础上形成关于上市中药安全性的循证证据。

综上所述，应用大数据思维整合中药上市后研究的各种数据开展系统综合研究，更有利于全面把握上市中药的安全性、有效性和经济性，从而为临床合理用药提供更有价值的参考。

参考文献：

[1] 维克托·迈尔-舍恩伯格，肯尼思·库克耶. 大数据时代 [M]. 杭州：浙江人民出版社，2013.
[2] 王永炎，吕爱平，谢雁鸣. 中药上市后临床再评价关键技术 [M]. 北京：人民卫生出版社，2011.
[3] 中国医院协会信息管理专业委员会. 中国医院信息化发展研究报告 [M]. 北京：卫生部统计信息中心，2007.
[4] 于广军，杨佳泓，郑宁，等. 上海市级医院临床信息共享项目（医联工程）的建设方案与实施策略 [J]. 中国医院，2010，14（10）：9.

附录 10

《天津中医药》2013 年 1 月第 30 卷第 1 期

五脏六腑皆令人"喘"

王永炎[1]，王燕平[1]，于智敏[2]

（1. 中国中医科学院临床基础医学研究所，北京 100700；2. 中国中医科学院中医基础理论研究所，北京 100700）

摘要： "五脏六腑皆令人咳"，亦可"令人喘"。临床治疗喘病，在常规治疗效果不显著时，可以考虑以此为理论指导，开拓临床诊疗思路，开展理论指导下的临床研究，如此方能把读经典、做临床落实到实处。

关键词： 五脏六腑；喘病；治疗

中图分类号： R221　**文献标识码：** A　**文章编号：** 1672-1519（2013）01-0001-03

《素问·咳论篇第三十八》提出过"五脏六腑皆令人咳"的理论命题，学过中医的人都耳熟能详。原文："黄帝问曰：

肺之令人咳，何也？岐伯对曰：五脏六腑皆令人咳，非独肺也。"
仔细分析这段经文，可以揣摩出其蕴含的深远意蕴。

"黄帝问曰：肺之令人咳，何也？"黄帝所问"肺之令人咳"，此为咳之常，反映了人们对"咳"的一般看法。通常认为"肺为咳"，"咳由肺主"，尽管临床上有虚实寒热的不同，也有"久咳及肾"的观点，但咳因肺生，治咳以治肺为主，基本成为人们的共识。"岐伯对曰：五脏六腑皆令人咳，非独肺也"所言，为咳之变，体现了咳嗽致病的复杂性和广泛性，表明"咳"虽表现在肺，但和五脏六腑密切相关，临床治疗远非治肺之一途，体现了中医的整体联系观点。至于其后列出的五脏六腑之咳的诸多特异性症状，则是用事实进一步加以论证说明的。

笔者在研读《素问·咳论篇》"五脏六腑皆令人咳"的基础上，挖掘并提出"五脏六腑皆令人喘"的观点，并以此为理论指导，临床治疗一些久治不痊愈的喘证，取得较好的效果。

喘病属中医难治病，古人向有"内科不治喘，外科不治癣"之论，足见本病之顽固难疗。《今日中医内科》[1]曰："喘病是由内伤外感等原因导致的肺失宣降，肺气上逆，或肺肾出纳失常，在临床上以呼吸困难，动则加重，甚至张口抬肩，鼻翼煽动，不能平卧等为主要表现的一种病证。"虽然致病因素多端，但主要临床表现相近，中医治疗多从肺、脾、肾三脏入手，用药以调理肺、脾、肾功能为主，治法或开或阖，或升或降，或补或泻，用药或寒或热，但临床上有些患者尚不能取得满意疗效，值得总结与反思。

《说文解字》曰："喘，疾息也。"喘证古称上气、喘息。一般通称气喘，指以呼吸急促为特征的一种病证，简称喘，亦称"喘逆"、"喘促"，是由肺气上逆，失于宣降，或肾失摄纳所引起，常见症状有呼吸困难，甚至张口抬肩，鼻翼煽动，不能平卧等，为各种证型所共有，是主要的证候特征。其临床表现轻重不一，轻者仅见呼吸迫促，呼气吸气深长，一般尚能平卧。重者可见鼻翼煽动，张口抬肩，摇身撷肚，端坐呼吸，面唇发绀。急发者多表现呼吸深长费力，以呼出为快，胸满闷塞，甚则胸盈仰息，声高痰涌，气喘与劳动及体位无关。缓发者多表现呼吸微弱而浅表乏力，以深吸为快，声低息短，动则加重，气喘与劳动及体位明显相关。若病情危笃，喘促持续不已，可见肢冷汗出、体温、血压骤降，心悸心慌，面青唇紫等喘脱危象。

喘证常由多种疾患引起，病因复杂，常见的有外邪犯肺、痰浊内蕴、情志失调、久病劳欲等，致使肺气上逆，宣降失职，或气无所主，肾失摄纳而成。因之临床上常"咳喘"并称。如《素问·五常正大论》提出："其发咳喘。"此外，还有"咳以声响名，喘以气息言"等论述，说明咳与喘常夹杂发病。尽管咳不一定兼喘，但喘多兼咳嗽，两者在痰、瘀、肺失宣降等病理环节上有共同之处。咳嗽日久，迁延失治，也会发展成喘。既然"咳非独肺"，那么，喘亦非仅肺、脾、肾三脏而关乎五脏六腑。对于以常法治疗效果不显著的患者，当尊《内经》之旨，知常达变，另辟蹊径。

曾治一位山东中年男性患者，哮喘持续发作数月，喘时胸闷憋气，白痰难咯，窒闷欲死。时值某位明星因哮喘辞世，媒体渲染，令患者内心非常恐惧，可谓惶惶不可终日。经地方中西医诊治数月而无显效，每天靠大剂量激素维持。

翻检既往就诊病例可知，中西医诊断一致而明确。研究服过的中药发现，尽管不同的医生在辨证分型上略有差异，但处方用药思路基本相同，均以化痰、止咳、平喘为主要治法。或认为久病必虚而加扶正药，或认为久病伤脾而兼以健脾，或认为久病伤肾而补肾，或以为久病入络致瘀而加用虫类药，基本方不外定喘汤、苏子降气汤、小青龙汤、麻杏石甘汤诸方。

诊察患者，刻下见神情凝重，面色郁滞，心事重重，喘息连作；舌质暗而苔白，脉象沉而细弱。考虑到患者因病而郁，因郁而瘀，郁与瘀合邪致病，痰、郁、瘀阻为基本病机及关键病理环节。考虑到本病虽病在肺、脾、肾，但此患者内心惊恐不安，忧愁思虑，心、肝皆以受病。《素问·本病论》曰："人忧愁思虑即伤心。"《灵枢·邪气脏腑病形篇》曰："愁忧恐惧则伤心。"患者心绪不宁，情志不遂而致肝郁。因此《素问·咳论》既言"五脏六腑皆令人咳，非独肺也"，那么，"五脏六腑也可皆令人喘"。遂用越鞠丸行气解郁，丹参饮子行气化瘀，瓜蒌薤白半夏汤祛痰散结，合方治疗，痰、郁、瘀同治，而以行气之法贯穿始终，所谓"治痰先理气，气顺痰自消"；"气血冲和，万病不生"；"化瘀必理气"之意，依此施治。由于患者家在外地，往返就诊不便，遂嘱咐患者回家后立即服药，连服3周再来复诊，并且每吃完7剂药，就将所用激素用量减少一半，减三次以后即全部停服。若在服中药期间未见好转，则维持原来治疗，待再来京复诊时定夺。3周后患者来京复诊，自谓激素已经全部停用，用药后喘证明显减轻，后又调理月余而症状消失。

患者为喘病所苦，这是不争的事实，也是患者就诊的原因。但是，因喘而导致的精神、心理、情志改变也是影响本病疗效的重要因素，一定程度上说，这些因素和疾病相互作用，互为因果。因此，治疗时必须两者兼顾，不能顾此失彼。由此悟出《内经》"五脏六腑皆令人咳，非独肺也"之论，实蕴"治咳不离于肺，然亦不囿于肺"之意，同时提示并告诫我们，"读书不仅要求慎解"，更要"于无字句处读书"，"纸上得来终觉浅，绝知此事要躬行"的意思也在于此。

中医经典中蕴藏着许多原创思维有待挖掘，读经典、做临床是创新的重要途径，所谓继承质疑，验证而后创新。

通过本案的治疗得到启示，《黄帝内经》乃中医学之根本，每一位医者都应仔细研读，反复品味，临证尊经，用中医的理论与思维指导临床，如此方能把"读经典、做临床"落到实处！

参考文献：

[1] 王永炎，张伯礼，张允岭．今日中医内科[M]．北京：人民卫生出版社，2011：480．

（收稿日期：2012-12-01）

附录 11

《天津中医药》2013 年 2 月第 30 卷第 2 期

"心为噫"，嗳气治心

王永炎[1]，王燕平[1]，于智敏[2]

（1. 中国中医科学院临床基础医学研究所，北京 100700；2. 中国中医科学院中医基础理论研究所，北京 100700）

摘要：《素问·宣明五气篇》有"心为噫"之论。对于一些用常法治疗效果不显著的噫（嗳气）病患者，可在此理论指导下组方遣药，能取得较高疗效。提示为医者当把读经典、做临床落实到实处。

关键词：心为噫；嗳气；治心

中图分类号：R256.3　**文献标识码**：A　**文章编号**：1672-1519（2013）02-0065-02

"心为噫"出自《素问·宣明五气篇》之"五气为病"。文中的"噫"字，通常读作 yī，实际上，应读作 ài。噫读作 yī 时为感叹词，意思为感叹声、悲痛或叹息声，有表示感慨悲叹以及惊异等意思。读作 ài 时为动词，意思是呼气、吹气。

"心为噫"实乃指饱食或积食后，胃里的气体从嘴里出来并发出声音，亦即中医所说的"嗳气"。"嗳气"俗称打嗝儿，属现代医学"呃逆"范畴，系指胃里的气从嘴里出来并发出声音。虽然"嗳"字尚有其他含义，但在表达中医胃气上逆的这种含义上，两者意思相同。

"噫"属于中医"五气为病"之一，包括嗳、哕、呃逆等。王肯堂《证治准绳·杂病》曰："呃逆，即《内经》所谓哕也。"[1]《内经》以后中医论"哕"尚有其他含义。如《此事难知》曰："哕属少阳，无物有声，乃气病也。"[2]《医林绳墨·卷四》曰："盖哕者，有声无物之谓，乃干呕也。"[3]《医经溯洄集》以哕为干呕之剧者等。

笔者所论之"噫、嗳、呃逆"等，仅局限于俗称"打嗝"、"饱嗝"的病症，是指各种消化道疾病常见的症状之一，属临床上多见而难治的一类。中医认为，本病是胃气失和而上逆的一种表现，其发作多因情志变化而增减。辨证虽有寒、热、虚、实之异，但治疗总以和胃降逆、调畅气机为主。

考诸《黄帝内经》可知，"噫"属于中医"五气所病"的范畴。"五气所病"，五脏各有所主，治疗当各顺其性，各归其累。何谓五气所病？《素问·宣明五气篇》指出："五气所病：心为噫，肺为咳，肝为语，脾为吞，肾为欠为嚏。"[4]

因何而为噫？《黄帝内经素问·脉解》中释为："（太阴）所谓上走心为噫者，阴盛而上走于阳明，阳明络属心，故曰上走心为噫也。"[5]可见，心为噫，噫归心主，是因为太阴（脾经）阴气较盛而上走于阳明经（胃经），而阳明经通过络脉与心脏相连属使然。

由是观之，噫（嗳气）之治，当不仅仅有和胃降逆一途。在和胃降逆的同时，结合开心窍，补心气，温心阳，滋心阴等法，皆为治噫（嗳气）之良法，特别是临床上治疗顽固性嗳气以和胃降逆法治疗无效的，皆可从"心"治"噫"而每获良效，此亦为治"本"之道。

笔者临床治疗顽固性嗳气、呃逆诸证，大多在辨证论治的基础上，佐以开心气、通心窍、入心经、清心火之品如远志、石菖蒲、郁金、黄连等而每获良效。其他芳香开窍药如麝香、冰片、苏合香、樟脑、蟾酥等虽然亦有此功效，但由于其性味过于辛香燥烈走窜，且多入丸散之剂内应用，其中有些药物价格昂贵，对于嗳气的治疗，若非必须尽量不用。

具体到临床常用药物，远志、石菖蒲、郁金为临床常用药，且药性平和，药源广阔，价格低廉，其开心气、散郁滞、顺逆气、调气机之功效显著，治疗本病可在辨证论治的基础上酌情选用一二，以提高疗效。《得配本草》曰："远志，辛、苦，温，入手足少阴经气分。开心气，去心邪，利九窍。"[6]《珍珠囊补遗药性赋》曰："菖蒲开心气、散冷。"[7]《本草汇言》曰："郁金，其性轻扬，能散郁滞，顺逆气，上达高巅，善行下焦，为心肺肝胃、气血火痰、郁遏不行者，最验。"[8]

具体到临床常用方剂，如胃中寒冷而噫（嗳气）者，予丁香散；胃气上逆而噫（嗳气）者，予竹叶石膏汤；气滞痰阻而噫（嗳气）者，予五磨饮子；脾肾阳虚而噫（嗳气）者，予附子理中汤；胃阴不足而噫（嗳气）者，与益胃汤等。临床治疗噫（嗳气），首先应在辨证论治的基础上进行立法处方，然后再加减化裁，其中以远志、石菖蒲、郁金为治呃逆之特效药与通用药，对顽固性呃逆、嗳气、噫气、甚至哕证都有较好疗效，临床不妨一试。

笔者以此理论为指导，临床以此法治疗多例顽固性呃逆患者，收效显著，验证了《内经》"心为噫"理论的正确性。

昔华元化曾说："人之所病病疾多，医之所病病道少。"[9] 意思是说人们担心世界上疾病很多，令人防不胜防；但医生忧虑的，是治疗疾病的方法太少。笔者体会，为医者当善于学习，体察物性，熟读经典，勤于临床，精于思考，时时积累，善于总结，大胆实践。只有把《内经》的指导思想应用于实践中并接受实践的检验，才能领会其微言大义。如此，读经典自然会味若甘饴，做临床自会有源头活水。

参考文献：

[1] 王肯堂 . 证治准绳·王肯堂医学全书 [M]. 北京：中国中医药出版社，1999：109.
[2] 王好古 . 此事难知 [M]. 南京：江苏科学技术出版社，1985：38.
[3] 方隅 . 医林绳墨 [M]. 北京：商务印书馆，1957：81.
[4] 黄帝内经素问 [M]. 北京：人民卫生出版社，2005：49.
[5] 黄帝内经素问 [M]. 北京：人民卫生出版社，2005：97.
[6] 严洁 . 得配本草 [M]. 北京：人民卫生出版社，2007：44.
[7] 李东恒、李士材 . 珍珠囊补遗药性赋 [M]. 上海：上海科学技术出版社，1986：2.
[8] 倪朱谟 . 本草汇言 [M]. 北京：中医古籍出版社，2005：109.
[9] 丹波元胤 . 聿修堂医书选·中国医籍考 [M]. 北京：人民卫生出版社，1956：842.

（收稿日期：2012-12-24）

附录 12

《天津中医药》2013 年 3 月第 30 卷第 3 期

但见一证便是，不必悉具

王永炎[1]，王燕平[1]，于智敏[2]

（1. 中国中医科学院临床基础医学研究所，北京 100700；2. 中国中医科学院中医基础理论研究所，北京 100700）

摘要：《伤寒论》中蕴含着中医理论与实践的诸多智慧。通过对《伤寒论》第 101 条 "但见一证便是，不必悉具" 的理解与应用，强化读经典、做临床，理论联系实际的重要性。

关键词：《伤寒论》；经典；临床；心为噫；嗳气；治心

中图分类号：R222.2　**文献标识码：**A　**文章编号：**1672-1519（2013）03-0129-03

"但见一证便是，不必悉具" 出自《伤寒论》第 101 条，对此条文的含义，历代注家见仁见智。但万变不离其宗，

其核心应该是强调临床要坚持辨证论治原则，抓主证，不要 "头痛医头，脚痛医脚"。

"抓主证"是每一位学过中医的人都耳熟能详的，但是，在临床实践中真正能够做到，有时又确实很难。对主证的认识不同，直接导致辨证结果的差异，处方用药也因之大相径庭。因此，临床上如何独具慧眼，拨云见日，去伪存真，冲破迷雾，水落石出，辨析主证病机，是医者必备的素质与基本功，也是医生之间的主要区别所在。

清代俞东扶在《古今医案按》[1] 中指出："读书与治病，时合时离；古法与今方，有因有革。善读书斯善治病，非读死书之谓也；用古法须用今方，非执板方之谓也。"对于中医临床、科研工作者而言，这是读经典、做临床应该遵循的基本准则。否则，或广络原野式的浏览，或皓首穷经式的痴迷，都是治学的误区。

《伤寒论》为中医经典著作。清代徐灵胎[2] 认为："医者之学问，全在明伤寒之理，则万病皆通。"但是，晚近有些学者研究《伤寒论》出现一些偏差，章太炎先生曾针对当时学界研究《伤寒论》之学的做法提出质疑与批驳，认为多是"以实效之书，变为空谈"。其言论虽不乏偏激，但今天仍值得笔者引以为戒！

《伤寒论》中蕴含着中医理论与实践的诸多智慧，有待学人挖掘。例如，《伤寒论》第 101 条[3]："伤寒中风，有柴胡证，但见一证便是，不必悉具。"对于"但见一证便是，不必悉具"，历代医家多有阐述与发挥。第 101 条在字面上很容易理解，在理论上也很容易钩玄诠释。但是，在临床上如何理解、解释与应用？如何将这个原则应用推广到临床实践中去，却是个有待研究的问题。如果脱离临床实际一味钩玄，纵然言之凿凿，论之切切，也往往会有"纸上得来终觉浅"之虞。学习中医理论重在"躬行"，不通过"躬行"也难知此事。"知道的知识不是自己的，只有使用过的知识才是自己的"说的也是这个道理。

临床曾治一中年女性带状疱疹患者，3 个月前患病，疱疹隐现于季肋部。用中医方法治疗 2 个月后，带状疱疹未发出，但病变局部疼痛加剧，遂辗转前来诊治。查患者局部皮肤无任何改变，自言疼痛剧烈，触之疼痛大作，甚则不能近衣贴被。

在了解既往病史过程中发现，患者系教师出身，口才甚好，记忆力颇佳，且家属认识很多中医专家，有多位中医师都为她诊治过。患者用了 20 多分钟的时间在诉说她的病情和诊治经过。初步统计，患者述说的症状竟达 20 多个，提到名姓的医生也有六七个。一边听其滔滔不绝的陈述，一边摘取、翻检前医方，发现治法、处方用药皆清热解毒、凉血活血之类。

四诊诊察，特别是诊脉过程中发现一个细节：患者尽管口中滔滔不绝，但讲话过程中哈欠连连，有时甚至昏昏欲睡。细品三部九候之脉，举、循、按皆沉细无力，与《伤寒论》281 条[4] "少阴之为病，脉微细，但欲寐"高度吻合。

考虑到患者病程日久，经治多人，疾病诊断虽准确无误，但证候类别则寒热交作并出，虚实夹杂难辨，有发展成变证、坏证之趋势，此时诊疗难以全面兼顾。若面面俱到，则有"广络原野，侥幸获中"之嫌。因思《伤寒论》"但见一证便是，不必悉具"之条文明训，结合"脉微细，但欲寐"的主证，决定以此为辨证依据，拟按少阴病辨治。

分析病机可知，患者长期过用苦寒，犯"冰伏其邪，变证百出"之戒。缘苦寒之品，伏遏毒邪，火邪郁里，不能畅达于外；寒凉之药不能清热于里，故疱疹不出而痛加剧，寒热交争而变证出焉。况苦寒之品，性善守而不善走，凝涩经脉而致经脉不通，不通继而病络，经络不通则痛；过用苦寒伤阳，使阳为寒闭，阳虚不能鼓邪外出，交争于体内，故痛不欲近衣贴被。当此之时，助阳解表，兼以救逆当为正治之法。遂以为，麻黄附子细辛汤当为治本之法，酌情加味治之，庶几可获全功。本访以麻黄解表散寒，附子温经助阳，扶正祛邪，表里兼顾；以细辛助麻黄解表，佐附子温经散寒。如此则寒邪得散而阳气不亡，可谓切中病机。考虑到本病迁延日久，患者情绪急躁，加之疼痛剧烈，又合方金铃子散以解郁行气止痛，兼散肝经浮游之火。仅此 5 味药，嘱患者连服 1 周。

岂料第 3 天，患者来电，谓吃了第 1 剂药后，疼痛没什么减轻，第 2 剂药吃下去后，疼痛突然加重，第 3 剂药吃下去，疼痛更厉害了，让人难以忍受，问是否药不对症而致病情加重？经详细询问得知，患者虽有"切肤之痛"，但跳动而外达，且精神状态明显好转，讲 4 节课基本无碍。想到《尚书》[5] "若药弗瞑眩，厥疾弗瘳"之古训，断定此乃药到病所，邪正交争使然。

患者之所以出现疼痛不解反而加重，主要缘于前期过用寒凉，阳气郁闭，郁而化热，热而生风，血分游风不能外达而致"风胜则动"[6]（《素问·阴阳应象大论》），根在气机不畅，加之以麻黄附子细辛汤助阳解表，而温通之药与郁热暂不相投，故疼痛剧焉。考虑到既然辨证准确，方正相应，其治在病本，如矢中的，当心存定见，敢于有维有守。此时若改弦易辙，再用清热凉血之剂，必致前功尽弃。遂嘱患者坚定信念，按预期尽剂服。

患者服药 7 天后复诊。谓当吃下第 4 剂药后，疼痛全部消失。7 剂药吃完，疼痛顿失，精神好转。后随证调理月余而愈。

昔中医先贤有言："治外感如将，兵贵神速；治内伤如相，坐镇从容。"[7] 通过本案笔者体会到，临床无论面对外感、内伤，还是其他危急重症、意外事故都应如此，忙中出错、错失良机不惟兵家大忌，亦为医者大忌。辨病机，抓主证，方证相应为中医之灵魂；胆欲大，心欲小，行欲方，智欲圆，心有定见，有胆有识，有维有守乃医者必备之素质；树立信心，坚定信念，相信医生，相信科学，医患相互信任、相互配合是临床取效的关键。如此，中医临床实践才能大有作为。古人不说"吃药"而说"服药"，一个"服"字，道出患者对医生、医学、药物的信服等诸多含义，确蕴深意。

参考文献：

[1] 清·俞震.古今医案按[M].北京：中国中医药出版社，1998：41.

[2] 吴江.徐灵胎先生评本.增补临证指南医案[M].太原：山西科学技术出版社，1999：211.

[3] 汉·张仲景.伤寒论[M].北京：中国书店，1993：39.

[4] 汉·张仲景.伤寒论[M].北京：中国书店，1993：91.

[5] 尚书[M].长春：吉林人民出版社，1996：151.

[6] 黄帝内经素问[M].北京：人民卫生出版社，2005：10.

[7] 清·吴鞠通.温病条辨[M].北京：人民军医出版社，2005：256.

（收稿日期：2012-12-28）

附录 13

《天津中医药》2013 年 4 月第 30 卷第 4 期

治病求本与以人为本

王永炎[1]，王燕平[1]，于智敏[2]

（1. 中国中医科学院临床基础医学研究所，北京 100700；2. 中国中医科学院中医基础理论研究所，北京 100700）

作者简介： 王永炎（1938 —），男，著名中医内科学、神经内科学专家，中国工程院院士，现任中国中医研究院名誉院长、中国中医科学院临床医学基础研究所所长、北京师范大学资源学院资源药物与中药资源研究所所长、北京中医药大学脑病研究室主任，从事中医内科医疗、教学、科学研究近 50 年，主要研究方向是中医药防治中风病与脑病的临床与基础研究，先后主持了包括世界卫生组织（WHO）国际合作项目，国家 973、863 项目和国家"七五"至"十五"攻关课题 20 余项，获国家级科技进步奖二等奖 2 项、三等奖 3 项，省部级科技成果一等奖 5 项，获何梁何利基金"科学与技术进步奖"、香港求是基金会"中医药现代化杰出科技成就奖"，获全国五一劳动奖章和全国先进工作者荣誉称号，先后作为第一主编出版《临床中医内科学》、《今日中医临床丛书》等 15 部学术专著，发表学术论文 500 余篇，已培养医学博士 65 名，出站博士后 28 名，其中两名博士荣获全国百篇优秀论文奖励。

摘要： "治病求本"是中医学的重要治则，其核心是以人为本，要求临床工作者既要寻求病证的本质采取针对性治疗，还要体现人文关怀；既关注人患的病，更重视患病的人，这是临床必须遵循的原则。

关键词： 中医；治病求本；以人为本

中图分类号：R24　文献标识码：A　文章编号：1672-1519（2013）04-0193-02

Treating Disease From the Root and People Oriented

WANG Yongyan[1]，WANG Yanping[1]，YU Zhimin[2]

（1. Institute of Clinical Basic Medical Sciences of China Academy of Chinese Medical Sciences，Beijing 100700，China；2. Institute of Basic Theories of China Academy of Chinese Medical Sciences，Beijing 100700，China）

Abstract： "Treating disease from the root" is an important rule of traditional Chinese medicine. The core of it is people oriented. Essential requirement of clinical workers should seek diseases of targeted therapy，but also embodies the humanistic care；

not only pay attention to people suffering from the disease，but also pay more attention to the sick people，and this is the principle that must follow in clinic.

Key words：TCM；treating disease from the root；people oriented

"治病求本"是中医学的重要治则。何为"本"？"本"于何？如何求"本"，历代医家多所发挥，古今学者见仁见智。但是，如何把"治病求本"落实到诊疗工作中去，目前尚少探讨。

笔者认为，"治病求本"应该包括两方面的内容：一是要寻求出病证的本质，然后针对其本质进行治疗；二是要"以人为本"，根据病情选择"治病救人"或"留人治病"，既关注人患的病，更重视患病的人，这是中医学的重要特质。如果脱离了"以人为本"，中医学就会变成彻头彻尾的"疾病医学"。

临床上应该如何贯彻中医的"治病求本"？笔者以为，《黄帝内经》所言的"揆度奇恒"可视为"治病求本"的路径与方法。《素问·病能论》指出："所谓奇者，使其病不得以四时死也；恒者，得以四时死也。所谓揆者，方切求之也，言切求其脉理也；度者，得其病处，以四时度之也。"[1]《素问·玉版论要篇》进一步明确："《揆度》者，度病之浅深也；《奇恒》者，言奇病也。"[1] 其深层次的意义是强调在临床诊断治疗中，要善于观察疾病的一般规律和特殊的变化，只有这样才能正确地判断病情。以故《素问·玉版论要篇》、《素问·玉机真藏论篇》两篇中曾两次出现"《揆度》、《奇恒》，道在于一。神转不回，回则不转，乃失其机"[1] 这段相同的文字，核心在于强调，临床诊疗贵在灵活运用，如此才能具备查病知机的能力。《素问·病能论》所谓"言气之通天"、"病之变化"、"决死生"[1] 则是从另一个侧面论述的。

曾会诊一位Ⅱ型糖尿病、肺癌伴骨转移患者，诊疗过程贯穿着"治病求本"和"以人为本"的治疗思路与理念。

患者，80 多岁，男，体丰气盛，性情急躁易怒，饮食量较大，不发热，不消瘦，不口渴引饮，但咳嗽频频，痰多色黄，质黏稠，难咯出，尿频数，每日小便多 30 余次，其中夜尿即达 8～12 次，几乎彻夜不能入睡，生活质量极差，情绪几近狂躁。

既往专家会诊结果：鉴于患者患有糖尿病和癌症，应严格控制蛋白质、脂肪以及糖分的摄入；饮食要严格计算热卡，防止血糖升高、肿瘤生长以及影响炎症的吸收；同时进一步强化抗肿瘤、抗感染及调整血糖的治疗。当笔者会诊时指出，既然强调"以人为本"，就不能忽视患者的切身感受，首先应该和患者进行交流，交流过程中重点请患者回答两个问题：1）在癌症、糖尿病、支气管炎、尿频数等诸多病症中，哪个病症最痛苦？2）目前最大愿望是什么？

患者的回答让专家大吃一惊：最大的痛苦居然是因夜尿频数导致的失眠和因严格控制饮食而造成的饥饿感。好好睡上一觉，痛痛快快吃顿饱饭是当前的最大愿望。至于癌症、糖尿病等，他根本不在乎。接着又问：你最想吃什么？患者回答：吃一碗炸酱面，估计吃完后可以好好睡上一觉了。

听了患者的叙述，笔者认为，恰如徐大椿《医学源流论·病同因别论》有言："凡人之所苦谓之病，所以致此病者谓之因。"[2] 医学的主要目的就是"拔苦"，使患者"离苦得乐"，享受高质量的、健康快乐的美好生活。辨人论治的核心就是"以人为本"，就是要在治疗过程中时刻牢记"治病留人、留人治病"，使患者"离苦得乐"。

就本例患者而言，通常来看癌症、糖尿病、支气管炎等应为病本，尿频数、失眠为标。但标和本是相对的，又是可以相互转化的。患者因夜尿频多严重影响睡眠，因严格控制饮食导致的饥饿，应该是当前的主要矛盾，是病本。就医患关系而言，《素问·汤液醪醴论》有"病为本，工为标，标本不得，邪气不服"[1] 之论。王冰注："言医与病不相得也。"[3] 亦即临床治疗若违逆患者之心愿，治疗也是难以奏效。

通过以上的医患交流与综合分析，笔者建议在维持既往常规治疗的基础上，同时采取以下方案。

1）满足患者需求，先给患者吃一大碗炸酱面，多放各种菜码，少放面条，解除饥饿感，稳定情绪。盖"胃不和则卧不安"[1]，欲使患者安眠，当先调理脾胃，以补充气血生化之源，使心有所主，神有所归，虑有所定。

2）加服金匮肾气丸 9g，用黑附片 3g，肉桂末 3g，煎汤送服，每日 2 次，早晚服用。《金匮要略·消渴小便不利淋病脉证并治第十三》指出："男子消渴，小便反多，以饮一斗，小便一斗，肾气丸主之。"[4] 考虑到患者年过八旬，肾阳亏虚，命门火衰，单纯以金匮肾气丸温补肾阳，恐起效缓慢或药力之不逮，故加黑附片、肉桂末温阳暖肾，意在微微生火，"少火生气"，鼓舞肾阳，助气化而止尿频，引浮越之阳入于阴以成寐。

患者餐后用药，旋即奏效，当夜安眠，仅起夜 2 次，精神、体力、情绪转佳。经治月余患者精神体力以及各种症状好转，生活质量显著提高。

昔李中梓尝读《内经》至《素问·方盛衰论》而殿之曰："不失人情"[1] 时，曾瞿然而起，喟然叹轩岐之入人深也！以为，不失人情者，以人为本也。如何把"治病求本"落实到实处？谨守病机，各司其属为其常；揆度奇恒，灵活变通为其变，以人为本，不失人情为其魂！《素问·疏五过论》所谓："凡欲诊病，必问饮食居处，暴乐暴苦。"[1]
实诊家正眼。章次公先生曾以"儿女性情，英雄肝胆；神
仙手眼，菩萨心肠"[5]对联书赠朱良春先生，为医者均当
奉为圭臬。

参考文献：

[1] 黄帝内经素问 [M]. 北京：人民卫生出版社，2005：27，38，68，92，194，200.

[2] 刘洋. 徐灵胎医学全书 - 医学源流论 [M]. 北京：中国中医药出版社，1999：126.

[3] 唐·王冰. 重广补注黄帝内经. 见张登本主编. 王冰医学全书 [M]. 北京：中国中医药出版社，2006：82.

[4] 汉·张仲景. 金匮要略 [M]. 北京：人民卫生出版社，2005：50.

[5] 朱良春. 走近中医大家：朱良春 [M]. 北京：中国中医药出版社，2008：84.

（收稿日期：2012-12-28）

附录 14

《天津中医药》2013 年 5 月第 30 卷第 5 期

欲疗病，先察其原，先候病机

王永炎[1]，王燕平[1]，于智敏[2]

（1. 中国中医科学院临床基础医学研究所，北京 100700；2. 中国中医科学院中医基础理论研究所，北京 100700）

作者简介： 王永炎（1938 —），男，著名中医内科学、神经内科学专家，中国工程院院士，现任中国中医研究院名誉院长、中国中医科学院临床医学基础研究所所长、北京师范大学资源学院资源药物与中药资源研究所所长、北京中医药大学脑病研究室主任，从事中医内科医疗、教学、科学研究近 50 年，主要研究方向是中医药防治中风病与脑病的临床与基础研究，先后主持了包括世界卫生组织（WHO）国际合作项目，国家 973、863 项目和国家"七五"至"十五"攻关课题 20 余项，获国家级科技进步奖二等奖 2 项、三等奖 3 项，省部级科技成果一等奖 5 项，获何梁何利基金"科学与技术进步奖"、香港求是基金会"中医药现代化杰出科技成就奖"，获全国五一劳动奖章和全国先进工作者荣誉称号，先后作为第一主编出版《临床中医内科学》、《今日中医临床丛书》等 15 部学术专著，发表学术论文 500 余篇，已培养医学博士 65 名，出站博士后 28 名，其中两名博士荣获全国百篇优秀论文奖励。

摘要： 中医临床诊疗必须审查病因，分析病机，在此基础上再确定治则治法而后处方遣药。切忌诊疗粗心、胶柱鼓瑟、拘方治病。通过典型病例，强调中医临床当遵循"欲疗病，先察其原，先候病机"的古训。

关键词： 中医；病因；病机

中图分类号： R221　**文献标识码：** A　**文章编号：** 1672-1519（2013）05-0257-02

Inspecting Its Origin and Pathogenesis First Before Treating Disease

WANG Yongyan[1]，WANG Yanping[1]，YU Zhimin[2]

（1. Institute of Clinical Foundation Medical Sciences of China Academy of Chinese Medical Sciences，Beijing 100700，China；2. Institute of Basic Theories of China Academy of Chinese Medical Sciences，Beijing 100700，China）

Abstract： In clinic of traditional Chinese medicine，we must inspect the etiology，analyze pathogenesis first，and then determine the therapeutic principles and prescriptions，avoiding carelessness in diagnosis and treatment of the disease. Through studying the typical cases，it is emphasized that we should abide by the old saying of "in treating disease，first inspecting its origin and pathogenesis" in clinic of traditional Chinese medicine

Key words：traditional Chinese medicine；etiology；pathogenesis

中医经典《神农本草经·序录》有言："欲疗病，先察其原，先候病机。五藏未虚，六府未竭，血脉未乱，精神未散，服药必活；若病已成，可得半愈；病势已过，命将难全。"[1] 笔者以为，这段经文是中医诊断、治疗和预后判断的总纲，值得每一位中医学人牢记。它告诫我们，临床诊疗，应该首先寻找病因，分析病机，同时注意分析判断患者的预后。如果不寻找病因、分析病机、确定病位、判断病性、把握病势以及疾病预后，只知呆板机械地套用治法与成方，临床疗效会大打折扣，严重的还会南辕北辙，贻误病情。"先察其原，先候病机"，此即《素问·至真要大论》所谓："必伏其所主，而先其所因。"[2]

"必伏其所主，而先其所因"大家耳熟能详；但是，要想把这条原则灵活应用于临床诊疗之中去，似乎又不太容易，真可谓"知易行难"。例如，火热证临床最为常见，刘河间曾言"六气皆从火化"，其致病之广泛由此可见一斑。盖人体之火，有君火相火之分，虚火实火之异，外感内伤之别，因之中医治火，也有"热者寒之"、"火郁发之"、"引火归源"、"体若燔炭，汗出而散"等之异。临床上倘若不深究病因病机，一见火热证，便仅仅想到"热者寒之"，逐用苦寒直折之药治疗，有时不但疗效不显著，还会火热不退而新病又起，长期用药还会造成"苦寒直折，冰伏其邪，变证百出"的后果。

曾治一患者，男，49 岁，医生。患者数年前因练气功出现偏差，每日下午自觉有一团火从少腹丹田处上攻，周身走窜，上午轻，下午加重。每到下午时，即感觉心烦意乱，急躁易怒，周身燥热。但体温正常，喜欢大量吃冰块、饮冰水但烦热不解。数易中医诊治，苦寒清热泻火之剂迭进而无效。牛黄解毒、牛黄清心、黄连上清、三黄片等中成药成为随身携带的必备药。一觉"火起"必须立即取出服用而几近"成瘾"。近来又患失眠，严重时彻夜难眠，白天精力充沛，毫无一丝倦意。望其舌，舌质淡红，苔薄黄，诊其脉沉细而有根。

翻检既往就诊病例，询问患病及诊疗经过，四诊合参，分析病机，认为此火热证并非机体阳气偏盛或感受温热之邪所致。深究病因，实乃因练功驭气不当，气行失常，气机升降出入乖逆所致。气运不循常道而气机郁闭，郁久化热化火，遂为火郁，郁而发热；上午为阳中之阳，火郁暂时得以发越，故病轻浅；下午为阳中之阴，阳气渐敛而阴气始生，火郁不得发越，故渐重。中医虽有"热者寒之"之法，但由于长期过用苦寒之药，加之患者贪凉饮冷，欲以寒解之，结果导致火无出路，炎上向外之势被遏，寒凉

沉降之药与炎热升浮之火两相格拒，遂致寒愈盛而热愈炽，火热之邪不得发越，亦不得清解，上扰心神，遂致失眠诸证。《丹溪心法》有记载："郁者，结聚而不得发越也。当升者不得升，当降者不得降，当变化者不得变化也，此为传化失常。"[3]

考虑到中医"阳胜则热"，"热者寒之"属逆病性而治的正治法；而"火郁发之"则属因势利导之法。火热为病虽多，但"多有兼郁"；火性最喜炎上，最喜升发，设若火郁不得升发，火郁而病转盛，故必发之为快。先贤张景岳所言："凡火郁之病，为阳为热之属也。……凡火所居，其有结聚敛伏者，不宜蔽遏，故当因其势而解之、散之、升之、扬之，如开其窗，如揭其被，皆谓之发，非独止于汗也。"[4] 诚为正论。综合分析可知，患者源于练功不当出现偏差，致气血运行逆乱失其常道，气郁而不畅，郁而化火，火郁于内，非独苦寒沉降之剂可治，当依"火曰炎上"之本性，以升阳散火为治本之法。考虑患者病程日久，用药繁杂，只宜缓图，不可毕其功于一役。此亦"无刺熇熇之热"之意。遂先投李东垣升阳散火汤，发散郁火，以遏其燎原之势，则火不上扰，烦热自除，夜寐自安。原方 7 剂，嘱患者下午 3 点、晚上 9 点，分 2 次服药。药后诸证减轻，通体畅快，烦热证顿减。

复诊考虑到患者火郁日久，心肝之火亦因之借势而亢，"火郁"之中必有虚火实火夹杂，相兼为害，合邪致病。火郁解后，心肝之火亦会鸱张为害，遂以泻青丸、交泰丸合方治疗。以泻青丸清肝经之实火，俾肝火熄而心火自宁；以交泰丸交通心肾，引浮游之虚火归元，寒温并用，调治结合，如此则实火可退，虚火归元，烦热可解，诸证自愈。患者服药 7 剂后，自觉症状若失，夜寐基本正常。来电话询问是否需要再诊。考虑到"百病皆兼郁，久郁必化火"。本病起于气乱，继而气郁，终于火郁，"郁"乃贯穿病变过程始终之基本病机，遂邀其三诊以善后，以越鞠丸加味调理 7 天，随访至今未见复发。

火热证病因不同，病机各异，治法亦必有别。《素问玄机原病式》曰："凡治上下中外一切怫热郁结者，法当仿此。随其浅深，察其微甚，适其所宜而治之。"[5] 刘河间所谓"适其所宜而治之"，实乃中医临床之"不二法门"，"适其所宜"的理论基础是分析、把握核心病机，这是中医诊疗的关键。徐大椿《医学源流论》指出："深入病机，而天下无难治之症矣。"[6] 费伯雄也说："天下无神奇之法，只有平淡之法，平淡之极乃为神奇。"[7] 斯言诚乃金玉良言，我侪当深思之。

参考文献：

[1] 清·孙星衍辑.神农本草经 [M]. 太原：山西科学技术出版社，1991：124.

[2] 黄帝内经素问 [M]. 北京：人民卫生出版社，2005：189.

[3] 元·朱震亨.丹溪心法 [M]. 北京：人民卫生出版社，2005：182.

[4] 明·张景岳.类经 [M]. 北京：中国中医药出版社，1997：429.

[5] 金·刘完素.素问玄机原病式 [M]. 北京：人民卫生出版社，2005：10.

[6] 刘洋主编.清·徐灵胎.徐灵胎医学全书 - 医学源流论 - 药石性同用异论 [M]. 北京：中国中医药出版社，1999：132.

[7] 清·费伯雄.医醇賸义 [M]. 北京：人民卫生出版社，2006：9.

（收稿日期：2012-02-15）

附录 15

《天津中医药》2013 年 6 月第 30 卷第 6 期

用有纪，诊道乃具，方药有准

王永炎[1]，王燕平[1]，于智敏[2]

（1. 中国中医科学院临床基础医学研究所，北京 100700；2. 中国中医科学院中医基础理论研究所，北京 100700）

摘要： 中医临床诊疗，在辨证准确的前提下，全凭处方遣药用之有纪。处方遣药，关键在于熟悉方剂，通达药性，深谙医理，如此则所言必中，所治不失，倘能如此则诊道毕矣。

关键词： 中医临床；处方遣药；用之有纪

中图分类号： R221.1　**文献标识码：** A　**文章编号：** 1672-1519（2013）06-0321-02

《素问·方盛衰论》有言："知丑知善，知病知不病，知高知下，知坐知起，知行知止，用之有纪，诊道乃具，万世不殆。"[1]《类经》曰："纪，条理也。凡此数者，皆有对待之理，若差之毫厘，则谬以千里。故凡病之善恶，形之动静，皆所当辨。能明此义，而用之有纪，诊道斯备，故可万世无殆矣。"[2]可知其意是在告诫医生，在临床诊疗时，不仅要看到病的一面，还要看到不病的一面，如此才能方药又准。如何达到此种境界？此无他，唯读经典，做临床，参名师方能悟妙道。

20 世纪 90 年代，余曾应邀赴某地参加科技成果鉴定会。时值冬季，宾馆暖气不好，加之旅途劳累，连续开会，休息时还经常义诊，终因感寒而突发感冒，症状以咳嗽、喷嚏为主，咳嗽为顿咳、呛咳，咳声连连，间歇短暂，喷嚏频作，不流涕，不发热而微恶风寒，口不渴而脉浮紧。证属外感风寒，风寒束肺，肺失宣降无疑。

晚间休息正拟处方购药治疗之际，长春中医学院著名临床家任继学教授来访。任老切脉观色聆声而后言曰："君之病，乃风寒束肺，肺失宣降，窍闭不通使然，治当辛温芳香以开窍。辛以发散，温以散寒，芳香走窜以通窍，如此则表可解，寒可散，肺窍可通，咳嚏自除。"言毕，旋即从包内取出苏合香丸 2 丸，告诉先服 1 丸，然后即刻入睡，不管睡到何时，醒后马上再服 1 丸，第 2 天可保无恙。

依法服用 1 丸后入睡，醒后自觉症状减轻，咳嗽喷嚏诸证消失，自认为病已痊愈，就没服第 2 丸药。不料几个小时后病情复发，症状较前明显加重，同时伴有头痛。任老见状马上说："你肯定没吃第 2 丸药，否则不会如此。"听后连连点头，同时对任老医术之高，对药物体悟之深，对病情转归判断之准心悦诚服。任老当时又拿出 2 丸苏合香丸，交代如前法服用，用后果然覆杯而愈。

苏合香丸出自宋代《太平惠民和剂局方》，具有芳香开窍、行气解郁、散寒化浊、温中行气、开窍醒脑等功效。常用于治疗中风、中气或感受时行瘴疠之邪，以致突然昏倒不语、牙关紧闭、不省人事者，或用于治疗中寒气闭，心腹卒痛，欲吐泻而不得，甚则昏厥者，或用于小儿惊厥、昏迷者。

现代药理研究证明，苏合香丸能显著扩张冠状动脉，增加冠状动脉血流量，能减慢心率，降低心肌耗氧量，延长动物的耐缺氧能力，具有显著的抗血栓和抗血小板聚集能力。现代临床多用于中风所致的神志不清、牙关紧闭、半身不遂重症，也是抢救煤气中毒、心肌梗死、心绞痛的有效药物。

一般认为，开窍法以开心窍、醒脑窍为主。实际上，苏合香丸乃至中医开窍法的适应症是多方面的，不仅限于窍闭神昏一证，只要方证相应，证候病机契合，即可应用，此即"用之有纪，诊道乃具"，方药有准的精义所在。推而广之，任何中药的临床应用莫不如此，只要用之有纪，临床即可全功。中医学堂奥之深邃，真可谓浅尝者难以问津，浮躁者不容涉猎。

体会：

1）中医临床、处方遣药，一定要运用中医思维方法，按照中医理论指导处方用药，不可完全按照中药、方剂的现代药理研究结果指导临床用药，也不能根据药物、方剂的名称断章取义用药脱离理论指导。有些人甚至认为乌鸡白凤丸、益母草为妇女专用方药，龟灵集、鹿茸为男科专用药，这实际上是对中药的片面理解。中医主张方证相应，证机相符，只要证候与病机一致，有是证即可用是药，《内经》中"有故无殒，亦无殒也"即含此义。

2）对中医理论要完整准确地把握。宣窍法的含义原本有二：一是指宣通口、鼻、咽喉等窍道，如用苍耳散宣通鼻窍，用以治疗湿浊闭塞鼻窍导致的浊涕下流。二是指开窍法，用以治疗邪陷心包，症见神志不清、言语謇涩、痰涎壅盛等。目前临床应用开窍法多局限于开心窍脑窍，其结果是限制了其临床应用范围。因此，完整准确地理解中医理论是传承与创新的关键。

3）治疗外感病如将军御敌，妙在兵贵神速，理当除恶务尽，斩草除根，当尽剂时必须尽剂。否则养虎遗患，酿轻浅之疾为膏肓之患，后患无穷。《素问·五常政大论》虽有"大毒治病，十去其六；常毒治病，十去其七；小毒治病，十去其八；无毒治病，十去其九，谷肉果菜，食养尽之，无使过之，伤其正也"[3] 之名训，此为常；知常达变，圆机活法乃为上乘功夫。

4）所谓方者，并非仅指方书所载之方；药者，亦非仅指《本草纲目》必载之药，为医者当体察物理，深究物性，所谓格物致知。如此则随心所欲之作皆是方，信手拈来之物皆是药也。大匠能示人以规矩，不能示人以巧；熟读经典，勤于临床自会熟能生巧。

5）老专家的临床经验是一笔宝贵的财富，值得笔者认真传承发扬。不但要继承发扬他们临证的一药、一法、一方，还要在临床诊疗的细微之处下功夫，其中包括临床的体察入微，对药物性能的准确把握，对患者病情转归判断的火候。此即李渔所说："医者意也。以意为医，十验八九，但非其人不行。"[4]

6）药不执方，医无定格，此处方之要也；兵无常势，水无常形，此用兵之道也；法无定法，非法即法，此为事之理也。中医治病有体察三因而制宜之思想，临证有权宜变化之妙用。这种因势利导，因时而变的治疗方法是最好的方法，也是中医的精髓。

病之起也有因，病之伏也有在，绝其因而破其在，全凭处方遣药用之有纪。而善用药者必能通达药性，精悉脉理，如此则临床所言必中，所治不失。病虽未作或轻浅，然必有可病之机与必病之势，亦当先以药物投之，欲竭其源使其欲发而不得。当此之时用药，患者切忌猜疑，设若一作两歧之念，不但治之无功，甚则转而疾病成焉、剧焉。

参考文献：

[1] 黄帝内经素问 [M]. 北京：人民卫生出版社，2005：200.
[2] 明·张介宾. 类经 [M]. 北京：中国中医药出版社，1997：57.
[3] 黄帝内经素问 [M]. 北京：人民卫生出版社，2005：153.
[4] 清·李渔. 闲情寄偶 [M]. 杭州：浙江古籍出版社，1985：318.

（收稿日期：2013-01-17）

附录 16

《天津中医药》2013 年 7 月第 30 卷第 7 期

诊合微，心身并治，不失人情

王永炎[1]，王燕平[1]，于智敏[2]

（1. 中国中医科学院临床基础医学研究所，北京 100700；2. 中国中医科学院中医基础理论研究所，北京 100700）

作者简介： 王永炎（1938 —），男，著名中医内科学、神经内科学专家，中国工程院院士，现任中国中医科学院名誉院长、中国中医科学院临床医学基础研究所所长、北京师范大学资源学院资源药物与中药资源研究所所长、北京中医药大学脑病研究室主任，从事中医内科医疗、教学、科学研究近 50 年，主要研究方向是中医药防治中风病与脑病的临床与基础研究，先后主持了包括世界卫生组织（WHO）国际合作项目，国家 973、863 项目和国家“七五”至“十五”攻关课题 20 余项，获国家级科技进步奖二等奖 2 项、三等奖 3 项，省部级科技成果一等奖 5 项，获何梁何利基金“科学与技术进步奖”、香港求是基金会“中医药现代化杰出科技成就奖”，获全国五一劳动奖章和全国先进工作者荣誉称号，先后作为第一主编出版《临床中医内科学》、《今日中医临床丛书》等 15 部学术专著，发表学术论文 500 余篇，已培养医学博士 65 名，出站博士后 28 名，其中两名博士荣获全国百篇优秀论文奖励。

摘要： 临床诊治患者，一定要收集观察各种合于人情事理的微细特征及变化，然后才能做出明确的诊断治疗。保护患者隐私，和患者促膝谈心，仔细地询问病史病情，顺从患者之心意与愿望，心身并治，治身以调神，调神以疗身，使患者形神合一，心身合一，是今后临床工作的方向。

关键词： 诊合微；心身并治；不失人情

中图分类号： R24　**文献标识码：** A　**文章编号：** 1672-1519（2013）07-0385-03

Diagnosis of Fine Characteristics，Treatment of Physical and Mental Disorder Together，no Neglect of Human Feelings

WANG Yongyan[1]，WANG Yanping[1]，YU Zhimin[2]

（1. Institute of Clinical Foundation Medical Sciences of China Academy of Chinese Medical Sciences，Beijing 100700，China；2. Institute of Basic Theories of China Academy of Chinese Medical Sciences，Beijing 100700，China）

Abstract： In clinic diagnosis and treatment of patients，we must collect and observe the fine characteristics and changes，then can make the clear diagnosis. Protect the privacy of the patient，and with the patient sit side by side and talk intimately，carefully asking the history condition，compliance with the mind and desire of the patient，treating with physical and mental，treating body with regulation of the mind，making the patients of integration of body and spirit，psychosomatic unity，is the direction of future clinical work.

Key words： diagnosis of fine characteristics；treatment of physical and mental disorder together；no neglect of human feelings

临床上经常看到有些医生诊断明确，用药准确，但疗效不显；易医而治，方药皆同而旋即全功。百思不得其解之际而请教于余，余答曰：诊合微，身心并治；不失人情，临床所宗。

1. 何谓"诊合微"

"诊合微"语出《素问·方盛衰论》，其云："诊合微之事，追阴阳之变。章五中之情，其中之论，取虚实之要，定五度之事，知此乃足以诊。"[1]意在主张诊治病人，一定要收集观察各种合于人情事理的微细特征及变化，然后才能做出明确的诊断治疗。《素问·移精变气论》更强调，要"闭户塞牖，系之病者，数问其情，以从其意，得神者昌，失神者死"[1]。意思是说，在诊疗过程中，要关好门窗，保护患者隐私，和患者促膝谈心，仔细地询问患者的病史病情，要顺从患者之心意与愿望，诱导患者把自己生病的真实情况说出来，只有这样才能掌握疾病的真正本质，才能治好疾病，才能根据情况判断治疗疾病是用心理治疗，还是综合治疗，或者两者相结合。用现代的话来说就是心身疾病必须心身并治。

心身疾病是指心理社会因素起着重要致病作用的躯体器官病变或功能障碍，它往往跟患者的心理特征、社会特征有关。因此，在临床诊疗时，就要结合患者的生理因素、心理因素以及社会因素，来制定相应的治疗措施，以心身同治为原则。

2. "心身并治，不失人情"举隅

心身并治主张临床治疗应做到心理开导与药物治疗结合，药物疗法与非药物疗法结合，通过治身以调神，调神以疗身，实现形神合一，心身合一的目的。中医的"移精变气"法属于调神范畴，能转移患者精神，改变患者性情，以解除其心理障碍。"移精变气"尤其适用于多疑苦虑、情深恋笃、久慕不遂之人。

曾治一位中年女性患者，患者情绪极不稳定，时而情绪激动，讲起话来滔滔不绝；时而狂躁易怒，言谈举止充满攻击性；时而又沉默寡言，目光呆滞，百般询问，一言不发。望其舌，舌红苔薄黄而微腻；诊其脉，脉数细弦。

待患者情绪稍微稳定后，询问病史得知，患者系某电影制片厂的剪辑编辑，与爱人插队时相识，结婚后一同返城，可谓"患难夫妻"。其后丈夫下海经商，始赚终赔，赔光全部家当。对此，患者毫无怨言，极力劝说，努力维持家庭稳定。但其丈夫不甘心失败，铤而走险，终因伪造护照入狱，患者不弃不离，始终如一。其丈夫出狱后又到南方经商，几年后成为一名有影响的企业家，与女秘书打得火热。患者得知后哭闹打骂，劝阻无效，心绪烦乱，夜不成寐，遂来诊治。

考虑到《灵枢·师传篇》有言："人之情，莫不恶死而乐生，告之以其败，语之以其善，导之以其所便，开之以其苦。"[2]可见，只有帮助患者分析病情，解释这种痛苦产生的根源，指出这种对自身有害的心理矛盾冲突，提高自控能力，才能从根本上纠正心身异常。

围绕患者的矛盾心态，我们站在患者立场，分析了可能出现的三种情况：一是立即离婚，一刀两断；二是不离婚而吵闹不断，谁也别想过安静的生活；三是不离婚，不吵不闹，维持现状，自己健康快乐的过日子。通过三个方面为患者进行的详细分析，直接抓住了患者的心理。

患者听后当即表示，这正是她长期以来解不开的思想疙瘩。离婚吧，这么多年的辛苦白受了，这份家业也便宜了别人；不离婚，又实在不能容忍这种现状的存在；患者自己也知道大吵大闹解决不了问题。通过分析知道，自己过好日子才是正理。从另一个角度看，丈夫并没有喜新厌旧，说明他还是珍惜以往感情的。暂短开导，令患者释然。遂处方十味温胆汤原方进行调理。一周后复诊，患者心平气和，宛如常人。

3. 医患沟通举要

（1）心理诱导法的应用要具体问题具体分析，没有系统学习过心理学的医生，开导时首先告诉患者要树立以我为主的理念，正确认识自己，客观对待他人，排除干扰，安心静养，以抛弃私心杂念和忧虑烦恼，保持乐观平和的心态为首要。

（2）告诉患者不必深陷疾病之中而不能自拔，如此会耗费过多的心血；更不能"和疾病较劲，跟自己过不去"，如此只能空劳心血损精神。学会逆向思维、横向比较。时刻想到病重的人尚且能快乐的生活，我为何不能？比起因病致死的人，活着就有希望。

（3）开导患者患病虽属不幸，但因病能够暂时放下劳心劳力之事得以静养，也算是因祸得福，"偷得浮生半日闲"，在繁忙劳碌之中也属不易。同时通过患病可以悟出发病的原因，进而避免疾病的再发生；通过医生的诊治讲解，加深对中医养生内容的理解，可以有效避免"生病起于过用"。同时做个有心人，学会观察自己身体的变化，掌握医学知识，也算因祸得福。

（4）告诉患者，患病更能亲身体会家庭的温馨和睦，亲朋好友的真情以及同事的关怀体贴，进而心怀感恩与感激之情，使相互关系更加融洽。借此机会培养、增加一些兴趣爱好，养鸟喂鱼，弄花莳草，读书吟诗，真正做到心中怡然自得，身体康泰舒适，这既是治疗疾病的好方法，也是"移精变气"的拓展应用。

4. 体会

（1）《素问·移精变气论》所言："古之治病，惟其移精变气，可祝由而已"[1]的"祝由"方法，晚近学界对此多所争论。有人甚至认为"祝由"就是"古代用祝说病由的迷信方法以治疗疾病者叫做祝由。祝说，就是装出一副能通鬼神之事的模样，祝祷鬼神消灾免难，解除病人的疾病痛苦"。这种观点直接导致现代中医心理学发展的相对滞后。

（2）一定程度上来说，人体患病无非是"心"病和身病。"心"病是祝由治疗的主要范围，部分身病也可祝由治疗。尽管祝由并非包治一切"心"病，但作为中医心理学的重要组成部分，祝由可以作为医学的补充。如同没有包治百病的"灵丹妙药"一样，世界上也没有包治一切的治病手段，

这也是"所短所长"之理。

（3）对于"祝由"疗法，与其进行无谓的"科学"、"迷信"之争，不如深入挖掘其合理内核为我所用，强化中医临床活用心理开导方法的力度，以突出体现中医的人文关怀，这才是对中医科学与人文相结合理念的最好诠释。

参考文献：

[1] 黄帝内经素问 [M]. 北京：人民卫生出版社，2005：25，26，199.
[2] 灵枢经 [M]. 北京：人民卫生出版社，2005：74.

（收稿日期：2013-03-17）

附录 17

《天津中医药》2013年8月第30卷第8期

循法守度，援物比类

王永炎[1]，王燕平[1]，于智敏[2]

（1.中国中医科学院临床基础医学研究所，北京 100700；2.中国中医科学院中医基础理论研究所，北京 100700）

摘要：中医临床诊疗的基本路径应该是循法守度，援物比类，灵活变通。即在中医理论的指导下，发挥思维优势，立象尽意，依象而思虑，据象以辨证，灵活变通，"依思惟道理而生智慧"，如此方能以诊无过，以治不失。

关键词：循法守度；援物比类；灵活变通；中医临床诊疗

中图分类号：R222.2　**文献标识码**：A　**文章编号**：1672-1519（2013）08-0449-02

《素问·示从容论》有言："夫圣人之治病，循法守度，援物比类，化之冥冥，循上及下，何必首经。"[1]清·高世栻《黄帝内经素问直解》曰："圣人治病，循法守度，援物比类，从容中道，帝以此理，示诸雷公，故曰示从容。"[2]

仔细玩味可知其含义有三：一是临床诊疗应遵循法度；二是要援物比类；三是要随机应变，灵活变通。这实际上概括出了中医临床诊疗的基本路径。遵循法度，

以《黄帝内经》为代表的中医经典详之矣；援物比类为临床思维的基本路径[3]，即立象尽意，依象而思虑，据象以辨证；随机应变，灵活变通则为中医临床的最高境界，其核心精神是据"象"而"思"，"依思惟道理而生智慧"。

倘不思经旨，不精究医道，只知照本宣科，置患者的心理情感于不顾，则去中医之道远矣！因之，李渔在《闲情寄偶·却病》中指出："主持之力不在卢医、扁鹊，而

全在病人者，病人之心专一，则医人之心亦专一；病者二三其词，则医人什佰其径。径愈宽则药愈杂，药愈杂则病愈繁矣。"[4]

笔者体会，中医临床诊疗，全在患者的配合以及对医生的信服。若患者三心二意，朝秦暮楚，纵然卢医、扁鹊在世，也会束手。所以，对医生而言，取信于患者是发挥疗效的关键，更是医生必备的基本知识与技能。而治病与调心并重，尤其是医生的上等功夫。

曾治一中年患者，45 岁，即患"五更泻"。每日晨起肠鸣、腹痛、腹泻，白天、夜间发无定时。患者为此十分苦恼，生活、工作质量严重下降。辗转治疗多年未见显效而来诊。刻下患者无任何异常感受，舌脉如常。自谓晨起及白天黑夜发作无时的腹痛腹泻令其痛苦异常，一些重要场合有时数次离席登圊，工作生活质量严重下降。

研究既往诊疗病历发现，几乎所有的中医处方都是从"温肾暖脾、收敛固涩"入手治疗，方药不离四神丸、赤石脂禹余粮丸、痛泻药方等。因念"兵来将挡，水来土屯，塞可固脱，见泻止泻"为中医治疗常法，若因袭而治，必劳而无功。患者虽年富力强，精神饱满，问诊得知患者酷爱滑雪、游泳，有些项目还达到了专业水平，常年弄水触湿，"湿胜则濡泄"亦未可知。腹泻虽影响患者工作生活质量，但并未"因泻致虚"而现虚象。经过认真思考，拟出奇制胜，反其道而行之，用中医"通因通用法"治疗。

许多患者就医时有个习惯，视补药为膏粱，畏泻药为虎狼。患者身居高位，文史兼通，医友成群，久病成医。为了打消患者顾虑，说服其依法治疗，保证按时吃药，遂与患者进行了如下交谈。

问曰："您还记得大禹治水的故事吗？"患者对中国历史非常熟悉，语言轻松的讲述了"大禹治水，三过家门而不入"，疏通河流，导百川入海的故事。又问："大禹治水之前的事您还记得吗？"由于问及患者的长处，患者侃侃而谈，从天下大涝，讲到大禹的父亲鲧从天上偷来"息壤"堵之，治水无功，天下尽为"泽国"，最后被杀头的故事。最后上升到管理学角度，告诉我管理也是如此，对于意见、问题要疏导而不要堵塞，堵塞的结果只能酿成更大的错误。

讲完后笔者立即对他表示了感谢，患者自尊心得到极大的满足，遂趁机说道："如果我用大禹治水的方法治疗您不会反对吧？"患者听后一怔，马上毫不犹豫地回答："只

要能治好病，什么方法都行。"笔者告诉他，要学习大禹治水，先用下法疏通肠道。金元时期有位名医叫张子和，他治病惯用下法，自成一家。他的名言就是："陈莝去而肠胃洁，癥瘕尽而荣卫昌，不补之中，有真补者存焉。"这就是治疗依据。

由于有前面很好的铺垫，患者愉快地接受治疗。于是处方温脾汤，以温补脾阳，攻下冷积，用附子、干姜温阳祛寒，人参、甘草益气补脾，大黄荡涤积滞，加黄芪、防风，取李东垣之"黄芪得防风其功愈大"[5]之意，以补脾气升阳而防脱陷。诸药相配，使寒邪去，积滞行，脾阳复，则诸证可愈。经过 2 个多月的守方加减治疗，患者病情基本缓解，健康快乐地投入了工作。

古谚"病有六不治"，而以"骄恣不论于理，一不治也"居首，值得医者深思。从另一个角度来说，不是患者"不论于理"，而是医生理屈词穷或未能以理服人！同时提醒在诊治有知识、善思考、好发问这类特殊患者时，要从容中道，有胆有识。如果知识储备不足，积累经验不够，有时临床诊疗会很被动。

胆大心小，行方智圆，出言谨慎为医生基本素质，面对患者还应该"开尊口，多交流"。《史记·李将军列传》描述李广："悛悛如鄙人，口不能道辞。"[6]意思是说李将军老实厚道像个乡下人，开口不善讲话。为医者还当遵《灵枢·师传篇》"人之情，莫不恶死而乐生，告之以其败，语之以其善，导之以其便，开之以其苦"[7]之旨，和患者双向互动。因为清·程文囿《医述》有言："今之医者，惟知疗人之疾，而不知疗人之心。"[8]清·石芾南《医原》亦云："以心医心之法，乃是最妙上乘。"

参考文献：

[1] 田代华整理. 黄帝内经素问·示从容论 [M]. 北京：人民卫生出版社，2005：192.

[2] 清·高士宗. 黄帝内经素问直解·示从容论 [M]. 北京：学苑出版社，2001：268.

[3] 王永炎，于智敏. 象思维的路径 [J]. 天津中医药，2011，28（1）：1.

[4] 清·李渔. 闲情寄偶 [M]. 杭州：浙江古籍出版社，1985：315.

[5] 明·李时珍. 本草纲目·李时珍医学全书 [M]. 北京：中国中医药出版社，1996：371.

[6] 西汉·司马迁. 史记（第四卷）[M]. 北京：北京燕山出版社，2006：638.

[7] 灵枢经 [M]. 北京：人民卫生出版社，2005：74.

[8] 清·程杏轩. 医述 [M]. 合肥：安徽科学技术出版社，1983：108.

（收稿日期：2013-05-14）

附录 18

《天津中医药》2013 年 9 月第 30 卷第 9 期

移精变气，杂合而治

王永炎[1]，王燕平[1]，于智敏[2]

（1. 中国中医科学院临床基础医学研究所，北京 100700；2. 中国中医科学院中医基础理论研究所，北京 100700）

摘要："杂合而治"是中医的特点之一。由于目前学科越分越细，医生越来越专，给"杂合而治"带来一定的困难，有中医特色的"移精变气"临床应用更少。倘能在中医"形神一体"观指导下将两者有机结合，通过"治神以动其形"，则临床疗效会提高。

关键词：移精变气；杂合而治；中医

中图分类号：R221　**文献标识码：**A　**文章编号：**1672-1519（2013）09-0513-02

《黄帝内经》主张临床当"移精变气"，"杂合以治"。目前由于学科分化越来越细，给"杂合而治"带来一定的困难。对于"移精变气"，理解存在歧义，应用更是不易。倘若在临床能将其有机结合，则取效迅捷。

移精变气法是在中医"形神一体"观指导下，通过"治神以动其形"转移人的精神、注意力，改变人的性情、习惯，以解除患者行为与心理障碍。一般认为，移精变气法适用于多疑苦虑，情深恋笃，久慕不遂等心理障碍。实际上，精神心理障碍大多由形体疾病引发，而长期的形体困苦也会加重心理障碍。因之中医重视形神并调，主张身心并治，这是中医的特色，也是科学与人文相结合学科特征的集中体现。

人们常问："医之治病也，一病而治各不同，皆愈，何也？"[1]《素问·异法方宜论》给出了回答："故圣人杂合以治，各得其所宜，故治所以异而病皆愈者，得病之情，知治之大体也。"[1]话虽如此，但在实际应用过程中却"易陈而难入"，"所谓易陈者，易言也；难入者，难著于人也"[2]，也就是知易行难，说起来容易做起来难。因此要理论与实践相结合。

就《黄帝内经》而言，移精变气是一种治疗原则，主要操作方法是"祝由法"。由于祝由法更容易"得之病情，知治之大体"，所以临床适应证广泛。其治疗机制诚如《灵枢·贼风篇》所说："因知百病之胜，先知其病之所从生者，可祝而已也。"[3]《素问·移精变气论》所谓："治之极于一。何谓一？一者，因得之。"[4]《类经》明言："一者本也，

因者所因也，得其所因，又何所而不得哉！"[5]可见，祝由法属于中医论病知源、见病知源的治病求本之法。

曾以"移精变气，杂合而治"的方法治疗过一位国内著名的企业家患者。该患者 2 个月前突然出现双目红肿、怕光流泪、视物模糊不清、心烦失眠等症状。曾在国内许多知名医院检查，均未发现异常。由于患者马上要参加一个重要的"国际论坛"并做主题发言，内心焦急，有专家建议中医诊治。吃了 20 多剂中药不见好转，辗转前来求治。

查看患者所做的各项检查，指标未见异常，分析研究内服外用过的中药处方，也没有不当之处。那么，治疗无效、症状加重的原因何在？这是首先应该探求的问题，如此方能"治之极于一"。脉色相合而未能十全，可能和未探究到"一"、不清楚"因得之"的"病本"有关。

经过仔细思考，认真了解病情，结合患者的职业特点，综合判断后指出，患者应该有经常揉眼睛、熬夜、开灯睡觉等不良习惯。告诫患者"五色皆害人目，惟皂糊屏风可养目力"。即任何颜色看久了都伤眼睛，眼睛只有在黑色的环境中才能得到养护。《内经》有"久视伤血"之论，《圣济总录》也指出："凡过用目力，皆致疾病。"同时了解到患者有喜欢生吃大蒜的习惯，告知大蒜是个好东西，既抗菌消炎、降血脂、防肿瘤，还能增强体力，《说文解字》称大蒜为"荤菜"，许多人养生保健，都喜欢吃它。但大蒜多食伤眼睛。中医本草著作中有大蒜多食令眼睛发雾的

记载，"生病起于过用"，喜好之物也要适可而止。

经过交流，患者心悦诚服。告知患者学会自我克制，注意用眼卫生，不要揉眼睛；劳逸结合，按时作息，生活有规律，严禁开着灯睡觉；控制口腹之欲，适当减少生大蒜的食用量；菊花 30g，沸水冲，代茶饮，连服 14d。几天后接到患者打来电话，说眼睛的不适症状消失，基本痊愈。

媒体上经常看到、听到有些专家的高谈阔论：一种是推荐某食品、某保健品天然绿色环保，无毒副作用，有病治病，无病强身，号召大家早吃、多吃、常年吃；一种是告诉消费者，某种食品是垃圾食品，号召大家要如敬鬼神而远之。

食品、保健品乃至药品（都是指符合国家相关标准的正规产品）本身并无好坏之分，关键在于适度和对症。应用正确，大黄、砒霜能治病；使用错误，甘草、人参能杀人。药品毒副反应的出现错在医生而不在药物，这是应该明确的。患者病后不要迷信所谓的灵丹妙药，要相信医生，相信科学。

作为医生，特别是中医，既要四诊合参，心存定见，还要学习一些"移精变气"的相关知识，掌握"杂合而治"的本领，如此临床方能更好地寻求病因，分析病机，真正做到"观其脉证，知犯何逆，随证治之"。总之，艺不压身，关键时才能诸法并用，杂合而治，才能解决患者痛苦，向着"大医"目标迈进。

参考文献：

[1] 黄帝内经素问·异法方宜论 [M].北京：人民卫生出版社，2005：24，25.

[2] 灵枢经·小针解 [M].北京：人民卫生出版社，2005：9.

[3] 灵枢经 [M].北京：人民卫生出版社，2005：115.

[4] 黄帝内经素问 [M].北京：人民卫生出版社，2005：24.

[5] 明·张景岳.类经 [M].北京：中国中医药出版社，1997：165.

（收稿日期：2013-06-02）

附录 19

《天津中医药》2013 年 10 月第 30 卷第 10 期

深谙药性辨病机

王永炎[1]，王燕平[1]，于智敏[2]

（1.中国中医科学院临床基础医学研究所，北京 100700；2.中国中医科学院中医基础理论研究所，北京 100700）

摘要： 中医临床处方用药，必须深谙药性，明辨病机，这是临证处方用药的基础。"为医者，无一病不穷究其因，无一方不洞悉其理，无一药不精通其性。庶几可以自信，而不枉杀人矣"；"深入病机，天下无难治之症"。

关键词： 循药性；病机；诊疗　**中图分类号：** R282.705　**文献标识码：** A　**文章编号：** 1672-1519（2013）10-0577-02

深谙药性，明辨病机，这是中医临证处方的基础。病机之重要性，多所述及；而药性之于临床的重要性，学人多所忽略。药性之中，寒热居首。《珍珠囊补遗药性赋》强调："药有温热，又当审详。"李中梓《医宗必读》指出："寒热温凉，一匕之谬，覆水难收。"以是《景岳全书·十问篇》指出："用药之道无他也，惟在精其气味，识其阴阳，则药味虽多，可得其要矣。"《褚氏遗书·除疾》曰："用药如用兵，用医如用将。善用兵者，徒有车之功；善用药者，姜有桂之效。"强调了"知人善任，知药善用"的重要性。

40 年前的一个病例至今记忆犹新，它让笔者临床诊疗深谙药性，详辨病机，医药圆融，做个明医。1963 年 3 月春分前曾治一例 27 岁男性患者。缘仲春至而不至，冒触风寒渐至全身水肿入东直门医院。两周前沐浴中受风寒，随后恶寒微热，头项强痛，全身酸楚，自服通理肺丸。3 日后寒热仍在，头痛已除，出现眼睑水肿，小便量少而不欲食，厂医处方五皮五苓方，3 剂，仍尿量不多。刻下眼睑、上下肢水肿均为可陷性，阴囊阴茎肿处皮透亮。舌质偏暗，舌苔灰腻渐转黄腻，口咽干燥，咽无红痛，脉寸口沉微，人迎偏盛而趺阳、少阴（太溪）微细。届时查周围血象未见异常，尿检可见管型。酚红排泌试验轻度下降，尿素氮轻度升高。诊为：肾风水肿，证候待定；西医诊断：肾病综合征（未见高血压与蛋白尿）。

考虑到患者外感余邪未尽，中焦蕴湿化热，先肿而后小便不利，当从肺脾论治。遂以越婢加术汤加茯苓以醒脾为主，起脾宣肺，助阳化气。处方：生麻黄6g，生石膏（先煎）30g，生姜片3片，生甘草3g，大枣10枚，茯苓15g，苍术10g，黑附片10g。两剂尿增肿退，继服5剂后进入调理阶段。

本方历代医家多有阐发，此不赘述。笔者以为关键是对麻黄、石膏、黑附片的药性的理解。以麻黄辛温发汗、宣肺气而散郁热，除至阴之火，有"火郁发之"之义，核心部分是"除至阴之邪火"。生石膏辛甘大寒，清泄肺胃之邪热，除口渴，与麻黄、生姜相伍，又可发散在表之郁热，《得配本草》曰："入足阳明、手太阴、少阳经气分。功能解肌发汗、清热降火、生津止渴。使麻黄，出至阴之火，麻黄止用二、三分。"用黑附片助阳化气，"启动一点真阳"，改善全身气化。方中加入茯苓，因为茯苓善治九气。

用药轻清灵动为历代医家追求的目标，是一种高深的临床境界，用之得当，确有四两拨千斤之效，能起沉疴于顷刻，挽狂澜于即倒。徐大椿《医学源流论·貌似古方欺人论》曰："古圣人之立方，不过四五味而止。其审药性，至精至当；其察病情，至真至确。方中所用之药，必准对其病，而无毫发之差。无一味泛用之药，且能以一药兼治数症。故其药味虽少，而无症不该。"

鉴于目前临床上现代难治病众多，许多医生希冀"广络原野"以获效。唐·许胤宗早有评价："今人不能别脉，莫识病源，以情臆度，多安药味，譬之于猎，未知兔所，多发人马，空地遮围，或冀一人偶然逢也，如此疗疾，不亦疏乎？"《景岳全书·传忠录·气味篇》也指出："药物众多，各一其性，宜否万殊，难以尽识。用者不得其要，未免多误。"倘不能够"推病理之本原，识药性之专能，察气味之从逆，审脏腑之好恶，合君臣之配耦，而又探索病源，推求经络"（《医学源流论·方剂古今论》），盲目信奉"韩信将兵，多多益善"，则不能为严谨之方，只能称"杂货汤"也。

总之，药性是药物产生作用的物质基础。徐大椿《医学源流论》曰："盖古之圣人，辨药物之性，则必着其功用，如逐风、逐寒、解毒、定痛之类。凡人所患之症止一二端，则以一药治之，药专则力厚，自有奇效。""故善医者分观之，而无药弗切于病情；合观之，而无方不本于古法。""为医者，无一病不穷究其因，无一方不洞悉其理，无一药不精通其性。庶几可以自信，而不枉杀人矣！"

"用药之道无他也，惟在精其气味，识其阴阳，则药味虽多，可得其要矣。"

（收稿日期：2013-07-12）

附录20

《天津中医药》2013年11月第30卷第11期

"祖方学派"考释

王永炎[1]，王燕平[1]，于智敏[2]

（1. 中国中医科学院临床基础医学研究所，北京100700；2. 中国中医科学院中医基础理论研究所，北京100700）

摘要：根据"祖方"，提出"祖方学派"，通过对"祖方学派之名"、"祖方学派之实"、"祖方学派特点"的考释，提出应存在"祖方学派"。最后对"祖方学派"的意义进行了探寻，同时对当今学派"热"提出建议与思考。

关键词：祖方；祖方学派；考释

中图分类号：R2-09　**文献标识码：**A　**文章编号：**1672-1519（2013）11-0641-03

1. 何为祖方？

何为祖方？目前尚无确切定义。一般认为，祖方又称"母方"、"方核"、"基础方"。有关祖方之论较多，学界多公推张仲景为"祖方"。《金匮要略心典·徐序》指出："惟仲景则独祖经方而集其大成……惟此两书，真所谓经方之祖。"[1]

2. "祖方学派"之名

（1）"学派"最早见于《明史》。《明史·卷二八三·列传第一七一》载："阳明学派，以龙溪、心斋为得其宗。"

（2）"祖方学派"目前尚未见报道。"学派"是如何划分的？《辞海》曰："学派，一门学问中由于学说师承不同而形成的派别。"任应秋先生提出："凡一学派之成立，必有其内在的联系，否则，便无学派之可言。所谓内在联系，不外两端：一者，师门授受，或亲炙，或私淑，各成其说而光大之；一者，学术见解之不一致，各张其立说，影响于人。"

（3）依此衡量，"祖方学派"有名有实。

3. "祖方学派"之实

施沛、张璐、徐大椿、刘一仁四学者构成"祖方学派"。目前尚无确凿的证据证明他们之间有明确师承或私淑关系，但具备"祖方学派"之实。

3.1 施沛与《祖剂》

施沛（1585—1661），字沛然，华亭人。著《祖剂》四卷，以张仲景之方为主，宋元以后时方以类附录。全书共收历代名方 837 首。其中论祖方 71 首，衍方 800 余首。施沛将历代名方分为"宗方"、"祖方"、"类方"三类，其他为衍化方。认为祖方是源，衍化方是流，衍化方是由祖方发展而来的。从《祖剂·小叙》中引成聊摄语[2]可窥一斑。

成聊摄谓："自古诸方历岁浸远，难可考详。惟仲景之书，最为群方之祖。""兹所集首冠《素》、《灵》二方，次载伊芳尹《汤液》一方以为宗，而浚悉以仲景之方为祖。其《局方》二陈、四物、四君子等汤以类附焉。"

3.2 张璐与《张氏医通》

上海科学技术出版社 2004 年出版过《医通祖方》一书，作者为清代张璐。考诸本书可知，《医通祖方》一书系《张氏医通·卷十六·祖剂》一章的单行本。

张璐（1617—1700 年），字种玉，号石顽，长洲人。《张氏医通·祖方》又称"祖方"为"方祖"。其云："夫字有字母，方有方祖。自伊芳尹汤液，一脉相传，与释氏传灯无异。苟能推源于此，自然心手合辙，谅非时师所能测识也。"[3]

"字有字母，方有方祖"。先有笔画、字母而后有文字、文章。单味药、药对、药队、方剂也是有层次之分的。方剂虽有"单行"一类，但还是以多味药组成的复方为大多数。要之，则一方之中蕴含有单味药、药对、药队，最后合而成方。牢记祖方并灵活运用，因时为变，随机应变，是创立新方的基础。

《医通祖方》采集了大量的经方、时方，并按祖方分类方剂。每一类方剂，先列祖方，后列由祖方化裁而成的经方、时方，称为"子方"。子方一般含有祖方中的主要药物及某一功用。

3.3 徐大椿与《伤寒论类方》

徐大椿（1693—1771 年），又名大业，字灵胎，晚号洄溪老人，江苏吴江人，清代著名的医家。其《伤寒类方·序》云："盖方之治病有定，而病之变迁无定，知其一定之治，随其病之千变万化而应用不爽。"[4]

本书是徐大椿研究《伤寒论》的心得，全书采用"以方类证"的方法，将《伤寒论》113 方分为桂枝汤类、麻黄汤类、葛根汤类、柴胡汤类、栀子汤类、承气汤类、泻心汤类、白虎汤类、五苓散类、四逆汤类、理中汤类、杂法方类等 12 类。熟记掌握杂法方类外的 11 个类方，庶几"寻余所集，思过半矣"。《伤寒论》为"方书之祖"，《伤寒论类方》虽冠"类方"之名，实蕴"祖方"之旨。

3.4 刘一仁与《医学传心录》

据考本书系清代道光年间（1821—1850 年）作品，原封面题有"上海刘一仁"5 字，或谓此书可能出于刘一仁手笔。据传本书系中医大夫钱乐天生前所得秘本。1954 年由原河北省卫生工作者协会定名《中医捷径》内部刊印。1958 年河北省中医研究所筹备处进行整理，并以《医学传心录》正式出版。内容包括学医的方法、诊脉、辨证施治、用药及某些常用方剂的加减法，并简要分析多种内科杂病和一些妇产科病证的病因、病证和治疗方法。本书重点对四君子汤、四物汤、二陈汤、小柴胡汤、平胃散总结出多种加减变化，推崇为"祖方"。

3.5 基本判断与结论

（1）以上4位医家的学术思想，构成了"祖方学派"的基本要素。

（2）如果从《祖剂》一书刊行的"崇祯庚辰岁（1640年）重阳日元无子施沛题"为"祖方学派"起始，以《医学传心录》出版的清代道光年间（1821—1850年）下限为止计算的话，"祖方学派"前后有可能绵延200多年（1640—1850年）。

（3）施沛、张璐与徐大椿，生活地域接近，都为江苏一带的人；生活年代有交叉（施沛1585—1661年；张璐1617—1700年），因此有学术相互交流、相互影响或私淑的可能。

（4）鉴于古今学问传承亲炙者寡而私淑者众，亲炙者具之典册而私淑者默默无闻，"祖方学派"古今未曾提及甚至几近湮没，实乃事出有因。

4. "祖方学派"的特点

4.1 选方特点

以《黄帝内经》、《伤寒论》、《金匮要略》等经典方为祖，推其演变。其归类或以同方加减而相附，或以方名相近而相属，或以君药相同而相归，或以功效相似而相类，使人得以了解方剂承前启后的变化。

4.2 分类特点

多采用类方体例的分类方法，既体现共性之处，亦突出特性。以方证对应为根据，方剂辨证为基础，方剂发展的历史为线索，药物组成为核心。

4.3 应用特点

王纶《明医杂著》云："外感法仲景，内伤法东垣，热病用河间，杂病用丹溪，一以贯之，斯医道之大全矣。"[5]"祖方"执简驭繁，提纲挈领，灵活权变，学者庶几可执一家之学而尽其妙要，临床亦可"通于一而全功"。这或许是先贤立"祖方"之意，也是笔者提出"祖方学派"的缘由。

5. "祖方学派"的意义

（1）"学派"不是自封的，也不是有意识、有目的创立的，它是在一定历史条件下形成的，是后人对前人学术观点的一种主观认识或者说是诠释。之所以冠以"学派"之名，是为了强调某类学者在某领域的独到见解与学术传承，是对一类共性特征的把握。

（2）理解与解释是需要的满足，它能填补我们关于世界的想象盲点，并且因此产生探索的兴趣与动力。"祖方学派"的提出，意在探寻一种全新的学习、使用方剂的思维方法，也是对方剂分类的一种"诠释"。

（3）中医方书众多，掌握"祖方"，可提纲挈领掌握一大类方剂。《中医方剂大辞典》收载上自秦汉，下迄现代（1986年）的方剂96592首。倘若应用"祖方"的思路去研究分析，或许得到共性、规律性认识。古今概以二陈汤为治痰祖方，《祖剂》中无二陈汤原方（列于半夏汤之后），但有二陈汤加减方23首列于后，或方名中冠有"二陈"字样，或迳言"二陈汤加某某药"。《医通祖方》以二陈汤为祖方，后列27首二陈汤的衍化方。对"中华医典·本草方药大全"的128部古籍进行检索，共有二陈汤加减方45首。

（4）任何"学术流派"都是对某一学术观点发挥到极致的结果，并非是其医学思想的全部。只有把中医学科的各学派、各流派、各医家的学术思想与观点融合起来，才能构成整个知识体系。固守一家之学，甚至深入其中不能自拔，只能是管中窥豹，盲人摸象。

（5）当今学界自开山门、自创学派的人很多，这对"百花齐放，百家争鸣"很有好处。研究学派当摒除门户之见，消弭派别之争，最终构建统一新医药学。

参考文献：

[1] 尤怡. 金匮要略心典 [M]. 北京：中国中医药出版社，1999：93.

[2] 丹波元胤. 中国医籍考 [M]. 北京：人民卫生出版社，1956：842.

[3] 张璐. 张氏医通 [M]. 北京：中国中医药出版社，2004：8.

[4] 刘洋. 徐灵胎医学全书. 伤寒类方·序 [M]. 北京：中国中医药出版社，1999：163.

[5] 王纶. 明医杂著 [M]. 北京：中国中医药出版社，2009：2.

（收稿日期：2013-05-21）

附录
21

《天津中医药》2013 年 12 月第 30 卷第 12 期

我的案头书《医家四要》

王永炎[1]，王燕平[1]，于智敏[2]

（1. 中国中医科学院临床基础医学研究所，北京　100700；2. 中国中医科学院中医基础理论研究所，北京　100700）

作者简介：王永炎（1938 —），男，著名中医内科学、神经内科学专家，中国工程院院士，现任中国中医科学院名誉院长、中国中医科学院临床医学基础研究所所长、北京师范大学资源学院资源药物与中药资源研究所所长、北京中医药大学脑病研究室主任，从事中医内科医疗、教学、科学研究近 50 年，主要研究方向是中医药防治中风病与脑病的临床与基础研究，先后主持了包括世界卫生组织（WHO）国际合作项目，国家 973、863 项目和国家"七五"至"十五"攻关课题 20 余项，获国家级科技进步奖二等奖 2 项、三等奖 3 项，省部级科技成果一等奖 5 项，获何梁何利基金"科学与技术进步奖"、香港求是基金会"中医药现代化杰出科技成就奖"，获全国五一劳动奖章和全国先进工作者荣誉称号，先后作为第一主编出版《临床中医内科学》、《今日中医临床丛书》等 15 部学术专著，发表学术论文 500 余篇，已培养医学博士 65 名，出站博士后 28 名，其中两名博士荣获全国百篇优秀论文奖励。

摘要：《医家四要》是基础临床并重，生理病理兼顾，理法方药俱全，炮制宜忌悉备的好书，倘能认真研读，可把中医经典有效链接，实现理论和实践、博和约的有机结合，进而开启悟性，提高思维、思考、思辨能力，提升临床技能。

关键词：《医家四要》；研究；述要；案头书

中图分类号：R22　**文献标识码**：A　**文章编号**：1672-1519（2013）12-0705-03

《医家四要》系清·程曦、江诚、雷大震同纂，成书于清光绪十年（1884 年），由"脉诀入门"、"病机约论"、"方歌别类"、"药赋新编"组成。作者认为，"脉、病、方、药"四者为医者必具基本功，故名。我的老师董建华先生对此书称赞有加，嘱余作为"案头书"每日翻览。从医 50 余年来，总是随身携带，闲暇之余浏览，能温故知新，开卷有益。

1. 作者及传承

1.1　程曦、江诚、雷大震

1.1.1　程曦

《中医大辞典》[1]有"程曦"条，注释为"参见程衍道条"。查"程衍道"，注曰："程氏自撰有《治法心传》一卷，后经程曦（锦雯）将其遗方手迹 57 方，于 1883 年加以编辑注释成为 2 卷，名《仙方遗迹》。"《医家四要》曰："新

安程曦锦雯。"可知程曦，字锦雯，新安人。据《全国中医图书联合目录》，程曦尚有《仙方注释》、《方歌别类》、《病机要论》、《仙方遗迹》流传至今。

1.1.2　江诚

字抱一，三衢人。相关资料阙如，生卒年月无从考证。《医家四要》："三衢江诚抱一甫。"雷丰《时病论》有"受业盈川江诚抱一参订"字样。盈川，唐朝时属衢州。《太平广记》引唐·张鷟《朝野签载》："唐·衢州盈川县令杨炯词学优长，恃才简倨，不容于时。"可证盈川县唐时隶属衢州无疑。程曦、江诚作为弟子还参与了其师雷丰《时病论》的参订工作，对书中部分内容加以述评，书后还附有令人分别撰写"跋"文。

1.1.3　雷大震

相关资料阙如。《中医大辞典》[1]有"雷大震"词条，

内容为"见雷丰条"。"雷丰"条："子大震、学生江诚、程子曦等亦以医闻名。"《医家四要》："三衢雷大震福亭甫。"刘序"少逸喆嗣福亭",知其字福亭,为雷丰之子。

1.2 雷丰

字少逸,晚清医家,其父学医于程芝田,丰承家学,长于温病、时证。撰《时病论》。书中所载治法和成方多有实效,流传颇广。子大震,学生江诚、程子曦等,亦以医闻名[1]。据《全国中医图书联合目录》[2],雷丰现有《灸法秘传》(系清朝金冶田传,雷丰编,刘国光序。现存清光绪九年癸未 1838 年刘氏乐善堂刻本)、《时病论》、《加批时病论》、《赠订时病论》、《时病分证表》、《雷氏慎修堂医书三种》流传。

1.3 雷逸仙

为雷少逸之父。《中医人名词典》[3]:(? -1862 年),佚其名(号逸仙)。清代福建蒲城县人,迁居于衢州。好读书,喜吟咏,弃儒习医。从名医程芝田学,技成,先悬壶龙邱,后执业于衢州,知名于时。著有《医博》、《医约》四卷,未梓。《全国中医图书联合目录》有《逸仙医案》(钞本全壹册),龚香圃编,1929 年上海六一草堂铅印本。《近代中医珍本集·医案分册》[4]收有此书。书中"序言"称雷逸仙尚有《方案》、《遗稿》。

雷丰《时病论·自序》中有云:"丰先君别署逸仙,好读书,喜吟咏,尝与武林许孝廉叶帆、龙邱余孝廉元圃、徐茂才月龄酌酒赋诗,著有《养鹤山房诗稿》。继而弃儒,从程芝田先生习岐黄术,遂行道龙邱。"[5]可知雷逸仙师从程芝田。

1.4 程芝田

"程芝田,歙县人,清嘉道年间名医"。"悬壶衢州,浙江名医雷逸仙受业于程氏,尽得其传。逸仙作古后,其子少逸因觅逸仙方案遗稿,而得程氏遗著《医法心传》,遂请知交刘国光作序,于光绪 11 年将该书刊行出版"[6]。

1.5 传承谱系

程芝田→雷逸仙→雷丰→程曦、江诚、雷大震。

2. 编撰背景

2.1 编纂分工

从"刘序"可知,本书为编撰者"各辑少逸平日选读之书,别类分门,括歌汇赋,以共成是编也"。虽名为三人合纂,但"各辑"表明三人是有明确分工的。但如何分工书中没有交代。据《全国中医图书联合目录》:程曦著有《方歌别类》、《病机要论》,可知"病机约论""方歌别类"为程曦独撰。

2.2 编纂原则

以"去泛删繁,辞明义显"为原则;以"便于记诵,极易入门"为特色;"诚为医家至要至约之诀"为目的。

2.3 编纂缘由

有感于当时授艺者故意"艰其门径,涩其句读,以自矜为不传之秘"。希望医者"得其要领,投之所向,无不如意";"循以治病,直如高屋建瓴,筋节既得,当无不立解耳。其于寿身寿世也,何难之有?"倘能展卷细玩,"必有开卷了然,如亲见其父子师生讲授一堂耳钦迟不已者"。

3. 内容述要

3.1 脉诀入门

有专论 48 篇,附录 1 篇。以脉开篇,以脉冠名,盖因凡临证必先诊脉。《素问·阴阳应象大论》曰:"善诊者,察色按脉,先别阴阳。"《素问·五脏生成篇》曰:"能合色脉,可以万全。"此外还有望色、辨舌、闻声、问证等内容,同时兼顾妇科诊法、儿科诊法、十二经络、内景部位、五运六气、万金一统等。作者虽未言明 48 篇专论的孰轻孰重,但仔细玩味全篇可知,五脏平脉、五脏病脉、五脏死脉、五脏真脉、脉决死期、营卫脉象以及问证 7 篇当为重中之重。

3.2 病机约论

精选"古传七十二论",于病证病机详细阐发。通过对 72 篇专论的系统研究归纳,把所论病机分为:基本病机、疾病病机、症状病机三大类。

基本病机包括百病生于气、诸证莫离四因、外感病机、内伤病机、伤寒六经病机、时疫触冒病机;疾病病机又分为内科病机、五官科病机、妇产科病机;症状病机又分为血证病机、痛证病机、二便病机与情志病机。这些都应重点掌握。

3.3 方歌别类

方分 40 类,收录 356 方,以"歌括"形式表达,以某方治某病为重点,提纲挈领,尤其适于临床。方后所附"君臣佐使、七方十剂、煎药用水法"亦为处方须知。本篇重点是牢记方歌,掌握功用主治。

3.4 药赋新编

以寒、热、温、平为纲,收药 344 种。其中寒性药 106 种,热性药 88 种,温性药 70 种,平性药 80 种。重点应掌握每味药物的四气属性、功用主治,了解其炮制方法及毒性有无。

4. 小结

《医家四要》是对雷少逸平日读书、课徒资料的归纳整理，又依临床需求择其精要，分门别类，是精华浓缩读本和条分缕析之作。

《医家四要》为学术传承之范例。盖因编纂者程曦、江诚悉为雷少逸之入室弟子，而雷大震则为少逸之哲嗣，因此可以认为本书乃三人整理老师治学方法与成功之路"研究报告"的一部分，其中蕴含着雷少逸对中医脉、病、方、药的理解与体会，也包含着三人的理解、发挥与诠释。

《医家四要》尤宜于作为案头书。一册在手，源清流明，提纲挈领，理法方药一以贯之，诚属"精之可传，传之有要"之作。既是中医学理论的入门书，又是临床诊疗的案头书，同时也是提高临床诊疗水平的提高书。

参考文献：

[1] 李经纬，区永欣，余瀛鳌．中医大辞典 [M]．北京：人民卫生出版社，1995：1733，1824-1825．

[2] 薛清录．全国中医图书联合目录 [M]．北京：中医古籍出版社，1991：146-147．

[3] 李云．中医人名词典 [M]．北京：北京国际文化出版公司，1998：903．

[4] 陆拯．近代中医珍本集·医案分册 [M]．杭州：浙江科学技术出版社，2003：609-695．

[5] 方力行，清·雷丰撰．时病论 [M]．北京：人民卫生出版社，2007：13．

[6] 黄兆强，雷家华，黄孝周．程芝田和《医法心传》[J]．安徽中医学院学报，1983，3（3）：29．

（收稿日期：2013-06-20）

附录 22

《清宫医案精选》封面书影

清宫医案精选·序

近代著名学者章太炎先生精通西学而致力于国学研究，其称"中医之成绩医案最著"。历上下五千年不同医学流派，数百医家撰著的医案专书当在千种以上，这是中医药学一份宏富的宝贵的临床医学资料，多是第一手的本底，融汇了撰著者的心血与经验，值得进一步发掘和整理。晚近由中国科学院陈可冀院士及其学术继承人张京春博士主编的《清宫医案精选》即将出版，实为推动中医临床医学复兴的一件可喜可贺的事情。陈先生积 30 余年的时间从事清代宫廷原始医药档案的整理工作，至今已陆续出版了《清宫医案研究》等 6 部专著，又于 2009 年集 6 部专著汇著成《清宫医案集成》，是书荣获 2010 年第二届中国出版政府奖，具有辐射医学成果与保留档案原件的医学与史学价值，为后辈学人崇敬。为了贴近临床各类各级医师，体现古为今用，赋予时代精神，凸现实用性，在既往"整理"的基础上，利用信息系统知识库技术，以临床学科为纲，以病证名为目，对医案、医方进行分类编排撰写，便于读者阅读与应用。本书可贵之处一是每种病证医案之前对沿革与整体特点做了梗概介绍，可启迪读者研习；再一是"评注"融入作者心得，由证及理、以法涵方、遣药取效，或有可吸取的经验教训，读后令人感奋，对临床医学进步多有裨益。

陈可冀先生是当代的医学家、中医学家、教育家、临床家，20 世纪 50 年代毕业于福建医学院，是我的师长辈。我与陈先生近距离的接触是在文革后期重庆黄星垣先生组编《实用中医内科学》的时候，彼时陈先生是此书的主编之一，多次编委会议聆听先生对中医内涵与学术建设的新见解，颇受启迪。其后曾读过先生的论著，尤以 2002 年北京大学医学出版社的《陈可冀医学选集》，较为系统地学习先生的学术思想。还有参会期间听到过先生随岳美中老前辈学中医的故事。深感先生以开放的姿态与宽阔的视野著书立说，总以融通中西医学志在提高诊疗水平惠及民众为己任。回忆我自 20 世纪 60 年代毕业后追随沪上名医严二陵先生门人董建华院士习医临诊，拜师后补上庭训养成教育，为适应医学发展的趋势，送我去协和医院进修和协作两年余。又在1965年曾随廖家桢先生针对内科急症做中西医结合的临床研究。自1984～1998年在任北京中医药大学行政负责人，双肩挑从事临床与临床医学基础研究过程中，多有王玉川先生帮助与指导，力主东学西学兼收并蓄，中医西医融通共进，重视传承然必须在传承基础上创新，总以提高临床疗效"惠民"为要务。回顾恽铁樵、陆渊雷先生通西学而致力于中医，对孟河学派及上海中医学派的形成发展奉献良多。当今已进入大科学高概念时代，陈先生对中西医结合，多学科广兼容，从临床医学诊疗、科技、教育方面做了重要工作，尤其对学位授予学科建设的贡献居功至伟。近期中国中医科学院立项开展百年中医史（1911—2011年）研究，缘于1929年旧政府时期的废止旧医案，引发中医中药工作者强烈反对，老一辈中医奋力抗争，为中医求生存作出了不可磨灭的历史性贡献，作为晚辈要继承历史的重任，应懂得尊重前辈们忠诚中医的感情，永远不忘为求生存付出的辛勤劳作。然而今天有政府的积极扶持，民众的拥戴，科学家们对人文与自然交融的中医药学科性的首肯，我们进入谋发展的新阶段，为此必须调整与变革学科方向，以健康医学为核心，弘扬临床医学的精髓，在惠民的同时面向世界，提高国际学术影响力。

去年秋季陈可冀老师在中国中医科学院学科建设会议上演讲时指出：期许中医学人以入世的精神做事，以出世的心态做人。这番话使与会者感到至深至切。概言之，入世就是儒家有为而无不为要敢担当拿得起；出世则是道家常知足看得开能恬淡虚无有利于身心健康。可见陈先生主张儒道两家兼备而求其用。我认为，今天已是日显道德滑坡、急功急利的时代，以金钱为轴心的价值观大行其道。何以救世？有人提出弘扬东方文化，也就是孔圣为宗的儒学。然而真正意义上的东方文化应该是以一源三流的中华文明为核心的诸子百家，儒学为主体吸收外来的佛学，直至将其本土化后，形成的一源三流，其更多强调的是做人，当然做人离不开做事。论及儒释道的"道"的本旨，应着眼于求同，即三者在新心学方面关乎做人做事的共性，进而规范我们的核心价值观。孔周以降诸子对"道"之内涵皆有发挥，然多源于孔而又别于孔。通过剖析儒家论"道"的思想，结合学科特点，领悟做人治学之道愿提出以儒家思想为主体，兼读老庄与佛学，理解法家之学，取其优质而相互融通；以非杂而求其用，用必获益有效的思想作为做人治学之指南。

值此《清宫医案精选》一书涉脱稿时，陈可冀老师邀我作序，实为对学生的鼓励。有感于书稿对学科进步的影响，将提供临床医师参考与文献学史学研究者的借鉴具有重要现实意义。联系入世、出世与当今学风存在的问题，理应提倡文化自觉，因此就解"道"传"道"略抒己见，愿与同道共勉。谨志数语乐观阙成。

中国工程院院士

中国中医科学院名誉院长

王永炎

壬辰立夏

2014 年，76 岁

1月6日，实施肾移植手术，手术顺利成功。

7月，长外孙刘为天津中医药大学中药系本科毕业，保送入读硕士研究生。小外孙马志尚考入北京市第十五中学初中部。

9月，被中国标准化协会、国际标准化杂志社评选为中国标准化十佳人物，获终身成就奖。

2014 年图 1　2014 年的王永炎先生

11月，受聘为中华中医药学会第六届理事会顾问，项目"补肾益精法防治原发性骨质疏松症的疗效机制和推广应用"获得上海市科学技术奖一等奖。同月，主编《中国医学院士文库·王永炎院士集》，由人民军医出版社出版。

2014 年图 2　标准化十佳人物终身成就奖证书

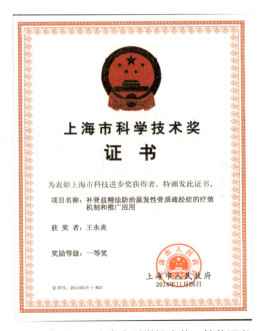

2014 年图 3　上海市科学技术奖一等奖证书

2014 年图 4　中华中医药学会第六届理事会顾问聘书

受聘为北京师范大学脑认知神经科学国家重点实验室学术委员会主委、国家中医药管理局人事教育司关于重点学科及培育新学科审评小组组长、国家中医药管理局医政司关于重点专科审评组组长。

此年，先生所领导的研究团队论文《新发、突发传染病中医药诊疗方案的制定及启示》发表于《中医杂志》第 1 期，《中医辨证论治思维的研究方法与发展方向》发表于《环球中医药》第 1 期，《以再评价为契机的中药上市后系统研究》发表于《中国中药杂志》第 18 期。从 4 月开始，与合作导师共同培养博士后范逸品在各种专业杂志上发表有关中医心象理论的系列论文《心象与中国文化及中医学关系的初步思考》《"原象"在中医学的应用初探》《中国传统哲学之心象理论在中医学的应用（一）》发表于《上海中医药杂志》第 4、5 期及《北京中医药大学学报》第 11 期。此外，主编《任应秋先生全集》，并亲自为之撰序。

2014 年图 5　在临床所医药圆融会议上做报告（右 1 王永炎）

经中央保健办与阜外医院胡盛寿院士推荐往天津市第一中心医院请沈中阳先生做肾移植手术。2014 年 1 月 6 日手术顺利成功，否定糖尿病肾病的诊断，其急性起病由 H7N9 甲型流感及劳累出现胸水与心包积液而发病。手术后，病情得到缓解，进入恢复期。

关于甲型 H1N1 防控中医药复方疗效的研究结果得到国内外业内人员的肯定及广泛的关注。此年，美国《内科学年鉴》发表文章，介绍了此项研究，引起国内外重视。

2014 年图 6　《王永炎院士集》封面书影　　　　2014 年图 7　《王永炎院士集》版权页书影

　　截至2004年，"973"项目"方剂关键科学问题"的研究，获国家科技二等奖等数个奖项，先生均未署名，但作为首席科学家拥有知识产权。

　　此年，先生虽然处于恢复期，但仍然做了许多力所能及的工作。北京师范大学张占军教授领衔成立老年脑健康研究中心，属于脑认知神经科学国家重点实验室，先生受聘为学术委员会主委。同年，还受聘为国家中医药管理局人事教育司关于重点学科及培育新学科审评小组组长、国家中医药管理局医政司关于重点专科审评组组长。

　　《王永炎院士集》是《中国医学院士文库》丛书的分册之一。由奋斗历程、学术贡献、治学之道、社会影响、人生风采五个部分组成。系统介绍主要经历、治学观点、学术成就及各界人士对先生的评价。并汇集了先生代表性的论文，以及其他论文与论著目录。

附录 1

《中医杂志》2014 年 1 月第 55 卷第 1 期

新发、突发传染病中医药诊疗方案的制定及启示

赵静[1]，王玉光[2]，王燕平[1]，邱岳[3]，王思成[3]，吕爱平[1, 4]，刘保延[1]，王永炎[1]

（1.中国中医科学院中医临床基础医学研究所，北京 100700；2.首都医科大学附属北京中医医院；3.国家中医药管理局；4.香港浸会大学中医药学院）

摘要：中医药诊疗方案是确保中医药疗效的基础。近年来，新型流感等新发、突发传染病不断增多，在多次防控过程中，

中医药遵循中医理论并借鉴循证医学指南制定方法，形成了新发、突发传染病中医药方案制定与更新的机制，为中医药临床疗效的提高与疗效评价的规范提供了重要保障。

关键词：传染病；中医药诊疗方案；临床指南

Inspiration on the Formulation of TCM Diagnosis and Treatment Guideline for New Outbreak Infectious Diseases

ZHAO Jing[1]，WANG Yuguang[2]，WANG Yanping[1]，QIU Yue[3]，WANG Sicheng[3]，Lü Aiping[1]，LIU Baoyan[1]，WANG Yongyan[1]

（ 1.Institute of Basic Research in Clinical Medicine，China Academy of Chinese Medical Sciences，Beijing 100700，China；2.Beijing Hospital of Traditional Chinese Medicine，Capital Medical University；3.State Administration of Traditional Chinese Medicine of the People's Republic of China；4. Hongkong Baptist University ）

Abstract：Traditional Chinese Medicine（TCM）diagnosis and treatment guideline is the foundation of clinical effect. In recent years，with the increase of new outbreak infectious diseases，TCM developed many methods and established a stable mechanism on formation of diagnosis and treatment guideline for new outbreak infectious diseases during the period of prevention and control，which provide an important guarantee on TCM clinical effects.

Key words：infectious diseases；diagnosis and treatment guideline of Chinese medicine

[编者按] 近年来，新发、突发传染病时有爆发或流行——2003 年，严重急性呼吸综合征（SARS）肆虐中国；2005 年，禽流感横行东南亚；2009 年，甲型 H1N1 流感席卷全球；2013 年，人感染 H7N9 禽流感袭击中国。在经历了一系列考验之后，我国政府应对新发、突发传染病等公共卫生事件的能力迅速提高，并本着中西医并重的方针，着手建立有中国特色的传染病防控体系。特别是在 2003 年 SARS 后，中医药充分发挥"未病先防、既病防变"与"辨证论治"的优势，积极参与到各种新发、突发传染病的临床救治与防控工作中，为提高传染病整体防控能力与水平做出了积极贡献。2009 年甲型 H1N1 流感爆发后，国家中医药管理局特别设立传染病中医药行业科研专项，对甲型 H1N1 流感、手足口病及乙型脑炎等传染病全面开展研究，并启动中医药防控传染病体系建设工作，以期系统提升中医药防控传染病的整体能力。此次，本着深入思考、承前启后的目的，本刊与中医药行业科研专项办公室合作开辟"中医药防治传染病专栏"，陆续刊登传染病的中医药防控系列文章，期望引发广大中医药工作者更多的关注与思考，积极促进中医药在传染病防控中发挥更大的作用。

近几年，在应对新发、突发传染病的过程中，中医药防治新发、突发传染病体系逐渐形成了一套方案制定与更新的稳定机制。在应对 2009 年甲型 H1N1 流感（以下简称甲流）、2013 年人感染 H7N9 禽流感过程中，这一机制都发挥了重要作用。其中，应对 2009 年甲流时共形成 4 版诊疗方案 [1-4]，应对 2013 年人感染 H7N9 禽流感过程中形成了 2 版诊疗方案 [5、6]。为全国中医药临床救治工作早期介入、及时开展提供了有效保障。

新发、突发传染病中医药诊疗方案制定遵循充分发挥中医药专家的整体作用，突出中医辨证论治、三因制宜的特色，重视循证医学证据支持的原则。根据这三条原则，方案的制定过程主要是将中医药专家经验结合循证医学证据，及时制定治疗方案，并在传染病流行过程中根据疾病的特点及研究成果对方案进行及时更新，以更好地指导临床实践。

1. 新发、突发传染病中医药诊疗方案制定、更新的原则与过程

在科学、有序、规范的总体原则指导下，通过近年来中医药应对新发、突发传染病经验的积累，中医药治疗传染病方案的制定也形成了特定原则和规范的过程，不仅保证了高质量治疗方案的公布，也提高了方案制定与更新的速度，确保了中医药特色与优势的发挥。

1.1　遵循指南、共识等方案制定的循证医学原则

随着中医药科研水平的不断提高，对高质量循证医学的证据更加重视。在新发、突发甲流中医药指南、共识、方案的制定过程中尤其重视遵循循证医学原则，在每一版方案制定过程中都非常重视临床研究证据，确保中医药治疗方案的临床有效性和决策科学性。同时针对目前中医药治疗新发、突发传染病循证医学证据不足的情况也制定了积极的解决措施，即在疫情初期根据新病毒的证候特点，结合中医伤寒与温病理论支持，通过文本挖掘技术等方法寻找相关治疗经验 [7]，并经专家委员会讨论达成共识，继而从典型个案入手，开展队列研究，探索其证治规律及核心病机。同时组织全国力量，开展系统的临床与基础研究，

客观评价中医药治疗方案的疗效，并为方案的更新积累高质量、高级别的证据资料，以不断修订、完善治疗方案，提高临床疗效。

1.2 遵循中医学辨证论治、三因制宜等治疗原则

中医学之所以可在发病之初即对新发、突发传染病进行辨证论治，主要是根据传染病的表现，即"征象"。《灵枢·本脏》有云："视其外应，以知其内脏，则知所病矣。"中医学论治传染病以"象"为开端，注重对征象的医理分析，即据象言证，审证求因，辨证论治，以认识未知疾病病源的中医特征。因此，可以在新发突发传染病病原体明确之前，早期介入以采取积极的治疗措施。在根据征象对传染病发病规律进行总结的同时，中医学还非常重视三因治宜的原则，即因人、因时、因地制宜，这一原则对传染病中医治疗方案的制定与更新尤为重要。许多传染病的发病都有高危、易感人群，并与季节、气候、地理环境关系密切，因此，对传染病的辨证与其治疗方案进行更新、修订以提高临床疗效具有重要意义。甲流4版诊疗方案的制定与更新，即是以此为原则进行的。

1.3 充分发挥中医药专家团队的整体作用

指南与共识等治疗方案的制定需要高水平、多领域的专家共同完成[8]。近年来，随着传染病的不断爆发，为更好地发挥中医药特色与优势、提高中医药治疗传染病的临床与科研水平，国家中医药管理局建立了以中医传染病临床专家为主，涵盖方法学、流行病学、文献学、统计学、卫生经济学等多学科专家的专家队伍，有力保障了中医药治疗传染病临床与科研工作的开展。

在新发、突发传染病中医药诊疗方案制定过程中，国家中医药管理局在疫情之初及时成立专门针对该传染病的专家委员会。在这些专家中，既有临床疗效卓著的名老中医，也有造诣深厚的温病学理论大家，还有从事中医药理论与实验研究的专家，以及多年致力于中医药研究的方法学、流行病学学者。多领域专家共同组成专家委员会明确分工、共同协作，制定临床诊疗方案并指导相应科学研究的开展。疫情发生后，中医传染病临床专家迅速赶赴疫区参与会诊，调研收集疫情特征等临床一手资料；文献学专家收集相关文献以提供循证医学证据；系统生物学专家利用文本挖掘技术对相关文献进行挖掘分析以提供相关支持；临床医学专家根据获得的临床信息及循证医学等相关证据进行充分讨论、分析以达成共识，制定治疗方案。方案发布后，在国家中医药管理局的组织下与临床流行病学及方法学等专家的指导下，进一步开展相关临床与

基础研究，对临床治疗情况进行统计分析，并结合疫情特征对方案进行修订、更新与优化。临床与基础研究的开展为方案的修订与更新提供了更多的循证医学证据及支持，疫情特征的总结则为全面认识新发、突发传染病、丰富新时期中医疫病理论奠定了基础，为相关传染病的治疗提供借鉴。

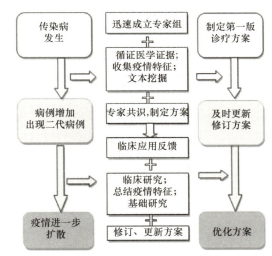

图1　新发、突发传染病中医药诊疗方案制定、更新过程

2. 中医药诊疗方案制定过程的启示

通过近年来应对新发、突发传染病中医药诊疗方案的制定，以及对方案制定方法学的逐渐重视，中医药治疗方案的质量不断提高，突出表现在传染病应对过程中使用的范围不断增大，有效指导了临床实践，确保了临床疗效。北京首例人感染H7N9禽流感患者在治疗过程中使用了中医治疗方案推荐的汤剂[9]，在退热及缓解症状方面及时发挥了作用，中西医结合治疗使患者病情得到有效控制并痊愈出院。

2.1 专家经验结合文献挖掘结果制定方案

从以往中医药防治传染病方面的经验来看，中医药专家在认识疾病、治疗疾病的探索中发挥了重要作用。因此，在应对新发、突发传染病过程中，国家中医药管理局非常重视中医药专家经验的发挥。不仅在全国及地方建立了稳定的传染病专家队伍，还建立了相应的工作机制，以确保中医药在传染病临床救治、科学研究中准确、高效地开展相关工作。同时针对目前中医药防治传染病循证医学证据不足的情况，借助数据挖掘技术对中医古籍及现代文献进行挖掘分析，及时总结以往中医药防治的经验与特色，为专家制定治疗方案提供支持与参考，将专家经验与文献证据相结合以确保临床疗效。

2.2 临床证候特征结合循证医学证据修订方案

传染病疫情发生后，随着病例的增多，临床特征不断明确，中医药专家会根据疾病特点及时对中医证候进行总结。同时随着中医药领域对疗效评价与作用机制研究的重视，每次传染病应对过程中都会及时开展相关临床与基础研究，这些研究结果为方案的修订更新提供最新的循证医学证据，使其可以更好地指导临床实践。如在2009～2010年中医药应对甲流过程中，在以输入性病例和轻症病例为主的流行初期阶段，中医药治疗甲流的工作组高度重视典型病例的救治和经验总结工作；在疫情进入以本土和社区轻症病例为主的流行阶段后，国家中医药管理局及时组织开展了相应临床研究并据此对甲流指南进行了修订、更新；随着甲流的流行警告级别提升到6级，全球75个国家发现病例，世界卫生组织（WHO）宣布进入流感全球大流行，我国大量出现二代病例，国家中医药管理局统一部署设立2009年中医药行业科研专项开展以甲流为主的系统研究。

2.3 总结中医证候特征及中医药使用情况优化方案

在传染病流行的后期，随着临床病例的增多及中医证候特征的日益明确，根据中医药防治方案在临床的使用及相应的临床研究结果，发挥中医药辨证论治、三因制宜的特色，对不同季节、不同人群、不同地域的证治规律进行总结，对方案进行进一步的优化。仍以甲流中医药诊疗方案的修订为例，在国家中医药管理局发布第3版治疗方案后，中医药在退热、缓解症状等方面都显示出良好的作用。根据甲流在我国的发病特点，在遵循新时期传染病特点的基础上，广泛开展了甲流中医证候特征研究，不仅进行了甲流轻症、重症及危重症的中医证候特征研究，还对甲流危重症患者的危险因素进行分析[10]，为及时把握中医证候规律、有效阻止危重症的发生提供了临床依据；同时针对本次甲流流行特点，还进行了不同季节（夏、秋、冬）、不同地域（南、北方）及不同人群（孕妇与儿童）甲流的证候特征总结，更好地展示了中医药的特色与优势。在上述研究的基础上，对甲流诊疗方案进行了优化并形成第4版方案，为丰富新时期中医外感病理论、提高中医药应对传染病水平提供有效借鉴。

此外，为了逐步培养稳定的应急救治专家队伍，形成专门的科研支撑基地，建立快速反应的良性应急机制，以期在应对传染性疾病和突发事件中更好地发挥中医药的作用，在财政部的支持下国家中医药管理局大力推进了中医药防治新发、突发传染病临床科研体系建设，建立了覆盖全国的中医药防治传染病重点研究室（临床基地），建立了中医药防治传染病的人才队伍并形成传染病培训与教育机制，以确保在新发、突发传染病应对过程中中医药临床救治与科学研究工作的有序开展。

中医药是我国医疗体系的重要组成部分，从古至今一直在传染病防治中发挥重要作用。尤其近10年，中医药应对流行性乙型脑炎、严重急性呼吸综合征（传染性非典型肺炎，SARS）、禽流感等传染病所取得的成绩与经验使国家与广大中医工作者意识到来源于临床实践、以辨证论治为核心的中医药在传染病的防治中有着巨大的优势。在现代科学与技术方法的支持下，中医药在方案制定、研究开展与整体防控方面也都有了长足进步。相信在全国中医药工作者的共同努力下，中医药在防控新发、突发传染病过程中将发挥更大的作用。

参考文献：

[1] 钟南山，李兰娟，王辰，晁恩祥等代表国家卫生部组织编写.甲型H1N1流感诊疗方案（2009年第一版）[J].中华医学杂志，2009，89（22）：1519-1520.

[2] 钟南山，李兰娟，王辰，晁恩祥等代表卫生部甲型H1N1流感临床专家组.甲型H1N1流感诊疗方案（2009年第2版）[J].中华医学杂志，2009，89（36）：2526-2528.

[3] 钟南山，李兰娟，王辰，晁恩祥等代表甲型H1N1流感临床卫生部专家组.甲型H1N1流感诊疗方案（2009年第3版）[J].中华医学杂志，2009，89（45）：3173-3175.

[4] 中华人民共和国卫生部.甲型H1N1流感诊疗方案（2010年版）[J].国际呼吸杂志，2011，31（2）：81-84.

[5] 中华人民共和国国家卫生和计划生育委员会.人感染H7N9禽流感诊疗方案（2013年第1版）[EB/OL].（2013-4-3）.http://www.moh.gov.cn/zhuzhan/wsb-mgz/201304/839aecf249f94b5e90f03a3c37471dd9.shtml.

[6] 中华人民共和国国家卫生和计划生育委员会.人感染H7N9禽流感诊疗方案（2013年第2版）[EB/OL].（2013-4-10）.http://www.moh.gov.cn/yjb/bmdt/201304/3d890ae7adfe4566b82fe675e6711ed7.shtml.

[7] 郭洪涛，郑光，赵静，等.基于文本挖掘分析甲型H1N1流感的中医药治疗特色[J].世界科学技术—中医药现代化，2011，13（5）：772-776.

[8] 赵静，韩学杰，王丽颖，等.循证性临床实践指南的制定程序与方法研究[J].中医杂志，2009，50（11）：983-987.

[9] 黄莉，王融冰，李兴旺.中医辨治人感染H7N9禽流感1例报告[J].中医杂志，2013，54（12）：1079-1080.

[10] 王玉光，赵静，查青林，等.甲型H1N1流感危重症患者危险因素分析[J].世界科学技术—中医药现代化，2011，13（5）：767-771.

（收稿日期：2013-11-20；修回日期：2013-12-02）

附录 2

《环球中医药》2014 年 1 月第 7 卷第 1 期

中医辨证论治思维的研究方法与发展方向

王永炎，盖国忠，陈仁波

摘要：中医辨证论治思维的研究方法具有原创性，其代表性有取象运数、变易求和、整体思维及模糊性思维、发散性思维、直觉性思维、想象性思维等其他方法。其特点主要包括相关性、动态性、模糊性、涌现性及直觉、体悟；重时间而轻空间；往复循环；中医思维的通识性等。中医辨证论治思维研究的发展方向是以"我主人随"为标识的自主思维模式，是引领未来医学思维发展的主要方向；中医药学是"中国科学学派"的带头学科；中医药的原创思维方法是医学科研的通途；宇宙观是思维的最高级层次。

关键词：中医；辨证论治；思维；方法；方向

Research Method and Development Direction of TCM Thinking of Syndrome Differentiation and Treatment

WANG Yongyan，GAI Guozhong，CHEN Renbo

（Institute of Basic Reseach in Clinical Medicine，China Academy of Chinese Medical Sciences，Beijing 100700，China）

Abstract：The research method of traditional Chinese medicine（TCM）thinking of syndrome differentiation and treatment has the originality，its representative methods include Quxiang-yunshu，variation of summation，the overall thinking，fuzzy thinking，divergent thinking，intuitive thinking，imaginative thinking，and so on.It's characterised by correlation，dynamic，fuzzy，emergence and intuition，comprehension；Attaches great importance to time and looks down upon space；reciprocating cycle；the general of TCM thought.The development direction of TCM thinking of syndrome differentiation and treatment is based on the independent thinking mode characterised by "I master and others follow"，and that is the main direction of thinking development of future medical. TCM is "the leading subject China science school"；the original thinking methods of TCM is a thoroughfare of medical research；the view of the universe is the most senior level of thinking.

Key words：traditional Chinese medicine；syndrome differentiation and treatment；thinking；method；direction

辨证论治是中医的核心理论，由研究中医辨证论治转向研究辨证论治的思维是近几年中医研究领域的一个方向，尤其是在方法学方面有一定的进展，值得中医学者关注。

1. 中医辨证论治思维的主要方法

某种程度上说，中医辨证论治思维的方法可以代表中医的思维方法。晚近具有代表性的观点主要是取象运数、变易求和、整体思维等，当分而述之。

1.1 取象运数

有学者[1]认为取象运数是中医思维的主要方法。所谓"象"是指在社会实践中人们可以直观察知的形象，即是客观事物的外在表现。限于古代先哲们的实际情况，运用以《周易》为代表的取象思维是最佳的选择。其方法的核心是在思维过程中以"象"为工具，以认识、领悟、模拟客体等为目的的一种现实方法。运数是以象为基础，加以数推的方法，即取"象"而得同质或相近的事物为一类别，它们有共同的属性（同信息性），同种属性的事物也多有相近的功能，中医学就是依靠这种取象运数的思维方法研究临床实践问题的。如天人相应学说，天地自然中有与人相近的属性，天地变化而人必须顺应之。中医在分析人体的生理功能结构时，多将人体的脏腑、器官、生理部位等和情志、外在的五声、五音、五色、五味、季节气候、方位等均可按照以"象"联系起来的属性归类在一起。《素问·五脏生成篇》说："五脏之象，要以类推。"即是对此的高度总结。运用这种方法中医学成功地构建了藏象理论、说明中医临床的病理变化规律和指导临床用药等，应用十分广泛。王洪图[2]认为取类比象的内涵是指运用带有感性、形象、直观的概念、符号表达对象世界的抽象意义，通过类比、象征方式把握对象世界联系的思维方法。取象的范围不是局限于具体事物的物象、事象，而是在功能关系、动态属性相同的前提下可以无限地类推、类比。其特征有三：注重整体、类比；注重动态功能；注重直观体悟。李立希等[3]研究了中医比类取象之法，认为：通过对客观事物和现象的观察，确定类的概念和特征，将要认识的事物和现象与已确定的"类"之概念和特征进行比较、类比，然后推论出要认识的事物和现象的属性，认为《内经》中的"示从容论"是中医取类象的最好注释："明引比类从容"、"不引比类，是知不明也"。并研究了本方法的数学表达及其形式逻辑。定理1：集合 X 上的等价关系 R 所构成的类产生一个集合 X 的划分，此划分叫 X 关于 R 的商集，记以 X/R。定理2：任一个集合 X 上的一个划分 C 可产生一个等价关系。

1.2　变易求和

20 世纪有学者[2]认为：变易求和是一种传统的思维方式，它不但以运动变化的观点考察一切事物，而且以统一和谐的观点考察事物的运动变化，从属于辨证论治思维。其主要的思维方法有：相成（阴阳）思维是把任何事物都看成是相互对立、相互依存、相互转化、相互包含的两个方面的统一体；变易思维指任一事物相互对立的两个方面的相互作用是推动事物发生发展、不断变化的内在动力，君子的目标是"和而不同"，只有不同，才有动力和前进的可能；求和思维则关注在两极对立、运动变化中去把握事物的和谐统一。这是中医学与其他学科沟通的桥梁，对中医学的形成与发展及对现实中医药实践的指导均有重大的作用。朱泽华[4]则认为：中医动态观勘称为中医的特点，这种动态观已具有数学导数观的思想，阴阳五行学说、藏象学说、气道、神等概念都是据动态而论的，有动态变量的思维。五行是指事物的五种运动形态，与传统的物质本体论不同。中医学对人体状态观察的方法也是以动态方式来实现的，如《素问·玉机真藏论》说："神转不回，回则不转。"这就是动态观，要从时间的维度上去考察机体信息的不同变化，以适应生态环境，维护健康，进而认识世界和改造世界。

1.3　整体思维

整体思维观是中国传统文化的精髓之一，是中医辨证论治思维方法的主要方面，其核心思想是以普遍联系、相互制约的观点看待世界和一切事物的一种思维方式。与系统观不同的是整体内部是不清楚的，也是不可分割的。一旦分割，就已不是原来的整体[2]。李灿东[5]认为：中医辨证论治的方式是从整体而非局部的方式进行其临床诊疗的，其特征是强调在诊疗过程中的整体性原则，主张把病人内在的病理变化和外在的临床征象始终作为一个有机的整体进行分析。同时还要结合病人时态的外在环境、时间等因素的变化加以综合，实现临床思维的最优化。国医大师颜德馨先生[6]在"中医辨证思维与临床诊疗决策之优化"一文中指出了一元化观点：临床思维渐进的踪迹，基本上先有演绎，再有归纳，其中互贯着"一元论"思想。即从现象的不同组合来判断现象系统征候的特异性质，凡病情复杂、隐蔽、或多方面相互牵涉时，必然有一个起决定作用和影响的作用主症，而其他症状都是随其变化而变化的。

1.4　其他

李灿东[5]还总结了中医辨证思维除整体性思维外，还有模糊性思维、发散性思维、直觉性思维、想象性思维六种方法。朱泽华[4]结合现代思维研究，认为"辨证论治"中蕴藏有导数观、泛系方法论、控制论、信息论、系统论、整体制约论等方法及逻辑思维方法，这是中医学开放性的表现，也是与其他学科相互融通的基础。陈鸿儒[7]研究了现代思维科学背景下的中医临床辨证论治的思维方式：中医临床辨证的抽象思维、中医临床辨证的形象思维、中医临床辨证的模糊思维、中医临床辨证的创造思维；在中国传统文化视野下的中医临床辨证思维主要体现在：阴阳思维、象数思维。学习中医的前提是学好中国文化，掌握中医思考问题的思维方法，要以中医为体，西方科技为用，努力创造一种新型的医学模式。王天芳等[8]在"中医辨证推理思维方式的探讨"一文中归纳出：联想推理思维、类比推理思维、综合归纳判断推理思维、对比匹配推理思维、排除法推理思维、分类诊断推理思维和试诊推理思维，给人以启迪，尚有深化研究的空间。

2. 中医辨证论治思维方法的特点述要

21 世纪初李灿东[9]总结了中医辨证论治思维方法具有整体、联系、有序、动态的特点，分而述之。

2.1　相关性

取类比象和整体思维的概念基础是内在的相关性，即多种现象的互信息性。李灿东[9]指出：人是一个有机的整体，人与天地自然也是一个整体，故中医在临床诊疗中不仅要将人体内外有机地联系起来。同时，还要联系自然环境等机体的外部信息，如时间、环境等因素。王洪图[2]也认为：在"人身小宇宙，宇宙大人身"的思想指导下，将人体各个部分与外在的各类事物融合为一体。对个体的部分不作具体的分析，只注重对"象"的对立统一的归类，相近或相同者归为一类。中医对疾病的认识也体现这一特点。复习中医文献《素问·著至教论》中记有："无失之，此皆阴阳表里上下雌雄相输应也，而道上知天文，下知地理，中知人事，可以长久，以教众庶，亦不疑殆，医道论篇，可传后世，可以为宝。"

2.2　动态性

朱泽华[4]则认为：从中医学的动态观出发，发展中医辨证论治理论。其中，治随证转是精华之一。医圣张仲景在《伤寒论》中处理坏病时，有言："观其脉证，知犯何逆，随证治之。"这是中医动态观，包含了现代中西医时间医学思想。其实中医的许多概念与原始之义均有不同，通过"象"的中介，发生了变化，这是中医时间与空间交互作用的结果。《灵枢·阴阳系日月》中记述有："阴阳者，有名而无形。"阴阳已从日月的实体转化到抽象的动态时空状态了。

2.3　模糊性

医学的模糊性十分突出，陈鸿儒[7]认为：模糊性普遍存在于现实世界之中，它是事物分类的不分明性、亦此亦彼或中介过渡性。当思维对象复杂到一定程度时，追求精确性往往不能取得有意义的描述。中医强调整体性，就必须采用模糊性思维的方法，才能取得整体上的最优，这是把握大局与方向的有力武器。但需要指出的是模糊性不是放弃定量研究，不是最优而是次优，是从比较之后得到的。

2.4　涌现性

涌现性是系统复杂的特征之一，人体是一个复杂开放的巨系统已达成共识。系统间的关联作用会产生整体具有而部分或部分之和没有的特性，系统整体消失，这种特性也不复存在，这就是涌现性。其另一种表现是高级层次有而低级层次没有的特性。侯灿[10, 11]先后发表"从层次涌现性展望中西医结合后现代个体化医学"、"用系统方法探讨中医证的本质"，认为：辨证论治是中医有别于西医的特色和精华之一，证未突破的原因在于陷入了"朴素还原论"的误区，证是人体整体对于病因作出的反应而出现

的一种状态，其实就是整体涌现性。

此外，还有直觉、体悟[1,2]；重时间而轻空间；往复循环；中医思维的通识性等。

3. 中医辨证论治思维研究的发展方向

中医辨证论治思维是以"我主人随"为标识的自主思维模式，也是先进的思维方法，是引领未来医学思维发展的主要方向。

3.1　中医药学是"中国科学学派"的带头学科

金吾伦、张超中二位学者[12]在《科学的中国化与中国化的科学》一书中十分明确地提出："中医药是'中国科学学派'的带头学科。"中医药学是有中国特色的整体性科学，是"中国学派"的具体表现形式。这种学派的性质是整体论的，代表着科学发展的终极形式，应当确信中医药代表了科学的未来。以中医药的重新发现作为标识，中国科技部的战略部署完全可以从引进、跟踪和模仿转向原创性创新和自主创新，将世界科学的中心转移到中国。中医辨证论治思维是先进的思维方法，集中体现在整体系统性、网络相关性、协调统一性、多元综合性等方面。

整体系统性是一切系统性思维的重要特征，是现代科学技术发展至今的思维趋势之一，人们解决问题的基本思维方式之一。其中系统的问题是中医面临的挑战，要有基本清晰的条件与基础，要有研究的支点。

网络相关性是从整体系统性衍生出来的，现代信息的特征之一就是网络相关性。任何事物能为人所感知的基础是有信息，信息之间依靠网络联系，信息之间还有其内在的联系，这也是现代科技的特点之一，是人们解决问题的出发点和基本的思维模式。中医的病证、方证相关性研究是其代表。

协调统一性是整体优化的智能性表现，整体的特征之一在于其内在的协调统一，以最小的代价，实现最大的优化，表现于外的是智能化。以往中医药研究虽有这种思想，但是没有研究的条件，现代由于云计算技术、网格技术等计算机信息技术的快速发展，这个屏障消失了。数字中医药、智能中医临床或智能中药分析系统等是今后10年有望突破的优先领域。

多元综合性是后现代科学主义的代表性思维方式，也是思维科学研究的前沿。多元综合也是整体性的体现，但有其多指研究与实践应用的思维方法。如线性研究多为单目标方法，而复杂系统则多采用多目标、多维数据及复杂数据类型的优化研究。笔者承担的国家973计划项目研究就是采用多目标优化的方法[13]，对经基线等比增减设计的丹参、三七不同配比的药效学数据，以心肌缺血程度

Σ-ST、心肌缺血程度（缺血区左室）等7个分别反映心肌缺血、心脏状态和血流动力学的指标作为待优化的药效目标，进行非线性拟合和多目标优化。结果分别得到针对7个药效指标和6个药效指标（不包含血清中心肌钙蛋白）的 Pareto 最优配比，是一种适合复方特点的优化方法，可以应用于由多饮片多组分多成分复方药物的剂量配比优化。

3.2　中医药的原创思维方法是医学科研的通途

现代医学科学研究的总体趋向是人体生物复杂体系、海量数据、多层网络、不同的时间与空间的交错、个体化取向等，原有的线性方法已经证实是走不通的，必须研究整体系统的复杂方法。新近诞生的系统生物学、生物信息学等新学科已然有这种倾向，在此先进理念的引领下，结合现代生物医药学的进展，调整和变革中医药学科的研究方向。

网络医学：也是调整变革的热点。还原论的思想与方法功不可没，但是用它来解决生物医药复杂的病理过程，特别是多因素、多变量与多组织器官变化的过程就十分困难了。从系统生物学的观点来看，机体受到某一个应激性刺激的时候，它就出现一个网络的系统调控，应激系统运作。到一定的时候还会启动机体的代偿功能，一直到系统失控时，才表现出疾病的表征。机体自我适应性，还有机体自组织、自修复、自调节等方面面涉及整体、各系统、各器官、各层面组织细胞，它的共有特征就是网络协调性。在这种背景下，要认真地总结前人的经验，把原有的中医药学的学说与理论，合理地延伸到所谓的神经体液免疫的网络之中，延伸到细胞的分子网络体系之中。探索复杂疾病之间的内在关联。重要的是要解决表征问题，根据表征与基因，这个基因为广义的概念，它包括基因组学和蛋白组学、代谢组学、表征组学等，不仅要了解基因，还要知道基因的功能以及它与表征的关系。所以，在衡量临床疾病诊治的过程中，不仅要注意反映疾病真实面貌，治疗的效果，还要注意它的临床中间节点，同时也要注意影像学等检测的客观指标的表征变化，来把主观的这些评价表征和科学数据结合起来。要诠释网络的共性病理环节是什么，它不是一个单靶点，而是一个多靶点的节点的协调的变化。这就是中医要解决的证候的核心病机，在网络医学引领下，基于组学的系统生物学整体观念，把疾病理解成表征，即包括西医疾病的"诊断"、又反应中医的病证，包括对"证候"的诊断。表征的基因是一个功能化的概念，基因节点就是多靶点，然而与药物受体三个要素的互动，运用计算机技术，观察药物对病理网络的干预和影响，这样就使研究的新药更贴近于疾病的本质，从而提高研究的效率。

个体化医学：由于人类基因组计划的顺利完成以及分子生物学技术和生物信息学的迅猛发展，药物遗传学从中得到了强有力的推进，个体化医学的概念也是在此背景下发展起来。对于患相同疾病的不同患者，现在的用药方法是用同样的药。而在将来的个体化医学中，由于可以预测不同患者的药物效应，即使治疗同一种疾病，医生也可能根据患者的遗传背景来选择合理的药物和最合适的剂量。显然中医药临床医学的核心辨证论治的理念与技术将在本世纪的个体化医学方面有充分的发展机遇。

转化医学：要作为重点的变革之一，要凸现个体化医学的中医药学优势，同时还要参与到全球卫生信息化工作中，重视高概念时代的医学导向，为构建统一的医药学奠基。什么叫高概念？一要有现代的大科学理念。二要研究复杂的相关性，要敢于突破原有的学术边界，提倡整合。三要在实践中践行诠释与创新。转化医学倡导以病人为中心，从临床的实际工作中去发现和提出科学问题，再做基础研究与临床应用基础的研究，然后将基础科研成果快速转向临床应用，基础与临床科技工作者密切合作，进而提高医疗的总体水平。转化医学的模式要具有普适的价值，才能得到很好的应用。更要有永续的动力去支撑和可持续发展。

3.3　宇宙观是思维的最高级层次

关注天文学、数学与系统科学的研究进展是医药卫生研究者拓宽视野，扩展思路所必须的方法之一。反物质理论、暗物质、暗能量、黑洞等新观点对中医药学有重要的学术影响。反物质的启发，联系中医学原理和中国文化模式中的阴与阳、中和理论等，具有现实指导意义。中医治疗的最高层次是调和阴阳，达到中和之目的即不偏阴、也不偏阳，基本上近似于"0"的一种理想状态。在冲和状态之中，人体可以从中获取到能量，为其生存服务。另外，中医学也十分强调动态观，只有有效的"动"，物质与反物质才有可能结合的机会。这是强调我们的中医药研究必须注重中医的原创理念，突出中医的特色与临床优势之所在。正数与负数，"负"的中医研究也是重大的方向之一。"无"的启发：有生于无。"无"是一种境界，也是一种状态，是最高的层面。患者报告结局是主观的自我感知，变数大，注重内在的体悟和个性价值，有"阴阳不测"的特点，体现了以人为本思想和多元化的观点，符合真实世界的状况，实用性强。"无症状"的状态研究也是中医临床研究的新方向。

参考文献：

[1] 张其成. 论中医思维及其走向 [J]. 中国中医基础医学杂志，1996，8（2）：10-12.

[2] 王洪图. 内经学 [M]. 北京：中国中医药出版社，2004：280.

[3] 李立希，李粤，管悦，等. 中医医学科学理论研究 [M]. 北京：中医古籍出版社，2008：9-12.

[4] 朱泽华. 试析"辨证论治"中蕴藏的思维方法 [J]. 云南中医学院学报，

2001，24（1）：24-26，31.

[5] 李灿东 . 论中医辨证思维与辨证体系的发展 [J]. 福建中医学院学报，
　　2001，11（4）：49-51.

[6] 颜德馨 . 中医辨证思维与临床诊疗决策之优化 [J]. 上海中医药杂志，
　　2000，（5）：4-7.

[7] 陈鸿儒 . 中医临床辨证思维方式初探 [J]. 宜春学院学报，2008，
　　30（4）：94-95.

[8] 王天芳，杨维益 . 中医辨证推理思维方式探讨 [J]. 北京中医药大学
　　学院学报，1994，17（4）：2-4.

[9] 李灿东 . 从思维特征谈中医临床辨证模式 [J]. 湖南中医药导报，
　　2001，7（10）：496-498.

[10] 侯灿 . 从层次涌现性展望中西医结合后现代个体化医学 [J]. 中西医
　　结合学报，2003，1（1）：5-8.

[11] 侯灿 . 用系统方法探讨中医证的本质 [J]. 中国中西医结合杂志，
　　2007，27（5）：461-465.

[12] 金吾伦，张超中 . 科学的中国化与中国化的科学 [M]. 北京：科学
　　出版社，2007：237-238.

[13] 王睿，商洪才，王永炎，等 .ED-NM-MO 三联法对丹参三七配比
　　的多目标优化研究 [J]. 天津中医药，2006，23（3）：242-248.

（收稿日期：2013-11-18）

附录 3

《上海中医药杂志》2014 年第 48 卷第 4 期

心象与中国文化及中医学关系的初步思考

范逸品，王永炎，张志斌

（中国中医科学院中医临床基础医学研究所，北京 100700）

摘要：介绍心象的概念、心象的构成与生成、心象的分类、心象在医学中的应用，阐述心象与中国文化及中医学的关系，并提出今后心象研究的建议。

关键词：心象；中国文化；中医学

Deliberation on Mental Image，Chinese Culture and Chinese Medicine

FAN Yipin，WANG Yongyan，ZHANG Zhibin

（China Academy of Chinese Medical Sciences，Beijing 100700）

Abstract：This paper introduces the concept，constitution，category，and application of heart image by researching the relationship among heart image，Chinese cultural and Chinese medicine. It also proposes some potential suggestions for future research.

Key words：heart image；Chinese culture；Chinese medicine

中图分类号：R229　文献标志码：A　文章编号：1007-1334（2014）04-0008-04

心象（mental image）是认知心理学的一个基本研究领域。心理学对于心象的研究有着漫长的历史。在古希腊时期，著名哲学家亚里士多德曾说过，"心灵没有心象就永远不能思考"[1]。其后的经验主义哲学家认为心象是构成思想的基本符号，是思维的基础，而思维是从知觉经验所衍生出来的相互联系的心象系列[2]。

1. 心象的现代研究

1.1 心象概念

认知心理学认为心象是指以形象记忆出现的人脑关于外界事物形象的映象[3]，而中国传统哲学则认为心象是"气"在意识中的显现形式，包括意识内容中的虚、理等形上概念[4]。从文学艺术角度而言，心象被认为是主体化、心灵化、情感化了的物理映象[5]。

1.2 心象的构成与生成

认知心理学认为心象主要由两个因素构成，即表层表征与深层表征。表层表征指的是出现在视觉短时记忆中的类似图画的表征，深层表征则是指储存在长时记忆中被用来产生表层表征的信息。心象有一个从深层表征到表层表征的转换生成过程，心象的生成是认知系统内部利用存储信息的结果[2]。

1.3 心象的分类

认知心理学认为心象可以按照以下情况进行划分。一是从心象信息的感觉来源划分，有多少种感觉就有多少种心象，一般可分为视觉、听觉、运动觉、触觉、嗅觉、味觉等心象；二是从对心象信息的加工深度划分，可以分为遗觉表象、记忆表象和想象[6]。

1.4 心象在医学中的应用

有心理学者采用随机对照试验方法，观察"心象训练"对肿瘤患者的疗效，在干预的前后，分别采集患者的唾液和血液，测定 NK 细胞的活性。结果发现，"心象训练"可以显著提高患者的 NK 细胞活性，改善放疗引起的白细胞计数降低[7]。国外报道，积极的"心象训练"可以调动患者的免疫系统功能，用于治疗癌症及缓解放化疗副作用效果较好[8]。

已有现代文献研究表明，心象一词涉及哲学、心理学、文学、医学等多个学科领域。但存在以下问题：不同学科对"心象"一词赋予了各自学科的学术内涵，但主要是根据西方认知心理学进行阐述，对于心象概念的内涵外延认识不一；其次，西方认知心理学所指"心象"在中国文化哲学及医学中的实际所指缺少相关论述，对于心象在中国文化固有语境中的学术本义缺少诠释；此外，对于心象与中医学相关理论关系的探讨鲜有阐发。

2. 心象与中国传统文化的联系

近代学者吴康在其于1921年出版的著作《心理学原理》中多次提到"心象"。该书是吴氏参考美国哲学家威廉·詹姆士的"The Principles of Psychology"结合中国传统哲学创作而成，吴氏将"mental image"译为心象。需要指出的是吴氏把"mental image"翻译成"心象"，是借用了中国文化中的"心""象"二字，事实上中国文化哲学中"心象"自有其固有含义。这种现象在近代中西学术汇通时是常见情形，但也因此产生了一些问题。比如西医解剖学中的实质器官"heart"借用了中医"心"的概念后，与中医"心"固有内涵大有区别，"心象"也是如此。近代以来，随着强势的西方科学文化进入中国，以及更深的社会文化原因，学界多专注于西方心理学的心象理论，中国文化哲学以及医学中固有的心象学术内涵反而隐没不彰。

事实上，"心象"与中国传统文化有着根深蒂固的关系。

首先，"心象"根源于中国传统文化的"心学"。心学是以"心"为基本观念建立起来的思想体系，其理论源于《古文尚书·大禹谟》："人心惟危，道心惟微，惟精惟一，允执厥中。"所谓"十六字心传"。孟子始发其端，经由佛学影响，大兴于宋、明，以陆九渊、王阳明为代表，近代学者马一浮等对其亦有阐发。明代章潢《图书编·心象图叙》云："观文王于六十四卦独于坎象指心象示人……人心惟危，道心惟微，于此可默识矣。"[9]可见心象源于心学，古有明征。1958年元旦，唐君毅、牟宗三、张君劢、徐复观四位学者联名发表《为中国文化敬告世界人士宣言》一文，其第六节"中国心性之学的意义"明确指出："此心性之学，是为世之研究中国之学术文化者所忽略所误解的。而实则此心性之学，正为中国学术思想之核心，亦是中国思想中之所以有天人合德之说之真理由所在……此心性之学为中国之学术文化之核心所在。"[10]

其次，心象还与中国文化的"天人合一观"关系密切。"天人合一观"对于中国文化有着重要和深远的意义，对此当代国学大师钱穆先生曾有论述。其在生前的最后一篇文章中说道："中国文化中，'天人合一观'虽是我早年已屡次讲到，惟到最近始彻悟，此一观念实是整个中国传统文化思想之归宿处。我深信中国文化对世界人类未来求生存之贡献，主要亦即在此。"[11]钱穆先生毕生努力探索中国文化之精髓，这样的一位国学大师，在漫长的生命中最后达到的认识和体悟，实在值得重视和深思。中国传统文化典籍对于"心象"与"天人合一"的关系亦有阐述。如《明文海·学易斋易序》："夫易，天体也。天体万物而无体，故命之易。人受之为心，故心常感于物，发而未发，故命之中，而天地之心存焉。首原中明，即心即天，唯常发而未能自反，故心动炎上，日与物构，失其所归……易象乾龙，乾初象潜龙，阳潜藏而下，于下也则渊乎心象，而天人致一也。"[12]其以乾卦初九阳爻"潜龙勿用"，比拟"天体万物而无体"与"心感于物而未发"，认为乾卦初爻是具有"天人合一"意义的"心象"。

近代大儒马一浮《观象卮言》云："物之象，即心之象也……实则观象，即是观心。天地万物之象，即汝心之象也。"[13]实际上是对心象"心性之学"与"天人合一观"的综摄。

3. 心象与中医学的关系

心象不但具有深邃的文化哲学内涵，对于中医学而言，更具有实际的应用价值。中医学不仅属于医学的范畴，还寓有人文科学的内涵。两者密不可分，互补互动。人文哲学对于中医学原创思维有着重要影响[14]。心象与中医的理论和临床等各个层面都有着密切的联系，贯彻于中医诊治思维的各个方面。

"心象"理论在《内经》中已有应用。《素问·刺法论》载："黄帝曰：余闻五疫之至，皆相染易，无问大小，病状相似，不施救疗，如何可得不相移易者？岐伯曰：不相染者，正气存内，邪不可干，避其毒气，天牝从来，复得其往，气出于脑，即不邪干。气出于脑，即室先想心如日，欲将入于疫室，先想青气自肝而出，左行于东，化作林木；次想白气自肺而出，右行于西，化作戈甲；次想赤气自心而出，南行于上，化作焰明；次想黑气自肾而出，北行于下，化作水；次想黄气自脾而出，存于中央，化作土。五气护身之毕，以想头上如北斗之煌煌，然后可入于疫室。"《素问·刺法论》示人通过运用五行理论，心中存想相应的"物象"，达到"正气存内，邪不可干"以避疫气，正是"心象"理论在中医学中应用的具体体现。虽然，一般认为《素问遗篇》是宋人补入，但类似论述在隋唐时期的《诸病源候论》《备急千金要方》等中医典籍中皆有记载。这种"存想五气护身"以防治疫病的方法看似语涉玄虚，荒诞不经，过去一直被视为迷信或唯心主义而少人研究，但随着现代心理神经免疫学的发展，其科学内涵得到了有力的理论支持[15]。与西方心理学的"心象"理论相比较，中国传统文化的"心象"理论在养生治病方面，确有其独特的价值和功能。

就中医发生学而言，心象有着重要的启示。以经络发现为例，从《内经》提出经络学说以来，当代的中外科研工作者试图从形态结构弄清经络的实质，虽然运用电阻效应、放射性同位素等科技手段对体表经络的循行路线得到了较为符合的印证，但是现有手段还没有能力深入到脏腑内部观察经络的循行轨迹。然而在没有现代高科技手段的两千多年前，《内经》详细描述了人体体表和脏腑内部经络的循行轨迹，古人的思维方式值得现代科研人员思考探索。明代医学家李时珍则认为经络是"内景隧道，惟反观者能照察之"，指出经络是内视返观的产物，提示从功能现象出发认识经络的实质[16]。李氏所言的"反观照察"其实正是心象理论的运用。不止于此，中医的本草学及临床实践等方面，处处可以窥见心象理论应用的踪迹。如中医辨证方法体系可以概括为"以象为素，以素为候，以候为证，据证言病"[17]，整个辨证施治的心象过程可以概括为"知象、取象、立象、审象、拟象"等五个环节，心象思维贯穿始终。

4. 心象综摄多种思维

明代章潢《图书编·心象图叙》载："人之一身，内而五脏六腑，外而四肢百骸，达之事为，而五常百行皆有象也，皆可得而图也。然而主之者，心也……一身之中自

其主宰谓之心，其灵觉谓之性，其不测谓之神，其专一谓之志，其发动谓之意，其感触谓之情，其抽绎谓之思，其运用谓之才，其名虽殊，其实一也。识其心而性也、情也、神也、志也、意与才也，皆举之矣。"[10] 明言心统性、情、神、志、意、思等。"心"与"象"有着非常密切的联系。《康斋集》云："向慕之极，因心生象。"张载言："由象识心，徇象丧心，知象者心。"可见"心"是"象"的思维器官，是"象"的认知主体；"象"要用"心"来把握，是"心"的认知对象。心既然统性、情、神、志、意、思，所以心象综摄多种思维。

心象思维不仅仅拘泥于形象与具象，而是注重超越于具体事物形态的内涵，对相互关系的整体的、动态的综合把握。如中医学的阴阳、五行、气等概念并无具体形态，也无具体确指事物，却可以灵活应用于脏腑、病因、病机、方药等不同范畴，是心象思维的典型体现。

此外，心象涵盖意象，统摄情象。以"意象"而言，"意"本属于"心"的一部分。如《说文解字》："意，从心，从音。"《春秋繁露》："心之所之谓意。"《素问·宣明五气》："心有所忆谓之意。"可见意从属于心。在中国传统哲学中，除意之外，性、情、神、志等皆从属于心。可见意象本涵盖于心象之中。如意识思考、归纳演绎等属于意象思维，是心象思维的组成部分。但心象思维除了意识思考之外，更强调消融主客的直觉体悟与物我合一的灵明观照，这些特点非意象可以涵盖。如《老子》第十六章："致虚极，守静笃。万物并作，吾以观其复。"虚极静笃指心境空明宁静到极致，此时无有意念的活动，然而却可以"观"到"万物并作，卒复归于虚静"。此处"观"非"意"之作用，而是"心"的作用。"万物并作而复"是心象，而非意象。情象亦统摄于心象。《乐记》云："乐者，音之所由生也，其本在人心之感于物也。其哀心感者，其声噍以杀；其乐心感者，其声啴以缓；其喜心感者，其声发以散；其怒心感者，其声粗以厉；其敬心感者，其声直以廉；其爱心感者，其声和以柔。六者非性也，感于物而后动。"[18] 哀、乐、喜、怒、敬、爱六种心情所感受的声象各不相同，有什么样的心情就产生什么样的声象。声象是情象的映射，实质是六种情感于物所化的心象。

5. 今后心象研究的建议

心象与中国文化哲学及中医学的关系密切，虽然已有相关的现代研究，但是关于中医心象理论的研究仍有较多缺憾。笔者认为未来"心象"研究应该在以下方面进行加强和突破。

首先，要从"高概念"和"诠释学"的角度阐明中国文化哲学及中医学视域下心象的学术本义，厘清西方认知心理学所指"心象"在中国文化哲学及医学语境中的实际意义。

概念是反映对象的本质属性或特有属性的思维形式。概念具有两个基本特征，即内涵和外延。所谓"高概念"，是指其内涵与外延被赋予了更为宽广的含义，它是形象思维与逻辑思维的结合，强调原创思维；是概念间复杂关系的

沟通、联系与交流，使之落实到科学问题的凝聚、解释与深化研究[19]。心象源于中国文化哲学，兼涉中医药学，具有宽广的内涵与外延。中医药学是科学与人文的融合，是历代医家反复的临床实践与理论结晶，具有鲜明的原创优势。心象兼及中国文化哲学与医学，更是原创思维的真正体现。

诠释学是 20 世纪以来西方知识界的一门显学，其基本理论不但渗透到所有的人文学科，而且已经进入西方自然科学领域。自这种思潮传入中国以来，已经拓展到哲学、文化、经济、政治等多个人文领域。中医学是融汇自然科学与人文科学的医学体系，与诠释学有着密切的联系。对中医学进行科学诠释，是促进中医学的传承和发展，实现创新的重要途径[20]。作为兼具中国文化哲学与医学背景的心象理论，更需要借鉴诠释学的理念，尤其是中国诠释学的理论进行诠解阐释。

再者，要把心象与中医学相关内容的应用研究作为重点，探究心象与中医发生学的关系，心象在中医基础理论、临床医学、本草学、养生学等方面的应用，尤其要重视心象在中医临床辨证论治过程中的应用价值。总之，心象思维是中国哲学中特有的思维方式，在中医学中有着广泛的应用。挖掘、梳理、整合、阐发植根于中国传统文化的"心象"理论的学术内涵，对于继承传统文化优势，丰富及阐明中医药学原创思维与科学内涵均具有重要的意义。

参考文献：

[1] 章士嵘. 认知科学导论 [M]. 北京：人民出版社，1992：147.

[2] 刘景钊. 心象的认知分析 [J]. 晋阳学刊，1999（2）：60-64.

[3] 荆建华，陈幸军. 论心象及其与知觉和思维的关系 [J]. 河南教育学院学报：哲学社会科学版，1994，1（43）：20.

[4] 王汐朋. 张载思想的"象"概念探析 [J]. 现代哲学，2010（2）：123.

[5] 胡霞. 艺术语言的情感逻辑探究 [D]. 昆明：云南师范大学，1999：16.

[6] 肖君和. 论思维 [M]. 长春：时代文艺出版社，1989：184-210.

[7] 林文娟. 心理神经免疫学研究 [J]. 心理科学进展，2006，14（4）：511-516.

[8] 西蒙顿. 癌症的心理治疗和预防 [M]. 孙恂，译. 北京：华夏出版社，1989：133-142.

[9] 章潢. 图书编 [M]// 纪昀. 四库全书（第九七一册）. 台北：台湾商务印书馆，1986：971，160.

[10] 唐君毅. 中华人文与当今世界 [M]. 台北：台湾学生书局，1980：884.

[11] 钱穆. 中国文化对人类未来可有的贡献 [J]. 中国文化，1991（4）：93-96.

[12] 黄宗羲. 明文海 [M]// 纪昀. 四库全书（第一四五五册）. 台北：台湾商务印书馆，1986：1455，492.

[13] 马镜泉. 马一浮卷 [M]// 刘梦溪. 中国现代学术经典. 石家庄：河北教育出版社，1996：375，386.

[14] 王永炎. 概念时代应重视中医学原创思维的传承与发展 [J]. 中国科学基金，2008（3）：156-158.

[15] 路洁，杨利，路喜善，等. 从心理神经免疫学探讨《内经》"存想五气护身"防疫法的科学内涵 [J]. 世界中西医结合杂志，2012，7（1）：10-11.

[16] 张其成. 李时珍对人体生命的认识 [J]. 中华医史杂志，2004，34（1）：28.

[17] 张志斌，王永炎. 辨证方法新体系的建立 [J]. 北京中医药大学学报，2005，28（1）：1-3.

[18] 郑玄. 礼记正义 [M]// 阮元. 十三经注疏. 北京：北京大学出版社，1999：1075.

[19] 王永炎. 高概念时代中药学研究的传承与创新 [J]. 中药与临床，2010，1（1）：1.

[20] 王永炎，郭蕾，张俊龙，等. 论诠释学与中医学创新 [J]. 中医杂志，2010，51（7）：587-589.

（收稿日期：2013-12-13）

附录 4

《上海中医药大学学报》2014 年 9 月第 28 卷第 5 期

"原象"在中医学的应用初探

范逸品，王永炎，张志斌

（中国中医科学院中医临床基础医学研究所，北京 100700）

摘要：探讨"原象"在中医学中的应用，主要通过太虚象与"气一元论"的联系展开，具体表现为："原象"是构成万物的本原；"原象"的流动和转化实质是气的运动和气化。

关键词："原象"；太虚；中医学；应用

Application of "Originate Image" in Chinese Medicine

FAN Yipin，WANG Yongyan，ZHANG Zhibin

（China Academy of Chinese Medical Sciences，Beijing 100700）

Abstract：This paper discusses the application of "originate image" in Chinese medicine chiefly by researching the relationship between "Taixu" and "vitality".It mainly manifests in two aspects： "Originate Image" is the origin of all things on earth；flow and transformation of "Originate Image" is a matter of the movement and transformation of qi.

Key words： "originate image"； "taixu"；Chinese medicine；application

中图分类号：R229　文献标志码：A　文章编号：1008-861X（2014）05-0025-04

"原象"，即本原之象，或本体之象。王树人教授认为"原象"，就易之象而言，乃是太极之象；就道家而言，乃是"无物之象"的道象；在禅宗那里就是"回归心性"的开悟之象[1]。

1. "原象"的内涵

"原象"是原创发生之源，是始源性范畴。"原象"虽然无音声形色，却客观存在，是既非纯物质，亦非纯精神，而是涵盖心物，消融主客，惟恍惟惚的本体性存在，是合天人、通物我的宇宙整体之象[2]。不能目见耳闻，却可以心会，为思维获知认识。"原象"具有本体性内涵，肇自《老子》。《老子》关于"原象"的阐述是围绕"象"与"道"而展开的。《老子》第十四章中，对于"原象"进行了描述："视之不见，名曰夷；听之不闻，名曰希；搏之不得，名曰微。此三者不可致诘，故混而为一。其上不曒，其下不昧，绳绳兮不可名，复归于无物。是谓无状之状，无物之象，是谓惚恍。"此章的"象"指"道"之象。即"道"的存在形式。《通玄真经·卷之七》："道者所谓无状之状、无物之象也。"指"道"视之无色、听之无声、触之无形、虚无缥缈、不可感觉的恍惚状态。

《老子》第三十五章说："执大象，天下往，往而不害，安平太。"对于此处的"大象"，河上公注"象，道也"，成玄英注"大象，犹大道之法象也"。林希逸注"大象者，无象之象也。"所以就"原象"而言，"象"即是"道"。而在《老子》中，明确叙述了"道"具有本体的内涵："有物混成，先天地生。寂兮寥兮，独立而不改，周行而不殆，可以为天地母。吾不知其名，强字之曰道，强为之名曰大。""道生一，一生二，二生三，三生万物。""道者万物之主也。"

"象"既然具有"道"的含义，而"道"又具有本体或本原的特征，因而具有本体内涵的"象"自然可以称为"本原之象"或"原象"。然而在《老子》中"象"只是具有"原象"的内涵，并没有明确提出"原象"一词。具有本体含义的"原象"这个词语的正式提出是宋代的理学家朱熹，在朱熹所著《周易本义·周易五赞》中，列有"原象"篇，对"原象"进行了论述："太一肇判，阴降阳升。阳一以施，阴两而承。惟皇昊羲，仰观俯察。奇偶既陈，两仪斯设。既干乃支，一各生两。阴阳交错，以立四象。"考《周易·系辞上》曰："是故《易》有太极，是生两仪，两仪生四象，四象生八卦。"可见朱熹所言的"太一"即是《易传》的"太极"，是本体性的哲学范畴。此外，"太一"又是"道"的别称。《吕氏春秋·大乐》："道也者，至精也，不可为形，不可为名，强为之名，谓之太一。"由是观之，"太极""太一""道"皆指宇宙本体，不过是一物异名。就中国传统文化而言，道家的"道"、《周易》"太极"、《黄帝内经》之"太虚"等都具有本体的内涵，因此"原象"可以称为"道"之象、"太极"之象、"太虚"之象。

2. "原象"与气一元论

作为本体之象，"原象"是泯灭物我、主客合一的整体之象，是宇宙万物的本原。这一点与中国传统哲学的"气一元论"进行了对接。"气一元论"即"元气论"。"气一元论"认为天地万物皆是一气所生，气是构成天地万物的本原，气的运动变化形成一切事物和现象的发生、发展和变化。东汉王充提出元气是宇宙的本原。"元气未分，混沌为一……及其分离，清者为天，浊者为地。"（《论衡·谈天》）而且"万物之生，皆禀元气"（《论衡·言毒》）。北宋张载提出"太虚即气"的哲学命题，认为太虚是"气"的本来状态。《正蒙·太和》："太虚无形，气之本体，其聚其散，变化之客形尔。"即无形的太虚，有形的万物，乃是同一物质"气"的两种不同存在状态。《正蒙·太和》："气之为物，散入无形，适得吾体，聚为有象，不失吾常。

太虚不能无气，气不能不聚而为万物，万物不能不散而为太虚。"即太虚是气散的本体状态，万物则是气聚的客体状态。此外张载提出"象即是气"的观点。《正蒙·乾称篇》言："凡有，皆象也；凡象，皆气也。"同时，张载认为"舍气，有象否？""象若非气，指何为象？"说明"象"和"气"本来是同物异名。由"太虚即气"与"象即是气"可以推知"太虚即象"。但此"象"不是具体的物象，而是具有本体意义的"原象"。张载说："气块然太虚，升降飞扬，未尝止息，易所谓絪缊，庄生所谓'生物以息相吹''野马'者与！此虚实、动静之机，阴阳、刚柔之始。"说明此太虚之气是具有原创发生的宇宙之象，即"原象"。

从主客一元的角度看，太虚"原象"是泯灭心物，消融主客的整体之象。而从主客对待的二元论角度讲，太虚"原象"涵盖了通过感觉器官感知的"物象"和虽然不能用感觉器官感知却可以通过心灵体悟的"心象"。物象与心象其实是同一物"太虚元气"的两种不同显现方式，都是"气"之"象"，关于二者关系，宋代哲学家张载论述的甚为透彻。有学者对于张载"象"的内涵进行了研究，认为张载著作中的"象"包括"物象"与"心象"。物象是"气"的形下的显现形式，为感官对象，不仅包括有形之象，还包括无形之象，比如雷。心象是"气"在意识中的显现形式，为思维对象，包括意识内容中的虚、理等形上概念。物象与心象作为同一物"气"的两种不同显现方式，都是"气"之"象"[3]。《横渠易说·系辞下》曰："所谓气也者，非待其郁蒸凝聚，接于目而后知之；苟健、顺、动、止、浩然、湛然之得言，皆可名之象尔。"物象可被耳目等感官感知，即张载称为"气"的"郁蒸凝聚"者。心象不能被感官感知，但可以为思维认知，可以被语言说出。心象即张载称为"气"的"浩然、湛然"者。

3. "原象"在中医学中的应用

"原象"在中医学中的应用主要是通过太虚象（"原象"）与"气一元论"的联系展开的，具体表现为以下两个方面。

3.1 "原象"是构成万物的本原

"原象"，即太虚元气，是构成万物的最基本的物质。自然界的一切均由气构成，故《庄子·知北游》说："通天下一气耳。"《正蒙·太和》："太虚不能无气，气不能不聚为万物，万物不能不散而为太虚。"气弥散无形，化为太虚"原象"。气凝聚则形成有形可见的各种物象。所以宇宙间的无形之物或是有形之物，均为太虚元气（"原象"）所构成。中医学的经典著作《黄帝内经》

对于太虚"原象"化生万物就有所阐述。《素问·天元纪大论》："太虚寥廓，肇基化元。万物资始，五运终天。布气真灵，总统坤元。九星悬朗，七曜周旋。曰阴、曰阳、曰柔、曰刚。幽显既位，寒暑弛张。生生化化，品物咸章。"王冰注："太虚，谓空玄之境，真气之所充，神明之宫府也，真气精微，无远不至，故能为生化之本始，运气之真元矣。"本段言太虚"原象"充满着无穷无尽具有生化能力的元气，元气（即具有本原意义之气）敷布宇空，统摄大地，天道以资始，地道以资生。五运行天，运行不息。乾元肇生，坤元成物。太虚之气涵盖阴阳，阴阳之气交感变化，便产生四时寒暑、昼夜明暗。又由于天地四时昼夜的阴阳消长，造成生化不息之机，产生了宇宙万物的繁复形象。

张载说："象若非气，指何为象？"（《正蒙·乾称篇》）太虚"原象"本质是太虚元气，是宇宙的始基，是世界万物的渊源和归宿，具有生生不已的原发创生性。太虚元气（"原象"）是构成万物的要素，同时也是生命的本原，是构成生命的基本物质。人为宇宙万物之一，宇宙万物皆由太虚元气（"原象"）构成，那么人类也由太虚元气交感聚合而化生。太虚元气包含天地之气与人体之气。人体之气是絪缊运动、至精至微的物质，是构成人体和维持人体生命活动的最基本物质。人类与宇宙中的他物不同，不仅有生命，还有精神活动，人的形体和精神思想都是太虚元气（"原象"）的产物。《医门法律·卷一》："惟气以成形，气聚则形存，气散则形亡。"《素问病机气宜保命集·原道论第一》也说："故人受天地之气，以化生性命也。是知形者生之舍也，气者生之充也，神者生之制也。形以气充，气耗形病；神依气位，气纳神存。"

人生由太虚元气（"原象"）凝聚而成，人死又复散为太虚元气（"原象"）。如《庄子·知北游》："人之生，气之聚也。聚则为生，散则为死。"《论衡·论死》云："阴阳之气，凝而为人；年终寿尽，死还为气。"人的生死过程，也就是太虚元气（"原象"）的流动转化过程。"原象"生成的人体之气是构成人体和维持人体生命活动的最基本物质。人的生长壮老已，健康与疾病，皆本于气。人体生命起始于气的聚合，终止于气之离散，一旦气绝，生机便息。故曰："人之生死全赖乎气。气聚则生，气壮则康，气衰则弱，气散则死。"（《医权初编·卷上》）而人体之气的本原是太虚元气，即"原象"。

3.2 "原象"的流动和转化——气的运动和气化

"象"具有"流动与转化"的性质，何谓"象的流动与转化"？王树人教授指出：所谓"象的流动与转化"，其"流动"是指从一种"象"到另一种"象"的相互运动。这种运动是"象"之间可能发生替代的运动……一种"象"替代了另一种"象"，才可以称作"象"的"转化"[4, 5]。以《老子》的"大曰逝，逝曰远，远曰反"为例。"大"是"大象无形"，一切事物都出于"大象"，其出就是"大象"的"逝"。一切事物出于"象"，又各有生长变化，是"大象"的"远"。"反"是一切事物生长变化之后，又复归于"大象"。可见，"逝、远、反"尽管非同一的"象"，由一个替代另一个，但终归都是"原象"的"流动与转化"[2]。物象与心象都是"原象"的体现，它们都为"原象"所生，以显明的方式呈现，最终又以幽隐的方式回归于"原象"。整个过程实质是"原象"的流动转化与循环往复，"原象"是循环的起始点和归宿点。"原象"本质是元气的生生不已之象，"原象"的流动转化其实质是元气的运动和气化。

3.2.1　"原象"的流动——气的运动

万物构成，皆源于太虚元气（"原象"）。万物运动，亦由乎太虚元气（"原象"）。"原象"的流动表现为太虚元气的运动。天地之气动而不息，运动是气的根本属性。明代罗钦顺《困知记·卷上》："盖通天地，亘古今，无非一气而已。气本一也，而一动一静，一往一来，一阖一辟，一升一降，循环而已，积微而著，由著复微，为四时之温凉寒暑，为万物之生长收藏，为斯人之日用彝伦，为人事之成败得失……"罗氏之论，充分说明了万物之运动变化，均是太虚元气运动变化，即"原象"流动的表现。

气运动（"原象"的流动）的形式多种多样，但主要有聚、散、升、降等几种。《正蒙·太和》："太虚不能无气，气不能不聚为万物，万物不能不散而为太虚"。《素问·六微旨大论》曰："气之升降，天地之更用也……升已而降，降者谓天。降已而升，升者谓地。天气下降，气流于地。地气上升，气腾于天。故高下相召，升降相因，而变作矣。"气运动（"原象"的流动）具有普遍性。自然界一切事物的变化，不论是动植物的生育繁衍，还是无生命物体的生化聚散，皆根源于气的运动（"原象"的流动）。宇宙中任何一个具体事物，既是由"原象"化生，其自身又具备着"原象"的流动特性及升降聚散等运动形式。"原象"的流动使整个宇宙充满了生机，既可促使无数新生事物的孕育与发生，又能引致许多旧事物的衰败与消亡，如此维持了自然界

新陈代谢的平衡。

3.2.2　"原象"的转化——气的气化

"原象"的转化过程表现为气的气化过程。太虚元气是构成宇宙的物质基础，气聚而成形，散而为气。形和气是物质存在的基本形式，而形和气的相互转化则是物质运动的基本形式。物之生由乎化，化为气之化，即气化。气化，是指气的运动产生宇宙各种变化的过程。凡在气的作用下或参与下，宇宙万物在形态、性能及表现方式上所出现的各种变化，皆是气化的结果。气化的形式表现为气与气之间的转化，形与形之间的转化，有形之体自身的更新变化及气与形之间的转化等四个方面。《素问·阴阳应象大论》说："地气上为云，天气下为雨。"是气与气的转化；自然界的冰化为水、水化为雾霜雨雪等属于形与形之间的转化；动物的生长壮老已、植物的生长化收藏等变化，属于有形之体自身不断更新的气化过程；无形之气交感聚合成有形之物与有形之物死亡消散化为无形之气属于形气之间的相互转化。气充塞于太虚"原象"之中，一切有形之物或无形之气的生成和变化乃至消亡，无不表现为气的气化作用。所谓"气始而生化，气散而有形，气布而蓄育，气终而象变，其致一也"（《素问·五常政大论》）。《内经》所说的气始到气终的气化过程最终表现为"象变"的结果，正说明气的气化其实质是"原象"的转化，二者是相互对应的。

"原象"源于中国传统哲学，是"象"的子概念。"象"是中国传统哲学的一个重要范畴，同时也是中医学的重要特征之一，对于中医理论的形成与发展有着重要的影响。本文对于"原象"与中医学的关系的认识尚属粗浅，意在抛砖引玉，希望更多学人关注二者的研究，以拓宽"原象"理论在中医学的应用，以推动中医药学原创思维的丰富发展。

参考文献：

[1] 王树人.中国象思维与西方概念思维之比较[J].学术研究，2004（10）：6.

[2] 张锡坤，窦可阳.中国古代的"象思维"——兼评王树人新著《回归原创之思》[J].吉林大学社会科学学报，2006，46（6）：123.

[3] 王汐朋.张载思想的"象"概念探析[J].现代哲学，2010（2）：123.

[4] 王树人.论象与象思维[J].中国社会科学，1998（4）：39-43.

[5] 王树人.回归原创之思——"象思维"视野下的中国智慧[M].南京：江苏人民出版社，2005：26-27.

（收稿日期：2014-05-16）

附录
5

《中国中药杂志》2014 年 9 月第 39 卷第 18 期

以再评价为契机的中药上市后系统研究

王永炎，王志飞，谢雁鸣

（中国中医科学院中医临床基础医学研究所，北京 100700）

摘要：中药上市后的研究是从应用到机制的系统研究，既要开展宏观的临床评价，又要以此为切入点开展微观的机制研究，而后再将机制研究的成果应用于临床，形成良性循环。这一系统的研究需跳出中医药学科的领域，以大科学的思维开展多学科合作来完成，应建立多学科的研究团队，切实发挥产学研联盟和多学科联合体的作用，寻求新型的举国体制，建立适宜的机制以保障其运行。

关键词：中药上市后再评价；系统研究；机制研究；运行机制

Taking Evaluation of Post-marketing as Point of Cut-in to Promote Systematic Research of Traditional Chinese Medicine

WANG Yongyan，WANG Zhifei，XIE Yanming

（Institute of Basic Research in Clinical Medicine，China Academy of Chinese Medical Sciences，Beijing 100700，China）

Abstract：Research on post-marketing Chinese medicine should be the systematic study from application to mechanism. Clinical evaluation is the basis of mechanism study，we can find the clue from clinical evaluation，then make a mechanism study to find the reason，then apply the results to clinic. So it is a virtuous circle. In order to achieve it，we cannot be limited to traditional Chinese medicine，we should form multi-disciplinary team under the direction of grand science thinking，try hard to put industry-university-research institute collaboration association to use，and if necessary，explore the new model of the whole nation system. An appropriate operation mechanism is very important.

Key words：evaluation of post-marketing Chinese medicine；systematic research；mechanism research；operation mechanism

中医药是农业文明的产物，具有人文和自然的双重属性，具有非线性、不确定的特征。近年来中药的研究，很大程度上是在克服这种不确定性。有些工作取得了很好的效果，比如针对种质资源、土壤墒情、工艺设计、质量控制等的过程管理；但也要看到，有些不确定性是无需克服甚至可以加以利用的，比如对临床定位无止境的探索，这是自然的混沌，那么就是蕴涵临床价值的所在。这是中药的原创思维，要通过上市后再评价挖掘其潜力，弘扬其优势。

与上市前严格针对药品自身的研究不同，中药上市后再评价就是要针对中药的使用问题展开研究。这是中药产生临床效益的最后一环，也是最重要的一环。中药自然混沌的特性，决定了中医药学人们要好好研究药品的使用问题，也就决定了中药上市后再评价的重要性。但是，上市后再评价不是上市后研究的全部内容，而只是其宏观的部分。上市前的研究是从机制到应用，上市后的研究是从应用到机制。评价药物在不同人群、针对不同疾病／证候、应用在不同的治疗方案中的有效性、安全性和经济学性质，是知其然；以此为切入，开展微观的机制研究，搞清楚为什么会有这样的有效性、安全性和经济学性质，是知其所以然。既要知其然，又要知其所以然，这样才能形成良性的回馈和循环。上市后的研究，要将宏观与微观相结合，使应用研究与机制研究相辅相成、相互促进，才能将品种做大做强。

1. 中药上市后系统研究的思路

中药上市后系统研究的总体思路是评价和机制两条腿走路。两条腿都要强，更要配合好，这样品种才能走得长远。

1.1　中药上市后再评价

中药上市后再评价主要不是针对中药本身的评价，而是对中药应用的评价。要研究它应用于什么样的病证、什么样的病情程度、病证的哪个发展阶段，应用于什么人群，什么时机介入，什么样的用法用量才能取得好的疗效，同时不良反应最少，而经济学上最适宜；还要评价药物原料的可持续性、生产工艺的复杂度、产品运输和使用的便捷性等。这些都是针对中药自然属性的评价。然而，不要忽略其人文属性的评价，这就涉及文化、民族、宗教、社会等问题，这些也是上市后再评价的内容。

评价中药的自然属性，应突出中药的特点。中药要在中医理论的指导下应用，这是它发挥疗效和避免不良反应发生的关键点。上市后再评价就要在充分彰显中药特点的前提下整合各方面的证据。循证医学对证据分级很必要，然而上市后再评价不要忽略低等级的证据，而要更加注重各种等级证据的收集和整合。上市后的各种数据，主动监测的数据、被动监测的数据、电子医疗数据、文献数据都可以作为评价的证据，关键是要整合证据。

评价中药的人文属性，就要将中药放到不同的文化、民族和宗教之中，放到不同的社会阶层中去考察，从这些个角度评价中药的可及性。中药一般来源于天然动植物或矿物，有些在某些民族或宗教中是禁忌的。世界上五大宗教，基督教、天主教、伊斯兰教、佛教和道教都有饮食禁忌；我国的许多民族，如满族、蒙古族、朝鲜族、傣族、回族、土族、黎族、高山族等也都禁食某些动植物；同时，动物保护主义的思潮席卷全球，许多人对于中药中所含的某些动物成分十分抵制；另外，出于社会情感，对于紫河车、血余炭之类制品，很多人都是不能接受的。这就是药物的人文属性，也会影响药物的可及性，也是中药上市后再评价的内容。

1.2　中药上市后的机制研究

中医药是从临床中来，到临床中去。中药上市不是一劳永逸，要以临床评价的成果为线索，深入研究其效应机制，而后搞清楚其所以然。上市后机制研究的特点是针对性强，先发现临床现象，再开展机制研究，而后将机制研究的成果反馈临床，推广应用到临床实践中去。机制研究的目的是搞清楚在特定病证和病情的背景之下，药在人体上发生作用的过程和环节。因此，着眼于人还是着眼于药，是上市后机制研究的两个最重要的视角。

首先讲人的问题。中医药学禀持以人为本的价值观，注重人的个体差异，倡导以辨证论治为核心的个体化治疗，习惯从人的角度看问题。事实上中药的疗效和不良反应也都与患者的个体状况密切相关。比如中药注射剂，一般而言过敏反应发生率都在千分之一以下的水平，这个水平的发生率，毫无疑问人体的免疫状态在其中起重要的作用。因此以宏观的再评价成果为线索，开展针对个体差异的机制研究，应用免疫毒理学、免疫组库等现代科学技术方法，从基因、蛋白，从生物信息学的层面揭示个体状态对中药临床价值的影响。

药的问题要关注药物之间的相互作用。近代疾病谱发生变化，冠心病、肿瘤等疾病成为主要的公共卫生问题，这些病很难用一种药物治愈，因而经常联合用药，这是临床要面对的现实问题。中药上市后研究就要朝向真实世界，解决临床问题。要搞清楚两药联合发生了什么变化？产生了怎样的药效学与药代动力学过程？通过这些研究产生证据，回馈临床。联合用药的机制研究是个大课题，解决的是共性的临床问题，要做好长期坚持的准备，要实实在在地做下去。

1.3　中药上市后证据的整合

中医药是以辨证论治为核心的诊疗体系，与西方医学以病为核心的体系有所不同。毋庸讳言，中西医两种体系的冲突仍然存在。这就牵涉到共识疗效的问题。评价药物的疗效，采用随机化盲法对照，循证临床试验分为治疗组和对照组，其研究结果很容易被肯定，但它不一定符合中医中药自身的学术规律。中药上市后的评价不全是随机对照实验（RCT），循证医学对于药品评价很重要，但要适应中药学的特点。对于循证医学，正确的态度是一学、二用、三改进，还要分析它的局限性；要克服其局限性，我主人随，迈向真实世界。中药临床应用的真实世界，要从各个角度去评价，不一定是经典的 RCT，更多的是整合多种级别的证据。

工业文明追求的是精准的对象，农耕文明弘扬自然的混沌。中药上市后的系统研究，就要将二者有机地结合起来。产生证据，要求务必精准；整合证据，要自然地提纯。产生证据，要依照循证医学的要求，朝向共识疗效，设置公认的指标，在方案设计和实施上力争做到无懈可击；整合证据，要考虑到中药的特点，体现自然的混沌，充分发挥人的主观思辨来整合各种级别的证据，分析证据之间的相互印证，分析其共同的指向，提出线索，而后基于线索开展进一步的机制研究，产生新的证据。精准与混沌的交互，系统论与还原论的融通，东学、西学两种思潮统一在一起，共同推动上市后系统研究的开展。

科学求真，人文求善；科学为人文奠基，人文为科学导向。中药被赋予科学和人文两个方面的内涵，代表工业文明和农耕文明两个方面的价值观。中药上市后再评价，要追求和谐之美，精准和混沌的思潮相互动，科学与人文、宗教、社会的融合，将会构建真、善、美的通途。

2. 中药上市后系统研究的运作机制

中药品种上市后的系统研究涉及面较广，是一个系统的工程，其范围、规模、成本和复杂性远远超出中医药学自身的能力。因此要重视高概念时代的医学导向，以大科学的理念和思维突破中医药学科的固有边界，以创新的组织模式整合多个学科，通过学科间的合作来完成。

2.1　建立多学科的研究团队

中药品种上市后系统研究需要临床医疗、中药、循证药学、药物流行病学、生物工程、生物统计、信息科学等多学科人才共同参与。要寻求新型的团队组织形式，整合各方优势力量，形成高层次创新型科技人才回队与梯队，实现跨学科、跨地域、跨机构的合作；还要探索学术团体在信息时代的集约型组织模式，可以成立虚拟研究团队，以需求为导向、以项目为依托、以兴趣为驱动，集众学科的优秀人才，齐心戮力，共同完成。

多学科团队的运作，关键要有战略科学家作为领军人物。战略科学家应该懂政治，学经济，然后才是做学问；要能兼通文史，还要能透视组学。领军人物的形成需要营造宽松环境，并且允许失败，倡导陈寅恪所说"独立之精神，自由之思想"。独立与自由是创新的基础，没有独立之精神，自由之思想，也就谈不上创新，更谈不上原始的创新。

2.2　发挥多学科联合体的作用

中药品种上市后的系统研究应以企业为主体，朝向转化医学，研究成果要向产业和效益转化。中药上市后系统研究的成果只有源源不断地转化为效益，对产业的发展产生积极的作用，才有可能支撑起可持续的发展。

转化医学的这种模式需要稳定的结构，过去的提法是创新团队，进一步朝向产、学、研联盟的更新；现在要强调发挥多学科联合体的作用。多学科联合体主要有3个要素：首先一定要有多学科、多机构、多层次的稳定结构；其次要朝向转化医学，要面向产业、民众和国家需求，为提高国家医疗资源的社会可及性做出实实在在的贡献；再次要进入资本市场，强调"医、教、学、研"与"资"的联合，强调成果能够被医疗保险、社会保险、商业保险所认可，能够被各类促进健康的基金会认可，可获得资本的支持。

2.3　寻求新型的举国体制

举国体制有其优势和特色。两弹一星，就是举国体制成功的典范。但是也应该清醒的认识到举国体制也并不是万能，不是没有问题。新型的举国体制，首先应该推倒"围墙"，克服本位主义，体现国家意识。举国体制的核心是领军人物，应该具备3个基本条件：第一，可信任，道德好；第二，有积累，在专业领域内有较高的知名度，有丰富的经验；第三，年轻化。其次，才是强调团队。为团队修身，为事业贡献是团队每个成员应该具备的基本素质。整合团结奋斗的团队，应该具有全局的意识、国家的意识；应该具有创新的能力。同时，应该充分发挥一些超长人才的独特作用，用其所长避其所短，对事业的发展可能发挥积极的作用。

总之，以再评价为契机开展中药品种上市后的系统研究，解放头脑、敞开思路是前提，建立良好的运作机制是保障，而以中医药事业和民众用药安全为己任，实实在在工作，兢兢业业推动是成功的关键。士不可以不弘毅，任重而道远，唯愿以筚路蓝缕的精神，朝向光明的未来迈进。

（收稿日期：2014-07-21）

附录 6

《北京中医药大学学报》2014 年 11 月第 37 卷第 11 期

中国传统哲学之心象理论在中医学的应用（一）
——心象理论诠释

范逸品，张志斌，王永炎

（中国中医科学院中医临床基础医学研究所，北京 100700）

摘要： "心象"是中国传统哲学中的一个重要概念，也是中医学的原创思维方式。通过从发生学、学术内涵等方面对心象理论的诠释，总结认为"心象"源于中国传统哲学的"心学"。"心象"可以定义为存在呈现于"心"的显现形式，包括"意象""神象""情象""梦象""空明之象""本体之象"等形式。

关键词： 象；心象；中医；中国传统哲学

Mental Image Theory of Chinese Traditional Philosophies Applied to Traditional Chinese Medicine（Ⅰ）：Interpretation of Mental Image Theory

FAN Yipin，ZHANG Zhibin，WANG Yongyan

（China Academy of Chinese Medical　Sciences，Beijing 100700）

Abstract： Mental image, one of key concepts in Chinese traditional philosophies, is the mode of TCM original thinking. Through interpretation under the embryology viewpoint and academic connotation, mental image is revealed to be rooted in philosophy of mind of Chinese traditional philosophies. Mental image is foremost defined as the form of representation, presented in the form of mind, spirit, emotion, dream, void-quietness, noumenon, and so on.

Key words： image；mental image；TCM；Chinese traditional philosophies

编者按：20 世纪"国家基础研究发展规划项目"人口与健康领域的中医药课题提出从实体本体论与关系本体论结合探索方剂证候与疾病的关联性，进一步阐释以象为素、以素为候、以候为证、据证言病、病证结合、方证相应的诊疗系统，难点在"象"。该系列文以象思维、象科学视角诠释了"心象"理论及在中医学的应用，提示学人进一步的学习思考。

心象（mental image）是认知心理学的一个基本研究领域。《当代西方心理学新词典》认为心象是在头脑中重现出来过去感知过的事物的形象。近代学者吴康参考美国哲学家威廉·詹姆士的"the principles of psychology"，结合中国传统哲学，于 1921 年创作出版了《心理学原理》。吴氏大概是最早将"mental image"译为"心象"的学者，并在书中多次提到"心象"。需要指出的是，当初吴氏把 mental image 翻译成"心象"，是借用了中国哲学中的"心""象"二字，事实上中国哲学中"心象"自有其固有含义。心象既是中国传统哲学中的一个重要概念，更是中国文化哲学许多学科特有的原创思维方式，并对中医学产生了重要影响。

"心象"是"象"的子概念。"象"是中国传统哲学的一个重要范畴。《周易·系辞》"见乃谓之象"，"见"古同"现"，即呈现、存在之意。如《集韵》："俗作现。"因此"象"可以定义为存在的显现形式。存在包括形而下的存在和形而上的存在，即一切物质现象和精神现象。

象可以分为"物象"与"心象"。存在呈现于感官的显现形式为"物象"，物象主要指感觉器官感知到的客观物体具体的形象，可以称为具象。存在呈现于心意识的显现形式为"心象"。需要说明的是，如果从中国传统哲学心物一元的角度而言，一切象皆是在心的灵明观照或作用下的呈现，所以"象"可以等同为"心象"。但是很多时候，文献中关于"象"的论述是基于主客二元对待的角度来讲的。从主客对待的角度而言，"象"可以分为"物象"与"心象"。

已有现代文献研究表明"心象"一词被广泛应用于心理学、哲学、文学、医学等多个学科领域。不同学科对"心象"一词虽然赋予了各自学科的学术内涵，但主要还是受西方认知心理学影响进行阐述。对于心象源流或发生学尚未见论述，心象概念的内涵外延认识不一，心象在中国传统哲学固有语境中的学术本义缺少诠释，心象与中医学关系的探讨鲜有阐发[1]。

1. "心象"发生学

发生学兴起于自然科学研究领域，随后被人文社会科学研究领域所采用。凡是在时空之内存在的事物都涉及发生学问题。作为人文科学研究的新方法与新视角，发生学强调的是对主客体共同作用的发生认识论原理的运用。心象在发生学上与中国传统哲学及中医学具有密切的联系。

1.1 "心象"与中国传统哲学的联系

检索《四库全书》《正统道藏》《大藏经》等儒释道代表中国传统文化的大型丛书数据库，最早记述"心象"一词的是宋代张浚的《紫岩易传》。张浚注中孚卦说："圣人诚信格物，盖自心法。信及豚鱼，所格者大……卦体中虚，中虚心象。一物或撄其心，是能有孚邪。"[2]因为中孚卦体为根，实质是一个大"离"卦橛，外刚内柔，于五行为火象，在五脏则配心。所以张浚说中孚卦为心象。但此心象并非指心脏的具体形象，而是指心具有"诚信"等道德方面的无形意象。

张浚所言的"诚信"心象，源于中国传统文化的"心学"。心学是以"心"为基本观念建立起来的思想体系。其理论源于《古文尚书·大禹谟》："人心惟危，道心惟微，惟精惟一，允执厥中"，即所谓"十六字心传"。孟子为其肇端，经由道家"主静"与佛学"禅宗"思想影响，大兴于宋、明，以陆九渊、王阳明为代表，近代学者马一浮等对其亦有阐发。"诚"是孟子思想的一个核心范畴，指内在的不为所见所闻的至高的道德原则。"思诚"是人心对内在的"诚"进行反思，因而"诚"具有了心的意象。明代章潢《图书编·心象图叙》云："观文王于六十四卦，独于。坎象指心象示人……人心惟危，道心惟微，于此可默识矣。"[3]此处"心象"与《古文尚书·大禹谟》之："人心惟危，道心惟微，惟精惟一，允执厥中"遥相呼应，可见"心象"源于"心学"，古有明征。"心学"不仅仅局

限于儒家，还结合了道家和佛学的相关学术思想，因此"心象"不仅仅是儒家的思维方式，而且是中国传统哲学的核心思维方式。

1.2 "心象"与中医学的联系

中医学典籍中，"心象"最早被记载的文献是明代张景岳的《类经图翼》。文中云："心象尖圆，形如莲蕊，其中有窍，多寡不同。"此处的"心象"主要指血肉之心的具体形象，属于"物象"。清代《竹亭医案·卷之六》："相火升而水不能济，当于心肾求之，所谓心象垂滴，肾象拱鞠，而得黄婆为之媒合，安靖上下，庶几坎离交济矣。"[4]此处的心象指心火之象，则属于"意象"。

诚如上述，"象"是存在的显现形式，是在心的灵明观照或作用下的呈现形式，从这个意义上而言，"象"可以等同为"心象"。因此，"心象"的内涵在文献中更多地隐藏于"存想""返观""内视""内照""意象"等多个词语中。如《素问·刺法论》示人通过运用五行理论，心中存想相应的"物象"，以避疫气，正是"心象"理论在中医学中应用的具体体现。唐代孙思邈在《备急千金要方·养性》说："常当习黄帝内视法，存想思念，令见五脏如悬磬，五色了了分明。"明代医学家李时珍认为经络是"内景隧道，惟反观者能照察之"，指出经络是内视返观的产物。以上都说明"心象"是中医学的重要思维方式。

2. "心象"学术内涵

"心象"具有广泛和深厚的学术内涵。心有狭义、广义之分，狭义的"心"一般指思维意识，所以狭义的"心象"主要指"意象"；广义的"心"指"宇宙本体"，它涵盖了中国传统哲学儒释道及医家所言的"心"的所有含义。因而广义的"心象"统摄了形而下和形而上的不同维度、不同形式的各种象。从中国传统哲学关于心象论述来看，心象包括"意象""神象""情象""梦象""空明之象""本体之象"等。虽然做了不同维度，不同形式的区分，但本质上皆为"心"的呈现形式。

2.1 意象

"意象"是存在呈现于"意"中的显现形式。"意"本属于"心"的一部分。如《说文解字》："意，从心，从音。"《素问·宣明五气》："心有所忆谓之意"，可见"意"从属于"心"。所以"心"的内涵要大于"意"的内涵，因而意象不能完全等同于心象。

"意"有广义、狭义之分。《素问·宣明五气》："心有所忆谓之意"，意具有记忆的功能，此乃狭义之"意"。《说文》："意，志也。从心察言而知意也"，此则广义之"意"。清代段玉裁《说文解字注》："意，志也，志即识，心所

识也，意之训为测度，为记……其字俗作忆。"《礼·大学疏》"总包万虑谓之心，为情所意念谓之意。"《疏》谓："于无形之处，用心思虑也。"可见"意"的含义主要指思虑、记忆。延伸开来，则为思考、推测、想象等。广义之"意"不仅限于记忆，还有思虑、推测、想象之义。因此，"意象"包括抽象之"象"和想象、推测、回忆等意中"虚象"。

2.2 神象

"神象"是存在呈现于"神"中的显现形式。《内经》认为心藏神，肝藏魂，肺藏魄，脾藏意，肾藏志。其中心神为最高层次，魂、魄、意、志都是在心神统领之下进行各自的活动。因此神、魂、魄、意、志虽分为五，统而言之仅为一"心神"。由于五脏藏五神，因而神就有五种呈现形式，即"神象""魂象""魄象""意象""志象"。如若脏腑功能失调，某些情况下会影响到神志，就表现为"神象"病变，比如梦游、失魂、游魂、失意、失志等。

2.3 情象

"情象"是呈现于心中的情绪感受和体验形式。《礼记·乐记》曰："何谓人情？喜、怒、哀、惧、爱、恶、欲，七者弗学而能。"《说文解字》释"情"曰："人之阴气有欲者。"段玉裁《说文解字注》："性生于阳以理执，情生于阴以系念，从心。"可见"情"属于"心"且"系于念"《说文解字》释"念"曰："常思也。从心今声。""思"为"意"的功能，"念"属于"意"，所以常常"意念"连称。"情系于念"，"情"常常与"意"相连。但"情"不属于"意"，而属于"心"。

《叶选医衡·七情考》："世之所谓七情者，即《内经》之五志也。五志之外，尚余者二，总之曰喜、怒、忧、思、悲、恐、惊。"[5]情绪为心之所发，是呈现于心中的感受和体验，亦即呈现于心意识的存在，所以也是"心象"，因为与思虑、揣度等"意象"不同，可以命名为"情象"，包括喜象、怒象、忧象、思象、悲象、恐象、惊象等。

2.4 梦象

"梦象"即梦中之"象"，是存在呈现于梦中的显现方式。《康熙字典》释"梦"曰："无思虑而有其梦"，思虑为"意"的功能，可见梦不属于"意"所为。中医学认为"梦"与"魂魄"的关系最为密切，魂魄不安是梦境这种特殊的心理活动产生的主要原因。

《金匮要略·五脏风寒积聚》："邪哭使魂魄不安者，血气少也；血气少者属于心，心气虚者，其人则畏，合目欲眠，梦远行而精神离散，魂魄妄行。"梦虽然与魂魄飞扬有关，但从整体而言，是心神不安的一种表现。因为心具有主管人的精神意识思维的功能，梦亦属于人的心理活动。此外，魂藏于肝，魄藏于肺，二者皆由心神统帅。

2.5 空明之象

想象思考、归纳演绎等所得之思维之"象"属于意象，是心象的组成部分。但心象除了意识思考之外，更强调消融主客的直觉体悟与物我合一的灵明观照，这种体悟和观照所得的"境象"非意象可以涵盖。如《老子》第十六章："致虚极，守静笃。万物并作，吾以观其复"。虚极静笃指心境空明宁静到极致，此时无有意念的活动，然而却可以"观"到"万物并作，卒复归于虚静"，此处"观"非"意"之作用，是"心"的作用，"万物并作而复"是心象，而非意象。象是呈现，呈现为心之所感而得，呈现则有"象"，而未必有"形"，即《张子正蒙》所云"事无其形，心有其象"。此"象"非物体的具体形象，而是呈现于心中的无形之象，即"心象"，是主体灵明观照的"境象"。明儒高攀龙曾记述其体悟之象："一念缠绵，斩然遂绝……透体通明，遂与大化融合无际，更无天人内外之隔。"[6]高氏所证之象是物我合一的整体之象，但并非本体万有之象，即下面要谈到的"原象"。用佛家唯识学来讲，此境象只是第六意识呈现的一段清明境界，并非能变现万有的第八识之原象。此类心象既有别于"意象""梦象""情象"，又有别于"原象"，可以称为"空明之象"。"空明之象"可以定义为呈现于心中，表现为"清净明澈"的一种存在形式。

2.6 原象

原象，即本原之象，或本体之象。王树人教授认为原象，就易之象而言，乃是太极之象；就道家而言，乃是"无物之象"的道象；在禅宗那里就是"回归心性"的开悟之象[1]。

原象具有本体性内涵，肇自《老子》。《老子》第十四章中谓"无状之状，无物之象，是谓惚恍。"《通玄真经·卷之七》："道者，所谓无状之状，无物之象也。"《老子》第三十五章说："执大象，天下往"。此处的"大象"，成玄英注"大象，犹大道之法象也"，林希逸注"大象者，无象之象也"。所以就原象而言，象即是"道"。道具有本体内涵。如《老子》第二十五章："有物混成，先天地生。寂兮寥兮，独立而不改，周行而不殆，可以为天地母。吾不知其名，强字之曰道，强为之名曰大。"《老子》第四十二章："道生一，一生二，二生三，三生万物"。

"象"既然具有"道"的含义，而道又具有本体或本原的特征，因而具有本体内涵的"象"自然可以称为"本原之象"，或"原象"。"原象"虽然无音、声、形、色，却客观存在，是既非纯物质，亦非纯精神，而是心物之际、亦此亦彼、有无之间、惟恍惟惚的本体性存在。不能目见耳闻，却可以心会，从这个意义上而言，"原象"可以称为"心象"。就中国传统文化而言，道家的"道"，《周易》之"太极"，《黄帝内经》之"太虚"等都具有本体的内涵。

由于佛学与理学之"心"皆具有本体的含义，原象作为本体之象，与之进行了对接。如《华严一乘十玄门》："三界虚妄，唯一心作"，陆九渊云："宇宙即吾心，吾心即宇宙。"因此就佛学和理学而言，原象即心，心即原象，所以原象也可以称为"心象"。

原象属于超验范畴。超验在经院哲学中，意为经验界限之外的，超出一切可能的经验之上，非人的认识能力可以达到。感觉之外的物质世界"自在之物"是客观存在的，它作用于人们的感官而产生感觉，但是人们通过感觉只能认识到它的现象而不可能是其本体，只有通过中国传统哲学释、道、儒所言心之功夫实践的"体悟"或"证悟"才可获得。如禅宗公案有类似描述："一翻翻转，山河大地，明暗色空，尽是自家珍宝，草木砂砾，尽是自己法身。"[7]

心象具有时空性、象征性与概括性、"幽明"的统一性、流动转化性、整体直观性、原发创生性、非实体性、非对象性、非现成性等特征。"观"是"心象"的独特认知路径。至于"心象"与中医学的更深层次的联系还有待于进一步的探讨。

参考文献：

[1] 范逸品，王永炎，张志斌. 心象与中国文化及中医学关系的初步思考 [J]. 上海中医药杂志，2014，56（4）：23-25.
[2] 吴沆，张浚，易璇玑. 紫岩易传 [M]. 长春：吉林出版集团有限责任公司，2005：187.
[3] 章潢. 图书编 [M]// 纪昀. 景印文渊阁四库全书第九七一册. 台北：台湾商务印书馆，1986：971.
[4] 孙采邻. 竹亭医案：下 [M]. 上海：上海科学技术出版社，2004：484.
[5] 叶桂. 叶选医衡 [M]. 张明锐，注. 北京：人民军医出版社，2012：148.
[6] 黄宗羲. 明儒学案：下册 [M]. 北京：中华书局，1985：1401.
[7] 瞿汝稷，聂先. 正续指月录：下 [M]. 西安：西北大学出版社，2004：1654.

（收稿日期：2014-10-12）

附录 7

《任应秋医学全集》封面书影

《任应秋医学全集》序

任应秋先生是杰出的中医学大家、中医理论家、中医教育学家。先生学术成就卓越，系中医药学科建设重要的奠基人。领衔基础理论研究，其求真创新之举，悟道导航之功，博极医源，精进沉潜，丰功伟业，实为吾辈学人的楷模。先生曾例行每周门诊两次，带领学生教学实习，于临证之之际，于性命身心之学，六艺圆融之道，苍生司命之术多所研习。学问互砥砺，疑义相与析，曾有幸得先生教诲、传授与点拨，开临床思维，徇读经典而获益，对"辨证论治""天人相应""形神一体"，渐悟其理，于日后诊疗中践行。先生崇尚国故，致力国学、国医，积学深厚，仁术并重。先生遍览"十三经"注疏，读尽中医名著，通达古今各家之学；先生惟人惟学，刻苦读书，温故知新，成就吾辈做人、治学之典范；先生颇具独立之精神、自由之思想内涵，教书育才、营建团队，于传承基础上力创新说。先生之伟业必常青于杏林，不竭于橘井，惠泽于医道，虽历久弥新，流芳于千古矣！

追忆先生书奉调北京任北京中医学院教授辗转约卅载，作为首届毕业生颇多感慨，缅怀往昔，悲情苦涩惋伤之后则催人奋进。十年"文革"间，先生备受折磨，遭受坎坷，令人痛心疾首。而先生淡定不惊，继续笔耕著书治学，令吾辈铭刻于胸永志不忘。于茫然惘怅之后，焕发涌动出一股激情，立志毕生忠诚中医事业以谢恩师！

1956 年级在读期间，理论学习课时较少，为了学生能增厚医学功底，奠定较为坚实的基本功，于 1962 年毕业的学年后，留校补习《内经》课，由先生主讲。先生认真敬业备课，其破策问难之论，原文思辨缕析，朗朗振聋发聩之音，彰显效力功，至今记忆犹新。先生倡议：六年制本科毕业，应组织论文答辩，确定分配指导教师，论文以策论文体为主，由指导教师问策命题。先生为首学生撰写论文做专题报告以启迪后学，届时全年级百余位同学按题目学科区别，分四组答辩，效果良好，为培养学生治学写作的能力多有裨益。

20 世纪 80 年代初叶，依先生学术造诣与学科建设之奉献，理应出任我院院长，师生亦多有推荐，然终未成。当时上海、成都诸校皆先生一辈执掌，对现实我等多不理解，颇感茫然。学校与卫生部等经十七个月的调研考核，由国务院时任总理赵紫阳任命我任院长。时值 1983 年底，于春节期间我拜谒先生，执手促膝相谈，嘱我当以学科建设为主导，深入学科课题组当中，尊师道教，一定不失学人之本色。先生坦然告我，对"医古文"与"各家学说"设置做些调研之后，可考虑做些改进为好。我牢记先生之教诲，感佩先生以拳拳之心甘为人梯之德，为我校建设与发展倾心尽责，惟为道为善是从。先生对学生诚心耿直的谆谆教导，显示出学者之美德，令吾辈学人敬仰并受益终生。

《任应秋医学全集》即将付梓，相信这部宏伟巨著当自立于国医之林，并辐射发挥重要的国际影响力。先生热爱国学，融通哲学、史学，坚持真理，追访前贤而自创新说；先生罹五十余载的从医历程，勤于著书 30 余部，撰写论文 500 余篇；先生学术成就丰厚，为后学留下了宝贵的经验和文献资源，堪称中医学术界的一面旗帜，是振兴中医之功臣。

《全集》计十二卷，从纵横两个视角系统整理和发掘先生的学术思想、治学方法和学术成果。"纵"以时间顺序为主线，"横"以学术主题为主线。光阴荏苒、时空转换，百年中医经历多少艰难曲折，先生与同辈学者为中医药学争生存而奋斗不息，迫使 1929 年"废止中医案"失败后，终得以有复兴之机遇。新中国成立之日，老一辈国家领导人毛泽东主席、周恩来总理关怀支持中医事业，曾做过多次重要批示，在 20 世纪 50 年代中期设立了中医科研医疗机构，尤其是建立了高等中医教育，北京等四所高校应势诞生。但由于"中焦阻塞"，中医中药的发展仍举步维艰，"废医存药"之声不绝于耳，中医"不科学"之风阻碍着中医政策的贯彻执行。中医工作于坎坷磨难进程中，先生出任中华全国中医学会副会长，亲自主持和创办了仲景学说专业委员会，举办了高端国内外学术交流会议，团结业内学者，培养新生一代，多次为中医工作、中医教育等政策方针的落实建言献策，针对政策执行不力的诟弊直言批评。总体来看，北中医著名的"五老上书"是具有现实和历史意义

的，是有力度、有影响、有独立见解的建议。当然，因历史的缘由，"五老上书"难免有偏颇之处，但起码首届毕业生在诊疗实践中，多数已成为一代名医就是见证。值此，令我们深切感叹先生与前辈学者忠诚中医事业所亲历的沧桑苦涩。

《全集》所载先生之论著，有中医学经典研究、中国医学史研究、中医学文献整理研究、中医各家学说研究、中医临床实践与研究，还有医论文集等内容，总计 700 余万言。关于中医基础理论，尤其是《内经》医学理论体系的研究，是十分艰难的事。在只能讲"一分为二"容不下"合二而一"，只许讲"唯物史观"不准讲"唯心史观"的环境中，先生率先提出："阴阳学说""五行学说"是贯穿于中医理论体系的认识论和方法论；指出"阴阳五行"作为元素，不是物质实体，而是具有某种性态特征的运动功能。先生总是坚守中医原创思维和本旨来论述阐发中医学的理论。明鉴先生追求真理之学风、文风，镌刻先生求实、无畏之精神，大哉先生，伟哉先生！其实国学、国医中蕴涵有唯心主义的内容，对维护人类健康和防治疾病至关重要，应给出一条路让医师与医学生学习体验，并付诸诊疗实践。当今，叙事医学与叙事循证化是推动医学发展的重要内容，学人读马一浮、熊十力等新儒学派的著作，乃至读哲学、美学朱光潜、李泽厚的书，溶六艺圆融之学，为悄然兴起的中医基础理论研究拓宽了时空。回顾先生往昔对中医理论与仲景学说的研究成果，居功至伟。

今天恰逢高概念、大数据新时代的来临，科学求真、人文求善，科学人文和合共进步。中医药学其"天人相应""辨证论治""形神一体"的理论精髓与原创优势，其人文涵量蕴藏有丰富的哲学、史学、逻辑、心理等学科的本底，而体现在中医中药的理法方药之中。显然，中医药学是科学与人文水乳交融的产物，科学为人文导向，人文为科学奠基，科学人文合而不同，互辅互动又相辅相成，可以自豪地说：中医药学是以科学精神体现人文关怀的典范。"整体论"与"系统论"结合容汇、还原分析的成果集成进入后基因时代、各种组学与内外环境的关联对疾病、证候、方剂表型组学的研究推动，成为中医中药科研的重要趋势，我主张发挥原创思维与优势总以惠民为要务，并逐渐提升学术的国际影响力。

《任应秋医学全集》的出版，旨在弘扬先生的学术思想与道德风尚，传承先生继往圣、开来学、弘医道、造福祉、利众生之志，将国医、国药之学发扬光大，彰显薪火相传之效力。

感谢任延革主编及整理组编团队的信任与鼓励，邀我作序，不敢懈怠，以继承先生之学，幸甚至哉，乐观厥成。

中央文史馆馆员
中国工程院院士
学生　王永炎
甲午冬月于致远书屋

2015 年，77 岁

2015 年图 1　与中国中医科学院中医临床基础医学研究所党总支书记王燕平商谈工作

2015 年图 2　国家科技进步奖一等奖证书

　　1 月 9 日，作为第四完成人，"我国首次对甲型 H1N1 流感大流行有效防控及集成创新性研究"荣获 2014 年国家科技进步奖一等奖，完成了我国首次甲型流感防控的集成创新。此月，主编之《任应秋医学全集》由中国中医药出版社出版。

2015 年图 3　《中医临床循证实践指南》再版研讨会（前排左 10 王永炎）

3月，作为项目主要申请人，《本草纲目研究集成》获准国家出版基金资助，任丛书学术指导委员会主任。

2015 年图 4　在《中成药超说明书使用循证评价》图书编委会议上（右 2 王永炎）

2015 年图 5　王永炎（右）与《本草纲目研究集成》主编张志斌（中）、郑金生商谈工作

4月，受聘为世界中医药学会联合会脑病专业委员会会长及第一届理事会会长。

2015 年图 6　世界中医药学会联合会脑病专业委员会会长证书

2015 年图 7　世界中医药学会联合会脑病专业委员会首届理事会会长证书

6月，受聘为《环球中医药杂志》第二届编辑委员会名誉总编辑。主审田金洲主编的《王永炎院士查房实录》一书，由人民卫生出版社出版。

10月，受聘为世界中医药学会联合会道地药材多维评价专业委员会第一届理事会名誉会长。

11月，受聘为中国科学技术协会第七届常委会促进企业自主创新专门委员会委员。

2015 年图 8　《环球中医药杂志》第二届编辑委员会名誉总编辑聘书

2015 年图 9 《王永炎院士查房实录》封面书影

2015 年图 10 世中联道地药材多维评价专业委员会首届理事会名誉会长证书

2015 年图 11 中国科协第七届常委会促进企业自主创新专门委员会委员聘书

12 月，参与研究的项目"骨质疏松标准与防治研究"获国家科技进步奖二等奖。同月，《实用中风病康复学》获中华中医学会著作类一等奖；"中医药名词术语规范研制与推广的管理"获中华中医药学会政策研究奖；由于在推动中国医学事业进步和献身人民健康事业中做出了重大贡献，由中华医学会授予"中华医学会百年纪念荣誉奖"；获北京师范大学优秀博士学位论文指导教师荣誉证书。

2015 年图 12 国家科学技术进步奖二等奖证书

2015 年图 13 中华中医药学会学术著作奖一等奖证书

2015 年图 14　中华中医药学会政策研究奖证书

2015 年图 15　中华医学会百年纪念荣誉状证书

这一年，先生的病情已经得到很大的缓解，身体正在康复中。这也使他得以腾出时间读了许多书，思考了许多关于中医药发展的关键性问题，如机遇、理念、标准化问题，等等，写了不少的论文。如，《高概念大数据时代中医理论研究的机遇》发表于《中国中医基础医学杂志》第 1 期，《强化医学人文理

2015 年图 16　北京师范大学优秀博士学位论文指导教师的荣誉证书

念，直面新医改学习叙事医学》发表于《现代中医临床》第 1 期，《医理事理圆融论》发表于《天津中医药》第 1 期，《发展中医药学应有文化自觉》发表于《人民日报》6 月 3 日第 016 版，《肾虚 - 痰瘀 - 酿毒 - 病络—中医对老年性痴呆早期发病病机认识》发表于《中国中医基础医学杂志》第 3 期，《加强中医药标准化建设的思考和建议》与《中药标准化建设的现状、重点领域及策略》发表于 China Standardization 第 4 期，《珍视中医原创思维 调整学科方向》发表于《中国中医基础医学杂志》第 11 期，《中医药学学术方向的变革与发展》发表于《中医杂志》第 24 期。合作论文《药品安全性证据分级分类探索研究》发表于《中国中药杂志》第 24 期。另外，所指导的博士后文章《中国传统哲学之心象理论在中医学的应用（二）（三）（四）》，承上年，连续发表在《北京中医药大学学报》。

可以说，这一年是先生科技生涯的丰收年。不仅发表很多重要论文，也获得了多项重要奖项。此年内，先生共获得了两项国家科技进步奖，以及中华中医药学会著作一等奖等多项奖项。

附录 1

《中国中医基础医学杂志》2015 年 1 月第 21 卷第 1 期

高概念大数据时代中医理论研究的机遇

张华敏[1]，王永炎[2]

（1. 中国中医科学院中医药信息研究所，北京 100700；2. 中国中医科学院中医临床基础医学研究所，北京 100700）

关键词：大数据；高概念；中医理论

中图分类号：R222.19 **文献标志码**：A **文章编号**：1006-3250（2015）01-0004-03

历经百余年的中医科学性和何去何从的争论，现时我们已经进入东学西学兼收并蓄、科学人文融通共进的高概念数据时代。概念时代，原创思维将受到重视，人们更加重视形象思维。大数据时代，人们不再追求精准、不再关注因果关系，而是更为关注相关关系。中医药学应该直面复杂系统科学问题，促进多学科综合集成，在弘扬原创思维的基础上，去迎接悄然兴起的为中医理论研究拓宽了的时空，积极寻求中医学与西医学的契合点，做好顶层设计，明确研究内容与程序，优势互补为创立统一的新医学、新药学创造条件。

1. 中医理论研究的难点

中医学的优势体现在其具有的独特的理论体系和可靠的临床疗效上，然而中医理论发展相对滞后已经成为中医界普遍关注的问题。主要表现在中医理论研究缺乏突破性进展，不能很好地指导临床实践及科学研究。这也是造成整个行业发展缓慢的根结所在。中医理论研究是难中之难，主要表现在：

1.1 古今整体论对中医学生物学社会性诠释难度大

受到西医学还原分析的影响，中医药理论内涵的生物学基础研究获得广泛开展。与此同时，反对声也越来越大，

许多学者在比较了中医、西医两种医学异同后，认为中医学受中国古代哲学的影响，善于从整体上把握生命的恒动性和功能性，因此以分析还原为主导的现代医学研究方法和技术不适合应用于中医研究，而主张遵循整体论思维，开展继承基础上的创新研究。无论是从用哲学、史学、文献学等传统整体论方法对中医理论体系进行完善和阐释的，还是运用现代整体论方法，如计算机技术、人工智能、数据挖掘、循证医学或者复杂科学、组学等开展证候规范化研究、临床疗效评价、方剂配伍规律等，这些研究的共同特点是在中医理论框架内，以整体论思维为指导，不破坏传统中医的黑箱结构，对人体进行整体层次的研究[1]。然而我们发现，虽然从整体出发可以获取最大的系统值，但仍然无法解决传统中医药学大多数定性内容没有足够定量分析的支持、宏观层次缺乏微观层次的基础、概括的理论缺少精确阐述等缺点[1]。因此，单纯采用古今整体论对中医学生物学社会性诠释难度大，难以实现中医理论的真正突破。

1.2 还原论主要起验证作用，争议颇多，尚难有新发现

从 20 世纪初西学东渐，起源于实验医学的西医学逐渐成为主流医学，中医学受其影响，开展了大量用实验方法验证中医理论科学性及有效性的研究，其中比较典型的

如证候实质的研究、药物拆方及复方作用靶点研究等。这些验证性工作是对中医药基础理论生物科学属性的确认，具有重要的时代意义。但是，也自然而然走向了对中医药基础理论用现代医学阐释，在很多方面中医药的特色与优势被掩盖，诸如"方与证"的关联性，运用生物物理指标所能表达的领域与西医实验医学"化药与疾病"关联性研究比较，具有阐释不清、机制不明，与对抗性治疗比较处于劣势，尚无创新之说，缺乏应用价值[2]。因此，近年来受到广泛争议，研究成果也难以推广应用。

1.3 受外语水平中医术语规范不够的影响，使得中医学对外交流困难

中医药学的本科与研究生教育，学生对中医药和外语两门学科都需要大量的时间和精力的投入，由于两者的融会贯通缺少适宜的环境。因此，中医行业专业人员外语水平一般较低，难以与国外学人交流。尽管中医学界注意培养具有一定外语水平的复合型中医药人才，但是目前人才的数量仍然较少，而且一些较成熟的人才也出现流往海外的现象。中医翻译是一个多学科的综合难题，即使外语水平很好，也会由于中医语言本身深奥难懂，将其翻译成现代汉语都比较困难，更何况译成外语与国外学人交流；另外，中医用语自身的规范化程度不高，存在着一词多义、多词同义、概念交叉等现象，造成了理解上的困难和偏差。因此，使得中医在与全球学人交流及走向国际化的过程中举步维艰。缘于此，我们派高水准中医与著名汉学家合译《本草纲目》，派出研究人员到国外做博士后研究和开展循证医学、临床药理学合作研究，同时强化外语水平与技能。

2. 高概念、大数据时代的特点

2.1 高概念思维模式

美国现代知名作家丹尼尔·平克在他的著作《全新思维》中指出，发达国家正从信息时代走向概念时代，我们将面临一个全新的思维模式。概念时代究竟意味着什么？概念是人类对世界认识也就是认知过程所形成的一种基本模式，是人类知识组成的最小单元，是思维的基础。概念间存在着各种复杂的联系。所以说，作为一个时代标志的概念，无疑与思维，特别是高概念、高感性的思维，也就是形象思维和创造性思维息息相关[3]。在信息时代，经济和社会的基础是线性思维、逻辑能力以及类似计算机运用的能力；而在概念时代，经济和社会的基础是创造性思维、共情力和把握全局的能力。过去几十年属于某些具有特定思维的人，即编写代码的电脑程序员、起草协议的律师和处理各种数据的 MBA。然而事情正在发生改变，未来将属于那些具有独特思维、与众不同的人，即有创造性思维、共情性思维、模式辨别思维或探寻意义型思维的人。

高概念时代的另一特征是科学与人文的融合。科学求真求实求异，人文求善求敬求和。当今医学发展医生的职责不仅是防治疾病，更要实施人文关怀。这与历来重视"形神统一""注重医患沟通"的中医学一致。

2.2 大数据技术

1980 年，著名未来学家阿尔文·托夫勒便在《第 3 次浪潮》一书中，将大数据热情地赞颂为"第 3 次浪潮的华彩乐章"。大约从 2009 年开始，"大数据"成为互联网信息技术行业的流行词汇。百度对大数据的定义是，所涉及的资料量规模巨大到无法通过目前主流软件工具，在合理时间内达到撷取、管理、处理，并整理成为帮助企业经营决策更积极目的的资讯。比较公认的大数据具有的 4V 特点：volume（大量）、velocity（高速）、variety（多样）、value（价值）。在维克托·迈尔-舍恩伯格及肯尼斯·库克耶编写的《大数据时代》中指出："这是当今社会所独有的一种新型能力：以一种前所未有的方式，通过对海量数据进行分析，获得有巨大价值的产品和服务，或深刻的洞见。""大数据的精髓在于我们分析信息时的三个转变，这些转变将改变我们理解和组建社会的方法。第一个转变就是在大数据时代我们可以分析更多的数据，有时候甚至可以处理和某个特别现象相关的所有数据，而不再依赖随机采样；第二个转变就是研究数据如此之多，以至于我们不再热衷于追求精确度；第三个转变因前两个转变而促成，即我们不再热衷于寻找因果关系"。作者还提出了"大数据时代我们需要改变我们的操作方式，使用我们能收集到的所有数据，而不仅仅是适应样本。我们不能再把精确性当成重心，我们需要接受混乱和错误的存在。另外，我们应该侧重于分析相关关系，而不再寻求每个预测背后的原因"。这对于不以精准擅长和不追求明确病因的中医学来说无疑是个利好的消息。

3. 中医理论研究的机遇及朝向

3.1 高概念、大数据时代为中医理论研究拓宽了时空

概念时代的到来，与之相应的是人们对创新意识的要求更加迫切，原创思维得到高度重视。中医药学是东方哲学观影响下历代医家通过数千年的临床实践和观察所总结出的对生命、健康和疾病的认识所形成的具有特定概念、理论、方法与技术的医学体系，与西医学的视角和思维方式完全不同。中医药学素以形象思维和整体观念为核心，重视临床医学，强调天人相应、形神一体。这一思维模式也体现了科学与人文融合。晚近倡导的叙事医学更重视观察病人情绪、感情、心理、认知的变化，将医生既往心理访察的日志升级为平行病历与现实记载症状、体征、各项理化指标摆在同等重要的地位。以医生能够作为癌病与临床

流行病人的精神支柱为最高期望。因此，中医学原创思维的传承和发展适应概念时代的需求，重视概念并将其拓展到高概念，将形象思维、具象思维与逻辑思维相结合，将中医原创思维向全新思维过渡，以保持其在新时代的不断发展[4]。

中医药数据目前并不是以数据量大为特点，而是以其多样性和价值性为特点的大数据。大数据技术的迅猛发展使得中医药意象思维和体验感受的表达越来越成为可能。大数据关注整体数据，不求精确，这与中医药学注重人体整体的健康状态和疾病反应以及与社会、环境、心理因素等综合影响相一致。

中医学所重视的相关关系在大数据时代得到认可。阴阳五行学说框架下的人体与自然、人体各脏腑的生理与病理关系认识，是中医药基础理论的显著特征。这种从现象理论出发的脏腑关系，以及临床从脏腑关系、气血相关、天人相应等角度认识疾病、治疗疾病的实践活动都体现了中医药理论重视关系本体性的特点。大数据对相关关系的认识，使得不再必须发现精确的因果关系，这种相关关系帮助中医发现机体及其相关环境改变导致的平衡与和谐的破坏（病因），以及这种状态的改善（疗效）[5]。因此，高概念思维、大数据技术将会促进实体本体论与关系本体论的结合，转变述而不作的面貌，中医理论研究正在悄然兴起，有待复兴。

高概念、大数据时代为中医临床与基础转化研究创造了前所未有的良机。关键在于整合，针对现象理论、意象结合，可容纳非线性数据，将中医研究（自身理论与临床）与研究中医（西医学、生物学、化学、信息学等多学科的成果与问题）兼容和合；将"循证医学叙事化"与"叙事医学循证化"结合反映古今中外对一个专题的大数据集成，做整体顶层设计，注重中医学原创优势，其中最急重的是提高临床疗效。

3.2 整体论指导下的还原分析，最终要回归到整体发挥效力

已故国医大师陆广莘先生认为："疾病医学、疾病对抗医学是用物质世界的知识解决生命现象，是对象性思维的认识论的知识论层次，它的机械构成论观念的认知方向是向后、向下、向外的。向后专注溯因分析认识论，向下坚持微观实体本质论，向外信奉线性因果决定论。"而中医学的本质"是创生性实践的生生之道，其人本主义意向性思维的致思方向是向前、向上、向内的。中医学是以人的生生之气作为主体性开放流通自组演化调节的目标动力系统"。这样的目标动力系统，单纯依靠整体论或者还原论的方法和技术都难以阐释。

正如上文分析中医理论研究难点中所述，20世纪还原论的盛行，技术的进步，为人类物质文明与信息传媒带来极大的提高。然而对系统不确定性诸多复杂现象的认知却无能为力，复杂系统绝非还原成几个简单的因素就可以合

理解释；还原分析的研究成果还是一柄双刃剑。缘于此，整体论再次进入人类认知的视野，然则是融入系统论的现代意义的整体论。古代哲人倡导"道法自然"，人生存于天地之间的整体论；西方哲人柏拉图讲"理念"与"实体"，从整体把握实体本体与关系本体的结合。惠子（惠施）论宇宙是由大而无外的大一与小而无内的小一构成的，古时的整体论直觉复杂变化的事物自有其深刻的内涵，但失之对规律表述的清晰性也缺乏实践的可操作性。我们学术界经常争辩的"脑主神明"还是"心主神明""脑与心谁为主"，专家学者们为了证实自己的观点，从理论溯源到临床应用再到基础研究验证开展了大量研究，结果仍然是各执一词。其实"心""脑"无论从生理基础还是疾病特点都有其相同之处，尤其在临床实践中"脑心同治"往往起到很好疗效，这就需要从多学科、多领域、多层面开展多元的中医理论研究。

因此，我们主张从整体出发做还原分析，希望能回归到整体上来发挥效力，融通整体论与还原论内在的合理性。无疑针对复杂系统科学的研究方法的探索还任重道远。高概念思维、大数据技术的引入相信可以缩短这个过程。

3.3 中医理论的诠释也是创新，扩大中医药学术影响力

运用诠释学的方法对中医的理论、方法进行现在语言的阐释及传播，厘清中医药学概念做辐射推广，充实西医学同样也是创新。诠释学作为一门关于传达、翻译、解释和阐明的学科，在西方已有漫长的历史。诠释的基本要求就是在所要诠释客体（文本）的框架上，注入时代的血肉，增添时代的灵魂，创新发展的翅膀。这些新生的血肉和灵魂，便成为中医学发展的内容和标志[6]。中医学理论的发展，都是经验丰富的著名医家，在熟读经典的基础上通过不断丰富的临床思维和临床实践，进而对经典的概念、学说或理论等进行解析、勾勒与诠释。因此，历代著名医家，可以说大多都是经典理论诠释的医学大家，正是依靠他们精通的理论基础和丰富的临床实践，赋予了睿智的诠释思维，推动着中医学理论的传承与创新[6]。我们以往运用诠释学方法对中医的基本概念天癸、冲任、禀赋、病络、玄府等进行了研究，基本技术路径是：文献阅读→脉络梳理→框架勾勒→理论诠析→临床实践→提炼升华。这些研究运用时代语言，对中医的经典理论进行解读和充实，并结合疾病病例、心理等发病特征，阐释经典理论的指导作用，这样或许使经典的文本产生新意，或许促进经典理论在当今的疾病防治中发挥更大的作用，扩大应用范围，从而推动中医理论体系的不断充实与完善。

总之，高概念思维及大数据时代的到来，无疑会促进现代生命科学的理论和技术与中医药学交叉渗透，从而有助于中医药基础理论研究的突破。中西医应整合集成、优

势互补，力争在理论层面有新见解、新发现、新学说，为创建统一的新医学、新药学奠定基础。

参考文献：

[1] 白云静，申洪波，孟庆刚，等. 基于复杂性科学的中医学发展取向与方略 [J]. 中国中医药信息杂志，2005，12（1）：2-5.

[2] 李澎涛，苏钢强，王永炎，等. 中医药基础理论研究现状分析与发展对策思考 [J]. 北京中医药大学学报，2006，29（8）：509-013，516.

[3] 戴汝为. 我国中医药创新发展的机遇——从发达国家迈向"概念时代"谈起 [J]. 世界科学技术：中医药现代化，2007，9（3）：1-6.

[4] 王永炎. 概念时代应重视中医学原创思维的传承与发展 [J]. 中国科学基金，2008，156.

[5] 杨硕，崔蒙，李海燕. 大数据时代的中医意象世界与中医虚拟世界 [J]. 中医杂志，2014，55（14）：1176-1179.

[6] 常富业，王永炎. 浅谈诠释学方法在中医学中的应用 [J]. 天津中医药，2010，27（4）：267-269.

（收稿日期：2014-10-16）

附录 2

《现代中医临床》2015 年 1 月第 22 卷第 1 期

强化医学人文理念，直面新医改学习叙事医学

王永炎[1]，商洪才[2]，牟玮[3]，王燕平[1]

（1. 中国中医科学院临床基础医学研究所，北京 100700；2. 北京中医药大学东直门医院教育部中医内科学重点实验室；3. 天津中医药大学第二附属医院国家药物临床研究机构）

编者按： 叙事医学（narrative medicine）是在常规医疗实践之外，通过构建临床医务工作者的叙事能力，以非技术性的语言记述患者疾苦故事，以帮助其深刻地理解、解释、回应他人困境，从而提升共情能力、职业精神、信任关系以及自我反思意识的医学实践模式。2001 年，美国哥伦比亚大学教授卡蓉及其同事撰写了系列文章，提出叙事医学的概念及其理论框架。作为一种体现人文精神的临床医学实践模式，叙事医学的核心在于"倾听患者的故事"，尊重患者的感受与价值观，以此心换彼心，这为目前陷入窘境的中国式新医改提供了启示。日前，王永炎院士参加了中国中医科学院临床基础医学研究所的求知读书交流会。研讨的主题为"临床医学人文：困境与出路"，王院士与在座的年轻医生、学者提出了他对新医改、叙事医学与改善医患关系的一些感悟。

摘要： 从中国式新医改面临窘境的根结所在，即"人文与道德观的缺失"入手，论述了和谐的医患关系需要既加强患者的医学人文教育，又要提升医生的人为关怀，从而形成医患双方的道德共同体；并对晚近形成的叙事医学做了详尽的论述，提出叙事医学与循证医学不可偏废，共同促进医学与人文发展，这也是解决医改难题的关键所在。

关键词： 中医药；医改；叙事医学

A Call for the Return of Medical Humanities and the Use of Narrative Medicine to Embrace the New Medical Reform in China

WANG Yongyan[1]，SHANG Hongcai[2]，MU Wei[3]，WANG Yanping[1]

（1. Institute of Basic Clinical Medicine，China Academy of Chinese Medical Sciences，Beijing 100700；2. Internal Chinese medicine key laboratory of the Ministry of Education，Dongzhimen Hospital，Beijing University of Chinese Medicine；3. GCP Center，Second Affiliated Hospital of Tianjin University of Traditional Chinese Medicine）

Abstract： The new medical care reform in China now faces tough chanllenges，and it is believed renewed emphasis on and respect for medical hunmanities and morality could make a breakthrough. In this study, the authors argue for patient and doctor to develop a harmonious relationship and form a moral community, the paitens need to receive education in medical humanities and the doctors need to learn the art of healing. Besides, the concept of narrative medicine is introduced and elaborated. It is proposed narrative-based medicine and evidence-based medicine should be developed shoulder-by-shoulder, while keeping a balance between the promotion of medical humanities and advancements in medical science. This could help solve the dilima of the current medical reform in China.

Key words：Chinese medicine；medical reform；narrative medicine

1. 中国式新医改面临的现状及窘境"人文与道德观的缺失"

中国式新医改的框架主要是保基本、强基层。此策略和路径的选择被社会广泛认同和赞许。面对第一阶段的工作，基层卫生院和乡村卫生室收获了一定的成功经验，应该说主要得益于国家投入的增加。对于投资难、整合难、九龙治水这样一个局面，新农合改革取得了成效，这个成效来源于中央的大力扶持，而且中央把它作为稳定执政地位、强化执政能力的一项重要工作。

当医改进入新阶段，到了"深水区"，看病难、看病贵的局面，基本上没有多大的改观。根本原因是卫生资源的分布不平衡，卫生资源和民众的医疗需求是一个不等式。人们的心理期待很高，像临床常见四病高血压、脑卒中、糖尿病、冠心病的患者，都希望能够上京津沪穗渝，希望能够上"北京协和医院"这样的大医院来看病。"求医不甘心，逢死不瞑目"，是一种造成"看病难、看病贵"的社会心态。人们不相信也不明白，已向"自动售货机"投入了保健需求的金币，为何不能吐出健康和健美呢？这种"不甘心"加剧了本就严重不平衡的卫生资源的紧缺。即便"协和医院"再办若干分院还是不能缓解这些就医难题。

现代社会中个人和社会财富不断增加，科学技术发展日新月异，可是流行性疾病、癌症、不期而至的死亡，仍是每个人难以回避的问题。技术至上助长了人们的盲目崇拜，人们以为医学"无所不能"。公众对于生命、疾苦、死亡的理解，发生了偏差。这种过高的期望值，也使得医学的社会性越来越淡薄。美国科学家萨尔瓦多·艾德尔卢瑞亚说，医学是老虎机和破试管，投入巨大，而对生命的认知是破碎的。医学对于健康的贡献度，现在是下降而不是上升。人们为什么如此重视雾霾？为什么那么重视全球气温的升高？生态环境的改变对于健康的贡献度，已经远远大于 17% 了。人们的期望值给当代的医学、给新医改，标定了一个几乎无法跨越的栏高。诚然,医学不能没有理想，但理想的医学不可能立刻成为现实。

2. 加强全民医学人文教育，树立正确的疾病观和生死观

最近读了名为《优雅地老去》[1]这本书，作者是大卫·斯诺登，中文译本 2014 年 5 月面世。书中描绘了 678 位修女的人生经历，揭开了阿尔茨海默病的谜团。"为什么有些修女能够如此优雅地老去，持续教书一直到八九十岁，甚至超过一百岁，都还维持完好的心智功能？为什么其他一直都过着如此相似生活的修女，却似乎会失去自我，忘记自己最亲近的朋友、亲人，到最后甚至与身边的世界完全失去联系？"[1]经过长达 10 余年，总计对 678 位修女死后的大脑进行研究后，作者发现坚持规律的运动、保持乐观的心态有助于防止衰老，接受高等教育、从事脑力劳动有助于保持大脑健康，而服用适量叶酸，防止中风和头部受伤能够有效预防阿尔茨海默病。这些方法主要都是靠自己，而不是靠医生。著名作家史铁生 1972 年双腿瘫痪，坐了近 40 年轮椅。1981 年患肾病，发展到尿毒症，靠透析维持生命。他曾自嘲"职业是生病，业余在写作"[2]，尽管几十年来一直在死亡边缘，但他依然执笔用写作来书写自己对生命与希望的感悟，到后来"已经活得不那么在意死了"。他在《我与地坛》[3]中写道："死是一件无须着急去做的事，是一件无论如何耽搁也不会错过了的事，一个必然会降临的节日。"史铁生直面疾苦，优雅豁达面对死亡的精神，值得我们尊敬。这种精神是一种医学道德观，是值得我们深入讨论的问题之一。身处医改"深水区"，我们认为首要任务应是理清适宜与骄纵、希望与奢望的界限。而在中国，越来越多的老百姓把医生当作拯救者，把医德片面理解为医生单方面的品格塑造和职务奉献。

和谐的医疗是医患之间形成的道德共同体，医者应加强人文关怀，病者亦须不盲目焦虑，面对疾病先学会接受与忍耐，再寻求药物或手术的帮助。美国医学哲学教授恩格尔哈特在他的书中就曾写道："医患之间从道德异乡人到道德共同体，是一个进步的过程与和谐之旅，是蒙难者（患者）与拯救者（医者）共同的成长。"[4]

道法自然。道生一，一生二，二生三，三生万物。道不仅是自然的规律，也是行为的规范。完备的医学道德观应该是基于医学的人文，医学具有生物学和社会学的双重属性。人文讲的是什么？人文讲的是美。科学之上是美学，美学和哲学是相通的。

医圣张仲景的《伤寒论》中医学人文的含量是非常丰富的，希波克拉底也提到医学本身就有信仰。医学人文应该包括生之道，也应该包括死之道；既讲求医家之德，也嘱意病家之德；应该能够穿越健康，也能够直面疾苦。近年我们指导查房的时候，最后总会问患者一句话："我还

能帮您做点什么？"很多老患者就很感动。相对于具体的疾病诊疗活动，其实医者更应努力成为患者的精神支柱，关心患者的感受，决不能只到患者前面问有事没，没事转身就走了。

医学本身的定位应该是救死扶伤，特别强调治未病和重预防。中国式新医改的"深水区"，有更多观念需要我们厘清。如何界定医学的目的与边界？医学能干什么？已经干了什么？还能干些什么？

面对晚期的肿瘤患者，医生就应该用"人文"去关怀，用精神去抚慰。当然对于基础医学来说，应该研究攻克肿瘤的技术手段和方法。但是目前为止，美国人投了大量资金，筛选了若干化合物，在果蝇身上都有效应，到临床就难显示效应了。美国学者如今这说，对于肿瘤的药物研发，没有什么实质进展。当今治疗肿瘤，一是不过度治疗，二是加强宣教，三是吃点草药，其策略已经从单纯的治疗向人文关怀与治疗的结合转变。

3. 叙事医学与循证医学不可偏废，共同促进医学与人文发展

循证医学（evidence-based medicine）是"遵循科学证据的医学"，对于医学发展和医者思维的不断更新起到了至关重要的作用[5]。叙事医学（narrative medicine）的概念形成于 2001 年，由美国哥伦比亚大学教授卡蓉在《内科学年鉴》上撰文提出，文中同时介绍了她运用叙事写作，最大限度地理解患者、建立同情，与患者分享临床决策权的个人经验[6]。同年，卡蓉又在《美国医学会杂志》上发表《叙事医学：同情、反思和信任的模型》一文，对叙事医学的理论框架做出了定义，重申叙事医学的核心在于"倾听患者的故事"[7]。

叙事医学作为一种人文属性的医学模式出现，是对 20 世纪 70 年代以来"生物 - 心理 - 社会"医学模式的更新，是临床诊疗实践中尊重与理解患者价值观的实现形式，也是对临床医生或医学生进行"以患者为中心"职业精神教育的一种方式。提倡医者把诊疗过程中正规病历之外的细枝末节、心理过程乃至家属的感受都记录下来，使临床医学更加富有人性，更加充满温情，弥合技术与人性的鸿沟，丰富人类对生死、疾苦的理解和认知，也为紧张的医患关系"松绑"。

通过训练临床医生的叙事能力，叙事医学实践旨在塑造一种深刻地理解、解释、回应他人故事及困境的技能，帮助其在医疗活动中提升对患者的同情力、职业精神、信任关系以及不断自我反思的能力。其不仅要注重对情绪、情感、认知、心理的观察，而且要进一步化解心理的矛盾，要有较为可行的方案。当然方案共同点，第一就是接受症状、疾病的苦痛。第二是忍耐。第三是寻求药物或手术的方法，

治疗疾病。

目前，叙事医学的主要实践形式是在医疗活动中的平行病历书写范式，从而使医学人文有了实实在在的临床程序和评价指标。具体而言，平行病历是指在医生诊疗常规中在标准病历之外，使用非技术性语言，记录患者疾苦故事的临床札记[8]。随着诊疗进程，标准病历与平行病历的双轨书写程式，有利于从客观与主观、疾病与病痛、生物学与社会心理情感行为两个维度记录疾病经历，从而补充了患者作为一个有思想感情的人所经历的各种身心变化，以及对治疗的感受和体验这一内容。两者一个从医者角度，一个从患者角度，对患者的疾患旅程进行了完整记录。这一实践，真正实现了把"医生关注患者价值观"作为标准临床程序的重要环节，促使医生产生"共情"，更好地为患者服务。

同时，对于患者价值观在医学临床与研究中的体现，即医患共同决策与患者评价疗效而言，叙事医学的平行病历书写范式也提供了一种获取患者主观体验与感受的方法。

应该努力尝试医患双方在决策的各环节都保持互动与交流的过程。医生应帮助患者理解疾病和预防措施的风险和严重性，防治措施的风险、益处、替代方案和不确定性，以及如何权衡价值和利弊；患者则需提供自身病情、生活方式、过往经历、社会关系、资源、选择、价值和希望等重要信息，双方综合以上信息，考虑实际情况，针对不同方案进行讨论，最后达成一致。这种决策方法是一个过程而不是一个事件，它是相互扶持的医患关系的一部分和治疗同盟对话的一部分。

有学者描述了共同决策模式不可或缺的 4 个要素：①决策的参与者至少包括医患双方；②双方实际参与决策过程，包括交换意见、达成一致决定等；③医者与患者必须存在双向的信息交流；④最终双方达成一致，做出同一个诊疗选择[9]。

循证医学的发展固然为医学临床决策提供了高质量的群体证据，也要求医生根据患者的价值观和意愿调整治疗方案，提出"遵从人的意愿而不能迷信证据"，然而单纯地"列出最优的治疗方案选项，征求患者意见"的机械程式极有可能在临床中被简化成"患者或家属签字同意"，共同决策所要求的"医患充分沟通与理解"也许难免流于形式。叙事医学与循证医学的结合，即叙事循证医学的出现为"最佳科学证据"与"最贴切个体证据"的结合提供了契机，通过"叙事的循证化"与"循证的叙事化"两种实践，着力于整合"找证据"与"听故事"，既给予患者医学科学证据，也同时提供医学人文关切，从治疗"疾病"与缓解"病痛"两个层面设置符合整体治疗观念的双轨临床诊疗路径[10]。

"有时会治愈，常常是帮助，总是能安慰"（to cure sometimes，to relieve often，to comfort always），百余年前

美国结核病医生爱德华·特鲁多墓志铭上的这段话，至今在广大临床医生听来仍有振聋发聩的力量。现代医学发展至今，诊疗技术得到空前发展，特别是人类基因图谱的绘制使得分子诊断与基因靶向治疗成为现实。尽管如此，艾滋病、阿尔茨海默病以及肿瘤等不愈之症的存在无时无刻不在提醒着人们现代医学的局限与无力。

当然，现在提及叙事医学，但怎么把它建立起来，如何使之丰满，还需要认真探讨，更缺乏对理论框架的构建。人都有善良的本性，叙事医学正是基于这样的本性。医学是科学，也是人学。既然是人学，就要有温度、有感情，这种感情在叙事医学中得到体现，否则医学就是冰冷的。

总而言之，要实事求是，新的医改更现实，它告诉人们当代医学的危机，而人们应该思考如何应对。

4. 结语

作为医学从业者应该认真学习一些医学人文的东西，不要流于表面化，或热衷于应景的文章。在高概念、大数据的时代，科学与人文的融通，是非常重要的一个方面。当然，针对目前的局面想真正改观的话，国家需加大投入，

人们要转变观念。这是一个关乎全民族素质的大问题。

参考文献：

[1] 大卫·斯诺登. 优雅地老去 [M]. 李淑珺，译. 北京：世界图书出版公司北京公司，2014：11.

[2] 史铁生. 病隙碎笔 [M]. 长沙：湖南文艺出版社，2013：5.

[3] 史铁生. 我与地坛 [M]. 2 版. 北京：人民文学出版社，2011：3.

[4] 格尔哈特. 生命伦理学基础 [M]. 2 版. 范瑞平，译. 北京：北京大学出版社. 2006：24.

[5] 张鸣明，李幼平. 循证医学简史 [J]. 中华医史杂志，2002，32（4）：230-235.

[6] Charon R. Narrative medicine：form，function，and ethics[J]. Annals of Internal Medicine，2001，134（1）：83-87.

[7] Charon R. Narrative medicine-a model for empathy，reflection，profession，and trust[J]. JAMA，2001，286（15）：1897-1902.

[8] 王一方. 临床医学人文：困境与出路——兼谈叙事医学对临床医学人文的意义 [J]. 医学与哲学，2013，34（9A）：14-18.

[9] Charles C，Gafni A，whelan T. Shared decision—making in the medical encounter：what does it mean？[J]. Soci Sci Med，1997，44（5）：681-692.

[10] 牟玮. 中医临床研究患者支持系统的研制及应用 [D]. 天津：天津中医药大学，2014.

（收稿日期：2014-10-30）

附录 3

《天津中医药》2015 年 1 月第 32 卷第 1 期

医理事理圆融论

王永炎[1]，王燕平[1]，于智敏[2]

（1. 中国中医科学院临床基础医学研究所，北京 100700；2. 中国中医科学院中医基础理论研究所，北京 100700）

作者简介： 王永炎（1938—），男，著名中医内科学、神经内科学专家，中国工程院院士，现任中国中医科学院名誉院长、中国中医科学院临床医学基础研究所所长、北京师范大学资源学院资源药物与中药资源研究所所长、北京中医药大学脑病研究室主任，从事中医内科医疗、教学、科学研究近 50 年，主要研究方向是中医药防治中风病与脑病的临床与基础研究，先后主持了包括世界卫生组织（WHO）国际合作项目，国家 973、863 项目和国家"七五"至"十五"攻关课题 20 余项，获国家级科技进步奖二等奖 2 项、三等奖 3 项，省部级科技成果一等奖 5 项，获何梁何利基金"科学与技术进步奖"、香港求是基金会"中医药现代化杰出科技成就奖"，获全国五一劳动奖章和全国先进工作者荣誉称号，先后作为第一主编出版《临床中医内科学》、《今日中医临床丛书》等 15 部学术专著，发表学术论文 500 余篇，已培养医学博士 65 名，出站博士后 28 名，

其中 2 名博士荣获全国百篇优秀论文奖励。

摘要： 中医学现代研究经过多年探索，在"医理"层面上取得了许多成绩，但对"事理"的研究尚显不足。医理探求与事理圆融是名医成长的阶梯，是弘扬中医的先导，它体现的是人文导向科学的进步，因而对中医学术传承至关重要。

关键词： 医理；事理；圆融

Harmony of Medical Knowledge and Reason

WANG Yongyan[1]，WANG Yanping[1]，YU Zhimin[2]

（1. Institute of Clinical Foundation Medical Sciences of China Academy of Chinese Medical Sciences，Beijing 100700，China；2. Institute of Basic Theories of China Academy of Chinese Medical Sciences，Beijing 100700，China）

Abstract： After years of exploration and modern research of traditional Chinese medicine，and has made a lot of achievements in the "medical knowledge" level，but the research on "reason" is not enough. Seeking medical knowledge and harmony of reason is the growth ladder of famous doctors，is a guide to carry forward the traditional Chinese medicine，it is the embodiment of humanistic orientation of scientific progress，which is crucial to the Chinese academic inheritance.

Key words： medical knowledge；reason；harmony

中图分类号：R2-03　文献标志码：A　文章编号：1672-1519（2015）01-0004-03

人们喜欢用"上知天文，下晓地理，中通人事"来形容知识渊博的人。知天、知地、知人，用现代语言进行诠释，就是强调既要了解天地间万事万物的道理，更要精通人情世故的事理。

事，指宇宙间千差万别之现象。理，指道理，即一切事物之存在、变化所准据之法则。事理，就是指事物存在、发展的内在规律，是事物何以成为"那样"的道理。事理学贯穿于一切事物的始终，由于它是通过人的观察、思考、描述，从客观存在中提炼出来的，因此具有高度的抽象性、意会性和生动性，但是，却和人们的一切活动紧密相连。

无论是中国的传统文化，还是中医学，都非常重视对事理学的探究。司马迁"究天人之际，通古今之变"，强调的就是对天和人的关系以及历史古今发展变化轨迹的把握。如果只研究事物的道理而不把握事理，有时会为物所累。《庄子·山木第二十》曰："物物而不物于物，则胡可得而累邪？"强调的就是人们要善于利用物而不受制于物，只有这样才能不受物的牵累，也只有这样，才能达到《庄子·天地第十二》所谓"通于一而万事毕"，"一事通，百事通；一理通，百理融"的高深境界。

这里的"一"，实际上是万事万物所以然的道理，它是万事万物的起点、原点、根本点、创始点。只要掌握了各种事物变化的关键因素和自然和谐发展的规律，就可以从容应对。

中医学属于复杂科学体系范畴，具有科学、人文的双重属性。其独创的理论体系、思维方法、诊疗技术，实际上兼具医理学、事理学的双重特征。

观之于事物，大凡一切看似愈简单的，其实就是愈复杂的，中医学尤其如此。从理论体系来看，阴阳五行、藏象经络、病因病机、诊法辨证、治则治法、养生康复一以贯通，理法方药，浑然一体，丝丝入扣。看似简单，稍具常识的人也能道其一二。但是，只明医理，不明事理，也难成名医。

《素问·疏五过论》指出："圣人之治未病也，必知天地阴阳，四时经纪，五脏六腑，雌雄表里，刺灸砭石，毒药所主，从容人事，以明经道，贵贱贫富，各异品理，问年少长，勇怯之理，审于分部，知病本始，八正九候，诊必副矣。"道尽医道之复杂。"从容人事"，强调的也是要明白医理，洞晓事理，以此方能探讨疾病的本源。以至于《本草新编》慨叹："人不穷理，不可以学医；医不穷理，不可以用药。"李中梓尝读《素问·方盛衰论》而殿之曰："不失人情。"并作《不失人情论》以记之，既慨然而叹黄帝之大道深矣，又深感中医事理之难明也。

笔者曾深入研究思考过关于中医实证论、分析论、系统论、还原论等问题，深感要研究、发展、弘扬中医，医理与事理的双重结合才是正途。中医的事理学原则，实际上囊括了现代概率论的"大数律法则"。大数律法则是在随机现象的大量重复试验和观察中，总结、归纳、提炼出的某种几乎必然的规律性的一类定理。中医学的理论与实践，是千百年临床经验的总结、积累、提炼与升华，具有公理般的特性，指导临床，成就了中医学今日的成就与优势。

中国历来重视对"大数"原则的把握，对事理规律的探寻。《礼记·月令》曰："凡举大事，勿逆大数。必顺其实，慎因其类。"戴复古《送湘漕赵蹈中寺丞移宪江东诗》云："盛衰关大数。"无不申明要把握大数，忽视细枝末节。如果"崇饰其末，忽弃其本"，其结果必然如《史记·淮阴侯列传》所说："审毫厘之小计，遗天下之大数。"可见，大数与事理法则，是隐藏于中医学中的自然规律，是决定事物成败的大计要略，是关乎中医传承的奥秘和关键因素之一，是中医事理学的核心。

中医学现代研究经过多年探索，在"医理"层面上取得了许多成绩，这是值得肯定的。但是，对"事理"的研究尚嫌不足。医理探求与事理圆融是名医成长的阶梯，是弘扬中医的先导，它体现的是人文导向科学的进步，因而对中医学术传承至关重要。

医理在于真传，事理在于心悟，智慧在于开启，大道在于明示。学习、领会、掌握、应用中医事理学的基本方法，一言以蔽之，就是"开示悟入"。

"开示悟入"为佛学术语。原意是："开佛知见，示佛知见，使悟佛知见，入佛知见也。"《中华佛教百科全书》曰："天台宗以'开示悟入'四字，来表示行者达到佛知见的深浅程度。"在此也可以用来表示对中医学的领悟过程与深度。

开，就是发掘，辟出，使其内涵显露出来。《周易·系辞》曰："开物成务"，就是开通、了解事物，通晓事物之理。宋·陈亮《祭俞德载知县文》云："涉猎不休，经史百氏，开物成务，以发厥志。"即为此意。学习中医，首先要开拓思路，开阔视野。我们提倡的读经典、做临床、参名师，就是强调通过直接经验和间接经验的学习，开阔自己的眼界，开拓自己的思路，避免孤陋寡闻，见识短缺。

示，《华严经音义》曰："示，现也。"《苍颉篇》云："示，现也。"就是把事物摆出来或指出来使人知道。学习中医学的目的在于应用，在于理论联系实际，中医事理学同样需要和临床紧密联接。中医学研究重在理解、解释与应用，重在把读经典的知识、参名师的体会用于临床，以提高临床疗效，同时验证自己的理解与解释是否符合临床实际。

悟，《说文解字》曰："悟，觉也。"《佛学大辞典》曰："悟，证悟之意；事（现象）、理（本体）融通而有所悟。"学习中医学，要用心体会，深刻领悟精神实质。程钟龄指出："心悟者上达之机，言传者下学之要。"《素问·八正神明论》曰："目明心开而志先，慧然独悟。"强调的都是务性思维。张仲景在《伤寒论序》中"慨然叹其才秀"的"越人入虢之诊，望齐侯之色"就是一种"目明心开而志先，慧然独悟"境界。

入，《说文解字》曰："入，内也。"《佛学大辞典》曰："入，证入之意；谓事理既已融通，则可自在无碍，证入智慧海。""纸上得来终觉浅，绝知此事要躬行。"学习中医学，最终目的要达到融会贯通的境界，并用以指导自己的诊疗行为。

中医学研究，当既通医理，又明事理，遵循天理，如此方能"究天人之际，通古今之变，成一家之言"，在当今形势下才能据此对中医学蕴含的人文精神与科学思想进行阐发，实现对中医学的完整准确继承，与时俱进创新。中医历代先贤的精论，中医学独特的健康观与疾病观，中医对人的病与病的人的细致把握，治疗疾病所采取的综合条例措施，养生保健的诸多方法等，都蕴含着中医治病的事理学原则，体现中医治病的最高境界。中医学人只有把握其中蕴含的事理学原则，才能体悟医道至真，才能从深层次理解古今名医成功的奥秘，领悟中医经典中蕴含的微言大义，做到"稽其言有征，验之事不忒"。

《三国志·董昭传》云："窃见当今年少，不复以学问为本，专更以交游为业。国士不以孝悌清修为首，乃以趋势游利为先。"欣逢盛世，中医药学适逢发展的良好机遇，期同道当潜心为学，精进不倦，立"抗志以希古人，虚心而师百世"之志，戒虚名，除浮躁，志存高远，俾岐黄之学有续，薪火得以相传。庶几术可比卢医扁鹊，寿可享彭祖之年。

（收稿日期：2014-10-10）

附录 4

《北京中医药大学学报》2015 年 1 月第 38 卷第 1 期

中国传统哲学之心象理论在中医学的应用（二）
——心象与中医理论发生学

范逸品，张志斌，王永炎

（中国中医科学院中医临床基础医学研究所，北京 100700）

摘要：原象是心象的表现形式之一，其本质为太虚元气，是构成万物的本原。原象的流动和转化实质是太虚元气的运动和气化。原象在中医学中应用主要体现在说明人体脏腑生理功能，病理变化及指导疾病的诊断治疗等方面。

关键词：心象；原象；太虚元气；中医学

Mental Image Theory of Chinese Traditional Philosophies Applied to Traditional Chinese Medicine（Ⅱ）——Mental Image and Embryology of TCM Theory

FAN Yipin，ZHANG Zhibin，WANG Yongyan

（China Academy of Chinese Medical Sciences，Beijing 100700）

Abstract：The nature of noumenon image which is one of presentation forms of mental image，is original Qi（Taixu）regarded as the arche of all things. Flowing and convertion of noumenon image is exactly the movement and qi transformation of Taixu. The application of noumenon image in TCM is focused on explanation of the physiological function of viscera and pathological changes，as well as guidance of diagnosis and treatment.

Key words：mental image；noumenon image；original qi；TCM

"发生学"源自生物学领域的"遗传学"，原来主要探讨生物学领域动植物的发生和演化问题，后来逐渐被应用于人文社会科学。20 世纪以来，发生学已成为探索自然界万物起源、演化的阶段及形态和规律的具有普遍意义的研究方法。中医理论的发生学研究是反映和揭示中医理论的发生、发展及演化的历史进程以及规律的方法。其核心则是把中医的理论回置于发生发展的具体历史环境的哲学、社会、农业、天文、宗教、伦理道德等背景下，进行综合的动态考察。重点考察影响中医学理论发生发展的本质的、必然的因素，尤其是独特的方法因素，从而真正深入理解和认识中医学[1]。

一般而言，发生学的研究方法分为实证的发生学方法与思辨的发生学方法。心象与中医理论发生学的关系是基于中国传统哲学理论进行研究的，属于思辨的发生学方法。

"心象"具有"意象""神象""情象""梦象""空明之象""原象"等内涵。心象与中医理论发生学的联系是围绕"原象"与"元气"展开论述的。

1. 心象与元气论

心象之原象是原创发生之源，是始源性范畴，具有本体性内涵。"原象"虽然无音声形色，却客观存在，是既非纯物质，亦非纯精神，而是涵盖心物，消融主客，惟恍惟惚的本体性存在，是合天人、通物我的宇宙整体之象。不能目见耳闻，却可以心会，为思维获知认识。就中国传统文化而言，原象有不同的称谓，道学之"道"，《周易》之"太极"，理学之"心"，《黄帝内经》之"太虚"等都具有本体学意义，皆可以称为"原象"。王树人指出：这种原象或精神之象，在《周易》中就是卦爻之象，在道家那里就是"无物之象"的道象，在禅宗那里就是"回归心性"的开悟之象[2]。

作为本体之象，原象与中国传统哲学的"气一元论"进行了对接。"气一元论"即"元气论"。"气一元论"认为气是构成天地万物的本原，一切事物和现象的发生、发展和变化皆源于气的运动变化。

《太平御览·卷一》："天地者，元气之所生，万物之所出焉。"北宋张载所著《正蒙·太和》说："气之为物，散入无形，适得吾体，聚为有象，不失吾常。太虚不能无气，气不能不聚而为万物，万物不能不散而为太虚。"认为"太虚即气"，此外张载又提出"象即是气"的观点。《正蒙·乾称篇》言："凡有，皆象也；凡象，皆气也。""象若非气，指何为象？"认为"象"和"气"本来是同物异名。由"太虚即气"与"象即是气"可以推知"太虚即象"。但此"象"不是具体的物象，而是具有本体意义的原象。《正蒙·太和篇》说："气坱然太虚，升降飞扬，未尝止息，易所谓絪缊，庄生所谓生物以息相吹野马者与！此虚实、动静之机，阴阳、刚柔之始。"说明此太虚之气是具有原创发生的宇宙之象，即原象。

太虚原象是消融主客，泯灭心物的整体之象，这是基于主客一元的角度而言。如果从主客对待的二元论来看，太虚原象涵盖了通过感觉器官感知的"物象"和虽然不能用感觉器官感知却可以通过心意体悟的"心象"（此处"心"指心物对待的意识思维之"心"，非统摄心物具有本体意义之"心"，下同。）物象与心象其实是同一物"太虚元气"的2种不同显现方式，都是"气"之"象"，《横渠易说·系辞下》曰："所谓气也者，非待其郁蒸凝聚，接于目而后知之；苟健、顺、动、止、浩然、湛然之得言，皆可名之象尔。"物象即"气"的"郁蒸凝聚"者，可被耳目等感官感知。心象即"气"的"浩然、湛然"者，不能被感官感知，但可以为心灵思维认知体悟。物象为感官对象，是"气"的形下的呈现形式，不仅包括有形，还包括无形之象，比如雷。心象为思维对象，是"气"在心意中的呈现形式，包括意识内容中的虚、理等形上概念。物象与心象作为同一物"气"的2种不同显现方式。

2."原象"是构成万物的本原

原象（太虚元气）是构成宇宙万物的本原，具有原发创生性。《素问·天元纪大论篇》："太虚寥廓，肇基化元，万物资始，五运终天，布气真灵，总统坤元，九星悬朗，七曜周旋，曰阴曰阳，曰柔曰刚，幽显既位，寒暑弛张，生生化化，品物咸章。"太虚原象充满着无穷无尽具有生化能力的元气，元气（即具有本原意义之气）敷布寰宇，统摄大地，天道资始，地道资生。天地精气交感、运动变化，生生不息，便产生四时寒暑及宇宙万物的繁复形象。

象即是气，《正蒙·神化篇》说："象若非气，指何为象？"太虚原象本质是太虚元气，是宇宙的肇基，是世界万物的渊源和归宿。气本为一，分为阴阳，气是阴阳二气的矛盾统一体。《素问·阴阳应象大论篇》曰"清阳为天，浊阴为地"。《素问·至真要大论篇》也说："本乎天者，天之气也。本乎地者，地之气也。天地合气，六节分而万物化生矣。"天地阴阳之气升降往复，彼此交感而形成宇宙万事万物。人为宇宙万物之一，人类也由原象（太虚元气）化生。《素问·宝命全形论篇》："人以天地之气生，四时之法成。"此处"天地之气"即"阴阳之气"，分为阴阳，合为原象（太虚元气）。人类不仅由原象所生，而且是原象（太虚元气）之正气所生。《万病回春·卷之一》说："人者，得天地之正气，灵于万物者也。"人的形体和人的精神思想都是原象（太虚元气）的产物。《医门法律·卷一》说："惟气以成形，气聚则形存，气散则形亡。"即人的形体是由气构成的，而人的精神意识思维活动也是由物质机体产生的一种气的活动，故曰："人有五脏化五气，以生喜、怒、悲、忧、恐"。人的生死过程，就是原象（太虚元气）的流动转化过程。如《庄子·知北游》说："人之生，气之聚也。聚则为生，散则为死。"

总之，原象（太虚元气）是构成世界的本原，是构成万物最基本的要素，原象生成的人体之气是构成人体和维持人体生命活动的具有很强活力的最基本物质。

3. 原象的流动和转化——气的运动和气化

象具有"流动与转化"性，所谓"象的流动与转化"，其"流动"是指从一种象到另一种象的相互运动。这种运动是象之间可能发生替代的运动，一种象替代了另一种象，才可以称作象的"转化"[3]。以《老子》的"大曰逝，逝曰远，远曰反"为例。"大"是"大象无形"，一切事物都出于大象，即原象，其出就是原象的"逝"。一切事物出于象又各有生长变化，是原象的"远"。"反"是一切事物生长变化之后，又复归于原象。可见，"逝、远、反"尽管非同一的象，由一个替代另一个，但终归都是"原象"的"流动与转化"[4]。从主客对待而言，物象与心象都是原象的体现，它们都为原象所生，以显明的方式呈现，最终又以幽隐的方式回归于原象。整个过程实质是原象的流动转化与循环往复，原象是循环的起始点和归宿点。原象本质是太虚元气的生生不已之象，其流动转化实质是太虚元气的运动和气化。

3.1 原象的流动——气的运动

万物构成，皆源于原象（太虚元气）。万物运动，亦由乎原象（太虚元气）。原象的流动表现为太虚元气的运动。太虚元气包含天地阴阳二气，阴阳的相互作用是气运动变化的根本原因。故曰："阴阳者，天地之道也，万物之纲纪，变化之父母，生杀之本始。"（《素问·阴阳应象大论篇》）气的阴阳对立统一运动，表现为天地上下、升降、出入、动静、聚散、清浊的相互交感，这是气运动的具体表现形式。《内经》以"升降出入"4字概之。

原象的流动具有普遍性。自然界一切事物的变化皆根源于原象的流动。原象的流动在《内经》中称为"变""化"，"物生谓之化，物极谓之变"（《素问·天元纪大论篇》）。"物之生，从乎化；物之极，由乎变。变化之相薄，成败之所由也""是以升降出入，无器不有"（《素问·六微旨大论篇》）。宇宙中任何一个具体事物，既是由原象化生，其自身又具备着原象的流动特性及升降聚散等运动形式。

3.2　原象的转化——气的气化

原象的转化过程实质是太虚元气的气化过程。气化，是指气的运动产生宇宙自然各种变化的过程。宇宙万物在气的作用下，形态、性能及表现方式上出现的各种变化，皆为气化的结果。气聚成形，散而为气。形和气是物质存在的基本形式，而形和气的相互转化则是物质运动的基本形式。气化的形式表现不一。如气与气的转化："地气上为云，天气下为雨"（《素问·阴阳应象大论篇》）；形与形之间的转化：冰化为水、水化为雾霜雨雪等；有形之体自身的气化：动物的生长壮老已、植物的生长化收藏等变化；形气之间的相互转化：无形之气交感聚合成有形之物与有形之物死亡消散化为无形之气。

原象的流动是原象转化的前提和条件，原象的转化过程中又蕴着原象的流动。原象的流动及原象的转化是永恒的，不间断的，它们是宇宙万物发生、发展与变化的内在机制。

4. 原象在中医学中的应用

人类是原象（太虚元气）之正气化生的产物。人体是由气构成的一个不断发生着形气转化的升降出入气化作用的运动着的有机体。人体之气包括元气、宗气、营气、卫气和各脏腑经络之气，是原象（太虚元气）之正气在人身中的分化。原象在中医学中的应用体现在以下几方面：

4.1　说明脏腑的生理功能

原象是生成万物的本体，其所包含的正气是构成人体的最基本物质。"人体的基本组织如脏、腑、形、窍等，也是由气聚合而成的。新陈代谢是生命的基本特征。人之生死由乎气，气是维持生命活动的物质基础。人生成于自然界中，一刻也离不开天地之气（原象所化）对人体生命活动所提供的必需的营养物质，如肺吸入的清气，胃摄入的谷气等。故《灵素节注类编·卷五》："故天地之气化，为人生寿命之本也。"

升降出入是人体气化运动的基本形式。也是维持人体生命活动的重要方式。气化运动的升降出入是通过脏腑、经络等的功能活动来实现的。如人的呼吸运动之吸清呼浊，人的消化功能之摄入水谷、吸收精微、排出糟粕等，均体现了气的升降出入运动。脏腑、经络等的生理活动，体内各种物质之间的转化、代谢等，均是在气的升降出入运动所发生的各种变化。因此，气的运动及气化，维持着人体的生命活动。如果气的运动及气化一旦停止，就意味着生命活动的结束。此即《素问·六微旨大论篇》所言的"出入废则神机化灭，升降息则气立孤危"。

4.2　说明人体的病理变化

人体脏腑皆以气为用，贵在流通。故《灵枢·脉度》云："气之不得无行也，如水之流，如日月之行不休。"疾病的发生发展皆与气的生成和运行失常相关。即《素问·举痛论篇》所言"百病生于气也"。

《圣济总录·卷第六十七》也说："故通天地一气耳。人生其间，大喜毗于阳，大怒毗于阴，一吐纳，一动静，何所逃哉，与气流通而已。故气平则宁，气不平则病。"疾病的表里虚实，顺逆缓急，皆因气所促成，故《景岳全书·诸气》说："凡病之为虚为实，为寒为热，至其病变，莫可名状，欲求其本，则止一气足以尽之。盖气有不调之处，即病本所在之处也。"

4.3　指导诊断和治疗

人体之气生于原象，在中医学的诊断和治疗方面有着重要的作用。人体之气重在元气，其盛衰可以从面色、形态、声音、神志、脉象等方面表现出来。其中以神志和脉象尤为重要。《景岳全书·传忠录》云："神气者，元气也。元气完固，则精神昌盛无待言也。若元气微虚，则神气微去；元气大虚，则神气全去，神去则机息矣。"神气存亡是生命活动的重要标志，神气盛衰可以通过色脉测知。中医学认为疾病的发生取决于邪正双方的斗争结果，正气在发病上居主导地位。

综上所述，心象之原象本质为太虚元气，不但是构成万物最基本的物质要素，而且是生命的本原，人体之气是原象（太虚元气）之正气在人身中的分化。原象的流动和转化实质是太虚元气的运动和气化。原象在中医学中有着广泛的应用，主要体现在说明人体脏腑生理功能，病理变化及指导疾病的诊断治疗等方面。

参考文献：

[1] 李如辉. 中医理论的发生学研究 [J]. 浙江中医学院学报，1999，23（2）：1-3.

[2] 王树人. 中国象思维与西方概念思维之比较 [J]. 学术研究，2004（10）：5-15.

[3] 王树人. 回归原创之思 [M]. 江苏人民出版社，2005：26-27.

[4] 张锡坤，窦可阳. 中国古代的"象思维"——兼评王树人新著《回归原创之思》[J]. 吉林大学社会科学学报，2006，46（6）：116-124.

（收稿日期：2014-10-20）

附录 5

《北京中医药大学学报》2015 年 2 月第 38 卷第 2 期

中国传统哲学之心象理论在中医学的应用（三）
——心象与养生

范逸品，张志斌，王永炎

（中国中医科学院中医临床基础医学研究所，北京 100700）

摘要：中国古代文献中记载了通过心象思维而获得的养生治病的理论和案例。根据获得心象的途径不同可以分为有待之观的心象养生和无待之观的心象养生，从源流、方法、应用、机理等方面对二者进行了论述。

关键词：心象；养生；有待之观；无待之观

Application of Ancient Chinese Philosophical Mental Image Theory in TCM （Ⅲ）：Mental Image and Health Preservation

FAN Yipin，ZHANG Zhibin，WANG Yongyan

Abstract：Ancient Chinese literature has recorded theoretical reasoning and medical cases on health preservation and treatment of diseases using mental image. There are two ways of health preservation by mental image：restrictive Guan（intuitive insight）and non-restrictive Guan. The article discusses origin，methods，application，and mechanism of cultivating health and preserving life by mental image.

Key words：mental image；health preservation；restrictive Guan；non-restrictive Guan

心象源于中国传统哲学，是植根于中国文化哲学的一种原创的思维方式，并对中医学产生了重要影响。心象除了"归纳""演绎""抽象"等常见的意象思维方式外，一些"象"如空明之象、原象等思维具有独特的认知路径。其中，"观"是获得心象的重要思维方式。

《说文解字》释"观"曰："谛视也。"谛为细察，详审之意。可见"观"不仅包括眼睛"看"，而且包括远远超过这种意义的深刻认识。观是"思维"的原动力，没有"观"，所谓"思维"是死的。"观"能够寻求象，建立象，发明象。事实上，"观"是一种事物自然存在呈现的境界，蕴涵着一种超脱理性与意向的、主体与客体综合为一的直觉方法[1]。

心象是存在呈现于心意识的显现形式。包括"意象""情象""梦象""神象""空明之象""本体之象"等。但前五者是眼、耳、鼻、舌、身、意等感觉与知觉思维作用形成的对应境象，可以概括为"感知之象"，是主客对立产生的境象。而后者是脱离意识思想，超越逻辑

思维，非知解所及，逸出言意之外的心灵境域，是消融主客，天人合一的整体之象。因此从主客体的角度来看，心象可分为"感知之象"与"本体之象"。对应的"观"可以分为"有待之观"与"无待之观"，需要注意的是"空明之象"虽然属于"感知之象"，但是其呈现的境象与"意象""情象""梦象"不同，是意识无所执著所呈现的"清明境界"，其获得途径也是通过"无待之观"来实现的。

中国传统哲学中，有很多文献记载了通过心象思维而获得的养生治病的理论和案例。根据获得心象的途径不同可以分为有待之观的心象养生和无待之观的心象养生。

1. 有待之观的心象养生

所谓有待，就是事物的存在、发展有所依凭、有所对待，事物是相对存在。受到诸可感知之象的束缚与局限之观称为有待之观[2]。有待之观是对于可感知之象的局限之观。心有所依凭，有所对待。或依凭于

感觉产生的境象，或依凭于思维意识造作的境象。因为有所依凭，有所对待，故所取之象是局限之象，非无所对待而呈现的整体之象。就养生学而言，有待之观的心象养生主要体现在依止于气息，依止于身体某一部位，依止于意识所造之境等方面，有时候会出现两三种方式的结合。

1.1　依止于气息的心象养生法

依止，即依存而止住之意，或以某事物为所依而止住或执着。气息指呼吸时进出的气。依止于气息之观指以气息为所依或执着于气息的心象养生方法。

气息之观最早可以溯源到先秦时期。《老子·十章》："载营魄抱一，能无离乎。专气致柔，能如婴儿乎。"河上公注："专守精气使不乱，则形体应之而柔顺。"为其发端。其后庄子的"心斋"，较为详细地介绍了依止于气息的心象养生方法。《素问·生气通天论篇》曰："故圣人抟精神，服天气，而通神明。"所谓"服天气"，就是吸纳自然之气，这可能是中医气息养生的最早记录。后世诸家对依止于气息的心象养生理论均有阐述，限于篇幅，不再赘述。

依止气息的心象养生方法重点有二，一是放慢呼吸节奏；二是降低呼吸发出声音到最低，最终不能听到自己的呼吸，只能感到气通过鼻腔进出，从而排除了机体与环境间的气流交换过程所产生的噪音。依止气息心象养生的要点是"心息相依"，心息相依，是指心与息互相依附的深度入静状态。《医学入门》有一段精辟的论述："心主乎息，息依乎心；心息相依，则精气神满而病却矣。"心与息紧密联系，如果做到"心息相依"，"则精气神满而病却矣"，所以依止气息的方法对于养生至关重要。

具体而言，依止气息的心象养生方法有补益气血、治疗劳损、调摄痼疾等作用。如宋代朱熹曾有通过气息调养而充实气血的切实体会："中年气血非前日之比，服药亦难见效，惟有虚心调气，静以养之，庶或少可补助耳。[3]"《医灯续焰》说："天台智者禅师，谓一日一夜调息之功，可以已二十余年之痼疾。盖天之阳气一回，则万物生色。人之元气一复，则百体皆和，宿疾普消，特其余事耳。"

1.2　依止于身体部位的心象养生法

所谓依止于身体部位的心象养生法主要是通过意识专注于身体的某一部位或多个部位，又称为"守窍"。古人很早就注意到"守身炼形"，庄子曾提出："汝神将守形，形乃长生。"《真浩》："凡人常存思识己之形，极使仿佛。"一般而言，意守的部位有以下几方面：下丹田，夹脊，天目等。

守窍之法很多，不同素质之人，宜采用不同之法。在守窍过程中，也应根据气机的变化而灵活掌握，转换意守之窍。关于守窍的方法，诸家都强调"勿忘无助，似守非守"，用意不可太紧，又不可堕于散乱昏沉，以不取不离为要诀。《摄生三要》："大都随守一窍，皆可收心。苟失其宜，

必有祸患。惟守而无守，不取不离，斯无弊耳。"

意念守窍在强身健体方面有颇多裨益。如《心医集·静功》论述了通过意守丹田而达到养精健体的方法。曰："炼精有法，全在肾家下手。内肾一窍名玄关，外肾一窍名牝户。炼之之法，须半夜子时披衣起坐，两手搓极热，以一手将外肾兜住，以一手掩脐而凝神于内肾，久久习之而精旺矣。"

1.3　依止于意识所造之境的心象养生

依止于意识所造之境的心象养生指通过意识想象或观想一定境象，改善身体机能，促进良性发展的内视内观的心象养生方法。道家称之为"存思"或"存想"。若存想专精，则称为"精思"。司马承祯在《天隐子·存思篇》中说："存谓存我之神，想谓想我之身。闭目即见自己之目，收心即见自己之心。心与目皆不离我身，不伤我神，则存想之渐也。"《三洞珠囊·坐忘精思品》引葛仙公《五千文经序》载："静思期真则众妙感会，内观形影则神气长存，体洽道德则万神震伏，祸灭九阴，福生十方。"是道家养生最常用，最具有特色的思维方法，常为医家借鉴以防疾治病，养生延年。

存思方法在"动势"和"静势"中均有，方法是在冥想中使精神集中，内观意识所造作的境象。古人在这方面积累了丰富的经验。《文始真经》说："气缘心生、犹如内想大火，久之觉热；内想大水，久之觉寒。"李贽《养生醍醐》也说："人心思火则体热，思水则体寒。"这些都说明了存想不同的物象可以引起生理的特殊变化。存思内容十分广泛，上至于天体日月云霞，下至于山川水泽，以及身体脏腑的五行意象等。

依止于意识所造之境的心象养生法可以起到扶正祛邪、预防疾病等作用。如《诸病源候论》强调想象心中光明炽热如火，可抵御各种邪气侵入。"欲辟却众邪百鬼，常存心为炎火知斗，煌煌光明，则百邪不敢干之，可以入温疫之中。""皆当思其光，内外连而没己身，闭气收光以照之，此消疾却邪，甚验。"

疑为宋代著作的《素问·刺法论》通过运用五行理论，心中存想五脏的颜色意象，达到"正气存内，邪不可干"以避疫气。如"黄帝曰：余闻五疫之至，皆相染易，无问大小，病状相似，不施救疗，如何可得不相移易者？岐伯曰：不相染者，正气存内，邪不可干，避其毒气，天牝从来，复得其往，气出于脑，即不邪干。气出于脑，即室先想心如日，欲将入于疫室，先想青气自肝而出，左行于东，化作林木；次想白气自肺而出，右行于西，化作戈甲；次想赤气自心而出，南行于上，化作焰明；次想黑气自肾而出，北行于下，化作水；次想黄气自脾而出，存于中央，化作土。五气护身之毕，以想头上如北斗之煌煌，然后可入于疫室。"这种"存想五气护身"以防治疫病的方法看似语涉玄虚，荒诞不经，过去一直被视为迷信或唯心主义而少人研究，但随着现代心理神经免疫学的发展，其科学内涵得到了一定的理论支持[4]。

2. 无待之观的心象养生

所谓无待，即事物的存在、发展无所依凭、无所对待，事物是绝对存在的，是不凭借任何外在的依托，绝对自由的精神境界[2]。无待之观所呈现的"心象"是完全泯灭物、我、主、客的"天人合一"的整体之象。这种整体之象包括"空明之象"与"原象"。无待之观的心象养生法就是通过观照"空明之象"或"原象"而养生治病的方法。

无待之观肇端于春秋时期。《周易·系辞》说："《易》无思也，无为也，寂然不动，感而遂通天下之故。""无待之观"的心象思维内涵已经隐蕴期间。老子《道德经》说："致虚极，守静笃。万物并作，吾以观复"及庄子强调的"无视无听""心无所知"的"虚静恬淡，寂漠无为"的思维方式也是"无待之观"，较之周易所述更为具体。宋明以来，性理之学兴起。"无待之观"的心象思维更是得到了阐发。如程颐提出了"观喜怒哀乐未发前气象"以"体认天理"的静坐宗旨。"观喜怒哀乐未发前气象"的"观"正是"无待之观"，"喜怒哀乐未发前气象"正是心象。阳明一派认为"无思无为"的无待之观是"致良知"的入手功夫和重要途径。民国以来，养生家丁福保、萧天石及国学大师南怀瑾皆有著作对于无待之观的心象养生方法和机理进行论述。如萧天石所著《儒家内圣心法》："人心一静，无物于内，无思无念，无动无为，则自可将宇宙天地万物人我，打成一片，而合为一体矣。既为一体，则无不知、无不应、无不通、无不神矣！"正是对于无待之观心象境界的精彩阐述。

关于无待之观心象养生的方法，《庄子》有较为详细的阐述。《庄子·在宥》："无视无听，抱神以静，目无所见，耳无所闻，心无所知。"以及《庄子·大宗师》"堕肢体，黜聪明，离形去知，同于大通"的坐忘法就是典型的无待之观的心象养生法。所谓无待之观心象养生的方法就是静坐敛心，排除感官和意识思维的作用，心如止水，无一丝杂念和妄想，维持精神意识活动的高度宁静稳定的状态，久而获得物我两忘、空灵明彻的心境，达到了息虑养神，治病延年的养生方法。其特点是听其自然，不执著于有，也不着意追求空、无之境。此时，精神意识活动达到物我两忘，内外俱寂的高度宁静状态。

通过无待之观呈现的心象是清虚宁静的境象，心神长久置其间，对于强身防病，康复长寿及开发智能方面都具有显著作用。如《友渔斋医话·第一种》："前明道林蒋先生偶抱疾病，岁乙亥病益甚，呕血，几不起。先生乃弃医药，借寓道林一室，只以一力自随。闭目迭足，默坐澄心，常达昼夜，不就席。一日忽香津满颊，一版虚白，炯炯见前，猛然有省之间，而沉疴已霍然去体⋯⋯"叙述了通过"默坐澄心"的无待之观的心象观想方法治愈了呕血重症。

中医学认为心主神明，澄心静虑的无待之观可以交通心肾而治疗相关疾病。如《针灸大成·卷六》："昔邝子元有心疾，或曰：有僧不用符药，能治心疾。元叩其僧⋯⋯曰：贵恙亦原于水火不交，凡溺爱冶容，而作色荒，禅家谓之外感之欲。夜深枕上，思得冶容，或成宵寐之变，禅家谓之内生之欲。二者之欲，绸缪染着，消耗元精。若能离之，则肾水自然滋生，可以上交于心。至若思索文字，忘其寝食，禅家谓之理障。经纶职业，不顾劬劳，禅家谓之事障。二者虽非人欲，亦损性灵，若能遣之，则火不至上炎，可下交于肾⋯⋯子元如其言，乃独处一室，扫空万缘，坐静月余，心疾如失"。

以上无待之观呈现的心象均属于空明之象，并非原象或本体之象。关于通过原象获得治病养生的案例在《续指月录》里面有所记载："灵云铁牛持定禅师⋯⋯寻依雪岩钦。居槽厂，服头陀行。一日，钦示众曰：'兄弟家！做工夫，若也七昼夜一念无间，无个入处所，取老僧头做舀屎勺去！'师默领，励精奋发。因患痢，药石浆饮皆禁绝，单持正念，目不交睫者七日。至夜半，忽觉山河大地，遍界如雪，堂堂一身，乾坤包不得。有顷，闻击木声，豁然开悟，遍体汗流，其疾亦愈"。

铁牛持定禅师通过"悬置"可感知之象的无待之观，获得了开悟之象。这种开悟之象即王树人教授所言的本体之象或原象[5]，而且在证悟原象的同时，自身所患的痢疾也得到了痊愈。本案不属于医学范畴，往往容易被忽视或被认为荒诞不经，但是在中国传统文化文献中确实存在类似案例，其中机理值得医学研究者思考探究。

有待之观和无待之观的心象养生法对于机体都能起到防病健体、益寿延年的效果，其核心机理主要是虚静养神。此外，两者之间存在着有机的联系。任何有待之观的心象养生法都是内向性的意识调节，可以使机体由攀缘既熟，念虑难忘，心驰意动，精气散乱，达到初步收心的安静状态，但不能达到泯灭人我，消融主客的高度宁静的境界。心象养生的最终目的是从依止气息、守窍、存思等有待之观过渡到"心虑俱泯，神识两忘"的无待之观，以达到"泯其心所以存其心，忘其神所以养其神"，不刻意寿而自然寿，无为而无不为的最高境界。

参考文献：

[1] 成中英. 本体与诠释 [M]. 北京：三联出版社，2000：41.

[2] 王树人. 回归原创之思 [M]. 南京：江苏人民出版社，2005：22.

[3] 朱熹. 朱熹集 [M]. 郭齐，尹波，点校. 成都：四川教育出版社，1996：5278.

[4] 路洁，杨利，路喜善，等. 从心理神经免疫学探讨《内经》"存想五气护身"防疫法的科学内涵 [J]. 世界中西医结合杂志，2012，7（1）：10-11.

[5] 王树人. 中国象思维与西方概念思维之比较 [J]. 学术研究，2004（10）：6.

（收稿日期：2014-12-22）

《北京中医药大学学院》2015 年 4 月第 38 卷第 4 期

中国传统哲学之心象理论在中医学的应用（四）
——心象与中医临床

范逸品，张志斌，王永炎

（ 中国中医科学院中医临床基础医学研究所，北京 100700 ）

摘要："心象"在中医临床的应用体现在辨证论治的思维过程，这一过程是基于"心象"概念中的意象范畴展开的。整个辨证施治的"心象"过程可以概括为知象、取象、立象、审象、拟象等 5 个环节。

关键词：心象；临床应用；辨证论治

Mental Image Theory of Chinese Traditional Philosophies Applied to Traditional Chinese Medicine（Ⅳ）：Mental Image and Clinical Practice of Traditional Chinese Medicine

FAN Yipin，ZHANG Zhibin，WANG Yongyan

（ China Academy of Chinese Medical Sciences，Beijing 100700 ）

Abstract：The application of mental image in clinical practice of TCM reflects the thinking process of syndrome differentiation and treatment. The process，which is undertaken on the "mind"，one of forms of representation of mental image，can be summarized in understanding of image，collection of image，storage and decision of image，examination and analysis of image，confirmation of image.

Key words：mental image；clinical practice；syndrome differentiation and treatment

心象具有深邃的文化哲学内涵，在中医学各个方面均有所体现。以中医学辨证论治过程来讲，心象思维贯穿始终。辨证论治是认识疾病和治疗疾病的过程，其实质是心象理论在中医临床应用的思维过程，整个辨证施治的心象过程可以概括为知象、取象、立象、审象、拟象 5 个环节，具体而言，辨证施治思维过程主要是基于心象概念中的意象范畴展开的。

1. 知象

《论衡·卷二十六》："圣人据象兆，原物类，意而得之；其见变名物，博学而识之。"[1]圣人根据呈现的不同象兆考察推究事物的本源，对于各种名称物象需要博学多知。陈梦雷《周易浅述》："易之义蕴不出理、数、象、占，

顾数不可显，理不可穷，故但寄之于象，知象则理数在其中，而占亦可即象而玩。故所解以明象为主。"[2]易义蕴虽有理、数、象、占四途，但知象则其他三者自然清楚了。以之譬喻中医，知象同样具有类似的重要意义。就中医而言，知象指明晓熟知中医学的一切名象或现象。

1.1 知名象

名象指名称法象。《荀子·正论》："天下之大隆，是非之封界，分职名象之所起，王制是也。"杨倞注："名谓指名，象为法象。"法象在中国古代传统哲学中是对自然界一切事物现象的总称。《易·系辞上》："是故法象莫大乎天地，变通莫大乎四时。"中医的名象包括：阴阳五行等哲学名象；脏腑、经络、腧穴、肢体、官窍等名象；

精神、情志、气血、津液、运气、体质名象；疾病、证候、症状、病因、病机、发病等名象；治则、治法、方药等名象。

以阴阳五行名象为例，涉及阴阳对立制约、阴阳互根互用、阴阳交感与互藏、阴阳消长、阴阳转化和阴阳自和与平衡等名象；五行的相生与相克、五行制化与胜复、五行相乘与相侮和五行的母子相及等名象。

1.2 知正象

正象指正常的现象或表现。就人体而言，指脏腑、经络、肢体、官窍、精神气血津液等的生理之象。《难经正义·十五难》："四时之脉，谓脉之应乎四时，即旺脉也。春脉弦者，肝为木而主筋，万物始生之初，其脉濡弱而长，是弦之正象，否则即为太过不及也。"《医学衷中参西录·治阴虚劳热方》："故六部之脉皆有和缓，乃为正象。"以脏腑学说为例，五脏、六腑有共同的正象。五脏共同的正象是主"藏精气"，六腑共同的正象是主"传化物"。此外单独脏腑也有正象，如心的正象为心主血脉和心主神明。

1.3 知异象

异象指异常的现象或表现。如《大学衍义补·卷三十六》："苟不本夫自然之和序，而为非礼之礼，非乐之乐。是天之有盲风怪雨，地之有息壤洪流，其致逆气之应、异象之垂，有必然者矣。"[3] 就人体而言，异象指脏腑、经络、肢体、官窍、精神气血津液等的病理之象。如《脉诀新编·序一》："有诸内者必形诸外，因病异象，以象候病，本隐以之显，泛应而曲当，学者其潜心体察，勿自乱其意焉可也。"人体内部脏腑出现病变，必然在外部出现异常的表现或现象。《余无言医案及医话·善饥》："诊其脉无异象，不过微大微数，不足以为病脉耳。"说明异象是异常的病理表现，与正象（生理征象）相对。

1.4 知真象假象

真象指从正面真实表现事物本质的现象，假象是跟事物本质不符的表面现象。以中医学辨证论治而言，所谓"真象"，是指与疾病内在本质相符的病理表现；所谓"假象"，是指疾病表现出某些不符合常规认识的假象，即与病理本质所反映的常规证候不相应的某些表现。对于病理表现的真假，必须认真辨别，才能去伪存真，抓住疾病的本质，对病情做出准确判断。《诊宗三昧·口问十二则》："若治病不求其本，不问脉证之真象假象，但见病医病，殊失逆从反正之旨矣。"

真假之象在四诊中皆可以出现。如《诊余举隅录·卷下》："然而四诊中，有正象，有反象，有真象，有假象。"真假之象并非以四诊的表现占多数者就是真象。如《诊余举隅录·卷下》就叙述了一则医案："丙戌秋八月，余同邑城南，陆家溏陆大兴，患胸痛半年，请诊于余。面色唇舌俱赤，鼻息亦粗，脉象尤数，大致似有火郁。及问病状，

渠答曰：稍感外寒，痛势连绵，必饮热烧酒，始能止痛。因知症系虚寒，一切面舌之赤，鼻息之粗，脉象之数，是饮热烧酒所致。用四逆汤理中汤等方，加减治之，其痛即平。"此证望诊面色唇舌俱赤，闻诊见鼻息气粗，切诊脉象数。如以此表现来看，当属热证无疑。然而问诊得到的信息与前三诊相反，"稍感外寒，痛势连绵，必饮热烧酒，始能止痛"，才知道"一切面舌之赤，鼻息之粗，脉象之数，是饮热烧酒所致"皆是假象，而问诊得到的信息才是真象。若非对于病机的真假之象了然于胸者，恐怕误识错判就在所难免了。

2. 取象

取象指获取心象资料。取象即观物取象，是心象思维的重要环节。取象一词源自《易·系辞下》："古者包牺氏之王天下也，仰则观象于天，俯则观法于地，观鸟兽之文，与地之宜，近取诸身，远取诸物，于是始作八卦，以通神明之德，以类万物之情。"朱熹《周易本义》："俯仰远近，所取不一，然不过以验阴阳消息两端而已。神明之德，如健顺动止之性；万物之情，如雷风山泽之象。"就中医辨证论治来讲，取象的过程是通过望、闻、问、切四诊收集资料，获得信息的过程。取象的途径主要是通过观象与察象。

2.1 观象

观象指用视觉器官观神象、色象、形象、态象。

观"神象"就是观察"神"的表现。神是人体生命活动的总的体现，具体表现于人体的目光、色泽、神情、体态诸方面，而诊察眼神的变化是观神象的重点。观"色象"包括对体表黏膜、分泌物和排泄物色泽的观察，而重点是对面部色泽的望诊。观"色象"包括观"色"与观"泽"。观"色"指观皮肤的颜色，皮肤的颜色可反映气血的盛衰和运行情况，并在一定程度上反映疾病的不同性质和不同脏腑的病证。观"泽"指观皮肤的光泽，皮肤光泽的荣润或晦暗可以反映人体脏腑组织的生理情况和病理状态。观"形象"是观察病人形体的强弱胖瘦、体质形态和异常表现。观"态象"是观察病人的动静姿态、体位变化和异常动作。

2.2 察象

察象指察气味之象、声象、言象、脉象。

察气味之象，是指嗅辨与疾病有关的气味。疾病情况下，脏腑功能失调，秽浊排除不利，腐浊之气自然而生，故可出现体气、口气、分泌物、排出物的气味异常。声象一词，古有记载。《五行大义·卷第四》："声象其实，气初生物，物生有声。声有刚柔清浊，好恶咸发于声。"[4] 中医学的察声象是指听辨病人言语气息的高低、强弱、清浊、缓急变化以及咳嗽、呕吐、肠鸣等脏腑病理变化所发出的异常声响。声音的发出，不仅是口鼻诸器官直接作用的结果，

而且与肺、心、肾等脏腑虚实盛衰有着密切的关系。因此，听声音不仅能察发声器官的病变，而且根据声音的变化，可以进一步推断脏腑和整体的变化。

察言象即考察言语的内容。《周易略例》："言生于象，故可寻言以观象。"《皇极经世·观物外篇》："《易》有意象，立意皆所以明象，统下三者，有言象，不拟物而直言以明事。"[5]就中医辨证论治而言，察言象是医生通过对病人或陪诊者进行有目的地询问，观察其言语内容以了解病情。在四诊中属于问诊范畴，是了解病情、诊察疾病的重要方法。察言象的内容主要包括一般情况、主诉、现病史、既往史、个人生活史、家族史等。察脉象是医生用手指对患者身体某些特定部位的动脉进行切按，体验脉动应指的形象。脉象的种类很多，主要从位、次、形、势四个方面加以观察把握，认真体察，才能形成比较完整的脉象观念从而正确地分辨各种病脉。

3. 立象

立象过程包括存象、立象 2 个环节。即经过四诊的手段将所取病理征象存于心中，然后建立症状心象或症状心象群。《张子正蒙注·大心》："视听之明，可以摄物，心知之量，可以受物。"[6]"视听之明，可以摄物"是描述用感觉器官"取象"的过程。"心知之量，可以受物"描述的是存象和立象过程。"心所受物"，实际是指心可以把感觉器官所摄取的物象存于心中，立为心象。立象可以是单独的心象，也可以是一组心象群。例如《伤寒论》："鼻头色微黑者，有水气。"此处的"鼻头色微黑"，是观"色"所获得的单一心象。假如通过观象获得以下信息：面红目赤，舌红苔黄（色象）；咳嗽声重（声象）；五日前发病，初起恶寒发热、头痛、无汗、咳嗽（言象）；脉滑数（脉象）。此时呈现于主体意识中的是"面红目赤，舌红苔黄；咳嗽声重；五日前发病，初起恶寒发热、头痛、无汗、咳嗽；脉滑数"这样一组症状心象群。

4. 审象

审象即对于所立之"象"进行详细分析，推究思考的过程。"审"有详细分析、推究之意。《增韵》："详也，熟究也。"《王右丞集笺注·为画人谢赐表》："传神写照，虽非巧心；审象求形，或皆暗识。"[7]清代徐灵胎在所著《洄溪脉学》特设"审象论"对脉象进行阐述。徐氏认为脉象需要仔细推究分析，才能明辨病证的阴阳、表里、寒热、虚实变化。徐氏的审脉象思维本质上与中医辨证论治的审象思维完全一致。不同的是徐氏只限定于脉象，而心象思维审象的对象往往是一组症状心象群。

审象过程可以概括为识象、辨象 2 个环节。这 2 个环节是一个连续的思维过程，不能截然分开。识象是通过调动"知象"环节所储藏于心识库藏中的忆象（意象）对所建立的症状心象群（所立之象）进行认识，以识别症状类象，然后根据症状类象进行辨象，辨析属于病象还是证象。病

象与证象二词，中医典籍中确有记载。如《医学源流论·卷上》："病象各殊，治亦万变。"文中的"病象"即疾病之象之意。《陈莘田外科方案》："徐，左。证象火郁结毒，咽喉糜腐，齿牙脱落，鼻音已变……"此处的证象即证候象。

辨病象要辨别势象，势象即病势之象，病势要判断其顺象和逆象。顺象是病情由重变轻，病位由深出浅，病势趋于好转或痊愈之象；逆象是病情由轻变重，病位由浅入深，病势则趋向恶化之象。如伤寒厥阴证以先厥逆后发热下利者为顺，以发热下利而并见厥逆者为逆。

辨证象应辨其常象、变象、主象、兼象、合象、并象。常象即常见证候表现。变象不同于常见证候，是较为少见的证候表现，如《时病论·卷之一》："今观是论，并未有脉阴阳俱浮、自汗出、身重多眠睡、鼻息必鼾、语言难出等症，岂非悖仲景之言以为医乎？曰：此仲景论风温误治之变证也，非常证也。曰：常证何？曰：太阳病发热而渴，不恶寒者为温病，此常证也……温毒之病，变证极多，至于斑、疹、颐、喉，时恒所有，故特表而出之。"主象指主要证候表现。兼象指主要证候伴随的其他证候表现。合象主要指伤寒证候的合病。并象主要指伤寒证候的并病。病象中也常见并象情形，像内伤病证合并外感病证之胸痹合并感冒，眩晕合并不寐等。

下面举例说明中医临床的审象思维过程：通过"取象"，主体获得患者如下症状心象群。神色之象：神清，面色㿠白，舌紫暗，苔薄白。声象：语音低微。言象：2 月前感冒后出现心悸、气短、心前区时有刺痛症状。在某医院诊断为"病毒性心肌炎"。经"抗生素、能量合剂"等治疗，效果不佳。现仍心悸、心前区刺痛，伴有气短乏力、手足心热、自汗等。脉象：脉结。析象：根据提取已有心识库藏中的忆象（意象）进行分析。心悸、心前区刺痛识别为心病症状类象，面色㿠白、气短乏力、手足心热、自汗识别为气阴两伤类象，心前区刺痛、舌紫暗、苔薄白、脉结识别为心血瘀阻类象。患者心悸、气短乏力为主要症状，虽伴有心前区刺痛，但疼痛性质不似胸痹心痛剧烈，故确立为心悸（病象）。综合已有症状心象群为气阴两虚兼心血瘀阻证象，其中气阴两虚证象为主象，心血瘀阻证象为兼象。

5. 拟象

指拟定法象（即治法）和拟定用象（即方药）。

《周易》所言拟象多为模仿其状之意，因"拟"有仿照、比拟的意思，此外，还有揣度拟定的意思。此处所言拟象为拟定之意。

法象广义上是对自然界一切事物现象的总称，狭义指法则理义。王弼所著《老子注》："法，谓法则也。"《管子·七法》释"象"义云："义也、名也、时也、似也、类也、比也、状也，谓之象。"所以"象"有理义的意思。《中国医籍考·卷七十五》："仲景法象高深，茫无入手，束而不观，临证昏昧。"又如《汤液本草·卷之一》列有"东

垣先生药类法象"专篇论述李东垣对于中药法则理义心得体会。对于中医辨证论治的心象思维来讲，法象就是主体根据"审象"的结果，拟定相应的治疗方法。比如"审象"的结果辨别为病象属于胸痹，证象属于寒凝血瘀，因而拟定相应的法象为通阳散寒化瘀。

用象指可施行或可使用的，具有一定功用的物象。《易数钩隐图卷·两仪生四象》："四象谓六十四卦之中有实象，有假象，有义象，有用象也。"[8]"用"的释义在《说文》："可施行也。"在《广韵》："使也。"在《增韵》："器用也。"《本草乘雅半偈·柏实》："柏从白，即具秉制为用象，抑木以金为魄欤。"对于中医辨证论治的心象思维来讲，用象就是主体根据治法确定相应的方药。

心象是植根于中国文化哲学的一种原创的思维方式，也是中医学重要的临床思维方式。心象理论丰富的学术内涵还需要进一步深入挖掘和阐发，这对于中医药事业的发展具有重要的意义。

参考文献：

[1] 王充. 论衡 [M]. 陈蒲清，点校. 长沙：岳麓书社，1991：412.
[2] 朱维干. 四库全书闽人著作提要 [M]. 李瑞良，增辑. 福州：福建人民出版社，2001：14.
[3] 邱浚. 大学衍义补 [M]. 上册. 北京：京华出版社，1999：333.
[4] 萧吉. 五行大义 [M]// 阮元. 宛委别藏. 南京：江苏古籍出版社，1988：132.
[5] 邵雍. 皇极经世书 [M]. 郑州：中州古籍出版社，2007：517.
[6] 王夫之. 张子正蒙注 [M]. 北京：中华书局，1975：132.
[7] 王维. 王摩诘全集笺注 [M]. 赵松谷，注. 北京：北京图书馆出版社，1936：237.
[8] 刘牧. 易数钩隐图 [M]. 上海：上海古籍出版社，1989：51.

（收稿日期：2014-12-19）

附录 7

《中国中医基础医学杂志》2015 年 3 月第 21 卷第 3 期

肾虚－痰瘀－酿毒－病络——中医对老年性痴呆早期发病病机认识

张占军[1,2]，王永炎[2,3]

（1. 北京师范大学认知神经科学与学习国家重点实验室，北京 100875；2. 北京师范大学老年脑健康研究中心，北京 100875；3. 中国中医科学院中医临床基础医学研究所，北京 100700）

摘要：老年性痴呆是一种与年龄密切相关的神经退行性"失连接"疾病，属于中医"健忘"、"文痴"、"呆证"等范畴。目前早期老年性痴呆的发病机制尚不明确，缺少系统的论述和总结。故通过总结中医文献、临床研究、实验研究等方面，在前人研究基础上提出了"肾虚－痰瘀－酿毒－病络"为老年性痴呆早期的核心病机，补肾化浊、解毒通络是老年痴呆早期治法的关键环节，为进一步深入研究老年性痴呆早期的中医证候演变规律，中医药的早期治疗和防控提供理论参考。

关键词：早期老年性痴呆；肾虚；痰瘀；酿毒；病络；失连接

中图分类号：R228　文献标志码：A　文章编号：1006-3250（2015）03-0244-03

老年性痴呆又名阿尔茨海默病（Alzheimer disease，AD），是一种与年龄密切相关的神经退行性"失连接"疾病，属于中医"呆痴"、"文痴"、"痴呆"、"愚痴"、"神呆"等范畴，其发病机制尚不明确，已经成为 65 岁及以上人群的第五位致死原因[1]。按照疾病发展进程，通常情况下 AD 患者从正常脑功能到痴呆形成大致可分为症状前阶段、临床前阶段、轻度痴呆、中度痴呆和重度痴呆 5 个阶段。本课题组提出 AD 是一个"渐进的、三维的、由脑能量代谢障碍启动的、由功能性改变缓慢演变为器质性改变的、存在物质流、能量流和信息流障碍并相互影响的慢性神经退行性疾病"[2]。AD 中后期，患者由于脑实质已经发生改变，治疗难以逆转。如能在 AD 器质性失连接改变之前的阶段进行早期干预，则有助于减缓或逆转痴呆的脑功能损害，故 AD 的早期（主要包括症状前阶段和临床前阶段）为最佳干预治疗时段。因此，我们在前人经验及课题组研究结果的基础上，对 AD 早期病机进行了深入探讨和总结，提出肾虚 - 痰瘀 - 酿毒 - 病络的病机演变理论。

1. 老年性痴呆早期发病及病理演变规律

已知年龄是 AD 发病的基础，载脂蛋白 ε4（ApoEε4）等位基因是目前最为公认的 AD 患病危险基因，携带该基因者不仅增加 AD 的患病率，还显著提前发病年龄[3]；糖尿病、高血压病、高脂血症、动脉粥样硬化和其他心脑血管病等老年疾病是导致 AD 高发的基础性疾病，而 Aβ 沉积、神经纤维缠结和神经元突触的缺失是 AD 的核心病理[4]。基于上述改变所导致的脑网络失连接是病变的关键和核心。老龄后血管顺应性下降，ApoEε4 等导致血脂代谢和葡萄糖代谢紊乱，会进一步损伤脑血管内皮细胞，使血管内壁动脉粥样硬化斑块进一步加剧，脑血管运载功能下降，导致脑神经细胞物质和能量代谢障碍，神经细胞因缺血缺氧导致氧化损伤，神经胶质细胞因能量供应不足导致微炎症损伤，神经递质因物质供应不足导致合成、释放等不足，进而神经元突触功能下降甚至缺失，各种因素互为因果、相互影响，超出机体自稳和自我调节能力，最终导致脑网络功能异常，甚至脑网络结构发生改变，形成轻度认知功能障碍（mild cognitive impairment，MCI），进而导致早期痴呆[5,6]。

我们前期研究发现，早期痴呆患者在工作记忆任务负荷下额叶和颞叶的脱氧血红蛋白变化异常[7]。采用弥散张量成像（duffusion tensor imaging，DTI）技术发现，多领域早期痴呆患者全脑白质网络拓扑结构受损[8]，最显著的差异出现在额叶和颞叶，患者胼胝体以及右侧内囊的白质连接性损伤与认知损伤相关联[9]。经过情景记忆的认知任务提高大脑的工作负荷后，早期痴呆患者与记忆相关的默认网络等后部脑区之间的连接出现了明显的下降[10]，不同亚型 MCI 患者在脑的关键区域，出现脑萎缩与脑区的异常激活[11]。

研究表明，2 型糖尿病（type 2 diabetes mellitus，T2DM）影响多个领域认知功能，是痴呆的独立危险因素，大大提高了 AD 发生的危险性。我们关于糖尿病的系列研究发现，T2DM 是 MCI 的重要风险因素，T2DM 并发 MCI 在社区老年人中高达 21%[12]。而且在自发性脑活动研究中发现，T2DM 并发 MCI 患者的额叶、颞叶、海马、楔前叶等 AD 相关脑区的 ALFF 低频振幅异常改变[13]。T2DM 对于大脑的影响可能发生在认知障碍之前，随后对非 MCI 的 T2DM 患者研究也证实了这一假说，不仅发现非 MCI 的 T2DM 患者脑白质广泛受损[14]，而且这类患者大脑活动工作记忆模式发生了改变[15]。

我们对老年 ApoEε4 携带者和非携带者进行了 10 项认知功能评估以及生化指标检测、静息态功能磁共振成像扫描和弥散张量成像扫描。研究发现，尽管 APOEε4 携带者与非携带者在各领域认知功能、各项血脂指标方面比较差异无统计学意义，但 APOEε4 携带者的白质网络连接效率出现了广泛下降，而功能网络效率下降主要集中在内侧颞叶区域。由此可见，APOEε4 对于脑内灰质和白质损伤的模式和路径，可能存在程度不同和机制各异的病理机制，但无论是在功能网络还是白质结构网络，APOEε4 携带者旁海马区域的连接效率均减低，进而影响 APOEε4 携带者的记忆功能和脂代谢功能[16]。与此同时还发现，APOE 基因启动子 rs405509TT 基因携带者会随着年龄的增加使左侧海马的体积变薄，加速认知功能的下降[17]。由此可见，遗传和年龄是 AD 病变的高危因素，葡萄糖代谢紊乱是 AD 的重要病变基础，脑供养供能不足、氧化和微炎症损伤，最终导致微环境紊乱 - 脑失连接，脑网络整体传输效率障碍（图 1）。

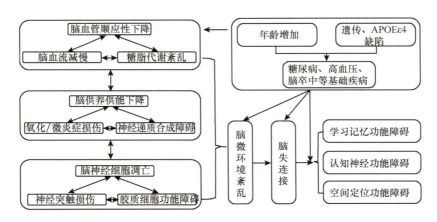

图 1　老年性痴呆早期发病及病理演变

2. 肾虚 - 痰瘀 - 酿毒 - 病络是老年痴呆早期的核心病机演变

肾精亏虚衰是 AD 早期发生的前提条件。肾为水火之宅，内寓元阴元阳，是人体一身阴阳之根本，"五脏六腑之阴气，非此不能滋；五脏六腑之阳气，非此不能发"（《景岳全书》）。肾中阴阳充足，五脏六腑得以充养才能各司其职，发挥各自的生理功能。肾藏精，精生髓充脑，脑为元神之腑，神有所主则耳聪目明、思维敏捷。若肾脏虚衰、五脏六腑功能失调，则气血津液生化受阻，脑髓充养乏源，继而导致脑神无以充养、智力减退。现代多项研究显示，高危基因携带可能与先天肾精亏虚有着重要的联系[18]。

年龄是 AD 发病的基础，75 岁是其发病的关键界线。随着年龄的增加，"年老肾精虚衰，髓源亏乏，使髓海不充，则神明不清而成呆病矣"（《内经精义》）；肾精亏虚，充脑乏源，故"高年无记性者，脑髓渐空"（《医林改错》），表明人至老年，五脏六腑之功能逐渐减退，导致阴阳气血俱虚，阴气自半，肝肾阴虚，或肾中精气虚衰，不能生髓乏源，髓海空虚则会引起髓减脑消、神机失用而成痴呆。

痰瘀是引起 AD 的病理因素。人至年老，肾精亏虚，元阳无根，温煦蒸腾无力，无以温脾，脾不散精，清浊不分，清者聚集成痰，浊者汇聚变脂（浊），"意舍不清，神官不职，使人健忘"（《济生方·健忘论治》）；痰瘀不分，相互胶结，"积于胸中，盘踞于心外，神明不清而成呆病"（《辨证录》），痰积即久，蒙蔽神明，可致"痰气最盛，呆气最深"（《石室秘录》）；痰瘀阻于络道，络脉不畅，血运无力，阻于心脉，则"凡心有瘀血，亦令健忘"（《景岳全书》），阻于元神，则"血在上，则浊蔽而不明矣"（《血证论》）；肾精虚衰，滋养乏力，元阴难藏，阴不制阳，虚阳浮越，则见"肝气最急，郁则不能急矣，于是肾气来滋，至肝则止；心气来降，至肝则回。以致心肾两相间隔，致有遗忘也"（清·陈士铎）。

病络是 AD 的关键病机。随着病程的进展，痰瘀互阻，邪气蕴结（《金匮要略心典》"毒者，邪气蕴结不解之谓"），酿浊化毒，毒邪积于脑，形成特异性病理产物，流于脑窍、脑络失养，导致脑络受损，形成病络之证，神机受伤则见学习记忆功能和认知功能障碍。由此可知，早期痴呆病机发展的基础是肾虚，痰湿和浊毒是导致病机演变的关键，病络是早期痴呆的病机核心（图2）。

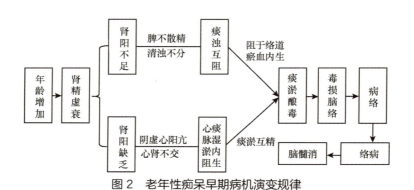

图 2　老年性痴呆早期病机演变规律

3. 补肾化瘀、解毒通络是老年痴呆早期的治疗关键

中医理论认为"五脏之伤，穷必及肾"，是基于未病先防的思想，表明了补肾固本在治疗五脏疾病方面的重要性。与之相反，肾脏损伤也必然会累及其他脏腑。早在 20 世纪 80 年代，课题组就提出"毒邪"和"络病"可以作为 AD 等疾病深入研究的切入点，认为"毒损脑络"是 AD 发生发展的核心病机[19]，并指出解毒通络法是 AD 的治疗关键。本课题组前期在"毒损脑络"理论指导下，应用解毒通络法干预 MCI 患者，结果发现药物作用靶区正是疾病最为易感的后扣带回、楔前叶等

区域，解毒通络方可通过调节大脑后扣带回（PCC）区域的负激活而发挥整体调节作用的神经机制[20]。在 AD 动物模型方面，通过能量代谢 - 认知行为 - 组织病理 - 基因表达等多个层面，验证中药治疗 AD 模型大鼠的疗效，发现解毒通络方可显著减轻 AD 大鼠的认知障碍，提高 AD 大鼠的脑葡萄糖代谢水平，显著影响了 19 个基因的表达，其中近 60% 的基因与神经保护和神经发生有关[21]。

综上所述，AD 早期的发病机制主要由肾精虚衰引起，进而导致脾不散精，清浊不分，痰瘀互阻；或阴虚阳亢，心肾不交，心脉瘀阻，致使痰瘀酿毒、毒损脑络而成病络，使神机失用，日久发为呆病。针对以上 AD 早期"肾虚 - 痰瘀 -

酿毒 - 病络"的病机演变过程，中医临床防治 AD 应以填补肾精、充养脑髓治其本，以化痰清浊、活血化瘀、解毒通络治其标，以使肾精充足，脑髓充盈，神机复用。同时，应注意补虚切忌滋腻太过，以免损伤脾胃，酿生痰瘀，化生瘀血。

参考文献：

[1] Alzheimer's Association. 2008 Alzheimer's disease facts and figures[J]. Alzheimers & Dementia, 2008, 4（2）：110-133.

[2] 张荫杰，徐世军，代渊，等 . 通络醒脑泡腾片对痴呆大鼠突触素表达的影响 [J]. 中药药理与临床，2012, 28（3）：84-87.

[3] Michaelson DM. APOE epsilon4：The most prevalent yet understudied risk factor for Alzheimer's disease[J]. Alzheimers & Dementia, 2014, 10（6）：861-868.

[4] Giacobini E，Gold G. Alzheimer disease therapy-moving from amyloid-beta to tau[J]. Nature Reviews Neurology, 2013, 9（12）：677-686.

[5] Liu CC，Kanekiyo T，Xu H，et al. Apolipoprotein E and Alzheimer disease：risk, mechanisms and therapy [J]. Nature Review Neurology, 2013, 9（2）：106-118.

[6] Dean DC 3rd，Jerskey BA，Chen K，et al. Brain differences in infants at differential genetic risk for late-onset alzheimer disease：a cross-sectional imaging study[J]. JAMA Neurology, 2014, 71（1）：11-22.

[7] Niu HJ，Li X，Chen YJ，et al. Reduced prefrontal activation during a working memory task in mild cognitive impairment：a noninvasive near-infrared spectroscopy study [J]. CNS Neuroscience & Therapeutics, 2013, 19（2）：125-131.

[8] Shu N，Liang Y，Li H，et al. Disrupted topological organization in white matter structural networks in amnestic mild cognitive impairment：relationship to subtype[J]. Radiology, 2012, 265（2）：518-527.

[9] Li H，Liang Y，Chen KW，et al. Different patterns of white matter disruption among amnestic MCI subtypes：relationship with neuropsychological performance [J]. Journal of Alzheimer's Disease, 2013, 36（2）：365-376.

[10]Wang L，Li H，Liang Y，et al. Amnestic mild cognitive impairment：topological reorganization of the default mode network in amnestic mild cognitive impairment[J]. Radiology, 2013, 268（2）：501-514.

[11] Li X，Zheng L，Zhang JY，et al. Differences in functional brain activation and hippocampal volume among amnestic mild cognitive impairment subtypes[J]. Current Alzheimer Research, 2013, 10（10）：1080-1089.

[12] Li X，Ma C，Zhang JY，et al. Prevalence of and potential risk factors for mild cognitive impairment in community-dwelling residents of Beijing [J]. Journal of the American Geriatrics Society, 2013, 61（12）：2111-2119.

[13] Zhou XQ，Zhang JY，Chen YJ，et al. Aggravated cognitive and brain functional impairment in mild cognitive impairment patients with type 2 diabetes：a resting-state functional MRI study[J]. Journal of Alzheimer's Disease, 2014, 41（3）：925-935.

[14] Zhang JY，Wang YX，Wang J，et al. White matter integrity disruptions associated with cognitive impairments in type 2 diabetic patients[J]. Diabetes, 2014, 63（11）：3596-3605.

[15] Chen YJ，Liu Z，Zhang JY，et al. Altered brain activation patterns under different working memory loads in patients with type 2 diabetes[J]. Diabetes Care, 2014, 37（12）：3157-3163.

[16] Chen YJ，Chen KW，Zhang JY，et al. Disrupted functional and structural networks in cognitively normal elderly subjects with the APOE ε4 allele [J]. Neuropsychopharmacology, 2014, in press.

[17] Chen YJ，Li P，Gu B，et al. The effects of an APOE promoter polymorphism on human cortical morphology during nondemented aging[J]. Journal of Neuroscience, 2014, in press.

[18] 周岚 . 老年痴呆的中医辨证分型特点及其与 APOE 基因多态性相关性的初探 [D]. 湖北中医学院，2004.

[19] 徐世军，赵宜军，张文生，等 . 从中医脑络功能演变谈轻度认知障碍的病机 [J]. 中医杂志，2011, 52（19）：1627-1629.

[20] Zhang JY，Wang ZJ，Xu SJ，et al. The effects of CCRC on cognition and brain activity in aMCI patients：A pilot placebo controlled BOLD fMRI study[J]. Current Alzheimer Research, 2014, 11（5）：484-493.

[21] Zhang JY，Li P，Wang YP，et al. Ameliorative effects of a combination of baicalin, jasminoidin and cholic acid on ibotenic acid-induced dementia model in rats[J]. PloS One, 2013, 8（2）：e56658.

（收稿日期：2014-12-10）

附录 8

《现代中医临床》2015 年 3 月第 22 卷第 2 期

叙事医学与中医学的人文关怀

杨秋莉，王永炎

（中国中医科学院中医临床基础医学研究所，北京 100700）

关键词：叙事医学；人文关怀；中医智慧

21 世纪"循证医学的叙事化"与"叙事医学循证化"的融汇，让我们对医学目的要作重新思考。显然，临床医学的人文关怀与中医学"天人相应""形与神俱"的医疗整体观，注重自然、社会、心理因素对心身健康影响的理念，以及重视情志致病与心身疾病的医学人文思想将在临床诊疗实践中得到更好的体现。

1. 医学直面重技术、轻人文的问题——叙事医学的出现

医学的内容不仅包括对疾病的治疗，更包括对病人的关怀和照料。医学的目的是救治在病痛中挣扎、饱受躯体疾患和精神痛楚折磨的病人。首先是针对疾病进行救治，救治的形式有很多种。其次，要考虑医疗最终的对象是病人，是处在生理与心理病痛中的人，而对"病了的人"的关怀和照料是医疗行为的前提。因为医学或者医疗行为的对象是人，是有生命活动的机体，由此便决定了医学与生俱来的人文属性。然而，由于现代社会学、心理学的起步较晚，发展相对缓慢，而在医学活动中诊疗设备的不断完备，导致技术服务远远重于人文关怀[1]。诊疗过程中，有些医生只注重各种理化检验结果，而忽视病人的自身痛苦感受；只给病人对症开出处方，而遗忘给患者以心理的安慰。如果重技术、轻人文的问题长此以往发展下去，医生虽然可以通过不断提高技能成为诊治疾病的专家，但却慢慢淡忘了"疾病是生在痛苦的人身上的"这样一个现实，悄然间医学的目的也就发生了变异。医生在接诊时从治疗"病的人"转变成了治疗"人的病"。医学的内在道德原则要求医学具备人文精神和人文内容，人文和科学技术是医学的两个必要的基本的组成部分[2]，从医患关系的现状中，我们似乎看到了医学目的的偏移[3]。作为"人学"的医学、作为"人医"的医生，越来越缺少人文关

怀的理念。正是在这种背景下，医学界出现了"生物—心理—社会"新医学模式及"叙事医学"等概念。有学者认为，叙事医学有可能是解决当前医患矛盾突出的一把钥匙[4]。

2000 年，哥伦比亚大学医生丽塔·卡蓉（Rita Charon）首先提出了"叙事医学"（Narrative Medicine）这个概念[5]。所谓叙事医学是指：具有叙事能力以及拥有对医生、患者、同事和公众高度复杂叙事情境理解力的医学实践活动，简言之，它训练医生如何见证患者的苦难（病症与痛苦），能将病人的基本全貌娓娓道来[6]。

"疾病"与"疾痛"是两个不同的世界，一个是医生的世界，一个是病人的世界；一个是被观察、记录的世界，一个是被体验、叙述的世界。后者就是患者的叙述，关于自身疾痛的故事。临床医生如何看待"叙事医学"，如何体验病人的内心世界，表达对病人的关怀和同情，会直接影响患者的就医体验。如果患者感到自身的"疾痛过程"被聆听，"疾痛体验"被感受，随之而来的被尊重、被理解的感觉会在一定程度上缓和当前社会热议的紧张的"医患关系"[7]。

叙事医学要求医生具有对叙事情境的理解力，就是医生倾听、解释、回应故事的能力，具有精细阅读（病人）的能力，倾听与理解病人的故事，不是将医生变成"作者"，而是变成更好的医生。叙事医学以病人为中心，要求医生具有良好的职业精神、亲和力，很好地与病人共情，能进行自我行为（医疗）的反思。叙事医学让医生克服专业主义，培养医生的同理心，医生会懂得病人，内心里会有一份对职业的虔诚，对生命的悲悯。因此，叙事医学是对现代技术医学的矫正与补充[7]，它探讨医疗和社会、医疗和医者（医务人员）、医疗和患者及其家属的关系，共建医生与患者情感、道德、精神、价值的共同体，重建以敬畏、悲悯、

感恩、利他为基线的和谐医患关系。

2. 临床医学人文——关注人在病中与心理关怀

古代东方，医生是最富有人情味的职业。我国传统医学是以人文为主导的，具有丰富的人文精神资源。它十分重视医疗实践的伦理价值，强调医疗活动以病人而不是以疾病为中心，把病人视为一个整体的人而不是损伤的机器，在诊断治疗过程中贯穿尊重病人、关怀病人的思想，主张建立医患之间的合作关系，将"医乃仁术"作为医学的基本原则，"医者仁心"是对医学人文内涵和人文价值的生动概括。这些宝贵的医学人文精神在现代社会仍然闪耀着瞩目的光辉。在西方，古希腊医学家希波克拉底认为"医术是一切技术中最美和最高尚的"。在其医学宣誓词中说道："我要竭尽全力，采取我认为有利于病人的医疗措施，不能给病人带来痛苦与危害。"

人得病后一旦到医院去救治，就会与医院的就医环境、医生、护士、诊疗设备等发生联系，这些因素都会直接影响患者的身心。如果这些方方面面的人员能够注意给予患者以关注与关怀，做到及时沟通、有效沟通，将会有利于改善和发展和谐的医患关系。

其实，医学的人文属性应用在医疗活动中，心理学无时无刻都在发挥着作用，只有关注患者的心理、贴近患者的内心、理解患者的痛苦，才能将医生与病人紧密相连。因此，心理学的很多理念与技术是医学人文的重要组成部分。在心理治疗领域，叙事疗法已成为目前主流的诊疗方法之一，近年在我国也逐渐被心理咨询与治疗领域学者所重视[8]。叙事疗法关注的并不全是发生在来访者身上的"真实"是什么，而更看重来访者对于"真实"的认识，也就是来访者自己认为的故事。

在患者的病理、生理层面，医生需要获得具体的、客观的证据来评估、诊断与治疗，这一层面指的是患者的症状、检验报告、病理分析等。而患者是"人在病中"，体会的痛与苦不仅局限在生理层面，譬如疾病造成丧失行动自主、生活自理以及控制能力，食欲不佳，饮食或进食方式改变等等，更凸显在情感与心理层面、意志层面，如情绪困扰，常常伴有不可遏制的恐惧、焦虑、忧郁、愤怒、委屈、自责、无助等。由于身体失能导致的沮丧与自我接纳障碍，无法承受身心苦楚，继而对治疗缺乏信心，受伤的生命充满不确定感，自我价值感丧失，或因久病缠身的折磨造成对生命意义的质疑，无法面对死亡的威胁与恐惧等。这些负性情绪还会波及社会及经济层面。如在意生病后人际关系的改变，担心逐渐与朋友、同事、社会疏离，且因为社会角色的退化，行为变得较为退缩、失落、没有自信，人际适应困难，不知如何重返社会。病人长期生病，感情、婚姻、家庭都可能因此受到影响。因治病费用增加家庭经济负担，如果病人是家中主要收入者，家庭更有顿失经济收入来源的近忧。因病而丧失劳动能力，工作或学业可能因而中断，未来前途不明，不敢预期未来的生活，人生规划受到影响

等等。每个人对这些因素的感受、认识不同，千差万别。这一层面指的是患者的内心痛苦、认知模式、情绪表达等，这些都深深地影响着患者和家人。作为医生，其角色定位中有服务、咨询的内涵，在此人文层面应该重视这些情况，关注"病的人"，给予患者关怀、帮助和支持，从这个角度更容易获得其信任，打开其内心的心结，帮助其走出自身的痛苦。

医生要学习做一个好的聆听者，放下拯救者的架子，耐心、平等地聆听，只有有效地聆听，才能进入患者的心里，给予患者更多的尊重、支持、理解、共情。而这些行为会使得被疾病困扰的患者获得尊严与恢复健康的希望，更获得寻找自身潜力的力量。医疗活动中，对于医患的心理安慰，有时其作用大过治疗的药物。"有时是治愈，常常是帮助，总是去安慰"，特鲁多医生的墓志铭说明了医学做过什么，能做什么和该做什么[9]。病中的治疗窗口是狭小的、转瞬即逝的，药物的效应是有限的、随时间而递减的，而情感抚慰的天地是宽广的、永恒的，而且是随时间递增的。医生的职责不仅仅是治疗、治愈，更多的是帮助、安慰。医学本是面向人而生的，是为了呵护人的健康、解除人的种种不适而产生的一种专门的学问。

3. 中医智慧与医学人文关怀

医学人文学是医学与人文学相结合的学科[10]，之所以在医学中备受重视，主要是由于医学的目的是救人，而生物医学本身并不能解决有关人性和认同价值观的问题。

中医学几千年来的临床实践活动，始终体现着浓郁的人文关怀色彩。作为医者，应有悲悯之心。早在《内经》中即有对医生临床诊疗要求的记载。如《素问·疏五过论篇》中之"五过"，即指诊治疾病时易犯的5种过失。主要讨论了医生临证之时，由于忽视病人的社会地位变迁、思想情绪变化、精神内伤状况和患病的始末过程，以及不明诊脉的原则，而发生误诊与误治的5种过失，明确了心理、社会的致病因素，强调"病从内生"心身合一的病因病机，概括了"诊有三常"的心理病因分析纲领，进而提出了诊治疾病所应遵循的常规法则。篇中逐条陈述了"五过"的原委，故以"疏五过论"冠以篇名。该篇陈述的"五过"，既有"良工"所失，亦有"愚医""粗工"所为。究其原因，则一言以蔽之曰："凡此五者，皆受术不通，人事不明也。"直接点明了"五过"的深层次学术原因，又将这样的学术问题提到伦理的高度，列为"五过"来论述，似乎寄寓了医学心理学与伦理学更为普遍的医学意义。《素问·徵四失论篇》主要讲医德问题。不辨明病症的表里虚实是第一失，不辨明病理机制是第二失，不察明患者体质（人格特质与体质类型）和宿病是第三失，不知辨证求因、审因论治是第四失。《灵枢·师传》言"上以治民，下以治身，使百姓无病，上下亲和，德泽下流，子孙无忧，传于后世，无有终时"，"百姓人民皆欲顺其志"，"临病人，问所便"，认为医学活动是以人为中心的，目的是增进人的健康。医者仁心，人道的医患关系，也就是要做到关心、爱护、安慰、鼓励病人，使

病人感到舒适，这应该成为临床医生的重要任务。又言"人之情，莫不恶死而乐生，告之以其败，语之以其善，导之以其所便，开之以其所苦，虽无道之人，恶有不听者乎"，体现了尊重生命的意义，敬畏生命的伦理情感，这也是医学人文的内涵。

医患之间的相互尊重是医学人文理念所要求的基础品质。真诚是医患交往中建立推己及人、换位思考习惯和能力的必要前提。医患之间只有具有平等、充分、良好的交流沟通机制，才能建立和谐的医患关系。唐代孙思邈在《千金要方》中的论述更加体现了"医乃仁术"的人文思想。以《大医精诚》开篇，提出医者应具备的职业行为规范。要求医生：一要医术精湛，尽快解除患者的疾苦。要求"学者必须博极医源，精勤不倦"。二要至诚至仁，感同身受。提出"凡大医治病，必当安神定志，无欲无求，先发大慈恻隐之心，誓愿普救含灵之苦"。三要德艺兼优，有良好的职业道德风范。如"夫大医之体，欲得澄神内视，望之俨然。宽裕汪汪，不皎不昧……夫为医之法，不得多语调笑，谈谑喧哗，道说是非，议论人物，炫耀声名，訾毁诸医，自矜己德"。这些都体现了"医乃仁术""医者仁心"的浓郁的人文思想，是医学人文内涵和人文价值的生动概括。现在国内很多的中医院校将《大医精诚》作为入学誓词，作为教育医学生的首要内容，旨在继承和发扬中医学"以人为本"的核心理念。当今的中医临床工作，仍需继续学习，继承发扬"医者仁心""以人为本"之精神。

中医学的望、闻、问、切四诊是对病人疾痛进行全面了解的过程，能反映出医生倾听、解释、回应临床故事的能力，是叙事医学的具体体现，体现了医学人文关怀的临床价值。

"天人相应""形神合一"是中医学的生命观和整体观，人的自身整体性和与环境统一和谐的思想始终贯穿于中医临床的生理、病理、诊断、辨证、治疗、调养等整个诊疗体系之中。《内经》对心身疾病的诊疗三原则概括为"视五态论治""临病问便""从容人事"[11]。医学回归人文，是对中医学医学模式的肯定。中医治病不仅关注患者有病的部位，而且也关注患者身心整体的反应，包括人格特质与情志因素对脏腑，乃至对整个人体的影响，有益于患者的治疗和康复。

在医学发展的新形势下，体悟中医智慧，学习叙事医学，重视、践行医学人文关怀的理念，会有益于传承发扬中医学优势特色，更好地为人类健康服务。

参考文献：

[1] 杨国斌. 高新医疗技术应用中的伦理冲突与对策 [J]. 中国医学伦理学，2012，25（3）：386-387.

[2] 赵明杰，宋文波. 当今医学缺少的是什么——论医学中的人文 [J]. 医学与哲学，2003，24（12）：11-17.

[3] 何裕民. 关于好的医学之思考 [J]. 医学与哲学：人文社会医学版，2010，31（7）：1-8.

[4] 张建枢，胡婕，彭英姿，等. 首都卫生文化重点问题和对策研究报告 [J]. 首都医药，2012（17）：53-55.

[5] Charon R. Narrative medicine：Form，Function，and Ethics[J]. Ann Intern Med，2001，134（1）：83-87.

[6] Charon R. Narrative medicine：honoring the stories of illness[M]. New York：Oxford University Press，2006：288.

[7] 王一方. 临床医学人文：困境与出路——兼谈叙事医学对于临床医学人文的意义 [J]. 医学与哲学，34（9A）：14-18.

[8] 方必基，张樱樱，童辉杰. 叙事心理治疗述评 [J]. 神经疾病与精神卫生，2006，6（1）：76-78.

[9] 郝璐，陈梅. 传承医学人文价值：医乃仁术，大医精诚 [J]. 医学与哲学，2014，35（7B）：1-3.

[10] 朱梅生，周晓辉，苗海军. 医学人文科学教育思想的探讨 [J]. 安徽医学，2011，32（3）：374-375.

[11] 杨秋莉，于迎，薛崇成. 《内经》中对心身疾病的治疗原则 [J]. 中国中医基础医学杂志，2010，16（1）：20-21.

（收稿日期：2014-10-29）

附录 9

《人民日报》2015 年 6 月 3 日第 016 版

发展中医药学应有文化自觉

王永炎

（中国工程院院士　中国中医科学院名誉院长）

习近平同志指出："中医药学凝聚着深邃的哲学智慧和中华民族几千年的健康养生理念及其实践经验，是中国古代科学的瑰宝，也是打开中华文明宝库的钥匙。深入研究和科学总结中医药学对丰富世界医学事业、推进生命科学研究具有积极意义。"当前正值中华文化大发展大繁荣的时代，作为与中华传统文化密不可分的中医药学，面对我国文化繁荣发展与科技转型的重要阶段，如何树立文化自觉，处理好自身与西方文化、西医学之间的关系，树立发展自信、增强发展动力，是需要深入思考与研究的重大课题。

1. 文化自觉对中医药学发展具有重要意义

20 世纪 90 年代，有学者提出"文化自觉论"，这对于解决世界文化多元并存时代中医药学的健康发展具有重要意义。所谓文化自觉，是指生活在既定文化中的人对自身文化有"自知之明"，明白它的来历、形成的过程、所具有的特色和它发展的趋向。"自知之明"是为了加强对文化转型的自主能力，使自己的文化能够不断适应新环境，从而更好地传承发展。从这个意义上说，有"自知之明"才有文化自觉，有文化自觉才有文化自信，有文化自信才有文化繁荣发展。

现在，我们在发展中面对的复杂问题是前所未有的，中医药学的发展也是如此。对于中医药学发展而言，必须处理好的一个问题就是与西方文化、西医学之间的关系。要处理好这个关系，增强发展自信、发展动力，必须要有新思维。新思维从哪里来？从中华民族几千年源远流长、博大精深的传统文化中来。这就需要有文化自觉，了解中华传统文化的特点和发展趋势，明白中医药学与中华传统文化之间的紧密关系。作为中医药学研究者、工作者，不但要精通中国自己的医学，还要了解中国自己的哲学、美学等的特点，实现人文为科学奠基、科学促进人文发展的目的。简而言之，我们倡导文化自觉，就是要自觉弘扬中华优秀传统文化；我们强调发展中医药学要有文化自觉，就是要从中华传统文化的视角审视中医药学的生命力、发展趋势。

2. 看待医学问题应有文化视角

当今世界，人类健康面临前所未有的危机，迫切需要我们去积极应对。然而，这种健康危机并非单纯的医学问题，其背后是文化问题。追求经济利益最大化的价值取向对人类生存的自然环境和社会环境都产生了极大影响，导致人类生活方式和社会行为都发生了很大变化，由此带来种种健康、疾病和社会问题。所以，看待医学问题要有文化视角。

现在，一方面，饥饿、营养不良等在一些国家依然严重威胁着生命健康；另一方面，营养过剩和生活方式不健康导致的疾病如肥胖、高血压、高血脂、冠心病、脂肪肝、动脉硬化、糖尿病等发病率在一些国家大幅提高。城镇化的快速推进带来城市人口膨胀，导致城市里各种资源尤其是人类赖以生存的水资源非常紧缺，更使保障人类健康的

医疗资源非常紧缺。食品添加剂、农药、化肥、防腐剂等的大量使用直接影响人类健康，而环境污染导致的温室效应以及抗生素的滥用，为新型传染病出现提供了温床。随着社会竞争日益激烈、生活节奏不断加快以及一些人价值观的扭曲，人们的情绪、心理、精神发生很多变化，导致抑郁症和心因性的精神障碍不断攀升，抑郁症现在的患病率已达 11.8%。此外，随着社会日益老龄化，老年病患者开始增多。有资料表明，老年人在临终前两年的医疗费用占其整个医疗费用的 70%。面对人类面临的前所未有的健康危机，我们必须从多方面去深思应对之道，其中一个重要方面就是从文化视角去看待医学问题，在理念上有所创新。我们要树立顺应自然的理念，实现自然、社会与人类健康之间的和谐统一。强调发展中医药学要有文化自觉，正是因为人类健康问题不是简单的医学问题，中医药学与中华传统文化之间的紧密关系有利于我们在应对人类健康危机时创新理念。

3. 中医药学具有自己独特的文化优势

中医药学的理念源于中华传统文化。中华传统文化源远流长，儒、释、道互为补充，核心是儒学。儒家强调的"仁义""和而不同"，道家强调的"道法自然"等，对于中医药学的形成和发展具有重要影响。立足于中华传统文化的中医药学所形成的生命观和健康观，强调以人为本、涵养道德、修身养性、形神一体、天人合一，重视物质和精神的统一。这些理念对于健康维护和疾病防治有着十分重要的意义。

有人认为中华传统文化属于农耕文明的范畴，对其劣势一直以来人们批判的比较多，特别是 1919 年的新文化运动提出打倒孔家店，甚至有人提出废除中医药学。事实上，不能说农耕文明就是小农经济、目光短浅，还要看到农耕文明顺应自然的优势。近些年来，西方一些学者也肯定了农耕文明的优势，认为立足于农耕文明的中华传统文化有自身的优势。与此相适应，与中华传统文化紧密相关的中医药学也有自己独特的文化优势。比如，中医药学强调"气"的概念，主张"生气通天"，认为人体的生命活动与自然界密切相关；主张"大而无外"，体现的是包括天地人的整体观。西医学比较重视微观方法手段，分子水平可以是"小而无内"，还可以往下分，做到更加精细。但还应从整体出发，把整体观念和还原分析结合起来，这是医学研究必然要走的路。人类对疾病和健康的认识也一定要涉及影像学和大生化以外的人的自我感受与修为，应将叙事医学与循证医学相结合，重视临床试验与证候组学、方剂组学、腧穴组学的基础研究。

中医药学以天地人整体观来把握人的健康维护与疾病防治，如"人以天地之气生，四时之法成""四气调神""生

气通天"，都体现出顺应四时、形与神俱、融通整合的理念。这些先进的理念使得中医在诊疗当代疾病时具有独特而显著的疗效。比如，近几年手足口病高发，发病的孩子凡是疹子特别多、口腔里的疱疹也很多的尚无生命危险；而那种疹子隐而不发的孩子，往往容易出现重症而导致死亡。这符合中医透疹泄毒的原则。在疫苗研究滞后于新发疾病的状况下，中医药学可以发挥重要作用。中医药学的"整体观念""辨证论治"等理论、方法与器物，对现代医学的研究与发展有很大启迪。中医药学也顺应了转化医学、健康医学、个体化医学与精准医学发展的趋势，将在应对健康危机中发挥重要作用。

现在，党和国家高度重视中医药学的发展，中医药学

发展的春天已经来了，但乍暖还寒。我们需要改变这种乍暖还寒状态，在发展中医药学时树立文化自觉，重视中华传统文化与中医药学的比较研究，使其相互沟通交流。同时，中医药学的发展也要坚持与时俱进。比如，我们不片面追随现代医学的科研评价体系，但是在世界顶级杂志上发表中医药学研究的文章，对于提升中医药学的国际影响力确有裨益；为解决过分强调师承教育模式导致中医药队伍萎缩的问题，可以将师承教育与博士后人才培养相结合。中医西医要融通共进，但应该以我为主、我主人随。我们要将中医药学置于大科学背景下，适应大环境的变迁，服务大卫生的需求，实现科学人文融合互动、东学西学兼收并蓄，积极构建具有中国特色的医疗卫生保健体系。

附
录
10

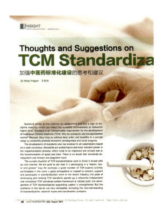

China Standardization 2015 年 7 月第 4 期

Thoughts and Suggestions on TCM Standardization

加强中医药标准化建设的思考和建议

By WANG Yongyan 王永炎

Standard serves as the criterion for assessment and also a sign of discipline maturity, which can reflect the scientific achievements at relevantly higher level. Standard is an indispensable requirement for the development of traditional Chinese medicine（TCM）. Why do standards and standardization matter? Because they help to achieve best order and benefits in a certain range to constantly promote economic development and social progress.

The development of standards shall be involved in all stakeholders based on a wide consensus. Standards are authoritative and have restraint power in the implementation process, which need to be improved and revised due to the transformation of space and time. There is no doubt that standards development and revision are long-term work.

The current situation of TCM standardization work in China is mixed with joy and worries. We are glad to see that it is developing in a "better, faster and greater" way, for example, a great number of TCM experts actively participated in the work; a good atmosphere is created to concern, support and participate in standardization work in the entire industry; the pace of developing and revising TCM standards speeds up; a relevantly independent and completed TCM standards system framework is initially built; the of development of TCM standardization supporting system is strengthened. But the problems in the sector are very noticeable, including the misunderstanding of standardization, research issues and coordination problems.

Therefore, it is necessary and urgent to address the

aforesaid problems even though with outstanding achievements in the TCM standardization work. Aiming at the current situation in the TCM industry, five suggestions are proposed as follows:

1. Connection with other sciences

Today, the excessive pursuit of precision is still emphasized, but the situation is changing. Taking the seeds and seedlings for example, we need to refer to ecological research results related to botany. Besides, we have to extend toward two directions, on one hand, from astronomical phenomena, genomics, proteomics to metabolomics; on the other hand, considering the connection between micro and macro, synthesis and analysis, entity ontology and relationship ontology. This is merely a research idea. Finding a meeting point implies a breakthrough, but we often pass by. Apparently, it is only a start and making the connection with other sciences is the hope for the future development.

2. Cultural conflicts

As an important part of Chinese medical system, traditional Chinese medical is life science to prevent disease and protect human health. It has a long history and cultural background, but it is not culture itself. So the research on TCM shall not be focused on culture, yet cultural conflicts must be concerned. Standards are important tools to master the discipline initiative, so there is a long way to go for Chinese standardization development.

Originally created in China, the traditional Chinese medical science and traditional Chinese medicine embody our original thinking and excellent traditional culture. The original thought of TCM is imagery and concrete, and finally reaches to visual thinking. Its original advantages are on modern infectious diseases, particularly viral diseases, and it is closely related to translational medicine and personalized medicine. So Chinese should take the lead in developing TCM standards, creating the TCM standards recognized both by Chinese traditional doctors and Western-style doctors, and also by Chinese people and foreigners. It is a difficult thing, but our goal is to reach a consensus.

3. Promotion of standardization work

The priority of standardization work is to enhance self-awareness. The publicity and education on standardization can help to achieve in-depth transformation of clinical medicine, strengthen the technical support of existing scientific and technological achievements and clinical practice experience for standards development and revision and promote the application of standards in the field of scientific research, education, medical industry and so on.

Second, the innovative approaches of TCM standardization shall be emphasized. The comprehensive study on evidence-based medicine and efficacy evaluation shall be conducted to obtain evidence based on clinical trial data and consensus. The evidence-based medicine techniques should be improved on the basis of study and application, so that it can serve the development and revision of TCM standards.

Lastly, government shall play a role in making TCM standards as the basic requirements for the approval, assessment, review and acceptance of major projects, promoting the TCM textbooks, writings and papers involved in existing TCM standards and building the spiral mechanism of TCM standards development and revision, covering standards research, development, application, promotion, assessment, feedback and revision.

4. Resource integration

The development and revision of standards shall integrate the essence of ancient and modern achievements in TCM sector and focus on the integration of ancient and modern resources. So the TCM standards can be constantly updated and completed based on the most advanced research results with broad consensus.

Besides, the coordination and integration of industrial and other resources are necessary for TCM standardization. The development of TCM standardization shall be placed under great academic background and jump out disciplinary restrictions, and other disciplines such as geology, maths, physics, chemistry, logic theory, operational research, etc., are indispensable for TCM industry.

Finally, international cooperation shall be strengthened to integrate resources and mobilize international academic organizations. The technological cooperation at the international level can strengthen dialogues between governments, focus on competition under the premise of win-win cooperation and seek the support of more international stakeholders.

5. TCM international standardization

Originally created in ancient China, TCM later spreads to Japan, South Korea and around the world. But it is noteworthy that those countries know how to use internationally standardized methods to develop and revise standards earlier than China, and have a batch of standardization talents mastering international rules. We started very late and lack of such talents, so it is essential and urgent to seize the time to train TCM talents who understand Chinese medical history and

TCM, speak English and other foreign language well, are familiar with international rules of standards development, and be able to speak English and other languages. The international standardization of TCM can better help TCM to serve the global health sector, making a great contribution to all human beings.

附
录
11

"China Standardization" 2015 年 7 月第 4 期

Focus & Strategy of TCM Standardization

中药标准化建设的现状、重点领域及策略

By HUANG Luqi, WANG Yongyan and GUO Lanping　黄璐琦　王永炎　郭兰萍

Standardization does not only provide guarantee for the quality safety of traditional Chinese medicine but also indicate the only route for its globalization mission.

Recently, witnessing the fast development of Chinese medicine industry and its increasing volume and market, a number of national major researches and development projects on Chinese medicine have been activated by the Ministry of Health together with multiple related ministries and administrations. Through such efforts, the national medicine standards system has been greatly improved, with a series of standards, rules and regulations developed and announced for application, covering the areas of the planting, production and processing of Chinese medicinal materials, prepared herbals, herbal extractives, Chinese medicine quality control, production quality management and production process management, etc.

Basically structured with national and industrial standards, the improving national medicine standards system has played a positive role in promoting the development of the entire Chinese medicine sector. The management and

operation of national medicine standardization work is mainly led by the government, organized by industrial academic organizations and carried out by research institutes and drug inspection offices from around the country. Methods of dynamic management and accountability are adopted to enable the standards' development, release and application, while innovation is emphasized to encourage the substantial participation of competent organizations to increase the Chinese medicine standardization level comprehensively.

In this article, the writer summarizes the current situation of Chinese medicine standardization, probes into the key working points for such work, and concludes with practical suggestions of future strategies.

Development of Chinese medicine standards

Improving national standards for Chinese medicine based on the Pharmacopeia. As the legal basis for Chinese medicine standards, the Pharmacopeia since 1953 has been regularly updated to represent not only the national standards for Chinese medicine in China but also the latest and most complete standards for traditional medicine around the world. The most recent 2015 Pharmacopeia has been released for official implementation from December 1, 2015, which will provide key guidelines for Chinese medical industry. The new version has further expanded the collection and revision of the medicine varieties（Figure 1）, to fully cover the national essential drugs list for the increasing medication needs and safety of the people. From the technical perspective, the medicine quality control has also been intensified according to the Pharmacopeia.

Chapter	Collection	Newly Added	Revised
Chapter One	2598	440	
Chapter Two	2603	492	
Chapter Three	137	13	105
Chapter Four	A new chapter which includes the appendix of the previous version as general rules (317 items) as well as the pharmaceutic adjuvants (270 items).		
Total		5608	

Figure 1: The *2015 Pharmacopeia* has further expanded the collection of medicine varieties.

Figure 1   The 2015 Pharmacopeia has further expanded the collectionof the medicine varieties

The standards for ingredient identification methods also evolve and diversify, from the appearance to physicochemical properties, microscopic, gas chromatography, HPLC and multi-dimensional coupling techniques, while that for the ingredient determination also changes from characteristic properties to active ingredients, from single ingredient to multiple ingredients. This means the national medicine standards system cored on the Pharmacopeia has gradually improved to inherit the traditional medicinal cultural and solidify the progress in Chinese medicine standardization, essential for the increase of the Chinese medicine quality control level and the reflection of emphasis on both modern and traditional medicines.

Stable growth of industry and enterprise standards for Chinese medicine. The industry and enterprise standards are important supplements to the Pharmacopeia. By July 2008, China has reported a well-structured standards collection with a total volume of over 15, 000 standards at different levels, including 7, 014 national standards for Chinese medicine （Figure 2）.

Issued by	Standards for Medicinal Material, Herbal Preparations, Grease and Extractives	Chinese patent medicine
2005 Pharmacopeia	582	564
MOH/SATCM	438	4,690
MOH/SATCM	308 (Ethnic)	432 (Ethnic)

Figure 2: Statistics shows there are 7,014 national standards for Chinese medicine by July 2008.

Figure 2   Standards shows there are 7, 014 nationalstandards for Chinese medicine by July 2008

Rapid development of international standards for Chinese medicine. With wider application of TCM, increasing attention has been attached by the international community to the standardization in this field. Inspired by the WHO resolution to develop TCM, more developed countries start the development of TCM standards, increasing the global competition and challenging the Chinese status in the TCM standardization arena. To address the international participation, China has enhanced its status through consistent efforts to internationalize the advantageous Chinese medicine technologies and expand continuously the global influence of the Chinese Pharmacopeia. So far, China has seen notable results from the cooperation with the U.S., Canada and several other countries and regions, with 20 standards for Chinese medicine varieties included into the French herbal medicine list, and 7 standards for Chinese medicinal materials into the French Pharmacopeia of which 4 standards are recommended to be listed by the European Pharmacopeia. ISO released the first Chinese Medicine international standard on ginseng seeds and seedlings in 2014 and the second one on heavy metals determination passing the FDIS stage in June 2015.

Current researches on Chinese medicine standards

China has invested a lot in the fundamental studies over relevant standards, laying solid foundation for the standards development and application for Chinese medicine. For instance:

· Standards for seeds and seedlings of Chinese medicinal materials, including special projects for quality standards and testing rules of herbal seeds, quality standardization of tenuifolia and other herbal seeds and seedlings, standards platform for herbal seeds and seedlings and planting (cultivation), laying good foundation for the standardization of herbal seeds and seedlings.

· Standards for production, collection and field processing of Chinese medicinal materials, with many national research projects carried out to support the standardized planting of Chinese medicinal materials, e.g. restoration of site conditions for herbal planting and micro-geological environment, generic technologies in the collection, initial processing and storage, comparison between cultivated and wild herbals, protection of geo-authentic herbals and standardized planting and pilot construction, accumulating generic technical expertise and rules.

· Standards for geo-authentic medicinal materials. SATCM and NSFC carried out special research projects on the typical product specifications, authenticity analysis and standardization demonstration, paving way for the identification of chemical characterization and exploration of quality standards for geo-authentic herbal materials.

· Technical standards for prescriptions and dispensing. Funded by SATCM and Guangdong Administration of TCM, the projects of technical standards for coding of herbal preparations and classical prescription and prescription and dispensing has explored the thinking for

digitalization, informatization and standardization of Chinese medical prescriptions.

· Re-evaluation standards for Chinese patent medicine. MOST has funded the research on re-evaluation key technology of on-sale Chinese medicine under the major medicine innovation project joined by ten clinical and research institutions nationwide.

· Guidelines for clinical medication of Chinese patent medicine. The implementation of the five-year technological research plannings has accumulated experience for clinical researches and further laying the foundation for the study on frequent diseases in Chinese medicine.

With the standardization of Chinese medicine, more high quality talents focusing on various disciplines have grown up in the areas of Chinese medicine production, researches and clinical practice, including leading researches and young talents who with solid theoretical knowledge and clinical experience now get hold of modern research methodologies and are even more aware of the dynamic development of the modern medical sciences.

Besides, the active participation of talents from the fields of methodology, informatics and modern medical sciences will also provide diversified approaches and methods for the Chinese medicine researches from different perspectives, to give further express to the clinical advantages of Chinese medicine, and primarily build up the collaboration and management system for Chinese medicine studies.

Key areas for future standard development

The Chinese Pharmacopeia: the pharmacopeia as the most authoritative standards in Chinese medicine is regularly revised every five years, which remains the core work of Chinese medicine standards development. The regular revisions will be combined with the development of the industry and medicine supervision as well as the major needs of the medical system reform to secure the public medication safety through the optimization of national medicine standards and the improvement of the Chinese medicine quality and the national medicine system.

TCM terminology and coding: as a hot issue for international standards development, the TCM terminology and coding will continue to be a key area in the standardization of Chinese medicine, for example, terms for Chinese medicine, medicinal materials, herbal preparations and Chinese patent medicine; standards for Chinese and English names; clinical guidelines for the use of Chinese medicine or combination of Chinese and western medicines; coding rules for Chinese herbal preparations and formulae of Chinese medicine.

Agricultural standards for Chinese medicine: agricultural standards will be a key area for standardization work, for example, the standards or technical specification for planting, field processing, soil quality, modern planting, investment, place of origin assessment, environmental protection, comprehensive use of agricultural waste, pesticide residue limits, GMO safety assessment. Generally, seeds and seedlings are the foundation of the whole Chinese medicine agriculture.

Standards for Chinese medicinal products and circulation: Mainly referring to the standards for geo-authentic medicinal materials and the standards for specification and grade of Chinese medicine.

Standards for application of Chinese standards: this kind of standards are very practical guidelines for the clinical application of Chinese medicine, including prescriptions and dispensing, prepared herbals with Chinese medicine formulae, decoction, purchasing and maintenance of Chinese medicine. For the on-sale medicine, there are efficacy standards and technical specifications for safety and economic clinical re-assessment, and the guidelines for clinical medication of Chinese patent medicine.

Strategic suggestions for Chinese medicine standards research

Get prepared to accelerate the standards development and revision. The preliminary standardization of Chinese medicine at present is far away from meeting the developing needs of Chinese medicine modernization and globalization. There is an increasing need for accelerating the standards development both nationally and internationally, especially vital for expanding international trade in this field. The key areas should be focused on the lacking of standards development methods and procedures, while the public understanding and awareness of the position of standards in this field are also to be promoted. Arguably, high-level standards have to land on the principle of practical application despite the current blind pursuit of technical advancement in our standardization work.

Break through strategically from special advantaged areas. Given the weak foundation and heavy task in Chinese medicine standards development, it is suggested to seek strategic breakthroughs from our advantageous areas, for example, terminologies, agricultural standards, geo-authentic materials, specification and gradation standards for trade as mentioned above.

Speed up the development of international standards based on a global vision. The research and development of international standards for Chinese medicine is an important path for the globalization of Chinese medicine. At present, ginseng and liquorice and other medicinal herbals as major types for international circulation have been collected into the pharmacopeia in many countries. However, due to differentiated concept toward quality control, differences are inevitable in the aspects of reference materials, analysis methods and results evaluation, which frequently hinders the internationalization of the common medicinal herbals and related products. So the development of ISO international standards on Chinese medicine should be highlighted in the globalization process.

Strengthen talents preparation and build up collaboration platforms. Considering the standardization requirements for the Chinese medicine industry, we are still facing a severe shortage of specialized talents. Efforts such as talents cultivation programs and standards knowledge popularization and trainings are necessary to develop high quality professionals who will be crucial to push forward the Chinese medicine standardization work. Also collaborative research and information sharing platforms should be built by leveraging on authoritative research institutes to study standardization experience and promote the research, communication and application of Chinese medicine standards.

附录 12

《中国中医基础医学杂志》2015 年 11 月第 21 卷第 11 期

珍视中医原创思维 调整学科方向

王永炎

（中国中医科学院，北京 100700）

关键词：中医；原创思维；学科方向
中图分类号：R222．19　文献标志码：A　文章编号：1006-3250（2015）11-1337-02

作者简介：王永炎，中医药学家，中国工程院院士，中央文史研究馆馆员。现任中国中医科学院名誉院长、中国中医科学院中医临床基础医学研究所所长。先后担任国务院学位委员会中医学、中药学学科评议组召集人，卫生部学位委员会及中国药典委员会委员、国家中医药管理局中医药应急专家咨询委员会主任委员等职。从事中医医疗、教学、科研、管理近50 年，先后主持了世界卫生组织（WHO）国际合作项目、国家 863 计划、973 计划、行业专项和国家"七五"至"十五"科技攻关项目 20 余项。主持的科研成果先后获国家科技进步奖一等奖 1 项，二等奖 2 项，三等奖 3 项，省部级一等奖 5 项；作为第一主编出版学术著作 20 余部，发表学术论文 600 余篇，已培养医学博士 70 名，出站博士后 37 名，其中 2 名博士荣获全国百篇优秀论文奖励。1998 年获何梁何利基金"科学与技术进步奖"，2000 年获香港求是基金会"中医药现代化杰出科技成就奖"，2004 年被授予中央国家机关"五一劳动奖章"，2005 年获"全国先进工作者"荣誉称号，2014 年获"中国标准化终身成就奖"。

中医药学是中华文明的一颗璀璨明珠，为民族的繁衍和国家的富强做出了巨大的贡献。毛泽东主席早就提出："中国医药学是一个伟大的宝库，应当努力发掘，加以提高。"半个多世纪以来，在党和国家中医政策的指导下，我国的中医药事业蓬勃发展，取得了令人瞩目的伟大成就，谱写了弘扬传统优秀文化、保障人民健康的新篇章。

面对 21 世纪，人们不约而同地在翻检、回顾、筛选、总结经验，进而升华为时代的记忆，留给后人。20 世纪前 50 年，中医中药历尽坎坷曲折。还原论盛行，华夏文化遭遇无数次的肆虐批判，直至今天笼罩在中医药学人头上"不科学"的阴霾才逐渐消散，作为"整体医学"的原创思维与原创优势，渐为世人共知。追忆中国中医科学院度过的六十花甲岁月，老一辈先贤与智士学人在坎坷曲折的征途上负重前行，培养了新生的一代，获得了丰硕的成果，令人敬仰感佩，激励着我们薪火传承的信心。当今政府积极扶持，百姓期盼欢迎，具有深厚社会与群众

基础的中医药学迎来了良好的发展机遇期。春天莅临了，然而乍暖还寒，我们期盼着科学格局的演变带给国学国医国药真正的复兴。源于中医药学具有生命科学与人文科学的双重属性，而科学与人文的融合已成为时代的主题，科学求真，人文求善，科学、人文合而不同，互补互助。人类崇尚真、善、美的最好境界，势必将中医药理论与实践融入人文哲学和生命科学中去，展示其特色和优势，成为人类先进文明的例证。进入 21 世纪，人们从信息时代迈向"概念时代"，思维科学渗透各学科领域。中医学原有的概念与形象思维是其原创思维的基础与源泉，重视中医药原创思维传承，即是重视中医药学的传承，是发展中医、创新中医的主要途径，重视原创思维的传承与创新是中医学发展的动力。对于思维科学的研究，其重点在于形象思维的建立，只有这样才能去认真研究综合性的逻辑思维，因为形象思维是宏观的、整体性的。显而易见，以形象思维"比类取象"阐释中医学理论与实践，将推动中医药现代化的进程。诸如临床医

学运用"病证结合、方证相应"，即以整体的生理病理状态为依据，重视证候学研究，遵循以象为素、以素为候、以候为证、据证言病等理论，将逻辑思维与形象思维结合，运用于中医药学领域，并以现代系统复杂性科学指导中医研究。还有中医学主张"调心身"、"治未病"，运用复方治病。方剂是中医理法方药的核心环节，上承理法，下接遣药组方，落实到"承制调平"，预期达到"以平为期"的和谐效应。总之，中医药学原创优势与特色将对丰富现代医学科学内容具有重要的现实意义。

中医人才的培养，首先是遵循中医药学自身发展的规律，把中医理论基础的深厚积淀与临床鲜活的诊疗经验有机地结合起来，培养出优秀的中医临床人才。再则是传承创新发展中医药事业的需求，培养多学科融合的人才，从事以中医为主体、我主人随地弘扬原创思维原创优势，为提高防治水平服务的后备学术带头人。前者治学当溯本求源，古为今用，厚今薄古，厚积薄发，坚持熟谙经典，勤于临证，发挥古义，创立新说，锲而不舍地"读经典做临床"，在取得显著疗效的基础上，凝聚提炼学术的闪光点，运用科学的临床思维方法，求证诠释前贤的理论，寓继承之中求创新，从理论层面阐发古人先贤之未备，以推进中医学科的进步。后者是多学科融合的人才，当前可分为两类，一则兼通文史，另则透视组学。造就内科临床领军人物，应先从医学专业博士做起，训练成临床功底坚实的主治医师后，其临床技能不逊于同年资的本科学士。进而在强化临床的同时，以唯物与唯心史观兼备学习易经易道，与文、史、哲、逻辑学、心理学、社会学交叉渗透，提高"悟性"指导诊疗工作，将之塑造成学科的中坚骨干。再则攻读科学哲学博士学位，朝向临床医学前沿学科，诸如生物信息学、化学生物学、数学与数理统计学等，学习与整合基因组学、蛋白质组学、代谢组学，运用模式生物实验，以中医为主体融入系统复杂性科学，在系统论的指导下还原分析，将中医与西医、宏观与微观、综合与分析、实体本体论与关系本体论链接起来，对"病证结合、方证相应"进行相关性的疗愈机制的研究。在这里想讲一点唯心史观，其实国学国医中蕴涵有唯心主义的内容，对维护人类健康和防治疾病至关重要，应给出一条路让医师与医学生学习体验，并付诸诊疗实践。与此同时，在中医治病确有疗效的基础上诠释、求证前贤的理论，指导临床提高防治水平，推进学科的进步。

学科方向的调整与变革，首先是以大数据技术支撑，使用循证医学证据，更加贴近"真实世界"。我们要重视叙事医学去探索循证医学的叙事化，人的情绪、情感、心理、认知的改变对健康与疾病的发生、转归密切相关。辨证论治是临床医学的精髓，尤其面对高血压、冠心病、脑卒中、糖尿病、癌症、痴呆等现代难治病应纳入到复杂巨系统，重视分析诸相关因素的联系，从个体化诊疗经验上升到群体化的转化医学。二是透视组学重在多组学联用。病证生物组学与方药组学均从"网络"整体视角出发，进而将还原分析的结果再回归到整体水平，可实现证候的属性和方剂的效应。当然，多组学的中医研究刚刚起步，提示着中西医学整合互动的趋势。三是关于学科框架的调整。拙著"中医药学科建设目标、研究方向、带头人与团队培养三篇文章发表于《天津中医药杂志》。随着科学格局正在发生变化，中医药学科方向必须有相应的变革，这是今天中医中药学人的责任。学科应寓有先进的理念，那就是弘扬形象具象意象思维与逻辑思维的整合，落实到整体观与辨证论治上，把人的健康与疾病置于天地之间去认识。另则学科建设要多元化多学科参与研究，尤其重要的是数学的表达，可以说数学是体现现代学科成熟程度的标志之一。

正值 60 周年院庆，作为一名年逾七旬的教师有责任有义务对后学发表一些感想，望能起到借鉴作用。青出于蓝而胜于蓝，遍读中国医学史，可见朱丹溪的学问超过了他的老师罗知悌；李时珍的成就超越了其父李月池，如此不乏先例。作为导师应发自内心地倡导学生超越自己。导师要有敢当铺路石的精神，鼓励学生开创一条超越老师的成功之路。其二是科学民主、圆融和合，加强道德修养。作为医师教师科研导师最要讲实事求是。老子明示：知不知，尚矣；不知知，病也。切不可自以为是。华佗刚直求是，不肯趋炎附势为一个人侍医竟遭被杀；王清任果敢求实，坚持《医林改错》被批评排斥于太医院之外，可见做到不易，甚至要付出惨痛的代价。圆融和合崇尚中道，建设团结关爱开拓进取的学术团队，提倡为他人创造条件、帮助他人的作风，提倡自反性的学术批判，把被批判者作为最崇敬的人。良好的品格对创造性的科研成就是不可或缺的。道德修养不在举之于其口，而在践之于其行。学为人师，行为示范。学医者必先做"人"，而后治学致用。其三是善于整合信息，提高创新素质。素质是什么？有多种不同的理解。我认为素质是获取信息转化为智慧，进而取得创新成果的速度和能力。更重要的是相关前沿学科的丰富信息。全方位敏锐的搜集加工分析利用信息可使学人变聪明，我们既要紧跟时代的步伐，又要坚持我主人随地弘扬中医药学的优势特色，创出一条中医学人自己的路。

（收稿日期：2015-08-12）

附录 13

《中医杂志》2015 年 12 月第 56 卷第 24 期

中医药学学术方向的变革与发展

王永炎

（中国中医科学院中医临床基础医学研究所，北京 100700）

21 世纪科学技术的发展，"以人为本"健康理念的逐步形成，中医药学的学科方向必须变革，这是当代中医药界学人的历史责任。当今学术发展的方向是在自然哲学的引领下实施医学健康行动。将"人"放在天地之间来看人的健康和疾病，精气神一体、象与形融通、科学与人文互补互动。重在中医临床优势病种，以辨证论治为主体的个体化诊疗体系构架的完善，已获得共识性的循证证据，以提高基础理论概念的诠释、研究思路由"还原性分析"朝向"系统化研究"转变的探索，逐步建立规范的中医药行业国内外通行的标准，以不断提升中医药学的国际学术影响力。

首先讨论一下自然哲学与中医学术方向变革的关联性。自然哲学是哲学的一个分支，它以人的一切对象为对象，是自然对象整体的本源或存在方式。从人类学本体论视角看它绝不是个别现象的描述学。人的存在与自然相关，人的自然化与自然化的人，《论语》讲"逝者如斯夫，不舍昼夜"，山川河流及万物都在变化之中，人也需要认知变化，顺应自然而演变及适变，这是美学的论题。而实践美学是人类学历史本体论的哲学，它以外在—内在的自然的人化为根本理论基础，美的根源在于外在自然与人的生存关系的历史性改变，而美感的根源在于内在的自然，即先天生理心理和后天文化教育经验的渗透，也是心理性向社会性融合的过程。联系中医药学的理论是现象理论、非线性理论，是巨系统的复杂理论。它的理论价值体现了中华文明的哲学底蕴，体现了华夏民族崇尚"以美启真""以美储善""以美立命"的道德风范。另一重要方面，自然哲学对中医学人倡导"象思维"的模式，以形象思维为基础，重视观察和体悟，审视人的健康和疾病的状态，将形象、具象、意象的主体认知落实到临床医护诊疗工作中，以维护健康与提高疗效水平。显然"象思维"是动态的整体，是中医学原创思维与原创优势，有望推进整体医学思想与励行多维恒动的关系本体认识论的自觉性。

面对国家的医疗卫生体制改革已进入深水区，广大中医药界学人把惠及民生为己任，要提高为广大民众服务的公平性和社会可及性，这是中医药学术方向变革的动力。关于中医药学学科总体目标的设定，先要认清全球科学格局正在变化之中，重要的在于科学概念的更新和宇宙观的深化。21 世纪科技界对黑洞的观测与发现，其中有 90% 的暗物质即那些不发射任何光及电磁辐射的物质，而黑洞的物质运动是不规则的、非线性的、具有不确定性的，对宇宙天体的观测研究，无疑影响着中医药学的理论基础，确切地说中医学不是唯唯物的，而是以唯"象"为主体的，是非线性和不确定的，应强调实体本体与关系本体的整合，注重能量与信息的时空转换，显然中医学现象理论与现代大科学的宇宙观相吻合。

目前，大科学时代是由信息时代逐渐向高概念与大数据技术演变。笔者理解的高概念一是科学人文的融合，科学求真、人文求善，科学人文互补互动；二是要研究复杂系统的相关性，要敢于突破原有学科的边界，提倡整合；三是对不同民族、地域的优秀文化中的科学概念进行诠释辐射与创新。大数据是针对复杂系统多学科、多元化研究的海量数据，包括非线性、不确定性数据的综合集成技术。可见高概念大数据技术将为中医药学科理论框架与临床实践指南的构建更新创造良好的机遇。纵观 20 世纪医学科学发展的轨迹是以二元论和还原论为中心展开的纯生物性理论与技术的发展方向，代价是医学人文的失落，眼中只有"病"而忽略了主体的"人"，过度追逐"科学化"，以生物学的指标作为判别疗效的唯一标准的医学。虽然在传染病和感染性疾病方面取得了重大成绩，但同时也发现了医学主体的人的复杂性、能动性与非线性、不确定性等特质，如何求解？新的自然哲学观引领下的健康新理念，主要突出"以人为本"的价值目标，注重关系本体论的研究设计思路，注重人文关怀、人的道德和人的社会适应性，与医生患者成为道德共同体的培养。

有一个问题必须讨论，即在科学人文融合的大科学理念引导下，当今的中医学与西医学能以互补互动向趋同方向发展，为构建统一的新医药学奠基吗？有学者认为中西医之间从具体研究对象、研究方法以及两种医学的基础理论都具有不可通约性。先说具体对象中西医学依自然哲学原理应是"人"，人的存在的一切对象。只是产生于西方工业文明基础上的西医学在一段历史时期将对象侧重在"病人"的病、追求的是生物学的指标，重技术重实证，必须可重复可复制。还原论盛行的20世纪，对人类物质文明的提高功不可没。笔者作为中医学人对西医学出现的问题不言自明。晚近十数年间亲身观察医学方向在逐渐转变，重视人文关怀由"人的病"到"病的人"的情绪、感情、心理变化，逐步渗透出现叙事医学、发展医学心理学科，有学者明确提出循证医学叙事化。医学科学研究面对复杂系统的临床难治病，从"单疾病、单靶点、单药物"的医疗模式，正经历着多学科、多元化、多层面整合集成探索调控疾病的转变，研究思路上正发生从"还原性研究"转为"系统性研究"、从"描述性研究"转为"预测性研究"，其中一个重要标志就是从网络这一整体的视角来认识生命活动与药物治疗机制。尤其是以人类健康为主要研究内容，朝向个体化医学、预测医学、预防医学、参与医学做出调整以适应转化医学与网络医学的发展。中医药学的研究对象罗三千年的历史始终是人，"以人为本"。以农耕文明为基础，上溯孔孟仁学、老庄"重生"顺其自然的哲学，一贯以儒释道主体的国学为指导，国医国药不断融入外来医药又不断向外辐射传播，从来都是开放的系统。有鉴于本世纪二元论与还原论逐渐被多元的大科学的革新所取代，同时一元论与系统整体论的兴起，将"人"放在天地之间来看人的健康、来看人的疾病，物我一体、知行一体、精气神一体、象意形融通，历来主张科学人文互补互动，是具有生命科学与人文科学双重属性的学科。综合上述，从中西医学研究对象在农耕文明与工业文明的影响和近代研究发展趋势看，从不同质不通约而朝向整合方向迈进。

回首21世纪初叶，我承担了国家"973"与自然基金委重大科研项目，对中医方剂配伍着手研究组建了多学科的团队，不仅有中西医药专家，还广泛吸收引进了化学、物理学、数学计算、信息与天文学专家的参加与指导。中医方剂有中药配伍组合的物质基础又体现治疗效应，是中医理论的载体。届时，我提出"方剂的潜能蕴藏于整合之

中，不同饮片、不同组分、不同化合物的不同配伍具有不同的效应，诠释多组分与多靶点的相关性，针对全息病证，融合对抗、补充、调节于一体，发挥增效减毒与减毒增效的和谐效应"。整合效应包括药效物质与生物效应的整合，药物实体与表征信息的整合，药物功效与人体功能的整合。通过实验认识到"网络"可以看作是整体与系统的构建基础和关键技术。譬如"网络药理学"中的网络，在宏观与微观的基因组、转录组、蛋白组、代谢组、表型等不同层次，有基因调控网络、蛋白质相互作用网络、信息传导网络、代谢网络、表型网络等各种生物网络，"网络"作为复杂系统分析的关键，代表了一种符合中医药整体特色的研究新理念与新方法，我国学者无分中西展开的复方网络药理学研究与国际基本同步，中医方药研究有望跻身当代科技前沿，为源头创新提供强有力的支撑。

中医药学历来以临床医学为核心，在具体的内容上首先朝向个体化医学。由于人类基因组计划的顺利完成以及分子生物学技术和生物信息学的快速发展，如何基于药物遗传学的发现而发展个体化医学，已受到医药科技界的重视。中医诊疗从整体出发，如治疗同一种病，因遗传背景体质禀赋的差异等，出现"证候"不同而治疗方药与剂量亦不相同。当然，还有医学模式中心理情感与社会、环境等也是个体化医学体现人文关怀的重要方面。显然辨证论治的理念与技术将在个体化医学的发展的时空中发挥主导的作用。未病先防、既病防变践行预测医学与预防医学，应将重点放在病前的早期监测。中医治未病与五运六气学说是其代表，积极辨识健康状态及演变趋势，适应各种气候、物候，各种环境的变化，又要调心身怡情养性。

中医作为整体系统医学有明确的内在标准，如"气脉常通""积精全神""阴平阳秘"等；具体干预方法如饮食有节、起居有常、恬淡虚无、法于阴阳和于术数等为实践证实有效的身心调摄的理念和方法。至于参与医学，倡导每个人主动参加到对自身健康的认知和维护健康的全过程中去。历来重视人的智慧和能力，以"志闲而少欲、心安而不惧、形劳而不倦""气从以顺、各从所欲、皆得所愿"，以调制承平，做到"正气存内，邪不可干"。转化医学要作为重点的变革之一，凸显个体化医学的中医中药的优势，同时要参与到全球卫生信息化工作中。中医药学讲转化医学是"以人为本"，从临床实践中凝聚科学问题，再做基础研究与新复方的开发研究，是基础科研成果转向临床应用，进而提高维护健康防治疾病的水平。因此，转化医学研究的模式必须是多学科的联合体的密切合作，医院要向院前转化，成熟技术向产业转化，科研成果向效益转化，面向基层医教研产要向人才培养转化，总之其"模式"具有普适价值。毋庸讳言，我们在推动转化医学中体悟到还原论与系统论，与运用网络医学作为调整变革的重点时，

面对多因素、多变量、多组织器官复杂性现代难治病诊疗，中医学与西医学基础整合的可能性是存在的。从东西方科学的差异与交融的大背景看，中医与西医的整合是历史的必然，然而目前已呈现的是一种趋势，处于起步的阶段。从医疗体制改革的需求出发，中医学科发展面临的困难很多。为实现中医药学科总体目标的愿望，科学人文互补互动，东学西学兼收并蓄，我主人随弘扬原创优势，来构建统一的新医药学任重而道远。我愿学术团队的每个成员谦逊地向社会贤达学者智仕学习，尤其要细致倾听与研究不同见解，培养敬畏的品德，以求异而求真，不断修正完善自己的观点。人类学的历史将会证实，整合医学可能是医学发展的方向，或许未来将否定我们的观点，仅仅存留下些痕迹。但在今天每个人都要发挥先天的潜力和后天的才能，学习积淀，组建积淀而又打破积淀，使积淀常新而"意足"矣！

（收稿日期：2015-11-01）

附录14

《中国中药杂志》2015 年 12 月第 40 卷第 24 期

药品安全性证据分级分类探索研究——构建中药上市后安全性证据体

廖星[1,2]，谢雁鸣[1]，王永炎[1]，Nicola Robinson[3]

（ 1. 中国中医科学院中医临床基础医学研究所，北京 100700；2. 中国中医科学院博士后流动站，北京 100700；
3.School of Health and Social Care，London South Bank University，London SE1 0AA ）

摘要：借鉴循证医学既有证据分类、分级的成功经验，探索中药上市后安全性证据评价、分类和分级标准并形成安全性证据评价的基本框架，从点、线、面、体多个角度综合不同证据源，构建中药上市后安全性证据体，为今后该领域证据体系的研究提供方法学和技术支撑。

关键词：安全性证据；上市后中药；证据分级；循证医学

To Explore Evidence Evaluation for Harm：Establishing the Body of Evidence for Harm for Postmarketing Traditional Chinese Medicine

LIAO Xing[1,2]，XIE Yanming[1]，WANG Yongyan[1]，NICOLA Robinson[3]

（ 1. Institute of Basic Research in Clinical Medicine，China Academy of Chinese Medical Sciences，Beijing 100700，China；2. Post Doctoral Research Station of China Academy of Chinese Medical Sciences，Beijing 100700，China；3. School of Health and Social Care，London South Bank University，London SE1 0AA，UK ）

Abstract：There has been much difference between effectiveness and harm in evidence evaluation. Many evidence ranking or grading systems have been developed by researchers in the world. However，no evidence ranking or grading systems are based on safety research reality. Those existing evidence ranking or grading systems are prone to evaluating effectiveness evidence not proper for harm evidence.It is necessary to develop a new system for harm evidence. We put forward to establishing the body of evidence for harm for postmarketing traditional Chinese medicine as required by our daily research work. We do hope such an ideal could be helpful and indicative for evidence evaluation for harm.

Key words：body of evidence；postmarteting traditional Chinese medicine；evidence grading；evidence based medicine

自 1992 年循证医学（evidence based medicine，EBM）被 EBM 工作组正式命名，并宣称医学"新范式"到来后[1]，在医学教育和临床实践领域，已经有了 20 多年的辉煌历史。然而，发展到 2014 年，在杂志 BMJ 上，国际知名学者 Trisha Greenhalgh 和牛津大学循证医学中心学者 Jeremy Howick 及其同事发文"循证医学身陷发展危机的思考"[2]，提出了 EBM 发展进程中出现的五大瓶颈问题，意味着 EBM 的发展正经历着波谷时期。而 EBM 最为核心的内容"证据"及其分级和分类也随之面临来自临床实际的挑战和机遇。现今，科学发展已经进入大数据时代，对于信息的需求，人们更多追求的是穷举和全体，而不是随机和抽样。这无疑给 EBM 带来了巨大的挑战，其中之一就是证据级别的争议。众所周知，RCT（randomized controlled trial）是 EBM 中的高级别证据，而基于 RCT 的系统综述 /Meta 分析更被推崇为最高级别证据。但是 RCT 设计的基础是随机抽样理论，试图用最少的数据获得最有用的信息，其要求 RCT 中的样本与研究实际环境一致，以便排除个体差异及环境干扰，这在现有条件下几乎不可实现。在医疗大数据环境下，医疗数据呈现多样性，如种类繁多、结构复杂、因果并存、甚至同一数据表现出不同形式。大数据将会使医学研究数据的采集方式和管理方式，以及数据分析方式发生巨大改变。基于日常医疗数据的观察性研究将成为当今时代医学研究的主导证据源头。该过程中 EBM 产生和评价证据的方式和内容，也当随之调整和完善。

1. 世界上公认的 3 种证据分级体系及其存在的问题

目前世界上公认的证据分级体系有 3 种。美国学者于 2001 年提出了金字塔 9 级分级标准（http://library.downstate.edu/EBM2/2100.htm）。该分级体系仅适用于治疗或干预，而在评价诊断准确性，疾病自然史和预后等方面并不适用。另外，这种证据层级评价过于固化，不利于实际研究和临床评价应用。为此，牛津循证医学中心（Oxford Centre for Evidence-Base Dmedicine）提出了另外一套用于预防、诊断、预后、治疗危害研究等领域的证据评价体系，并于 2011 年进行了更新（http://www.cebm.net/ocebm-levels-of -evidence）。从新版的牛津分级标准可以看出，该分级标准明确提及了两条涉及"治疗危害"即安全性证据的评价。一条为一般常见"伤害"（harm），一条为罕见"伤害"。该新版证据分级的原则是：混杂因素越低的情况下，越远离表格左侧的证据，越不可靠。然而，从其证据的层次分级来看，仍然崇尚的是随机试验及其相关系统综述，依旧没有脱离出有效性证据评价体系的大体框架，未从安全性研究的实际出发，细化安全性证据评价的内容。从事药品安全性研究的研究者深知，现实中药品安全性研究的开展，不可能从随机试验等这类干预性研究

获得纯粹的以安全性指标为评价目的的证据，而往往个案报告，基于一些特定数据库的研究（如自发呈报系统），或大样本观察性研究才是药品安全性证据最为直接的来源。2004 年 GRADE 评价与推荐体系诞生[3-9]。GRADE 第一次真正意义上清楚阐述了证据质量和推荐强度的定义，即证据质量是指在多大程度上能够确信疗效评估的正确性，推荐强度指在多大程度上能够确信遵守推荐意见利大于弊。GRADE 评价证据的质量，以结局指标为单位，主要适用于系统综述制作者解读最后证据，指南制定者和卫生技术评估人员。需要强调的是，GRADE 不是对单项研究的分级，这是其区别于以往所有证据分级的最大不同。另外，GRADE 特别提及概念"evidence body"，即证据体。在 GRADE 系统中，正如兰州大学循证医学中心陈耀龙博士所强调的"evidence body 特指基于 PICO（population，intervention，comparison，outcomes）问题，符合纳入排除标准的系统综述汇总的证据，是 GRADE 分级的基础和起点"。然而现有文献尚无该概念的国际规范定义。唯有北京中医药大学循证医学中心刘建平教授 2007 年所发表的文中提出"证据体"即由多种研究方法、不同设计类型、多种来源的证据构成，而非仅仅由某一种研究所获得的证据构成[10]。而该文对于该概念的提出背景是针对"传统医学证据体的构成及证据分级的建议"，其主体内容仍然针对有效性评价。

随着循证医学的迅速发展以及不断渗入到医学研究和临床实践领域，根据研究质量，对各种不同类型的研究进行分级评判形成不同级别的证据已然被广泛应用于医学领域，也使广大医学工作者从中受益。但是，因不当使用"证据分级"也会产生许多问题，比如用于干预措施效果评价的证据分级被滥用，误用到病因、诊断、预防或者药品不良反应（adverse drug reaction，ADR）评价上，早已被其他研究者批评[11]。正如有研究者指出，证据分级不应仅针对于临床干预疗效的评价，临床实际中除了疗效还有其他诸多方面的问题，如病因、诊断、药品不良反应等[12,13]。再如早期证据评价体系将所有的 RCT 都置于观察性研究之上[14]，作为证据最高级，也被受到质疑[15]。作为金标准的 RCT 无可厚非地用于评价干预措施的疗效，但是对于疗效以外的评价，随机对照试验有很大局限性，譬如无法进行药品不良反应的研究。根据传统的证据分级体系，临床医生可以很快从最高级别的证据，综合多个 RCT 的系统综述获得有关某种干预措施的疗效信息，但是对于非疗效相关的临床问题，如干预措施的风险，则无法全面的从以疗效评价为目的的证据评价体系中获得最佳证据，往往要转向观察性研究设计[16]。观察性研究也可以提供"最佳"证据，甚至病例系列、病例叙事（anecdotes）也能提供客观证据[17,18]。虽然病例报告不是最佳的证据源，但是在有关报告药物 ADR 特别是罕见 ADR 时，有着不可忽视的作用[19]。

2. 安全性证据评价概况

有关"安全性"的英文表述词有：safety，risk，harm，adverse event，adverse effect，adverse reaction 等。概而言之，就是医疗实践中产生了非预期的医学事件（有害结果），即"伤害"。在 EBM 领域里，不难发现极少有专门的 RCT 或 RCT 的系统综述专门用来评价安全性问题。经典的 RCT 虽然也经常关注安全性指标（如肝肾功能、心电图、症状记录），但仅作为次要指标来研究。虽然从理论上来说，RCT 的因果关系论证强度最高，可为药物不良反应的评价提供强有力的证据，但限于研究目的、伦理学、样本量、用药疗程等现实因素，随机对照试验可获得的安全性证据非常局限，无法为药品安全性研究提供最佳证据。有关如何评价干预措施的"伤害"或安全性（harms/safety）的问题，一直以来也是困扰医学研究者特别是 EBM 研究者的一个主题。所遇到的评价困难也诸多，如一些罕见的难以发现的"伤害"并不能通过 RCT 来获得，反而是一些大样本、长期的观察性的证据级别比较低的研究才是其发现的唯一证据[20]。而一些特殊的身心伤害更需要一些其他特别的研究设计才能获得证据[21]。RCT 是一种理想的控制混杂因素的试验设计，但是由于经费昂贵、费时，并不适用于评价真实世界的临床实践。再次，好的观察性研究结果同样可以获得高级别证据。既往人们一直强调有效性，而弱化安全性研究，根本原因在于有效性和安全性研究存在本质区别即"大概率事件和小概率事件"。或因时间、经费等客观条件的限制，研究者们更容易关注大概率事件的有效性研究，而对于小概率事件的安全性评价则望而却步。

事实上，近 100 年来，世界范围内发生的重大"药害"事件有 40 余起，使人们对药物不良反应危害的严重性有了深刻的认识。一些代表性"药害"事件如 20 世纪 60 年代的"反应停"事件及其后关于西药不良反应的系列报道，推动了各国政府的"药品不良反应监测体系"建设，并促成世界卫生组织成立乌普萨拉国际药品不良反应监测中心。药品不良反应绝大多数是以病例报告的形式作为最直接的证据呈现，而研究者所从事的往往都是事后调研。因此，在当前有关药品安全性研究证据数量繁多且仍增长迅速的"大数据时代"，构建有效的药品安全性证据评价分级分类规则，无疑具有重要意义。

另外，安全性评价的结果也有诸多不确定性，一旦结论不恰当，就会直接导致对病人的伤害。而且有关干预的不良结果通常来自于所谓的"低级证据形式"，如病例报告、数据库回顾性分析、观察性研究等。面对这种现状，使得研究者们在评价安全性证据时举足维艰。这也迫使研究者不得不重新思考评价安全性证据时理应区别于有效性证据的评价，而其评价标准和体系应当符合自身特点和规律。

目前针对如何评价并获得安全性证据，美国研究者已开始着手这方面的研究。他们认为：RCT 往往只是基于预先假设才能获得最有效的因果推断研究结果，而一定研究时间段里的用药并不能真正揭示实际用药人群的安全性问题。因此有关安全性结局评价的证据往往级别不高，即使是产生于一些 RCT 的结果评价也多是因"机遇"而产生[22]。如何获得高证据级别的有关安全性结局评价的证据？可以针对报告了安全性结局的 RCT 进行系统综述，同时也可以针对其他非 RCT 的研究设计进行系统综述。值得注意的是，针对有些报告对比了安全性结局的研究，不仅应关注统计学上的差异性，还应该关注在同一个可信区间里的临床差异性，这样也可以获得有关安全性结局评价的有用信息，而不致遗漏。其中对于当下热门的有关干预措施安全性评价的注册登记研究提出了具体的评价框架：结果是否真实？各种偏倚是否导致干预措施看起来更安全还是使其看起来可能会造成更大的伤害，而实际这些伤害却不是由于研究中的干预措施导致的[23]？美国 AHRQ 也在其《效果和比较效益方法学指南综述》（"Methods Guide for Effectiveness and Comparative Effectiveness Reviews"）一书中正式撰写了"对比不同干预措施时如何评价伤害"一章（2009 年），该章节随后被发表在国际临床流行病学杂志上[24]。

国内循证医学知名专家李幼平教授也提出由于上市后药品 ADR（尤其严重 ADR）罕见，RCT 常不足以有效发现药品安全事件（样本含量较小、观察时间较短、研究对象严格挑选等）。因此，安全性评价证据分级标准与有效性评价存在差异，其最佳证据往往来自队列研究或病例对照研究，为此，还草拟了一个有关药品安全性评价证据级别，并提到该评价标准的层次也只是相对的、当前的，并非永久不变[25]。

3. 如何构建药品上市后安全性证据分级分类

以中药上市后安全性评价为例，结合本研究团队多年来在这方面的深入研究，并咨询国际知名循证医学专家，如牛津大学循证医学中心学者 Jeremy Howick（认为研究药品安全性证据非常有必要），GRADE 工作组 Yngve Falck-Ytter 教授（有关 evidence body 的定义），本团队首次提出从点、线、面、体等不同角度来构建"上市后中药安全性证据体"。

从点的角度，认为安全性评价的证据可以来自不同来源的单个研究设计类型，既可以来自于常见的 RCT 或其他研究类型中所报道的不良结局，也可以来自于单个个案报告，或者以安全性监测为目的的大样本的注册登记研究。在此特别强调，若是"死亡"这类严重不良反应，往往证据可以按照"全或无"来定论。

从线的角度，认为来自同一研究类别的证据，如均为来自观察性研究的若干研究，或均为来自干预性研究的若干研究形成针对安全性结局的证据。

从面的角度，鉴于安全性事件的发生为"小概率事件"，往往发生 1 例可能不会引起足够重视，即没有代表性。因此，考虑从地域代表性、医院类型、住院部和门诊部、临床研究中的多中心，以及国家自发呈报系统和一些主动监测研究中所发现的证据。

从体的角度，认为点、线、面的角度是为了更好地理解安全性评价证据不同于既往有效性证据，不能单从研究设计类型来固化证据级别，应该从证据的多源性来考虑。根据当前可获得的证据，安全性证据评价应该从多源头考虑，而不应局限于某种类型的研究证据。目前安全性证据来源有：前瞻性大样本长期安全性注册登记研究，国家不良反应中心自发呈报系统（SRS）数据分析，系统综述和 RCT 以及其他研究类型中报告的 ADR，真实世界医疗电子病历数据（HIS）分析，文献中 ADR 个案报告，ADR 专家判读意见和共识，ADR 机制研究。对于证据体构建的模式图见图 1。

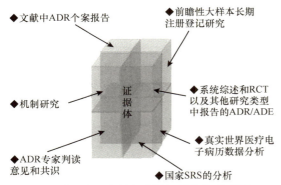

图 1 "上市后中药安全性证据体"模式图

Fig.1 A body of evidence for harm consists of different kinds of studies

因此，本团队正式提出有关安全性证据体的概念（body of evidence for harm，BEH）：由针对某个安全性研究的 PICO 问题，全面搜集两种以上不同来源的证据，比如来自定量研究、定性研究证据、干预性研究、观察性研究证据、临床研究、机理研究、单个病例报告、大样本研究、自发呈报系统中的 ADR 报告，医院 HIS 数据中有关安全性的处方序列分析。正如上图所示，安全性证据体的构成可以是不同来源的多种研究类型以及研究方法。由于经典的 RCT 在现有条件下对于安全性评价不具备应用的充分条件，因此以往将 RCT 推崇为最高级别证据的评价模式，需要有所调整和改变，一种情况可以将好的高质量的观察性研究，如以安全性评价为主要目的的大样本、长期、前瞻性队列研究，可以被视为安全性证据评价的最高级证据。

且当有其他来源的证据佐证时，其证据强度将有所提升。另外一种情况是，对于严重的 ADR，如死亡、致畸等证据，可以以全或无的证据形式进行评价，即有 1 例报告即可视为最佳证据。而对于新发的 ADR、一般的 ADR 则需要从证据的多源角度加以共证，以提高其可信性。需要强调的是，对于安全性证据评价，其主要内容是基于 ADR 的有无获得证据，如果多个证据源均有同个 ADR 的报告，显然就这个 ADR 的证据强度是较大和可信的，这种评价并非像有效性证据评价那样基于不同的研究设计类型而划分证据层级，因此也很少出现证据结果不一致的现象。当然，就研究质量的评价来讲，循证医学中的严格评价内容同样适合于安全性证据的评价。不同的研究类型可以参考不同的方法学质量评价标准，也可以参考 GRADE 标准。

总之，由于现有相关的循证医学证据分级分类标准在应用到安全性研究实际中有诸多不适用之处，亟须国内外研究者通力合作开发出一套有别于既往服务于有效性证据评价的体系，而符合安全性证据现状的证据分级分类标准，从而以为未来越来越多的安全性研究提供参考依据和指导。

致谢：四川大学华西医院李幼平教授、北京中医药大学黄启福教授和商洪才教授、解放军 302 医院肖小河教授、中国中医科学院中药研究所朱晓新研究员、兰州大学循证医学中心杨克虎、中国中医科学院中医临床基础医学研究所王忠教授在作者的研究工作中提出了许多宝贵意见和建议。

参考文献：

[1] Evidence Based Medicine Working Group. Evidence based medicine. A new approach to teaching the practice of medicine[J]. JAMA，1992，268：2420.

[2] Trisha Greenhalgh. Evidence based medicine：a movement in crisis[J]. BMJ，2014，348：3725.

[3] 陈耀龙，杨克虎，姚亮，等. GRADE 系统方法学进展 [J]. 中国循证儿科杂志，2013，8（1）：64.

[4] Guyatt Gordon，Oxman Andrew D，Akl Elie，等. GRADE 指南：Ⅰ. 导论——GRADE 证据概要表和结果总结表[J]. 中国循证医学杂志，2011，11（4）：437.

[5] Balshem Howard，Helfanda Mark，Schunemann Holger J，等. GRADE 指南：Ⅲ. 证据质量分级 [J]. 中国循证医学杂志，2011，11（4）：451.

[6] Guyatt Gordon H，Oxman Andrew D，Sultan Shahnaz，等. GRADE 指南：Ⅸ. 证据质量升级 [J]. 中国循证医学杂志，2011，11（12）：1459.

[7] Guyatt Gordon H，Oxman Andrew D，Montori Victor，等. GRADE 指南：Ⅴ. 证据质量评价——发表偏倚 [J]. 中国循证医学杂志，2011，11（12）：1430.

[8] Guyatt Gordon H，Oxman Andrew D，Vist Gunn，等. GRADE 指南：Ⅳ. 证据质量分级——研究的局限性（偏倚风险）[J]. 中国循证医学杂志，2011，11（4）：456.

[9] Guyatt Gordon H，Oxman Andrew D，Kunz Regnina，等. GRADE 指南：Ⅶ. 证据质量评价——不一致性 [J]. 中国循证医学杂志，2011，11（12）：1444.

[10] 刘建平 . 中医药临床试验的方法学问题与挑战：循证医学的 观点 [J]. 中西医结合学报，2006，4（1）：1.

[11] Glasziou P，Vandenbroucke JP，Chalmers I. Assessing the quality of research[J]. BMJ，2004，328（7430）：39.

[12] Sackett DL，Wennberg J E. Choosing the best research design for each question[J]. BMJ，1997，315（7123）：1636.

[13] Guyatt GH，Haynes RB，Jaeschke RZ，et al. Users' guides to the medical literature：XXV. Evidence-based medicine：principles for applying the users' guides to patient care[J]. JAMA，2000，284：1290.

[14] SUNY downstate medical center. Medical research library of brooklyn. evidence based medicine course. A guide to research methods：the evidence pyramid[EB / OL]. [2015-09-29]. http：//servers. medlib. hscbklyn. edu /ebm/2100. htm.

[15] Howick J. The philosophy of evidence-based medicine[M]. Oxford：Wiley-Blackwell，2011.

[16] Rosendaal FR. Bridging case-control studies and randomized trials[J]. Curr Control Trials Cardiovasc Med，2001，2：109.

[17] Glasziou P，Chalmers I，Rawlins M，et al. When are randomised trials unnecessary picking signal from noise[J]. BMJ，2007，334（7589）：349.

[18] Aronson JK，Hauben M. Anecdotes that provide definitive evidence[J]. BMJ，2006，333（7581）：1267.

[19] Vandenbroucke JP. In defense of case reports and case series[J]. Ann Intern Med，2001，134：330.

[20] Eikelboom JW，Mehta SR，Pogue J，et al. Safety outcomes in Meta-analyses of phase 2 vs phase 3 randomized trials：intracranial hemorrhage in trials of bolus thrombolytic therapy[J]. JAMA，2001，285（4）：444.

[21] Scaf-Klomp W，Sanderman R，Wiel HB，et al. Distressed or relieved psychological side effects of breast cancer screening in the Netherlands[J]. J Epidemiol Community Health，1997，51（6）：705.

[22] Delfini Group, LLC. Delfini pearls. Safety issues & considerations[EB /OL]. 2010. http：//www. delfini. org / Delfini _ Pearls _ Basics_ Safety. pdf.

[23] Delfini Group，LLC. Delfini appraisal tool. Registry evaluation checklist：safety of interventions[EB / OL]. [2015-09-29]. http：// www. delfini. org / Delfini_ Tool _ RegistryAppraisalChecklist _ SafetyInterventions. pdf.

[24] Chou R，Aronson N，Atkins D，et al. AHRQ series paper 4：assessing harms when comparing medical interventions[J]. J Clin Epidemiol，2010，63（5）：502.

[25] 李幼平，文进，王莉 . 药品风险管理：概念、原则、研究方法与实践 [J]. 中国循证医学杂志，2007，7（12）：843.

（收稿日期：2015-09-29）

2016 年，78 岁

2016 年图 1　2016 年的王永炎先生

2016 年图 2　在全国老年脑健康社区临床队列研究启动会上

　　2 月，作为国家出版基金重点项目《本草纲目研究集成》学术指导委员会主任，为此丛书撰写总序。同年，丛书的第一部著作《本草纲目导读》由科学出版社出版。

　　6 月，受聘于世界中医药学会联合会出任世界中医药联合会内科专业委员会（以下称世中联）第二届理事会名誉会长。

2016 年图 3　3 月 24 日，中国中医科学院中医临床基础医学研究所党总支成立，王永炎（右 2）参加成立大会

2016 年图 4　王永炎在临床所党总支成立大会上讲话

2016 年图 5　世中联内科专业委员会第二届理事会名誉会长证书 -1

2016 年图 6　世中联内科专业委员会第二届理事会名誉会长证书 -2

　　10 月，为肖永庆、李丽主编的《商品饮片的分级方法及其质量评价》作序，此书 2016 年 10 月由科学出版社出版。

　　此年，先生的身体虽然仍在康复中，但体力与精力已经有了进一步的改善，开始承担很多力所能及的工作。并利用养病的闲暇，结合个人成长及一生走过的学术之路，思考许多中医发展与中医人成长中的重要问题，撰写各种论文、杂文。论文如《论血脂异常与浊毒》发表于《辽宁中医杂志》第 1 期，《东学西学兼容为中医学发展拓宽了时空》发表于《科学中国人》4 月，《认知病证诊断标准与共识疗效的意义》发表于《中医杂志》第 17 期，《整合医学理念的形成与提出》发表于《北京中医药大学学报》第 7 期，《整体观视角对中医方剂配伍的研究》发表于《中国中药杂志》第 15 期，《高概念时代的象思维》发表于《中国中西医结合杂志》第 8 期。

　　先生说：人老了，难免多回忆往事。他常常缅怀师长的教诲，学长们的勉励，学生们的关怀。回首自己一生一心向学，惟仁惟道的历程。先期读孔孟仁学，敢担当，重关爱，明明德，致良知。遭遇挫折常有圣人指路，贤人相助，自明事理而友人临床督促。道路坎坷，亦非坏事。永抱初心，奋力前行。先生知天命之年而学老庄，体会到：道通为一，反者道之功；大直若屈，曲则全，枉则直；大智若愚，纯则朴，素则真。由此，以求真储善而心常知足。先生晚年学禅，以天、道、自然为一体，万物皆在变化之中而知常变，既循规律而不变，令本心与宇宙之心同一，净化灵明而清虚静泰。

　　此年 2 月，先生在住院康复期间，回顾了其人生走过的路，笔画端正地书写了一些哲学思考，并写下了杂文《自由之思想》。

　　5 月 3 日，撰写《我在协和医院》一文，回顾了自己在北京协和医院进修及合作研究，接受严格而系统的规范训练，开始了病案书写规范、病案格式设计与常见病证诊断与疗效标准制定工作。从此走上了中医药标准化设计，制定修订道路的难忘经历。

　　5 月 28 日，撰写《全科医学的基础与杂学知识的启迪》一文，以自己 60 年代初期带学生实习的亲身经历，说明在中医人才培养中全科医生训练的重要性，指出这种训练重在医生自身的素质能得到提高。认定做全科是做好专科医生的基础。同时，提出对于如何看待"杂学知识"的观点。认为多学科知识技能的相互交织、渗透、融通对于今天的学人是不可或缺的。因此，现代中医药人应该多读书，多学习，开阔视野，多了解一些杂学知识。

"973"项目"方剂关键科学问题基础研究"于 2004 年结题评估，在人口与健康领域被审评专家充分肯定，名列前茅。继而，各课题组获国家科学技术进步奖二等奖多项。作为创新成果，尤其是科学假说的认可及验证尚需时间及学术界的试行检验。为此先生持审慎态度。相隔 12 年后，于 2016 年 8 月在《中国中药杂志》第 15 期发表了题为《整体视角对中医方剂配伍的研究》。

附录 1

《本草纲目研究集成·本草纲目导读》封面书影

本草纲目研究集成·总序

（中央文史研究馆馆员　中国工程院院士　王永炎）

丙申年元月初六

进入 21 世纪，面向高概念时代，科学、人文互补互动，整体论、还原论朝向融通共进。中医学人更应重视传承，并在传承基础上创新。对享誉全球的重大古医籍做认真系统的梳理、完善、发掘、升华，而正本清源，以提高学术影响力。晚近，虽有运用多基因网络开展证候、方剂组学研究，其成果用现代科技语言表述，对医疗保健具有一定意义。然而积学以启真，述学以为道，系统化、规范化、多方位、高层次的文献研究，当是一切中医药研究项目的本底，确是基础的基础，必须有清醒的认识，至关重要。

中医千年古籍，贵为今用。然古籍之所以能为今用，端赖世代传承，多方诠释，始能沟通古今，励行继承创新。深思中医学的发展史，实乃历代医家与时俱进，结合实践，对前辈贤哲大家之医籍、理论、概念、学说进行诠释的历史。而诠释的任务在于传达、翻译、解释、阐明与创新。诠释就是要在客体（即被诠释的文本）框架上，赋予时代的精神，增添时代的价值。无疑，诠释也是创新。

明代李时珍好学敏思，勤于实践，治学沉潜敦厚。博求百家而不倦，确系闻名古今之伟大医药科学家，备受中外各界人士景仰。明代著名学者王世贞称其为"真北斗以南一人"，莫斯科大学将其敬列为世界史上最伟大的六十名科学家之一（其中仅有两位中国科学家）。其巨著《本草纲目》博而不繁，详而知要，求性理之精微，乃格物之通典。英国著名生物学家达尔文称之为"中国古代百科全书"。2011 年《本草纲目》被联合国教科文组织列入"世界记忆名录"（同时被列入仅两部中医药古籍），实为中国传统文化之优秀代表。欲使这样一部不朽的宝典惠泽医林、流传后世、广播世界，更当努力诠释、整理发扬。此乃《本草纲目研究集成》丛书之所由作也。

中国中医科学院成立六十年以来，前辈学者名医于坎坷中筚路蓝缕、负重前行、启迪后学，笃志薪火传承。志斌张教授、金生郑教授，出自前辈经纬李教授、继兴马教授之门下，致力医史文献研究数十年，勤勉精进，研究成果累累。2008 年岁末，志斌、金生二位学长，联袂应邀赴德国洪堡大学，参与《本草纲目》研究国际合作课题。历时三年余，所获甚丰。2012 年两位教授归国后，向我提出开展《本草纲目》系列研究的建议，令我敬佩。这是具有现实意义的大事，旋即与二位共议筹谋，欲纂成就一部大型丛书，命其名曰《本草纲目研究集成》。课题开始之初，得到中医临床基础医学研究所领导的支持，立项开展前期准备工作。2015 年"本草纲目研究集成"项目获得国家出版基金资助，此为课题顺利开展的良好机遇与条件。

中医药学是将科学技术与人文精神融合得最好的学科，而《本草纲目》则是最能体现科学百科精神的古代本草学著作，除了丰富的医药学知识之外，也饱含语言文字学、儒释道学、地理学、历史学等社会科学内容与生物学、矿物学、博物学等自然科学内容，真可谓是"博大精深"，要做好、做深、做精《本草纲目》的诠释研究，实非易事。在志斌、金生二教授具体组织下，联合国内中医、中药、植物、历史地理、语言文字、出版规范等方面专家，组成研究团队。该团队成员曾完成《中华大典》下属之《药学分典》、《卫生学分典》、《医学分典·妇科总部》，以及《海外中医珍善本古籍丛刊》、《温病大成》、《中医养生大成》等多项大型课题与巨著编纂。如此多学科整合之团队，不惟多领域知识兼备，且组织及编纂经验丰富，已然积累众多海内外珍稀古医籍资料，是为《本草纲目研究集成》编纂之坚实基础。

李时珍生于明正德十三年（1518）。他穷毕生之智慧财力，殚精竭虑，呕心沥血，经三次大修，终于明万历六年（1578）编成《本草纲目》。至公元 2018 年，乃时珍诞辰五百周年，亦恰逢《本草纲目》成书四百四十周年。志斌、金生二教授及其团队各位学者能团结一心，与科学出版社精诚合作，潜心数年，将我国古代名著《本草纲目》研究推向一个高峰！此志当勉，此诚可嘉，此举堪赞！我国中医事业有这样一批不受浮躁世风之影响，矢志不渝于"自由之思想，独立之精神"的学者，令我备受鼓舞。冀望书成之时培育一辈新知，壮大团队。感慨之余，聊撰数语，乐观厥成。

附录 2

《辽宁中医杂志》2016 年第 43 卷第 1 期

论血脂异常与浊毒

黄世敬[1]，王永炎[2]

（1. 中国中医科学院广安门医院中药研发中心，北京 100053；2. 中国中医科学院临床基础医学研究所，北京 100070）

摘要：文章旨在探讨血脂异常浊毒的成因与防治。通过文献分析，结合临床实践，总结浊毒的形成与演变贯穿于血脂异常始终。浊乃津液不归正化而有痰饮水湿之异，毒有外来之毒与内生之毒之别。血脂异常浊毒形成与生活方式、自然因素、社会心理因素有关。浊毒黏滞，易阻滞气机，痰瘀互结；浊毒流注，致病广泛，变化多端；浊毒伤正，易损肝脾；浊毒秽浊，易蒙闭清窍；浊毒易从化，兼夹他邪。防治以调摄生活，防浊毒之生；调节脏腑，杜浊毒之变为原则。这些观点可为血脂异常、脂肪肝的防治研究提供参考。

关键词：血脂异常；浊毒；病因病机；防治原则

Dyslipidemia and Turbidity Toxin

HUANG Shijing[1]，WANG Yongyan[2]

（1. Guang'anmen Hospital of China Academy of Chinese Medical Sciences，Beijing 100053，China；2. Institute of Clinical Basic Theory of Chinese Academy of Chinese Medical Sciences，Beijing 100070，China）

Abstract：This article is to investigate the causes and prevention of dyslipidemia. Through the literature analysis，combined with clinical practice，we summed up that the formation and evolution of the turbid toxin is throughout the whole course of dyslipidemia. The turbid evil is body fluid turbidity change abnormally and has the difference types of water，damp and phlegm. The toxin has the difference between the internal and external formation. The formation of the turbid toxin in dyslipidemia is related to life style，natural factors and social psychological factors. The turbid toxin is viscous，easy to be stagnation of Qi，intermin — gled phlegm and blood stasis. The turbid toxin streamers and causes a wide range of pathogenic and changes. Turbid toxin damages vital Qi and is easy to damage liver and spleen. The toxin is turbid，easy to receive closed orifices. Turbidity toxin is easy to follow changes，with other pathogenic factors. The principle of prevention and treatment of dyslipidemia turbid toxin is to adjust living style for preventing the formation of turbid toxin and regulate Zang-fu organs for controlling turbid toxin changes. These views can provide a reference for the prevention and treatment study of dyslipidemia and fatty liver.

Key words：dyslipidemia；turbid toxin；pathogenesis；prevention and treatment principle

中图分类号：R259；R24　　文献标志码：A　　文章编号：1000-1719（2016）01-0065-03

血脂异常通常称为高脂血症，以血浆中胆固醇和（或）甘油三酯升高为特征，实际上也包括低高密度脂蛋白胆固醇血症在内的各种血脂异常[1]。血脂虽仅占全身脂类的极小部分，但因其与动脉粥样硬化的发生、发展有密切关系，故备受关注。据调查我国成人中血总胆固醇（TC）或甘油三酯（TG）升高者约占 10% ～ 20%，甚至儿童中也有近 10% 者血脂升高，而且血脂异常的发生率还有逐渐上升的趋势，这与国民的生活水平明显提高、饮食习惯发生改变等原因有密切关系。

血脂属中医"膏脂"范畴，血脂异常在中医学中散见于"痰饮""痰浊""痰证""眩晕""消渴""肥人""瘀血"等病证的记载中，目前临床上通过验血以明确诊断。膏脂作为人体的重要组成成分和营养物质之一，如《灵枢·卫气失常》说："人有脂，有膏，有肉"。《灵枢·五癃津液别》说："五谷之津液和合而为膏者，内渗于骨空，补益脑髓，而下流于阴股"。如脏气衰弱或过量摄入，则膏脂郁积于血中而为痰湿浊毒，最易损络伤脉。血脂异常的基本病机为脾虚肝郁，湿毒蕴结。浊毒的形成和转化贯穿于血脂异常始终，因此，防治浊毒的形成和发展，即可有效防治血脂异常。

1. 血脂异常之浊毒概念

血脂异常之浊毒为痰湿脂浊瘀血等病理性因素的总称。痰湿是由于津液代谢失常、停滞结聚而成的病理产物，清稀者为湿，稠厚者为痰，郁滞成瘀化毒，共同构成血脂异常的浊毒。痰分有形和无形。有形之痰，视之可见，如咯吐之痰、瘿肿、瘰疬诸痰结，积块结节、无名肿大、肥胖等；无形之痰，惟见其证，如窍闭、失神多痰，顽病、难病多痰，疼痛责之痰，怪病多痰。痰之为病，随气流行，脏腑经络，巅顶四末，全身上下，无处不到。故《杂病源流犀烛》曰："痰之为物，流动不测，故其为害，上至巅顶，下至涌泉，随气升降，周身内外皆到，五脏六腑俱有。"[2] 毒是对人体有害的物质，包括对机体产生损伤作用的各种致病因素的总称，有外受之毒，亦有因脏腑功能紊乱，代谢产物蓄积蕴结所致内生之毒。毒之为病，具有兼夹他邪；

致病力强，极易损伤人体；发病急骤，变化迅速；秽浊多变，症见多端；损络伤正，变证多样等特点[3]。因此血脂异常因血脂代谢紊乱，形成痰湿脂浊等内生邪气，则称为内生浊毒。

血脂异常浊毒多因患者行为方式、自然、社会等因素作用下，脏腑功能减退，气血津液代谢失常，停滞郁结酿毒而成，它既是病理产物，又流注经脉，损络伤正，成为新的致病因素。血脂即"膏脂"，是人体的生理组成成分之一，属津液范畴，并可与津液其他的成分相互转化，津从浊化为膏，凝则为脂。一旦膏脂在体内的转输排泄发生异常则成为病理性的脂浊痰湿，脂浊注入血脉，积蓄停留即可引发血脂异常。《景岳全书·痰饮》曰："痰涎皆本气血，若化失其正，则脏腑病、津液败而血气即成痰涎。"在血脂异常浊毒的形成过程中，与气血、水湿痰饮等密切相关，或兼夹而言，或言其因、或言其性，因此血脂异常浊毒多有不同的论述。所以言浊毒者，因其为秽浊之邪。若因阳气式微、脾虚湿盛，化痰酿毒而成，则浊毒属于阴毒，与湿毒、痰毒有关[4]；因血脂质代谢失常，属于血毒，又有称脂毒；因慢性饮酒而成者，称酒毒，亦属血毒[2]；浊毒伤肾，水饮停聚者转化为水毒；浊毒致血瘀络损，则转化为瘀毒。总之血脂异常之浊毒属阴毒，与膏脂痰湿瘀血相互作用，相互影响，或兼夹或转化。

此外，血脂异常由于血清总胆固醇（TC）、甘油三酯（TG）和低密度脂蛋白胆固醇（LDL）升高，高密度脂蛋白胆固醇（HDL）降低，因此，TC、TG、LDL 升高作为血脂异常"浊毒"的主要客观指标；此外，血脂异常和脂肪肝，由于代谢紊乱，一些生化指标如血糖、转氨酶、血尿酸等升高，还有下丘脑—垂体—靶腺轴功能异常以及自由基生成增多，脂质过氧化物（LPO）、丙二醛（MDA）水平升高，细胞超氧化物歧化酶（SOD）活性降低，而炎症介质如肿瘤坏死因子-α（TNF-α）、白细胞介素 -6（IL-6）等细胞因子水平增高[5]，增加浊毒的致损性，因此这些指标亦可作为高脂血症浊毒的辅助指标。

2. 血脂异常浊毒形成的原因

生活方式、自然、社会等因素，皆可直接或间接地导致肺、脾、肾三脏功能失调，形成痰湿浊毒。脾失健运，水湿停留；肝失疏泄，气血郁滞；肾阳不足，开阖不利，水湿不化；肺失宣降，水津不能敷布等，均可形成血脂异常之浊毒。浊毒形成后可随气流行，外而筋骨，内而脏腑，周身内外，四肢百骸，无所不至，影响了机体脏腑的气机升降和气血运行，从而发生诸多病变[6]。

2.1 生活方式

①饮食不当。尤其是饮食结构不合理，过食肥甘厚味（高热量、高蛋白、高脂肪），损伤脾胃，易于酿湿成痰；饮食上摄入过多，壅塞气机，化生痰湿浊毒。②过度饮酒。适量饮酒有通达血脉之功；酒为湿热之物，饮酒过度，易伤脾胃，助湿生热，化生浊毒。酒毒最易损伤肝脾，浊毒结于胁下，是脂肪肝形成的最常见原因。《诸病源候论》指出：“夫酒癖者，大饮酒后，渴而引饮无度，酒与饮俱不散，停滞在于胁肋下，结聚成癖，时时而痛，因即呼为酒癖，其状胁下弦急而痛”。③劳逸失调。体力活动减少，脾胃气伤，日久气机不畅，变生脂浊，积久化为浊毒。④冷热违和。外感风寒暑湿燥火等邪气，邪气盛实而化毒生变，或由表及里，日久蕴毒。如制冷设备的过度使用，腠理闭塞，汗不外排而蓄积成痰湿；食用冰冻寒冷食物过多，伤及脾阳，湿浊内生；阳气受阻，血行不畅、气机郁滞，引起津液等营养物质代谢失调，出现津液内停，产生浊毒。

2.2 社会心理

激烈的社会竞争，如升学、就业、医疗、养老等问题带来的心理压力，使情绪经常处于压抑、忧愁、思虑、焦虑的状态中，气机运行不畅，或肝郁脾虚，脂浊难排，而化生浊毒。

2.3 自然环境

人类生存环境，如温室效应、日久耗津、伤液，易于凝结成浊毒；又如环境污染，对人体造成直接或间接危害，外毒侵入人体，使得机体功能失调，日久则与内毒胶结，酿成浊毒。

2.4 其他因素

由疾病的失治、误治，常导致病情迁延不愈，久病伤及肝胆脾胃，疏泄失职，渐生脂浊；还有药物的不良反应，导致机体某些脏器特别是肝肾受损，耗伤正气，无力布液化湿，聚生痰湿浊毒；亦有滥用滋腻补品，酿生浊毒。年老体衰、久病房劳，肾精亏损，气化无力，津液代谢失常，脂质转化利用减少，积于脉中，酿生浊毒，随血运行，无

处不到。

总之，血脂异常浊毒虽病位在血液，其形成主要与脾、肝、肾等脏关系密切。脾为后天之本，气血生化之源。脾失健运，水谷等肥甘之物无以化生为气血精微，酿生痰湿浊毒。肝主疏泄，调达气机，若肝失疏泄，气机的运行失常，气血津液郁滞而为痰湿；胆郁不畅，则清净无能，脂浊难化；肝郁脾虚，则脾胃升降失常，而运化停滞，清浊难分，变生浊毒。肾为先天之本，内寄元阴元阳，肾失温煦，津液代谢失常，则脂浊不化；阴虚火旺，灼津浊化，则膏脂滞留，积为痰毒[7]。

脏腑功能失调，气血津液转输排泄异常形成的痰湿浊毒注入血脉而为血脂异常。血脂异常浊毒黏滞、沉着，易阻塞脉道，致气机不利，使血行不畅，脂浊渗于脉膜，可致动脉粥样硬化；沉积于血府，可致血压升高、中风；痹阻心脉，不通则痛，可致胸痹心痛。因此，血瘀与浊毒互为因果，其结果加重病情，引起诸多并发症。因此，浊毒既可以是血脂异常发病的始动机制，也是病程进展中多种因素相互作用的结果，并主导着病机的变化，贯穿疾病的全程[2]。

3. 血脂异常浊毒的特征

3.1 浊毒黏滞，易阻滞气机，痰瘀互结

浊毒可随脏腑气机升降，流动周身，外而皮肉筋骨，内而经络脏腑，阻碍气血运行，导致气机逆乱，脏腑受损，功能失常。同时气血运行失常，也会加重浊毒产生。痰湿与瘀血乃一源二物，易于胶结凝固，形成瘀血痰毒。肝藏血，主疏泄，浊毒最易伤肝，临床上脂肪肝是血脂异常最常出现的病症，日久毒损肝络，可发展为脂肪性肝炎、脂肪性肝纤维化、脂肪性肝硬化，并易发肿瘤。

3.2 浊毒流注，致病广泛，变化多端

浊毒流注血脉、经络、脏腑，全身无处不在。在机体内停留部位不一，可时伏时作，可兼夹各种不同邪气而见症状多样。血脉是其流注的主要通路，脂浊痰毒渗于脉膜，则易致血管病变，特别是动脉硬化是其最主要的并发症。沉积于血府，可致血压升高、中风；痹阻心脉，不通则痛，可致胸痹心痛。现代研究证明，血脂异常是动脉粥样硬化的物质基础和主要因素，是冠心病、高血压等疾病的高危因素[8]。

3.3 浊毒伤正，易损肝脾

初期多以脾胃气虚失于运化水谷，后天失养使正气受损；中期多为痰湿瘀血阻滞气机，气血化生不足，导致浊毒瘀血更重，形成恶性循环；后期乃瘀血痰毒阻滞，肝脾肾均亏，脏腑功能失调，加之邪气较前明显加重，造成克

伐正气的局面。

3.4 浊毒秽浊，易蒙闭清窍

脑为髓之海，主神明。浊毒上犯于头，阻碍清阳之运转，堵塞清灵之所，则清窍不利，可致眩晕昏冒。中风、脑供血不足等是其主要并发症。

3.5 浊毒易从化，兼夹他邪

若阳气不足，或阴寒内盛，浊毒从阴化寒，形成寒痰阴毒；若阴虚火旺，或阳盛积热，浊毒从阳化热，形成痰热火毒。此外，浊毒易与其他病邪胶结，兼夹为病 [3]。

4. 血脂异常浊毒的防治原则

4.1 调摄生活，防浊毒之生

①节食少酒：调整饮食结构，多食果蔬，忌过食肥甘厚味，辛辣炙煿，饥饱适度，戒烟酒 [9]。②劳逸结合：加强体力活动，强身健体，改善生活方式、忌久卧久坐、忌贪凉饮冷。③顺应自然：关注健康，顺应四时，适寒暑，避邪毒。④畅达情志：调整心态、理顺社会、家庭与个人关系。

4.2 调节脏腑，杜浊毒之变

①健脾和胃，化浊祛毒：湿邪困脾，浊毒内生，治以健脾利湿，降浊解毒以调脂，方用胃苓汤加减，药如党参、白术、藿香、佩兰、木香、砂仁等；痰浊阻遏，脂毒内蕴，治以健脾化痰，解毒降脂，温胆汤加减，药半夏、茯苓、陈皮、山楂、竹茹、薏苡仁等；胃热腑实，浊毒壅滞，治以通腑泻热排毒，方用大承气汤加减，药如大黄、虎杖、瓜蒌等。②疏肝理气，化痰解毒：肝郁气滞，痰毒阻络，治疗以疏肝理气，化痰解毒，通络活血以降脂，方用血府逐瘀汤加减，药用柴胡、白芍、枳壳、郁金、川芎、水蛭、丹参、蒲黄等；肝郁化火，浊毒内蕴，治以清肝泻火，解毒调脂，方用龙胆泻肝汤加减；药如龙胆、黄芩、栀子、丹皮、泽泻、决明子、茵陈、虎杖、姜黄、栀子、大黄、金钱草、蒲公英、郁金等 [4]。在此需要强调的是，血脂异常之浊毒，须借肝之疏泄以解。西医学亦认为，肝脏是重要解毒器官，肝生理功能异常时，可影响到泄浊解毒功能，故治疗上可适当加入理气药物以提高疗效。③益肾固本，祛浊排毒：脾肾阳虚，治以健脾补肾，排毒降脂，方用肾气丸加减，药用何首乌、女贞子、菟丝子、淫羊藿、杜仲、白术、肉苁蓉等；肝肾阴虚，治以滋阴养肝，解毒降脂，方用一贯煎合杞菊地黄丸加减，药用天麻、石决明、牡蛎、生地、枸杞、黄精、杜仲、桑寄生、牛膝、山药、麦冬、沙参、山茱萸、龟甲等。

总之，虽然化浊解毒是治疗血脂异常的基本法则，但

由于血脂异常浊毒之形成原因复杂，病程较长，病机上常虚实夹杂，临床上应具体问题具体分析，在辨证论治基础上，可加以下几类化浊解毒药：①淡渗利湿排毒之品，如茯苓、猪苓、泽泻、薏苡仁；②苦寒燥湿解毒之品，如黄芩、黄连、黄柏、大黄；③芳香化浊祛毒之品，如砂仁、苍术、贝母、佩兰；④通络化瘀解毒之品，如丹参、红花、当归、川芎、赤芍；⑤疏肝理气化浊之品，如柴胡、木香、砂仁、苏叶等。

5. 结语

综上所述，浊毒的形成和变化贯穿于血脂异常全程。有效防止浊毒的形成是阻断血脂异常发病的重要环节。合理饮食，避免肥甘厚味；生活有节，畅达情志，是防止浊毒形成的有效方法。浊毒之于人体，与脾肝肾关系密切。脾虚湿盛、浊毒阻遏，当健利湿，化浊排毒；肝郁气滞，浊毒瘀阻，疏肝理气，活血解毒；肾虚湿阻，浊毒内生，当补肾培本，化浊排毒。但浊毒有从化兼夹之别，又当随证治之。此外，血脂异常强调预防为主，早期干预，无论患者是浊毒盛为主还是正气虚为主，久病都可酿毒，因此尽早使用化浊解毒法可扭转病势，体现"治未病"思想 [10]。

浊毒之于血脂异常虽受到较多重视和临床验证，但由于中医学"浊毒"概念的广泛性，以及与湿毒、痰毒、脂毒、瘀毒混称或相互兼夹，因此本文采用病证结合思路，中西互参，对血脂异常浊毒进行了初步的阐述，以期为进一步的深入研究和疾病的防治提供参考。

参考文献：

[1] 李建军. 国际三项血脂治疗指南异同的初步解读 [J]. 中国循环杂志，2015，30（1）：1-2.

[2] 张志伟，孟妍，张洋，等. 从中医痰毒论治酒精性肝病浅述 [J]. 实用中医内科杂志，2011，25（5）：74-75.

[3] 来要良，杨晋翔. 从毒邪论治酒精性肝病 [J]. 河北中医，2012，34（5）：753-755.

[4] 俞芹，曹力，黄海芹，等. 从"浊毒"论治脂肪肝体会 [J]. 河北中医，2014，36（1）：51，65.

[5] 马晓燕，刘烨. 从"气虚痰毒"学说探讨脂肪性肝损伤的辨治思路 [J]. 中国中医药信息杂志，2009，16（11）：86-87.

[6] 陈美南，李富玉. 从痰毒辨治疾病初探 [J]. 中医药临床杂志，2006，18（6）：625-627.

[7] 梁媛，骆斌，汪震，等. 宝干胶囊治疗高脂血症临床观察 [J]. 吉林中医药，2008，28（9）：642-643.

[8] 万贤明. 补气活血降脂胶囊治疗高脂血症 41 例临床观察 [J]. 中医药导报，2011，17（6）：31-33.

[9] 张秀云，宋永昭. RNA 干扰技术在高脂血症实验动物基因治疗中的研究进展 [J]. 中国心血管杂志，2014，19（3）：234-236.

[10] 杨克雅，陈东亮. 高脂血症从"浊毒"论治探讨 [J]. 国医论坛，2015，30（2）：14-15.

（收稿日期：2015-08-26）

附录 3

《科学中国人》2016 年 4 月

东学西学兼容为中医学发展拓宽了时空

王永炎
中国工程院院士

作者简介：王永炎，中国工程院院士。1962 年北京中医药大学毕业，被分配到北京中医学院东直门医院内科工作。1985 年晋升为主任医师、教授。1990 年获国务院学位委员会批准为博士生导师。1997 年当选为中国工程院院士。

历任北京中医学院院长，北京中医药大学第一副校长、校长，中国中医研究院院长，中国中医科学院名誉院长，以及国家重点基础研究发展规划专家顾问组成员，国务院学位委员会学科评议组成员，中国科学技术协会第六届和第七届常委，第十届全国人大常务委员会委员。2004 年荣获全国五一劳动奖章，2005 年荣获全国先进工作者荣誉称号，2012 年当选中央文史研究馆馆员。

王永炎院士从事中医内科医疗、教学、研究 50 余年，主要研究方向是中风与脑病的中医药防治临床与基础研究。先后主持 WHO 国际合作项目、国家"973"、"863"和"七五"至"十五"攻关课题等 20 余项。先后荣获国家级科技进步奖二等奖 2 项，三等奖 3 项，省部级科技成果奖一等奖 5 项，何梁何利基金科学与技术进步奖，香港求是基金会中医药现代化杰出科技成就奖，中国标准化终身成就奖。

主编出版了《临床中医内科学》、《今日中医临床丛书》、《实用中医内科学》等学术专著和《中医内科学》（第六版）等国家规划教材，在国内外产生了较为重大的学术影响。

通过对缺血性中风与血管性痴呆等病系统临床研究观察，总结了证候演变、辨证治疗、调摄护理的规律。针对中风病急性期痰热症、痰热腑实证设计、研究的化痰通腑汤与清开灵注射液静脉滴注疗法，显著提高了疗效。1999 年承担国家 973 "方剂配伍规律研究"项目首席科学家，2002 年担任国家自然基金委重大计划项目专家指导组组长。1990 年以来，获国家科技进步奖一等奖 1 项、二等奖 1 项、三等奖 3 项、省部一等奖 5 项。1998 年获何梁何利医药科技奖。主编专著 12 部，发表论文 600 余篇。

前言

21 世纪初叶涌现出东学西渐与西学东渐并行，相互交织、渗透、融通的新局面。中华民族的美德孔孟仁学将以儒藏为载体远渡重洋而传播四方。医学是人学，中医药学具有科学与人文的双重属性，科学求真，人文求善，人们总是追求真善美，而以美启真、以美储善、以美立命。人需"重生"顺应自然，天人合一整体观与辨证论治是中医原创的优势。医学不是纯粹的科学，医学离不开哲学，更离不开经验，尤其是中医学理论来源于实践经验的汇聚、检验和升华，进而指导临床诊疗实践。中医药学以临床医学为核心，疗效体现学科的生命力。20 世纪 50 年代前称中医中药为国医国药是以国学为指针，意象思维是原创思维。中医治学当溯本求源，古为今用，传承是基础，在传承的基础上创新。

屠呦呦先生早年遍览复习多部中药典籍文献，得知用生青蒿捣汁饮用可以截疟，而后用萃取的方法获得青蒿素和双氢青蒿素，用于临床治疗恶性疟疾，挽救数百万计人群的生命，是原始创新的成果而获得诺贝尔生理学或医学奖。显然这是用现代科学技术的创新药物，其成果表达也是用现代科技语言。晚近我的学生提出中医治病用复方的"方剂组学"的概念，从化学、生物学与网络药理学等阐释中医方剂配伍原理的新技术。

综观 20 世纪医学的重大成就之一是传染病、感染性疾病的防治。其中自 50 年代中医药治乙脑，到 2009 年防治甲型流感展示了中医药防治病毒性传染病的优势，对国内外产生了良好的学术影响力。当今对 WHO 所列的现代难治病，诸如冠心病、糖尿病、脑卒中、癌症、痴呆等，中医药以疗疾治未病的疗效服务于大健康。

若论中医科研方法与路径，运用现代理化分子生物学的技术成果等研究中医证候、方剂与科学原理并用现代语言诠释是刚刚起步的探索阶段。而综观古往今来贤哲名医均以儒家之学为主体，兼以道家而儒道互补，所谓儒相儒医。名医者必是明医，既重视经验传承，又引进科学技术，还当融汇新知，运用科学的临床思维方法，将理论与实践相联系，以显著的疗效诠释、求证前贤的理论，寓继承之中求创新发展。这是固有的以中医药学自身的规律做研究，所谓格物致知与致治格物的中医研究。它既有益治学也是做人需领会的道德箴言，有利于医德的培育，使医生与患者成为道德的共同体。

一、病证诊断标准与共识疗效的认识

中医药学以临床医学为核心，疗效体现学科生命力。当今全球化背景下，世界对中医药的需求日益凸显，传统中医、中药要想被世界认可走向科学前沿，融入主流医学体系，必须走标准规范之道，这既体现了国家需求，也是学科自身发展的必经之路。任何学科都有其规律可循，即使经验累积到一定阶段，同样会呈现一定可重复的规律。

因此，标准化是一门学科成熟的标志。个别中医学者认为辨证论治注重个体化的思维可能成为标准规范的障碍，然中医之辨证是在整体观前提下的个性化医学。这种辨证观既求同，又求异。同病同治凸显辨病，同病异治，异病同治则强调辨证。中医学强调病证结合，据病言证。因此，依科学思维，可谓既求大同，据哲学思维，又求其小异。中医之病证有时空的属性，因此有病候、证候之说。这种时空属性实际是以天人相应之整体和以五脏为核心的人体系统为前提，前者将人置于天地之间论健康与疾病，注重人与外界互为影响的一体化思想，后者凸显人之局部与整体之间的关系。其辨证思维既有八纲辨证之总纲，同时又有脏腑、经络、气血津液、三焦、卫气营血辨证之分。如果说八纲辨证在思维层次是更高层次的抽象总括，那么后者就更为具象化，是进一步延伸与反思。无论辨病还是辨证，其实都需要强调标准和规范，因为同和异本身就是一种辨证思维，同中有异，异中亦有同，中医学的规范标准化思维和道路就是追求异中之同，同中之异，归根结底都是在探寻内在的规律。因此，中医学的规范化标准化要在遵循中医学自身规律基础上，探寻诊疗标准及疗效评价的技术、方法，不能简单照搬。比类取象运数，从象开端，意象并举，以象为素，以素为候，以候为证，据证言病，病证结合，方证相应，建立形象思维与逻辑思维结合的方法体系。首先以规范望闻问切四诊信息观察的方法为基础。全面采集文献中的四诊信息条目，构建条目池，在明确概念内涵、临床描述要点、诊疗评价相关性的基础上，分析总结，梳理条目之间的关系，先归并再提取。然后，借鉴数据分析的理念与方法，融入整体系统，实现四诊信息的客观化、定量化。目前，这两项工作已经取得了一定进展，但真正解决四诊信息的规范化，尚需中医与理化生物统计学等多学科的进一步交叉融合。

证候是中医学原创理论的核心，但是中医重视经验的特质，伴生了证候的主观性、模糊性，由于目前缺乏客观、统一的证候诊断标准，严重阻碍了中医科研和临床学科的发展，影响了中医药现代化的进程。因此，我们设想建立辨证方法新体系，提出以象为素、以素为候、以候为证是证候研究的依据；提取证候要素、厘定证候靶位、进行应证组合是完善辨证方法体系的步骤；据证言病、病证结合、方证相应是临床证候研究的主要原则；系统对照、回顾验证、互补互动是深化证候研究的重要措施。目前，生物统计等方法探索了证候规范化中的证类构成比、病证所属症状的基本构成规范、证类临床诊断标准规范、证类基本演变趋势等问题，为证候的规范化提供了可行之策。但证候具有动态时空的特点，而量化建立的函数式或判别方程体现的是症状和证类的单一线性关系，对证候的动态演变和非线性关系研究不足。因此，证候规范研究尚需不断探索更好更适合中医证候研究的多种方法。

方剂是根据证候而立法选药、配伍组合而成，与证候之间有着内在的吻合性，即有是证即用是方，由于证候具有动态时空的特征，因此，方剂应依据证候要素来选择或拟定，通过证候要素、应证组合的变化观察证候动态演变规律，以期能够真正体现法随证立，方从法出的辨证论治精髓，方能为"方证相应"的研究奠定了坚实的理论基础。方剂的规范，需以中医的病证为前提，在大量搜集古代医家治疗某一病证的相关文献著作的基础上，进行统计分析、数据挖掘，并运用专家共识等方法对中医临床方剂研究文献进行判定和评价。

症状、证候、方剂规范的最终目的是形成中医临床诊疗指南，规范临床治疗行为，提高临床诊疗水平。但中西医思维模式的不同，中医诊疗标准与现代医学诊疗标准的制订存在很大差异，需要探索中医诊疗标准制订的相应模式。在遵照国际指南制订程序与方法的基础上，充分考虑中医治疗的理论与临床特点，合理运用统计学、临床流行病学与循证医学等研究方法，将其与中医的自身特点相结合，探索具有示范性的制订某一疾病诊疗标准的模式，对中医诊疗标准的制订具有指导意义。

疗效评价是临床评价的主体，但是完全按现代医学疗效评价的方法来评价中医疗效，结果往往差强人意。缘于在中医药治疗中要求随着疾病证候的动态演变，选方用药随之调整，这种药物的调整和加减变化充分表现出一种复杂干预的过程；同时，中医治疗某种疾病往往干预手段多样化，内服、针剂、外用、针灸、推拿，充分体现"外治有同内治，不同者法耳"的思想；最后中医治疗效应可呈现出多维度效果，既可控制病情变化，又能改善患者生存质量；既注重患者主观感受，又兼顾机体功能恢复。针对中医临床干预的复杂性，如何重新审视和评价中医疗效？既往的研究中，评价单方单药或某一药物组分或某种针灸推拿技法临床疗效的方法显然存在局限性，难以解决中医复杂干预的问题，束缚并降低了中医药优势的发挥。因此，中医临床疗效评价实践应该回归临床实际，反映真实世界的临床诊疗情况以期凸现中医复杂干预对患病生命体的整合调节作用。目前，综合评价技术的介入，如数据包络分析法等为中医疗效评价的开展提供新的研究方法和思路，成为中医临床研究的前沿领域。但是如何体现中医特色，如何反映中医防治疾病所具有的真正效果，如何制订疾病的可行、有效的中医药复杂干预防治措施和策略，如何客观地判定药物或治疗措施具有改变某一个体或人群的特定病证的自然过程、结局或预后的能力，如何运用综合评价技术评价不同治疗方案的整体优势并进一步优化方案，这些均有待于我们在临床评价方法学中进行尝试和探索。

循证医学的核心是任何有关疾病防治的整体策略和具体措施的制订都应建立在现有最严谨的关于其临床疗效的科学证据之上。随机对照临床试验是获取这种证据的最严谨的科学方法。循证医学方法学可以促进中医药学发展、中医临床医疗决策科学化和中医药临床疗效作出客观科学系统的评价。应用循证医学的方法开展中医药学临床疗效评价的目的，主要是寻找有效的中医药临床治疗的药物、方法、技术、措施等，促进更合理、更有效地分配和利用中医药资源。总体目标是建立一个包括中医药临床研究评价中心，可通过中医药虚拟网络连接、协作开放、资源成果共享的完整体系，科学系统地评价中医药新产品、新技术和新疗法的临床疗效。

中医药在此有其成功的一面，但并非每一个防治措施都有高的循证医学证据，因为中医学更加注重个体经验。目前发展中的循证医学实践既重视个人临床经验，又强调采用现有的、最好的临床研究证据，两者将共同发展。中医药学在发展中十分重视在获取临床证据的基础上，思辨中医药理论，如证候的理论和实践。此外，中医药历来重视医学文献的收集与整理，特别是强调历代医家对理论、实践的指导意义，临床考据与循证医学类似，这可能是两门学科相互渗透的基点。在此，也应该清楚地认识到，由于中医自身规律，循证医学的方法应用到中医学疗效评价方面，尚需解决中医证候疗效评价方法和标准以及探讨建立临床研究评价方法、评价指标体系和相关标准。随着医学模式的改变，人们将逐渐重视对于人体功能活动、生存

质量和影响健康重大事件的评价。因此，建立适用于中医药需要，包括中医证候、生存质量评价在内的综合的临床疗效系统评价的方法、评价的指标和标准显得尤为重要。虽然多中心随机对照临床试验具有毋庸置疑的价值，中医药临床试验必须结合中医药的理论与临床特点，进行专业设计，尤其对重大疾病的辨证论治综合治疗方案的有效性评价，对进一步揭示中医药的辨证论治规律具有重要价值。中医药临床评价应是多学科、多层次的交叉渗透，专业机构的构建和人才队伍的培养对于提高中医临床研究质量和水平以及促进整个中医药学发展具有深远意义。

循证医学不是万能的，同样面着方法学、逻辑学、社会学的众多挑战，逐渐暴露出自身局限性，其以随机对照试验为基础脱离临床实践外，一些疾病，如肿瘤、预防性疾病等灰色地带不可能使用随机对照试验，在观察时间、安慰剂对照、入选人群、终点事件等方面存在较低临床可操作性。另外，循证医学评价过程的权威性也值得商榷，如不同专家和不同的评价标准，即使是同一结论也有不同的解释，甚至 meta 分析的角度、选材的不同，同样也可以造成偏差。中医药学赖以生存和发展的基础是临床疗效，随着生物医学模式的转变，建立在单侧面、单生物因素基础上的生物医学模式评价方法和标准，不能全面、系统反映中医个体诊疗特色和复合干预策略的疗效，严重影响了中医药新产品、新技术、新疗法的开发和成果的推广。循证医学方法不是中医临床研究评价的唯一方法，过分依赖和忽视均不可取。

二、证候规范化研究

整体观念和辨证论治是中医学两大特色。整体观的核心是在系统角度关注子系统结构与功能相关性，而辨证论治是个体化整体观的临床实践。对"证"体悟和归纳以及规律的总结历史悠久，成果丰硕。20 世纪 50 年代任应秋、秦伯未、姜春华等对辨证论治体系的深入研究，促进了"证"实质的研究。随着研究的深入，学界同仁逐渐认识到"证"的规范是证候研究的基础，催生了 20 世纪 80 年代提出"中医证候规范"的研究。首先，证候概念的提出是对"证"研究的一大贡献，也是中医理论的一大发展，是对古代文献只言片语的总结。"证"是一种当下的概念，而"候"是一种发展、演变的规律总结，证候理论充分考虑到功能相关性，进一步说，其折射的是一种时空概念。因此，证候既是认识论，也是本体论。其次，提倡证候规范化，更是将学科发展置于首位，极具前瞻性。证候规范的前提是对其特性的认识和把握，证候由一组信息群构成，其中有共性的因素，也有个性化的因素，也就是说证候具有内实外虚的特性，其中内实反映的是一种共性，是反映病机权重的关键内容，缺一不可；而外虚反映的是一种个性，涵

盖了能够表达个体化的全部内容，如体质、性情、人格特征、生活习惯、生存环境等。辨证论治就是辨识、区分证的内实、外虚，进而将干预的靶向对准证候结构中最"实"的部分，也就是我们临床常说的主方。除了靶向治疗外，临床所谓的加减就是针对外虚的部分。内实外虚是决定证候演化的初始条件，其中内实对证候的演化更为重要，对于病因、病性、病势的预判，直至病机的概括都有启示作用。但临床实践中往往很难第一时间捕捉到疾病的初始证候，医家看到的往往是证候演化过程中的某个状态，造成疾病不同证候之间极小的"内实"或"外虚"的差异，因而难以准确预测演化的结果。证候具有动态时空的特性，这是基于功能相关性的预测和总结，其与内实外虚的特征密不可分，具体体现于证候系统的内实外虚具有在"时""空"两个方面的变动、演化、迁移和发展的规律。同时，基于功能相关性的证候构成和相互关系具有多维界面的特征，其中维是构成证候演化过程的全部要素，面是证候演化过程中某个侧面或界面，对维和面的把握相对容易，对于界的判断是截断扭转的关键。证候的多维界面使证候具有了混沌的特点，其混沌运动是在绝对的时空演化和绝对的多维界面特性条件下，其内实外虚的内容在某一特定界面有相对的稳定性，从而使证候系统的短期行为可以预测，长期行为不可预测，表现出既稳定又不恒定、既可预测又不可拘泥、既有共性又有个性的特征。上述三个特征属于理论化的证候演化，真实世界中干预的复杂性、个体差异等原因会加重证候演化的不确定性，解决的唯一途径还要回归到病证结合之后的病机剥离，也就是说以内实为抓手和观察总结至关重要。

基于证候的特性，我们必须清楚认识到证候的规范存在诸多障碍，证候的规范化研究已有 30 年的历程，但是一个"统一标准"的目标尚未达到，主要原因在于无论是证候的概念、分类、命名，还是诊断都没有达到统一。标准不统一造成推广应用的障碍，以至于界内出现了对证候规范化的质疑之声。中医药学要走向世界前沿，标准化是不可回避的关键环节，证候规范化过程中出现的问题除了与证候本身复杂性密切相关，与人的思维及方法也有关，证候规范化的研究必须基于对证候概念和属性的正确理解，对选准证候研究突破口有直接指导意义。《中风病证候学与临床诊断的研究》使用的降维升阶方法为证候规范研究提供了较好的范例，维是证简化分解之后的最基本的证候要素，具有不可再分性，维度越小，越容易掌握，使用者的可操作性越大；阶就是基本证候要素相互间的组合，阶度越大，灵活性与适用性越大。降维升阶的方法使证诊断不再是一种由各种具体证候与临床表现之间单纯的线性联系组合的平面，而呈现出一种复杂的立体交叉的组合关系。在这种组合当中，使用者有着极大的自由掌握的空间，

这正符合患者特殊个体差异及医生灵机活法的需要。正因为如此，"中风病证候诊断标准"在临床上推广使用的效果也较为理想。显然复杂性科学的引进对于证候规范化的研究非常必要，因为证候系统是一个非线性的多维多阶的复杂系统，用线性研究的方法无法真正来规范它。临床上可能预见证的情况是动态的、多变的、复杂的，辨证也不可能是一种由各种具体证候与临床表现之间单纯的线性联系。中医学重视思辨，在实践应用中重视功能及相关性，而非实质或层次递进的深究。这种思维源于国学，而异于西方医学。整体、求本、辨证的中医学思维似乎已被国人熟知，但意象思维以及伴生的司外揣内的方法却没有得到应有的重视。

三、整体观视角对中医方剂配伍的研究

1. 创建方剂有效物质的多维提取、分离与分析体系　中药方剂是一个复杂的、包含多种有效物质成分的天然组合化合物库。中药不仅含有含量变化悬殊的众多不同结构类型的化学物质，因而方剂中有效物质的提取、分离与分析是现代中药的系统研发的关键。在 973 项目"方剂关键科学问题研究"中逐步创建了规范化、重复性好的中药标准组分提取分离平台，集成包括多模式多柱色谱系统及多元检测技术、化学指纹图谱的分析技术、制备分离技术、计算机数据管理等技术，形成了高通量、系统集成的分离平台。同时，在多模式、多柱原则的指导下，针对不同中药的样品特性，应用相应的分析模式及方法进行中药分析，建立了行之有效的气、液相色谱分离的方法。

2. 构建方剂复杂物质质量控制体系　在创建了基于稳定、高效、系统集成的分离分析平台基础上，融合中药指纹图谱计算分析技术进而构建了中药指纹图谱质量评价体系。创新的相关分析技术包含基于遗传算法的色谱指纹峰配对识别方法用于中药指纹图谱相似性计算；使用峰数弹性、峰比例同态性及峰面积同态性用于中药色谱指纹图谱相似度测度及评价；基于 Fisher 判据的中药色谱指纹图谱比较分析方法用于鉴别中药材真伪；基于小波变换的色谱指纹图谱分型表达方法用于表征中药材质量等级；将化学特征分类与类内相似度计算相结合用于对中药质量类别进行量化分类等。

3. 探索标准组分配伍的方剂组方新模式　传统方剂的中药配伍停留在饮片层次，其成分复杂、质量难以控制、疗效机制难以说明，而现代医学要求中医药须朝着"质量可控、安全有效、机制清楚"的基本要求去发展。因此，带领项目组率先开展了基于中医理论，以系统科学思想为指导的标准组分配伍的方剂组方。以临床有效的名优中药二次开发为切入点，遵循传统方剂的配伍理论与原则，在基本搞清方剂药效物质和作用机制的基础上，以组效关系

为基础，优化设计，针对临床适应病证进行组分配伍。组分配伍的主要目标是要形成安全、有效并具有特定功能主治的组分组方或组分与成份组方，如此既能够遵循中医辨证用药，具有较高的安全性，而临床适应症明确；做到物质基础及作用原理相对清楚而质量稳定可控，可产业化推广。

4. 创制多层次的多药物药效筛选与优化平台 中药复方以多成分、多靶点、多环节、整体综合调节作为其作用方式和特征。如何在多种相互作用的药物成分中筛选有效物质群，并进行合理量效、时效配比，是组方优化的关键。项目组建立了基于药效的分子、细胞、器官、整体多层次的实验模型，融合调节分子、细胞形态、智能行为、生理生化及生化物质定量/半定量等多层次指标，提出了因果关系发现、基线等比增减、极性分段筛选、药队协同效应、试验设计-非线性建模-多目标优化三联法等多种设计与优化方法，并整合复方组分药代动力学方法，系统构制了中药方剂生物活性评价技术平台，可针对临床适应病证，对中药有效组分进行配伍、配比多个层次的优化设计，该平台的创制对方剂活性筛选及评价具有现实价值和深远的历史意义。

5. 在国际上创立具有中医个体化治疗特色的新学科——"方剂组学" "方证相应"的临床实践与经验历经数千年的积淀而日显东方维护健康的智慧，但方剂联合治疗的网络药理靶标的复杂机制面临巨大挑战。在后"组学"时代，于2011年率先在国际期刊"Journal of Clinical Pharmacology"上提出了"方剂组学"（fangjiomics）的概念，探索用现代的多组学方法与信息分析技术来创新发展传统中医学，同年即被"Nature"专刊引用。2015年在《中国药理学报》和《现代血管药理》的方剂组学专刊中系统总结了该学科相关概念和技术方法以及目前的研究进展，指明了未来的发展方向。方剂组学是以方剂组作为研究对象，以可控的有效物质群为基础，以临床疗效为目标，用现代检测与分析技术对方剂进行整体论指导下的还原比较分析，创新发展传统中医药理论，提高临床防治疾病的能力，为未来的个体化医学的发展提供思路与方法。方剂组包含了成千上万的方剂，联合不同的组学技术和相应的分析工具可以揭示方剂组在不同组学水平的复杂关系。通过优化成分谱、通路以及靶标，方剂组学可发现成阵列设计的和可控的联合治疗，通过联合最少的药物实现比单一治疗更好的靶向作用，减少脱靶效应。这种新型中药复方研究模式，是将中医方剂转化为临床药物的转化医学策略，对中医的发展至关重要，同时亦有助于人类加深对复杂疾病机制的了解，并促进制定更好的个性化方案来实现医学的最高目标。

四、病络学说与毒损脑络

病机（病理）认识的不同是中西医学共识突破的关键屏障，这关乎两种医学疗效评价的基础。络的理论发掘和发展对于关键病机的认识非常重要，有可能成为未来中西医共识的突破点。但目前对于络的认识在传统理论上发掘不够。络的数量之多、分布之广、联系如网，致使络陷入神经以及微循环的定式思维，接着就有了气络和血络的概念，随之渗灌气血津液，濡养周身的功能被普遍接受，但是对气络的功能认识尚处于一种假说阶段，并且各种假说并没有足够的传统理论支撑，过于附会西医学生理、病理、解剖之实质。其实根据中医学"言气不言质"；"其大无外、其小无内"思维的理解，只有将功能和结构结合才能突破对络的认识，也就是说络是一类功能和结构的载体，并不限于某种特定的物质。根据目前文献研究，"通道"作为络基本功能特征具有合理的解释，通道中的物质除了气血津液等营养性物质之外，类似传导、表达、调节、协调、传递的物质也经其运行；另外，络还是病邪、废物出入的通道。络的理论发展既强调"通道"的结构特点，又重视濡养、调节、传导、出入的功能，说明传统中医学对络的认识历来就强调是功能和结构载体。

古代医家关于"久病入络"的理论，提示络是疾病的一个关键环节，也就是说络是疾病病理过程、病机环节的关键，是病证产生的根源。络有常有变，常则通，变则病，病则必有"病络"生，病络生则"络病"成，此时产生的状态，可为疾病状态，也可为亚健康状态。所谓"病络"是疾病的基本病机，其概念的外延是络某种具体的非正常状态，而内涵是以证候表达为核心的，联系病因病机的、多维界面的动态时空因素，是可直接提供干预的依据。基于病络的认识，病络不仅可以产生络病，还可以产生其他疾病，任何疾病都可能出现病络病机，病络病机也可和其他病机杂合同现。

病络理论的提出具有很重要的实践意义，首先病络作为病理状态的反映，可以预示疾病的轻重变化。疾病初期邪气侵袭表浅之络则病情轻浅，随着病程延长或毒疠酷烈之邪侵袭络，则不论病程长短，均标志病邪深入，病情危重；其次，病络作为病势反映，标志着络种种结构或功能的改变，成为认识疾病变化、确定治疗方案的一个理论工具，常络为通，变则或络气失和、或络郁、络结、或络虚、络弛、或络急、络引均可成为络通之碍，日久削夺则会导致络损、络破。目前，临床上似乎形成一种定式，提及络动则虫类搜剔破血化瘀，未免失之偏颇，当审其病机而论；再有病络作为一种基本病机，具体体现为各种病理因素以络为幕布的病理投影的移变。病络各种状态的发生，在时间上表现为一种动态过程，随着时间序列的递进，各种病邪产生的增多，应证要素组合的形式必然增多，临床上出现的证候也相应增多，新旧之邪的夹杂性，在时间序列演变上，总以络为经线，各种病理因素的胶结表达，最终形成各种病理因素交织于一体的复杂病局，在此过程中，络始终为邪气深入的主干道和病情递进的晴雨表；还有病络作为一种病理过程，包含着复杂的动态病位变化，这种沿络深入传里布散的过程，具体体现为各种病理因素的空间特性演变，呈现一种流动的或动态的证候演变。

总之，病络是中医学的重要病机之一，深入分析病络机制，理解其动态演变过程，对全面认识疾病、确定病位、判断预后，具有重要意义。就病因而言，有外感六淫、内生五邪内外病邪的不同；病变则涉及脏腑阴阳气血津液和神志等功能与形质的变化，所包含的基本病理变化，可按基本证候因素如郁、滞、瘀、虚、毒、痰、水、湿、风、火、寒等实质因素和阴虚、阳虚、气虚、血虚等虚性因素进行应证组合，衍生出多种病络模式，是临床干预的依据之一。

毒邪致病多用于阐释温病、疫病或者外科疮疡疔疖，即重视外毒的致病作用。现代临床难治病、复杂性重大疾病大多是多因素的、复杂的、内伤性致病过程，既往在因于风、因于火、因于瘀、因于痰的认识基础上，采用单一或多因的辨证论治，取得了一定的疗效，但进一步的疗效提高实在艰难，且临床可重复性差。当代医家在长期临床实践基础上，提出毒损络脉的病因与发病学观点，随着理念的更新和研究的深入正在逐步达成共识。20世纪80年代，从传统安宫牛黄丸发展而来的清开灵注射液，重在清热解毒、化痰通络，从治疗病毒性肝炎、上呼吸道感染着手，取得较好疗效，在此基础上，针对中风急性期常规疗法难以取得更好疗效的情况，先后将清开灵注射液应用于缺血性中风和出血性中风急性期的治疗，大量临床实践证明，解毒通络在急重型出血性、缺血性中风病抢救和治疗上取得疗效，进一步证明内毒损伤络脉的存在和在发病中的作用。此后，陆续的研究报告从多视角、多系统证实了内毒损伤络脉是临床众多难治病、复杂性重大疾病的具有共性发病和加重恶化的原因。遵循审因论治、因脉证治的原则，它可直接、有效地指导临床诊治，提高疗效，因此揭示其科学内涵是病因与发病学理论乃至治疗学理论可持续发展的迫切需要，深入研究有望在病因学理论和疗效上取得进展与突破。

中风病起病急骤，见证多端，变化迅速，与毒邪致病的骤发性相似；中风病病位在脑，涉及五脏气血，累及血脉经络，与毒邪致病的广泛性相似；中风病病理因素涉及虚火风痰气血多端，这些因素为毒生、毒聚、毒留、毒滞提供了可依附的条件；中风病多出现神志改变，而毒邪的酷烈往往造成毒邪犯脑和毒邪攻心，毒邪的秽浊性可造成"秽邪蔽窍""浊邪害清"及浊邪蒙神，传统的方法多用解毒开窍法救治。针对上述临床表现，提出毒邪是中风病病理演变过程中极重要的一种致病因素，贯穿于中风病的整个病变过程。脑为元神之府，神明出入、神机流转之所，络既是神明出入、神机流转的通道，同时还是养分、病邪、废物出入的通道，邪积日久可为毒、废物蓄积可为毒、清浊升降失调也可为毒，毒邪排出障碍即可损伤络、进而败

坏脏腑组织。这与现代生命科学中生物毒的来源颇为相似。机体的排毒系统是复杂的，脏腑组织器官必须依靠经络的沟通联络作用，才能协调一致，发挥正常的排毒功能。中风病火热燔灼经络，经气必为之扰，信息传输失职，联络功能失常，从而造成排毒障碍。火热之极便是毒，有其内在的理论内涵和依据，而从热毒、火毒论治中风病，是与从火热论治中风病有相同的理论基础。正因为火热之极便是毒，才启示临床，单纯的清热泻火的方法是不能尽括病机的，必须用重剂解毒法，方能切中病机，以获疗效。当然，火热之极便是毒，多指中风病先兆期、始发态，中风病整个病程随着病机的变化，在病理演变过程中，寒毒也会出现，也就是说，中风病先兆期和急性期，尤以热毒为多，而在恢复期之后，热毒势减，寒毒显现，且痰毒、瘀毒、湿毒也往往混杂，从而构成了中风病复杂的毒邪病理机转。

丰富的临床实践，证实从毒论治中风病的正确性。无论是解毒通窍的清开灵、醒脑静注射液的普遍应用，还是通腑祛毒的涤痰通腑颗粒的满意疗效，都意在使肆虐之毒有出路，是对络损的截断扭转，恢复络正常的通道功能，进而恢复脏腑功能、气血平衡、神明出入及神机流转。

五、意象思维与形神共俱的思辨

1. 意象思维　目前，谈到思维似乎只有哲学与科学方为正统，西方人罕有承认中国人有自己的哲学，我们中国人习惯将自己的思维核心称之为诸子百家或一源三流，直至清末民初西学东渐，梁启超、章太炎、邓实等先贤在西学主义的刺激下，发出了国学、国粹、国故等呼声，近代中国的哲学家有称之为"中国的哲学"，国学或中国哲学名称的差异无与于本质，关键看其思维的特性如何。

自伏羲一画开天地，意象思维就成为主导国人思维的核心。该思维是透过现象表面探索其内涵本体的一种思维，也可称之为形象思维。《康熙字典》："意不可见而象，因言以会意也。"，意体现一种具象或抽象概括的思维领悟内涵。象的内涵又是什么呢？《易》以"象"为最基本观念。《易传·系辞》："在天成象"，"仰则观象于天，俯则观法于地，观鸟兽之文与地之宜"[1]，此处之象为日月星辰之天象，也即上古时代之观象授时之历法。进一步说明象有事实和现象之意，包括客观事实和经验事实，后者多指主体抽象，理解判断，意念想象，如意象、卦象、法相、藏象、脉象等。《老子》等著作也在讨论"象"和"意象"。《韩非子·解老》："人希见生象也，而案其图以想其生，故诸人之所以意想者，皆谓之象"[2]。先民运用立竿测日影的方法，开创并逐渐完善了我国的历法，自然，观察性方法也就成为了先民理解宇宙及万事万物的主要方法。追溯观察性方法的思维模式源头自然不脱《易传·系辞》"是故易有太极，是生两仪，两仪生四象，四象生八卦，……

现象著名莫大乎日月。"[1] 所建立的"立象以尽意"思维定式。《庄子·天道》："语之所贵者，意也"[3]，明确将意象擢升到思维领悟的层面。以意立象，立象尽意的意象思维一直主导着中国先民的思维，儒家倡导的格物致知，医家推崇的司外揣内，都是对意象思维和观察性方法的一种诠释。

中医药之意象思维，以象开端，从训诂学而言，象本身就有开始入口之意。如《周礼·大宰》正月之吉，县治象之法于象魏。[4] "象者可阅也"，一切生命及健康表现与外可见或可感知的物象资料及生理、病理现象自然也就是中医学观察研究的开端。《内经》所谓微妙在意者也。医孰无意？"[5]；《续医说》："医者理也，理者意也，何稽乎？理言治，意言识，得理与意，料理于未见曰医"。[6] 医者意也，医者理也，突出体现了医者个人对病象的观察、分析、论理的思维能力。这与张东荪先生所言："哲学大部分是由于论理的进路而取得结论"颇为相似。如果说宋以前的医学体现的是的一种个人的主观悟性，宋以后的社会由于理学的兴盛，主张"格物穷理"和"格物致知"的认识过程，亦即强调对规律性的认识。受其影响，医家由重视个人的主观悟性转向凸显理性思维的方向，把"医者意也"的主观悟性思维认识层次，提升到理性思维的认识层次上，并把医家擅用"意"或"悟"的效应称为"神"，后世由此语概括出"医者意也"，充分说明了中医意象思维的主体作用。

2. 司外揣内的思维方法　自先民立竿测日影的方法开始，观察性方法就成为国人认识和理解事物的主要方式，也即运用以小观大的方法，通过局部的观察，近似的描绘、推测整个全局，我们归结此方法为司外揣内，这种司外揣内的思维方法在中医药学中得到了淋漓尽致的发挥，《灵枢·外揣篇》："远者司外揣内，近者司内揣外。"[7] "五音五色见于外，因脏气而彰明也。五脏之气藏于内，因形声而发露也。外之不彰不明者，知内之波荡也。"。"远者主外，近者主内，察其远能知其近，察其内能知其外，病变虽多，莫能蔽吾之明矣。"可见，中医司外揣内的诊断方法是基于整体思维，把重点放在局部病变引起的整体病理变化上，或将局部功能变化与整体功能反应统一起来。也就是说根据人体生理、病理现象，揣测生命运动所处状态的逻辑（理性）思维活动，如前所述之意象思维。是通过对生命现象的观察、辨认，形成感性认识，进而发现并归纳本质属性的生命状态与表现于外在现象的固定联系，形成概念，由感性认识上升到理性认识，进而达到外揣到内揣相对吻合，逐渐形成了中医表里对应、经络对应、脏腑对应、脏腑与组织对应等以阴阳学说，五行学说理论为核心的整体观，构成了司外揣内，司内揣外的诊断方法的理论基础。中医诊断方法的望、闻、问、切就是基于体表与体内脏腑的密切关系而采取的行之有效的诊察方法。

3. 象，素，候，证　中医学的辨证过程可概括为：以

象为素，以素为候，以候为证。"以象为素"使司外揣内的思维方法更具中医特色。《博雅》素，本也。如果说证实中医疾病的本质，素就是证的本质。以象为素，是一个归纳的过程，"以素为候，以候为证"是进一步演绎和再归纳。以素为候，以候为证体现了一个诊断思维的过程，这个思维过程是个关系传递过程，其中以素为候反映的是一个物生而后有象"以意立象"的过程。以候为证是在意象思维指导下的再次"立象以尽意"的过程。"候"作为动词而言有诊察（候脉），预测，占演之意。作为名词而言有征兆（如火候），时节、节令（气候，时候）之意。以素为候之候，既有诊察之意，又有时间、空间与征兆之意。综合而言，候就是与时空密切相关的征兆（症状、体征组合）之意，就时空而言含有"当下"之意，如竺可桢先生所创"物候学"即有此意，也就是说"候"是契合的、合适的，对应的时空间（当下观察到）的一组症状、体征（表现或现象），由于时空间的随时变化，也就注定了候具有一定的动态变化性。"证"《增韵》："质也"，从训诂学方面讲"证"本身就有本体，本质，素朴，单纯之意，因此，将疾病的本质以"证"来抽象概括（就哲学思维而言"证"与"素"如同"太极"，"无极"，"小一"，"大一"；"至小"，"至大"相同是一种理论概念）是合乎国人、国医的思维的。以候为证，就是以当下（时空间内）观察或感知到的症状与体征为依据，分析归纳，将其抽象概括为某种证的思维过程。

象思维注重唯物、唯象的理念，强调关系本体论，凸显能量与信息的时空转换，这些无疑都与现代科学大格局的变化相适应。高概念时代的来临，中医药学欲取得突破性的发展，必须注重三个结合的原则；逻辑思维和意象思维的结合，以寻求科学问题的凝练、解释与机制的揭示；实证研究与关系研究相结合，推动模式化理念和技术、器物、方法的大发展；自然科学与人文哲学的结合，彰显科学与人文并重、科技为人文奠基、人文为科技导向的重要理念。大量事实证明，在科学创造活动中，意象思维在确定研究方向，选择有前途的科研课题，识别有希望的线索，预见事物的发展过程和研究工作的可能结果、提出假设，寻找解决问题的有效途径，领悟机遇的价值，在缺乏可供推理的事实时决定行动方案，在未获得决定性证据时形成对新发现的看法等方面，都起着十分重要的作用。

4. 形神共俱，君相互感的心身医学调节模式　中医理论中心身调节的理论模式，经历了"形神一体""心身合一"的整体观念到"君相互感"的过程，在医学模式向社会 - 心理 - 生物模式转变的今天，精神与形体的关系已被普遍认识，心身疾病与身心疾病也得到相应的重视，这与形神共俱、君相互感的理论内涵相合，同时基于上述理论的中医心身调节实践经验，对指导当今的临床有着重要意义。

君火寓心火，涵盖着人的全部精神心理活动，也称为

神志之火，具有五行火的性质，与五脏之心相应，同时容易受人欲、情欲的影响而过极形成病理之火。由于君火具有调控人和环境和谐互动的功能，使人能在复杂环境中得以生存；君火主司人的感知和思维的功能，人的自我意识和对外界的感知皆有赖此火。君火对人体脏腑功能活动具有强大的制约和调节作用，为脏腑之主。相火蕴含于脏腑之中，根源于肾与命门，兼具阴守和阳动的双重属性，守本位不妄为常，其不同五行之火，而具龙雷之火的性质，不为水灭湿伏，宜养之、藏之、敛之，忌折伐。君火与相火生理上互相资生，互相制约，彼此协调，上下配合，温煦脏腑，推动机体生长发育，新陈代谢。病理上互相影响，互相耗损，变症丛生。

中医君相互感的心身调节模式为君火（心火、神、精神心理）通过君相互感，水火既济的桥梁和纽带，与相火互相联系、互相影响，使人体形成形神一体、心身合一的整体，进而使人和自然形成天人合一的整体。君相互感理论揭示了人体在生命高层次上的整体调控模式，是医学史上的重要突破，对其深入研究无疑将对心身疾病的中医诊治及预防的中医心理学科的发展都有着重要的指导作用。

参考文献：

[1] 杨天才，张善文译注. 周易 [M]. 北京：中华书局，2012：592，595，607，615.

[2] 高华平，王齐洲，张三夕译注. 韩非子 [M]. 北京：中华书局，2012：108.

[3] 晋·郭象注. 唐·成玄英疏. 庄子注疏 [M]. 北京：中华书局，2011：265，571.

[4] 杨天宇. 周礼译注 [M]. 上海：上海古籍出版社，2004：11.

[5] 清·喻昌. 寓意草 [M]. 北京：中国中医药出版社，2008：1.

[6] 明·俞弁. 续医说 [M]. 北京：中国古籍出版社，2013：1.

[7] 田代华，刘更生整理. 灵枢经 [M]. 北京：人民卫生出版社，2005：1，67.

附录 4

《中医杂志》2016 年 3 月第 57 卷第 5 期

病络理论指导下脑、心、肾
一体化中西医结合防治体系的构建

邱瑞瑾[1]，高永红[1]，商洪才[1, 2*]，王永炎[2]

（1. 北京中医药大学东直门医院，北京 100700；2. 中国中医科学院）

摘要： 病络是邪气侵袭络脉或正虚以及络脉本身的病变，导致络脉的形质改变或功能异常，造成相应脏腑组织器官损伤，引起疾病或病证的一种基本病机。通过分析病络与脑、心、肾疾病的相关性及脑、心、肾疾病从络论治的理论基础和实际应用，提出在病络理论指导下构建脑、心、肾一体化中西医结合防治体系的思路，以期指导病络理论在临床的应用。

关键词： 络脉；病络；络病学；脑；心；肾

Thinking about the Establishment of a Prevention and Treatment System of Integration of Brain，Heart and Kidney with Combination of Chinese and Western Medicine under the Guidance of Diseased Collaterals Theory

QIU Ruijin[1]，GAO Yonghong[1]，SHANG Hongcai[1, 2]，WANG Yongyan[2]

（1. Dongzhimen Hospital，Beijing University of Chinese Medicine，Beijing 100700；2. China Academy of Chinese Medical Sciences）

Abstract： Diseased collaterals is a basic pathogenesis that pathogens invading collaterals，weakened body resistance or disease in collaterals lead to changes of the collaterals' form qualities or dysfunction to damage the corresponding *Zang-Fu*, and causes all sorts of disease or syndrome. Through analyzing the correlation between diseased collaterals and diseases of brain, heart, and kidney, as well as the theoretical basis and practical application about diseases of brain, heart and kidney treated from collaterals, the authors put forward the ideas about the construction of prevention and treatment system of integration of brain, heart and kidney with combination of Chinese and western medicine under the guidance of diseased collaterals theory, in order to guide use of the diseased collaterals theory in clinic.

Key words：collaterals；diseased collaterals；brain；heart；kidney

病络理论广泛应用于临床，指导多种与络脉病变相关的疾病治疗，尤其脑、心、肾相关疾病，其发生、发展多与病络有关，在治疗中加入通络药物往往能取得更好的疗效。脑、心、肾通过络脉在结构上联系在一起，功能上又相互影响，临床上脑、心、肾系统相关疾病往往不是独立存在，而是以合并发病或先后发病多见，因此，在病络理论指导下，构建脑、心、肾疾病一体化防治体系有重要的实践意义。本文从以下几个方面进行阐述。

1. 络脉、病络及络病

1.1 络脉

"络脉"的概念最早由《黄帝内经》提出，络有广义、狭义之分，狭义的络仅指经脉之络，广义的络包含经络之络和脉络之络。经络之络为经络的络脉部分，即《灵枢·脉度》中所言："经脉为里，支而横者为络，络之别者为孙"；脉络之络指血脉的分支部分，即《灵枢》中提出的血络。络病学所涉及的络，一般是指广义的络。

络脉结构复杂，数目众多，人体络脉纵横交错，如网状向内布散于脏腑组织，向外布散于皮毛肌腠。络脉由大到小，可分为大络、系络、缠络、孙络、丝络等；根据循行规律可分为阳络、阴络；根据功能可分为气络、血络；根据与脏腑的联系可分为脏络、腑络；根据形态特点又可分为浮络、横络、结络等。络脉分布广泛，沟通机体上下内外、五脏六腑、四肢九窍等，不仅具有卫外抗邪、通行气血、互渗津血、贯通营卫等作用，更加强了十二经脉中表里两经之间的联系，与经脉共同协调机体平衡，维持体内环境的稳定。

1.2 病络

"病络"一词最早出自《金匮要略》，曰"以由病络而涉于经，宜从治络血之法"。王永炎院士提出，病络是邪气侵袭络脉或正虚以及络脉本身的病变，导致络脉的形质改变或功能异常，造成相应脏腑组织器官损伤，引起疾病或病证的一种基本病机[1]。风、火、痰、气、湿、瘀、毒、虚等病理因素均可留滞络脉，使络脉形质或功能发生改变，造成瘀阻络脉、络气不通、络风内动、络脉亏虚、毒损络脉等病理现象，形成"虚络""结络"或"盛络"等病络，而引起相应疾病。"病络"概念的外延是络脉某种具体的非正常状态，而内涵是以证候表达为核心的联系病因病机

多维界面的动态时空因素，直接提供干预的依据[2]。

具体来说，病络标志着疾病的轻重变化；病络是认识疾病变化、确定治疗方案的一个理论工具；病络作为一种病机，具体体现为各种病理因素于以络脉为幕布的病理投影的移变；病络作为一种病理过程，包含着复杂的动态病位变化，具体体现为各种病理因素的空间特性的演变；病络作为络脉的一种非正常状态，反映着络脉的种种结构或功能的改变[1]。

1.3 络病

络病学说的形成和发展是伴随着经络学说开始的。《灵枢·经脉》曰："经脉者，所以能决死生，处百病，调虚实，不可不通。"一般认为，《黄帝内经》形成了络病理论；《伤寒杂病论》奠定了络病证治基础，并创立了大黄䗪虫丸、旋覆花汤等治疗络病的名方；清代叶天士在此基础上提出"久病入络""久痛入络"等络病学说，这是络病学理论发展过程中的三个阶段。

络病并非一个独立的疾病，而是在多种疾病过程中存在的一个病理状态。近年来，络病理论在中医基础、临床研究领域取得了较大进展，如使用虫类药物组方搜剔风瘀之邪、通络止痛，开发新药治疗心脑病证；提出"气络""络风内动"新说等指导临床，不仅提高了临床疗效，也丰富了络病的证治内容。王永炎院士认为，络病泛指发生于以络脉为主要病位、以络脉的功能和（或）结构失常为主要病机的一类疾病[1]。络脉有常有变，常则通，变则病，病则必有"病络"产生，"病络"生则"络病"成。吴以岭院士提出络病学说研究的理论框架"三维立体网络系统"，以时空与功能统一性论述络脉系统，指出络脉与经脉时空差异性，由此系统研究络病发病、病机、辨证及治疗，研发系列药物，为建立现代络病学科奠定了理论基础和科学依据[3]。

2. 病络与脑、心、肾疾病的相关性

络脉将全身脏腑组织联络起来，成为一个有机整体。络脉气血有双向流注和满溢灌注的特点。气血从络脉、孙脉流出，散布于四肢百骸、脏腑肌腠；四肢百骸、脏腑肌腠的气血也可回渗到孙络，依次注入络脉、经脉而周流全身，濡养机体。

在结构上，脑、心、肾三者通过脏腑经络相互连接；

在功能上，三者相互协调，统帅人体身心活动。因此，当络脉的形质或功能发生改变，即"病络"形成的时候，常会引起脑、心、肾同时或相继发病，如临床常见的心肾综合征、心脑同病、脑肾同病等。

2.1　脑、心、肾通过经络相互连接

手少阴之络分布于舌，上行至目系，入络于脑；少阴之别阴跷、阳跷亦通过目系脉连于脑；心、肾通过足少阴之脉直接相连，如《灵枢·经脉》曰："手少阴之别，名曰通里，去腕一寸，别而上行，循经入于心中，系舌本，属目系"。《灵枢·脉度》曰："跷脉者，少阴之别，起于然骨之后，……入頄，属目内眦，合于太阳，阳跷而上行，气并相还，则为濡目，气不荣则目不合。"《灵枢·经脉》曰："肾足少阴之脉，起于小指之下，……入肺中，循喉咙，挟舌本；其支者，从肺中络心，注胸中。"可见通过经络系统的连接，将脑、心、肾联系在一起。有学者提出，络脉的网络层次涵盖了西医学血管和神经的概念，血络与现代医学所描述的微循环非常相似[2]。任何一个脏器的病变，可以通过病之络脉影响其他相关脏器的结构或功能。

2.2　脑、心、肾在功能上相互影响

《灵枢·大惑论》曰："目者，五脏六腑之精也，营卫魂魄之所常营也，神气之所生也。"脑为元神（神、魂、魄、意、志）之府，诸阳之会，统帅人体精神、意识、思维及脏腑功能活动。心为君主之官，为"生之本，神之变"。心通过目系之络脉与脑相联系，共同调控人体神志及肢体功能活动。脑为髓海，肾藏精、主骨、生髓，诸髓之精，皆上注于脑，肾与脑关系密切，肾中精气充盈，方能充养骨髓。心火下交于肾以资助肾阳，温煦肾阴使肾水不寒；肾水上济于心火以资助心阴，抑制心阳使心火不亢，心火与肾水上下交通，即心肾相交、水火既济，共同维持人体的阴阳平衡。当脑、心、肾任何一个系统病变，会引起功能异常，进而形成气血津液失调，影响络脉的气血运行及津液输布，导致病络的产生，反过来会进一步影响脏器的功能或结构。

以高血压病为例，长期的高血压病会导致心、脑、肾的病变。高血压病的基本病理变化是全身细小动脉痉挛、周围血管阻力增高。长期细小动脉病变会造成心、脑、肾等组织缺血，并发心力衰竭、高血压性脑病、慢性肾功能衰竭等病。高血压病属中医学"眩晕""头痛"范畴，其病因病机为饮食不节、情志不畅、跌扑损伤等，造成气滞、痰浊、血瘀，留滞脉络，造成痰瘀阻络、络气郁滞或络脉失养等，使络脉结构或功能异常，致络中气血津液运行失调，形成以头晕、头痛为主要表现的疾病。年高肾亏之人，也可因肝肾阴虚、水不涵木、气火上扰所致；肾精亏虚，

或命门火衰，日久开合失司，膀胱失约，则引起小便频数、腰酸、耳鸣等。

3. 脑、心、肾疾病从络论治的理论基础

脏腑辨证、八纲辨证等在脑、心、肾疾病临床实践中应用广泛，但也有一定局限性。不少疾病会导致脑络、心络、肾络等形质或功能上发生改变，因此，从络论治脑、心、肾疾病值得思考。

风、寒、暑、湿、燥、火等六淫之邪极易侵犯人体。外邪入侵人体后，首犯皮毛，外邪遂沿（皮部）络脉→经脉→脏腑（络脉）路径传导[4]，因此，外邪侵袭人体，留滞于皮部浮络，浮络出现相应的病变而致病。情志不畅亦会导致脏腑功能失调，如《素问·阴阳应象大论》提出"喜伤心""恐伤肾"；《素问·举痛论》提出："怒则气上，喜则气缓，悲则气消，恐则气下，寒则气收，炅则气泄，惊则气乱，劳则气耗，思则气结。"七情过极致脏腑气机紊乱，久则气滞血瘀，入于血分，阻于络道，进一步引起脏腑功能紊乱，甚则发生严重病变。饮食不节、起居失常会损伤络脉而致出血证，如《灵枢·百病始生》曰："卒然多食饮则肠满，起居不节，用力过度，则络脉伤，阳络伤则血外溢，血外溢则衄血，阴络伤则血内溢，血内溢则后血……"。脑、心、肾疾病的发生不外乎外感六淫、情志失调、饮食不节、起居失常几个方面，影响脑络、心络、肾络气血运行而致病。

脑为诸阳之会，脑络纵横交错，十二经脉中，足太阳经、足阳明经、督脉、阴跷、阳跷等通过络脉与脑相连。脑为气血最盛之处，《灵枢·五音五味》及《灵枢·九针论》均言："太阳常多血少气""阳明常多血多气"，作为脑络组成部分的足太阳经和足阳明经为脑提供了丰富的血气供应。脑为髓海，若髓海不足，则头倾视深，神气衰微。清代喻嘉言《寓意草》曰："以头之外壳包藏脑髓，脑为髓之海，主统一身骨中之精髓，故老人髓减即头倾视深也。"孙思邈《备急千金要方》曰："髓虚者，脑痛不安；髓实者勇悍。"因此，年高肾亏，髓海不荣，脑络空虚，或外感、内伤所致的脑络瘀滞等，均可从络论治。

心主血脉，为五脏六腑之大主，《素问·五脏生成》曰："诸血者，皆属于心"；《医原》曰："夫人周身经络，皆根于心"；《素问·六节藏象论》曰："心者，其充在血脉"。血脉的分支即血络，与心脏所主之血脉有着密切的关系。整个心脏、脉、血液组成的系统即心系的生理功能，都有赖于心脏的正常搏动[5]。心脏功能正常时，络脉方能发挥正常的生理功能。同样邪气入络，络中气血循行受阻、津血互化障碍，导致络脉病变，也必会影响心脏的功能。《灵枢·经脉》亦指出心络的循行及相应病症，曰"手少阴之别，名曰通里，……循经入于心中，系舌本，属目系。其实则

支膈；虚则不能言，取之掌后一寸，别走太阳也"，因此，心系疾病可以从络论治。

肾络作为络脉的一部分，在人体的生理病理中起重要的调控作用。《临证指南医案·诸痛》曰："络中气血，虚实寒热，稍有留邪，皆能致痛。"《灵枢·经脉》曰"足少阴之别，名曰大钟，当踝后绕跟，别走太阳；其别者，并经上走于心包，下外贯腰脊。其病气逆则烦闷，实则闭癃，虚则腰痛，取之所别者也。"慢性肾脏病病程日久必致瘀，阻于肾络，进一步影响肾络功能，反过来加重病情。吴以岭院士指出，络脉在体内的空间位置呈现出外（体表-阳络）、中（肌肉之间-经脉）、内（脏腑之络-阴络）的分布规律，既反映了一般疾病发展的普遍规律，又反映了多种迁延难愈难治性疾病由气及血、由功能性病变发展到器质性损伤的慢性病理过程。叶天士曰："初病在经，久病入络，以经主气，络主血，则可知治气活血当然也。"因此，从络论治慢性肾脏疾病有重要意义。

4. 从络论治的实际应用

4.1 从络论治在心血管疾病中的应用

目前基于病络理论开发的治疗心血管疾病的中成药在临床上已取得较好的效果。如芪苈强心胶囊用于治疗冠心病或高血压病所致的轻、中度慢性心力衰竭证属阳气虚乏、血瘀水停型。研究表明，芪苈强心胶囊和心宝丸对比，在心功能疗效上两者没有差异，但在 Lee 氏心力衰竭计分疗效、中医证候疗效、心脏收缩和舒张功能及生活质量上均优于心宝丸[6]；和安慰剂对比，芪苈强心胶囊可以显著降低 N 末端脑钠肽前体（NT-proBNP）水平，显著改善心功能分级、左室射血分数、6min 步行距离和生活质量[7]。芪苈强心胶囊联合西药治疗心肾综合征，和常规治疗组比较，其临床疗效、左室射血分数、左室舒张末期内径、脑钠肽、血肌酐和肾小球滤过率等改善更明显[8]。吴以岭院士[9]认为，心气虚乏、络脉瘀阻、绌急而痛是冠心病心绞痛的主要病机，因此，补益心气、活血通络、解痉止痛是冠心病心绞痛的有效治法，临床采用通心络胶囊联合西药能够明显减少经皮冠状动脉介入术后冠状动脉再狭窄的发生率，且疗效优于单纯西药治疗[10]。参松养心胶囊是在络病理论指导下研发的治疗冠心病室性早搏证属气阴两虚、心络瘀阻型，具有益气养阴、活血通络、清心安神的作用，能明显改善中医证候，且对冠心病室性早搏心脏自主神经功能异常有明显改善作用[11]。络活胶囊具有祛痰活血通络的作用，和北京降压 0 号相比，降压疗效无显著差异，但络活胶囊可明显改善临床症状，还可降低患者动态血压值，改善患者生活质量[12]。

4.2 从络论治在脑血管疾病中的应用

脑血管疾病常由脑络的病变引起，是全身络脉病变的

一部分。吴以岭院士认为，脑梗死发生的病因病机为脑之脉络瘀塞，脉络末端供血供气、津血互换、营养代谢障碍，引起脑之气络失养、脑神失用[13]。治疗脑梗死，在辨证论治的基础上加以活血通络药，或用刺络放血疗法，能取得较好效果。

通心络胶囊用于治疗气虚血瘀络阻型中风病，联合西药治疗急性脑梗死，在升高血浆抗凝血酶Ⅲ（AT-Ⅲ）含量、降低血栓素 B_2（TXB_2）水平、升高 TXB_2/6- 酮 - 前列腺素 $F_{1\alpha}$（6-keto-$PGF_{1\alpha}$）比值方面与对照组比较有明显差异[14]。肝肾阴虚型缺血性中风的患者采用益肾通络胶囊治疗，和脑血栓片比较，两者在总有效率方面没有显著差异，但临床症状（包括神志、语言、运动功能等）的改善方面前者更具优势[15]。益气通络颗粒用于治疗中风气虚血瘀证的Ⅲ期临床试验显示，该药在中风患者中医证候和神经功能方面有显著疗效[16]。动物实验显示，塞络通胶囊在络脉瘀阻型脑梗死大鼠缺血时间窗外给药可保护脑组织，抑制炎症反应，改善络脉瘀阻证候的相关性改变，对大鼠多发性脑梗死恢复期有一定程度的神经保护作用，且能在一定程度上改善多发梗死性痴呆大鼠的认知功能障碍[17,18]。Ⅰ期临床试验显示，塞络通胶囊有较好的安全性和耐受性[19]。

4.3 从络论治在肾脏疾病中的应用

络脉细小而密，易瘀易滞。作为络脉一部分的肾络，易因痰、瘀、毒邪阻滞而致病。有学者通过动物实验证实化瘀通络药物能抑制大鼠肾小管上皮细胞表型转化，减少纤维连接蛋白（FN）、层黏连蛋白（LN）等细胞外基质的沉积；能抑制结缔组织生长因子的上调；可下调慢性进展性纤维化肾组织纤溶酶原激活物抑制物 -1（PAI-1）蛋白表达，改善纤溶系统的失衡，进而提出慢性肾脏病"肾络瘀阻"共有病机学说[20－22]。通心络胶囊用于治疗高血压病肾损害患者，可以明显降低患者尿微量白蛋白和 β-2 微球蛋白，以及血清转化生长因子 -β1（TFG-β1）、血小板衍化生长因子（PDGF），改善患者肾损害[23,24]。糖肾宁是在络病理论指导下研制的针对糖尿病肾病早期气阴两虚、络脉瘀阻型患者的中药制剂，临床研究显示，糖肾宁治疗可以减少蛋白尿，改善肾小球高滤过及血液流变，抑制血小板聚集，对气阴两虚、络脉瘀滞型早期糖尿病肾病有保护作用[25]。

5. "脑、心、肾一体化"中西医结合防治研究与实践

由于脑、心、肾在结构上通过络脉彼此联系，在功能上又相互影响，而临床上，脑、心、肾也常并行发病。在治疗上应行中医整体观念，综合预防和治疗，保护重要脏器功能。中药可作用于多靶点而治疗疾病，如芪苈强心

胶囊用于心肾综合征、通心络胶囊用于冠心病心绞痛和中风等，都是在病络理论指导下中药作用于多个靶器官的范例。

根据病络理论，脑、心、肾任何一个系统的急性或慢性疾病都会通过病络对其他系统的结构或功能产生影响。如糖尿病是临床上常见的代谢综合征，长期高血糖会造成全身性微血管损伤。在糖尿病性血管损伤的过程中，涵盖了络病机制的气机瘀滞、血行不畅、络脉失养、津凝痰结、络毒蕴结等病理变化过程[26]。糖尿病急性并发症如低血糖昏迷、糖尿病酮症酸中毒、高渗性非酮症糖尿病昏迷等严重影响脑功能，甚至造成死亡。而长期高血糖不仅会引起全身大血管、微血管的病变，也会累及神经系统，从而出现心脑血管疾病、肾病综合征、周围神经病变等。由于高血糖引起血管内皮损伤、血小板活性增高、血管平滑肌细胞功能障碍等，易使血小板凝集，血液处于高凝状态，或导致动脉硬化，累及大血管，日久可能造成冠心病。长期高血糖也会导致认知障碍，研究显示，在排除了严重的低血糖、糖尿病酮症酸中毒、高渗性非酮症糖尿病昏迷等会影响认知功能的情况下，糖尿病病程、是否使用胰岛素、是否伴有微血管并发症、是否伴有抑郁等，与患者的认知功能呈负相关[27]。在疾病进程中，若全身微血管病变表现在肾脏，易导致肾脏血流动力学及肾脏结构发生改变，出现蛋白尿，甚或出现肾病综合征，进一步发展可导致肾功能衰竭。

糖尿病属中医学"消渴"范畴，是由阴津不足，燥热内盛所致的气血津液代谢异常。长期的气、血、津、液亏虚，使络脉失养，进一步引起痰、瘀等病理产物阻滞脉络，影响气血津液的运行。若毒损脑络，脑络失于濡养则可能致痴呆、头晕、健忘等；若络损血溢，则会致中风，出现半身不遂、口眼歪斜等；若毒损心络，则可能致心悸、胸闷、气短等，甚则胸痛彻背、背痛彻胸；若毒损肾络，则可能出现腰痛、下肢或颜面水肿，甚则尿少或无尿等。中医的络脉涵盖了西医的血管和神经。糖尿病日久必有病络形成，可以研究糖尿病时脑络、心络、肾络的中医药因病机与西医病理生理特点的联系及相关性，以及糖尿病时脑、心、肾血管内皮损伤及神经细胞损伤的特点和生理生化特点。

中医的整体观念和辨证论治理念决定了在治疗中考虑的是整体而非某一个器官或靶点。既往研究发现，通络中药对脑、心、肾中某两个脏器络脉的损伤有明显疗效，因此，可以考虑研究这类药物对另一个脏器病变的治疗效果，或在加入引经药的基础上重新组方，研究其对脑、心、肾相关疾病的影响。

中药作用于多靶点而起效，这是中药起整体治疗作用的关键，但这也意味着中药作用的针对性较弱。在未来的研究中，可以结合西医的微观思维，寻找中药的有效成分以及中药作用的通路，研制中药新剂型，提高中药治疗疾病的疗效。

参考文献：

[1] 王永炎，常富业，杨宝琴．病络与络病对比研究 [J]．北京中医药大学学报，2005，28（3）：1-6.

[2] 王显，王永炎．对"络脉、病络与络病"的思考与求证 [J]．北京中医药大学学报，2015，38（9）：581-586.

[3] 吴以岭．络病理论体系构建及其学科价值 [J]．前沿科学，2007（2）：40-46.

[4] 李洁．络脉文献的整理与研究 [D]．成都：成都中医药大学，2006.

[5] 印会河．中医基础理论 [M]．5 版．上海：上海科学技术出版社，1984：29.

[6] 吴以岭，谷春华，徐贵成，等．芪苈强心胶囊治疗慢性心力衰竭随机双盲、多中心临床研究 [J]．疑难病杂志，2007，6（5）：263-266.

[7] LI XL, ZHANG J, HUANG J, etal. Amulticenter, random-ized, double-blind, parallel-group, placebo-controlled study of the effects of Qili Qiangxin capsules in patients with chronic heart failure[J]. J Amer Coll Card, 2013, 62（12）: 1065-1072.

[8] 卢会萍，李夏，陈玲，等．芪苈强心胶囊治疗老年慢性心肾综合征的临床研究 [J]．世界中医药，2013，8（12）：1496-1498.

[9] 吴以岭．从络病学说论治冠心病心绞痛 [J]．中国中医基础医学杂志，2001，7（4）：71-74.

[10] 陆宏伟，张健，陈欣，等．通心络胶囊联合西药预防经皮冠状动脉介入术后冠状动脉再狭窄 90 例临床观察 [J]．中医杂志，2014，55（24）：2117-2120.

[11] 吴以岭，谷春华，高学东，等．参松养心胶囊治疗冠心病室性早搏的随机双盲多中心临床研究 [J]．疑难病杂志，2007，6（8）：449-452.

[12] 于向东，周文泉，崔玲，等．络活胶囊对高血压病患者动态血压和生活质量的影响 [J]．中医杂志，2003，44（12）：912-915.

[13] 吴以岭．血管保护：脑梗死治疗的新靶点 [J]．疑难病杂志，2006，5（5）：356-358.

[14] 杜金行，史载祥，吴以岭，等．通心络胶囊配合治疗急性脑梗死的临床研究 [J]．中国中西医结合杂志，2003，23（2）：94-96.

[15] 支惠萍，刘云，姚洁明．益肾通络胶囊治疗缺血性中风疗效观察 [J]．上海中医药杂志，2000，34（5）：19-20.

[16] 张纲，张华健，刘军锋．益气通络颗粒治疗中风病（气虚血瘀证）Ⅲ期临床试验 [J]．中国临床药理学杂志，2012，28（10）：743-745.

[17] 徐立，宋文婷，林成仁，等．塞络通胶囊对大鼠多发性脑梗死恢复期 Glu 和 GABA 合成以及 NMDA 受体亚型表达的影响 [J]．药学学报，2012，47（7）：870-877.

[18] 徐立，林成仁，刘建勋，等．塞络通胶囊对多发梗死性痴呆大鼠认知功能障碍的干预作用 [J]．中国中药杂志，2012，37（19）：2943-2946.

[19] 李涛，刘红梅，鲁晏，等．中药塞络通胶囊 Ⅰ 期临床安全性、耐受性试验研究 [J]．中国新药杂志，2012（1）：62-67.

[20] 丁跃玲，赵玉庸，陈志强，等．肾络通对阿霉素肾病大鼠细胞表型转化的影响 [J]．中药药理与临床，2005，21（2）：28-30.

[21] 王亚利，赵玉庸，陈志强，等．肾络通对大鼠系膜细胞 CTGF mRNA 表达的影响 [J]．中国药理学通报，2005，21（6）：766-767.

[22] 丁英钧，蔡冀民，潘莉，等．慢性肾脏病"肾络淤阻"共有病机学说及临床意义 [J]．时珍国医国药，2011，22（3）：690-691.

[23] 莫云秋，伍松姣，王强. 通心络胶囊佐治高血压肾损害患者的疗效观察 [J]. 疑难病杂志，2009，8（11）：670-671.

[24] 忻尚平，任爱华，严静. 通心络对老年高血压病肾损害患者血清 TGF-β1 和 PDGF 的影响 [J]. 中华中医药学刊，2013，31（8）：1712-1714.

[25] 高彦彬，赵慧玲，关崧，等. 糖肾宁治疗气阴两虚、络脉瘀滞型早期糖尿病肾病临床研究 [J]. 中华中医药杂志，2006，21（7）：

409-411.

[26] 赵雁. 止消通脉宁改善糖尿病早期肾脏病血流动力学异常的实验与临床研究 [D]. 北京：北京中医药大学，2001.

[27] 左玲俊，季建林，徐俊冕，等. 2 型糖尿病患者认知功能相关因素的初步分析 [J]. 中国行为医学科学，2001，10（2）：95-97.

（收稿日期：2016-01-11；修回日期：2016-01-15）

附录 5

《北京中医药大学学报》2016 年 7 月第 39 卷第 7 期

整合医学理念的形成与提出

王永炎

（中国中医科学院，北京，100700）

关键词：整合医学；中西医结合；中医现代化

中图分类号：R2-03

　　我出生在城市，为避战乱随母返乡，有 3 年的农村生活。5 岁学做农活，亲历种子萌芽、间苗、中耕锄草、拔麦子、割谷子、掰玉米等，有过日出而作日落而息的务农体验，有与自然融合的感受。古代先贤有称"务农以成明医"之论确有道理。

　　我是首届学中医的大学生。在读期间的教务长祝谌予先生，系京城名医施今墨的门婿，他幼承家学，青年时期东渡日本，就读帝国大学医科。建院初始主张适应今朝医学发展，力推中医与西医课程六比四排课，生产实习安排有西医相关学科。依我记忆，解剖学 120 学时，组织胚胎学 36 学时，其他如生化、生理、病理、药理、微生物学等学科，均从中国医科大学诚聘讲师级以上的教师授课，还有普通基础课，如物理、化学、生物学、医学统计学。据调干学生、中专卫校老师与学生反映，西医基础课所学深度与广度高于中专卫校水平。一年级首先开课的是"伤寒论"与"内经知要"，而不是普通基础课，与高中所学全无联系，真是听不懂，如一头雾水，然而讲哲学的先生基于"天人合一"的理念分析东西方文化的差异、农耕文明、儒道

学说与国医国药却能理解。总之，本科 6 年的学业，中医要靠临床实践提高，西医学具备了一定基础。

　　1963 年，我进中医内科病房做助理住院医师，跟随康廷培老师搞肾病，中医治疗则辨证给服中药汤剂，西药给服激素。时逢一例首都机场工程师陈某，男性，34 岁，肾病史 2 年，处恢复阶段，深秋感受风寒病发，遍身水肿，阴囊阴茎水肿透亮，血肌酐、尿素氮迅即增高。邀胡希恕老先生会诊，当诊为水气病之水晶疝，拟方越婢汤加茯苓、苍术、附子，服 1 剂，即尿量大增至 2000mL/d，3 剂服尽全身遍肿尽消，改用参苓白术散散为汤调理。此患者是亲历所见，对于做好中医巩固我的专业思想影响之深，至今记忆犹新。1964 年冬季，廖家桢先生随卫生部郭子化副部长视察长江南北六省中医工作之后，执笔视察报告，批评不论病情需要与否一律中药加西药治疗的弊病，提出"先中后西，能中不西，中西结合"的观念，后以卫生部中医司行文全国。在此背景下，在中医内科病房开展了中医治疗呼吸病急症的临床研究，我作为廖先生的助手从治疗肺炎双球菌性肺炎开始。先每天服 2 付汤药观察 72h，如体

温不降，症状及 X 线平片未见变化则改用抗生素。1965 年冬春两季共入组 59 例，结果 38 例获愈，占 65%。其后"文革"初期，红卫兵串联时期殷凤礼先生在急诊科，我在新中街接待站医务室用袋装中药复方汤剂治急性扁桃腺炎，24h 分服 4 袋，观察 300 多例，48h 内取汗降温复常者占 80% 左右。"文革"结束时，我已参加工作 15 年，大约半数时间在工矿、农村、牧区巡诊，参与防疫、抗震与抗洪救灾的医疗活动，治愈了许多基层的感冒、肠炎、痢疾、爆发火眼等患者，运用汤剂、散剂，包括自采的鲜药柴胡、防风、黄芩等把病治愈。自 1962 年毕业后十数年的临床学习与工作，疗效让我相信和敬畏自己的职业，愿意一生忠诚于中医事业。同时我在协和医院进修与协作的 3 年时间里接受了正规的训练，熟悉了科研设计、观察、总结的门径与方法，以不准署名的临床疗效观察报告，显示了中医用下法治疗中风急性期的疗效。届时我理解了毛主席倡导建立统一的新医药学派的论断是正确的。我学医业医的过程，体现了中医西医的融通互补，因此治病救命效果更好。尤其是基层群众更欢迎这样的医生，组织教学连队中我成了受各连队欢迎的老师，使我理解到这就是中医名师董建华、王玉川、刘渡舟等前辈训导的做中医功底深厚的教师和西医全科在农村的实践与正规训练所造就的人才模式在我身上的体现。宣传队与师生对我的赞扬使我受到鼓励和教育，让我更加自觉谦逊地尽到责任和义务做好自己的工作。

1997 年，我被复职担任北京中医药大学校长，同年当选为中国工程院院士与中国科协常委。进入社会学术界以后，我深切地感受到在那些多学科综合性学术机构里中医药学得不到信任，中医学者受到歧视的现状。一个鲜明的例证：中央的中医政策概括为"中医不能丢，中医现代化，中西医并重，中西医结合"。然而落脚到主管科技部门却提出中医无法现代化。一次由 17 个部委局召开的中药现代化的专家讨论会上，我发言讲中医治病用复方，重配伍，以辨证论治为法则，并非提炼出天然植物单体成分的一类药都是独一的佳药，疗效好才是好药。会上还讲了中药注射液是科技创新的产物，需要扶持完善，它是中医治急症、治肿瘤所必需。但这些意见未被采纳，及至"非典"肆虐时，把建议提给吴仪副总理，才审核批准了压下来的 5 个品种的中药注射液上市。显然，在还原论盛行的年代，中医学是弱势学科，阻碍了中医学科、事业、企业的发展。我十分感佩我们师长辈自 1930 年"三·一七"国医节以来为中医生存发展所做的贡献，历经坎坷艰难负重前行的大无畏精神，壮哉伟业！永志不忘！鼓舞我与学长们以中华中医药学会等学术组织为纽带，为弱势学科的变革而努力奋争。因此，但凡中医做主的领域如国家自然科学基金委员会、国务院学位委员会中医药学科评议组、《中国药典》一部及国家中医药管理局医教研的专业委员会各种评标评奖等，

我辈均尽心负责把工作完成，受到业内同仁与社会贤达的认可。

21 世纪初涌现出东学西渐的趋势，国医国药以国学为指针，国学以儒家学说为主体，儒道互补又吸纳佛学，一源三流是中华民族优秀的传统文化。欣闻中央文史研究馆馆员汤一介先生领衔编撰的《儒藏》业已完成，必将远渡重洋传播四方。随之中医药学也呈现出比既往任何时候都好的发展机遇，我辈学人依靠党的中医政策历久弥新相向前行。我于 2001 年在承担 973 计划"方剂关键科学问题的基础研究"项目时，科技部有对行政领导职务与首席科学家两择其一的要求，旋即获准辞去中国中医研究院院长职务专心做科研。直面东学西学兼容，互相交织、渗透、融通的形势，正式提出整合医学的理念，并且主张组织多学科团队重视研究过程及方法学的探讨。其理由主要有三：其一是整体论与还原论的整合。我从未否定过还原分析的成果，但强调整体论设计前提下的还原分析，若能回归到整体上来则可体现整合的效应。当今多组学网络具备整体设计视角，对不同饮片、组分、化合物配伍，寻求对抗、补充、调节的整合药效机制。其二是系统研究与描述性研究的整合。中医药学主张弘扬原创思维，针对复杂系统性科学必当重视象思维与象数融通，取象运数，将关系本体论纳入系统研究设计中去，做药物组分配伍不仅要提取有效的组分加以标准化，对其他未提取出的组分存在的意义也不能忽视，求其增效减毒与减毒增效的和谐。对描述性研究主要来自生态与临床的观察，不能忘却竺可桢先生在《物候学》中的告诫：任何先进的仪器都不可能替代人的观察。其三是生物科学与人文哲学的整合，这是高概念时代对医学的要求。近百年来，西医学随着理化生物技术的发展获得前所未有的进步，但重实证、可重复性，诊断治疗看指标，技术向前了而离病人越来越远了，人文关怀普遍地淡化。中医学具有科学与人文的双重属性，医学是"人"学，医学离不开哲学，也离不开经验。但由于价值观的变异也存在着人文关怀的疏离，很有必要重读《素问》"疏五过论"与"徵四失论"，重塑"大医精诚"的风范。再有循证医学与叙事医学的整合。循证证据在大数据技术推广的背景下要进一步完善，叙事医学平行病历要积极推向临床，获得情绪心理的平衡。

整合医学理念提出后听到 3 种不同的见解：一是中、西医学起源不同；二是理论基础的不通约问题；三是中医临床优势近百年越来越萎缩，当如何应对？

走向现代化的中华民族社会与家族制度在变化中，然而遵循的伦理道德自然规律应是不变的。农耕文明依靠直觉得到的概念一定会变。当今的中医三级甲等医院按国家卫生主管部门要求已配备了理化生物先进技术的诊疗设备应用于临床，吸纳工业文明的成果，提高临床水平。我们一辈在四诊信息客观规范，诊疗指南、共识，疗效评价标

准化等方面所做的工作正在向全国辐射推广。中医西医面对"病的人"，对象相同。在科学由信息转化为概念的时代，无疑基础理论研究者、医学研究者本着天、道、自然一体观，运用多组学网络、组合化学、生物力学对健康医学的研究工作与国外相关研究在方法学上均处于起步阶段，出身中医的年轻一辈应同样重视宏观指导下的基础研究。至于还原分析的本体性与技术路线，我与同辈希望当有整体论系统论的整体设计，和以数学表达研究的结论。

人们清楚地看到，医学对传染性与感染性疾病的防控治疗是20世纪重大的成就。然而病毒性传染病预防靠疫苗，而疫苗往往跟不上病毒的变异，中医药防治"非典"与甲型流感的成果对国人获效并且产生了重要的国际学术影响力。中医学以临床医学为核心，原创优势体现在现代难治性疾病防治的疗效，例如，不少人曾认为癌症的靶向治疗药的开发应用，让中医药退出了"阵地"，其实不然，靶向药物针对个体所患肿瘤的基因，然则基因的分类十分复杂难以精准地到达筛选的目标基因上。就目前看，中医中药扶正培本治则治法对肿瘤患者生存期与生存质量仍有优势。综合上述，从东西方科学的差异与交融的大背景看，中医与西医的整合是历史的必然。目前呈现的是一种趋势，尚处于起步的状态。我殷切地期望学术团队每个成员谦逊地向社会贤达学者智仕学习，尤其要细致倾听与研究不同见解，以异者为师培养敬畏的品德，以求异而求真，不断修正完善自己的观点。

人的健康应放在天地之间、社会与自然环境中去对待，目前亟须改善与强化的是医学人文关怀。医疗卫生体制改革进入深水区，医患矛盾与看病难看病贵的问题没有根本的转变，这是全球的复杂性工程。我认为解决此难题当首先弘扬中华民族传统文化美德，使医患成为道德的共同体。

时值母校渡过花甲岁月之年，仅奉此文向师长学长及后学汇报。敬祝母校首善长青！

（收稿日期：2016-05-09）

附录6

《中国中药杂志》2016年8月第41卷第15期

整体观视角对中医方剂配伍的研究

王永炎，王忠

（中国中医科学院中医临床基础医学研究所，北京 100700）

摘要：方剂的现代研究不仅是中医药进一步提高临床疗效的重要途径，而且是在新的历史时期中医药传承与创新的代表领域。针对方剂配伍笔者提出了整体和谐效应假说，即不同配伍所出现的不同效应源于对抗、补充、调节等多种药理作用的和谐。该文在分析栀子苷，黄芩苷和胆酸不同配伍产生的协同和加合效应在差异基因和通路层次均存在不同的药理机制的基础上，介绍了复杂效应药理学原理分析技术，简要分析了方剂配伍研究面临的困境，并提出了在未来方剂配伍研究方向上的3个转变。

关键词：方剂；整体和谐效应；方剂组学；网络药理学

Combinations in Fangji of Chinese Medicine：Holistic View

WANG Yongyan，WANG Zhong

（Institute of Basic R esearch in Clinical Medicine，China Academy of Chinese Medical Sciences，Beijing 100700，China）

Abstract：The modernization research on Fangji is not only an important approach to the improvement on the clinical effects of Chinese medicine, but also a representative field on the inheritance and innovation of Chinese medicine in this new historical period. For the rule of the combintions in Fangji, we proposed a hypothesis of "the holistic harmonious pharmacological effect", which is defined as the different efficacies of different combinations in Fangji deriving from the harmoniousness on the diversity of pharmacological effects like antagonism, complementarity, regulation, etc. In our paper, by analyzing the different pharmacological mechanisms in the differential genes and pathways for the additive effect on the combinations of gardenoside and baicalin as well as the synergy effect on the combinations of gardenoside and cholic acid, we introduced a developed analytical technique for the principle of comprehensive pharmacological effects, pointed out the encountered dilemma in the researches on the combinations in Fangji and at last proposed three transformations to the further researches in this fields.

Key words: Fangji; holistic harmonious pharmacological effect; fangjiomics; network pharmacology

21 世纪初叶，笔者承担了 973 计划“方剂关键科学问题的基础研究”与国家自然科学基金重大研究计划“中医药学几个关键问题的现代化研究”，其中针对方剂配伍提出整体和谐效应假说：“方剂的潜能蕴藏于整合之中，不同饮片、不同组分、不同化合物的不同配伍具有不同的效应。诠释多组分与多靶点的相关性，针对全息病证，融合对抗、补充、调节于一体，发挥增效减毒与减毒增效的和谐效应”。通过实验认识到“网络”，尤其多组学网络药理学与化学生物学的方法可能是一种符合中医整体论理念的新技术。

1. 多组分配伍的协同与加合效应

当今面对复杂性疾病的治疗，组合治疗已经大势所趋，但药物组合的原则却多囿于个人经验或零散的片言只语。中医学历经数千年的临床使用历史，形成了系统的方剂组方理论和原则，如基于结构与功能融合的“君臣佐使”和基于性味的“七情和合”理论。不同饮片、不同组分、不同化合物的不同配伍方式，不仅表现在方剂“大、小、奇、偶”等组成药味外在形式的差异，而且必然导致药理效应的悬殊。

黄芩苷、栀子苷和胆酸是清开灵注射液中的有效组分，其不同的配伍方式产生了不同的药理效应。笔者研究发现黄芩苷和栀子苷配伍在减少小鼠脑缺血体积上存在加合效应，而栀子苷和胆酸配伍却存在协同效应（图 1A，B）[1]。在基因表达层面发现其不同效应存在明显的差异性，协同效应时相关各组间重叠基因数量和协同组独特的基因数量均较加合效应时重叠基因数量和加合组独特基因数量明显减少（图 1C，D）。

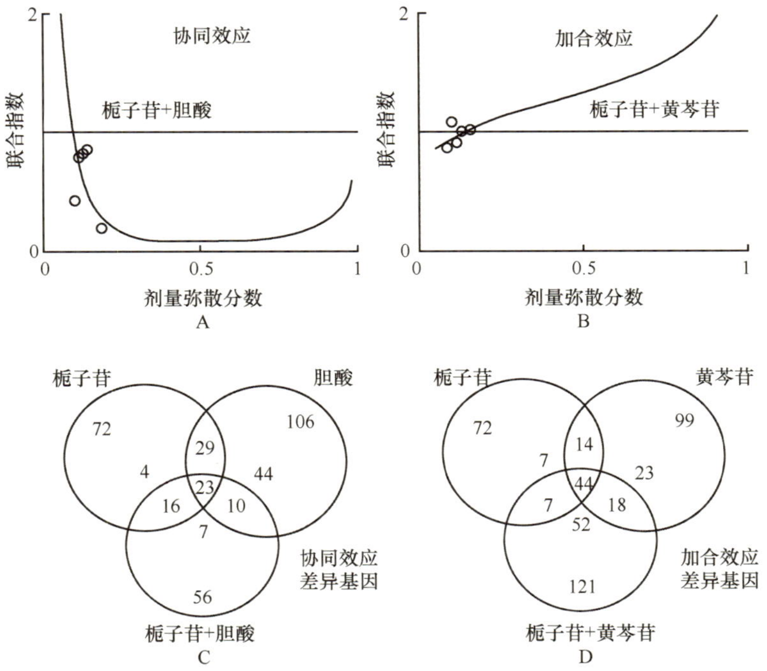

图 1　不同配伍产生协同与加合的不同效应和相应的差异基因分布

Fig.1　Synergistic and additive effects and relative distribution of altered genes based on different fractions combination

A. 栀子苷和胆酸联合产生协同效应；B. 栀子苷和黄芩苷联合产生加合效应；C. 栀子苷和胆酸联合产生协同效应时差异基因的分布；D. 栀子苷和黄芩苷联合产生加合效应时差异基因的分布（联合指数小于 1 为协同效应，等于 1 为加合效应；差异基因数量是基于与小鼠脑缺血模型组比较的结果）。

2. 协同与加合效应中的对抗性药理机制分析

对抗性配伍效应,即针对病理环节产生了不同于单一组分所出现的调节效应,其作用具有明显的逆转性,其在调节方向上明显异于病理状态。如病理情况下是上调的基因,对抗效应产生时应该表达为下调;反之亦然。该对抗性配伍效应既可表现在协同的机制分析中,又可出现在加合效果的形成上。

对配伍中的对抗性配伍效应,可反映在多个组学层面的数据上,即使是一个组学的数据亦可表现在多个维度上。如笔者利用产生协同效应的基因表达谱数据分析发现栀子苷和胆酸联合分别出现了 10 个栀子苷对抗基因和 1 个胆酸对抗基因,4 条栀子苷对抗通路(未能富集出胆酸对抗通路)(图 2A,B,D)[2]。

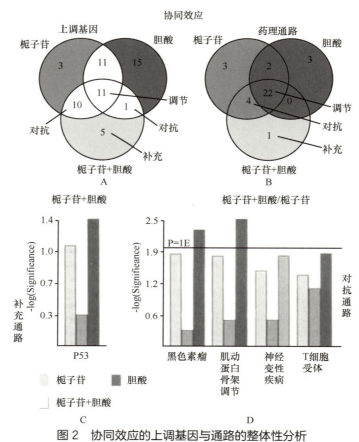

图 2 协同效应的上调基因与通路的整体性分析

Fig. 2 Holistic analyzes up-regulated genes and pathways in synergistic action

3. 协同与加合效应中的补充性原理分析

补充性配伍效应,即针对病理环节产生了异于所有单一组分所出现的不同效应,其作用靶点具有明显的新颖性,即出现了新的靶点或通路,且在作用强度上与单一组分组亦存在明显差异。该补充性配伍效应既可表现在协同机制构建中,又可出现在加合效应的形成上。

对配伍中的补充性配伍效应,可反映在多个组学层面的数据上,即使是一个组学的数据亦可表现在多个维度上。如笔者利用产生协同效应的基因表达谱数据分析发现栀子苷与胆酸协同时分别出现了 5 个补充基因和 1 条补充通路

(图 2A,B,C)。

4. 协同与加合效应中的调节性原理分析

调节性配伍效应,即针对病理环节产生了明显的调节差异,虽然其作用范围与单一组分未见差异,但其作用强度上与单一组分存在差异。调节性配伍效应是对抗性配伍效应和补充性配伍效应产生的前提和基础,对抗性配伍效应和补充性配伍效应是调节性配伍逐步积累,由量变到质变的结果,是阶段性地药理整合结果。对抗性配伍效应和补充性配伍效应在整合程度上存在一定的差异,前者不同于部分组分所产生的效应,后者则不同于所用组分所产生

的差异。

调节性配伍效应既可涌现出协同机制，又可形成加合效应。调节性配伍效应，可呈现在多个组学层面的数据上，即便是一个组学的数据亦可表现在多个维度上。笔者分析发现栀子苷与胆酸产生协同效应时分别出现了 11 个上调基因和 22 条调节通路（图 2A，B）。

5. 复杂效应药理学原理分析技术进展

网络药理学观念与技术的发展改变了传统的药理学思路，药理效应的原理性分析不应局限于已知的几个靶点上，而应该在全局和整体上分析靶点或通路谱的变化[3]，以及靶点或通路谱之间的关系，因而相应技术的发展具有十分重要的意义和价值。

5.1 多通路依赖的比较分析（multiple-pathway-dependent comparison analysis, MPDCA）[4]

药理效应产生是源于多通路之间复杂的变换，其中既有通路之间水平的融合，又有通路之间垂直的融合。笔者应用 MPDCA 分析，在 Pathway Studio 和 KEGG 平台上分析了栀子苷与胆酸产生协同效应的通路水平融合机制。已知通路的框架下，协同效应的产生原理在于单一组分药理通路的水平融合，其显著影响的 9 条药理通路中 4 条药理通路来源于栀子苷组，1 条药理通路来源胆酸组，同时发现 4 条重叠通路（在 3 个组中均有影响），栀子苷对协同效应的贡献为 80%（4/5 通路）。已知通路的基础上，栀子苷组与胆酸协同的整体效应分析发现 13 条对抗通路和 4 条调节通路。

5.2 全局相似性系数（global similarity index, GSI）[1]

MPDCA 分析虽然可以实现通路变换的定性分析，但忽略了通路变化在程度或幅度上的差异性。为分析多通路定量变化，笔者应用 GSI 技术分析了栀子苷与胆酸产生协同效应和栀子苷与黄芩苷产生加合效应的 GSI 差异，发现协同效应时协同组与栀子苷和胆酸的 GSI 分别是 0.57，0.68，而加合效应时加合组与栀子苷和黄芩苷的 GSI 分别是 0.81，0.79，提示协同效应的整体变异大于加合效应。

5.3 基于网络节点变化的加合指数法（additive index，AI）[5]

GSI 技术虽然考虑了差异基因表达量的差异性，却未能评估不同节点的拓扑结构不同对网络或通路变化效应的影响。笔者应用 AI 技术分析了加合效应出现时与栀子苷和黄芩苷的通路变化，发现硫的代谢途径（sulfur metabolism

pathway）的 AI 为 1，提示该通路完全不同于栀子苷和黄芩苷组的通路，而脊髓背角神经元的神经性疼痛信号（neuropathic pain signaling in dorsal horn neurons）的 AI 为 0.09，则提示该通路的加合度较低，其相关节点与栀子苷和黄芩苷组的通路基本相似。需要说明的是，虽然利用该方法分析的是加合效应中通路的变化，但该方法同样可以应用于其他效应的通路或网络变化。

6. 目前方剂配伍研究面临的困境与未来展望

6.1 药理网络与通路分析的困境

虽然笔者超越了单靶点的药理分析思路，从多个通路与网络的角度来重新审视方剂及其配伍的复杂药理机制，但必须面临诸多新的挑战。

不同网络与通路数据库的差异性导致分析结果的多样性。大数据时代产生了不同类型、不同构建目的的数据库，即使同一种类的数据库，由于数据来源、数据整合方式、数据标准的差异性，数据的存储量和数据的表达形式差异显著，因而对同一数据分析结果差异巨大。

通路的边界模糊性使通路之间的关系不清楚。由于目前对通路的边界界定缺乏统一的认识，导致多通路在聚合或分离时关系不确定，多条通路之间如何重叠和区分目前悬而未决。

通路调节中绝非单一的上调或下调，必然存在复杂的多种反馈调节机制，如负性调节子的正性作用[6]，但在单一的线性通路中难以解决这类问题。虽然单向的通路研究简化了复杂的网络调节机制，但生物的精细与智能调节形式同样会脱离人类的视线，人类真正理解生命和内外环境的调控机制将渐行渐远。

6.2 未来研究展望

方剂是历经数千年临床实践而凝练出来的具有中国文化特色的个体化治疗手段，在新的多组学时代和大数据的背景下，技术的进步已经为方剂的现代解析和创新发展提供了新的机遇，新的思路和理念的转变将极大地促进方剂配伍和谐效应的解析和方剂组学[7]的跨越发展。

6.2.1 从靶点实体到靶点关系的转变

药物与靶点的构效关系已经成为药理机制分析和药物发现的主流思路，似乎必须在结构的蓝图和框架中才能寻找到通向成功的途径。近年来，"脏"的药物和多靶点药物的出现已经极大地动摇了经典的构效关系原理，越来越多的研究思路将逐渐转移到靶点之间的关系上，如已经有大量的研究将药物发现的重点放在蛋白与蛋白的关系而非一个蛋白上。

6.2.2 从单一通路到多通路之间关系的转变

在一个网络中，通路之间必然存在多态性的关系，正是这种多态样性形成了网络的稳健性，进而维持着生物的稳态，构建了生物延续的基础。同样，其针对不同状态的重构，如对病理状态的干预作用，将对这种多样性进行整体性的重构，充分发挥对抗、补充和调节的多种作用，从而达到治疗疾病的目的。

6.2.3 从网络的拓扑结构到网络的动态演变的转变

静态地分析一个网络的结构仅仅具有理论探索的意义，网络之间变化的内在性与必然性分析才是解构药理机制变化的门径。网络之间演变的途径、方式是破解方剂密码的必然途径，其演变轨迹是把握方剂内部生克制化的必由之路。

在东西方文明交流、融汇的新的历史时期，方剂配伍的系统研究和现代发展将是开打中华文明中维护生命智慧的密码，在"大一"与"小一"的交替与轮回中，遵循整体论指导下的多组学大数据的还原分析，融通意象思维与逻辑思维，当人类在网络的阴阳平衡时空转换中领悟到方剂配伍的和谐效应所蕴涵的玄妙时，一定会窥见中华文明中的智慧之光。

参考文献：

[1] Liu J，Zhang ZJ，Zhou CX，et al. Outcome-dependent global similarity analysis of imbalanced core signaling pathways in ischemic mouse hippocampus[J]. CNS Neurol Disord Drug Targets，2012，11（8）：1070.

[2] Liu J，Zhou CX，Zhang ZJ，et al. Synergistic mechanism of geneexpression and pathways between jasminoidin and ursodeoxycholic acid in treating focal cerebral ischemia-reperfusion injury[J]. CNS Neurosci Ther，2012，18（8）：674.

[3] Natoli G. From the beauty of genomic landscapes to the strength of transcriptional mechanisms[J]. Cell，2016，165：18.

[4] Wang Z，Jing ZW，Zhou CX，et al. Fusion of core pathways reveals a horizontal synergistic mechanism underlying combination therapy[J]. Europ J Pharmacol，2011，667（1/3）：278.

[5] Zhang YY，Li HX，Chen YY，et al. Convergent and divergent pathways decoding hierarchical additive mechanisms in treating cer-ebral ischemia—reperfusion injury [J]. CNS Neurosci Ther，2014，20（3）：253.

[6] Lemmon MA，Freed DM，Schlessinger J，et al. The dark side of cell signaling：positive roles for negative regulators[J]. Cell，2016，164：1172.

[7] Wang Z，Liu J，Cheng YY，et al. Fangjiomics：in search of effective and safe combination therapies[J]. J Clin Pharmacol，2011，51（8）：1132.

附录 7

《中国中西医结合杂志》2016 年 8 月第 36 卷第 8 期

高概念时代的象思维

王永炎

21 世纪信息网络的发达与基因组学应用于医学基础和临床研究，为中医药学学术方向的发展变革拓宽了时空。由信息时代向高概念时代的转变已经开始且逐渐深化。高概念的特征第一是科学与人文的融合，一方面现今西学概念思维是主客二元、对象化的思维，尽管能抽象出事物的本质性规定，然而绝不可能揭示"天、道、自然"动态整体宇宙及具体事物的本真。另一方面科学与人文的疏离，技术向前进了，而医生离患者却远了，在医疗体制改革进入深水期的今天，人文关怀少了，医患本应是道德共同体，和谐共相应对疾苦，而今天医患矛盾还时有发生。第二是 20 世纪还原论盛行所带来的弊端，研究者尚缺少深入的思考与检讨，学者包括中医界学者们对整体观辨证辨病的优势也存有淡化的倾向，对于弘扬元气一元、形神一体、取象运数、道通为一的一元论的原创思维亟待深入研讨。笔者从未否定过还原分析成果对人类精神与物质文明的进步所做的贡献。然而从人类学历史本体论视角看，忽略关系本体的关联性显然是缺陷。目前多基因组学网络有可能提供整体设计下的还原分析，依整、分、合原理而提高效应。第三是正确认识系统性与描述性研究。毋庸置疑对人和生命有机体应做系统性研究，将人的健康与疾病置于天地之间去认识，对生理与心理关联统一，调心身治未病，对机体器官组织、细胞、基因做宏观与微观的整合研究都十分重要。本文拟在高概念背景下与描述性研究相关的"象思维"做初步的探讨。

中国先贤的经典一直以悟性的"象思维"为主体，对应概念思维各有长短，可以互补，却不能替代。联系中医临床面对患者的容颜、步态、神识、言语等的观察以"筑象"，进而通过症象、舌象、脉象的诊察，辨证，以象为素，以素为候，以候为证，据证言病。此过程的开端是"象"，是流转动态整体的"象"。从哲学视角看是"象以筑境"而"境以蓄意"，医生识证、立法、处方使理法方药完整统一则是意象思维。如诊疗措施得当获效治病即是"境以扬神"的表现，也是据证言病做出病证诊断后，以病证结合方证相应阐发复方药物蕴有的调节祛邪扶正的效应。真正领会"象"、"境"、"意"、"神"，象思维的途径、通道。然后把诊疗全过程的描述以病历脉案表述。显然这是悟性象思维的通道，是从象与境出发体现动态的整体观。

一源三流的儒释道，国学把握的"道"，包含孔孟仁学中和之道，致良知、明明德；佛学禅宗讲识心见性，本心即宇宙的心；道学讲道通为一，道即无为璞，无名无为无功无己。"象思维"把握"道"的宇宙观，是诉诸悟性，是在象的流动与转化中去体悟。人一旦与道通不仅能进入精神自由安顺的境界，还可能原发创生出智慧，以提出新命题的创新见解。先秦哲人惠施[1]以至大无外谓之大一，至小无内谓之小一，至大至小非指实物只涉及抽象概念，而"大曰逝，逝曰远，远曰返"的流转亦可理解为宇宙的异变。公孙龙[2]以指表示抽象的共相，指与旨相通，旨字相当于概念，所以"指非指"的辨析和论理并非游离于整体象思维之外，而服从于庄子象思维的寓旨，不同于西方概念思维的"所指"即二元论，对有限物所作的规定性的把握。可见《庄子》的立场对于事物有限性加以规定性把握是给予批判和超越的。最终归结为"道通为一"。

东学的整体思维，中华文明传统之道，是值得珍视的思想。西方的科学家和思想家法国的梅洛-庞蒂（1908—1961年）、丹麦物理学家波尔（1885—1962年）、德国哲

学家海德格尔（1889—1976年）等都自觉或不自觉地从各自不同的研究领域，走入"道通为一"的境界。承认非实体性也即"道"的存在，而且这个"道"才是更加纯素本真的存在，如果能站在"道通为一"的高度，世间一切差别和对立，可融于大道而被化解和超越。回顾"五四"新文化运动，举起民主、科学的旗帜其进步意义无可置疑。然则对民族优秀的传统文化的批判，再加上"文革"的冲击，这种整体悟性的"象思维"的大视野被丢弃到忘怯的角落。在中国人淡忘之时却成了西方思想家启迪创新的重要资质。譬如海德格尔提出的天地人神四位一体论，是动态的整体直观之思，源于悟性的"象思维"[3]。他在《物》这篇文章里，以壶为例。壶的虚空具有容纳作用或"承受和保持"作用。但是，这种容纳还不构成壶存在的本质。壶的存在之本质，乃在于把壶倾倒时使容纳的东西倒出来的这种动态。海德格尔将壶倾倒出来的东西，称之为馈赠。正是在"倾倒"、"馈赠"的联想或"象的流动与转化"中，海氏把壶的"存在"之本质展现为天、地、人、神四位一体的统一。他写道：在赠品之水中有泉，在泉中有岩石，在岩石中有大地的浑然蛰伏。这大地又承受着天空的雨露。在泉水中，天空与大地联姻。在酒中也有这种联姻。酒由葡萄的果实酿成。果实由大地的滋养与天空的阳光所育成。在水之赠品中，在酒之赠品中，总是栖留着天空与大地。但是，倾注之赠品乃是壶之壶性。故在壶之本质中，总是栖留着天空与大地。倾注的赠品乃是人的饮料。它解人之渴……但是壶之赠品时而用于敬神献祭，如若倾注是为了敬神，那它就不是止渴的东西了。它满足盛大庆典的欢庆。……作为祭酒的倾注之赠品乃是真正的赠品。在奉献祭酒的馈赠中，倾注的壶才作为馈赠的赠品而成其本质。奉献的祭酒乃是"倾注"一词的本意[4]。至于酒，不仅是人的饮品，而且是祭祀神灵的祭品。在泉水、岩石、葡萄、饮品、祭品诸象的流动与转化中作为壶性或其本质的"存在"，绝不是概念思维意义下的实体性范畴，而是非实体性、非对象性、非现成性的趋向。中国哲学"道"、"无"非实体性范畴，其以动态的"惚兮恍兮"为特征。

"道"与"道通为一"的思想，不仅是一种动态整体的思想，而且是整体直观之思想。直观的"观"包括眼见之观与超越于眼见的体悟之观，或称内视之观。必须强调整体直观也是动态的。即作为象的流动与转化的象思维。象有众多层次，其最终的原象乃是老子所说的"大象无形"或"无物之象"。中医学太虚原象，太虚绝非真空，是一元正气，是气化的动力即为原象[5]。象思维在流动、转化、超越中回归到原象境界，从而具有原发的创生性。

象思维多是描述性研究，描述性也常见于哲学、美学、心理学、社会学的研究领域。晚近叙事医学的提出，平行

病历的记述是描述性研究的展现，而象思维必将具有重要的影响。医学是人学，自然哲学引领下的健康新理念，主要突出"以人为本"，注重人文关怀，人的道德和人的社会适应性。当今提出零级预防与治未病维护身心健康，重要的是情绪感情的调适。随着时代的演变，人们价值观的变异，社会的浮躁，人们不切实际和过分追求享乐朝向"极端"的倾向，必将导致焦虑、烦恚、抑郁心理的失衡，及至心理生理的健康成为民族软实力提高的目标导向。对于病的人情绪、情感、认识、理解的观察，不是目测即可知的"象"，需要医学、心理学、社会医学等学科访察调研，亦即内视所得整体动态的"象"，运用量表、常模等对心理障碍的尺度做出分析。笔者想强调叙事医学是本世纪医学发展的大事件，然而平行病历的实施推广是艰难的，希望医界学长同道的支持。目前的循证医学的叙事化，把患者精神状态的改善列入共识疗效之中。对医学教育把叙事医学纳入教学计划，以积极的态度推广辐射，有力地将医学人文关怀落到实处。

还有一个问题就是东方的整体动态的象思维与西方概念逻辑思维融通结合和怎么寻找结合点？中国明朝末期儒家徐光启针对当时传教士传西学到中土而提出"会通以超胜"，就是"象思维与逻辑概念思维的会通"。当"象思维"在象之联想与体悟中进入"无"之精神境界，或进入与动态整体宇宙一体相通之精神境界，从而获得最大想象空间和最大想象自由度时，精神状态随之进入最具原创时段，亦可说进入"从零开始"时，确实可以发现和提出新问题。而致力于创新需要顽强的意志力，王选院士为发明最新排版印刷，能几十年放弃一切休息日就是楷模。在逻辑概念思维居于主流的时候，象思维不仅是没有消失，而且在开放新概念和创造性运用逻辑概念思维解决具体问题上，仍然隐于其中起重要作用。显而易见从形而上到形而下，需要接受和运用逻辑概念思维具体分析处理问题，在求解具

体科学问题中继续发挥创新作用。经验告诉我们从既定原则或概念出发，很难进入创新境界。相反，只有超越熟知，超越或闲置既定的原则和概念，能够进入从零开始的精神境域，才能有最大想象空间和自由独立的氛围。关于"象思维"与逻辑概念思维整合链接的见解，于本世纪我曾提出证候要素，降维升阶，病证结合，方证相应[6]，在中医临床基础医学研究中，"象思维"与逻辑概念思维的整合。北京中医药大学贾春华教授[7]与上海中医药大学刘平教授[8]也有研究。欣闻刘平教授领衔的"上海高校中医内科学E——研究院"，付梓出版的《病—证—效结合——中医药研究思路与实践》的书中提出"病"和"证"是中西两种医学辨识生命体的核心内容，是不同思维方式认识生命、健康与疾病的知识形态，"病"、"证"结合实际上是两种医学思维方法的交汇。综合上述，诠释"象思维"重视与逻辑概念思维的整合是创新的重要环节。

参考文献：

[1] 公孙龙 . 公孙龙子 [M]. 北京：中华书局，1991.

[2] 晋·郭象注，唐·成玄英疏 . 庄子注疏 [M]. 北京：中华书局，2011：265，571.

[3] 王树人 . 庄子、海德格尔与"象思维"[J]. 江苏行政学院学报，2006（3）：5-11.

[4] 孙周兴译 . 海德格尔选集：下卷 [M]. 上海：上海三联书店，1996.

[5] 范逸品，王永炎，张志斌 . "原象"在中医学的应用初探 [J]. 上海中医药大学学报，2014，28（5）：25-28.

[6] 王永炎 . 完善中医辨证方法体系的建议 [J]. 中医杂志，2004，45（10）：729-731.

[7] 贾春华，王永炎，黄启福，等 . 基于命题逻辑的伤寒论方证论治系统构建 [J]. 北京中医药大学学报，2007，30（6）：369-373.

[8] 刘平 . "病—证—效"结合研究的思考与探索 [J]. 上海中医药大学学报，2007，21（1）：4-7.

（收稿日期：2016-06-01）

附录 8

《中医杂志》2016 年 9 月第 57 卷第 17 期

认知病证诊断标准与共识疗效的意义

王永炎[1]，张华敏[2]，张志强[1]，王燕平[1]，韩学杰[1]

（1. 中国中医科学院中医临床基础医学研究所，北京 100700；2. 中国中医科学院中医药信息研究所）

摘要：从探寻诊疗标准的途径、证候规范与方证相应、完善循证方法为中医疗效评价所用、重视叙事医学与人文关怀四个方面论述认知病证诊断标准和共识疗效的意义。所要表达的核心是发挥中医学原创思维的优势主要体现在中医药防治当代难治病的疗效方面，而这种疗效应该是医患以及中医、西医达成共识的疗效，而达成共识疗效，需要引入多学科方法学以及循证医学的证据和叙事医学的成果。

关键词：诊断标准；证候规范；方证相应；疗效评价；循证医学；叙事医学；人文关怀

Significance of Knowing Disease and Syndrome Diagnosis Standards and Consensus Curative Effect

WANG Yongyan[1]，ZHANG Huamin[2]，ZHANG Zhiqiang[1]，WANG Yanping[1]，HAN Xuejie[1]

（1. Institute of Basic research in Clinical Medicine，China Academy of Chinese Medical Sciences，Beijing，100700；2. Institute of Information on Traditional Chinese Medicine，China Academy of Chinese Medical Sciences）

Abstract：This article discusses the significance of knowing disease and syndrome diagnosis standards and consensus curative effect from the following four aspects：exploring the approach of diagnosis and treatment standards，syndrome standards corresponding to formulas，using evidence-based medicine to evaluate Chinese medicine curative effect，and pay attention to narrative medicine and humanistic care. The key opinion is to develop the advantage of Chinese medicine original thinking，which is mainly reflected in the effect in Chinese medicine preventing and treating modern difficult diseases. And the effect should be the consensus curative effect between physicians and patients，as well as the consensus curative effect between Chinese medicine and western medicine. In order to achieve this goal，multidiscipline methodology，evidence of evidence-based medicine and outcome of narrative medicine should be introduced.

Key words：diagnosis standards；syndrome standards；formulas corresponding to syndrome；curative effect evaluation；evidence-based medicine；narrative medicine；humanistic care

目前已涌现东学与西学兼容、交织、渗透的新趋势。中华民族的美德孔孟仁学，将以儒藏为载体远渡重洋而传播四方。医学是人学而不是纯粹的科学，医学离不开哲学，也离不开经验。中医药学具有生物科学与人文哲学的双重属性。人们总是追求真善美，科学求真，人文求善而以美启真、以美储善、以美立命。人禀"太虚原象廓然大公"，太虚不是真空而是一元正气，大公是境界，是人心的本性，是生理心理的平衡，是顺天、道、自然的整体。中医药学

的原创思维是天人合一的整体论，其原创优势是防治现代难治病的疗效。传统中医的疗效，无论保健与治疗，医患均以减轻痛苦与改善心身不适为要点。当今的时代对疗效需要医患及中西医达成共识的成就，应该包括循证医学的证据和叙事医学的成果。

1. 探寻诊疗标准的途径

中医药学以临床医学为核心，疗效体现学科生命力。

当今全球化背景下，世界对中医药的需求日益凸显，传统中医、中药想要被世界认可走向科学前沿，融入主流医学体系，必须走标准规范之道，这既体现了国家需求，也是学科自身发展的必经之路。任何学科都有其规律可循，即使是经验累积到一定阶段，同样会呈现一定可重复的规律。

标准化是一门学科成熟的标志。个别中医学者认为辨证论治注重个体化的思维可能成为标准规范的障碍，然而中医的辨证是在整体观前提下的个性化医学。这种辨证观既求同，又求异。同病同治凸显辨病，同病异治、异病同治则强调辨证。中医学强调病证结合，据病言证。因此，依科学思维，可谓既求大同；据哲学思维，又求其小异。中医之病证有时空的属性，因此有病候、证候之说。这种时空属性实际是以天人相应之整体和以五脏为核心的人体系统为前提，前者将人置于天地之间论健康与疾病，注重人与外界互为影响的一体化思想，后者凸显人的局部与整体之间的关系。其辨证思维既有八纲辨证之总纲，同时又有脏腑、经络、气血津液、三焦、卫气营血辨证之分。如果说八纲辨证在思维层次上是更高层次的抽象总括，那么后者就更为具象化，是进一步的延伸与反思。无论辨病还是辨证，其实都需要强调标准和规范，因为同和异本身就是一种辩证思维，同中有异，异中亦有同，中医学的规范标准化思维和道路就是追求异中之同，同中之异，归根结底都是在探寻内在的规律。因此，中医学的规范化、标准化要在遵循中医学自身规律的基础上，探寻诊疗标准及疗效评价的技术、方法，不能简单照搬。比类取象运数，从象开端，意象并举，以象为素，以素为候，以候为证，据证言病，病证结合，方证相应，建立形象思维与逻辑思维结合的方法体系。首先以规范望、闻、问、切四诊信息观察的方法为基础，全面采集文献中的四诊信息条目，构建条目池，在明确概念内涵、临床描述要点、诊疗评价相关性的基础上分析总结，梳理条目之间的关系，先归并再提取；然后借鉴数据分析的理念与方法，融入整体系统，实现四诊信息的客观化、定量化。目前，这两项工作已经取得了一定进展[1]，但真正解决四诊信息的规范化尚需中医学与信息科学、理化、生物统计学等多学科的进一步交叉融合。

2. 证候规范与方证相应

证候是中医学原创理论的核心，但是中医重视经验的特质，伴随产生了证候的主观性、模糊性，由于目前缺乏客观、统一的证候诊断标准，严重阻碍了中医科研和临床学科的发展，影响了中医药现代化的进程[2]。因此，我们设想建立辨证方法新体系，提出以象为素、以素为候、以候为证是证候研究的依据；提取证候要素、厘定证候靶位、进行应证组合是完善辨证方法体系的步骤；据证言病、病证结合、方证相应是临床证候研究的主要原则；系统对照、回顾验证、互补互动是深化证候研究的重要措施[3]。目前，生物统计等方法探索了证候规范化

中的证类构成比、病证所属症状的基本构成规范、证类临床诊断标准规范、证类基本演变趋势等问题，为证候的规范化提供了可行之策。但证候具有动态时空的特点，而量化建立的函数式或判别方程体现的是症状和证类的单一线性关系，对证候的动态演变和非线性关系研究不足。因此，证候规范研究尚需不断探索更好更适合中医证候研究的多种方法。

方剂是根据证候而立法选药、配伍组合而成，与证候之间有着内在的吻合性，即有是证用是方。由于证候具有动态时空的特征，因此，方剂应依据证候要素来选择或拟定，通过证候要素、应证组合的变化观察证候动态演变规律，以期能够真正体现法随证立，方从法出的辨证论治精髓，方能为"方证相应"的研究奠定坚实的理论基础。方剂的规范需以中医的病证为前提，在大量收集古代医家治疗某一病证相关文献的基础上进行统计分析、数据挖掘，并运用专家共识等方法对中医临床方剂研究文献进行判定和评价。症状、证候、方剂规范的最终目的是形成中医临床诊疗指南，规范临床治疗行为，提高临床诊疗水平。但中西医思维模式不同，中医诊疗标准与现代医学诊疗标准的制订存在很大差异，需要探索中医诊疗标准制订的相应模式。在遵照国际指南制订程序与方法的基础上，充分考虑中医治疗的理论与临床特点，合理运用统计学、临床流行病学与循证医学等研究方法，将其与中医学的自身特点相结合，探索具有示范性的制订某一疾病诊疗标准的模式，对中医诊疗标准的制订具有指导意义。

疗效评价是临床评价的主体，但是完全按现代医学疗效评价的方法来评价中医疗效，结果往往差强人意。缘于在中医药治疗中要求随着疾病证候的动态演变，选方用药随之调整，这种药物的调整和加减变化充分表现出一种复杂干预的过程；同时，中医治疗某种疾病往往干预手段多样化，内服、针剂、外用、针灸、推拿，充分体现"外治有同内治，不同者法耳"的思想；此外，中医治疗效应可呈现出多维度效果，既可控制病情变化又能改善患者生存质量，既注重患者主观感受又兼顾机体功能恢复。针对中医临床干预的复杂性，如何重新审视和评价中医疗效？既往的研究中，评价单方单药或某一药物组分或某种针灸推拿技法临床疗效的方法显然存在局限性，难以解决中医复杂干预的问题，束缚并降低了中医药优势的发挥。因此，中医临床疗效评价实践应该回归临床实际，反映真实世界的临床诊疗情况以期凸显中医复杂干预对患病生命体的整合调节作用。目前，综合评价技术的介入如数据包络分析法[4]等为中医临床疗效评价的开展提供了新的研究方法和思路，成为中医临床研究的前沿领域。

但是如何体现中医特色，如何反映中医防治疾病所具有的真正效果，如何制订疾病可行、有效的中医药复杂干预防治措施和策略，如何客观地判定药物或治疗措施具有改变某一个体或人群的特定病证的自然进程、结局或预后的能力，如何运用综合评价技术评价不同治疗方案的整体优势并进一步优化方案，这些均有待于我们在临床评价方法学中进行尝试和探索。

3. 完善循证方法为中医疗效评价所用

循证医学的核心是任何有关疾病防治的整体策略和具体措施的制订都应建立在现有最严谨的关于其临床疗效的科学证据之上[5]。随机对照临床试验是获取这种证据的最严谨的科学方法。循证医学方法学可以促进中医药学发展及中医临床医疗决策科学化，并对中医药临床疗效作出客观科学系统的评价。应用循证医学的方法开展中医药学临床疗效评价的目的主要是寻找有效的中医药临床治疗的药物、方法、技术、措施等，促进更合理、更有效地分配和利用中医药资源。总体目标是建立一个包括中医药临床研究评价中心，可通过中医药虚拟网络连接、协作开放、资源成果共享的完整体系，科学系统地评价中医药新产品、新技术和新疗法的临床疗效。

中医药在此有其成功的一面，但并非每一个防治措施都有高的循证医学证据，因为中医学更加注重个体经验。目前发展中的循证医学实践既重视个人临床经验，又强调采用现有的、最好的临床研究证据，两者将共同发展。中医药学在发展中十分重视在获取临床证据的基础上思辨中医药理论，如证候的理论和实践。此外，中医药历来重视医学文献的收集与整理，特别是强调历代医著对理论、实践的指导意义，而临床考据与循证医学类似，这可能是两门学科相互渗透的基点。在此也应该清楚地认识到，由于中医学自身规律，循证医学的方法应用到中医学疗效评价方面，尚需解决中医证候疗效评价方法和标准以及探讨建立临床研究评价方法、评价指标体系和相关标准。随着医学模式的改变，人们将逐渐重视对于人体功能活动、生存质量和影响健康重大事件的评价。因此，建立适用于中医药需要，包括中医证候、生存质量评价在内的、综合的临床疗效系统评价的方法、评价的指标和标准显得尤为重要。虽然多中心随机对照临床试验具有毋庸置疑的价值，中医药临床试验必须结合中医药的理论与临床特点，进行专业设计，尤其对重大疾病的辨证论治综合治疗方案的有效性评价，对进一步揭示中医药的辨证论治规律具有重要价值。中医药临床评价应是多学科、多层次的交叉渗透，专业机构的构建和人才队伍的培养对于提高中医临床研究质量和水平以及促进中医药学发展具有深远意义。

同时，我们也该意识到循证医学不是万能的，同样面临着方法学、逻辑学、社会学的众多挑战，并在发展过程中逐渐暴露出自身局限性，如其以随机对照试验为基础而脱离临床实际，一些疾病如肿瘤、预防性疾病等灰色地带不可能使用随机对照试验，在观察时间、安慰剂对照、入选人群、终点事件等方面存在较低的临床可操作性。另外，循证医学评价过程的权威性也值得商榷，如不同专家和不同的评价标准，即使是同一结论也有不同的解释，甚至Meta分析的角度、选材的不同，也可以造成偏差。中医药学赖以生存和发展的基础是临床疗效，随着生物医学模式的转变，建立在单侧面、单生物因素基础上的生物医学模式评价方法和标准，不能全面、系统反映中医个体诊疗特色和复合干预策略的疗效，严重影响了中医药新产品、新技术、新疗法的开发和成果的推广。循证医学方法不是中医临床研究评价的唯一方法，过分依赖和忽视均不可取。

4. 重视叙事医学与人文关怀

叙事医学是指具有叙事能力及拥有对医生、患者、同事和公众高度复杂叙事情境理解力的医学实践活动[6]。重点在于训练医生如何见证患者的疾苦，如何体验患者的内心世界，表达对患者的关怀与同情。这会直接影响患者就医的体验，使患者亲历自身的疾病过程被聆听，疾痛被感受，继之而来的应答必然是对医生的尊敬，而疾病过程被理解的感受一定会有利于医患共同疗疾治病，逐步形成医患是道德的共同体，也能展示生物-心理-社会医学模式的优越性。

中国传统医学具有丰富的人文关怀的内涵。"医乃仁术"作为医学的基本原则，医者"仁心"是对医学人文价值生动的概括。中医学古往今来始终强调医疗活动以"病人"而不是以"疾病"为中心，在诊疗过程中贯穿尊重病人，关怀病人，建立良好的医患合作的关系。古希腊医学家希波克拉底认为"医术是一切技术中最美和最高尚的"，其最美体现在以美储善。人文关怀多体现在心理学层面，心理学的许多理念与技术是医学人文的重要组成部分，在心理治疗领域，叙事医学的治疗已成为主流的诊疗之一。

《素问·疏五过论》与《素问·徵四失论》均提示医生警戒自我的过失，重视磨炼意志营造仁心人道的良好氛围。前篇阐述了误诊、误治发生的五种过失，明了了心理、社会的致病因素，强调"病从内生"心身合一的病因病机，概括了"诊有三常"的心理病因分析纲领，进而提出了诊治疾病所应遵循的常规法则；后篇指出不辨明病证属性、不辨明病机、不察明患者人格特质与体质类型和宿病、不知辨求因、审因论治四种过失俱是愚医、粗工所为，皆是学术不通、人事不明，应提高到伦理哲学的高度去认真对待，是本性本心觉悟的问题，是当今自然人化追求"极端"反常的表现。确应唤起医生朝向人自然化纯素庸常理想和谐的价值观。重塑医学宣誓词中所道："我要竭尽全力，采取我认为有利于病人的医疗措施，不能给病人带来痛苦与危害"，以纯洁高尚的情操去履行自己的职责与义务。

医学人文的属性要求医生关注患者的心理，贴近患者的内心，理解患者的痛苦，使医生与患者紧密相连。通过与病患的共情，能进行自我行为的反思，对痛苦接受而后忍耐，缓和紧张情绪，培育医生对职业的敬畏和与患者的同理心，对生命的悲悯，与患者情感的亲和、心灵的抚慰，促使神机的弥合，失衡的心理矛盾朝向平衡的去路发展。显而易见叙事医学的成果表述在精神状态的改善与恢复，对现代以技术为主的医学是矫正与补充，它很难以数据表达，其疗效评价是以精神状态的常数为依归。

参考文献：

[1] 王忆勤，李福凤，燕海霞，等.中医四诊信息数字化研究现状评析[J].世界科学技术—中医药现代化，2007，9（3）：96-101.

[2] 王丽颖，韩学杰，王永炎，等.中医诊疗标准共性技术的方法与思考[J].中国中医急症，2008，17（11）：1587-1588.

[3] 张志斌，王永炎.辨证方法新体系的建立[J].北京中医药大学学报，2005，28（1）：1-3.

[4] 高凡珠，谢雁鸣，王永炎.引入数据包络分析法用于中医临床疗效综合评价[J].中医杂志，2010，51（9）：790-792.

[5] 张鸣明，刘鸣.循证医学的概念和起源[J].华西医学，1998，13（3）：265.

[6] RITA CHARON. Narrative medicine：honoring the stories of illness[M]. New York：Oxford University Press，2006：288.

（收稿日期：2016-06-01；修回日期：2016-06-13）

附录 9

《中国中医基础医学杂志》2016 年 11 月第 22 卷第 11 期

病络理论本源与临床

张志强[1]，谢颖桢[2]，张华敏[3]，王永炎[1]

（1. 中国中医科学院中医临床基础医学研究所，北京 100700；2. 北京中医药大学东直门医院，北京 100700；3. 中国中医科学院中医药信息研究所，北京 100700）

摘要：东学西渐、西学东渐的时代特质，势必将共识疗效推向中医学发展的前沿目标，传统的中医学理论及其方法虽然能被实践证明，但是现有的科学体系难以解释，因此借用相应科学方法进行临床或基础研究所取得的结果往往差强人意。久病入络学说自创建以来，不仅为疑难病的诊疗提供了有益启示，而且络作为一种通道的概念，可以成为中西医共识的一个切入点。但是必须清醒地认识到，络的理论内涵尚未完善，病络也绝不等同于络病。病络作为核心病机的反映，一定是构建于中医意象思维创造之上，大概念的抽提与其伴生的大而无外、小而无内的推演并不矛盾，这一点已在毒损脑络的研究上得以印证，故基于中医原创思维，对病络理论本源及临床实践进行探讨。

关键词：络；病络；毒损脑络；原创思维

中图分类号：R2—03　**文献标志码**：A　**文章编号**：1006-3250（2016）11-1433-03

Origin and Clinical of Abnormal Collateral Theory

ZHANG Zhiqiang[1]，XIE Yingzhen[2]，ZHANG Huaming[3]，WANG Yongyan[1]

（1. Institute of Chinese Basic Clinical Medicine，China Academy of Chinese Medical Sciences，Beijing 100700，China；2. Dongzhimen Hospital，Beijing University of Chinese Medicine，Beijing 100700，China；3. Institute of Information on Traditional Chinese Medicine，China Academy of Chinese Medical Sciences，Beijing 100700，China）

Abstract：The eastern civilization spread out to the West and the western civilization taking over the east reflects the characteristics of the times. The consensus curative effect is the forefront target of development of TCM. The theory and method of TCM although can be proved in practice. but theory and method is difficult to be explained. so clinical or basic research results of TCM are barely satisfactory by corresponding scientific methods. The doctrine of pathogen usually intruding into collateral in protracted disease not only provides beneficial enlightenment for the diagnosis and treatment of difficult diseases，but also is a starting point can be the consensus of Chinese and Western medicine as a concept on network channel. But we must be clearly recognized that the theoretical connotation of collateral is not perfect，and the abnormal collateral is not equal to the collateral disease．As a reflection of the core pathogenesis of abnormal collateral is built on the imagery thinking creation of TCM，the extraction of large concept are not contradictory with deduction on big and no outside and small but no inside，it has been confirmed in the study of toxin damaging brain collatera．this paper discusses the origin and clinical practice of the theory of abnormal collateral which based on the original thinking of traditional Chinese medicine.

Key words：collaterals；abnormal collateral；toxin damaging brain collateral；original thinking

中医药学理论构建重视原创思维的创造，通过对现象或实践的观察、分析、归纳、推演，进而发现其中的规律加以思维创造（见仁见智），构建宏观、抽象的概念模型，如阴阳学说（宇宙万物本体之对立统一）、五行学说（脏腑为基础的功能相关网络）、三焦理论（如羽、如权、如渎的功能定位），我们将这种思维称之为意象思维。意象思维的对象是实践或现象，因此中医药的理论都能被实践证明，但未必能被现有的科学体系所解释。这种理论内核指向功能及其相关性，而非实质形态结构，这就是先哲"言气不言质"的内涵所在。另外，此大而无外、小而无内（人道通天道）的思维给中医理论的推演、构建拓宽了思路。现代西学宇宙永恒暴涨理论以及复杂系统科学之思维态度均有向哲学迁移的倾向，或许能为中医原创思维介导下的理论框架找到合理的科学解释。王永炎院士带领的团队在病络理论方面进行了开创性的研究和探讨，提出病络研究的核心在于发现突破中西医学共识屏障的基本病机。通过长期对中风病的临床观察，发现、分析、概括毒邪致病的规律并构建了毒损脑络的中风病证候模型，临床疗效得到较大提高。受此启发，进而提出病络是疑难病、重大疾病的核心病机。但是络的功能定位以及病络的理论体系尚未清晰，甚至在业界有将病络与络病混同者，病络的研究尚处于初始阶段，广泛的临床印证及基础研究的开展，尚需重新审视络及病络的内涵和外延。

1. 络之功能审视

病机认识的不同是中西医学共识突破的关键屏障，这关乎两种医学疗效评价的基础。络的理论发掘和发展对于关键病机的认识非常重要，有可能成为未来中西医共识的突破点。对于络的认识，目前来看对传统理论发掘不够，没有传统理论支撑的假说都有可能是一种臆断。经络学说是中医学的重要分支，以其为基础的针灸应用开创了中医药国际化的先河。自古以来对经脉的研究以及记载有很多，但是对络的研究相对较少。喻嘉言《医门法律》对络的形态、功能、分类致病以及治法进行了专门论述。此后叶天士《临证指南医案》首次提出"久病入络""久痛入络"，并提出通和血脉（搜络、化瘀、辛通）的治疗大法。后世医家受叶天士启发将久病入络的学说应用到疑难病和复杂病的诊疗中，取得了较好的疗效，实践证明久病入络规律的合理性。而喻嘉言对络的阐释似乎仅构建在宏观理解上，缺乏一定的实践，因此其重要性并没有被医家所重视。其实喻嘉言有关络的理论有其创造性，对我们重新审视络的功能定位具有非常前瞻的启示意义。首先对络数量的描述，

喻嘉言揭示络如网、如幕的功能，"兜络"、"外城"的称谓明确将络的功能指向屏障的功能所属；另外"皇华出入之总途"，更是极大地拓展了络作为通道的功能内涵。《诗经·小雅》："皇皇者华，君遣使臣也，送之以礼乐，言远而有光华也。"皇华本义为使者和奉命出使，使者身兼传递、传达、联络、沟通、调和、反馈、交换之能。所以我们要正确理解叶天士"初病在经，久病入络，经主气，络主血"的学术内涵，气、血理论在中医学中更多体现的是一种大概念构建，是一种象思维，既是一种功能抽象概括，也是一种具象物质体现。但是在络的研究中，受络数量之多、分布之广、联系如网，致使络陷入神经以及微循环的定式思维，接着就有了气络和血络的概念，随之渗灌气血津液、濡养周身的趋向西医学功能表述被普遍接受。西医学对气的内涵表达局限于气体交换，显然和中医学的气络不同。中医学对气络的功能认识尚处于一种假说阶段，且各种假说并没有足够的传统理论支撑，难免过于附会西医学生理、病理、解剖之实质。其实根据中医学意象思维之"言气不言质"，"其大无外、其小无内"的理解，只有将功能和结构结合才能突破对络的认识。也就是说，络是一类功能和结构的载体，并不限于某种特定的组织和物质，除具有具象的内涵外，更多的朝向是一种抽象的功能载体表达。根据目前文献研究，"通道"作为络基本功能特征具有合理的解释，络中的物质除了气血津液等营养性物质之外，类似传导、表达、调节、协调、传递的信息类物质也经其运行；另外络还是病邪、废物出入的通道。络的理论发展既强调"通道"的结构特点，又重视濡养、交换、联络、调节、传导、出入的功能。道是宇宙万物的本体，宇宙星系的运行自有其轨道，人之升降、出入、开阖、往来亦有其道，人道通天道。"道"的表述充分体现了中医原创思维，中医学的目的就在于求本悟道。《素问·经脉别论》："饮入于胃，游溢精气，上输于脾，脾气散精，上归于肺，通调水道，下输膀胱，水精四布，五经并行"，正是中医学对道体和道用的认识和概括。道既有本体的抽象内涵，着眼阐释功用自然化，如天人相应是谓道，形神兼具亦为道；又兼有实质的具象内涵，大到口咽、气管、食管、胃肠、血脉司呼吸、消化、循化气液运化之道可谓道，小到基因、蛋白、分子、细胞、离子、电子也有其道。中医学理论框架正是沿着"人道通天道"的整体观导向归纳、概括、推演、进路逐渐构建并完善。医家探索人生物功能本体的过程就是悟道的过程，小而无内的思维朝向，将作为通道表达的络当作一种基本病机的载体，具有现实意义，符合传统中

医学强调络之功能和结构载体的宏观模型。

2. 病络根源及内涵

《金匮要略》："以由病络而涉于经，宜从治络血之法"，是病络的最早记载。叶天士关于"久病入络"的理论，以及后世医家在此基础上的实践拓展，提示络是疾病的一个关键环节，也就是说络不仅是生理功能正常流转的基本结构，同时也是疾病病理过程和病机环节的关键，是病证产生的根源。《医门法律》："小络，方为卫气所主。故外邪从卫而入，不遽入于营，亦以络脉缠绊之也。至络中邪盛，则入于营矣。故曰：络盛则入于经，以营行经脉之中故也。然风寒六淫外邪，无形易入，络脉不能禁止，而盛则入于经矣。若营气自内所生诸病，为血、为气、为痰饮、为积聚，种种有形，势不能出于络外。故经盛入络，络盛返经，留连不已，是以有取之于砭射，以决出其络中之邪。"喻嘉言上述理论表明，络是邪入之必由，但是络缠绊的生理特点是外邪不易突破的屏障（外城、兜络）；只有邪气骤盛或络中正气不足（至虚之处便是容邪之处），邪气才能突破屏障，致使络之正常出入、开合、沟通、联络、交换、调节、传递、表达的功能紊乱或破坏，邪气进而向内发展。另外内生之邪的出入，仅会在络和经之间流连忘返，难从络出。喻嘉言的络论内涵充分说明络无处不在，且绝不是具象的单一概念，实则是一种对功能概括的大概念，邪气久留的影响重在使络之功能生变、削夺，进而败坏其形体，最终在临床反映出来的是一种脏腑组织功能和结构的改变，络中之邪非砭射及引经透络不能出，对脏腑功能和结构调节、恢复的着眼点，应充分重视络的因素，这才是久病入络的核心内涵。王永炎院士概括的病络概念："络有常有变，常则通，变则病，病则必有'病络'生，病络生则'络病'成，此时产生的状态，可为疾病状态，也可为亚健康状态。所谓'病络'是疾病的基本病机，其概念的外延是络某种具体的非正常状态，而内涵是以证候表达为核心的、联系病因病机的、多维界面的动态时空因素，是可直接提供干预的依据。"[1] 该理论主张络的功能在于通，通的内涵具有大概念特征。何谓常？常即谓自然（老子说："人法地，地法天，天法道，道法自然"），也就是强调宇宙万物自然无建而自建，主张人自然化，绝非自然人化。正如《素问·上古天真论》所说："法于阴阳，和于术数，饮食有节，起居有常，不妄作劳，故能形与神俱，而尽终其天年，度百岁乃去"，是谓人之常也。何谓通？中医学认为，人的基本运动模式是升降、出入、开阖、往来，同时认为人和万物的运动模式与宇宙（天地）相通、相同，人从则生长壮老已，物从则生长化收藏。通，首先强调大顺应（人道通天道），小而无外的递进，可以推演络之常通，是谓对升降、出入、开阖、往来基本运动模式小顺应（人自然化）的表达。也就是说，通既是通道概念的表达，更是运动模式顺应自然的表达。何谓变？逆则变，天之太过不及为逆，为变，人不守常不仅内生变（内生五邪），而且外在之变（外感六淫）也可以影响内在生变。络作为一种邪传

的基本结构，一旦其基本运动模式生变，必然导致其衍生的调节、交换、沟通、联络、传递、表达的功能发生异常，进而影响对应的脏腑功能和形体。基于病络的概念内涵，病络不仅可以产生络病，还可以产生其他疾病，任何疾病都可能出现络病病机，病络病机也可与其他病机杂合同现。

病络作为一种基本病机与络病严格区分。病络体现的是各种病理状态的非线性动态演化，随着时空间的序列递进，病邪种类产生的增多，势必增加维度和阶度，阶度增加导致证候要素组合形式的增多，临床上出现的证候也相应增多。以络作为经线演化的证候系统，络是邪气深入的主干道和病情递进的晴雨表，在证候演变的过程中，不同络的受类，以络为经线的入里布散，伴生的是一种复杂的动态病位变化，与病理因素的时空间特性演变密切相关。

病络是一种病理状态的反映，疾病进退演化的标志。邪入表浅之络（卫气所主之小络）则病情轻浅，随着病程延长或毒疠酷烈之邪侵袭络，势必损伤络中正气，突破缠绊之所，则不论病程长短，均标志病邪深入，病情危重；病络还是一种病势的反映，标志着络种种结构或功能的改变，是预示疾病变化、确定治疗方案的一个理论工具，常络为通，变则或络气失和，或络郁、络结，或络虚、络弛，或络急、络引均可成为络通之碍，日久削夺则会导致络损、络破。目前，临床上似乎形成了一种定式，提及络动则虫类搜剔破血化瘀，未免失之偏颇，当审其病机而论。

总之，病络是中医学的基本病机之一，就病因而言，有外感六淫、内生五邪、内外病邪的不同；病变则涉及脏腑阴阳气血津液和神志等功能与形质的变化，根据应证组合可以衍生出多种病络模式，是临床干预的依据之一。

3. 毒之内涵与毒损络的根源

中医学论"毒"多将"毒"与"邪"并论，古代医学文献如《诸病源候论》《古书医言》《丹台玉案》《菌谱》《伤寒总病论》《温病之研究》《泻疫新论》《伤寒补例》对毒都各有论述。惟清·徐延祚所著《医医琐言》论毒具有创新。徐延祚在《吕氏春秋》的学说基础上又有发挥，他提出的"万病唯一毒"、"一毒乘三物"、"六淫之邪无毒不犯人"、"精郁则为毒"等理念对现代中医临床具有重要的指导意义。他主张外毒、内毒说，就外毒而言他主张"邪自外来，无毒者不入，明确六淫之气和六淫之邪之别。另外"毒乘有形而见证"的理论说明毒邪致病的关键途径；就内毒而言，他独创性地提出了"精郁则为毒"的观点并认为："凡入口者，不出乎饮食之二化为三物，常则循行为养，变则停滞为病，其俾病者，谓之毒也。"精也是一种大概念的表述，濡养、支持、化物是其本能，但其代谢失常、生变则会停滞、郁积化毒。Aβ40 肽和 Aβ42 肽在 AD（阿尔茨海默症）中的致病研究（对血脑屏障、神经元、神经胶质、神经血管及微循环的损伤），为"精郁则为毒"提供了现代医学

的临床实践证明。除徐延祚谈到饮食、外邪 2 种致毒的根源外，中医认为"七情"能产生"毒"，治疗不当、起居不慎或感染秽毒均能产生毒。毒邪包括生命之毒邪和无生命之毒邪，然有生命之毒邪如细菌、病毒、支原体、衣原体等，而非生命之毒邪，如物理的、化学的、大气污染等，此为毒邪内涵之义。

《诸病源候论》将毒邪致病的特点总结为：暴发性、危重性、广泛性、易感性、善变性、传染性、内损性、趋本性、兼夹性、顽固性、季节性、地域性。后世医家论毒邪致病多用于阐释温病、疫病或外科疮疡疔疖，即重视外毒的致病作用。中风病起病急骤，见证多端，变化迅速，与毒邪致病的暴发性、危重性、善变性相似；中风病病位在脑，涉及五脏气血，累及血脉经络，与毒邪致病的广泛性、内损性相似；脑为元神之府，温病三宝醒神的关键在于解毒开窍。以王永炎院士为代表的现代中医药学家，基于长期的临床观察，将毒邪致病推演到中风病方面，传统安宫牛黄丸发展而来的清开灵注射液含重剂解毒通络中药，在急重型出血性、缺血性中风病的急救方面得到广泛的临床验证。另外，中风病临床应用较为广泛的解毒通窍的醒脑静注射液以及通腑祛毒的涤痰通腑颗粒，都意在使肆虐之毒有出路。解毒之法的生效，提示"毒"是中风病病理过程的一个基本要素，常规中风病证素不足以全面认识中风病的致病及证候演化。其次，清开灵注射液解毒通络的主治，提示将络的病理改变拓展到中风病的病机范畴。毒邪致病必须乘形（有所依附）而入，各有其"道"而"证"见不同，中风病病理因素涉及虚火风痰气血多端，这些因素为毒生、毒聚、毒留、毒滞提供了可依附的条件；而络之通道、屏障功能概念的理解，为王永炎院士毒损脑络的中风病病因与发病学观点提供了思维参考，证实从毒论治中风病的正确性。

随着理念的更新和研究的深入正在逐步达成共识。徐延祚"精郁则为毒"的理论，拓展了中风病内毒致病的范畴，清开灵在中风急性期的疗效，提示在中风病初期热毒是其主要致病因素，而在恢复期之后热毒势减，寒毒也会显现，且痰毒、瘀毒、湿毒也往往混杂，从而构成了中风病复杂的毒邪病理机转。

脑为元神之府，神明出入、神机流转之所，络作为通道和屏障直接关乎沟通、联络、交换、传递、表达之能，使神明出入和神机流转顺常而不逆乱，同时络还是养分、病邪、废物出入的通道，邪积日久可为毒，废物蓄积可为毒，清浊升降失调也可为毒，毒邪排出障碍即可伤络进而败坏脏腑组织和脑。上述理论提示我们，毒损脑络不仅是中风病的基本证候，对于认识脑病的基本病机具有重要的启示作用，这方面的研究尚未深入，需要以此切入，在复杂性、疑难性脑病的共性病机研究方面开展临床基础研究。

目前，陆续有研究报告从多视角、多系统证实，内毒损伤络脉是临床众多难治病、复杂性重大疾病具有共性发病和加重恶化的原因，进而说明络脉作为一种核心病机可直接、有效地指导临床诊治，提高疗效，因此揭示其科学内涵是病因与发病学理论乃至治疗学理论可持续发展的迫切需要，深入研究有望在病因学理论和疗效上取得进展与突破。

参考文献：

[1] 王永炎，杨宝琴，黄启福. 络脉络病与病络 [J]. 北京中医药大学学报，2003，26（4）：1-2.

（收稿日期：2016-04-19）

附录 10

《北京中医药大学学报》2016 年 11 月第 39 卷第 11 期

意象思维的本源与临床

张志强[1]，王燕平[1]，张华敏[2]，王永炎[1]

（1. 中国中医科学院中医临床基础医学研究所，北京 100700；2. 中国中医科学院中医药信息研究所）

摘要：中医药学始于农耕文明，直至当今仍具有重要的临床价值，为国民健康提供着有力的保障。作为国学重要分支的中医药学能绵延至今，在于它囊括国学的精髓，符合国人的思维。因此，弘扬原创思维是中医药学发展的前提。结合国学理论对中医原创思维之"意象思维"溯源和梳理，重新认识意象思维启发下司外揣内的思维方法，目的不在比较中医学与他学之间的优劣，重在阐释"以象为素、以素为候、以候为证"中医证候理论的本源。同时以中医学形神共俱、君相互感心身医学模式为切入，阐释意象思维在中医临床中的实践体现。

关键词：意象思维；思维方法；君相互感；形与神俱

The Origin and Clinical Practice of Image Thinking

ZHANG Zhiqiang[1]，WANG Yanping[1]，ZHANG Huamin[2]，WANG Yongyan[1]

（1. Institute of Chinese Basic Clinical Medicine，China Academy of Chinese Medical Sciences，Beijing 100700；2. Institute of Information on Traditional Chinese Medicine，China Academy of Chinese Medical Sciences）

Abstract：The roots of TCM extend back to antiquity — agricultural civilization，until now TCM has been working on clinical practice to ensure national health. TCM，an important branch of Sinology，is a capsule of spirit of Sinology，conforming to Chinese thought. Therefore，carrying forward the original thinking is the premise of development of TCM. This paper which traced and summarized "image thinking" based on the theory of Sinology，tried to explore again the thinking way of "judging the inside by observation of the outside" enlightened by image thinking. This paper aimed to interpret the origin of TCM pattern theory of "taking manifestations as factors，factors as symptoms and symptoms as syndrome"，not to compare TCM with other medicines. At the same time，the clinical practice of image thinking was explained from the psychosomatic medicine model of "inseparability of the body and spirit，mutual induction of sovereign fire and ministerial fire".

Key words：image thinking；thinking method；mutual induction of sovereign fire and ministerial fire；inseparability of the body and spirit

晚近读过王琦先生"中医原创思维模式研究"[1]等文章数篇，深受启发。这项"973"专题成果为中医理论与临床研究拓宽了时空，从人类学历史本体论着眼揭示了中医药学亦即中国哲学的本源，对未来国医国药的研究将发挥重要的指导作用。

联系实践美学的人生哲学"太虚原象，廓然大公"，太虚绝不是真空，而是一元正气，大公是境界，是人心的本性，是生理、心理平衡，是顺天、道、自然的整体，是"仁""一""无"的展现，仁心与宇宙的心同一，无私欲不迁怒，是克服生烦死畏维护重生发死顺事宁静的利器，当然也是治未病疗疾苦体现形与神俱的自然状态，还是抑制自然人化追求的"极端"的反常与人自然化纯素庸常和谐理想的企盼。本文就医者仁心从意象思维角度做些研讨，若有不当尚望学长同道赐教，一定细致倾听吸纳不同见解，以诚敬之心求异而求真。

1. 意象思维

1.1 溯源

西学东渐和东学西渐的同时呈现是当下的时代特征，我们在热衷研究和剖析哲学和科学的同时，西方则开始重视学习和研究东方的思维，显然具有东方原创思维的庸常素朴和圆融和合势必将成为后科学时代的主导。哲学和科学都是西学的名词，国人习惯称自己的思维为诸子百家或一源三流，西学东渐，国学、国粹、国故呼声日隆，近代中国的哲学家意在构建"中国的哲学"，东学、西学抑或

国学、中国哲学的差异重在探讨思维态度。

西学人类学原理试图强调，人类作为目击者，对宇宙的真正存在来说是必需的。也就是说人类本身也是宇宙的一部分，主张将二者融合到一起进行思考研究。20世纪30年代，西学暗物质的提出，以及90年代，天体物理学提出暗能量导致宇宙加速膨胀的理论。暗物质和暗能量以及人类学原理的提出，颠覆了对传统意义科学思维的认识，可谓西学界的极大觉悟。然国人之思维又是如何？伏羲一画开天地，极大强调人的主观能动性，同时伴生的意象思维也开始主导国人思维。《易经》主张三才之道，将天、地、人并立起来，并将人放在中心地位，强调人之道"成万物"的实现原；老子："人法地，地法天，天法道，道法自然"；《庄子·达生》："天地者，万物之父母也"；董仲舒《春秋繁露》："天人之际，合而为一"使天人合一成为儒家思想的一个重要观点。《易经·系辞》："仰以观于天文，俯以察于地理，是故知幽明之故。"显而易见，国人之思维意图透过现象的观察，分析归纳进而探索内涵本体的一种思维，也可称之为意象思维，所形成的理论构建在思维的创造上。比对上述西学界的新认知，远在千年之前的国人之思维似乎更具前瞻。《康熙字典》："意不可见而象，因言以会意也。"意体现一种具象或抽象概括的宏观思维领悟内涵。象的内涵又是什么呢？《易》以"象"为最基本观念。《易传·系辞》："在天成象""仰则观象于天"[2]592-595，此处之象为天象也即上古时代之观象授时之历法。表明象有事实和现象之意，包括客观事实或实验事实以及经验事实，

后者多指主体抽象，理解判断，意念想象，如意象、卦象、法相、藏象、脉象等。《韩非子·解老》："人希见生象也，而案其图以想其生，故诸人之所以意想者，皆谓之象"[3]。先民立竿测日影创观察性方法之先河，对我国历法的构建非常关键，同时，观察性方法也就成为先民理解宇宙万物的主要方法。而这种方法的思维模式就是《易传·系辞》："是故易有太极，是生两仪，两仪生四象，四象生八卦，……现象著名莫大乎日月。"[2]607-615 "立象以尽意"《庄子·天道》"语之所贵者，意也"[4]，明确将意象擢升到思维态度的层面。以意立象，立象尽意的意象思维是国人思维的核心，儒家倡导的格物致知，医家推崇的内揣、外揣，都是对意象思维及其方法的一种诠释。

中医药之意象思维，从象开端，也就是说以"象"为第一性。从训诂学而言，象有开始、入口之意。如《周礼·大宰》"正月之吉，县治象之法于象魏"[5]。"象者可阅也"（王冰）。一切生命及健康表现于外可见或可感知的物象资料及生理、病理现象包括实验现象全部都是中医学观察研究的开端。《寓意草》：内经所谓"微妙在意者也。医孰无意？"[6]；《续医说》："医者理也，理者意也，何稽乎？理言治，意言识，得理与意，料理于未见曰医"[7]。医者意也，医者理也，突出体现了医者个人对病象的观察、分析、归纳、概括、推演、论理的思维能力，这与西学之唯象理论有些类似。宋代以前的医学更多强调的是一种个人的主观悟性，宋以后受理学"格物穷理""格物致知"追求规律探索的影响，"医者意也"之重心则由重视个人的主观悟性转向彰显理性思维，并把医家擅用"意"或"悟"的效应称为"神"，后世由此语概括出"医者意也"，充分说明了中医意象思维的主体作用。

1.2　思维方法

立竿测日影的方法，启发国人运用观察性方法认识和理解事物，这种以小观大的方法，重在归纳、概括，意图推测进而构建整个全局，我们归结此方法为司外揣内。司外揣内的思维方法对中医药学理论的构建非常关键，《灵枢·外揣》云："远者司外揣内，近者司内揣外。"[8] "五音五色见于外，因脏气而彰明也。五脏之气藏于内，因形声而发露也。外之不彰不明者，知内之波荡也。""远者主外，近者主内，察其远能知其近，察其内能知其外，病变虽多，莫能蔽吾之明矣。"可见，中医学司外揣内的诊断方法是基于整体思维，把重点放在局部病变引起的整体病理变化上，或将局部功能变化与整体功能反应统一起来。也就是说根据人体生理、病理现象，揣测生命运动所处状态的逻辑（理性）思维活动，如前所述之意象思维，是通过对生命现象的观察、辨认，形成感性认识，进而发现并归纳本质属性的生命状态与表现于外在现象的固定联系，形成概念，由感性认识上升到理性认识，进而达到外揣到

内揣相对吻合，逐渐形成了中医表里对应、经络对应、脏腑对应、脏腑与组织对应等等以阴阳学说、五行学说理论为核心的整体观，构成了司外揣内、司内揣外的诊断方法的理论基础。中医诊断方法的望、闻、问、切就是基于体表与体内脏腑的密切关系而采取的行之有效的诊察方法。

1.3　象，素，候，证

中医学的辨证过程可概括为：以象为素，以素为候，以候为证。"以象为素"使司外揣内的思维方法更具中医特色。《博雅》素，本也。如果说证是中医疾病的本质，素就是证的本质。以象为素，是一个归纳的过程，是对本质的绝对剥离；"以素为候，以候为证"是进一步演绎和再归纳。以素为候，以候为证体现了一个诊断思维的过程，这个思维过程是个关系传递过程，其中以素为候反映的是一个物生而后有象"以意立象"的过程。以候为证是在意象思维指导下的再次"立象以尽意"的过程。"候"作为动词而言有诊察（候脉）、预测、占演之意。作为名词而言有征兆（如火候），时节、节令（气候、时候）之意。以素为候之候，既有诊察之意，又有时间、空间与征兆之意。综合而言，候就是与时空间密切相关的征兆（症状、体征组合）之意，就时空间而言含有"当下"之意，如竺可桢先生所创"物候学"即有此意，也就是说"候"是契合的、合适的、对应着时空间（当下观察到）的一组症状、体征（表现或现象），由于时空间的随时变化，也就注定了候具有一定的动态变化性。"证"《增韵》："质也"，从训诂学方面讲"证"本身就有本体，本质，素朴，单纯之意，因此，将疾病的本质以"证"来抽象概括（就哲学思维而言"证"与"素"如同"太极""无极""小一""大一"；"至小""至大"相同是一种理论概念）是合乎国人、国医的思维的。以候为证，就是以当下（时空间内）观察或感知到的症状与体征（病象）为依据，分析归纳，将其抽象概括为某种证候的思维过程，称之为"证候"充分表明证的动态演化性，"证型"的称谓则不符合证的特征。证候仅是"证"演化过程中的某个状态或阶段，证候与证候之间具有非线性的动态相关性，掌握这种演变规律必须基于观察性方法，从临床症状入手，当然也包括现代病象资料，从繁杂中区分"实"与"虚"的内容。

意象思维注重唯物、唯象的理念，强调关系本体论，凸显能量与信息的时空转换，这些无疑都与现代科学大格局的变化相适应。高概念时代的来临，中医药学欲取得突破性的发展，必须注重三个结合的原则：逻辑思维和意象思维的结合，以寻求科学问题的凝练、解释与机制的揭示；实证研究与关系研究相结合，推动模式化理念和技术、器物、方法的大发展；自然科学与人文哲学的结合，彰显科学与人文并重、科技为人文奠基、人文为科技导向的重要理念。大量事实证明，在科学创造活动中，意象思维在确

定研究方向，选择有前途的科研课题，识别有希望的线索，预见事物的发展过程和研究工作的可能结果、提出假设，寻找解决问题的有效途径，领悟机遇的价值，在缺乏可供推理的事实时决定行动方案，在未获得决定性证据时形成对新发现的看法等方面，都起着十分重要的作用。

2. 形神共俱，君相互感的心身医学调节模式

中医学意象思维的重心在于从宏观层面发现现象的主要原理和规律，因此，其理论体系是一种基于意象的认知。如《内经》提出的形与神俱的医学理论模式，就是天人相应理论模式（意象思维的认识构建）的推演。《素问·上古天真论篇》："法于阴阳，和于术数，饮食有节，起居有常，不妄作劳，故能形与神俱，而尽终其天年，度百岁乃去。"主张形与神俱的前提是法于阴阳，而阴阳者天之道，阴阳是宇宙的本体，强调的是规律、法则、秩序的自然性。《素问·六微旨大论篇》："天枢之上，天气主之；天枢之下，地气主之；气交之分，人气从之，万物由之。"强调生于天地气交之中的人与万物的运动模式与天地相同、相通，其升降出入、开阖往来的规律、法则、秩序不能与天地相悖逆。《素问·阴阳应象大论篇》："阴阳者，神明之府也。"不仅把形与神俱的着眼点放在描绘大宇宙（天地）和小宇宙（人）的同质、合一，同时也在强调人生命结构的整体性。因此，基于形与神俱构建的中医心身调节的理论模式，不仅是中医整体观的推演和实践应用，更是意象思维的临床澈底。这种理论模式的演化和进路经历了"形神一体""心身合一"的整体观念到"君相互感"的过程，体现了意象思维的推演和递进。在医学模式向社会-心理-生物模式转变的今天，精神与形体的关系已被普遍认识，心身疾病与身心疾病也得到相应的重视，而形神共俱、君相互感的理论模式以及相应的心身调节实践经验，势必对指导当今的临床有着重要意义。

君相互感的理论模式不脱五行学说，阴阳和五行学说的理论架构具有典型的意象思维认知，君相互感是对五行学说社会观和生物观的综合思考。君火寓心火，涵盖着人的全部精神心理活动，也称为神志之火，具有五行火的性质，与五脏之心相应，同时容易受人欲、情欲的影响而过极形成病理之火。由于君火具有调控人和环境和谐互动的功能，使人能在复杂环境中得以生存；君火主司人的感知和思维的功能，人的自我意识和对外界的感知皆有赖此火。君火对人体脏腑功能活动具有强大的制约和调节作用，为脏腑之主。相火蕴含于脏腑之中，根源于肾与命门，兼具阴守和阳动的双重属性，守本位不妄为常，其不同五行之火，

而具龙雷之火的性质，不为水灭湿伏，宜养之、藏之、敛之，忌折伐。君火与相火生理上互相资生，互相制约，彼此协调，上下配合，温煦脏腑，推动机体生长发育，新陈代谢。病理上互相影响，互相耗损，变症丛生。

中医君相互感的心身调节模式为君火（心火、神、精神心理）通过君相互感，水火既济（神经-内分泌-免疫网络）的桥梁和纽带，与相火（脏腑功能、根于肾水、形、躯体）互相联系、互相影响，使人体形成形神一体、心身合一的整体，进而使人和自然形成天人合一的整体。君相互感理论揭示了人体在生命高层次上的整体调控模式，是医学史上的重要突破，对其深入研究无疑将对心身疾病的中医诊治及预防以及中医心理学科的发展都有着重要的指导作用。

3. 讨论

近些年，中医药学发展的背后存在一种令人忧虑的倾向，那就是一种学科"迁移"的现象，"迁移"类属哲学的名词，意指"思维态度"的迁移。诸多实践证明，中医药学的研究如果照搬西医学的方法，其结果往往差强人意。这与忽弃中医原创思维以及缺乏深究"科学思维"有关。就西学而言，曾经科学与哲学的冲突，科学一度占据了上风。但科学逐渐经历了从内容到方法上的变迁，最终其中心逐渐趋向哲学；而且在思维态度方面也有取法哲学思维之趋向。而经历了宇宙论、知识论、价值论的哲学其中心却始终未曾移动。这里所指中心即"思维态度"，"学"与"学"之间的区别不在于方法学上的优劣，而在于思维态度的异同。高傲的科学能认同哲学的独存，并且其中心有向哲学迁移的趋向，说明科学思维应对现实世界不是万能的。植根于国学基础之上的中医药学其原创思维具有科学和人文的双重属性，这一观点已被业界逐渐认同。中医药学的发展理应在"独立之精神、自由之思想"原则的指导下，坚持我主人随，借鉴科学思维方法来应对真实世界。

参考文献：

[1] 王琦. 关于中医原创思维模式的研究 [J]. 北京中医药大学学报，2012，35（3）：160-163.

[2] 周易 [M]. 杨天才，张善文，译注. 北京：中华书局，2012.

[3] 韩非子 [M]. 高华平，王齐洲，张三夕，译注. 北京：中华书局，2012：108.

[4] 郭象，成玄英. 庄子注疏 [M]. 北京：中华书局，2011：265-571.

[5] 杨天宇. 周礼译注 [M]. 上海：上海古籍出版社，2004：11.

[6] 喻昌. 寓意草 [M]. 北京：中国中医药出版社，2008：1.

[7] 俞弁. 续医说 [M]. 北京：中国古籍出版社，2013：1.

[8] 灵枢经 [M]. 田代华，刘更生，整理. 北京：人民卫生出版社，2005：67.

（收稿日期：2016-08-29）

附录11

《商品饮片的分级方法及其质量评价》封面书影

商品饮片的分级方法及其质量评价·序一

王永炎

2016年6月

21世纪初叶涌现出东学西渐与西学东渐并行，相互交织、渗透、融通的新局面。中华民族的美德孔孟仁学将以儒藏为载体远渡重洋而传播四方。医学是人学，医学离不开哲学，医学更离不开经验。中医药学具有生物科学与人文哲学的双重属性，科学求真，人文求善，人们总是追求真善美，合自然规律性为真，合社会实践需求为善，而以美启真，以美储善，以美立命。天人合一、取象运数、形神一体、一元正气是中医学原创思维，整体观和辨证论治对现代难治病的疗效体现中医原创的优势。中医学基础理论主要源于实践经验的汇聚、检验和升华。中医药学以临床医学为核心，辨证辨症相结合，据证言病，运用复方治病，方证相应，其中使用饮片使用复方，理法方药统一，运用汤剂治疗应是优先的治疗手段。不同饮片的配伍，体现整体调节效应，以疗效体现学科的生命力。

临床药学包括药材学、炮制学、调剂学，应属于中药学的二级学科，目前尚缺乏整合，也尚未被国务院学位委员会认可和审批。尤其是调剂学因社会价值观的变异，人才素质亟待提高，高层次学科带头人迫切需要遴选落实。晚近阅读了我院中药所肖永庆首席研究员与李丽研究员撰著的《商品饮片的分级方法及其质量评价》一书，该书探讨了中医药事业、产业及学科建设发展中一个重要的现实问题。中药饮片分级方法与饮片质量评价标准的基础研究，对于保障临床需求优质饮片和辨证运用复方汤剂的治疗至关重要，对于规范饮片营销市场，有效促进中药饮片行业的有序、快速发展，确保临床用药的质量都具有重要的意义。

既往我参加过社保部门关于医疗保险用药目录的制订、修订与卫生部国家基本药物目录的制订、修订工作，深切感受到中药饮片的质量是关系民生医疗保健、企业发展、公共卫生事业管理的大事。我曾在全国人大常委会任上考察过药市对于饮片标准是亟待研究制定的问题。曾在21世纪初于教科文卫专委会上提出国家投资立项的建议。现今由中国中医科学院中药研究所肖永庆首席研究员与李丽研究员领衔的研究团队就中医药行业专项"30种中药饮片分级方法及其质量评价研究"，组织全国20余家科研院所、高等院校以及饮片行业专家共同承担，取得了项目研究成果。项目成果的重要特征是在现有原材料分级的基础上按照饮片传统分级方法分类对饮片进行分级，并在各级饮片的质量评价标准中增加了有效成分含量、浸出物质量、有害物质的限量以及指纹图谱，使饮片分级方法更为科学、实用。项目完成后经50多位相关领域专家认证通过，具有现实的应用价值。下一步尚需国家标准委审核颁布标准。

项目负责人肖永庆首席研究员是我的挚友，为人耿直诚恳，治学勤勉认真，与李丽研究员及团队各位教授团结协作完成此书，谨致谢忱。即将付梓邀我作序，实则对我的信任，虽在病中康复阶段不敢懈怠，谨志数语嘉惠医林爱为序。

附录 12

《康复中的哲学思考》王永炎手稿照片

康复中的哲学思考

王永炎

2016 年 2 月

编者按：此文为先生在康复期间的哲学思考，其中各家引文为先生的记忆内容。或与原文有所出入，为保留先生的真实思考，未予修改。

人活着，记录着，体味世间的冷暖。与时代结伴而行。历经战乱、建设、斗争、复兴，有欢乐，有惆怅。遭遇坎坷而奋力前行。作为学人，一心向学，孜孜不倦，积学而无厌；作为师者，诚敬至厚，精进潜沉，育人先充己。信奉哲学，当对人生经历做有系统的反思。

无欲则静虚动直。静虚则明，明则通；动直则公，公则溥。明通分溥，庶矣乎。（《周濂溪集》卷五）

知识本身就是思想，思想本身就是知识。为了思想，先要明了我们能够思想什么。人生开始思想的时候，首先思想我们的思想。（冯友兰《中国哲学简史》）

儒家学说是社会组织的哲学，所以也是日常生活的哲学。儒家强调人的社会责任，孔子重名教，敢担当。儒家认为游方之内为入世。道家强调人的内部的自发自然的朝向，原始的简朴儿童的天真，天真是人类幸福的源泉。老子庄子重自然，常知足。道家游方之外出世。入世、出世，既彼此对立，又互相补充，两者演绎着一种力的平衡。中国哲学，既入世，又出世，以出世的精神做入世的事业。

中国哲学传统里有为学、为道的区别。为学的目的就是增加积极的知识，为道的目的就是提高心灵的境界。哲学属于为道的范畴。

道家的"道"是"统一"的"一"，由此产生宇宙万物的生成和变化。道家的道是无名，不可名。"易传"的道是多样的，是宇宙万物各类分别遵循的原理。"易传"的道可名，正是道，也只有道才是可名。

《易纬·乾凿度》："易，一名而含三义，所谓易也，变易也，不易也。"（孔颖达《周易正义》卷首引）第一个意义是：容易，简单；第二个意义是：转化、改变；第三个意义是：不变。转化、改变是指宇宙的各个事物；简单和不变是指事物的道和原理。事物变而道不变，事物是复杂的，而道是容易和简单的。

《系辞传·上》说："一阴一阳之谓道。继之者善也，成之者悟也。"这是生成万物的道。这样的生成是宇宙的最大成就。

《系辞传·下》说："天地之大德曰生"又说："生生之谓易"前者指宇宙，后者指易。可是两者又是同时可以互换的。"《易传》中所讲，一则是宇宙及其中的事物，另一则是《易》自身抽象的象数系统。"一阴一阳之为谓道"是讲宇宙，"易有太极，是生两仪"是讲象数，两者可以互换。"道"等于"太极"；"阴阳"相当于"两仪"。

无论我们是否思人生，谈人生，我们都是处在人生之中。也无论我们是否思宇宙，谈宇宙，我们都是宇宙的一部分。哲学家所说的宇宙是一切存在之全，即中国古代哲学家惠施所说的"大一"，其定义是"大而无外"。所以，每个人、每个事物，都应当看作是宇宙的部分。当一个人思想宇宙时，他是处在反思的思想。

德克·布德（Derk Bodde）的文章《中国文化形成中的主导观念》说："中国文化的精神基础是伦理，特别是儒家伦理，不是宗教……这一切自然标志出中国文化与其他主要文化的大多数，有根本的重要的不同。"（冯友兰：《中国哲学简史·中国哲学的精神》）

爱人，是道德价值。爱上帝，是超道德价值。在中国，有些人不太关心宗教，但他们极其关心哲学。他们在哲学里满足了他们对超乎现世的追求。他们也在哲学里表达了对道德价值的欣赏。而按照哲学去生活，也许就能体验这些超道德的价值。

中国哲学认为人不仅在理论上，而且在行动上完成现实主义与理想主义的对立统一。一个人可以既入世，又出世，学习圣人"内圣外王"的人格。"内圣"就其修养的成就言，"外王"就其社会上的功用说。

哲学，从来就不仅仅是人类认识的观念模式，而是内在于他行动之上的箴言体系。在特定的某种情况下，他的哲学有可能成为他的传记。

学哲学的目的，是使人能够成为仁，而不是单纯成为从事某种职业的人。在中国，没有正式哲学著作的哲学家比有正式著作的哲学家要多。

《中庸》云："天命之谓性，率性之谓道，修道之谓教，道也者。""庸"字，意思是普通或平常。维护人伦，实行道德，都是率性，所谓教，即修道。

天命即天意。它被看作一种有目的的力量，儒家把命只当作整个宇宙的一切存在的条件和力量。我们能够做的，莫过于一心一意地尽力去做我们知道是我们应该做的事，而不计成败。这样做就是"知命"。要做儒生君子，这是必需的条件。

《论语·述面》云"志于道"，又《里仁》孔子之"志于学"，就是有志于这个"道"。道是我们用来提高精神境界的真理。

庄子认为，圣人无情，圣人高度理解万物之性，所以，他的心不受万物变化的影响。

新道家王弼以为圣人茂于人者，神明也；同于人者，五情也。神明茂，故能体冲和以通无，然则圣人有情而无累。

西晋郭象在《庄子注》（此书实为向秀所作）中主张自由自在，任我而生的人生品格。任我即任自然，人活着应当任由他自己的理性和冲动。

《庄子注》："道无所不在而所在皆无也。"吾以阴阳为先物而先阴阳，吾以自然为先而自然为物耳，吾以至道为先矣，至道者乃自无也。夫造物者无也而物自造，物所自造而无所待（恃）焉。

《庄子注·知北游·无古无今注》："非唯无不能化而为有也，有也不得化而为无也，是以夫有之为物，虽千变万化而不得一为无也，故自古无未有之时而常存也。"

《庄子注·大宗师》："天地万物凡所有者不可一日而相无也，一物不具，则生者无由得生，一理不至则天年无缘得终。"

存在宇宙的每事物，需要宇宙为其存在的必要条件，只要有一定的条件环境出现了，一定的事物就必然产生。物是一般的条件促成的，不是任何另外特殊的事物造成的。物自生而不是他物所生。

《庄子注·大宗师》指出，宇宙处于不断的变化之中。故向者之我，非复今我也。我与今俱往，岂常守故哉。

社会随形势而变化，形势变了，制度与道德应随之而变，如果不变，即为民妖，成为人为的桎梏。新的制度和新的道德当是自生的，这才自然。新与旧就此不同，是由于它们的时代不同，它们各自适合各自时代的需要，所以彼此并无优劣可言。

新的形势、新的制度道德自生了，任他们自己发展，就是顺着天和自然，就是无为。反动它们，固执归制度、归道德，就是人和人为，就是有为。

郭象《庄子注》认为：一个人在他的活动中，让他的自然才能充分而自由的发挥，就是无为。

郭象《庄子注·刻意》释先秦道家的"纯素之道"："苟以不亏为纯，则虽百行同举，万变参备，乃至纯也。苟以不杂为素，则虽龙章凤姿，倩乎有非常之观，乃至素也。若不能保其自然之质而杂乎外饰，则虽犬羊之鞟，庸得谓之纯素哉。"

柏拉图生来就是柏拉图；庄子生来就是庄子，他们的天资就像龙章凤姿一样地自然，他们就像任何一物一样的纯素。

惟一合理的生活方式是"任我"，这也就是实践无为。真正"任我""毁其所贵"，能做到去掉偏尚之累。

真正独立的人，他超越有限而与无限合一，所以他"无己"。由于他顺物之性，让万物自得其乐，所以他"无功"。由于他与道合一，而道不可名，所以他"无名"。

一个事物被否定了，一个新事物在更高水平上开始了。（黑格尔）

气的观念，有时候很抽象，有时候很具体。随着哲学家们的不同派系而不同。当他的意义很抽象的时候，它接近质料的概念。"质料"的概念见于柏拉图和亚理士多德的哲学。与柏拉图的"理念"及亚理士多德的"形式"相对立。它这个意义是指原始的混沌的质料，一切个体事物都由它形成。

张载《正蒙》云："太和所谓道，中涵浮沉、升降、动静相感之性，是生絪缊、相荡、胜负、屈伸之始。""太和是气的全体之名。"

"知太虚即气，即无无。"太虚不是绝对的真空，它只是气处于散的状态，再也看不见而已。

人活着，就做他作为社会一员和宇宙一员的义务需要他做的事，一旦死去，他就安息了。

自然的、人为的一切事物均有理，做出那事便是这里有那理。没有如此如此之理，便不可能有如此如此之物。（朱熹《四书注》）

周敦颐《语类》卷四十九有云："无析，只是极至，至高至妙，至精至神，是没有处。""无极而太极，是无之中有个至极之理。"由此可见，太极在朱熹系统中的地位，相当于柏拉图系统中的"善"的理念。

朱熹说："在天地言，则天地中有太极；在万物言，则万物中各有太极。"似比柏拉图"善"的理论更为深邃。

理形而上之道，生物之本；气形而下之器，生物之具也。天地之间有理有气，人物之生必禀此理然后有性，必禀此理然后有形。

理虽不动，在它净洁空阔的世界中，却有动之理、静之理。动之理并不动，静之理并不静。但是气一禀受了动之理，它便动；一禀受了静之理，它便静。气之动者谓之阳，气之静者谓之阴。

朱子云：性即理也。人性就各个人所禀受人的理。性与心不同，灵处只是心，不是性，性只是理。一个人为了获得具体的存在，必须体现气和理。有是理而后有是气，有是气必然有是理。但禀气之请者，为圣为贤，如宝珠在清冷水中。禀气之浊者，为愚为不肖，如珠在浊水中。

柏拉图认为：每个个人，为了具有具体性，必须是质料的体现，他也就因为受到牵连，必然不能合乎理想。——大多数的中国思想家都有柏拉图式的思想——从根本上便是雌雄唯一的功夫。

《大学》是初学人德之门。说"格物"只就那形而下的器上，说"致知"便寻那形而上之"道"。即抽象的理必须通过具体的物，我们的目的是要知道存在外界的和我们本性的理。理知道得越多对"气禀"所蔽的性，也就看的越清楚。

朱子云："盖人心之灵，莫不有知。而天下之物，莫不有理。惟于理有未穷，故其知有不尽也。"

《大学》始教必使学者，凡天下之物，莫不因其已知之理益穷之，以求至乎其极。至于用力之大之久而一旦豁然贯通焉，则万物表里粗细无不到，而吾心之全体大用而无不明矣。

太极就是万物之理的全体，此理就在我们内部，则是由于"气禀"所累，理未能明白显示出来。我们必须辅以同用敬而"致知"。何以"用敬"？若不用敬可能是一智之习，而不能达到预期的省悟的目标，心中记住正在做的"格物"是为了见性。此即朱熹"人性中有万物之理"的学说。

柏拉图的宿慧说认为：我们在出生以前就有关于一切本质的知识，因为有这种宿慧。所以"顺着正确次序，逐一观照每个美的事物"的人，能够突然看见一种奇妙无比的美的本质。（《斐德若篇》）

自然界的规律是不是人心或宇宙的心创造的？这是根本性的重要哲学问题。是柏拉图式的实在论与康德式的观念论争论的主题。同时亦是中国哲学史最关注的问题，即所谓理学与心学之研讨的中心。

程颢认为：与万物合一是"仁"的主要特征。"学者须先只识仁，仁者浑然与物同体，义、礼、智、信皆仁也，识得此理，以诚敬存之而已。"

张载《西铭》的中心思想是万物一体。认为人必须首先觉解他与万物本来是合一的道理，然后他需要做的一切，不过是把这个道理放在心中，做起事来诚实地聚精会神地遵循着这个道理。

世界上的万物所以要存在一定要在某种质料中体现某种原理，有某物必有此物之理。但有此理可以有，也可以没有相应的物。道是抽象的永恒的理，不可能加减，则冲淡而无联，可没有具体的事物。当万象森然是百理具备。

程颐说："涵养须用敬，进学则在致知。"

陆王心学认为：四方上下为宇，往来古今曰宙。宇宙是一个精神的整体，其中只有一个世界，就是自己经验到的这个具体的实际的世界。什么是天地的心，尝闻人是天地的心。人又什么叫做心？只有一个灵明，可知充天塞地中间只有这个灵明。

王守仁给予《大学》以形而上的依据，明明德、亲民、至善。三纲领可归结为一纲领，即明德。明德不过是吾心之本性。我们对事物的最初反应，我们自发的自然的知道是为是，非为非。这种"知"是我们本性的表现。王守仁称之为良知。

《大学》八条目，曰：致知、格物、诚意、正心、修身、齐家、治国、平天下。归结为一句，即致良知。心的内在光明，宇宙本有的统一即明德，明明德的本心即致良知。

致良知即本体，一节之知即全体之知，全体之知即一节之知，总是一个本体。必须先立乎大者即本心本体，然后以敬存之。

道家将"无"说成"超乎形象"，佛家将"无"说成"非非有以非非无"。佛学中道宗与道家所有负逻辑的方法相似。

中道宗二谛义的最高层次是一切都否定了，包括否定这个"否定一切"。就可以达到庄子哲学中相同的境界，就是忘了一切，连这个忘一切也忘了。

僧肇《物不迁论》认为，万物每刻都在变化，在任何特定的时刻存在的任何事物，实际上是这个时刻的新事物，与过去存在的这个事物不是同一个事物。

从每物每时变化来看，我们说有动而无静；从每物每时存在来看，我们说有静而无动。

要知无，只有与无同一，这种与无同一的状态，就叫做涅槃（梵语），即解脱。菩提（梵语）是无明转变升华为觉悟。涅槃不是可知之物。

无为并非真正的无所作为，而是无心而为。只要遵循无为无心的原则，对于物也就无所贪求迷执，即使从事各种活动也是如此。道家的无为无心，只有社会伦理意义，佛学赋予了形而上学的扩展。

佛家慧远云："不造新业。"并不是不做任何事，而是做事以无心，因此最好的方法就是以无心做事，无心做事就是自然地做事，自然地生活。

黄希运禅师说："诸行尽归无常，势力尽皆有尽期。犹如箭射于空，力尽还坠。"古今当知进退，退可渐去而自然。

修行的道路，就是充分相信自己，其他一切放下，不必用日用平常行事外，别有用功，别有修行，这就是不用功的用功。也就是禅师们所说的不修之修。

不修之修只应当于日常生活中无心而为，毫无着滞。也只有在日用寻常行事中，才能有修行的结果。

不修之修是一种修，正如不知之知本身也是一种知。这种知不同于原本的无明，不修之修也不同于原本的自然。故不知而知，不修而修都是精神的创造。

南泉普愿（830 年卒）云："道不属知不知，知是妄觉，不知是无记。抛弃有心，达到无心，正像终于忘记了忘记必须忘记。若直达不疑之道，犹如太虚廓然，岂可强是非也。"（《古尊宿语录》卷三）

太虚廓然也不是真空，只是消灭了一切差别的状态。是一种非是非非，非有非无，非实非虚，非阴非阳，智与理冥，境与神会，如人饮水，冷暖自知。只有经验到经验者与被经验者冥合不分的人，才真正知道它是什么。

不知之知是经验者已经抛弃了普通意义上的知识，假定有知者与被知者的区别，可是他又不是无知，因为他的状态并非无知，这就是所谓的不知之知。

舒州禅师清远（1120 年卒）云："山是山，水是水。"在你迷时，山是山，水是水；在你悟时，山还是山，水还是水。圣人的生活无异于平常人的生活。平常人做的事也就是圣人做的事。自迷而悟，自凡入圣，入圣之后又必须从圣再入凡。所谓百尺竿头再进一步，即悟之后仍然是做日用平常事。

百丈禅师怀海（814 年卒）云："未悟未解时为贪嗔，悟了唤作佛慧。"故云，"只异归时人，不异归时行履处"。人不一样了，因为他所做的事虽然也还是其他平常人所做的事，但是他对任何事物皆无滞着。

以平常心，做平常事，诚平常人。

同与异是不相容的，和与异不是不相容的。相反，只有几种异合在一起，形成统一时才有和，合在一起的各种异都是按适当的比例，这就是中，所以中的目的是达到和。

《中庸》认为：事物若要臻于完善，若要保持完美状态，它的运行就必须在恰当的地位、恰当的限度、恰当的时间，把这种恰当叫做"正"、"中"。中的意义是不太过，又不不及。

儒家因有久远深厚的社会历史根基，不断吸收、同化各家学说而丰富发展，从而构成中华文化的主流、基干，又儒道互补，溶入佛学，形成国学的一源三流。

一切都在流变，"不变的一"即永恒的本体，就是这个流变着的现象世界本身。从而在这种哲学背景下，个体生死之谜便溶解在时间性的人际关系和人性情感之中。将与现代存在走向死亡作为生的自觉。

"命由人定"的生存力量及主动能力，使自己生理的自然存在可以获得最大的满足和延伸，构建人的生活秩序。

人自然化是建立在自然人化基础上，正由于自然人化，人才可能自然化。正因为自然人化，在许多方面今日已走入相当片面的"极端"，才需要突出人自然化，包括成为人们和谐居处、享受生活的环境。学习自然，调节生理节律，增进健康。人自然化即古人所谓"天地境界"。

人性不是神性，因人有维系动物性生存的生理需要；也不是动物性，因人有控制、主宰生理需要的力量或能力。人性是这两方面的各种交织融合。人性概念之所以模糊含混，就因为两方面的"交织融合"非常繁复，难以厘清。

李泽厚《华夏美学》认为：美学作为"第一哲学"，因为审美即是人性能力的最初萌芽，又可以是不断发展成长的最高成果，它是人性中最为贯穿同时又最为开放的部分。它之所以开放，正是由于非确定概念所能规范，非理性目的所能主宰，而是充满了各种心理要素感知、理解、想象等相交织、渗透、融合、冲突，以不确定性、无规范性为特征。从而开辟了多样可能的缘故。

"在时间中"是占有的客观时间，是客观性的年月日时。生死也正因为拥有这个占据空间的年月日时的身体。"时间性"是"时间在此存在得如何"的主观时间的精神家园。所谓"不朽"（永恒），即如此不占据空间的主观时间。按照中国传统，坐忘、心斋、入定、禅宗之后，因仍然活着，从而执着"空""无"，执着"先行到死亡中去"，亦虚亦妄。Heidegger 所批评的"就存在者而思存在""把存在存在者化"，是中国特色，即永远不脱离"人活着"这一基本枢纽或根本。从而"重生安死"，正是"就存在者而思存在"。中国传统既哀人生之虚无，又体人生之苦辛，两者交织，形成了悲剧感的"空而有"，没有神灵庇护的"天地境界"。（李泽厚《华夏美学》P425-426）

《论语今读》认为：人"活下去"并不容易，人生艰难，又一无依归，于是"烦生畏死"出焉。生烦死畏，追求超越，此为宗教。生烦死畏，不如无生，此是佛家。生烦死畏，却顺事安宁，深情感慨，此乃儒家。

附录 13

《自由之思想》王永炎手稿照片

自由之思想

王永炎

2016 年 2 月

我渴望自由独立！初中即参加共青团，当班长与少先队辅导员时，自己的言行是营造自由和谐的环境。从反右斗争起，尽管我自己愿望是完全遵循党的政策、党的教育而行，但因为对学长友人毛翼楷被定为右派提出一点不同意见，被内定为中右分子。以后，因此而受到歧视，不被信任。即使学习努力、工作积极、成绩突出，仍需每月写思想汇报。但还是被当时的党小组长、团支部书记代表组织意见，一直被认为"与党离心离德"。如此受束缚、不自由的状况，从 1958 年到 1978 年，近 20 个年头。内心悲情沉伏，时有挣脱之志而终不敢为，忍受一种无以名状的苦痛。邓小平、胡耀邦平反改正之后，我参加了中国共产党，成为一名光荣的中国共产党党员，人生道路从此发生改变。落实干部四化政策，我被提拔到领导岗位上。由于自身的经历，而深刻感到独立之精神、自由之思想的重要，努力身体力行，而收获的是友善和尊重。

多年的业务工作经历，有另一种深切的感受，总是背负着中医是弱势群体、中医学是弱势科学的包袱。中医很难摆脱"不科学"的地位，首先检讨自身的问题。东西方文化只有差异，若卷入利益，则发生冲突。1919 年的"五四运动"、1965 年的"文化大革命"，都史无前例地冲击了中华民族的优秀传统文化。再加上西方还原论被捧上了神坛，所谓不可重复、不可复制即不科学，自然与建立在农耕文明的中医理论与实践不能相容。党的中医政策具体化是中医不能丢，中西医并重，中医现代化，中西医结合。关键在于"并重"不落实。中医办医院，同样需要"现代装备与先进技术"，从不排斥多学科介入，尤其是理化生物技术。然而中医学人缺乏文化自觉是一个重要的、必须认真解决的问题。国医国药以国学为指针，现实情况是读过十三经等国学经典著作的人太少了。中医师在预防、诊断、治疗手段方面西化的现象仍无根本改变，用西药打头阵，中药做陪衬，不论需要与否，都是中药加西药。我在中央许多部委和中国工程院医药卫生学部等多种场合，对把西医作为主流医药提出过意见。中医做什么都难以摆脱弱势学科的地位，尽管努力做出业绩，往往被忽略不论。进入 21 世纪，落实中西医并重的政策，国家对中医药更为重视。在国务院学位办、药典会、名词委等都将中医中药单列，国家中医药管理局争取到职称、评奖、医疗事故鉴定均由中医专家自裁，还有社保部、新药审批办公室中成新药审评及医疗保险药品目录调研审定等，均由中医药专家主持。然而，虽有针对中医事业发展的各项政策，但中焦梗塞、执行不利的现象依然存在。

还有，就是在执行过程中，领导者的意图十分重要。譬如周光召先生肯定中医有理论是现象理论，形象思维是重要领域；周老主持"973"项目顾问组，批了方剂与证候两个中医项目，还提议香港求是基金会于 2001 年中国科协年会设有中医药科技贡献奖。再如 1981 年崔月犁担任卫生部部长时，中医事业有所发展。因此，中医的稳定发展，需要有稳定的政策和认真执行政策的人。

中医药界再没有老一辈管理者的顽强抗争了。自 1930 年"三一七"国医节时，中医药执业人员多于西医药执业人员数十倍，然各级各类已是西医作为主流居于领导地位了。现在，有些领导者还常说"国际中医药热"，是冷是热，作为学人应说实话。走过来的路，太多的艰辛和冷遇，企盼着春天，我常用乍暖还寒来描述脚下的路。晚近多基因组学联用的网络药理学与组合化学生物学的方与证的研究，还有年青学者热衷易传、分析太极图而自创方剂验于临床。确实在方法学上有创新，透射出未来的曙光。冀望中医药学科进步由弱渐强，嘉惠医林而普度众生。

附录 14

《我在协和医院》王永炎手稿照片

我在协和医院

王永炎

2016-05-03

1972 年，董建华先生从"牛棚"解放出来后，曾在协和医院办西医学习中医班。带实习的过程中，亲历神经内科的疾病虽然定位诊断很仔细，但治疗方法和药物很少。当时，已有 CT 影像检查，对疑难病的诊断，各级医师都很重视，还常举办神经科、病理科、影像放射科的联合研究讨论会或死亡病例讨论会。然而，往往是诊断明确而无药可用。

1973 年，时逢"九一三"事件之后，邓小平同志复出，学术活动在协和逐渐恢复起来的良好机遇，董先生派我去进修与合作研究对中风病的辨证治疗，大约三个年头。进入病房之后，第一课由护士长带领了解医院制度、接诊程序，以及作为实习医师所应遵守的事项与所必须掌握的诊疗技术。并带着熟悉医院环境，去相关的检验科、放射科、供应科、值班室等走了一圈。实习的第一项技术是为中风球麻痹患者插鼻饲管。以后每周一次，七点半到病房，至八点钟交班之前，最多时要为 7 个患者插鼻饲管。然后由徐文旋先生带教，要求先从接收病人，书写大病历做起。刚开始，一份病历用了 5 个小时，需要加班完成。至后来书写渐渐熟练，要求一共写 10 份大病历。病历书写合格之后，按住院医师安排。至今当时被带教老师红笔批改过（而不是重写）的病历尚有存案。每周均安排病案分析大查房。先由主管医师报告病例，依次由进修医师、主治医师、副主任医师发表意见。这对我是一个很好的学习机会，我都会提前做好准备。回答上级的提问，并主动提出自己的见解。逐级发言后，由冯应琨主任或赵葆珣教授做分析总结。神经病学的发展，大体分为三个阶段，即经典、正统和现代。现代神经病学是以神经解剖为定位诊断基础的。为此，我特地返回北京中医学院，请邱树华教授带我复习。尤其是

反复观看与记录颅脑和中枢神经系统的各种标本，建立起立体的概念，弄明白神经纤维传导的路径。巩固了基础知识，在研讨会上，勇于发言，取得进步。

又因神经内科病治疗方法不多，常被问及中医怎么治。我简明介绍了辨证论治的证候与方药。后来应黄惠芬主任邀请，在科内开了八个小时的中医讲座，联系中风病及神经系统的退变、变性炎症等病理状态，讲解中医的辨证治疗思路。得到很好的评价，认为讲得平直明了。

其后，又由住院总医师费亚新老师带我出急诊与会诊，学习许多急症处理的方法。尤其是规范的书写会诊记录。进修后期，科内还安排了临床心电学与肌电图及病理组织阅片的学习。

1972 年 8 月，我参加了在南京召开的中华医学会神经病学分会已停开数年的学术年会。在分组会上，就中风病用下法与阿尔茨海默氏病用益气活络化瘀降浊的治法作了报告。冯应琨会长评价达到了讲师水平，认定中西医结合拓宽神经病治疗学是有前景的。

走进协和，可见到各学科专业专题领域的许多研讨会通告。10 楼讲学厅学术报告会，老一辈专家如张孝骞、吴蔚然等来听年轻一代学者的报告，令人感佩。还有上午大查房常有超时，体现一心向学，师生们均无怨言的好学风。进修与协作研究期间，病案室是我常去的地方。其阅读条件很好，完好地保存着协和医院自 1920 年以来的病案。病案室主任是教授，有完善的规程制度。每个病房按月来签署医案首页。上级医师讲解诊疗过程的经验与应吸取的教训，也是一次研讨学习的机会，同时以实践推动学科的进步。

董老师派我去协和学习，一方面是完善补齐学科，欲设中医脑病学科；另一方面是通过协和严格训练，能以成

为顺应时代需要的明医。这对我的影响，一生受用。同届的学长们都认为是中医严师教导与协和系统培训造就了我的学风、文风和作风。

恰逢"文革"结束，从协和调来梁启铎先生任东直门医院院长。1981年，提拔我任医疗副院长兼医务处主任。梁先生支持我引进与推动协和医教管理模式，这为东直门医院业务建设发挥了良好的作用。同时，我开始了病案书写规范、病案格式设计与常见病证诊断与疗效标准制定工作。从此走上了中医药标准化设计制定修订的道路。

附录 15

《全科医学的基础与杂学知识的启迪》王永炎手稿照片

全科医学的基础与杂学知识的启迪

王永炎

2016-05-28

1962年分配到温病教研室，随戈敬恒、孔光一老师赴北京地坛传染病院，带60届学生实习。每次重点查一个病。先复习病历，从症状学的角度，重点了解主症、节候体征、发病特点是什么？病程如何进展？刻下症是什么？然后再组织学生进行讨论，分析病因病机，明确辨证诊断，拟定治则治法及处方用药。

此期间看过的病人有急性黄疸性肝炎、猩红热、麻疹（及合并肺炎）、白喉、百日咳、流脑和乙脑等。我的收获有三方面：第一，见了多种传染病，认知中医的疗效，如治阳黄无论肝胆脾胃湿热孰轻孰重，辨证清楚，方药确当，均有显效。辨治乙脑的方法后为1974年参加内蒙古锡林郭勒盟医疗队防治乙脑有了一定基础。第二，学习了组织学生病历讨论的教学方法。第三，戈、孔两位老师出身乡镇名医，基层第一线工作多年，有治疗副霍乱等各种传染病的经验，他们的治学门径方法对我也多有启发。

1963年，京西矿区带60年级课间实习，是我独立出门诊带学生的开始。除给矿工治病，还给家属治病，体会到在基层所看到的首发首治的常见病与城市医院住院的难治病大不相同。感冒发烧，一服中药可以退热，暴发火眼一剂可愈，增加了对从事中医药工作的信心。

然而，矿工们常见的"三痛一迷糊"，即头痛（血管神经性）、胃痛（慢性胃炎）、腰腿痛（痹病关节炎），以及眩晕（壮老年高血压为多），却是值得研究的课题。我和学生都每周一次下矿井劳动，对掌子面（即工作现场）的紧张节奏和井下多水潮湿环境都有体会。矿区党政工团重视安全生产，注重伙食供应，但组织文化活动较少。60年代尚无电视，惟偶有电影和演出。矿工的职业病是矽肺，一旦确诊则基本无法治愈。主要是改善矿井工作条件，中医药对咳喘咯血等症状的缓解，尚有一定的效果。例如白及、三七、百草霜的散剂内服，止咳血、咯血等。这期间带实习小班结合病例讲课，尤其是在脉案书写上下功夫，模仿丁甘仁医案，柳选四家医案等，学生们尚满意，有好评，能做到合格的助教。另外，对社会医学也有些体会。

1964年春，下放安徽。先在安庆地区纵阳县安凤公社会官大队瓦室生产队与农民同吃同住同劳动。我与人民卫生出版社编辑金经吾，北京市药物研究所徐石麟三人一组，我当小组长。从水稻育秧，插秧，中耕除草，割稻打穗，直至碾米收仓，全过程都学会了。还干起猪圈积肥等农活，懂得了老农说："没有大粪臭，哪有稻米香。"我备有药箱，与大队的半农半医（后称赤脚医生）一起为农民看病，还与公社卫生院合作。这期间，我学到了许多全科技能，内、外、妇、儿各科疾病的诊治，做推拿气功治疗，也从事X光拍片的常规检查，公共卫生和流行病学的考察抽样及双改的操作。这在以后下乡复课闹革命中，是用得上、受欢迎的技能。

同年8月，卫生部委派参加农村社会主义教育运动工作队，我被派往安徽省六安地区寿县涧沟公社康圩大队康中生产队。季仲璞当团长，坐镇公社，梁牧当组长抓大队。让我独立工作，搞一个生产队。先是扎根串联学文件，抓队长会计四不清问题。我坚持以实事求是的态度对待队里干部，凭证据与外调情况，挖不出什么能扣上"四不清"帽子要批斗的对象。对于记工分与分配钱粮的问题，讲清和解了事。于10月中旬，改学中央后十条指导运动，肯定95%以上的干部是好的，我成了学习文件的宣传员、讲解员。由于我本人受到过不公正的待遇，有过莫须有之事压身的经历，懂得组织上某些人对你不信任而受歧视的感受，为此，对于处理人民内部矛盾，重事实、重证据，以细致的工作调解矛盾，工作表现为梁牧同志所肯定。运动于次年五月结束，完整地参加了这次运动，角色变了，反右斗争的以及反右倾时被整的对象，转化为运动的依靠对象，有幸得到团长、组长的信任。对于人民内部矛盾，主观上要努力认真地化解矛盾，保持头脑清醒，做过细工作，就没有解不开的扣。从这次工作经历中，我不仅仅是再次体会到左倾路线造成群众斗群众的害处，人际关系紧张贻害的深远，更重要的是真正领悟到，人应该首先具有仁心，而后才是能够做好某种职业的人。

幸运的是，毕业后前三年的经历，构筑了我全科医生的基础。医学是人学。妇女、儿童，及不同年龄组的成人，他们生活的自然环境、社会环境，他们的情感心理都具有同形同构，也异质同构的特征。对于病的人的观察诊断治疗，全科不仅是适应性强，更为重要的是贴近内心，给予抚慰和帮助。此后，在抗震救灾、防疫工作队支边巡诊的过程，及在农村及社区卫生站、镇卫生院的工作中，我进一步体会到，全科知识，不仅仅只是具有多面手的优势，更重要是医生自身的素质能得到提高。因此，我认定做全科是做好专科医生的基础。在我任校长时，自中医系81年级的毕业实习起，要求学生必须实行医院各科室轮转。

杂学是杂家之学，我不是杂家。然而，多学科知识技能的相互交织、渗透、融通对于今天的学人是不可或缺的。交叉培养博士后进站的博士，同时采取多位多学科合作导师共同教学，是可取的方法。我曾身体力行这种培养方法，带过农学、工学、生物学、心理学、社会学、哲学、文献学、管理学出身的硕士和博士。如此不仅是拓宽了视野，也在研究思路方法上有更新。就老年保健与老年疾病的防控，自然科学与社会科学两大门类交互融通做研究，于观念上变革，对人生进行系统性反思的思想，进入实践美学的领域。将自然界本身的规律叫做"真"，把人类实践主体的根本性叫做"善"。当人们的主观目的按照客观规律去实践得到预期效果的时刻，主体"善"之目的性与客观事物"真"之规律性就交汇融合。真与善，规律性与目的性的这种统一，就是美的根源，也就是自由的力量。自然事物的形式、性能、规律都是特殊的、具体的、有局限的。人类社会在长期的实践活动中与多种多样的自然事物、规律、形式打交道，逐渐把它们抽取、概括、组织起来，成为能普遍适用的性能、规律和形式，这时主体的活动就有了自由。显然，什么是自由？自由是一种力量，是真与善结合形成的力量。遵循人类学本体论的方向，通向美的直觉领悟，即人道的、短暂的、淡薄的、来来往往的、不定的直觉，获得多方面概念，移入思想背景时，引导我们去发现科学真理，去寻求解决问题的钥匙，去阐释已有的经验。如此即可"以美立命"、"以美启真"、"以美储善"。回归到几位博士后的在站工作，从社会学切入老年经济收入与晚年医疗费用支付困难的现状；从经济学视角探讨新药研发的效应及合理用药存在的问题；从管理学分析我国养老机构存在的种种问题，寻求可行的解决办法；从心理学对老年脑健康及人文关怀，落脚到叙事医学的推广和基础研究的方法学；从哲学形而上学层面以负的方法引导老年重生安死、清虚静泰的生命观。当今已进入高概念、大数据技术时代，学科建设的一个重要研究方向是数学运算与人工智能信息化。多组学联用的网络设计体现整体观对中医方、证、病一体的效应研究，将还原分析研究成果回归到整体，这种整体设计—还原分析—回归整体的模式，是否具有可行性，是摆在我们面前的新课题，是整合医学面对的关键环节。

20世纪90年代到21世纪初叶，我带教的博士后乔延江学数学信息学，纪征瀚学医史学做东西方哲学的比较研究，冀萌新做管理学，与王诺合作带的杨光做药物经济学，杨卫彬做老年社会学，张占军做心理脑科学。此外，还有农学、生物学的博士后顺利出站。

附录 16

《生死的感悟》王永炎手稿照片

生死的感悟

王永炎

2016-11-01

人老了，回首人生旅途，一是忆往昔，再者是思生死。青壮年读儒家仁学，重社会责任，敢于担当，不愧成人。"五十致仕"学老庄，无为而治，重在无为、无己、无功，时刻警觉"有权勿滥用，得意勿忘形"。惟学惟仁，做事尚能令师长、学长、学生、群众赞许。近古稀之年，参禅净化本心而仍循孔孟荀子之学奉事修身，随儒道互补，静默坐忘，冀望心身融汇自然的现实中去。

"对酒当歌，人生几何"，"木犹如此，人何以堪"，"人生易老天难老，萧瑟秋风今又是"，生命在流逝，事物在变化，人生极其有限，生活何其短促。"人生苦短，奋力事功奈何矣"，多么深沉的感叹。对人生的领悟，企求超越而恰恰在此感性的时空中，"时间"永远是哲学的重要命题。儒家学说将永恒和超越是放在当下，即"德"的时间中。"德"体现"力"——生命的力。人在当下是在占据空间的时间中。"永垂不朽"是缅怀英雄先驱们忠贞伟业，或创造事功壮举伟大，他们已不占现实空间的时间性。超越即超道德、超知慧，在即"德"的当下的时间中，将人生的目标朝向天地境界，追求本心，达到"天、道、自然"三位一体，就必须将走向死亡作为生的自觉，将死的意义建筑在生的价值之上，人在走向死亡中痛切感受生的意义与死的必然。毛泽东说过："人固有一死，或重于泰山，或轻如鸿毛。"或轻或重，取决于人生时所为。"为团队修身，为事业出力""三人行必有吾师焉"，是我一生的座右铭。为学科进步，一生奋斗，要将死的自觉作为生的群体的勉励。

做人即生命存在的本身，其生的意义在还活着的时刻，对人生做系统的思想的思想与反思的思想是必要的。前者——思想的思想，是指想什么？怎么想？后者——反思的思想，是途径过程的经验、教训等。这种思想，可以是自己想，也可以是他人想。缘于此，当张志斌学长与我的学生，提出要写一个立足于我一生有依有据之事实的《王永炎先生年谱》，目的是为中医学人的成长，提供一个思想的模板。他们希望能在《年谱》的撰写过程中，得到一些关于我人生经历的回忆帮助，建议我仔细些回首往事。所谓往事，是人生经历中，一位学人过往的所思所想，所作所为，包括情感理解，感知期盼，行为表现，活动轨迹。就个人体会来说，尤其是遭遇歧视时的愤懑、事业挫折时的忧虑、病痛折磨时的感受。总之，是与学人群体相联系的在情感时空中走过来的过程。我接受了建议，自当做认真的回顾，敞开心扉，实事求是地思考梳理。我发自内心地感激张志斌先生对我的关爱、支持和鼓励，并充分尊重、完全赞同其一切以发生了的事实为依据的撰写原则。我一向主张以异者为师，以拳拳之心欢迎学者友人赐予的批评。

时间是人的内感觉，对本体性情感的历史性感受。显然时间情感化不是一般抽象的认识，它呈现出人类学某种历史的感受。《论语·子罕》"逝者如斯夫，不舍昼夜"，多么深刻的感慨！非通由理知，非通由天启而通，由人的情感的渗透，表达了对生的执著，对存在的领悟和对事功生成的珍惜。毫无疑问，时间不是主观理智的概念，不是客观事物的性质，也不是认识的先验感受的直观。时间确是情感性的，其存在、顿挫、绵延、消逝均与人的情感联在一起。毋庸置疑，如果情感没有时间，那将是生命的虚无。若论空间，则与时代的变迁密切相关。吾总以儒家仁学为归依，志道、据德，后游于艺而成于乐，掌握了物质实践熟练自如的能力，陶冶塑造内在的心理追求。"博施于民而能济众""从心所欲而不逾矩"。若如此合规律性与合目的性的和谐统一，则可以达到实现人道、人性、人格的完成。

人到老了，总要活得明白些。我近耄耋之年，预设先行到死亡中去，体悟人生的自觉。早些给后人留下遗嘱，一定要自然而然地逝去，不要任何的追悼仪式，淡然而去，是我衷心的祈望！我的一生。学医业医，处人世间做医、教、研，诚不敢唱导航之列，然一直负弩向前。实话机不逢时，感慨无怨。冀盼后学既往圣、开来学，转中医弱势，求国家复兴，渴望昌明常矣！

三年前，为防控甲型流感，不幸于现场感染，大病一场。其间因虚弱，可谓百病接踵，只有接受，忍耐苦痛，参禅心斋，思想积淀融入了人的智慧德行，焦虑、抑郁、烦躁、畏惧，始得以缓解。历经手术而病痊。我感谢上苍、家人、师长、学长、学生、友人的关怀鼓励。于大病之后，又活了下来，直面日后的生活，在展望未来与回首过去交集于一身的情感时间里，顺事安宁，庸常平和地过好每一天。"语到沧桑意便工"，以内在心理的真实，支持构造自由的时空，由此在的哲学和流变着的情感走完自己的路。

2017 年，79 岁

2017 年图 1　2017 年的王永炎先生

1月，中国标准化协会中医药学标准化分会成立，先生被聘任为会长。

6月，以书院院长身份为江西中医药大学岐黄书院第二届毕业生颁发学生毕业证书。

2017 年图 2　中国标准化协会中医药学标准化分会会长聘书

2017 年图 3　接受中国标准化协会中医药学标准化分会会长聘书

2017 年图 4　在中国标准化协会中医药学标准化分会成立会上（左起：林丽开、黄璐琦、王永炎、韩学杰、王燕平）

10 月，接受中国科学技术协会采访，发表了"中医药学标准化建设的若干意见"。

11 月，接受广西壮族自治区政府发起筹划《医道千年》百集电视纪录片策划草案的咨询工作，同意担任医学顾问。同月，作为《中华医藏》专家委员会主任委员，参加《中华医藏》编纂专家咨询会，做了重要指示。

此年，国家新闻出版广电总局授予由王永炎、鲁兆麟、任廷革主编的《任应秋医学全集》国家政府出版奖图书奖。

2017 年图 5　在博士后开题报告会上讲话

2017 年图 6　在《中华医藏》编纂专家咨询会上（左起：余瀛鳌、王永炎、李经纬、钱超尘）

这一年中，发表了多篇重要论文。如《临床经验刍议》发表于《现代中医临床》第 2 期、《气的诠解》发表于《中医杂志》第 10 期、《近年来中医文献研究的标志性成果》发表于《中医药文化》第 3 期、《自我座右铭的变迁》发表于《中医教育》第 4 期、《试论中医药学的科学性及其现代创新》发表于《光明日报》2017 年 8 月 12 日第 10 版、《中医学证候体系的哲学基础》发表于《中医杂志》第 18 期、《再度思考提高治疗脑血管病疗效的难点》发表于《中国中西医结合杂志》第 10 期。

此年，先生的身体已经有了很大的改善。经过上一年对自己成长道路的回顾与人生哲学的思考，大病初愈的先生减少了社会活动，把精力集中在考虑中医药发展中重要的基础理论与临床思路问题，集中在对年轻中医人才的培养方面。虽然是在医院会诊室接待了江西中医药大学岐黄书院第二届毕业生，先生还是以"通才教育传承中华民族文化的重要意义"为题，为学生们做讲座。在接受中国科学技术协会采访，发表"中医药学标准化建设的若干意见"时，先生提出了学会制定的病证标准提高质量上升为循证指南的依据规范的要求，指出必须在辐射推广过程中重视汇集反馈意见，不能一蹴而就，要定期修订，迈向行业标准。在接受广西壮族自治区政府发起筹划《医道千年》百集电视纪录片策划草案的咨询时，提出：视频"载道"，重视展现中华传统优秀文化是中医药学的"活水源头"，回归追溯始源开端的哲学思维，对中医药直面深化医改，面向国民所需、国家所用，走向未来的世界具有重要的历史意义。

附录 1

《现代中医临床》2017 年 3 月第 24 卷第 2 期

临床经验刍议

王永炎

（中国中医科学院中医临床基础医学研究所，北京 100700）

关键词： 临床经验；悟性；直觉；哲学

医学是人学，不是纯科学，因为医学离不开哲学，更离不开经验。中医药学人有历代医家积淀的宏富的临床经验，又多以"学悟儒学"为主体，兼以学道、参禅。因此，中医药学是以国学一源三流为指针，重视临床经验的传承和擢新，将杂而多来自诊疗实践的鲜活的有似零金碎玉般的经验梳理、汇总，由感性升华为理性，由个体拓展到学派，深化研究之后有可能一部分形成理论。中医药学有理论，中医药的理论多属现象理论，它具有两大特征：一是体现中华民族文化，天、道、自然一体化整体论的理念与象思维，历久弥新，有望对后现代自然哲学与生命科学有重要的影响；二是来自经验总结的理论，返转来指导临床诊疗实践，不断丰富更新理论，提高临床疗效，促进学科的发展。

当今是高概念、大数据技术的时代，针对医学是人学的学科特点，提出了整合医学的理念，主要包括：一是生命科学与人文哲学的整合；二是整体论与还原论的整合；三是意象思维与概念逻辑思维的整合[1]；四是系统性研究与描述性研究的整合；五是循证医学与叙事医学的整合。所谓整合还包括古代与近代、哲学思考与医疗实践、科学技术与人文关怀的整合。我在学医、业医的过程中，感悟与体验到了毛泽东主席提出的"构建统一的新医药学"的论断是正确的，新区药学也是群众喜闻乐见的医学。

1. 直接经验的获得

我高中毕业后，走进中医学府，经过 1 年半的《黄帝内经》《伤寒论》《温病条辨》的学习，懵懵懂懂，似明白又不明白，二年级下学期到矿山诊所实习，实可谓早临床了。对于矿工的常见病"三痛一迷糊"，即头痛、胃痛、关节痛和高血压病，我们先从针灸做起，而后辨证论治，学煎煮汤药，送药上门。内、外、妇、儿、眼、耳鼻喉全科常见疾病都治，亲历对于感冒、肠炎、暴发火眼，用两三剂药可治愈，不仅是学到了老师的经验，重要的是巩固了专业思想，背汤头歌、点腧穴，复习所学，似有豁然开窍的感觉。追忆本科 6 年间三下矿区、五下农村，毕业实习在区级医院参师十几位，那时多是江苏基层名医带教，统计接诊在 10000 例患者以上，体现了北京中医学院首届学生早临床、多临床培养医学生的教学成果。中西互参，普通课学习物理、化学、生物；西医基础课学习解剖、生化、生理、病理、药理等，并安排有西医内、外科的实习，中西医课程比例为 6 ：4，这样的课程安排适合 20 世纪 60年代农村乡镇医疗卫生从业人员的需要。62 届学生毕业前补《灵枢》《素问》理论课程 3 个月，任应秋先生主讲，并与秦伯未先生授予治学门径，蕴寓熟读十三经，通达国学以求深造，为后学筑根基。1984 年 3 月—1985 年 10 月，我时任北京中医学院院长，仍坚持每周出门诊 2 次；1997年 3 月—1998 年 11 月复职当校长也坚持每周查房 1 次；1998 年 12 月奉调中国中医研究院，因"骗子一条街"被查，危局如斯自当恪尽职守，专心临床与科研。无疑，做临床是我人生的主体工作。科研工作 20 世纪是以临床诊疗研究为主，21 世纪介入到中医药标准化、药品上市后评价等临床基础研究。作为一名医生，我体现了恩师董建华、王玉川等前辈训导的要具有深厚中医基本功功底和接受正规西医的培训；并践行了全科医生是做好专科医生的基础。还有学习孔孟、荀子仁学和老庄道学，提高悟性是弘扬国医国药的根本。

2. 间接经验的求索

大学毕业后，董建华先生教导我，要先熟读一本临床案头书《医家四要》，并读丁甘仁医案与张聿青医案，我模拟书写病案之后，渐渐融入自己的心得体会。从 1963 年起至 1978 年改革开放前的这 15 个年头，我约半数时间在基层工作。先后到农村、牧区、工矿参与诊疗、防疫、抗震救灾等工作，如去传染病院带 60 级学生实习，下城子矿诊所带课间实习，与公社卫生院医护及赤脚医生合作等。我曾在安徽枞阳工作过，为适应南方群众的常见病，选读张从正《儒门事亲》与龚廷贤《万病回春》，经临诊运用确有疗效，治中风用下法，于急性期采用通腑化痰，仿大承气辈加全瓜蒌、胆南星、羌活急煎服。后经大量临床观察报告，将通腑化痰法治疗中风推广到全国并写入中医内科规划教材。记得 1964 年春，一中年男性，春耕插秧季节，

大汗冒风后高热 39.5℃，汗出而大烦渴，参照张寿甫《医学衷中参西录》，予急煎服白虎汤加服阿司匹林 0.5g，患者顿时遍身微汗热退。然次日又壮热且精神困顿，经仔细验舌，于舌中心部有白腻苔似拇指大，仍投白虎汤加用苍术、白芷苦辛温药一剂，热退至 37.8℃，可进食稀粥。此案是辛凉重剂加燥湿醒脾获效，又调理后病愈。

1973 年，董建华先生送我去协和医院神经内科进修并开展科研合作，面对神经系统难治病，我选读黄坤载全书六种悬解，黄先生先为儒相，后业医著书，多有理论发挥，如"水寒土湿木郁"之论，辨肝气郁结之证，每投四逆散、逍遥散，效果不佳时，只加一味肉桂面冲服，是为启动一点真阳，改善全身气化，验之则可提高疗效。21 世纪初，非典（SARS）肆虐，广州、北京为重疫区，死亡病例尸检多见大量胸血水而肺叶干枯，恰恰是与刘完素《素问玄机原病式》所论玄府气液理论一致，疫毒灼肺，玄府枢机骤开，水血渗漏胸腔，进而肺热叶焦，论其治疗辨证之外当辨病，给服大黄、硫黄组成的颠倒散，静脉滴注清开灵注射液，争取生还机会。

3. 直觉的领悟

直觉与经验相关。医疗实践中取得的鲜活的经验由感性的、繁杂的现象，升华为理性的、系统的可以再现的技术，显然与医生的"悟性"密不可分[2]。一般说如果患者看得多、病种见得多、经典医书读得亦多的自然是位好医生，直接与间接的经验丰富，有可能"悟性"亦高。但经验与悟性并非正相关。悟性与直觉的关联性不容忽视，悟性是将经验推向广深和创新的内驱力，常是新见解、新方药的起源。什么是直觉？又什么是直觉领悟？譬如方桌的"方"，白马的"白"，只可思而不可感即为共相直觉，而方形桌子与白色的马则是可视的物质。直觉决定于心灵状态，医生的素养使其将感受到的恍惚不定、来自多方面的印迹移入思想背景而具体区分为相对的、短暂的、来来往往的一种类型的心灵理念。直觉领悟还只是假定尚需认证，如是蓝还是绿？已区分、未区分或不确定由电磁波即可确证。又如恍惚之数起于毫厘，毫厘之数起于度量，取象运数而运数即"数度"，来自《易传》，主要是哲学，也有数学。直觉与悟性是哲学范畴的内容。

脑卒中急性期腑实痰热证用下法，并采用承气汤类治疗即来自于直觉。缘腹中燥屎便结苔黄，群众称卒中为"痰火"，然腑气不通浊气必上逆，烦扰元神，此因脑肠是关连链是通过临床观察认证获得的科技成果，进而推广至海内外，早于西医脑肠肽紊乱学说数年。另则对多发性脑梗死的认识，其病灶多在同一脑区，继发血管性痴呆，经病理解剖证实脑软化的病灶增宽增厚，影像学检查示半暗区扩大。但起初的想象来自直觉，由对产于河北巨鹿的一种

杏子晚熟一旦落地，迅即腐败变坏的观察，是日常生活知识引入到脑梗死多次复发致脑软化的推演。又随多位参师襄诊，他们皆善用萆薢，谓其寓有"助阳化气"效用，除祛湿利水外，反复查阅本草，记有"善治老人五缓症"，以百合科菝葜属的萆薢总以行阳、导阳之力能使阴气化、阳气伸以利关节助健运的功效。一种直觉以萆薢用根，根多节而虚软而有阴化阳伸作用。还有儿科重望诊、妇科重切诊、疮疡重护卫"缺口"是全科与杂学对医生临床经验的开启直觉的要素。追忆在京西矿区带课间集中教学实习，随董建华先生治一中年男性矿工，症见日晡发热38℃以上，头眩，右脉沉弦，查无肺结核及矽肺影像，血象未见感染表征，拟诊"阴火"，予补中益气汤，服1周余体温不降反升至38.5℃以上，缘方中升麻、柴胡提震阳气，头眩加重，此逢先生去世界卫生组织开会，嘱我守方观察，其后半月余患者手足转温，食欲改善，凭直觉认为守方有效，最终服药42剂，守方愈病。进入21世纪我兼聘北京师范大学资源学院教授，带教了工学、农学、数理、生物、心理、社会多学科的博士后出站，教学相长，自认虽非杂家，但杂学知识与技能，对一个医生却有必要。譬如教学查房直面难治病，从心灵深处恍惚闪过的思绪即是直觉，显然不是来自医书，也不是既往治病的经验。举例说明，一青年患者，高热39℃以上2月余，但食睡一般情况尚好，多种检查未获阳性支持，经过2个多月的治疗仍是发热待查，查房时突然闪念"反者道之动"，嘱其停用中西静脉滴注药物，5日后病愈。实则其病发热由药物过敏引发，使学生理解到凡发烧即吊瓶输液的弊端。晚近，科技部设有抗生素耐药研究项目，如何设计研究方案？我思考过，直觉告诉我，病毒、细菌、原虫的变异与药物靶点及抗菌机制都是多基因网络失控，菌和药是网络对网络相关机制关联性的问题，而从天然植物筛查抗生素难以通行，据悉青蒿素抗疟亦有耐药，联合用药复方配伍的理念仍可适用。

近代国学大师王国维先生主张"学无分古今，学无分中学西学"。多元社会当涉猎多学科知识，直觉领悟愈丰富，人生阅历愈精彩，学验俱备则少些弯路、少些教训，有利于自身事业的进步。

参考文献：

[1] 王永炎，张华敏，王燕平．中医临床思维模式与行为范式 [J]．北京中医药大学学报（中医临床版），2012，19（2）：1-2．

[2] 王永炎，商洪才，牟玮，等．强化医学人文理念，直面新医改学习叙事医学 [J]．现代中医临床，2015，22（1）：1-4．

（收稿日期：2017-01-16）

附录 2

《中医杂志》2017 年 5 月第 58 卷第 10 期

气的诠解

王永炎 [1]，张华敏 [2]

（1. 中国中医科学院中医临床基础医学研究所，北京 100700；2. 中国中医科学院中医药信息研究所）

摘要：从唯物史观与唯心史观相结合的角度诠释了"气"的内涵。从太虚原化即是"气"入手，提出物象与心象都属于气，并从原象与气化、原象与意象两个方面阐释了"气"的太虚原化涵义；并对"气"与理，以及中医提到的先天真元之气的内涵从哲学层面进行了阐释，以期为中医学的重要概念"气"的研究提供参考。

关键词：气；太虚原化；太虚原象；意象；心象

Interpretation of Qi

WANG Yongyan[1]，ZHANG Huamin[2]

（1. Institute of Basic Research in Clinical Medicine，China Academy of Chinese Medical Sciences，Beijing，100700；2. Institute of Information on Traditional Chinese Medicine，China Academy of Chinese Medical Sciences）

Abstract：This article explains the connotation of Qi in combination of materialist conception of history and idealist conception of history. It starts with that the Great Void originating is Qi，and then puts forward that the object image and the mental image both belong to Qi. It also interprets the connotation of Qi in terms of the Great Void originating，which is from two aspects：the primary image and Qi transformation as well as the primary image and imagery. This article interprets the relationship between Qi and reason and interprets the connotation of the congenital true original Qi in Chinese medicine in a philosophic view，to be a reference to the important Qi study in Chinese medicine.

Key words：qi；the great void originating；the original image of the great void；imagery；mental image

"气"是中国哲学的重要概念，也是中医学的重要概念。中华文化的书画、文学、艺术均提及气。"气"是什么？气离不开物质性，是物质运化的内驱力；气离不开精神性，是生命一切思维活动的力量。人的本体只能是气。本文将以唯物史观与唯心史观结合诠释"气"的内涵。

1. 太虚原象

太虚即气、即象，非真空而是浩然混沌之气，处散漫状态，为冲气动则易变，属大一无外的范畴。北宋张载提出"太虚即气"的哲学命题，认为太虚是"气"的本来状态。《正蒙·太和》曰："太虚无形，气之本体，其聚其散，变化之客形尔。"无形的太虚，有形的万物，乃是同一物质"气"的两种不同存在状态。太虚即象，指本体意义的原象，非具体物象。原象无音声形色，涵盖心物，消融主客，惟恍惟惚的本体存在，合天人、通物我、应术数的宇宙整体之象，容道通为"一"的一元论。原象，即本原之象，或本体之象。就易之象而言，乃是太极之象；就道家而言，乃是"无物之象"的道象；在禅宗即指"回归心性"的开悟之象[1]。

物象即气，可为感官认知，如郁蒸凝聚，"出入废则神机化灭，升降息则气立孤危"，属形而下之象。心象即气，非感官认知，若廓然大公湛然思慕，其心灵思维、直觉体悟属形而上之象。太虚原气即是人的形体和人的精神思想的本原；太虚原象当是充满无穷无尽具有生化能力的原气。

太虚原象涵盖了通过感觉器官感知的"物象"和虽然不能用感觉器官感知却可以通过心灵体悟的"心象"。物象与心象作为同一物"气"的两种不同显现方式，都是"气"之"象"[2]。

1.1 原象与气化

原象即元气，是构成万物最基本的要素。原象生成的人体之气是构成机体和维持生命活动的具有很强活力的最基本的物质。《庄子·知北游》曰："人之生，气之聚也，聚则为生，散则为死。"又喻昌《医门法律》曰："惟气

成形，气聚则形存，气散则形亡。"新儒家程朱理学以某事物必有理为哲学命题，有理必有气，气禀清浊与良莠相关。张载《正蒙·乾称》曰："凡'有'皆象也；凡'象'皆气也，象与气同物异名。"《周易》谓太极即浑纯一体之气，两仪、四象皆为气，阴阳营卫、脏腑经络均有气，气化体现人体生理功能；病象证象，以象为素、以素为候、以候为证、据证言病当是气机流转失常。人的灵明神机常与变均为元气所主。从中国哲学视角看气与气化，依"道通为一"，"一"为大数，大一无外，大象无形，大音无声，气与象无音声无形色。《老子》曰："大曰逝，逝曰远，远曰返"，大一即太极合天地阴阳二气，精气神三生万物，气血津液五脏六腑，……远概为"九"数，返为小一无内，可谓"恍惚之数起于毫厘，毫厘之数起于度量"，比喻当今的微粒子基因网络等。大一寓有小一，小一蕴涵大一，尽管同一的象，由一个替代另一个，而终归都是原象的"流动或转化"。概言之，阴阳的相互作用是气与象变化运动的根本原因。《素问·六微旨大论》曰："是以升降出入，无器不有。"可推及气化是气的运动产生宇宙自然各种变化的过程，包括形态、功能、信息、表现的各种变化，体现了天、道、自然的总体。

1.2 原象与意象

原象作为本体性存在，就主客而言，物象与心象都是原象的体现，也都是原象所生，以显明的方式呈现，如形态、功能、信息等物质性；最终又以幽隐的方式如意念、直觉、想象等心灵体验回归于原象，故是物质性与意识性融汇的一元论。

立象以尽意，《庄子·天道》曰："语之所贵者，意也"，明确将意象擢升到思维的层面。以意立象、立象尽意的意象思维是国学国医思维的核心。中医药学的意象思维从象开端即是以象为第一性，一切生命及健康表现于外可见可感的物象心象资料，囊括生理、心理、病理以及对生命体观察与实验的现象、象征或趋势。俞弁的《续医说》曰："医

者理也，理者意也，何稽乎？理言治，意言识，得理与意，料理于未见曰医。"医者意也，理也，凸显了对人的生命与疾病的观察、分析、归纳、概括、推演、论理的思维能力。宋明以降，受新儒学派"格物致知"和"致知格物"的影响，对意象思维更趋向于理性，充分表达其主体作用。

2. 气与理的关联

某事物存在必有其存在之理，有理必有气，这是一个哲学命题。理即道形而上，气即器，器形而下，道与太极相关，人与天地相参，物我一体。荀况是儒学的现实主义派，其论点是：凡是善的、有价值的都是人为努力的产物，价值来自文化，文化是人创造的。人在宇宙中与天地有同等的重要性，天有阳光降雨露，地蕴矿藏产粮棉，都与人制作工具、从事生产和生活密切相关，故人与天地相参。董仲舒曰："天生之，地养之，人成之"，"成之"立于元神，节乐即文明文化，"节乐"之节即礼乐传统之礼，礼不只是礼仪祭礼，礼有调节人世间人际关系的作用。儒家学说讲《周易》，"易、变易、不易"本身是抽象的象数系统。《易传》讲"道"为多，可名；64卦384爻的卦辞、爻辞代表宇宙的道，赋予宇宙论的形上学伦理学。《易传》"道"的多样性体现"数度"，即太虚原象的取象运数，此在事物之理。抽象即"道"，具体物象为何是需要科学实验解决求索的问题，如同样是树，一个开梅花，另一个开玉兰，其理在种质基源不同，已由科学验证。

道学讲"道"是真正的无，无者道通为一，"一"即浑沌一体，亦是太极。"极"是屋中正中位之脊，极至即无极而太极，太极与太虚原象、太和之气同理。"极"表示事物最高的思想原型，太极总天地万物之理，"道"等同于"太极"，太极生两仪、四象、八卦、六十四卦，两仪可谓一阴一阳之谓道，万物生成的"道"，亦是人性本质本体之道。此就是儒家"数度"与道家"原理"的契合，可谓儒道互补。

太和是气的总名，哲学、工学、农学、医学、文学、艺术所讲气如气立、气势、风骨、合力、魂魄等均能体现气的力度。太和之和与异可相容，相异之气味、禀性等不同品类之事物按一定比例恰到好处地融合为中，为正而中。正亦即太和之道，在功能上含浮沉、升降、动静相感之性，是生氤氲、相荡、胜复、屈伸之始。中和之气，气禀分清浊。人吸入天阳之清气与食入之谷气，清浊合一化生为元气。元气积于胸中为宗气，充养脏腑经络，营卫津液其流转变化皆是气的功能，是物质性的。另一重要的方面，恬淡虚无、清虚静泰的生活，此在其生命力量也是气，神、魂、魄、意、志与五情相胜，人的意识、思维、理解、想象等精神活动都有气的功能所在。古代贤哲所论人成之谓气立元神。

实践美学讲人类进化在学、用、制作工具生产实践中，求真合规律性顺自然，储善合目的性为民生，终以真、善、美立命顺势安宁，消溶于大自然中去。晚近叙事医学的构建，医患形成道德的共同体，批判买方卖方错误的医疗价值观，医者贴近患者内心，倾听疾病带来的苦痛、焦虑，体贴老年的孤独、寂寞，抚慰心里的伤痛是今后临床医学发展的方向之一。

3. 先天真元之气

真气即元气，"天真"系先天禀赋的真元之气，其为人类生命的原动力。对如何保养"天真"的过程中，也揭示了中医学"主动合道"的能动精神。"恬淡虚无，真气从之"，生活庸常质朴，顺势安宁，心境维持清虚静泰，"外不劳形于事，内无思想之患"。虚无指无私欲之心而作事，无为无己无功。道学讲"道"即无、璞，心合于气、气合于神，神合于"无"，追求物我两忘的纯素境界。真气存之，指真气顺从于"道"，精神湛然清静不会干扰耗散真气的升降出入，缘此真气才能依"道"，即生命本然的规律生化运行，此即"恬淡虚无，真气从之"的本体。

"精神内守"指人的精气与神气均应潜守、不宜妄泄，妄泄则为致病之由。精气系天地间的灵气，人体形神脏腑百骸的健康衰败与天地同寿，精神内守其核心是按照自然之理，守住自身之神，则能支配自身功能长久保持正常运行的状态。所谓"积精全神"即积聚精气，保全神气；又"呼吸精气、独立守神"，均强调精神在养生祛病延寿方面的重要作用。

关于神气、守神、形与神俱的诠释，自20世纪60年代以来，人们因时代因素怕触动无神论，不仅于哲学研究即使中医学界也多有回避之嫌，然医学作为人学是必须研讨的问题。《黄帝内经》直接以"神"代表人的生命现象，以"神"的存在与否作为判定人生死之标准，"得神者昌，失神者亡"，因"神"在，万物才有生命，这是生化生理心理之归依。先秦道家思想认为，"神"是有形与无形之间转化互通的主因，而且神在生理上为人体生化功能之主宰，但在文化层面上，则表现为智慧。中医学的妙悟就在于从无形处着眼来把握有形的官能，因此，在对待"形""神"关系方面应更为强调"神"的作用。即使有"血气者，人之神"，诸如"神"由形立，依于形而存在的物质属性，但其目的还是为人之有意义的生存提供一种物质基础，重在深入阐释"神"的灵明，成人者立于元神，过于强调形的作用，只能导致神的著滞，终使神气散乱而形体官能不能相保，这是人生命中一以贯之的道理。"形与神俱"指形与神的高度平衡的状态，即生命存在以及身心健康的基本特征。健康是指人体在形态结构、生理功能和精神心理诸方面的完好、协调状态。形是人的躯体，神是观照自己、观照万物的精神，即所谓的"形神俱备，乃为全体"。

中华传统文明讲"法于阴阳，和于术数"。阴阳被认为是孕育于自然规律之中并推动自然发展变化的基础因素，是各种食、物孕育、发展、成熟、衰退直至消亡的原动力，也是逻辑思维基础的核心要素，它既是天地万物的准则，也涵盖医学治病必求其本的理念。和于术数的"术"指方法、技巧，数有哲学之数与数学之数的分别，这里讲的是《周易》象数系统，哲学的数是反映事物的规律。《老子》第四十二章曰："万物负阴抱阳，冲气以为和。"冲气是"易变"流转运化之气，和即承制调平，此在不仅限于养生，确与人生的世界观、认识论紧密相关，维持良好的生活方式永恒不变以为常，保存先天赋予的生命真源。又"德全不危"，"德"即人符合"道"而表现出的本性，亦是本原的生命规律。若能体悟本原的生命规律，自然能够远离危难而得终天年。

《周易》的核心思想在《乾卦·象传》有一个经典表述，曰"乾道变化，各正性命。保合大和，乃利贞。首出庶物，万国咸宁"。大和即太和，是最高的和谐，既包括人与自然的和谐，也包括人与人之间的和谐。《周易》的核心思想是追求一种以大和为最高目标的天与人、自然与社会的整体和谐，其思维模式是一个阴阳互补的宇宙观、世界观，代表了中国文化自强不息、厚德载物的根本精神，对我们今天人类社会的建设也具有很大的启发意义。

参考文献：

[1] 王树人. 中国象思维与西方概念思维之比较 [J]. 学术研究，2004（10）：6-15.

[2] 王汐朋. 张载思想的"象"概念探析 [J]. 现代哲学，2010（2）：123-128.

（收稿日期：2017-01-22；修回日期：2017-03-01）

附录 3

《中医药文化》2017 年 6 月第 3 期

近年来中医文献研究的标志性成果
——评《海外中医珍善本古籍丛刊》

王永炎

　　摘要：海外留存的中医古籍是中医学术研究的一个重要组成部分，《海外中医珍善本古籍丛刊》通过对中国稀缺甚至散佚的海外古籍进行收集整理，重新刊录，具有文献和学术研究的双重意义。其收集的海外图书版本珍稀、编目详明、提要精审，是一部难得的中医药文献研究的标志性丛书。

　　关键词：《海外中医珍善本古籍丛刊》；古籍；善本；中医；海外

最近在全国卫生与健康大会上，习主席提到要着力推动中医药振兴发展。《海外中医珍善本古籍丛刊》（中华书局，2016）[1] 大型影印丛书在此时杀青，切实为推动中医药振兴发展助了一把力。

该丛刊主要编纂人员，多为中国中医科学院医史文献界前辈学者马继兴、李经纬先生的高足。20 世纪 90 年代改革开放之初，"春江水暖鸭先知"，他们就利用走出去的机会，先行开展海外失传中医古籍的抢救回归工作。

1999 年我到中国中医研究院任院长时，得知本院有这样一个富有中医特色的研究项目，非常高兴。历史上许多中医书作为中国古代文化交流的使者，传流海外。其中有相当一部分至今留存海外，且部分珍善书种与版本在国内业已失传或稀见，这不能不说是中医宝库的一大损失。为了鼓励他们扩大战果，我建议他们大胆申报国家科技部课题，并尽我的绵薄之力为他们奔走呼吁。从 1996 年到现在，该项目先后申报了 9 个不同来源的课题，历时 20 年，终于基本完成了海外调研并复制回归珍稀中医古籍的历史任务。有关海外珍稀古医籍的调研回归艰辛过程，已见主编郑金生撰写的丛刊"前言"，兹不赘述。我想着重评述的是该丛刊的内容、编纂及研究方面的若干特色。

1. 收书珍稀

清末至民国初期，我国学者曾从日本搜罗回归了一大批国内散佚的中医古籍。这批医书中许多都已经影印或校点整理出版。《海外中医珍善本古籍丛刊》收录的这批海外中医古籍来源更广（包括欧美若干国家和地区），数量众多。全书共403册，收书427部（约22万页）。其中宋版书8部、元版11部、明版214部，占了全书的一半以上。此外还有日本刻本18部、抄本113部，朝鲜刊本16部，又占了全书的三分之一。其他则为清刊本（40部）与近代抄本（7部）。若按不同内容的书种计算，该丛刊含子书513种，其中成书于宋代及其以前者71种、金元47种、明代324种。也就是说，明代及其以前的古医书占了丛刊的85%以上。其余则为清代医书70种、朝鲜医书（全为中医内容）1种。在一部以中医古籍为主体的影印丛书中，明代及其以前的版本、成书于明以前的书种占如此大的比例，实属罕见。更重要的是，以上427部古医书中，属于今国内已失传的书种达160余种，失传的珍稀版本则有280余部。因此，这批古医籍具有非常高的版本与文献价值。

此外，这批古医籍也具有很高的学术价值。我国今存宋以前医书屈指可数。今存世的全部宋代医书不过百余种，其中医方书只有40余种。宋代医方书以传信经验者居多，学风严谨，故倍受后世重视。而该丛刊收录的宋代医方名著就达22部（包括4种宋版及6种据宋本复抄本）。国内失传的书种有宋余纲《选奇方后集》[2]、方导《方氏编类家藏集要方》[3]、黎民寿《黎居士简易方论》[4]、刘信甫《活人事证方》（前后集）、严用和《严氏济生续方》等。另南宋名著《十便良方》40卷，今国内仅存残本10卷，而日本藏有该书残存31卷抄本。日本藏本收入该丛刊，使之可与国内藏本互补。因此，众多宋代方书是该丛刊的一个亮点。

除宋代医方书外，该丛刊还收录了许多价值很高的国内失传古医书。其中宋代刘元宾《通真子补注王叔和脉诀》《通真子脉要秘括》，金代张元素《洁古注脉诀》，元代吴瑞《日用本草》[5]，明代赵继宗《儒医精要》、张四维《医门秘旨》、陈谏《苍斋医要》、吴球《活人心统》、孙光裕《血症全集》、吴文炳《军门秘传》、施沛《灵兰集》（初集、二集）等医书，可分别对中医理论、临床各科、本草、脉诊、军阵外科等研究提供极为宝贵的材料。

该丛刊收录数以百计的古医籍珍稀版本，也可为校勘及考镜学术源流提供重要参考。例如，中医著名方书《和剂局方》，其早期版本在国内少有收藏。该丛刊收录了海外所存该书的宋、元、朝鲜活字覆刊元本及明前期刊本共6种，可望对重新校勘整理《和剂局方》发挥重要作用。又如当今医、释、道三界都很关注的《易筋经》，其成书及版本一直争议纷纭。该丛刊收录的日本江户时期抄本（海岱山人顺治十八年序）为理清该书发展源流发挥了至关重要的作用。可以预见，该丛刊所收录的国内失传古医籍书种及珍稀版本，将为今后辨章中医学术、考镜文献源流提供许多新的宝贵史料。

2. 编目详明

自古以来的大型丛书，在子书分类方面着力甚多，但为子书编制目录者甚少。清代《四库全书》如此，近代的《四部丛刊》《丛书集成》也是如此。世人多不了解为古籍编制目录的意义，将其视为简单劳动，其实不然。

古医籍的编纂没有严格统一的体例。一般官修，或文化水平较高的作者所编医籍，其原书多有较好的目录。但更多的出自民间不同文化层次作者之手的医籍，其书或无目录，或虽有目录，却存在或繁或简，或目录与正文不一致、目录层次失序等许多问题。为这些书籍新编目录，厘清其书籍的编纂体例与层次，可使目录与正文保持一致。且目录分级繁简得当，不仅可方便读者查阅，也是考镜该书内容体例的重要环节。丛刊编者与中华书局编辑们密切合作，以所收各子书实际内容为依据，全部新编了目录。在此过程中，发现了很多原著错简缺页之处，有的甚至是原书编纂时的失误。针对这些问题，作者将错简者调之，谬误者正之。缺漏者能补则补，不能补则予注明。经过一番编目整理之后的古医籍，已比原书更为完善，更便于检索利用。

为古医籍新编目录，必须把握全书的构架与内容层次。尤其是某些大体属于丛书类的古医籍，其编纂体例繁复而不规范，层次欠明。若不理清其纲要，势必头绪纷乱，不知所云。例如明代《伤暑全书》（专著）与《医学研悦》（丛书）合刊，因两书合排卷次，扉页又以首书为名，故常被误解《伤暑全书》即此丛书之名。又如明王执中《医学纲目》（原名《伤寒指南》）一书，既录他人原著，又辑诸家之书成卷，甚或自编子书，体例混乱，书名剜改，以至于原馆藏目录都误把《医学纲目》《伤寒正脉》视为二书，分别被置于不同的类别。但经分级编目处理后，该书的结构一目了然。类似这样古医书还有明代的《医学统宗》《医种子》《新刊三丰张真人神速万应方》等多种。由此可知，影印古籍时按原著重编目录，绝非易事。该丛刊各子书的新编目录，为现代影印古籍做出了一个新范例，值得赞扬。

3. 提要精审

大型丛书配合诸书提要，可发挥"即类求书，因书究学""辨章学术，考镜源流"的巨大作用。这也就是《四库全书提要》被后世奉作治学指南的原因所在[6]。《海外中医珍善本古籍丛刊》收书虽仅 427 部，但多为国内稀见，很少有人进行研究，因此要完成全部子书提要也并非易事。该丛刊属于中医古籍专题，如何能把握诸书的学术特点，更需要深厚的中医学及医史文献功底。

该丛刊提要的执笔者郑金生、张志斌两位研究员，均属中医学出身，且从事医史文献研究多年。观其提要凡例，每一子书提要分原著客观描述、作者及学术内容要点、著录与流传三部分。其中客观描述部分体例谨严，先后有序，著录规范，对鉴定版本具有重要参考价值。著录与流传部分则上溯书目著录之源，下探收藏传承之流，简而有要。

该提要对诸书学术要点的归纳与探究颇多新见。该丛刊以明代成者及明刊本为多。这一时期的医书种类虽多，但其整体质量则逊于宋代医书。尤其是某些坊刻本，或有拼凑杂糅、托名伪造者。提要解说这类医书，若仅停留在罗列书中目录的水平，则无法发挥辨章学术的作用。该提要在充分汲取前人研究成果的基础上，又辅以撰者个人的研究心得，对许多医书的作者及其内容深入进行辨析，因而能取得很多新的成果。

例如，提要在介绍《易筋经》一书时，对该书的成书年代、"易筋"经法要点及底本年代，都有十分明晰的介绍，且明确指出日本江户时期抄本（有海岱游人序、沈玉田校定）是当今传世各种抄本之最早者。该提要能如此胸有成竹下此论断，是因为执笔人张志斌研究员已经对此书有专门研究，并发表了多篇考证论文[7]。又如明李时珍《本草纲目》曾经著录元吴瑞《日用本草》，并引其文百余条。[8]今国内所存题为元吴瑞编辑、明钱允治校注之《吴太医日用本草》三卷，其文与时珍所引并不相同。郑金生研究员在得到从

日本龙谷大学所存八卷本《日用本草》之后，将其逐条与李时珍所引核对，证实八卷本《日用本草》才是吴瑞之书，三卷本乃取明宁源《食鉴本草》改编更名而成。类似这样拨乱反正、纠谬订讹之处在提要中甚为多见，足证该提要确实在考镜学术源流方面下了很大的功夫。

我院屠呦呦先生因发现青蒿素而被授予 2015 年诺贝尔生理学或医学奖，该项发现曾从中医古籍中得到启示。这一事实表明，中医古代文献至今仍具有很高的发掘研究价值。《海外中医珍善本古籍丛刊》从底本收集、整理编辑、研究考订，到策划出版，都有可圈可点之处。因此，黄龙祥研究员认为该书是"当代从事域外汉籍回归工作具有示范性的成果"。我院医史前辈李经纬研究员则称赞其弟子们所编之书是"近年来中医文献领域一个标志性的成果"。我以为此评价毫不为过，故以之为题，撰此书评。

参考文献：

[1] 郑金生 . 海外中医珍善本古籍丛刊 [M]. 北京：中华书局，2016.

[2] 郑金生 . 选奇方后集·影印帮助：珍版海外回归中医古籍丛书（第 3 册）[M]. 北京：人民卫生出版社，2008：3-5.

[3] 郑金生 . 方氏编类家藏集要方·影印帮助：珍版海外回归中医古籍丛书（第 4 册）[M]. 北京：人民卫生出版社，2008：3-5.

[4] 熊宗立 . 新刊名方类证医书大全 [M]. 上海：上海科学技术出版社，1984：17.

[5] 郑金生 .《日用本草》的庐山真面目 [N]. 中国中医药报，2003-07-28（3）.

[6] 余嘉锡 . 四库提要辨证 [M]. 北京：中华书局，1980：46-52.

[7] 张志斌 .《易筋经》最早传本——日本藏"沈校本"考订 [J]. 中医杂志，2013（20）：1722-1726.

[8] 张志斌，郑金生 .《本草纲目》整理研究的再思考 [J]. 中医杂志，2016（22）：1896-1900.

附录 4

《中医教育》2017 年 7 月第 36 卷第 4 期

自我座右铭的变迁

王永炎

（中国中医科学院中医临床基础医学研究所，北京 100700）

关键词：中医药事业；座右铭；心悟

中图分类号：G64

座右铭是格言，是人生态度的宣言，是认识自己，提醒、激励自己，为人处世的信仰，应践履始终不渝。早年读中小学，课业成绩平平，智力晚熟，学悟儒家"三人行必有吾师焉"为座右铭，父母嘱敬重他人，谦卑做人，向老师、学长学习，见到校内工友也驻足问好。读大学时逢国家发展教育建立若干新校，扩招在职学生，从学业看理、化、生物自有优势，恳于助学；至于调干生处世均有所长，当向学长求教。尽其人生走过来的路，做教师向学生学习，教学相长，吸纳青年生机活力充实自我；做医院、学校、科研院所负责人以干部群众为师，一心向学，尽心尽责，严于律己以泛众爱为怀，以谦和的惯性处世。

自20世纪后期，从进入协和医院进修协作，开始了从事科学研究的历程。全球大环境呈现大变革的时期，直面复杂巨系统，无论基础、临床与新药开发均必须是多元化、多学科整合团队开展系统性与描述性综合的研究。缘于此，如何组织完成科研项目预定的目标，同时要提高团队的素养，作为首席怎样整体协调、合作包容就十分重要。座右铭转成"为团队修身，为事业出力"。修身首先是对职业的"敬畏"：一个人的能力、智慧来源于人类学历史的进化，自我禀赋于父母，本体奉教于学校的师长、同学的督导与帮助，同时与融汇自然、社会交友相关，否则你可能什么都"不是"，能谋今天的位置只是一种机缘。修身必须体现对"项目"持有"谦卑"的作风，因为任何科学的发现、科研结论及成果是研究者设定的，只是假说的某种实证，都要有时间和实践的检验，应养成良好的学风。对待过程管理的人世间摩擦、矛盾与冲突，以德行善行充分包容，自我谦卑；对团队成员宽恕，多从正面思考，既谨慎又开放地倾听意见和建议；对于成员之间隐喻的矛盾及时和解，把控不发生正面冲突。坚持敬畏、谦卑是一种定力，危难不二其志，率先自讨苦吃而克己复礼，又礼归于"仁"，以"仁""礼"协调人际关系，化解矛盾冲突，共同提高精神境界。

为事业出力，中医药事业的发展是以学科建设的成就为内驱力，人才素质、技能的提升是关键。中医学与中药学学科体系，按通常标准为高等教育有教席，设立学士、硕士、博士学位，有博士后工作站，学科分支有团队与机构，我们已建立医、教、研、产的完整结构；学科有系列刊物纳入国家信息系统，开展学术传播与科技交流。国家科技部、学位委员会已将中医学、中药学确定为一级学科，业已于20世纪60年代完成。我和学长们对学科体系的完善与自身发展尽心尽责，参与凡属中医药卫生部门自裁的职称审评、招标评奖、学位授权、传承教育、事故鉴定、产业开发、标准制定等等，其成就积50年的努力为业界认可，学术界首肯，得群众拥戴，管理者支持并期许顺利完成。回首50年的历程，艰辛的路让我心中充满惆怅、苦涩负重而前行。缘由国家中西医并重的政策贯彻不力，中焦淤塞。西医是主流、骨干、主掌卫生大权，中医学人受歧视中医学科是

弱势的现状至今仍在。我和学长们从不否定改革开放以来中医药事业、产业的进步；从不怀疑党和政府中医政策的正确性。问题根结在中国近300年闭关锁国，尤其20世纪列强的侵略及凌辱至民族极贫极弱。西学东渐之后，优秀的传统的中华文明被淡化与失落，还原论被捧上了神坛，科学至上挤压排斥象思维的哲学，人与自然的疏离，人们享受自然过分了，人文医学伦理淡化，医院推向市场商业化，医患变成买方卖方丧失道德共同体的关系。

当今的中国政府出台了中医药发展"十三五"规划，为中医学人对学科建设的变革创新增添了自信、自觉和动力。既往我和学长们做了"中医方剂配伍内涵、潜能与研发模式的研究"，历经10年以异者为师，听取学界制药业界老师的意见、建议与评价，于去年方在中国中药杂志刊出。对证候体系共识疗效的多维评价；中风病系列方药抢救疗效与新药研发；对中医药标准化行业、国家、国际标准制订及修订的质量评价规范等均是团队未竟的事业，虽经 WHO、国家自然基金委、科技部、财政部合格验收，但结论尚需时间和实践的验证。对于病络、玄府、禀赋等学说的诠释以及临床思维模式、象思维与概念思维相关性的研究于中医学术界有一定影响但均有待深化。2009年人禽甲型流感H1N1流行，中国首次防控综合集成研究的成就，中医依据明清温病学说卫气营血辨证，成功研发的金花清感方以标准汤剂预防治疗均有效，在美国内科年鉴发表文章后，全球若干媒体报道，WHO 推荐中医药的防控措施，产生了重要的国际影响力。回顾我们所做的工作对中医药事业的进步有一定的作用，确与师长的教育、学长的帮助密不可分，也是国家给了我做校长、院长的平台，与组织信任鼓励鞭策相关，我尽力了但未能改变中医药弱势学科的状况，这是我人生的缺憾。冀望后学传承创新，复兴中医药学科，有生之年甘当铺路石子。

年至七旬以自我道德期许，检讨自己只要做事就可能出错，但主观上绝无有意做坏事。我成长的时代，作为学人在遵命语境中作有思想的学术，在人格层面克服单向度化并不容易，单向度是指我们的教育方针是为无产阶级专政服务，座右铭向往释迦牟尼的"出世"与"入世"，效仿朱光潜先生"以出世精神，做入世事业"。出世之"世"泛指每个人所拥有的生存空间并特指个体因欲念所诱发的世俗功利；出世之"出"，首义是超脱，割舍世俗功利对生命个体终极性束缚与禁锢。出世精神，作为一种"精神"不仅早慧而难为，此即志向高远、洁身自律、沉得住气，在世俗中守住自己。最关键的是看清楚自己的路，坚持走下去，对于我是渴望而未及的事。"出世"词根是"舍己"；"入世"词根是"为群"。孔子与柏拉图皆生逢公元前四世纪，不约而同重视个体人格修养已臻本位，本位者当属人所以为人的根基性价值，理当不离不弃、万难不辞的。

回想20世纪80年代初，虽学悟孔孟荀子儒学以仁德

为怀，学以致用愿将毕生精力、信念、才智向现实时空敬献，为现世"立德、立功、立言"。届时不懂老庄之学，无为而治形而上学的负逻辑，遭遇曲折坎坷贬挫则有必然性。耳顺年后习学"知其白、守其黑、为天下谷"，非登峰而居于谷底，求解蔽与遮蔽的协调，却是"塞翁失马焉知非福"，儒道互补之思，令身心平和，专习治学。校内改任后计 12 年，恩师将我向学术界推荐主持学科学位授权、博士站遴选；科技招标投标与评奖；中国科协知识普及等，期间承担国家与国际重大课题 5 项。秉承"不在其职，不受其禄"，庸常朴实地过日子。自我信念上不忘出世，从未想过重新复职再任校长，学人面对单向度化只能服从组织安排，为人民服务。任内以老庄之学为指征，道通为"一"，无己无功无私欲无为而治又无不为，以朴为纯素，不杂曰纯不污曰素。认定教育者首当先受教育，深挚的"精神成人"当依重，而后才是"专业成才"。顺自然合规律性，利民生合目的性，两者和谐而寓创新的契机，为年轻人营造独立自由的环境。于自我欲求"知行合一""体、观"一致，把握整体流转变化的直观去追求本真本然的我。弄明白我是谁，我正在何处，我将去何方？！这期间做了许多事，确在"入世"上加分，然距返璞归真亦即出世还差很远。

年近耄耋得了一场重病，在防控人禽甲型流感观察中不幸感染 H7N9 流感，出现胸水心包积液，并发心肾综合征，心衰及时控制，肾衰透析百数次不见好转，终于肾移植手术成功。病情康复期间，有了一个从未享用过的宁静的空间，读了一些中国哲学和实践美学的书，写了病中怀旧百余篇散文，还有探讨国学与国医的若干篇文章，也有机会再度回味人生。

人生全过程有许多话题，但未必当真。而"命"题则务必当真，因为它是诉诸人伦的安身立命的根基。根基性命题，则必须给出足以让自己信服，既自适又自慰，可在现实空间有效实践的价值。心系敬畏谦卑做人，最难的还是对待自己，知道如何对待自己，也就知道如何对待他人，这是为人处世之大事。入世靠出世促成了人的价值的奠基，也是出世解释了入世的凝重，若能做到淡泊名利，人道顺天道，应努力觅得既有人格自尊，又不妄自尊大的平衡点，作为支撑"出世—入世"互补整合的框架。

人的生命其实就是活动，活动愈自由，生命亦就愈有意义，愈有价值。一个人在自己有生之年，对自己怎么"做人"认真地想过，想得很彻底，且能无私地、坚毅地去承担因自由选择所带来的结果，这是创新的前提。倡导思想解放，对学人比任何时代做人做事自由选择的机会都增加了，可以说为"入世"创造的条件，更充分、更有力度。我和我的学长们的人生旅程，在农耕文明向工业文明转轨时期，思想领域太多的政治运动，学术层面是还原论被捧上了神坛，中医学是弱势学科，中医学人未能摆脱受歧视的困境。若从根基性人生命题的视角回头看，在单向度语境下活得很累，愈认真就愈累，势必催化在出世—入世格局萌生更多的烦畏和焦虑，自然而然渴求企望出世的解脱，无疑只能追求的是"出世"的一种精神。反复慎重地思考座右铭只能是"为团队修身，为事业出力"了。今生今世甘为后学创新学科道路做铺路石子，冀望振兴中医中药事业，惠泽学界。

（收稿日期：2017-07-01）

附录 5

《光明日报》2017 年 8 月 12 日

试论中医药学的科学性及其现代创新

王永炎
（中国工程院院士　中央文史馆馆员）

引言

中医学体现了中国哲学"天道自然"的观念，"治未病"与辨证论治是其重要的内容。它既重视临床医学实践的理论总结，也强调理论对临床诊疗指导。其理念的本质是整体的、具体的、辩证的，也是变化的、更新的、发展的。中医药自身历史发展的过程，充满了融合、互动和协调，经历了多重对立面的相互转化和吸收整合。

近三百年西学东渐，很多人以西方科学主义为标准，认为中国有"学"而未有科学，否定中医药的科学性。而今，中医药法业已正式实施，科技部与国务院学位委员会的学科目录中，将中医学和中药学列为医学门类的一级学科。依通常的学科标准：高等教育有教席，医、教、研、产有团队和机构，拥有各分支学科的学术刊物，国家政策支持、科学家首肯、广大民众拥戴的中医药学学科体系也已完成。尽管如此，仍有人提出中医有用但不科学，不具备科学主义的诸因素等话题。由此可见，在变化的环境中，如何认知中医药学的科学性及其现代创新确有必要作一探讨。

1. 科学与人文的融合

医学是人学，无分中西。

中医药学的理论体系缘于阴阳五行，天人合德尚一之道，又离不开临床经验的积淀和体现整体性与辨证论治的理论指导。因此，中医药学具有科学与人文的双重属性。

当今，医学科技进步了，数理化学的成果推动了医学技术的进步。20世纪，人类防治传染病和感染性疾病取得重大成就，器官移植带来生命延续……但医学人文伦理的淡化异化，成了新的问题。中医亦然。

医患矛盾的根源，是利益冲突演变成买方与卖方的关系。医者与患者本应是"尚一"的共同体，而现实情况却是，医患关系一度紧张，甚至伤医事件频频发生。其中日益凸显的伦理、法律与社会问题，激发了医学界与社会各界对医学人文的广泛关注。医学人文，就是一种人文的医学，其基础包括哲学、文学、历史、艺术、政治、经济、人类学等。这些人文学科在医学中具有重要价值，是医务工作者服务患者，谨慎和正确决策中必备的基本素质，也体现医护人员的人格教养。21世纪叙事医学的诞生，是为了保证在任何语言环境、任何地点，医务工作者与患者相遇时，都能全面地认识、理解和尊重患者的苦痛，懂得关注、聆听、建立患者的归属感。

中医药学具有敦实深厚的国学积淀，尤其是融入了儒家"仁"的思想内涵，"仁者爱人""礼归于人""人之受命于天也，取仁于天而仁也"。这里的"仁"，蕴意公正、自由与力量；"礼"，除礼节祭礼之外，还有调节、和合与协调之意；"天"的定位当是整体的大自然。

《黄帝内经·素问》撰有疏五过论与徵四失论两篇，明示医者的过失作为戒律，为生民疗疾愈病者自当警觉慎行。其理念敬顺自然之德气。德气为道之用，生之主，必当敬顺之。在西学传入后，西医逐渐占主流位置，中医学人中有失对自身规律坚守者，不论病情需要与否，一概中

药加西药，凡遇感染，一律清热解毒加抗生素，而识证立法遣方用药日趋淡化，多用中成药而少了辨证论治用汤剂。至于坚持科学人文双重属性，尤其读过《十三经注疏》者，更是凤毛麟角。人文哲学对中医学人而言，也已面临断代的危险。

2. 象思维与概念思维的互动

象思维是从中国传统文化的内涵和特征中提出的，是几千年来中国人思维模式的主流。它具有非实体性特性，是中华民族文化最高理念"道""太极""无""一""自性"等观念的表达。

象分属原象、具象、表象、意象等不同层次，体认原象是"体""观""悟"深化诠释的过程。近三百年来，西学东渐，随着现代科技的发展，概念思维、逻辑思维推动了人类科技进步和社会发展，而还原论的简化、僵化，压抑了象思维，使象思维为人所生疏乃至被忘却了。

从学理上讲，象思维是非概念思维，但与概念思维并非相互排斥，绝对不是水火不相容的关系。事实上，人类解决问题时，象思维，尤其是具象与概念思维是互动的。而论及中医药学的藏象学说、证候体系、方剂潜能等，也都有象思维与概念相链接的研究。关于气、精、神、经络学说，许多心理、禀赋的研究等，都离不开太虚原象的思维。但受西方中心论的影响，象思维的研究一度几乎被完全忽视或回避了。而今，在格外重视创新的背景下，对象思维的重新反思和试图复兴也是时代的必然。

原象是象思维的高理念、高境界，是老子所说大象无形之象，是精神之象，是回归心性开悟之象。象思维之原象，不是西方形而上学之"实体"，而是太虚之象，其原象并非真空而蕴有中和之气，乃是"有生于无"的有，从而是原发创生之象，生生不已动态整体之象。

象思维的兴起，与外部世界的变异相关联。自19世纪中叶始，科学标准逐渐成为衡量一切的唯一标准，把凡是不能概念化、公式化的事物，均排除在"真"之外。应当承认，概念化、公式化是一种还原分析不可少的抽象力量，是人类破解、把握科学问题所必需的，但其抽象化本身，也有着简化和僵化的潜在危险，因此，单纯靠这种思维方式，不可能把握事物活生生的有机变化的整体。

与此相对照，中医药所基于的象思维，则强调对人与自然流转变化的整体把握。比如，中医学的临床诊疗程序，首先是"观象"，通过医者的视听嗅触味，视舌象、候脉象及征象、病象、药材法相等，从"象"开端，以"象"为主，识证治病。

3. 学科方向的变革与创新

随着"以人为本"健康理念的形成，中医药的学科方

向必须变革，以适应大环境的变迁、服务大卫生的需求，这也是当代中医药学人的历史责任。

因此，要将人放在天地之间来看人的健康和疾病。完善以整体观、辨证论治为主体的诊疗体系框架，获得共识性循证与叙事医学的疗效，基础理论概念的诠释与深化研究，"治未病"理念与方法的普及推广，研究思维由"还原分析"朝向"系统化研究"转变的探索，强化建立规范的中医药国内外通行的标准，不断提升中医药学国际学术影响力。

对于学科的属性，必须有清晰明了的认识：一是以大科学为指导，充分开放多学科参与中医学术研究，同时要重视基础理论研究，回归原创之思，整理哲学原理对中医的指导作用。二是要研究复杂系统的相关性，要敢于突破原有学科的边界，提倡整合。三是对不同民族、地域的优秀文化中的科学概念，进行诠释、吸纳和推广。

近十数年间，笔者一直在体认医学方向的变化。新的趋势指明，中西医学有可能朝着整合方向迈进。

中医药学历来以临床医学为核心，其辨证论治具有原创优势并与个体化医学相吻合。中医对方剂的研究，组建了多学科的研究团队，不仅有中西医药专家，还广泛吸收了化学、物理学等专家参加与指导。中医方剂有中药配伍组合的物质基础，又体现治疗效应，是中医理论的载体。笔者提出"方剂的潜能蕴藏在整合之中，不同饮片、不同组分、不同化合物的不同配伍具有不同的效应，诠释多组分与多靶点的相关性，针对全息的病证，融合对抗、补充、调节于一体，发挥增效减毒与减毒增效的和谐效应"。整合效应包括药效物质与生物效应的整合、药物实体与表征信息的整合、药物功效与人体功能的整合。

通过实验认识到，"网络"可以作为整体，是系统的构建基础和关键技术。比如，"网络药理学"在宏观与微观的基因组、转录组、蛋白组、代谢组、表型等不同层次，有基因调控网络、蛋白质互相作用网络、信息传导网络、代谢网络、表型网络等各种生物网络作为复杂系统分析的关键，代表了一种符合中医药整体特色的研究新理念与新方法。

我国学者无分中西展开的复方网络药理学研究，与国际基本同步，有望使中药方药研究跻身当代科技前沿，为源头创新提供强有力支撑。比如，我国首次成功防控人禽甲型流感，在综合集成创新过程中，中医药依据明清温病卫气营血辨证诊治，研发出金花清感方，运用标准汤剂，在预防和治疗中均获得显著效果，论文发表在美国内科学年鉴上，世界卫生组织也建议推广中医药防治人禽甲型流感的经验，提高了中医药学的国际影响力。

目前，医学发展的总趋势，是实施个体化医学、预防医学、预测医学、转化医学和参与医学。这恰恰为中医药学发挥原创优势提供了良好机遇。比如，中医诊疗从整体出发，对同一种病，因遗传背景禀赋体质等差异，证候不同而治疗方药剂量也不同，在医学模式中，强调生理、心理与自然、社会环境的变化相适应，这些都体现了个体化医学的特点。未病先防、既病防变的思想，各种中医保健方法的推介，则践行了预防医学的真谛。中医以五运六气学说为代表，积极辨识体质健康状态及演变趋势，适应各种气候、物候环境的变化，则是现代医学所强调的，将重点放在病前的早期监测。

转化医学作为重点变革之一，更能凸现中医药的优势。中医讲转化医学，是从临床实践中凝聚科学问题，再做基础研究与新复方的开发研究，将基础科研成果转向临床应用，进而提高维护健康与防治疾病的水平。因而，转化医学的研究模式，必须是多学科联合体的密切合作，医院向院前社区乡镇转化、成熟技术向产业研发转化、科技成果向效益民生转化、面向基层医教研产向人才培养转化。

当今的中医学与西医学，能以互补互动向趋同方向发展，能为构建统一的新医药学奠基吗？

产生于西方工业文明基础上的西医学，曾在一段时期内，将诊疗目标侧重于病人之"病"，追求的是生物学指标，重技术重实证，强调必须可重复可复制。在还原论盛行的 20 世纪，这对医学进步有一定积极意义，但从长远来看，有本末倒置之嫌。而中医学的诊疗目标则侧重在病人之"人"，中医学作为整体系统医学有明确的内在标准，如"气脉常道""积精全神""阴平阳秘"等。在具体干预方法上，中医强调饮食有节、法于阴阳，倡导每个人主动参加到对自身健康的认知和维护健康的全过程中去，做到正气存内，邪不可干。这与现代健康管理的观念同样不谋而合。

因此，我们在推动转化医学与运用网络医学作为调整改革的重点时，面对多因素、多变量、多组织器官复杂性现代难治病诊疗过程中，充分体悟还原论与系统论的思想精髓，中医学与西医学基础整合继而生发出新的创新创造的可能性是存在的。

附录 6

《中医杂志》2017 年 9 月第 58 卷第 18 期

中医学证候体系的哲学基础

王永炎[1]，孙长岗[2]

（1. 中国中医科学院，北京 100700；2.潍坊市中医院）

摘要：“证候”作为中医学对疾病现象特有的认知形式，是中医理论在临床诊疗中最具体的体现。其核心内容是中医原创性思维“象思维”背景下“象 - 素 - 候 - 证”的病机证候要素的整合。从象思维出发，以复杂巨系统的观点，结合整体观系统论，探索证候的哲学基础和文化属性，象思维演绎出的本体论特征在哲学上超越了二元论认识的局限性，也体现人文医学的自觉和回归，作为中医学的灵魂和核心内涵具有传承和创新的深远意义。

关键词：证候要素；证候特征；象思维；医学哲学

Philosophical Basis of Chinese Medicine Syndrome System

WANG Yongyan[1]，SUN Changgang[2]

（1. China Academy of Chinese Medicine Sciences，Beijing 100700；2. Chinese Medicine Hospital of Weifang City，Shandong）

Abstract："Syndrome"，as a unique cognitive form for disease phenomena in Chinese medicine，is the most concrete embodiment of Chinese medicine theory in diagnosis and treatment. Its core content is the integration of syndrome elements of "image-element-sign-syndrome" under the background of Chinese medicine original thinking of "image thinking". Starting from image thinking，taking the view of complex giant system and combining the holistic system theory，this article explores the philosophical basis and cultural attribute of syndrome. The ontological charac- teristics deduced from "image thinking" transcend the limitation of the binary cognitive process in philosophy，and also reflect the consciousness and the returning of humanistic medicine. As the soul and core connotation of Chinese medicine，it has profound significance in inheritance and innovation.

Key words：syndrome elements；syndrome feature；image thinking；medical philosophy

中医药学处于生命科学与人文哲学融合互动的高概念时代，学科知识和技能的进步以治未病和辨治现代难治病的疗效，带动了学科框架的更新。在适应大科学、服务大卫生的背景下，促进人与自然、社会的和谐，做有思想的学术研究，提升为民族大众健康的内驱力。中医中药亦称国医国药，当以儒道互补的国学为指针。长期的农耕文明，象形文字造就了中国人象思维的哲学。象思维是中医药学基础理论与临床实践传承创新的源泉。以象思维阐释天人合德、一元正气、取象运数、形与神俱的原创思维及学科的特色优势。从象思维出发以我国首创的复杂巨系统的观点，结合整体观系统论，研讨辨证与证候体系的哲学基础。象意形融通，观天地以察象，文以筑象，象以筑境，境以蓄意，境以扬神。学悟“天、道、自然一体”，开启国学“尚一”“尚同”“崇无”的智慧，试对证候要素整合，证候特征与证候内涵的哲学基础做初步的诠释。

1. 象思维背景下证候要素的整合

2004 年发表的《完善辨证方法体系的建议》[1]一文提出以象为素，以素为候，以候为证，据证言病，病证结合的辨证方法的链接。以“象”为先，体现象思维整体动态流转的直观，象思维有具象与原象的两个层面，论辨证方法以具象为开端，医者通过视、听、嗅、味、触感官看舌象，候脉象及人在生理病理反应状态的一切异常表现，可以说具象包括形象与表象，而表象是情绪心里异变的心象非完全靠视听感官所能见闻，需得心领神会包含隐喻的异象。"素"从象中提取与病机相关的信息，应具单一性的"候"的尽可能是最低的单元。"候"有时空，由一组有内在联系的象素信息组合的诊察观察呈变化流转的情状。象素候连接成"以象筑境"，"境"主要是望闻问切以言语、文字表达的四诊信息主要是症状体征动态变化的境域。以候为"证"，证即证据。通常以数个象素组合的有内联系的复合证候，其外在之候是各证候要素症状体征的集合。证候的诊断与鉴别诊断，无论是病机层面的八纲辨证、六经辨证等，还是病位层面的脏腑辨证、卫气营血辨证等，皆重在辨识、思辨则是"境以蓄意"或"境以尽意"的意象思维，对于证候的机理蕴有本质属性的认识[2]95。在这里概念与逻辑思维从四诊信息的归纳分析也可以抽象出证候的本质性，在人体小宇宙层面具象思维与概念思维是可以互动的[3]42。然而据证言病、病证结合对待"病的人"则必须"观天地以察象"，将人的健康与疾病置于天地之间消融于大自然中去认识，对一元正气的升降出入，对病机病势的整体流转，对预后的顺逆吉凶都需要对人对天对小宇宙与大宇宙的整体观，应变而适变的合规律性顺自然。从体悟证候的象思维的高理念是"境以扬神"，一阴一阳之为道，道生一，一生二而二数神，四诊境域识神很重要，证候的体察当"扬神"，"得神者昌，失神者亡"，应以唯物史观与唯心史观两种取向去认知证候，研讨证候体系。

2. 象思维超越主客二元认识证候特征

证候特征概括为内实外虚、动态时空、多维界面，最核心的内容是症状体征整合真实反映病机。缘此三个特征尤以"内实外虚"最重要，司外揣内以候为证是通过对外在症状表现规律来把握机体内部整体功能状态的本质。当前《中医病证诊断疗效标准》修订的技术方案，其诊断依据是综合参照主症、起病形式、疾病演变过程、主要体征和必要的鉴别诊断；对于证候做内实外虚层次性区分，内实决定干预的原则和方法，外虚对干预起影响作用。通常证候"内实"包裹于"外虚"之内，亦即主症为内核，次症兼症与发病季节气候物候还有素体状况等为"外虚"。其层次应该是泾渭分明，然病程进展变化中病位浅深病情轻重，邪正交炽变化等多因素多变量的影响，证候的自适应性亦会相应变化，呈现非线性的特点。譬如患者罹染人禽甲型流感，本以高热、咳嗽为"内实"病状属疫毒犯肺，辨为卫分证，骤然暴风来袭，素体虚弱，原以季节体质因素为外虚，应时应势玄府开而不阖产生大量胸水，症见喘

促心悸，此时演变外虚转换为内实[2]113。

证候动态时空特征的演化性。中医临床诊断分为疾病诊断与证候诊断，就现代难治病的诊断更为重视证候诊断。西医对疾病在时序过程中是以理化生物学指标量化变动做诊断的主要指征，常是不变的，以病情轻重分型，以干预的疗效决定预后。中医诊断重视病的"人"一切表现，以"象、素、候"有内在联系的症状体征为主体，可以参照理化影像指标做出疾病诊断，甚而以主症定为病名的诊断。应该说把握证候诊断为核心。随着时间的推移，空间因素的变化，干预的影响作用及病变本身的变化趋势，证候结构也发生了相应的演化，这种演化从其"内核"开始，直到最外一层最虚之处，都经历了动态发展的过程，从而使得干预的靶向和范围都随之而重新调整，以保持辨证与论治的一致性。证候是由多种因素高维度通过多种多样的联结形式和高阶度联结构成的一个复杂的立体结构网络，该网络随着时间的演进而变化，这是证候内实外虚、动态时空、多维界面的三个特征。仅从证候要素角度看至少包括病因、病机、病位、病性、病势、症状（含体征）、邪正关系、机体状态八个界面。证候的维数越高，会为临床证候诊断带来干扰就越多。《中医内科学》规划教材曾对证候做降维处理，使证候界面最低可减少为病位、病因、主症三大类。证候多维界面特征具有变换性，可以降维降阶、降维升阶与升维降阶。升阶深刻揭示证候的复杂性，对不同界面中各元素之间的联结方式和强度做升阶处理，由此确定对证候诊断具有"特异性"因素。升维全面把握证候的灵活性，因证候是主体的人受内外环境的刺激而形成的整体反映状态，具有很强的个性特征，如体质、禀赋等的影响，因此发生在个体身上的证候是群体共性特征与个体个性化特征的融合。

鉴于证候是链接中医理论与临床诊疗的最为核心的内容之一，为此探索证候本质性的哲学基础是必要的。首先将证候置于主客二元的大框架内，以概念思维做实体化的研究，依对象化现成性规定的定义、判断、推理、分析综合阐释证候本质特征是不可能的[3]20。因为证候是初始化条件，敏感依赖性的混沌系统，其多种辨证方法的证候要素的界定，其具象思维所能表达的以象为素、以素为候、以候为证的概念，也可以运用概念思维分析综合论证，确认其符合逻辑的。但未必能对以"象"开端之象的境界有体悟，因而言不尽意。证候特征具有多因素多变量的组合，主体的自适应自组织反映证候与疾病的真实。辨证过程中证候多维界面的维度阶度变化是非线性、不确定性、不规则的。如同一维度由禀赋体质差异而表现为不同证候；复合证候内实外虚在多种要素影响，虚实夹杂多因素联结或升阶或降阶。证候特征的转换性与灵活性都是整体动态流转的"观"，"观"不仅是感官的视听查体，还有用心用

脑的体悟。象的高层面原象即动态整体之象，庄子"天地与我并生，万物与我合一"，这里的"我"体现本真本然之我，知道天地人贯通一体。老子："人法地，地法天，天法道，道法自然"，人、地、天、道"四大"连贯相通，人回归本真的我，诉诸象思维，克服概念思维的片面性，是超越主客二元，以"我"即"体悟道内本真之我"我为主体的健康与疾病状态，证候特征反映自体生理-病理、心理-病理复杂整体动态重要的本质有积极的作用[3]25。

3. 证候内涵的哲学思考与传承创新

象思维的提出不是偶然的，这是中国经历传统文化断裂之后又重新反思和试图复兴传统文化必然发生的事。一方面重视弘扬民族特质文化的内驱力，另一方面积极兼取世界文化的养分，19至20世纪从叔本华、尼采始，后有克尔凯郭尔、帕格森、胡塞尔、海德格尔等哲学家对西方形而上学的概念思维陷入了不能自拔的异化的反思和批判。唯概念思维、唯理性主义束缚了人类的创造性，西方中心论动摇了，这是他们向东方传统思维方式接近并从中寻求启迪的重要原因[3]34。还有20世纪物理学家德国海森堡、丹麦波尔、法国思想家梅格·庞蒂都自觉或不自觉从各自不同的研究领域，走入"道通为一"的境界。所谓物理学"测不准定理"的发现，不过是宣布实体论形而上学的失败，而承认非实体性亦即"道"的存在，并且这个"道"才是更加本真的存在。中医秉承先秦哲理，讲原象太虚系混沌一体之气。"道"即无、朴；无中生有，气聚成形，形立扬神，又称道生一，一生二，二数神。二即一阴一阳之"道"，循《黄帝内经·素问·阴阳应象大论》曰："阴阳者，天地之道也，万物之纲纪，变化之父母，生杀之本始，神明之府也，治病必求于本"。"应象"的象即道象，"大象无形之象"，"天地与我并生，万物与我合一"之象，回归本真之我之象，证候整体流转演化之象。道曰朴，朴即纯素，复归于朴即复归太极，太极为室中最高之屋脊，太极至无极，回归初始思与精神的高境界，不杂为纯不污为素，纯素体现宇宙人生的真谛，开启"崇无""尚同"自由深思的大智慧[3]26。

证候体系内涵的研究，可以得出较为明确的结论，即证候概念中最核心的内容就是象思维背景下具象整合的象-素-候-证的病机，内核为实的主症，外虚的多元影响因素以内实外虚主体流转的动态时空与多维界面维度阶度层面的灵活转换。证候体系是链接中医理论与临床的关键，最终目标就是要实现理论与实践的统一，在诊疗实践中检验理论、升华理论、更新理论框架，做有思想的学术研究，提高临床疗效水平。证候的"内核"即内实的主症是积两千年的临床实践总结归纳和检验的关于病证的共性规律，而包裹在"内核"之外的症状信息集合是个体的个性表现，

因此就某一具体证候依具象思维而言，在近期内其演化的轨迹是可以预测的，但不能够精准化。其远期的演化轨迹则是难以预测和无法精准化的。可以决定近期的干预的治则治法但对方药不能固定预先设置。随着时间的迁移，干预的原则与方法都会有变化，且难以预先估计。缘于事物多数是混成的多因素多变量多元的，机体有自适应自调节自组织的功能，则需要纳入原象思维去思考。

原象即太虚，太虚非真空，是混沌一体之气。有天体观测恒星黑洞无可见光拥有极高能量，物质运动呈非线性，一旦爆炸能生成新星系。同理，原象是具有初始化的混沌系统，原象是整体流转之象，是大象无形大音无声，无音声形色之象，是天道自然一体之象。原象即道通为一。老子谓地大、天大、道大、人亦大，四大以"一"贯之；德国哲学家海德格尔讲天地人神四位一体。"一"是哲学的大数，道通为一有大小远近之分。惠子讲大一无外，小一无内，大一蕴有小一，小一含有大一；大一可为天、大自然，小一当指物质基本粒子当今的基因多基因网络。老子曰："大曰逝，逝曰远，远曰返。"混沌一体之气聚而成形生万物，远为物之粒子相当哲学之"九"，"一"与"九"的和合一体即是阴平阳秘，和于术数。道通为一与天人合德具有原发的创生性。

天人合德从思维模式上要有正确的立场，人生于天而取化于天，天人一也所显示的是一种整体观。天人合一的整体性是把"主体"包括其中的它是不分主客的，西方哲人看宇宙事物总有一个外在的对象，即使反观主体自身也是把主体对象化了。天人合一整体观是超越主客二元论的。《易传》指出"常事曰视，非常曰观"，"观"是范畴，这种直观与整体不可分离，是不仅眼观且有心悟。老子用道所指的整体，作为象思维的观，"我"主体在精神思维拓宽了原动力，显然在这里拓宽的是思的路径，寻求的创生的生机。大象无形的"大"为生发一切之"大"，亦即无形之"无"，正是非实体的无，"有生于无"的"无"成为真正创造性"生生不已"的源头[3]19。天人合德的"德"是一种力量，顺自然合规律性与利民生合目的性自我激励和合统一的创新动力。学人求知求理求悟，中医学人"读经典，做临床，参明师，悟妙道"，重在求悟，在传承基础上创新。综观道通为一不仅是证候体系的哲学基础，也是先贤赋予中医理论与临床的哲理。

参考文献：

[1] 王永炎. 完善中医辨证方法体系的建议[J]. 中医杂志, 2004, 45(10): 729-731.

[2] 张华敏, 王燕平, 于智敏. 薪火传承：永炎篇2[M]. 北京：人民卫生出版社, 2017.

[3] 王树人. 回归原创之思："象思维"视野下的中国智慧[M]. 南京：江苏人民出版社, 2012.

（收稿日期：2017-07-20；修回日期：2017-08-01）

附录 7

《中国中西医结合杂志》2017 年 10 月第 37 卷第 10 期

再度思考提高治疗脑血管病疗效的难点

王永炎

回顾 1997 年在《中国中西医结合杂志》第 17 卷第 4 期发表的《关于提高脑血管疾病疗效难点的思考》一文，曾提出中西医共同研究的结合点及研究的方法和手段的科学性是重要的，希望在理论和临床疗效上取得较大的进步和提高。截止当今走过了 20 年，原设立的"毒邪损伤脑络"的假说，通过临床诊治脑梗死急性期，尤其是始发态的 72h 之内的检验与相关的基础研究，对提高疗效的难点再度思考。

有鉴于脑出血脑梗死始发态导致的细胞损伤联锁反应和多因素变量的复杂性应急过程，给临床干预的时窗很短，其病理机制是整体动态的流转，纳入复杂系统考虑，与中医学整体观辨证论治有吻合之处，设计中药注射剂制剂联用治疗，寻求有效的临床治疗路径。至于局灶超早期的病理机制探索急则治标的干预措施应进一步研讨。

读《素问玄机原病式》刘河间的广义玄府论，基于《内经》对玄府的认识，将玄府的意义不断延伸，以独特的视角，精练的语言，提出了一个全新的集合着结构、功能与信息的概念，赋予玄府更加广阔深邃的内涵："……一名玄府者，谓玄微府也，然玄府者，无物不有，人之脏腑、皮毛、肌肉、筋膜、骨髓、爪牙，至于世之万物，尽皆有之，乃气出入升降之道路门户也。"（见二、六气为病篇）归纳分析，其一分布广泛，人体、生物体内外各处；其二结构至微至小，所谓"玄微府"即言其形态玄冥幽微，殆非肉眼所能窥见；其三功能上司开合，玄府作为气液血脉、营卫精神出入升降的通道，赖玄府的通利得以维持营卫的流行、气血的灌注、津液的布散和神机的运转。广义的玄府也是在腠理作为腔隙结构而演变出来的一个概念，因而尚应具有结构的腔隙性，正是这种腔隙，才为疏通气液和灌渗血气提供了一个最基本的平台。玄府的孔门属性与腔隙属性和腠理是

一致的，但在结构层次上不同。腠理作为腔隙倾向于组织腔隙属于相对宏观层面，多在皮肉之间；而玄府的结构腔隙乃至微至小的微观层面，与细络相关联，玄府在津血灌渗中的作用，是血液微循环的最终效应，就是气液流通以实现能量支持，新陈代谢。玄府的概念从狭义的汗孔气门、腠理等过渡至玄微之府，在认知上是一个飞跃，它使玄府整合集约成为遍布机体各部位的最基本的玄微结构，其机体的无数间隙融合会通，纵横交错于脏腑组织内外，贯通上下表里，无不通达，为气血津液的流通和神机的运转提供了最基本的支持[1,2]。

脑为髓海，脑居至高之位，为气血之"天池"，脑为诸阳之会，清阳之府。基于脑的结构与功能特征，脑的气血流通最多与分布进入脑内的血脉经络亦最多。缘于血脉经络遍布脑的内外大脑皮层、间脑、桥脑、延髓、脊髓的无处不有的密密麻麻的玄府并与细络连接的通道和腔隙，以适应脑的复杂生理心理及一切思维活动的需要。玄府最微细的通道与最微细的孔隙是物质与功能转化的枢纽。众多的脑之玄府是气液运行之所，气液灌通于细络之中，进行着频繁的津血互化不仅有利于能量供应，更重要的是最大限度地实现了信息交换和代谢废物的排泄。玄府病变概括为"通、利、开、合"失常，基本病机是玄府阻滞，可表现为开合通利不及和开合通利过度两种形式。对中风病而言，出血或梗塞前的病理生理状态是正气虚气机流开合不及，也可由虚气留滞形成，具体表现为开之不足合之有余，同时腔隙通道失约，势必引起玄府气液流通滞着，络脉充盈不足处于气血流变失常状况。玄府既然是微小腔隙，窄窄之所最易留邪，举凡痰湿、血瘀、浊毒内生五邪皆可滞留玄府细络。玄府病变不仅易虚、易滞、易实，若孔门腔隙纡曲乖戾缩窄变形，则气液灌渗流通，神机运转，因正

常结构的异变也是一种潜在的危险因素。中风病本虚标实，气血逆乱在脑，脑梗死或脑出血，是属全身性疾病而病灶在颅脑局部，于始发态急性期，着力于梗塞灶或出血灶病理状态的研究，无疑对指导早期治疗具有重要性。既往提出"毒邪损伤脑络"假说，毒邪形成的机理及属性如何？脑络损伤后的病变状态及演化过程怎么样？至于毒邪败坏形体，始发态的病机对干预的治则治法方药均应做再度的思考。

无论出血与梗塞于始发，先是风火作用于玄府，引起气液流通加速，津血灌渗增强呈开合太过，通利超度，络血之津液外渗增加，淤积为害为水浊，水浊既土阻碍周围脑络，血行障碍形成"脑水肿"，可见毒邪先是水浊，继为瘀血，则是"浊毒损伤脑络"。据CT影像观察呈半暗带显示脑水肿。以模式生物实验，大鼠通用方法造模，电镜观察示细胞微结构严重破坏，细胞核膜不清，有溶解，常染色体明显减少，异染色质凝集，尼氏体破损严重，粗面内质网少而短，大量脱颗粒，线粒体重度肿胀，有絮状沉淀，形成"钙集聚"，线粒体双膜层严重破坏，线粒体嵴断裂、消失。还有大鼠实验性脑出血脑水肿 AQP4 表达呈现低—高—低的变化，即出血后 6h 血肿周围水肿区的细胞 AQP4 表达阳性，随着出血时间延长其表达明显增强，致 6h 达高峰，以后逐渐下降，1 周后仍未接近正常水平。另对于脑水肿组织的"钙超载"也呈现先上升降后下降的趋势。既往国际上对脑卒中神经元死亡机制研究主要集中于"钙超载"，高天明率先揭示了脑卒中神经元坏死的新机制，"钙超载"表现在早期而之后 L 型钙通道功能降低是一个先高后低的过程，其提出了"钙缺乏"是晚期神经元死亡的新假说。国际脑卒中权威实验室在其他脑卒中模型上证实了高氏的研究成果[3]。综合以上研究的所见是否与浊毒浸淫玄府血瘀损伤脑络有某种联系，是否可以作为对脑卒中病理机制中西医研究的结合点或切入点值得做审慎的思考与深入的研究。

中医学以临床医学为核心，诊治疾病以理法方药一致，以共识疗效为目标。笔者曾提出"肯定疗效，规范标准，发现机理"的科研思路。笔者 1972 年与北京协和医院合作先以辨证论治起步做临床疗效观察，急性期多见痰热腑实证选用三化汤加全栝蒌、胆南星通腑涤除痰热获效。至 20世纪 80 年代后研发了解毒化瘀的清开灵注射液静脉途径给药并用自拟大黄、芒硝、栝蒌、胆南星、羌活称星蒌承气汤于急性期疗效有进一步提高。基于循证 RCT 取得共识疗效基础上，制订并两次修订生产第三代降维升阶规范的量表术语。对病理机制的认识起于 2003 年 SARS 肆虐广东、北京，观察死亡病例病理解剖所见大量胸血水而肺叶焦枯萎缩的征象。按常理"现象"在本质中，"本质"亦在现象中，复习刘河间《素问玄机原病式·二、六气病》篇，

以气液玄府理论瘟毒损伤肺络，瘀则津血浸淫外渗为水浊，肺体清虚状如橐龠其内玄府甚丰，玄府开合超度见大量胸血水同时肺热叶焦。缘此对中风病"毒损脑络"的病机解析受到启发，浊毒蓄久必成瘀毒、痰毒挟风火酿成大厥、薄厥、昏聩、偏瘫诸证。论及急性期的治疗必以解毒活血为大法，1980 年清开灵注射液获批上市以兑入葡萄糖盐水静脉给药已历时 30 余年，后与丹红注射液、血必净注射液分别应用以溃散毒邪增强化瘀活血的功效。解毒活血既有利于开通玄府阻断"不及与超强"双向失约又有利于改善微循环，抓住急性早期始发态的有效干预对致残的预后有重要影响。

近日国家倡导集成传统文化作为建设的基石，在后现代由农耕文明向工业文明的转型时期，回归原创的象思维与逻辑概念思维的互动，围绕生命科学的新问题，坚守国学的特质，兼取异域文化的养分，力主东学西学，中医西医的融通整合使我们应取得有思想的学术研究。重新诠释玄府气液理论，深化一步探讨脑卒中的发病机制去寻求中西医的结合点，目的破解难点提高疗效。回应刘河间于八百年前所认知的一个居于人体结构中至微至小的玄府，其孔门间隙流通气液，灌渗津血和运转神机，绝非肉眼所见，是原象思维混沌一体真元之气的"小一"，"常事曰视，非常曰观"它是医家丰富临床学验的心悟。体现国学表达的中医名师的智慧。联想比照现代医学生理学有玄府—细胞间隙假说。于一百多年前人类首先发现了生命的基本单元——细胞，相继发现了细胞膜的诸多功能，细胞与细胞之间的联系，还是依靠细胞膜围成的间隙其内充满着循环着细胞外液，机体赖以生存的内环境来实现的。玄府与细胞间隙有相似性，包括结构特点与功能特点。依照象思维"小一"蕴有"大一"而"大一"含有"小一"的和合。玄府即细胞间隙假说的理论意义和实用价值在于脏象。中医学的生理病理"观"以象为主体，通过各脏腑之象来辨识证候要素，即以象为素从象开端；进而把握动态流变疾病证候的时空演化即以素为候；然后具有时空变化的各要素来做证候诊断即以候为证。这种脏腑辨证的序贯推演过程所循规律是脏象。如肺橐龠之脏，喜清虚司呼吸，其结构功能均与至微至小的玄府密不可分；再如脑为髓之海，髓由玄府络脉构成，为元神居处主神机，即人的一切思维活动。还有学者提出玄府—微循环假说，即细小络脉孙络构成的微循环系统，以及玄府—离子通道假说，即细胞膜的分子组成和结构与中医学所称玄府也有共性内涵。诸如此类假说，从大鼠造模电镜观察脑卒中出血灶血肿抑或梗塞灶所见细胞超微结构严格破坏涉及核膜、染色体、内质网和线粒体肿胀等表象，CT 影像可见血肿及梗死灶周围脑水肿的半暗带。应该申明广义玄府集约着气液、血脉、营卫、精神之升降出入的功能，所非上述假说论述的功能完全能概

括。关于广义玄府论的假说是医者为探索病机寻求有效的临床诊疗人为设定的。集中综合到中风病始发态的 72h 内，针对脑水肿的防治是非常重要的，提示解毒活血利水方药的研发，取效于开通玄府的构想具有积极的现实意义，可能是一种新的途径。然而给予临床治疗的时限仅有 3 天，目前医疗条件和社会各方面因素容易错过最佳治疗时机，另则模式生物的脑卒中模型运用解毒活血利水方药的注射液超早期干预有效，过渡到人体实验尚待研发新药，落实到临床的共识疗效，才能诠证假说提高脑卒中的疗效水平。

参考文献：

[1] 常富业. 玄府概念诠释 [A]. 薪火传承永炎篇 2[M]. 北京：人民卫生出版社，2017：129-193.

[2] 王明杰. "玄府"论 [J]. 成都中医学院学报，1985（3）：1-4.

[3] Aarts M，Iihara K，Wei WL，et al. A key role for TRPM7 channels in anoxic neuronal death[J].Cell，2003，115（7）：863-877.

（收稿日期：2017-07-27 修回日期：2017-08-28）

附录 8

《中华医史杂志》2017 年 9 月第 47 卷第 5 期

中医学原创思维的哲学基础

王永炎，张华敏

摘要：中医学是最具原创优势的学科之一，其学科理论、思维方式与国学密不可分。中医学迎来了天时、地利、人和的大好局面，中医学的发展首先要认清其原创优势，理清其原创思维的来源，象思维是中国传统思维的本质内涵和基本特征，显示了中华民族文化的特殊品格，中医原创思维当与象思维紧密连接。西方文化的传入压抑了原发创生性的象思维，惟科学主义的概念思维与西医成为了主流。其实应该既不排斥概念思维，又要注重表达自己民族特有的原创思维及原创优势，东学西学兼收并蓄，中医西医融通共进。

关键词：中国哲学；医学哲学；原创思维；象思维

Discussion of Original Thinking in Chinese Medicine Philosophical Basis

WANG Yongyan，ZhANG Huamin

Abstract：Chinese Medicine is one of the most creative subjects. It's theory and thought pattern are contact with studies of classical Chinese culture. Chinese Medicine has taken on its great aspect with good favourable timing，geographical and human conditions. The development of CM needs the recognition of its original advantage and original thought source. The article includes the effects from ancient Chinese philosophy on CM，the differences between West Medicine thought pattern and Chinese Medicine thought pattern，the origin of Xiang（a concept in CM），the basis in the introduction of Chinese Medicine Theory and so on. It cogitates the philosophical basis in original thought of Chinese Medicine and aims to have a discussion with readers.

Key words：Chinese medicine；original thought pattern；thought of xiang；philosophy

中医药学旧时称国医国药，其学科的基础理论以国学为指导，筑基于原创的象思维，蕴寓着全面深刻的"儒道佛"一源三流的国学内涵；以整体论与辨证论治指导诊疗实践，基于天人合一、一元正气、形神一体、取象运数等创生性理念，以共识的疗效体现学科生命力及国际学术影响力。

纵观中医药学的知识结构，包括了人体解剖学、生理学、病理学、药物学、临床学、社会学、生态学、教育学等多学科,古代名医大师及圣贤先哲称由"十三科"组成。她是完整较全面传承又创新发展中华民族文明的学科。在人类学历史演进的过程中,她也遭遇坎坷、折磨、摧残的厄运,历经东西方不同文化的冲撞,不同思想的激荡。当今在经济的现代化、全球化和倡导民族伟大复兴的背景下,不同文明的竞争、交融与共存是人类历史进化的大趋势,更应该以我为主,我主人随,坚守中华民族自我传统文化特质,兼取他国的异质文化的养分,重视与提高国民素质医学是人学,举凡一切与人的机能与精神相关的学问均与医学相关。20 世纪笔者提出医学离不开经验,也离不开哲学。实际上经验的获得和运用与心灵的开悟密切相关,亦属哲学的命题。20 世纪 50 年代,毛泽东主席提出构建统一的新医药学的论断,对当今的中医学人是有着深刻影响的。目前呈现出东学西学兼容互动的局面,科学与人文、整体论与还原论、意象思维与逻辑概念思维、系统性研究与描述性研究、中医与西医、循证医学与叙事医学,从哲学层面看它们都各自有着自己的体系和方法,但是它们也存在"内部关系"的契合点,即它们都是以"医学是人学"为出发点,目前暂称为"整合医学",这种认识近 20 年渐为医界同道认同。

晚近读过中国社会科学院王树人先生《回归原创之思——象思维视野下的中国智慧》一书。其《自序》提出"本书主题,所针对的是'原创之思'被遮蔽而缺失的现实。原创需要求知、求理,而关键是求悟。悟性培育和提高的问题,主要不是靠理性的、逻辑的概念思维,而是要靠'象思维'"[1]。象思维是中国传统思维的本质内涵和基本特征的概括。象思维是"观""范畴",观,即整体动态观;范畴,即辨证时空流转,天、道、自然一体的范畴。象思维是在研究中华民族长期农耕文明传统思维方式的本质与特征过程中提出的。理解象思维应立足于唯物史观与唯心史观整合为一的角度,即"非唯唯物",融入心灵哲学,把精神当作是生命的一种力量。在人生的时空中,经过艰苦的努力,征服"异己"以充实自己,从一种抽象的力发展成为具有实在内容的"一个"自己,就精神看此时它是一个"一",也是"全"。

中医学的原创思维源于《黄帝内经》,是中医学理论体系的核心内容之一。象思维显示中华民族文化的特殊品格。中医原创思维当与象思维紧密连接。象思维源起周代至今 3000 年的"周易"文化,以及老庄、孔孟之学,这些都是中国传统文化的精髓,其哲学理念"无""朴""仁""德""道""体"等非实体性范畴,把握住整体直观动态流转的本真本然,指导着农耕文明的生存发展,自然也是医学理论发源的指归。从历史学视角看,则有 2 个特点:一是早熟的特色。如恬淡虚无、清虚静泰、

无为而治又无不为,在某种时段"韬光养晦"确是优胜的策略,恰如老子"知其白、守其黑,为天下式"[2]114,是"解蔽"和"遮蔽"的和谐统一。二是作为四大文明中唯一一个未曾断裂的传统文化,医史学亦如此薪火相传,国医国药即面向全球走出去,又吸收消融外来文化。只是西方文化的传入压抑了原发创生性的象思维,惟科学主义的概念思维与西医成为了主流。其实我们不排斥概念思维,而是回归原创的思想和精神。清代朴学、新道学、新儒家对中国哲学的传承发展均有促进作用,明末清代温病学派的创新对当代传染病的防治有重要作用。回顾 20 世纪欧美哲学家与科学家对象思维的研究也在不断深化。

西方哲学家海德格尔论天、地、人、神一体,阐发老庄道学"象以筑境""境以扬神";克罗齐《美学原理》的直觉论是以善行为美,强调崇高的精神境界。中国哲学的象思维之象是大象无形,无形之象是混沌未分一体之象,也是整体动态时空流转之象。对传统思想文化的最高理念"象",当作为"非实体性"予以阐发和表述。正是"象"的整体动态流转决定了他们具有"非对象性""非现成性"及"原发创生性"诸品格。老庄的"道即无"而"有生于无";孔孟荀子的"仁德"而"内圣";"易道"的"无极而太极";佛学禅宗的"识心见性"的"自性"及后世的新儒家、新道学、新心学均能显示象思维的特征。象思维的"非实体性"重点在原发的创生性。对比西方传统思维,无论逻辑中心论的"概念",还是语言中心论的"语言",作为本体或本原的最高理念都表现为外在的"实体性",由"实体性"决定了"对象性""现成性"和"非生成性"的主客二元论。由柏拉图、亚里士多德、康德到黑格尔的"范畴""概念""理念"均如此。必须申明回归象思维并不排斥理性逻辑概念思维,关键在于象思维回归到"存在者",将"存在"与"是"的本然、本真非实体化,以回应"有生于无"又"生生不已"所具有的发现新见解、新问题的原创性。诚然,探寻科学知识和破解科学技术问题仍需理性概念思维取象的方法学。

从历史学、哲学角度思考,笔者认为中医原创思维的哲学基础应落在象思维天人合德、天道自然一体上来。简言之,即道通为一的"一",也是"无";"一"有大小远近,混同包容的特质。天下定于"一",天得"一"以清,"一"强调整体性,并认知共同性,即"尚一""尚同"。中华文化理念认同多、包容多与代表"一"与"多"的结合,以致良知、明明德、善德为主体的"一"以贯之,实现一与多、道与通、德与治相和谐的哲学理念。中医药学科原发性创生的象思维又可归结为"无",是老子"无中生有"的"无";是"易道"的无,是"无极而太极"之"无",类似宇宙生成前那个黑洞之"无"。这种"无"并非数字化为零的无,并非真空一无所有之无。恰恰相反,这种"无"蕴含着巨大的质量、能量,一旦爆发就能"无中生有",

创生出一个新宇宙来，即是原发性创生。中医学理论的初始创生《黄帝内经》中，其一元正气、禀赋之真、人身精气神皆缘于"无"，是"无中生有"的先秦易道的路数。一元正气是万物自身的本然本真，人体的宗气、元气、谷气、脏腑经络之气等等，以中和之气为总称，初始状态缘自混沌未分，但非真空之气，动态流转，开源为"一"，无生为有而"聚"为各种功能，机体不同空间位置之气。取象运数，取即观，先是眼耳鼻舌身（手足）的感官通过视听嗅味触所取的舌象、脉象、症象、病象等具象，以象为素、以素为候、以候为证、据证言病，设定辨证、辨病而可防可治，预后顺逆；太虚原象是中和之气的本源，聚而成形，散而颓败，可测吉凶存亡。"易传"载有"道生一、一生二"又有"二数神"。思象由至极而无极，无极而太极，太极为"一"生两仪、四象、八卦、六十四卦，其卦辞、爻辞、万象推演变化备已。"二数神"系阴阳之道，是原象、具象流转运数的内驱力。形与神俱、形神一体是原创思维天人相应的理论模式，阴阳者天之道，宇宙的本体，法于阴阳，神明之府，形与神俱、形神合一构建了心身调节的重点，亦是象思维强调生命结构整体性的临床彻悟。

先秦惠施谓"大而无外、小而无内"，大一寓有小一，小一蕴涵大一。大一则天地宇宙，小一则粒子再分原子、分子。当下分子生物学已进入基因网络的研究，譬如运用大数据技术的网络药理学、化学生物学的整一需要"大一"哲学整体论的设计思路的指引。老聃曰："大曰逝，逝曰远，远曰返"[2]101。大一混沌散漫之真元之气，逝而流转为"九"气，此由近而远、由远而多并细分为小，当小一至极则又返回"大一"，显示整体动态时空的往复变化。庄子曰："天地与我并生，而万物与我为一"[3]，天地人古称"三才"，其并生的"并"又意蕴三者贯通的"并"之象，而"生"之象表明"贯通"是动态的，易道所谓"生生之谓易"，就是生的含义。"万物与我"进一步具体化，天上的日月星辰、风雨霜雪，地上的飞禽走兽、花木鱼虫，都与人有着不可离弃的关系，即所谓为"一"之象也。"物我合一"当是自然可知的事。还有"知行合一"，知识来源于学习当然与感觉经验相关，西方哲学家也认同人的心灵在得到感觉时，人脑并不是白板一块，人类进化的历史告诉我们，心灵或精神原本是能动的，依此而进入实践层面，知之意象而作为。这里要说一下，康德提出的"先天综合理性"，为知识增加了理性先天的形式，若读懂康德对人生深刻的透视，人性高于动物性，因为只有人才具有如此优越的天然禀赋，能将历史文明内化为心灵，在大脑深处自动地对知识、经验、创意的自组织，对思象以尽意活动体现出皮层机制与精神能力水平。概括地说"天人合一"，"一"

是仁、是无、是朴、是天，综合汇聚当是天人合德，德行、善行、明明德。"德"是一种力量。"天"只能定位大自然，包括人类，一切生活生产均消融于自然中；盛德即内圣外王；道者无名无己无功，无私欲则无为而治又无不为；不杂而纯、不污为素、纯素即朴，一切以中和为常。直观整体动态时空流转为"一"，形而上为道，形而下曰器。道是理念、观点、意识；器是模具、设备、技术。研讨中医药学的原创思维主要在"道"的层面。至于具象与原象，既往中医学人重视具象，即有关辨证论治体系的研究。以象为素落在"素"上，因素、要素、证素循其朴素的唯物主义诠释证候，虽不失多维界面、动态时空的视角，从整体论辨证论治，但以象开端必然包含原象，道通为一从"非实体性"贯通生命的源头活水，就一定涉及唯心史观，重视精神对人生的意义。联想当下人工智能机器人的开发，能做许多人想做而不能的事情，甚至人只能意会不能言传的模拟，然而机器没有死亡，没有从生下来一直生存体现人生价值直面死亡的追求，自然没有缘在的幸福，如此也是道通为一的理念。

事物的本质也是事物的存在，是理念的世界，而非驳杂的大千世界。本质—存在—理念是具体的、辩证的，因而也是变化发展的。看到事物变化的原因在事物自身的内部，揭示事物发展的"内在原因"与"内在矛盾"，这种眼光可以称得上是"纯粹的""哲学的"。对于中医药学基础理论研究所存在的问题，笔者认为应溯本求源，从哲学中的人类本体历史哲学入手，深入到事物的内部去发现和解决问题。

目前，中国由农耕文明向工业文明转型，两个百年朝向现代化社会的伟大复兴的目标努力，必须是开放式的结构，以实现学术传播与理论创新的结合，尤其注重表达自己民族特有的原创思维及原创优势，围绕生命科学与人文科学领域的新问题、新趋势，东学西学兼收并蓄，中医西医融通共进。顺自然、利民生，倡导整合医学。笔者就原创思维的哲学基础提出了一些肤浅的认识，企望学者批评，多予赐教。

参考文献：

[1] 王树人 . 回归原创之思——"象思维"视野下的中国智慧 [M]. 南京：江苏人民出版社，2012：2.

[2] 许亮 . 领导干部国学读本：道德经 [M]. 北京：当代世界出版社，2007.

[3] 庄周 . 庄子 [M]. 王岩峻，吉云，译注 . 太原：山西古籍出版社，2003：19.

（收稿日期：2017-08-30）

附录 9

《北京中医药大学学报》2017 年 10 月第 40 卷第 10 期

后现代中医药学科学性的研讨

王永炎

（中国中医科学院中医临床基础医学研究所，北京 100700）

摘要：在后现代社会，有必要研讨如何于变化的环境中认知中医药学的科学性。从科学与人文的融合、象思维与概念思维的互动，分析了中医药学所具有的科学与人文的双重属性，及其独特的象思维理念。认为中医学理论不是唯物的而是以唯象为主体的，是非线性不确定的，强调人类本体学实体本体与关系本体整合，注重能量与信息的时空转换，谋求在复杂系统科学领域里开展中医中药科学问题与方法学的研究。提出在后现代社会，"以人为本"的医学价值观将引导科学与人文的整合，整体论与还原论的整合，象思维与概念思维的整合，系统性研究与描述性研究的整合，循证医学与叙事医学的整合，最终朝向西学东渐与东学西渐汇通，中医西医和合共进，实现统一的新医药学。

关键词：国学；象思维；中医药学；学科方向；变革创新

Scientific Nature of Traditional Chinese Medicine in Post-Modern Era：A Commentary

WANG Yongyan

（Institute of Basic Research，China Academy of Medical Sciences，Beijing 100700，China）

Abstract：In post-modern era，it is essential to study the scientific nature of traditional Chinese medicine（TCM）in an ever-changing context．This paper analyzes the scientific and humanistic nature of TCM together with its unique image thinking ideology from the integration of science and humanities and interaction of image thinking and logical thinking．TCM theory is not based on mere materialism but on image thinking，which is of nonlinear uncertainty．It gives emphasis to the integration of entity and relation and change of energy and information．Research into the scientific and methodological questions about TCM in a complex systemic science should be aimed．The author holds that people-oriented medical value would guide the integration of science and humanity，holism and reductionism，image and logical thinking，systematic and descriptive studies，and evidence-based and narrative medicine，leading to the integration，harmonization and advancement of Western and Eastern medicine and generation of a new unified medicine．

Key words：sinology；image thinking；traditional Chinese medicine；discipline direction；innovation and reform

后现代的中国由农耕文明向工业文明转型，由传统秩序向现代社会转型，呈现出思维模式回归原创的象思维与逻辑概念思维的互动，传统儒释道国学与人工智能、互联网络的并存。缘于此，必须是开放式的结构，以实现学术传播与理论创新结合，尤其注重表达中华民族特有的原创思维优势，围绕生命科学与人文医学领域的新趋势、新问题，以我为主，我主人随，坚守国学特质，兼取异质文化的养分，力主东学西学、中医西医的融通整合，顺自然，利民生，为人类健康、尽享天年做有意义的工作。

近日国家倡导继承传统文化作为发展建设的基石。中华民族文化是"天、道、自然一体""尚同""尚一"，认同多、包容多与代表"一"的多，认同整体性与共同性，使"一"与"多"和谐统一。当今中国是走向全面小康的中国，面对民族的伟大复兴，一定要有文化自信，是一种不能盲目的复古，也不能偏执搬洋的自信，而是面对各种异质文化能给我们自己定力与清醒的自信。

如何看待中医药学的科学性？中国哲学的"天、道、自然"的整体性，象思维的原象、具象，贯穿在天地之间人的"治未病"与辨证论治中，重视临床医学实践总结擢升理论又指导临床诊疗。其理念的本质是整体的、具体的、辨证的，也是变化的、更新的、发展的。国医国药有自身历史发展的轨迹，其历史进程是曲折的，其间充满了矛盾、对立和斗争，也充满了融合、互动和协调，充满了非实体化、非对象化的原象、具象思维与实体化、主客二化逻辑概念思维的冲突与相向通用，这种对立面的"转化"和整一。

中国传统文化自先秦的儒道互补即具有早熟与未曾断裂的特征，就是近百年还原论统领科学主义的时期，形而上学的负性逻辑"韬光养晦"对改革开放争取到发展的机遇也不失为英明的策略。就学而成学即学科门类成立而言，国人有科技四大发明，英国人里维瑟也曾写出过一部中国科学发展史，抗议说中国没有科学是不对的。中国有天文、乐律、历法、算数一组属于理论性的科学传统，另一组为医、卜、星相实用性的经验科学传统[1]。近 300 年"西学东渐"走向"全盘西化"，套搬西方科学主义的标准，认为中国有"学"而未成科学，否定国医国药的科学性。更有甚者，20 世纪 20 年代国民政府竟视不足万人的西医成为主流，秉持中国卫生管理部门枉然要废止拥有数十万中医药人才队伍的所谓"旧医"的提案。经全国民众贤达及我中医前辈强烈反对而中止，故定于 1929 年 3 月 17 日为"国医节"。时至今日，国家科技部与国务院学位委员会的学科目录将"中医学与中药学"列为医学门类一级学科。2016 年 12 月 25 日，全国人民代表大会通过《中华人民共和国中医药法》，并于 2017 年 7 月 1 日正式实施。依通常的学科标准，即高等教育有教席，医、教、研、产有团队和机构，拥有各分支学科的学术刊物，加上国家政策支持，科学家首肯，广大民众拥戴的中医药学的学科体系已完成。

如此还有人提出中医有用但不科学，因不具备科学主义的诸因素；也有人提出西医同样不科学，因为医生离不开经验。21 世纪初叶进入后现代，人工智能的正负面影响都呈现给人们，社会价值观变异，有必要研讨人类生理心理与健康的需求于变化的环境中如何认知中医药学的科学性，这是本文的目的。

1. 科学与人文的融合

医学是人学，无分中西。中医药学具有科学与人文的双重属性，其原因是国医国药的理论体系缘起国学阴阳五行，天人合德"尚一"之道，又离不开临床经验的积淀，体现于整体观与辨证论治，根植于中华民族的沃土上，具有深厚的人文含量。当今的问题是医学科技进步了，而人

文伦理淡化异化了，中医亦然。人们欲望的膨胀，价值观的扭曲，追求享受、践踏破坏自然，甚而礼崩乐坏，医患矛盾的根源是利益冲突演变成买方卖方的关系。还有科技成果，如人工智能、互联网络有利有弊，其负效应会带来人们体能智能的退化，已显现出手机碎片化的知识替代了阅读的危害。我们从来不否认数理化学的成果推动了医学技术的进步，赞许 20 世纪人类防治传染病和感染性疾病所取得的重大成就，器官移植拯救人的生命的业绩等。诚然，在深化医疗改革的今天，不得不承认诊疗技术进步了而医生离病人越来越疏远了。日益突显的伦理、法律与社会问题激发了医学界与社会各界对医学人文社会科学的广泛关注。当今医学人文学的概念已为学界所接受，实质上医学人文学就是一种人文的医学，其基础包括哲学、文学、历史、艺术、政治、经济、人类学和神学等，这些人文学科在医学中具有正当合理的价值，是医务工作者服务患者，谨慎和正确决策中必备的基本素质，也体现医护的人格教养。本世纪叙事医学的诞生是为了保证在任何语言环境、任何地点医务工作者与患者相遇时可以全面地认识、理解和尊重他们的苦痛，具有关注、聆听、归属的叙事技巧，为医疗卫生带来真正的公平公正。目前在深化医疗体制改革中，医者与患者本应是"尚一"的道德共同体，但事实非但如此且矛盾一度尖锐、甚至频频发生。笔者申明，其根源是 1986 年将 80% 以上的公立医院推向市场商业化政策取向的错误，责任不在医生患者，当然也与文化教育软实力的不足与缺失相关。

中医药学，前称"国医国药"，具有敦实深厚的国学积淀，尤其是融入儒家"仁"学思想内涵，"仁者爱人""克己复礼""礼归于仁""人之受命于天也，取仁于天而仁也"。这里的"仁"蕴意公正、自由与力量；"礼"除礼节祭礼之外释为调节、和合与协调；"天"的定位当是整体的大自然。孔、孟、荀子将"仁"与"天"并举，仁具有本体本真的意义，宋明以后的新儒家朱熹用"心之德，爱之理"释"仁"，将《易传》中"生生之谓易""天地之大德曰生"与"仁"学结合，肯定了自然本体，将伦理提升到宇宙观的高境界。王阳明所著《传习录·卷中》云："夫人者，天地之心，天地万物本吾一体者也，生民之困苦荼毒，孰非疾痛之切于吾身者乎？不知吾身之疾痛，无是非之心者也。"乃言天地人皆为"一"气化生，体现整体流变，相融相关，应秉承大医精诚，明明德，致良知崇高的医德。

《素问·疏五过论篇》与《素问·徵四失论篇》明示医者的过失作为戒律，自当警觉慎行为生民疗疾愈病。其理念敬顺自然之德气，德气为道之用，生之主，必当敬顺之。《素问·上古天真论篇》："所以能年皆度百岁而动作不衰者，以其德全不危故也。"又《素问·生气通天论篇》："夫自古通天者，生之本，此之谓也。"这里的"德"为生命

的内驱力，"德"行善为真；"生"为生生之谓易，易数之变化流转；"本"系本体是本真之我，以纯素为朴；"道"即一阴一阳，道生"一"，"一"与"多"和谐一致往返流变，又道既无名无己无功，有生于无而生万物，天地人整体动态流转，展示科学求真，人文求善，以美立命的真谛。

当西学传入、西医占主流位置时，中医学人有失对自身规律坚守者，不论病情需要与否一概中药加西药，凡遇感染一律清热解毒加抗生素，对整体动态流转的证候，识证立法遣方用药淡化了，多用中成药而少了辨证论治用汤剂。至于坚持科学人文双重属性，尤其读过《十三经注疏》者已是凤毛麟角，可知人文哲学对中医学人已是渐行渐远有断代的危局之感。为此笔者于本世纪建议设置临床与基础优秀中医人才培育，倡导"读经典，做临床，参明师，悟妙道"，求知求理求悟，写策论，强化国学知识，传承国医理念，培养一代后备的学科领军人才。

2. 象思维与概念思维的互动

象思维是在传承研究中国传统文化的内涵和特征中提出来的。它具有非实体性特质，即决定了非对象性、非现成性、非构成性，而具有原发创生性和动态流转整体直观性。它是中华民族文化思想最高理念"道""太极""无""一""自性"的表达。它将象分属原象、具象、表象、意象不同的层次，体认原象存在"体""观""悟"深化诠释的进程，是几千年中国人的思维模式的主流。近300年来西学东渐随科技的进步，概念思维、逻辑思维推动了人类的现代化发展，功不可没，而对象化、线性化亦出现了主客二元论与还原论的简化、僵化，从而压抑了象思维，由于疏于研究，变得生疏乃至被忘却了。从学理上讲，象思维是非概念思维，而两者非相互排斥，绝不是水火不容的关系。只有原象的象思维需中止概念思维，但当解决事物的过程，包括工程科技问题时象思维尤其是具象与概念思维是互动的。论及中医药学的藏象学说、证候体系、方剂潜能等都有象思维与概念链接的研究；关于气、精、神，经络学说的按图索骥，生时为气的通路，死后则无处可寻；还有许多心理、禀赋的研究等等，都离不开太虚原象的思维。

2.1 象思维文化复兴的内驱力

近代教育基本西化，在思维方式上有崇尚概念思维而贬低非概念思维的倾向。因西方中心论的影响，几乎完全忽视或回避了作为非概念思维的象思维之研究。进入后现代，尤其提倡创新，象思维被提出来不是偶然的，在中国经历传统文化断裂之后又重新反思和试图复兴是必然发生的事。它确是来自改革内部的动因，"内因"是决定性的，提示事物发展的"内在矛盾"，这种眼光可称得上纯粹的、哲学的，也是超越的，深入到事物的内部，采取辩证的态度，

把握了事物的内在的发展，抓住事物内在关系，也就抓住了事物的本质。本质是通过现象显现出来的，透过现象看本质，现象是"本质"的，本质也是"现象"的，本质在现象中，现象也在本质中。

原象是象思维的高理念、高境界，是老子所说大象无形之象，是精神之象，是回归心性开悟之象，是"无"道通为"一"之象。象思维之原象不是西方形而上学之"实体"，而是太虚之象。其原象并非真空，而蕴有中和之气，乃是"有生于无"的"有"，从而是原发创生之象，生生不已动态整体之象，有如当今天体观测的黑洞拥有巨大的质量和能量，洞内无可见光，类似非线性物质运动，其爆炸能创生出新星系。象思维是一种能显示整体鲜活生命力和激发力的原象和精神之象，因为人类本性所表现的就是活生生的有机整体性和由此生发的层出不穷的创造性，有如核裂变的太阳一样，每时每刻都是新的，象思维在把握整体时，总是在整体之中而与整体一体相通。对于真善美的自我意识也体现在这种整体性和创造性之中[2]。

象思维的兴起也与外部世界的变异相关联。19世纪中叶，从叔本华、尼采始，到柏格森、胡塞尔、海德格尔等对西方形而上学的概念思维蹈入了不能自拔的异化，把科学标准当成衡量一切的标准，而传统科学的观念，在理论上能否达到概念化、公式化？将其绝对化就等于把凡是不能概念化、公式化的事物排除在真善美之外了。应当承认，概念公式化是一种还原分析不可少的抽象力量，它是人类破解、把握科学问题所必须的，但其抽象化本身就包括简化和僵化，因此单纯靠这种思维方式，不可能把握事物活生生的有机变化的整体。联系"国是"民族文化的世界大同，和平共处，合作共赢，见贤思齐，改革开放，到共商共建共享的"一带一路"的倡议都蕴育着整体性、包容性、"尚一""尚同"的象思维。就中医药学而论，天人合德、一元正气、形神一体的原创思维中"道生一""万物负阴抱阳，冲气以为和""无极而太极"的道象就是动态整体之象。

2.2 回归本真之我，守护生命之根

"我"的真义一直是哲学史上的难题。"我是谁？"已把我作主客二元的对象化了。只有象思维超越主客二元的对象化，才能使人回归"本真之我"。我和我的生命在"天地与我并生，万物与我为一"的大视野中去看待，乃是非对象的、非现成的而且处于生生不已的创生状态。这种状态就与大象无形之"原象"和"道"一体相通，且充满了象的流转变化，这是任何对象化的概念思维无法把握的动态整体的本然本真。从根本上说，"道"只可体而不可言，"体"才能入于道内，与道相通。整体直观的"观"，"观其妙，观其复"，不是道外之观而是入于道内的领悟。

笛卡尔的"我思故我在"的命题，可以说"本真之我"

的存在，也在于"我象思我存在"，它不仅具有生命活力，而且最具原创性。原象与具象有层次的区别。中医学的临床诊疗程序首先是"观象"，通过医者的视、听、嗅、味、触，视舌象、候脉象及征象、病象、药材法象等，从"象"开端以"象"为主识证治病。笔者曾提出以象为素、以素为候、以候为证、据证言病、病证结合，方证相应的建议。这里的象是形象、表象和具象，然而医者的境界能复"观"其象，具有"我象思我存在"理念，则能判断吉凶顺逆的预后，守护生命之根。

象思维的非对象化，关心的是人整体活生生的人性。人生在世，从人自身求得自由快乐和幸福，勿忘我而不能为"物"所累做"物"牺牲品。身外之物的一切都是对象化所创造的，应丰富自我的生活，但要适度，"度"即"中庸"。先秦孔子、西方亚里士德德对人类社会状态皆提倡"中庸"，然而当今现实，大多数人都是在"过犹不及"中忽促度过有限的一生。人居于天地之间，人能居中而生生将是一种"天长地久"的状态，只有懂得中庸之道，人的生活消融在大自然中，才能中和庸常地过日子，且天天都是好日子，淡雅清静地过好每一天。

2.3　天人合德的宇宙观

"天人合德"为人们熟知而并非真知，在思维方式上要有正确的立场。"天"与"人"必须合德，"蚑行喙息，莫贵于人，孔窍肢体，皆通于天"（《淮南子·天文训》）；"为人生不能为人，为人生者天也"，又说"人生于天而取化于天""以类合之，天人一也"（董仲舒《春秋繁露》）。人取化于天，"天"定位于宇宙自然，人生需要仰仗大自然，维护大自然即是敬畏人生，人秉持谦卑态度生存于大自然中，在生活上是隔离还是亲近，在行为上是人类中心主义还是人对自然的伦理道德，这就是天人合德的立场。德即仁即朴，仁德是一种生生不息的力量，顺自然的规律性与泛众爱的目的性的合和。朴为纯素，不杂而纯，不污而素。"天"与"人"合一的"一"即道通为一显示象思维的"整体直观"。"观"是范畴，直观不仅是眼睛看，更重要的是心悟。《易传》："常事曰视，非常曰观。"老子所用之观"道可道，非常道"虽然不可言说，却可以"观"。寻找象思维的机制，根本前提是人与自然和谐，实际上"自然权"是更根本更重要的"人权"。

西方社会长期强调人类如何征服自然的业绩，如视理性至上和科学万能的科学主义和技术主义，现实的"互联网络"与"虚拟世界"正负效应均已出现，正在深刻地改变世界，不加以合理的引导控制则必是人与自然界的疏远与隔离。不能忘记人类需要大自然，而大自然的自身协调并不一定需要人类。

既往的唯物主义可以说是站在客观决定论的立场，唯心主义则是站在主观决定论的立场上。两种哲学都有朴素与复杂的不同表现形式，会有从朴素到复杂辩证的演变，已经表明都有各自的真理，又有各自的局限性。要克服局限性靠主客二元自身解决不了，需要有哲学的新视角。

主客二元的思维模式下，最前沿的自然科学的实验结果，也具有主客一体的意义。胡塞尔回到"意向性"，回到"先验的自我"，正是对意识活动本源即"本真之我"所做的深入的研究。象思维虽然不分主客，但作为整体思维分大小，即小宇宙小整体与大宇宙大整体。老子讲"道大、地大、天大、人亦大"四大指整体。又"人法地，地法天，天法道，道法自然"是四大连贯相通，进入象思维，在动态整体平衡中去创造创生，去克服概念思维的简化、僵化。"天地与我并生，而万物与我为一"，"并生""为一"的"尚同"哲学，是对象思维平衡和谐的"体认""体验""体会""体悟"，而这个"体"对小宇宙的个体的全心身健康起作用，是已经虚灵化的原象，这种整体思维具有全息性，是一道百通。如中国的现今老龄化，政府应怎么办？人老了在衣食无虞的境界中，寂寞和孤独引发的烦畏和恐惧是最大的痛苦，需要的不仅是疗疾治病，重要的是心理的抚慰，亲情的关怀。由于人生观价值观的变异，家族体制的淡化，亟待弘扬传统文化，支持与发展国学与国医当属必然。

3. 学科方向的变革与创新

随着"以人为本"健康理念的形成，中医药的学科方向必须变革，以适应大环境的变迁，服务大卫生的需求，这是当代中医药学人的历史责任。学科方向在中国哲学引领下实施医学健康行动。将人放在天地之间来看人的健康和疾病，科学与人文互补互动，象意形融通，精气神一体。弘扬原创思维与原创优势，重在临床优势病种，以整体观、辨证论治为主体的诊疗体系框架的完善，获得共识性循证与叙事医学的疗效，基础理论概念的诠释与深化研究，治未病理念与方法的普及推广，研究思路由"还原分析"朝向"系统化研究"转变的探索，强化建立规范的中医药行业国内外通行的标准，不断提升中医药学的国际学术的影响力。

对于学科的属性必须有清晰明了的认识，一是以大科学为指导，充分开放多学科参与中医学术研究，二是重视基础理论研究，回归原创之思，整理哲学原理对中医的指导作用。中医学理论不是唯唯物的而是以唯象为主体的，是非线性不确定性的，应强调人类本体学实体本体与关系本体整合，注重能量与信息的时空转换，以谋求在复杂系统科学领域里开展中医中药科学问题与方法学的研究，既有唯物史观又有唯心史观的观察，显然中医学的现象理论与后现代大科学的宇宙观相吻合。

社会已进入到高概念大数据的后现代。高概念首先体现在科学技术与人文哲学的互补互动，取向是人类追求的真善美；二是要研究提高系统的相关性，要敢于突破原有学科的边界，提倡整合；三是对不同民族、地域的优秀文化中的科学概念进行诠释吸纳与推广。大数据是针对复杂系统多学科多元化研究的海量数据，包括非线性、不确定性数据的综合集成技术。可见高概念大数据技术为中医药学学科理论框架与临床实践指南的更新完善创造了良好的机遇。回首 20 世纪医学发展的轨迹是以主客二元论与还原论为中心展开的纯生物性理论与技术的研究，代价是人文医学的失落，忽略了"人"作为主体的苦痛的感受与心理，强调了理化生物学指标作为判断疾病的标准。进入后现代，"以人为本"的医学价值观将引导科学与人文的整合；整体论与还原论的整合；象思维与概念思维的整合；系统性研究与描述性研究的整合；循证医学与叙事医学的整合。朝向西学东渐与东学西渐汇通，中医西医合和共进，为实现统一的新医药学而努力。

晚近十数年间笔者体认、体验到医学方向的变化，社会人文医学、医学心理学、医学伦理学逐步深化对病的人的"以人为本"的关怀并渗透到诊疗过程。与此同时，人类学主体一元论与动态流转的整体论的兴启，天人合一、知行合一、物我一体、精气神一体、象意形融通的国学国医的理念会逐步回归人们思想的路径，在我国从农耕文明向工业文明的转型期，多学科介入人类健康的研究，诸如具有整体性意义的多基因组学网络对人类复杂性巨系统的研究，新趋势指明中西医学有可能朝着整合方向迈进。

中医药学历来以临床医学为核心，辨证论治具有原创优势并与个体化医学相吻合。中医学人对方剂的研究，组建了多学科的研究团队，不仅有中西医药专家，还广泛吸收了化学、物理学、数学计算、信息与天文专家参加与指导。中医方剂有中药配伍组合的物质基础又体现治疗效应，是中医理论的载体。笔者提出，方剂的潜能蕴藏在整合之中，不同饮片、不同组分、不同化合物的不同配伍具有不同的效应，诠释多组分与多靶点的相关性，针对全息的病证，融合对抗、补充、调节于一体，发挥增效减毒与减毒增效的和谐效应。整合效应包括药效物质与生物效应的整合；药物实体与表征信息的整合；药物功效与人体功能的整合，通过实验认识到"网络"可以看作整体与系统的构建基础和关键技术。如"网络药理学"在宏观与微观的基因组、转录组、蛋白组、代谢组、表型等不同层次有基因调控网络、蛋白质互相作用网络、信息传导网络、代谢网络、表型网络等各种生物网络。网络作为复杂系统分析的关键，代表了一种符合中医药整体特色的研究新理念与新方法，我国学者无分中西展开的复方网络药理学研究与国际基本同步，中医方药研究有望跻身当代科技前沿，为源头创新提供强有力的支撑。我国首次成功防控人禽甲型流感 H1N1 综合

集成创新过程中，中医药依据明清温病卫气营血辨证诊治，研发出金花清感方，2009 年运用标准汤剂在预防和治疗均获得显著效果，论文发表在美国《内科年鉴》上，全球若干媒体报道，世界卫生组织建议推广中医药防治人禽甲型流感的经验，提高了中医药学的国际影响力。

目前医学发展的总趋势是实施个体化医学、预防医学、预测医学、转化医学和参与医学，恰恰为中医药学发挥原创优势提供了良好机遇。中医诊疗从整体出发，对同一种病，因遗传背景禀赋体质等差异，出现证候不同而治疗方药剂量也不同。还有医学模式中生理心理与自然、社会环境的变化相适应，以体现个体化医学，显然象思维整体动态流转的理念和辨证论治的体系将在个体化医学发展的时空中发挥主导的作用。未病先防、既病防变的思想和各种中医保健方法的推介，则可践履预防医学。中医以五运六气学说为代表，取象运数以易理积极辨识体质健康状态及演变趋势，适应各种气候、物候、环境的变化，将重点放在病前的早期监测，尽力做到调心身怡情养性。转化医学要作为重点变革之一，凸现中医中药的优势同时要参与到全球卫生信息化系统中去。中医讲转化医学是以"本真之我"为主体，从临床实践中凝聚科学问题再做基础研究与新复方的开发研究，当是基础科研成果转向临床应用，进而提高维护健康与防治疾病的水平的过程。因此转化医学的研究模式必须是多学科联合体的密切合作，医院向院前社区乡镇转化；成熟技术向产业研发转化；科技成果向效益民生转化；面向基层医教研产向人才培养转化，总之其"模式"要具有普适价值。当今的中医学与西医学能以互补互动向趋同方向发展，能为构建统一的新医药学奠基吗？有学者认为中西医之间从具体研究对象、研究方法以及两者医学的基础理论都有不可通约性。先说具体对象，中西医学依自然哲学原理应是"人"及人的"存在"的一切对象。只是产生西方工业文明基础上的西医学在一段历史中将对象侧重在病人的"病"，追求的是生物学指标，重技术重实证，必须可重复可复制。在还原论盛行的 20 世纪，对医学进步有一定积极意义。笔者作为中医学人对西医学学理上出现的问题不言自明。中医学作为整体系统医学有明确的内在标准，如"气脉常道""积精全神""阴平阳秘"等。具体干预方法，如饮食有节、恬淡虚无、法于阴阳、和于术数等为实践证实有效的身心调摄的理念和方法。倡导每个人主动参加到对自身健康的认知和维护健康的全过程中去，做到"正气存内，邪不可干"。无需讳言，我们在推动转化医学与运用网络医学作为调整改革的重点时，面对多因素、多变量、多组织器官复杂性现代难治病，在诊疗过程中体悟到还原论与系统论，中医学与西医学基础整合的可能性是存在的。

面对中医药学谋发展的大好机遇，为转变弱势学科我

和学长们尽力了，成效不大有史鉴证，我们垂垂老矣心已憔悴,力亦不足,冀望后学努力于中华民族伟大复兴过程中，传承具有特质的传统文化，重振中医药学科，嘉惠医林服务民生。

参考文献：

[1] 冯友兰 . 中国哲学简史 [M]. 北京：北京大学出版社，2000：23.

FENG YL. A short history of Chinese philosophy[M]. Beijing：Peking University Press，2000：23.

[2] 王树人 . 回归原创之思 [M]. 南京：江苏人民出版社，2012：17-34.

WANG SR. Return to the original thinking[M]. Nanjing：Jiangsu People's Publishing House，2012：17-34.

（收稿日期：2017-07-02）

附件一 王永炎先生获奖目录

1. 1986 年 11 月，"星蒌承气汤合用清开灵清射液治疗中风病急症"获 1986 年卫生部科研成果乙级奖。

2. 1991 年 11 月，"清开灵注射液治疗中风病痰热证的临床与实验研究"获 1991 年度国家科技进步奖三等奖。

3. 1998 年 10 月，获何梁何利科技进步奖医学药学奖。

4. 1998 年 12 月，"中风病证候学与诊断标准及推广应用的研究"获国家科技进步奖三等奖。

5. 1999 年 3 月，主编著作《临床中医内科学》获立夫医药文教基金会中医药著作奖委员会颁发的优秀著作奖。

6. 1999 年 10 月，中华中医药学会建会二十周年纪念大会获得"国医楷模"称号。

7. 2001 年 10 月，"益肾化浊法治疗血管病性痴呆"获国家科技进步奖二等奖。

8. 2003 年 7 月，获教育部、国务院学位委员会颁发的全国优秀博士学位论文指导教师奖（学生李梢博士获全国优秀博士学位论文奖）。

9. 2004 年 5 月，获全国总工会授予 "全国五一劳动奖章"。

10. 2005 年 5 月，获全国先进工作者荣誉称号。

11. 2005 年 11 月，获中国中医科学院唐氏中药发展奖。

12. 2007 年 7 月，获教育部、国务院学位委员会颁发的全国优秀博士学位论文指导教师奖（学生张占军博士获全国优秀博士学位论文奖）。

13. 2008 年 11 月，获北京中医药大学中药学院建院 50 周年特别贡献奖。

14. 2009 年 6 月，获中华中医药学会急诊分会授予中医急症工作突出贡献奖。

15. 2010 年 11 月，获中国中医科学院"岐黄中医药基金会传承发展奖"。

16. 2014 年 9 月，获中国标准化学会、中国标准化协会"中国标准化终身成就奖"。

17. 2014 年 11 月，"补肾益精法防治原发性骨质疏松症的疗效机制和推广应用"获得上海市科学技术奖一等奖。

18. 2015 年 1 月，"我国首次对甲型 H1N1 流感大流行有效防控及集成创新性研究"荣获 2014 年国家科技进步奖一等奖。

19. 2015 年 12 月，"骨质疏松标准与防治研究"获 2015 年国家科技进步奖二等奖。

20. 2015 年 12 月，著作《实用中风病康复学》获中华中医学会著作类一等奖。

21. 2015 年 12 月，"中医药名词术语规范研制与推广的管理"获中华中医药学会政策研究奖。

22. 2015 年 12 月，获中华医学会授予"中华医学会百年纪念荣誉奖"。

23. 2015 年 12 月，获北京师范大学优秀博士学位论文指导教师荣誉证书。

24. 2017 年 9 月，获世界中医联合会中药上市后再评价专业委员会授予"突出贡献"荣誉称号。

25. 2018 年 1 月，著作《任应秋医学全集》获国家新闻出版广电总局授予的第四届中国出版政府奖图书奖。

附件二　王永炎先生著作目录

1. 董建华主编，王永炎、杜怀堂、马朋人副主编．《中国现代名中医医案精华》（第一辑）．北京：北京出版社，1990年7月．

2. 王永炎主编．《临床中医内科学》（上、下册）．北京：北京出版社，1994年12月．

3. 王永炎主编．普通高等教育中医药类规划教材《中医内科学》．上海：上海科学技术出版社，1997年6月．

4. 王永炎主编．《中医内科学》．北京：人民卫生出版社，1999年10月．

5. 王永炎主编．《中医内科学学习指导》．北京：人民卫生出版社，1999年10月．

6. 王永炎、沈绍功主编．《今日中医内科》（上）．北京：人民卫生出版社，2000年1月．

7. 王永炎、晁恩祥主编．《今日中医内科》（中）．北京：人民卫生出版社，2000年1月．

8. 王永炎、栗德林主编．《今日中医内科》（下）．北京：人民卫生出版社，2000年1月．

9. 王永炎主编．《董建华医学文集》．北京：北京科学技术出版社，2000年4月．

10. 王永炎主编．《中医病案规范书写手册》．长沙：湖南科学技术出版社，2000年9月．

11. 王永炎主编．《临床中医家——董建华》．北京：中国中医药出版社，2001年10月．

12. 王永炎主编．《中国现代名中医医案精粹》（四、五、六）．北京：北京出版社，2002年12月．

13. 王永炎主编．《中医病历规范书写手册》（第二版）．长沙：湖南科学技术出版社，2004年1月．

14. 黄璐琦、王永炎主编．《中药材质量标准研究》．北京：人民卫生出版社，2006年11月．

15. 王永炎主编．《中医脑病学》．北京：人民卫生出版社，2007年8月．

16. 王永炎主编．《名老中医学术思想源流》．北京：中医古籍出版社，2008年11月．

17. 黄璐琦、王永炎主编．《药用植物种质资源研究》．上海：上海科学技术出版社，2008年12月．

18. 王永炎著．《中风病防治要览》．北京：人民卫生出版社，2009年1月．

19. 张伯礼、王永炎主编．《组分配伍研制现代中药的理论与实践》．沈阳：辽宁科学技术出版社，2010年10月．

20. 王永炎主编．《实用中医康复学》．北京：人民卫生出版社，2010年12月．

21. 董建华、王永炎主编．《中国现代名中医医案精华》（第三、四集）．北京：人民卫生出版社，2010年12月．

22. 王永炎、陶广正主编．《中国现代名中医医案精华》（第五、六集）．北京：人民卫生出版社，2010年12月．

23. 王永炎主编．《中医内科学》（第二版）．北京：人民卫生出版社，2011年1月．

24. 李昶、黄璐琦、肖培根、王永炎主编．《道地药材的知识产权保护研究》．上海：上海科学技术出版社，2011年2月．

25. 王永炎主编．《中国中医科学院中医优势病种研究》．北京：中国中医药出版社，2011年10月．

26. 黄璐琦、肖培根、王永炎主编．《中国珍稀濒危药用植物资源调查》．上海：上海科学技术出版社，2012年1月．

27. 王永炎主编．《中药上市后临床再评价设计方法与实施》．北京：人民卫生出版社，2012年10月．

28. 王永炎主编．《流行性感冒与人感染禽流感诊疗及防控指南》．北京：中国中医药出版社，2013年9月．

29. 王永炎主编．《中国医学院士文库·王永炎院士集》．北京：人民军医出版社，2013年11月．

30. 王永炎、鲁兆麟、任廷革主编．《任应秋医学全集》．北京：中国中医药出版社，2015年1月．

附件三　王永炎先生代表性论文目录

已公开发表

1. 王永炎整理，中医药治疗急性缺血性脑血管病 120 例疗效观察，中医杂志，1981 年第 4 期

2. 王永炎、邓振明，缺血性脑卒中辨证论治初探，上海中医药杂志，1982 年第 4 期

3. 王永炎，中风病科研思路方法刍议，辽宁中医杂志，1984 年第 9 期

4. 王永炎、任占利，从 500 例中风病临床研究看文献资料占有的重要性，见："全国中医内科科研方法讨论会"论文摘粹，江苏中医杂志，1985 年第 3 期

5. 王永炎、李秀琴、邓振明，等，化痰通腑法治疗中风病 158 例疗效观察，中国医药学报，1986 年第 1 期

6. 王永炎、蒋达树、侯力娜，等，中医药治疗震颤麻痹综合征 35 例疗效观察，中医杂志，1986 年第 8 期

7. 王永炎执笔，中风病中医诊断、疗效评定标准，中国医药学报，1986 年第 1 期

8. 王永炎，中风病的临床研究——建议与展望，北京中医，1988 年第 5 期

9. 王永炎（整理：尹颖辉），老年性痴呆辨治，中国医药学报，1994 年第 2 期

10. 王致谱、王永炎，中医急诊第一书——《中医急诊医学》评介，中国中医急症，1995 年第 3 期

11. 王永炎、刘炳林，中风病研究进展述评，中国中医急症，1995 年第 2 期

12. 邹忆怀，指导：王永炎，中风先兆证病因病机及防治的初步探讨，北京中医药大学学报，1995 年第 5 期

13. 雷燕、黄启福、王永炎，论瘀毒阻络是络病形成的病理基础，北京中医药大学学报，1999 年第 2 期

14. 郭蓉娟，指导：王永炎，类中风研究（Ⅰ）——类中风新概念的提出，北京中医药大学学报，1999 年第 4 期

15. 郭蓉娟、梁宝华、任占利、王弘午、吴燕、解庆凡、张秀娟，指导：王永炎、王顺道，类中风研究（Ⅱ）——类中风主症的研究，北京中医药大学学报，1999 年第 5 期

16. 郭蓉娟、王建华、解庆凡、张秀娟，指导：王永炎、王顺道，类中风研究（Ⅲ）——类中风病类诊断方案及临床验证，北京中医药大学学报，2000 年第 3 期

17. 刘岑，指导：王永炎，化痰通腑法治疗意识障碍理论溯源，北京中医药大学学报，2000 年第 4 期

18. 王永炎，评《实用中西医结合神经病学》，中国中西医结合杂志，2001 年第 10 期

19. 王永炎、郭蓉娟，类中风概念与证治的研究，中医药学刊，2002 年第 4 期

20. 于友华、林谦、崔建潮、王永炎，方剂配伍研究与中成药二次开发模式，中国中医基础医学杂志，2002 年第 9 期

21. 郭蕾、王永炎、张志斌，关于证候概念的诠释，北京中医药大学学报，2003 年第 2 期

22. 张志斌、王永炎，证候名称及分类研究的回顾与假设的提出，北京中医药大学学报，2003 年第 2 期

23. 王永炎、杨宝琴、黄启福，络脉络病与病络，北京中医药大学学报，2003 年第 4 期

24. 严华、张永祥、黄璐琦、王永炎，清开灵及有效成分对培养大鼠缺血损伤神经胶质细胞分泌 NGF 的影响，中国中医基础医学杂志，2003 年第 2 期

25. 王永炎、刘保延、谢雁鸣，应用循证医学方法构建中医临床评价体系，中国中医基础医学杂志，2003 年第 3 期

26. 常富业、王永炎，中风病毒邪论，北京中医药大学学报，2004 年第 1 期

27. 郭蕾、王永炎，论中医证候中的复杂现象及相应的研究思路，中国中医基础医学杂志，2004 年第 2 期

28. 常富业、王永炎，中风病发病学研究述评，辽宁中医杂志，2004 年第 2 期

29. 钟相根、李澎涛、王永炎，清开灵有效组分对缺血脑组织神经营养因子含量的影响，北京中医药大学学报，2004 年第 3 期

30. 钟相根、李澎涛、王永炎、贾旭，清开灵有效组分对大鼠缺血脑组织星形胶质细胞活化的影响，中国医药学报，2004 年第 6 期

31. 常富业、王永炎、高颖、杨宝琴，中风络病证治述要，北京中医药大学学报，2004 年第 5 期

32. 常富业、王永炎、高颖、杨宝琴，水浥玄府与隐性水肿假说，山东中医杂志，2004 年第 11 期

33. 常富业、王永炎、高颖、杨宝琴，玄府概念诠释（一）——玄府相关名词演变轨迹，北京中医药大学学报，2004 年第 6 期

34. 张志斌、王永炎，辨证方法新体系的建立，北京中医药大学学报，2005 年第 1 期

35. 嵇波、刘剑刚、史大卓、王永炎，气血并治方有效组分不同配伍对血管内皮细胞损伤条件培养基诱导血管平滑肌细胞增殖的影响，北京中医药大学学报，2005 年第 1 期

36. 常富业、王永炎、高颖、杨宝琴，玄府概念诠释（二）——腠理的历史演变与比较，北京中医药大学学报，2005 年第 1 期

37. 王阶、王永炎、杨戈、王睿，复方组分配伍方剂配伍新模式，中国医药报，2005 年 02 月 26 日

38. 嵇波、史大卓、刘剑刚、王永炎，ox-LDL 诱导内皮细胞损伤条件培养基及气血并治方有效组分配伍对平滑肌细胞 MAPK、PKC 活性和胞内 Ca^{2+} 荧光强度的影响，北京中医药大学学报，2005 年第 2 期

39. 高永红、王永炎、肖盛元、叶丽亚、娄晋宁、罗国安、王硕仁，清开灵有效组分透过体外模拟血脑屏障的研究，北京中医药大学学报，2005 年第 2 期。

40. 常富业、王永炎、高颖、杨宝琴，玄府概念诠释（三）——玄府的历史演变轨迹与述评，北京中医药大学学报，2005 年第 2 期

41. 常富业、王永炎、高颖、杨宝琴，玄府与细胞间隙的比较，安徽中医学院学报，2005 年第 2 期

42. 王永炎、常富业、杨宝琴，病络与络病对比研究，北京中医药大学学报，2005 年第 3 期

43. 常富业、王永炎、高颖、杨宝琴，玄府概念诠释（四）——府为气升降出入之门户，北京中医药大学学报，2005 年第 3 期

44. 常富业、杨宝琴、王永炎、高颖，玄府概念诠释（五）——玄府流通气液功能的探讨，北京中医药大学学报，2005 年第 4 期

45. 常富业、王永炎、杨宝琴，玄府病变诠析，中医药学刊，2005 年第 8 期

46. 张伯礼、王永炎，方剂关键科学问题的基础研究——以组分配伍研制现代中药，中国天然药物，2005 年第 5 期

47. 常富业、王永炎、高颖、杨宝琴，玄府概念诠释（六）——玄府为神机运转之道路门户，北京中医药大学学报，2005 年第 5 期

48. 常富业、王永炎、高颖、李辉，开通玄府对大鼠实验性脑出血脑水肿的效应研究，中医药学刊，2005 年第 10 期。

49. 常富业、王永炎、高颖、杨宝琴，论开通玄府，中国临床康复，2005 年第 39 期

50. 杨辰华、王永炎，玄府理论与临床应用初探，北京中医药大学学报，2005 年第 6 期

51. 王永炎，一部权威性高、实用性好的中医辞书——读《中医大辞典》第二版，中国中医药报，2005 年 11 月 17 日第 7 版

52. 王阶、郭丽丽、王永炎，中药方剂有效成（组）分配伍研究，中国中药杂志，2006 年第 1 期

53. 张启明、王永炎、张志斌，证候要素及其靶位的提取，山东中医药大学学报，2006 年第 1 期

54. 郭蕾、王永炎、张志斌、张俊龙，证候动态时空特征的复杂性及相应的研究思路，中医研究，2006 年第 3 期

55. 郭蕾、王永炎、张志斌、张俊龙，关于证候概念研究的思考，山西中医学院学报，2006 年第 4 期

56. 程昭寰、王永炎，论证候理论的科学性及其研究的关键问题，新中医，2006 年第 7 期

57. 张志斌、王永炎、吕爱平、郭蕾、王耘，论证候要素与证候靶点应证组合辨证，中医杂志，2006 年第 7 期

58. 张允岭、常富业、王永炎、杨宝琴、黄启福，论内毒损伤络脉病因与发病学说的意义，北京中医药大学学报，2006 年第 8 期

59. 王永炎、刘向哲，禀赋概念的理解与诠释，浙江中医杂志，2006 年第 10 期

60. 刘向哲、王永炎，禀赋生理心理特征及影响因素，天津中医药，2006 年第 6 期

61. 张伯礼、王永炎、商洪才，组分配伍研制现代中药的理论和方法，继续医学教育，2006 年第 19 期

62. 董国菊、刘剑刚、史大卓、王永炎、栾连军、程翼宇，气血并治方组分配伍防治载脂蛋白 E 基因敲除小鼠早期动脉粥样硬化的实验研究，中西医结合学报，2007 年第 1 期

63. 王永炎、张志斌，再议完善辨证方法体系的几个问题，天津中医药，2007 年第 1 期

64. 谢仁明、王永炎、谢雁鸣、杜宝新、黄燕，中医临床疗效的综合评价，福建中医药，2007 年第 2 期

65. 贾春华、王庆国、王永炎、黄启福、鲁兆麟，证候是什么？中国中医基础医学杂志，2007 年第 5 期

66. 王永炎、王志国、韩学杰、黎元元、刘垣、赫东，建立中医药技术标准体系的迫切性，中医杂志，2007 年第 6 期

67. 王莹莹、焦玉梅、杨金生、王永炎，通腑法在中风病防治中的应用，中国中医基础医学杂志，2007 年第 12 期

68. 王永炎，评《新编中药志》（第 5 卷），中国中药杂志，2007 年第 9 期

69. 王永炎，概念时代应重视中医学原创思维的传承与发展，中国科学基金，2008 年第 3 期

70. 常富业、张云岭、王永炎，利开灵对脑出血脑水肿大鼠 AQP4 表达的影响，安徽中医学院学报，2008 年第 3 期

71. 王丽颖、韩学杰，指导：王永炎、吕爱平，中医诊疗标准共性技术的方法与思考，中国中医急症，2008 年第 11 期

72. 郭蕾、乔之龙、王永炎、张志斌，证候概念语言和字义演变过程研究，中国医药指南，2008 年第 23 期

73. 谢颖桢、王永炎，中风病化痰通腑治疗后的病证转归与相应治疗，北京中医药大学学报，2008 年第 12 期

74. 宋坪、杨柳、吴志奎、邹忆怀、王永炎，从玄府理论新视角论治银屑病，北京中医药大学学报，2009 年第 2 期

75. 王永炎，高概念时代中药学研究的传承与创新，中药与临床，2010 年第 1 期

76. 王永炎、郭蕾、孙岸弢、张俊龙，中医意象诊疗模式诠释，北京中医药大学学报，2010 年第 4 期

77. 高凡珠、谢雁鸣、王永炎，中医复杂干预与疗效综合评价，中国中医基础医学杂志，2010 年第 6 期

78. 王永炎、郭蕾、张俊龙、赵宜军、李鲲，论诠释学与中医学创新，中医杂志，2010 年第 7 期

79. 常富业、王永炎，浅谈诠释学方法在中医学中的应用，天津中医药，2010 年第 4 期

80. 高凡珠、谢雁鸣、王永炎，引入数据包络分析法用于中医临床疗效综合评价，中医杂志，2010 年第 9 期

81. 王永炎、刘保延、张启明、杨炳忻，中医临床疗效评价的关键科技问题，北京中医药大学学报，2010 年第 12 期

82. 郭蓉娟、王永炎、张允岭，中医"君相互感"心身调节模式诠释，北京中医药大学学报，2010 年第 12 期

83. 王永炎、黄启福、鲁兆麟、盖国忠、张志强，中医药学学科方向的变革与创新，北京中医药大学学报，2011 年第 1 期

84. 王永炎、盖国忠、张志强、陈仁波，浅谈中医科学诠释的理念、规范与路径，中国中医基础医学杂志，2011 年第 1 期

85. 孙岸弢、王永炎、谢雁鸣，中医"意象"思维理念刍议，中医杂志，2011 年第 2 期

86. 王永炎、于智敏，象思维的路径，天津中医药，2011 年第 1 期

87. 孙岸弢、王永炎、谢雁鸣，中医"象"与"意"的哲学思辨，中国中医基础医学杂志，2011 年第 2 期

88. 王永炎、王飞、杨晗，诠释学在中医内科学研究中的应用，中医杂志，2011 年第 7 期

89. 王雁南、王永炎、张启明，通过东西方文化对比认识中医"象"的特点，环球中医药，2011 年第 3 期

90. 王永炎、张启明，象思维与中医辨证的相关性，自然杂志，2011 年第 3 期

91. 王永炎，中医药科研形势及发展趋势，中国中医基础医学杂志，2011 年第 7 期

92. 李澎涛、王永炎，毒损络脉病机的理论内涵及其应用，中医杂志，2011 年第 23 期

93. 韩学杰、刘兴方、王丽颖、史楠楠、宇文亚、王永炎、吕爱平，中医药现代化、国际化的策略是标准化，世界科学技术—中医药现代，2011 年第 4 期

94. 宇文亚、吕爱平、韩学杰、史楠楠、王丽颖、王燕平、王永炎，中医辨证论治诊疗技术标准化的思考，中国中西医结合杂志，2011 年第 10 期

95. 王永炎、盖国忠、张志强，基于转化医学的中医药社区慢病防治策略，北京中医药大学学报（中医临床版），2012 年第 1 期

96. 王永炎、王丽颖、史楠楠、宇文亚，中医药标准化研究的几点建议，北京中医药大学学报（中医临床版），2012 年第 1 期

97. 王永炎、王燕平、于智敏，医苑丛谈·谈治学，天津中医药，2012 年第 1 期

98. 王永炎，读《图说中医》丛书，中医杂志，2012 年第 4 期

99. 王永炎、张志斌，读中医策论文有感，北京中医药大学学报，2012 年第 3 期

100. 王永炎，共识疗效亟待破解的难题，医学研究杂志，2012 年第 3 期

101. 王永炎，孔德之容 惟道是从，中国中医基础医学杂志，2012 年第 3 期

102. 王永炎、张华敏、王燕平，中医临床思维模式与行为范式，北京中医药大学学报（中医临床版），2012 年第 2 期

103. 王永炎、王燕平、于智敏，医苑丛谈·谈素质，天津中医药，2012 年第 2 期

104. 王永炎、王忠，中医药学科建设目标·研究方向与人才培养，中医杂志，2012 年第 10 期

105. 王永炎，漫话做人治学之道，北京中医药大学学报，2012 年第 6 期

106. 王永炎、王燕平、于智敏，医苑丛谈·谈境界，天津中医药，2012 年第 3 期

107. 王永炎，大科学时代中医学研究思路，中国中医基础医学杂志，2012 年第 8 期

108. 王永炎、王燕平、于智敏，医苑丛谈·谈发心，天津中医药，2012 年第 4 期

109. 翟华强、王燕平、金世元、王永炎，以六艺之学强化中药调剂人员道德责任的思考，中国中药杂志，2012 年第 16 期

110. 王永炎，基本药物制度下大中药产业发展的若干思考，中国中药杂志，2012 年第 18 期

111. 王永炎、张华敏、王燕平，文化自觉与弘扬中医药，中国中医基础医学杂志，2012 年第 10 期

112. 王永炎、王燕平、于智敏，医苑丛谈·谈诊疗，天津中医药，2012 年第 5 期

113. 王永炎、王燕平、于智敏，医苑丛谈·谈治未病，天津中医药，2012 年第 6 期

114. 纪征瀚、王永炎、王忠、张志斌，中医神志学说的构建，北京中医药大学学报，2013 年第 1 期

115. 王永炎、谢颖桢，化痰通腑法治疗中风病痰热腑实证的源流及发展（一）——历史源流、证候病机及临床应用，北京中医药大学学报（中医临床版），2013 年第 1 期

116. 王永炎、谢颖桢，化痰通腑法治疗中风病痰热腑实证的源流及发展（二）——化痰通腑法治疗后的不同证候演变及疾病转归与治疗，北京中医药大学学报（中医临床版），2013 年第 2 期

117. 王永炎、谢颖桢，化痰通腑法治疗中风病痰热腑实证的源流及发展（三）——意象诊疗模式下中风病痰热腑实证的涌现特征，北京中医药大学学报（中医临床版），2013 年第 3 期

118. 王永炎、谢颖桢，化痰通腑法治疗中风病痰热腑实证的源流及发展（四）——中风后脑肠轴改变及化痰通腑法治疗痰热腑实证的效应机理，北京中医药大学学报（中医临床版），2013 年第 4 期

119. 赵静、王永炎、王燕平、邱岳、王思成、吕爱平、刘保延，中医药防治甲型 H1N1 流感系统研究与体系建设的实践与思考，中医杂志，2013 年第 5 期

120. 王志国、王永炎，病状术语规范化解决方案探讨，中医杂志，2013 年第 7 期

121. 张启明、于东林、王永炎，中医证候要素的确认方法，中医杂志，2013 年第 10 期

122. 王永炎、谢雁鸣、王志飞，大数据时代中药上市后数据的整合与应用，中国中药杂志，2013 年第 18 期

123. 王永炎、王燕平、于智敏，五脏六腑皆令人"喘"，天津中医药，2013 年第 1 期

124. 王永炎、王燕平、于智敏，"心为噫"，嗳气治心，天津中医药，2013 年第 2 期

125. 王永炎、王燕平、于智敏，但见一证便是，不必悉具，天津中医药，2013 年第 3 期

126. 王永炎、王燕平、于智敏，治病求本与以人为本，天津中医药，2013 年第 4 期

127. 王永炎、王燕平、于智敏，欲疗病，先察其原，先候病机，天津中医药，2013 年第 5 期

128. 王永炎、王燕平、于智敏，用有纪，诊道乃具，方药有准，天津中医药，2013 年第 6 期

129. 王永炎、王燕平、于智敏，诊合微，心身并治，不失人情，天津中医药，2013 年第 7 期

130. 王永炎、王燕平、于智敏，循法守度，援物比类，天津中医药，2013 年第 8 期

131. 王永炎、王燕平、于智敏，移精变气，杂合而治，王永炎，天津中医药，2013 年第 9 期

132. 王永炎、王燕平、于智敏，深谙药性辨病机，天津中医药，2013 年第 10 期

133. 王永炎、王燕平、于智敏，祖方学派考释，天津中医药，2013 年第 11 期

134. 王永炎、王燕平、于智敏，我的案头书《医家四要》，天津中医药，2013 年第 12 期

135. 赵静、王玉光、王燕平、邱岳、王思成、吕爱平、刘保延、王永炎，新发、突发传染病中医药诊疗方案的制定及启示，中医杂志，2014 年第 1 期

136. 王永炎、盖国忠、陈仁波，中医辨证论治思维的研究方法与发展方向，环球中医药，2014 年第 1 期

137. 范逸品、王永炎、张志斌，心象与中国文化及中医学关系的初步思考，上海中医药杂志，2014 年第 4 期

138. 范逸品、王永炎、张志斌，"原象"在中医学的应用初探，上海中医药大学学报，2014 年第 5 期

139. 王永炎、王志飞、谢雁鸣，以再评价为契机的中药上市后系统研究，中国中药杂志，2014 年第 18 期

140. 范逸品、张志斌、王永炎，中国传统哲学之心象理论在中医学的应用（一）——心象理论诠释，北京中医药大学学报，2014 年第 11 期

141. 张华敏、王永炎，高概念大数据时代中医理论研究的机遇，中国中医基础医学杂志，2015 年第 1 期

142. 王永炎、商洪才、牟玮、王燕平，强化医学人文理念，直面新医改学习叙事医学，现代中医临床，2015 年第 1 期

143. 王永炎、王燕平、于智敏，医理事理圆融论，天津中医药，2015 年第 1 期

144. 范逸品、张志斌、王永炎，中国传统哲学之心象理论在中医学的应用（二）——心象与中医理论发生学，北京中医药大学学报，2015 年第 1 期

145. 范逸品、张志斌、王永炎，中国传统哲学之心象理论在中医学的应用（三）——心象与养生，北京中医药大学学报，2015 年第 2 期

146. 范逸品、张志斌、王永炎，中国传统哲学之心象理论在中医学的应用（四）——心象与临床，北京中医药大学学报，2015 年第 4 期

147. 张占军、王永炎，肾虚－痰瘀－酿毒－病络——中医对老年性痴呆早期发病病机认识，中国中医基础医学杂志，2015 年第 3 期

148. 杨秋莉、王永炎，叙事医学的平行病历与中医学的医案医话，现代中医临床，2015 年第 2 期

149. 王永炎，发展中医药学应有文化自觉，人民日报，2015 年 6 月 3 日第 016 版

150. Wang Yongyan 王永炎，Thoughts and Suggestions on TCM Standardization（加强中医药标准化建设的思考和建议），*China Standardization*，2015 年 4 期

151. Huang Luqi, Wang Yongyan and Guo Lanping（黄璐琦、王永炎、郭兰萍），Focus & Strategy of TCM Standardization（中药标准化建设的现状、重点领域及策略），*China Standardization*，2015 年 4 期

152. 王永炎，珍视中医原创思维 调整学科方向，中国中医基础医学杂志，2015 年第 11 期

153. 王永炎，中医药学学术方向的变革与发展，中医杂志，2015 年第 24 期

154. 廖星、谢雁鸣、王永炎、Nicola Robinson，药品安全性证据分级分类探索研究——构建中药上市后安全性证据体，中国中药杂志，2015 年第 24 期

155. 王永炎，本草纲目研究集成·总序，2016 年元月初六

156. 黄世敬、王永炎，论血脂异常与浊毒，辽宁中医杂志，2016 年第 1 期

157. 王永炎，东学西学兼容为中医学发展拓宽了时空，科学中国人，2016 年 4 月

158. 邱瑞瑾、高永红、商洪才、王永炎，病络理论指导下脑、心、肾一体化中西医结合防治体系的构建，中医杂志，2016 年第 5 期

159. 王永炎，整合医学理念的形成与提出，北京中医药大学学报，2016 年第 7 期

160. 王永炎、王忠，整体观视角对中医方剂配伍的研究，中国中药杂志，2016 年第 15 期

161. 王永炎，高概念时代的象思维，中国中西医结合杂志，2016 年第 8 期

162. 王永炎、张华敏、张志强、王燕平、韩学杰，认知病证诊断标准与共识疗效的意义，中医杂志，2016 年第 17 期

163. 张志强、谢颖桢、张华敏、王永炎，病络理论本源与临床，中国中医基础医学杂志，2016 年第 11 期

164. 张志强、王燕平、张华敏、王永炎，意象思维的本源与临床，北京中医药大学学报，2016 年第 11 期

165. 王永炎，临床经验刍议，现代中医临床，2017 年第 2 期

166. 王永炎、张华敏，气的诠解，中医杂志，2017 年第 10 期

167. 王永炎，近年来中医文献研究的标志性成果——评《海外中医珍善本古籍丛刊》，中医药文化，2017 年第 3 期

168. 王永炎，自我座右铭的变迁，中医教育，2017 年第 4 期

169. 王永炎，试论中医药学的科学性及其现代创新，光明日报，2017 年 8 月 12 日

170. 王永炎、孙长岗，中医学证候体系的哲学基础，中医杂志，2017 年第 18 期

171. 王永炎，再度思考提高治疗脑血管病疗效的难点，中国中西医结合杂志，2017 年第 10 期

172. 王永炎、张华敏，中医学原创思维的哲学基础，中华医史杂志，2017 年第 5 期

173. 王永炎，后现代中医药学科学性的研讨，北京中医药大学学报，2017 年第 11 期

未公开发表

174. 王永炎，康复中的哲学思考，2016 年 2 月

175. 王永炎，自由之思想，2016 年 2 月

176. 王永炎，我在协和医院，2016 年 5 月 3 日

177. 王永炎，全科医学的基础与杂学知识的启迪，2016 年 5 月 28 日

178. 王永炎，生死的感悟，2016 年 11 月 1 日

附件四 王永炎先生部分序跋目录

1. 王永炎，十部医经类编·序，见：十部医经类编，北京：学苑出版社，2001年2月（任应秋、李庚韶、严季澜主编）

2. 王永炎，现代中医妇科治疗学·序，见：现代中医妇科治疗学，北京：人民卫生出版社，2004年12月（肖承悰、贺稚平主编）

3. 王永炎，中医临床必读丛书·序，见：中医临床必读丛书·黄帝内经素问，北京：人民卫生出版社，2005年7月（田代华整理）

4. 王永炎，中医学思想史·序，见：中医学思想史，长沙：湖南教育出版社，2006年4月（李经纬、张志斌主编）

5. 王永炎，中国古代疫病流行年表·序，见：中国古代疫病流行年表，福州：福建科学技术出版社，2007年9月（张志斌著）

6. 王永炎，中医妇科名家经验心悟·序，见：中医妇科名家经验心悟，北京：人民卫生出版社，2008年8月（肖承悰、吴熙主编）

7. 王永炎，薪火传承——永炎篇·绪言（导师寄语），见：薪火传承——永炎篇，北京：人民卫生出版社，2009年2月（王玉来、张允岭主编）

8. 王永炎，一代儒医萧龙友·序，见：一代儒医萧龙友，北京：化学工业出版社，2010年1月（萧承悰著）

9. 王永炎，明医之路 道传薪火·序，见：明医之路 道传薪火，北京：北京出版社，2011年11月（晁恩祥主编，王永炎主审）

10. 王永炎，全国中医妇科流派研究·序一，见：全国中医妇科流派研究，北京：人民卫生出版社，2012年2月（肖承悰主审，胡国华、罗颂平主编）

11. 王永炎，王永炎中医心脑病证讲稿·序，见：王永炎中医心脑病证讲稿，北京：人民卫生出版社，2012年11月（郭蓉娟、张允岭整理）

12. 王永炎，任继学医学全书·序，见：任继学医学全书，北京：中国中医药出版社，2013年1月（任继学著）

13. 王永炎，清宫医案精选·序，见：清宫医案精选，北京：中国中医药出版社，2013年3月（陈可冀、张京春主编）

14. 王永炎，任应秋医学全集·序，见：任应秋医学全集，北京：中国中医药出版社，2015年1月（王永炎、鲁兆麟、任廷革主编）

15. 王永炎，本草纲目研究集成·总序，见：本草纲目研究集成·本草纲目导读，北京：科学出版社，2016年8月（张志斌、郑金生总主编）

16. 王永炎，商品饮片的分级方法及其质量评价·序一，见：商品饮片的分级方法及其质量评价，北京：科学出版社，2016年10月（肖永庆、李丽主编）

附件五　王永炎先生学生名录

在北京中医药大学、北京师范大学、中国中医科学院、广州中医药大学等四个单位共培养硕士研究生 9 人，博士研究生 73 人，博士后 68 人，合计 150 人次。此外，尚有拜师弟子 11 人。

一、北京中医药大学

序号	姓名	性别	学习时间	现工作单位（到二级单位全称）	职务	职称
硕士						
1	王玉来	男	198509～198807	北京中医药大学东方医院	原院长	主任医师、教授
2	赵薇	女	198509～198807	北京中医药大学（后赴美国）		
3	张允岭	男	198509～198807	中国中医科学院西苑医院	常务副院长	主任医师、教授
4	谢忠学	男	199209～199507	济南润济堂中医门诊部	负责人	主治医师
5	明立红	女	199209～199607（休学一年）	济南市中医院		副主任医师
6	王建华	男	199509～199807	邢台市人民医院	科主任	主任医师
7	韩群英	男	199409～199707	北京中医药大学（后赴加拿大）		
8	陈志刚	男	199509～199907	北京中医药大学东方医院脑病一科	主任	主任医师、教授
博士						
9	范吉平	男	198709～199207 硕博连读	中国中医药出版社	社长兼总编辑	主任医师、教授
10	高颖	女	198709～199207 硕博连读	北京中医药大学东直门医院	副院长	主任医师、教授
11	邹忆怀	男	198909～199407 硕博连读	北京中医药大学东直门医院	科主任	主任医师
12	刘炳林	男	198909～199407 硕博连读	国家食品药品监督管理总局药品审评中心		主任医师
13	刘金民	男	199009～199507 硕博连读	北京中医药大学东方医院	院长	主任医师、教授
14	尹颖辉	男	199009～199507 硕博连读	赴国外		公司监理
15	冯兴中	男	199209～199507	首都医科大学附属北京世纪坛医院中医科	科主任	主任医师
16	娄锡恩	男	199209～199507	北京中医药大学第三附属医院	科主任	主任医师
17	赵进喜	男	199209～199507	北京中医药大学东直门医院大内科	副主任、教研室主任	主任医师、教授
18	肖诗鹰	男	199209～199507	国家科技部中国生物技术发展中心	副主任	研究员
19	谢颖桢	女	199309～199807 硕博连读	北京中医药大学东直门医院脑病科	科主任	主任医师、教授
20	张允岭	男	199409～199707	中国中医科学院西苑医院	常务副院长	主任医师、教授
21	袁国栋	男	199409～199707	（韩国人，回韩国首尔）	自办诊所	

一、北京中医药大学

序号	姓名	性别	学习时间	现工作单位（到二级单位全称）	职务	职称
				博士		
22	杨东辉	女	199509～199807	北京大学药学院	主任	副教授
23	郭蓉娟	女	199509～199807	北京中医药大学东方医院	副院长	主任医师、教授
24	黄世敬	男	199509～199807	中国中医科学院广安门医院中药研发中心	主任	研究员
25	王泓午	男	199509～199807	天津中医药大学中医学院	副院长	教授、博导
26	程彦杰	男	199609～199907	北京鹿衔草堂国医馆、国药药材股份公司	馆长、董事	副主任医师
27	张文生	男	199609～199907	北京师范大学地理科学学部		教授
28	吴圣贤	男	199609～199907	北京中医药大学东直门医院		主任医师、教授
29	张军平	男	199709～200007	天津中医药大学第一附属医院	副院长	主任医师、教授
30	徐宗佩	男	199709～200007	天津中医药大学图书馆	馆长	教授
31	吴水生	男	199709～200007	福建中医药大学药学院科技产业处	副处长；福建省政协委员	教授
32	李 梢	男	199809～200107	清华大学自动化系，清华信息国家实验室生物信息学部	副主任	教授
33	杨洪军	男	199909～200207	中国中医科学院中药研究所	副所长	研究员
34	严 华	女	199909～200207	赴美国		
35	钟相根	男	200109～200407	北京中医药大学中医学院金匮要略教研室	主任	教授、主任医师
36	张占军	男	200209～200507	北京师范大学脑与认知科学与学习国家重点实验室	常务副主任	教授
37	高永红	女	200209～200507	北京中医药大学东直门医院脑病实验室		研究员
38	郭 静	女	200209～200507	首都医科大学附属北京中医医院针灸中心		主任医师、副教授
39	金熙哲	男	200209～200507	（韩国人，回韩国）	自办诊所	
40	杨辰华	男	200309～200607	河南中医药研究院	科主任	主任医师
				博士后		
41	唐启盛	男	199502～199711	北京中医药大学第三附属医院	原院长	主任医师、二级教授
42	雷 燕	女	199610～199812	中国中医科学院医学实验中心	书记、副主任	二级研究员
43	乔延江	男	199612～199904	北京中医药大学	原副校长	二级教授
44	李澎涛	男	199709～199909	北京中医药大学东直门医院	原党委书记	教授、主任医师
45	孟庆刚	男	199811～200111	北京中医药大学	处长	教授、主任医师
46	宋福印	男	199909～200112	北京同仁堂中医医院	副院长	主任医师
47	胡元会	男	199909～200107	中国中医科学院广安门医院	副院长	主任医师、教授
48	白云静	女	200109～200307	北京军区总医院	科主任	主任医师
49	贾春华	男	200409～200610	北京中医药大学中医学院金匮教研室	室主任	教授、主任医师

二、北京师范大学

序号	姓名	性别	学习时间	工作单位	职务	职称
				硕士		
1	汪丽娅	女	200209～200507	北京师范大学科技处	主任科员	
				博士		
2	雷 宁	女	200209～200507	火箭军总医院药学部		主管药师
3	韩建萍	女	200309～200607	中国医学科学院药用植物研究所		研究员
4	冀萌新	男	200309～200612	中央国家机关工委	局长	研究员
5	刘 媛	女	200509～201107	北京师范大学测试中心	书记	高级工程师

二、北京师范大学

序号	姓名	性别	学习时间	工作单位	职务	职称
博士						
6	辛文峰	男	200609～200907	云南三七科技有限公司	副总经理	高级工程师
7	黄玮	男	200609～200907	江苏海门市科学技术局	副局长	
8	马涛	男	200709～201007	北京中医药大学东方医院实验中心		副教授
9	韩梅	女	200709～201007	北京师范大学化学学院		教授、博士生导师
10	张海鸣	女	200709～201207	中国中医科学院医学实验中心		助理研究员
11	王友政	男	200809～201107	重庆市公安局	主任科员	副主任法医师
12	杨雁芳	女	200809～201107	北京大学医学部		讲师
13	李智	男	200809～201407	北京辅仁瑞辉生物医药研究院有限公司细胞学实验室	副主任	
14	刘金欣	女	200909～201407	承德医学院		副教授
15	李耿	男	200909～201507	中日友好医院		副研究员
16	王成芳	女	201009～201307	国家疾控中心辐射医学研究所		助理研究员
17	陈然	男	201109～201407	中国医学科学院药用植物研究所		博士后
18	杨光	男	201109～201407	中国中医科学院		中级
19	赵春晖	男	201309～201607	中国中医科学院中药研究所		助理研究员
20	徐宁	女	201409～201707	北京师范大学资源学院药物所		博士后
21	辛敏通	男	201209～至今	国家食药监总局特殊食品注册司	副处长	副主任药师
22	卢恒	男	201209～至今	山东科学院		博士研究生
23	孙兴瑞	男	201409～至今	北京师范大学		博士研究生
24	马莹	女	201409～至今	北京师范大学		博士研究生
25	陈伟	男	201509～至今	北京师范大学		博士研究生
26	蒋超	男	201509～至今	北京师范大学		博士研究生
博士后						
27	邓瑞春	女	200209～200407	军事医学科学院		高级工程师
28	杨鸿	女	200309～200707	中国中医科学院医学实验中心分子生物学实验室	主任	副研究员
29	李慧	女	200309～200509	中国中医科学院中药研究所	中心主任	研究员
30	孟敏蕴	男	200308～200507	北京师范大学资源学院	院长	教授
31	冯成强	男	200409～200607	北京师范大学地理科学学部		高级工程师
32	刘振权	男	200507～200706	北京中医药大学远程教育学院	常务副院长	教授
33	张占军	男	200509～200707	北京师范大学脑与认知科学研究院	常务副主任	教授、博导
34	李萍	女	200609～200907	北京中医药大学第三附属医院	处长	主任医师、教授
35	王飞	男	200612～200906	成都中医药大学教务处	处长	教授
36	程卫东	男	200609～200807	南方医科大学中医药学院	教研室主任	教授、博士生导师
37	李磊	女	200709～200907	北京中医药大学		助理研究员
38	徐世军	男	200710～201010	成都中医药大学药学院中药药理教研室	主任	教授
39	杨卫彬	男	200711～201110	中国中医科学院研究生院学位办公室	主任	主任医师
40	朱海燕	女	200809～201107	北京中医药大学东直门医院		副主任医师
41	魏英勤	男	201009～201307	山东齐鲁大学		教授
42	伍文彬	男	201012～201403	成都中医药大学附属医院老年病科		副教授、硕导
43	吴彦	男	201209～201505	广西中烟工业有限责任公司技术中心草本植物研究室	主任	研究员

二、北京师范大学

序号	姓名	性别	学习时间	工作单位	职务	职称
博士后						
44	翟华强	男	201309～201507	北京中医药大学中药学院		教授、主任医师
45	陈　彤	男	201409～201507	北京师范大学		
46	梅智胜	男	201409～201507	中国中医科学院中医药信息研究所		副研究员

三、中国中医科学院

序号	姓名	性别	学习时间	工作单位	职务	职称
博士						
1	王　睿	女	200109～200407	大连早慧学校	校长	
2	黎元元	女	200309～200606	中国中医科学院中医临床基础医学研究所		副研究员
3	扬振华	男	200309～200607	河南省中医药研究院附属医院		教授、主任医师
4	龚燕冰	女	200409～200707	北京中医药大学东方医院党院办	副主任	主任医师
5	韩永刚	男	200409～200707	赴美国		
6	谢仁明	男	200409～200707	广中医药大学番宇新区医院脑病科	副主任	副主任医师
7	荆志伟	男	200409～200707	中国中医科学院学术管理处	副处长	研究员
8	高凡珠	男	200409～201007	中国中医科学院科研管理处	副处长	
9	刘向哲	男	200509～200807	河南中医药大学第一附属医院脑病一区	主任	教授、主任医师
10	支英杰	女	200709～201007	中国中医科学院中医临床基础医学研究所科教处	副处长	副研究员
11	王丽颖	女	200809～201107	中国中医科学院中医临床基础医学研究所		副研究员
12	张莹莹	女	201109～201407	北京中医药大学东直门医院	伦理秘书	助理研究员
13	陈寅莹	女	201009～201307	中国中医科学院广安门医院		助理研究员
14	李　兵	男	201209～201606	中国中医科学院中医药信息研究所	研究室主任	助理研究员
博士后						
15	王　忠	男	199909～200109	中国中医科学院中医临床基础医学研究所	副所长	研究员
16	胡镜清	男	199909～200109	中国中医科学院基础理论研究所	所长	研究员
17	何丽云	女	200109～200312	中国中医科学院中医临床基础医学研究所评价中心	执行主任	研究员
18	马　迁	女	200109～200307	赴美国		
19	高秀梅	女	200111～200312	天津中医药大学	副校长	教授、研究员
20	郭　蕾	女	200210～200410	山西大同市	副市长	教授
21	嵇　波	女	200209～200410	北京中医药大学针灸推拿学院、北京中医药大学美国中医中心综合实验室	主任 General Manager	教授博导
22	常富业	男	200308～200510	煤炭总医院中西医结合诊治中心	主任	主任医师
23	杨　滨	女	200307～200704	中国中医科学院中药研究所		研究员
24	王志国	男	200310～200510	中国中医科学院中医临床基础医学研究所	副主任	研究员
25	张启明	男	200409～200703	中国中医科学院中医临床基础医学研究所	主任	教授、研究员
26	程　龙	男	200410～200804	国家卫生计生委卫生发展研究中心信息研究室	主任	教授
27	姜　淼	女	200607～200812	中国中医科学院中医临床基础医学研究所		副研究员
28	武常生	男	200611～201105	北京中医药大学第三附属医院医务处	副处长、医患办主任	副主任医师
29	郭　琳	女	200607～201006	天津中医药大学第一附属医院针灸科		研究员
30	赵　静	女	200707～200912	中国中医科学院中医临床基础医学研究所	副主任	副研究员

三、中国中医科学院

序号	姓名	性别	学习时间	工作单位	职务	职称
				博士后		
31	于智敏	男	200801～201103	中国中医科学院中医基础理论研究所	主任	研究员、博导
32	武红莉	女	200811～201201	中国中医科学院中医临床基础医学研究所		助理研究员
33	付 强	男	200807～200912	中国标准化研究院标准评估部	主任	副研究员
34	刘 骏	女	200907～201201	中国中医科学院中医临床基础医学研究所	副主任	副研究员
35	杨力强	男	200911～201409	广西中医药大学中诊方药系	主任	教授
36	张志强	男	200907～201201	中国中医科学院中医临床基础医学研究所		副研究员
37	李 鲲	女	200909～201505	中国中医科学院科研处	处长	研究员
38	纪征翰	女	200909～201108	北京中医药大学基础医学院医史文献教研室		副教授
39	孙岸弢	女	200907～201509	中国中医科学院广安门医院		副主任医师
40	王志飞	男	201101～201508	中国中医科学院中医临床基础医学研究所		副研究员
41	吴效科	男	201109～201411	黑龙江中医药大学附属第一医院妇产科	主任	教授
42	张华敏	女	201109～201505	中国中医科学院信息研究所	副所长	研究员
43	李康宁	女	201108～201308	首都医科大学附属北京天坛医院		主治医师
44	孙长岗	男	201109～201504	潍坊市中医院肿瘤中心	主任	主任医师
45	连凤梅	女	201205～201505	中国中医科学院广安门医院 GCP 中心		研究员
46	郭姗姗	女	201204～201606	中国中医科学院中药研究所	科室副主任	副研究员
47	廖 星	女	201208～201601	中国中医科学院中医临床基础医学研究所	副主任	副研究员
48	朱 妍	女	201208～201409	北京电力医院中医科		主任医师
49	范逸品	男	201208～201505	中国中医科学院中医临床基础医学研究所		副研究员
50	于大猛	男	201208～201607	中国中医科学院中医临床基础医学研究所		主任医师
51	党海霞	女	201306～201201701	中国中医科学院中医药发展研究中心	副处长	副研究员
52	李海霞	女	201307～201701	中国中医科学院广安门医院		主任医师
53	王子旭	女	201709～至今	中国中医科学院中医临床基础医学研究所	在读	

四、拜师弟子

序号	姓名	性别	拜师时间	现工作单位（全称）	职务	职称
				医药圆融传承团队		
1	黄璐琦	男	2012.3	中国中医科学院	常务副院长	院士、研究员
2	苏庆民	男	2012.3	中国中医科学院中医药发展中心	常务副主任	研究员
3	王燕平	男	2012.3	中国中医科学院中医临床基础医学研究所	总支书记、副所长	研究员
4	商洪才	男	2012.3	北京中医药大学东直门医院	副院长	教授、杰青
5	杨洪军	男	2012.3	中国中医科学院中药研究所	副所长	研究员
6	张占军	男	2012.3	北京师范大学认知神经科学与学习国家重点实验室	常务副主任	教授、杰青
7	张华敏	女	2012.3	中国中医科学院中医药信息研究所	副所长	研究员
8	张志强	男	2012.3	中国中医科学院中医临床基础医学研究所		研究员
9	翟华强	男	2012.3	北京中医药大学		教授
				军队中医药学科带头人		
10	杨明会	男	2007.12	中国人民解放军总医院全军中医研究所所长	所长	主任医师
				全军首批科技创新领军人才		
11	肖小河	男	2009～2014	解放军 302 医院中西医结合诊疗与研究中心；全军中药研究所	主任、所长	研究员

五、广州中医药大学

序号	姓名	性别	学习时间	工作单位	职务	职称
博士						
1	谈　英	男	200709～201106	华润三九医药股份有限公司	副总裁兼研发中心总经理	高级工程师
2	刘晖晖	男	200709～201106	华润三九医药股份有限公司	研发中心副总经理	中级工程师

▌▌▌▌ 后记一

首先感谢张志斌先生建议写我的《年谱》，并主笔撰成这本书，标示着我由"寿多则辱"转化到"死而不亡者寿"。活得明白些，可先行到死亡中去，虽然还活着，要活得有意义，多做些自己想做而既往未做的事情。感谢亲炙的学生张华敏、王燕平、于智敏，还有白卫国梳理提供素材务必求实。永远铭刻在心的是恩师的教诲，董建华、王玉川老师教我一生求真储善。董先生嘱咐："不可轻言学术思想，只做有思想的学术研究，要求异求真。"王老师将我推向社会学术界，告知："人世间许多事搞不清楚，切要慎思而行，行后反思，多吸取教训。坎坷难免，不是坏事。"感谢参师任继学、路志正、李秀林、廖家桢、孟家眉等先生引领治学与学术研究之路径。感谢学长们的爱护帮助，为学科和事业做奉献。感谢我的学生们教学相长，为团队修身，为事业出力，给我以鼓励，尤其年至耄耋大病一场时的关怀抚慰，更是至真至爱。

我一生的经历，继承祖辈，自觉学中医，重通才教育及基础理论，厚临床学验。先做医学全科，走入农牧厂矿七年余。早年学儒，继而儒道互补，晚年参禅；协和进修、赴日访学而衷中参西；受聘北师大兼以农学、心理、教育、经济、中药资源，与博士们合作培养博士后，领略多学科杂学知识技能。病后康复三年，回归中国哲学、美学，研讨中医药学的始源河图与太极图，以合规律，顺自然，目的在于嘉惠民生。康复的三年，是我一生难得的清静日子，读书、思考、写作，淡泊自定，自觉苦行，感慨良多，受益匪浅。人生可能做错过许多事，但绝不可有意做坏事。自我勤勉敬业，能够认真做成二三件事，就不愧为履行了社会责任。总结本人毕生所做，也就是二三事而已。一是致力于提高中医临床疗效。在经过全科医生历练的基础上，从事老年重大脑病研究凡三十年。对中风、类中风病与阿尔茨海默病做了系统研究，还开发了系列方药；对于人禽流感，组织专家开展中医药防控集成研究，使之成为中医药当代国之所需、民之所用，并具有国际影响力的一项工作。二是致力于中医人才的培养。全程参与培养优秀临床人才第一批的传承教育工作，在行政主管领导下，提出"读经典，做临床，参明师，写策论"的措施，并依靠众学长得以落实，培养后备学科带头人及学术骨干。一生培养博士、博士后153名，其中院士1名、长江学者1名、国家自然基金委杰出青年5名。鉴于中医人才晚熟的一般性特征，与曹洪欣教授共同倡议建立传承博士后工作站。经批准建站后，我带教了3位可谓忠实于中医学术的骨干人才。三是致力于中医药学科建设。提出学科建设的新见解：其一，医学是人学，是科学技术与人文准则相融合的学问，以人为本，无分中西，为减轻病患苦痛，恢复健康，和缓尽享天年，是医务人员神圣的职责；其二，中医药学具有科学与人文的双重属性，学科进步是事业发展的基石。提出并践行整合医学，倚重整体观与还原论的整合、象思维与概念思维的整合、系统性研究与描述性研究的整合、循证

688

医学与叙事医学整合，构建我国统一的新医药学奠基；其三，提出"确切疗效、规范标准、发现机理"的科学研究方法学，发挥中医药原创优势评价现代难治病的共识疗效；其四，促进与力行中医药学标准化建设，起草制订并推广病案书写规范，制、修订常见病证诊断与疗效评定标准，完成了WHO27种常见病循证医学指南的制订，实质性参与了国际医药（中医药）标准制订、起草、审核工作；其五，学用中国哲学、美学诠释中医药学学理概念，提出"诠释也是创新"，宏观深入梳理中医原创理论，诠释了一元和合、道通为一、证候体系、病络学说、形神共俱、玄府气液理论等，以现代语境扩展学术传播，是协同创新的必要条件。

人生苦短，晚年参禅，向往出世，但未能如愿。组织上的信任，同行学长们的嘱托，虽年事已高，又大病一场，有鉴于传统文化复兴机遇的到来，自当老骥伏枥，重在与年轻学人沟通交流，渴望后辈振兴国医、国药、国学，擢升学科于国内国际的影响力，从根本上扭转弱势学科的地位。

我崇尚至人无己，神人无功，圣人无名。作为医生，服务民生，尤其是在疫病流行灾害临头时，勇于承担责任，挺立苦累危局，聊以自慰吧。概括而言：惟仁惟学、敬畏谦卑的一生，求真储善以立命。

王永炎

2018 年 4 月 25 日

　　《王永炎先生年谱》（此后简称《年谱》）终于杀青搁笔，心里的感受非常复杂。

　　首先是如愿以偿的喜悦！撰写此《年谱》的确是我的宿愿。萌发这个愿望的最初机缘，始于1998年的某一天。那天在办公楼走廊上，我第一次迎面遇到先生。初次见面，并不知道他是谁，礼貌性地与先生对视了一眼。不曾想，他朝我一抱拳，道了一声："早上好！"让长者先开口问好，我有些尴尬，赶紧回答："早上好！"回到办公室一打听，才知道这位邻家大叔般和善的长者竟然是新来的院长。没见过这样亲和的领导啊！我不过是他属下一个普通的科研工作者，在完全不认识的情况下，竟然先向我致礼问好。让我顿生敬意。

　　随后的机缘，是我有机会参与他主持下的课题。1999年，全国科技名词审定委员会中医药名词审定委员会成立，王永炎先生任主任委员，我参与了第一批中医药学名词的审定工作。我的办公室与先生相邻，因而可以常常见到先生，先生不时会约我聊几句。一开始，我依旧很拘束，先生仍然很慈祥。此后若干年，我真正是因此而受益匪浅。每每是一场谈话，就能拓展我的眼界，启迪我的思维，甚至直接引出我们合作某个议题的一个科研思路，一篇科技论文。与此同时，钦佩感日益加深，陌生感日益淡化。渐渐地，不知不觉中，我敢于与先生展开学术讨论甚至坚决地提出反对意见；不知不觉中，我自己的工作甚至生活中的困惑也敢于提出来向先生请教。直至有一天，先生笑着对我说："看来，我们已经建立了相互信任的关系。"一股暖流扑上心头，我禁不住眼眶有些发热。那一刻，我感觉到自己是何其的幸运！本应高高在上的先生与一介布衣的我，竟然可以平等地"相互信任"！先生与人交往，从来都是君子之交，我只是先生那宽大胸怀中挂念着的无数科研人员中最普通的一员而已。

　　先生出身寒门，父母均为普通小学教师，其祖或可称明医，亦不过名行乡邻而已。而先生其人，行医则为中医医院副院长、中央保健会诊医生；施教则为北京中医药大学校长；为政则为全国人大常委会委员；搞科研则为中国中医科学院院长、工程院院士、工程院医药卫生学部常委；做文史则为中央文史馆馆员。如此通才，如此成就，实乃当今中医药界第一人。想到先生如此不同凡响的人生经历，我不禁向自己提出了一些问题，如此儒雅平和，不见锋芒的一个人，为何可以成为叱咤风云的中医药领军人物？既然已身经医、教、研三界中医药最高学府之领导，又为何还能保持如此的善意与淡泊？作为一个医史学专业的学者，我感觉到，先生就是一个很值得研究的现代医林人物。自此，我开始留意收集先生的各种相关信息。在这个过程中，我越来越强烈地感受到，先生其人其事，不仅可为今人叹，更可启后人思。原本朦胧的愿望，逐渐清晰，我希望能写一部王永炎先生的传记或年谱。

　　至2013年，身为国家防控突发公共卫生事件委员会副主委及"十二五"科技重大专项"新发突发传染病中西医结合临床救治研究平台"项目专家组组长的先生，不顾自己年事已高，事常躬亲，奔忙在临床防控第一线，不幸感染住院。此时，我本人亦已年届花甲。一种紧迫感油然而生，应该把此事放到议事日程上来了。考虑要写的时候才发现，无论是我的文学素养，还是我的思维高度，都承担不了传记的撰写。但是做了几十年的医学史研究，也许可以试试撰写年谱。即使写年谱，凭我的一己之力，也还是不够。毕竟我对先生的了解，很不完全，尤其是他调任我院院长之前的历史，知之甚少。还有，自2008年底，我赴德国工作了四年多，这期间，也使我对先生的了解，形成许多空缺。于是，我需要找到适当的合作者。斟酌再三，我想到王燕平与张华敏两位研究员。前者自北京中医药大学到中国中医科学院，追随先生多年，在生活与工作中，都是最得先生信任的得力助手；后者自2011年入先生门下，以先生的学术思想为主题，做传承博士后研究工作，可谓是近年来最得先生心传的入门弟子。合作事宜，商谈顺利，正好两位研究员也有此心愿。此时，还有一个顾虑，我们要为至今依然健在的先生编撰年谱，这是一件前所未有的事情，先生本人是否会有什么忌讳？于是，在2016年春节之后，我们三人一起去拜访康复中的先生，向先生提出了这样一件事。非常幸运地得到了先生的信任与支持，多年的心愿，终于得以落实。

真正要开始动笔，才发现撰写年谱又谈何容易！我查阅各种资料，竟然未能查到任何一部有关自古至今之医药界人士的正式出版的年谱专书，有的只是作为他书附录或杂志发表的文章而已。编撰一部医学界杰出人士的年谱专书，竟然是一个创举，这并不是我们事先所计划、所希望的。

找不到同类的模板可资参考怎么办？于是，我只能乘当时正是中华书局另一书作者身份之便，在书局编辑的帮助下，清查了中华书局书库中的至今出版的全部古今人物年谱，只要尚存，悉数购买入手，总共20余种。一种一种书翻阅，一种一种书学习，各书体例同中有异。不能区分孰优孰劣，却可多书结合，思考选择，决定一种最适合于我们在现如今的条件下编撰年谱的体例与方式，头脑中形成了属于我们的撰书计划。

按照年谱编著的规范与原则，本书按年序排列，按月序记录大事，凡月份不确者，记于当年之末。并配以各类证书及人物、书影实图为证，加以小字说明。只记事实，不加评说。并按年附录王永炎先生全部重要科技论文，以彰明先生之学术思想。凡收入之论文，已发表出版者，必附杂志出处及其发表之首页图片；未出版者，则附出先生之手稿影印图片，以征其实。全书之后增设5个附件，分别为王永炎先生著作目录、代表性论文目录、获奖目录、部分序跋目录与学生名录。凡附件中收入的全部著作、论文、奖项、序跋，均可以从相应年份的正文或附录中查找或阅读。

如今正是按这样的计划完成结稿。然而，此时却完全没有如释重负的轻松，反而平添了些许诚惶诚恐。先生自己概括其一生："惟仁惟学、敬畏谦卑的一生，求真储善以立命。"他致力于提高中医临床疗效，既重视全科临床培训，又强调学有专攻。从老年脑病研究到传染病防控，不仅明显提高中风病的治愈率，还起草编制第一份中风中医诊疗标准，并带领中医跻身处理国家突发公共卫生事件之列，使中医防控人禽流感取得国际影响；他致力于中医人才的教育培养，不仅在原有的本、硕、博学位及博士后工作站教育方面尽心尽力，且倡导并参与优秀中医临床人才的传承教育，倡议并着力建立传承博士后工作站，培养学生160余人次，其中已有成长为院士者；他致力于中医药科研工作与中医学科建设，从学科属性、观念思维、科研方法、创新理论及标准规范等诸多方面提出一系列原创性见解，组织争取中医九七三项目等多个中医药科研重大课题，带领中医药科研团队进军国家高科技、多学科、大投入之研究行列，获国家科技进步奖5项。可谓是穷其一生，为中医药事业之现代发展，为中医药人才之健康成长，目光独到，身体力行，至诚至信，至勤至勉，恨不能呕心为巢，沥血以哺。然而先生谦和低调，功成不居，做得多而记得少。若问其以往贡献，只云是"二三事而已"。所以，虽说其人其事足以示人烛炬。但我们的笔下真能述其六七否？

这部《年谱》乃个人著作，与课题研究相比还有差距。虽然我们已经竭尽努力，但个人视角毕竟欠广，力量总是有限，疏漏缺憾在所难免。恳请读者批评赐教。

最后，必须要说的是，此书成稿，得到了许多帮助。首先要感谢先生的信任与支持，为我们提供许多孩提及青少年时代的资料。感谢我的合作者王燕平、张华敏二位研究员，同心同德，通力合作，使此书得以顺利完稿。感谢先生的老同学、老同事，晁恩祥教授、王致谱研究员，接受我的采访，帮助核实资料。感谢郭蓉娟、白卫国、于智敏、赵宜军、杨卫彬、武伍兰、张占军诸位教授、研究员，在提供及核实资料方面给予无私的帮助。感谢我院中医信息研究所年轻的刘思鸿博士，在查找落实先生已发表的论文资料方面做了大量工作。还要感谢科学出版社中医药分社的曹丽英社长和鲍燕编辑，为此书的编辑核校付出了很大的努力，使此书得以顺利出版。

张志斌

2018 年 4 月 29 日于北京

后记三

这次跟着张志斌先生一起为恩师王永炎先生编撰年谱，对我们来说，是一种幸福，也是一种责任。

2012年3月17日，国医节，我们医药圆融团队9名弟子，在国子监的彝伦堂举行了拜师仪式，拜王先生和国医大师金世元先生为师，时任国家中医药管理局局长王国强和国医大师路志正为见证人。此后，我们得以有更多的机会听王先生讲课、与王先生一起做项目、研讨学术和学科发展方向，在这个过程中我们受益匪浅，得到了迅速成长。

从最初远远地仰慕，到有幸成为王先生的学生，一点一点地接近他，一个睿智明理的学人形象在我们面前越来越丰满、鲜活。在编写年谱的过程中，我们通过系统整理王老师发表的论文、讲话和为著作所写的序跋等，对他的学术思想有了更深的了解和认识，也有了更多的机会了解王老师的个人成长经历，对我们的人生道路也颇多借鉴。

王先生从不聊闲天，见面只聊学术，生病期间，每次去探望，也都是为我们讲述他最近看的一些书和思考。给我们医药圆融团队讲的第一节课是"师道传承，医药圆融"，首先教导我们如何做人、做学问。他的做人、处事、治学理念对我们团队的每一个人都有着至深的影响，也成为了激励我们团队前进的动力。

2017年，我们主编出版了《薪火传承——永炎篇2》，其中重点对老师关于中医药学科发展的认识进行了系统整理和总结，先生一生除了对自己专业领域有着深入的研究，还对中医药学科的发展有深切的关注和思考，他对中医药学科发展的学术观点可以概括为以下三点：首先，发展理念超前，引领中医药行业方向。先生学术视野宽广，知识涉猎面广。从哲学、文化及多学科发展的最新进展对中医药学科发展有着深刻的思考，能够将各个领域的理念、思维及技术方法与中医药学融会贯通，从而在全球文化及科学背景下提出中医药学科发展的理念。某种理念一旦提出，往往引起行业内关注与讨论，成为学术研究热点。如他提出的"科学与人文相辅相成"，它既符合全世界文化及科技的发展趋势，又能够指导中医药学科发展实践，现已为行业内外共识；"东学西学兼收并蓄"，既要文化自觉，崇尚国故追求前贤、国学为主、国医为主，又要积极引进消化吸收西方哲学、文化及技术方法。并倡导中医、西医的整合、融合、融通共进，迈向统一的医药学，为医学的发展指明了方向。第二，提倡学术创新，注重传统与现代结合。先生深刻认识到学术创新是中医药学科发展的根本道路，在自己从事的中医脑病学研究领域及中医学的关键科学问题如证候、方剂研究方面成果丰硕，这些成果对相关领域的研究具有重要的影响。在学术创新中，方法论方面倡导系统论指导下的还原分析；方法与技术方面，既强调传统研究方法的传承，如重视医史文献、中医学派及医案研究，推广策论的撰写，又重视多学科方法技术的引进，如倡导引进复杂科学理念及方法，将诠释学方法引入中医理论研究中，共识疗效环节要循证医学与叙事医学相结合，透视组学发展揭示中医科学内涵。第三，重视人才培养，推进创新团队的建设。先生对人才的喜爱及培养可谓不遗余力，每每与他接触的学生或学者，都能从学术上或者事业上受益。他主张根据学生的特长及兴趣爱好因材施教，面对新形势下的科研需求，指出多学科交叉的创新团队建设尤为重要。对临床人才提出"读经典、做临床、参明师、悟妙道"的培养方案可谓影响至深，对创新人才主张要为他们营造创新环境，提倡求真求异，追求真善美。正是在先生这种对学术和事业执着追求精神的感染下，我们医药圆融团队先后有一人成为院士、三人受到国家自然科学基金杰出青年基金资助，其余各人也都在各自岗位上做出自己的成绩。

先生从医执教 50 年，其志愿"寻晚周之医轨，读经典之示要，辟当代之宏基，展未来之趋向。"他的治学态度为"崇尚国故，追思前贤，淡定修身，开拓进取，学为人师，行为示范，立德养性，惟道是从"。作为后生晚辈，我等仍需要发奋图强、淡泊名利、勤以治学，方不辜负先生的给予之情。

在先生年谱即将付梓之际，特别感谢张志斌先生对年谱编写的倾情付出，感谢先生家人及朋友晁恩祥先生等对年谱资料的提供。

王燕平　张华敏

2018 年 5 月 15 日

(R—7691.01)

ISBN 978-7-03-058422-9

科学出版社 中医药出版分社

联系电话:010-64019031　010-64037449

E-mail:med-prof@mail.sciencep.com

定　价:398.00元